Geschichtsbilder

HMRG

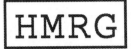

Historische Mitteilungen
Im Auftrage der Ranke-Gesellschaft

HERAUSGEGEBEN VON
Jürgen Elvert und Michael Salewski

Band 47

Thomas Stamm-Kuhlmann, Jürgen Elvert,
Birgit Aschmann und Jens Hohensee (Hgg.)

Geschichtsbilder

Festschrift für Michael Salewski zum 65. Geburtstag

Franz Steiner Verlag

Umschlagabbildung: s. S. 529

Bibliografische Information der Deutschen Bibliothek
Die Deutsche Bibliothek verzeichnet diese Publikation in der Deutschen Nationalbibliografie; detaillierte bibliografische Daten sind im Internet über <http://dnb.ddb.de> abrufbar.

ISBN 3-515-08252-2

ISO 9706

 Gedruckt auf säurefreiem, alterungsbeständigem Papier.
Druck: Druckerei Proff, Eurasburg.
Printed in Germany

Inhaltsverzeichnis

Tabula Gratulatoria 11

Vorwort 15

Teil 1
Die Geschichte

Hans Eberhard Mayer
Ein vergessenes Kreuzfahrertestament und die Affaire de Bouillon 19

Robert Bohn
Von Sklavenkassen und Konvoifahrten. Die arabischen Seeräuber und die deutsche Seefahrt im 17. und 18. Jahrhundert 25

Helmut Grieser
„Dem Busen war mit Fleiß das Oberkleid zu kurz“. „Subtile Frechheit“ und „wohlständiges“ Verhalten im alten Reich der ersten Hälfte des 18. Jahrhunderts 38

Wolf D. Gruner
Die gerettete Selbstständigkeit: Überlegungen zur Geschichte der Hansestadt Bremen seit den europäischen Transformationsprozessen im ausgehenden 18. Jahrhundert 60

Erich Hoffmann
Selbstbestimmungsrecht und Diplomatie am Beispiel der Volksabstimmungen im alten Herzogtum Schleswig während des Jahres 1920 85

Klaus Hildebrand
Der Weg in den Zweiten Weltkrieg.
Betrachtungen über den Kampf der Kulturen in der Zwischenkriegsära des 20. Jahrhunderts 97

Klaus Schwabe
Deutscher Anti-Amerikanismus in den Zwanzigerjahren 106

Josef Schröder
Zur Italien-Reise einer brandenburgisch-pommerschen Stahlhelm-Gruppe im November 1930. Ein Beitrag zu Renzettis Wirken 119

Heiner Timmermann
Robert Schuman: Ein Plan verändert Europa und die Welt 133

TEIL 2
DAS BILD

CARL AUGUST LÜCKERATH
Puerulo fidem et sacramenta – [Fridericus] imperator depositus 145

THOMAS RIIS
„Up ewig ungedeelt" – ein Schlagwort und sein Hintergrund 158

GERHARD FOUQUET
‚Vom Krieg hören und schreiben'. Aus den Briefen an den Lübeck-Nürnberger Kaufmann Matthias Mulich (1522/23) 168

OLAF MÖRKE
Kuh, Milch, Käse und der Stier.
Das Rind in der politischen Symbolik der frühneuzeitlichen Eidgenossenschaft 188

JOSEF WIESEHÖFER
„Sie haben sich durch ihre Schlechtigkeit selbst überlebt".
Barthold Georg Niebuhr und die Perser der Antike 201

THOMAS STAMM-KUHLMANN
Der Mantel der Geschichte. Die Karriere eines unmöglichen Zitats 212

LARS U. SCHOLL
London unter den Hohenzollern.
Saki und die Kriegsantizipation vor 1914 223

JENS HOHENSEE
Geschichtsbilder in der utopischen Literatur des „Dritten Reiches" – Versuch einer Annäherung 243

FRANK-LOTHAR KROLL
Mythos und Utopie im Nationalsozialismus 259

HEINRICH WALLE
Wehrmotivation katholischer Wehrmachtssoldaten. Patriotismus auf Grund des Glaubens oder Teilidentität mit dem Nationalsozialismus? 269

ERNST OPGENOORTH
Geschichte(n) aus Mittelerde?
Fantasy und Historie bei John Ronald R. Tolkien 295

SÖNKE NEITZEL
Was wäre wenn ...? – Gedanken zur kontrafaktischen Geschichtsschreibung 312

Teil 3
Das Bild von Geschichte

William F. Sheldon
Adios Columbos: Die Entdeckung des Kolumbus in Amerika 325

Julius H. Schoeps
Die Verlockung der Vernunft. Jüdisches Denken und Bewusstsein im 17. und 18. Jahrhundert 333

Birgit Aschmann
Arndt und die Ehre.
Zur Konstruktion der Nation in Texten von Ernst Moritz Arndt 347

Hans Hattenhauer
Kampf um ein Geschichtsbild: Die Märzgefallenen 369

Bernd Sösemann
„Auf Bajonetten läßt sich schlecht sitzen."
Propaganda und Gesellschaft in der Anfangsphase der nationalsozialistischen Diktatur 381

Imanuel Geiss
Von der Rechts- zur Linksorthodoxie.
Das politisch-ideologische Element in der deutschen Geschichtsschreibung seit 1871, von Treitschke zu Wehler 410

Peter Krüger
Der Vertrag von Rapallo und die deutsche Außenpolitik.
Geschichtsbild und historisches Ereignis 432

Bernd Kasten
Politik und Landesgeschichte in Mecklenburg 1918–1945 443

Guntram Schulze-Wegener
Clausewitz ante portas?
Anmerkungen zur Militärgeschichtsschreibung in Deutschland 452

Michael Epkenhans
„Clio", Tirpitz und die Marine 466

Otmar Franz
Anmerkungen zur Unternehmensgeschichte 486

Joachim H. Knoll
Geistesgeschichte als Zeitgeistforschung: Fach oder Methode? Erträge aus 40 Jahren 495

TEIL 4
DIE GESCHICHTE IM BILD

BEA LUNDT
Herrschaft, Weisheit, Männlichkeit.
„Die Sieben Weisen Meister" im 15. Jahrhundert 511

HEINRICH DORMEIER
Humoristisch-satirische Europakarten von 1848 bis zum 1. Weltkrieg. Bestand und Besonderheiten 525

JÜRGEN ELVERT
Die rauchende Frau. Frauenbilder in der Tabakwerbung zwischen 1900 und 1945 543

CHRISTIAN OSTERSEHLTE
Hoboken, 30.6. 1900.
Eine Brand- und Schiffskatastrophe bei New York und ihre spätere Rezeption 571

GÖTZ BERGANDER
Vom Gerücht zur Legende.
Der Luftkrieg über Deutschland im Spiegel von Tatsachen, erlebter Geschichte, Erinnerung, Erinnerungsverzerrung 591

THOMAS E. FISCHER
Bildschirmgeschichtsbilder 617

RUDOLF JAWORSKI
Alte und neue Gedächtnisorte in Osteuropa nach dem Sturz des Kommunismus 630

ILONA STÖLKEN-FITSCHEN
Das Neue Berlin. Bilder der immer werdenden Stadt 642

AUTORENVERZEICHNIS 663

Tabula gratulatoria

Alter, Peter, Köln
Anton, Hans Hubert, Konz-Könen
Arnold, Udo, Bonn
Bade, Klaus J., Osnabrück
Bariéty, Jaques, Paris
Baum, Michael, Kiel
Baumgart, Peter, Würzburg
Baumgart, Winfried, Mainz
Becker, Winfried, Passau
Bendixen, Peter, Kiel
Benz, Wolfgang, Berlin
Berding, Helmut, Gießen
Bergander, Götz, Berlin
Bernecker, Walther L., Nürnberg
Blaschke, Karlheinz, Friedewald
Bodensieck, Heinrich, Hagen
Boelcke, Willi A., Mahlow b. Berlin
Bohn, Ingrid und Robert, Kiel
Boonstoppel, Arndt Rainer, Kappeln
Borgolte, Michael, Berlin
Boshof, Egon, Passau
Brandtner, Martin, Hummelfeld
Brechenmacher, Thomas, München
Bredow, Wilfried von, Marburg
Bruch, Rüdiger vom, Berlin
Buchstab, Günter, Rheinbach
Busch, Eckhart, Wachtberg-Pech
Debus, Freidhelm, Schierensee
Degn, Christian, Kiel
Deist, Wilhelm, Freiburg
Demandt, Alexander, Berlin
Denzler, Georg, Breitbrunn/Ammersee
Diekmann, Irene, Potsdam
Dormeier, Heinrich, Kiel
Dotterweich, Volker, Friedberg
Düding, Dieter, Köln
Dülffer, Jost, Köln
Duppler, Jörg, Potsdam
Engel, Jürgen, Marburg
Engels, Odilo, Köln
Epkenhans, Michael, Friedrichsruh
Falkenhausen, Bernhard Freiherr von, Essen
Felken, Detlef, Verlag C.H. Beck, München
Fenske, Hans, Speyer
Ferria Contin, Feruccio, Rom
Finck, Arnold, Kiel
Fischer, Thomas E., Hamburg
Fitschen, Thomas, Berlin
Förster, Stig, Bern
Fouquet, Gerhard, Flintbek
Franz, Eckhart G., Darmstadt
Franz, Otmar, Mülheim a.d. Ruhr
Freyer-Schauenburg, Brigitte, Kiel
Fritsch-Seerhausen, Thomas Freiherr von, Schwäbisch Gmünd
Fuchs, Konrad, Mainz
Fuhrmann, Horst, München
Gall, Lothar, Wiesbaden
Gehler, Michael, Innsbruck
Geiss, Imanuel, Bremen
Gerschler, Ute und Walter, Essen
Gesellschaft für Kieler Stadtgeschichte
Giersch, Herbert, Kiel
Gless, Carl-Dietrich, Eckernförde
Gödde-Baumanns, Beate, Duisburg
Graf, Hans-Werner, Mittweida
Graßmann, Antjekathrin, Lübeck
Grieser, Helmut, Benz
Groß, Konrad, Kiel
Gruchmann, Lothar, München
Gründer, Horst, Münster
Gruner, Wolf, Rostock
Haag, Herbert, Kiel
Hacke, Christian, Bonn
Haffner, Alfred, Honigsee
Hanisch, Manfred, Kiel
Hartwig, Dieter, Kiel
Hattenhauer, Hans, Kiel
Hausmann, Kurt Georg, Kronshagen
Hehl, Ulrich von, Leipzig
Heibei, Hans-Jürgen, Meckenheim
Heldmann, Konrad, Kiel
Henning, Friedrich-Wilhelm, Erftstadt
Hess, Sigurd, Rheinbach
Heydenreuther, Reinhard, München
Hilbert, Lothar, Tübingen
Hildebrand, Klaus, Bonn
Hill, Thomas, Kiel

Hillmann, Jörg, Hamburg
Hockerts, Hans Günter, München
Hoffmann, Erich, Kronshagen/Kiel
Holl, Karl, Bremen
Hubrich, Wolfgang, Kiel
Hünemörder, Kai F., Kiel
Hürten, Heinz, Eichstätt
Ibs, Jürgen Hartwig, Lübeck
Jäckel, Eberhard, Stuttgart
Jahnke, Carsten, Bordesholm
Jakubowski-Tiessen, Göttingen
Jaworski, Rudolf, Kiel
Jenisch, Uwe, Kiel
Jensen, Jürgen, Kiel
Jessen-Klingenberg, Manfred, Rumohr
Junker, Detlef, Heidelberg
Kahle, Günter, Köln
Kapp, Volker, Kiel
Kasten, Bernd, Schwerin
Kaufhold, Karl Heinrich, Göttingen
Kellmann, Klaus, Kiel
Kieler Stadt- und Schiffahrtsmuseum
Klenke, Dietmar, Paderborn
Klug, Ekkehard, Kiel
Knoll, Joachim H., Hamburg
Kolb, Eberhard, Bad Kreuznach
Kolb, Frank, Tübingen
Krayenhagen, Peter, Gettorf
Kreker, Hans-Justus, Goldbach
Krieger, Wolfgang, Marburg
Kroener, Bernhard R., Groß Glienicke
Kroll, Frank-Lothar, Chemnitz
Krüger, Friederike, Köln
Krüger, Peter, Marburg
Krumhoff, Joachim, Eckernförde
Krummacher, Friedhelm, Kiel
Kruse, Holger, Norderstedt
Kunze, Ursula, Klausdorf
Kusber, Jan, Kiel
Laitenberger, Volkhard, Berlin
Lammers, Karl Christian, Kopenhagen
Langbein, Klaus, Hamburg
Langewiesche, Dieter, Tübingen
Lehmann, Hartmut, Göttingen
Lill, Rudolf, Karlsruhe und Köln
Lingen, Markus, Bonn
Lippert, Stefan, Frankfurt am Main
Liszkowski, Uwe, Kiel
Löhneysen, Ursula und Wolfgang von, Berlin
Loose, Hans-Dieter, Hamburg
Loth, Wilfried, Essen
Lottes, Günther, Berlin
Lubcke, Jörn, Hamburg
Lueckerath, Carl August, Köln
Lundt, Bea, Flensburg
Mannack, Eberhard, Heikendorf
Matthei, Dieter, Meckenheim
Maurer, Hans-Joachim, Bodolz-Enzisweiler
Mayer, Hans Eberhard, Kiel
Mayer, Karl J., Hechingen
Meissner, Boris, Köln
Menke, Hubertus, Kiel
Messerschmidt, Manfred, Freiburg
Meyer, Jutta, Kiel
Miethke, Jürgen, Molfsee
Mish, Carsten, Kiel
Möckl, Karl, Bamberg
Moll, Martin, Graz
Möller, Horst, München
Mörke, Olaf, Kiel
Mörtzschky, Norman, Krempe/Holstein
Müller, Guido, Ludwigsburg
Müller, Klaus-Jürgen, Hamburg
Müller-Busse, Albrecht, Neumünster
Nagler, Jörg, Jena
Neitzel, Sönke, Schomdorf
Neubach, Helmut, Zornheim b. Mainz
Niethardt, Sandra, Kiel
Nitschke, Peter, Preetz
Noelle, Gottfried, Düsseldorf
North, Michael, Greifswald
Oehler, Helmut, Kelkheim/Ts.
Opgenoorth, Ernst, Bonn
Opitz, Eckhardt, Hamburg
Oppelland, Torsten, Jena
Ostersehlte, Christian, Bremen und Kiel
Paravicini, Werner, Paris
Pommerin, Reiner, Dresden
Priesemann, Gerhard, Flindbeck
Rahn, Werner, Berlin
Rebas, Hain, Kiel
Reichert, Karlheinz Max, Bonn
Reinicke, Klaus, Dänischenhagen
Reitemeier, Arnd, Kiel

Repgen, Konrad, Bonn
Riis, Thomas, Kiel
Ritter, Andres, Sprengerhof b. Kiel
Rohde, Horst, Ihringen-Wasenweiler
Rohweder, Jürgen, Stein
Ruppenthal, Jens, Kiel
Schäfer, Hans-Jürgen, Altwittenbek
Schauenburg, Konrad, Kiel
Scheliha, Kurt-Friedrich von, Kiel
Schietzel, Kurt, Schloß Gottorf, Schleswig
Schleifer, Carl Hermann, Damp Holding AG
Schmidt, Rainer F., Würzburg
Schmidt-Jortzig, Edzard, Kiel
Schnall, Uwe, Bremerhaven
Schoeps, Julius J., Potsdam
Scholl, Lars-Ulrich, Bremerhaven
Schröder, Josef, Niederaußem
Schulenburg, Asta Gräfin von der, Leopoldshöhe
Schulz, Günther, Bad Honnef
Schulze, Winfried, München
Schulze-Wegener, Guntram, Hamburg und Rastatt
Schütz, Rüdiger, Aachen
Schwabe, Klaus, Aachen
Schwarz, Angela, Bad Nauheim
Schwarz, Hans-Peter, Bonn und München
Schwinge, Ernst-Richard, Kiel
Seggern, Harm von, Kiel
Seresse, Volker, Kiel
Sheldon, William F., Nürnberg
Siebert, Horst, Kiel
Sievers, Kai Detlef, Kiel
Sievertsen, Uwe, Gettorf
Sösemann, Bernd, Berlin
Söth, Dagmar, Wismar
Staats, Reinhart, Kronshagen
Stadler, Peter, Zürich
Stegemann, Ulrich, Fahren/Holstein
Steinbach, Peter, Karlsruhe und Berlin
Steindorff, Ludwig, Kiel
Steinmüller, Angela und Karlheinz, Berlin
Stickler, Matthias, Würzburg
Stölken-Fitschen, Ilona, Berlin
Strnad, Alfred A., Innsbruck
Stürmer, Michael, Erlangen
Tamm, Peter, Hamburg
Täubrich, Rainer, Kelmis/Belgien
Thietz-Bartram, Reiner, Hamburg
Timmermann, Heiner, Nonnweiler
Titzck, Rudolf, Kiel
Topp, Erich, Remagen-Oberwinter
Unruh, Georg-Christoph von, Heikendorf b. Kiel
Unverhau, Henning, Eckernförde
Verlag Philipp von Zabern, Mainz
Vogtherr, Thomas, Osnabrück
Vondung, Klaus, Siegen
Walle, Heinrich, Bonn
Wegner, Bernd, Hamburg
Weiß, Peter, Kiel
Wenzel, Rüdiger, Dänischenhagen
Wette, Wolfram, Freiburg i.Br.
Wettlaufer, Jörg, Kiel
Wiegand, Günther, Kiel
Wiesehöfer, Josef, Kiel
Willms, Manfred, Kiel
Winkler, Heinrich August, Berlin
Wintzer, Joachim, Bonn
Wippermann, Klaus, Bonn
Wirth, Gerhard, Bonn
Wode, Henning, Heikendorf
Wolf, Jörn Henning, Mönkeberg
Wollstein, Günter, Köln
Wulf, Peter, Gettorf
Wünsch, Marianne, Kiel
Zimmerer, Jürgen, Coimbra/Portugal
Zimmermann, Harm-Peer, Marburg
Zöllner, Christian, Kiel
Zwahr, Hartmut, Leipzig

Vorwort

„Wie es eigentlich gewesen" – noch immer streiten die Historiker und die Erkenntnistheoretiker darum, in welchem Ausmaß dies überhaupt zu erkennen und darzustellen möglich ist. Doch längst hat sich die Fragestellung verlagert. Wie es denn wahrgenommen wurde, heißt es heute immer öfter. Wer sich von der Frage nach der Erkennbarkeit der Geschichte keine Klärung mehr erhofft, kann sich mit der Erforschung der Geschichtsbilder eine zweite Plattform schaffen. Ob sie sicherer ist als die erste, kann heute noch nicht abschließend gesagt werden. Ihre Notwendigkeit bestreitet jedoch niemand mehr.

Michael Salewski hat ein imposantes Œuvre zur faktenorientierten Zeitgeschichte, vornehmlich der Weimarer Republik und des Zweiten Weltkrieges, geschaffen. Im vergangenen Jahrzehnt trat er mit den großen, ja einzigartigen Synthesen einer Deutschen Geschichte und einer Geschichte Europas hervor. Doch bereits in den 1980er Jahren begann er, darüber hinaus ein weiteres, großes Feld zu erschließen. Arbeiten zur Erforschung des historischen Selbstverständnisses, zu historischen Symbolen, zu dem damals völlig neuen Feld von „Science Fiction und Geschichte" entstanden. Er verfasste diese Studien teilweise im Rahmen der „Gesellschaft für Geistesgeschichte", teilweise außerhalb, auf Grenzgebieten von Literatur, Kunst, Publizistik und politischer Geschichte.

Wer mit Michael Salewski arbeitete, erlebte ein seltenes Verständnis für das Exzentrische und die Bereitschaft, in der Universität den Freiraum zu verteidigen, der nötig ist, damit das Unkonventionelle und nicht Stromlinienförmige wachsen kann. Schüler, Freunde und Kollegen der verschiedensten Couleur haben diese Liberalität erlebt und wollen sie mit dieser Festschrift ehren.

Die Beiträge widmen sich entweder Problemen der Identität von Gemeinschaften, damit zusammenhängenden Fragen der Quellenkritik und Überlieferung, der Rezeption historischer Ereignisse oder den verschiedenen Zugängen, die man heute zur Geschichte haben kann: durch reflektierte Traditionspflege, wie in der Unternehmensgeschichte, durch Fantasy, Alternativwelten und Utopie, durch konkrete visuelle Bilder und Symbole, ebenso wie durch abgeleitete, sprachliche Metaphern. Die Funktion gelenkter Erzeugung von Geschichtsbildern in der argumentativen Auseinandersetzung wird beleuchtet, ob es sich nun um den Umgang der Nationalsozialisten mit den slawischen Wurzeln Mecklenburgs oder um die Argumentation der Schleswig-Holsteinischen politischen Eliten mit ihren uralten Ungeteiltheitsversprechen handelt.

Seit langem schon hat sich die Theorie der Geschichtsschreibung von der Praxis der Geschichtsschreibung so weit verselbstständigt, dass der einzelne Forscher nur noch das eine oder das andere betreibt. Auf diese Weise ist eine hermetische Welt der Geschichtstheoretiker entstanden, die nur noch untereinander kommunizieren. Die Reflexion soll aber das Fach befruchten. Diese Festschrift soll ein Ansatz dazu sein, die Felder wieder zusammen zu führen.

Für die Gestaltung der Druckvorlage bedanken wir uns herzlich bei Anke Mann, Torben Kiel und Thomas Müller aus Greifswald sowie bei Jürgen Sikora aus Köln.

Greifswald
Köln
Kiel
Wedel/Holstein, im Februar 2003

Thomas Stamm-Kuhlmann
Jürgen Elvert
Birgit Aschmann
Jens Hohensee

TEIL 1

DIE GESCHICHTE

EIN VERGESSENES KREUZFAHRERTESTAMENT UND DIE AFFAIRE DE BOUILLON

HANS EBERHARD MAYER

Il git ici, le sieur Estienne;
Il a consommé ses travaux;
En ce monde il eut tant de maux
Qu'on ne croit pas qu'il y revienne.

Zerstörte Grabinschrift von Etienne Baluze in der Pariser Kirche St.-Sulpice (angeblich von ihm selbst verfasst).

Die Kreuzzugsforschung hat sich in den letzten Jahrzehnten verstärkt der „Heimatfront" zugewandt, d.h. dem interessanten Thema der Finanzierung und Vorbereitung individueller Kreuzfahrten.[1] Natürlich gehören auch vorsorglich errichtete Testamente in diesen Zusammenhang, und eine solches, das zu Ehren des Jubilars hier in Erinnerung gerufen sei, wurde schon 1708 von keinem Geringeren als dem großen Etienne Baluze (1630-1718), ohne den die französische Geschichtswissenschaft des 17. und frühen 18. Jahrhunderts nicht denkbar ist, im zweiten Band auf S. 477 seiner *Histoire généalogique de la maison d'Auvergne* veröffentlicht. Danach aber geriet es außerhalb der Lokalforschung der Dauphiné in Vergessenheit und wurde in der Kreuzzugsforschung überhaupt nicht ausgewertet, weshalb es hier erneut ediert werden soll. Dieses Schicksal hängt zusammen mit der Affaire de Bouillon, in die Baluze verwickelt wurde.

Geboren 1630 in Tulle in der Corrèze studierte Baluze in Toulouse Philosophie und seinem Vater zuliebe mit wenig Erfolg auch Zivilrecht, aber seine Liebe galt der Kirchengeschichte und dem Kirchenrecht.[2] Im Jahre 1656 kam er nach Paris, wo er seine gallikanischen Vorlieben ausbaute und mehr und mehr und öfters zu Lasten seiner Gesundheit sich geschichtlichen Forschungen und seinem ausführlichen Briefwechsel mit der historisch interessierten Welt Europas widmen konnte. Baluze trat hervor als großer Sammler und unermüdlicher und präziser Kopist historischer Dokumente, auch als versierter Editor und Historiograph.

Colbert ernannte ihn 1667 zu seinem Bibliothekar, was er bei dem Minister und dessen Erben 33 Jahre lang blieb. Er brachte für Colbert eine der bemerkenswertesten Handschriftensammlungen der Zeit zusammen, nicht ohne von den Ankäufen auch für sich selbst etwas abzuzweigen. Léopold Delisle, der bedeutendste Leiter, den die Pariser Handschriftensammlung je hatte, drückte es so aus, dass Baluze gelegentlich den Zehnten von jenen Handschriftensendungen aus der Provinz erhob, die eigentlich für Colbert bestimmt waren.[3] Aber natürlich

1 Siehe vor allem Giles Constable, The Financing of the Crusades in the Twelfth Century, in: *Outremer.* Studies in the History of the Crusading Kingdom of Jerusalem Presented to Joshua Prawer, hg. von B. Z. Kedar, H. E. Mayer, R. C. Smail (Jerusalem 1982) S. 64-88; Marcus Bull, *Knightly Piety and the Lay Response to the First Crusade.* The Limousin and Gascony c. 970-c. 1130 (Oxford 1993) S. 250-281; Jonathan Riley-Smith, *The First Crusaders 1095-1131* (Cambridge 1997), passim.

2 Zu Baluze siehe vor allem Émile Fage, *Etienne Baluze, sa vie, ses ouvrages, son exil, sa défense,* Bulletin de la Société des lettres, sciences et arts de la Corrèze 20 (1898) S. 135-161, 263-346, 445-484 und Dictionnaire d'histoire et de géographie ecclésiastiques 6 (Paris 1932) Spalte 439-452.

3 Léopold Delisle, *Le Cabinet des Manuscrits de la Bibliothèque Impériale 1* (Paris 1868) S. 365. Wessen Baluze als eifersüchtig auf die eigene Leistung bedachter Gelehrter fähig war, enthüllt Delisle 1, S. 366 f: Baluze kopierte 1711 auf 78 Quartseiten eine Chronik. Als ein Freund, dem er die Bitte schlecht abschlagen konnte, ihn um die leihweise Überlassung bat, kopierte er in seiner Angst, der Freund könne ihm hier etwas weg-

vermehrte er seine Bibliothek auch in redlicherer Weise, so dass Ludwig XV. nach dem Tode von Baluze dessen Handschriften für die heutige Bibliothèque Nationale für 30 000 Livres ankaufte, während die gedruckten Bücher im Einzelverkauf zerstreut wurden. Neben der Arbeit für Colbert stand eine pausenlose Forschungstätigkeit. Ludwig XIV. war von den Fähigkeiten von Baluze so beeindruckt, dass er ihn 1689 zum Professor für Kirchenrecht mit 600 Livres Jahresgehalt am Collège de France ernannte. In der gelehrten Welt war Baluze jetzt eine europäische Berühmtheit, und zu Recht. Im Jahre 1700 legte er seinen Bibliothekarsposten nieder, um sich mehr anderen Arbeiten widmen zu können. Von 1707 bis 1710 leitete er das Collège de France als Inspecteur und Syndicus.

Das Schicksal schlug zu im Jahre 1710, aber schon fünfzehn Jahre lang hatte sich der Sturm über dem Haupt des Ahnungslosen zusammengebraut. Baluze war an der Sache unschuldig, er zahlte die Zeche stellvertretend für Emmanuel-Théodose de la Tour-d'Auvergne, Kardinal de Bouillon (1643-1715), der ein Enkel des ersten Herzogs von Bouillon aus dem Hause La Tour-d'Auvergne war, folglich aus einem der ersten Adelsgeschlechter Frankreichs stammte, benannt nach dem Ort La Tour-d'Auvergne im Département Puy-de-Dôme, arrondissement Issoire.[4] Ludwig XIV. war Bouillon ursprünglich durchaus gewogen, sorgte 1669 für seine Ernennung zum Kardinal und ernannte ihn 1671 zum Großelemosinar von Frankreich. Ab 1685 verschlechterten sich die Beziehungen, Bouillon musste im Gefolge eines Streites zwischen Kurtisanen den Hof verlassen und sich nach Cluny zurückziehen, wo er Kommendatarabt war. Ein Versuch, 1688 Bischof von Lüttich zu werden, schlug fehl, aber er konnte die Wahl des Kardinals von Fürstenberg verhindern, der der Kandidat des Königs gewesen war. Während einer vorübergehenden Versöhnung schickte ihn Ludwig 1697 nach Rom, wo er die Verdammung von Fénélons gerade erschienener *Explication des maximes des saints sur la vie intérieure* erwirken sollte, aber Bouillon tat nichts, sondern hielt seine Hand über Fénélon. Der König berief ihn ab. Als er 1700 einem Befehl Ludwigs XIV., sich auf seine burgundischen Abteien zurückzuziehen, nur sehr langsam nachkam, nahm ihm der erzürnte König die Würde des Großelemosinars und die Einkünfte, gab ihm aber beides 1701 zurück. Allerdings durfte er sich Paris und Versailles auf weniger als 30 Meilen nicht nähern. Er ging jetzt nach Burgund, und da er ein Mensch war, der überall aneckte, wo er hinkam, waren die folgenden Jahre bis 1710 angefüllt mit Auseinandersetzungen mit den Mönchen von Cluny.

Im Jahre 1710 kam es zum erneuten und fast endgültigen Bruch, als Bouillon seine Prozesse gegen Cluny abschließend verlor. Er war jetzt so erbittert, dass er nach Holland floh, mit dem Ludwig gerade im Krieg lag. Der Kardinal verlor jetzt jedes Maß und hob sich in einem unverfrorenen und vom König an die Öffentlichkeit lanzierten Brief vom 22. Mai 1710 an Ludwig[5] quasi auf bourbonengleiche Höhen. Er legte in dem Brief sein Amt als Großelemosinar und als Mitglied des Ordens vom Hl. Geist nieder. Das befreie ihn aus den Treueiden, die er in beiden Eigenschaften dem König geleistet habe. „Je reprends, par ce moyen, la liberté que ma naissance de prince étranger, fils de souverain, me donne"; auch als Dekan des Kardinalkollegs sei er unabhängig. Hinter ersterem stand eine Episode aus der Geschichte von Sedan. Dort hatte die Familie La Marck lange Zeit über Bouillon und Sedan geherrscht, durchaus erfolgreich übrigens. Robert IV. de la Marck (†1556) machte, obwohl er Marschall von Frankreich war, Sedan zu einem vorübergehend unabhängigen Fürstentum und nahm,

nehmen, für ihn die Chronik nochmals, brachte dabei aber vorsätzlich Fehler hinein und hinterließ hierüber auch noch eine handschriftliche Notiz, damit er nicht später selber der verschlimmbesserten Kopie zum Opfer falle.

4 Zum Kardinal de Bouillon siehe Félix Reyssié, *Le cardinal de Bouillon* (Paris 1899) und Dictionnaire de biographie française 6 (Paris 1954) Spalte 1323-1325. Zur Affaire de Bouillon siehe außerdem Emmanuel de Broglie, *Mabillon et la société de l'abbaye de St.-Germain-des-Prés à la fin du XVIIe siècle* 2 (Paris 1888) S. 243-257 und Arthur M. de Boislisle, Le cardinal de Bouillon, Baluze et le procès des faussaires, in: *Mémoires de Saint-Simon*, hg. von Arthur de Boislisle, Band 14 (Paris 1899) S. 533-558.

5 Gedruckt bei Louis de Rouvoy, *Duc de Saint-Simon*, Mémoires (wie Anm. 4), Band 20 (Paris 1908) S. 14-16.

wenn auch ohne zureichende historische Grundlage, den Titel eines Prince souverain de Sedan an. Als die Familie im männlichen Zweig ausstarb, heiratete seine Enkelin den Großvater des Kardinals, Henri de la Tour-d'Auvergne, der damit Fürst von Sedan und erster Herzog von Bouillon wurde und natürlich den Titel eines Prince souverain weiterführte.[6] Schon der nächste Herzog aber konspirierte gegen Ludwig XIII., worauf das Fürstentum Sedan zu Gunsten der französischen Krone eingezogen wurde und es mit der „Unabhängigkeit" vorbei war, an die der Kardinal hier wenig taktvoll erinnert hatte.

Ludwig XIV. war nicht der Mann, der eine solche Provokation hingenommen hätte, zumal im Hintergrund der Herzog von Saint-Simon, jener unermüdliche Schilderer des goldenen Dschungels von Versailles, Stimmung gegen seinen Intimfeind Bouillon machte. Der Kardinal war in Holland nicht greifbar. Natürlich wurde sein Vermögen erneut konfisziert. Damit verlor auch Baluze jene Renten, die der Kardinal ihm aus den Einkünften des Großelemosinars für seine genealogische Arbeit gewährt hatte. Der König ließ sogar das unvollendete Mausoleum zerstören, das Bouillon seit 1708 für seine Eltern in Cluny zu bauen begonnen hatte,[7] was ein Gradmesser für die königliche Unversöhnlichkeit war. Doch da in der Politik nichts ewig währt, wurde Bouillon nach dem Frieden von Utrecht 1713, begnadigt, zog sich aber nach Rom zurück.

In dieses letzte Kapitel der Auseinandersetzung wurde Baluze hineingezogen, weil er mit seiner Autorität die angeblichen Grundlagen für die illustre Position der Familie La Tour-d'Auvergne gestützt hatte. Bereits 1694 hatte Jean-Pierre Bar,[8] ein nicht unbegabter Fälscher, der darauf spezialisiert war, Adelsfamilien die benötigten Nachweise für ihren alten Adel zu verschaffen, dem Kardinal de Bouillon einige Urkundentexte vorgelegt, die angeblich aus einem Chartular der Kirche St.-Julien de Brioude im Département Haute-Loire stammten und jenen Vorstellungen entgegenkamen, die der in diesen Dingen maßlose Bouillon über die Herkunft seiner Familie hatte, über die man tatsächlich vor dem 12./13. Jahrhundert nichts weiß. Jetzt aber ließen die „neu entdeckten" Urkunden das Haus La Tour von den Herzögen von Guyenne, Grafen von Auvergne, abstammen, und zwar schon im 10. Jahrhundert. Bouillon übergab die Dokumente den besten und kritischsten Geistern der Zeit: Etienne Baluze, Jean Mabillon und Thierry Ruinart. Alle drei saßen sie dem Fälscher auf und erklärten in einer schriftlichen Expertise von 1695 die Dokumente für echt.[9]

Andere zweifelten die Echtheit an, es kam zu einer Polemik, hinter der wohl Adelsfamilien steckten, die mit den La Tour rivalisierten. Baluze antwortete seinen Gegnern 1698 ohne Erfolg.[10] Diese stürzten sich nun auf Bar, der 1700 verhaftet wurde und jetzt einen vier Jahre währenden Prozess durchzustehen hatte, an dessen Ende er 1704 als Fälscher zu Vermögenskonfiskation und Verbannung verurteilt wurde, doch ließ ihn der König aus der Bastille erst gar nicht heraus.

Baluze wäre gut beraten gewesen, hätte er die Dinge in diesem Stadium versanden lassen. Aber mit der Starrköpfigkeit des Gelehrten beharrte er öffentlich auf der Echtheit der Urkunden, erst 1704 in einem *Tableau généalogique de la maison d'Auvergne*, dann 1708 in seiner zwei-

6 Über diese Unabhängigkeit goss Saint-Simon beißenden Spott: Sie sei „grande comme la main", und Henri sei „devenu de la sorte petit souverain en effet de quelques sangliers des Ardennes"; *Ecrits inédits de Saint-Simon publiés sur les manuscrits au dépôt des Affaires Étrangères*, hg. von M. P. Faugère, 3 (Paris 1881) S. 258, 263.

7 Reyssié, Cardinal de Bouillon S. 12, 203, 233-239.

8 Zu ihm siehe *Dictionnaire de biographie française 5* (Paris 1951) Spalte 131-133.

9 Die Expertise wurde erneut gedruckt 1708 als Anhang zu Baluze, *Histoire généalogique de la maison d'Auvergne*, Band 1. In der Literatur hat allein Arthur de Giry, Manuel de diplomatique (Paris 1894) S. 881-883 die Meinung vertreten, von dem Trio seien nur Mabillon und Ruinart schuldlos gewesen, während Baluze gewusst habe, dass es sich um Fälschungen handelte.

10 *Lettre de Monsieur Baluze pour servir de response à divers escrits qu'on a semez dans Paris et à la Cour contre quelques anciens titres qui prouvent que Messieurs de Bouillon d'aujourd'huy descendent en ligne directe et masculine des anciens ducs de Guyenne et comtes d'Auvergne*, Paris 1698, erneut abgedruckt 1708 als Anhang zu Baluze, *Histoire généalogique de la maison d'Auvergne*, Band 1.

bändigen *Histoire généalogique de la maison d'Auvergne*. Das Privileg Ludwigs XIV., das Baluze die Verwertung dieses Werks auf zehn Jahre nach Erscheinen sicherte, ist schon vom 8. Februar 1705 und am Ende von Band 2 abgedruckt. Der Druck des Werks war 1708 abgeschlossen, das ist die Jahreszahl auf den Titelblättern der beiden Bände. Tatsächlich begann die Auslieferung erst im Sommer 1709, und bald genug sollte sie wieder enden.

Bis dahin war die Sache nur ein Gelehrtengezänk gewesen, das den König natürlich nicht interessierte. Nur einmal hatte er sich irritiert gezeigt, als man gegen Baluze die absurde Beschuldigung erhob, er sei widerrechtlich in den Trésor des Chartes, also das königliche Archiv, eingedrungen und habe dort gefälschte Urkunden deponiert, die er dann „finden" konnte, um sie in seinem Werk über das Haus Auvergne zu verwenden, doch hatte sich der König wieder beruhigt.[11] Als es 1710 zum großen Bruch zwischen Ludwig XIV. und Bouillon kam, der König aber in Holland des Kardinals nicht habhaft werden konnte, da drosch er, denn anders kann man es nicht sagen, auf Baluze ein, der zwar die Echtheit der in Frage stehenden Urkunden verteidigt hatte, für alle Schlussfolgerungen, die der Kardinal daraus gezogen hatte, aber nicht verantwortlich war. Gleichwohl zahlte er jetzt stellvertretend für Bouillon. Das war umso erstaunlicher, als manche der Grundzüge des genealogischen Systems, das Baluze entwickelte, schon 1645 von dem 1649 gestorbenen Christofle Justel in seiner *Histoire généalogique de la maison d'Auvergne* (2 Bände, Paris 1645) vorgetragen worden waren.

Eine Ordre des Königs vom Juli 1710 verbannte Baluze aus Paris, und damit verbanden sich natürlich der Verlust seines Lehrstuhls am Collège de France und seines dortigen Einkommens. Er war ruiniert. Seine *Histoire généalogique de la maison d'Auvergne* wurde verboten, das königliche Druckprivileg durch einen Beschluss des Conseil du Roi vom Juli 1710[12] revoziert, die Auflage eingestampft. Es kümmerte den König nicht, dass er mit Baluze einen bereits 80 Jahre alten Greis der Not überantwortete. Die alte deutsche Weisheit: „Der Beamte hat nichts, aber das hat er sicher" hatte im Absolutismus natürlich keine Geltung. Auch als Baluze 1712 schwer erkrankte und um die Möglichkeit der Rückkehr nach Paris bat, blieb Ludwig unbeugsam. Baluze musste zwischen Rouen und Lyon ein unstetes Wanderleben führen, meist unterhalten von Freunden und Kollegen. Erst als Bouillon 1713 begnadigt wurde, musste man auch Baluze nach Paris zurücklassen, aber er bekam weder seinen Lehrstuhl, noch seine Einkünfte zurück. Auch die reichliche Bezahlung in Form eines Priorats und diverser Renten und Pensionen, die er von Bouillon für seine Arbeit erhalten hatte, blieben verloren. In rascher Folge starben nun die Protagonisten der Affaire: 1714 Bar in der Bastille, 1715 Ludwig XIV. in Versailles und Bouillon in Rom, 1718 Baluze in Paris.

Bei der Seltenheit der ja überwiegend eingestampften *Histoire généalogique de la maison d'Auvergne* ist es nicht erstaunlich, dass das darin publizierte Kreuzfahrertestament in der modernen Kreuzzugsforschung keine Rolle gespielt hat. Die Masse des Materials von Baluze zur Geschichte des Hauses La Tour war echt, die Falsa bildeten nur einen verschwindenden Anteil, wenngleich sie natürlich für die Zeit am wichtigsten waren. Zu dem echten Material gehört auch das Testament, denn das Original, nach dem Baluze publizierte, liegt noch unter der Signatur J. 1138 no. 5 im Pariser Nationalarchiv. Es handelt sich um ein in einer Schrift der zweiten Hälfte des 12. Jahrhunderts gehaltenes, undatiertes Chirograph mit dem üblichen horizontal zerschnittenen Abecedarium am oberen Rande. Es ist zweifach besiegelt, einmal von Graf Robert IV. von Clermont, zum anderen vom Aussteller Arbertus de Turre, dessen Siegel aber nur fragmentarisch erhalten ist. Der Inhalt ist detaillierter, als man dies sonst kennt. Aubert führt aus, er sei im Begriff, nach Jerusalem aufzubrechen, und verfüge auf den Rat des Abtes Aubert von St.-Chef und des Grafen Robert und vieler seiner Leute wie folgt: Während seiner Abwesenheit hat seine Frau die Aufsicht über die Söhne und verwaltet auch das gesamte Ver-

11 Fage, Etienne Baluze S. 271-279.
12 Gedruckt bei Saint-Simon, *Mémoires* (wie oben Anm. 4) 20, S. 42-44.

mögen. Sollte Aubert auf dem Kreuzzug sterben, soll seine Frau sein ganzes Gut haben, solange sie nicht wieder heiratet. Tut sie dies aber, so soll sie auf Lebenszeit Crémieu, Département Isère, arrond. La Tour-du-Pin haben. Dagegen erhält den restlichen Besitz der älteste Sohn oder, wenn er ausfallen sollte, der zweitälteste. Fallen beide aus, dann geht die Erbschaft an die älteste Tochter oder, wenn auch sie ausfällt, an die zweitälteste. Gibt es überhaupt keine erbfähigen Kinder mehr, dann tritt die für diesen Fall vorgesehene gesetzliche Erbfolge ein. Es folgt am Ende eine lange Zeugenliste, in der in vielen Fällen aber nur die Vornamen stehen, während die Zunamen von derselben Hand in kleinerer Schrift interlinear zugefügt sind. Baluze hat diese Zusätze in seinem Druck auch interlinear wiedergegeben. Das an sich seltsame Arrangement dürfte damit zusammenhängen, dass man das Pergament zu klein zugeschnitten hatte, das man sich beim Chirograph ja immer doppelt so groß wie die noch erhaltene Hälfte vorstellen muss, weil auf der fehlenden Hälfte derselbe Text nochmals stand.[13] Selbst so war am Ende so wenig Platz, dass die letzten zweieinhalb Worte heute von der hochgeklappten Plica verdeckt werden.

Der Aussteller ist ein La Tour, aber kein La Tour-d'Auvergne. Baluze interessierte das Stück in zweifacher Weise, einmal wegen des zweimal genannten Grafen Robert, der die Urkunde gemeinsam mit Aubert de la Tour-du-Pin besiegelte. Sein Reitersiegel bildete Baluze ab mit der Umschrift SIGILLVM ROTBERTI CLAROMONTIS COMITIS.[14] Bei Robert von Clermont handelt es sich um den Grafen Robert IV. von der Auvergne,[15] der der Schwiegervater Auberts II. von La Tour-du-Pin war, und eben mit diesen Grafen brachte Baluze ja das Haus La Tour d'Auvergne genealogisch zusammen. Schon Wilhelm VI. von der Auvergne (1060-1136) nannte sich, solange sein Vater noch lebte, Graf von Clermont.[16] Robert IV. erscheint ab 1182 und starb ca. 1194. Damit ist das Stück in die Zeit des dritten Kreuzzuges datiert, zwischen der Kreuznahme des französischen Königs Philipp II. Augustus in Gisors am 21. Januar 1188 und seinem Aufbruch zum Kreuzzug von Vézelay aus am 4. Juli 1190.[17]

Das andere ebenfalls von Baluze abgebildete Siegel war schon zu seiner Zeit nur fragmentarisch erhalten. Es zeigte im Bild einen Turm, die Umschrift las Baluze als SI.....TI DE TVR.. (= Sigillum Auberti de Turre). Den Aussteller hat Baluze zutreffend identifiziert mit Aubert II. de La Tour-du-Pin in der Dauphiné, gleichfalls aus einer der führenden Familien Frankreichs, benannt nach einer Kreisstadt im Département Isère. Dies ergibt sich eindeutig aus dem in der Urkunde genannten *Arbertus abbas sancti Theuderi*, denn das ist St.-Theudaire, meist St.-Chef genannt, im canton Bourgoin, arrondissement La-Tour-du-Pin im Département Isère, also gleichsam der Hausabt der Familie. Auch bei den Zeugen sind einige der Herkunftsnamen Orte im Département Isère, zum Beispiel Morestel, Faverges-de-la-Tour und Quirieu (Gemeinde Mépieu), alle im arrondissement La Tour-du-Pin. Die La Tour-du-Pin hielt Baluze für eine Seitenlinie der La Tour d'Auvergne. Von irgendwelchen Taten Auberts II. auf dem Kreuzzug ist nichts bekannt, auch ist nicht ganz sicher, ob er zurückgekehrt ist, weil sein Sohn ebenfalls Aubert hieß, so dass bei den ersten Erwähnungen nach dem Kreuzzug unsicher bleibt, ob es sich um den Vater oder um den Sohn handelt. Ich lasse die Edition des Testaments nach dem Original folgen in der Hoffnung, dass es künftig in der Kreuzzugsgeschichte mehr Beachtung finden wird. Was interlinear steht, wird in runden Klammern gedruckt.

13 Ein Exemplar bekam wohl die Frau Auberts, das andere Graf Robert IV. von Clermont (Auvergne), denn im Nationalarchiv liegt J. 1138 no. 5 unter den Urkunden der Auvergne.
14 Abgebildet ist es auch bei Louis-Claude Douet d'Arcq, *Collection de sceaux* 1 (Paris 1863) S. 324 no. 382.
15 Zu ihm siehe *Dictionnaire de biographie française* 4 (Paris 1948) Spalte 757.
16 Ebd. Spalte 756.
17 Baluze, *Histoire généalogique de la maison d'Auvergne* 1, 252 f. hat es wohl richtig zu ca. 1190 datiert.

Aubert II. von La Tour-du-Pin errichtet am Vorabend seines Aufbruchs zum Dritten Kreuzzug ein Testament.

(1188 Januar 21 -1190 Juli 4.)

Zweifach besiegeltes Originalchirograph (J. 1138 no. 5) im Nationalarchiv zu Paris (A).
Drucke: Etienne Baluze, Histoire généalogique de la maison d'Auvergne 2 (Paris 1708) S. 477 aus A mit leichten Fehlern = Jean-Pierre Moret de Bourchenu, Marquis de Valbonnbais, Histoire de Dauphiné et des princes qui ont porté le nom de Dauphins 1 (Genève 1722) S. 182. – Roland Delachenal, Histoire de Crémieu (Grenoble 1889) S. 468 Nr. 2 aus A.
Regesten: Louis-Georges Oudart Feudrix de Bréquigny, Table chronologique des diplômes, chartes, titres et actes concernant l'histoire de France 4 (Paris 1836) S. 134. – Ulysse Chevalier, Regeste dauphinois 1 (Valence 1913) Spalte 857 Nr. 563.
Keine alten Rückvermerke.

A B C D E F G H K[18]

Quia providere sibi de futuro non erit inutile, ideo ego Arbertus de Turre iter peregrinationis dei gratia in Iherosolimitanas partes agredi volens consilio Arberti abbatis sancti Theuderi[19] et domni Roberti comitis et multorum subiectorum meorum de omnibus meis rebus hoc modo determino, cilicet quod tutelam tam filiorum quam omnium mearum possessionum uxori mee dimitto. Si forte obiero in peregrinatione, quam diu a marito abstinere voluerit, omnia mea habeat. Si vero alteri viro nubere voluerit, Crimiacum cum apendiciis suis omnibus diebus vite sue habeat, ita tamen ut nichil ex his alienare possit preter usu fructum, quin ad meos heredes redeat. Dominium omnium mearum rerum primogenito filio meo dimitto; si primogenitus defuerit, subsequenti; si uterque, primogenite filie dimitto; si prima defuerit, subsequens habeat. Si omnes heredes michi defuerint, hereditatem meam habeat, qui iure hereditario succedere debet.

Testes sunt Arbertus abbas, comes Robertus, Durannus de la Mota, Petrus (Laurencius), Barnardus (Cospel), Vgo (de Mausac), Petit (Cocus), Petrus (Saramatus), Bertrannus (de la Sala), Estorgius (de la Mota), Baraton, Gofredus (de Moirenc), Berlio (de Turre), Iacelin (de Morestel), Berlio (Latars), Aynardus (de Faiurgas), Willelmus (de la Porta), Amblardus (de Quireu),[20] Othmarus (Bollat), et fere omnes milites Arberti testes sunt, qui omnes iuraverunt, quod hec autio[21] secundum quod difinitum[22] est teneatur. (SS. PP.)[23]

18 Darüber auf dem Kopf stehend und auf halber Höhe horizontal durchtrennt A B C D E F G A
19 A; besser wäre „Theuderii“
20 Baluze druckte „Dreu“
21 statt *actio* A
22 „tum est teneatur“ steht unter der hochgeklappten Plica A
23 Zu den beiden Siegeln siehe oben.

VON SKLAVENKASSEN UND KONVOIFAHRTEN

DIE ARABISCHEN SEERÄUBER UND DIE DEUTSCHE SEEFAHRT IM 17. UND 18. JAHRHUNDERT

ROBERT BOHN

Einem Brief aus dem Jahre 1734, den ein in Amsterdam weilender Hamburger Kaufmann an seinen Bruder in die Hansestadt schickte, entnehmen wir folgende Klage:

> „Die Navigation der Stadt [gemeint ist Hamburg] hat bekanntermaßen seit dem Utrechtschen Frieden stark abgenommen, und insoweit ist die Fahrt auf Spanien, Portugal und das Mittelländische Meer, wohin ehemals wohl 40 bis 50 Schiffe in einem Jahre gegangen, anitzo, seitdem England, Holland und Schweden Frieden mit Algier haben, fast völlig aus, und wird bis auf ein oder zwey Paar Schiffe, so nach Portugal und Cadix fahren, mit lauter frembden Schiffen geführet. Daher die Convoyers, so der Stadt soviel gekostet, unnütze liegen und nicht gebrauchet werden."[1]

Im selben Jahr wurde auch von den Interessensvertretern der Hamburger Kaufmannschaft, den Commerzdeputierten, dem Rat der Hansestadt gegenüber festgestellt, dass die Konvoifahrt wegen zu hoher Kosten nicht mehr lohne, weil „die hiesigen Kaufleute doch lieber in frembden Schiffen laden würden, als in unsere auch mit Convoye gehenden."[2]

Diese beiden Dokumente aus dem Hamburger Seehandel des frühen 18. Jahrhunderts stellen schlaglichtartig die Problemkreise heraus, um die es im Folgenden gehen soll. Dabei ergeben sich drei einleitende Fragen: Wie konnte durch Friedensverträge europäischer Staaten mit Algier die Hamburger Handelsschifffahrt beeinträchtigt werden? Wie sah diese Beeinträchtigung aus? Wie reagierten die Hamburger Kaufleute und Reeder und der Senat der Hansestadt darauf? In die Betrachtung dieses Fragenkomplexes werden die beiden anderen Hansestädte Bremen und Lübeck einbezogen.

Die Jahre um 1734 markieren für Hamburg eine Wendemarke in der seefahrts- und handelsgeschichtlichen Entwicklung. In ihnen wurden die Grundsteine dafür gesetzt, dass sich die Stadt bis zum Ende des Jahrhunderts zu einer der führenden Seehandels- und Finanzstädte der Welt entwickelte und für den europäischen Kapitalmarkt eine nicht zu überschätzende Bedeutung erlangte. Dass die Piraten des fernen Nordafrika dazu auf sogar entscheidende Weise beigetragen haben sollen, mag auf den ersten Blick überraschen. Die folgenden Ausführungen sollen gerade diesen Beitrag darstellen.[3]

Zum besseren Verständnis der Thematik zunächst einige Bemerkungen über die politische und wirtschaftliche Entwicklung Hamburgs bis zum 18. Jahrhundert, wobei die Bedeutung der sogenannten Spanienfahrt für den Handel der norddeutschen Seestädte, insbesondere Hamburgs, hervorzuheben ist:

Trotz aller Klagen, die hier und da in den Handel betreffenden Quellen zum Ausdruck kommen, befanden sich die Hansestädte (Bremen, Hamburg u. Lübeck) – vor allem aber

1 Commerzbibliothek Hamburg, H 516/4 2° Nr. 78; hierzu Ernst Baasch, *Hamburgs Convoyschiffahrt und Convoywesen*, Hamburg 1896, S. 53, Fn. 2.

2 Bei Hans Pohl, *Die Beziehungen Hamburgs zu Spanien und dem Spanischen Amerika in der Zeit von 1740 bis 1806*, Wiesbaden 1963 (VSWG Beiheft 45), S. 66; auch Baasch, Hamburgs Convoyschiffahrt, S. 54.

3 Zuletzt hat sich Ernst Baasch vor über 100 Jahren mit dem Thema Barbaresken und Hansestädte umfassend befasst: Ernst Baasch, *Die Hansestädte und die Barbaresken*, Kassel 1897. Zur Quellenlage siehe Pierre Jeannin, Die Hansestädte im europäischen Handel des 18. Jahrhunderts, in: HANSISCHE GESCHICHTSBLÄTTER 89 (1971), S. 42 ff.

Hamburg – im letzten Viertel des 17. Jahrhunderts im Zustand wirtschaftlicher Blüte.[4] Zwar war der Handel mit dem Binnenland allerlei Zollbeschränkungen und Stapelzwängen unterworfen und immer wieder durch politische Verwicklungen vor allem mit Dänemark bedroht, doch konnte Hamburg, um mit den Worten eines zeitgenössischen italienischen Reisenden zu sprechen,[5] als „das Thor Deutschlands von der Seeseite genannt werden, durch welches dies Land alle Lebensbedürfnisse aus den entferntesten Reichen empfängt und wieder ausführt."

Hamburg war die deutsche Stadt, die den ausgedehntesten Seehandel betrieb und die die mit Abstand größte Handelsflotte des Reiches besaß.[6] Mit ihr stand Hamburg auch in der vordersten Reihe aller europäischen Seestädte. Die Stadt galt den Zeitgenossen als die reichste des Hl. Römischen Reiches[7], was durch neuere wirtschaftsgeschichtliche Untersuchungen bestätigt wird.[8]

Dazu trugen wesentlich einige günstige Handelsverträge mit Spanien, Frankreich und England bei, die in der zweiten Hälfte des 17. Jahrhunderts abgeschlossen werden konnten. Vor allem der Handel mit Spanien, wohin die meisten Geschäftsverbindungen gingen, hatte für Hamburg eine nicht zu unterschätzende Bedeutung.[9] Hamburger Schiffe nahmen sogar in nicht unerheblichem Umfang am Handel nach dem spanischen Amerika teil, der offiziell Monopol Spaniens war, tatsächlich aber fast vollkommen in der Hand der westeuropäischen Handelsnationen lag. Hamburg war hieran mit etwa acht Prozent beteiligt, zu jeweils rund 20 Prozent die Franzosen, Holländer, Engländer und Genuesen.[10] Die Hamburger Reederei konnte jedoch während der verschiedenen kriegerischen Verwicklungen jener Zeit ihren Anteil wegen ihrer neutralen Flagge jedes Mal beträchtlich erweitern, während die Konkurrenten unter den Kaperfahrern der Gegner zu leiden hatten.

Spanien wiederum war neben Portugal Hauptabnehmer der hamburgischen Zwischenhandelsprodukte aus dem Elbhinterland; dies gilt, in erheblich kleinerem Maßstab, auch für Bremen und das Weserhinterland. An erster Stelle stand die Leinwandausfuhr, die zeitweise mehr als die Hälfte des Wertes des Hamburgischen Gesamtexports nach der Iberischen Halbinsel ausmachte, von wo aus deren Kolonien mit dieser Ware versorgt wurden.[11] Die Handelsbilanz mit Spanien (und Portugal) war für Hamburg stets positiv. Dadurch kamen beträchtliche Mengen amerikanischen Silbers in die Stadt, das wiederum in nicht unerheblichem Maße dazu beitrug, dass Hamburg den zahlreichen Kontributionsverpflichtungen dem Reich gegenüber nachkommen konnte.[12]

Dieser Handelsaustausch, in den auch die nördliche Mittelmeerküste einbezogen war, wurde, und auch das war wichtig für die Handelsbilanz, im 17. Jahrhundert zum größten Teil auf eigenen, das heißt hamburgischen, bremischen und lübeckischen Schiffen bewerkstelligt.[13]

Doch diese Handelsflotte war, wie diejenige der anderen seefahrenden Nationen Europas auch, seit dem frühen 17. Jahrhundert in starkem Maße der Piraterie nordwestafrikanischer

4 Vgl. Baasch, Hamburgs Convoyschiffahrt, S. 10 f.
5 Des Grafen Galeazzo Gualdo Priorato Beschreibung von Hamburg im Jahre 1663, in: ZEITSCHRIFT DES VEREINS FÜR HAMBURGISCHE GESCHICHTE Bd. 3 (1851), S. 152.
6 Einer amtlichen Liste zufolge waren 1672 mindestens 277 Schiffe von zusammen über 21.000 Last Tragfähigkeit in Hamburg beheimatet. Vgl. Walther Vogel, *Die Deutschen als Seefahrer.* Kurze Geschichte des deutschen Seehandels und Seeverkehrs von den Anfängen bis zur Gegenwart, Hamburg 1949, S. 130.
7 „Ville la plus riche et la plus florissante d'Allemagne." Huet, Mémoires sur le commerce des Hollandais, Nouv. éd. Amsterdam 1718, S. 72; hierzu Baasch, Hamburgs Convoyschiffahrt, S. 11.
8 *Hamburg.* Geschichte der Stadt und ihrer Bewohner, hrsg. v. W. Jochmann u. H.D. Loose, Bd. 1: Von den Anfängen bis zur Reichsgründung, Hamburg 1982, S. 328 ff.
9 Zahlen hierzu bei Pohl, *Die Beziehungen Hamburgs zu Spanien*; auch Hamburg. Geschichte der Stadt ..., S. 331.
10 Vgl. Pohl, Die Beziehungen Hamburgs zu Spanien, S. 9.
11 Vgl. ebd., S. 11.
12 Hierzu Hamburg. Geschichte der Stadt ..., S. 288 ff.
13 In der Jahrhundertmitte waren es über 60 Hamburger Schiffe gewesen, die jährlich nach Spanien, Portugal und ins Mittelmeer gingen. Vgl. Pohl, Die Beziehungen Hamburgs zu Spanien, S. 8.

Seeräuber ausgesetzt. Hatte es bis zum Ausgang des Mittelalters noch einen regelmäßigen Handelsaustausch Nordafrikas mit dem christlichen Abendland gegeben, so ergab sich nach dem Fall Granadas 1492 und der Vertreibung der Muslime aus Spanien eine neue Lage. Zu deren Verschärfung trugen die – letztlich vergeblichen – Versuche der Portugiesen und Spanier in der ersten Hälfte des 16. Jahrhunderts bei, ihre Herrschaft nach jenseits der Straße von Gibraltar auszudehnen.

In Nordwestafrika, im so genannten Maghreb, waren in diesen ersten Jahrzehnten des 16. Jahrhundert in einer komplizierten Ethno- und Soziogenese[14] aus den zerfallenden Berberreichen vier Herrschaftsgebilde entstanden – Marokko, Algier, Tunis und Tripolis –, die sich, vor allem nach der Seeschlacht von Lepanto 1571[15], alle in einem permanenten Kriegszustand mit den christlichen Völkern und Staaten fühlten, und die dem, was die christlichen Staaten Piraterie nannten, eine religiöse Motivation gaben. Im Abendland wurde schon recht bald die Bezeichnung Barbarenstaaten oder Barbaresken für diese gleichartig organisierten Herrschaftsgebilde gebräuchlich; eine Bezeichnung, die sich verfestigte und über die Existenz dieser Herrschaftsgebilde hinaus hielt.[16]

Algier, das damals rund 100.000 Einwohner zählte, war von ihnen stets das weitaus bedeutendste Reich. Die herrschende Schicht rekrutierte sich aus Korsaren ungewisser Herkunft, wobei es sich nach neuerer französischer Forschung[17] überwiegend um griechische sogenannte Renegaten gehandelt haben soll. Diese Staatsgebilde fanden Rückhalt beim Sultan des Osmanischen Reiches, der auf diese Weise nicht nur, außer Marokko, zum Oberherrn von Nordwestafrika aufstieg, sondern auch eine Kriegsflotte bekam, mit der die Ambitionen der Habsburger und der Handel der Venetianer im Mittelmeer zurückgedrängt werden konnten. Diese ließen bekanntlich, quasi in Fortsetzung des Kreuzzugsgedankens, die Malterserritter die arabischen Korsaren bekämpfen.

Die maghrebinischen Korsaren ihrerseits konnten, wenn sie Schiffe von Nationen überfielen, die mit der Türkei im Krieg waren, behaupten, es handele sich um legitime Kaperei, wie sie zwischen Kriegführenden allgemein üblich war. Die Angriffslust und Seetüchtigkeit sowie die Unzugänglichkeit ihrer Schlupfwinkel, auch die Uneinigkeit des Abendlandes[18], machte diese Korsaren, deren Staatsgebilde sich nach und nach vom Osmanischen Reich emanzipierten, für rund 300 Jahre nicht nur zu Herren des Mittelmeeres. Auch die Fahrwasser zwischen den Azoren und den Küsten Portugals und Frankreichs wurden durch sie stark gefährdet. Wiederholt erschienen ihre Schiffe sogar im Kanal und vor der Elbmündung. Letzteres geschah noch im Jahre 1817, als tunesische Schiffe in der Nordsee kreuzten. Die Herrscher in

14 Hierzu für einen Überblick: Peter v. Sivers, Nordafrika in der Neuzeit, in: *Geschichte der arabischen Welt*, hrsg. v. U. Haarmann, München 1987, S. 502-90. Siehe auch Jörg Manfred Mössner, *Die Völkerrechtspersönlichkeit und die Völkerrechtspraxis der Barbareskenstaaten* (Algier, Tripolis, Tunis 1518–1830), Berlin 1968. Überblick über die Geschichte dieser Staaten ebd. S. 1-33.

15 Ekhart Berkenhagen, Lepanto 7.10.1571 – Blutigster Tag globaler Marinehistorie, in: DEUTSCHES SCHIFFAHRTSARCHIV, 19, 1996.

16 Indem ich diese zeitgenössische Terminologie übernehme, bin ich mir der semantischen Problematik bewusst und auch der Tatsache, dass zwischen diesen Staatsgebilden zu differenzieren ist. – Bereits im 18. Jahrhundert machten sich Geschichtsschreiber kritische Gedanken über die zutreffende Bezeichnung dieser Staatsgebilde: Dietrich H. Hegewisch, Erörterung der Frage: Ist es recht, dass wir die Algerier, Tunetaner und Tripolitaner Seeräuber nennen? Nebst einigen Anmerkungen über die bisherigen Vorschläge, die Europäische Schifffahrt gegen diese Völker sicher zu stellen, in: D.H. Hegewisch, *Historische, philosophische und literarische Schriften,* Hamburg 1793, S. 18-33. Hegewisch führte das als Piraterie dargestellte Phänomen ursächlich auf die Übergriffe der Spanier und Portugiesen im Zuge der Reconquista und kolonialen Expansion zurück.

17 Gustave E. Grunebaum, FischerWeltGeschichte Bd. 15: *Der Islam*, Bd 2, Frankfurt 1971, S. 400 ff. (Soziale und wirtschaftliche Interessenskonstellationen in den Berberstaaten). – Das Korsarentum spielte in den nordafrikanischen Herrschaften vor allem im 17. Jahrhundert als wirtschaftlicher und sozialer Stabilisierungsfaktor eine bedeutende Rolle.

18 Das Misstrauen der europäischen Mächte vereitelte immer wieder Bemühungen, gemeinsam gegen die Barbaresken vorzugehen. „Das planlose Vorgehen kam indirekt nur den Barbaresken zustatten." Hermann Wätjen, *Die Niederländer im Mittelmeergebiet zur Zeit ihrer höchsten Machtstellung*, Berlin 1909, S. 82.

diesen Barbareskstaaten nannten sich in Algier, Tunis und Tripolis Bey oder Dey; der in Marokko nannte sich Sultan, von den europäischen Mächten wurde er sogar Kaiser tituliert.

Für die Handelsschifffahrt aller europäischen Staaten kam solchermaßen für die Schiffe, die in die Biskaya und weiter nach Süden fuhren, zu den Unwägbarkeiten der See die mindestens ebenso große Gefahr der Piraterie hinzu. Es handelte sich, fiel man in Barbareskenhand, immer um einen Totalverlust von Schiff, Ladung und Besatzung. Letztere landete, wenn sie bei der Kaperung mit dem Leben davonkam, in der Regel auf den nordafrikanischen Sklavenmärkten.[19] Diesem Risiko standen Kapitäne wie Schiffsjungen und auch Passagiere gleichermaßen gegenüber.[20]

Die Kapergefahr und die Sklaverei in Nordafrika war somit ein durchgängiges Motiv in der europäischen Seefahrt der frühen Neuzeit, und deshalb nimmt es nicht Wunder, dass vom frühen 17. Jahrhundert bis in das 19. Jahrhundert hinein die arabische Sklaverei ein beliebtes Sujet auch der schöngeistigen Literatur war. Die einschlägigen Werke reichen von Shakespeares „The Tempest“ aus dem Jahre 1611 bis zu August von Kotzebues Lustspiel „Der Harem“ von 1824.[21] Das Interesse wurde immer wieder durch Berichte freigekaufter oder sonst wie aus der Gefangenschaft entkommener Seefahrer, oder aber durch in Postillen veröffentlichte Briefe von gefangen Gehaltenen, immer aber durch Schreckensberichte angeheizt.[22]

Reißerische Bücher über diese Sklaverei werden noch heute geschrieben[23], doch wurde bereits vor 40 Jahren in der wissenschaftlichen Literatur eine differenziertere Betrachtung vorgeschlagen: Demnach sollte bei der Beurteilung dieser Sklaverei beachtet werden, dass der Begriff Sklave meist nur von europäischer Seite gebraucht wurde. Aus islamischer Sicht war der gefangene europäische Seemann ein Kriegsgefangener, der, solange er nicht zum Islam übertrat, dienen musste, was aber nicht bedeutete, dass er völlig rechtlos wurde. Er konnte fallweise sogar Geschäften nachgehen, aus deren Erlösen er sich freikaufen konnte. Wir haben es hier also mit einer fundamental unterschiedlichen Auffassung von Sklaverei zu tun.[24] Schon in Johann Heinrich Zedlers ‚Universal-Lexicon, Aller Wissenschaften und Künste‘ aus dem Jahre 1732 ist zu lesen: „Von den Christlichen Leibeigenen werden Speiß- und Trinck=Häuser gehalten, wodurch sie ihren Herren vielen Vortheil zuwegebringen“[25]. Der Einsatz auf einer Galeere, das Schlimmste, was einem passieren konnte, war zeitlich begrenzt. Die Privatsklaven dagegen waren Teil der Familien. Unzählige so genannte Renegaten konnten im Dienst bei den Barbaresken reüssieren, wie das Beispiel Hark Olufs am schönsten zeigt.[26] Olufs stand mit seinem Bericht über die Zeit seiner ‚Sklaverei‘ bei den Barbaresken, den er nach seiner Rückkehr nach Nordfriesland verfasste, hinsichtlich seiner Sichtweise nicht allein. Auch der Baron

19 Vgl. J. F. Voigt, Deutsche Seeleute als Gefangene in der Barbarei, in: MITTEILUNGEN DES VEREINS FÜR HAMBURGISCHE GESCHICHTE Bd. 2 (1882), S. 26-31. – Eindrucksvoll die auf zeitgenössischen Aufzeichnungen basierende Schilderung eines solchen Sklavenschicksals, nämlich das des nordfriesischen Schiffsführers Hark Olufs durch Martin Rheinheimer, Der fremde Sohn. Hark Olufs´ Wiederkehr aus der Sklaverei, Neumünster 2001 (Nordfriesische Quellen und Studien Bd. 3).

20 Zur Kaperei im Mittelmeer siehe überblicksartig Fernand Braudel, *Das Mittelmeer und die mediterrane Welt in der Epoche Philipps II.,* Frankfurt /M. 1990, Bd. 2, S. 692-729. Aber nicht nur bei Kaperei bestand die Gefahr der Versklavung, sondern auch bei den Landkriegen mit dem Osmanischen Reich in Südosteuropa. Es darf aber auch nicht verschwiegen werden, dass es die Versklavung Gefangener und die Erpressung von Lösegeld auch auf christlicher Seite gab. Malta, Livorno und Neapel waren bedeutende Sklavenmärkte.

21 Hierzu Mounir Fendri, „Barbaresken“ – Das Bild des Maghrebiners in der deutschen Literatur im 18. und bis Mitte des 19. Jahrhunderts. Imagologie und kultureller Wandel im deutsch/europäisch-arabischen Verhältnis, in: Bernd Thum & Gonthier-Louis Fink (Hg), *Praxis interkultureller Germanistik*, München 1993, S. 669-683.

22 Vgl. Ernstpeter Ruhe, Christensklaven als Beute nordafrikanischer Piraten. Das Bild des Maghreb im Europa des 16. - 19. Jahrhunderts, in: Ders. (Hg.), *Europas islamische Nachbarn.* Studien zur Literatur und Geschichte des Maghreb, Bd. 1, Würzburg 1993, S. 159-186.

23 Z.B. Stephen Clissold, *The Barbary slaves*, o.O., 1992

24 Hierzu Godfrey Fisher, *Barbary Legend.* War, trade and piracy in North Africa 1415-1830, Oxford 1957, S. 102 f.

25 Johann Heinrich Zedler, *Universal=Lexicon*, Halle u. Leipzig 1732, S. 1198.

26 Vgl. Rheinheimer, Der fremde Sohn.

von Rehbinder, der selbst mehrere Jahre in algerischer Gefangenschaft verbrachte, lieferte seinen Zeitgenossen in mehreren Bänden eine differenzierte Schilderung über seine Zeit bei den Barbaresken.[27] Indem er die Methoden der Versklavung von Afrikanern durch die Europäer sowie die Behandlung von gefangenen algerischen Schiffsbesatzungen schildert, relativiert er den zeitgenössischen Barbareskenmythos und mahnt seine Leser, dass „man in allen diesen Fällen [wird] eingestehen müssen, dass die so aufgeklärten und civilisierten Europäer in Hinsicht der Behandlung ihrer Kriegsgefangenen und Sclaven, von Völkern und Nationen, die sie Barbaren nennen, beschämt werden“[28]. Doch die von den Aufklärern des späten 18. Jahrhunderts dem Publikum nahe gelegte differenzierte Sichtweise konnte sich nicht durchsetzen.[29] Demgegenüber stand und steht die landläufige und deshalb zähe Meinung, dass „die Barbaresken die Angehörigen solcher Staaten, insbesondere der machtlosen, die sich nicht durch regelmäßige Tribute freikaufen konnten oder wollten, mit äußerster Rücksichtslosigkeit behandelten.“[30]

Im frühen 17. Jahrhundert machten seefahrtstechnische Innovationen die Barbaresken noch gefährlicher, und in gleichem Maße wuchs die Beunruhigung bei den europäischen Seefahrtsnationen. Bis 1604 bestanden die Flotten der Araber aus Galeeren (Lepanto war eine Seeschlacht zwischen Ruderschiffen!). Mit dem Übertritt einiger nordeuropäischer Schiffsführer in die Dienste von Tunis und Algier hielten dort die nordwesteuropäischen Errungenschaften auf dem Gebiet der Segel- und Seekampftechnik Einzug. Bei der Vermittlung dieser Kenntnisse sollen sich vor allem der Engländer Ward und der Niederländer Simon Danser hervorgetan haben.[31] Die arabische Galeere mit ihren lediglich vorn und achtern platzierten Kanonen wich dem Segelschiff, dessen beide Seiten mit Kanonen bestückt waren; und die Infanterie- wich der Artillerietaktik. Schon nach wenigen Jahren fuhren die Barbaresken mit Flotten von 20 bis 30 Breitseitenschiffen[32] – und die erbeuteten Schiffe verstärkten jedes Mal ihre Kampfkraft. Zahlreiche Quellen geben Aufschluss über das Ausmaß der Verluste, die die Schifffahrt der Nordeuropäer trafen: Zwischen 1613 und 1621 gingen 56 Hamburger Schiffe verloren, 1662 allein 8 Schiffe.[33] Die Holländer verloren zwischen 1617 und 1625 sogar 206 Schiffe.[34]

Andere Quellen nennen die immensen Lösegeldzahlungen, die für die in die Sklaverei Verschleppten in Hamburg aufgebracht wurden.[35] 1718: 14.200 Mark Hamburgisch Banco (MkHbBc); 1719: 23.170 MkHbBc; 1725: 41.200 MkHbBc; insgesamt in den 12 Jahren 1718 bis 1729: 189.670 MkHbBc.

Diese Gelder wurden auf dreierlei Art zusammengebracht: Anfangs Kollekten, dann durch eine Sklavenkasse nach genossenschaftlichem Prinzip (ab 1624) sowie – als Weiterentwicklung hieraus – durch eine Sklavereiversicherung (sowohl private, freiwillige als auch Haftpflichtversicherung des Reeders).[36] Der Freikauf musste auf Vermittlung der Konsuln der westeuropäischen Staaten geschehen, die mit den Barbaresken Verträge hatten – oder aber durch dubiose,

27 J. v. Rehbinder, *Nachrichten und Bemerkungen über den algerischen Staat*, Altona 1798–1800.
28 Ebd., Bd. 1, S. 414.
29 Vgl. Ann Thomson, *Barbary and enlightenment.* European attitudes towards the Maghreb in the 18th century, Leiden 1987.
30 Ludwig Beutin, Der wirtschaftliche Niedergang Venedigs im 16. und 17. Jahrhundert, in: HANSISCHE GESCHICHTSBLÄTTER 76 (1958), S. 53.
31 Vgl. Ludwig Beutin, *Der deutsche Seehandel im Mittelmeergebiet bis zu den Napoleonischen Kriegen,* Neumünster 1933, S. 36.
32 Ebd.
33 Im Wert von 1,5 Mio MkHb. Vgl. Gesch. Hamburgs I, S. 329. Vgl. auch Percy Ernst Schramm, Der hanseatische Handel mit dem Mittelmeer um 1840, in: *Städtewesen und Bürgertum als geschichtliche Kräfte*, Lübeck 1953, S. 197.
34 Vgl. Beutin, Der deutsche Seehandel im Mittelmeergebiet, S. 38.
35 Nach Baasch, Die Hansestädte und die Barbaresken, S. 222ff.
36 Vgl. Wilhelm Ebel, Über Sklavenversicherung und Sklavereiversicherung, in: *Probleme der deutschen Rechtsgeschichte*, Göttingen 1978, S. 135.

auf Provision arbeitende Agenten, meist Levantiner, die oft genug selber mit dem Geld auf Nimmerwiedersehen verschwanden.

Die gefangenen Europäer besaßen die Möglichkeit, über Briefe an ihre Angehörigen auf ihr Schicksal aufmerksam zu machen.[37] Ja diese Kontaktaufnahme war von den Barbaresken sogar gewollt, denn in ihrem Interesse lag nicht allein die Nutzung der Arbeitskraft der Versklavten, sondern die Zahlung von Lösegeldern für deren Freikauf, zeitgenössisch „ranzionieren" genannt. Die je nach Dienstgrad oder sozialer Stellung gestaffelte „Ranzion" war oft so hoch, dass die Angehörigen der Seeleute sie nicht alleine aufbringen konnten. Deshalb waren sie auf Kollekten und Spenden angewiesen.

Im Herrschaftsbereich der dänischen Krone erteilte der König so genannte Sklavenbücher („Slavebøger"), Sammelerlaubnisse, die es den Angehörigen gestatteten, vor den Kirchentüren Geld zu sammeln.[38] Aus den fallweise durchgeführten Sammlungen an Kirchtüren oder von Haus zu Haus entwickelten sich im Kreise der Seefahrer Sklavenkassen, die durch staatliche Teilnahme nach und nach amtliche Organe wurden. In Hamburg wurde 1622 die erste Sklavenkasse, die von der Schiffergesellschaft verwaltet wurde, gegründet. Nach der im Süden gebräuchlichsten Münze wurde sie „Casse der Stücke von Achten" genannt, kam allerdings nur den Offizieren, das heißt Schiffern und Steuerleuten, nicht jedoch einfachen Seeleute zugute. Zwei Jahre später erfolgte die Gründung der eigentlichen Sklavenkasse durch die Admiralität der Hansestadt.[39] In Lübeck wurden die Beiträge, zu denen alle Schiffer und Schiffsleute verpflichtet waren, seit 1629 mit der so genannten Spanischen Kollekte verwaltet, einer Abgabe, die für Zwecke der konsularischen Vertretung der Hansestadt in Spanien erhoben wurde.[40]

Die Mittel der Sklavenkassen reichten allerdings nie aus, um alle Gefangenen bei den Barbaresken auszulösen. Es waren deshalb weiterhin private Bemühungen vonnöten, die aber auch selten ausreichten. In Lübeck ging die ‚Sklavenkasse' deshalb dazu über, die Besatzungen der nach Süden gehenden Schiffe bei Hamburger, Amsterdamer oder Londoner Banken zu versichern.

Es gab aber auch Versuche, der Barbareskengefahr von vornherein zu begegnen: Holländer und Engländer versuchten es zunächst mit Gewalt.[41] Als die Barbaresken den 1616 zwischen den Generalstaaten und dem Sultan geschlossenen Friedensvertrag nicht einhielten, begannen die niederländischen Schiffer auf eigene Faust einen Rachekrieg, der von 1617 an trotz eines gleichzeitig mit Algier abgeschlossenen Friedensvertrages mit größter gegenseitiger Erbitterung geführt wurde. Kriegsflotten der Generalstaaten, 1620 auch das erste englische Geschwader, das im Mittelmeer erschien, blockierten die Barbareskenhäfen – voran Algier, Tunis, Tripolis –, ohne sie bezwingen zu können. Einer holländischen Kriegsflotte fielen bei einem Scharmützel einmal 125 arabische Korsaren in die Hand. Zur Abschreckung ließ der Befehlshaber sie auf der Reede von Algier an den Riggs aufhängen. Allerdings hatten die zeitweiligen ‚Erfolge' keine nachhaltige Wirkung: Die Korsaren konnten sich aus der scheinbaren Umklammerung stets wieder befreien. 1621 kaperten die Algerier sogar 4 Schiffe, darunter eines aus Hamburg, aus einer Flotte von 55 Seglern heraus, die im Konvoi vom Mittelmeer heimwärts fuhren.

37 Vgl. Martin Rheinheimer, Briefe schleswig-holsteinischer Sklaven aus Algier, in: RUNDBRIEF DES ARBEITSKREISES FÜR WIRTSCHAFTS- UND SOZIALGESCHICHTE SCHLESWIG-HOLSTEINS nr. 77, 1999, S. 19-27.

38 Vgl. F.S. Grove-Stephensen, Slavebøger, in: *Sønderjyske Månedsskrift* 53, 1977. In diesen Büchern wurden die einzelnen Sammlungen von den Gemeindepfarrern dokumentiert, wodurch sich die – mitunter recht langen – ‚Bettelwege' der Angehörigen und deren Einnahmen nachzeichnen lassen. – Auch in den Kirchen- und Armenrechnungen jener Zeit finden sich wiederholt Ausgaben zur „Ranzion" von „Barbareskensklaven".

39 Vgl. Baasch, Die Hansestädte und die Barbaresken, S. 202-221.

40 Vgl. Carl Wehrmann, Geschichte der Sklavenkasse, in: ZEITSCHRIFT DES VEREINS FÜR LÜBECKISCHE GESCHICHTE UND ALTERTUMSKUNDE 4, 1884, S. 158-193.

41 Hierzu Beutin, Der deutsche Seehandel im Mittelmeergebiet, S. 38.

Nach solchen Erfahrungen gingen die europäischen Seehandelsnationen – außer Spanien und Portugal – dazu über, mit den einzelnen Barbareskenstaaten vertragliche Abmachungen über die Verschonung ihrer Handelsschiffe gegen Tributzahlungen zu suchen. Kam eine solche Abmachung zustande, dann erhielt der Herrscher des betreffenden Barbareskenreiches eine gewisse Geld- und Materialleistung für das Versprechen, dass die Schiffe über einen gewissen Zeitraum verschont würden.

Wie aber begegneten die Hansestädte der Barbareskengefahr? Die beiden von England und Holland vorgezeichneten Wege konnten sie nicht beschreiten. Zu einem kriegerischen Auftreten fehlten die Voraussetzungen. Denn in den Seekämpfen des 17. Jahrhunderts kamen ganz neue Grundsätze der Seekriegsführung zur Geltung: Die Kriegsflotten wurden nicht mehr vornehmlich aus Kauffahrern, die man zu diesem Zweck stärker bewaffnete, gebildet, sondern neben die Handelsflotte trat nun die Kriegsflotte, die ständig unter Waffen war und sich aus durchschnittlich viel größeren und stärker bewaffneten Fahrzeugen als jene zusammensetzte. Im frühen 17. Jahrhunderts begann auch das Wettrüsten der großen Seemächte, die sich gegenseitig in der Zahl und Größe ihrer Schiffe zu überbieten suchten. Zu solchen Leistungen war aber die gesammelte Kraft eines Staates nötig. Ein Faktum, das bei den norddeutschen Seestädten bekanntlich nicht gegeben war. Auch der Beseitigung des Problems durch Verträge standen Hindernisse im Wege.

Wie also suchten die Hansestädte der Gefahr zu begegnen? Die Barbaresken machten auf deren Schiffe, die nicht wie die der Franzosen, Niederländer und Engländer durch Tributleistungen geschützt waren, besonders eifrig Jagd. An dieser Stelle sei wieder das Beispiel Hamburgs aufgeführt, weil die Schifffahrt der Stadt am stärksten betroffen und von den Hansestädten, wie schon gesagt, am bedeutendsten war. Zunächst versuchte man sich in Hamburg mit der Bewaffnung von Einzelfahrern und der Vergrößerung der Schiffsbesatzungen zu schützen. Es wurden verschiedene Maßregeln erlassen, woraus 1623 die so genannte Admiralschaft beziehungsweise die Admiralität entstand, die den Schutz vor der Seeräuberei koordinieren sollte.[42] Die Nachricht über die Verluste von 1662, wir erinnern uns an die Kaperung der acht Schiffe, wirkte den Protokollen dieser Admiralität zufolge in Hamburg wie ein Schock. Durch diesen Schlag würde die hamburgische Schifffahrt „also außer Credit gesetzt, daß niemand fast mehr in unsere Schiffe gerne laden will."[43] Die Admiralität forderte daher, dem Beispiel anderer Seefahrtsnationen folgend, „daß wir Convoys haben müssen, wofern wir die Schiffahrt unterhalten wollen."[44] Und so wurde der Bau von speziellen Kriegsschiffen beschlossen, die fortan die Handelsschiffe auf ihrer Spanien- und Mittelmeerfahrt schützen sollten.

Das Konvoiwesen erhielt bald eine solche Ausdehnung und Ausbildung, dass es zu einem wichtigen Faktor in der Entwicklung der Seeschifffahrt und des Seehandels wurde. Dies traf übrigens auch auf die Schifffahrt der anderen Seehandelsnationen zu.[45] Bis in den Beginn des 18. Jahrhunderts hinein hat Hamburg sieben solcher städtischen Konvoischiffe gebaut[46]; dazu kamen noch einige private Geleitschiffe. Um 1690 waren drei Hamburger Konvoischiffe im Mittelmeer unterwegs als Begleitschutz für die Kauffarteifahrer: Der „Prophet Daniel", der „Wappen von Hamburg" und der „Leopoldus Primus"; zusammen besaßen sie rund 180 Kanonen und 600 Mann Besatzung. Eine teuere Angelegenheit.

Der Dienst dieser Kriegsschiffe für den Schutz der Handelsschiffe hatte nicht nur seinen unmittelbaren Nutzen für die geleiteten Schiffe, sondern auch mittelbar für die gesamte Ree-

42 Vgl. Baasch, Hamburgs Convoyschiffahrt, S. 10 f.
43 Bei Schramm, Der hanseatische Handel mit dem Mittelmeer, S. 197.
44 Ebd.
45 „Die höchste Stufe der Organisation des Schiffsschutzes stellt die Conserve- oder Convoi-Fahrt der holländischen Levanteschiffe dar." Werner Sombart, *Der moderne Kapitalismus*, Bd. II: Das europäische Wirtschaftsleben im Zeitalter des Frühkapitalismus, München u. Leipzig 1916, S. 306.
46 Die bekanntesten: „Wappen von Hamburg", „Leopoldus Primus", „Prophet Daniel".

derei, da die Schiffe einer Stadt, welche ihren Kaufleuten Konvoischutz gewährte, im kaufmännischen Wettbewerb bevorzugt wurden. Dieses Konvoiwesen bewährte sich auch während der Seekriege vor und nach 1700. Insbesondere im Spanischen Erbfolgekrieg, in dem die Barbareskengefahr geringer war als die Unsicherheit durch die Kaperfahrer der Kriegführenden. Fast ein Jahrzehnt lang dienten die hamburgischen Konvoien jetzt vorwiegend dem Schutz der Schifffahrt gegen europäische, im Sinne von Hugo Grotius´ Seerechtslehre ‚legitime' Feinde.[47] Der Hamburger Spanienhandel lag in diesen Jahren des Ringens um die spanische Thronfolge folgerichtig darnieder.

Nach dem Frieden von Utrecht (1713) wurde die Hamburger Konvoifahrt zur Iberischen Halbinsel zum Schutz vor den Barbaresken wieder aufgenommen. Nun vollzog sich allerdings im Seehandel ein Wandel, der zur Folge hatte, dass der Nutzen der Konvoischiffe für die hamburgische Schifffahrt stark in Frage gestellt wurde.[48] Dieser Wandel zeigte sich darin, dass die meisten Seefahrt treibenden Staaten, zumindest die nordeuropäischen, statt Konvoifahrt zu betreiben, dazu übergingen, langfristige Verträge mit den Barbaresken, vor allem Algier, abzuschließen, die ihre Handelsschifffahrt einigermaßen sicherstellten.[49] Hamburg schlug diesen Weg zunächst nicht ein, sondern vertraute weiterhin auf seinen Konvoischutz, der sich aber als zunehmend brüchig erwies; außerdem war die Organisation schwerfällig und den gestiegenen Anforderungen an einen flexiblen Seehandel nicht adäquat. Die Folge war, dass immer mehr Hamburger Kaufleute ausländische Schiffe für den iberischen und mediterranen Handel befrachteten.[50]

Hamburg, wo man um 1740 nur noch ein Drittel so viel in die Westsee gehende Schiffe zählte wie um 1670,[51] bemühte sich auf verschiedene Weise, dieser Entwicklung Einhalt zu gebieten. Im Zentrum stand dabei die Frage, wie man der Barbareskengefahr angesichts der veränderten Voraussetzungen begegnen könne. Sollte man, um sich der Piraterie zu erwehren, den Weg völkerrechtlicher Verträge mit den Korsarenstaaten einschlagen, den die großen Seehandelsnationen seit dem frühen 18. Jahrhundert beschritten? Die Schiffe erhielten dann einen so genannten Türkenpass, der sichere Fahrt garantieren sollte. Nach außen hin wurden solche Verträge als Friedens- und Schutzverträge dargestellt; sie wurden aber weiterhin durch riesige Geldsummen erkauft oder sahen in Geheimklauseln hohe laufende Tributzahlungen vor. Neben Geld mussten sich die Vertragsuchenden in der Regel auch zur Lieferung erheblicher Mengen Schiffsbau- und Kriegsmaterials verpflichten. Aus einer erhaltenen Abmachung zwischen dem Sultan von Marokko und dem König von Schweden aus dem Jahre 1763 können wir hiezu Folgendes entnehmen:[52] Außer Geld sollten die Schweden liefern: 50 Kanonen verschiedenen Kalibers; 1.000 Decksplanken; 315 Masten; 500 Ruder; 400 Hellebardenschäfte; 8.000 Pfd Teer; 50.000 Pfd Schießpulver. Das war aber nicht alles. Auf der Liste steht noch eine Menge weiterer Artikel für die Schiffsausrüstung bzw. die Kriegführung.

47 Vgl. Baasch, Hamburgs Convoyschiffahrt, S. 1. – Über die Bedrohung durch europäische Kaperfahrer vor der Elbmündung siehe Ernst Baasch, Zur Hamburgischen Seegeschichte im 18. Jahrhundert, in: HANSISCHE GESCHICHTSBLÄTTER 11 (1903), S. 135-45.

48 Über deren Nutzen und Wert machten sich auch schon die Zeitgenossen Gedanken. Vgl. Baasch, Hamburgs Convoyschiffahrt, S. 1 ff.

49 Diese Verträge waren, wie Beutin hervorhebt, auch sehr wichtig für die Entwicklung des Seerechtes, indem dem Satz „Frei Schiff, frei Gut" zum ersten Mal in großem Maßstab Anerkennung widerfuhr. Die Barbaresken hatten sich mit der Untersuchung der Schiffspässe zu begnügen, die Frachtpapiere wurden ihnen nicht vorgelegt. Die mitgeführten Güter der „freien" Schiffe waren ihnen grundsätzlich unantastbar, egal aus welchem Land sie kamen. Ein Prinzip, dem England sich bekanntlich nie gebeugt hat. Vgl. Beutin, Der deutsche Seehandel im Mittelmeergebiet, S. 132.

50 Es waren dies vor allem englische, holländische sowie schwedische oder dänische, deren sich der Hamburger Kaufmann wegen der sichereren Verfrachtung der Güter, der billigeren Versicherung und niedrigeren Frachtraten in immer größerem Umfang bediente.

51 Nämlich ein Rückgang von 270 auf 100. Vgl. Beutin, Der deutsche Seehandel im Mittelmeergebiet, S. 56.

52 Bei Eskil Olán, *Sjörövarna på Medelhavet och Levantiska Compagniet.* Historien om Sveriges gamla handel med Orienten, Stockholm 1921, S. 57.

Aber vor allem waren die Barbaresken-Herrscher natürlich an Geld interessiert. Es ist wenig bekannt, dass selbst das seemächtige England im 18. Jahrhundert jahrzehntelang jährlich 40.000 Pfund Tribut an die Barbaresken zahlte.[53] Andere Seehandelsnationen standen dem nicht nach: Holland schloss 1726 einen Vertrag mit Algier gegen die jährliche Zahlung von 200.000 Gulden. Auch Schweden[54] (ab 1729) und Dänemark[55] (ab 1746), deren Handelsflotten im 18. Jahrhundert in der Spanien- und Mittelmeerfahrt eine dominierende Rolle übernahmen, zahlten gewaltige Summen. Selbst die Vereinigten Staaten von Amerika zahlten noch im Jahre 1795 225.000 Piaster an Algier.[56] Unbesiegbar, wie es schien, schröpften die Beys von Algier, Tunis und Tripolis sowie der Sultan von Marokko die mächtigsten Seefahrtsnationen der Welt und bestritten auf diese Weise einen Großteil der „Staats"-einnahmen, durch die sie ihre Herrschaft im Innern sicherten.[57]

In Hamburg war man sich, wie die einschlägigen Dokumente ausweisen, der Bedeutung der eigenen Schifffahrt nach dem Süden in hohem Maße bewusst. Die aktive Teilnahme am Iberischen Handel musste für Hamburg umso wichtiger sein, als im Gegensatz zu den Konkurrenten in Holland, Frankreich und England kein deutsches Kolonialreich vorhanden war, aus dem all die Produkte hätten direkt bezogen werden können, für die nun auf den europäischen Märkten eine wachsende Nachfrage bestand. Man muss dabei bedenken, dass Amerika jetzt begann, eine weltwirtschaftlich bedeutsame Erzeugungskraft zu entwickeln und dass nun eine weltwirtschaftliche Arbeitsteilung einsetzte. Mit Konvoien, das sah man in Hamburg nach einer Reihe von Misserfolgen ein, war im Iberischen und mediterranen Handel wenig mehr auszurichten. Man hätte die Zahl der Konvoischiffe bedeutend vermehren und die ganze Organisation verjüngen und wendiger gestalten müssen. All dies hätte sehr viel Geld gekostet, ohne dadurch eine Garantie für die Sicherheit der Schifffahrt und den gewünschten Aufschwung des Reedereiwesens zu bekommen. So blieb, wie man in der Hamburger Admiralität nach einiger Zeit einsah, nur der Vertragsweg übrig, den auch die anderen Seehandelsnationen eingeschlagen hatten.

Als die Nachricht von dem 1726 zwischen den Generalstaaten und Algier geschlossenen Vertrag nach Hamburg drang, wurden dort gemeinsam mit dem Rat Bremens und Lübecks Beratungen darüber aufgenommen, ob die drei Städte nicht in den Vertrag, der zur selben Zeit zwischen dem Kaiser und Algier in Verhandlung war, aufgenommen werden sollten.[58] Denn, so die realistische Einsicht: Es sei zu vermuten, „daß den Hansestädtischen Schiffen von denen aus dem Raub lebenden Algierern desto mehr dürfte nachgestellet werden, als die holländischen Schiffe nunmehr ihrer Beute nicht mehr exponiret seyen."[59]

Der Hamburger Senat war jedoch besorgt, dass eine Integration Hamburgs in einen solchen kaiserlichen Vertrag für die Reeder der Stadt die Verpflichtung mit sich bringen würde, nur noch die kaiserliche Flagge und kaiserliche Pässe zu führen. Dies aber, so legte der Senat dar, würde er „wegen aller daraus unausbleiblich resultirenden und sonderlich in Krieges-Conjunkturen sehr beschwerlichen Folgen viel nachtheiliger halten als selbst die von den Räu-

53 Vgl. Ebel, Über Sklavenversicherung und Sklavereiversicherung, S. 131 f. – Während des amerikanischen Unabhängigkeitskrieges nutzte England die algerischen Korsaren, um den Handel der Neutralen mit Englands Kriegsgegnern zu stören. Vgl. Pohl, Die Beziehungen Hamburgs zu Spanien, S. 72.

54 Karl Åmark, *Sveriges Statsfinanser*, Stockholm 1963, S. 752-76; Robert Bohn, *Das Handelshaus Donner in Visby und der gotländische Außenhandel im 18. Jahrhundert.* Eine Studie zur Handels- und Seefahrtsgeschichte des Ostseeraumes im Spätmerkantilismus, Köln – Wien 1989, S. 214 f.

55 Verträge Dänemarks mit: Algier 1746; Tunis 1751; Tripolis 1752; Marokko 1753. Vgl. Beutin, Der deutsche Seehandel im Mittelmeergebiet, S. 123; dort auch Vertragsinhalte.

56 Vgl. Ebel, Über Sklavenversicherung und Sklavereiversicherung, S. 131 f.

57 Zu der inneren Bedeutung der Gelder siehe Hans C. Rommel, *Die Organisation der Technik des Handels zu Ende des 18. Jahrhunderts,* Bochum 1933, S.7.

58 Es ging hier um die Förderung und den Schutz der Schifffahrt der nach dem Spanischen Erbfolgekrieg an Österreich gefallenen Spanischen Niederlande. Siehe Ernst Baasch, Hamburg und Holland im 17. und 18. Jahrhundert, in: Hansische Geschichtsblätter 16 (1910), S. 87 f.

59 Bei Baasch, Die Hansestädte und die Barbaresken, S. 3.

bern zu gewarten habende Gefahr".[60] Die Bewahrung der neutralen Flagge war den Hamburgern also wichtiger als eine derartige vertragliche Regelung mit den Barbaresken. Bremen und Lübeck schlossen sich übrigens der Hamburger Argumentation an.[61]

In den folgenden Jahren versuchte Hamburg stattdessen, in ein direktes Vertragsverhältnis mit den Barbaresken zu kommen, ohne jedoch dabei erfolgreich zu sein. Man argwöhnte unter den Hamburger Commerzdeputierten, dass diese Versuche vor allem deshalb scheiterten, weil sie von Holland hintertrieben würden, das – neben Dänemark – den größten Nutzen aus der Gefährdung der Hamburger Schiffe zöge. Diese Vermutung war, wie ein Blick in die Quellen zeigt, durchaus berechtigt. Überhaupt war die Instrumentalisierung der arabischen Korsarenstaaten für die großen Seehandelsnationen ein zuweilen bedeutendes Moment, Konkurrenz auszuschalten. Holländische Reeder und Kaufleute bemühten sich gegenüber Hamburg mit Erfolg, unter Hinweis auf die Verträge mit den Barbaresken, den Export von Waren aus dem Hamburger Hinterland, insbesondere aus Sachsen und Schlesien, an sich zu ziehen.[62] Jedenfalls herrschte den Hamburger Werkzollregistern zufolge in den 1720er und 30er-Jahren in Hamburg eine gute Handelskonjunktur.[63] Gleichzeitig ging aber die hamburgische Eigenreederei zurück. Deshalb machte sich in Hamburg eine zunehmende Abneigung gegen die Holländer bemerkbar, das heißt die Amsterdamer Kaufleute, die noch im 17. Jahrhundert zu den wichtigsten Handelspartnern der Hamburger gehörten.[64] Zu den Kapereien in den Seekriegen kam das offenbare Bestreben der Holländer, nichts zu tun, was den Hamburgern die Barbareskengefahr erleichtern konnte. Ein zeitgenössischer Handelsschriftsteller (De la Court) drückte dies so aus: „Den Dorn der türkischen Seeräuber läßt man den Hamburgern gern im Fuß".[65]

Die Hamburger Reederei drohte in dieser Lage mehr oder weniger zu einer Küstenschifffahrt, das heißt Zulieferfahrt nach Holland[66] und England, bestenfalls noch zu einer Ostseefahrt zu degenerieren, zumal auch die sogenannte Grönlandfahrt, die den Reedern in schlechten Zeiten stets als Notbehelf diente, aus verschiedenen Gründen nicht mehr wie noch im 17. Jahrhundert möglich war.[67]

Den Protokollen der Admiralität ist zu entnehmen, wie sich Kaufleute und Reeder ab 1741 darum bemühten, dem Senat die Notwendigkeit eines Friedensvertrages mit den Barbaresken klarzumachen. Für die diplomatische Vorbereitung wurden sogar aus der Admiralitätskasse 18.000 Taler bewilligt – wie es hieß zur „Erhaltung des obhandenen und dieser Stadt Navigation sehr erspriesslichen Endzweckes (...) eines mit der Regierung zu Algier zu schließenden Commerce- und Navigations-Tractat."[68] Einen letzten Anstoß zur Aufnahme von Verhandlungen mag die Tatsache gegeben haben, dass zur selben Zeit Dänemark mit Algier einen Vertrag abschloss, der sich, worauf später zurückkommen sein wird, als – im positiven Sinne – überaus folgenreich für Hamburg erweisen sollte.[69] Somit hatten zur Jahrhundertmitte alle be-

60 Ebd.

61 In den Verträgen des Kaisers mit den Barbaresken 1725/27 wurde zwar allgemein der „Deutschen" gedacht, doch galten die Schiffe der Hansestädte weiterhin als unfrei und waren es auch.

62 Statistiken bei Pohl, Die Beziehungen Hamburgs zu Spanien, passim.

63 Vgl. Walther Vogel, Handelskonjunkturen und Wirtschaftskrisen in ihrer Auswirkung auf den Seehandel der Hansestädte 1560-1806, in: HANSISCHE GESCHICHTSBLÄTTER 74 (1956), S. 64. Wie überhaupt – trotz konjunktureller Einbrüche – aufs Ganze des 18. Jahrhunderts gesehen eine stetiger Anstieg des Handelsvolumens zu verzeichnen ist.

64 Vgl. Baasch, Hamburg und Holland im 17. und 18. Jahrhundert, S. 53 f. Hier auch Ausführungen über die vielen Gemeinsamkeiten der merkantilen und politischen Kultur der beiden Städte.

65 Bei Baasch, Hamburg und Holland im 17. und 18. Jahrhundert, S. 54.

66 „1753–1790 stieg ihre [d.h. der Holländer] Ausfuhr nach Deutschland bekanntlich an." Jeannin, Die Hansestädte im europäischen Handel des 18. Jahrhunderts, S. 42 ff., S. 67.

67 Vgl. hierzu Walter Kresse, Materialien zur Entwicklung der Hamburger Seeschiffahrt, 1966, S. 15 f.

68 Bei Baasch, Die Hansestädte und die Barbaresken, S. 5.

69 Durch die Barbareskenbedrohung wurde Hamburg davon abgehalten, an der ab 1744 (Kriegsausbruch zwischen England und Frankreich) für die Neutralen herrschenden guten Schifffahrtskonjunktur ganz zu partizipieren.

deutenden Seehandelsnationen Nord- und Westeuropas Verträge mit den Barbaresken.[70] Nur nicht die deutschen Seestädte.

Über die Bemühungen, durch französische und englische Vermittlung mit Algier ins Gespräch zu kommen, erfahren wir wegen fehlendem Hamburger Aktenmaterial im einzelnen kaum etwas.[71] Dokumentiert ist aber, dass zur selben Zeit die Seeräuberei Algiers wieder größere Ausmaße annahm, worunter Hamburg wiederum besonders zu leiden hatte.[72] Dies und das völlige Scheitern eines Konvois 1746/47, aus dem 13 hamburgische Schiffe gekapert wurden[73], wird die Willfährigkeit Hamburgs gefördert haben, die Konditionen des Beys von Algier anzunehmen. So kam es nach langen Verhandlungen 1751 schließlich doch zu einem Friedensvertrag zwischen Hamburg und Algier.[74]

Als dieser Vertragsabschluss aber unmittelbar darauf in Spanien bekannt wurde, erzwang Spanien die Preisgabe des Vertrages durch die Drohung, es werde sämtliche hamburgischen Kaufleute des Landes verweisen und den Hamburger Handel mit Spanien und seinen Kolonien verbieten. Spanien hatte sich (neben Portugal) nämlich nicht auf Verträge mit den Barbaresken eingelassen. Es wollte verhindern, dass seinem Gegner nun auch noch über Hamburg Kriegsmaterial zufloss.

Ein gutes Einvernehmen mit Spanien war dem Hamburger Senat letztlich wichtiger als ein Vertrag mit den Barbaresken, und so zog er sich 1752 so gut es ging aus der gerade eingegangenen Bindung wieder zurück, nicht ohne es an Geschenken und Ehrbezeugungen an den Bey in Algier fehlen zu lassen. Diesen redete der Senat in einem Absagebrief[75] in den unterwürfigsten Wendungen an, obwohl feststand, dass der so überaus Gepriesene die Hamburger Schifffahrt nicht ungeschoren würde davonkommen lassen. Und so blieb die Kaperei der Barbaresken für Hamburg eine offene Wunde. In den restlichen Jahrzehnten des 18. Jahrhunderts fuhren kaum noch Schiffe, die die Hamburger Flagge trugen, über Lissabon hinaus nach Südeuropa.

Wenn das Barbareskenproblem auf die Entwicklung der Hamburger Reederei die dargestellten negativen Auswirkungen hatte, so bedeutet das keineswegs, dass die Schifffahrt zwischen Hamburg und Südeuropa ganz zum Erliegen kam, und schon gar nicht bedeutet es, dass der hamburgische Handel insgesamt einbüßte. Das Gegenteil war der Fall, und indem dieses scheinbare Paradoxon abschließend erläutern werden soll, werden die positiven Folgen genannt, mit denen ich an den eingangs genannten Gedanken anknüpfe, dass die durch die Barbaresken geschaffene Lage für den Hamburger Seehandel zu einer Wendemarke wurde, die zu einer letztlich vorteilhaften Neuorientierung zwang.

Hier erwiesen sich als besonders folgenreich die Verträge, die Dänemark ab 1746 mit den Barbareskenstaaten abschloss. Spanien versuchte zwar auch hier mit einem schroffen Einspruch eine Revision, doch nahm das flottenstarke Dänemark im Unterschied zur machtlosen Hansestadt den Fehdehandschuh auf, was Spanien schon kurz darauf zum Einlenken veranlasste.

Wenn nun der Hamburger Handel mit Südeuropa im letzten Drittel des 18. Jahrhunderts eine stetige Ausweitung erfuhr, dann lag das nicht nur an der günstigen Konjunktur, sondern

70 Vgl. Baasch, Die Hansestädte und die Barbaresken, S. 7.

71 Baasch, Die Hansestädte und die Barbaresken, erwähnt die Vermittlung eines Engländers Ford, der hierbei, wie es scheint, dubiose Geschäfte machte.

72 In den Jahren 1719 bis 1747 wurden 50 Hamburger Schiffe mit insgesamt 633 Mann Besatzung allein von den Algeriern aufgebracht. Zur Loslösung der Gefangenen zahlt Hamburg bis 1747 1,8 Mio MkHbBc. Vgl. Ebel, Über Sklavenversicherung und Sklavereiversicherung, S. 141.

73 Vgl. Pohl, Die Beziehungen Hamburgs zu Spanien, S. 83.

74 Inhalt bei Baasch, Die Hansestädte und die Barbaresken, S. 22 ff. Die materiellen Leistungen, zu denen sich Hamburg verpflichten musste (offiziell Geschenke für den Dey von Algier), wurden im Vertrag allerdings nicht festgehalten. Die Abmachungen hierüber waren Gegenstand eines „Geheimen Articul", der im Ratsprotokoll der Hansestadt im Dezember 1751 erwähnt wird.

75 Bei Baasch, Hamburgs Convoyschiffahrt, S. 188.

insbesondere auch daran, dass die Hamburger Kaufleute nach dem Scheitern des Algier-Vertrages die Schifffahrtsprivilegien der Nachbarstadt Altona zu nutzen begannen und unter dänischer Flagge handelten.[76] Der jahrhundertealte hamburgisch-dänische Streit über die Hoheitsrechte der Stadt war spätestens mit dem Gottorfer Vergleich von 1768 beendet. Die Altonaer Reederei, in der ersten Jahrhunderthälfte noch ganz unbedeutend, nahm einen bemerkenswerten Aufschwung: 1779 fuhren von 53 Schiffen 44 auf Hamburger Rechnung im Mittelmeer.[77] 1781 wurden von Kopenhagen schon an 79 Altonaer Schiffe so genannte Türkenpässe vergeben.[78] Insgesamt hatte die Zahl der an der Spanienfahrt beteiligten dänischen Schiffe bis dahin so zugenommen, dass sie an Bedeutung den unter holländischer und englischer Flagge fahrenden gleichkam.[79] Das zur Verfügung stehende Quellenmaterial[80] zeigt, dass sich der Hamburger Südeuropahandel nahezu ganz von der Eigenreederei trennte. Von den rund 2.000 Schiffen, die jährlich den Hamburger Hafen anliefen, waren lediglich noch 150 bis 160 einheimische. Gleichzeitig brachte aber die nautisch-merkantile und finanzielle Integration in den französischen Kolonialhandel ein neues dynamisches Element, das zu einer Neuausrichtung der Hamburger Seefahrt nach Übersee, das heißt dem französischen Amerika führte.[81] Diese Ausrichtung konnte dann während der Seekriege der europäischen Mächte in den beiden letzten Dekaden des 18. Jahrhunderts in großem Umfang genutzt werden.[82] Sie trug nicht unerheblich dazu bei, dass Hamburg zum bedeutendsten Warenumschlagplatz des Kontinents wurde. Bis 1800 fand in Hamburg eine Steigerung der Einfuhr von Kolonialwaren um etwa das Zweihundertfache im Vergleich zum Jahrhundertbeginn statt.[83]

Als Fazit kann festgehalten werden, dass das, was durch die Sperrung der Südeuropafahrt im Hamburger Seehandel ausgelöst wurde, sich unter dem modernen Terminus Diversifikation begrifflich fassen lässt. Inhaltlich bedeutet dies eine zunehmende Trennung des Handelskapitals von der Reederei[84] und eine stärkere Hinwendung zu anderen, teils neuen Bereichen der merkantilen Kapitalverwertung. Als besonders markanter Bereich dieser innovativen Tätigkeit sticht das Banken- und (See-)Versicherungswesen hervor, das im Übrigen eine seiner Wurzeln in den Sklavenkassen hatte, mit denen gefangene Hamburger Seeleute ausgelöst wurden. 1765 wurde mit der „Assekuranz=Compagnie für Seerisiko" die erste Versicherungsgesellschaft in der Hansestadt gegründet. Hamburger Kaufleute und Reeder ließen jetzt in Hamburg versichern, der Finanztransfer wurde über Hamburger und nicht mehr Amsterdamer[85] Banken abgewickelt und dadurch auch auswärtiges Kapital in die Stadt gezogen. Hamburg wurde nicht nur zum zentralen Markt Europas, sondern neben London wichtigster Banken- und Versicherungsplatz.[86] Dass in diesem Wandlungsprozess die Barbareskengefahr eine aus-

76 Hierzu mehr bei Beutin, Der deutsche Seehandel im Mittelmeergebiet, S. 125 ff.
77 Vgl. Vogel, Die Deutschen als Seefahrer, S. 156. – „Zur Hamburgischen Wirtschaftsentwicklung des 18. Jahrhunderts gehören die zunehmenden Verflechtungen Hamburgs mit seinen Nachbarorten Altona, Harburg und Wandsbek. Sie sind ... noch weitgehend zu erforschen ...". Hamburg. Geschichte der Stadt ... I, S. 377.
78 Vgl. Vogel, Die Deutschen als Seefahrer, S. 161. Zur Entwicklung der Mittelmeerfahrt der Altonaer Schiffe siehe auch Beutin, Der deutsche Seehandel im Mittelmeergebiet, S. 127 ff.
79 Vgl. Pohl, Die Beziehungen Hamburgs zu Spanien, S. 70.
80 Staatsarchiv Hamburg: Admiralitätszollregister; Stadt Altona, Wasserschout etc.
81 Die Integration in den englischen Handel war auf Grund der Navigationsakte den Hamburgern verschlossen. Vgl. Beutin, Der deutsche Seehandel im Mittelmeergebiet, S. 127 f. Außerdem war die englische Reederei in Hamburg selbst stark vertreten. – Zahlen zum Hamburger Frankreich-Handel 1760 ff. bei Jeannin, Die Hansestädte im europäischen Handel des 18. Jahrhunderts, S. 62.
82 Seekrieg zwischen England und Frankreich/Holland ab 1780 im Zusammenhang mit dem Amerikanischen Unabhängigkeitskrieg; Französische Revolutionskriege.
83 Vgl. Vogel, Die Deutschen als Seefahrer, S. 133, Fn. 1.
84 Mit Ausnahme des Frankreichhandels erledigten unter Hamburger Flagge fahrende Schiffe nur 20 Prozent von Hamburgs gesamten Seehandel. Vgl. Jeannin 1971, S. 55.
85 „War früher Holland auf Kosten der Hansestädte groß geworden, so geschieht jetzt das Umgekehrte." Vogel, Handelskonjunkturen und Wirtschaftskrisen, S. 62.
86 Beutin, Der deutsche Seehandel im Mittelmeergebiet, S. 74.

lösende Rolle gespielt hat, haben schon Zeitgenossen wie der bedeutende Hamburger Handlungstheoretiker Johann Georg Büsch vermutet.[87]

Wie aber endet die Geschichte der Barbareskenstaaten? Noch im Jahre 1823 richteten die Hamburger Versicherer eine Petition an die Deutsche Bundesversammlung in Frankfurt, hierbei Bremer Vorstöße aufgreifend,[88] und an den Kaiser von Österreich, einen regelrechten Kreuzzug gegen die Barbaresken zu unternehmen. Überdies hatten Privatleute in der Hansestadt 1818 einen „Antipiratischen Verein" gegründet, zu dessen satzungsmäßigen Zielen es gehören sollte, einige Kriegsschiffe anzuschaffen. Der Verein fand indes keine amtliche Unterstützung. Ebenso wenig die Petition von 1823. Auch die auf dem Wiener Kongress festgestellte Tatsache, dass sich nicht weniger als 50.000 Europäer bei den Barbaresken in Gefangenschaft befänden, 4.500 allein in Algier, konnte die europäischen Mächte nicht zu einer gemeinsamen Aktion bewegen. Das Ende der Barbaresken wurde erst im Zuge der beginnenden kolonialen Expansion Frankreichs nach Nordafrika eingeleitet. Auslöser war eine – nach Meinung Frankreichs – erniedrigende Behandlung des französischen Konsuls in Algier. Paris schickte daraufhin 1830 seine ganze Kriegsflotte nach Nordafrika, zudem 70.000 Soldaten. Am 5. Juli 1830 kapitulierte Algier. Es war der Beginn der 130jährigen Kolonialherrschaft Frankreichs in Nordafrika.

87 Johann Georg Büsch, Sämtliche Schriften über die Handlung (hierin „Geschichtliche Beurtheilung der am Ende des achtzehnten Jahrhunderts entstandenen großen Handlungsverwirrung, Hamburg 1800); auch D.W. Tonnies, Merkantilistisch-geschichtliche Darstellung der Barbaresken-Staaten und ihrer Verhältnisse zu den Europäischen und Vereinigten Nord-Amerikanischen Staaten, Hamburg 1836.

88 Vgl. Detlef Quintern, Bremer Sklaven in Afrika? Zur Legende von den Piraten der Barbareskenküste, in: Hartmut Roder (Hg.), Piraten. Die Herren der Sieben Meere, Bremen 2000, S. 48ff.

„Dem Busen war mit Fleiß das Oberkleid zu kurz."

„Subtile Frechheit" und „wohlständiges" Verhalten im Alten Reich der ersten Hälfte des 18. Jahrhunderts

Helmut Grieser

> „Die Opern und Comoedien werden nicht allein von denen ordentlichen hierzu bestellten Banden der Operisten und Comoedianten... repraesentirt oder von Hof-Leuten, (...) sondern auch von Studiosis auf Universitäten. (...)"[1]

1. „Wenn Doris disputirt (...)" Vom „vermoderten Froschgequäcke" eines „groben pecus orbis eruditi" zu „artgen Professores"?

Ihr Schönen, höret an,
erwählet das Studiren
kommt her, ich will euch führen
zu der Gelehrten Bahn,
ihr Schönen höret an:
Ihr Universitäten,
ihr werdet zwar erröthen,
wann Doris disputirt
und Amor präsidirt,
wenn artge Professores,
charmante Auditores
verdunkeln euren Schein,
gebt euch geduldig drein.

Kommt mit ans schwartze Bret.
Da ihr die Lectiones,
und Disputationes,
fein angeschlagen seht.
Kommt mit ans schwartze Bret.
Statt der genähten Tücher,
liebt nunmehr eure Bücher,
kauft den Catalogum,
geht ins Collegium,
da könnt ihr etwas hören,
von schönen Liebes-Lehren,
dort von Galanterie
und Amors Courtesie.

Geht zum Pro-Rector hin,
laßt euch examiniren
und immatriculiren,
küst ihn vor den Gewinn,
geht zum Pro-Rector hin.
Ihr seid nun in den Orden
der Schönsten Musen worden,
wie wohl habt ihr gethan,
steckt eure Degen an,
doch meidet alle Händel,
weil Adam dem Getendel
mit seinen Geistern feind
und der Pedell erscheint.

Theilt hübsch die Stunden ein,
um neun Uhr seyd beflissen,
wie artge Kinder müssen
galant und häuslich seyn,
theilt hübsch die Stunden ein.
Um zehn Uhr lernt mit Blicken
ein freies Herz bestricken,
um ein Uhr musicirt,
um zwei poetisirt,
um drei Uhr lernt in Briefen
ein wenig euch vertiefen.
Dann höret von der Eh',
hernach so trinkt Coffee.

1 Rohr GH 807. – Der Beitrag bezieht sich auf die seit 1996 unternommenen Versuche, die stilvolle Barockstadt Ludwigslust i. Meckl. zu einer „Museumsresidenz" auszugestalten, in der nicht nur „hochfürstlich" gefeiert, sondern auch „lebendig dramatisiert" exerziert, gearbeitet, Markt gehalten, gedacht, gepredigt, gerichtet und regiert wird. Frühere Erfahrungen mit Herausforderungen, die uns auch heute begegnen können, sollen spielerisch vermittelt werden. Der Vf. dankt dem Jubilar für die dabei gewährte Hilfe.

Continuirt drey Jahr,
denn könnt ihr promoviren,
und andere dociren.
O schöne Musen-Schaar,
continuirt drey Jahr!
Ich sterbe vor Vergnügen,
wenn ihr anstatt der Wiegen,
euch den Catheder wehlt,
statt Kinder Bücher zehlt,
ich küst euch Rock und Hände,
wenn man euch Doctor nennte,
drum Schönste, fang doch an,
kommt zur Gelehrten Bahn.

Das Leipziger Traumlied aus der „Singenden Muße an der Pleiße" von 1736 verherrlicht das Frauenstudium auf allerliebste Art. Nach fast einem Vierteljahrtausend stellt es sich indessen gänzlich anders dar, als es sich der schwärmerische Dichter „Sperontes" ausgemalt hatte. Und niemand könnte wohl heute noch „vor Vergnügen" sterben wollen, wenn die jungen Frauen sich „anstatt der Wiegen" das Katheder wählten und gar „statt Kinder Bücher" zählten. Doch die Kinderlosigkeit der Akademikerinnen lag außerhalb des Vorstellungsvermögens unseres Sängers. Er wünschte sich zweifelsohne eine Veredlung und Verfeinerung der akademischen Sitten. Nicht ohne Grund hieß es ja von den hochangesehenen mitteldeutschen Universitäten:

In Wittenberg sind nasse Brüder.
Sie leeren aus und füllen wieder.

Und in Jena, das von den ernestinischen Wettinern als Ersatz für das an die Albertiner verlorene „protestantische Rom" 1558 gegründet worden war, lebte anscheinend bloß noch der „Renommist, der Galle zeigt und Eisen frißt". Trunksucht und Duellierunwesen wurden der preußischen Musterhochschule Halle a.d.S. zwar nicht nachgesagt. Doch wegen des pietistischen Einflusses vermutete man dort „viele Mucker und sind dabey Kaldaunenschlucker". Wie angenehm schien sich dagegen Goethes „Klein-Paris" von diesen Hochburgen des Pennalismus abzuheben: „In Leipzig ist man Tag und Nacht auf Courtoisie und Staat bedacht."[2]

Das akademische Leben lieferte für diese Aussage freilich auch gegenteilige Belege. Um 1730 schien es noch weit verbreitet zu sein, dass „Pedanterie oder malpropre, wunderseltsame und unordentliche Art, sich zu kleiden", Gelehrten „als Laster" anhing.[3]

Andererseits galten bereits viele Professoren nicht mehr als „Schulfüchse, als wie in denen vorigen Zeiten, (ob es gleich hin und wieder an schmutzigen Gelehrten auch nicht fehlt), sondern galant hommeur, die jungen Leuten bei ihrer wohlanständigen Aufführung mit einem gutem Exempel vorgehen" (Pr 16). Dazu zählte freilich nicht das Gelehrtengezänk, dessen sich noch 1734 der Hallenser Jurist und Historiker Johann Ehrenfried Zschackwiz befleißigte, als er in seiner „Einleitung zu denen vornehmsten Rechts-Ansprüchen Derer Gecrönten Hohen Häupter und anderer Souverainen in Europa" mit einem seiner Kritiker folgendermaßen verfuhr:

2 *Magister und Scholaren, Professoren und Studenten.* Geschichte deutscher Universitäten und Hochschulen im Überblick, Leipzig 1981, S. 68.

3 Julius Bernhard von Rohr: *Einleitung zur Ceremoniel-Wissenschaft der Privat-Personen, welche die allgemeinen Regeln / die bey der Mode, den Titulaturen / dem Rang / den Complimens, den Geberden, und bey Höfen überhaupt, als auch bey den geistl. Handlungen, in der Conversation, bey der Correspondenz, bey Visiten, Assembleen, Spielen, Umgang mit Dames, Gastereyen, Divertissements, Ausmeublirung der Zimmer, Kleidung, Equipage usw. insbesondere dem Wohlstand nach von einem jungen deutschen Cavalier in Obacht zu nehmen*, Berlin 1728. Im Folgenden abgekürzt als: Pr. Hier: S. 553.

„Man hat aber dem Naseweißen Moser, der sich eine sonderbare dictatur in orbe literario anzumassen suchet, worzu er sich aber schicket, nur als wie jener Hr. Asinus ad lyram, kurtzlich, und quasi in aurem sagen wollen, da dieses grobe pecus orbis eruditi, sich nicht gescheuet, mit seinen calcitratibus asininis, Leute anzugreiffen, als wie die hochberühmten Männer, Thomasium, Hr. von Coccejus, und Hr. von Ludewig, deren Excrementa er nicht einmal würdig ist, man sich nicht befremden lasse, wenn seine ungezogene Feder, die erst gut, rein und zierlich Deutsch lernen muß, den Autoren dieses Werckes, wegen seiner ehemals heraus gegebenen Schriften, auch anzugreiffen, und mit groben ungehobelten, dummen Censuren zu belegen, seine armseligen Stunden, verderbet hat. Es darf dieser arcadische Einwohner auch nicht glauben, daß man sich die Mühe geben werde, ihm einiger Antwort zu würdigen, weil man die Zeit viel zu edel achtet, als daß man sich mit refutirung eines solchen vermoderten Froschgequäcke verderben solte, sondern man wird vielmehr alle seine calcitratus asininos in dieser ihrer Würdigkeit verbleiben lassen."

Wenn das eingangs angeführte „Blaustrumpflied" und dieser Verriss gewissermaßen die Grenzpfosten bilden, zwischen denen der Umgangston in der Gelehrtenrepublik erschallen konnte, so erhebt sich die Frage, wie weit überhaupt der altdeutsche Grobianismus im Barock und Rokoko einem angenehmen Stil gewichen war. Durchdrang die Galanterie im 18. Jahrhundert alle Lebensbereiche? Bezog sich die Verfeinerung der Sitten nur auf die gefälligen Umgangsformen? Oder stand über dem Triumph der Schönheit in allen Künsten unangefochten eine Wertetafel, nach deren Geboten das rechte Verhalten von der Zeremoniellwissenschaft herausgearbeitet werden konnte?

Prüfen wir an Hand der Erlebnisfelder, die wir bei einem Besuch in irgendeiner Residenz durchschreiten müssen, was uns einer der erfahrensten und angesehensten Fachmänner um 1730 jeweils empfiehlt und wie er seine Ratschläge begründet.

2. „Ceremoniel-Wissenschafft" und „Galanterie": Soll man Gott oder den Menschen am meisten gefallen?

Hatte Montesquieu 1748 zu der Aussage gefunden: „Wir sind aus Hochmut höflich. Wir fühlen uns geschmeichelt, wenn unsere Manieren verraten, daß wie kein Pack sind",[4] so bemühten sich die deutschen Zeremoniellwissenschaft und ihr berühmtester Vertreter, der „Hoch-Fürstl. Sächsisch-Merseburgische Land-Kammer-Rath und Dom-Herr der Bischöflichen Stiffts-Kirche zu Merseburg, Julius Bernhard von Rohr" (1688-1742), um eine vertiefte Begründung ihrer Empfehlungen. Er wollte lehren, „wie man bey einem oder dem andern, so in die äußerlichen Sinnen fällt, sich einer besonderen Pflicht erinnern, und überhaupt seine Handlungen (nach Umständen der Oerter, Personen und Zeiten) so einrichten soll, wie sie sich zur Sache schicken und nach dem Urtheil der meisten oder vornehmsten vor wohlanständig gehalten werden" (Pr 1). In den französischen Schriften „vom Decoro", vom „Wohlstand", von den Galanterien, den Moden und den „Welt-Manieren" fände man zwar „viel Gutes, aber auch zugleich unterschiedene Mängel" (Pr Vorrede 3). Abgesehen davon, dass meistens „die Ordnung" fehle, weil es keine Abteilungen oder Klassen bei der Darstellung eines Begriffes gebe, handelten sie auch „von einigen Materien, als von einer manierlichen Geberdung des Gesichts und Stellung des Leibes, von einer klugen conversation u.s.w." sogar „mehr als zu speciel" (ebda.). Andererseits hätten die Deutschen vom „Dantzen", Briefschreiben, „Complimens",

4 Charles-Louis de Montesquieu: *Vom Geist der Gesetze*, IV. Buch, 2. Kap., Reclam 8953-57, Stuttgart 1965, S. 132.

Titularen und Rang „Bücher genug". Doch sei es „jungen Leuten allzu mühsam und weitläuffig, sich so viele besondere Bücher anzuschaffen und durchzulesen" (Pr Vorrede 4).

Es komme auf den Gesamtzusammenhang an. Wer die Pflichten der Tugendlehre beobachte, gelte zu Recht als „ein ehrlicher, redlicher Mann oder ein honet homme". Wer den „Maximen der Politique folget, heißt ein verschlagener, ein geschickter, ein weltkluger Mann". Wer sich zudem in das „Ceremoniel-Wesen wohl zu schicken" wisse, werde als ein „galant homme, ein politisch- und manierlicher Mensch gerühmt" (Pr 4).[5]

Der „Englische Spectateur der weiblichen Einbildungskrafft" irre, wenn er dazu nichts anderes für erforderlich halte als einen „wohlgestallten Leib, eine schöne Farbe des Angesichts, eine schöne Peruque, ein Hemd mit Spitzen, ein gesticktes Kleid und ein Feder-Busch". Nur „einige unter diesen schönen Eigenschafften" machten indes „die Sache aus" (Pr 4 f.).

Wer nämlich allzu „ceremonieus" verfahre, indem er „mit anderen Leuten zu viel Ceremonien vornimmt, weil man von anderen dergleichen wieder verlangt, und alles mit der allergrößten und gezwungenen Erbarkeit verrichten will", offenbare den „Schein eines ehrgeitzigen Temperaments", verfalle in „ein affectirtes Wesen" und vergehe sich gegen den „Wohlstand" (Pr 26). Dagegen könne man durch eine „gemeine Beobachtung der eingeführten Ceremonien und angenommenen Gebräuche" immerhin „manches Stück seiner zeitlichen Glückseligkeit" befördern. Mit einem Wort: „Man erlangt hiedurch die Liebe und die Hochachtung derer, bey denen man sich aufhält" (Pr 29).

Allerdings laufen zuweilen zwei Pflichten auch „wider einander". In diesem Fall habe man zu beurteilen, „welche Handlung unsere wahre Glückseligkeit auf eine vollkommnere Art befördert", weil ein „vollkomners" einem „unvollkomnern Gut" vorangehe (Pr 30). Daraus folgte, dass die göttlichen Gebote und Verbote „allen anderen vorzuziehen" sind.

> „Wann eine Regul des Wohlstandes an einem, von den göttlichen Aussprüchen, anstoßen will, so muß das Ceremoniel weichen. Ist eine ewige Glückseligkeit der gantzen zeitlichen, und nach dem Ausspruch des Heylandes, die Erhaltung der Seele der Gewinnung der Welt vorzuziehen, wie vielmehr nun einem kleinen Stückgen der zeitlichen Glückseligkeit, das ist der Hochachtung und der guten opinion, die wie bißweilen auf wenige kurtze Zeit bey einigen wenigen Leuten erlangen. Er ist der Herr aller Herren, und der König aller Könige, der Allervollkommenste und der Allerliebenswürdigste, und zugleich der Allermächtigste, der uns zeitlich und ewig glücklich" oder unglückselig machen kann und daher „allervollkommensten Gehorsam" verdient (Pr 30).

Die übrigen Gesetzgeber im Pflichtenwiderstreit erschienen zum einen als die „hohen Landesobrigkeiten", die „größten theils unsere zeitliche Glückseligkeit befördern und zerstöhren" können und denen die Untertanen „auch im Gewissen zum Gehorsam verbunden" sind – „in allem demjenigen, was nicht wider Gott ist" (Pr 31). Der dritte Gesetzgeber sind „wir selber", „unsere wahre Gemüths-Ruhe und Zufriedenheit". Die Tugendlehre, die Lebensklugheit und die Hauswirtschaftsregeln setzen dem „Ceremoniel-Wesen Ziel und Maße und ihre gewissen Schrancken" (Pr 32). Als vierter Gesetzgeber galt die „opinion derjenigen, an denen uns zu der Zeit, da wir eine gewisse Handlung bewerkstelligen, oder unterlassen sollen, etwas gelegen, und diesen müssen wir Folge leisten" (Pr 33).

Daher rühmte sich v. Rohr auch, „gar viel in Schwang gehende Irrthümer der Menschen, die die Welt-Manieren den Pflichten des Christenthums vorziehen, aufgedeckt und unvermerckter Weise unterschiedene zur Erbauung dienende Anmerckungen mit angebracht" zu haben, weil er der Meinung war, „daß man keine Gelegenheit unterlassen soll, wo man zu Besserung seines Nächsten etwas mit anbringen kann" (Pr Vorrede 6).

5 v. Rohr sah die „Galanterie am besten erklärt als Geschicklichkeit bey seinem äußerlichen Wesen, den meisten oder doch den vornehmsten, zu gefallen" (Pr 6). Die Zeremoniellwissenschaft erteilte also Regeln, „wie man sich in der Welt galant aufführen" sollte (Pr 4).

Die verantwortungsvollste Erziehungsaufgabe stellte sich in den Residenzen: An den deutschen Fürstenhöfen wurden die Prinzen einem „Informatori oder Lehrmeister“ übergeben. Meistenteils waren es Juristen „oder so genannte Politici, die gemeiniglich in dem, was zu den Staats-Wissenschaften gehörig, erfahrener als die anderen“ seien.[6] „Bißweilen bekommen die Informatores oder die Gouverneurs Erlaubnis, den kleinen Printzen, wenn sie es verdienen, einige real Correction zu geben.“ Zuweilen mussten sie die Züchtigung aber den „Durchlauchtigsten Eltern“ überlassen (GH 198).

3. „Das schönste im ganzen Exerciren und Marchiren“. Soldaten und Sicherheitsregeln bei Hofe.

Bis in die Gefechtsausbildung erstreckte sich ein ästhetischer Zug. Das „Reglement vor die Königl. Preußische Infanterie worin enthalten die Evolutions, das Manual und die Chargirung, und wie der Dienst im Felde und in der Garnison geschehen soll, auch wornach die sämtliche Officiers sich sonst zu verhalten haben. Desgleichen wie viel an Tractament bezahlet und davon abgezogen wird, auch wie die Mundirung gemachet werden soll“ vom 1.6.1743 erging sich geradezu in schwärmerischen Ausdrücken:

> „Es muß zufoderst wohl darauf gesehen werden, daß so offt ein Kerl im Gewehr und absonderlich auf dem Exercier-Platze ist, sich ein gutes Air gebe, nemlich den Kopff, Leib und Füsse recht und ungezwungen halte, und den Bauch einziehe“ (S. 39).
>
> Oder: „Das schönste im ganzen Exerciren und Marchiren ist, wann ein Kerl sein Gewehr gut träget. (...)“ (S. 41).
>
> Ferner: „Das erste im Exerciren muß seyn, einen Kerl zu dressiren und ihm das Air von einem Soldaten beyzubringen, daß der Bauer herauskommt; wozu gehöret, daß einem Kerl gelernet wird: Wie er den Kopf halten soll, nemlich denselben nicht hangen lasse, die Augen nicht niederschlage, sondern unter dem Gewehr mit geradem Kopff nach der rechten Hand, und im Vorbeimarchiren einem in die Augen sehe. Daß ein Kerl steiff auf den Füssen, und nicht mit gebogenen Knien marchire, die Spitzen vom Fuß auswärts und die Zehen nieder setze. Daß ein Kerl den Leib gerade in die Höhe halte, nicht hinterwärts überhange und den Bauch voraus stecke, sondern die Brust wohl vorbringe und den Rücken nur einziehe“ (S. 42 f.).

Erstaunlich wirkt der Hinweis darauf, dass trotz der angestrebten hohen Feuergeschwindigkeit für das Exerzieren eine geradezu pädagogische Langsamkeit gelten sollte: „Zwischen den Tempos in den Hand-Griffen muß wohl und égal angehalten werden, und zwar so lange, bis man 10 zehlen kann“ (S. 43).

Immerhin wusste es die preußische Infanterie auf drei Schuss in der Minute zu bringen, wobei für jeden Ladevorgang mindestens 15 Handgriffe mit mehreren Tempos vorzunehmen waren. Die königliche Aufmerksamkeit begünstigte diese Leistungen:

> „Bey denjenigen Stücken, welche sie bei ihrer Regierung zu besorgen haben, wenden sie die meiste Zeit auf die Angelegenheiten, die mit ihren Neigungen übereinstimmig. Die Liebhaber des Militair-Wesens lassen Vestungen anlegen und Fortificationen repariren, Pulver-Mühlen erbauen, Soldaten mustern“ (GH 41) und „forschen auch selbst bey den

6 Julius Bernhard von Rohr: *Einleitung zur Ceremoniel-Wissenschaft der Großen Herren, die in vier besonderen Theilen die meisten Ceremoniel-Handlungen / so die europäischenPuissancen überhaupt / und die Teutschen Landes-Fürsten insonderheit, sowohl in ihren Häusern, in Ansehung ihrer selbst, ihrer Familie und Bedienten, als auch gegen ihre Mit-Regenten, und gegen ihre Unterthanen bey Kriegs- und Friedens-Zeiten zu beobachten pflegen, nebst den mancherley Arten der Divertissemens vorträgt, sie so viel als möglich in allgemeine Regeln und Lehr-Sätze einschlüßt, und hin und wieder mit einigen historischen Anmerckungen aus dem alten und neuen Geschichten erläutert*, Berlin 1733. Im folgenden abgekürzt als: GH. Hier: S. 203.

Gemeinen nach, wie sie mit ihren Officiers zufrieden sind, ob sie ihre Löhnung richtig bekommen, auf was vor Art sie in Kriegs-Dienste gekommen“ (GH 37).

Wenn schon die Neigung die Fürsten verführte, sich mit den Soldaten zu beschäftigen und sogar nach der Zufriedenheit mit ihren Vorgesetzten zu forschen, dann durfte von den Großen Herren auch erwartet werden, dass sie sich im Krieg „Höflichkeit“ erwiesen, obwohl sie „einander ein zehntausend Mann nach den andern“ totschlagen (GH 10). So teilten die Belagerer mit, wohin sie schießen, damit die belagerte Fürstlichkeit diesen Platz meiden konnte.

Auch Bescheidenheit würde geübt. „Kriegshelden“ achteten sogar „einen schlechten Soldaten-Habit für anständiger als ein prächtig verbordirtes Kleid“ (GH 33).

Wurden früher die Schlosstore mittags und abends geschlossen, sobald man sich an die Tafel setzte, so blieben sie später offen, weil die Wachen so stark waren (GH 66).

Die Sicherheitsvorkehrungen erstreckten sich bei Hofe besonders auf die Türen. Kein Fremder durfte sie selbst öffnen. Er musste den Garden seinen Wunsch dazu zuwinken. Sich umzusehen, war untersagt. Schließlich durfte im Schloss kein Mantel getragen werden (GH 67). Das Schreckbild vom Verschwörer, der sich umschaut und mit wehendem Umhang die Treppenhäuser und Räume seiner Wahl durcheilt, scheint bei diesen Verboten Pate gestanden zu haben. Auch die Einfahrt in den inneren Schloßhof kam manchmal nur Ambassadeuren und Fürsten zu. Envoyés war dies nur bei ihrer ersten und bei ihrer letzten Audienz gestattet (GH 70 f.).

Aber auch sonst galten Beschränkungen: „Das Anklopffen an den Thüren ist in den Königlichen Häusern nicht erlaubt (...) sondern (...) kratzet man nur mit den Nägeln an“ (GH 77). „Im Sitzen bei einem großen Herrn den Leib ein wenig auf die Seite drehen, als ob sie uns mit einem Auge nur recht sehen solten“ (Pr 355). Große Herren „richten es auch daher so ein, daß alle ihre Bedienten zwar voll Futter, aber auch volle Arbeit haben mögen“ (GH 35).

Zu den Grundregeln zählte sicherlich die Anweisung, dass sich alle Anwesenden bedecken mussten, wenn ein Höhergestellter seinen Hut aufsetzte. Unter Niedrigeren oder Gleichen brauchte er ihn nicht zu tragen. Bei drei Personen befand sich der Ehrenplatz in der Mitte. Der Zweitbeste war rechts. Drei Personen von gleichem Rang wechselten sich auf dem mittleren Platz daher ab. Von großer Vorsicht zeugte der Brauch, den Handschuh auszuziehen und die eigene Hand zu küssen, bevor einem Höhergestellten ein Gegenstand überreicht werden durfte.[7]

> „Manchmal hat ein Jäger, ein Soldat sowohl die Freyheit, einem grossen Herrn den Teller mit Speisen zu praesentiren, als ein Hof-Cavalier oder Page“. – „Die Herrschafft schenckt sich zuweilen selbst ein, und von diesem Trunk muß das Cammer-Fräulein jedesmal etliche Tropfen auf die Tazze schütten und trincken“ (GH 113, 115). „Im übrigen trifft es, leider an manchen Orten mehr als zu wohl ein,... daß man des Vormittags mit dem Mund sänge: HErr GOtt dich loben wir, des Nachmittags aber mit der That, HErr GOtt dir fressen wir“ (GH 50). Wenn ein Hofmann mit einem Fürsten redete, sollte er „nicht Rettig oder Knoblach essen / oder starcken Wein trincken / auff daß / wenn er redet oder hustet / der Dampff den Fürsten nicht ins Angesicht gehe“.[8]

4. Reverenzen, „Dantzen“, Promenaden, Prozessionen, Carossen und Lustbarkeiten mit Bauernmägden. Körperhaltung und Bewegungen.

In den Staatsraisonwerken des 17. Jahrhunderts wurde bereits die äußere Erscheinung eines Fürsten auf ihren reputationsfördernden Beitrag hin untersucht. „Eindrucksvoll“ sollte sie

7 Caroline Hanken: *Vom König geküßt.* Das Leben der großen Maitressen, Berlin 1996, S. 113.
8 Georg Engelhard Löhneyß, *Della Caualleria*, Remlingen 1624, S. 33.

sein. Johannes à Chokier ordnete sie 1624 den autoritätsbegünstigenden Mitteln zu. Neben dem Abstand zu den Untertanen, der Bündelung aller politischen Entscheidungen beim Fürsten, der Vermeidung von Machthäufung bei „Officirern" und Gottseligkeit sowie Vorsichtigkeit standen die „präsentable ‚Statur oder Leibsgestalt'" und „feine gravitetische aber doch freundliche und anmutige Gebärden".[9]

Was war nicht alles beim Stehen, Gehen oder gar bei einer Verbeugung zu beachten! Für die Reverenz ließen sich gut 60 Seiten bedrucken. Schon der Sitz des Hutes bereitete Schwierigkeiten. Denn „einige setzen ihren Hut aus pur lauterer Nachläßigkeit und Einfalt hinten tieff in das Genicke, daß er vorn über der Nase, gleichwie ein Schlagbaum, gerade in die Höhe stehet; Andere aber aus Menage, damit sie nicht die Fronte von der grossen Staats-Paruque, als welche gewißlich nicht auf dem Mist-Hauffen gewachsen ist, turbiren oder confundiren mögen. Alleyn, beydes ist lächerlich, und macht einen jungen reputirlichen Menschen verächtlich".[10]

Und es war „noch lange nicht genug, wenn sich mancher bey seiner Reverence, wie ein steiffer Bock, mit dem Ober-Leib oder Kopffe vorn ein wenig überbücket, und mit dem einen Bein, als ein hungeriger Hahn auf dem Mist-Hauffen, hinter sich hinauskratzet; Nein, man muß vielmehr bey sothaner äusserlicher Moralité und Höflichkeit auch zugleich seine äusserliche Agilité und Geschicklichkeit des Leibes blicken lassen; woferne man sich anders dadurch bey denen Verständigen mehr zu insinuiren als zu prostituiren gedencket".[11]

Nicht nur über die einzelnen Tempi einer Bewegung entstanden Abhandlungen. Auch das Zusammenspiel von Fuß- und Leibbewegung geriet zum erörterungswürdigen Problem: Christian Weises „Complimentir-Comoedie" von 1677 lieferte den Complimentir-Rat, der bei einem vornehmen Mann „als eine geschnitzte Statue, mit gantz steiffer Positur den Fuß gravitätisch zurücke streichen, und alsdenn erst den Leib vorn überbeugen wolte, als wolte er gleichsam sprechen: Sie verziehen ein klein wenig, grand Patron, oder schöne Dame, jetzo werde ich ihnen eine Reverence machen. Nein: die Ehr-Bezeugung und Submission bestehet eigentlich in der Leibes-Beugung, und nicht in dem Fußstreichen. Dieses ist nur blosses zierratherisches Ceremonial, jenes aber das aller Essentialeste und Haupt-Requisitum bey der Reverence. Derowegen muß der Leib stracks am Anfange und zugleich mit dem Fußstreichen ein wenig gegen die geehrte Person gebogen und dadurch zugleich die Submission und Ehrerbietigkeit angedeutet werden".[12]

Eine „Übung im Dantzen" gereichte zu „einer Bewegung und zur Gesundheit vor diejenigen, welche viel sitzen und studiren" (Pr 471 f.). „Die Schritte, die Geberden, die Bewegungen und alle Handlungen der Acteurs müssen ihre reguliere Abmessungen haben, nach den Regeln der Music eingerichtet seyn und der Natur gantz accurat und eigentlich nachfolgen" (GH 802). Auch 1622 galt: Junge Herren waren vom Tanzen „nicht ab: sondern viel mehr mit allem fleiß darzu zu halten", weil es „bey männiglichen/sonderlichen dem Frawenzimmer pflegt grosse Gunst zu bringen".[13]

Spiele hatten „des Leibes Geradigkeit" zu dienen und mussten einen „Schein der Tugendt" vorweisen:

> „Als da ist das Ballenspiel / dann der Ball bringet keine ungestalt in Geberden / sondern wil gantz und gar auffrichtig gespielet seyn / und man kan auch keine Falschheit

9 Martin Disselkamp: Barockheroismus. Konzeptionen „politischer" Größe in Literatur und Traktatistik des 17. Jahrhunderts, Tübingen 2002, S. 192. – Zur zeitgenössischen Begrifflichkeit vgl. Volker Seresse: *Politische Normen in Kleve – Mark während des 17. Jahrhunderts.* Argumentationsgeschichtliche und herrschaftstheoretische Zugänge zur politischen Kultur der frühen Neuzeit, Phil. Habil., Kiel 2002, bes. S. 99-109.

10 Gottfried Taubert: *Rechtschaffener Tantzmeister, oder gründliche Erklärung der Frantzösichen Tantz-Kunst*, Leipzig 1717, S. 428.

11 Ebda., S. 434.

12 Ebda., S. 450.

13 Georg Engelhard Löhneyß: *Aulico Politica*, Remlingen 1622, S. 31.

> brauchen / wie in anderen Spielen / So macht das Ballenspiel behent / beweglich / und übet den Menschen im springen und lauffen."[14]

Sagten die Griechen und Römer von einem „groben Pengel, der nichts gelernt hatte", er könne „weder lesen noch schwimmen", so empfahl Löhneyß für die Erziehung junger Herren auch diese Kunst: „Das Schwimmen ist ein gefehrlich Exercitium, aber offt unter den nötigsten / und wie wol man mit Vorthel schwimmen / und etwan Blasen / Schilff /Holtz oder Bretter darzu brauchen kan / sol man doch in solchen Exercitiis die tolle Kühnheit vermeiden."[15]

Aber es gab auch leichtere Bewegungsarten:

> „Die Promenaden sind eine unschuldige und doch sehr anmuthige Ergötzlichkeit. Am vernünfftigsten ists, wenn Nutzen und Lust mit einander vereinigt wird" (Pr 512). „Bey den Grotten sind schöne Cascaden, welche das Wasser in die Bassins werfen, im Sommer eine angenehme Kühlung und Geräusche verursachen" (GH 87).

„Bey den Hoch-Fürstlichen Processionen" marschieren die „geringern vorweg," „die höhern und vornehmern" aber folgen darauf. „Bisweilen macht ein vornehmer Officier den Anfang des Zuges, dem unterschiedene Regimenter folgen" (GH 312).

Man muss „Acht haben, ob es erlaubt sey, mit einer Dame en Carosse zu fahren oder ob jedes Geschlecht sich ins besondere promeniren" (Pr 513).

> „Die gantze Equipage muß auch unter sich selbst miteinander harmoniren... Alte graue Pferde oder sonst elende Schind-Mähren stehen schlecht zu einer kostbaren Staats-Carosse, oder zu vergüldten Geschirren, und lappichte beschmutzte Lieberey accordirt nicht wohl mit einem prächtigen Train" (Pr 579).
>
> „Vor der Reise erwehlen sie diejenigen Cavaliere und andere Bediente, die sie auf die Reise mitnehmen wollen, und reguliren, nachdem sie entweder öffentlich ihrem Stand gemäß, oder, wie es mehrentheils zu geschehen pflegt, incognito reisen wollen..., eine größere oder kleinere Hofstatt" (GH 126).

Freilich wurde auf Kosten anderer zuweilen gespottet:

> „Zur Sommers-Zeit pflegen sich die grossen Herren gemeiniglich auf ihre Lust-Schlösser zu begeben und daselbst mit allerhand Arten von Lustbarkeiten zu divertiren" (GH 859). „Die Bauer-Mägde müssen nach einer angezogenen Maschine lauffen, um solcher den Crantz abzureissen, und wenn sie denselben nicht erhalten, werden sie aus der unter dieser Maschine stehenden Fontaine von unten herauf starck bespritzt. Es gibt auch eine feine Kurtzweile, wenn einige auf hohen abgeschälten und mit Baum-Oehl bestrichenen Tannen-Bäumen klettern" (GH 880).

5. „Im Welt-Getümmel auf den Sabbath ihrer Seelen achten." Vorsätze und Gesprächsthemen eines Höflings

Wenn wir uns in das Schloss begeben, sollten wir uns ausmalen, mit welchen Vorsätzen wir dort auftreten wollen: „Christliche Hof-Leute" haben im Anti-Chambre, „wenn die Durchlauchtigste Herrschaft ihrer persönlichen Aufwartung nicht bedarf", „allezeit ein Frantzösisch oder Teutsch geistreich Tractätgen zum Heil ihrer Seelen" bei sich. Wenn ihre Gegenwart benötigt wird, stecken sie es wieder ein (Pr 227). Allgemein sollen „christliche Hof-Leute" denn auch im „Welt-Getümmel" auf „den Sabbath ihrer Seelen" achten (Pr 227). Danach aber soll ein junger Mann bei Hofe die „Freundschaft eines alten Hof-Mannes" suchen (Pr 228). Jedes Verlangen, zu denunzieren oder Geheimnisse zu erfahren, ist zu unterdrücken. Denn: Wer an den Geheimnissen der Fürsten teil hatte, kann wie ein Spiegel

14 Ebda., S. 32.
15 Ebda., S. 33.

den Geheimnissen der Fürsten teil hatte, kann wie ein Spiegel zerschmissen werden von ihnen (Pr 229). Im Streit der Hofparteien gilt es, nicht zum „Ohrenbläser" und „Achselträger" abzusinken (Pr 232).

Stattdessen verlangt der Aufenthalt bei Hof nicht nur Lesefleiß, sondern auch eine anhaltende Weiterbildung. Der Hofmann liest „Memoires", Journale, Reisebeschreibungen und Poesien, damit er in seiner Unterhaltung nicht nur über Hunde, Pferde, neue Moden, l'hombre-Spiele, andere Leute und „abgeschmackte Glossen" zu den Zeitungsnachrichten rede (Pr 233). Um sich bei der Herrschaft, den „Dames", den „Ministris" und allenthalben gefällig zu erweisen, soll er Neues oder Merkwürdiges erzählen (Pr 232). Dabei galt das Vortragen mehr als das Moralisieren. Auf keinen Fall durfte er sich wiederholen oder die Quellen seiner Erzählungen angeben. Er hatte darauf zu achten, ob der andere lieber redete oder zuhörte. Nach dessen Neigungen war dann das Gespräch zu führen über „Studia", „Degen", Reiterei, Jagen, Spiele und Galanterien (Pr 233). Die genealogischen Tabellen waren stets bewusst und auf dem neuesten Stand zu halten. Das bezog sich auf die europäischen, besonders aber auf die deutschen Fürsten. Hier ging es um Sukzessionsfragen und „Prätensionen". Außerdem musste man sich auskennen in der Heraldik, dem ius publicum, bei Münzen und in der Zeremoniellwissenschaft (Pr 234).

„Manchmal werden auch Combats vorgestellt, welche von den Hof-Fechtmeistern dirigirt und dergestalt angeordnet werden, daß sie nach einer gewissen Cadence, und einer gewissen Figur den Augen angenehm fallen" (GH 801). Bei den höfischen Vergnügen (Divertissements) wurde vom Hofmann erwartet, dass er mitzeichnen und mitbauen oder wenigstens „historice manches darüber herzusagen wisse", was in den Schauspielen etc. dargeboten werden sollte (Pr 235). Natürlich war bei einer „adelichen Leiche" oder einem „Fürstl. Sarg" die Redekunst ebenso gefordert wie bei einem Auftritt als Page oder als Sprecher des Collegii zum Fürstlichen Namenstag (Pr 235 f.).

Stets aber war zu beachten, dass nichts erzählt wurde, was den Horizont der Hofgesellschaft überstieg. Auf alle „pedantischen" und „barbarischen Streitsätze" war zu verzichten (Pr 237). Wenn wir in die Hofgesellschaft eingetreten wären, hätten wir uns mit Geschenken um die „Gunst" der Narren bemüht (Pr 238).

Zum Neujahrsfest empfingen die Fürsten Gaben und beschenkten ihrerseits ihre Gäste. Während dieser Brauch im französischen Spätmittelalter auf Geldsummen beschränkt wurde, gewann er unter Ludwig XIV. erneut an Bedeutung. Es bleibt noch unklar, ob sich die Zusammensetzung der Präsente wesentlich änderte. Um 1400 machten Schmuck, Edelsteine und Perlen fast die Hälfte der Aufmerksamkeiten am Hof des Herzogs von Berry aus. Ringe zählten zu den beliebtesten Gaben, hielten aber nur einen Anteil von 3% am Gesamtwert aller Geschenke.[16]

Junge „Passagiere", die an einen Hof kamen, sollten nicht „allein stehen gelassen" werden. Auch sollten sie nicht durch die „großen Humpen" im Rausch ihre Ehre verlieren (Pr 241). Junge und fremde Höflinge durfte man nur zum Spiel einladen, wenn man sich vorher bei ihnen erkundigt hatte, ob sie sich gern beteiligen würden (Pr 241). Es wurde dringend davon abgeraten, nur deshalb um Geld zu spielen, weil man aus Höflichkeit nicht abzulehnen wagte.

16 Jan Hirschbiegel: *Die Neujahrsfeste am burgundischen und französischen Hof*, Vortrag am 13.12.2002 in Kiel, unveröffentl. Manuskript, S. 7. Ich danke dem Vf. für die großzügige Einsicht.

6. „Polygamie der Kleider", „blasse Frauenzimmer" und „bleu mourant". Veränderungen in der Mode

Der abhängige Höfling musste mehr mit der Mode gehen als der „Cavalier auf dem Lande, der sein eigener Herr ist" (Pr 52). Kaiser Joseph I. konnte „bey seinen Ministris die Veränderungen in der Kleidung kräftig leiden. Einmal schertzte er (...) mit seinen Premier-Ministre dem Cardinal Lamberg, (...) weil er allzu offt bey Hofe mit einem Kleide erschien: ich glaube du und dein Kleid haben einander zur Ehe genommen, worauf aber Lamberg versatzte: wenn Ihro Majestät die Polygamie von unsern Kleidern verlangen, so werden sie sich viel schuldige Diener machen" (GH 27f.).

> „Als anno 1716. des Czaars älteste Tochter, Printzeßin Catharina, mit dem Herzog zu Mecklenburg Schwerin Beylager hielt, so hatte sie einen Sammeten mit Diamanten besetzten Talar um, davor ihr die Schleppe 6 Cavaliers nachtrugen" (GH 28f.).

Der Wandel im Schönheitsideal war hinzunehmen. Galten früher goldgelbe Haare für bewundernswürdig, so verbarg man diesen „Glanz" um 1730 als „Übelstand" (Pr 36). Rote Wangen wurden den Bürgertöchtern und Bauernmägden zugeordnet. Die Vornehmen hielten ein blasses Gesicht für modisch.

Insgesamt fand man es lächerlich, wenn prächtige Kleider getragen und zugleich vom Trödel alte besorgt wurden (Pr 551). Offenbar war es noch nicht selbstverständlich geworden, dass die Kleidung „ganz", unbefleckt, „wohl façoniert" und „feste geknüpfft, gebunden, angesteckt" zu sein hatte (Ebda.). Jedenfalls sollte man auch im Haus-Habit jederzeit Besuch empfangen können (Pr 552). „Schlecht" wirkte es, wenn Männer sich die Lippen rot färbten oder Schminkflecken auflegten. Sie durften aber auch nicht an den Manschetten, Krausen oder Perücken ziehen (Pr 554).

Bereits vor dem französischen Modezeitalter rügte es Löhneyß, dass „etliche Alten zu diesen unsern Zeiten sich so Gäucklerisch und bund kleiden / und einen grossen Fleis brauchen / ihre Haar zu püffen und zu krausen / ihren Bart täglich zu rottieren und zu putzen / ihre Strümpff glatt auff zu binden / so gar enge Stieffel und Schue tragen / so schöne Ketten und Kleinother an Halls hengen / so schöne Armbänder an den Händen tragen / so köstlich Medin auffm Hut machen / die Finger mit so vielen stattlichen Ringen bekleiden / ihre Kleider mit wol riechenden Salben bestreichen / und so viele newe Muster und Trachten der Kleider erfinden / also daß / unangesehen ihr Angesicht voller Runtzeln ist / sie doch in ihren Kleidern nicht leiden können / einige Flecken oder Runtzel."[17]

Zu Beginn des Dreißigjährigen Krieges hatten die Anforderungen an die Kleidung noch verhältnismäßig schlicht geklungen: Damit ein Hofmann „den Sachen nicht zu viel oder zu wenig thue / und sein Gut nicht unnützlich verschwende / sol er sich seinem Stand nach / fein reiniglich / nicht zu stattlich noch zu schlecht kleiden / er sol auch seine Kleider nicht tragen / bis sie kahl und beschabt werden / und wie man pflegt zu sagen / daß nicht ein Laus drauff hafften kann / die Pantoffeln bis das Holtz daraus falle / oder Fasen von dem Leibgürtel hangen / Sondern er sol seine Schuch sauber / die Strümpfe reiniglich und glatt auffbinden / die Stieffel sauber halten / das Rappier und Geheng darzu schön versilbert oder vergült / die Krausen weiß und fein außgebrochen / sein Hut Medey / Schnur und Federn sollen köstlich und von guter Arbeit seyn / dieselben sol er an Fest- und andern Feyertagen sampt der Kleidung verändern."[18]

Der Aufwand hielt sich zahlenmäßig in Grenzen. Ein junger Kavalier benötigte auf Reisen nur vier Kleider: ein tägliches, ein schwarzes, ein „chamerirtes" und ein schlichtes mit „guter Veste" (Pr 555). Freilich wirkte die Kleidung der Vorfahren sparsamer. Sie war auch zu verer-

17 Georg Engelhard Löhneyß: *Della Caualleria*, Remlingen 1624, S. 35 f.
18 Ebda.

ben. Aber die Pluderhosen reichten bis auf die Knöchel. Es hatte große Degenscheiden gegeben und „Turmhüte" mit 300 Ellen Band (Pr 557).

Grundsätzlich sollte die örtliche Mode maßgebend sein. Der teure Schneider war dem „stehlenden Pfuscher" vorzuziehen (Pr 557 ff.). Wer jedoch am ersten Feiertag großer oder höchster Feste schwarze Kleider trug, wurde verspottet. Sie galten als "gemein und bürgerlich", obwohl der Träger damit angeblich an seine Sterblichkeit erinnern und seine Andacht zeigen wollte (Pr 559). Es verstieß aber auch derjenige Herr gegen den Wohlstand, der „manchen" Offizier nachahmte und soldatisch aussehen wollte, indem er bei der allerstrengsten Kälte oder bei Regenwetter den Hut unter dem Arm hielt oder auch so zu Pferde saß, sich bei heißen und heiteren Sommertagen den roten Mantel nachtragen ließ oder im härtesten Winter ein Band in die Haare flocht und mit „nackenden Ohren" ging (Pr 562).

Wenn auch die Freude an kräftiger und vielfältiger Farbigkeit manche für heutige Augen seltsame Zusammenstellungen zeugte, so schimmern doch andererseits immer wieder Regeln durch. Nach ihnen waren Konträrfarben verboten. Eine blaue „Contusche", ein roter Oberrock, ein gelbes Halstuch und ein grünes Band waren geschmacklos und unvereinbar. (Pr 567). Auch in einem aurora-roten, rosa-farbenen oder „Papagoy grünen" Tuch sollte man nicht bei Hofe erscheinen (Pr 566). Allgemein wurde empfohlen: Wem „schon der Winter des hohen Alters auf das Haar geschneyet", sollte nicht in „bunter Kleidung den Frühling noch vorstellen wollen" (Pr 566). Auch waren die Gegensätze nicht überzubetonen. „Blasse Frauenzimmer" sollten nicht bleu mourant tragen. Eine brünette Frau wirkte im weißen Kleid noch dunkler (Pr 566). Überhaupt taten die Damen gut daran, wenn sie erst bei der Herrschaft anfragten, ob sie ein bestimmtes Kleid anlegen dürften. Andernfalls konnte sie sich allerhöchste Ungnade zuziehen (Pr 549).

Neben aller Pracht bei den Gewändern verwundert es doch, dass im Aussteuer-Inventar der gottorfischen Prinzessin Maria Elisabeth anlässlich ihrer Heirat mit dem hessen-darmstädtischen Landgrafensohn Ludwig 1650 auch „ein Bade-Mantel" und „ein Bade Hembdt" aufgeführt wurden.[19]

7. Vom Negligé, Coucher und „schlappen Brüsten". Die weibliche Figur und das Dekolleté

Die Sorge um die Figur und ein sauberes Aussehen war selbst bei schönen Fürstinnen keineswegs selbstverständlich. So hatte die Kaiserin Maria Theresia 1770 vom Kurier aus Paris erfahren, dass Marie Antoinette als Dauphine von Frankreich zugenommen habe. Daraufhin schrieb sie an die Tochter:

> „Wenn Sie mich nicht durch das Fischbeinkorsett, das Sie tragen, beruhigten, hätte mir dieser Umstand Sorge gemacht, weil ich fürchte, daß Sie, wie man im Deutschen sagt, auseinandergehen, schon die Taille wie eine Frau haben, ohne es zu sein. Ich bitte Sie, sich nicht gehen zu lassen und zu vernachlässigen."

Sie warnte so eindringlich davor, weil Unsauberkeit, Nachlässigkeit und Gleichgültigkeit bei allen übrigen Handlungen nachfolgen würden. Die „ganze königliche Familie Frankreichs" sei „seit langen Jahren" diesen Fehlern verfallen. „Sie sind gut und tugendhaft, aber keineswegs befähigt, zu repräsentieren, den Ton anzugeben oder sich anständig zu amüsieren." Hier läge die „ständige Ursache für die Verirrungen ihrer Oberhäupter." Sie fänden „keinerlei Annehmlichkeiten zu Hause" und glaubten daher, „diese außerhalb desselben suchen zu müssen." Man könne „tugendhaft und fröhlich und gleichzeitig gesellschaftsfreudig" sein. Schließlich hatte eine Hofdame noch aus Paris gestanden, dass sich Marie Antoinette „sehr vernachlässigte, und das sogar bis auf die Reinheit der Zähne". Die Kaiserin befand: „Das ist ein ebenso bedeut-

19 Landesarchiv Schleswig (LAS), Abt. 7, Nr. 120.

samer Punkt wie der der Taille." Die Tochter sei „jetzt in einem Alter, in dem Sie sich formen; das ist der kritische Moment." Dann war der Kaiserin noch zu Ohren gekommen, dass Marie Antoinette „schlecht angezogen" sei und Kleider aus ihrer Aussteuer trage. Mütterlich sorgte sie vor und wollte ihr in Wien Fischbeinmieder oder Korsetts nähen lassen, „wenn Sie mir ein gutes Maß schicken wollten. Man sagt, daß sie in Paris zu stark sind."[20]

Der Tageslauf konnte bequem beginnen und streng enden:

> „Die von Fürstlichen Frauenzimmer pflegen grossen theils eine lange Zeit in ihren Habit negligée herum zu gehen, Caffée zu trinken, etwas zu essen und sich ankleiden zu lassen, biß es fast Zeit ist, zu Mittags zur Tafel zu gehen" (GH 24).
>
> „Es ist eine seltzame Sache, daß die Könige in Spanien in diesem Stück (dem Coucher, H.G.) (...) viel weniger Freyheit haben, als alle ihre Unterthanen, indem sie (...) im Sommer des Nachts um 10 Uhr und des Winters um 9 Uhr zu Bette gehen müssen. Als Königs Caroli II. erste Gemahlin Maria Louyse in Madrit angelangt und sich an diese vorgeschriebene Stunde nicht kehren wollen, sondern vermeynet, es wäre alsdenn die beste Zeit zu schlafen, wenn man dazu Lust hätte, es öfters geschehen wäre, daß ihr Frauenzimmer, ohne sie darum zu befragen, angefangen, des Abends, da sie noch über der Tafel gesessen, sie auszuziehen; einige hätten ihr den Kopff zurecht gemacht, andere unter die Tafel gekrochen, ihr die Röcke auszuziehen und wäre sie alsdenn so geschwinde zu Bett gebracht worden, daß sie manchmahl nicht gewußt hätte, wie ihr geschehen wäre" (GH 19).

Die frühe Neuzeit betonte noch die Wichtigkeit der Kinder als Unterpfand der Zukunft. Die Mütter wurden getröstet und geehrt: Fürst Magnus zu Anhalt schrieb 1516 an Fürst Ernsts Gemahlin Margaretha, die sich „wegen der gar zu vielen Kinder beklagt" hatte, einen Trostbrief: „Der Schatz der heiligen Ehe, nemlich die Kinder, machen zwar viel Unruhe; weil aber sonst keine Ruhe allhier auf Erden, so ist das eine seelige Arbeit, mit den Seinigen sich zu bekümmern" (GH 167f.). Und v. Rohr beobachtete 1733:

> „Sobald die Hoch-Fürstlichen Gemahlinnen ihre Schwangerschafft antreten, wird es allenthalben public gemacht (…), wie sie von Monath zu Monath in ihrer Schwangerschaft avancieren (…) Es werden (…) allenthalben alle nur ersinnliche und mögliche Anstalten gemacht, damit die Hoch-Fürstliche schwangere Frau Mutter vor allem Schaden und Gefahr erhalten (…) Wird vom Landes-Herren und Unterthanen ein Printz gewünschet, (…) so fehlet es nicht an Poeten, die mit aller Gewalt einen männlichen Erben ich weiß nicht nach was vor einen prophetischen Geist pronosticiren und erdichten wollen" (GH 168f.).

Man hielt es für „unanständig", wenn sich „vernünftige Menschen" alle Vierteljahre über die französische Mode unterrichten wollten und dazu statt der Modekupfer richtige Modepuppen kommen ließen (Pr 564). Dabei barg das Modebewusstsein ohnehin Gefahren genug in sich. Priester eiferten dagegen und wiegelten zuweilen das Volk auf. So wurden 1725 im lothringischen Pont-à-Mousson die Reifröcke für Teuerung und Misswachs verantwortlich gemacht. „Die Weiber aber wären bereit gewesen, sich über diese Mode in Stücke zerhauen zu lassen und hätten mit ihren Pistolen auf der Gasse Feuer gegeben" (Pr 572 f.).

Hatte die Renaissance die Schönheit des weiblichen Körpers wiederentdeckt und sich an den „Apfel-Brüstlein" ergötzt, so bewunderten Barock und Rokoko die „Brust-Gewölbe". Die Kunst des geschnürten Dekolletés schuf wunderbare Rundungen. Keine Frau vermochte sich dieser Leitvorstellung zu entziehen. Selbst alte Fürstinnen versuchten mit merkwürdigen Mitteln ihr zu entsprechen. Wilhelmine von Bayreuth berichtet 1731 von ihrer Großtante, der Herzogin von Sachsen-Meiningen: „Sie trug zwei dicke, schlappe und runzelige Brüste zur

20 Severin Perrig (Hrsg.): *„Aus mütterlicher Wohlmeinung"*. Kaiserin Maria Theresia und ihre Kinder. Eine Korrespondenz, Weimar 1999, S. 164-167.

Schau, welche sie die ganze Zeit mit den Händen bearbeitete, um die Aufmerksamkeit darauf zu lenken. Obwohl sie über sechzig Jahre alt war, hatte sie sich wie eine junge Frau herausgeputzt (...)"[21]

Bei einem zweiten Besuch fand sie ihre „Tante wie gewöhnlich mit Blumen und Maschen aufgeputzt. Bei dieser Gelegenheit mußten ihre welken und verjährten Brüste daran glauben; sie klopfte und streichelte sie mir zu Ehren mit erneutem Eifer, wobei sie mich unzählige Male ihr Liebchen nannte."[22] Die Prinzessin von Hessen-Kassel erschien ihr als „eine zweite Madame Pompadour und mußte früher sehr hübsch gewesen sein, der Wein und die Ausschweifungen hatten aber ihren Teint so verdorben, daß er ganz kupfrig war, und ihr Busen, den sie so tief entblößte, als es nur ging, war voll ekelhafter Pusteln; (...)"[23]

Die Zeremoniellwissenschaft rügte dann auch mehr die Büsten, die nicht mehr zu verführen und zu verzaubern mochten:

> „Es ist eine schandbare Gewohnheit, wenn einige von dem Frauenzimmer ihre Hälse so entblößen, daß es nicht anders scheinet, als ob sie ihre Waaren, die doch öffters gar verlegen und begriffen sind, jedermann feil bieten und solche zur öffentlichen Schau herum tragen wollten."

Es sei „eine Art der subtilen Frechheit, wenn man durch die Kleidung gleichsam alles aus seiner Leibes-Gestalt erpreßt, was man nur immer erpressen kann" (Pr 560).

Geradezu menschenfreundlich klang die Aufforderung an beide Geschlechter, sich nicht eng zu schnüren. Weder Magendrücken noch Hühneraugen seien erstrebenswert (Pr 561).

In der Mitte des 17. Jahrhunderts war es noch deftig zugegangen. Unter dem Kupferstich „L'Hyver" von Abraham Bosse (1602-1676) wurde zu einer Küchenszene gereimt:

Monsieur, diet une Maistresse	Mais cette picotterie
Si vous touchez mon tetin,	Se termine incontinent,
Je repandray de la graisse	Et toute leur raillerie
Sur votre habit de satin.	Est de caresme-prenant.[24]

Die Schäferdichtung besang aber bereits 1744 die freie Brust. Johann Christoph Rost reimte im „blöden Schäfer" für den Dresdener Hof: „Dem Busen war mit Fleiß das Oberkleid zu kurz, ihr kleiner Schäferschurz ward noch daneben der warmen Mittagsluft zum Spielen übergeben. Sie hatte sich die Stellung ausgedacht, die blöde Schäfer klug, und kluge lüstern macht."[25]

8. „I love you", „verführerische Reize", „süße Dicke", „une prison qui attend (...)". Damen-Komplimente

Bei einer Monarchin, die zudem wie Elisabeth I. von England unverheiratet war, mussten sich die Höflinge um die „persönliche Zuneigung der königlichen Frau" bemühen. 1591 bediente sich Essex der höfischen Liebessprache:

> „While your Majesty gives me leave to say I love you, my fortune is as my affection, unmatchable. If ever you deny me that liberty, you may end my life, but never shake my

21 Wilhelmine von Bayreuth. *Eine preußische Königstochter.* Glanz und Elend am Hofe des Soldatenkönigs in den Memoiren der Markgräfin Wilhelmine von Bayreuth, neu herausgegeben von Ingeborg Weber-Kellermann, Frankfurt a.M. 1990, S. 276.

22 Ebda., S. 344.

23 Ebda., S. 479.

24 Cabinet des Arts graphiques du musée Carnavalet (Paris); série compléte «Les Quatre Saisons».

25 Wilhelm Heinse (Hrsg.): *Erzählungen für junge Damen und Dichter gesammelt*, Lemgo 1775, S. 160 f.

> constancy, for were the sweetness of your nature turned into the greatest bitterness that could be, it is not in your power, as great queen as you are, to make me love you less."[26]

Auch gegenüber einer Herrscherin waren Komplimente erlaubt, die sich auf ihre Weiblichkeit bezogen:

> „Müßte man, Madame, um diese kostbare Gabe zu verdienen, nur bis zum Grunde seiner Seele von der enthusiastischen Bewunderung durchdrungen sein, welche die verführerischen Reize und heroischen Tugenden Ihrer Kaiserlichen Majestät einflößen, dann wäre niemand ihrer würdiger als ich." [27]

Umso denkwürdiger wirkt dieser Dank, wenn wir Absender und Empfänger erfahren. Madame de Pompadour sprach ihn 1759 gegenüber der Kaiserin Maria Theresia aus! Frauenschönheit erfreute sich also allgemeiner Anerkennung bei beiden Geschlechtern.

Die Spannweite der Komplimente gegenüber den Damen war groß. Auch Maitressen konnten darin erwähnt werden. So schrieb Herzog Ernst August von Hannover am 8.12.1671 aus Venedig an seine Frau Sophie: „je vou remersie bien fort de la permission que maves donne et vou pouves croire, que s´il estoit en mon pouvoir de faire une maitresse delle ou dune auter, que cela ne pouroit faire aucun[e] tort en pouvoir que vous aves et que vous aures sur moy jusques a la mort (...)"[28]

Graf Philipp Christoph Königsmarck brachte es sogar fertig, sein überschwängliches Geständnis vom 3.9.1692 aus Flandern an die verheiratete künftige hannoversche Kurprinzessin Sophie Dorothea „nur von Ihnen erwarte ich mein Schicksal, von Ihnen hängt meine Seligkeit ab. Sie sind meine Göttin" mit der Anrede zu beginnen: „Meine süße Dicke"![29]

Abgesehen vom Wandel des Schönheitsideals dürften die zarten Geheimnisse eines Liebespaares von 1692 auch nach über 300 Jahren noch überraschend modern und frisch klingen. Königsmarck sehnt sich danach, „de veder quaila bocqua sensa dente" und sieht Sophie Dorothea „fort souvens à cheval". Die Prinzessin ihrerseits „connait une prison qui attend votre prisonnier avec bien de l´impatience."[30]

Würde eine „höhergestellte weibliche Person" eine „unkeusche Anrede" wagen, so sollte man diese überhören und schweigen. Einer „Niedergestellten" war hingegen eine „Abfuhr" zu erteilen (Pr 567 f.).

9. „Sardanapalische Andacht" mit „Liqueurs, Confituren und dem Opern-Buch". Das Theater als Abbildung des Lebens

In der immer wieder drohenden Langeweile des Hoflebens konnte das Theater zuweilen eine gewisse Abwechslung bedeuten. Viele Bedenken ließen sich allerdings dagegen anbringen. Es darf der Zeremoniellwissenschaft als Meisterleistung angerechnet werden, dass sie hier einen Mittelweg wies, der gleichermaßen vor der Sittenverderbnis wie vor der trockenen Moralpredigt bewahrte:

26 Robert Valerius: *Weibliche Herrschaft im 16. Jahrhundert.* Die Regentschaft Elisabeths I. zwischen Realpolitik, Querelle des femmes und Kult der Virgin Queen, Herbolzheim 2002, S. 296 f.

27 Zitiert nach Helga Thoma: *„Madame, meine treue Geliebte ..."* Die Maitressen der französischen Könige, Wien 1996, S. 178.

28 Anna Wendland (Hg.): Briefe des Kurfürsten Ernst August von Hannover an seine Gemahlin, die Kurfürstin Sophie; Brief Nr. 16; in: NIEDERSÄCHSISCHES JAHRBUCH FÜR LANDESGESCHICHTE, Bd. 7, Hildesheim 1930, S. 234.

29 Paul Morand: *Sophie Dorothea von Celle.* Die Geschichte eines Lebens und einer Liebe, Brief Nr. 116, Celle, 2. Auflage 1979, S. 93.

30 Gerorg Schnath: *Geschichte Hannovers im Zeitalter der neunten Kur und der englischen Sukzession 1674-1714*, Bd. II: 1693-1698, Hildesheim 1976, S. 152, Anm. 48.

Die Laster sollten in besonderen Masken und Kostümen erscheinen, nicht aber als ordentlich gekleidete Personen auftreten (GH 803). Überhaupt sollten die „Operisten und Comoedianten“ nicht ohne höchste Billigung Fehler des Hofes vorstellen (GH 804). Außerdem waren fremde Monarchen von einer Verächtlichmachung auszunehmen (GH 805). Kaiser Ferdinand II. (1619-1637) belustigte sich zwar bisweilen an den Komödien, doch waren ihm alle zuwider, die zu possenhaft aufgeführt wurden. Er sah es am liebsten, wenn eine Komödie das Leben und den sittlichen Kampf eines heiligen Märtyrers vor Augen stellte: „Er beförderte einige Studiosos zu ansehnlichen Diensten bloß um deswillen, weil er sich erinnert, daß sie vor Zeiten die Person eines Heiligen in der Komödie zierlich und wohl vertreten“ hatten (GH 809).

Aber v. Rohr schilderte die Gefahren des Theaters launig-anschaulich:

> „Welcher verständige Mensch kann sich wundern, daß die Opern-Häuser so leicht entzündet werden, weiß man denn nicht, daß in diesen Venus-Tempeln von eitel Liebes-Feuern gepredigt wird, und daß die meisten Zuhörer ihre Sardanapalische Andacht mit lichterlohe brennenden Herzen darinnen verrichten. Sollten denn alle diese gleichsam in einen Mittel-Punct zusammenstoßenden Flammen nicht endlich ein wirkliches Feuer anzünden“ (GH 810)?

Die Kirchenväter wollten die Schauspiele verbieten, weil sie voller Bosheit und Schande seien. Sie bilden „eine Ursache der Unzucht, da die Weiber und Männer ohne Unterschied zusammen kommen, daß einer den anderen ansehe, indem die Augen geil sind, werden die Begierden erhitzt, und weil sie Zeit und Weile haben, so wachsen sie zusehens“ (GH 812). Auf den Bühnen „schwatzen sie ja in Comoedien von Unzucht und schändlicher Liebe, in den Tragödien von der Blut-Schande und Mordthaten. Die jungen Leute, die in ihren schlüpfrigen Alter sollten gezähmt und wohl regiert werden, sehen diesen Greueln allemahl zu, und werden durch solche Bilder zu allen Schanden und Lastern unterwiesen“ (GH 813).

v. Rohr holte dann jedoch zu einer einleuchtenden Rechtfertigung des Theaters aus. Eine „in Schertz beschehene Bestraffung der Laster“ gehe den Leuten oft weit mehr zu Herzen als eine „vorgeschriebene Moral“, der dadurch der Weg gebahnt werde (GH 814). Unbestritten würden die Menschen durch sehr viele Schauspiele „mehr verschlimmert als gebessert“. Doch seien Missbrauch und Gebrauch zu unterscheiden. Denn bei gut ausgearbeiteten Schauspielen lässt sich „auf eine geschwindere Art, als sonst, erkennen lernen, wie es in dem menschlichen Leben hergehe“. So komme das Unglück, das man sich durch lasterhaftes Leben „über den Halß“ ziehe, erst spät; „in Comoedien folgt alles, was zusammen gehört, in einer kurtzen Reyhe aufeinander, und der Erfolg der Handlungen läßt sich daraus viel leichter und besser begreifen, als wenn man im menschlichen Leben darauf Acht hat“ (GH, 815). Damit es der Wahrheit ähnlich sieht, muss alles „natürlich und ungezwungen“ wirken. Dann überredet es den Zuschauer, dass „die Sachen so auseinander erfolget, wie man in der Comoedie oder Tragödie siehet“ (GH 815). Man dürfe daher bei der Darstellung des Trojanischen Krieges „nicht mit Stücken und Carthaunen, Mousqueten und Granaten aufgezogen kommen“ (Pr 497). Harlekin sei ein „schlechter Tugend-Prediger“ (Pr 495).

Vor diesem ernsten Hintergrund müssen dann auch die Umgangsformen des Theaterpublikums begriffen werden. In den meisten Schlössern gab es einige Theatersäle oder besondere Gebäude. Vor dem Opern-oder Comoedie-Besuch war das Textbuch durchzulesen. Dadurch sollte verhindert werden, dass den „keuschen Augen und Ohren“ eines eingeladenen Frauenzimmers bestimmte Passagen „ärgerlich“ vorkamen (Pr 500). Der Anstand erforderte es, dass man für die Dame bezahlte. Aber Achtung: Erlaubten die Damen dies auch? Die wenigsten wurden darüber „böse“ (Pr 500).

In der Oper müssen die Damen mit „Liqueurs, Confituren, auch mit dem Opern-Buch“ versorgt werden. Zugleich gilt: Nicht gemeinsam mit der Dame in das Buch schauen! Und schon gar nicht, es ihr aus der Hand nehmen! Da es nur wenige Sitzplätze gab, erschien die folgende Ermahnung angebracht: Es ist unartig, während der Aufführung im Stehplatz „vor der ersten Bank" herumzugehen und den Damen den „Prospeckt" und durch das Plaudern das „Gehör" zu behindern. Wer schließlich „wie der Pöbel" schon bei Kleinigkeiten klatschte, pfiff und die Spieler überschrie, konnte mitten aus dem Parterre von der Wache weggeholt werden (Pr 501). Während in Frankreich Adlige in der Oper mitwirken durften, verloren sie ihren Stand, sobald sie in einer Komödie auftraten (Pr 502).

Einen vornehmen Nachbarn durfte man nicht auf eine „schöne Passage" hinweisen, weil das so wirkte, als traue man sich selbst mehr „Geschicklichkeit" zu, etwas zu sehen, zu hören, und zu beurtheilen" (Pr 503). Persönliche Anspielungen in den Stücken waren zu überhören (Pr 504). Wer fleißig das Theater besuchte, sollte darin eine deutliche Abbildung unseres Lebens erblicken. Es sei wenig daran gelegen „was wir für eine Person spielen, wenn wir es nur wohl machen". Der Tod nimmt uns wie das Ende eines Theaterstücks alle eingebildete Hoheit und „bringt uns zuletzt alle wieder in die Gleichheit unseres ersten Wesens" (Pr 506).

10. Vom „Liebes-Commerce" und „großer sündlicher Freyheit". „Äffende Frauen", fürstliche Maitressen und Röm. Kayserliche Majestät

Schauspielerinnen sollte „alle Höflichkeit" erzeigt werden. Aber bei diesen verführerischen Wesen galt auch die dringende Warnung: „Man lasse sich nicht so weit mit einem Frauenzimmer aus der Comoedie ein, daß man ein Liebes-Commerce mit ihnen aufrichte (...) darüber man sich in Leib- und Lebensgefahr stürtzt" (Pr 502).

Selbst außerhalb der Schlösser lauerten Gefahren:

> „Auf dem Lande hat man Gelegenheit zu mancherley Lustbarkeiten (...) Die Bequemlichkeiten (...) ohne Argwohn und Verdacht abgesondert miteinander spatzieren zu gehen, und sich bisweilen an abgesonderten Oertern zu finden, giebt offt zu großer sündlicher Freyheit Gelegenheit" (Pr 515). „Mit einer Liebes-Erklärung, dafern er nicht gesonnen, solche nach der besten Überlegung und wohl bedächtig an ein Frauenzimmer zu thun, halte ein junger Cavalier ja an sich, und vermeide auch in seinen Discoursen alle Redens-Arten, die dahin ausgedeutet werden möchten (...) Er (...) wird entweder vor einen verliebten Haasen geachtet, zumahl, wenn er andern Frauenzimmer mehr dergleichen Erklährungen gethan (...) Findet aber ein Frauenzimmer bey seiner Liebes-Erklärung ihre Rechnung, ... so kann er gar leicht (...) zu einer Frau kommen, die er nicht verlangt gehabt" (Pr 366 f.).

Der unverheiratete Hofmann sollte sich auch hundert Jahre zuvor vorsehen bei den Jungfrauen, „daß er sich nicht in einer verliebe / die er nicht gedenckt zu ehelichen / denn sonsten würde er sich großen Haß und Feindschaft auff den Hals laden / beydes von der Fürstin und der Jungkfrawen selbst." Es überrascht, dass dem Gegenstück weit mehr Zeilen gewidmet wurden. Auch die Frauen sollten „keinen am Narrenseil führen und äffen", sofern sie „ihn nicht gedenckt zu nehmen". Wenn es aber „anders geschehe / würde es ihr und ihm zum Schimpff und Spott gereichen / und sol hernach ihn der Hohn viel mehr verdrießen / denn all das jenige / so er ihr zuvor verehret hat / sonderlich wenn er sehen mus / daß ein anderer der Frucht des Baums / den er so lange gewartet und gedient hat / geniesse / und mit Schmertzen ansehen / wenn die Jungkfraw verständig / höfflich mit Geberden / lustig im Reden / schön / edel und reich ist / insonderheit wenn ihm bewust / daß sie ihn zuvor von grund ihres Hertzens geliebet / welches er die Zeit seines Lebens nicht aus seinem Sinn und Gemüt schlagen und vergessen wird".[31] Die ausführliche, mitfühlende Schilderung der männlichen Enttäuschung deutet vielleicht auf eigene Erlebnisse des Verfassers hin.

Die „reichsväterliche" Fürsorge mußte sich selbst bei zerbrochenen Herzen bewähren:

31 Georg Engelhard Löhneyß, *Della Caualleria*, Remlingen 1624, S. 34.

> „Betrüblich ists, wenn große Herren, bey Lebzeiten ihrer Gemahlinnen, auf andere verehlichte oder ledige Dames ein unzüchtiges Auge werffen, sie als Maitressen auf eine kostbare Art ernehren und uneheliche Kinder mit ihnen zeugen. (...) Bißweilen werden sie gar so weit von ihren Passionen hingerissen, daß sie ihre rechten Gemahlinnen dabey verstossen, sich von ihnen ohne alle Ursach trennen, die Maitresse heyrathen und nachgehends die Successsion (...) auf die mit der Concubine erzeugte Kinder bringen wollen.... Die Römische Kayserliche Majestät wendet sodann alle nur ersinnliche Bemühungen an, sie wieder mit einander auszusöhnen und die Ehescheidung zu hintertreiben. (...) Wann die Fürstlichen Gemahlinnen, wegen gepflogener unzuläßlichen Conversation, dem Fürsten einen gegründeten Verdacht gegeben, so enthalten sie sich von der Zeit an, da sie Nachricht hievon erlangt, ihrer Beywohnung, sie lassen sie in leidliche Verwahrung bringen, und durch ihre Räthe und Ministres über gewisse Puncte befragen (...) Diese Urteile werden, (...) nachdem sie vorher durch die Intercessiones der anderen Puissancen auf das gelindeste moderirt worden, und nach den Regeln der Klugheit (...) so weit zu Exekution gebracht, daß dem unschuldigen Theil eine anderweitige Vermählung verstattet, dem schuldigen aber die Absonderung, bißweilen auch eine, jedoch ihrem Stande gemässe Retraite, bey Fürstlichem Unterhalt zuerkandt wird" (GH 161 ff., 165f.).

11. „Unter Deinem Schutz und Schatten will sich alles frölich gatten." Von galanten Briefen und Devisen

> „Es sind aber galante Briefe Schreiben, in welchen etwas artiges verborgen steckt, das man weder beschreiben noch nennen kann: (...) die freye ungezwungene Manier, (...) der artige Zug, mit welchem er [der Cavalier] seine Briefe anfängt, fortführt und beschlüßt und seine Schreib-Art galant und allen Leuten beliebt und angenehm macht" (Pr 338). Zunächst waren die „Courtoisie-Wörtgen" zu lernen. Es hieß nicht „unterdienstlich", wohl aber „unterthänigst" (Pr 330). Darüberhinaus sollten die Briefe französischer Autoren gelesen werden. „Die Frantzosen sind mehrentheils aufgeweckte und lebhafte Leute, die gute Einfälle haben, sich kurtz und nervös zu erklären / und ihren Gedancken öffters eine angenehme Tour zu geben wissen" (Pr. 335).

Die Abstufung der Schlußformeln war zu beachten. Während es sich gegenüber seinesgleichen um einen gehorsamen, „dienstverbundenen", „dienstergebensten" oder „treuesten Diener" handelte, unterschrieb man gegenüber Höhergestellten mit „unterthänigst-gehorsamster" oder „allerunterthänigster, gehorsamer" Diener. Nur der Römisch Kays. Majestät, Königlichen oder Chur-Fürstlichen Personen stand das „allerunterthänigst, allergehorsamst" zu. Gegenüber Rangniederen begnügte man sich mit „dienstwilligster", „dienstwilliger", „dienstschuldiger", „dienstfertiger" oder „dienstgeneigter" N.N. (Pr 337).[32]

Bei ihren Unterschriften gegenüber „Manns-Personen" sollten Frauenzimmer auf das „ehren-gehorsamste" oder „ehren-dienstwilligste" verzichten, weil „nach ihrer Christenpflicht" von ihnen nichts Ehrloses anzunehmen sei (Pr 338). Da die vornehmen Leute mehr zu tun haben, als die „wunderlich-geknüpfften Briefe der müßigen Leute aufzulösen", darf nur ein billet doux „an Lisimene" wie eine Serviette „gebrochen und gebunden" sein (Pr 339f.).

„Pracht, Höflichkeit und Galanterie" gewinnen die Herzen der Damen. Doch darf dabei das Herz nicht vergeben werden: denn die Liebe ist mit Unverstand verbunden. „Wer sich

32 Vgl. dagegen zur Vielfalt der Anreden in den Klient-Patron-Beziehungen schwedischer Diplomaten Heiko Droste: *Teilhabe als Verdienst.* Zur Lebenswelt schwedischer Diplomaten im 17. Jahrhundert, Phil. Habil., Kiel 2002, S. 281 ff.; 114.

dem Willen eines schönen Frauenzimmers" unterwerfe, laufe Gefahr, „nicht mehr Meister" seines Geheimnisses zu sein (Pr 364). So sollte man vor tugendhaften Damen lieber „Blödigkeit" als „allzu große Freyheit und Kühnheit" zeigen (Pr 364).

Überhaupt sei der Umgang mit Damen einzuschränken und Vertraulichkeit zu meiden (Pr 365). Die Neigungen fremder Frauen lassen sich angeblich nach dem Gesicht, dem Stand, der Familie und dem Alter beurteilen (Pr 370). Bei „Maul- und Ohrenfaulen Frauenzimmern", die nur ein oder zwei Wörter sprechen, darf man schweigen (Pr 371). Wenn der Kavalier von einer Sache nichts weiß, die das Frauenzimmer beschäftigt, soll er wenigstens Gefallen daran bekunden (Pr 373). Gewöhnlich redeten Frauen gern über Gott, „moralische Anmerckungen nach der Vernunfft", Wirtschaft, Kochen, Einmachen, Staatsgeschichten, „neue Zeitungen", Poësie, Reisebeschreibungen, Moden, Eitelkeit, „Liebes-Affairen", „Romainen" (Pr 372).

Während die jungen Damen zuweilen zweideutige Redensarten lieben, die aber „nicht gar zu natürlich" ausgedrückt sein sollen (Pr 374), verfügen auch alte Damen mitunter über ein von „Eitelkeiten der Jugend angefülltes Herz" (Pr 375). Die Unhöflichkeit einer Dame darf „mit lachenden Muth" beantwortet werden (Pr 376).

Gegenüber der bis zur Lächerlickeit übertriebenen Hofberichterstattung wirkten die anlässlich der Hochzeit von Elisabeth Friederike Sophie, einziger Tochter der Markgräfin Wilhelmine von Bayreuth, und des württembergischen Herzogs Carl 1748 in Stuttgart gemalten Sinnbilder und Illuminationsdevisen altertümlicher und damit erfrischend. Einerseits konnte sich der „Hoch Fürstl. Württ. Ober Hof Marschallen-Amts-Sekretär" Schönhaar nicht genug in Byzantinismen ergehen. Über den Bräutigam als Säugling hieß es: „Höchst-Dieselbe (i. e. Seine Hochfürstl. Durchlaucht, H. G.) verehrten zwar sogleich bey Dero hohen Geburt grosse Fürsten-Eltern."[33]

Die Verselbstständigung der Anredeformel, der Plural majestatis und die Genitiv-Umstellung ergaben sprachliche Scheinwelten: „Nach einem halbstündigen Aufenthalt statteten des Herrn Herzogs Hochfürstl. Durchl. bey denen beyden Königl. Preußischen Prinzen den Besuch ab."[34] Oder: „Der Frau Herzogin Hochfürstl. Durchl. verblieben sodann selbigen Abend in Ihren Zimmern, und speißten allda mit Zwölf Personen und Dero Hof-Dames besonders, um wegen gehabter Reiß-Fatiquen desto eher zur Ruhe zu kommen."[35]

Dabei fanden sich inmitten dieser Künstlichkeiten durchaus kluge Sätze zur politischen Lage:

> „Mars erhebet hin und her in Deutschland ein Feldgeschrey: Doch in Württemberg, bey seinen sonst muthigen Söhnen, findt er kein Gehör, weil sie mit Klugheit urtheilen können, wo Frieden halten, dem Kriegen vorzuziehen. Bellona ruffet allenthalben zu den Waffen: Doch höret Württemberg allein die Stimme der Musen, weil es diesen die bequeme Size nicht umsonst gewiedmet haben will. Viele Innwohnere Teutschlands flüchten, und verlassen Haus und Hof: die Innwohnere Würtembergs sammlen, und zieren ihre Städte mit Schlössern, mit prächtigen und schönen Gebäuden, weil sie eines mächtigen Schuzes sich erfreuen können."[36]

Die gereimten Sinnsprüche in den Sälen und zwischen den Arkaden rühmten die – bald darauf gescheiterte – fürstliche Ehe:

> „Freue dich, Neccar, mit anderen Flüssen,
> über des Fürsten-Paars ehliches Küssen".
> Oder: „Keusche Lieb' und klug's Regieren

33 Wilhelm Friedrich Schönhaar: *Ausführliche Beschreibung des zu Bayreuth im September 1748 vorgegangenen Hoch Fürstlichen Beylagers, und derer zu Anfang des Octobers darauf, in denen Hoch Fürstlich Württembergischen Landen, so wohl zu Stuttgard als Ludwigsburg erfolgten Hoch Fürstlichen Heimführungs Festivitäten des* ..., Stuttgart 1749, S. 4.
34 Edda., S. 18.
35 Ebda., S. 20.
36 Ebda., S. 2.

wird den Fürsten-Ehstand zieren.“[37]

Sie übertrieben zwar auch:

„Fides publica.
Hier brennen, Theur’stes Paar! nicht schlechter Lampen Kerzen,
o nein! es flammen selbst der Unterthanen Herzen.“[38]

Doch ließen sie andererseits an Deutlichkeit nichts zu wünschen übrig. Unter der Abbildung großer und kleiner Zedern stand:

„Aequabuntur.
Der kleine wird zur Lust der Erden,
so groß / als wie sein Stammbaum werden.“[39]

Ein „weit-ausgebreiteter schattenreicher Ahorn-Baum, auf dessen breiten Blättern zerschiedene Vögel nisten“ trug die Umschrift:

„Unter Deinem Schutz und Schatten
will sich alles frölich gatten.“[40]

12. Von der Fächersprache, Handküssen und „nacketen Venus-Bildern“ in den „Lust-Häusern“

Bei Tisch darf man die Lose nicht vertauschen, nur um neben der gewünschten Dame zu sitzen (Pr 377). Im Gegenteil ist ununterbrochen für das leibliche Wohl einer hochmütigen Nachbarin zu sorgen und auf ihr Wohl „zu allermeist“ zu trinken. Der Kavalier kann dabei „fast nicht einen Bissen in Ruhe essen“ (Pr 378).

Wenn von Wirt und Wirtin bei einer bunten Reihe der Kuss der Nachbarin angesagt wird, dann ist das höhergestellte Frauenzimmer um die Erlaubnis zu einem Handkuss zu bitten. Bei Fürstinnen muss man aufstehen und den Rock küssen. Vielleicht reicht sie dann die Hand zum Kuss. Bei Verheirateten muss ihre Erlaubnis oder die des „Ehe-Liebsten“ erst erteilt werden. Andernfalls bleibt ebenfalls nur der Handkuss (Pr 379). Bei älteren Damen gilt es abzuwägen, ob sie sich einen Wangenkuss noch wünschen oder sich mit dem Handkuss begnügen. Auf jeden Fall müssen „ein schön und ein heßliches Gesicht“ mit gleicher Höflichkeit traktiert werden (Pr 380). Niemals darf auf den Mund geküsst werden, nur auf die Backe! Da stets die eigene Ehre und das Ansehen der Dame zu bedenken sind, muss man sich an der Haus- oder Zimmertür verabschieden (Pr 381).

Aber: „An einigen Orten ist es erlaubt und hergebracht, daß junge Cavaliers den Weibern der vornehmsten Ministris ihre Aufwartung machen, ob schon ihre Männer abwesend, und trifft man täglich, theils große, theils kleine Gesellschaften bey ihnen an“ (Pr 352). Niemals darf ein Frauenzimmer mit der bloßen Hand geführt werden. Man muss „allezeit saubere Handschuhe anstecken haben“ (Pr 381). Weil es als Liebeserklärung mißverstanden werden könnte, darf beim Führen nicht die Hand der Dame gedrückt werden (Pr 382). Auch beim Handkuss wurde vor zu großer Häufigkeit und Zärtlichkeit gewarnt. Es kam nur eine „respecteuse Art“ beim „Abschieds-Kompliment“ in Betracht, „oder wenn sie uns durch ihre Reden Gelegenheit gibt, daß wir ihr eine gewisse Submission davor bezeugen sollen“ (Pr 382).

„Es ist unanständig, wenn die Manns-Personen bißweilen von dem, was sich das Frauenzimmer zugeeignet, entlehnen, oder die Damen die Cavaliers nachahmen; als wenn Manns-Personen Fecher, oder das Frauenzimmer sich spanische Röhre zulegt“ (Pr 563). Noch aufregender schienen freilich Einflüsse „aus dem wollüstigen Italien“ zu sein: „Jetzund sind aber

37 Ebda., S. 127.
38 Ebda., S. 136.
39 Ebda., S. 61.
40 Ebda., S. 133.

mancherley Landschafften, Fruchtstücken, Historien, (...) ingleichen schändliche, unzüchtige, nackende Bilder, die (...) sowohl jungen als alten zur Reitzung und Entzündung böser Lüste und Begierden dienen" (Pr 534).

Zu einem zierlichen Verständigungsmittel entwickelten sich die vielen Ausdrucksmöglichkeiten der Fächersprache. Die Anzahl der sichtbaren Fächerstäbe konnte die Stunde des Rendezvous anzeigen. Ließ die Dame den Fächer über die Wange gleiten, bedeutete das „Ich liebe dich". Schnelles Fächeln verkündete „Ich bin verlobt". Eine langsame Bewegung bezeugte den Ehestand. In Gegenwart des Souveräns war der Fächer geschlossen zu halten.

Auch die Inneneinrichtung eines Schlosses redete. „Die Architectur dieser Lust-Häuser ist unterschiedlich (...) In dem Haupt-Pavillon logiren der Fürst mit seiner Gemahlin, oder mit derjenigen, die sie als Gemahlin lieben" (GH 85). „Vor den Spiegeln liegen bißweilen marmorne oder andere geschnitzte nackete Venus-Bilder" (GH 86). Einmal regte das Gemälde eines „frechen und leichtsinnigen Weibes-Bildes" in einer „Coquetten-Kleidung" die angeblich dargestellte Frau dazu an, das Zimmer in einem Brandenburger Lustschloss zu erbrechen und das Kunstwerk überpinseln zu lassen (GH 65). Prächtige Möbel, aber keine Diener zu haben, wurde als „über die maßen schlecht" beurteilt (Pr 528). Gegenüber von Schränken sollten ebenfalls gleich große Schränke stehen. Dagegen waren den Spiegeln gegenüber nur viereckige Bilder aufzuhängen (Pr 533).

13. „Je souhaitte que le ciel vous donne des consolations proportionnées." „Indifferentistische Reden", Kondolenzschreiben und Leichenpredigten

Die Fürsten förderten die Kirchenmusik und ließen das Konzert des Sonntags schon vorher in den Gemächern erschallen. Im Gottesdienst sollte man nicht schlafen, plaudern oder Zeitung lesen (Pr 259). Vielmehr war das Gesangbuch zu benutzen und mitzubeten (Pr 260, 263). Bei der Beichte waren die Dekolletés nicht „schandbar" zu vergrößern (Pr 273).

Kurfürst Johann Georg II. von Sachsen nahm das Hl. Abendmahl öfter und bereitete sich eine Woche darauf vor. Er betete stets auf den Knien (GH 51). Andere jedoch, die „sonst mit der wilden Ganß in die Wette leben", gingen zur Beichte nach dem Kalender oder wenn es ihren Kameraden einfiel (Pr 273). Im übrigen galt:

> „Es darff ein jeder nach dem Gefallen in den meisten weltlichen Gesellschafften indifferentistische Reden vorbringen, daß man in allen Religionen selig werden könte... Es fange aber einer einen Discours an von den Vollkommenheiten GOttes, von seiner liebreichen und allweisen Regierung vor die Welt, (...) von der unermeßlichen, erschrecklichen oder erfreulichen Ewigkeit, die uns auf dem Fusse nachgehet (...) In mancher Gesellschafft wird sich kein einziger finden, der hieran Gefallen trägt, in andern aber (...) etwan nur einer oder zwey" (Pr 268).

Schon aus Gründen des Anstands war dem Tod mutig zu begegnen. „Gesetzt, daß der Tod nach den Augen der Vernunfft vor ein Übel (...) anzusehen, so erfordern doch die Regeln der Klugheit, daß man bey einem unvermeidlichen Übel keine widerwärtigen Geberden mache." Denn es handele derjenige „wider den Wohlstand", der bei einer „unvermeidlichen und ihm nach seiner Pflicht bevorstehenden Gefahr" seinem „letzten Feind" nicht „mit gelassenem Geist" entgegentrete.

> „So wenig es einem Hofmann anständig, in ungedultige Geberden und Worte auszubrechen, wenn ihm sein Herr den Abschied ankündiget und ihn seiner Dienste erläst; so ist es noch viel weniger einem Menschen anständig, sich ungedultig aufzuführen, wenn ihm der HErr aller Herren, und der König aller Könige den Abschied giebt" (Pr 650).

Die Kondolenzschreiben erreichten durch den französischen Stil eine formelhafte Eleganz. Die britische Königin Anna versicherte am 27.12.1702 nach dem Soldatentod von Herzog

Friedrich IV. von Schleswig-Holstein der Witwe „ (…) que J'y prens la part d'une veritable Amie et Parente, m'imaginant facilement la tristesse que peut causer à une bonne Femme la perte de son Epoux. Je souhaitte que le ciel vous donne des Consolations proportionnées à un coup si sensible: Je seray toujours prête de contribuer, en tout ce qui dependra de moy, non seulement à vôtre aise et à vôtre Soulagement, mais aussi à l'avantage du jeune Prince vôtre Fils, qui est vôtre consolation, estant tout à fait disposée à vous marquer, en toutes occasions, par des preuves indubitables de mon Estime pour vôtre personne, et de la Consideration que J'ay pour vos Interests, – avec combien d'Amitié et de Sincerité Je suis – Ma Soeur et Niece – votre affectionneé Soeur et Tante Anne R."[41]

Als die schwedische Erbprinzessin Hedewig Sophie 1709 in Stockholm verstarb, ordnete der Administrator Christian August für das Gottorfer Herzogtum eine allgemeine Landestrauer an. Dabei sollte täglich drei Stunden lang geläutet werden. Das ganze Jahr hindurch hatten allerorten die Glocken von 8-9, 12-1 und 3-4 Uhr zu erschallen, „auch mit Orgel rühren, nicht weniger mit den Musiquen und Seiten-Spiel". Die Prediger sollten ihre Hörer vor den Kanzeln zu einem „stillen Leben" im Trauerjahr „nachdrücklich anmahnen." Jeder hatte „durch gebührende Observantz sein unterthäniges Mitleiden erkennen zu geben."[42]

„Leich-Begräbnisse" verwiesen auch auf die Anfänge des Geschichtsbildes, mit dem der jeweilige absolute Herrscher öffentlich weiterlebte. Leichenpredigten leisteten dazu einen ersten Beitrag. Wurde der verstorbene Herrscher heroisiert und damit auf den Denkmalssockel erhoben, oder standen die Tugenden im Mittelpunkt der Betrachtung, denen alle Untertanen nachstreben sollten?

v. Rohrs Bemerkungen enthüllen die zu Beginn unseres Rundganges gesuchte Wertetafel: „Vor und nach der Predigt höret man eine wohl ordonirte Vocal- und Instrumental-Music" (GH 58). Je nachdem die Prediger Mut „oder allzu große Menschenfurcht und Heucheley besitzen, (…) erzeigen sie sich in Ausbreitung des Lobes der verstorbenen Fürsten mäßig oder unmäßig. (…) Es muß ein Unterschied zwischen Hof-Predigten und Hof-Fuchsschwäntzern bleiben." Dr. Martin Luther sage: „Ein Fürst ist auch ein Mensch und hat allewege zehn Teufel um sich her, wo sonst ein Mensch nur einen hat, daß ihn Gott sonderlich muß führen" (GH 322 f.). – Das Leben wurde in den „Leich-Abdanckungen" oder Parentationen ausgeführt. Es war zu wünschen, dass der Parentator „nicht mit Schanden stecken bliebe, oder den Zeddul aus dem Schubsack hervorsuchen müßte, oder wie es offt zu geschehen pflegt, ungereimt Zeug vorbrächte" (Pr 670).

Wir beenden den Rundgang über die verschiedenen Bühnen des galanten Welttheaters mit der Erkenntnis, daß das Bemühen um die verfeinerte, sinnhaltige und wertverkündende Form immer wieder mit Übertreibungen oder Unterlassungen zu ringen hatte, die aus unserer menschlichen Eitelkeit oder Faulheit erwuchsen. Der wahre Anstand musste daher aus der inneren Gesinnung des Einzelnen stets neu gewonnen werden. Julius Bernhard von Rohr liefert dazu ein überzeugendes Beispiel, wenn er die Frage zu beantworten sucht, „ob man wohl bey dem lieben Gebet vor dem Tische, in der Kirche, und in specie bey dem heiligen Altar, einen alamodischen Reverenz machen dürffe, oder ob es nicht besser sey, daß man zu derselben Zeit bey der alten Teuschen ihren einfältigen Kniebeugen verbleibe."

Er gelangte zu dem Ergebnis, „daß ein Frauenzimmer, ein Cavalier, oder sonst ein ehrlicher Mann mit seinem angewöhnten regulairen Reverence, welcher er sich bey seiner Devotion aus wahrer Submission gegen den großen Jehovah bedient, bey Gott eben so angenehm, als ein Altenburgischer Bauer mit seinem Altfränkischen Kniebeugen oder Knickfuß ist". Mit dieser methodischen Überlegung zur Zulässigkeit einer „geistlichen Verbeugung" befreite er zugleich die Zeremoniellwissenschaft vom Verdacht kleinlicher Engstirnigkeit:

41 LAS, Abt. 7 Nr. 155.
42 LAS, Abt. 7, Nr. 156.

> „Es hat uns der große Gott in seinem Wort nirgends eine gewisse Positur hiervon vorgeschrieben, sondern das Ceremoniel dabey eines jeglichen Belieben überlassen, er siehet dabey auch mehr auf das Herz und die innerliche Devotion, als auf die äußerliche Stellage des Leibes“ (Pr 277 f.).

Das Nach- und Nebeneinander verschiedener Weisen der Ehrerbietung, das von Rohr in vielen Lebensbereichen feststellte, wurde hier sogar zum Miteinander erweitert. Altfränkisches Kniebeugen und alamodische Reverenz fanden gleicherweise Anerkennung.

Vielleicht ergäbe sich daraus auch eine Nutzanwendung für die Gegenwart. Wenn alte und neue Formen geachtet werden, sofern sie nur einer guten Absicht entspringen, dann könnte für die deutsche Staatssymbolik eine Verbindung von älterem „Reich“ und neuerem „Bund“ belebend wirken. Bei den „galanten Anreden“ fiel es auf, dass nicht nur die „Röm. Kayserl. Majestät“, sondern auch die Kurfürsten einen „allerunterthänigsten, allergehorsamsten“ Absender erwarten durften. An dieser Gleichsetzung der Kurfürsten mit dem Kaiser offenbart sich das alte Reichsverständnis, das in den Kurfürsten nicht bevorzugte Partikularisten, sondern „Säulen des Reiches“ erblickte. Das Reich als bestehender Rahmen gewährte den Kurfürsten weitreichende Vorrechte, damit sie auch Reichsaufgaben übernehmen konnten. Entsprach dies auch oft nicht der Wirklichkeit, so zeigt sich hier doch ein leichter staatsrechtlicher Gegensatz zum „Bund“, der von bereits vorhandenen selbstständigen Körperschaften gebildet wird. Unserer politischen Selbstdarstellung stünde eine historische Bewußtseinserweiterung möglicherweise nicht schlecht an: In einem „Bundes-Reich“ käme zum Ausdruck, dass die geschwächten heutigen „Länder“ ihre Daseinsberechtigung daraus herleiten, dass sie sich in einem Wettbewerb darum befinden, wer am besten zum Gemeinwohl des deutschen Volkes beiträgt. Neben das vertraute Kur-Sachsen, Kur-Brandenburg, Kur-Pfalz, Kur-Bayern, Kur-Hessen und Kur-Baden / Kur-Württemberg träten wahrscheinlich nicht minder stolz „Kur-Mecklenburg“, „Kur-(Vor)Pommern“, „Kur-Thüringen“, „Kur-Saar“, „Kur-Niedersachsen“, „Kur-Nordrhein-Westfalen“ und „Kur-Schleswig-Holstein“. „Freie Reichs- und Hanse-Städte“ gäbe es drei, wobei Berlin diese Rangerhöhung begrüßen müsste, weil es nie reichsunmittelbar gewesen war.

> „Ihr Klugen, höret an,
> erwählt das Historisieren (...)!“

Die gerettete Selbstständigkeit: Überlegungen zur Geschichte der Hansestadt Bremen seit den europäischen Transformationsprozessen im ausgehenden 18. Jahrhundert[1]

Wolf D. Gruner

1. Vorbemerkungen

Johann Wolfgang von Goethe äußerte sich in einem seiner Gespräche mit Johann Peter Eckermann am 23. Oktober 1828 über die Einheit Deutschlands. In seinen Bemerkungen griff er auch das Thema der Eigenstaatlichkeit von Stadtstaaten auf:

> „Frankfurt, Bremen, Hamburg, Lübeck sind groß und glänzend, ihre Wirkungen auf den Wohlstand von Deutschland gar nicht zu berechnen: würden sie aber wohl bleiben, was sie sind, wenn sie ihre eigene Souveränität verlieren und irgendeinem großen deutschen Reiche als Provinzialstädte einverleibt werden sollten? Ich habe Ursache daran zu zweifeln".[2]

Bis in die Gegenwart konnte die Hansestadt Bremen – neben der Schwesterstadt Hamburg und Bayern ein über Jahrhunderte bestehender Staat – ihre Eigenstaatlichkeit im Rahmen des historisch gewachsenen und sich wandelnden deutschen Föderativsystems bewahren. Das Thema „Gerettete Selbstständigkeit" zieht sich dennoch bis in die Gegenwart wie ein Leitmotiv durch die Geschichte Bremens seit dem ausgehenden 18. Jahrhundert. Die Eigenstaatlichkeit der Hansestadt und seines Bremerhaven einschließenden Territoriums im Rahmen eines deutschen Gesamtstaates wurde in den „Reichsreformdebatten", vor allem in der ersten Hälfte des 20. Jahrhunderts immer wieder ernsthaft gefährdet, stand nach dem Zweiten Weltkrieg, in der formativen Phase der Bundesrepublik Deutschland sowie zu Beginn der 1970er Jahre auf

1 Erste Überlegungen für die vorliegende Studie sind aus der Beschäftigung mit der Stellung, der Rolle und den Möglichkeiten von kleinen Staaten in der internationalen Ordnung, in Regionalsystemen und Föderativordnungen, aus einem Oberseminar an der Universität Hamburg und als Vorbereitung für einen Vortrag auf dem Internationalen Historikertag in Stuttgart 1985 entstanden. Sie wurden in erweiterter Form gedruckt in: Gruner, Wolf D., Die Rolle und Funktion von ‚Kleinstaaten' im internationalen System 1815-1914: Die Bedeutung des Endes der deutschen Klein- und Mittelstaaten für die europäische Ordnung, in: Ders., *Deutschland mitten in Europa*, Hamburg 1992, S. 107-172. Zu Hamburg und den Hansestädten erschien im 2. Heft der von Michael Salewski und Jürgen Elvert herausgegebenen „*Historischen Mitteilungen der Rankegesellschaft*" mein Beitrag: Hamburg und die Hansestädte in der Frühgeschichte des Deutschen Bundes (1815-1825): Zwischen internationaler Neutralität und deutschem Sonderbund, in: HMRG 2/1988, S. 73-115. Die Problematik der Selbstständigkeit Bremens und seiner Staatlichkeit vom 18. Jahrhundert bis in die Gegenwart der deutschen Diskussion über den Föderalismus und das Verhältnis Bund-Länder-Europäische Integration hat mich seit den 1970er Jahren beschäftigt. Vgl. hierzu: Gruner, Wolf D., Die Wiederherstellung der Selbstständigkeit Bremens auf dem Wiener Kongress und die Gründung des Deutschen Bundes 1813-1815, in: *Klassizismus in Bremen*. Formen bürgerlicher Kultur. Jahrbuch der Wittheit zu Bremen 1993/94, S. 44-51 sowie ein von Radio Bremen am 13. Dezember 1995 gesendeter Vortrag vor der Theodor-Spitta-Gesellschaft am 15. November 1995 mit dem Titel „Gerettete Selbstständigkeit. Reflexionen zur neueren bremischen Geschichte".

2 Eckermann, Johann Peter, *Gespräche mit Goethe in den letzten Jahren seines Lebens*, 5 Bde. hrsg. von Gustav Moldenhauer. Leipzig o.J., Bd. III, S. 193. Unter Streichung Frankfurts wird diese Äußerung Goethes einem für die Luther-Kommission verfassten Memorandum Hamburgs vorangestellt. Vgl. Bayerisches Hauptstaatsarchiv München (BHStAM) Staatskanzlei (StK) 110 107: Heinrich Reincke, Historisch-politische Betrachtungen über die Reichsunmittelbarkeit der Freien Hansestadt Hamburg, verfasst im Auftrage des Senats. Juli 1952.

der bundespolitischen Agenda und steht auch heute, nach der Wiedervereinigung und angesichts der europäischen Herausforderungen immer wieder direkt und indirekt mit Blick auf die Wettbewerbsfähigkeit und die möglichen Einsparungspotenziale auf der politischen Tagesordnung.

Wir kennen aus der Geschichte zahlreiche Versuche, die Hansestädte in größeren Staaten aufgehen zu lassen. Dies galt gleichermaßen für die Epoche der Französischen Revolution, für die Verfassungs- und Territorialdiskussionen des 19. Jahrhunderts, für die Stellung der deutschen Einzelstaaten in der gescheiterten Gründung eines deutschen Nationalstaates 1848/49 und in der Reichsverfassung von 1849, für die Reichsreformdiskussionen in der Weimarer Republik, für die Zeit des Nationalsozialismus, für die alliierten Nachkriegsplanungen zu Deutschland im Zweiten Weltkrieg, für den Weg Bremens über die staatliche Wiederbegründung in die Bundesrepublik Deutschland sowie für die Diskussionen über die Neugliederung der Bundesländer seit dem Beginn der Fünfzigerjahre, die Finanzverfassung, die Verteilung der Kompetenzen zwischen Bund und Ländern und die Bildung leistungsfähiger Bundesstaaten für eine funktionsfähige deutsche Föderativordnung in einem politisch und wirtschaftlich zusammenwachsenden Europa.

Artikel 29 Absatz 1 des Grundgesetzes für die Bundesrepublik Deutschland vom 23. Mai 1949 forderte – als Folge der den deutschen Ministerpräsidenten am 1. Juli 1948 von den westlichen Militärgouverneuren überreichten „Frankfurter Dokumente" – die Neugliederung des Bundesgebietes, um leistungsfähige Bundesländer zu schaffen:

> „Das Bundesgebiet ist unter Berücksichtigung der landsmannschaftlichen Verbundenheit, der geschichtlichen und kulturellen Zusammenhänge, der wirtschaftlichen Zweckmäßigkeit und des sozialen Gefüges durch Bundesgesetz neu zu gliedern. Die Neugliederung soll Länder schaffen, die nach Größe und Leistungsfähigkeit die ihnen obliegenden Aufgaben wirksam erfüllen können".[3]

Am 1. Juli 1948 hatten die Militärgouverneure der westlichen Besatzungszonen den Ministerpräsidenten ihrer Zonen, unter ihnen der Bremer Bürgermeister Wilhelm Kaisen – Bremen gehörte zur amerikanischen Zone – die „Frankfurter Dokumente" übergeben. Das zweite Dokument befasste sich mit den Ländergrenzen („Land boundaries"). Dort hieß es u.a.:

> „The Minister-Presidents are asked to examine the boundaries of the several states in order to determine what modifications they may propose. Such modifications should take account of traditional patterns, and avoid, to the extent feasible, the creation of states which are either too large or too small in comparison with the other states".[4]

War Bremen „too small in comparison with the other states"? Mit dieser Frage befasste sich ein „Ausschuss zur Überprüfung der Ländergrenzen" bereits vor dem Zusammentritt des Parlamentarischen Rates in Bonn und auch während der Arbeit dieses Gremiums am Grundgesetz.[5] Die vom Bundestag 1951 eingesetzte Enquetekommission unter Vorsitz des früheren Reichskanzlers Dr. Luther[6] und ihre Nachfolgerinnen, u.a. die Ernst-Kommission, stellten sich

3 Limbach, Jutta; Herzog, Roman und Grimm, Dieter (Hrsg.), *Die deutschen Verfassungen*. Reproduktion der Verfassungsoriginale von 1849, 1871, 1919 sowie des Grundgesetzes von 1949, München 1999, Art. 29.

4 „Frankfurter Dokumente betreffend die Einberufung einer verfassungsgebenden Nationalversammlung, die Änderung der innerdeutschen Landesgrenzen und die Leitsätze für ein Besatzungsstatut vom 1. Juli 1948", Originaltext englisch, gedruckt bei: Münch, Ingo von (Hrsg.), *Dokumente für das geteilte Deutschland*, Stuttgart 1976, S. 88-90, S. 89.

5 Vgl. hierzu beispielsweise BHStAM StK 110 095 – 110 099 sowie StK 110 128. Auf Grund der föderativen Verfassungsordnung der Bundesrepublik Deutschland finden sich die entsprechenden Materialien in den jeweiligen Staatsarchiven, ergänzt durch landesspezifische Akten. Der Bestand „Überprüfung der Ländergrenzen" und „Neugliederung des Bundesgebietes nach Artikel 29 Grundgesetz" wurde vor allem im Bayerischen Hauptstaatsarchiv in München eingesehen. In diesem Zusammenhang sei dem Generaldirektor der Staatlichen Archive Bayerns, Herrn Prof. Dr. Hermann Rumschöttel sowie dem Direktor des Bayerischen Hauptstaatsarchivs in München, Herrn Dr. Hetzer ganz herzlich für ihre Hilfe und Unterstützung gedankt.

6 Vgl. hierzu BHStAM StK 110 100: „Errichtung der Sachverständigenkommission zur Neugliederung des Bundesgebietes..."

seit den fünfziger Jahren in zahlreichen Sitzungen, Entwürfen, Denkschriften und Beschlussvorlagen dieser Frage.[7] Die Bewahrung des föderativen Prinzips stand dabei außer Frage. Der ursprüngliche Artikel des Grundgesetzes zur Neugliederung des Bundesgebietes wurde im Verlauf der Geschichte der Bundesrepublik Deutschland und der Ausbildung eigener historischer Identitäten in den 1949/52, bedingt durch die Grenzen der Besatzungszonen, künstlich geschaffenen Bundesländern zunehmend verwässert. Aus einem zwingenden Auftrag an den Gesetzgeber wurde eine „Kann"-Bestimmung.[8] Wie nach den napoleonischen Kriegen wurden auch in den Jahren nach dem Zweiten Weltkrieg Überlegungen angestellt, die verbliebenen Hansestädte mit Eigenstaatlichkeit – Bremen und Hamburg, Lübeck hatte 1937 seinen Staatscharakter verloren – in einen deutschen Nord- oder Nordweststaat einzugliedern.[9] Im Vorfeld der deutschen Vereinigung von 1989/90 erhielt diese Diskussion neue Nahrung, zumal vor allem in der ersten Enquete-Kommission immer wieder argumentiert wurde, dass eine sinnvolle Neugliederung erst nach einer Wiedervereinigung erfolgen könne, beispielsweise in Norddeutschland unter Einbeziehung Mecklenburgs und Sachsen-Anhalts in additiv oder nach geographischen und wirtschaftlichen Gesichtspunkten zu bildende neue, leistungsstarke Bundesländer. Hinzu kam bei Neugliederungsüberlegungen, auch Anfang der 1970er Jahre immer wieder,[10] dass Bremen im Vergleich aller Bundesländer einen Spitzenplatz in der Pro-Kopf-Verschuldung einnimmt.[11]

Ist Bremen heute noch in der Lage, „eine Sonderaufgabe für das Ganze" zu erfüllen, die u.a. mit dazu beitrug, seine Eigenstaatlichkeit am Ende der napoleonischen Kriege wiederherzustellen? Besitzt Bremen als Gliedstaat der Bundesrepublik Deutschland heute die Leistungsfähigkeit, um alle bundesstaatlichen Aufgaben zu erfüllen, den europäischen Herausforderungen erfolgreich zu begegnen und einen „Wettbewerbsföderalismus" durchzustehen[12] oder wäre es sinnvoll, neue Bundesländer zu schaffen oder regionale, länder- und grenzübergreifende Kooperationsformen auf deutscher und europäischer Ebene zu entwickeln?

Seit dem ausgehenden 18. Jahrhundert haben sich die politischen, ökonomischen, sozialen, technologischen, weltwirtschaftlichen, internationalen und europäischen, standortmäßigen und verkehrstechnischen Rahmenbedingungen für die Eigenstaatlichkeit von Kleinstaaten wie die der Hansestadt Bremen dramatisch verändert. Wie lange kann und soll Bremen seine Selbständigkeit bewahren? Können historische Reflektionen und Argumente sie erhalten und stabilisieren helfen?

Mit Recht und mit Stolz kann Bremen auf eine Jahrhunderte lange eigenstaatliche Sonderrolle verweisen. Bei der Begründung für die Erhaltung der Eigenstaatlichkeit argumentieren die beiden Hansestädte Bremen und Hamburg daher früher wie heute gerne historisch. Sie betonen und betonten insbesondere die historisch-emotionalen Prinzipien, die auch nahezu zwei Jahrhunderte nach den Napoleonischen Kriegen die Aufrechterhaltung der Eigenstaatlichkeit Bremens und Hamburgs im deutschen Staatsverband rechtfertigten. Sie seien kein Anachronismus aus dem Mittelalter, sondern Modell für Hafenstädte in Zentralstaaten – eher ein beispielhaftes und nachzuahmendes Modell für Europa, denn ein antiquiertes „Auslaufmodell". So plädiert ein Bremisches Memorandum von 1972 dafür, die seit dem Mittelalter bestehende „staatliche Selbstständigkeit der Hafenplätze in der Föderation zu erhalten."[13]

7 Ebd. BHStAM StK 110 107 - 110 114, StK 110 139.
8 Der wichtige Artikel 29 (1), (2) Grundgesetz wurde 1969 (Bundesgesetzblatt 1969, S. 1231), 1976 (Bundesgesetzblatt 1976, S. 2381) und zuletzt 1994 (Bundesgesetzblatt 1994, S. 3146) geändert: 29 (1): „ Das Bundesgebiet kann neu gegliedert werden...".
9 BHStAM StK 110 113/2 „Vorschlag einer Entschließung zur Nordweststaatfrage".
10 Vgl. hierzu ebd. StK 110 053 und StK 110 118-24.
11 Vgl. Statistisches Bundesamt (Hrsg.), *Statistisches Jahrbuch 1972 für die Bundesrepublik Deutschland*, Bonn 1973, S. 410 (Schulden am 31. Dezember 1971).
12 Vgl. hierzu Große Hüttmann, Martin und Knodt, Michèle, Die Europäisierung des deutschen Föderalismus, in: AUS POLITIK UND ZEITGESCHICHTE B 52/53 (2000), S. 31-37.
13 BHStAM StK 110 139 „Plädoyer für die Eigenstaatlichkeit Bremens" mit Beilagen, Bremen Februar 1972.

> „Dieses deutsche Modell hat im Ausland so viel Bewunderung und Anklang gefunden, dass man sich dort überlegt hat, wie man sich, auf die jeweiligen ausländischen Verhältnisse zugeschnitten, den beiden Häfen [Bremen und Hamburg, wdg.] vergleichbare Positionen verschaffen könnte ... Sollen wir nun unser einzigartiges Modell preisgeben und suchen, welche ausländische Imitation wir imitieren können, um zu einer Notlösung zu gelangen? Sollen wir alles das aufgeben, was durch Generationen aufgebaut und eingespielt ist, was sich heute täglich bewährt als reaktionsschneller Apparat, mit dem die interkontinentalen Entwicklungen frühzeitig erspürt und ihnen immer etwas früher als anderswo begegnet wird?“[14]

Die Hansestädte entsprächen dem Charakter und den Vorzügen einer Föderativordnung und trügen zum lebendigen Föderalismus in Deutschland und Europa bei. Eine funktionsfähige Föderativordnung müsse auf deutscher und europäischer Ebene Einheit in Vielheit anstreben.

2. Bremens Weg von der bedrohten und der verlorenen Selbstständigkeit über die wiedererlangte zur erneut gefährdeten Eigenstaatlichkeit

Goethe hatte sich 1828 nicht nur für die deutsche Einheit in der Vielfalt ausgesprochen. Er verwies auch auf den großen Irrtum, die deutsche Einheit könne durch einen zentralisierten Einheitsstaat am besten gelöst werden: „Die staatliche Vielfalt entspricht am besten der historischen Tradition der deutschen Geschichtslandschaften“.[15]

Sie wird auch den regionalen Unterschieden und den spezifischen Aufgaben der einzelnen Mitglieder des Staatsverbandes gerecht. Sie stand als Grundgedanke an der Schwelle des modernen deutschen Föderalismus.[16] Er bildete sich am Ende des Alten Reiches 1806 aus, als die Territorien des Reiches, unter ihnen die Hansestädte, aus der lehenrechtlichen Zwangsjacke des Alten Reiches ausbrachen und nach moderner Staatlichkeit und völliger Souveränität strebten. Die Selbstständigkeit der Stadtrepublik war in politischen, militärischen und wirtschaftlichen Krisenlagen, auf internationaler und nationaler Ebene, aber auch in Phasen der politisch-verfassungsrechtlichen Neugestaltung des von den Deutschen besiedelten Raumes sowie an Schnittstellen der deutschen und europäischen Geschichte immer wieder nachhaltig gefährdet. Dies galt ganz besonders am Ende der napoleonischen Zeit.

Die staatliche Existenz Bremens wurde oft nur, wie zu zeigen sein wird, durch Zufälle, durch aktives, entschlossenes Handeln, durch Weitsicht, durch günstige weltpolitische, europäische und deutsche Konstellationen, gelegentlich auch durch Nichtstun und flexible Anpassung wundersam gerettet. Es können sicherlich in dem hier vorgegebenen Rahmen kaum alle Aspekte der komplexen Geschichte der bremischen Eigenständigkeit, ihrer Rahmenbedingungen und ihrer Grundlagen seit dem ausgehenden 18. Jahrhundert dargestellt, analysiert, erörtert und kommentiert werden. Es werden daher Schwerpunkte gesetzt werden, wohl wissend, dass dies nur Ausschnitte aus einer sehr viel komplizierteren Historie sein können. Als ‚roter Faden' sollen historische Situationen für den bremischen Staat zwischen der Epoche der Französischen Revolution und dem Prozess der europäischen Integration in der Gegenwart dienen, in denen seine Eigenstaatlichkeit und Existenz in den unterschiedlichsten Zusammenhängen diskutiert und in Frage gestellt wurde. Etwas ausführlicher wird auf die Schlussphase der napoleonischen Kriege und die europäische Neuordnung eingegangen werden. In dieser Periode der Begründung der neuen und modernen bremischen Staatlichkeit finden wir zahlrei-

14 Ebd., S. 34.
15 Eckermann, Gespräche III, S. 192.
16 Vgl. hierzu u.a. Aretin, Karl Otmar Freiherr von, *Vom Deutschen Reich zum Deutschen Bund*, Göttingen 1980, S. 79ff. sowie Gruner, Wolf D., *Die deutsche Frage in Europa 1800 bis 1990*, München, Zürich 1993, S. 82ff. sowie auch Schwarzwälder, Herbert, *Geschichte der Freien Hansestadt Bremen.* 4 Bde. Bremen 1975-1985, Bd. I, S. 514ff.

che Aspekte, die für die Selbstständigkeitsdiskussion charakteristisch werden sollten. Mit ähnlicher Argumentation, aber oft unterschiedlicher Akzentsetzung kehren sie bis in die Gegenwart wieder und sollten die Eigenstaatlichkeitdebatte zwischen unitarischer und föderativer Form deutscher Staatlichkeit begleiten.

Nach 1810/11 und erneut 1813/14 stellte sich für Bremen die Frage, ob es nach dem Absinken der alten Hansestadt auf den Status einer französischen Provinzstadt des „Départment des Bouches du Weser" im napoleonischen Kaiserreich im Prozess der mitteleuropäischen und europäischen Neuordnung je wieder ein selbstständiges Bremen geben werde. Es war vor allem dem bremischen Repräsentanten, dem Senator und späteren Bürgermeister Johann Smidt, seinem Auftreten, seiner Zähigkeit und seinem staatsmännischen Geschick, zu verdanken, dass die Eigenstaatlichkeit Bremens und die der anderen Hansestädte zwischen 1813 und 1816 in den Deutschen Bund als der Nachfolgeorganisation für das Heilige Römische Reich deutscher Nation hinübergerettet werden konnte.

Die Hansestädte Bremen, Hamburg und Lübeck hatten nach dem Westfälischen Frieden von 1648 ihre Eigenstaatlichkeit gegen die machtpolitischen Bestrebungen deutscher und europäischer Mächte, insbesondere ihrer großen Nachbarn Hannover, Brandenburg-Preußen, Dänemark und Schweden, behaupten können. Es gehörte zu ihrer beachtlichen Leistung seit 1648, dass sie sich trotz politischer und finanzieller Pressionen ihre Selbstständigkeit und Neutralität, die als Eckpfeiler ihrer Politik, ihres Handels und ihrer maritimen Interessen anzusehen waren, erhalten konnten.[17] Mit der Französischen Revolution von 1789, den Revolutionskriegen und schließlich den Kriegen Napoleons gerieten die Hansestädte als Akteure im europäischen und überseeischen Handel, als Warenhäuser „für den Welthandel zur Aufbewahrung des Eigenthums aller Nationen"[18] – wie sie sich sahen – und als Glieder des Reiches zunehmend in Konflikte. Sie bewegten sich im Spannungsfeld von europäischen Großmachtinteressen, ihren Pflichten als Ständen des Alten Reiches und der von ihnen praktizierten handelspolitischen Neutralität. Auf Grund ihrer Haltung zur Französischen Revolution und der Betonung ihres ‚republikanischen Geistes' und ihrer, bedingt durch den Handelsverkehr, traditionell frankophilen Haltung gerieten sie in Gefahr, als Kompensationsobjekte im Machtspiel der Hauptakteure der Kriege geopfert zu werden.[19] Dies galt insbesondere für Bremen, das nach der Eroberung der Niederlande durch Frankreich seit 1795 kaum politischen Handlungsspielraum behielt. Zwischen 1795 und 1810 diskutierten die Hansestädte immer wieder den Gedanken einer „ewigen Neutralität". Sie hofften als „neutrale Welthandelsplätze" anerkannt zu werden. Diese Politik, die auch im 19. Jahrhundert wieder aufgegriffen werden sollte, blieb letztlich erfolglos. Smidt argumentierte daher 1808, dass die Neutralität der Hansestädte nicht mehr aufrechterhalten werden könne. Sie sollten daher sofort, so schrieb er, „um eine Aufnahme in den Rheinischen Bund, und zwar dieses pure, und ohne den [...] Versuch, eine Neutralität bei dem Bunde stipulirt zu halten",[20] nachsuchen.

Der Senator begründete ausführlich, warum für Bremen und die Hansestädte die Mitgliedschaft im Rheinbund nicht allein aus handelpolitischen Überlegungen sinnvoll sein würde.[21] Für Smidts Idee, die sowieso nicht mehr zu bewahrende Neutralität aufzugeben und sich „den übrig gebliebenen deutschen Staaten eng anzuschließen, den Flor des deutschen Handels in

17 Zur Entwicklung Bremens in dieser Zeit vgl. vor allem Schwarzwälder, Geschichte I, S. 457ff. sowie die in vieler Hinsicht überholte aber für Einzelfragen noch immer nützliche Studie von Bippen, Wilhelm von, *Geschichte der Stadt Bremen*. 3 Bde., Halle, Bremen 1904, Bd. III, S. 215ff.

18 Staatsarchiv Hamburg (StAHH) Senatsakten Cl. I Lit. S^b No. 2 vol. 3: Instruktion für den hamburgischen Bevollmächtigten Gries zum Wiener Kongress vom 10. August 1814.

19 Vgl. hierzu ausführlicher Gruner, Hamburg und die Hansestädte, S. 514ff.

20 Smidt, Johann, *Ein Gedenkbuch zur Säkularfeier seines Geburtstags*, hrsg. von der Historischen Gesellschaft des Künstlervereins zu Bremen, Bremen 1873: „Aphorismen über das gegenwärtige politische Interesse der drei freien Hansestädte, mit vorzüglicher Hinsicht auf die Beantwortung der Frage, ob die Aufnahme in den Rheinischen Bund wünschenswerth für dieselben sei", S. 260-296, hier S. 291.

21 Ebd., S. 291ff.

Frieden zu befördern, und dadurch bei künftigen Seekriegen die Macht des Continents, dessen Interesse durchaus das ihre sein muss, zu vermehren",[22] gab es damals unter den bremischen Entscheidungsträgern keine Mehrheit. Die Vorteile eines selbstständigen Bremens innerhalb einer deutschen Föderativordnung wurden nicht gesehen. Man setzte vielmehr auf die Verwirklichung des „Neutralitätsprogrammes". 1810/11 jedoch wurden die drei Hansestädte, zusammen mit dem Küstenstreifen zwischen Ems und Elbe und der Landbrücke zur Travemündung und damit zur Ostsee, Teil des napoleonischen Empire. Napoleon hoffte durch die Annexion der Hansestädte auf diesem Wege endlich die Kontinentalsperre gegen Großbritannien durchzusetzen und die letzten verbliebenen Schlupflöcher für den britischen Handel mit dem Kontinent zu stopfen. Die Einbeziehung der Hansestädte in das napoleonische Empire störte das norddeutsche und nordeuropäische Gleichgewicht empfindlich. Die Unabhängigkeit der Hansestädte sollte daher im Frieden wiederhergestellt werden, denn wären sie „einem der Nachbarn zugeschlagen [worden], wäre die Balance des Nordens aus dem Gleichgewicht gebracht worden".[23]

In der Schlussphase der napoleonischen Kriege waren daher die stimmungsmäßigen Voraussetzungen für eine Wiederherstellung der Eigenstaatlichkeit Bremens und seiner Schwesterstädte sehr gut. Fürsprecher fanden die Hansestädte nun auch in Großbritannien, das es noch 1801/2 abgelehnt hatte, den Hanseaten handelspolitische, politische und schifffahrtspolitische Sonderrechte zuzubilligen und es seit 1811/1812 als ein wichtiges Friedensziel ansah, die Existenz und Souveränität der Hansestädte wiederherzustellen. Zar Alexander I. hatte bereits 1803 das Neutralitätsrecht der Hansestädte bei Reichskriegen anerkannt und auch die Bewahrung ihrer Souveränität als erforderlich angesehen. Für das zaristische Russland stand in der Schlussphase der Kriege gegen Napoleon außer Frage, dass die Hansestädte nicht unter die Kontrolle einer Großmacht kommen durften oder territorial dem Gebiet einer Großmacht eingegliedert werden durften. Mit der Inkorporation von Bremen, Hamburg und Lübeck in das Französische Kaiserreich hatte Napoleon die Kontrolle über die Ostseezugänge gewonnen. Der russische Holz- und Getreideexport wurde durch den Verlust der Eigenständigkeit der Hansestädte empfindlich getroffen. Damit war klar, dass die Hansestädte als eigenständige Subjekte des Völkerrechtes wiedererstehen sollten, auch wenn dafür gekämpft werden musste, da die völkerrechtlichen Aspekte nicht eindeutig geklärt waren.

Wie ein Memorandum Johann Smidts aus dem Jahre 1824 über die staatsrechtliche Stellung der Hansestädte im Deutschen Bund verdeutlicht, gingen diese 1813 von der Unrechtmäßigkeit der 1810 erfolgten französischen Annexion der Stadtrepubliken aus, zumal diese auch friedensvertraglich nicht abgesichert war:[24]

> „Die Souverainität der Hansestädte quiescirte daher nur während jener gewaltsamen Unterdrückung, und sie war in dem nemlichen Augenblick, wo eine derselben nach der andern von diesem Drucke befreit wird, auch wieder vorhanden".[25]

Konnte diese Argumentation die Unabhängigkeit wirklich retten? Um die Fortexistenz der Hansestädte in der Nachkriegsordnung sicherzustellen, reiste Ende 1813 eine hansische Deputation unter Leitung des bremischen Senators Smidt in das alliierte Hauptquartier, um die Interessen der Hansestädte aktiv vor Ort zu vertreten. In einem von Smidt verfassten Memorandum vom 12. Dezember 1813 erklärten sich die Hansestädte bereit, ihre Neutralitätspolitik

22 Ebd., S. 291.

23 Vgl. hierzu Schramm, Percy Ernst, *Hamburg*. Ein Sonderfall in der Geschichte Deutschlands, Hamburg 1964, S. 14.

24 Vgl. hierzu im größeren, auch Bremen einbeziehenden Rahmen: Hundt, Michael, *Lübeck auf dem Wiener Kongress*, Lübeck 1991; Ders., *Die mindermächtigen deutschen Staaten auf dem Wiener Kongress*, Mainz 1996 (Phil. Diss. Hamburg 1993).

25 Smidt, Johann, Die staatsrechtliche Stellung der Hansestädte im Deutschen Bund. Denkschrift des Bürgermeisters Smidt für den Ministerresidenten Vincent Rumpff 1824, in: MITTEILUNGEN DES VEREINS FÜR LÜBECKISCHE GESCHICHTE UND ALTERTUMSKUNDE 5/1893, S. 179-188, S. 180.

aufzugeben und auch militärisch aktiv an der Befreiung Deutschlands und Europas teilzunehmen, ein Angebot, das auch in der kritischen Phase des Wiener Kongresses nach der Rückkehr Napoleons im März 1815 erneuert wurde. Die Hansestädte glaubten, wie es im Memorandum formuliert war,

> „in dem gemeinsamen Streben aller Mächte, nach Beendigung des Kampfes, der Ruhe von Europa eine völkerrechtliche Grundlage zu verschaffen, die schönste Vorbedeutung, die sicherste Bürgschaft für ihre Wünsche zu erkennen. Denn wenn auch die Hansestädte sich nicht anmaßen dürfen, in die Schale der Staatskräfte ein großes Gewicht zu werfen, so halten sie doch ihre Unabhängigkeit dem gesammten Europa und vorzüglich dem deutschen Vaterlande ersprießlich. Die ungestörte Anerkennung dieser schon tausendjährigen Freiheit ist nicht nur die unerläßliche Bedingung ihrer Wohlfahrt, sondern das untrüglichste Merkmal eines wiedergewonnenen Völkerrechts."[26]

Dieses Memorandum, das die Grundmuster der bremischen Selbstständigkeitsargumentation enthält, wies auf die Verdienste der Hansestädte hin und die Notwendigkeit ihrer „vollkommenen Selbstständigkeit in dem erneuerten Verbande deutscher Staaten".[27] Diese dürfe nicht in Zweifel gezogen werden. Der Hinweis auf die für Deutschland unersetzliche Sonderfunktion der Hansestädte als Seestädte zum Nutzen der Gesamtheit der deutschen Staaten und ihrer Bevölkerung – ein Aspekt der bis in die Gegenwart der Föderalismusdiskussionen immer wieder angeführt wird – wird in Smidts Memorandum als wichtiges Argument dafür angeführt, dass die Hansestädte ihre Aufgaben unmittelbar in einem wie auch immer organisierten staatlichen Verband wahrnehmen müssten. Ihre Selbstständigkeit sei daher kein Selbstzweck.

Im Vorfeld der 25-Jahrfeier für das Bundesland Bremen schien durch die vom damaligen Innenminister der sozial-liberalen Koalition Genscher geleitete Kommission zur Neugliederung des Bundesgebietes die Eigenstaatlichkeit Bremens erneut gefährdet zu sein. Bürgerschaft und Senat plädierten einmütig im Rahmen der erneut einsetzenden Nordstaatsdiskussion für die Eigenstaatlichkeit der Hansestadt. Der Gesichtspunkt der Sonderaufgaben Bremens für ganz Deutschland wird vor diesem Hintergrund in einer Bremer Denkschrift vom Februar 1972 aufgegriffen und als zentrales, stichhaltiges, nicht als „getarntes Eigeninteresse" zu verstehendes Argument in die Debatte geworfen und in einen zeitgenössischen Zusammenhang gestellt. In der Denkschrift lesen wir:

> „Wenn man vom Mittelalter absieht, hat es das Modell der Hansestädte – d.h. die staatliche Selbstständigkeit der Hafenplätze in der Föderation – nur in Deutschland gegeben. Dieses deutsche Modell hat im Ausland so viel Bewunderung und Anklang gefunden, dass man sich dort überlegt hat, wie man sich, auf die jeweiligen ausländischer Verhältnisse zugeschnitten, den beiden deutschen Häfen vergleichbare Positionen verschaffen könnte".[28]

Den Hansestädten waren natürlich, 1813/14 wie Anfang der 1970er Jahre wie heute, die Ambitionen ihrer größeren Nachbarn bekannt, die eine Einbeziehung einer oder mehrerer Hansestädte in ihr Territorium im Zuge einer Neuordnung nicht ungern gesehen hätten bzw. sehen würden. In Hannover und in Preußen gab es bei den Diskussionen über die mitteleuropäische Neuordnung im Vorfeld des Ersten Pariser Friedens von 1814 und bei den Territorialverhandlungen auf dem Wiener Kongress entsprechende Überlegungen mit Blick auf Bremen. Hannover hätte auch gerne Hamburg inkorporiert. An Hamburg und Lübeck zeigte Dänemark Interesse, während Mecklenburg gerne Lübeck erhalten hätte.[29] Den Hansestädten

26 StAHB Ratsarchiv 2 – g.7.B.1. No. 3 Memorandum von Johann Smidt vom 12. Dezember 1813, mitunterzeichnet von den Hamburger Bevollmächtigten Justus Perthes und Karl Sieveking.
27 Ebd.
28 BHStAM StK 110 139 „Plädoyer für die Eigenstaatlichkeit Bremens" Februar 1972, S. 34.
29 Vgl. hierzu beispielsweise Niedersächsisches Hauptstaatsarchiv Hannover (NHStAH) Dep. 110 A 70: Memorandum Friedrich Schlegels von Ende 1813 sowie Hundt, Lübeck, S. 17ff., Sieveking, Heinrich, *Karl Sieveking 1787-1847*, 3 Bde., Hamburg 1923, Bd. II, S. 64ff.

lagen aber Zusicherungen der nicht direkt interessierten Großmächte vor, ihre Selbstständigkeit und Freiheit zu erneuern. Mit der Akkreditierung Smidts als „hanseatischer Senator", wie ihn Karl Sieveking bezeichnet hat, im Hauptquartier der Allianz 1814 und bei den Pariser Friedensverhandlungen mit Frankreich im April und Mai 1814 war die Selbstständigkeit der Hansestädte nicht nur de facto, sondern auch die de jure anerkannt worden. Bei den Friedensverhandlungen in Paris verfolgten die Hansestädte gemeinsame und spezielle Interessen. So war für Bremen vor allem die Frage des Weserzolls von zentraler Bedeutung.[30]

Der Erste Pariser Frieden von 1814 hatte nicht alle offenen politischen und territorialen Fragen abschließend klären können. Dies sollte dem einzuberufenden Friedensvollzugskongress obliegen. Der Friedensvertrag von Paris vom 30. Mai 1814 sah für Deutschland vor, dass die „Staaten Deutschlands unabhängig sein und durch ein föderatives Band („lien fédératif") verbunden sein werden".[31] Für Deutschland war damit als künftige politisch-staatsrechtliche Organisationsform eine Föderativordnung vorgesehen. Wegen der vagen Formulierung „lien fédératif" konnte diese sich aber zwischen einer staatenbündischen und einer bundesstaatlichen Formation bewegen oder nur scheinbar föderativ sein, wie dies verschiedene preußische und österreichische Vorschläge vor der Jahreswende 1814/15 vorsahen. Die Instruktionen für Senator Smidt zum Wiener Kongress waren daher weiter gefasst. Sie eröffneten ihm Handlungsspielräume. Wichtig war es den Stadtrepubliken vor allem, ihre Rechte und Privilegien aus der Zeit des Alten Reiches möglichst ungeschmälert in die neue deutsche Verfassungsordnung hinüber zu retten und ihren Charakter als Handelsstädte, europäische Finanzplätze, auch als Seehäfen nicht zu gefährden und bei Handelsfragen zwingend konsultiert zu werden. Sie sahen sich als „Mit-Stände, oder Staaten Deutschlands" und glaubten, dass ihre „Unabhängigkeit" durch den Pariser Frieden bereits gesichert sei und „daß sie in dieser Hinsicht auf gleiche Weise mit den übrigen Staaten Deutschlands behandelt werden" müssten.[32]

In der Bremer Instruktion wird Senator Smidt auch aufgefordert, die Interessen der „freyen Hansestädte" und insbesondere die Bremens zu vertreten und „bei den dortigen Verhandlungen, den Einfluß und das Gehör zu erhalten, welche andere deutsche selbständige Staaten, als solche zu reclamiren sich befugt finden dürften".[33]

Nachdem immer wieder auf die Gleichberechtigung Bremens mit den anderen „selbständigen Staaten Deutschlands" abgehoben wird, schien man sich seiner völkerrechtlich abgesicherten Selbstständigkeit nicht hundertprozentig sicher zu sein. Bremen war ein Kleinstaat, der trotz aller Zusicherungen für seine nicht nur faktische Wiederherstellung befürchten musste, übergeordneten europäischen und deutschen Interessen geopfert zu werden, konnte es doch kein großes Gewicht „in die Schale der Staatskräfte" von Europa werfen. Vom Wiener Kongress erwartete der Bremer Senat:

1. die „Etablirung eines völkerrechtlichen Systems für die Mächte Europens auf der Basis des politischen Gleichgewichts, zur Erhaltung des allgemeinen Friedenzustandes und zur Beschränkung jeder Tendenz einer einzelnen Macht zu einer künftigen Universalmonarchie."
2. Die friedliche Regelung aller im Friedensvertrag offen gebliebenen Gegenstände und

30 Vgl. hierzu u.a. StAHB Ratsarchiv 2-G.7.B.1.

31 Traité de la paix entre la France et les puissances alliées vom 30. Mai 1814, Art. VI. (Übersetzung WDG), gedruckt in Meyer, Philipp Anton Guido von (Hrsg.), *Corpus Juris Confoederationis Germanicae oder Staatsacten für Geschichte und Öffentliches Recht des Deutschen Bundes* (in der Folge CJCG), 3 Bde., Frankfurt a.M. 1858 (Nachdruck Aalen 1978), Bd. I, S. 240-246, hier S. 242.

32 StAHB Ratsarchiv 2-M.3.1.2.a.: „Instruktion für den von Seiten der freyen HanseStadt Bremen zu dem Congresse zu Wien abgeordneten Herrn Senator Smidt" vom 18. August 1814 (Stck 0010), gedruckt auch bei Hundt, Michael (Hrsg.), *Quellen zur kleinstaatlichen Verfassungspolitik auf dem Wiener Kongress.* Die mindermächtigen deutschen Staaten und die Entstehung des Deutschen Bundes 1813-1815, Hamburg 1996, No. 17, S. 63-71.

33 Ebd., ad Punkt 3

3. die „Reorganisation der Verfaßung Deutschlands zum Zwecke möglichst freyer Entwicklung der Anlage des deutschen Volcks und seines NationalGeistes zu fortschreitend[e]r allgemeinen harmonischen Ausbildung mit möglichster Schonung der Individualität der einzelnen Staaten und Völkerstämme, welche daßelbe ausmachen".[34]

Für die Sicherung seiner Handels-, Wirtschafts- und Schifffahrtsinteressen benötigte Bremen eine stabile internationale Gleichgewichtsordnung. Es hoffte bei der Absicherung seiner Ziele auf die Unterstützung der europäischen Großmächte und auch der anderen deutschen Staaten. Damit besaßen die weltweiten Handelsinteressen Bremens, die Grundlage seines Wohlstandes, höchste Priorität. Voraussetzung hierfür war aber die staatliche Eigenständigkeit, abgesichert durch internationale Neutralitätsgarantien oder durch die Zugehörigkeit zu einem deutschen Verfassungsrahmen, der eigenstaatliche Existenz und Sicherheit nach innen und außen gewährleisten und die nationalen und übernationalen Aufgaben der Hansestädte als Finanz- und Handelsplätze nicht durch Provinzialisierung oder Mediatisierung gefährden würde. Zwar wäre „ein gewisses Maaß" an Beschneidung der Souveränität hinzunehmen, wenn diese „für den Zweck des ganzen Bundes" erfolge, doch müssten die Städte „jedes mit ihrer Bestimmung und gemeinnützigen Wirksamkeit unverträgliche specielle Protektions Verhältniß, insofern es etwa bey ihnen weiter greifen sollte, als bey allen übrigen Bundesgliedern" entschieden ablehnen,[35] d.h. Bremen legte größten Wert darauf, als gleichberechtigte Mitglieder anerkannt zu werden, auch wenn es diese Behandlung nicht erzwingen konnte. Aus Bremer Sicht war es erforderlich, dass das neue „deutsche Reich oder der deutsche Staatenverein" die Freiheit und Sicherheit Deutschlands nach innen und außen erhalten könne. Der Senat war davon überzeugt, dass eine

> „solche Verfaßung (...) umso vollkommener seyn [dürfte] jemehr Einheit und Festigkeit in allen Bewegungen /: nach außen sowohl als zur Handhabung der angenommenen gemeinschaftlichen Gesetze:/ mit der möglichsten Freyheit jedes einzelnen Staates in seinem Innern in bestthunlicher Harmonie gesetzt werden könne".[36]

Die einzelstaatlichen Rechte sollten, sieht man von notwendigen gemeinsamen Normen ab, möglichst nach innen nicht beschnitten werden. Nach Bremer Vorstellung gehörten zu den notwendigen Normen die Erarbeitung eines allgemeinen deutschen Nationalgesetzbuches, in dem das Zivil- und Strafrecht sowie das deutsche öffentliche Recht („jus publicum germanicum") für die deutschen Staaten geregelt werden sollte. Wichtig war Bremen

- die Garantie seines Besitzstandes, um als „Welthandelsplatz" zum Gemeinwohl Deutschlands beizutragen,
- eine Liberalisierung des Handels,
- die Bewahrung der hansischen Privilegien,
- die Vereinfachung des Handels und die Festsetzung gewisser allgemeiner Regeln für Handel und Gewerbe.

Es lag im Interesse der Hansestädte,

- eine „Vereinfachung der Zölle" zu unterstützen,
- die Einführung neuer Zölle zu verhindern,
- Kanäle und Straßen gemeinsam anzulegen und zu unterhalten,
- die Wirtschaft anzukurbeln und vor allem „gleiche Münze, Maaß und Gewicht" einzuführen.
- Auf Grund ihrer Handelskompetenz wollten die Hansestädte bei Beratungen von Handelsfragen als Betreiber des Seehandels auf Bundes/Reichs-Ebene gutachtlich in den Entscheidungsprozess unmittelbar einbezogen werden.

34 Ebd., § II.
35 Ebd., § III.
36 Ebd., § V.

Bremen war auf die Verhandlungen des Wiener Kongresses besser vorbereitet als die Schwesterstädte. Es besaß zunächst jedoch keinerlei direkte Einwirkungsmöglichkeiten auf dem Kongress, vor allem in der deutschen Verfassungsfrage. Es war in Wien auch bald deutlich geworden, dass hansische Ambitionen, bereits obsolet waren. Die Option „neutrale Welthandelsplätze" mit europäisch-internationaler Garantie war utopisch. Sehr viel wichtiger war es, das hatte der Bremische Bevollmächtigte bereits 1808 erkannt, einen Verfassungsrahmen für Deutschland zu schaffen, der Bremen und den anderen Freien Städten ihre Eigenständigkeit bewahren und mit geringen Souveränitätseinbußen ihre Handlungsfähigkeit vor allem im Bereich des Handels erhalten würden. Smidt hatte bereits am Jahresende 1813 „Allgemeine Ideen über die Organisation Deutschlands" vorgelegt, in denen er die Wiederherstellung eines reformierten Reiches mit alternierender Kaiserwürde zwischen Österreich und Preußen vorschlug, um die Defekte aus der Zeit des Alten Reiches zu beheben und Preußen auf Dauer an Deutschland zu binden. Die Mindermächtigen, also auch die Hansestädte, dürften dann „einer zweckmäßigen Organisation des Vaterlandes nicht hinderlich seyn".[37] Die ersten in Wien vorlegten Verfassungsentwürfe bedrohten massiv die Eigenstaatlichkeit der kleinen mittleren und kleinen Staaten. Dem bremischen Vertreter war vor allem das aus Österreich, Preußen, Bayern, Hannover und Württemberg gebildete „Deutsche Komitee" zur Verfassungsfrage ein Dorn im Auge. Er wurde daher nicht müde, gegenüber verschiedensten Gesprächspartnern zu betonen, dass eine Nationaleinheit auf föderativer Grundlage nur unter Einbeziehung der kleineren deutschen Staaten erfolgen dürfe. In einer Rede vor der Versammlung der Mindermächtigen am 8. November 1814, in der entscheidenden Phase des Kongresses vor der Jahreswende, forderte Smidt daher die Vertreter der kleineren deutschen Staaten auf, eigene Verfassungsvorstellungen vorzulegen, sich gegen ein deutsches „Fünfer"-Direktorium zu wenden und eine Lösung der deutschen Verfassungsfrage in der Form zu finden, dass die von der Öffentlichkeit für die politische Neuorganisation Deutschlands begehrte „Nationaleinheit" verwirklicht und die „Selbständigkeit der verschiedenen deutschen Staaten in dieser Vereinigung" so geregelt werde, dass sie „an den gemeinschaftlichen Handlungen und Bestrebungen der Föderation" angemessen beteiligt werden müssen. Außerdem forderte Smidt, was für die historische Bewertung seiner Persönlichkeit nicht unwichtig sein dürfte, eine „liberale Verfassung im Innern jedes einzelnen Staates, die sich im Wesentlichen auf eine repräsentative Theilnahme der Staatsbürger an dem Gesetzgebungs- und Besteuerungswesen" erstrecken sollte sowie auf eine von der Regierung unabhängige Judikative.[38] Die Eskalation in der polnisch-sächsischen Frage, die damit verbundene Entfremdung zwischen den beiden deutschen Hauptmächten und die Ausbildung einer Allianz unter Führung Großbritanniens und Österreichs gegen Russland und Preußen Anfang Januar 1815 ließen die deutsche Verfassungsfrage zunächst in den Hintergrund treten, vor allem die Option eines österreichisch-preußischen Kondominiums über Deutschland bzw. die einer scheinföderativen Direktoriallösung. Dennoch war die endgültige Garantie für die Eigenstaatlichkeit der Hansestädte und der anderen mindermächtigen deutschen Staaten, trotz der sich für sie verbessernden Rahmenbedingungen, immer wieder durch Gerüchte in Frage gestellt. Sollte die Existenz der Hansestädte gefährdet werden, schrieb Johann Smidt an seinen Senat, „so muß das Geschrei des Unwillens in ganz Deutschland erhoben werden, und man muß auch auf alle Weise durch die englischen Zeitungen zu wirken suchen. 'Ich habe Tag und Nacht keine Ruhe, bis der Sturm vorüber ist'".[39]

37 Ebd., 7/20.VI.V.2.: Johann Smidt: "Allgemeine Ideen über die Organisation Deutschlands, geschrieben im December 1813". Im Dezember 1814 fügte Smidt noch einen Nachtrag über die Realisierbarkeit bei.

38 Ebd., 2-M.3.a.3. Bd. II, Vortrag Smidts vor der Versammlung der Mindermächtigen: „Vis unita fortior" vom 8. November 1814 (Stck 0022).

39 Ebd., Ratsarchiv 2-M.3.a.2.b. Akt II Smidt-Senat vom 15. Februar 1815.

Bewegung in die Verfassungsfrage unter Beteiligung der kleinen Staaten und endgültige Bewahrung der bremischen Eigenständigkeit brachten vor allem zwei äußere Ereignisse.[40] Sie sollten schließlich die letzten Ängste, die Hansestädte könnten als Kompensationsobjekte im Territorial-, Einnahmen- und Seelenschacher doch noch ihre Eigenstaatlichkeit einbüßen, beenden:

1. die Zuspitzung der bereits erwähnten polnisch-sächsischen Frage in den letzten Monaten des Jahres 1814 und die damit drohende Gefahr eines neuen Krieges ließen den österreichischen Staatskanzler Metternich schließlich auf eine stärker staatenbündische Linie in der Verfassungsfrage einschwenken und sich der „Gefolgschaft" der Mindermächtigen versichern sowie
2. die Rückkehr Napoleons aus Elba Anfang März 1815, der hoffte, die Uneinigkeit der Verbündeten erneut für seine Ziele ausnützen zu können,

erforderte die Mobilisierung aller Kräfte der Verbündeten und erlaubte daher keinen Zwist, vielmehr Harmonie. Die kleineren Staaten konnten daher mit einem Entgegenkommen der größeren und der Anerkennung ihrer Wünsche rechnen. Die Wiederkehr Napoleons beschleunigte auch die Verhandlungen in der deutschen Verfassungsfrage enorm. Smidt, der sich unter den Vertretern der großen, kleinen und mittleren Mächte hohes Ansehen verschafft hatte und dem unter den Vertretern der Hansestädte eine Führungsrolle zugefallen war, errang in der Schlussphase der Verfassungsberatungen eine wichtige Stellung. Zusammen mit verschiedenen anderen Bevollmächtigten, wie beispielsweise dem Bevollmächtigten Mecklenburg-Schwerins, von Plessen, arbeitete er intensiv an der Form und Struktur der deutschen Bundesakte mit und wurde ebenfalls an der Endredaktion beteiligt. Smidt war mit dem Ergebnis der Beratung der „deutschen Angelegenheiten" auf dem Wiener Kongress einverstanden. Befriedigt schrieb er daher am 9. Juni 1815 nach Bremen:

> „Der gemeinschaftliche Bund ist nun doch einmal geschlossen, es ist doch jetzt ein Centalpunkt der deutschen Nationalbestrebungen vorhanden, und die öffentliche Meynung dürfte diese nachgerade so laut ansprechen, um ein kräftiges Leben und Weben in ihm zu erwecken, daß er sich in einem dauernden Sündenschlaf unmöglich wird behaupten können".[41]

Die europäischen und deutschen Konfliktlinien 1814/15 hatten neben den Aktivitäten Smidts entscheidend zur Erhaltung der Selbstständigkeit Bremens beigetragen. Aus der Sicht des bremischen Bevollmächtigten bot das mit dem Deutschen Bund geschaffene „Ersatzreich" alle Möglichkeiten, die Interessen der Hansestädte zu vertreten. Vor allem wurde durch die neue Organisationsform deutscher Staatlichkeit die Eigenstaatlichkeit Bremens verfassungsrechtlich auf der deutschen und europäisch-internationalen Ebene abgesichert. Auf Grund der doppelten Völkerrechtssubjektivität war Bremen eigenständiges Völkerrechtssubjekt – das beinhalte u.a. auch das eigenständige Gesandtschaftsrecht – und gleichzeitig als Glied des Deutschen Bundes Teil einer kollektiven Völkerrechtssubjektivität, d.h. einer vom Bund als Gesamtheit gemeinsam ausgeübten kollektiven Souveränität. Für die Hansestädte bot der Deutsche Bund die besten Voraussetzungen, ihre gemeinsamen Interessen politisch gemeinsam zu vertreten und sich im Konzert der größeren Staaten Gehör zu verschaffen. Durch politisches Desinteresse, politische Unbeweglichkeit und persönliche Rivalitäten unter den vier freien Städten – Bremen, Lübeck, Frankfurt am Main und Hamburg – wurden diese Chancen verspielt.[42] Der Deutsche Bund von 1815 mit seiner zwischen Staatenbund und Bundesstaat angesiedelten

40 Vgl. hierzu mit weiteren Literaturhinweisen: Gruner, Wolf D., *Großbritannien, der Deutsche Bund und die Struktur des europäischen Friedens im frühen 19. Jahrhundert.* Studien zu den britisch-deutschen Beziehungen 1812-1820, 2 Bde., München 1979, Bd. I, S. 331ff.; Ders., *Die deutsche Frage in Europa 1800-1990*, S. 99ff. Hundt, Die Mindermächtigen; Schroeder, Paul W., *The Transformation of European Politics 1763-1848*, Oxford 1996, S. 523ff.

41 StAHB Ratsarchiv 2-M.3.a.2.b. Akt III Smidt-Gröning, Wien 9. Juni 1815.

42 Vgl. hierzu Gruner, Hamburg und die Hansestädte, S. 100ff.

Organisationsform sicherte Bremen seine Existenz nach innen und seine Sicherheit nach außen und beförderte damit seine Handelsaktivitäten. Durch seinen langjährigen Bundestagsgesandten Smidt erwarb es sich Anerkennung und Achtung als Gliedstaat des Bundes, der, anders als Hamburg, sich stets für die Fragen der Bundespolitik interessierte und neben den hanseatischen Interessen auch die bremischen in Frankfurt erfolgreich vertrat. Dies betraf die für den Bremischen Handel und die Schifffahrt lebenswichtige Frage des Elsflethzolls, der 1820 schließlich aufgehoben werden konnte, ohne jedoch vollständig die Gefahr, zum Binnenhafen – mit einem ähnlichen Schicksal wie die Hansestadt Brügge – abzusinken, beseitigen zu können. Die Gefahr, dass die Warenströme aus den deutschen Staaten durch die Schaffung von grenzübergreifenden Zollvereinen sowie durch den Bau von Eisenbahnen umgelenkt bzw. möglicherweise nach Hamburg umgeleitet werden könnten, war erst beseitigt, als es Bremen im Jahre 1827 gelang, Hannover in zähen Verhandlungen Gebiet für den Bau eines Seehafens abzukaufen. Es ist sicherlich ohne Übertreibung zutreffend, dass ohne die Aktivitäten Smidts für einen Seehafen heute kein Bundesland Bremen existieren würde. Hierbei war es nicht unwichtig, dass Smidt aufgrund seiner Tätigkeit am Bundestag in Frankfurt und bereits vorher bei den Friedenskonferenzen von 1814/15 sowie auf dem Wiener Kongress Verhandlungserfahrung besaß und auch gute Kontakte zu den hannoverschen Entscheidungsträgern hatte und diese auch pflegte. Dem leitenden Minister Hannovers, Graf Münster, war er seit 1814/15 freundschaftlich verbunden. Mit Blick auf Bremen hatte Münster das Ergebnis des Wiener Kongresses wie folgt kommentiert:

> „Ich wäre wohl imstande gewesen, bei der jetzigen Gelegenheit gegen die Selbständigkeit Bremens etwas zu unternehmen, aber ich habe es nicht gewollt, weil ich überzeugt bin, daß das unabhängige Bremen, in der Mitte des hannoverschen Landes gelegen, nützlicher für dasselbe ist, als wenn Bremen zu einer hannoverschen Munizipalstadt gemacht würde“.[43]

Eine Eingliederung Bremens in das Königreich Hannover wurde immer wieder in Erwägung gezogen. Letztlich lag es jedoch stets im Gesamtinteresse Hannovers, einem wichtigen Transitland für den Handel von den deutschen Seehäfen nach Süddeutschland, Italien und den Donauraum, Bremen seine Selbstständigkeit zu belassen. Mit dem Bau des Unterweserhafens Bremerhaven, in den im September 1830 das erste Schiff einlaufen sollte, wurden entscheidende Voraussetzungen für die staatliche Überlebensfähigkeit Bremens geschaffen. Im Frühjahr 1827 sicherte sich Bremen somit die Grundlagen für seinen Anspruch, als Seehafen Deutschlands Handelstor zur Welt zu sein und damit ebenso wie auch Hamburg Sonderaufgaben für ganz Deutschland zu übernehmen. Ohne die Rolle Smidts bei der Gründung Bremerhavens überbetonen zu wollen, lässt sich mit Blick auf die Bedeutung der Seehafengründung für die politische Stellung und wirtschaftliche Entwicklung des Bremischen Staates im 19. Jahrhundert in den Worten des Altbürgermeisters Wilhelm Kaisen feststellen:

> „Unter den Männern, die die Grundlagen für Bremens Seegeltung im heraufkommenden Zeitalter der Industrie und des Weltmarktes schufen, gebührt Bürgermeister Smidt, dessen Wirken weit über Bremens Grenzen hinaus Bedeutung gewann, der Ruhm, einer der klarsten und zielstrebigsten gewesen zu sein. Aufgabe seiner Nachfolger war und ist es, auf den Grundlagen, die er für Bremen schuf, das Werk zum Nutzen der bremischen Bevölkerung weiter auszubauen“.[44]

Allein oder auch in Zusammenarbeit mit den anderen Hansestädten sicherte sich Bremen durch Handels- und Verkehrsverträge mit Staaten in Europa – dies betraf in ersten Linie die

43 NHStAH Hann.92/XLI/112(II), Abschlussbericht Münsters an Prinzregent Georg vom 11. Juni 1815. Zu anderen Fragen des Kongresses vgl. ebd., Münster-Prinzregent Wien 7. Juni 1815. Zum größeren Zusammenhang vgl. auch Gruner, Wolf D., England, Hannover und der Deutsche Bund 1814-1837, in: Birke, Adolf M. und Kluxen, Kurt (Hrsg.), *England und Hannover,* München, London, New York 1986, S. 81-126.

44 Aus dem Geleitwort von Wilhelm Kaisen in: *Der grosse Bürgermeister.* Ein Gedenkbuch für Johann Smidt, Bremen 1957.

führende Wirtschafts- und Handelsmacht Großbritannien, der an einer wirtschaftlichen Unabhängigkeit der Hansestädte gelegen war,[45] aber auch Frankreich[46] –, Afrika, Asien und den Amerikas die Basis für seine Bedeutung als Seehafen für die Importe und Exporte Mitteleuropas.[47] Es gelang auch, die erste Postdampfschiffsverbindung zwischen Kontinentaleuropa und der Neuen Welt in den 1840er Jahren nach Bremerhaven zu ziehen und damit die „Herstellung einer directen Dampfschifffahrtsverbindung zwischen Newyork und Bremen“ und eine direkte „Postcommunication mit den Vereinigten Staaten“ zu erreichen,[48] die allerdings sich nicht als profitabel erweisen sollte. Am 12. Juni 1847 ging der Raddampfer „Washington“ aus New York kommend vor Bremerhaven auf Reede. Bremische Konsuln und Ministerresidenten konnten im Laufe des 19. Jahrhunderts verschiedentlich auch Ansehen und Einfluss in den USA gewinnen, ein Faktum, das sich für den kleineren der deutschen Überseehäfen und seine Interessen positiv auswirken sollte.[49] Seit Mitte der 1830er Jahre vermochte Bremen auch einen hohen Anteil des Auswanderergeschäfts nach Bremerhaven zu ziehen. Die bremischen Konsuln und Ministerresidenten in den USA wurden daher immer wieder auf die wirtschaftliche Bedeutung der „directen Beförderung von Auswanderern nach den Vereinigten Staaten von der Weser durch Vermittelung Bremischer Schiffsrheder“ hingewiesen.[50] Bremerhaven sollte daher für die USA, nicht allein für die Deutsch-Amerikaner, bis in die Gegenwart als Hafen wichtig und interessant bleiben.[51] Hierauf verwies der amerikanische Botschafter Dr. Martin Hillenbrand anlässlich seiner Gastrede auf der Schaffermahlzeit 1973, als er die „bleibende Vitalität und den Wert der Beziehungen zwischen Bremen und den Vereinigten Staaten“ hervorhob, die durch den großen Anteil der bremischen Häfen am Gesamtvolumen des Handels zwischen den USA und der Bundesrepublik dokumentiert werde.[52] Der dritte Schaffer, der Ururenkel des Gründers von Bremerhaven, Hans-Hermann Smidt, unterstrich in diesem Zusammenhang die Bedeutung der „Pflege der Verbindung zu den Vereinigten Staaten“, dem wichtigsten bremischen Handelspartner und betonte – mit Blick auf die aktuelle Diskussion – „dass dieser Bundesstaat nur als selbstständige Einheit weiterbestehen kann“. Werde der Grundcharakter dieser Stadt verändert, so treffe dies den „Lebensnerv“ der Stadt, „der sich aufbaue aus freiem Unternehmertum und der aus ihm erwachsenen weltverbundenen Wirtschaft“.[53] Es wäre vermessen, die gerettete Selbstständigkeit Bremens nach dem Zweiten Weltkrieg auf die traditionellen und historischen Verbindungen zu den USA zurückzuführen. Sicherlich spielte diese Tatsache aber, über praktische Erwägungen der Logistik für die amerikanische Besatzungszone hinausgehend, eine Rolle.

Durch den Deutschen Bund war 1815 die Selbstständigkeit Bremens gesichert worden. Mit dem Bau des Unterweserhafens „Bremerhaven“ hatte das Land sich wichtige Voraussetzungen für die Verfolgung seiner Seeinteressen geschaffen, die durch den Bau von Eisenbahnverbindungen nach Hannover später ergänzt werden sollten. Es war ein „Wechsel auf die Zukunft“,

45 Vgl. hierzu Lührs, Wilhelm, *Die Freie Hansestadt Bremen und England in der Zeit des Deutschen Bundes (1815-1867)*, Bremen 1958.

46 Vgl. hierzu u.a. Müller, Hartmut, *Bremen und Frankreich zur Zeit des Deutschen Bundes 1815-1867*, Bremen 1984, S. 83ff.

47 Vgl. hierzu Prüser, Jürgen, *Die Handelsverträge der Hansestädte Lübeck, Bremen und Hamburg mit überseeischen Staaten im 19. Jahrhundert*, Bremen 1962 sowie Schwarzwälder, Geschichte II, S. 144ff.

48 StAHB 7, 116 (NL Schleiden) Bd. 1, Instruktion Johann Smidts für den Ministerresidenten Rudolf Schleiden vom 18. Mai 1853 (Abschrift) in der auf die Erfolge der Mission Gevekoht 1844/45 hingewiesen wurde.

49 Interessant ist in diesem Zusammenhang die Tätigkeit des Ministerresidenten Rudolf Schleiden in Washington zwischen 1853 und 1864, die hoffentlich demnächst in einer eigenen Studie gewürdigt werden wird. Vgl. hierzu StAHB 7,116 (NL Schleiden), 2 Bde. (Unabhängigkeit Bremens).

50 Ebd., I, Instruktion vom 18. Mai 1853.

51 Vgl. hierzu u.a. Beutin, Ludwig, *Bremen und Amerika*. Beiträge zur Geschichte der Weltwirtschaft und der deutschen Beziehungen zu den Vereinigten Staaten. Bremen 1953.

52 Bremer Nachrichten vom 10. Februar 1973, S.9.

53 Ebd.

der sich zunehmend auszahlen sollte. Die bremischen Bemühungen, beim Deutschen Bund allgemeine Regelungen für den Zoll und den Wirtschaftsverkehr zu erreichen,[54] die Versuche, Deutschland auf der Grundlage der Bundesakte wirtschaftlich zu einen und die Funktion der Hansestädte als Bindeglieder zum Überseehandel festzuschreiben, blieben letztlich erfolglos und führten nach 1819 zur Gründung von Zollvereinen auf dem Territorium des Deutschen Bundes, die schließlich 1834 zur Gründung des preußisch geführten Deutschen Zollvereins führen sollten. Initiativen, vor allem von Arnold Duckwitz, dass Bremen sich dem Zollverein anschließen und Bremen durch Entrepôts für den Überseehandel vor Zollschäden bewahrt werden solle, stießen bei der bremischen Kaufmannschaft auf Widerstand. Allerdings war es eine Lebensfrage für den Handel Bremens mit dem Binnenland, zu einem Arrangement mit dem preußisch dominierten, schutzzollorientierten Zollverein zu kommen, wollte es beim Ausbau der Verkehrswege in Norddeutschland und Deutschland insgesamt nicht in eine für seine maritimen Interessen schädliche Randlage gedrängt werden. Als Bremen 1854 nach dem Zollvereinsbeitritt Hannovers und Oldenburgs vom Zollvereinsgebiet umschlossen war, musste die Stadt zur Sicherung ihrer Binnenhandelsinteressen aktiv werden. Durch Verhandlungen kam es schließlich zu einem Arrangement mit dem Zollverein. Die Selbstständigkeit wurde bewahrt, der Hafenstandort gesichert. Der Beitritt zum Zollverein, der „Zollanschluss", sollte erst 1888 erfolgen und Bremen ähnlich wie Hamburg ein Freihafen zubilligen, ein Faktum, das nicht ohne Wirkung auf die Entwicklung Bremens zum Industriestandort blieb.

Als der revolutionäre Funktionen im März 1848 von Frankreich auf die deutschen Staaten übersprang, waren die Folgen in den einzelnen deutschen Staaten unterschiedlich. In den deutschen Verfassungsstaaten wurden liberale Märzministerien eingesetzt, in einigen Staaten wurden Verfassungsausschüsse berufen und vor allem in nicht konstitutionellen Staaten wie Preußen und Österreich – in Wien, Berlin, Prag und Budapest – kam es zu blutigen Revolutionen, die militärisch niedergeschlagen wurden. Der Deutsche Bund setzte eine Kommission für die Reform der Bundesakte von 1815 ein. Neben einer Nationalversammlung sollten die Bundesstaaten am Prozess der Verfassungsgebung beteiligt werden, um eine für das Volk und die Einzelstaaten annehmbare Reichsverfassung zu erarbeiten. Die im März 1849 von der Nationalversammlung als Souverän des Volkes verabschiedete Reichsverfassung wurde von den großen deutschen Staaten wegen ihres stark unitarischen Charakters abgelehnt. Hierbei spielte u.a. eine Rolle, dass in der Reichsverfassung vom 28. März 1849 die Stellung der Bundesstaaten im Gesamtstaat aus deren Sicht gefährdet war. So heißt es im Abschnitt über das Reich zum Verhältnis Reich-Bundesstaaten:

> „Die einzelnen deutschen Bundesstaaten behalten ihre Selbständigkeit soweit dieselbe nicht durch die Reichsverfassung begrenzt ist; sie haben alle staatlichen Hoheiten und Rechte soweit diese der Reichsgewalt nicht übertragen sind".[55]

Mit dem genannten Verfassungsartikel wurde die einzelstaatliche Selbstständigkeit hervorgehoben und zugleich wieder wenig präzise eingeschränkt. Die Bestimmungen über die Reichsgewalt wiesen diese für die Gesetzgebungskompetenzen, für die Entscheidung über Krieg und Frieden, für die Kontrolle der Wasserwege, Eisenbahnen und Telegraphen sowie für das Zollwesen und den Handel dem Reich zu. Auch das Vertragsrecht der Bundesstaaten wurde beschnitten. Bremen hatte aus verschiedenen Gründen jedoch kaum Handlungsspielraum. Anders als die großen Staaten konnte es die Reichsverfassung, die insbesondere nicht seiner handelspolitischen Interessenlage entsprach, nicht ablehnen. Die Ablehnung der Reichsverfassung durch Preußen, Österreich, Bayern und die anderen großen Mittelstaaten, die gescheiterte

54 Bereits im Mai 1814 überreichte der bremische Bevollmächtigte Smidt den Verbündeten in Paris seine Denkschrift „Über die Vortheile eines für ganz Deutschland gemeinschaftlichen Zollsystems" in der Hoffnung, auf diesem Wege die Stellung der deutschen Seestädte zu stärken. Ein Exemplar mit Begleitschreiben befindet sich in: NHStAH Dep. 110/A 70 und Begleitschreiben vom 4. Mai 1814.

55 Verfassung des Deutschen Reiches vom 28. März 1849 Art. I, § 5 (Reproduktion des Originals in: Limbach, Herzog und Grimm, Deutsche Verfassungen, S. 91).

Suche nach einer kleindeutschen Lösung im Rahmen der Erfurter Union, der drohende militärisch Konfliktaustrag in der Verfassungsfrage und das Scheitern der Dresdener Konferenzen führten nach dem Scheitern der Reformversuche zurück zu dem durch die Bundesakte von 1815 geschaffenen Deutschen Bund. Erneut hatte Bremen seine bedrohte Selbstständigkeit auf Grund glücklicher deutscher und europäischer Rahmenbedingungen bewahren können.[56]

Neben den wirtschaftlichen Grundlagen konnte 1848/49 und in der Folgezeit die Eigenstaatlichkeit Bremens ebenfalls durch ein Arrangement mit den dominierenden politischen und machtpolitischen Tendenzen der Zeit gerettet werden. Hätte eine andere Politik Bremens als die des Realisten Johann Smidt vor der Nachwelt besser bestehen können? Dieser Punkt wird kontrovers bleiben, je nachdem, ob man das 19. Jahrhundert aus der Zeit heraus zu verstehen versucht oder es mit Kategorien und Maßstäben unserer Zeit bewertet.

Am 6. März 1857, wenige Wochen vor seinem Tode, stellte Johann Smidt in seiner letzten Präsidialrede angesichts der nachhaltigen technologischen Veränderungen in globalem Maßstab, des weltweiten wirtschaftlichen Aufschwungs seit Beginn der 1850er Jahre, der Vernetzung von Regionen in Deutschland, Europa und in Übersee durch den Siegeszug der Eisenbahnen und neuer Kommunikationsmittel und ihrer Auswirkungen, der „neuen Potenzen, welche gegenwärtig alle gebildeten Völker unseres Erdballs in verstärkte Bewegung gesetzt haben: die Dampf- und Fernschreibekraft, welche den Raum verschwinden läßt und der Zeit ihr altes Recht verkümmert",[57] auf die Ängste und Hoffnungen eines Handelsstaates wie Bremen fest:

> „Aus unserer geographischen Lage wie aus der Geschichte unserer Benutzung derselben ist die Thatsache hervorgegangen, daß der Welthandel zu Land und Meer sich gleichsam zum Berufe unseres Freistaates gestaltet hat. Um diesem Ruf ferner genügen zu können, in ihm nicht hinter anderen Staaten zurückzubleiben und damit unser individuelles Staatsleben gleichsam aufgeben zu müssen, sind die Anforderungen, welche aus den Hebeln jener neuen Potenzen hervorgegangen, größer und stärker wie je zuvor geworden: wir müssen uns im Gebrauche dieser Hebel vorwärts bewegen; – Stillstand wäre nicht bloßer Rückschritt, – das Herzblut unseres Lebens würde darüber nicht blos langsamer in seinem Kreislaufe werden, es würde bald stocken und dem Tode verfallen. Man schwindelt schon vor der Umsicht nach allen Seiten, welche dabei unerläßlich ist, und das vor allem für einen kleinen Staat, der in der Mitte größerer und mächtigerer Staaten sich ihrer Einwirkung nicht entziehen kann und dennoch auf ein selbständiges Vorgehen in der von ihm eingeschlagenen Richtung nicht verzichten will. Versuchen wir es, uns das durch Hinblick auf einige Verhältnisse der Vergangenheit und Zukunft, die unsere Gemüther in der beide miteinander verknüpfenden Gegenwart bewegen, zu klarer Anschauung zu bringen. Das Princip der freien Beweglichkeit unseres Handels und Verkehrs ist und bleibt die Seele unseres Staatslebens."[58]

Das Vermächtnis Smidts an die Verantwortlichen seiner Vaterstadt, gewonnen aus einem langen politischen Leben, sollte Orientierungen für die Zeitgenossen geben. Seine Überlegungen sind aber auch heute noch relevant. Wichtig für die Überlebensfähigkeit Bremens als Staat waren und sind:

- Ein gesunder Pragmatismus und Flexibilität,
- die stete Wachsamkeit und Umsicht, um sich rasch auf neue Situationen rechtzeitig einzustellen,
- die Offenheit für neue Ideen und Entwicklungen und

56 Vgl. hierzu u.a. die Beiträge in: Mai, Gunther (Hrsg.), *Die Erfurter Union und das Erfurter Unionsparlament 1850*, Köln, Weimar, Berlin 2000.

57 Smidt, Heinrich (Hrsg.), *Patriotische Mahnungen und Rückblicke*. Präsidialreden des Bürgermeisters Johann Smidt bei Einführung neuerwählter Rathmänner und Bürgermeister, Bremen 1873: Rede bei Einführung des Senators Friedrich Grave am 6. März 1857, S. 110-120, hier S. 113.

58 Ebd., S. 113f.

– die Bereitschaft, die eigenstaatliche Zukunft vorausschauend, innovativ zu gestalten und abzusichern.

Für die verantwortlichen Politiker eines Kleinstaates reicht es nicht aus, zu glauben, die richtigen Entwicklungslinien zu kennen. In diesem Zusammenhang lassen wir nochmals Johann Smidt zu Wort kommen:

> „Wir schmeicheln uns den leitenden Faden aus diesem Labyrinthe (der Gegenwart, wdg.) jetzt in der Hand zu halten; aber welche unendliche Umsicht wird dazu gehören, ihn so sicher zu halten, daß er uns weder aus derselben wieder entschlüpfe oder gar in derselben zerreiße".[59]

In der Reichsgründungszeit 1860-1871 wurden der bremischen Politik die eben erörterten Fähigkeiten, sich pragmatisch und flexibel auf neue Situationen einzustellen, ohne die Selbstständigkeit zu opfern, vermehrt abverlangt. Die bremische Entscheidung, im Sommer 1866 den Rechtsbruch Preußens mit zu tragen, sich gegen die Bundesexekution zu entscheiden, am 29. Juni 1866 mitzuteilen in nächster Zeit nicht mehr an den Sitzungen der Frankfurter Bundesversammlung teilzunehmen – was eigentlich einer Austrittserklärung der Hansestädte aus dem Deutschen Bund gleich kam – und schließlich die der öffentlichen Meinung entsprechende Entscheidung, dem Norddeutschen Bund beizutreten, dürfte die Eigenstaatlichkeit Bremens gerettet haben. Der Senat hätte es 1866 am liebsten gesehen, wenn für Bremen eine völlige Neutralität möglich gewesen wäre. Nach den Zusicherungen Bismarcks die Selbstständigkeit der Hansestädte betreffend waren für Bremen wichtige Voraussetzungen geschaffen worden, die es erlaubten, ohne großen Souveränitätsverlust und mit der Wahrung von Sonderrechten dem Norddeutschen Bund beizutreten und später als Gliedstaat des deutschen Kaiserreiches zusammen mit den anderen verbliebenen Hansestädten seine Interessen als Stadtrepubliken im Bundesrat zu vertreten. Dem preußisch geführten Kaiserreich, durch dessen Verfassung seine Staatlichkeit garantiert war, gehörte es bis 1918 als Bundesstaat an. Wirtschaft, Handel und Industrie nahmen einen bedeutsamen Aufschwung. Bremen wurde zum Welthafen. Beide Faktoren hatten Auswirkungen auf die umliegenden Regionen und gaben Bremen eine gewisse Metropolenfunktion.

1919 konnte Bremen, Dank des heftigen süddeutschen Widerstandes gegen einen deutschen Einheitsstaat und des Eintretens der Süddeutschen für eine demokratische Föderativordnung seine Selbstständigkeit mit nur geringfügig verminderten Hoheitsrechten auch in die Weimarer Verfassung hinüberretten.[60] Anders als in der Reichsverfassung von 1871[61] bzw. dem Grundgesetz für die Bundesrepublik Deutschland,[62] war das Land Bremen in der Weimarer Reichsverfassung vom 11. August 1919 nicht namentlich genannt. So hieß es in Artikel 2 der Reichsverfassung:

> „Das Reichsgebiet besteht aus den Gebieten der Länder. Andere Gebiete können durch Reichsgesetz in das Reich aufgenommen werden."[63]

Die Bremische Verfassung von 1920 unterstrich die Eigenstaatlichkeit und den staatsrechtlichen Charakter Bremens als deutsches Land. So heißt es im ersten Artikel der Verfassung der freien Hansestadt Bremen vom 18. Mai 1920:

> „Ders bremische Freistaat besteht aus den Städten Bremen, Bremerhaven und Vegesack

59 Ebd., S. 114.

60 Vgl. zum größeren Zusammenhang Schwarzwälder, Geschichte, Bd. 3: Bremen in der Weimarer Republik (1919-1933). Hamburg 1983, bes. auch S. 170f. und S. 626ff.

61 Limbach, Herzog und Grimm, Deutsche Verfassungen: Reproduktion des Originals der Reichsverfassung von 1871.

62 Ebd., Reproduktion des Originals des Grundgesetzes von 1949, Präambel: „Im Bewusstsein seiner Verantwortung vor Gott und den Menschen, von dem Willen beseelt seine nationale und staatliche Einheit zu wahren und als gleichberechtigtes Glied in einem vereinten Europa dem Frieden der Welt zu dienen, hat das deutsche Volk in den Ländern Baden, Bayern, Bremen, Hamburg ... dieses Grundgesetz der Bundesrepublik Deutschland beschlossen".

63 WRV Art. 2.

> und aus dem Landgebiet. Er führt den Namen: Freie Hansestadt Bremen. Als eines der Länder des Deutschen Reiches teilt der bremische Staat die aus dieser Verbindung herfließenden Rechte und Pflichten"[64]

Der Freistaat Bremen war mit 256 km^2 (0,06% der Fläche des Reiches) und 338846 Einwohnern (1925) das kleinste Land des Deutschen Reiches. Unter den 45 Großstädten des Reiches kam Bremen mit 294966 Einwohnern erst an 16. Stelle.[65] Die bremische Eigenstaatlichkeit war, wie die der anderen Länder des Reiches, keineswegs gesichert, denn Art. 18 der Weimarer Reichsverfassung beschäftigte sich sehr eingehend mit der Frage der Länderneugliederung, mit den reichsrechtlichen Rahmenbedingungen sowie mit dem Willen der betroffenen Bevölkerung. Die für die Reichsreformdiskussion in der Weimarer Republik entscheidende Passage der Verfassung lautete:

> „Die Gliederung des Reichs in Länder soll unter möglichster Berücksichtigung des Willens der beteiligten Bevölkerung der wirtschaftlichen und kulturellen Höchstleistung des Volkes dienen. Die Änderung des Gebiets von Ländern und die Neubildung von Ländern innerhalb des Reichs erfolgen durch verfassungsänderndes Reichsgesetz".[66]

Die Weimarer Reichsverfassung war durch stark unitarische Züge gekennzeichnet. Die Vorschläge des Verfassungsrechtlers Hugo Preuß von 1918, das Land Preußen, das 62% der Fläche des Reiches umfasste, in Einzelstaaten aufzugliedern, scheiterten. Preußen als Verfassungsproblem blieb und löste eine Neugliederungsdebatte aus, als deren Ergebnis das Reich entweder als ein föderativer „Bund deutscher Länder" oder als ein Einheitsstaat mit einem Provinzstatuts für die früheren Länder organisiert werden sollte.[67] Die Reichsreformdiskussionen über Einheitsstaat, dezentralisierter Einheitsstaat oder Bundesstaat, Zentralismus oder Föderalismus, Partikularismus, Reichsländer oder Reichsprovinzen charakterisierten die Debatten und erfüllten die bremischen Vertreter im Reichsrat mit steter Sorge, ob und wie lange die Hansestadt ihre Selbstständigkeit würde bewahren können.[68] Bremen versuchte sich aus einer aktiven Beteiligung an der Diskussion herauszuhalten. Es zeigte sich bald, dass die Frage der Reichsreform zu einer zentralen Frage für Bremen werden musste und es galt als Minimalziel, bei einer Neugliederung der Länder für Bremen wenigstens den Status einer autonomen Gebietskörperschaft mit wichtigen Rechten in der Selbstverwaltung zu sichern. In der Reichsreformdiskussion legte sich Bremen auf Anraten Spittas strikte Neutralität auf. Die auf dieser Grundlage entwickelten Leitsätze sollten die Haltung Bremens in der Schlussphase der Reichsreformdebatte entscheidend bestimmen. Es finden sich hier Elemente, die in der Selbstständigkeitsargumentation immer wiederkehren sollten. In den von Theodor Spitta ausgearbeiteten Grundsätzen bremischer Politik wird betont, dass es dem Kleinstaat Bremen nicht zustehe, Vorschläge für die notwendige Reichsneugliederung vorzulegen. Aber wir lesen weiterhin:

> „Bremen erkennt an, dass die gegenwärtige Regelung des Verhältnisses des Reiches zu den deutschen Ländern erhebliche Nachteile hat; es ist zur tätigen Mitarbeit an einer durch die Verhältnisse gebotenen Neugliederung oder staatsrechtlichen Neuordnung des Reiches bereit ... Die Hansestädte können nicht den deutschen Kleinstaaten gleichgestellt werden ... Die Hansestädte haben die besonderen Aufgaben des internationalen Welthandels und Seeverkehrs für Deutschland zu erfüllen; ihre bisherige Selbstständigkeit war lediglich das Mittel für die Erfüllung dieser ihnen für das Ganze obliegenden,

64 Gesetzblatt der Freien Hansestadt Bremen 1920, Nr. 46 vom 18. Mai 1920 §1.

65 Dr. Dr. h.c. Lohmeyer, Oberbürgermeister von Königsberg, *Zentralismus oder Selbstverwaltung*. Ein Beitrag zur Verfassungs- und Verwaltungsreform, Berlin 1928, S. 27.

66 WRV Art. 18.

67 Vgl. hierzu u.a. Gruner, Wolf D., 1849 – 1919 – 1949: Deutsche Verfassungstraditionen zwischen der Paulskirchenverfassung und dem Bonner Grundgesetz, in: Ders. (Hrsg.), *Jubiläumsjahre - Historische Erinnerung - Historische Forschungen*, Rostock 1999, S. 271-340, S. 304ff.

68 Vgl. hierzu vor allem Hasenkamp, Holger G., *Die Freie Hansestadt Bremen und das Reich 1929-1933*, Bremen 1981.

auch heute noch unverändert fortbestehenden Aufgaben. Wie auch immer in Zukunft das Reich staatsrechtlich gestaltet und gegliedert werden möge, in jedem staatsrechtlichen Rahmen wird und muss sich für die Hansestädte eine Regelung finden lassen, die ihnen auch weiterhin für die Erfüllung ihrer besonderen Aufgaben die erforderliche Bewegungsfreiheit und finanzielle Leistungsfähigkeit belässt".[69]

Zur Reichsreform sollte es in der Endphase der Weimarer Republik nicht mehr kommen. Bremen schien seine Selbstständigkeit erneut gerettet zu haben. Mit der Machtergreifung der Nationalsozialisten geriet der Bremer Senat zunehmend unter Druck, wurde gezwungen seine sozialdemokratischen Senatoren, unter ihnen der spätere Präsident des Senats Wilhelm Kaisen, zum Rücktritt zu bewegen, da nach der Verfassung ein freiwilliger Gesamtrücktritt des Senates nicht vorgesehen war. Nach einer Verfassungsänderung und der Zustimmung der Bürgerschaft erklärte der Rumpfsenat aus „Gründen des öffentlichen Wohls" seinen Rücktritt. Auf die Selbstpreisgabe der Demokratie folgte bereits 1934 das zweite Ende bremischer Eigenstaatlichkeit. Der Freistaat Bremen wurde Teil des Reichsgaus Weser-Ems mit dem Sitz in Oldenburg. Würde aus dem Inferno des Zweiten Weltkrieges erneut ein selbstständiges Bremen als Teil eines deutschen Staates oder deutscher Staaten entstehen? Die Chancen hierfür waren nicht gut.

Dank des Wunsches der Amerikaner, Bremen als ihren „Ausgang aus Europa" für die Zeit der Besatzung zu erhalten, entstand zunächst die Enklave Bremen. Nach längerem Kompetenzgerangel zwischen Briten und Amerikanern mit einer Mischkontrolle kam es am 23. Januar 1947 zum Anschluss Bremens an die US-Zone und zur Bildung des Landes Bremen. In der Proklamation von General Joseph T. McNarney wurde in Artikel 1 festgelegt, „dass das Verwaltungsgebiet Bremen [...] als *selbständiges Land mit eigener Staatsregierung* anzusehen ist".[70]

Die erneut gerettete Selbstständigkeit Bremens war nicht selbstverständlich. Die Enklave Bremen diente nach Kriegsende zunächst als „Nachschubterritorium" für die amerikanischen Truppen und wurde Ende 1945 der britischen Militärregierung unterstellt. Auf Grund fehlender Zentralinstitutionen sowie unklarer Kompetenzverteilungen und Zuständigkeiten schien die Wiederherstellung der Eigenstaatlichkeit, die 1933 ausgehöhlt und 1945 beseitigt worden war, höchst ungewiss. Diese Situation wurde dadurch verdeutlicht, dass Bremen – im Gegensatz zu den anderen alten und neuen deutschen Ländern – nicht allein in den Gremien einer Besatzungszone tätig werden musste, im Zonenbeirat der britischen Zone *und* im völlig anders aufgebauten Länderrat der amerikanischen Zone. Hinzu kam die Mitgliedschaft in Gremien der umliegenden Gebietskörperschaften der britischen Zone, beispielsweise im Gebietsrat der Region Hannover. Der Oberpräsident der Provinz Hannover und spätere niedersächsische Ministerpräsident Hinrich Kopf hätte Bremen gerne zum Teil seines Landes Niedersachsen gemacht. Der im Sommer 1945 eingesetzte Bürgermeister Wilhelm Kaisen und sein Stellvertreter Theodor Spitta, die vor 1933 gemeinsam im Senat tätig waren, konnten in intensiven Verhandlungen mit der amerikanischen Militärregierung einen Nordweststaat „Niedersachsen" mit den früheren Ländern Oldenburg, Braunschweig, Bremen und der preußischen Provinz Hannover verhindern. Als die Briten mit der Neugliederung in ihrer Zone begannen und am 18.7.1946 das Land Nordrhein-Westfalen gründeten, nahm Bürgermeister Kaisen zu den britischen Überlegungen, in ihrer Zone 3-5 Länder zu bilden Stellung.

„Es gibt keine in Bremen selbst liegende Begründung dafür, seine bisherige Reichsunmittelbarkeit aufzugeben. Es ist lediglich das Verlangen außerhalb Bremens liegender,

69 „Richtlinien über die Stellung Bremens zur Reichsreform". Januar 1929, zitiert nach Hasenkamp, Bremen, S. 90. Vgl. auch Spitta, Theodor, *Aus meinem Leben*, München 1969, S. 307ff. sowie Schminck-Gustavus, Christoph U., Vryheit do ik ju openbar. Versuch zu einigen Aspekten der bremischen Verfassungsgeschichte, in: Kröning, Volker; Pottschmidt, Günter; Preuß, Ulrich K. und Rinken, Alfred (Hrsg.), *Handbuch der Bremischen Verfassung*, Baden-Baden 1991, S. 13-42, S. 32ff.

70 Proklamation von General McNarney vom 22. Januar 1947, gedruckt in: WESER KURIER vom 23. Januar 1947, S.1.

durch die Auflösung Preußens entstandener Bestrebungen, Bremen von seiner unmittelbaren Verbindung mit dem Reich loszulösen und es einzuordnen in einen neuen Gebietsverband. Dass Bremen von sich aus keine Veranlassung hat, seine Reichsunmittelbarkeit aufzugeben, bedarf keiner näheren Begründung".[71]

Kaisen greift in seiner Stellungnahme aber auch ein Topos auf, das seit der europäischen und mitteleuropäischen Neuordnung von 1814/15, den Diskussionen um die Weimarer Reichsreform und im Zusammenhang mit den Neugliederungserörterungen seit 1948/49 in unterschiedlicher Verpackung immer wiederkehren sollte:

> „Bremen hat seine staatliche Selbstständigkeit nie als Selbstzweck angesehen, sondern stets nur als Mittel zum Zweck, als Treuhänder des Reichs seine Welthäfen und die Seeschifffahrt betreiben zu können. Soll es diese Aufgabe weiter erfüllen wie in den Jahrhunderten zuvor, dann muss bei der Neugliederung der englischen Zone die Stellung Bremen und sein öffentliches Dasein als Gemeinwesen besonders geprüft werden ... Soll Bremen statt ‚reichsunmittelbar' künftig ‚landesmittelbar' werden oder sich als eine Stadt auf der Stufe der unteren Verwaltung in irgendeinem Verband wieder finden? Das sind die Fragen, deren Entscheidung folgenschwer für Bremen sind".[72]

Als Handelsplatz mit internationalem Ruf müsste Bremen bei Eingliederung in einen anderen Staatsverband Selbstverwaltungskompetenzen in allen mit Hafen, Handel, Verkehr, Kreditwirtschaft, Wohlfahrts- und Gesundheitswesen, Bau- und Ausbildungswesen und Finanzen zusammenhängenden Fragen erhalten. Die von Bremen zu erhebende Minimalforderung für seine Sonderstellung als Welthafen sei, dass es „selbstständige Gebietskörperschaft" bleiben müsse. Im Interesse der USA aber werde es sein, das historisch gewachsene Bremen mit seinen engen Handelsbindungen zu den USA als selbstständigen, reichsunmittelbaren Stadtstaat wieder zu begründen. Schon anlässlich der Bremer Vierzonenkonferenz der Ministerpräsidenten im Oktober 1946 teilte dann der Bremer Gouverneur Oberst Browning mit, „dass Bremen als reichsunmittelbare Hansestadt erhalten bleiben wird".[73]

In einem Beitrag des Weser Kuriers vom 5. Oktober 1946 wird auf die Verhandlungsleistung des Senates unter Kaisen für die Rettung der Selbstständigkeit Bremens hingewiesen. Es kehren die bekannten, traditionellen Argumente für die bremische Selbstständigkeit wieder, die weder Selbstzweck noch Prestigeangelegenheit sei. Weiter heißt es dann:

> „Niemand kann deshalb in Deutschland die Wiedervereinigung der Zonen, die Bildung eines neuen Deutschen Reiches stärker ersehnen als Bremen und sein Senat. Die Forderung auf Selbstständigkeit ruht ausschließlich auf den Erkenntnissen und Erfahrungen, die Bremen in der Vergangenheit, insbesondere nach dem ersten Weltkriege bei der Bewältigung seiner die Welt umspannenden Wirtschaftsaufgaben gewonnen hat. Bremen muss direkt mit den Zentralstellen des Reiches verbunden sein und dort seine Interessen wahrnehmen können. Dieses Ziel ist jetzt erreicht".[74]

Der Weser Kurier gab auch der Hoffnung Ausdruck, „dass Bremen in seiner reichsunmittelbaren Stellung einen wesentlichen Beitrag zum Wiederaufbau und zur Gesundung eines demokratischen Deutschland leisten wird".[75]

Aus Existenzgründen wurde Bremen zu einem Bewahrer des föderativen Gedankens und damit auch zum engagierten Verfechter eines bundesstaatlich organisierten Weststaates, denn,

71 Stellungnahme Kaisens für die amerikanische Militärregierung vom 25. Juli 1946, abgedruckt in: Koschnick, Hans (Hrsg.), *Zuverlässigkeit und Beständigkeit.* Wilhelm Kaisen. Eine Dokumentation, Bremen 1977, S. 142-144, hier S. 142. In der Dokumentation finden sich auch weitere Memoranden und Äußerungen des Bürgermeisters zur künftigen Stellung Bremens und zur „Neugründung" des bremischen Staates (S. 145ff.). Vgl. auch Roepke, Andreas, Entstehung, Status und Verwaltung der amerikanischen Enklave Bremen, in: BREMISCHE JAHRBÜCHER 66/1988, S. 423-452.

72 Ebd., S. 142f.

73 WESER KURIER vom 5. Oktober 1946.

74 Ebd.

75 Ebd.

wie Bürgermeister Wilhelm Kaisen am 12. Januar 1946 über die „Gefahren für Bremen" schrieb:

> „Der Zentralismus und der Separatismus sind Bestrebungen im nordwestdeutschen Raum, die schon oft von Bremen aus abgewehrt werden mussten, wenn sie in Übergangszeiten zu üppig ins Kraut schossen. Heute ist es wieder so weit".[76]

Mit der Proklamation No. 3 von OMGUS vom 21. Januar 1947 wurde Bremen endgültig Teil der US-Zone:

> „There is hereby constituted the following administrative area,which will henceforth be referred to as a State and which will have a State Government: Bremen – comprising the Stadt Bremen, Land Gebiet Bremen and Stadtkreis Wesermünde, including Bremerhaven".[77]

Die Amerikaner hatten die staatsrechtliche Selbstständigkeit des Stadtstaates von bestimmten Voraussetzungen abhängig gemacht. Hierzu gehörte u.a. die Ausarbeitung eines Verfassungsentwurfes durch die Bürgerschaft. Am 21. Oktober 1947 wurde die Bremische Verfassung mit großer Mehrheit von der Bürgerschaft angenommen. Am 30. Oktober traten für das Land Bremen die vollen Staatsrechte in Kraft.[78] Als die Entscheidung der Westalliierten für den Weststaat mit der Londoner Erklärung im Juni 1948 gefallen war, schien die Stunde der Ministerpräsidenten für den Prozess der Teilstaatslösung gekommen. Bürgermeister Kaisen, der als Sozialdemokrat in seiner Partei neben dem Hamburger Bürgermeister Max Brauer, dem bayerischen Ministerpräsidenten Hoegner und dem Staatsrat Carlo Schmid zu den wenigen Verfechtern einer Föderativordnung gehörte, spielte hierbei – auch aus der Perspektive der Existenzsicherung für die wiedererlangte bremische Selbstständigkeit – eine wichtige Rolle.[79]

Auf dem Herrenchiemseer Verfassungskonvent im August 1948, der einen Verfassungsentwurf für den Parlamentarischen Rat vorlegte, war Bremen im Unterausschuss Grundsatzfragen durch Dr. Feine vertreten,[80] der sich in der Regel den erörterten Vorschlägen und Formulierungen anschloss und nur in der Flaggenfrage vorschlug, dass bis zur endgültigen Regelung über die Bundesflagge deutsche Schiffe die „Hanseatenflagge" benutzen sollten. Der Verfassungskonvent legte ein „Grundgesetz des Deutschen Volkes" vor. Die Länder, die „Träger der Bundesgewalt" sein sollten, sind in dieser vorläufigen Verfassung „zu einer bundesstaatlichen Gemeinschaft" zusammengeschlossen, die den Namen „Bund deutscher Länder" führt.[81] Dies war durchaus im Interesse Bremens. Als kleinstem Land stand Bremen im Parlamentarischen Rat lediglich ein Mandat zu. Dieses wurde vom sozialdemokratischen Innensenator Adolf Ehlers wahrgenommen.[82]

Mit der Gründung der Bundesrepublik Deutschland stellte sich die Neugliederungsfrage, die von den Militärgouverneuren in den Frankfurter Dokumenten aufgeworfen worden war,

76 Koschnick, Zuverlässigkeit, S. 137.
77 Proclamation No. 3, Article I, abgedruckt in WESER KURIER vom 23. Januar 1947.
78 Vgl. hierzu Adamietz, Horst, *Das erste Kapitel*, Bremen 1975, S. 167ff.; Kaisen, Wilhelm, *Meine Arbeit, mein Leben*, München 1967, S. 195ff.; Kringe, Wolfgang, *Die Entstehung der Landesverfassung der Freien Hansestadt Bremen vom 21. Oktober 1947*, Neckargemünd 1982 (MS, vorhanden Stadtarchiv Bremerhaven); Kuhlenkampf, Engelbert und Coenen, Helmut, Die Landesverfassung der Freien Hansestadt Bremen vom 21. Oktober 1947, in: JAHRBUCH DES ÖFFENTLICHEN RECHTS NF 3/1954, S. 179-212; Marßolek, Inge, Entstehung der bremischen Landesverfassung vom 21. Oktober 1947, in: Kröning, Pottschmidt, Preuß, Rinken, *Handbuch der Bremischen Verfassung*, S. 43-65, bes. S. 47ff.; Peters, Fritz, *Zwölf Jahre Bremen 1945-1956*. Eine Chronik, Bremen 1977.
79 Zur den Vorstellungen über die künftige Form deutscher Staatlichkeit nach dem Kriege in den Westzonen vgl. u.a. Gruner, Wolf D., Deutschlandpolitische Grundpositionen und Zielvorstellungen in den westlichen Besatzungszonen 1945-1949, in: *Enquetekommission des Deutschen Bundestages ‚Aufarbeitung von Geschichte und Folgen der SED-Diktatur in Deutschland'*. 9 Bände in 18 Teilbänden, Bd. V.2, Baden-Baden 1995, S. 1404-1488.
80 BHStAM StK 110 004 „Verfassungsausschuss der Ministerpräsidenten-Konferenz der westlichen Besatzungszonen. Verfassungskonvent auf Herrenchiemsee vom 10.-23. August 1948, Protokolle der Sitzungen des Unterausschusses Grundsatzfragen".
81 Ebd., StK 110 112 „Grundgesetz des Deutschen Volkes" vom 21. August 1948.
82 Zu Adolf Ehlers vgl. Adamietz, Horst, *Freiheit und Bindung*. Adolf Ehlers, Bremen 1978.

erneut. Auf diesen wichtigen Aspekt für die Frage der bremischen Selbstständigkeit nach dem Zweiten Weltkrieg war bereits eingangs hingewiesen worden. Art. 29 (1) des Grundgesetzes schrieb zunächst zwingend die Neugliederung vor. In diesem Zusammenhang stand unter der Perspektive, leistungsfähige Bundesländer zu schaffen, auch die Existenz der Stadtstaaten Bremen und Hamburg wieder einmal zur Disposition. Im Vorfeld der Konstituierung der „Luther-Kommission" waren seit dem Herbst 1949 politische und wissenschaftliche Gutachten und Überlegungen über die „Neugliederung" sowie über den idealen Typus eines Bundeslandes angestellt worden.[83]

Im Sommer 1950 hatte eine Arbeitstagung zur Frage der Neugliederung der Bundesrepublik stattgefunden, auf der der Professor Hermann Brill, Öffentlichrechtler, ehemaliger Staatssekretär, Mitglied des Bundestages und später der „Luther-Kommission", sich mit dem „Typ des künftigen deutschen Bundeslandes" beschäftigte. Die historischen Grenzen der deutschen Länder seien aus des Sicht des modernen Politikers „zufällig", denn die

> „historischen Formen der Staatsgebiete sind in einer Zeit entstanden, in der die deutsche Gesellschaft noch überwiegend Agrargesellschaft war. Inzwischen aber hat sich Deutschland in eine hochindustrielle Gesellschaft verwandelt, die vornehmlich durch das Aktienstimmrecht und die Kreditpolitik der Banken vom Finanzkapital regiert wird".[84]

Brill betonte, dass auf Grund dieser Tatsache in dieser „Lebenssphäre" Ländergrenzen, aber auch „Länder als politische und administrative Faktoren" für die Menschen eigentlich uninteressant und bedeutungslos geworden seien und folgerte hieraus:

> „Alle Länderreformversuche seit 1918 bezwecken deshalb, Wirtschaftsräume, Wirtschaftsprovinzen, Wirtschaftsbezirke u.s.w. zu schaffen".[85]

Als Zentren der politischen Macht in Deutschland sah Brill die „City-Städte". Hierzu gehörten neben Berlin, Hamburg und München u.a. Frankfurt a.M., Stuttgart, Leipzig, Stettin, Mannheim und Breslau. Bremen, Hannover und Münster zählte er nicht zu dieser Kategorie. Wegen der Machtbildung in den City-Städten folgerte Brill,

> „dass Deutschland ein Bundesstaat sein muss. Denn kein Land Europas hat neben der Reichshauptstadt als Weltstadt so viele natürliche politische Machtzentren in Städten, die eine City aufweisen und dadurch die Landschaft beherrschen wie Deutschland".[86]

Brill plädierte daher für die Bildung großer Länder. Die territoriale Bildung der Bundesländer müsse den „City-Städten" entsprechen. Bremen würde Teil eines neuen Staates mit Niedersachsen und der Hälfte Westfalens.

Zur Vorbereitung der Arbeit des Bundestagsausschusses für die „Innergebietliche Neuordnung gem. Art. 29 GG" legte deren Vorsitzender einen Aufriss der territorialen Probleme vor, die „Gegenstand der innergebietlichen Neuordnung sein müssten". Für den Nordwest-Raum sah der Abgeordnete Euler als Vorsitzender des vom Bundestag im September 1949 eingesetzten „Euler-Ausschuss" drei mögliche Optionen:

> „1.) Niedersachsen, Schleswig-Holstein und die beiden Hansestädte werden zu einem Land vereinigt. Die beiden Hansestädte erhalten innerhalb des neuen Landes ein Sonderstatut, mit dem eine innere Verwaltungsgliederung verbunden ist, die den Unterlauf von Elbe und Weser in den Regierungsbezirken Hamburg und Bremen vereint.

83 Vgl. z.B. Institut für Raumforschung Bonn (Hrsg.), *Beiträge zur innergebietlichen Neugliederung*, Bonn-Bad Godesberg 1951; Akademie für Raumordnung und Landesplanung (Hrsg.), *Problem der innergebietlichen Neuordnung gemäß Artikel 29 Absatz 1 des Grundgesetzes*, Bremen/Horn 1953; Institut zur Förderung der öffentlichen Angelegenheiten (Hrsg.), *Die Bundesländer*, Frankfurt a.M. 1950.

84 BHStAM StK 110 128 Bundesländerdienst Nr. 71/2. Jg. V. 8.2.1951, S. 5-7. Bericht über die Tagung „Zentren politischer Macht – als Ausgangspunkt der Ländergliederung" und Auszüge aus dem Vortrag Hermann L. Brills „Typ des künftigen deutschen Bundeslandes", S. 5.

85 Ebd.

86 Ebd., S. 6.

2.) Niedersachsen und Bremen werden zu einem Lande, Schleswig-Holstein und Hamburg zu einem anderen vereint...
3.) Niedersachsen und Schleswig-Holstein werden vereinigt, Hamburg und Bremen bleiben Länder".[87]

Für Bremen war die zweite Option nicht akzeptabel, die dritte die staatsrechtlich beste Lösung und die erste nur dann als Kompromisslösung annehmbar, wenn die Zahl der Bundesländer auf insgesamt 5 reduziert werden würde. Vor allem Bremen war klar, dass es nur mit überzeugenden Argumenten im unitarischen Bundesstaat Bundesrepublik Deutschland – auch angesichts der Bestrebungen gerade in den früher zu Preußen gehörenden Gebieten, durch die Neugliederung mehr einheitsstaatliche Strukturen zu erhalten[88] – seine Eigenstaatlichkeit als Land bewahren konnte. Um die Neugliederungsfrage aus der politischen, emotionalen und regionalen Diskussion herauszunehmen wurde der „Neugliederungsausschuss" in der zweiten Legislaturperiode des Bundestages nicht wieder eingesetzt. Die mit Art. 29 GG zusammenhängenden Fragen wurden seit 1952 allein von einer Sachverständigenkommission unter Vorsitz des früheren Reichskanzlers Dr. Hans Luther, der sich bereits in der Weimarer Republik mit Fragen der Reichsreform befasst hatte, behandelt. In den Sitzungen der ersten Enquetekommission zwischen 1952 und 1955, zusammengesetzt aus Experten und Praktikern aus Politik, Wirtschaft, Gewerkschaften und Wissenschaft (Historiker, Staatsrechtler, Wirtschaftswissenschaftler, Geographen), hoben die Vertreter der Hansestädte – der Leiter des Bremer Ausschusses für Wirtschaftsförderung Dr. Alfred Jacobs, der frühere Hamburger Senator Heinrich Landahl sowie der frühere Bürgermeister Rudolf H. Petersen, unterstützt durch Expertisen aus ihren Staatsarchiven und Behörden – in ihrer Argumentation für die Erhaltung ihrer Eigenstaatlichkeit, historisch untermauert, die Sonderrolle Bremens und Hamburgs für Gesamtdeutschland und Europa hervor. Ergänzt wurden die Bemühung zur Bewahrung der Eigenstaatlichkeit durch die „Bereisungen" der Kommission vor Ort. In einem Entschließungsvorschlag zur Nordweststaatsfrage konnten sich 1953 Bremen und Hamburg gegen den ausdrücklichen Wunsch Schleswig-Holsteins durchsetzen, u.a. deswegen, weil die Sachverständigenkommission empfahl, dass

1. „eine Zusammenfassung von Ländern mit derartig spezifisch verschiedener Aufgabenstellung wie einerseits der Hansestädte mit ihrer vorwiegend maritimen Einstellung und andererseits Schleswig-Holstein und Niedersachsen mit überwiegend binnenwärts gerichteten Interessen die Zurückdrängung der einen oder anderen Aufgabe befürchten lässt," und weil
2. „die Hansestädte Hamburg und Bremen infolge ihrer geschichtlichen Entwicklung und ihrer auf Hafenwirtschaft, Seeschifffahrt und Außenhandel gerichteten Aufgaben eine Sonderstellung unter den Bundesländern einnehmen und zur Erfüllung dieser Aufgaben in unmittelbarer Verbindung zum Bund bleiben müssen und
3. dass in jeder Art eines Zusammenschlusses von Ländern des deutschen Nordwestraumes die Finanzkraft des oder der neuen Länder auch auf die Dauer unter dem Bundesdurchschnitt liegen wird...".[89]

In ihrem 1955 vorgelegten Abschlussbericht sah die Luther-Kommission in den beiden Hansestädten Bremen und Hamburg besondere Kernräume, die geschichtlich geworden seien und nicht nur auf „Willkür und Zufälligkeiten" beruhten. Sie betonte:

„In fast allen Bundesstaaten der Welt findet sich eine erhebliche Unterschiedlichkeit der Grösse der einzelnen Länder bei annähernd gleichen Ansprüchen der gesamten Bevöl-

87 Ebd., Der Bevollmächtigte des Freistaates Bayern beim Bund an die Staatskanzlei vom 30. Juni 1951 „Innergebietliche Neuordnung gem. Art. 29 GG", sub A „Problem Nordwest-Raum", S. 1f.
88 Vgl. hierzu den Abschlussbericht von 1955 Abschnitt A V. „Die föderale Struktur des Bundesgrundgesetzes in ihrer Bedeutung für die Neugliederung" (BHStAM StK 110 114).
89 Ebd. StK 110 113/2: „Vorschlag einer Entschliessung zur Nordweststaatfrage.", S.1.

> kerung des Gesamtstaatsgebietes an den ‚Staat' als unausweichliches Problem des Föderalismus".[90]

Der Abschlussbericht von 1955 bescheinigte Bremen, dass es alle Voraussetzungen für ein Bundesland erfülle. Er heißt dort:

> „Der Stadtstaat Bremen in seiner gegenwärtigen Größe und seiner staatsrechtlichen Stellung ist unter den Gesichtspunkten der landsmannschaftlichen Verbundenheit, der wirtschaftlichen Zweckmäßigkeit und des sozialen Gefüges eine geschlossene, in Jahrhunderten bei unveränderter Aufgabenstellung organisch gewachsene Einheit. Seine Größe und Leistungsfähigkeit stehen in einem ausgewogenen Verhältnis zu seiner besonderen wirtschaftlichen Aufgabe, der sich (mit Ausnahme Hamburgs) kein anderes deutsches Land so verpflichtet fühlt und die an keiner anderen Stelle mit gleichem Nutzen für die Gesamtheit erfüllt wird. Sämtliche Voraussetzungen, die ein Bundesland nach Artikel 29 Abs. 1 erfüllen muss, sind daher für den Stadtstaat Bremen in seiner gegenwärtigen Gestalt gegeben".[91]

Bereits in einer Entschließung der Kommission zu Schleswig-Holstein im Februar 1953 war festgestellt worden:

> „Eine Zusammenfassung der Länder Schleswig-Holstein, Hamburg, Niedersachsen und Bremen, oder einiger von ihnen, kann nicht empfohlen werden".[92]

Anfang der Siebzigerjahre, als der Prozess der schleichenden Entföderalisierung bereits eingesetzt hatte, schlugen die Ministerpräsidenten von Nordrhein-Westfalen und Niedersachsen, Kühn und Kubel, die Verringerung der Bundesländer von 10 auf 5-6 vor. Verschiedene Modelle kursierten, u.a. das eines Nordstaates oder eines Nordweststaates, das die vier Küstenländer vereinigen sollte. Die von der sozial-liberalen Bundesregierung eingesetzt Genscherkommission unter ihrem Vorsitzenden Ernst kam zum Zeitpunkt des 25-jährigen Bestehen des Bundeslandes Bremen zur Inspektion in die Hansestadt. Die Emotionen gingen hoch und die alten Argumente kehrten wieder. In einer Entschließung lehnte die Bürgerschaft am 26. Januar 1972 einen Nordstaat ab. Die Erklärung gipfelte in der Forderung an den Senat, die Interessen Bremens gegenüber der Ernst-Kommission nachhaltig zu vertreten und die diskutierten Nordstaatsmodelle abzulehnen, sowie dem Appell an die Bundesregierung, die der Präsident der Bürgerschaft Dr. Klink vortrug: „Das Bundesland Bremen braucht einen starken Bund. Der Bund braucht ein eigenständiges Bundesland Bremen".[93]

Bürgermeister Hans Koschnick kommentierte den Nordstaatvorschlag damit, dass in diesem zwei Kranke (Niedersachsen und Schleswig Holstein), ein total Gesunder (Hamburg) und ein mittelprächtiges Gewächs (nämlich Bremen) zusammengefügt würden. Wichtiger als die Nordstaatsdiskussion sollte die Frage der Finanzausstattung erörtert werden.[94] In einer am 11. Februar 1972 gesendeten Dokumentation von Radio Bremen zur Neugliederung des Bundesgebietes wurde die Zukunft der vier norddeutschen Küstenländer mit Vertretern der vier Länder und dem Vorsitzenden der Expertenkommission Professor Ernst diskutiert.[95] Es zeigte sich dabei, dass allein Niedersachsen „eindeutig und einmütig" einen Nordstaat mit der

90 Ebd., StK 110 114 Abschnitt A V., S.3.

91 Ebd., StK 110 114 Schlussgutachten der Enquetekommission von 1955, Abschnitt C II (endgültige Fassung), S. 7.

92 Ebd., StK 110 113/2 Entschließung des Neugliederungsausschusses betreffend Schleswig-Holstein, S. 2.

93 Radio Bremen, Rundfunkarchiv, RU 1972/2 Erklärung des Präsidenten der Bürgerschaft Dr. Dieter Klink vom 26. Januar 1972. Der Verfasser dankt Radio Bremen für die Überlassung der entsprechenden Tondokumente aus der Nord- und Nordweststaatsdiskussion zu Beginn des Jahres 1972.

94 Interview von Radio Bremen mit Bürgermeister Koschnick vom 26. Januar 1972 (Radio Bremen RU 1972/2 vom 26. Januar 1972).

95 Radio Bremen, Rundfunkarchiv, RU 1972/4 „Rundschau am Abend" vom 11. Februar 1972 „Dokumentation zur Neugliederung des Bundesgebietes. ‚Was wird aus den vier norddeutschen Küstenländern?'". Eine Textfassung findet sich in: BHStAM StK 110 139.

Hauptstadt Hannover anstrebte. Der Präsident der Bremer Bürgerschaft, Dr. Dieter Klink, wurde sehr deutlich, als er meinte:

> „Die Bremische Bürgerschaft spricht sich gegen die Bildung eines Nordstaates aus, in dem die Hansestädte Hamburg und Bremen aufgehen würden, weil sie in einem solchen Flächenstaat die für die deutsche Wirtschaft lebenswichtigen Hafeninteressen nicht gebührend berücksichtigt sieht. Sie wendet sich ebenfalls gegen die Bildung eines Nordweststaates. Dieser Staat wäre einer der ärmsten der Bundesrepublik. Er wäre außerstande, die bisher von Bremen wahrgenommenen gesamtwirtschaftlichen Aufgaben finanziell zu tragen“.[96]

Der Vorsitzende der Sachverständigenkommission, Professor Ernst, wies den Vorwurf der Voreingenommenheit der Enquetekommission zurück. Für die Kommission stelle sich im Nordwesten der Bundesrepublik als zu lösendes Problem:

> „Wie kann man eine optimale Entwicklung der gesamten Nordseeküstenregion, die als Wirtschaftsstandort immer interessanter wird, erreichen? Ist diese optimale Struktur wirklich die, dass es vier politische Entscheidungsträger gibt?“[97]

Ernst brachte einen weiteren Gesichtspunkt ins Spiel, der bis heute die Diskussionen und Planungen beeinflusst. Im Vordergrund des Auftrages der Kommission stehe die Frage der „Leistungsfähigkeit der Länder für ihre Aufgaben“. In dieser Frage habe die Kommission hinsichtlich Bremens Bedenken. Ernst bemerkte:

> „Dass Bremen seine Funktion als Hafen in hervorragender Weise erfüllt hat, wird nicht bestritten [...] Die Bedenken sind nur die, dass Bremen wie Hamburg gleichzeitig regionale Zentren sind und dass natürlich der Lebensbereich der Stadt weit über den gegenwärtigen staatlichen Grenzbereich herausgeht, und dass man für diese Region eine einheitliche Planung ermöglichen müsste.“[98]

Bis jetzt hat Bremen seine Staatlichkeit noch gerettet, zumal Artikel 29 Abs. 1 des Grundgesetzes geändert wurde. Aus der „Muss-Bestimmung“ für die Neugliederung ist eine „Kann-Bestimmung“ geworden. Hinzu kommt ein weiterer Aspekt, der bei der Neugliederungsdiskussion oft außer Acht gelassen wird.

Die Bestimmung: von Art. 79 (3) GG, dass „die Gliederung des Bundes in Länder und die grundsätzliche Mitwirkung der Länder bei der Gesetzgebung“, d.h. die föderative Ordnung als Pfeiler des Staatsrechtes der Bundesrepublik, auch durch eine Verfassungsänderung nicht aufgehoben werden kann. Die Frage, ob Bremen und Hamburg heute noch in der Lage sind, „eine Sonderaufgabe für das Ganze“ zu erfüllen, die sie u.a. mit ihre Eigenstaatlichkeit am Ende der napoleonischen Kriege wiederherzustellen half und sie seither bewahrte, oder ob „die wie auf einen Punkt konzentrierten Stadtstaaten“ angesichts der Ausbildung von wirtschaftlichen und politischen Großräumen „ein schnörkliges Überbleibsel aus dem Mittelalter des weiland Heiligen Römischen Reiches Deutscher Nation“ sind, stellt sich nach wie vor, insbesondere auch angesichts der desolaten Finanzsituation Bremens und auch Hamburgs. Ehe man sich jedoch erneut auf das Experimentierfeld der Neugliederung begibt, sollte ein Gedanke aus der Bremischen Denkschrift zur Bewahrung der Eigenstaatlichkeit vom Februar 1972 ernst genommen und in die Tat umgesetzt werden:

96 Radio Bremen, Rundfunkarchiv, RU 1972/2 Erklärung Klinks vom 26. Januar 1972 in der Bremischen Bürgerschaft (Gemeinsame Resolution von SPD, CDU und FDP). Diese Passage auch in der Dokumentation vom 11. Februar 1972 (RU 1972/4).

97 Ebd., Rundfunkarchiv, RU 1972/4 Dokumentation „Was wird aus den vier Norddeutschen Küstenländern?“ vom 11. Februar 1972.

98 Ebd.

„Es muss daher gefordert werden, dass eine Neuaufteilung der Kompetenzen zwischen Bund und Ländern stattfindet, bevor eine Neugliederung des Bundesgebietes in Erwägung gezogen wird.“[99]

Damit kehren wir auch zu den Anfängen meiner Überlegungen zurück. Voraussetzung für eine funktionierende Föderativordnung ist eine sachgerechte Aufgaben- und Pflichtenverteilung zwischen Bund und Ländern. Gerät sie in eine Schieflage, ist eine Bundesreformdiskussion zwingend erforderlich. Dies war im 19. Jahrhundert so und daran hat sich bis heute nichts geändert. Die Forderung nach Reform der föderativen Ordnung hat Bremen und die Frage seiner Existenz als Staat seit der Franzosenzeit begleitet. Bisher konnte die Selbstständigkeit mit guten Argumenten stets gerettet werden. Im 20. Jahrhundert und zu Beginn des 21. Jahrhunderts stand und steht dabei vor allem die Finanzverfassung des Gesamtstaates, die Verteilung der Kompetenzen zwischen Bund und Ländern und ihre Reform im Mittelpunkt der Kontroversen. Für Bremen wird sie für die Wahrnehmung seiner Aufgaben in einem sich integrierenden Europa zu einer der Schicksalsfragen für seine Überlebenschancen als Bundesstaat, zumal gerade der Seetransport einem tiefgreifenden Strukturwandel auf internationaler Ebene unterworfen ist. Möglicherweise lässt sich dann die Existenzberechtigung nicht mehr allein historisch begründen. Mit dem Vertrag von Maastricht hat sich die Stellung der Bundesländer und somit auch die Bremens im Bund und zum Bund sowie in der Europäischen Union verbessert. Der neue Artikel 23 des Grundgesetzes über die Europäische Union hat die Wirkungs- und Mitsprachemöglichkeiten der Länder gestärkt.[100] Im durch den Vertrag von Maastricht geschaffenen Ausschuss der Regionen, in dem auch Bremen vertreten ist, kann und soll das Land an der Fortentwicklung dieser neuen Kammer auf EU-Ebene gestalterisch mitwirken. Hierzu gehörte auch, darauf hinzuwirken, dass bei den EU-Regierungskonferenzen 1996/1997 und 2000 dem Subsidiaritätsprinzip zur Präzisierung und zum sachgerechten Durchbruch auf den verschiedenen europäischen Ebenen verholfen wurde, wie dies in der Anlage 21 zum Vertrag von Amsterdam geschehen ist,[101] und die Rechte des Ausschusses der Regionen zu erweitern. Bremens Selbstständigkeit wird auf Dauer gesichert sein, wenn es nicht nur seine Aufgaben als deutsches Bundesland ernst nimmt, sondern auch politisch sein zukünftiges Wirkungsfeld, auch Regionen übergreifend im Rahmen von Euregios, in Europa sucht. Gerade hier kann dann eine historische Argumentation wieder sinnvoll sein. Gerade mit der Erweiterung der EU werden – nach dem Gründungsmitglied Luxemburg – weitere kleine Staaten, beispielsweise Malta, der Europäischen Union beitreten. Damit stellt sich die Frage nach der Finalität des europäischen Integrationsprozesses, eine Diskussion, die mit dem Schäuble-Lamerspapier von 1994, der Rede Joschka Fischers an der Humboldt Universität im Mai 2000 und der Bundestagsrede von Jacques Chirac 2001 und Beiträgen von Tony Blair längst begonnen hat und den „Post-Nizza-Prozess“ begleiten wird. In diesem Zusammenhang wird die Frage von föderativen Formen des Zusammenlebens erneut, nicht allein für Bremen, auf der Tagesordnung stehen.

99 BHStAM StK 110 139: „Plädoyer für die Eigenstaatlichkeit Bremens“ (Februar 1972), S. 6. Interessant und auch mit Karten und Zahlen unterstrichen ist ein Beitrag des Planungsstabes der CDU-Bürgerschaftsfraktion aus dem Juli 1972: „Aspekte der Länderneugliederung“ (BHStAM StK 110 139).

100 Vgl. Landeszentrale für Politische Bildung Mecklenburg-Vorpommern, *Grundgesetz für die Bundesrepublik Deutschland in der Fassung der Änderung vom 16. Juli 1998*, Schwerin 1999, S. 29. Mit dem neuen Art. 23 wurden zahlreiche Probleme, die sich aus der Tatsache, dass die Bundesrepublik bis 1995 der einzige Bundesstaat in der EU war ergaben, gelöst und Deutschland wurde wieder föderativer. Das Spannungsverhältnis Länder – Bund – EG/EU ist bisher historisch kaum untersucht worden. Vgl. hierzu Gruner, Wolf D., Les Länder allemands et la création de la CECA, in: Bitsch, Marie Therèse (Hrsg.), *Le couple France-Allemagne et les institutions européennes*. Une postérité pour le Plan Schuman ? Bruxelles 2001, S. 35-61.

101 Läufer, Thomas (Hrsg.), *Vertrag von Amsterdam*. Texte des EU-Vertrages und des EG-Vertrages, Bonn 1998: Protokoll No. 21 „über die Anwendung der Grundsätze der Subsidiarität und der Verhältnismäßigkeit“, S. 299-303 und die angenommene Erklärung der Regierungskonferenz (No. 43) zum Protokoll über die Anwendung der Grundsätze der Subsidiarität und der Verhältnismäßigkeit, S. 330.

Selbstbestimmungsrecht und Diplomatie am Beispiel der Volksabstimmungen im alten Herzogtum Schleswig während des Jahres 1920

Erich Hoffmann

Das Recht einer Nation oder doch eines Volksteils einer solchen, durch eine Volksabstimmung ihr nationales Selbstbestimmungsrecht über ihre staatliche Zugehörigkeit auszuüben, zeigt sich in der europäischen Geschichte zunächst in weiterer Folge des Demokratisierungsprozesses, der seit Ende des 18. Jahrhunderts fortlaufend die romanischen, germanischen und westslawischen Völker in ihrer politischen Entwicklung geprägt hatte.

Die Volksabstimmungsidee an sich hat zunächst zu innenpolitischen Ereignissen geführt und sich im Frankreich der Revolutionszeit ausgebildet. Doch dann setzte Napoleon I. – der ja selbst an die unumschränkte Macht durch eine Volksabstimmung gelangt war – nunmehr mit seinem autokratischen Herrschaftssystem ein vorläufiges Ende für direkte Äußerungen des Volkswillens durch Abstimmungen.

Doch in Europa überlebte das Streben nach freien Verfassungsverhältnissen und bald auch nationaler Einheit aller Volksteile einer Nation nicht nur die napoleonische Autokratie, sondern auch die lang anhaltende Restaurationszeit nach der endgültigen Ausschaltung Napoleons und der Neuordnung Europas nach dem Wiener Kongress (1815).

Vor allem das gebildete Bürgertum bewahrte mancherorts einen von jakobinischen Ideen und Utopien befreiten Liberalismus und erstrebte Reformen. Man dachte dabei jedoch meist nicht in erster Linie daran, total mit der monarchischen Staatsform zu brechen, forderte aber mit wachsendem Elan eine Verfassung, die den Staatsbürgern eine gewisse Mitbestimmung im Staatswesen einräumte. Für die damaligen liberalen Politiker war es, angeregt vom Erwachen der französischen Nation, eine Selbstverständlichkeit, dass eine solche Staatsverfassung im Rahmen der nationalen Gemeinschaft in einer in sich geschlossenen Nation zu erfolgen habe.

Für die multinationalen Staatsgebilde, von denen es in Europa auf Grund der historischen Entwicklung mehrere gab – wie den habsburgischen Herrschaftsbereich im Donauraum, das Königreich der Niederlande (heutige Niederlande und Belgien) und den „Dänischen Gesamtstaat" der oldenburgischen Dynastie (Dänemark und die Herzogtümer Schleswig und Holstein sowie Lauenburg umgreifend) – mussten die liberalen Vorstellungen von den eine Nation umfassenden Verfassungsstaaten eine beachtliche Sprengkraft bilden.

Im Dänischen Gesamtstaat lagen die schwierigen nationalen Probleme im Bereich der Frage, zu welchen benachbarten nationalen Gebilden sich bei der Frage nach der nationalstaatlich volklichen Gemeinschaft sich die Einwohner Schleswigs rechnen würden.

Schleswig war zunächst zu Beginn des Mittelalters ein Teil des dänischen Reiches gewesen, dann aber von den schauenburgischen Holstengrafen gegen Ende des Mittelalters erworben worden. Im Jahre 1460 erwarben die oldenburgischen dänischen Könige die Landesherrschaft über die beiden Herzogtümer Schleswig und Holstein. Nach längerer Zeit der Teilung der Landesherrschaft bei gemeinsamem Landtag (Teilung der Lande zwischen königlicher und Gottorfer Linie) blieb die staatsrechtliche Stellung der Herzogtümer als einer Gemeinschaft der beiden Lande unverändert; beide hatten mit dem Königreich Dänemark nur das Landesherrliche Haus mit seiner absolutistischen Gesamtteilung gemeinsam. In den Herzogtümern kam es zu einer Teilung der Herrschaftsausübung zwischen königlicher und Gottorfer Linie des oldenburgischen Hauses. Im Jahre 1658 erlangten beide Landesherren für Schleswig die Souveränität, – Holstein war deutsches Reichslehen. Zwischen den beiden Herzogtümern

Schleswig und Holstein bestand staatlich faktisch eine „Realunion". Als die beiden dynastischen Herrscherfamilien des oldenburgischen Hauses in einen Dauerstreit gerieten, der sich am Rande der schwedisch-dänischen Konflikte des 17. und 18. Jahrhunderts entwickelte, verloren die Gottorfer 1721 ihren Anteil an Schleswig an die königliche Linie. Durch einen Vertrag mit den Gottorfern, die den russischen Zarenthron erworben hatten, kam es dann später zu einem Tauschvertrag, durch den die königliche Linie auch die letzten gottorfischen Gebiete in Holstein erwarb, so dass die beiden Herzogtümer jetzt insgesamt unter einem Herrscherhaus in einer „Realunion" verbunden waren.

Nach dem Verlust Norwegens (1815) nahmen damit die verwaltungsmäßig verbundenen Herzogtümer für das oldenburgische Königshaus neben Dänemark die Stelle eines zweiten größeren Herrschaftsbesitzes nunmehr allein ein.

Während der 1840er Jahre entstanden in Schleswig unter dem Einfluss politischer Strömungen von Nord und Süd her zwei einander entgegengesetzte nationale Bewegungen.

So waren die politischen Meinungen schließlich im Gegensatz zu den sonst zeitüblichen Grundströmungen von den Konservativen über Liberale verschiedener Richtungen bis hin zu „Demokraten" nun grundsätzlich in zwei „national bestimmte" Gruppierungen geteilt, wobei natürlich auch manche Personen und Bevölkerungskreise sich von den ungewohnten Streitigkeiten fernhielten, was nicht hinderte, dass diese neue Wendung der Dinge auch ihr Leben und das ihrer Nachkommen für längere Zeit bestimmen sollte.

Die französische Revolution von 1848 wurde wie auch sonst oft in Europa der Funke, der den angesammelten politischen Zündstoff zur Explosion brachte.

Im dänischen Königreich agitierten die nationalgesinnten Liberalen, die gleichzeitig auf eine freiheitliche Verfassung drängten, für ein Aufgehen Schleswigs in dem neuerstrebten Verfassungsstaat Dänemark. Holstein mochte dann seinen eigenen Weg gehen, möglicherweise in Richtung auf einen neuen deutschen Verfassungsstaat, der sich südlich der Elbe vorzubereiten schien.

So kam es im März 1848 zum Bruch zwischen dänisch gesinnten Schleswigern im Norden des Landes und „schleswig-holsteinisch" und bald auch deutsch gesinnten Holsteinern und südlichen Schleswigern, die sich dann der deutschen Einheitsbewegung von 1848 anschlossen. Daraus entstand schließlich ab März 1848 ein völliger Bruch zwischen der Kopenhagener Regierung und den „Schleswig-Holsteinern" unter einer rasch gebildeten „Provisorischen Regierung". So geschah schließlich ein Krieg zwischen beiden Teilen des Gesamtstaates, vergleichbar dem gleichzeitigen inneren Krieg im Habsburgischen Landbesitz zwischen „Österreich" und Ungarn. So kann man also mit dem dänischen Historiker Knud Fabricius von einem „Bürgerkrieg" innerhalb des Gesamtstaates sprechen.[1]

Wenn auch die deutschen/schleswig-holsteinisch gesinnten und die dänisch gesinnten schleswigschen, meist liberalen politischen Wortführer in der Frühzeit der nationalen Erweckung in Schleswig immer wieder die schleswigsche Bevölkerung dazu aufgefordert hatten, über ihr nationales Geschick und ihre nationale Zugehörigkeit selbst zu bestimmen, folgten jetzt nach dem deutlichen Bruch sowohl die deutsch – wie die dänisch gesinnten schleswigschen liberalen Wortführer nunmehr dem eigenen nationalen „sacro egoismo" in der Forderung, dass das ganze Schleswig einerseits nicht zuletzt auch wegen des „historischen Rechtes" der früheren Zugehörigkeit Schleswigs zum dänischen Reich, andererseits auf deutscher Seite wegen der engen staatsrechtlichen Gemeinsamkeit über mehrere Jahrhunderte zwischen Schleswig und dem dem Deutschen Bunde gehörenden Herzogtum Holstein,[2] eine Entscheidung in Richtung Süden zu treffen habe.

1 Fabricius, Knud, *Sønderjyllands Historie*, Bd. 4, Kopenhagen 1937, S. 349.

2 Scharff, Alexander, *Wilhelm* Hartwig Beselers politische Wirksamkeit vor 1848, in: ders., *Schleswig-Holstein in der deutschen und nordeuropäischen Geschichte.* Gesammelte Aufsätze, hrsg. von M. Jessen-Klingenberg, Stuttgart 1969, S. 74ff., v.a. S. 79; Degn, Christian, *Orla Lehmann und der nationale Gedanke*, 1969, S. 27, S. 56ff.

Es war aber schwierig, im damaligen Schleswig eine klare Abgrenzung zwischen den nach Norden bzw. nach Süden tendierenden Bevölkerungsanteilen festzulegen.

Damals erschien in Europa den Gebildeten das wichtigste Kriterium für nationale Eingrenzung die Sprache zu sein. Aber auch bei diesem Punkt gab es wie bei dem Rückblick auf die staatsrechtlichen Verhältnisse beträchtliche Schwierigkeiten. Während man in Nordschleswig auf dem Lande meist den dänischen Dialekt „Sønderjysk" sprach und in einigen Städten das Hochdänische die Kirchensprache war, war in den Städten sonst aber auch die deutsche Hochsprache bei den Gebildeten und Geschäftsleuten durchaus im Fortschreiten.

Besonders interessant waren die Sprachverhältnisse in der dicht besiedelten Agrarlandschaft Angeln. Im ganzen südlichen Teil des Herzogtums, wo die größten schleswigschen Städte lagen, war es das Deutsche, das als Kirchen- und Amtssprache vorherrschte und mehr und mehr auch zur allgemeinen Umgangssprache wurde, sei es im Geschäftsleben das Hochdeutsche, als Umgangssprache aber das Niederdeutsche, das diese Funktion auch bei der Landbevölkerung zwischen Eider und Schlei schon seit längerer Zeit übernommen hatte. In Nordfriesland waren die Kirchensprache und die Amts- und Geschäftssprache Deutsch (Hoch- und Kirchensprache Hochdeutsch). Doch in der Umgangssprache hielt sich durchaus noch das Nordfriesische.

Im mittelschleswigschen Angeln schritt der Sprachwechsel von Angeljysk zu Hoch- und Niederdeutsch vor allem seit Einführung der Schulpflicht 1814 voran, ehe es hier überhaupt „nationale Probleme" gab.

Hier hatten die selbstbewussten Bauern seit Einführung der allgemeinen Schulpflicht (1814) ihre Kinder mehr und mehr dazu angehalten, auch zu Hause Niederdeutsch und Hochdeutsch zu sprechen und diese Sprache damit als Haus-, Umgangs-, Handels- und Kultursprache zu verwenden. Man wollte nicht die ironischen Aussprüche der städtischen Geschäftspartner hören: „He is en Bur, he snackt Densch." Man war in den Jahren guter wirtschaftlicher Konjunktur eben doch „jemand" geworden. Die Umgangs- und Geschäftssprache der Handelspartner in den südschleswigschen Städten war, befördert von der Kirchenreformation, schon seit längerer Zeit das Deutsche.

Im Gegensatz zu Angeln, wo sich der Sprachwechsel in den 1840er Jahren oft bereits konsolidiert hatte, schritt dieser Prozess auf der dünn besiedelten Schleswigschen Geest langsamer voran.

Von heute aus gesehen war es also so, dass die Entwicklung der Sprachverhältnisse bereits darauf hinausging, dass das Deutsche während der „Erhebungszeit" der Herzogtümer Schleswig und Holstein im südlichen Teil Schleswigs und Dänisch im nördlichen Teil des Herzogtums dominierten, während breite Kreise der Bevölkerung sich bei den bald ausbrechenden Streitigkeiten um die Sprachverhältnisse noch indifferent verhielten.

In der Situation der endvierziger Jahre des 19. Jahrhunderts entwickelte sich ein Sprachenstreit, der dadurch entstand, dass die politisch und kulturell gebildeten, einflussreichen Landesbewohner des südlichen Schleswig, durch politische Agitation deutsch gesinnter liberaler Politiker (meist Journalisten) beeinflusst, den Wunsch äußerten, die Bindungen zu Holstein durch eine völlige Vereinigung wie in alten Zeiten nach dem noch gültigen alten Staatsrecht zu fordern und eventuell noch zu vertiefen und den Anschluss an die deutsche Einigungsbewegung von 1848 zu vollziehen und dadurch ihre Eigenart zu behaupten gedachten. In Nordschleswig geschah Ähnliches durch entsprechende Unternehmungen für ein näheres Verhältnis zum dänischen Königreich.

Nach einem Überblick über die Stimmungslagen während der Kriegszeit 1848–1851 zeichnet es sich durchaus ab,[3] dass schleswig-holsteinisch-deutsche Sympathien im Südteil, dänische

3 Institut für Regionale Forschung und Information im Deutschen Grenzverein Flensburg i samarbejde med Institut for Graenseforskning (Hrsg.), *Quellen zur Geschichte der deutsch-dänischen Grenzregion. – Kilder til den dansk-tyske graense regions historie*, Band 1: Der nationale Gegensatz 1800–1864, Aabenraa 1984, S. 158-169.

im Nordteil Schleswigs fortlaufend überwogen (mit jeweils einigen Abweichungen im Einzelfall). Die Zahl der Indifferenten war aber sicherlich nicht klein.

Wegen dieser unübersichtlichen Lage in schwierigen Situationen kam hier und da die Vorstellung auf, das Land staatsrechtlich zu teilen. Aber diese Vorstellungen, die sich die häufiger auf Vermittlung drängenden europäischen Großmächte zu Eigen machten, um diese lästige Krise zu beseitigen, verflüchtigten sich jedoch mehrfach, wenn im Laufe der kriegerischen und politischen Entwicklung die eigene Position sich verstärkte und man nicht mehr glaubte, nachgeben zu müssen. Das erste Mal, als darauf hingewiesen wurde, auf diese Weise eine tragfähige Regelung der umstrittenen Frage zu erreichen, war, als während des Waffenstillstandes nach der Schlacht bei Düppel (1864) auf der Londoner Konferenz der europäischen Großmächte mit den Krieg führenden Parteien Bismarck durch den preußischen Konferenzvertreter den Vorschlag machen ließ, die schleswigsche Bevölkerung selbst in einer „Volksbefragung" (nicht „Volksabstimmung") bekunden zu lassen, ob sie sich jeweils für einen Wunsch nach Anschluss an das Königreich Dänemark oder ein deutsches „Schleswig-Holstein" erkläre.[4] Nach den Befragungsergebnissen solle dann von den Großmächten eine Grenzlinie gefunden werden. Dieser Vorschlag wurde von Bismarck nicht zuletzt deswegen unternommen, um die Gewogenheit Napoleons III. zu gewinnen, der aus innenpolitischen Gründen eine sein Prestige fördernde Außenpolitik zum Schutze nationaler Minderheiten zu führen pflegte. So sollte die Bevölkerung dennoch selbst nicht bestimmen; denn das würde vom autokratischen russischen Zaren nie mitgetragen werden.

Die betroffene Bevölkerung sollte also zwar gehört werden, aber ihr Schicksal nicht selbst bestimmen. Napoleon selbst trat dann mit dem Vorschlag hervor, eine Abstimmung der Bevölkerung zwischen Eider und Schlei stattfinden zu lassen, welchen Landesfürsten diese sich wünsche. Von verschiedenen Seiten wiesen hier aber die Gesandten der Mächte darauf hin, dass es unmöglich sei, dass Beherrschte sich ihren Herrscher selbst aussuchten. So begann der Krieg von neuem.

Dänemark erlitt auf der Insel Alsen eine weitere Niederlage und musste im Frieden zu Wien die Herzogtümer an die Sieger Preußen und Österreich abtreten; nach Preußens Sieg im innerdeutschen Krieg fielen Schleswig und Holstein dann an Preußen als Provinz.

Preußen musste allerdings nach den Bestimmungen des Prager Friedens mit Österreich nach Intervention Napoleons III. in den Friedensvertrag einen Nationalen Vorbehalt gegenüber Österreich (im Grunde zur Besänftigung Frankreichs) aufnehmen.[5] Hier wurde festgelegt, „dass die Bevölkerungen der nördlichen Distrikte von Schleswig, wenn sie durch freie Abstimmung den Wunsch zu erkennen geben, mit Dänemark vereinigt zu werden, zu Dänemark abgetreten werden sollen." Bismarck war nun zunächst an einer raschen Lösung der unbequemen Nordschleswigfrage interessiert. König Wilhelm dachte anders. Ihm war es schon ungelegen gewesen, dass Österreich 1866 im Wiener Frieden auf Bismarcks Drängen hin zu keinen Landabtretungen verpflichtet worden war. Sollte Preußen nun auf Teile Nordschleswigs, in denen es zunächst als Mitbesitzer, nun als alleiniger Inhaber der Besitzerrechte fungierte, also ohne deutlichen Grund faktisch auf im Kampf erworbenes Gebiet verzichten? Auch wenn die dortige Bevölkerung im nördlichsten Nord-Schleswig deutlich eine Vereinigung mit Dänemark wünschte, ging dies dem König zu weit.

Dennoch verhandelte Bismarck ernsthaft mit der dänischen Regierung über eine reguläre Volksabstimmung im nördlichsten Teil Nord-Schleswigs,[6] wo bei den ersten Wahlen zum Norddeutschen Reichstag die dänischen Sympathisanten für ihre Kandidaten eine klare Mehr-

4 Scharff, Alexander, Bismarcks Plan einer Volksbefragung im Herzogtum Schleswig 1864, in: ders., *Gesammelte Aufsätze*, S. 236-250.

5 Hauser, Oswald, Bismarck und die nordschleswigsche Frage, in: Klose, Olaf (Hrsg.), *Geschichte Schleswig-Holsteins*, Probelieferung, Neumünster 1954, S. 57-68, hier S. 61.

6 Ebd., S. 57-68; hier S. 61. Scharff, Plan, S. 236-50.

heit erzielt hatten. Doch warnte Moltke davor, die Grenze des Abstimmungsgebietes zu weit nach Süden (nördlich Flensburg und Tondern) zu legen, wie man dänischerseits wünschte, um die günstige militärische Situation des Besitzes von Alsen und der Düppelstellung nicht aufs Spiel zu setzen, da bei einem möglichen späteren Krieg (gerade hatte die Luxemburgfrage das Klima zwischen dem Norddeutschen Bund und Frankreich erhitzt) Dänemark leicht als Gegner Preußens an die Seite Napoleons III. treten könne.

Nach den Reichstagswahlen aber drängte man dänischerseits auf eine südlichere Abstimmungslinie von südlich Tondern bis südlich Flensburg. Eine solche Linie war aber weder bei König Wilhelm noch dem Generalstabschef Moltke akzeptabel; zumal König Wilhelm trotz seiner eher nüchternen Sinnesart mit dem Namen des nördlichen Grenzflüsschens des seit 1866 preußischen Schleswig-Holstein, der „Königsau", geradezu einen mystischen Klang verband.

Auch die deutsche öffentliche Meinung und die liberalen Politiker stellten sich offen gegen die Abtretung nord-schleswigscher Gebiete, selbst nach einer Volksabstimmung. Denn Schleswig-Holstein sei eine Einheit. Der bekannte und angesehene liberale Abgeordnete Twesten erklärte (20.12.1866) im preußischen Landtag, die nationale Klausel des Artikels 5 des Prager Friedens, noch mehr aber dessen mögliche Verwirklichung lasse sich mit dem Ehrgefühl der Schleswig-Holsteiner und ihrer Forderung nach Untrennbarkeit und Unversehrtheit beider Lande nicht vereinbaren.

Dennoch nahm Bismarck die Verhandlungen mit der dänischen Regierung auf, um die lästige Prager Klausel loszuwerden. Gleichzeitig nahte sich die Luxemburger Krise im Frühjahr 1867 ihrem Höhepunkt. Es schien nützlich, Dänemark zu beschwichtigen und zu beschäftigen.

Dänischerseits glaubte man, in der vermeintlich günstigen Lage weitgehende Forderungen stellen zu können, und schlug eine südliche Grenzlinie für das Abstimmungsgebiet – von südlich Tondern bis südlich Flensburg – vor. Hier war man entschieden zu weit gegangen. Napoleon III., der sich bei Preußen für die dänischen Interessen einsetzte, erhielt von Bismarck den trockenen Hinweis, dass der Artikel 5 des Prager Friedens nicht für Frankreich, sondern für Österreich ausgestellt worden sei.

Was die Abtretung nördlicher Gebiete Nordschleswigs an Dänemark anging, machte sich Bismarck Gedanken über eine dortige, eventuell verbleibende deutsche Minderheit. Er erinnerte sich an die Politik der Sprachreskripte für Schleswig seitens der dänischen Regierungen in der Zeit nach dem Ende der schleswig-holsteinischen Erhebung. Daher erklärte er den dänischen Unterhändlern gegenüber schon zu Beginn der Verhandlungen, dass es zur Volksabstimmung nur kommen könne, wenn Dänemark klare Garantien für eine bei einem dänischen Abstimmungssieg im nördlichen Teil Schleswigs verbleibende deutsche Minderheit gebe, dass sie nicht dänischem Redanisierungsdruck ausgesetzt werde, wie früher in Mittelschleswig in der Zeit zwischen den Kriegen (1851–1864). Die dänische Delegation hielt sich bei den Verhandlungen über die südliche Grenzlinie des Abstimmungsgebietes sehr zurück und verhielt sich ähnlich bei den preußischen Wünschen über die Garantien für eine etwaige künftige deutsche Minderheit im nördlichen Schleswig. Bismarck selbst wurde umso zurückhaltender, wie im preußischen Landtag und norddeutschen Reichstag die Liberalen sich gegen die dänischen Wünsche sperrten. Auch die konservative, inzwischen preußisch gesinnte schleswig-holsteinische Ritterschaft stellte sich gegen eine Teilung Schleswigs.

Für den Fall von künftigen Unstimmigkeiten forderten die preußischen Unterhändler daher Ende 1867 klare Fixierungen von dänischen Garantien für eine künftige deutsche Minderheit vor und nach einer eventuellen Abstimmung.

Die alten sprachlichen Zustände von vor 1848 in Schule und Kirche sollten im Falle eines dänischen Abstimmungssieges schon vor der Abtretung wiederhergestellt werden.

Einer möglichen künftigen deutschen Minderheit sollte ein Schutz des Petitions- und Vereinsrechtes sowie die Sicherung vor staatlichen Übergriffen und das Recht auf kirchliche Freigemeinden und deutschen Privatunterricht gewährleistet sein.

So verliefen die deutsch-dänischen Verhandlungen (1867/68) schließlich im Sande, weil man sich weder darüber einigen konnte, wie umfangreich das Abstimmungsgebiet eingegrenzt werden sollte, noch welche Garantien dänischerseits für deutsch gesinnte Nordschleswiger im Falle der Vereinigung eines Teiles von Nordschleswig mit dem dänischen Königreich durch die Abstimmung geleistet werden sollten.[7]

Bisher hatten die dänisch gesinnten Abgeordneten aus Nordschleswig im Norddeutschen Reichstag immer wieder auf die nationale Klausel des Wiener Friedens hingewiesen und immer wieder dessen Erfüllung angemahnt. Hierauf konnten sich bald darauf die dänischen Abgeordneten bei ihren Forderungen nicht mehr berufen. Das Interessante an den gescheiterten Verhandlungen war jedoch, dass beide Verhandlungsstaaten zunächst der Bevölkerung von Teilen Nordschleswigs ein nationales Selbstbestimmungsrecht zuzuweisen gedachten. Schließlich kam es aber seit der Balkankrise der Jahre 1877/78 zu erneuter Annäherung des seit 1871 neuen Deutschen Reiches an Österreich-Ungarn und zum „Zweibund". So wurde auch am 13.4.1878 durch Vertrag die Nationalitätenklausel des Wiener Friedens von 1864 aufgehoben, so dass Dänemark und die dänische Minderheit sich nicht mehr auf deren Erfüllung berufen konnten.[8]

Die dänisch gesinnte Bevölkerung in Nordschleswig bewahrte aber trotz aller preußisch-deutschen Assimilierungsversuche den Wunsch, mit Dänemark vereinigt zu werden. Doch die nationale Gesinnungsgrenze näherte sich im früheren Herzogtum Schleswig mehr und mehr der heute bestehenden deutsch-dänischen Staatsgrenze an. Die preußische „Germanisierungspolitik" in Nordschleswig war schließlich genauso erfolglos wie einst der Versuch des dänischen „Danisierungsunternehmens" in Süd- und Mittelschleswig.[9]

Dann änderten sich aber jäh die machtpolitischen Zustände nach der deutschen Niederlage im 1. Weltkrieg.[10] Das außerhalb der betroffenen Gegenden fast vergessene Problem wurde mit einem Male wieder interessant für die europäischen Staaten, Sieger samt Sympathisanten und Besiegte. Die Schleswigfrage wurde wieder aktuell als ein Brennpunkt europäischer Großmachtspolitik.

Die neue demokratische deutsche Regierung erklärte sich, nachdem die politische Organisation der dänischen Minderheit in Nordschleswig unter Leitung des dänischen Reichstagsabgeordneten H. P. Hanssen vor einer großen zustimmenden Anhängermenge die Forderung nach einer Volksabstimmung für Nordschleswig erhoben hatte, dazu bereit, auf Grund des von U.S.-Präsident Wilson propagierten „Selbstbestimmungsrechts der Völker" auf eine gemeinsame Planung eines solchen Handelns für Nordschleswig vorzugehen nach beidseitigen Verhandlungen.

Die dänische Regierung stimmte dem deutschen Vorschlag zu, die notwendigen Vorbereitungen und Maßnahmen für ein solches Vorgehen durch direkte zweiseitige Verhandlungen zu klären und abzusprechen.

7 Hoffmann, Erich, Das Nationalitätenproblem in Schleswig 1867-1914, in: Olaf Klose (Hrsg.), *Geschichte Schleswig-Holsteins*, Bd. 8 (Teil 2, Lieferung 2), Neumünster 1995, S. 207ff.

8 Ebd., S. 207.

9 Ebd., S. 199-314.

10 Zum Folgenden über das Zustandekommen des Eingreifens der Versailler Konferenz und der Festlegungen über die Abstimmung: Fink, Troels, *Da Sønderjylland blev delt 1918-1920*, Bd. 3, Aabenraa 1979, passim; Jørgensen, Harald, *Genforeningens statspolitiske baggrund*, 1970; Rerup, Lorenz, *Slesvig og Holsten efter 1830*, Kopenhagen 1982, S. 316ff.; Fink, Troels, *Geschichte des Schleswigschen Grenzlandes*, Kopenhagen 1958, S. 186-195; Hoffmann, Erich, *„Die Abstimmung 1920 – und wo stehen wir heute?"* GRENZFRIEDENSHEFTE 2 (1980), S. 63-67; ders., *Ein Lösungsversuch des Nationalitätenproblems in Schleswig*, GRENZFRIEDENSHEFTE 2 (1980), S. 63-67; GRENZFRIEDENSHEFTE 4 (1980), S. 179-186; 1 (1981), S. 124-132.

Die dänische Regierung unter Ministerpräsident Zahle hatte während des Krieges eine konsequente Neutralitätspolitik geführt. Doch bedrängt durch die dänische Presse, aber auch auf dringende Einflüsse der gegen Deutschland alliierten siegreichen Staaten, schließlich auch durch Unternehmungen nationalistischer führender Mitglieder der dänisch gesinnten Schleswiger, wandte sich die dänische Regierung trotz der Vereinbarungen mit der Berliner Regierung an die Versailler Konferenz, obwohl Dänemark ja während des ganzen Krieges die Neutralität bewahrt hatte. Im Hintergrund war es in Kopenhagen zu Einflüssen aus der Versailler Konferenz gekommen, die der dänischen Regierung androhte, dass Dänemark keine Grenzverlegung erreichen würde, wenn es sich nicht an die Konferenz wegen der Ausführung einer Abstimmung wenden würde. So ging dann die Kopenhagener Regierung, um dort eine Zustimmung zu den dänischen Wünschen für eine Volksabstimmung in Teilen Schleswigs zu erhalten, auf diese Pressionen ein.

Sofort nahmen die einflussreichen Mächte unter den Kriegsgegnern Deutschlands die Sache in Versailles in die Hand und arbeiteten die Bestimmungen über eine Abstimmung im Schleswigschen in die Deutschland zu Abschluss eines Friedensvertrages auferlegten Forderungen ein.

In den Artikeln 109–114 des den Deutschen zur Unterschrift vorgelegten Vertragstextes wurde festgelegt, dass 1920 eine Abstimmung in Nordschleswig und Teilen Mittelschleswigs über die Stellungnahme der Bevölkerung über die künftige nationale Zugehörigkeit stattfinden sollte, und zwar in zwei Abstimmungszonen. Eine zeitweise ins Auge gefasste 3. Zone wurde nicht zuletzt auf dänische Vorstellungen hin zu den Akten gelegt. Bei der Abstimmung stimmte die Bevölkerung der 1. Zone (die Nordschleswig umfasste) am 10.2.1920 mit 75431 Voten gegen 25329 für einen Anschluss Nordschleswigs an Dänemark; am 14.4.1920 die 2. mittelschleswigsche Zone mit Flensburg mit 51724 Stimmen für ein Verbleiben bei Deutschland gegenüber 12800 prodänischen Stimmen.

Deutscherseits erhob man jedoch herbe Kritik an dem Abstimmungsmodus. In der 1. Zone sollte nämlich „en bloc“ abgestimmt werden, in Zone 2 jedoch gemeindeweise. So kam es dazu, dass etwa die Stadt Tondern trotz deutscher Stimmenmehrheit als Teil der Zone 1 wegen des „En-bloc-Prinzips“ mit der übrigen ganzen 1. Zone Dänemark zugesprochen wurde.

Außerdem blieb die Empörung darüber weiter vorhanden, dass die Abstimmung von den in Versailles versammelten antideutschen Gegner-Staaten in den Versailler Vertrag mit aufgenommen war und das neutrale Dänemark sich hier dem Druck der Siegermächte schließlich gefügt hatte.

Der führende dänische nordschleswigsche Politiker, das langjährige Mitglied des Deutschen Reichstages als Abgeordneter der dänischen Minderheit, Hans Peter Hanssen, und sein politischer Anhang waren beglückt, dass die Nordschleswigfrage zu Gunsten Dänemarks und des langjährigen Kampfes der dänischen Nordschleswiger zu Gunsten von einer „Genforening“ (Wiedervereinigung) gelöst worden war. Hanssen hatte sich vorher energisch und mit Erfolg dafür eingesetzt, dass nicht wie von der Versailler Konferenz, vor allem unter französischen Einfluss, der von dänischen Nationalisten erweckt worden war, ursprünglich vorgesehen noch eine 3. Abstimmungszone festgelegt wurde, die weit in das südlichste Schleswig hineinragte, da er mit Recht vermutete, dass hier Anknüpfungspunkte für die Erweckung eines dänischen Bewusstseins nicht vorlagen. Hanssen veranlasste die dänische Regierung dazu, die von der Versailler Konferenz dem Vertragsentwurf von sich aus eingefügte Klausel über die 3. Zone abzulehnen, so dass sie dann auch tatsächlich gestrichen wurde. Das Abstimmungsergebnis in der 2. Zone überzeugte dann deutlich alle Anhänger der Ausdehnung der Abstimmung auf die zunächst geplante 3. Zone davon, dass H. P. Hanssen die Lage vollkommen richtig beurteilt hatte.

Hanssen war schon bei der Frage der Ausdehnung der 2. Zone über Flensburg und dessen südlich der heutigen Grenze liegendes Umland hinaus sehr nachdenklich gewesen. Selbst wenn man in der größten Stadt des alten Herzogtums Schleswig die Mehrzahl der Bevölkerung im Abstimmungskampf für Dänemark gewinnen würde (auf Grund materieller Argumente), würde Dänemark sich national übernehmen. Denn eine Bevölkerung, die materiellen Argumenten offenstehe, könne nach einem Wiederaufstieg Deutschlands leicht ihre Einstellung ändern und dann möglicherweise die Rückkehr nach Deutschland fordern. Dann könne bei einer möglichen Abstimmung etwa sogar der Anschluss Nordschleswigs an Dänemark wieder in Frage gestellt werden. Denn selbst hier in der 1. Zone hatte es örtlich in Tondern, Apenrade, Sonderburg und im so genannten „Schiefen Viereck" östlich von Tondern Bereiche mit deutscher Mehrheit gegeben.

Deutscherseits war man wegen der Abstimmungsbedingungen (z.B. „en bloc-Abstimmung" in der 1. Zone) zunächst nicht dazu bereit, das Ergebnis der Abstimmung anzuerkennen, und fügte sich nur grollend in das Unabänderliche.

Man wandte sich auch nicht ohne Grund gegen reichsdänische, national engagierte Vereine, die sich während der Abstimmungszeit darum bemühten, mit Lebensmittellieferungen (die Einfuhrblockade nach Deutschland bestand bis zur Unterzeichnung des Versailler Vertrages weiter) um Stimmen für die dänische Seite zu werben. Um so mehr ist die Haltung H. P. Hanssens zu bewundern, der in Erwartung der Erreichung seines politischen Lebenszieles (des Anschlusses Nordschleswigs an Dänemark) der Stimme der Staatsvernunft und der nationalen Rechtsansprüche auf Nordschleswig folgte und jedes „nationale Abenteuer" ablehnte. Deutscherseits erkannte man jedoch nur mit Bedenken die Entscheidung des Jahres 1920 an. Von Seiten des Vertreters der deutschen Reichsregierung bei der Abstimmung, Dr. Köster, und der nunmehr bestehenden Deutschen Minderheit in Nordschleswig forderte man in Zukunft eine „neue Entscheidung" für Teile Nordschleswigs in einer weiteren Abstimmung.

Ein klares Bild von der Bedeutung der beiden schleswigschen Abstimmungen für die Fortschritte einer Beachtung des Selbstbestimmungsrechtes nationaler Volksgruppen in Grenzzonen bekommt man aber nicht zuletzt bei der Betrachtung der übrigen Volksabstimmungen, die infolge des Versailler Vertrages in Europa stattfanden.

In der neueren Forschung zu den Problemen um die Verhandlungen in Versailles wird mit vollem Recht immer wieder darauf hingewiesen, dass das später gültig werdende Vertragswerk in erster Linie als das Resultat eines mühsamen Interessenausgleichs unter den Siegermächten selbst anzusehen ist.

So fand man beim Ausgleich der Interessen oft nur mühsam Kompromissformeln, wenn man über Gebietsabtretungen, Grenzänderungen, Reparationen und sonstige Bedingungen wie Kriegsschäden-Ersatzleistungen mit den Besiegten und untereinander verhandelte. Die Deutschen erhielten dann, um das Verfahren zu beschleunigen, nur eine sehr kurze Frist zur Stellungnahme gegenüber den Bedingungen. Im Allgemeinen blieb ihnen nur die Möglichkeit betroffener Annahme, auch wenn in einigen Fällen – wie bei dem Fortfall der 3. Abstimmungszone in Schleswig – durch kurzfristige Gunst der Lage eine Änderung der Bedingungen gelang. So sah man in Deutschland faktisch in allen Bevölkerungskreisen den Vertrag als ein letztlich untragbares „Diktat" an. In dem von Österreich abgelösten Ungarn sah es genauso aus. Die große Enttäuschung über das Ergebnis der Forderungen der Siegermächte galt vor allem dem Handeln des Präsidenten der USA, Wodrow Wilson. Dessen programmatisch-ideologische Haltung hatte nach Bekanntwerden von dessen 14-Punkte-Programm (8.1.1918) mancherorts in Europa den Eindruck erweckt, hier liege eine Absichtserklärung vor, sich in Verwirklichung der Versailler Beschlüsse der gegen die Mittelmächte geforderten Landabtretungen und Grenzregulierungen des Mitbestimmungsrechtes der betroffenen Völker und Volksteile zu bedienen, d.h. man erwartete Volksabstimmungen oder doch zumindest „Volksbefragungen".

Wenn man aber etwa die 14 Punkte näher betrachtet, zeigt es sich, dass weder hier noch in anderen Grundsatzerklärungen des Präsidenten deutlich vom „Selbstbestimmungsrecht" die Rede ist.

In allen Erklärungen des Präsidenten ähnlicher Art war er vielmehr daran interessiert, dass etwa die in der bisherigen Habsburger Monarchie verbundenen Völker nunmehr eigene Staaten mit einer Staatsform der Selbstregierung nach rein demokratischen Prinzipien bilden sollten. Was die Abtretungen der Besiegten anging, sollte Belgien als ein völlig selbstständiger Staat wieder hergestellt werden, Frankreich sollte Elsaß-Lothringen erhalten und Italien durch Grenzverschiebungen bisher außerhalb des italienischen Staates befindliche, von Italienern bewohnte Gebiete (in Südtirol und Istrien) erhalten. Da Österreich-Ungarn faktisch vollständig und die Türkei weitgehend aufgeteilt würden, sollten die einzelnen Volksanteile ihren eigenen, selbstbestimmten Weg gehen. Außerdem sollte ein selbstständiger polnischer Staat geschaffen werden, der alle die bisher deutschen oder russischen Gebiete umfassen sollte, wo die Bevölkerung unzweifelhaft polnisch sei. Der neu zu schaffende polnische Staat sollte einen freien und sicheren Zugang zum Meere erhalten.

Der Begriff der „Selbstbestimmung"[11] und des Rechtes auf eine solche für die Völker taucht damit nur unpräzise in den vor Abschluss der Versailler Verhandlungen geäußerten Vorstellungen unter den Siegermächten auf. Immerhin hörte man vom Recht der Völker, ihre eigenen Angelegenheiten zu entscheiden. Vom „Selbstbestimmungsrecht" sprachen schon nahe Berater des Präsidenten, welche die europäischen Definitionen besser als dieser beherrschten, so dass schließlich Wilson sich auch dieser Definition seiner sachkundigen Umgebung bediente.[12] Vor allem aber wurde der Präsident bei den Versailler Beschlüssen der Alliierten über die Bedingungen gegenüber den Besiegten und „Befreiten" mehr und mehr zu der Erkenntnis gebracht, dass seine Hauptalliierten, Großbritannien und Frankreich, aber auch die „befreiten Völker" und Staaten keinen hohen moralischen Zielen sich verpflichtet fühlten, sondern dass deren Staatsmänner bei den Verhandlungen glasklar und oft untereinander im Gegensatz allein ihre eigenen Interessen verfolgten.[13]

England spekulierte nicht zuletzt auf Einfluss in den bisherigen deutschen Kolonien und Festlegungen über die Begrenzung einer späteren deutschen Kriegsflotte.

Frankreich fürchtete für die Zukunft eine deutsche Revanche-Unternehmung und war darauf aus, alte und neue Nachbarstaaten Deutschlands bei Verfechtung von eigenen Interessen gegenüber diesem zu fördern, um so künftige Bundesgenossen zu gewinnen. Italien stand weiter vor allem auf dem Boden des eigenen „sacro egoismo". Der USA-Präsident sah immer noch in Deutschland den alleinigen, eigentlichen Störer des Weltfriedens und traute auch der neuen demokratischen Entwicklung in diesem Lande nicht recht.

So wandte er sich ebenso wie der französische Ministerpräsident Clemenceau oft genug bei strittigen und schwierig entscheidbaren Fragen gegen die deutschen Interessen, während Lloyd George zur Erhaltung des Europäischen Gleichgewichts und der Verhinderung einer zu starken Machtstellung Frankreichs in manchen Fällen eine zu starke Vernachlässigung der deutschen Interessen verhinderte. So kann man alles in allem konstatieren, dass die in Versailles versammelten Staatsmänner der Siegermächte einer letztlich sehr kurzsichtigen „Staatsraison" folgten, die an dem augenblicklichen, scheinbaren Vorteil für ihr eigenes Land orientiert war, wobei sie keinen echten Willen hatten (und wohl zu diesem Zeitpunkt auch nicht haben konnten), eine sinnvolle Neuordnung zu schaffen, die auf einem echten Selbstbestimmungsrecht

11 Zum ff.: Schmid, Georg E., Selbstbestimmung 1919, in: Bosl, Karl (Hrsg.), *Versailles – St. Germain – Trianon.* Umbruch in Europa vor fünfzig Jahren, München 1971, S. 127ff.

12 Ebd., S. 138f.

13 Zum ff.: Rößler, Helmut (Hrsg.), *Ideologie und Machtpolitik 1919*, Göttingen 1966. Zeitliche Schwierigkeiten seitens Deutschlands: Schulze, Hagen, *Weimar.* Deutschland 1917-1933, Berlin 1982, S. 189-203.

der Völker beruhte. Der lange Krieg mit seinen Belastungen und Opfern hatte in allen Staaten in hohem Grade die Volksstimmung erhitzt.

Dennoch kam es in einigen Fällen, doch nur in reichsdeutschen oder deutsch-österreichischen Grenzbereichen, zu Volksabstimmungen, die allerdings in einigen Fällen unter Pressionen erfolgten. Vor allem aber wurden einige Gebiete von Deutschland ohne Volksabstimmung abgetrennt. Dies galt für Elsaß-Lothringen an Frankreich, Posen/Westpreußen an Polen, Danzig als „Freie Stadt". Dasselbe galt für die Deutsch-Österreicher in Südtirol (an Italien) und im Sudetenland (an Tschechien), obwohl hier diese in beiden Fällen deutlich die Mehrheit der Bevölkerung bildeten. Im Falle der Abtretung Eupen-Malmedys war die „Abstimmung" faktisch eine reine Farçe.

Interessante Parallelen zur Abstimmung in Schleswig findet man in den Abstimmungen in Südostpreußen samt Marienwerder, in Kärnten, im Burgenland und nicht zuletzt in Oberschlesien. In Südostpreußen und Marienwerder hatte das neuentstandene Polen große Hoffnungen. Hier machte in Marienwerder der Anteil der Bevölkerung mit polnischer Umgangssprache zwar nur 15,4 % und in Südostpreußen nur 12,85% aus. Jedoch gaben hier 30,87 % das Masurische als tägliche Umgangssprache an, ein slawisches Idiom mit deutschen und litauischen Einflüssen. Doch bei der Abstimmung stimmten 92,4 % in Marienwerder und 97,9% in Südostpreußen für ein Verbleiben bei Deutschland. Es war also nicht die Sprache und die einstige ethnische Bindung, die den Ausschlag bei der Entscheidung gab, sondern die Gesinnung der Bevölkerung, deren Herausbildung auf einer langen historischen Entwicklung beruhte. Jahrhundertelang hatten diese Gebiete zunächst dem Deutsch-Ordensritterstaat, dann dem Herzogtum Preußen und schließlich dem größten norddeutschen Staatswesen Brandenburg/Preußen angehört.

Seit der Reformation war Ostpreußen vom streng-katholischen Polen geschieden durch eine zu konsequentem Luthertum führende religiöse Entscheidung. Die Einführung der preußischen Reformen führte schließlich zu einer besonders starken Bindung Ostpreußens an die neue preußische Großmacht, die sich in den napoleonischen Kriegen bewährt hatte. So fühlte man sich trotz der Sprachverhältnisse seit der nationalen Erweckung im 19. Jahrhundert als dem deutschen Volke zugehörig.

Eine ähnliche Entwicklung gab es im südlichen Teil von Kärnten. Hier bedienten sich 56–84 % der Bevölkerung des Slowenischen als Umgangssprache, doch bei der Abstimmung entschieden sich 56–84 % der Landesbewohner für ein Verbleiben bei Nord-Kärnten und damit dem deutschsprachigen Rest-Österreich der alten habsburgischen Erbländer, nachdem jetzt der alte multinationale Habsburgerstaat in seine einzelnen Teile zerfiel.

Auch hier wird in Südkärnten die historische lange Bindung an das übrige Kärnten und die anderen alten habsburgischen Erbländer die entscheidende Rolle gespielt haben. Dazu wird die Einbindung Sloweniens mit Südkärnten in das damals schon Instabilität aufweisende neu geschaffene „Königreich der Serben, Kroaten und Slowenen", das bald von Serbien dominierte Königreich „Jugoslawien", keine große Anziehungskraft besessen haben.

Im überwiegend deutschsprachigen Burgenland, das zum alten Habsburgerreich gehört hatte, führte eine regionale Abstimmung im national gemischten Sopron (Ödenburg) dazu, dass die Stadt an Ungarn fiel. Auch hier haben wohl die historisch-wirtschaftlichen Verbindungen nach Ungarn hin zum Ergebnis entscheidend beigetragen.

Dramatisch verlief die Entwicklung in Oberschlesien. Ursprünglich gedachten die Alliierten gegen Deutschland, dass dieses Landgebiet an Polen ohne Volksabstimmung so wie Posen und Westpreußen abgetreten werden sollte. Bei der letzten Volkszählung (1910) hatten etwa 54,7 % der Bevölkerung dieses Landesteils als Umgangssprache einen polnischen Dialekt (das so genannte „Wasserpolnisch") angegeben. Doch gegenüber diesem sprachlichen Argument stand wieder die Feststellung, dass diese Bevölkerungsgruppe weithin deutsch gesinnt war.

Seit Beginn des 14. Jahrhunderts hatte Schlesien staatsrechtlich mit dem schließlich dem habsburgischen Länderkomplex zugehörenden Königreich Böhmen in Verbindung gestanden. Seit 1742 wurde Schlesien auf Grund der schlesischen Kriege eine Provinz des Preußischen Staates und erlangte in den folgenden Jahrzehnten eine starke wirtschaftliche Entwicklung. Bei den Verhandlungen in Versailles errangen die deutschen Unterhändler hier einen ihrer wenigen Erfolge. Nicht zuletzt durch die Hilfe von Englands Premierminister Lloyd George erlangten sie, dass für Oberschlesien eine Volksabstimmung statt der bloßen Abtretung festgelegt wurde.

Lloyd George sah nicht mit Freude die immer stärker wachsenden Beziehungen zwischen Frankreich und dem neuen Polen. Zur Erhaltung des europäischen Gleichgewichts zwischen den Großmächten war es seiner Ansicht nach nun notwendig, einen zu großen Machteinfluss Frankreichs auf dem Kontinent zu verhindern. So bediente er sich der deutschen Argumente von der deutschen Gesinnung der Oberschlesier. Urteilte man nach rein sprachlichen Kriterien, hätten ja etwa damals noch die Elsässer bei Deutschland bleiben müssen, obwohl sie ihrer Gesinnung nach in Richtung Frankreich tendierten. So besetzten alliierte Truppen Oberschlesien (so wie sie auch in Schleswig aufgetreten waren), um einen geregelten Ablauf der Abstimmung zu garantieren.

Trotz polnischer Versuche, durch zwei Aufstände im Abstimmungsbereich mit Gewalt Oberschlesien zu gewinnen, gelang es deutschen Freikorps, die polnischen Bewaffneten zu schlagen und unter Abschirmung seitens der Engländer aus dem Abstimmungsraum zu treiben. So konnte nun am 20.3.1921 die Volksabstimmung stattfinden. Von den Abstimmungsberechtigten stimmten 59,6 % für Verbleiben bei Deutschland, 40,4 % für Polen. Ein polnischer Versuch, durch einen erneuten Aufstand sich doch noch durchzusetzen, scheiterte wieder an den deutschen Freikorps.

Polen und Frankreich erreichten dann jedoch, dass die Kommission des neuen Völkerbundsrates eine endgültige Grenzlinie zog, bei der zwar Deutschland der größte Teil des Abstimmungsterritoriums zugewiesen wurde, die Polen aber die wirtschaftlich wichtigen Städte und Industriegebiete erhielten, obwohl hier der Schwerpunkt der Stimmabgabe für ein Verbleiben bei Deutschland gelegen hatte.

Betrachten wir die auf Versailler Beschlüssen beruhenden Volksabstimmungen der Jahre 1920–1921 und vergleichen wir sie mit der Abstimmung in Schleswig. Hier zeigt sich, dass mit Ausnahme der völlig manipulierten „Abstimmung" in Eupen-Malmedy es im Großen und Ganzen wirklich möglich war, Volksabstimmungen abzuhalten – nicht zuletzt dank des britischen Einflusses; bei jedoch störenden und verwirrenden Aufständen in Oberschlesien und Kärnten.

Besonders zweckentsprechend verliefen die Abstimmungen in Schleswig, Marienwerder/Südostpreußen, Kärnten (nach Ende des slowenischen Aufstandes) und Ödenburg, wo man im Ganzen bei der neuen Grenzziehung dem von den Abstimmenden in Mehrheit gezeigten Willen folgte, während in Oberschlesien über die Entscheidung der Mehrheit der Abstimmenden durch Eingriff der Versailler Mächte unfair hinweggegangen wurde.

Das Entscheidende bei den meisten dieser Volksabstimmungen war dann, dass an den meisten Orten die abstimmende Bevölkerung bei ihrer Entscheidung dem Gesinnungsprinzip folgte und bisher bei nationalen Streitigkeiten besonders hervorgehobene Fakten wie Umgangssprache und ursprüngliche volkliche Herkunft nicht die führende Rolle spielten, sondern nunmehr die nationale Gesinnung. Dennoch gab es wie erwähnt hiervon abweichende Beeinflussungen der Siegermächte.

Die schleswigschen Abstimmungen waren, was die Auseinandersetzungen am Rande der Abstimmungszeit angeht, die am sachlichsten durchgeführten Unternehmungen.

Dennoch dauerte es noch manche Jahrzehnte, dass die neue Grenze zwischen Deutschland und Dänemark von beiden Seiten anerkannt wurde. Denn auf beiden Seiten der neuen Grenze kritisierten die beiden neuen Minderheiten die Grenzziehung.

Die Bestrebungen der deutschen Minderheit in Nordschleswig, eine „Neue Entscheidung" zu erreichen, scheiterten schließlich endgültig mit der deutschen Niederlage des Jahres 1945.

Aber auch die in der Nachkriegszeit in Südschleswig um sich greifende dänische Bewegung, die eine Abtretung des südlichen Schleswig an Dänemark erreichen wollte, konnte weder die Zustimmung der siegreichen Alliierten hierzu erreichen noch den größten Teil der südschleswigschen Bevölkerung für sich gewinnen. Die Grenze von 1920 verfestigte sich also mehr und mehr. Der wachsende Ost-West-Gegensatz in Europa führte schließlich dazu, dass sich die Interessen West-Deutschlands und Dänemarks aneinander annäherten.[14] Man gab daher beiderseits zu erkennen, dass man die jeweiligen Minderheiten in ihren Rechten schützen und nicht mehr einschränken wolle.

Am 26.9.1949 erklärten Landtag und Landesregierung des nach 1945 neu gebildeten Landes Schleswig-Holstein in der „Kieler Erklärung", dass die Mitglieder der dänischen Minderheit die vollen demokratischen Rechte in Schleswig-Holstein garantiert erhielten und das Bekenntnis zum dänischen Volkstum frei sei. Außerdem wurde die dänische Minderheit bei den Landtagswahlen durch Bestimmungen des Wahlrechts bevorzugt.

Im folgenden „Kopenhagener Notat" versicherte die dänische Regierung, dass die deutsche Minderheit in Dänemark wieder ein Schulwesen aufbauen könne. Später wurden im Zusammenhang mit der Aufnahme der Bundesrepublik in die NATO in Kopenhagen und Bonn Verhandlungen geführt, bei denen man deutscherseits allgemein auf eine Verbesserung der Lage der deutschen Nordschleswiger hinarbeitete, nämlich auf einen „Deutsch-Dänischen Ausschuss" zur Schlichtung strittiger Fragen, auf das Examensrecht für alle deutschen Schulen und eine Abschwächung der Sondergesetzgebung des Jahres 1945 gegen deutsche Sympathisanten. Die Schleswig-Holsteinische Regierung wurde zu den Verhandlungen mit hinzugezogen. Am 29.3.1955 wurden dann Grundsatzerklärungen beider Regierungen unterzeichnet, in denen die in den Verfassungen der verhandelnden Staaten verankerten demokratischen Grundrechte und ihre Anwendung auf die Behandlung der Minderheiten bekräftigt wurden. Bald wurde vom Schleswig-Holsteinischen Landtag (23.5.1955) einstimmig beschlossen, die Wähler der dänischen Minderheit im schleswigschen Raum von Anwendung der 5 %-Klausel bei Landtagswahlen auszunehmen. Das dänische Folketing beschloss, das Verbot zum Examen führender deutscher Schulen aufzuheben (16.5.1955). Damit war der Weg für ein deutsches Gymnasium in Nordschleswig geöffnet. So wurde auf beiden Seiten das „Gesinnungsprinzip" für die Zugehörigkeit zur jeweiligen Minderheit anerkannt.

Dänen und Deutsche haben Bereitschaft und Fähigkeit gezeigt, ein längere Zeit „brennendes" nationales Problem zu einer haltbaren Lösung zu führen. Bei Bereitschaft zu weiterer fruchtbarer beidseitiger Zusammenarbeit wird der Friede im Grenzland erhalten bleiben, wenn nicht mehr an den heutigen Grenzen gerüttelt wird, sondern diese für dauerhafte, fruchtbare Zusammenarbeit offengehalten werden.

14 Zum ff.: Nonnenbroich, K. F., *Die dänische Minderheit in Südschleswig nach 1945*, 1972; Feddersen, Julius, *Die Grenzlandpolitik Friedrich Wilhelm Lübkes*, Diss. Würzburg 1979; Scharff, Alexander, Der Weg zur deutsch-dänischen Verständigung nach 1945, in: Boockmann, Hartmut (Hrsg.), *Geschichte und Gegenwart*, Fs. f. K. D. Erdmann, Neumünster 1980, S. 673ff.; Lagler, Wilfried, *Die Minderheitenpolitik der schleswig-holsteinischen Landesregierung während des Kabinetts von Hassel (1954-1963)*, Neumünster 1982; Deutscher Grenzverein (Hrsg.), *Die Bonn-Kopenhagener Erklärungen.* Zur Entstehung eines Modells für nationale Minderheiten, Flensburg 1985; Frederiksen, Bjarne F., *Danmarks Sydslesvigpolitik efter det tyske sammembrud i 1945*, Kopenhagen 1971; Doege, Immo, Deutsche Schule in Nordschleswig nach 1945. Ein Beitrag zum Wiederaufbau des deutschen Schulwesens..., in : *25 Jahre Deutsches Gymnasium für Nordschleswig (1959-1984).* Eine Festschrift 1945-1984, Apenrade 1984; Höffken, Martin, *Die Kieler Erklärung vom 26.9. 1949 und die Bonn-Kopenhagener Erklärungen vom 29.3.1955 im Spiegel deutscher und dänischer Zeitungen.* Frankfurt a. M. 1994.

Der Weg in den Zweiten Weltkrieg

Betrachtungen über den Kampf der Kulturen in der Zwischenkriegsära des 20. Jahrhunderts

Klaus Hildebrand

I.

In seiner 1998 veröffentlichten Darstellung „Europa zwischen den Weltkriegen" hat Horst Möller eine Erklärung für den europäischen Weg in den Zweiten Weltkrieg vorgelegt, die durch die vergleichende Betrachtung von innerer Politik und internationaler Staatenwelt ihre Plausibilität gewinnt:

> „In Analogie zu dem für die Weimarer Innenpolitik durch Karl Dietrich Brachers (Werk K.H.) ‚Die Auflösung der Weimarer Republik' [...] schon 1955 konstatierten (deutschen K.H.) ‚Machtvakuum' kann man für die zweite Hälfte der 1930er Jahre auch von einem europäischen Machtvakuum sprechen: Es begünstigte die Niederlage von Rechtsstaat und Demokratie bzw. von Völkerrecht und internationaler Ordnung"[1].

Was ist mit dieser Feststellung gemeint? Zum einen trifft die darin aufgehobene Schlussfolgerung weit über den alten Kontinent hinaus ganz allgemein für den weltpolitischen Schauplatz von China bis Spanien zu, sprach Josef Stalin doch schon im März 1939 davon, der „neue imperialistische Krieg" tobe inzwischen „von Schanghai bis Gibraltar"[2]. Zum anderen erlaubt die damit verbundene Perspektive, das Handeln Hitlers und die Entwicklung der Staatenwelt, Aktion und Ermöglichung also, in angemessene Beziehung zueinander zu setzen.

Wie nahm sich die Lage der Weltpolitik in den Dreißigerjahren aus, als Krieg und Frieden in ruinöser Koexistenz, im Zustand vorläufiger Teilbarkeit nebeneinander verharrten – vom Mukdener Zwischenfall im September 1931 bis zum deutschen Angriff auf Polen im September 1939, als schließlich „alles (aus K.H.) war für immer", wie der französische Lyriker René Char in seinem mit dem Datum „3. September 1939" überschriebenen Dreizeiler „Der Pirol" die Niedergeschlagenheit seiner leidgeprüften Zeit bilanzierte? Dem traurigen Resultat war die permanente Zerrüttung der Legitimität einer Staatenordnung vorausgegangen, die 1919/20 in Paris und 1921/22 in Washington, hier für Europa und dort für Ostasien, mehr schlecht als recht eingerichtet worden war.[3]

Im Grunde gab es nur zwei Großmächte, die, was den alten Kontinent angeht, Repräsentanten des Status quo waren, ohne rechtzeitig und entschieden für seinen Bestand einzutreten: Das waren Großbritannien und Frankreich. Seit den Zwanzigerjahren stand ihnen, bei allen Unterschieden im Einzelnen, das Lager der revisionistischen Staaten gegenüber. Von Ostasien über das Mittelmeer bis nach Zentraleuropa stellten seine Mitglieder, die größeren ebenso wie die kleineren, allesamt den fragilen Frieden der Welt in Frage, der dem Marschall Foch bereits 1919 als nichts

1 Möller, Horst, *Europa zwischen den Weltkriegen*, München 1998, S. 198.

2 Stalin, Josef, Rechenschaftsbericht an den XVIII. Parteitag über die Arbeit des ZK der KPdSU (B) am 10. März1939, in: Ders., *Fragen des Leninismus*, Moskau 1946, S. 680.

3 Vgl. dazu sowie passim ausführlicher Hildebrand, Klaus, Krieg im Frieden und Frieden im Krieg. Über das Problem der Legitimation in der Staatengesellschaft 1931-1941, in: Historische Zeitschrift (HZ) 244 (1987), S. 1-28.

anders denn „ein Waffenstillstand für zwanzig Jahre“[4] vorkam: An der Spitze dieser Herausforderer der existierenden Ordnung befanden sich Japan, Italien und Deutschland.

Eingerahmt wurde der ostasiatische ebenso wie der europäische Schauplatz von den beiden Flügelmächten der Staatenwelt, die für die Geschichte der Zeit und des Jahrhunderts letztlich den Ausschlag gaben: Das waren die Sowjetunion und die Vereinigten Staaten von Amerika. Beide wollten, auf ganz unterschiedliche Art und Weise, ihrerseits weit mehr als nur Revision; sie strebten vielmehr in ideologischer und machtpolitischer, in gesellschaftlicher und internationaler Perspektive nach der Revolution des Bestehenden. Dabei forderten sie die Verteidiger des Status quo, England und Frankreich, im Prinzip ebenso heraus wie die „Habenichtse“ Japan, Italien und Deutschland.

Ihrem Ursprung und Bewegungsgesetz gemäß trachtete die Sowjetunion nach dem umfassenden Umsturz der inneren und internationalen Ordnung der Welt. Unter dem Zwang machtpolitischer Umstände hatte sie ihr Ziel der Weltrevolution freilich für eine historische Zeitlang zurückgestellt. Um das Überleben des „Sozialismus in einem Land“ zu gewährleisten, musste sie sich notgedrungen eine „Atempause“ gönnen: Seit Mitte der Zwanzigerjahre verfolgte sie daher jene von Stalin 1925 bzw. 1927 definierte Politik der „friedlichen Koexistenz“, die ihr auf der einen Seite außenpolitische Ruhe gewähren sollte, aber auf der anderen die agitatorische Betätigung auf dem gegnerischen Territorium weiterhin erlaubte.

Angesichts des hemisphärischen Zweifrontendrucks in Europa und in Ostasien, angesichts einer zunehmend antisowjetischen Atmosphäre in Deutschland und angesichts einer machtpolitischen Bedrohung durch Japan, war die Sowjetunion von einer „Anti-Versailles-Macht“ zu einer Protagonistin der Politik des Völkerbundes geworden, dem sie am 18. September 1934 beitrat. Bereits zuvor hatte sie am 16. November 1933 diplomatische Beziehungen mit den Vereinigten Staaten von Amerika aufgenommen, die sie nicht zuletzt gegenüber Japan als ein Gegengewicht einschätzte. 1935 schwenkte sie dann, was die Strategie der Kommunistischen Internationalen betraf, von einer bis zum „Sozialfaschismus“-Vorwurf gesteigerten Frontstellung gegen die sozialdemokratischen und sozialistischen Parteien zum „Volksfront“-Konzept um. Alle diese Schritte führten jedoch keineswegs fort vom Ziel der Revolution, das durchaus, wenn es opportun erschien, auf dem Wege des Krieges zu erreichen war, wie Stalin den Tatbestand bereits 1925 weitblickend umschrieben hatte. Es gelte, so hatte er diesen Gedanken auf der Plenartagung des Zentralkomitees der Kommunistischen Partei seines Landes ausgeführt, die eigene militärische Macht zu stärken, um jeder Situation „bei Verwicklungen in den uns umgebenden Ländern“ gewachsen zu sein. Denn der Krieg könne „natürlich nicht morgen oder übermorgen, wohl aber in einigen Jahren, unvermeidlich werden[...] Das bedeutet nicht, daß wir in einer solchen Situation unbedingt aktiv gegen irgend jemand auftreten müssen[...] Sollte aber der Krieg beginnen, so werden wir nicht untätig zusehen können – wir werden auftreten müssen, aber wir werden als letzte auftreten. Und wir werden auftreten, um das entscheidende Gewicht in die Waagschale zu werfen, ein *Gewicht,* das ausschlaggebend sein dürfte“[5].

Ungeachtet ihrer Annäherung an den Westen, welche die Sowjetunion in den Dreißigerjahren und im Zweiten Weltkrieg vollzog, konnte es nicht in Stalins Interesse liegen, für die 1919/20 von England und Frankreich eingerichtete Gleichgewichtsordnung der Staatenwelt zu kämpfen: Sich gar als Büttel der „nicht-revisionistisch-kapitalistischen Mächte“ gegenüber dem „Faschismus“ benutzen zu lassen, lag ihm selbstverständlich ganz fern. Eben in diesem Sinne belehrte er rückblickend den britischen Botschafter Cripps am 1. Juli 1940 in Moskau, „die Grundlage des (deutsch-sowjetischen) Nichtangriffspakts sei das gemeinsame Bestreben gewesen, das alte in Eu-

4 Churchill, Winston, *Der Zweite Weltkrieg.* Band 2: Der Sturm zieht auf, Hamburg 1949, S. 21.
5 Stalin, Josef, *Werke,* Bd. 7, Berlin 1952, S. 11.

ropa bestehende Gleichgewicht zu beseitigen, das Großbritannien und Frankreich vor dem Krieg aufrecht zu erhalten bestrebt gewesen seien“[6].

Und was die Vereinigten Staaten von Amerika angeht, so zählten sie nach ihrem Selbstverständnis und nach ihrem Anspruch weder zu den Status quo-Mächten wie Großbritannien und Frankreich noch zu den regionalen Vormächten wie Italien und Japan. Vielmehr gehörten sie wie die Sowjetunion und sodann Hitlers Deutschland zu den Potenzen der Weltgeschichte, welche die Staatenwelt auf Dauer revolutionieren sollten. Gewiss, lange Zeit verharrten sie im so genannten Isolationismus und konzentrierten ihr machtpolitisches Interesse auf die eigene Region. Dennoch blieb das Land, seinem historischen Ursprung und seiner ungestümen Existenz gemäß, insgesamt dem Universalismus verpflichtet.

Die für seine Politik verbindlichen Prinzipien der Unteilbarkeit des Weltmarktes, der Freiheit und des Friedens ließen die amerikanische Union zu England und Frankreich ebenso wie zu Italien und Japan und zu der Sowjetunion und Deutschland in prinzipielle Konkurrenz treten. Im Grunde wollte Amerika die Welt entweder beherrschen oder ihr entfliehen; eine Politik des bedächtigen Gradualismus war ihm dagegen fremd. Daher gefährdete sein militärischer Isolationismus die Weltordnung auch gleichermaßen wie sein selektiver Interventionismus. Auf wirtschaftlichem Gebiet dehnte es sich ebenso unbewusst aus, wie es in politischer Hinsicht ganz bewusst, ja missionarisch der Welt seine freiheitlichen Institutionen und seinen „way of life“ mit forderndem Anspruch offerierte. Sein zivilisatorisches Modell gründete in der säkularisierten Religion des Besitzindividualismus, im „pursuit of happiness“, und musste nach seinem progressiven Geschichtsplan zur liberalen Weltherrschaft Amerikas führen: „Mit Gottes Hilfe“, so fand dieses amerikanische Lebensgesetz einmal durch den Mund eines Senators aus dem Mittleren Westen seinen sprechenden Ausdruck, „werden wir Schanghai unermüdlich ‚liften‘, so lange, bis es genauso aussieht wie Kansas City“[7].

Dass eine so ungezügelte Macht dem konservativen Premierminister Großbritanniens, Neville Chamberlain, der „Nazis“ und „Bolshies“ gleichermaßen verachtete, ihrerseits höchst bedrohlich vorkam, mag verständlich erscheinen. Dass England sich schließlich unter dem Zwang der allgemeinen Entwicklung der Hilfe Amerikas im Kampf um seine Existenz zu versichern bemüht war, zeigt allerdings, wo Chamberlain trotz aller Vorbehalte das kleinere Übel für sein Land erblickte. Die amerikanische Hegemonie, so hat Raymond Aron den in sich vielschichtigen Tatbestand der Beziehungen zwischen den Vereinigten Staaten, Großbritannien und Deutschland im 20. Jahrhundert einmal mit dem erforderlichen Tiefblick auf die kulturellen Ursprünge und Bedingungen der Geschichte umschrieben, „schien in den Augen der führenden Klassen Londons noch immer etwas von der englischen Hegemonie zu bewahren, während die deutsche als fremd, demütigend und unannehmbar empfunden worden wäre. Der Wechsel von der *pax britannica* zur *pax americana* bedeutete keine andere Welt, und die Eigenliebe war stärker getroffen als das Herz. Die *pax germanica* konnte nicht an die Stelle der *pax britannica* treten, ohne England zum Widerstand bis zum Tode zu zwingen. Nur eine militärische Katastrophe hätte den Weg von der einen zur anderen freimachen können. Letzten Endes führen die Nationen nicht nur Krieg, um eine Machtstellung aufrechtzuerhalten“[8].

Die Unvereinbarkeit der Ideen und Verhältnisse zwischen sowjetischem Kommunismus und amerikanischem Liberalismus, zwischen russischer und englischer Machtpolitik, zwischen den Staaten des Status quo und denen des Revisionismus förderte die Zerrüttung der Staatenordnung und ließ in Europa das von Horst Möller diagnostizierte Machtvakuum der Weltpolitik entstehen. Internationale Anarchie verunsicherte eine Welt, die vom Beginn der Dreißigerjahre an eher mit dem zukünftigen Krieg rechnete, als dass sie dem existierenden Frieden vertraut hätte. Die einen,

6 Brügel, Johann Wolfgang (Hrsg.), *Stalin und Hitler*. Pakt gegen Europa, Wien 1973, S. 230.
7 Senator Kenneth Wherry von Nebraska im Jahr 1940, zit. bei T.R.B. (Richard L. Strout), The Tarnished Age, in: NEW REPUBLIC vom 26. Oktober 1974, S. 4.
8 Aron, Raymond, *Frieden und Krieg*. Eine Theorie der Staatenwelt, Frankfurt/M. 1983, S. 123.

die Staatsmänner der europäischen Demokratien, fürchteten den militärischen Konflikt so sehr, dass sie darüber versäumten, sich angemessen darauf vorzubereiten; und die anderen, die Führer der europäischen Diktaturen, taten das gerade Gegenteil davon. Das spezifische Ungleichgewicht, das daraus resultierte und die zeitgenössische Gedankenbildung über Frieden und Krieg so tief voneinander trennte, vergrößerte noch einmal das ruinöse Machtvakuum der Staatenwelt.

Diese Feststellung gilt nicht zuletzt im Hinblick auf die möglichen Grundkonstellationen der internationalen Beziehungen: Diese kamen, allgemein gesagt, jeweils dann nicht zum Zuge, wenn es um die Erhaltung des Friedens ging, und sie ließen sich, beinahe problemlos, realisieren, wenn sie der Ermöglichung des Krieges dienten. In diesem Sinne gab es drei Fundamentaloptionen der europäischen Staatenwelt:

Nämlich zum einen diejenige Lösung, welche die Westmächte und die Sowjetunion zusammenführen konnte. Sie war in erster Linie, vor allem was ihre Motive anging, gegen Deutschland gerichtet: Die Außenminister Frankreichs und der Sowjetunion, Barthou und Litwinow, erörterten sie im Frühjahr 1934 in Genf, freilich in einem gesamteuropäischen Zusammenhang, der Deutschland dann einschließen sollte, wenn dem Reich die Konzession eines „Ostlocarno“ abzutrotzen war. Notgedrungen reduzierte sich diese Alternative auf den am 2. Mai 1935 geschlossenen Beistandspakt zwischen der Sowjetunion und Frankreich. Ihn gedachte Barthou, in Übereinstimmung mit der UdSSR, durch militärische Absprachen zu ergänzen. Doch sein Nachfolger Laval ließ eben dieses Vorhaben fallen – aus antikommunistischer Aversion; aus Furcht davor, auf diesem Wege das Risiko des Krieges und der Revolution zu erhöhen; und aus Überzeugung, dass allein schon die schiere Existenz eines französisch-sowjetischen Bündnisses die erwünschte Abschreckung mit sich bringen werde.

Zum anderen lag ein Zusammenwirken zwischen den Westmächten und Deutschland ohne Beteiligung der Sowjetunion durchaus im Bereich des Möglichen. Diese Variante der zwischenstaatlichen Entwicklung erregte immer wieder den Verdacht Stalins, der nicht müde wurde, die Gefahr eines Komplotts der „kapitalistisch-nicht-revisionistischen“ mit den „kapitalistisch-revisionistischen Mächten“ zu beschwören. In der Tat: Sie schien sich mit der Bildung des Viererpaktes zwischen Großbritannien, Frankreich, Italien und Deutschland am 15. Juli 1933 zu verdichten, und sie lebte im Zuge der Münchener Konferenz vom 29./30. September 1938 erneut auf. In bilateralem Maßstab dokumentierte sich dieses Muster zeitgenössischer Machtpolitik im englisch-deutschen Flottenabkommen vom 18. Juni 1935. Ja, es beschäftigte den sowjetischen Diktator, der jede Annäherung zwischen Großbritannien und Deutschland argwöhnisch registrierte, über die „Wohltat-Mission“ des Sommers 1939 hinaus mindestens bis zum Englandflug von Rudolf Heß vom 10. Mai 1941.

Und zum Dritten war ein Zusammengehen zwischen den totalitären Staaten Deutschland und Sowjetunion niemals auszuschließen. Frühzeitig befürchtet wurde es beispielsweise auf englischer Seite von dem Ständigen Unterstaatssekretär im Foreign Office, Vansittart. Diese Möglichkeit verwirklichte sich schließlich in jenem berüchtigten Pakt, der Hitler und Stalin in der Zeit vom 23. August 1939 bis zum 22. Juni 1941 zu Komplizen machte. Seine Existenz brachte es mit sich, dass der sowjetische Regierungschef und Außenkommissar Molotow die Westmächte am 31. Oktober 1939 als die „Aggressoren“ im andauernden Krieg verurteilte, während er Deutschland ausdrücklich vom Vorwurf der „Aggression“ freisprach.[9] Ja, sie führte endlich dazu, dass die europäischen Westmächte im Jahre 1940 und Großbritannien im Jahre 1941 Angriffspläne gegen die sowjetischen Ölzentren von Baku und Batum schmiedeten, die über die Sowjetunion hinaus gleichzeitig auch gegen Deutschland zielten.

9 Degras, Jane, *Soviet Documents on Foreign Policy*. Vol. III: 1933-1941, London NewYork Toronto 1953, S. 388 ff., bes. S. 389.

II.

Der Verfall der internationalen Ordnung und die Ausbildung des internationalen Machtvakuums schritten von Konflikt zu Konflikt, von Zwischenfall zu Zwischenfall, von Katastrophe zu Katastrophe voran. Die unterschiedlichen Versuche, während der ersten Hälfte der Dreißigerjahre den Frieden durch vertragliche Regelung zu organisieren, brachen in der großen Doppelkrise um Abessinien und das Rheinland in den Jahren 1935/36 zusammen. In ihrem Verlauf und Gefolge zeigte sich vor allem, dass die westmächtliche Appeasementpolitik Mussolini und Hitler weder abzuschrecken noch zu besänftigen imstande war. Gar nicht mehr übersehen werden konnte die damit verbundene Lähmung des Völkerbundes, die im Verlauf des sich anschließenden Spanischen Bürgerkrieges in Agonie überging. In diesem „Weltbürgerkrieg" auf der Iberischen Halbinsel versagte während der Jahre zwischen 1936 und 1938/39 die Politik der kollektiven Sicherheit insgesamt und endgültig. Dass diese wichtige Bewährungsprobe misslang, führte vor allem auf seiten der Sowjetunion zu tiefer Enttäuschung. Großbritannien aber vermochte sich deshalb nicht zum Vollzug der kollektiven Sicherheit zu verstehen, weil diese Entscheidung mit Gewissheit zur Ausweitung der militärischen Kämpfe geführt und in erklärtem Gegensatz zu dem für die „British Interests" verbindlichen Prinzip der Nicht-Intervention gestanden hätte. Krieg vermochte für England in jedem Fall nur Verlust, aber keinen Gewinn mit sich zu bringen. Selbst Winston Churchill, bald schon der entschiedenste Kritiker der Appeasementpolitik des konservativen Premierministers Neville Chamberlain, räumte im März 1937 gesprächsweise ein: „Selbst im Falle eines Sieges würden die Kosten so hoch sein, daß er einer Niederlage gleichkäme"[10].

Krass trat der britisch-sowjetische Weltgegensatz im Spanischen Bürgerkrieg zutage und öffnete gähnend weit jene machtleeren Räume, von denen sich Hitlers Deutschland geradezu magisch angezogen fühlte. Gefährlich eng gestaltete sich dementsprechend der Handlungsspielraum der britischen Weltmacht auf dem südwesteuropäischen Schauplatz ebenso wie anderswo in der Welt. Aus Furcht davor, mit einer Einmischung in den Spanischen Bürgerkrieg dem eigenen Land das gleiche Schicksal zu bereiten, zog Frankreich seine Unterstützung für die republikanische Regierung in Madrid schon am 8. August 1936 zurück: Die Sowjetunion musste, weil ihr von Japan aus Gefahr drohte und weil sie über die attentistische Haltung der Westmächte enttäuscht war, nunmehr ihre Wahl treffen – sie konnte sich in die machtpolitische Isolierung zurückziehen, was eine Kontinentalmacht mit langen Grenzen im Osten und Westen ihres Territoriums nicht ohne Not zu tun pflegt; sie konnte den erneuten Versuch unternehmen, doch noch zu einem Arrangement mit dem Westen zu gelangen; und sie konnte die kühne Alternative wagen, Annäherung an Hitlers Deutschland zu suchen.

Dessen Spielraum, Anziehungskraft und Möglichkeiten nahmen durch den Kampf in der spanischen Arena zu. Denn zwischen Großbritannien und Frankreich auf der einen sowie der Sowjetunion auf der anderen Seite wuchs in dem Maße das Misstrauen, in dem Mussolinis Italien und Francos Spanien in wachsende Abhängigkeit vom Deutschen Reich gerieten. Endgültig gelang es Hitler, die Defensive zu verlassen, in der er sich nach der „Machtergreifung" so unübersehbar befunden hatte und die durch den Abschluss des Nichtangriffspakts mit Polen am 26. Januar 1934 zumindest gelindert worden war. Dass das „Dritte Reich" sodann zur Offensive überging, zeigte sich nicht zuletzt im Hinblick auf seine äußere Politik gegenüber Polen: 1935 setzten die Versuche ein, die von 1937 an verstärkt wurden, im so genannten „‚Globallösungs'-Angebot" vom 24. Oktober 1938 kulminierten und am 21. März 1939 ultimativen Charakter erhielten – Polen sollte dem Deutschen Reich als „Juniorpartner" zur Seite stehen. Diese machtpolitische Konstellation erschien dazu geeignet, die Sowjetunion neutralisieren und den Krieg im Westen beginnen oder die

10 Hagglof, Gunnar, *Diplomat*, Stockholm 1971, S. 103, zit. nach Bartlett, Christopher John, *The Global Conflict.* The International Rivalry 1880-1970, London-New York 1984, S. 191.

Fortdauer der westmächtlichen Appeasementpolitik fördern und gegen die UdSSR losschlagen zu können.

Dass Roosevelts Amerika im Verlauf des Spanischen Bürgerkrieges erste zaghafte Versuche unternahm, noch ohne von der dominierenden Politik des Isolationismus die Notwendigkeit einer amerikanischen Intervention zu lassen, kümmerte den deutschen Diktator offensichtlich nicht. Weder die Quarantäne-Rede, mit der Präsident Roosevelt den Aggressoren in Chicago am 5. Oktober 1937 eine Warnung erteilte, noch die Versuche, die strikte Neutralitätsgesetzgebung für den europäischen Zusammenhang, nicht jedoch für Ostasien, mit der Einführung der 1937 beschlossenen „cash and carry"-Klausel bis zum 1. Mai 1939, wenn auch nur unwesentlich, zu lockern, vermochten die Dynamik des Deutschen Reiches zu bremsen.

Doch trotz der außenpolitischen Erfolge, die mit dem „Anschluss" Österreichs im März 1938 einen Höhepunkt erreichten, trotz des Zustandekommens der „Achse Berlin-Rom" am 25. Oktober 1936, trotz des am 25. November 1936 zwischen Deutschland und Japan abgeschlossenen „Antikominternpakts", trotz des italienischen Beitritts zu diesem deutsch-japanischen Vertrag am 6. November 1937, und trotz des am 22. Mai 1939 vereinbarten deutsch-italienischen „Stahlpakts" gelang es Hitlers Deutschland nicht, ein globales Vertragsnetz auszulegen, das die Westmächte, insbesondere England, und die Sowjetunion ernsthaft gefährdet hätte. Mehr noch: Der deutsche Diktator verfehlte sein maßgebliches Ziel, nämlich die politische und militärische Einheit der Westmächte aufzulösen, also die Briten von den Franzosen zu trennen.

Was den ostasiatischen Schauplatz der Weltgeschichte angeht, so hatte die Sowjetunion bereits vor dem Ausbruch des Spanischen Bürgerkrieges ihre Politik der Konzessionsbereitschaft gegenüber Japan zu Gunsten eines von größerer Entschiedenheit geprägten Vorgehens aufgehoben: Vor dem Hintergrund des Abschlusses eines Defensivvertrages mit der Äußeren Mongolei am 31. März 1936 trat sie den Japanern nunmehr fest gegenüber. Rasch gewann die Tokioter Führung vor der UdSSR Respekt, ja sie hegte gegenüber der in „Sowjetisch-Fernost" versammelten Militärmacht bald ausgesprochene Furcht. Im japanischen Generalstab gewann die Tendenz an Boden, einen Kompromiss mit China zu suchen und Rußland gemeinsam die Stirn zu bieten.

Der in gewisser Hinsicht unerwartete Ausbruch des Krieges zwischen Japan und China am 7. Juli 1937 demonstrierte aber, dass diese politisch-strategische Variante in Tokio nicht zum Zuge gekommen war. Vielmehr mündete die Konfrontation hochgerüsteter Gegner und ihrer sich bewaffnet gegenüberliegenden Heere in einen kriegerischen Konflikt, der für Japan nicht siegreich zu beenden war: Seine wachsende Eigengesetzlichkeit fesselte das Kaiserreich vielmehr an den chinesischen Kriegsschauplatz – mit geradezu fatalen Konsequenzen für das japanisch-amerikanische Verhältnis im pazifischen Raum. Kurzum: Die Macht der Tatsachen, nicht zuletzt der Ausgang einiger für das Kaiserreich nicht gerade vorteilhafter Grenzschlachten mit sowjetischen Truppen im Sommer 1938 und 1939 hatten dafür gesorgt, dass die Japaner die Militärmacht der UdSSR nicht länger unterschätzten. Dagegen gaben sich die Westmächte, insbesondere angesichts der großen „Säuberung" in der Roten Armee während der Jahre 1937/38 Illusionen über das militärische Stärkepotenzial der Sowjetunion hin. Diese trugen mit dazu bei, dass sie sich bis zum September 1939 bevorzugt auf Polen verließen, das zwischen dem Deutschen Reich und der Sowjetunion als „dritte Kraft" zu balancieren versuchte und in Europa im Allgemeinen erheblich überschätzt wurde.

III.

Die verhängnisvolle Entwicklung der Weltpolitik nutzte Adolf Hitler, um seine spezifischen Ziele zu erreichen: Diese gingen weit über die üblichen Vorstellungen des deutschen und internationalen Revisionismus hinaus und besaßen bzw. gewannen eine Qualität sui generis. Warum vermochte sich der Diktator, ist immer wieder gefragt worden, zuerst in Deutschland und danach in Europa, so lange und so erfolgreich zu behaupten, obwohl er doch ohne Zweifel anderes wollte als nur Revision, obwohl er buchstäblich aufs Ganze ging, obwohl er die Quintessenz des Extremismus verkörperte?

Gewiss, lange Zeit wurde im Inland und im Ausland in einer nicht endenden Anhäufung von kognitiven Missverständnissen einfach nicht klar, worum es eigentlich ging und was geschickt verborgen wurde. Allerdings: Dass Hitler reüssieren konnte, dass er vom Verfall der existierenden Ordnung zu profitieren vermochte, dass er schließlich sogar, für eine Zeitlang jedenfalls, das europäische Machtvakuum gewaltsam auszufüllen Gelegenheit hatte, besaß über ideologische, machtpolitische und wirtschaftliche Gründe hinaus eine kulturelle Dimension: In sie gingen alle diese Bestandteile des zwischenstaatlichen Lebens ein und verstärkten noch einmal ihre ursprüngliche Eigenmacht, die für Europas Weg in den Zweiten Weltkrieg maßgeblich wurde. Was heißt das?

Die überlegenen Zivilisationen des Westens, allen voran die Amerikaner, wirkten auf die überlieferten Welten in Europa und in Asien so übermächtig, dass manche ihrer Repräsentanten, insbesondere die im Ersten Weltkrieg besiegten und mit seinem Ausgang unzufriedenen Staaten, das Neue in erster Linie als Bedrohung empfanden, der sie mit dem Griff zum Schwert entgegentraten: Modernisierung kann, wenn sie nicht akzeptiert wird oder unakzeptabel ist, die Atavismen geradezu fördern. Vergeblichkeitserfahrungen unterschiedlicher Provenienz zogen sich in kollektiven Empfindungen wie Demütigung oder Stolz zusammen, ließen Völker in dumpfe Resignation verfallen oder wiegelten sie zu wilder Revolte auf.

Der vergiftete Boden, aus dem diese Früchte der Verzweiflung emporschossen, war noch frisch: Schon der Erste Weltkrieg hatte, vergleichsweise rasch, absolute Gestalt angenommen, das heißt aber: Es kämpften nicht mehr, wie in den Jahrhunderten zuvor, Könige gegen Könige, Kabinette gegen Kabinette oder Staaten gegen Staaten; vielmehr rangen, buchstäblich bis zu ihrer Erschöpfung, Gesellschaften mit Gesellschaften um das Überleben, und es ging ihnen, weit über die Körper der Kombattanten hinaus, darum, die Gemüter der Menschen in der Heimat und an der Front für sich zu gewinnen. Im gleichsam demokratischen, will sagen: egalitären Krieg der Moderne standen sich nach Paul Valérys Diagnose „als Soldaten verkleidete Zivilisten" gegenüber, glaubten die Bürger im Zeichen einer wachsenden Ideologisierung des militärischen Konflikts daran, „ihre Seelen zu verteidigen"[11].

In den Köpfen und Herzen aber lebte dieser Große Krieg fort, weil seine Vergangenheit einfach nicht vergehen wollte – als Mahnung, das Übel nicht zu wiederholen; aber auch – und à la longue leider geschichtswirksamer – als Stachel, seine Resultate zu korrigieren. Zwischen Siegern, Besiegten und Zu-kurz-Gekommenen, zwischen den Repräsentanten des Status quo und denen der Revision, zwischen „Haves" und „Have-nots" dauerte die Entzweiung an, fand der kriegsschwangere Konflikt kein Ende – ein Konflikt wohlgemerkt, der nicht nur um die Trophäen der Macht, die Güter der Wirtschaft und die Werte des Prestiges ging. Vielmehr wurde ein Kampf ausgetragen um die Existenz der Staaten, die sich nach Charles de Gaulles Wort als „Endgültigkeiten der Geschichte" verstanden, um die Existenz der Völker, die fest an ihre Unverwechselbarkeit glaubten, und um die Existenz der Bürger, die eben in ihren Völkern und Staaten die eigene Identität fanden: Was sich in der Zwischenkriegsära der 20. Jahrhunderts vollzog, war also auch ein Kampf der Kulturen.

Er durchzog die Geschichte jener beiden Dekaden zwischen den Kriegen von dem beschwörenden Appell des britischen Außenministers Austen Chamberlain, man kämpfe, um Deutschlands Seele für den Westen zu gewinnen,[12] bis hin zu der angsterfüllten Einsicht des polnischen

11 Zit. nach Aron, Frieden und Krieg, S. 190.

12 Vgl. Hildebrand, Klaus, *Das vergangene Reich*. Deutsche Außenpolitik von Bismarck bis Hitler, 2. Aufl., Stuttgart 1996, S. 466.

Marschalls Rydz-Smigly, die Deutschen drohten, seinem Land die Freiheit zu rauben, die Russen aber nähmen ihm die Seele.[13]

Mit anderen Worten: Von Ost und West, aus der Sowjetunion und den Vereinigten Staaten von Amerika sahen sich das alte Europa und das traditionale Asien mit zwei Modernisierungsangeboten konfrontiert, die den Adressaten nicht als Chance vorkamen, sondern von den sich herausgefordert Fühlenden als Attacken auf ihre Existenz wahrgenommen wurden. Das gilt für die westeuropäischen Status quo-Mächte, die sich allem Widerstreben zum Trotz schließlich mit den Protagonisten der liberalen und der kommunistischen Zivilisationsidee arrangierten; das gilt für die revisionistischen Staaten, die sich, mit Hitlers Deutschland an der Spitze, über Ideologie, Machtpolitik und Ökonomie hinaus auch auf einen kulturellen Zweifrontenkrieg gegen die Sowjetunion und die Vereinigten Staaten von Amerika einließen.

Europa drohte, so hatte Gustav Stresemann schon im Sommer 1929 gewarnt, „eine Kolonie derjenigen zu werden, die glücklicher gewesen sind als wir"[14]. In der Tat: Die alte Welt sah sich mit der sowjetischen Verheißung konfrontiert, die Menschheit über den Kampf der Klassen ins Paradies zu führen; in dieser Perspektive aber waren Menschenglück und Sowjetexpansion deckungsgleich. Und sie hatte sich mit dem amerikanischen Traum auseinander zu setzen, die Menschheit über den Wettbewerb der Märkte ihr Glück finden zu lassen: „Wenn der Krieg vorbei ist", hatte Präsident Wilson im April 1917 erklärt, „können wir sie (die Europäer K.H.) zwingen, sich unserer Denkweise anzuschließen, denn bis dahin werden sie nicht nur in finanzieller Hinsicht von uns abhängig sein"[15].

Von zwei Seiten also wurde die alte Welt in ihrer Existenz, in ihrem Kern, in ihrem Wesen angegriffen. Eine „grande peur" griff als verständliche Folge um sich, aus der Adolf Hitler, selbst von abgrundtiefer Existenzangst getrieben, seine perversen Schlüsse zog und das erforderliche Kapital schlug. Europas Angst vor den sowjetischen und amerikanischen Modernisierungsoffensiven erklärt nicht zuletzt, warum Hitler über eine so lange Zeit hinweg frevelhaft handeln konnte, bis im Zweiten Weltkrieg unverkennbar wurde, was der neue „Attila" eigentlich wollte.

Gegen die große Koalition aus Ost und West, gegen die kulturellen Attacken von seiten der Mächte, die sich im Zeichen der Klasse und des Marktes die Welt zu erlösen anschickten, setzte er sich mit seiner ahistorischen Vision der Rassenherrschaft zur Wehr. Mit „Waffenkrieg" und „Rassenkrieg" wollte er den modernen Herausforderungen der Zeit und den überlieferten Mittelmachtfatalitäten der Geschichte ein für alle mal entkommen. Ein biologischer Finalzustand sollte an das Ende der Geschichte führen – nicht durch den Kampf der Klassen oder der Märkte, sondern durch den der Rassen.

Die eigene Angst trieb den Diktator, die Angst der Deutschen trug ihn, die Angst Europas förderte ihn – so lange jedenfalls, bis klar wurde, was seine radikale Antwort auf die totalen Herausforderungen der Sowjets und Amerikaner bedeutete: Der europäische Westen entschied sich nolens volens für das Amerika Franklin Roosevelts und noch notgedrungener für die Sowjetunion Josef Stalins, der seinerseits nicht aufhörte, die Gefahr zu beschwören, die Welt würde in absehbarer Zeit von den fortgeschrittenen, will sagen: kapitalistischen Industrieländern „zermalmt" werden.[16]

Alles in allem: Hitler instrumentalisierte die allgemeinen Verhältnisse der Zwischenkriegsära für seine spezifischen Zwecke: „Der Schlüssel zum Weltmarkt" verkündete er auf einer Veranstaltung seiner Partei am 17. April 1929, als er die mehr als 2000 Teilnehmer mit seiner Warnung vor

13 Vgl. Fleischhauer, Ingeborg, *Der Pakt.* Hitler, Stalin und die Initiative der deutschen Diplomatie 1938-1939, Frankfurt/M. 1990, S. 338f.

14 Zit. nach Krüger, Peter, *Die Außenpolitik der Republik von Weimar*, Darmstadt 1985, S. 489.

15 Zit. nach Kissinger, Henry A., *Die Vernunft der Nationen.* Über das Wesen der Außenpolitik, Berlin 1994, S. 241.

16 Zit. nach Schlei, Stefan, *Logik der Mächte.* Europas Problem mit der Globalisierung der Politik. Überlegungen zur Vorgeschichte des Zweiten Weltkrieges, Berlin 1999, S. 82.

der „steigenden kapitalistischen Industrieinvasion aus Amerika" einschüchterte – „der Schlüssel zum Weltmarkt hat die Gestalt des Schwertes"[17].

Über die ideologischen, machtpolitischen und ökonomischen Konflikte hinaus entstand das Hitler anziehende und von ihm benutzte Machtvakuum der Zeit auch dadurch, dass die kulturellen Großoffensiven der Weltideologien und der Weltmächte, der Sowjetunion und der Vereinigten Staaten von Amerika aufeinander trafen und das Programm und die Praxis des Diktators begünstigten, die über ihren reagierenden Charakter hinaus historische Autonomie besaßen. Mit anderen Worten: Hitlers kriegerische Besessenheit und sein rassischer Fanatismus fanden, solange sie hinter der Folie von herkömmlichem Revisionismus und zeitüblichem Nationalismus verschwanden, ihren fruchtbaren Nährboden in einem Kampf der Kulturen, über den ein Geschäftsmann aus der neutralen Schweiz im Juli 1940 so urteilte:

> „Betrachten wir das gegenwärtige Ringen der Völker nüchtern und frei von allen Ideologien, so muß man zum Schluß kommen, daß seine wichtigste Ursache darin zu suchen ist, daß einzelne Völker aus geografischen, politischen und wirtschaftlichen Gründen[...] an der Entfaltung ihrer produktiven Kräfte verhindert wurden und daher nicht zur Entwicklung ihrer Kultur gelangen konnten"[18].

Die qualifizierende Gewichtung über die Ursachenvielfalt des Zweiten Weltkrieges, die Walter Boveri, Präsident der Schweizerischen BBC, damals vornahm, betrachtet freilich nur eine Seite der Geschichte, über die insgesamt festzustellen ist: Dem globalen Kulturkampf der Staaten und Völker, der sein Handeln so maßgeblich begünstigt hat, erteilte Adolf Hitler eine derart extreme Antwort, dass an seiner Verantwortung für den Beginn des Zweiten Weltkriegs kein Zweifel bestehen kann.

17 Hitler, Adolf, *Reden, Schriften, Anordnungen.* Februar 1925 bis Januar 1933, Bd. III, Teil 2, hrsg. und kommentiert von Klaus A. Lankheit, München-New Providence-London-Paris 1994, S. 209f.

18 Zit. nach Catrina, Werner, *BBC.* Glanz, Krise, Fusion 1891-1991. Von Brown Boveri zu ABB, Zürich-Wiesbaden 1991, S. 61.

Deutscher Anti-Amerikanismus in den Zwanzigerjahren

Klaus Schwabe

I.

„Kein Blut für Öl“, ist auf einer inzwischen etwas verwitterten Inschrift an einem Aachener Hochschulinstitut zu lesen. Sie stammt aus dem Golfkrieg des Jahres 1991, der in unseren Tagen erneut aktuell geworden ist – aktuell nicht nur in dem Sinne, dass sich die Vereinigten Staaten wieder in einem Konflikt mit dem irakischen Staatschef Saddam Hussein befinden, – aktuell auch, weil die Kriegsgefahr im Nahen Osten in Deutschland erneut den Anlass zu einem bisweilen sogar amtlich abgesegneten und provozierten Ausbruch anti-amerikanischer Stimmungen geliefert hat. In den USA sind diese Gefühlsausbrüche 1991 weithin auf Unverständnis gestoßen. Hatte Amerika das verdient, so fragte man, nachdem es gerade entscheidend zur deutschen Wiedervereinigung beigetragen hatte? Erkannten die protestierenden Deutschen nicht, dass sie gegen eine militärische Maßnahme der amerikanischen Regierung Stimmung machten, die sich einerseits gegen einen menschenverachtenden Diktator richtete und andererseits ureigenste deutsche Ölversorgungsinteressen mit wahrnahm? In unseren Tagen ist in Amerika aus diesen verwunderten Fragen vielfach ein verbittertes Kopfschütteln geworden – auf jeden Fall innerhalb der Regierung des Präsidenten Bush, aber auch in einer breiteren Öffentlichkeit. „Keine andere Gesellschaft“, so behauptete kürzlich der deutsch-amerikanische Literaturwissenschaftler Hans Ulrich Gumbrecht, „missverstehe“ „ähnlich stolz und ähnlich konsequent ihren eigenen Antiamerikanismus als Ausübung nationaler Souveränität“.[1] Dieses pauschale Verdikt dürfte überzogen sein. Immerhin zeigt es, dass das Thema „deutscher Anti-Amerikanismus“ zurzeit auf beiden Seiten des Atlantiks wieder in aller Munde ist. Historisch gesehen, erhält es in zweierlei Hinsicht eine zusätzliche Brisanz – zum einen in Erinnerung an die Erfahrung des 20. Jahrhunderts, in dem ein regierungsamtlich gesteuerter deutscher Anti-Amerikanismus mit den beiden Kriegen zusammenfiel, die Deutschland gegen die USA führte,- zum anderen angesichts der Tatsache, dass das gegenwärtige Deutschland ohne das Eingreifen der USA in seine Geschichte nicht vorstellbar ist, – nicht vorstellbar ohne den amerikanischen Beitrag zur Befreiung der Deutschen von der Diktatur Hitlers, ohne die Hilfe der USA bei der Wiederherstellung einer neuen deutschen Staatlichkeit und ohne die maßgebliche Rolle Amerikas bei der deutschen Wiedervereinigung nach der Wende von 1989/90.[2] Eine öffentliche deutsche Distanzierung von Amerika besitzt bei den engen Bindungen, die das 20. Jahrhundert zwischen beiden Staaten hinterlassen hat, somit eine besondere Qualität. Die historischen Wurzeln dieser deutschen Distanzierung von den Vereinigten Staaten erläutern zu helfen, ist das Ziel der nachfolgenden Skizze.[3]

1 Hans Ulrich Gumbrecht, Wie man einen Frieden verkauft, FRANKFURTER ALLGEMEINE, 4.10.2002, S. 35

2 Vgl. dazu u.a. Steven F. Szabo, Die USA und die deutsche Wiedervereinigung, in: Detlef Junker u.a., Hg., *Die USA und Deutschland im Zeitalter des Kalten Krieges.* Ein Handbuch Bd. 1 1945-1968, Stuttgart 2001, S.163-176.

3 Für eine ausführliche Dokumentation und Literaturnachweise vgl.den 1976 vom Verf. veröffentlichten Aufsatz:Anti-Americanism within the German Right, 1917-1933, in: AMERIKA-STUDIEN, Jg. 21, H.1, 1976, S.89-107. Frühere Literatur: Peter Berg, *Deutschland und Amerika 1918-1929*, Lübeck 1963. Aus jünge-

Dabei gilt es zunächst klarzustellen, was mit „Anti-Amerikanismus“ gemeint ist.

Offensichtlich geht es dabei nicht um die Resultate einer wissenschaftlichen Beschäftigung mit den Vereinigten Staaten von Nordamerika und ebenso wenig um eine gezielte Kritik an konkreten politischen Entscheidungen einer bestimmten amerikanischen Regierung oder um eine auf präzisen Faktenrecherchen beruhende kritischen Analyse von bestimmten Aspekten der amerikanischen Politik oder Gesellschaft – etwa den bekannten Mängeln des sozialen Netzes in Amerika. Unter Anti-Amerikanismus wird hier vielmehr eine von einer breiteren Öffentlichkeit getragene Haltung verstanden – eine Haltung, die mehr gefühlsbestimmt als seriös informiert ist, eine Stimmung vor allem, der es nicht auf bloße Orientierung ankommt, sondern die ein Feindbild aufbauen will, um einem bestimmten aktuellen politischen Zweck zu dienen. Derartige Cliché-besetzte nationalistische Vorurteile gab und gibt es natürlich nicht nur zwischen Deutschland und Amerika, sondern auch zwischen anderen Nationen und Gesellschaften – so etwa zwischen den Japanern und einigen ihrer Nachbarn oder zwischen Juden und Arabern. Natürlich ist auch das amerikanische Volk selbst in seiner Geschichte vor derartigen Anti-Haltungen nicht gefeit gewesen. Ein bekanntes Beispiel liefert die Kampagne gegen alles Deutsche in den rund achtzehn Monaten, als Amerika im 1917/18 am Krieg gegen Deutschland teilnahm.[4]

Man muss nun einräumen, dass die Grenzen zwischen einem Anti-Amerikanismus in dem hier gebrauchten Sinn und einer sachlich oder gar wissenschaftlich fundierten Kritik an den Vereinigten Staaten bisweilen fließend sein können. Die gegenwärtige Kritik an der Reaktion der Regierung des Präsidenten George W. Bush auf den Terrorakt des 11. September 2001 mit ihrer Verteufelung ganzer Staaten liefert dafür ein gutes Beispiel. Aber ein einigermaßen deutliches Unterscheidungsmerkmal zwischen pauschalem Anti-Amerikanismus und informierter Amerika-Kritik gibt es doch: Jede verantwortungsbewusste und reflektierte Amerika-Kritik wird sich auf konkrete Erscheinungen des politischen oder wirtschaftlichen Lebens der USA konzentrieren, wird sich dabei aber hüten, derartige Einzelbeobachtungen, ohne weitere konkrete Sachkenntnis abgesichert, zu verallgemeinern. Der Anti-Amerikanismus hingegen kennt derartige methodische Skrupel nicht. Sein Verfahren ist simpler: Er greift einen aus seiner Sicht verdammenswerten Aspekt Amerikas heraus und konstruiert aus diesem dann ohne weitere Umschweife ein umfassendes Feindbild der Vereinigten Staaten als Staatswesen oder, noch weiter ausgreifend, als Ausdruck einer bestimmten Weltanschauung oder Kultur. Was dabei herauskommt, ist natürlich ein Zerrbild, das mit der amerikanischen Wirklichkeit nicht mehr viel zu tun hat, – ein Zerrbild, das dennoch solange Teil eines populären Geschichtsbildes werden kann, wie es nicht durch die Ergebnisse wissenschaftlicher Forschung widerlegt und schließlich verdrängt wird.

Die folgenden Bemerkungen beschränken sich auf die Zeit der Weimarer Republik. Es wird nacheinander von einem eher politisch und einem eher kulturkritisch motivierten Anti-Amerikanismus und dessen Trägern die Rede sein. Abschließend wird nach den Ursachen für die Verbreitung dieser historischen Anti-Amerikanismen und nach ihrer heutigen Bedeutung gefragt. Es wird sich dann zeigen, dass der deutsche Anti-Amerikanismus der Zwanzigerjahre seiner Herkunft nach kein amerikanisches, sondern im Grunde ein genuin deutsches Problem gewesen ist. Dieses Phänomen eröffnet dann einen kurzen abschließenden Ausblick auf die jüngste Vergangenheit.

rer Zeit vgl. Dan Diner, *Verkehrte Welten.* Der Antiamerikanismus in Deutschland. Ein historischer Essay, Frankfurt 1993, und Gesine Schwan, Das deutsche Amerikabild seit der Weimarer Republik (Aus Politik und Zeitgeschichte. Beilage zu: DAS PARLAMENT) , Nr. B 26/86, 28. Juni 1986, S.3-15.

4 Dazu jetzt die Monographie von Jörg Nagler, *Nationale Minoritäten im Krieg.* „Feindliche Ausländer“ und die amerikanische Heimatfront während des Ersten Weltkrieges, Hamburg 2000.

II.

Unser Thema hat eine lange Vorgeschichte. Obwohl bis ins späte 19. Jahrhundert hinein zwischen Deutschland und Amerika hinein eine mehrwöchige Seefahrt lag und die Neue Welt dem zeitgenössischen Erfahrungshorizont noch fern lag, gab es (neben einer Amerikabegeisterung) eine pauschale deutsche Amerika-Kritik im Grunde schon so lange, wie Amerika als selbstständige Nation existierte. Hannoversche Publizisten bewährten sich als gehorsame Untertanen seiner britischen Majestät, wenn sie die amerikanischen Unabhängigkeitsbestrebungen verurteilten. Eine wenig differenzierende deutsche Kulturkritik an Amerika gibt es seit dem frühen 19. Jahrhundert. Heinrich Heine ist nur ein Beispiel unter vielen. Wie dichtete er doch?

> „Manchmal kommt mir in den Sinn, nach Amerika zu segeln, nach dem großen Freiheitsstall, der bewohnt von Gleichheitsflegeln – doch es ängstigt mich ein Land, wo die Menschen Taback käuen, – wo sie ohne König kegeln, wo sie ohne Spucknapf speien“[5].

Im amerikanischen Sezessionskrieg stand das liberale Bürgertum in Deutschland in der Regel auf Seiten des Nordens der USA und verurteilte die Südstaaten. Doch gab es auch Publizisten, die die Sache des Adels vertraten und von daher gegen den Norden polemisierten. Der gesellschaftliche Standort des jeweiligen Amerika-Beobachters beeinflusste also seine Haltung zum amerikanischen Bürgerkrieg.[6]

Politisch maßgebliches Gewicht erlangten anti-amerikanische Strömungen im politischen Denken der Deutschen erst in unserem Jahrhundert, als deutsche und amerikanische Interessen in der Welt aufeinander stießen. Wirklich massenwirksam war dies erst seit dem Ausbruch des Ersten Weltkrieges der Fall. Amerika blieb bekanntlich zunächst neutral. Dennoch war sein Eingreifen in den Konflikt zu befürchten, falls Deutschland seinen Handelskrieg mit U-Booten in einer Weise führte, welche die Interessen der USA als Handelsmacht beeinträchtigte. Es gab gewichtige Stimmen im damaligen Deutschland, die davor warnten und sich unbedingt gegen eine Politik aussprachen, mit der sich Deutschland auch noch die Gegnerschaft der USA auf den Hals zog. Doch dies war eine Minderheit. Die Mehrheit, die sich auf die Rechtsparteien und das Militär stützte, denunzierte die USA als eine Deutschland ohnehin feindlich gesonnene Macht, die über kurz oder lang auch ohne deutsche „Mithilfe“ in den Krieg der Entente-Mächte gegen Deutschland eingreifen würde – als ein nur zum Scheine neutraler Gegner Deutschlands, den die deutsche Führung wegen seiner militärischen Schwäche ohnehin vernachlässigen könne. In diesem Feldzeug gegen das, was man als amerikanische Scheinneutralität verurteilte, und dann, seit April 1917, in der Propagandakampagne gegen die Vereinigten Staaten als gegen Deutschland Krieg führende Macht lagen die Ursprünge des politischen deutschen Antiamerikanismus der Zwanzigerjahre.

Vor allem als im April 1917 die Vereinigten Staaten gegen Deutschland in den Krieg eintraten, drang dieser Antiamerikanismus bis in die gemäßigte Linke vor. Jetzt machte selbst der berühmte linksliberale Theologe Adolf von Harnack den „plutokratischen Charakter“ der USA für deren antideutsche Haltung verantwortlich. Er und einige seiner Gesinnungsgenossen wie Ernst Troeltsch und Friedrich Meinecke proklamierten das Ideal einer „deutschen Freiheit“ als Alternative zu der platten und außenpolitisch gleichmacherischen Ideologie der amerikanischen Demokratie.[7]

5 Ernst Fraenkel, *Amerika im Spiegel des deutschen politischen Denkens*, Köln 1959, S. 106.

6 Günter Moltmann, Deutscher Anti-Amerikanismus heute und früher, in: Otmar Franz. Hg., *Vom Sinn der Geschichte*, Stuttgart 1976, S. 85-105, S. 87f.; Manfred Henningsen, Das Amerika von Hegel, Marx und Engels. Zur Genealogie des europäischen Anti-Amerikanismus, in: ZEITSCHRIFT FÜR POLITIK, Jg. 20,3 September 1973, S. 225-251.

7 Adolf v. Harnack, Wilsons Botschaft und die deutsche Freiheit, in: Bund deutscher Gelehrter und Künstler, Hg., *Die deutsche Freiheit*, Gotha 1917, S. 13 f. Vgl. dazu Reinhard Doerries, Woodrow Wilson: The View

Nach der deutschen Niederlage von 1918 und der Überwindung der ersten Krisenjahre der Weimarer Republik verbesserten sich dann die Beziehungen zwischen den USA und der Weimarer Republik rasch und nachhaltig. Im Nachhinein hat man mit Recht von einer „Stabilisierungspolitik" Amerikas gegenüber dem republikanischen Deutschland gesprochen.[8] Ungeachtet dieser Annäherung blieb ein Anti-Amerikanismus unterschiedlicher Spielart im Deutschland der Weimarer Republik bestehen, und es erhebt sich sogleich die für alles Weitere entscheidende Frage, wie es zu erklären ist, dass es die enge deutsch-amerikanische Interessengemeinschaft, die sich in jenen Jahren herausbildete, nicht hat verhindern können, dass ein populistischer und intellektueller Anti-Amerikanismus in Deutschland fortlebte. Warum hielt sich in der Weimarer Republik ein wortmächtiger Antiamerikanismus, wo doch gleichzeitig amerikanische Kredite die Wiederherstellung der Industriegroßmacht Deutschland finanzieren halfen? Tatsache ist, dass der aus dem Kriege stammende Anti-Amerikanismus das Kriegsende überdauert hatte; ja er überlebte bis zum Ende der Weimarer Republik und darüber hinaus.

Im Mittelpunkt dieses Feindbildes stand die Persönlichkeit des amerikanischen Kriegspräsidenten Woodrow Wilson. An diesen hatte sich die deutsche Regierung anfang Oktober 1918 in höchster militärischer Not gewandt und um Vermittlung eines Waffenstillstandes und eines Friedens ersucht, der auf dem amerikanischen Friedensprogramm gründete, das Wilson anfang 1918 in seinen berühmten Vierzehn Punkten bekannt gegeben hatte. Ganz offenkundig war es der Wunsch der damaligen deutschen Führung, mit Hilfe dieses relativ maßvollen Friedensprogrammes den Folgen des verlorenen Krieges entgehen zu können.[9] Der Versailler Frieden enttäuschte diese Illusionen: Er wurde, wie die deutsche Öffentlichkeit fand, ein Diktat der Sieger. Hier setzte die Propaganda der deutschen Rechten an, wie man sie in den Organen des Alldeutschen Verbandes und anderer rechtsradikaler Organisationen nachlesen kann. Die extreme Rechte hatte während des ganzen Krieges vor den „Sirenengesängen" des amerikanischen Präsidenten gewarnt: Wilsons Versprechen einer maßvollen Behandlung eines friedfertigen und demokratisierten Deutschlands sei ein bloßer „Schwindel", Deutschland, so forderte man bis in die letzte Kriegszeit hinein, solle weiterkämpfen und nicht seine Waffen im Vertrauen auf die Versprechungen Wilsons niederlegen.[10]

Als dies dann am 11.11.1918 doch geschah und als nach wenigen Monaten die Friedensbedingungen dann wirklich nicht so aussahen, wie man dies auf Grund der Zusagen Wilsons erwarten zu können meinte, konnte die Rechte gegenüber den deutschen Mittel- und Linksparteien, die die Anrufung Wilsons befürwortet hatten, nur Schadenfreude empfinden. Versailles hatte, so stellte sie triumphierend fest, ihren Warnungen Recht gegeben. Der Anti-Amerikanismus, in dessen Mittelpunkt die Person Woodrow Wilsons stand, wurde so eine Variante der berühmten Dolchstoßlegende[11]: Die deutsche Linke, so hieß es, war Wilson auf den Leim gegangen, sie hatte die Waffen gestreckt und obendrein noch die deutsche Revolution entfesselt und damit die Voraussetzungen für den alliierten Diktatfrieden geschaffen, der dem nun wehrlosen Deutschen auferlegt wurde. Wilson seinerseits und die Drahtzieher, die in Amerika hinter ihm standen, hätten die gutgläubigen deutschen Demokraten zu ihrem „Dolchstoß" aufgehetzt. Er war damit der eigentliche Urheber des Unglücks geworden, das mit dem verlorenen Krieg über Deutschland hereingebrochen war. Die Rechte rühmte sich, diesen

from Germany, in: Guido Müller,Hg., *Deutschland und der Westen.* Festschrift für Klaus Schwabe, Stuttgart 1998, S.95.

8 Werner Link, *Die amerikanische Stabilisierungspolitik in Deutschland 1921-32*, Düsseldorf 1970.

9 Klaus Schwabe, *Woodrow Wilson.* Revolutionary Germany and Peacemaking, 1918-1919, Chapel Hill 1985, S. 30 ff.

10 Ernst Fraenkel, Das deutsche Wilsonbild, in: JAHRBUCH FÜR AMERIKASTUDIEN, Bd.5, 1960, S.66-120, hier S.69-72. Charakteristisch die Schrift des alldeutschen Historikers Dietrich Schäfer, *Die Vereinigten Staaten als Weltmacht,* Berlin 1917. Vgl. auch Klaus Schwabe, *Wissenschaft und Kriegsmoral.* Die deutschen Hochschullehrer und die politischen Grundfragen des Ersten Weltkrieges, Göttingen ,1969, S.99 ff.

11 So schon Fraenkel, Das deutsche Wilsonbild, S.119.

amerikanischen „Betrug“ immer schon vorausgesagt zu haben. Sie sah ihr Urteil über Amerika als eine moralisch diskreditierte Weltmacht bestätigt.[12]

Nach dem Bekanntwerden der Bedingungen des Versailler Friedens breiteten sich diese Ressentiments gegenüber dem amerikanischen Kriegspräsidenten bis weit über die deutsche Rechte hinaus. Friedrich Nauman, einer der profiliertesten Vertreter der bürgerlichen Mitte, sah in dem von Wilson gestifteten Völkerbund lediglich die Verewigung der Ausbeutung der „Heimarbeiternationen“ durch die Herrschaftsvölker.[13] Und mit Wilson wurde ganz Amerika für die demütigende Niederlage Deutschlands verantwortlich gemacht.[14] Wie gängig der deutsche Wilson-Hass war, zeigte sich bei dessen Tod im Jahre 1924, als sich die deutsche Botschaft in Washington anfangs weigerte, aus diesem Anlass auf Halbmast flaggen zu lassen.[15] Freilich, Wilson mit den USA identifizieren konnte man zu diesem Zeitpunkt beim besten Willen nicht mehr; denn bei den Wahlen des Jahres 1920 hatte sich die große Mehrheit der Amerikaner von der Partei Wilsons losgesagt und den Republikanern zugewandt. Sie hatten gegen Wilson gestimmt, weil sie die von ihm inspirierte Versailler Friedensordnung – vor allem den Völkerbund – ablehnten.

Trotzdem überlebte der politische Anti-Amerikanismus in Deutschland das politische Ende Woodrow Wilsons, und zwar sowohl auf dem rechten als auch auf dem linken Spektrum der politischen Szene. Die Basis des Anti-Amerikanismus auf Seiten der deutschen Rechten wurde freilich schmaler. Selbst die DNVP, die traditionelle deutsche Rechtspartei, mäßigte allmählich ihren Ton gegenüber den USA.[16]

Eine unvermindert radikal anti-amerikanischer Tendenz hielt sich nur in den Publikationen der *extremen* Rechten, zu deren Sprechern die Deutschvölkische Freiheitspartei und der Alldeutsche Verband gehörten. Hier festigte sich die Vorstellung von Amerika als einer Finanzsupermacht, die mit finanziellen Mitteln Deutschland in ihre Abhängigkeit zu bringen suche. In diesem Sinne lesen wir denn auch in den Publikationen der extremen Rechten während der ganzen Zwanzigerjahre von den Gefahren des amerikanischen Imperialismus und seiner Einmischung in die inneren Angelegenheiten Deutschlands, ja sogar von der Möglichkeit, dass Amerika einen neuen europäischen Krieg vom Zaune bräche.[17] Neu war die Verbindung zwischen Anti-Amerikanismus und Anti-Semitismus – Amerika galt jetzt als „Judenstaat“, als Führer der „Gelben Internationale“, der Amerikanismus als „geronnener Judengeist“[18]. Neuartig waren auch, vor allem in den späten Zwanzigerjahren unter dem Eindruck der Wirtschaftskrise, antikapitalistische Nebentöne, mit denen Autoren der Rechten an die „stolze Arbeiterbewegung“ in Deutschland appellierten, sich doch nicht von diesem „Neu-Judäa“ tributpflichtig machen zu lassen.[19] Damit wurde auf den Young-Plan zur Regelung der Reparationsfrage angespielt. Als Versuch der Kolonisierung Deutschlands durch den Dollarimperialismus fand dieser Plan auf rechtsextremer Seite ebenso wenig Gnade, wie zuvor der Dawes-Plan. Deutschland, so hieß es, sollte es sich nicht gefallen lassen, von Amerika wie jede x-beliebige Bananen-Republik behandelt zu werden.[20]

Warnungen vor den Machenschaften des amerikanischen Imperialismus waren nicht allein die Sache zweitrangiger Journalisten der rechtsextremen Szene. Auch hoch angesehene Ge-

12 Fraenkel, Das deutsche Wilsonbild, S.89 f.
13 Diner, Verkehrte Welten, S. 71.
14 So z.B.J.Dietwin, in: ALLDEUTSCHE BLÄTTER, Jg. 3o,1920, 27.3.192o, Seitenangabe nicht zu ermitteln.
15 Fraenkel, Das deutsche Wilsonbild, S. 83 ff.
16 Link, Stabilisierungspolitik, S. 311.
17 Sell, ALLDEUTSCHE BLÄTTER, Jg. 39,1929, S.2o.
18 Otto Bonhard, Jüdische Weltherrschaft, Berlin 1928, S.135, u. DER HAMMER Nr.665, 1930, S.121
19 DER HAMMER, Nr. 665, 193o, S.121.
19 Manfred Sell, Der nordamerikanische Imperialismus, ALLDEUTSCHE BLÄTTER, Jg. 38, 1928, S. 20 f.; Eckart Weinreich, Amerikanischer Kredit als nationale Gefahr, in: DEUTSCHLANDS ERNEUERUNG, Bd. 15, 1931 , S. 205 f.

lehrte und Intellektuelle müssen erwähnt werden, die diese Angstkampagne anfachen halfen – Historiker wie Eduard Meyer, der die pax americana nach dem Ersten Weltkrieg mit dem römischen Weltreich verglich, oder Carl Schmitt und Oswald Spengler, die beide das Schreckgespenst einer allein materialistisch motivierten amerikanischen Weltherrschaft an die Wand malten.[21]

Während der Kampagne gegen den Young-Plan machte ein rechtsradikaler Parteiführer im ganzen damaligen Deutschland zum ersten Male von sich reden, der es bis dahin nur zu lokaler Berühmheit gebracht hatte: Adolf Hitler. Blickt man auf dessen öffentliche Äußerungen aus den frühen Zwanzigerjahren, so stößt man zunächst auf ein getreues Echo der antiamerikanischen Klischees, die wir in der sonstigen rechtsradikalen Publizistik gefunden haben: Auch Hitler sah in dem Kriegseintritt der USA das Ergebnis von Machinationen der amerikanischen Hochfinanz. Seine Feindseligkeit gegen Woodrow Wilson, einen „moralischen und physischen Syphilitiker" und Betrüger, der mit seinen scheinheiligen Versprechungen die Deutschen zum Niederlegen ihrer Waffen beschwatzt habe, steigerte sich in den Jahren nach Kriegsende zu einer fixen Idee.[22] Wie in anderen rechtsradikalen Traktaten erscheinen auch bei ihm die USA als Hauptexponenten des räuberischen internationalen Großkapitals, das sich mit seinen Anleihen auch Deutschland zu unterjochen anschicke. Den Young-Plan sah er in einer Linie mit den Leidensstationen der Erfüllungspolitik der „Novemberverräter" von Versailles bis Locarno.[23]

Natürlich trug sein Anti-Amerikanismus auch betont antisemitische Züge. Doch gerade hier besaß dieser eine originelle Note: Hitler sah im Aufbau der Vereinigten Staaten durchaus eine Leistung der nordischen Rasse, die den nordamerikanischen Großraum geschaffen hatte – eine Leistung, die er auch im technologischen Sinne für ein zukünftiges Deutschland als unbedingt vorbildlich betrachtete und die, wie er fand, die USA durch ihre Einwanderungsgesetze auch weiterhin ausbaute.[24] Diesem Erbe stand freilich der Einfluss gegenüber, den die jüdische Minderheit in den USA gewonnen hatte. Als Großraum und gleichzeitig potenzieller Exponent der sowohl demokratisch als auch bolschewistisch orientierten „jüdischen Weltanschauung" erschienen ihm die USA daher als ein besonders gefährlicher Gegner Europas und Deutschlands; und nur wenn Deutschland sich seinerseits den eurasischen Doppelkontinent untertan mache, sei es in der Lage, diesem Gegner die Stirn zu bieten.[25] Als „absoluter Gegner" tauchen die USA bei ihm schon in einer Rede vom Dezember 1919 auf.[26] An der fixen Idee, dass Deutschland als Führer Europas eines fernen Tages den Kampf um die Weltherrschaft mit den USA werde ausfechten müssen, hat Hitler dann bis in den Zweiten Weltkrieg hinein festgehalten.[27] Sein Chefideologe, Alfred Rosenberg, unterfütterte seinen Anti-Amerikanismus mit konservativ-kulturkritischen Argumenten.[28]

Der Anti-Amerikanismus der radikalen deutschen Rechten in der Weimarer Republik besaß seine Entsprechung bei der extremen Linken. Der Trennungsstrich, an dem sich hier die Gemüter schieden, verlief seit der November-Revolution zwischen der Mehrheit der USPD ei-

21 Oswald Spengler, Jahre der Entscheidung, München 1933, S. 47, 49-51, 130,139; Carl Schmitt, USA und die vökerrechtlichen Formen des modernen Imperialismus, in: AUSLANDSTUDIEN, Jg. 8, 1933, 124-128. 132, 137- 140.

22 Dazu zuletzt Philipp Gassert, Amerika im Dritten Reich. Ideologie, Propaganda und Volksmeinung 1933-1945, (TRANSATLANTISCHE HISTORISCHE STUDIEN, Veröffentlichungen des Deutschen Historischen Instituts Washington, DC, Bd.7), Stuttgart 1997, S. 35, 86.

23 Eberhard Jäckel, Axel Kuhn, Hg. *Hitlers Sämtliche Aufzeichnungen 1905-1924*, Stuttgart 1980, S. 148, 355, 373, 800, 890; Gassert, Amerika im Dritten Reich, S.89f.

24 Gassert, Amerika im Dritten Reich, S.90ff., 95ff.

25 Gerhard Weinberg, Hg., *Hitlers Zweites Buch.* Ein Dokument aus dem Jahre 1928, Stuttgart 1961, S. 218.

26 Jäckel, Hg., Hitlers Sämtliche Aufzeichnungen, S.96.

27 Gerhard Weinberg, Hitler's Image of the United States, in: AMERICAN HISTORICAL REVIEW, Jg.69, 1964, S.1006 -1021, 1008f.; Gassert, Amerika im Dritten Reich, S.88f.

28 Gassert, Amerika im Dritten Reich, S.101.

nerseits und dem Spartakusbund bzw. der KPD andererseits: Die USPD war in vieler Hinsicht die eigentliche „Wilson"-Partei im damaligen Deutschland und hatte zu den eifrigsten Fürsprechern einer deutschen Außenpolitik gehört, die sich an den von Wilson verkündeten Idealen von Demokratie und Selbstbestimmung orientierte.[29] Demgegenüber sahen die Spartakisten bzw.Kommunisten in dem amerikanischen Programm einer liberal-demokratischen Weltordnung den eigentlichen und wirkungsvollsten Widersacher, wenn es um die Verwirklichung ihrer eigenen Hoffnungen auf eine proletarische Weltrevolution ging. Wilson galt ihnen als Agent kapitalistischer Interessen.[30]

Mit dessen Scheitern und der amerikanischen Distanzierung vom Völkerbund und von Europa wurde es in der kommunistischen Propaganda gegen die USA etwas stiller. Sie flammte wieder auf, als Amerika 1924 als „Pate" des Dawes-Plans zur Regelung der deutschen Reparationszahlungen in Europa wieder in Erscheinung trat. Jetzt lesen wir in Aufrufen der KPD wieder von den „Räuberkommissaren des amerikanischen Kapitals", denen auch der Griff nach dem sowjetischen Arbeiterstaat zugetraut wurde, um die Herrrschaft des Proletariats zu verhindern.[31] Der Dawes-Plan galt als Versuch der ohnehin einzigartig skrupellosen Imperialmacht USA, Deutschland wie die lateinamerikanischen Staaten in eine Kolonie mit billigen Arbeitskräften zu verwandeln[32]

Ähnlich wurde 1929 gegen den Young-Plan polemisiert. Zusammen mit den europäischen Westmächten erschien Amerika aus kommunistischer Sicht damit schon in den Zwanzigerjahren als Verkörperung des von Lenin zuerst durchschauten internationalen Finanzkapitalismus – in letzter Instanz als der eigentliche Kriegstreiber, der auf Geheiß der Waffenindustrie im eignen Lande handelte. Die Parallele zu den Stereotypen der extremen Rechten ist unübersehbar: Beidemale erschienen die USA als Haupthindernis auf dem Wege zur Erfüllung der Kernziele rechts-und linksradikaler Politiker und Ideologen, bei der Linken der Weltherrschaft des Proletariats, auf der Rechten der Rückkehr Deutschlands zu einer nach allen Seiten unabhängigen Weltmacht. Aus beiden Perspektiven heraus erhielt Deutschland die Rolle des ausgebeuteten Arbeiters im Widerstand gegen seine kapitalistisch-imperialistischen Ausbeuter.[33] Rechts- und Linksradikalismus trafen sich auf einer gemeinsamen Ebene vor allem während der Besetzung des Ruhrgebietes durch die Sanktionsmacht Frankreich in den Jahren 1923/24. Sogar antisemitische Nebentöne waren in dieser Kampagne der KPD zu hören.[34]

In dem Maße, wie der Protest gegen das Versailler „Diktat" etwas in den Hintergrund trat, wurde der politische Anti-Amerikanismus im Deutschland der Zwanzigerjahre im Wesentlichen eine Sache der extremen Rechten und Linken. Das schloss nicht aus, dass auch im Bereich der gemäßigten sozialistischen und der bürgerlichen Linken das Verhältnis zu den USA bisweilen ambivalent war. Manch sozialistischer Fürsprecher Wilsons konnte es nicht verwinden, dass der Versailler Frieden so gar kein amerikanischer – das heißt für Deutschland glimpflicher – Friede geworden war. Der Ruhrkampf legte dann auch für Rechtssozialisten die Parallele zum Verhalten der imperialistischen USA zu den mittelamerikanischen Zwergrepubliken – ein immer wieder gebrauchter Vergleich! – nahe, und dies ungeachtet der Tatsache, dass die amerikanische Regierung die französische Ruhraktion in Wirklichkeit missbilligte.[35] Darüber hinaus blieben die USA aus dieser Sicht, die zum Beispiel die Soziologin Charlotte Lütkens vertrat, das Land des Kapitalismus par excellence und obendrein noch ein Land ohne

29 Fraenkel Das deutsche Wilsonbild, S. 75 f., 77.
30 Fraenkel Das deutsche Wilsonbild, S.76; Diner, Verkehrte Welten, S.69.
31 Marx-Engels-Lenin-Institut des ZK der SED, *Zur Geschichte der Kommunistischen.Partei Deutschlands..* Eine Auswahl von Materialien und Dokumenten aus den Jahren 1914-46, 2.Aufl., Berlin 1955, S. 163,168.
32 Berg, Deutschland und Amerika 1918-1929, S.86 f.
33 Arthur Möller van den Bruck, *Das Recht der jungen Völker*, Berlin 1932, S.167; Diner, Verkehrte Welten, S.71.
34 Diner, Verkehrte Welten, S. 76 f.
35 Diner, Verkehrte Welten, S.78

nennenswerte politische Arbeiterbewegung. Sie bildeten damit eine Herausforderung an die Grundprämissen des „wissenschaftlichen Marxismus" und langfristig eine Gefahr für die Fortexistenz des Sozialismus in Europa.[36]

In die Amerika-Kritik der gemäßigten Linken – man zögert, sie pauschal als Anti-Amerikanismus zu bezeichnen – floss aber noch ein ganz anderes Element mit hinein. Es entstammte einem ästhetisierenden Individualismus, der sich mit den wirtschaftlichen Neuerungen des damaligen Amerika – Versandhäusern und neuartigen Reklametechniken – nur schwer anfreunden konnte. So persiflierte Kurt Tucholsky die neue Welt mit dem folgenden, dem vermeintlichen amerikanischen Geschmack nachempfundenen Werbespot: „Warum lächelt (...) Mona Lisa? Weil sie Hitkensons Verdauungstabletten genommen und damit ihre lästige Verstopfung beseitigt hat. Auch Sie können lächeln, wenn Sie (...)" usw. Nur Charlie Chaplin bildete nach dem Geschmack Tucholskys eine Oase in dieser Wüste. Diese Art von Anti-Amerikanismus sprach auch den deutschen Bildungsbürger an und erreichte damit eine weitaus größere Verbreitung als die anti-semitisch gefärbten anti-amerikanischen Traktate der politischen Extremparteien.

III.

Wir haben damit den zweiten Durchgang dieser Skizze erreicht, in dem ein Blick auf den kulturkritischen Anti-Amerikanismus im Deutschland der Zwanzigerjahre geworfen werden soll. Seine Wurzeln sind ebenfalls im Ersten Weltkrieg zu suchen. „Händler gegen Helden" hatte das Stichwort gelautet, mit dem deutsche Publizisten den Kampf Englands gegen Deutschland ideologisch begründeten. Dementsprechend wurde Amerika, als es in den Krieg eintrat, als eine Art Super-England geschmäht – gewissermaßen als „Super-Händler", dessen Interessen sich ausschließlich im Bereich des Materiellen bewegten. Dies, so wurde ausgeführt, machte in Amerika zum Beispiel die Existenz einer unparteiischen und interessen-ungebundenen Beamtenschaft, wie sie Deutschland besaß, überhaupt das Walten eines Staates über den Parteien, ebenso unmöglich wie die Durchsetzung individueller Erziehung und Bildung. Dieser kulturkritisch argumentierende Anti-Amerikanismus setzte sich bis in die Zwanzigerjahre hinein fort; ja er fand paradoxerweise erst jetzt in einer Zeit, in der die Weimarer Republik und die USA außenwirtschaftlich und außenpolitisch immer enger zusammenarbeiteten, seinen eigentlichen Höhepunkt. Dies war in mancher Weise eine Reaktion, darf man doch nicht vergessen, dass in die Zeit nach der Inflation, als das Reisen über den Atlantik wieder finanziell möglich geworden war, eine Art Neuentdeckung Amerikas durch die deutsche Publizistik und den deutschen Journalismus fiel. Diese Reiseschriftsteller ließen sich keineswegs immer von den Vorurteilen beeinflussen, die sich im Kriegsdeutschland gegenüber den USA festgesetzt hatten, sondern priesen Amerika und den Amerikanismus kulturell und gesellschaftlich in vieler Hinsicht als Vorbild für Deutschland. Dieses Loblied begann bei den modernen Fertigungsmethoden der amerikanischen Autoindustrie und endete bei der Chancengleichheit und dem Massenwohlstand, den Amerika zu gewährleisten schien.[37] Auf der anderen Seite konnte die kritische Reaktion auf eine derartige Amerikabegeisterung in manchem an die intellektuelle Selbstkritik anknüpfen, die zuvor in Amerika selbst geäußert worden war. Der Unterschied lag nur in der Tatsache, dass die inner-amerikanische Selbstkritik politisch eher links angesiedelt gewesen ist (zum Beispiel in der Person von H.P.Mencken), während sie in Deutschland eher

36 Istvan Deak, *Weimar Germany's Left-Wing Intellectuals*. A political History of the Weltbühne and its Circle, Berkeley 1968, S. 87-89; Gassert, Amerika im Dritten Reich, S.58, 77.

37 Berg, Deutschland und Amerika 1918-1929, S.99 ff. ,111 ff.; Gesine Schwan, Das deutsche Amerikabild seit der Weimarer Republik, S.11; Gassert, Amerika im Dritten Reich, S.56f.

von Autoren artikuliert wurde, die politisch der Rechten nahe standen. (Die „Weltbühne" als amerikakritisches Sprachrohr der Linken oder auch Bert Brecht bildeten eher Ausnahmen).[38]

Mit Blick auf die inneramerikanische Selbstkkritik fragte der kulturkritische deutsche Anti-Amerikanismus, ob es Deutschland wirklich nötig hätte, sich Amerika kulturell und politisch als Beispiel zu erwählen und es nachzuahmen. Adolf Halfeld, ein Journalist, der nach Kriegsende mehrere Jahre als Korrespondent des „Hamburger Fremdenblattes" in den USA tätig gewesen war, verneinte diese Frage mit besonderer Vehemenz. Sein 1927 erschienenes Buch „Amerika und der Amerikanismus. Kritische Betrachtungen eines Deutschen und eines Europäers" wurde ein Bestseller. Es kann bis heute als das umfassendste Kompendium des kulturkritischen deutschen Anti-Amerikanismus der Zwanzigerjahre gelten. „In Amerika", so lautete Halfelds Verdikt, „ist die Zivilisation des Massenmenschen mit äußerster Folgerichtigkeit verwirklicht worden. Hier ist gewiss etwas großartig Neues – eine Maschine, die mit unfehlbarer Präzision arbeitet, aber auch alle Nachteile der Maschine aufweist: Allherrschaft der Regel und Erstorbenheit des freien Willens."[39]

Amerika, so liest man weiter, sei geschichtlich geplant gewesen, es sei nicht organisch gewachsen; es verkörpere nach wie vor den mechanistischen Rationalismus des 18. Jahrhunderts. Eingepresst in diesen starren und intoleranten – bisweilen auch rassistischen – Traditionalismus habe das Individuum seine Kreativität verloren. Nivellierung, Uniformität und Stagnation – außer im Bereich der Technologie – seien die Folgen. Im politischen Bereich, so fuhr Halfeld fort, herrschten Korruption und Anarchie im Stile kommerzieller Konkurrenz. Physisch und ihrem Verhalten nach sei die Mehrheit der Amerikaner urbanisiert und degeneriert. Die Ideale einer agrarischen Demokratie, wie Jefferson sie hochgehalten habe, seien längst vergessen.[40] Einen Hoffnungsstrahl in diesem düsteren Bild ließe nur der Protest der amerikanischen Jugend gegen den selbstgerechten Traditionalismus ihrer Gesellschaft aufleuchten. Doch dieser Protest sei im Grunde von Idealen der „Alten Welt" inspiriert! Verglichen mit der deutschen „Kultur" hätten die Amerikaner ohnehin nur Errungenschaften im Bereich der „Zivilisation" aufzuweisen.[41] Viel von dem, was Hahlfeld verkündete, war schon vor ihm gesagt worden. Besser als seine Zeitgenossen verstand er es aber, die Berufung auf einen humanistischen Individualismus mit der Verherrlichung des starken „organischen" Staates zu verbinden. Dass er sich hier in einen tiefen Widerspruch verstrickte, erkannte er nicht: Die Erfahrung des totalen Staates lag noch vor ihm.

Halfelds Buch fand als „Grundwerk der Volksaufklärung" ein glänzendes Rezensionsecho. „War bisher Europa (...) der gute Engel Amerikas", so schrieb ein Mitarbeiter der jungkonservativen „Tat", „so mögen wir uns dringend hüten, Amerika oder das, was wir dafür halten, jenen reklamehaften, schreienden und rekordhastenden Amerikanismus zu unserem bösen Geist zu machen. Man verkauft seine Seele nicht um ein Linsengericht. Schließlich handelt es sich in der Idee überhaupt nicht mehr um das konkrete Amerika, sondern um die Frage, welche Art von von geistiger Kultur wir bejahen." Es gehe um nichts weniger als die Entscheidungsfrage Europa oder Amerika.[42] Mit ähnlicher Tendenz urteilte ein katholischer Rezensent Halfelds: „Wir wollen mit der amerikanischen Demokratie nichts zu tun haben".[43] Aus dieser immer weiter verbreiteten Sicht geurteilt, hatte sich ein unüberbrückbarer Abgrund zwischen deutscher spiritueller Kultur und amerikanischer degeneriert-materieller Zivilisation aufgetan.[44]

38 Diner, Verkehrte Welten,S.86 f.

39 Adolf Halfeld, *Amerika und der Amerikanismus*. Kritische Betrachtungen eines Deutschen und eines Europäers, Jena 1927, S. XVI . Über ihn auch Diner, Verkehrte Welten, S.80-82.

40 Halfeld, Amerika und der Amerikanismus, S.5-8. 25,32-36,46,53,57,64-69,75,147-151 163169.

41 Halfeld, Amerika und der Amerikanismus, S.175-179, 208, 247.

42 Alfred Ehrentreich, Americana, in: DIE TAT, Jg. 19, 2 (1927/28), S. 789, 792.

43 J.Hengsbach, Amerikanismus und Kultur, in: GELBE HEFTE, Jg.1929, S.902.

44 Diner, Verkehrte Welten, S.84..

IV.

Obwohl unterschiedlich verbreitet, hingen der kulturkritische und der politische Anti-Amerikanismus eng miteinander zusammen. Welche Ursachen erklären ihr Aufkommen und ihre Breitenausstrahlung? Wieweit und in welcher Form wirken sie bis in unsere Gegenwart fort und färben auf das populäre Geschichtsbild ab? Diesen beiden Fragen seien einige abschließende Bemerkungen gewidmet.

Nationalistische Vorurteile wachsen vielfach auf dem Boden der Ignoranz. Galt dies auch für den Anti-Amerikanismus der Weimarer Zeit? Erwuchs dieser schlicht aus einer unzureichenden Kenntnis der amerikanischen Wirklichkeit? Diese Frage ist zunächst zu verneinen. Nach dem Ersten Weltkrieg waren die Zeiten längst vorbei, in denen wie im 19. Jahrhundert Auswandererbriefe oder -romane die Hauptinformationsquelle der Öffentlichkeit über Amerika bildeten. War schon zu Beginn unseres Jahrhunderts ein Wissenschaftler-Austausch zwischen Deutschland und den USA allmählich in gang gekommen, so ist dieser nach dem Ersten Weltkrieg noch ausgeweitet worden. Auch die Amerikanistik als gesonderte wissenschaftliche Disziplin fand ersten Eingang an deutschen Universitäten.[45] Gleichzeitig konnte man jetzt, wie bereits gezeigt, von einer förmlichen „Neuentdeckung" Amerikas durch die deutsche Publizistik sprechen.[46] Vor allem wurde es selbstverständlich, dass sich die großen Tageszeitungen, aber auch rechtslastige Publikationsorgane direkt aus Amerika von ihren Korrespondenten bzw. „Experten" berichten ließen. Einer von diesen war Adolf Halfeld gewesen. Doch gerade er schrieb das Schlüsselwerk des deutschen Anti-Amerikanismus. Reine Unkenntnis lag einer anti-amerikanischen Ausrichtung also nicht notwendigerweise zu Grunde. Es ist deshalb nötig, sich nach anderen Wurzeln des deutschen Anti-Amerikanismus in den Zwanzigerjahren umzusehen.

Hier sind unter Zusammenfassung des zuvor Ausgeführten drei Hauptursachen hervorzuheben: Zum einen waren die Vereinigten Staaten als in Europa aktiv wirkende Macht aus der Sicht der damaligen Deutschen ein Eindringling von einer Neuartigkeit, die sich in eingefahrene Denkschemen nur schwer einpassen ließ. Ein Land ohne intellektuelle Elite, ohne Beamtenschaft, ein Land ohne politische Arbeiterschaft, ein Land, in dem nur materieller Erfolg als Kriterium für die gesellschaftliche Stellung galt und das wirtschaftlich in Europa immer mehr Fuß fasste – all das war nicht nur ein Novum, es war auch ein Ärgernis. Und ein noch größeres Ärgernis war es – und damit ist schon eine zweiten Wurzel des deutschen Anti-Amerikanismus der Zwanzigerjahre genannt –, dass der politische, kulturelle und wirtschaftliche Einfluss dieses Eindringlings auf Deutschland immer weniger übersehen werden konnte: Deutschland amerikanisierte sich selbst. Gemeint war damit in der Regel die Öffnung Deutschlands zur Modernen – in der Kunst (Bauhausstil), in der Wirtschaft (Rationalisierung), in der Politik (der Parteienstaat). Anti-Amerikanismus bedeutete also die Bekämpfung modernisierender Tendenzen in Deutschland, die aus der Sicht der Rechten nichts anderes als Verfallserscheinungen waren und in den Augen der Linken traditionelle marxistische Denkschemata sprengten. Nicht umsonst war gerade Oswald Spengler, der viel gelesene konservative Prophet eines Unterganges des Abendlandes, in besonders heftige anti-amerikanische Tiraden verfallen. „Amerika hat seine Seele verloren, und wir selbst sind drauf und dran, dem Beispiel der Amerikaner zu folgen", rief in diesem Sinne ein Kunsthistoriker aus.[47] Das konnte in zweierlei Weise verstanden werden – als Verlust geistiger Werte allgemein oder aber als Verlust der Identität des deutschen Volks.

45 Paradoxerweise wurden diese amerikakundlichen Ansätze erst in der Hitlerzeit verwirklicht (Gassert, Amerika im Dritten Reich, S.43, 120).
46 Earl R. Beck, *Germany rediscovers America*, Tallahassee 1968.
47 Beck, Germany rediscovers America, S. 243.

Und damit ist bereits die dritte und wohl wichtigste Wurzel des deutschen Anti-Amerikanismus der Zwanzigerjahre genannt: Amerikanische Einflüsse machten sich in einem Deutschland geltend, das das Trauma seiner Niederlage im Ersten Weltkrieg mit Inbrunst kultivierte. In diesem Kriege war es aus der Sicht der nationalistischen deutschen Propaganda nicht zuletzt um den Fortbestand der Eigenständigkeit des deutschen Volkes gegangen - in politischer, aber auch in kultureller Hinsicht. Nicht umsonst hatte man im Kriege die Parole von der „deutschen Freiheit" ausgegeben. Nach Kriegsende erschienen die USA trotz ihres partiellen Rückzuges aus Europa als die erdrückend einflussreiche Macht, die sich anschickte, die konservativ und ständisch verstandene deutsche Identität niederzuwalzen. Es galt also, einen scharfen Trennungsstrich zu ziehen zwischen der transatlantischen Supermacht und Deutschland, das seine Niederlage im Ersten Weltkrieg vor allem den USA zuschrieb. Indem man den Amerikanismus und dessen Einflüsse zurückwies, hoffte man, die historisch gewordene Eigenart des deutschen Volkes umso reiner erhalten zu können. Der Anti-Amerikanismus wurde ein deutsches Problem – ein Aspekt der „Ideologie des deutschen Weges".

Auf diese berief sich die deutsche Rechte auch immer, wenn sie die Weimarer Republik als undeutschen amerikanischen Importartikel verunglimpfte und bekämpfte.[48] Der Anti-Amerikanismus war also Bestandteil des antidemokratischen und antirepublikanischen Denkens im Deutschland nach dem Ersten Weltkrieg. Er diente nicht nur zur Diskreditierung der Weimarer Republik mit dem Ziele ihrer schließlichen Beseitigung, sondern sollte auch die Niederlage wettmachen, die Deutschland gegenüber der von Amerika vertretenen westlichen Welt erlitten hatte. Er sollte zugleich zu einer Revision des Friedens beitragen, der Deutschland im Namen dieser westlichen Welt aufgezwungen worden war. Hier lag zu allererst der politische Zweck der deutschen Anti-Amerikanismus.[49] Die politische Wirklichkeit – zum Beispiel die Tatsache, dass die USA Deutschland bei seinem Bemühen um eine Revision des Versailler Vertrages vielfach Rückendeckung gewährten – verfing demgegenüber aus der Sicht dieses rechtsradikalen Anti-Amerikanismus in keiner Weise. Hätte man diese Realität eines engen deutsch-amerikanischen Schulterschlusses anerkannt, hätte man der eigenen anti-amerikanischen Propaganda und deren Zielen die Grundlage entzogen.

Lässt sich der Anti-Amerikanismus der radikalen Linken in ähnlicher Weise erklären wie derjenige der Rechten? Politisch gesehen, kann man die Frage bejahen. Amerika als von außen hereinbrechende neuartige Realität stellte auch die Weltsicht des Marxismus-Leninismus und damit die Reinheit dieser politischen Heilslehre in Frage. Auch hier konnten nur Abgrenzungen sicherstellen, dass die Identität der kommunistischen Bewegung in Deutschland erhalten blieb. Es gab allerdings einen Unterschied: Dem kommunistischen Anti-Amerikanismus fehlte der Rückbezug auf die deutsche Nation, und von daher ist wohl auch zu erklären, weshalb die Kulturkritik an Amerika auf der kommunistischen Seite weniger ausgeprägt war, so dass einige der Rechten angehörenden Amerikakritiker wie zum Beispiel Oswald Spengler sogar eine Wesensverwandtschaft zwischen Amerikanismus und Bolschewismus konstruieren zu können glaubten.[50]

48 Vgl. z.B. Albrecht Haushofer, Amerika-Europa, in: DEUTSCHE RUNDSCHAU, Bd. 210 ,Febr. 1927, S.188; Richard Müller-Freienfels, Amerikanismus und europäische Kultur, in: DER DEUTSCHE GEDANKE, B.d.4, 1927, S.35.; Manfred Sell, Der nordamerikanische Imperialismus, in: ALLDEUTSCHE BLÄTTER, Jg. 39, Februar 1929, S.21; auch Halfeld, Amerika und der Amerikanismus, S. 246-250.

49 Besonders deutlich z.B. bei: Theodor Lüdecke, Amerikanismus als Schlagwort und als Tatsache,in: DEUTSCHE RUNDSCHAU , Bd. 222, März 1930, S. 222.

50 Z.B. Oscar A.H. Schmitz, Zwischen Amerikanismus und Bolschewismus, in: DIE ZEITWENDE, Jg. 4,1, 1928, S. 386 f., 397; Gassert, Amerika im Dritten Reich, S.84.

V.

Mittlerweile sind rund 70 Jahre vergangen. Die Deutschen haben sich nach 1945 sehr viel leichter mit den demokratischen Überlieferungen des Westens versöhnt, als dies nach 1918 der Fall gewesen war. Für eine „Ideologie des deutschen Sonderweges" und damit für einen auf dieser Grundlage argumentierenden Anti-Amerikanismus schien kein Raum mehr zu sein. Gewiss gab es Stimmen von (zum Teil von der Entnazifzierung betroffenen) unbelehrbaren Radikalkonservativen wie Hans Grimm, Ernst von Salomon oder Carl Schmitt, die eine Frontstellung gegen West und Ost mit kulturpessimistischer Zeitkritik verbanden. Doch wurden diese ewig Gestrigen in der Öffentlichkeit zusehends zu Randerscheinungen.

Ganz und gar nicht galt dies für die vom Vietnamkrieg ausgelöste massive Kritik, die eine neue, vielfach neomarxistisch orientierte Linke seit den mittsechziger Jahren den USA entgegenschleuderte. Gegenüber dem traditionellen deutschen Anti-Amerikanismus wies diese Protestbewegung sowohl bedeutsame Gemeinsamkeiten als auch deutliche Unterschiede auf. Der Anti-Amerikanismus der „Achtundsechziger" übernahm eine ganze Reihe von stereotypischen Schlagworten über den US-„Dollarimperialismus", die bereits in den Zwanzigerjahren geprägt worden waren. Vor allem teilte er mit seinem Vorgänger die Stoßrichtung gegen das vorherrschende politische „System" im eigenen Lande, überhaupt gegen den „bürgerlichen" Liberalismus und dessen Werte, sowie die Solidarisierung mit dem, was man vor 1933 als „Gemeinschaft der jungen Völker" bezeichnet hatte und was jetzt Dritte Welt genannt wurde.[51]

Davon abgesehen fallen aber gerade die Unterschiede zu den Zwanzigerjahren in die Augen: Die deutsche Bundesrepublik der späten Sechzigerjahre ist de facto erheblich nachhaltiger verwestlicht und damit amerikanisiert gewesen als die Weimarer Republik. Das führte dazu, dass der formale Gestus und die Argumentation dieses neuen linkslastigen Anti-Amerikanismus weit mehr als dessen Vorformen in den Zwanzigerjahren dem Vorbild eines inneramerikanischen Protestes folgten. Anti-Amerikanismus in Deutschland bedeutete jetzt oft die Gegenüberstellung eines besseren gesinnungsethisch protestierenden Amerikas, so wie man es verstand und vielleicht auch verehrt hatte, mit dem Amerika, das als „faschistoide" Militärmacht in Vietnam vorging und dabei moralisch bisweilen auf die Ebene Hitlerdeutschlands herabsank.[52] Insgesamt besaß der neue Anti-Amerikanismus als Breitenbewegung der Linken damit einen stärker politischen Fokus als der populäre mehr kulturkritisch argumentierende Anti-Amerikanismus der Zwanzigerjahre.

Schon in den Anti-Amerikanismus der „Achtundsechziger" mischten sich bisweilen – wie etwa in Rolf Hochhuths Schrift „Krieg und Klassenkrieg" – nationalistische Töne. In den beiden folgenden Jahrzehnten wurde dies noch deutlicher, wie sich an dem Protest gegen die Nachrüstung der Bundesrepublik in den Achtzigerjahren und an der Kampagne gegen den Golfkrieg von 1991 zeigen lässt. Nicht mehr die innere Ordnung der Bundesrepublik stand im Zentrum der Kritik, sondern deren Abhängigkeit von den Vereinigten Staaten. Die Berufung auf die westliche Wertegemeinschaft wurde jetzt als „Satellitenargot" beschimpft.[53]

Konnte die von vielen deutschen Grünen und dem linken Flügel der SPD getragene Friedensbewegung bis zur großen Wende von 1989/90 noch als Ermahnung an die beiden Su-

51 Dazu Claus Leggewie, 1968 - Ein transatlantisches Ereignis und seine Folgen, in: Junker u.a., Hg., Die USA und Deutschland im Zeitalter des Kalten Krieges, Bd. 2, S. 635; Frank Schumacher, Europäischer Amerikadiskurs zwischen kultureller und ökonomischer Amerikanisierungsangst. Ein Kommentar, in: Ursula Lehmkuhl u.a., Hg., *Kulturtransfer und Kalter Krieg* (Erfurter Beiträge zur Nordamerikanischen Geschichte 3/2000), Erfurt 2000, S.51-62.

52 Gassert, Gegen Ost und West, Antiamerikanismus in der Bundesrepublik, in: Junker u.a., Hg., *Die USA und Deutschland,* Bd. 1, S. 953; Leggewie, 1968 - Ein transatlantisches Ereignis, S.637; Schwan, Das deutsche Amerikabild, S.14; Friedrich Mielke, US Präsident Bush und der Antiamerikanismus, in: DIE POLITISCHE MEINUNG, Nr.392, Juli 2002, S.74.

53 Diner, Verkehrte Welten, S. 154.

permächte gerechtfertigt werden, so war dies nach dem Zusammenbruch der UdSSR nicht mehr möglich. Die Propaganda der Friedensbewegung konnte zur Zeit des Golfkrieges nur noch einen Gegner im Visier haben – die USA. Dass sie sogleich mit dem Beginn des Krieges losbrach, war umso bemerkenswerter, als die Erinnerung an die amerikanische Rückendeckung, der das neue Deutschland seine Vereinigung in nicht unerheblichem Maße verdankte, noch lebendig war. Doch konnte diese Dankesschuld gerade bei den Grünen und der entschiedenen Linken kaum ins Gewicht fallen, dachten diese doch mehr west- als gesamtdeutsch.[54]

Was die friedensbewegten Protestler der achtziger und frühen Neunzigerjahre getragen hatte, war die Ideologie eines westdeutschen Sonderweges, die dann auf das vereinigte Deutschland übertragen wurde. Dieses Deutschland, hieß es, dürfe nach den im deutschen Namen im Zweiten Weltkrieg begangenen Verbrechen auf keinen Fall mehr zu denWaffen greifen – ob nun im Auftrage der UN oder einer europäischen Organisation –, eben weil es sich im Zweiten Weltkrieg einzigartig schuldig gemacht habe. In der Verdammung des Konsumterrors, im Verdruss an dem Parteienstaat und gelegentlich auch in der Verherrlichung der untergegangenen so urig-gemütlichen Nischengesellschaft der Ex-DDR trug und trägt diese bis heute kultivierte neue Ideologie des deutschen Sonderweges wie ihre Vorgängerin der Zwanzigerjahre zugleich antimodernistische und anti-amerikanische Züge. Vielfach im Namen eines Kampfes gegen die Globalisierung agierend, richtete sie sich gegen jede praktische Solidarität Deutschlands mit dem Westen, an erster Stelle mit den Vereinigten Staaten.

Mit dem Terrorakt des 11. September 2001 und der von der Bundesregierung zugesicherten „uneingeschränkten Solidarität“ mit dem schwer getroffenen Amerika schien dies anders geworden zu sein. Doch nur ein Jahr danach war durch das unüberlegte Verhalten der Regierung Schröder im Wahlkampf des Spätsommers 2002 das Verhältnis des neuen Deutschland zu den Vereinigten Staaten wieder in Turbulenzen geraten und damit auch das Problem eines deutschen Anti-Amerikanismus wieder aktualisiert worden. Besonders fatal wirken musste die Weigerung des Bundeskanzlers, sich an Sanktionen auch der Vereinten Nationen im Nahen Osten zu beteiligen, wurde der Weltorganisation doch damit wie in anti-amerikanischen Pamphleten der Rechten unterstellt, statt eines international anerkannten Friedensgaranten lediglich der verlängerte Arm der USA geworden zu sein.[55] Dabei darf gewiss nicht ganz übersehen werden, dass die Regierung Bush für die Entgleisungen der jetzigen Bundesregierung nicht völlig unverantwortlich gewesen ist, weil sie auf die Nahostkrise in recht widersprüchlicher Weise – bald zum Alleingang entschlossen, bald wieder zur Einbindung in die Vereinten Nationen bereit – reagiert hatte.[56]

Auf jeden Fall fällt es heute wie in den Zwanzigerjahren vielen Deutschen schwer, die Aufgaben zu erkennen, die sich der gesamten westlichen Welt als Solidargemeinschaft stellen und die nur gelöst werden können, wenn auch das neue Deutschland die gemeinsamen Interessen und Werte der entwickelten Welt erkennt und sich nicht nur mit Worten, sondern auch mit Taten in deren Dienst stellt. Die gemeinsamen Wurzeln dieser westlichen Welt aber liegen in Europa *und* in Amerika.

54 Tilman Fichter, *Die SPD und die Nation*, Berlin 1993, S. 169 ff.; Diner, Verkehrte Welten, S.155 ff.; Joachim Fest, Nicht wie alle Welt. Immer wieder das deutsche Sonderbewußtsein. Aktuelle Anmerkungen zu einer Debatte von gestern, FRANKFURTER ALLGEMEINE, 13.6.1992 (Bilder und Zeiten),

55 Dies die Sicht des grünen Politikers Alfred Mechtersheimer, zitiert bei Diner, Verkehrte Welten, S.157 f.

56 Mielke, US Präsident Bush und der Antiamerikanismus, S. 76 f.

Zur Italien-Reise einer brandenburgisch-pommerschen Stahlhelm-Gruppe im November 1930. Ein Beitrag zu Renzettis Wirken

Josef Schröder

Am 4. November 1930 brach eine 26köpfige, aus brandenburgischen und pommerschen Stahlhelm-Führern und -Unterführern bestehende Reisegruppe zur insgesamt dritten Stahlhelm-Fahrt nach Italien auf.[1] Deren Leiter war der brandenburgische Stahlhelmer Dr. Hans Ulrich Heinke, unter dessen Führung brandenburgische Stahlhelm-Mitglieder bereits im Herbst des Jahres 1929 die bis zu diesem Zeitpunkt zweite Stahlhelm-Studienreise nach Italien unternommen hatten.

Initiator der im November 1930 stattfindenden Fahrt war die Faschistische Partei Italiens. Als höchst sorgsamer Organisator der Reise fungierte – zusammen mit der faschistischen Studentenschaft – Giuseppe Renzetti, ein dem Duce und dessen Regime völlig ergebener italienischer Major, der, seit etwa 10 Jahren durchgängig im Deutschen Reiche lebend, damals das Amt des Präsidenten der Italienischen Handelskammer für Deutschland in Berlin innehatte und der – gleichermaßen geschäftig, umtriebig und zielbewusst agierend – über beste Kontakte zu den Spitzenfunktionären der allermeisten rechten Gruppierungen in Deutschland verfügte. Als ganz besonders gut erwiesen sich dabei, zumindest 1930, seine Verbindungen zum Stahlhelm, also zum 1918 gegründeten, zunächst eindeutig deutschnational ausgerichteten Bund der Frontsoldaten, der innerhalb der deutschen Grenzen – neben den deutschen Gewerkschaften – nicht nur die größte außerparteiliche Organisation, sondern gleichzeitig auch den geschlossensten Verband der nationalen Bewegung bildete, der zudem immer stärker mit der antidemokratischen Rechten sympathisierte, der überdies – je länger, desto mehr – den Parlamentarismus genauso bekämpfte wie den Marxismus und der – auch das sei noch erwähnt – unverkennbar und zunehmend zur Agitationsgrundlage für den militärischen Nationalismus wurde.

Renzetti, der schon wiederholt Fahrten unterschiedlicher Gruppen aus Deutschland nach Italien initiiert und vorbereitet hatte, betonte zwar gegenüber deutschen Journalisten, der in Rede stehende Stahlhelm-Besuch habe keinen politischen Charakter. Allerdings räumte er ein, dass der Zweck der Reise auch darin liege, die Stahlhelm-Besucher aus Brandenburg und Pommern in verschiedene italienische Städte zu führen und ihnen überdies nicht allein die Möglichkeit zum „Studium der faschistischen Organisationsform im allgemeinen", sondern darüber hinaus ein möglichst anschauliches Bild von modernen wirtschaftlichen und landwirtschaftlichen Einrichtungen der faschistischen Meliorations- und Industrialisierungsaktivitäten zu vermitteln.[2]

1 Vgl. dazu Renzettis Bericht vom 6. November 1930, in dem bald erscheinenden Band 1: 1930 der mehrbändigen Edition *Zwischen Hitler und Mussolini*. Berichte, Briefe, Denkschriften und Artikel des Majors Renzetti aus Berlin nach Rom. 1930-1935. Herausgegeben von Josef Schröder unter Mitwirkung von Josef Muhr. Göttingen.

2 Vgl. dazu a) Renzettis Bericht vom 13. November 1930, in: ebd., b) Fascio aus roten Rosen. Die Stahlhelm-Helden in Italien, in: BERLINER TAGEBLATT 59, Nr. 545 (= Abend-Ausgabe) vom 18. November 1930, 1. Beiblatt, S. 3, c) Der Stahlhelm Landesamt Mitteldeutschland: Führerbrief Nr. 16 vom 29. November 1930. Zur Aufklärung aller Kameraden! Die italienische Studienreise einiger Stahlhelm-Kameraden!, in: BA Berlin: 61 Sta 1/Film 45210, lfd. Nr. 58, Bl. 94-95, und d) Stahlhelmbesuch in Rom, in: BERLINER BÖRSEN-ZEITUNG 76, Nr. 529 (= Morgenausg.) vom 12. November 1930, S. 3. Zur Rolle Renzettis vgl. nicht zuletzt e) Hans Woller, Machtpolitisches Kalkül oder ideologische Affinität? Zur Frage des Verhältnisses zwischen Hitler und Mussolini vor 1933, in: *Der Nationalsozialismus*. Studien zur Ideologie und

Angesichts dieses Befundes wird man vor allem zwei Fragen aufzuwerfen haben: Handelt es sich bei der Stahlhelm-Fahrt, die – vom Brenner ausgehend – zunächst nach Venedig und Florenz, sodann nach Rom führte und schließlich Genua und Mailand zum Ziele hatte, ausschließlich um ein als Tourismus zu definierendes Unternehmen? Oder war es vielmehr so, dass die „Studienfahrt nach Italien"[3] nicht nur eine touristische, sondern darüber hinaus auch eine mehr oder minder ausgeprägte politische Komponente in sich schloss?

*

* *

Die Stahlhelm-Bundesführung hatte wegen des Niederlegens eines Kranzes durch ein Stahlhelm-Mitglied im Verlauf der eingangs bereits erwähnten zweiten Stahlhelm-Studienreise nach Italien am 31. Dezember 1929 angeordnet, dass kein Angehöriger des Stahlhelm im Ausland als dessen Vertreter figurieren dürfe, „ohne dazu von der Bundesführung ermächtigt zu sein"[4]. Dessen ungeachtet nahmen die Stahlhelm-Führer und -Unterführer, die zu der Gruppe gehörten, die am 4. November 1930 zu ihrer Studienreise nach Italien startete, „ohne Wissen und somit selbstverständlich ohne Erlaubnis der Stahlhelm-Bundesführung"[5] ihre Feldkluft mit. Und in eben dieser Feldkluft traten sie auf, und zwar erstmals in Venedig aus Anlass einer Veranstaltung der dortigen Stahlhelm-Ortsgruppe, also gleich zu Beginn der Studienreise, als noch gar keine Gelegenheit bestanden hatte, der Stahlhelm-Reisegruppe italienischerseits Sympathiebekundungen o.ä. entgegenzubringen.[6]

Von Venedig aus reisten die Stahlhelmer über Florenz nach Rom, wo sie bereits am 8. November 1930 eintrafen. Auf dem dortigen Bahnhof wurden sie „von faszistischen Studenten empfangen, denen sie mit faszistischem Gruß erwiderten"[7].

Am 10. November 1930 wohnten die Teilnehmer der Stahlhelm-Reisegruppe in Begleitung faschistischer Vertreter zunächst militärischen Übungen der Avantgardisten bei, danach wurden sie zu Milizkasernen geleitet. Noch am gleichen Tage besichtigten sie zudem Sehenswürdigkeiten in Rom und Umgebung. Und schließlich informierten sie sich über Meliorationsarbeiten bei Maccarese westlich von Rom.[8]

Einen Tag später, am 11. November 1930, versammelte sich die Reisegruppe unter Heinke, „in großer Stahlhelmuniform, geschmückt mit allen Orden und Ehrenzeichen, vor dem italienischen Nationaldenkmal, um dort am Grabe des unbekannten Soldaten einen mit schwarz-weiß-roter Schleife geschmückten Kranz niederzulegen"[9], während eine Abteilung faschistischer Universitätsmiliz die Ehrenwache bildete.[10]

Danach waren die Stahlhelmer eingeladen, als Gäste der italienischen Regierung in Rom einer Truppenparade beizuwohnen, um bei dieser Gelegenheit als ehemalige Frontsoldaten geehrt zu werden. Weiter „in voller Uniform", wurden sie deshalb nach der Kranzniederlegung

Herrschaft. Herausgegeben von Wolfgang Benz, Hans Buchheim, Hans Mommsen. Frankfurt am Main 1933, S. 42-63, hier S. 51ff., f) ders., *Rom, 28. Oktober 1922. Die faschistische Herausforderung*. München 1999, S. 145f., und g) Hermann Graml, *Zwischen Streesemann und Hitler*. Die Außenpolitik der Präsidialkabinette Brüning, Papen und Schleicher. München 2001, S. 118.

3 So der Titel des offiziellen Reiseberichtes. Vgl. dazu [Hans Ulrich] Heinke, Eine Studienfahrt nach Italien, in: DER STAHLHELM 12, Nr. 48 vom 30. November 1930, S. 3-4.

4 Vgl. Anm. 2c.

5 Vgl. ebd.

6 Vgl. dazu a) Stahlhelmer in Rom. Es wird ihnen der Faschismus gezeigt, in: VORWÄRTS 47, Nr. 529/A 266 (= Morgenausgabe) vom 11. November 1930, S. 2, und b) Stahlhelm-Demonstration in Rom, in: BERLINER TAGEBLATT 59, Nr. 536 (= Morgen-Ausgabe) vom 13. November 1930, 1. Beiblatt, S. 3.

7 Vgl. Stahlhelm-Demonstration in Rom, in: MÜNCHENER POST 44, Nr. 263 vom 14. November 1930, S. 2.

8 Vgl. dazu a) Stahlhelmer in Rom, in: DEUTSCHE TAGESZEITUNG 37, Nr. 532 (= Abend-Ausgabe) = Ausgabe B Nr. 264 vom 11. November 1930, S. 1, und b) Anm. 6a.

9 Vgl. Anm. 6b und Anm. 7.

10 Vgl. dazu Anm. 8a.

„in einem Auto des italienischen Kriegsministeriums zu dem großen römischen Paradefeld" gefahren. Dort fand aus Anlass des Geburtstages des italienischen Königs ein Truppenaufmarsch statt. In einer für das Publikum bestimmten Tribüne waren eigens zwei Sitzreihen für die Teilnehmer der Stahlhelm-Reisegruppe reserviert. Im Anschluss an die Parade, bei der neben den Militärattachés auch Mitglieder der Botschaften der ehemaligen Alliierten zugegen waren, kam es zu einer lautstarken Demonstration des italienischen Publikums. Nachdem die Stahlhelmer wieder ihr Auto bestiegen hatten, durchbrachen italienische Veranstaltungsteilnehmer zunächst die polizeiliche Absperrung, sodann liefen sie auf die Stahlhelm-Reisegruppe zu und riefen ihr zu: „Es leben die deutschen Faszisten! Auf nach Paris!"[11]

Unterzieht man die vorstehend dargestellten, am 11. November 1930 entfalteten Aktivitäten der Stahlhelmer in Rom einer kritischen Würdigung, dann gilt es, so viel festzuhalten: Ende 1929 hatte der Bundesvorstand des Stahlhelm die Niederlegung eines Kranzes durch ein Mitglied des Stahlhelm während dessen wenige Wochen zuvor durchgeführter, auch schon von Heinke geleiteter Studienreise nach Italien massiv gerügt. Dessen ungeachtet legte die erneut unter der Leitung von Heinke stehende Stahlhelm-Reisegruppe am 11. November 1930 wieder einen Kranz nieder, diesmal sogar in voller Stahlhelm-Kluft, und zwar am Grabe des unbekannten italienischen Soldaten. Mehr noch: Der niedergelegte Kranz war mit einer Schleife dekoriert, die nicht aus Schwarz-Rot-Gold, den Symbolfarben der Weimarer Republik, sondern aus Schwarz-Weiß-Rot, den 1892 zur Nationalflagge erklärten und bis 1918 als solche verwandten Farben des Deutschen Reiches, bestand. Dabei bedeutete deren Wahl für die Stahlhelmer weniger eine auch nur partielle Identifizierung mit dem Deutschen Reich oder – personifiziert gesprochen – mit dem Deutschen Kaiser Wilhelm II. als vielmehr eine völlige Distanzierung von der Weimarer Republik. Denn die Entscheidung für Schwarz-Weiß-Rot, also für die Farben des Deutschen Reiches, hinderte die Stahlhelm-Reisegruppe nicht daran, am 61. Geburtstag des italienischen Königs Viktor Emanuel III., d.h. am 11. November 1930, am Grabe des unbekannten italienischen Soldaten einen Kranz niederzulegen, obwohl das durch die Wahl der schwarz-weiß-roten Farbkombination so ostentativ in Anspruch genommene Deutsche Reich 12 Jahre zuvor an eben diesem Tage in Compiègne von Vertretern der Entente-Mächte – mithin aller in Gegnerschaft zu den Mittelmächten stehenden Staaten, zu denen seit 1915/1916 nicht zuletzt Italien gehörte – die einem Diktat gleichkommenden Bedingungen jenes Waffenstillstandes entgegenzunehmen gezwungen war, der dann noch am gleichen Tage unterschrieben werden musste.

Alles in allem steht also fest: Das spektakuläre Handeln der Stahlhelmer in Rom war unbedingt verbotswidrig, außerdem eindeutig provokant und im Übrigen genauso inkonsequent wie unlogisch und auch voller Widerspruch. Und was die sicherlich höheren Ortes beschlossene und dann bestens inszenierte, jedenfalls das offizielle politische Wollen der faschistischen Führung exakt widerspiegelnde, notabene gleichermaßen antifranzösisch wie stahlhelmfreundlich geprägte Demonstration im Anschluss an die Truppenparade anbelangt, so steht außer Frage, dass sie letztlich darauf abzielte, auf der Grundlage möglichst vieler Gemeinsamkeiten zwischen Faschismus und Stahlhelm ein italienisch dominiertes Zweckbündnis zustande kommen zu lassen.

Am 13. November 1930, mithin zwei Tage nach den beiden zuvor deskribierten Vorgängen – der Kranzniederlegung durch die Stahlhelm-Reisegruppe und deren Teilnahme an der Truppenparade – empfing der Duce die Gäste aus Deutschland im „Weltkartensaal" des Palazzo Venezia. Bei dieser Gelegenheit hielt Heinke eine Rede, in der er – an Mussolini gewandt – sich zunächst dafür entschuldigte, dass er deutsch spreche, weil er die italienische Sprache „noch nicht" beherrsche, und danach wörtlich fortfuhr:

11 Vgl. dazu a) Anm. 8a, b) Anm. 6b, und c) Anm. 3.

„Eurer Exzellenz danke ich im Namen meiner Kameraden für die Ehre des heutigen persönlichen Empfangs sowie für das große Entgegenkommen, mit welchem Euer Exzellenz Beauftragte uns einen kleinen Ueberblick über den bewundernswerten klaren und logischen Aufbau des faschistischen Staatsgedankens sowie den zielbewußten, auf das Vertrauen des Volkes zu Euer Exzellenz gegründeten Aufbau der nationalen Macht gegeben haben. Der Stahlhelm ist dankbar, daß Euer Exzellenz die Bedeutung des faschistischen Gedankens als Weltanschauung hervorgehoben haben. Der Stahlhelm weiß, daß er in seinem Kampf gegen Liberalismus und Marxismus die faschistischen Ideen in deutschem Sinne durchzusetzen hat und hat sie daher seit langem zur Grundlage seines inneren Aufbaus und seines staatspolitischen Gedankens gemacht.

Auf der Grundlage dieser Idee und der gemeinsamen Ideale ruht die Freundschaft zwischen dem faschistischen Italien und dem nationalen Deutschland. Wir haben uns gefreut, feststellen zu können, daß das Gefühl dieser Freundschaft auch in allen Schichten des italienischen Volkes lebt und blüht. Das Schicksal hat beide gleichermaßen im engen Raum Mitteleuropas zusammengepreßt. Die gleichen Ideale und das gleiche Schicksal werden in Zukunft die Entwicklung beider Völker gleichlaufend führen müssen. Euer Exzellenz dürfen überzeugt sein, daß der Stahlhelm dies bis zum letzten klar erkannt und durchschaut hat, daher seinen Weg ohne Schwanken zielbewußt gehen wird. Der Stahlhelm wünscht, daß Italien festbegründet auf der Arbeit Euer Exzellenz blühen möge, bis an das Ende aller Zeiten."[12]

Anschließend überreichte Heinke dem Duce das Stahlhelm-Abzeichen, für das Mussolini – angeblich oder tatsächlich – besonderes Interesse bekundet hatte.

Der italienische Ministerpräsident antwortete auf Deutsch. Er erklärte, er sei sicher, dass die Stahlhelmer, nachdem sie Italien besucht hätten, die im Ausland über dieses Land kursierenden falschen Informationen politischer, wirtschaftlicher und moralischer Natur dementierten. Danach brachte der Duce seine Sympathie für die Stahlhelm-Bewegung zum Ausdruck.[13]

12 Zum hier zitierten Text der Rede, die Heinke hielt, vgl. a) Gemeinsamkeit der nationalen Idee. Empfang brandenburgisch-pommerscher Stahlhelmer bei Mussolini, in: DER TAG, Nr. 273 vom 15. November 1930, S. 2. Vgl. weiter b) Stahlhelmer bei Mussolini. Ueberreichung des Abzeichens an den Duce, in: MÜNCHNER NEUESTE NACHRICHTEN 83, Nr. 310 vom 14. November 1930, S. 2, c) Die Stahlhelmabordnung bei Mussolini, in: DEUTSCHE ALLGEMEINE ZEITUNG 69, Ausgabe Groß Berlin, Nr. 533 (= Morgen-Ausgabe) vom 14. November 1930, S. 5, e) Stahlhelm in Rom, in: FRANKFURTER ZEITUNG und HANDELSBLATT 75, Nr. 852 (= Abendblatt) vom 14. November 1930, S. 3, f) Il pensiero fascista mondiale. Gli "Elmi d'acciaio" ricevuti dal Duce, in: CORRIERE della SERA 55, n. 271 del 14 novembre 1930 - Anno IX, prima edizione - Mattino, S. 1, g) Stahlhelmdelegation bei Mussolini, in: Neue Preußische KREUZ-ZEITUNG 83, Ausgabe A, Nr. 321 vom 15. November 1930, S. 7, und h) Anm. 3, sowie i) Alois Klotzbücher, *Der politische Weg des Stahlhelm, Bund der Frontsoldaten, in der Weimarer Republik*. Ein Beitrag zur Geschichte der „Nationalen Opposition" 1918-1933. Tübingen 1965, S. 123, und, freilich eher ganz generell, j) Volker R. Berghahn. *Der Stahlhelm*. Bund der Frontsoldaten 1918-1935. Düsseldorf 1966, S. 162f. In dem weiter oben unter e) angegebenen Artikel fragt der römische Korrespondent der Frankfurter Zeitung: „Was würde Mussolini sagen, wenn ein deutscher Staatsmann eine Deputation von Italienern empfinge, die dem Fascismus so feindlich gegenüberstehen wie die Stahlhelmer der Republik?"

13 Zum Stahlhelmer-Besuch bei Mussolini vgl. neben den im Rahmen der Anmerkung 12 aufgeführten Belegen a) Eine Stahlhelmabordnung bei Mussolini, in: VÖLKISCHER BEOBACHTER 43, Ausg. A, Bayernausgabe, 272. Ausg. vom 15. November 1930, S. 2, b) Stahlhelmabzeichen für Mussolini, in: VOSSISCHE ZEITUNG, Post-Ausgabe, Nr. 273/W 228 vom 15. November 1930, S. 11, und c) Anm. 3. Das 1924 von dem auf die Verteidigung der Weimarer Republik und deren Verfassung ausgerichteten Wehrverband Reichsbanner Schwarz-Rot-Gold herausgegebene Organ ILLUSTRIERTE REPUBLIKANISCHE ZEITUNG 7, (Nr. 48 vom 29. November) 1930, führt auf S. 755 u.d.T. Stahlhelm-Kotau vor Mussolini zum „Besuch der Stahlhelmer in Mussolinien" u.a. aus: „Ausgerechnet am 11. November, am Waffenstillstandstage, dem Jubeltage der Entente machten sie dem Duce, dem Manne, der seinerzeit am stärksten den Eintritt Italiens in den Krieg propagierte - damals nannte man es Treubruch - und der später mit seinen brutalen Unterdrückungsmaßnahmen gegen die Deutschen der Henker von Südtirol wurde, devot ihre Aufwartung und überreichten ihm - das Stahlhelmabzeichen! Durch diese Anbiederung bei Mussolini haben diese 'nationalen Deutschen' ein Maß von Würdelosigkeit an den Tag gelegt, das einfach nicht zu überbieten ist."

Der geschilderte Empfang der brandenburgischen und pommerschen Stahlhelm-Führer und -Unterführer durch Mussolini fiel auch in Stahlhelm-Kreisen umso mehr ins Auge, als der ranghöchste diplomatische Vertreter Deutschlands in Italien, der neue deutsche Botschafter in Rom Carl v. Schubert, der zuvor als Staatssekretär des Auswärtigen Amtes für eine Politik der Verständigung mit Frankreich eingetreten war, schon seit einiger Zeit darauf wartete, dem italienischen Ministerpräsidenten seinen Antrittsbesuch machen zu können. Oder um es kontextuell präziser zu formulieren: Die Stahlhelm-Reisegruppe, also ein inoffizieller Personenkreis, bekam am 13. November 1930 wie selbstverständlich die Möglichkeit geboten, mit Mussolini im Palazzo Venezia zusammenzutreffen. Demgegenüber wurde v.Schubert als offizieller Repräsentant des Deutschen Reiches erst am 28. November 1930 vom italienischen Ministerpräsidenten empfangen, nachdem sich kein Geringerer als Reichsaußenminister Julius Curtius vier Tage zuvor zu einer entsprechenden Intervention gegenüber dem italienischen Botschafter in Berlin entschlossen hatte.[14]

Doch wie dem auch sei: Von Rom aus kommend, traf die Stahlhelm-Reisegruppe am 14. November 1930 in Genua ein. Dort wurde sie von Vertretern der faschistischen Hochschülerschaft empfangen. Nach einer Besichtigung des Hafens und des dort vor Anker liegenden Dampfers Duilio besuchten die Stahlhelmer den lokalen faschistischen Studentenverband. Dabei stimmte Heinke in seiner Antwort auf das Grußwort, das der Sekretär der Hochschulorganisation an die Gäste aus Brandenburg und Pommern gerichtet hatte, wiederum ein Loblied auf den Faschismus an, nicht ohne auch bei dieser Gelegenheit die italienisch-deutschen Gemeinsamkeiten herauszustellen. Anschließend statteten die Stahlhelmer zunächst den Kliniken von San Martino und der Schiffsbauschule einen Besuch ab, danach zudem verschiedenen anderen wichtigen Einrichtungen.[15]

Um es allgemeiner und resümierend auszudrücken: Der eintägige Aufenthalt der Stahlhelm-Reisegruppe in der Hauptstadt Liguriens verlief weitgehend unspektakulär. Jedenfalls bekundeten die Stahlhelmer ihre von neuem auffällige Bewunderung für den Faschismus nur unter Ausschluss der Öffentlichkeit.

Am Morgen des 15. November 1930 kam die Stahlhelm-Gruppe unter Heinke in Mailand als letzter Station ihrer Italien-Reise an. Auf dem Bahnhof der lombardischen Hauptstadt wurde sie von einer Abordnung der faschistischen Studentenschaft, später im Rathaus vom stellvertretenden Bürgermeister empfangen. Im Laufe des Tages besuchten sie etliche Verbände und Institutionen, wobei Heinke sich gegenüber den jeweiligen Gastgebern in „enthusiastischer Lobpreisung der Faschistischen Organisationen"[16] erging.

Im Rahmen ihres Aufenthaltes in Mailand statteten die Stahlhelmer nicht zuletzt dem „Popolo d'Italia" einen Besuch ab, also jenem Blatt, das sehr stark unter dem Einfluss des italieni-

14 Vgl. dazu *Akten zur deutschen Auswärtigen Politik. 1918-1945.* Serie B: Band XVI: 1. Oktober 1930 bis 28. Februar 1931, Göttingen 1981, Dokument 73 vom 24. November 1930, S. 185f., und Dokument 87 vom 28. November 1930, S. 224-228. Selbst in dem in Anm. 2c angegebenen b) Stahlhelm-Führerbrief Nr. 16 vom 29. November 1930 heißt es wörtlich: „Weder der König von Italien noch Mussolini hatten bis zum Eintreffen der Stahlhelmer in Rom den neuen deutschen Botschafter v.Schubert offiziell empfangen, weil dieser als Träger deutsch-französischer Verständigungspolitik nicht besonders genehm war. Der deutsche Botschafter mußte nun erleben, daß die inoffizielle Stahlhelmabordnung offiziell und vor ihm von Mussolini empfangen wurde."

15 Zum Besuch der Stahlhelmer in Genua vgl. a) Gli „Elmetti d'acciaio" a Genova, in: CORRIERE della SERA 55, n. 272 del 15 novembre 1930, S. 1, und b) Die deutschen Stahlhelmer in Genua, in: DER TAG, Nr. 274 vom 16. November 1930, 2. Beiblatt, S. 7.

16 Zu den wörtlichen Zitaten vgl. a) Anm. 2b. Zum Aufenthalt der Stahlhelmer in Mailand vgl. weiter b) Gli „Elmetti d'acciaio" a Milano, in: CORRIERE della SERA 55, n. 273 del 16 novembre 1930, S. 6. c) Stahlhelms Würdelosigkeit. Besuch beim „Popolo d'Italia", in: VORWÄRTS 47, Nr. 529/A271 (= Morgenausgabe) vom 16. November 1930, S. 1, d) Der Stahlhelmer-Besuch in Italien, in: DEUTSCHE ZEITUNG BOHEMIA 103, Nr. 270 vom 18. November 1930, S. 5, und e) Deutsche Stahlhelm-Faszisten, in: MÜNCHENER POST 44, Nr. 268 vom 20. November 1930, S. 2.

schen Regierungschefs Mussolini stand und dem als Hauptorgan der faschistischen Partei in Italien innenpolitisch, aber auch außenpolitisch große Bedeutung zukam.

Als noch relevanter wird man in dem Zusammenhang, den es hier auszuleuchten gilt, jedoch folgenden Tatsachen-Komplex in Rechnung stellen müssen: Nicht allein, dass es Mussolini gewesen war, der den „Popolo d'Italia" im November 1914 offenkundig mit finanzieller Unterstützung aus Frankreich gegründet hatte, nachdem er bei Ausbruch des Ersten Weltkrieges noch als internationalistisch gesonnener Chefredakteur der sozialistischen, dezidiert für strikte Neutralität Roms plädierenden Zeitung „Avanti", indes schon bald darauf als resoluter Verfechter für Italiens Kriegseintritt gegen die Mittelmächte in Erscheinung getreten war; dieser politische Kurswechsel war im Übrigen derart fundamental, dass er die Absetzung Mussolinis als „Avanti"-Chefredakteur genauso nach sich zog wie wenig später überdies dessen Ausschluss aus der Sozialistischen Partei Italiens.

Nach diesem doppelten Debakel hatte Mussolini sich im zwischenzeitlich von ihm gegründeten „Popolo d'Italia" immer vehementer für Italiens Intervention auf Seiten der Entente-Mächte stark gemacht – bis die postulierten Kriegserklärungen tatsächlich erfolgten: zunächst im April 1915 an Österreich-Ungarn und dann im August 1916 auch an Deutschland.

Doch um nach diesem Exkurs, der im Grunde allein aus einer mehr oder weniger verbundenen Zusammenstellung einschlägiger Fakten besteht und dadurch die Voraussetzung für sachkonformes Erfassen und Bewerten des in Rede stehenden, durchaus vielschichtigen Sachverhaltes bildet, mit der Ereignisschilderung – d.h. mit der Darstellung des Ablaufs des Stahlhelmer-Besuchs beim „Popolo d'Italia" – fortzufahren: Als der Direktor des vorerwähnten Blattes Dr. Arnaldo Mussolini, ein Bruder des Duce, persönlich vor die Stahlhelm-Führer und -Unterführer aus Brandenburg und Pommern trat, wurde er von diesen „mit spontanem Beifall" begrüßt. Danach betonte Heinke, dass er für das neue Italien, den Faschismus und dessen Duce tiefe Bewunderung empfinde. Zudem überreichte er dem Direktor des „Popolo d'Italia" einen Strauß roter Rosen zur Erinnerung an dessen kurz zuvor verstorbenen Sohn Sandro. Während der Besichtigung der Redaktion des vorerwähnten Blattes verweilten die Stahlhelmer lange Zeit in dem Zimmer, von dem aus der Duce die Weichen für das Entstehen der faschistischen Bewegung gestellt hatte. Unmittelbar nach dem Verlassen des Zeitungsgebäudes brachten Heinke und seine Begleiter von „der Straße aus noch ein dreifaches Hoch auf Italien, den Faschismus und seinen Duce aus"[17].

Von Mailand aus traten die Stahlhelmer noch am Abend des 15. November 1930 über den Brenner die Rückreise nach Deutschland an.

*

* *

Nimmt man alles in allem, dann schält sich aus der fraglos spröden Quellenlage so viel klar heraus: Die geschilderte, vom 4. bis zum 15. November 1930, demnach insgesamt 12 Tage dauernde Italien-Reise 26 brandenburgischer und pommerscher Stahlhelm-Führer und -Unterführer war von der Faschistischen Partei Italiens veranlasst und für sie bis in alle Einzelheiten vom Präsidenten der Italienischen Handelskammer in Berlin Major Renzetti in Zusammenarbeit mit der faschistischen Studentenschaft geplant und vorbereitet worden. Die Fahrt begann am Brenner, führte über Venedig und Florenz nach Rom und von dort über Genua und Mailand zurück zu ihrem Ausgangspunkt an der österreichisch-italienischen Grenze.

Im Verlaufe dieser Reise war es immer wieder der brandenburgische Stahlhelm-Führer Heinke, der – schlechthin eine ebenso penetrante wie bedingungslose Unterwürfigkeit prakti-

17 Vgl. Anm. 2b.

zierend – nicht nur einfach übertriebene und deswegen beinahe peinlich wirkende Lobgesänge auf das neue Italien, den Faschismus und Mussolini intonierte, sondern auch den Vorbild-Charakter hervorhob, den die vor allem gegen Parlamentarismus, Liberalismus und Marxismus gerichteten, aber z.B. genauso entschieden nationalistisch und dezidiert antifranzösisch geprägten faschistischen Ideen auch außerhalb Italiens, nämlich in Deutschland für den inneren Aufbau des Stahlhelm und dessen staatspolitischen Gedanken hatten. Was letztlich hinter der Feststellung dieses Befundes stand, war nicht mehr und nicht weniger als die Hoffnung und Erwartung, mittels einer stark übereinstimmenden Ausrichtung der von Mussolini geschaffenen Herrschaftsform und dem Bund der Frontsoldaten nach Möglichkeit sehr bald, zumindest aber mittelfristig eine wirkungsvolle Zweckgemeinschaft zwischen dem Faschismus in Italien und dem Stahlhelm in Deutschland unter italienischer Regie bilden zu können, um so dem eigentlichen, nicht zuletzt von Renzetti angestrebten Ziele, d.h. der Schaffung einer tunlichst engen italienisch-deutschen Entente, näher zu kommen. Und was in diesem Zusammenhang auch gewürdigt werden muss: Der Stahlhelm könne – so jedenfalls Renzetti in seinem Bericht vom 14. Dezember 1930 – „in gewisser Weise ein Gegengewicht gegen den Nationalsozialismus bilden und dazu beitragen (...), diesen berechenbar und faschistisch zu machen".[18]

Im Titel seines offiziellen Berichtes über dieses Unternehmen spricht dessen Leiter Heinke von einer „Studienfahrt nach Italien", in deren Verlauf sich „dank des großen Entgegenkommens aller italienischen Stellen" die Möglichkeit ergeben habe, „alles irgendwie Sehenswerte in Augenschein zu nehmen". In bewusster Verzerrung des wahren Sachverhaltes steht er deshalb auch nicht an, überdies die Stahlhelm-Reisegruppe als „Reisegesellschaft"[19] anzusprechen. Wie Heinke, so unterstreicht im Übrigen auch Renzetti den eher touristischen Charakter der Italien-Fahrt, und zwar dadurch, dass er dieses Unternehmen gegenüber „einigen deutschen Journalisten" sowie gegenüber den „Zeitungen der Rechten" in Deutschland – und damit sicherlich nicht ohne Zweckbestimmung – als „Studienreise" bezeichnet.[20]

So wenig man einerseits in Abrede stellen kann, dass die Stahlhelm-Reise durchaus bemerkenswerte touristische Komponenten implizierte, so wenig lässt sich andererseits in Zweifel ziehen, dass sie wegen mehrerer spektakulärer Begebenheiten im Endeffekt zu einem hochgradigen Politikum wurde. Denn wie anders ließe sich erklären, dass die Mitglieder der Reisegruppe in offenkundig ebenso geplanter wie demonstrativer Missachtung eines ihnen auf jeden Fall bekannten entsprechenden Verbots während der Veranstaltung der Stahlhelm-Ortsgruppe Venedig in ihrer Feldkluft auftraten oder wenig später mit enormer Öffentlichkeitswirksamkeit und zudem in durchaus provokanter Absicht am Grabe des unbekannten Soldaten vor dem italienischen Nationaldenkmal einen Kranz mit schwarzweißroter Schleife niederlegten? Und wie sonst könnte man deutlich machen, dass die Stahlhelmer aus Brandenburg und Pommern dem Duce fraglos ostentativ und in eindeutiger Überschreitung ihrer Kompetenzen das Stahlhelm-Abzeichen überreichten oder - um allein noch dieses Beispiel anzuführen – in Mailand die Redaktionsräume des „Popolo d'Italia" wie eine kultähnliche Stätte besuchten und besichtigten, obwohl es mehr als naheliegend war, dass die Auslösung einer Gedankenassoziation zwischen eben diesem Blatt als der sicher wichtigsten Presse-Schöpfung Mussolinis und Italiens Kriegserklärung an Deutschland im Jahre 1916 gleichsam wie von selbst erfolgen musste?

Dass diese beiden Fragen wirklich zu bejahen sind, kann keinem Zweifel unterliegen. Jedenfalls ergibt sich aus dem Umstand, dass nicht zuletzt bestimmte Stahlhelm-Kreise im faschistischen Italien unter Mussolini eine Größe sahen, der im Hinblick auf eine offenbar für

18 Vgl. dazu etwa a) Renzettis Bericht vom 8. Dezember 1930, in: Band 1: 1930 der in Anm. 1 angegebenen Edition und b) Renzettis Bericht vom 14. Dezember 1930, in: ebd.

19 Vgl. Anm. 3.

20 Vgl. dazu Renzettis Berichte vom 13. und 14. November 1930, in Band 1: 1930 der in Anm. 1. angegebenen Edition.

wünschenswert gehaltene radikale Umgestaltung des staatlichen und wirtschaftlichen Lebens in Deutschland eine Vorbildfunktion beigemessen wurde. Denn in dem von Heinke über die „Studienfahrt nach Italien" vorgelegten amtlichen Bericht heißt es unter anderem: Die Stahlhelm-Gruppe habe „die Fahrt nach dem Süden" „in dem Wunsch" angetreten, „in Italien die Auswirkungen des Faschismus kennenzulernen und an Ort und Stelle zu studieren, wie die Voraussetzungen geschaffen werden könnten, um aus den Wirren parteipolitischer parlamentarischer Zersetzungskämpfe und aus der Gefahr des Bolschewismus zu einem geordneten staatlichen und wirtschaftlichen Leben zu kommen"[21].

*

* *

Ohne an dieser Stelle aus Raumgründen auf jenes vielgestaltige und sich über mehrere Wochen hinziehende Nachspiel[22] eingehen zu können, das die Italien-Fahrt der Stahlhelmer bewirkte, mag es hier damit genug sein, die eigentlichen Beweggründe für die geschilderten Aktivitäten der Stahlhelm-Reisegruppe aufzuspüren und so fundiert wie möglich nachzuweisen.

In dem Bestreben, die während der deskribierten Italien-Reise weder direkt noch indirekt angegebenen Triebkräfte für das Wollen und Handeln der brandenburgischen und pommerschen Stahlhelmer unter Führung von Heinke zu identifizieren: in dem Bemühen mithin, die den dargestellten Aktivitäten zu Grunde liegenden Leitideen hieb- und stichfest zu ermitteln, ist es unumgänglich, sich auf drei Dokumente – einen am 11. März 1930 vom Presseattaché Marchese Francesco Antinori an Botschafter Orsini Baroni gerichteten Bericht[23], einen am 12. März 1930 vom italienischen Missionschef in Deutschland an den italienischen Außenminister Dino Grandi übersandten Bericht[24] und einen am 9. April 1930 vom Unterstaatssekretär im italienischen Außenministerium Amedeo Fani an Orsini Baroni übermittelten Erlass[25] – zu stützen. Obwohl diese Schriftstücke immerhin seit 1972 im Druck vorliegen, sind sie bislang nicht als zugehöriger Bestandteil und erst recht nicht als konstitutive Komponente des hier zum Betrachtungsgegenstand gemachten Zusammenhangs ermittelt worden. Der Inhalt der in Rede stehenden Dokumente lässt sich so zusammenfassen:

Die plötzliche, auch geheimnisumwitterte Abberufung des Königlich Italienischen Botschafters in Deutschland Luigi Aldovrandi Maresciotti im Dezember 1929 und dessen Ersetzung durch Marchese Luca Orsini Baroni wurde italienischerseits offenbar dazu genutzt, im Zusammenhang mit der Wahrnehmung italienischer Interessen in Deutschland eine Änderung und Erweiterung der Aufgaben der in der Reichshauptstadt residierenden italienischen Einrichtungen zu verwirklichen. Dieser sicherlich höheren oder sogar höchsten Ortes initiierte, allerdings nicht einmal in seinem äußeren Ablauf eruierbare Prozess fand Mitte März 1930 seinen Abschluss. Nach der zu diesem Zeitpunkt getroffenen Regelung über die Aufteilung der Befugnisse zwischen Italienischer Botschaft in Berlin und der dortigen Italienischen Handelskammer für Deutschland hat der Missionschef mit den Mitgliedern der Botschaft die herkömmlichen Obliegenheiten einer diplomatischen Vertretung zu erfüllen. Demgegenüber wird

21 Vgl. Anm. 3.

22 Man denke hier z.B. an die heftige Pressekampagne, die von zahlreichen deutschen Zeitungen wegen der Stahlhelm-Fahrt gegen Italien und den Faschismus geführt wurde, ferner an die Missbilligung der Stahlhelm-Demonstrationen in Rom durch das Stahlhelm-Ehrenmitglied Reichspräsident v.Hindenburg oder an die Kontroverse innerhalb der Stahlhelm-Führung als Folge des in Anm. 2c angegebenen, vom 2. Stahlhelm-Bundesvorsitzenden Oberstleutnant a.D. Theodor Duesterberg am 29. November 1930 veröffentlichten Führerbriefes.

23 Vgl. dazu *I documenti diplomatici italiani*. Settima serie: 1922-1933. Volume VIII (13 settembre 1929 - 14 aprile 1930). Roma 1972, Anlage zu Dokument 420, S. 494-496.

24 Vgl. ebd., Dokument 420, S. 493-494.

25 Vgl. ebd., Dokument 478, S. 585.

die besonders delikate Aufgabe der Herstellung, Pflege und Intensivierung der Kontakte mit Angehörigen rechter Parteien sowie des immer stärker werdenden Bundes der Frontsoldaten Stahlhelm als im Großen und Ganzen republikfeindlichen Kräften – also praktisch das vorsätzliche Verstoßen gegen die völkerrechtlichte Pflicht des Diplomaten zur Nichteinmischung in die inneren Angelegenheiten des Empfangsstaates, d.h. hier: der Weimarer Republik – an Renzetti in dessen Eigenschaft als Präsident der staatlichen, aber eben nicht-diplomatischen Einrichtung der Italienischen Handelskammer für Deutschland überantwortet. Mit dieser Fixierung der Verantwortlichkeiten in Bezug auf die Wahrnehmung, ja auf die dabei eigentlich erstrebte Mehrung italienischer Interessen in Deutschland zum Nachteil und Schaden der Weimarer Republik wurde unleugbar bezweckt, es durch sicher mehr oder weniger intensive Kontakte mit republikfeindlichen Kräften nicht zu einer Bloßstellung der italienischen Mission in Berlin kommen zu lassen.

Es bedarf keiner Frage: Die Ziele, die Renzetti durch sein Wirken im Rahmen der vorerwähnten Doppelstrategie erreichen sollte, sind nicht explizit in einer bis heute aufspürbar gewesenen, aus Italien erteilten Weisung definiert. Allerdings ist das, was Renzetti zu erstreben hatte, zweifelsfrei in jenem Bericht fixiert, den Antinori am 11. März 1930 an Orsini Baroni gerichtet hat. In diesem Bericht wird nämlich dargelegt, dass die Aktivitäten Renzettis nach dessen eigener Bekundung zum Ziele haben müssten, für Deutschlands nationalistische Bewegung im Ausland Sympathien zu gewinnen. Darüber hinaus führt Antinori im Hinblick auf Renzettis spezifische Aufgabenstellung soviel aus: Die bisherigen Stahlhelm-Reisen nach Italien hätten gezeigt, dass sowohl die italienische Regierung als auch das italienische Volk gegenüber dem Deutschen Reich fraglos Sympathien empfänden. Weil das so sei, komme es darauf an, in Zukunft die positive Einstellung, die Deutschland von Italien entgegengebracht werde, „zu vertiefen und zu verstärken, indem man im richtigen Augenblick jedes Mißtrauen dadurch zerstreut, daß man – gemäß den Ratschlägen von Major Renzetti – eindeutige, konkrete und im Bedarfsfalle weiterführende Erklärungen abgibt”[26].

Nicht nur, dass Orsini Baroni sich diese Vorstellung praktisch dadurch zu Eigen machte, dass er sie ohne jede Relativierung an Grandi weiterleitete. Er ging sogar noch einen Schritt weiter, indem er in seinem Bericht vom 12. März 1930 an den italienischen Außenminister deutlich machte, dass die Pflege der Kontakte mit der deutschen Rechten allein Renzetti übertragen werden sollte, zumal dieser einerseits nicht der italienischen Botschaft in Berlin angehöre, andererseits aber dem faschistischen Regime völlig ergeben und wegen seiner sich daraus für ebendieses System ergebenden Vertrauenswürdigkeit besonders geeignet sei, die Regierung in Rom direkt über seine Begegnungen und Aktionen in Deutschland zu informieren, ohne dabei die Dienste der italienischen Mission in der Reichshauptstadt in Anspruch zu nehmen und dadurch deren Kompromittierung zu riskieren.[27]

In Beantwortung des vorstehend zur Sprache gebrachten Berichtes setzte Unterstaatssekretär Fani den italienischen Botschafter in Berlin am 9. April 1930 durch einen Erlass davon in Kenntnis, dass die Aufnahme, Pflege und Verstärkung von Verbindungen zu Angehörigen rechter Parteien und des Stahlhelm weiterhin „ausschließlich durch Major Renzetti” wahrgenommen werden soll.[28]

Noch ehe diese Anordnung mithin auf diplomatischem Wege erging, muss der Inhalt einer entsprechenden, möglicherweise auf Mussolini selbst zurückgehenden, jedenfalls nicht ohne dessen Einverständnis zustande gekommenen Weisung wahrscheinlich über irgendeine Parteischiene zu Renzetti gelangt sein. Denn diesen Tatbestand wird man als unabdingbare Voraussetzung dafür in Rechnung zu stellen haben, dass Renzetti seine unmittelbare Berichterstattung nach Rom als integralen Bestandteil der ihm übertragenen speziellen Aufgaben bereits

26 Vgl. dazu Anm. 23.
27 Vgl. dazu Anm. 24.
28 Vgl. dazu Anm. 25.

Mitte März aufgenommen[29] und am 4. April 1930 – also fünf Tage vor dem Erlassen der vorerwähnten diplomatischen Instruktion durch Fani – mit einer Denkschrift[30] fortgesetzt hatte.

Erfasst man die dokumentierten Befunde und die aus diesen – punktuellen – Größen zwingend erschließbaren Fakten in einer Zusammenschau, dann bleibt festzuhalten: Die faschistische Führung in Italien sah in dem von ihr ziemlich abrupt herbeigeführten Wechsel auf dem Posten des italienischen Botschafters in Berlin eine günstige Gelegenheit, um – nicht nur mit Wissen des italienischen Missionschefs in Berlin, sondern auch mit dessen Zustimmung – in der Person des Präsidenten der Italienischen Handelskammer für Deutschland eine Ein-Mann-Institution zu schaffen. Diese nicht auf der Grundlage eines gegenseitigen, zwischen Rom und Berlin herbeigeführten Einverständnisses entstandene, vielmehr unter strikter Geheimhaltung und durch einen einseitigen, d.h. einen italienischen Willensakt realisierte Einrichtung war – darüber kann nicht der geringste Zweifel bestehen – mit den allgemein gültigen diplomatischen Prinzipien zur Gestaltung zwischenstaatlicher Beziehungen völlig unvereinbar.

Die Bestimmung dessen, was durch die Aktivitäten der neu gegründeten Ein-Mann-Institution erreicht werden sollte, konkretisierte übrigens Renzetti selbst in der schon weiter oben angeführten Denkschrift, die er – mit Datum vom 4. April 1930 versehen – seinen Auftraggebern in Italien übermittelte. In diesem Memorandum führt er u.a. aus: „Der Faschismus, sein Wirken und der Aufbau Italiens sind in Deutschland bestenfalls partiell und nur einem sehr kleinen Personenkreis bekannt. Das gilt ebenfalls für unsere ökonomisch-finanzielle Situation, unsere industrielle Entwicklung sowie unsere künstlerische und literarische Produktion. Das Studium unserer Sprache wird kaum betrieben. Die Werbung für unsere Produkte, für unsere Kur- und Ferienorte ist äußerst unzureichend. Deutschland ist für unsere Produkte der beste Markt, stellt eine große Zahl von Touristen und könnte für die faschistische Theorie einen guten Nährboden bilden. Aus all dem ergibt sich, daß wir dort eine wirksame Propagandatätigkeit entfalten müssen, nicht nur zur Verbesserung der Position Italiens in all den genannten Punkten, sondern auch zur Abwehr der Kampagnen, die von Feinden und angeblichen Freunden Italiens und des Faschismus inszeniert werden."[31]

Eine solche Propaganda könnte – so Renzetti weiter – nur dann effizient sein, wenn sie ohne jeden Abstrich die Bereiche Politik, Wirtschaft, Kultur und Touristik umfasse und zudem zum Ziele habe, eine Gruppe von Personen zu bilden, „die die Theorie und Lehre des Faschismus studieren und leidenschaftlich verfechten". Überdies müsse „die Propaganda darauf ausgerichtet sein, alle zu erreichen und überall präsent zu sein, und zwar mit Einfühlungsvermögen und Augenmaß, um unverdächtig zu bleiben und keinen Widerspruch zu wecken. Sie muss also unter dem wirtschaftlichen/kulturellen/touristischen Deckmantel betrieben werden, ohne die königlich-staatlichen Behörden in Anspruch zu nehmen; auf diese Weise könnte sie schnell und ohne Reibungsverluste wirksam werden, sich den Landessitten besser anzupassen und folglich als völlig privat erscheinen – so, als sei ihr einziges Ziel die 'Arbeit für die Verbesserung der wirtschaftlich-kulturellen Beziehungen zwischen den beiden Nationen' und 'die vertiefte Kenntnis von Personen und Lebensumständen der beiden Länder'."[32]

Zugespitzt lässt sich das vorstehend Präsentierte sicherlich auch so zum Ausdruck bringen: Der faschistischen Führung kam es letztlich darauf an, mittels der geplanten Aktivitäten Renzettis die in Deutschland gegebene demokratische Staatsordnung zu unterminieren, und zwar auch dadurch, dass jene im Rahmen des rechten Parteienspektrums und innerhalb des Stahlhelm vielfach unverhohlen zugegebene Anziehungskraft, die auf diese Kreise vor allem von

29 Vgl. dazu Renzettis ersten Bericht, der in dem ermittelten Durchschlag kein Datum trägt, dessen Abfassung aber zwischen dem 13. und dem 27. März 1930 erfolgt sein muss, in: Band 1: 1930 der in Anm. 1 angegebenen Edition.
30 Vgl. dazu Renzettis Denkschrift vom 4. April 1930, in: ebd.
31 Vgl. Anm. 30.
32 Vgl. ebd.

Mussolini selbst, aber auch vom italienischen Faschismus ausgeübt wurde,[33] durch zweckentsprechendes Handeln italienischerseits vergrößert wird, dass sich mithin die Personen, um die es hier geht, immer stärker für die Übernahme, also damit auch für den diesem Prozess vorangehenden Import[34] von Ideen des italienischen Faschismus nach Deutschland öffnen.

*

* *

Vor dem Hintergrund der aufgezeigten Aufgabenstellung richtete Renzetti allein im Jahre 1930 weit über 50, häufig seitenlange und nicht selten um zahlreiche Anlagen ergänzte Berichte an diverse hochrangige faschistische Politiker in Rom. In dieser Berichterstattung spielen der Nationalsozialismus, in diesem Rahmen natürlich vor allem Hitler, daneben aber auch Göring praktisch durchgängig eine wichtige Rolle. Viel größere Aufmerksamkeit wandte Renzetti indes dem Stahlhelm zu, den er im innenpolitischen Kräftespiel des Deutschen Reiches für eine Größe mit günstiger Zukunftsperspektive hielt.

Wegen dieser Aussicht, bestimmt aber auch wegen der sich gerade im Stahlhelm immer wieder artikulierenden Sympathie- und Wertschätzungsbekundungen für Mussolini und das faschistische Italien ließ Renzetti nichts unversucht, um mit dem Bund der Frontsoldaten in engen und vertrauensvollen Kontakt zu kommen. Wie die vielen von ihm verfassten Berichte ausweisen, war seinen diesbezüglichen Bemühungen schon nach kurzer Zeit erstaunlicher Erfolg beschieden. Renzetti schuf sich aber nicht nur beste Beziehungen zu vielen Stahlhelm-Führern, so zum 1. Bundesführer des Stahlhelm Hauptmann d.R.a.D Franz Seldte, zum Bundeskanzler des Stahlhelm Major a.D. Siegfried Wagner, zum Führer des Stahlhelm-Landesverbandes Brandenburg Rittmeister a.D. Elhard v. Morozowicz und zum Führer des Stahlhelm-Landesverbandes Pommern-Grenzmark Rittmeister a.D. Bernd Graf von Wedel-Fürstensee. Hinzu kam, dass Renzetti auf großen Stahlhelm-Veranstaltungen – wie etwa auf dem Ende Mai/Anfang Juni 1930 in Stettin durchgeführten Stahlhelmtag des Landesverbandes Pommern-Grenzmark,[35] auf dem unter Beteiligung aller Stahlhelm-Verbände und unter Mitwirkung themaspezifisch erstrangiger österreichischer Experten im Juni 1930 ausgerichteten Arbeitstag zum Zwecke der Erörterung der faschistischen Lehre vom organischen Staat[36], auf dem im September 1930 in Frankfurt/Oder veranstalteten Führertag des brandenburgischen Stahlhelm-Landesverbandes[37] oder auf dem im Oktober 1930 in Koblenz abgehaltenen 11. Reichsfrontsoldatentag des Stahlhelm[38] – immer ein gern gesehener Gast war. Oftmals wurde er bei solchen Gelegenheiten als einziger ausländischer Teilnehmer mit minutenlangem Applaus begrüßt. Kurzum: Renzetti erfreute sich bei einer Vielzahl mächtiger Stahlhelm-Führer höchsten Ansehens; sein Verhältnis zu ihnen, aber auch „zu allen Gruppen der Rechten" war – wie er am 14. Dezember 1930[39] berichtet – ebenso von Herzlichkeit geprägt wie von einem großen Vertrauen, das ihm in diesen Kreisen bezeigt wurde.

Dass es überhaupt zur Herausbildung solch enger persönlicher Beziehungen in übrigens großer Anzahl kam, dürfte kein Zufall gewesen sein. Das Entstehen dieser Kontakte sieht

33 Vgl. dazu Anm. 24.
34 Im Gegensatz dazu steht die von Mussolini im April oder Anfang Mai 1930 gegenüber dem Chefredakteur der liberalen Tageszeitung Berliner Tageblatt aufgestellte Behauptung, „dass der Faschismus kein Exportartikel" sei. Vgl. T[heodor] W[olff], Bei Mussolini, in: BERLINER TAGEBLATT 59, Nr. 220 (=Morgen-Ausgabe) vom 11. Mai 1930, S. 1-2, hier S. 2.
35 Vgl. dazu den Bericht Renzettis, der in dem ermittelten Durchschlag kein Datum trägt, dessen Abfassung aber zwischen dem 2. und dem 9. Juni 1930 erfolgt sein muss, in: Band 1: 1930 der in Anm. 1 angegebenen Edition.
36 Vgl. dazu a) Anm. 34 sowie b) Renzettis Bericht vom 14. Juni 1930, in: ebd.
37 Vgl. dazu Renzettis Bericht vom 29. September 1930, in: ebd.
38 Vgl. dazu vor allem Renzettis Bericht vom 9. Oktober 1930, in: ebd.
39 Vgl. dazu Anm. 18.

Renzetti selber als Ausfluss der Tatsache, dass er sich bei seinem Vorgehen – wie die von ihm verfassten Schriftstücke ausweisen[40] – von Anfang an ganz bewusst durch Umsichtigkeit, Korrektheit, Diskretion und Feingefühl bestimmen ließ, dass er zudem immer als ein im Grunde ganz und gar desinteressierter Privatmann in Erscheinung trat und dass er dementsprechend für Italien und dessen Politik niemals Verpflichtungen einging oder irgendwelche Versprechungen machte. Sicher auch als Folge dieses taktisch bedingten Verhaltens befand sich Renzetti insofern schon alsbald in einer äußerst günstigen Situation, als sich ihm – je länger, desto mehr – die Möglichkeit eröffnete, seine Dienste nicht unaufgefordert anbieten zu müssen, vielmehr Ratschläge geben zu können, weil er darum gebeten wurde. Im Ganzen gewann er auf diese Weise einen immer größer werdenden Einfluss auf seine Kontaktpersonen und damit auch auf den jeweiligen Gang der Dinge.

Nach dem Beginn der im Endeffekt gegen den Faschismus und Italien gerichteten Pressekampagne wegen der Italien-Reise der brandenburgisch-pommerschen Stahlhelm-Gruppe, vor allem aber im Anschluss an das Bekanntwerden des vom 2. Stahlhelm-Bundesvorsitzenden Duesterberg am 29. November 1930 publizierten Stahlhelm-Führerbriefes hat Renzetti unter Nutzung seiner vielen guten Verbindungen mannigfache Aktivitäten entfaltet. Auf Einzelheiten dieser Bemühungen kann hier nicht eingegangen werden. Zur Veranschaulichung dessen, was Renzetti diesbezüglich ins Werk setzte und auch erreichte, sei jedoch eine Stelle aus seinem Bericht vom 28. Dezember 1930 zitiert. Sie hat folgenden Wortlaut:

> „Nachdem der Führerbrief des 2. Stahlhelm-Bundesführers bekannt geworden war, habe ich mich darum bemüht, seine Auswirkungen zu begrenzen und seinen Autor zu isolieren. Zu diesem Zwecke habe ich Gespräche mit Verbandsführern, Parteichefs, Abgeordneten, Journalisten usw. geführt. Ich glaube, das Ziel erreicht zu haben: Heute ist Duesterberg politisch so gut wie erledigt. Seine Erklärungen sind schärfstens verurteilt worden, nicht nur von den Nationalsozialisten, sondern auch von den Deutschnationalen (der Artikel von Hugenberg, mit dem ich lange diskutiert habe und mit dem ich mich in den nächsten Tagen noch einmal treffen muß, stellt eigentlich eine Antwort auf Duesterberg dar) und von den Stahlhelmern selbst. Am 20. Dezember [1930] sind die Exponenten einer an der Freundschaft mit Italien orientierten Politik, nämlich v. Morozowicz und Dr. Heinke, zum Führer bzw. zum Stellvertretenden Führer der Jugendorganisation des Stahlhelm ernannt worden: Beide gelten als Vorkämpfer des Faschismus und sind für ihre Bewunderung des Duce bekannt."[41]

Man sieht: Renzetti verfügte in Deutschland über ein von ihm selber geschaffenes insgesamt sehr dichtes Netz von Kontaktpersonen, die überwiegend dem Spektrum der rechtsorientierten Parteien und dem Stahlhelm angehörten, die zudem in ihrem jeweiligen Kompetenzbereich meistens hohe und höchste Ämter innehatten und denen es deshalb in aller Regel möglich war, mehr oder minder großen Einfluss auszuüben. Das Kontaktieren dieser Personen vollzog sich in strikter Befolgung jener Verhaltensregeln, die Renzetti eigens für diesen Zweck ersonnen und in seiner Denkschrift vom 4. April 1930 fixiert hatte, ehe er sie später bei diversen Gelegenheiten zumindest teilweise wiederholte.[42]

Wie es scheint, trug die konsequente Anwendung der vorerwähnten Normen entscheidend dazu bei, dass Renzetti bei seinen deutschen Gesprächspartnern enormes Vertrauen und große Wertschätzung genoss. Vor dem Hintergrund, dass er um diesen Umstand wusste, war und

40 Vgl. in diesem Zusammenhang neben a) Anm. 30 auch b) Renzettis Bericht vom 2. Dezember 1930, in: Band 1: 1930 der in Anm. 1. angegebenen Edition, c) Anm. 18, d) den Brief, den Renzetti am 8. Dezember 1930 an Luigi Ferretti, den Chef des Pressebüros des italienischen Außenministeriums und des Regierungschefs, gerichtet hat, in: ebd., e) Anm. 39, und f) Brief Renzettis an Ferretti vom 18. Dezember 1930, in: ebd.

41 Vgl. Renzettis Bericht vom 28. Dezember 1930, in: ebd.

42 Vgl. dazu Anm. 40.

blieb er bestrebt, in Deutschland für den Faschismus und Italien eine Basis des Wohlwollens und der Bewunderung zu schaffen und dieses Fundament möglichst sukzessive zu erweitern, um so das gerade seinerseits erstrebte Zustandebringen einer italienisch dominierten Entente zwischen Rom und Berlin zu befördern. Als diese lange Zeit erfolgreich verlaufenden Bemühungen jedoch wegen der Italien-Reise der Stahlhelmer, vor allem aber wegen des damit in direktem Zusammenhang stehenden Führerbriefs von Duesterberg einen empfindlichen Rückschlag zu erleiden drohten, brachte Renzetti jenen augenscheinlich tief greifenden Einfluss zur Geltung, den er bei vielen angesehenen deutschen Kontaktpersonen hatte. Zumindest versuchte er alles Mögliche, um die relativ weit gediehene Realisierung der italienfreundlichen Politik rechter Kräfte in Deutschland nicht zum Stillstand kommen zu lassen. Dabei schreckte er nicht davor zurück, sich massiv in eindeutig innerdeutsche Belange einzumischen, obwohl die von ihm selber entwickelten Verhaltensregeln für alle Situationen als Handlungsmöglichkeit lediglich das Erteilen von Ratschlägen vorsahen.

So wenig daran zu deuteln ist, dass es sich bei diesem Agieren eines Nicht-Deutschen auf deutschem Boden um einen unerhörten Vorgang handelt, so wenig wird man in Abrede stellen können, dass Renzetti auch insofern erfolgreich war, als es ihm gelang, einfach Skandalöses als völlig normal erscheinen zu lassen. Diese Feststellung deduziert sich aus dem Umstand, dass es auf deutscher Seite praktisch keine Mithandelnden gibt, die in ihren veröffentlichten Erinnerungen auch nur andeutungsweise überliefert haben, was Renzetti im Zusammenhang mit der hier zur Behandlung anstehenden Thematik oder mit Bezug auf irgendein anderes Sujet in Szene setzte.

Wichtiger als diese Erkenntnis ist jedoch folgender Befund: Renzetti verstand es offensichtlich meisterhaft, sich gegenüber seinen deutschen Kontaktpersonen als völlig unwichtig darzustellen. Dabei ließ er seine Gesprächspartner den Eindruck gewinnen, als engagiere er sich ausschließlich für ein Stärkerwerden der rechtsgerichteten Kräfte in Deutschland, obwohl er in Wirklichkeit darauf abzielte, faschistische Belange zu Ungunsten deutscher Interessen zu fördern. Als er dieses sein eigentliches Ziel durch Duesterbergs Führerbrief plötzlich stark gefährdet sah, zögerte er nicht, unvermittelt dazu überzugehen, nicht mehr nur Ratschläge zu erteilen; er ergriff vielmehr die Initiative, indem er mit Nachdruck versuchte, jene zumeist hochrangigen und deshalb einflussreichen rechtsorientierten Personen, mit denen er sich in engstem Kontakt befand, wohl ebenso effektiv zu instrumentalisieren, wie er das vor der Italien-Fahrt direkt oder indirekt mit der brandenburgisch-pommerschen Stahlhelm-Reisegruppe unter der Führung von Heinke gemacht hatte.

*
* *

Versucht man, das Aufgewiesene in einem Resümee auch wertend zu bündeln, dann gilt es, soviel festzuhalten: Irgendwann im März des Jahres 1930 wurde der damals seit rund 10 Jahren im Deutschen Reiche lebende Präsident der Italienischen Handelskammer für Deutschland in Berlin Major Renzetti entweder auf direktes Geheiß des italienischen Regierungschefs Mussolini oder auf dessen Veranlassung hin von einer hohen Stelle innerhalb der faschistischen Führung mit der fraglos heiklen Aufgabe betraut, namentlich zum Stahlhelm, aber auch zu allen anderen, durchweg republikfeindlichen Kräften oder Gruppen der deutschen Rechten in möglichst guten Kontakt zu treten.

Renzetti – ein glühender Bewunderer des Duce und zugleich ein faschistischer Idealist par excellence – entledigte sich des ihm übertragenen Auftrags: nicht nur hochgradig engagiert und äußerst zielbewusst, sondern auch mit einem hohen Maß an Raffinesse, ferner mit erstaunlicher Geschicklichkeit und Flexibilität. Nicht nur, dass Renzetti es vermochte, den Stahlhelm oder zumindest dessen größeren Teil für faschistische und somit italienische Zwecke zu instrumentalisieren, ohne dabei nennenswerte Widerstände überwinden zu müssen. Auch war es so, dass der Stahlhelm, dessen Affinität zum Faschismus ja generell bekannt war, sich seinerseits durch Renzetti so gut wie willenlos machen und vor dessen Karren spannen ließ. Und mehr als das: Die Stahlhelm-Gruppe unter Heinke gefiel sich in frappanter Selbstverleugnung und Geschichtslosigkeit, als sie im November 1930 während ihrer Italien-Reise die ihr offenbar bis in die letzten Details von Renzetti aufgedrängten Handlungsvorgaben nicht allein mit verbalen Anbiederungsversuchen zu verwirklichen suchte, sondern ebenso mit Aktionen, in denen sich – vor allem aus zeitgenössischer Sicht – nichts als völlige Würdelosigkeit und Unterwürfigkeit widerspiegelte. Und für Renzetti war die Italien-Reise der Stahlhelmer in der realisierten Form wohl der erste größere Test, mit dem ausgelotet werden sollte, wie weit das faschistische Italien mit seinen Provokationen gegenüber dem demokratisch verfassten Deutschland gehen könne.

In dem Umstand, dass die Italien-Reise aus faschistischer Perspektive nach einigem Auf und Ab letzten Endes vorteilhaft verlief, sah Renzetti schon wenig später, als ein Ausufern der sich aus Duesterbergs Führerbrief ergebenden Folgen schädliche Auswirkungen für italienische Belange zu erbringen drohte, als eine Anregung dahingehend, seine ohnehin äußerst fragwürdigen Aktivitäten durch den massiven Versuch der Instrumentalisierung hoher Vertreter rechtsgerichteter deutscher Kräfte nur noch mehr zu steigern.

Insgesamt kann es demnach keinen Zweifel daran geben, dass Renzetti – ein in der bisherigen Forschung weitgehend unbeschriebenes Blatt – zumindest 1930, wie sich mit der vorstehend dargebotenen Erhellung diverser Aspekte der „Italien-Reise einer brandenburgisch-pommerschen Stahlhelm-Gruppe im November 1930" exemplarisch belegen lässt, vor allem im Verhältnis zwischen dem faschistischen Italien und Deutschland eine Rolle gespielt hat, die nicht hoch genug veranschlagt werden kann.

ROBERT SCHUMAN: EIN PLAN VERÄNDERT EUROPA UND DIE WELT

HEINER TIMMERMANN

I. Einführung

Ein Blick auf Europa aus einer Weltraumkapsel zeigt eine kleine Halbinsel am westlichen Rande Asiens, sich unscheinbar mit bizarr gewundenen Küsten und Vorsprüngen ins Meer erstreckend und keineswegs den Namen „Kontinent" verdienend.

Und doch hat dieser Kontinent den Planeten geprägt wie kaum ein anderes Land der Erde, hat sich europäischer Geist im Wettstreit mit anderen, oft viel älteren Kulturen behauptet, haben europäische Sprachen und Denksysteme, Regierungsformen und Wirtschaftskonzepte, Technik und Naturwissenschaften, Kultur und Philosophie weltweite Geltung erlangt. Seit Jahrhunderten hat Europa die hervorragendsten Wissenschaftler, Musiker, Schriftsteller, Ärzte, Entdecker, Ingenieure, Geistlichen, Kaufleute, Pädagogen, Philosophen, Juristen, Humanisten hervorgebracht. Neuorientierungen bahnten sich in vielen Bereichen zu unterschiedlichen Zeiten an, so dass die Europäer auf mehrere Epochen „Auf der Grenze weg vom Alten zum Neuen" blicken können. Der Zusammenprall von geistlicher und weltlicher Macht, die Umgruppierung der Mächte, die Konfrontation von Ideologien, das Auftreten von großen Gestalten in politischen, kulturellen, künstlerischen, theologischen, philosophischen, militärischen Bereichen, Prozesse von der Einheit zur Vielfalt, von der Universalität zur Partikularität, das Zusammen- und Entgegenwirken von Reich, Ständen, Territorien, Konfessionen, Weltanschauungen, Interessen, der naturwissenschaftliche und technische Fortschritt, gewaltige Entwicklungen in Kunst und Kultur, ungeheure Vermögensumwälzungen – das sind nur einige schlagwortartige Bezeichnungen zur Markierung eines rastlosen Kontinents.

Der historische Erfolg Europas, sein Ringen und seine teil- und phasenweise Realisierung von Freiheit und Gleichheit sind einmalig. Es mag gewalttätigere, aber auch zivilisiertere Reiche als Europa gegeben haben, aber dennoch bleibt Europa einmalig mit seinen Besonderheiten und Widersprüchen. Kein beherrschendes Großreich, keine unübertreffbare Armee, kein ausgewiesener kultureller Mittelpunkt existierten über längere Zeit auf diesem Kontinent. Auch die europäischen Großreiche haben immer nur Teile von Europa erfasst. Die europäischen Großmächte bildeten über Jahrhunderte ein mehr oder minder funktionierendes, das Festland organisierendes und fast den Rest der Welt kontrollierendes Staatensystem. Eines seiner Verdienste war es, solange es Bestand hatte, die Hegemonie einzelner europäischer Mächte erfolgreich zu vereiteln. Heute gehört auch dieses von wechselnden Staaten zusammengesetzte europäische Staatensystem der Geschichte an. Es war abgelöst worden, nicht von einer europäischen Großmacht, sondern von zwei außereuropäischen Supermächten, die, jede auf ihre Weise, den Status quo in ihrem Teil Europas bis zur großen Wende von 1989/90 garantierten. Wenn dieser Zustand der Fremdbestimmung nicht von Dauer war, dann offenbar nur unter der Voraussetzung, dass Europa sich Schritt für Schritt reorganisierte und emanzipierte. Die Einflussnahme Europas auf die deutschen Belange zieht sich wie ein roter Faden durch die Geschichte. Die Ordnung der Verhältnisse im europäischen Kernland ist eine Angelegenheit der Mächte und unterliegt der Verfügungsgewalt der europäischen Politik. Die Entwicklung nach dem Zweiten Weltkrieg hat den europäischen Rahmen der Deutschen Frage nicht verändert. Der Ausbruch Hitlers aus aller Vorstellungswelt hatte mit der politischen auch die moralische Ordnung umgestülpt. Nach 1945 konnte die politische Antwort nicht allein mit Rücksicht auf die Lebensinteressen des deutschen Volkes geplant und in Angriff genommen werden. So schien/scheint Deutschland mit einer europäischen Dienstbarkeit belastet, die sich insbesondere auf das europäische Gleichgewicht und die Sicherheit des Kontinents bezieht. Es gehört mit zum deutschen und europäischen Schicksal, dass das europäische Staatensystem in seinen jeweiligen Veränderungen die nationalen Belange wesentlich mitbestimmt.

Der Westen Europas beschritt nach dem Zweiten Weltkrieg einen in der Geschichte bislang nie dagewesenen Weg der Zusammenarbeit: Den Weg der Integration, Integration als Antwort auf die Erhaltung des Friedens, des Aufbaus des zerstörten Europas, des sich Einfindens in das System der Supermächte, auf die Deutsche Frage und den Kalten Krieg.

II. Inhalt

Am Nachmittag des 9. Mai 1950 leitete Robert Schuman, Außenminister Frankreichs mit „Es geht hier nicht um leere Worte, sondern um einen mutigen Akt, um einen konstruktiven Akt. Frankreich hat gehandelt, und die Folgen seiner Aktion können immens sein. Wir hoffen, daß sie es sein werden. Es hat vor allem für den Frieden gehandelt. Damit der Friede eine Chance hat, muß es erst ein Europa geben. Fast fünf Jahre nach der bedingungslosen Kapitulation Deutschlands vollendet Frankreich den ersten entscheidenden Akt der europäischen Konstruktion und verbindet damit Deutschland. Ein Europa, in dem die Ruhr, die Saar und das französische Industriegebiet gemeinsam wirken, wird alle europäischen Nationen ohne Unterscheidung, sei es im Westen oder im Osten, und alle Gebiete, insbesondere Afrika (...) an den Früchten seiner friedlichen Arbeit teilnehmen lassen. Das Projekt könnte auch ohne Deutschland verwirklicht werden. In diesem Falle wird aber das politische Ziel nicht erreicht, die jahrhundertealte Animosität zwischen Frankreich und Deutschland zu überwinden“ den mutigsten und zukunftsträchtigsten Versuch seit dem Ende des Krieges ein. „Die französische Regierung schlägt vor,“ so heißt es weiter in der Regierungserklärung, „die Gesamtheit der französisch-deutschen Kohlen- und Stahlproduktion unter eine gemeinsame Oberste Aufsichtsbehörde (Haute Autorité) zu stellen, in einer Organisation, die den anderen europäischen Ländern zum Beitritt offensteht. Die Zusammenlegung der Kohlen- und Stahlproduktion wird sofort die Schaffung gemeinsamer Grundlagen für die wirtschaftliche Entwicklung sichern – die erste Etappe der europäischen Einigung – und die Bestimmung jener Gebiete ändern, die lange Zeit der Herstellung von Waffen gewidmet waren, deren sicherste Opfer sie gewesen sind. Die Solidarität der Produktion, die so geschaffen wird, wird bekunden, dass jeder Krieg zwischen Frankreich und Deutschland nicht nur undenkbar, sondern materiell unmöglich ist. Die Schaffung dieser mächtigen Produktionsgemeinschaft (...) wird die realen Fundamente zu ihrer wirtschaftlichen Vereinigung legen.“

Sowohl langfristige als auch kurzfristige Probleme sollten hierdurch gleichzeitig gelöst werden. Die langfristigen Ziele bestanden in der Bewahrung des Friedens, der europäischen Einigung und der deutsch-französischen Zusammenarbeit.

> „Es wird kaum möglich sein, den Weltfrieden zu erhalten, wenn wir uns nicht auch um neuartige Lösungen bemühen, die den drohenden Gefahren wirklich gerecht werden. (...) Wenn eine echte Aussicht auf Frieden bestehen soll, muß zunächst Europa befriedet werden. (...) Ein neu geordnetes und gesundes Europa kann im Zusammenleben der Völker einen unentbehrlichen Beitrag für die Aufrechterhaltung des Friedens leisten. (...) Statt zur Einigung Europas ist es jedoch zum Krieg gekommen.“

Das eigentliche Ziel der Erklärung war daher eine „europäische Föderation, die für die Erhaltung des Friedens unbedingt erforderlich ist." „Wenn die europäischen Völker zusammenfinden sollen, muss zunächst einmal der jahrhundertealte Gegensatz zwischen Frankreich und Deutschland ausgelöscht werden. Das begonnene Werk muss in erster Linie Frankreich und Deutschland umfassen." Diese Formulierung zielte auf die deutsch-französische Aussöhnung und hatte 1950 eine besondere Bedeutung. Nicht von ungefähr war Schuman im September 1949 von seinen zwei westlichen Außenminister-Kollegen, Dean Acheson und Ernest Bevin, bei einem Gespräch in Washington gebeten worden, die großen Linien der gemeinsamen Politik gegenüber Deutschland festzulegen.

> „Europa wird nicht mit einem Schlage und auch nicht nach einem fertigen Gesamtplan entstehen, sondern durch konkrete Einzelleistungen, die zunächst einmal eine faktische Solidarität zwischen den einzelnen Völkern schaffen."

Nicht Staaten sollen zusammengelegt werden, sondern Funktionen in Staaten, und hierfür sollten/könnten Kohle und Stahl, Eisenerz und Schrott, von dem es damals in Europa noch sehr viel gab, einen vielversprechenden Anfang bilden. Hinzu kam, dass der Schwerpunkt der westeuropäischen Kohlen- und Stahlproduktion auf einem überschaubaren Gebiet lag, das von nationalen Grenzen zerrissen war: Das Ruhr- und Saargebiet, Lothringen, Teile von Nordfrankreich, Luxemburg, Teile von Belgien und Holland. Wie konnte man dieses Gebiet anders als durch eine Hegemonialmacht in eine Hand sinnvoll überführen? Die 1926 gegründete Internationale Rohstahlgemeinschaft scheiterte. Einer Neuauflage stand man mit großer Skepsis gegenüber; denn dieses konnte man unmöglich geschäftlichen Kartellen überlassen. Die im April 1949 gegründete Internationale Ruhrbehörde war weder in Deutschland, noch in Frankreich noch in Großbritannien und den USA beliebt. Die Saar wurde 1947 aus der französischen Besatzungszone ausgeklinkt, gab sich eine eigene Verfassung, in deren Präambel sie sich vom Deutschen Reich losgesagt hatte. Schrittweise wurde die Kohlenproduktion in französische Hände überführt, und das französisch-deutsche Saarabkommen von 1949 sowie die Saar-Konventionen vom März 1950 führten zu einer ernsten Verstimmung zwischen dem neuen westdeutschen Staat, Bundesrepublik Deutschland, und Frankreich. Die Schuman-Erklärung konnte aus all diesen Schwierigkeiten herausführen: „Durch die Zusammenlegung der Kohle und Stahlindustrie wird, als erste Etappe der europäischen Föderation, eine sofortige gemeinsame Grundlage für die wirtschaftliche Entwicklung gelegt."

Die Wirtschaftskommission der UNO für Europa hatte im Dezember 1949 einen Bericht vorgelegt, der große Aufmerksamkeit erzielte. Er nahm Stellung zur Koordinierung von Investitionsprogrammen, Maßnahmen zur Erhöhung des Stahlverbrauchs und der Rohstoffversorgung. Die Bildung von Kartellen wurde ausdrücklich abgelehnt. Die Angst vor einer Stahlüberproduktion war, wie sich bald herausstellte, irrig, dennoch auch Impetus für die Erklärung:

> „Im Gegensatz zu einem internationalen Kartell, das auf eine internationale Marktaufteilung und durch künstliche (Produktions-) Einschränkungen zu Beibehaltung hoher Gewinnspannen auf eine internationale Marktausbeutung abzielt, führt die hier vorgeschlagene Organisation zu einer Marktverschmelzung und zu einer Produktionserhöhung."

Die vorgeschlagenen Institutionen waren anderer Art als die bisher in Westeuropa bestehenden, nämlich OEEC, NATO und Europarat:

> „Die Gemeinsame Oberste Behörde, die für das Funktionieren des gesamten Vertragssystems verantwortlich ist, soll aus unabhängigen Persönlichkeiten bestehen, die von den Regierungen auf paritätischer Basis ernannt werden. Durch ein gemeinsames Abkommen wird von den Regierungen ein Präsident gewählt, dessen Entscheidungen in Frankreich, in Deutschland und den anderen Teilnehmerländern bindend sind. Geeignete Vorkehrungen werden Einspruchsmöglichkeiten gegen die Entscheidungen der Obersten Behörde gewährleisten."

Schuman dachte weiter als eine Koordinierungsstelle für die Kohle- und Stahlindustrie zu schaffen:

> „Durch diese Neugestaltung der europäischen Verhältnisse wird auch auf anderen Gebieten, auf denen bisher nicht daran zu denken war, ein gemeinsames Vorgehen möglich werden. (...) Mit einfachen Mitteln und in kürzester Frist wird eine Interessenverschmelzung erreicht, auf der allein eine künftige Wirtschaftsgemeinschaft aufbauen kann. Zugleich wird damit ein Nährboden geschaffen, auf dem zwischen den Ländern, die sich lange Zeit in blutigen Fehden gegenüberstanden, eine umfassendere und tiefer verwurzelte Gemeinschaft heranwachsen kann. (...) Mit verstärkten Kräften kann Europa auch dann an die Erfüllung einer seiner wesentlichsten Aufgaben weiterarbeiten: an der Entwicklung des afrikanischen Kontinents."

Die Erklärung vom 9. Mai 1950 enthielt einfache und klare Formulierungen mit drei Hauptanliegen: Dem politischen: Erhaltung des Friedens, europäische Vereinigung und französisch-deutsche Aussöhnung. Dem wirtschaftlichen: Zusammenlegung der Kohle- und Stahlindustrien zur Rationalisierung der Produktion, Beseitigung von Wettbewerbsverzerrungen und Verwirklichung der Zollfreiheit unter den Teilnehmerländern. Dem institutionellen: Nur unabhängige und starke Institutionen können große politische Ideen in die operative Politik transferieren.

III. Verfasser, Motive und Reaktionen

Obwohl der Plan den Namen des französischen Außenministers Robert Schuman trägt, waren die Autoren andere. Der eigentliche Initiator war der damalige Leiter des französischen Planungsamtes für den so genannten Modernisierungs- und Ausrüstungsplan, Jean Monnet. Die Präambel stammt teilweise von Schuman, den Hauptteil derselben verfasste Jacques Gascuel, Chefredakteur und Herausgeber der Zeitschrift „Perspectives". Die wirtschaftlichen Teile formulierte Pierre Uri, Mitarbeiter Monnets am Modernisierungsplan, die institutionellen Paul Reuter, Jura-Professor an der Universität Aix. Die Erwähnung der afrikanischen Entwicklung wird René Mayer zugeschrieben. Der Duktus der Sprachführung weist auf das Monnet´sche Denken hin.

Für die Ausgangssituation des Schuman-Plans sind die Motive, welche Schuman bewogen, eine supranationale, im Kern französisch-deutsche Montanunion zu propagieren, die Gründe, weswegen der Hauptadressat, die Regierung der jungen Bundesrepublik Deutschland, diesen Plan unterstützte, die Aspekte, welche die vier anderen Länder zur Respektierung des Planes veranlassten, sicherlich interessant und entscheidend. Hinzu kommt das gesamtpolitische und sicherheitspolitische Umfeld für Frankreich und Europa nach dem Zweiten Weltkriege angesichts des Kalten Krieges.

Der Plan fügte sich auf den ersten Blick konsequent in die lange Zeit französischer Sicherheitspolitik gegenüber seinem Nachbarn im Osten ein. Er enthielt allerdings ein völlig neues Element. Die potenzielle Übermacht Frankreichs gegenüber Deutschland wurde durch seine Einfügung in eine supranationale Organisation nivelliert. Das Problem französischer Sicherheit, wirtschaftlicher Stabilität und die fortgesetzten deutsch-französischen Auseinandersetzungen wegen der Saar – gerade ab Anfang 1950 – führten zu einer Gesamtüberprüfung der französischen Politik gegenüber Deutschland. In einer Atmosphäre politischer Wandlungsbereitschaft, mit der Gründung der Bundesrepublik Deutschland und ihrem Anspruch auf Wiederherstellung der Einheit Deutschlands wurde deutlich, dass die Saarbevölkerung einen neuen „Partner" hatte. Der zeitweise erfolgreich aussehende Versuch der Errichtung eines Saarstatuts mit enger Anlehnung an Frankreich musste sich eine Alternative gefallen lassen durch die erstmalige Orientierungsmöglichkeit der Saarbevölkerung außerhalb Frankreichs. Die Saar-Konventionen vom 3. März 1950 bildeten einen wenig verheißungsvollen Auftakt zu neuen französisch-deutschen Beziehungen. Die deutsch-französischen Beziehungen blieben kühl, bis sich wenige Wochen später eine neue Perspektive auftat: Der Schuman-Plan zur Gründung einer Europäischen Gemeinschaft für Kohle und Stahl. In diesem Zusammenhang tauchte die Saarfrage bei der Einbeziehung dieses Gebiets in die Montanunion wieder auf. Sie wurde jetzt in einem Notenwechsel geregelt. Es verdient auch festgehalten zu werden, dass die Saar zumindest sicherheitspolitisch für Frankreich an Bedeutung verloren hatte. Frankreich betrieb daher eine Politik, die auf die Zustimmung der Autonomisten um Ministerpräsident Hoffmann und Arbeitsminister Kirn und Umgebung sowie Adenauers hinauslief. Ihm – Adenauer – lag sehr viel daran, dass die deutsch-französischen Beziehungen im Zeichen der beginnenden Westintegration nicht durch Auseinandersetzungen um die Saar gefährdet wurden. Darüber hinaus hatte Adenauer Anfang 1950 Wirtschaftskooperationsvorschläge mit erheblicher Konzession an Frankreich erkennen lassen, so dass sich auf beiden Seiten Verständigungswillen trafen. Somit konnte Frankreich damit rechnen, dass entsprechende Vorstöße von deutscher Seite wohl wollend aufgenommen werden würden. Zudem bedeutete die Akzeptierung eines solchen Vorstoßes für die Westdeutschen die Rückkehr auf das internationale Parkett.

Wichtige Termine für die Außenminister der drei Westmächte und die NATO-Ratssitzung in London im Mai kamen näher, auf denen über die Zukunft Deutschlands generell und die Erhöhung der Produktionsraten für Stahl speziell gesprochen werden sollte. Am 28. April 1950 hatte Monnet mit seinen Beratern seinen Plan Bidault, Ministerpräsident, zugesellt. Dieser schwieg. Am selben Tage erhielt ihn Schumans Kabinettschef Clappier, der ihn an Schuman sofort weiterleitete. Am Wochenende prüfte Schuman den Plan, und als Clappier ihn am 1. Mai vom Bahnhof abholte, sagte Schuman zu ihm: „Ich mache mit.“ Francoise Seydoux bemerkte in seinen Memoiren:

> „Wer hätte jemals geglaubt, daß gerade er, der so diskrete, reservierte, der nur mit gedämpftem Schritt auftrat und nur selten mit erhobener Stimme sprach, es wagen würde, die Risiken und Unsicherheiten eines revolutionären Abenteuers mit zahllosen dramatischen Wendungen auf sich zu nehmen.“

Im Juli 1950 gab Schuman selbst die Antwort in der Nationalversammlung: „Ich wußte genau, welche persönliche Verantwortung ich in diesem Moment übernommen habe. Ich habe keinen Sinn für Abenteuer, aber ich weiß, was meine Pflicht ist.“ Der Kreis der Eingeweihten blieb klein: Die Monnet-Gruppe, Schuman und Clappier, der noch Seydoux informierte. Am 3. Mai informierte Schuman vage über eine bevorstehende französische Initiative im französischen Ministerrat. Der letzte (neunte) und endgültige Entwurf wurde am 6. Mai von Clappier formuliert. Justizminister René Mayer wurde informiert, der das Projekt sofort befürwortete. Am selben Tage erhielt René Pleven, Minister für Überseeische Angelegenheiten, den Text. Der Generalsekretär Schumans, Alexander Parodi, wurde am 7. Mai informiert. An die Öffentlichkeit wollte Schuman mit dem Plan in der routinemäßig vorgesehenen Ministerratssitzung am 10. Mai 1950 treten. Doch auf dieses Datum war der Beginn der Außenministerkonferenz in London festgelegt. Schließlich wurde die Ministerratssitzung auf den 9. Mai 1950 vorverlegt. Dieser wurde erst am frühen Nachmittag in Kenntnis gesetzt, da noch die Zustimmung Adenauers ausstand. Die Minister nahmen fast beim Auseinandergehen die Mitteilung des Außenministers entgegen. Er betonte, dass er bei der Begegnung mit seinen Außenministerkollegen am nächsten Tag in London auftragsgemäß einen französischen Vorschlag unterbreiten müsste. In der kurzen Zeit konnten die Minister unmöglich den Text lesen, geschweige die Tragweite dieses Planes erkennen. Der Plan wurde einstimmig gebilligt. Am Nachmittag wurde der Plan auf einer Pressekonferenz den Journalisten von Schuman bekannt gegeben. Vorher hatte Schuman seinen amerikanischen Außenministerkollegen Acheson, der auf dem Wege nach London am 7. Mai in Paris weilte, informiert. Dieser befürwortete das ganze Unternehmen, nachdem Schuman ihn von der grundlegenden Bedeutung des Projekts überzeugt hatte. Die Niederlande, Belgien, Luxemburg, Großbritannien und Italien wurden am 8. Mai offiziell von dem Plan in Kenntnis gesetzt

Am 8. Mai wurde Adenauer durch einen Kurier informiert.

„Ich wußte am Morgen noch nicht, daß der Tag eine bedeutsame Wendung in der europäischen Entwicklung bringen würde. Der Kern des Vorschlags von Robert Schuman war, die gesamte französische und deutsche Kohle-, Eisen- und Stahlerzeugung einer den anderen europäischen Ländern offenstehenden Organisation, einer gemeinsamen Behörde, zu unterstellen. (...) In dem persönlichen, an mich gerichteten Brief schrieb mir Schuman, der Zweck seines Vorschlages sei nicht wirtschaftlicher, sondern eminent politischer Natur. In Frankreich bestehe die Furcht, daß Deutschland, wenn es sich wieder erholt habe, Frankreich angreifen werde. Er könne sich denken, daß umgekehrt auch in Deutschland der Wunsch nach Sicherheit bestehe. (...) Schumans Plan entsprach voll und ganz meinen seit langem vertretenen Vorstellungen einer Verflechtung der europäischen Schlüsselindustrien. Ich teilte unverzüglich Robert Schuman mit, daß ich seinem Vorschlag aus ganzem Herzen zustimme", schrieb Adenauer in seinen Memoiren.

Auf der Pressekonferenz vom 9. Mai bemerkte Schuman, bevor er sich nach London verabschiedete: „Frankreich unterbreitet hier einen Vorschlag, dessen Schicksal es nicht voraussieht. Die Antwort liegt bei Europa." „Dann ist es also ein Sprung in Ungewisse?" fragte ein Journalist. Und Schuman antwortete: „Genau das ist es. Ein Sprung ins Unbekannte."

Ende Mai 1950 lagen die positiven Reaktionen von Belgien, den Niederlanden, Luxemburg, Italien und der Bundesrepublik Deutschland vor, die Vorschläge in Erwägung zu ziehen.

Die Kommunisten in Europa und die UdSSR nahmen eine scharfe Gegenposition ein. Nationalistische Kreise in Frankreich und die deutsche Schwerindustrie verhielten sich ablehnend.

IV. Vertrag und Gewichtung

Die Delegationen von Frankreich, der Bundesrepublik Deutschland, Italien, Belgien, der Niederlande und Luxemburg, die dem französischen Vorschlag beitraten, nahmen am 20. Juni 1950 in Paris die Verhandlungen auf. Den Vorsitz führte der Chef der französischen Delegation Jean Monnet. Je nach Bedarf wurden zur Bearbeitung einzelner Sachgebiete Ausschüsse und Unterausschüsse eingesetzt. Die Verhandlungen der Delegationen dauerten bis zum 19. März 1951. An diesem Tag erfolgte die Paraphierung des Vertragsentwurfes mit Ausnahme einiger Bestimmungen, die zur Regelung der Außenministerkonferenz überantwortet wurden, die am 12. April 1951 begann. Am 18. April 1951 wurden folgende Dokumente von den Außenministern unterzeichnet:

1. Vertrag über die Gründung der Europäischen Gemeinschaft für Kohle und Stahl
2. Protokoll über die Privilegien und Immunitäten der Gemeinschaft,
3. Protokoll über die Beziehungen zum Europarat,
4. Protokoll über die Satzung des Gerichtshofes,
5. Abkommen über die Übergangsbestimmungen,
6. Protokoll über die Interims-Konferenz,
7. Europäische Deklaration (Sechs-Mächte-Erklärung).

Die Gemeinschaft ist nach dem Vertrag eine überstaatliche Organisation, die selbst Völkerrechtssubjekt ist und eigene Rechtspersönlichkeit besitzt. Sie fasst die ihr von den Mitgliedstaaten durch den Vertrag übertragenen Hoheitsrechte auf dem Gebiete von Kohle und Stahl zusammen und übt sie nach Maßgabe der Bestimmungen des Vertrages aus eigenem Rechte aus. Der Vertrag ist somit nicht nur Gründungsurkunde, sondern auch Verfassung der Gemeinschaft. Die Mitgliedstaaten sind der Gemeinschaft untergeordnet und verpflichtet, alle Maßnahmen zu ergreifen, um die Erfüllung der Verpflichtungen zu sichern. Diese Gemeinschaft stellt somit eine völlig neuartige Form eines Zusammenschlusses von Staaten auf übernationaler Ebene dar. Das Wesen der Gemeinschaft wird gekennzeichnet durch einen gemeinsamen Markt, durch gemeinsame Ziele und gemeinsame Organe. Neben den rein wirtschaftlichen Bestrebungen, die in dem Vertrag ihren Ausdruck finden, waren es entscheidende politische Zwecke, die der Plan des französischen Außenministers verfolgte und die ebenfalls Gegenstand des Vertrages wurden. Nicht mehr weisungsgebundene Regierungsvertreter sollten die Geschicke dieser Organisation bestimmen, sondern Personen, die lediglich auf Grund ihrer Persönlichkeit und ihrer sachlichen Befähigung ausgewählt werden und ausschließlich europäischen, übernationalen Einrichtungen verantwortlich sein sollten.

Der Vertrag bestimmt, dass folgende Organe der Gemeinschaft gebildet werden: Die Hohe Behörde mit einem Beratungsausschuss, die Gemeinsame Versammlung, der Besondere Ministerrat und der Gerichtshof. Daneben nehmen an dem Leben der Gemeinschaft teil: Die Regierungen der Mitgliedstaaten, die Unternehmen der Eisen- und Stahlindustrie und des Kohlenbergbaus, die Unternehmerverbände, die Organisationen der Erzeuger, Arbeitnehmer und Verbraucher sowie schließlich Studienausschüsse, die von der Hohen Behörde bei Bedarf gebildet werden können. Besondere Bestimmungen sind im Vertrag enthalten über den Haushalt und über das Verhältnis der Gemeinschaft zu den Mitgliedstaaten. In dem Vertrag sind selbst alle Möglichkeiten enthalten, um seine Prinzipien in dynamischer Weise fortzuentwickeln.

Ferner fand am gleichen Tag ein Briefwechsel zwischen Schuman und Adenauer über die Stellung des Saargebietes statt. Schließlich richtete Schuman an Adenauer ein Schreiben über die Aufhebung des Ruhrstatuts und anderer besatzungsrechtlicher Beschränkungen. Der Vertrag trat am 23. Juli 1952 in Kraft.

Unter dem Vorsitz ihres Präsidenten, Jean Monnet, trat am 10. August 1952 die Hohe Behörde der Europäischen Gemeinschaft für Kohle und Stahl in Luxemburg zu ihrer konstituierenden Sitzung zusammen. In seiner Eröffnungsrede erklärte Monnet u.a.:

> „Wir müssen und werden einen einzigen Kohlen- und Stahlmarkt auf dem ganzen Gebiet unserer Gemeinschaft schaffen und erhalten. In ein paar Monaten werden alle Zollschranken, alle Beschränkungen und alle diskriminierenden Einschränkungen überwunden sein."

Die im Vergleich zu dem Europäischen Wirtschaftsrat (OEEC) und dem Europarat völlig neuen Aufgaben der Hohen Behörde wurden von Monnet wie folgt umrissen:

> „Nach den bisherigen Methoden behielten sich die europäischen Staaten ihre Souveränität vor, auch wenn sie von der Notwendigkeit eines gemeinsamen Vorgehens überzeugt waren. Folglich konnten derartige Organisationen weder Beschlüsse fassen noch solche ausführen, sondern nur Empfehlungen ausarbeiten. Der föderative Charakter der Schuman-Behörde ist dadurch gekennzeichnet, daß die Hohe Behörde der gemeinsamen Versammlung, nicht aber einem einzelnen der Mitgliedstaaten verantwortlich ist. Die Handlungen der Hohen Behörde werden geprüft, jedoch nicht von nationalen Gerichten, sondern von einem europäischen Gerichtshof. Europa muss zu Einheit, Wohlstand und Frieden kommen."

Die britische Regierung begrüßte in einer Erklärung die Arbeitsaufnahme der Hohen Behörde und wies darauf hin, dass sie ihre Beziehungen zu der Hohen Behörde der Gemeinschaft so eng wie möglich gestalten und eine britische Mission bei der Gemeinschaft einrichten werde.

Die Erklärung vom 9. Mai 1950 hat ihre kühnsten Erwartungen und Hoffnungen übertroffen. Die Keimzelle der heutigen Europäischen Union, ausgerichtet auf die Erhaltung des Friedens, den Wiederaufbau des zerstörten Europa, die Bewahrung der Freiheit, die Aussöhnung zwischen Frankreich und Deutschland, die Hebung des Wohlstandes und auf die Vereinigung der europäischen Staaten, hat die Intentionen ihrer Verfasser bei weitem übertroffen. Dem Besiegten Rechtsgleichheit innerhalb einer zukünftigen Gemeinschaft vorzuschlagen, das war kühn, visionär und erfolgreich. Die Ziele, nach denen Europäer im Zuge der Erklärung vom 9. Mai 1950 strebten, lauteten: Friede, Demokratie, Freiheit. Sie, verkündet vor mehr als 200 Jahren zuerst in der Amerikanischen, dann in der Französischen Revolution, hatten gerade im letzten Jahrzehnt nichts von ihrer Anziehungskraft verloren. Abschließend seien einige Passagen eines Textes von Robert Schuman zitiert, den er 1963 verfasste und der zu seiner Erklärung von 1950 wie zur heutigen Zeit gehört:

> „Wir müssen das geeinte Europa nicht nur im Interesse der freien Völker errichten, sondern auch, um die Völker Osteuropas in diese Gemeinschaft aufnehmen zu können, wenn sie, von den Zwängen, unter denen sie leiden, befreit, um ihren Beitritt und unsere moralische Unterstützung nachsuchen werden. Wir schulden ihnen das Vorbild des einigen, brüderlichen Europa. Jeder Schritt, den wir auf diesem Wege zurücklegen, wird für sie eine neue Chance darstellen. Sie brauchen unsere Hilfe bei der ungeheuren Aufgabe der Umstellung, die sie zu bewerkstelligen haben. Unsere Pflicht ist es, bereit zu sein."

Die Frage nach den geografischen Grenzen der Europäischen Union liegt auf dem Tisch. Wie hätte sie wohl Robert Schuman in einer zweiten Erklärung vom 9. Mai beantwortet? Ich glaube, die Antwort zu kennen.

Literatur

Text der Erklärung in: Europa-Archiv, 5. Juni 1950, S. 3091-3098.

Max Beloff, *Europa und die Europäer,* Köln 1959.

Bernhard Bussmann, (Hg.): *Wege nach Gesamteuropa*, Köln 1966.

Paul Collowald, *Der 9. Mai 1950: Der Schuman-Plan*, in: Dokumente. Zeitschrift für den deutsch-französischen Dialog, April 2000, S.101-105.

Alfred Grosser, *Das Bündnis.* Die westeuropäischen Länder und die USA seit dem Krieg, München 1978.

Jean Guiton, *Die französische Außenpolitik nach dem Kriege*, in: Europa-Archiv, 20. Januar 1952, S. 4651-4656.

Andreas Hillgruber, *Europa in der Weltpolitik der Nachkriegszeit 1945-1963*, München-Wien 1979.

Franz-W. Jerusalem, *Das Recht der Montanunion*, Frankfurt 1954.

Matthias Kipping, *Zwischen Kartellen und Konkurrenz.* Der Schuman-Plan und die Ursprünge der europäischen Einigung 1944-1952, Berlin 1996.

Walter Lacqueur, *Europa auf dem Weg zur Weltmacht 1945-1992*, München 1992.

Holm A. Leonhardt, *Europa konstitutionell.* Politische Machtkämpfe in der EG 1950-1983, Hannover 1983

Wilfried Loth, (Hg.): *Die Anfänge der europäischen Integration 1945-1950*, Bonn 1990.

Ders., *Der Weg nach Europa*, Göttingen, 3. Aufl., 1996.

Hans August Lücker und Jean Seitlinger, *Robert Schuman und die Einigung Europas*, Luxemburg 2000.

Rudolf Mittendorfer, *Robert Schuman.* Architekt des neuen Europa, Hildesheim 1983.

Herbert Müller-Roschach, *Die deutsche Europapolitik 1949-1977*. Eine Politische Chronik, Bonn 1980.
Ulrich Pfeil, *Die DDR und der Schuman-Plan (1950-1952)*, in: Heiner Timmermann (Hg.), *Deutsche Fragen*. Von der Teilung zur Einheit, Berlin 2001, S. 117-152.
Frank R. Pfetsch, *Die Europäische Union*. Eine Einführung, München 1997.
Ulrich Sahm, *Die Verfassung der Europäischen Gemeinschaft für Kohle und Stahl*, in: Europa-Archiv, 20. Mai 1951, S. 3977-3986.
Andreas Sattler, *Das Prinzip der „Funktionellen Integration" und die Einigung Europas*, Göttingen 1967.
Heinrich Schneider, *Leitbilder der Europapolitik*. Der Weg zur Integration, Bonn 1977.
Ernst Steindorff, *Schuman-Plan und europäischer Bundesstaat*, in: Europa-Archiv, 20.5.1951, S. 3955-3960.
Heiner Timmermann (Hg.), *Die Kontinentwerdung Europas*, Berlin 1995.
Ders. (Hg.), *Die Idee Europa in Geschichte, Politik und Wirtschaft*, Berlin 1998.
Der. (Hg.), *Sudsidiarität und Föderalismus in der Europäischen Union*, Berlin 1998.
Ders. (Hg.): *Europa - Ziel und Aufgabe*. Berlin 2000.
Jürgen Wahl, *Robert Schuman. Visionär – Politiker – Architekt Europas*, Trier 1999.
Andreas Wilkens, (Hg.): *Interessen verbinden*. Jean Monnet und die europäische Integration der Bundesrepublik Deutschland, Bonn 1999.
Hermann Volle, *Schuman-Plan und Atlantikpakt*, in: Europa-Archiv, 5. Juli 1950, S. 3137-3158; 5. November 1950, S. 3464-3474; 20. November 1950, S. 3503-3514 (und Wilhelm *Cornides*); 20. Mai 1951, S. 3961-3976.

Teil 2

Das Bild

PUERULO FIDEM ET SACRAMENTA – [FRIDERICUS] IMPERATOR DEPOSITUS

CARL AUGUST LÜCKERATH

Die vulgo unter der Bezeichnung „Kölner Königschronik" zusammengefassten zwei historiographischen Werke aus Köln: Chronica regia Coloniensis (CRC) und Chronica S. Pantaleonis (CSP)[1] bieten als zeitgenössische Quellen der zweiten Hälfte des 12. und der ersten Hälfte des 13. Jh.s eine gewisse Fülle von Nachrichten über Friedrich II., den römisch-deutschen und sizilianischen König und letzten Kaiser aus der staufischen Dynastie. Ihm als dem in vielen Hinsichten Deutbaren,[2] als Knabe bereits in politischer Rolle, als Staunen erregender Herrscher, als Kaiser, als gebannter Ketzer, als „Hammer der Erde" und „Verwandler der Welt", dessen dramatischer politischer Wirkung hat sich die Forschung[3] im 20. Jh. intensiv zugewandt, im letzten Jahrzehnt stimuliert und verstärkt durch die Stauferjubiläen[4] von 1994 und 2000. Im Zuge der Quellenaufbereitung zu Friedrich II. wurde auch eine umfängliche Studie mit Dokumentation vorgelegt, die Fundstellen in der Chronistik[5] zu diesem Herrscher aufweist, ist dieser doch auch viele Jahrzehnte nach seinem Ableben noch ein faszinierendes Darstellungssujet gewesen.[6]

Die besagte kommentierte Synopse von chronikalischen Nachrichten folgt im Wesentlichen dem Suchschema, möglichst einmalige Aussagen zusammenzuführen. Die Intention dieses Beitrages geht indessen dahin, das Herrscherbild zweier, eng verwandter Chroniken, die zudem eine nahe bzw. unmittelbare Zeitgenossenschaft[7] für sich beanspruchen können, in chronologischer Abfolge zu dokumentieren und mit den begleitenden Ausführungen einen Einstieg in die Texte zu bereiten.

1 Zu den Chroniken vgl. die Einleitung zur Neuausgabe im Rahmen der Freiherr vom Stein-Gedächtnisausgabe der Wissenschaftlichen Buchgesellschaft, Darmstadt, bearbeitet von Carl August Lückerath mit Literatur (im Druck); ders.: Kölner Königschronik. In: LEXIKON DES MITTELALTERS, Bd. 5, Sp. 1268 - 1269. München 1991.

2 Den Umfang des zeitgenössischen Deutungsspektrums bieten beispielsweise die von Heinisch zusammengestellten Quellenzeugnisse. Klaus J. Heinisch: *Kaiser Friedrich II. in Briefen und Berichten seiner Zeit.* Darmstadt 1978; vgl. auch: Klaus van Eickels u. Tania Brüsch (Hrsg.): *Kaiser Friedrich II.* Leben und Persönlichkeit in Quellen des Mittelalters. Darmstadt 2000.

3 Bis in die 80er-Jahre des 20. Jh.s bietet die von C. A. Willemsen besorgte Bibliographie das Literaturaufkommen: Carl A. Willemsen (Bearb.): *Bibliographie zur Geschichte Kaiser Friedrichs II. und der letzten Staufer* (MGH Hilfsmittel 8) München 1986; punktuelle Forschungsbeiträge des 20. Jh.s: Gunther Wolf (Hrsg.): *Stupor mundi.* Zur Geschichte Friedrichs II. von Hohenstaufen (Wege der Forschung Bd. 101) Darmstadt 1966.

4 Diese Jubiläen, die in Italien sehr viel opulenter als in deutschen Landen begangen wurden, hat Wolfgang Stürner je mit einem Teilband einer großen Friedrich II.-Biograpahie bedacht: *Friedrich II.* Teil 1: Die Königsherrschaft in Sizilien und Deutschland 1194-1220. Darmstadt 1992 und Teil 2: Der Kaiser 1220-1250. Darmstadt 2000 auch mit der neueren Literatur. Wesentliche Beiträge im Zusammenhang der Jubiläen sind nachgewiesen bei Carl August Lückerath: Kaiser Friedrich II. als Herrscherpersönlichkeit. In: BURGEN UND SCHLÖSSER 46 (2001), S. 1-18.

5 Andrea Sommerlechner: *Stupor mundi?* Kaiser Friedrich II. und die mittelalterliche Geschichtsschreibung. Wien 1999, 239 f.; die Autorin legt dar, dass die chronikalische Überlieferung insgesamt Aspekte der verwickelten politischen und verfassungsrechtlichen Situation: Fürsten-, Doppelwahl, Gegenkönigtum, Reich, Sizilien und Kaisertum samt Mitregentschaft der Söhne auf ihre Weise zu erkennen gibt.

6 Bedeutende Chronisten des späten 13. und des 14. Jh.s haben sich zum Teil umfänglich der Persönlichkeit Friedrichs II. zugewandt: Philipp von Novara (+ 1270), Breve Chronicon de rebus Siculis (um 1270); Thomas von Pavia (+ um 1280); Salimbene de Adam (+ um 1288); Jans Enikel (+ um 1302); Ricobald von Ferrara (+ um 1318); Giovanni Villani (+ 1348); Pandolfo Collenuccio (+ 1504).

7 Zur Abfassungszeit vgl. die Angaben bei Lückerath (wie A. 1).

Unabhängig von späteren kommentierenden Einlassungen sei vorweg auf zwei Merkmale der chronikalischen Nachrichtengebung hingewiesen, auf ein quantitatives und ein qualitatives bzw. qualifizierendes: Die biografisch frühen Angaben zeichnen sich einerseits durch annalistische Kürze aus, für die späteren Mitteilungen werden andererseits die Chronisten etwas gesprächiger.

Wenn man übersehen will, dass die Chronisten von Anfang an Friedrich II. mit einer gewissen Distanz begegnen, so muss doch konstatiert werden, wie das Urteil über diesen Herrscher oszilliert, wobei zweierlei zu berücksichtigen ist, zum einen die Tatsache, dass es sich bei den Autoren um Söhne der Kirche[8] handelt, zum andern die Zwänge der politischen Parteinahme bzw. Gegnerschaft der Reichskirche zur Staufer-Dynastie und des gelegentlich davon abweichenden Kölner Klerus.[9]

Im Folgenden werden die für Friedrich II. einschlägigen Partien in den beiden Chroniken im laufenden Text erläuternd in chronologischer Folge angesprochen und in den Anmerkungen im Wortlaut wiedergegeben.

Die erste, unerlässlich wichtige Nachricht, welche auf Friedrich hinlenkt, bringt der Jahresbericht 1185 der Kölner Konigschronik, indem auf die Eheverbindung zwischen Heinrich und der Tochter Konstanze des sizilianischen Königs,[10] Roger II., vom Kaiser Friedrich I. betrieben in Gegnerschaft zu Byzanz, Bezug genommen wird. Konstanze[11] wird namentlich nicht genannt.[12] Die späte Heirat erfolgte am 27. Jan. 1186. – wichtiger ist in diesem Kontext der mit dieser Ehe verbundene politisch-strategisch gelungene Schachzug gegen den auf andere Weise revitalisierten Anspruch des byzantinischen Imperiums auf (Süd-)Italien und damit auch gegen die staatstragende ideologische, Position eines einzigen rechtmäßigen Kaisertums, und zwar nicht im Sinne der Auffassung, die in dem Entwurf der Zwei-Kaiser-Theorie[13] geronnen ist.

Über die retardierenden Umstände[14] der Kaiserkrönung gibt der Jahresbericht 1191 Kunde unter ausdrücklicher Nennung Kostanzes.[15]

Reflexhaft scheint die schwierige Ehe in der Bemerkung auf, dass Heinrich nach dem Verlust des Großteils seines Heeres seine Gemahlin (sc. wegen der Gefahr im Königreich Sizilien) zurücklassen musste.[16] Dieser Feststellung korrespondiert die Mitteilung über die Zusammenführung der Ehegatten, die im Abstand von zwei Jahren erfolgte. Eine Kostprobe der Intrigenwelt im Königreich Sizilien bietet der Jahresbericht 1197,[17] der Konstanze mit dem bösen

8 Bei der Königschronik handelt es sich um eine an Faktisches grenzende Vermutung, in der Chronik aus Sankt Pantaleon beziehen sich die Autoren mehrfach auf ihr Kloster.

9 Vgl. dazu: Wilhelm Janssen: *Geschichte des Erzbistums Köln: Das Erzbistum im späten Mittelalter 1191 - 1515.* Bd. 2, 1 Köln 1995, 121 f.; Manfred Groten: *Köln im 13. Jh.* Köln 1995, 26 ff. u.ö.

10 Zu König Roger II.: 1095 bis 1154: Hubert Houben: *Roger II. von Sizilien.* Darmstadt 1997, 169 f., Tafel 1.

11 Konstanze, posthum geborene Tochter des Königs Roger II. von Sizilien: 1154 bis 28. Nov. 1198. Theodor Kölzer: Konstanze I. In: LEXIKON DES MITTELALTERS Bd. 5, München 1991, Sp. 1406 f.

12 Die lateinischen Textzitate sind entnommen aus: Georg. Waitz (Ed.): *Chronica regia Coloniensis* (Annales Maximi Colonienses). (MGH, Scriptores rer. Germ. in usum scholarum) Hannover 1880, ND Hannover 1999. Jahresbericht 1185: *Deinde Imperator regno Grecorum infestus, filiam Ruotgeri regis Siciliae filio suo copulare procurat.* Die spätere Heirat erfolgte am 27. Januar 1186.

13 Dazu immer noch beachtlich: Werner Ohnesorg: *Das Zwei-Kaiser-Problem,* (München) 1949; Hans Hubert Anton: Zweikaiserproblem. In: *LexMa.* Bd. 9, München 1998, Sp. 720 - 723.

14 Papst Coelestin wollte vor der Krönung, die am 15. April 1191 erfolgte, die Rechte Patrimonium Petri gewahrt wissen. Die Königschronik erwähnt als einen Streitpunkt die Herausgabe der Burg *Tusculanum.*

15 Jahresbericht 1191: *Heinricus rex in Apuliam ducens exercitum, Romae in imperatorem et Constantia, uxor eius, in imperatricem secunda feria paschae consecrantur.*

16 Jahresbericht 1191: ... *donec in Augusto mense aeris in consueti intemperie corrupto exercitu, omnes pene principes suos amisit, in deque tandem, amissa uxore, per dolum rediit.* Dazu: Bernd Rill: *Sizilien im Mittelalter.* Stuttgart 1995, 223 ff.

17 Jahresbericht 1193: *Constantia imperatrix de partibus Apuliae rediens, per Ottonem illustrissimum Romanorum Prefectum imperatori reducitur.* Jahresbericht 1197: *Imperatur in Apulia moratur, et de eo ac imperatrice Constantia rumor varia seminat, scilicet quod ipse in variis eventibus preventus, etiam in vitae periculo sepe constitutus sit, quod imperatricis voluntate semper fieri vulgabatur.*

Schein des Verrates umgibt. Ohne dass die Geburt Friedrichs expressis verbis erwähnt wird, erscheint dieser im Jahr 1196 zum ersten Male in den Chroniken auf der Weltbühne, und zwar anlässlich seiner Königswahl, bei der mittelbar der gescheiterte Erbreichsplan Heinrichs VI. im Verhalten des Kölner Erzbischofs virulent ist.[18] Die nächsten Erwähnungen geschehen unter bedeutungsschweren Ereignissen, einerseits im Zusammenhang des verhängnisvoll-tragischen Todes Heinrichs VI.[19] und andererseits im Kontext der anfälligen (Lehns-)Struktur des Königreiches Sizilien.[20] Das übrige Reichsgeschehen: z.B. Wahl Philipps von Schwaben[21] und Ottos[22] von Braunschweig, wird auch mit den Folgehandlungen der Doppelwahl und dem fortwährenden Königs-Schisma berichtet, aber auf bemerkenswerte Weise abgekoppelt von den Mitteilungen über Friedrich, und das über das sonst bemerkbare Disparate bei geschilderten Ereignissen und Zuständen hinaus.

Der Tod der Kaiserin Konstanze, der im Jahresbericht 1199 vermeldet wird,[23] „gibt Anlass, über das politische Schicksal des *parvulus Fridericus filius imperatoris* Kunde zu geben."[24] Es wird an dessen Wahl zum König und die Huldigung mit Treueidleistung der Reichsfürsten zu Lebzeiten von Friedrichs Vater erinnert. Als zukunftswirksame Maßnahme wird mitgeteilt, dass Markward – sc. von Annweiler –, der Markgraf von Ancona aus Einverständnis und auf Weisung des Königs Philipp, des Onkels des Knaben, das „Königreich Apulien" – als pars pro toto regno Siciliae – in Besitz nehmen solle, um es, wie man berichtet, dem Knaben, *puero*, zu bewahren.

Wenn dabei die antistaufische Parteinahme des Chronisten kaum verifizierbar ist, so tritt diese bei der Schilderung einer neuerlichen Kraftprobe zwischen König Philipp und König Otto umso drastischer in Erscheinung, wenn vom Staufer behauptet wird, dass er aus Belieben das Kölner Bistum verwüstet und brandschatzt.[25] Wenn sich für Philipp die negative Bewertung bis zu dessen gewaltsamem Ende im Wesentlichen die Waage hält,[26] so hat Friedrich, obwohl auch der staufischen Dynastie angehörig, eine eher zunächst flache Sympathiekurve, wie die bewertungsneutrale Mitteilung aus 1208 über seine Eheschließung mit der Tochter des Königs von Aragón, die allerdings namentlich[27] nicht genannt wird, ausweist.[28] Beiläufig wird dabei vermerkt, dass sich der bisherige Jüngling Friedrich zumeist in Sizilien aufgehalten hat. Eher einnehmend ließe sich einstufen, dass die aragonesische Königstochter, bisher Heidin, offensichtlich unmittelbar vor der Verehelichung zur Christin „bekehrt" – *facta* – wurde.

18 Jahresbericht 1196: *Imperator ab omnibus imperii principibus summa precum instantia optinet, ut filium suum Fridericum nomine vix triennem in regem eligant, omnesque* puerulo fidem et sacramenta (Titelzitat!) *prestant preter Adolfum Coloniensem archiepiscopum, qui tunc quidem in hoc minime consensit, iuramentum ibi prestans coram Philippo duce Sueviae, fratre imperatoris.*
Zum Erbreichsplan Kaiser Heinrichs VI.: Peter Czendes: *Heinrich VI.* Darmstadt 1993, 131 ff.

19 Heinrich VI. starb entgegen der Angabe der Chronik am 28. Sept. 1197. Beigesetzt wurde er in Palermo.

20 Jahresbericht 1197: *Nam imperator non longo post tempore mortuus nunciatur. Obiit autem in festo sancti Michaelis 2. Kal. Octobris et honorifice cum multis insignibus apud Neapolim sepultus est. Ibi adnullata est profectio, quam ipse ad liberationem terrae repromissionis dudum disposuerat; sed et omnis Apulia [et] Calabria, Sicilia ab suorum dominatione se excutiens, tamen uxori eius et filio se subiecit et eis fidem fecit.*

21 Jahresbericht 1198.

22 l.c.

23 Jahresbericht 1194: *Constantia imperatrix in Apulia moritur.*

24 Jahresbericht 1199: ... *relicto parvulo Friderico filio imperatoris, cui in regem electo vivente adhuc patre principes imperii fidem et sacramentum fecerant. Marquardus itaque marchio Anconiae ex consensu et iussione Philippi regis, qui patruus erat pueri, regnum Apuliae optinet, ut fertur, servandum puero.*

25 Jahresbericht 1199: ... *et episcopatum Coloniensem pro libitu devastat et exurit.*

26 Vgl. Jahresberichte 1198, 1204, 1205, 1206, 1207, 1208, die wesentlich über den aus der Doppelwahl von 1298 resultierenden Kriegszustand, der in Literatur häufig als "Bürgerkrieg" qualifiziert wird, künden. Dazu: Hucker: Kaiser Otto IV. (wie A. 29), 22 ff.; Odilo Engels: *Die Staufer.* (Urban-Taschenbuch 154) Stuttgart ⁴1989, 121 ff.; ders,; Die Stauferzeit. In: Rheinische Geschichte Bd. 1, 3. Hrsg. v. Franz Petri u. Georg Droege. Düsseldorf, 237 ff., 243 ff.

27 Es handelt sich um Friedrichs erste Eheschließung mit Konstanze von Aragón.

28 Jahresbericht 1208: *Fridericus, filius Heinrici imperatoris, adhuc adolescens, intra Siciliam se plurimo tempore continens, filiam regis Arragonum, et adhuc paganam, sed postea christianam factam, duxit uxorem.*

Friedrich tritt dann erst im Jahr 1212 im Zuge der Verwerfungen zwischen Otto IV.[29] und Innozenz III. wieder in Erscheinung, und zwar als politische „Spielmasse" des Papstes zum Zwecke der Ausschaltung des missliebig gewordenen Kaisers aus der welfischen Dynastie. Friedrich wird angesichts der bevorstehenden Wahlhandlung – lediglich – als König von Sizilien bezeichnet,[30] obwohl er bereits zum römisch-deutschen König gewählt war.[31] Da von der Durchführung des Erhebungsaktes durch den Papst und einige Fürsten die Rede ist, könnte unausgesprochen das päpstliche Recht an der Königswahl, das beanspruchte Approbationsrecht,[32] im Spiele sein. Jedenfalls stellt die Chronik den Akt als Auslöser einer Reise Friedrichs durch Reichsitalien – Tuszien und die Lombardei werden als Durchzugsräume genannt – über Frankreich nach Deutschland, wo er in Frankfurt am 30. November einen Hoftag abhielt, und zwar zum Zwecke der „wiederholten Wahl"[33] durch sehr viele Fürsten. Der Chronist findet dann des Weiteren auffallend laudative Formulierungen für seinen Aufenthalt im Reich und für die ihm von allen auf Grund seiner Großzügigkeit entgegengebrachte Neigung und deren Wohlverhalten.[34]

Für die Jahre 1212 bis 1215 gibt es eine relative Dichte von Nachrichten über Friedrich, die sich aber zumeist nur auf inkohärente Einzelmitteilungen beschränken: Friedrich feiert das Weihnachtsfest zu „Reinsberg",[35] während sich aber Kaiser Otto zu Bonn,[36] also in nächster Nachbarschaft, aufhält. Mit dem kriegerischen Gebaren Ottos in Sachsen wird dann das glückliche Tun Friedrichs in Oberdeutschland konfrontiert.[37] Diese Bewertung spiegelt die politische Konstellation relativ zum Papsttum; Otto war exkommuniziert,[38] Friedrich wurde als herrscherlicher Widerpart von dem kirchentreuen Lager im Reiche aufgebaut.

Der Hoftag,[39] den Friedrich am 30. März 1214 in Koblenz zur eidlich versicherten Heerfahrt aller Reichsfürsten nach Aachen, von denen die meisten zur Stelle waren, nutzte, markiert den nicht mehr zu störenden Aufstieg Friedrichs, was zugleich den Niedergang Ottos IV.[40] bedeutete.

Wie sehr sich Friedrich im Reich gegen den Welfen durchgesetzt hatte, lässt sich auch an der Andernacher Fürstenversammlung vom 1. Mai, die der Jahresbericht 1215 erwähnt, abmessen, da nicht nur Große des Reiches, wie der Herzog von Brabant ihm huldigten, sondern auch der übrige Adel in großer Zahl.[41] Dass allmählich auch der Zeitpunkt für die längst überfällige Krönung in Aachen – die Stadt war nun nicht mehr im Einflussbereich Ottos – ge-

29 Bernd Ulrich Hucker: *Kaiser Otto IV.* (MGH Schriften Bd. 34) Hannover 1990, 88 ff., 110 ff.

30 Jahresbericht 1212: *Fridericus rex Sicilie, Henrici quondam imperatoris filius, a domino papa et quibusdam principibus Romam invitatus, in regem creatur, perceptaque confirmatione et benedictione apostolica, Italian, Tusciam, Lonbardiam pertransiens, in Galliam devenit, ubi in festo sancti Andree apud Frankenvort curia habita, a principibus quam plurimis in regem est declaratus.*

31 Die Königswahl Friedrichs fand unter dem Versuch Heinrichs VI., mit einem sog. „Erbreichsplan" eine Erbmonarchie zu errichten, unter dramatischen Vorgängen Ende 1196 zu Frankfurt durch einen Teil der Reichsfürsten statt; der Kölner Erzbischof versagte sich so zunächst. Dazu Ulrich Schmidt: *Königswahl und Thronfolge im 12.Jh. Köln*, Wien 1987, 225ff.; Stürmer: Friedrich II., 60f.

32 Carl August Lückerath: Päpstliche Approbation. In: HANDWÖRTERBUCH ZUR DEUTSCHEN RECHTSGESCHICHTE Bd. 3, Berlin 1984, Sp. 1476 ff.

33 Ekkehard Kaufmann: König. In: HRG Bd. 2, Berlin 1978, Sp. 1017 ff.; vgl. dagegen die ältere Auffassung: Heinrich Mitteis. *Die deutsche Königswahl.* München ²1944, ND Darmstadt 1969, 67 ff.

34 Jahresbericht 1212: *Sicque magis ac magis in regno convalescens, et in cunctis se nobiliter agens, favorem ac benevolentiam omnium innata sibi liberalitate captabat.*

35 Wohl gemeint ein Aufenthalt auf einer Reichsburg auf Reichsgut am Mittelrhein.

36 Jahresbericht 1213: *Fridericus rex apud Reinsberg, Otto vero imperator apud Bunnam natale Domini celebravit, in cuius confinio et circa Rhenum huc illucque aliquanto se tempore agens, tandem in Saxoniam secessit.*

37 Jahresbericht 1213: *Fridericus vero rex in superioribus circumquaque se feliciter agebat.*

38 Anton Haidacher: Zur Exkommunikation Ottos IV. durch Papst Innozenz III. In: RÖMISCHE HISTORISCHE MITTEILUNGEN (1960/61), 37 ff.

39 Jahresbericht 1214: *In pascha Fridericus rex apud Confluentiam curiam habuit, ubi principes omnes, quorum plurimi advenerant, expeditionem Aquisgrani iurare fecit post pentecosten celebrandam.*

40 Hucker: Otto IV. (wie A. 29), 290 ff.

41 Jahresbericht 1215: *Friedericus rex in festo sancte Walburgis Andernacum venit, ubi dux Brabantie, comites plurimi, nobiles innumeri regi fidem fecerunt.*

kommen war, wird im Folgenden mitgeteilt mit der besonderen Betonung, dass Erzbischof Siegfried von Mainz die Salbung vollzog.[42] Die politische Situation im westlichen Reichsgebiet ist dann auch dadurch gekennzeichnet, dass Friedrich am Niederrhein – mit Wirkung in den westfälischen Raum – und am Mittelrhein Besitz vom Reichsgut ergreift, festgemacht an Kaiserswerth und Landskron, und in politische Querelen unter großem Zuspruch und Verehrung für ihn, auch seitens der Geistlichkeit vor allem in Köln, sich einschaltet.[43]

Über das weitere Wirken Friedrichs verlautet für 1216 nur das Faktum des Hoftages zu Würzburg am 3. Mai.[44] Friedrich gerät dann für Jahre aus dem Blick; erst 1219 wird er als Empfänger der Reichskleinodien erwähnt, nachdem Kaiser Otto IV. am 19. Mai 1218 verstorben war.[45] Ob Süffisanz im Spiele war bei der Bemerkung, dass der aushändigende Bruder Ottos, Herzog Heinrich von Sachsen, sich für die Herausgabe von Krone, Heiliger Lanze und der übrigen Insignien des königlichen Ornates mit 11000 Mark „honorieren" ließ, nähert sich der Wahrscheinlichkeit angesichts der Charakterisierung Heinrichs als Usurpator[46] des Erbes des verstorbenen Kaisers.

Der ausgiebige Hoftag zu Frankfurt im April 1220 zeigt Friedrich als Rechtsetzer im Reich, der mit den Fürsten Gravamina zu beheben sich anschickt.[47]

Mit einem Satzfragment, in welchem Friedrich genannt wird, bricht dann mit dem Jahr 1220 die Kölner Königschronik ab.[48]

Die Chronik aus St. Pantaleon hat sich bereits ab 1200, nachdem diese vor der Jahrhundertwende in großer Abhängigkeit von der Königschronik, allerdings mit zahlreichen, auch größeren originären Partien, abgefasst worden war, stärker in einer Parallelüberlieferung von eigenständiger Originalität verselbstständigt, sie führt über 1220 hinaus ihre Bericht bis 1249 fort.[49]

Für den Chronisten aus St. Pantaleon sind die aus der Doppelwahl von 1198 hervorgegangenen Inhaber der Königswürde Gegenstand der politischen Aussage. Friedrich kehrt auch in dieser Chronik erst nach dem Zerwürfnis Kaiser Ottos mit der Kurie im Zuge dessen fehlgeschlagener Süditalienpolitik im Zusammenhang von Kreuzzugsplänen[50] in das Blickfeld zurück, und zwar nicht ohne das fallweise feindselige Bild, das von Philipp von

42 Jahresbericht 1215: *In vigilia sancti Iacobi cum multis principibus Aquis accessit, ubi a Sigefrido Magontino archiepiscopo, apostolice sedis legato, in die sancto intronizatus, sollempniter atque gloriose in regem est consecratus.*
Der Kölner Chronist betont aber das Weiherecht des Kölner Erzbischofs, das in diesem Falle nur nicht wegen der Vakanz ausgeübt werden konnte: Jahresbericht 1215: *Vacabat enim tunc temporis Coloniensis ecclesia archiepiscopo, cuius iuris erat regem consecare.* Vgl. dazu: Franz-Reiner Erkens: *Der Erzbischof von Köln und die deutsche Königswahl* (Studien zur Kölner Kirchengeschichte Bd. 21) Siegburg 1987, 41ff.

43 Jahresbericht 1215: *Eodem tempore Adolfus comes castrum regium Werdene, a capite ieiunii obsessum et iam ex parte magna suffossum, cepit, episcopum Monasteriensem, per annum et menses quatuor ibidem captivatum, absolvit, quem secum Aquis adductum regi presentavit; cui rex castrum resignavit. Episcopus contra Colonienses querimoniam super captivitate sua proposuit, comes de facto suo a rege et principibus quam plurimum commendatur. 4. Kal. Augustas rex Nussiam venit; unde pridie Nonas eiusdem Coloniam ingressus, licet multis resistentibus plurimumque reclamantibus, tandem sedatis tumultuationum controversiis, uti regiam excellentiam decebat, in ymnis et laudibus, cum coronis et lampadibus, cum sanctorum reliquiis et crucibus gloriosissime susceptus est. Castrum Landiscrone regi resignatur.*

44 Jahresbericht 1218: *In inventione sancte crucis Fridericus rex curiam celebrat apud Wirzeburg.*

45 Jahresbericht 1218: *Otto imperator obiit 14. Kal. Iunii apud Arcenburg fluxu sanguinis.*
Vgl. Hucker: Otto IV. (wie A. 29), 337 ff.

46 Jahresbericht 1219: *In festo sancti Iohannis baptiste Fridericus rex coronam et lanceam ceteraque regalium ornatuum insignia recepit ab Heinrico duce Saxonie, fratre Ottonis quondam imperatoris datis eidem duci undecim marcarum milibus. Heinricus enim dux omnia que fratris erant vel que sibi ipse Otto post amissum imperium undecumque congregaverat post mortem fratris sibi usurpaverat.*

47 Jahresbericht 1220: *Circa festum sancti Georgii martyris curiam celebravit apud Frankenvort Fridericus rex 14 diebus, ubi pluribus adunatis principibus, multa de statu et utilitate regni tractata sunt; iniusta thelonia, iniuste monete, bella civilia, nisi de consensu et consilio regis et principum, omnesque iniusticie sub iudicio et pena vite a rege et principibus interdicte sunt.*

48 Jahresbericht 1220: *Ibi etiam Fridericus…*

49 Der Tatsache der eigenständigen Doppelüberlieferung 1200 bis 1220 ist in der Neuausgabe (wie A. 1) im Anschluss an die Edition von Waitz (wie A. 12): CRC, 170 - 196 und CSP, 197 - 250 Rechnung getragen.

50 Hucker: Otto IV. (wie A. 29), 126 ff., 142 ff.

rück, und zwar nicht ohne das fallweise feindselige Bild, das von Philipp von Schwaben, sozusagen dem Platzhalter der staufischen Partei, gezeichnet wird.[51]

In diesen Kontext passt, dass im Gegensatz zu Otto IV., dessen Reichsverantwortung – er konnte sich auf den Erzbischof[52] von Köln als Parteigänger stützen – deutlich hervorgehoben wird, abfällig als „Herzog von Schwaben"[53] bezeichnet wird. Im Übrigen wird u.a. sein Eingreifen in Thüringen der Kritik unterzogen.[54] Die Distanz zur staufischen Partei, verkörpert durch König Philipp, kommt in der Würdigung nach dem Mordanschlag von Bamberg 1208 zum Ausdruck, indem von dem Gemeuchelten gesagt wird, dass er Machtträger und Adelige im Zaum gehalten sowie Städte und Provinzen unterjocht habe.[55] Das Klischee des Gewaltherrschers wird später auch auf Friedrich angewandt.

Der Tod König Philipps von Schwaben machte den Weg für die Krönung Ottos IV. zum Kaiser[56] frei und gab der Kurie Gelegenheit für die politische Rollenzuweisung, bei der allerdings Otto nicht nach Plan mitspielte, was die verstärkte Gunst des Papstes auf Friedrich lenkte.[57] Ottos IV. Süditalienpolitik verletzte im Sinne der Kurie päpstliche Rechte und den königlichen Machtbereich Friedrichs als Königs von Sizilien.[58]

Mit dem Segen Innozenz' III. begibt sich der König Friedrich erfolgreich gegen den Kaiser ohne päpstlichen favor, Otto IV., nach Deutschland, um die Fürsten des Reiches ins staufische Lager zu ziehen.[59] Der Aufenthalt im Reich ist auch von militärischen Erfolgen begleitet[60], die die Durchsetzung der staufischen Politik gegen den Welfen Otto IV. markieren.

Als Höhepunkte dieses umritthaften Waltens im Kernreich werden die Krönung zum römisch-deutschen König in Aachen am 25. Juli 1215 und die sich anschließenden Rechtssetzungsakte in Köln dargestellt.[61] Als weiteres Zeugnis der Regierungstätigkeit gilt der Hoftag zu Würzburg am 1. Mai 1216 mit einem konkreten Köln-Bezug durch die Belehnung des Erzbischofs Engelbert mit den Regalien[62] Mit der auch sonst üblichen Kumulierung der Zeitrechnungssysteme wird die am 22. November 1220 erfolgte Kaiserkrönung zu Rom mitgeteilt.[63]

51 Z.B. CSP Jahresbericht 1206: *Philippus rex cum exercitu iterum ad inferiores partes descendens, occurrente sibi Adolfo episcopo cum comitibus et ceteris nobilibus terrae, totum episcopatum secundum libitum suum omnia sibi subiciendo percurrit.*

52 CSP Jahresbericht 1202.

53 CSP Jahresbericht 1203: *Philippus dux Suevie,* was nicht ausschließt, dass er in positiver Konnotation 1204 als *rex* bezeichnet wird und als solcher auch nach einem Kölner Parteiwechsel 1205 und 1206 figuriert.

54 CSP Jahresbericht 1203: ... *intravit Thuringiam, ut Hermannum Lantgravium humiliaret...*

55 CSP Jahresbericht 1208: *Sic rex Philippus, cum per 10 annos circum quaque potentes et nobiles perdomuisset, civitates et provincias subdidisset...*
Vgl. dagegen die Tendenz der Nachricht von der Richtung von Philipps Mörder im selben Jahresbericht.

56 4. Oktober 1209; Jahresbericht CSP 1209; die Eheverbindung zwischen dem Welfen und dem staufischen Hause, mit Philipps Tochter Beatrix, wird im Jahresbericht CSP 1208 dargelegt.

57 CSP Jahresbericht 1211: *Causa etiam huius negotii fuit, ut secundum preceptum papae Ottonem imperatorem relinquerent et Fridericum regem Siciliae, filium Heinrici imperatoris, eligerent.*

58 Hucker: Otto IV. (wie A. 29), 142 ff.

59 CSP Jahresbericht 1212: *Item ipso anno Fridericus rex Siciliac, filius Heinrich imperatoris, Romam veniens, a papa cum honore suscipitum et quorumdam principum auxilio Italiam transiens, in Alemanniam venit, ubi a cunctis principibus et nobilibus superiorum partium letus suscipitur. ... Ipse autem Fridericus Mogontiam veniens, in festio sancti Andreae apostoli celebrem curiam habuit, ubi plurimi principes ab eo inbeneficiati fidelitatis iuramentum prestiterunt.*

60 CSP Jahresbericht 1214: *Ipso etiam tempore Fridericus rex Siciliae cum validissimo exercitu Mosellam transivit et terrore suo quoslibet nobiles terrae illius ad favorem suum inclinavit.*

61 CSP Jahresbericht 1215: *In ipsa etiam vigilia Fridericus rex Siliciae cum quibusdam principibus et nobilibus tocius Lotharingiae Aquisgrani veniens, sequenti die, scilicet in festo sancti Jacobi, a Syfrido legato apostolicae sedis, Coloniensi archiepiscopo non existente, in regem ungitur et in regali sede collocatur. ... Post hec T[heodericus] Trebirorum archiepiscopus Coloniam veniens, cives ad concordiam et subiectionem regis Friderici hortabatur.... In ipsa etiam die Fridericus rex civitatem ingressus, a civibus et clero suscipitur, et per 7 dies ibidem demoratus omnes presentes nobiles tam superiorum quam inferiorum partium falsas monetas et iniustas exactiones vectigalium abiurare et firmam pacem firmare precipit.*
Zur Herrschaft im Reich: Werner Goez: Möglichkeiten und Grenzen des Herrschens aus der Ferne in Deutschland und Reichsitalien (1152 - 1220). In: *Die Staufer im Süden.* Sizilien und das Reich. Hrsg. v. Theo Kölzer. Sigmaringen 1996, 93 - 111 (95 ff.).

62 CSP Jahresbericht 1216: *Fridericus rex in festo apostolorum Philippi et Iacobi curiam apud Wirzeburg habuit; ubi Petrus cardinalis Sanctae Potentianae a domno papa missus affuit. Huic curiae Engilbertus Coloniensis electus se exhibuit, et a domno Petro cardinale confirmatus, regalia a Friderico rege [ibidem] suscepit.*

Für 1222 vermeldet der Chronist die Krönung Heinrichs (VII.), der ausdrücklich als Sohn des Kaisers Friedrich eingeführt wird.[64] Dieser Stauferspross rückt in der Folgezeit als in Deutschland die Königsherrschaft Ausübender stärker neben Friedrich II. in den Vordergrund.

Dass der Chronist 1223 an das bereitwillig gegebene, aber durch Zugzwang verhängnisvolle Kreuzzugsversprechen Friedrichs II., das Papst Honorius III., nämlich als in zwei Jahren einzulösendes, durch Kreuzzugsprediger wachruft, erinnert, liegt nahe; lakonisch folgt das politische Heiratsprojekt Friedrichs, nämlich die eheliche Verbindung mit der Tochter des Königs Johann von Jerusalem, Isabella.[65]

Den Bezug zum Heiligen Land stellt dann aber mit weitreichender politischer Wirkung der Hochmeister des Deutschen Ordens, Hermann von Salza,[66] her, der für die Sache des Kreuzzuges in wirkungsvoller Weise auch in Deutschland wirbt.[67]

Dass Friedrich II. auch in den Augen des Chronisten König Heinrich als Mitregenten und nicht als selbstständigen Entscheider betrachtete, geht aus der Behandlung der Gefangenschaft des Königs von Dänemark hervor. Der Kaiser setzte die Bedingungen für die Freilassung.[68] Trotzdem tritt Friedrich für mehrere Jahre aus dem Blickfeld. Erst 1226 zu Ostern wird über seinen Reform-Hoftag zu Cremona, auf dem auch die Kreuzzugsangelegenheit behandelt werden sollte, Mitteilung gemacht und ausdrücklich erwähnt, dass das rebellierende Verona den aus Deutschland anreisenden Fürsten samt König Heinrich (VII.) bei der Veroneser Klause den Weg verlegte – Fanal für die Aufsässigkeit Oberitaliens.[69] Die Maßnahmen, die Friedrich gegen die Lombarden ergriff, namentlich die auf seine Veranlassung verkündete Bannsentenz, verpufften wirkungslos, weil der Papst Honorius III. gegensteuerte, indem er den Bannspruch „widerrief". Aber dieser beschränkte sich nicht darauf, sondern veranlasste indirekt Mailand und andere Lombarden-Städte zum Zusammenschluss der Lombarden-Liga gegen Friedrich.[70] Die politische Bedeutung dieses Ereignisses ist dem Chronisten sehr wohl

Vgl. dazu Josef Lothmann: *Erzbischof Engelbert I. von Köln (1216-1225).* (Veröff. des Kölner Gesch.-Vereins 38) Köln 1993, 49ff.

63 CSP Jahresbericht 1220: *Primus annus imperii Friderici. Anno dominice incarnationis 1220, ab Urbe autem condita 1971, conpletis ab origine mundi annis sex milibus quadringentis decem et novem, mortuo Ottone inperatore, Fridericus rex nonagesimo quinto loco ab Augusto in regno confirmatus, Frankinvort curiam habuit; ubi commendato filio suo Heinrico principibus, et ab eis licentia accepta, Romam proficiscitur. Ibique a Romano pontifice Honorio et omni senatu honorifice susceptus, in festo sancte Cecilie in inperatorem consecratur.*

64 CSP Jahresbericht 1222: *Heinricus septimus, filius Friderici imperatoris, adhuc puer consecratus est in regem Aquisgrani ab Engilberto Coloniensi archiepiscopo dominica ante ascensionem Domini scilicet 8. Idus Mai.*

65 CSP Jahresbericht 1223: *Honorius papa, missis predicatoribus, circumquaque crucem predicare fidelibus iterum iubet, denuncians omnibus, ut post biennium in nativitate sancti Iohannis baptiste cum glorioso imperatore Friderico parati sint mare transire.*
Imperatori Friderico desponsatur filia regis Ierosolimitani.

66 Carl August Lückerath: Salza, Hermann von. In: LEXIKON DES MITTELALTERS. Bd. 7, München 1995 S. Sp. 1329-1331.

67 CSP Jahresbericht 1224: *Heinricus iunior rex circa medium Maium Frankinvorth curiam habuit; ubi nuncii imperatoris cum litteris ipsius affuerunt, intimantes regi et principibus, Herimannum magistrum hospitalis Sancte Marie Teutonicorum in epiphania Domini in Sicilia ad imperatorem venisse et de succursu Terre Sancte ad hoc eum induxisse, ut continuo pharum disponeret transire et versus Teutoniam venire et cum principibus de processu suo et Terre Sancte negocio ordinare. ... Ubi per biennium a comite Heinrico de Scuirinh in firmissimo et inaccessibili castro nomine Dannenberch idem rex cum filio suo captus tenebatur.*
Zu Friedrich II. und Hermann von Salza: Helmuth Kluger: *Hochmeister Hermann von Salza und der Kaiser Friedrich II.* (Quellen und Studien zur Gesch. des Dt. Ordens Bd. 37) Marburg 1987, 40.

68 CSP Jahresbericht 1224: *Quo mediante, ad hoc inductus est idem rex, ut totam terram quam imperio abstulerat reddere et coronam de manu imperatoris suscipere, insuper centum milia marcarum pro absolucione sua dare promitteret.*
Vgl. 1225.

69 CSP Jahresbericht 1226: *Eodem anno imperator Fretheri cus sollempnem curiam Cremone indicit pro statu imperii reformando et negociis Terre Sancte; ad quam cum multi principes Theutonici properarent, una cum filio imperatoris rege Henrico apud Tridentum per 6 ebdomadas commorantur, non valentes progredi propter rebellionem Veronensium, qui clusas Veronensium tunc optinuerunt.*

70 CSP Jahresbericht 1226: *Imperatore autem a Cremona usque ad Burgum Sancti Dom[i]nini declinante, Conradus episcopus Hildensemensis, qui tune verbi crucis ministerio fungebatur, excommunicationis sentenciam in Longobardos imperatori*

bewusst. Der in der Lombardei manifeste Konflikt mit der Kurie steigerte sich wegen der Nichtausführung des mehrfach von Friedrich gelobten Kreuzzuges im Jahre 1227; der Eskalationsgipfel wurde mit der Exkommunikation Friedrichs II. durch Papst Gregor IX. erreicht.[71] Der Chronist schildert den Vorgang distanziert mit karger Sprache, heute würde man sagen: leidenschaftslos. Eine Parteinahme lässt sich den Formulierungen kaum entnehmen.

Dass Friedrich den Kreuzzug 1228/29 nachholte,[72] hatte nicht den erwarteten Effekt eines Ausgleiches mit der Kurie,[73] was Friedrich zum Anlass stellvertretend ausgeführter kriegerischer Maßnahmen gegen das Patrimonium Petri nahm.[74] Aber auch im Reich konnte die Kurie nicht ungehemmt mit der Bekannt- und Verbindlichmachung der Exkommunikation durchdringen, da eine Reihe von fürstlichen und adeligen Anhängern sich gegen deren Exekution sperrte.[75] Der Chronist geht in eben diesem Bericht auch einmal aus der Reserve, indem er Friedrichs Abbruch des Kreuzzugsbeginns wegen körperlicher Schwäche mit: *sicut dicebatur* kommentiert. Die Lösung vom Bann „auf Vermittlung Herzogs Leopold von Österreich"[76], beschworen im Frieden von San Germano vom 23. Juli 1230, dem Friedrichs Einsicht vorausging, dass die Lombardenfrage derzeit nicht zu erledigen sei,[77] gelang.

Der Italienpolitik Friedrichs mit weit reichenden diplomatischen Aktivitäten, Begegnungen und Empfängen widmet der Chronist ausführlichere Darlegungen.[78] Er lässt auch Hinweise auf Unruheherde und deren Bekämpfung durch Friedrich nicht aus.[79]

cruce signato rebelles tulit, annuentibus et approbantibus universis Longobardie prelatis. Sed eandem sententiam postea papa Honorius revocavit, mittens Alatrinum capellanum suum; cuius suggestione Mediolanum et multe civitates complices contra imperatorem coniuraverunt, facientes collegium, quod Longobardorum societas per multa tempora est vocatum.
Es folgt in der CSP die Mitteilung über die Weihe des neuen Erzbischofs von Köln, Heinrich von Müllenark, der zum staufischen Hause eine ambivalente bis ablehnende Haltung einnahm. Vgl. dazu: Michael Matscha: *Heinrich I. von Müllenark, Erzbischof von Köln (1225-1238)* (Studien zur Kölner Kirchengeschichte. Bd. 25) Siegburg 1992, 93 ff., 116 ff.

71 CSP Jahresbericht 1227: *Eodem anno electa expeditio cruce signatorum ab omnibus mundi partibus mota cassatur et dissipatur, Friderico imperatore, sicut dudum promiserat, non transfretante. Ob quam causam a Gregorio papa excommunicatur.* Zur Kreuzzugsproblematik vgl. Stürner: Friedrich II. (wie A. 29), Tl. 2, 76 ff. u.ö.; Hans Eberhard Mayer: *Geschichte der Kreuzzüge* (Urban-Taschenbuch 86) Stuttgart [7]1989, 201 ff.

72 CSP Jahresbericht 1228: *Fridericus imperator tractim per insulas velificando propter, debilitatem corporis, sicut dicebatur, tandem mare transit, et recuperata Iherusalem et parte Terre Sancte, cum Sarracenis usque ad certum terminum treugas facit.*
CSP Jahresbericht 1229: *Fridericus imperator de transmarinis partibus revertitur, et reputans papam tempore sue peregrinationis sibi graviter iniuriatum, quedam castra et terram suam ab exercitu pape captam manu Teutonica recuperat, fugato rege Iohanne, socero suo.*

73 CSP Jahresbericht 1228: *Sed quia quasi inobediens et excommunicatus transivit, factum suum Gregorius papa non approbat nec ipsum absolvit.*

74 CSP Jahresbericht 1228: *Sed reditum eius metuens, terram suam et castra per Iohannem, socerum imperatoris, impugnat et occupat, pluribus civitatibus Longobardie et aliis locis sibi contra imperatorem confederatis et auxilium ferentibus militare. Romanis autem imperatori adherentibus, papa Roma egreditur et cautelam sui habens Perusii moratur, et per omnes provincias publice mandat imperatorem excommunicatum denuntiari, missis nunciis et maxime Predicatoribus ad id exequendum.*

75 Das wird im weiteren Jahresbericht 1228 ausgeführt.

76 CSP Jahresbericht 1230: *Eodem anno imperator a papa absolvitur, mediante duce Austrie Lupoldo, qui, tractatu pacis peracto inter papam et imperatorem, apud Sanctum Germanum in Campania moritur; cuius viscera et carnes in capitulo Sancti Benedicti montis Cassinensis tumulantur, ossibus in Austriam reportatis.*
CSP Jahresbericht 1231: *Imperator, facta pace cum papa, ad eandem mensam convivatur in civitate pape que Anagnia dicitur, in cenacule pape super paternum fundum constituto. Inde imperator in Apuliam revertitur.*

77 Stürner: Friedrich II. Tl.2 (wie A. 2), 184 ff.; die im Jahresbericht 1231 im Zusammenhang mit einem Hoftag zu Ravenna berichtete Ermordung Ludwigs, des Herzogs von Bayern, durch einen Sarazenen ist so nicht verifizierbar, verweist aber auf Friedrichs enge Kontakte zu den Sarazenen auch im Vorderen Orient.

78 CSP Jahresbericht 1232: *Imperator [apud] Ravennam manens, bellum molitur contra Longobardos, sed non proficit, Longobardis viam precludentibus filio suo regi et milicie Germanorum. Circa mediam quadragesimam imperator, Ravenna relicta, navali cursu tendit Aquilegiam. Inde itinere transiens per Venecias, ibidem honorifice suscipitur, et ingressus ecclesiam beati Marci, super altare eiusdem dona offert regalia, auro et gemmis decorata. Apud Aquilegiam pascha celebrat, filio suo rege ad ipsum veniente et quibusdam principibus Alemannie. Circa ascensionem imperator in Apuliam regreditur navili itinere, in via plurimos piratas capit, quos vinculis mancipat. Soldanus Babilonie imperatori mittit tentorium mirifica arte constructum, in quo ymagines solis et lune artificialiter mote cursum suum certis et debitis spaciis peragrant et horas diei et noctis infallibiliter indicant. Cuius tentorii valor viginti milium marcarum precium dicitur transcendisse. Hoc inter thesauros regios apud Venusium est repositum. Accedente pascha Sarracenorum in die Marie Magdalene imperator nuncios soldani et Vetuli de Montanis ad convivium vocat, et eis, multis episcopis assidentibus et multis nobilibus Teutonicis, festivas epulas parat.*

Das drakonische Durchgreifen Friedrichs wird beispielhaft an den Aufständischen in Messina exemplifiziert,[80] aber auch in Gestalt des Klischees eines Gewaltherrschers fernerhin erwähnt.

Der Wechsel in der Politik Friedrichs hinsichtlich der Kurie kommt sinnfällig in der Tatsache zum Ausdruck, dass der Kaiser vom Papst Gregor IX. gegen die Römer zu Hilfe gerufen wird.[81]

Der Rebellion König Heinrichs (VII.) gegen seinen Vater Friedrich widmet der Chronist kritische Worte, die die Situation des Opponierenden andeuten.[82]

Das ereignisreiche Jahr 1235 wird vergleichsweise umfänglich bedacht, beginnend mit dem endgültigen Bruch zwischen Vater und Sohn,[83] der Brautreise der Schwester des englischen Königs und der Vermählung mit Friedrich II. zu Worms,[84] dem Hoftag zu Mainz mit der Verkündung des Reichslandfriedens, auch in deutscher Sprache,[85] sowie endend mit der spektakulären Standeserhöhung des Welfen Otto von Braunschweig, des Enkels Heinrichs des Löwen.[86]

Die Selbststilisierung Friedrichs als Kaiser bietet für den Chronisten Anlass zur näheren Beschreibung.[87] Schließlich werden der Reichstag zu Augsburg, wo ein Ausgleich mit dem König von Böhmen in Erbschaftsachen erfolgt,[88] und Friedrichs Aufenthalt zu Hagenau mit Regierungstätigkeit, u.a. in Form von Belehnungen,[89] erwähnt.

79 CSP Jahresbericht 1932: *Messanenses contra imperatorem rebellionem excitant. Iohannes de Berito imperatori in terra transmarina repugnat; qui dum incaute se gerit, noctu superveniente manu militari, spoliatis omnibus, cum paucis vix evadit. Non multo post Iohannes, recuperata manu valida, Ciprum occupat et regem Cipri, filium sororis sue, sibi associat. Mittitur contra illum Richardus marschalchus imperialis; qui congressus cum ipso vincitur, multis militibus de exercitu imperiali captis.*

80 CSP Jahresbericht 1233: *Imperator Messanam civitatem Cicilie ingreditur, et captis suis rebellibus, eos igni cremat.*
Zur Herrschaft: Eva Sibylle und Gerhard Rösch: *Kaiser Friedrich II. und sein Königreich Sizilien.* Sigmaringen ²1996, 118 ff. u.ö.

81 CSP Jahresbericht 1234: *Imperator vocatur a papa in auxilium contra Romanos, et secum aliquandiu Reate moratur, milites in civitate Viterbio collocavit. Quorum cotidianis insultibus et depredationibus Romani adeo sunt vexati, ut non multo post cum papa pacem subirent.*

82 CSP Jahresbericht 1234: *Rex Henricus Bobardie conventum quorundam principum habuit; ubi a quibusdam nefariis consilium accepit, ut se opponeret imperatori patri suo; quod et fecit. Nam extunc cepit sollicitare quoscumque potuit minis, prece et precio, ut sibi assisterent contra patrem, et non paucos invenit.*
Dessen Schicksal wie auch das der übrigen Familienmitglieder wird nicht näher berichtet.

83 CSP Jahresbericht 1235: *Imperator ab Apulia Aquilegiam pervenit. Inde cum multa turba et multis thesauris versus Austriam intrat Germaniam. Filium etiam suum regem rebellem invenit, sed inpotentem; nam consilio habito, 6. Nonas Iulii apud Wormaciam in gratiam patris recipitur; sed non persolvens que promiserat, nec resignans castrum Drivels, quod habuit in sua potestate, iussu patris imperatoris est custodie mancipatus.*

84 ib.:*Eodem tempore soror regis Anglie rogatu imperatoris ab archiepiscopo Coloniensi et duce Brabancie ab Anglia adducitur, ipsi imperatori nuptura. Que ab omnibus civitatibus et oppidis, per que eam transire contigit, honorifice, sed a civibus Coloniensibus maiore pre aliis tripudio quinta feria proxima ante pentecosten suscipitur; apud quos in domo prepositi Sancti Gereonis per mensem in magna honorificencia continue moratur. Inde progrediens, apud Wormaciam imperatori assignatur; ubi imperiales nuptie debito cum honore celebrantur.*

85 ib.: *Curia celeberrima in assumptione beate Marie apud Maguntiam indicitur; ubi fere omnibus principibus regni Teutonici convenientibus, pax iuratur, vetera iura stabiliuntur, nova statuuntur et Teutonico sermone in membrana scripta omnibus publicantur; excessus regis contra imperatorem cunctis aperiuntur.*
Druck des Wortlautes des Mainzer Reichslandfriedens: MGH, Constitutiones 2. Ed. Ludwig Weiland, Hannover 1893, ND Hannover 1994, Nr. 196, 241-247 (lat.), 248-263 (dt.).

86 ib.: *Otto de Luninburch, nepos magni ducis Henrici, novus dus et princeps efficitur; quem diem rogavit imperator omnibus annalibus asscribi, eo quod tunc Romanum auxisset imperium novum principem creando, consensu omnium principum accedente.*

87 ib.:*Fuit autem dies illa vigilia Thimothei. In die Thimothei, scilicet in octava assumptionis, imperator diademate imperiali insignitus in ecclesia Maguncíensi, fere omnibus principibus astantibus, debito honore refulsit; post missarum sollempnia invitans principes omnes et omnem comitatum eorum ad festivas epulas, que in loco campestri magnis sumptibus fuerant preparate.*

88 ib.: *In festo omnium sanctorum imperator conventum principum habuit apud Augustam; ubi rex Boemie affuit, recipiens ab imperatore 10 milia marcarum pro parte Suevie, que iure hereditario suam uxorem contigit.*

89 ib.: *Inde imperator se contulit ad oppidum Haginhowe, in quo hyemavit. Ibi affuerunt comes Tollosanus et comes Provincie. Recepit autem comes Tollosanus marciam Provincie ab imperatore, homagium sibi prestans. Comes autem Provincie quinquagenarius ideo tunc primum ab imperatore ad gradum milicie est provectus, quia comites sue parentele se non credunt diu posse vivere, postquam gradum milicie sunt adepti. Nec adhuc miles factus esset, nisi rex Francie et rex Anglie, quorum uterque suam duxerat filiam in uxorem, ipsum ad hoc prece multimoda compulissent, indignum reputantes suum socerum militem non*

Der letzte Höhepunkt des Aufenthaltes im Reich wird 1236 mit der Erhebung zur Ehre der Altäre der Gebeine der heilig gesprochenen Elisabeth, der Landgräfin von Thüringen, erreicht,[90] obwohl gleichzeitig neue Unruheherde in der Lombardei lodern, deren Niederschlagung Friedrich zunächst delegiert,[91] aber bald auch von ihm selbst wieder aufgenommen werden muss, u.a. durch Aufruf zur Folgepflicht für diesen Kampf, der in einzelnen Stationen geschildert wird.[92]

Wenn die Jahre 1235/36 für Friedrich Tiefen und Höhen brachten, die vom Chronisten auch so gewürdigt werden, so deuten die Darlegungen zu den letzten Regierungsjahren insgesamt – trotz retardierender Ereignisse – den Niedergang an. So brachte 1237 die Königserhebung seines Sohnes Konrad voran,[93] und Friedrich hatte Schlachtenglück gegen die Lombarden bei Cortenuova.[94]

1238 deuten sich die Entwicklungen des Endkampfes zwischen Friedrich und der Kurie, die bei der Italienpolitik wieder einmal ihre Rechte beschädigt sieht, an.[95]

1239 folgt wegen der vielen und schweren Fälle ohne (akzeptierte) Entschuldigung und Wiedergutmachung[96] die propagandistisch verbreitete erneute Exkommunikation durch Papst Gregor IX. Im Jahresbericht 1240 deutet sich einerseits das Verlassen des Schlachtenglücks an, auf der anderen Seite wird das von Friedrich, so sieht es der Chronist, von gesteigerter Grausamkeit beantwortet.[97]

esse. Ibidem nuncii regine Hyspanie affuerunt, qui pulcherrimos dextrarios et magnifica munera cesari attulerunt. Nec multo post eiusdem regine mors est nunciata imperatori; unde plurimum doluit, quia patruelis eius fuit.

90 CSP Jahresbericht 1236: *Imperator interea descendit usque in castrum dictum Marburch, ubi in Kalendis Mai innumerabilis populi affuit multitudo. Nam a multis prudentibus duodecies centum milia hominum promiscui sexus estimata sunt convenisse ad memoriam sancte vidue Elisabeth, cuius glorificum corpus ad capsam auream est translatum auctoritate summi pontificis, qui hoc negocium tribus episcopis conmisit, videlicet Moguntino, Trevirensi et Hildesemensi, quamquam ibi multi alii episcopi et principes affuissent. Ipse etiam imperator primus lapidem de sarcofago levavit et coronam auream de suo thesauro sacro capiti sanctissime vidue imposuit.*
Zu der Kanonisierung vgl. für andere: Josef Leinweber: Das kirchliche Heiligsprechungsverfahren bis zum Jahre 1234. Der Kanonisationsprozess der hl. Elisabeth von Thüringen. In: *Sankt Elisabeth.* Aufsätze, Dokumentation, Katalog. Hrsg. v. Philipps-Universität Marburg i.V. m.d. Hessischen Landesamt für geschichtliche Landeskunde. Sigmaringen 1981, 128-136; zum Aufenthalt Friedrichs II. in Marburg: Helmut Beumann: Friedrich II. und die heilige Elisabeth. Zum Besuch des Kaisers in Marburg am 1. Mai 1236. In: Ebd., 151-166.

91 CSP Jahresbericht 1236: *Imperator, moturus bellum Longobardis sibi rebellibus, premittit quingentos milites mensurnis stipendiis conductos; quibus preficit nobilem virum et rebus bellicis expertum Geveardum de Harnesten, ut apud Veronam expectet imperatoris exercitum subsequentem.*

92 CSP Jahresbericht 1236.

93 CSP Jahresbericht 1237: *Eodem anno Fridericus imperator ab Austria ascendit usque Ratisponam, principibus apud Spiream ad colloquium evocatis. Ubi cum quidam principes convenissent, ab eo ad convivium invitantur. Filium eciam suum Conradum adhuc puerum, prius in Austria regem Theutonie designatum, denuo ab ipsis optinet approbari. Ducatum eciam Austrie et Stirie apud Wiennam Romano imperio adiecerat, quorum valentia transcendit sexaginta marcarum milia annuatim.*

94 CSP Jahresbericht 1237: *Imperator itaque transiens Alpes, statim sibi subiugat Mantuanos et comitem de Sancto Bonefacio. Postea collecto copiso exercitu de Tuscia, de Romoniola, de Longobardia, et pluribus Sarracenis, invadit fines Brixianorum et castrum quoddam quod dicitur Mons-clarus iuxta Brixiam obsidet, et captis mille quingentis personis, castrum solo coequat… Armatorum autem circiter 5 milia se circa carrocium coadunant; qui omnes noctu metu imperatoris fugiunt, carrocio et multis curribus derelictis. Similiter opidani de opido quod dicitur Curtis-nova una cum eis noctu fugiunt, opidum relinquentes. Mane facto, imperator castra vacua et carrocium simul cum potestate capit et ipsum potestatem Mediolanensium, filium ducis Veneciorum, in eodem curru captivum propter spectaculum cum triumpho Cremonam adducit. Capta sunt autem in hoc conflictu, occisa vel submersa in fluvio Oyo hostium decem milia.*

95 CSP Jahresbericht 1238: Friedrich wird seitens der Kurie aufgefordert, von den *iniuriis ecclesiarum et maxime Romane ecclesiae* abzulassen.

96 CSP Jahresbericht 1239. Von den propagandistischen Gegenmaßnahmen Friedrichs II. ist nicht die Rede.

97 CSP Jahresbericht 1240: *Unde imperator ira stimulatus filium ducis Venetorum, qui potestas fuit Mediolanensium, olim in bello Mediolanensi captum, apud Tranum civitatem Apulie in alta turri suspendit, vestitum corio, ut cadaver ipsius eo tardius putrescat et spectaculum pretereuntibus fiat.*

Formen der Selbstdarstellung durch Baumaßnahmen bringt der Jahresbericht 1241[98] mit einer befestigten Palastanlage. Von den unstet wirkenden Kriegshandlungen Friedrichs gegen Lombarden und Römer spricht der Bericht 1243.[99]

Der Wechsel auf der cathedra Petri ließ 1243[100] Hoffnung auf Aussöhnung mit der Kurie aufkeimen. Friedrich machte 1243[101] einen Friedensversuch, aber der neue Papst Innozenz IV. wich nach Lyon aus, wohin er 1245 den Kaiser vor das dortige, schwach besuchte Konzil zitierte und schließlich denselben für abgesetzt erklärte[102]; gleichzeitig fädelte er die Wahl eines Nachfolgers in Person des Landgrafen Heinrich Raspe von Thüringen mittels des Kölner Erzbischofes Konrad von Hochstaden ein. 1247 sieht Friedrich in der Defensive, und zwar auf dem Wege nach Burgund, um sich vor einer Fürstenversammlung zu rechtfertigen.[103]

Die Erhebung Wilhelms von Holland zum neuen Gegenkönig zeigt den weithin schwindenden Anhang im Reich.[104] Das wird 1249 an der schwindenden Anhängerschaft im Reich festgemacht.[105]

Die Chronik führt, obwohl die Berichtsgegenstände zunehmend das Reichsgeschehen ausblenden, die Datierungsweise der Herrschaftsären weiter, indem sie zunächst die Regierungsjahre des Königs Friedrich II. zählt, und zwar im Verständnis der Kirche beginnend mit dem zweiten Regierungsjahr als gesalbter König, 1217. Entsprechend wird die Zählung der Kaiserjahre ab 1220 neu begonnen, allerdings nur bis 1222 fortgeführt, ein Indiz für die vom Chronisten registrierte Entzweiung von Kaiser und Papst. Abgelöst wird die herrscherliche Ärenzählung dann für einige Jahre ab 1222 (bis 1224) durch die Zählung der Regierungsjahre König Heinrichs (VII.).

Friedrich II. wird als Letzter der mittelalterlichen Herrscher als K ö n i g mit einer großformatigen Illumination (vgl. Abb. 1) in dem Brüsseler Kodex[106] ausgezeichnet.

Die Stammtafeln in den Handschriften von Brüssel und Wolfenbüttel enden mit König Heinrich (VII.), dem Sohn Friedrichs II., der aber als letzter Kaiser aufgeführt wird (vgl. Abb. 2).

98 CSP Jahresbericht 1241. Der Umfang der von Friedrich II. veranlassten Bautätigkeit - mehrheitlich Wehrbauten - lässt sich den Chroniken nicht entnehmen.

99 CSP Jahresbericht 1243.

100 Zur Person Innozenz' IV. und Bedeutung als Kanonist vgl. Georg Schwaiger: Innozenz IV. in: THEOLOGISCHE REALENZYKLOPÄDIE. Bd. 16. Berlin, New York 1987, 182-186.

101 CSP Jahresbericht 1243. *Ipso anno imperator absolvit cardinales et omnes cum ipsis captivos abbates et clericos.* Das schwindende Kriegsglück kommt *incidenter* zur Sprache: *Ipso tempore Bitervium civitas ab imperatore descivit; ad quam recuperandam cum imperator exercitum collegisset et eam obsedisset, spe tamen capiendi frustrabatur.*

102 CSP Jahresbericht 1245: *...qui presentes suppliciter instituerunt pape pro imperatore, sacro approbante concilio tunc presente, ubi affuerunt 150 episcopi preter abbates et alios prelatos, domnus papa tulit sententiam depositionis contra imperatorem, privans eum imperio, regnis et omni honore. Cuius sententie tenor de verbo ad verbum conscriptus est in libro ecclesie sancti Panthaleonis intitulato hystoria ecclesiastica Eusebii, in fine, in cathalogo pontificum Romanorum, ubi acta eorundem annotantur pontificum.*

103 CSP Jahresbericht 1247. *Circa penthecosten i m p e r a t o r d e p o s i t u s* (Titelzitat!) *disponit venire in Galliam, locuturus cum quibusdam fidelibus suis in Burgundia, et vocans ad diem placitum ducem Brabantie et multos nobiles de Teuthonia, ut coram eis expurgationem faceret, ut dicebatur, de obiectis sibi a papa criminibus.*
Zum Gegenkönig Heinrich: Rudolf Malsch: *Heinrich Raspe.* Halle 1911; zu Konrad von Hochstaden: Erich Wisplinghoff: Konrad von Hochstaden. In: *Rheinische Lebensbilder.* Bd. 2. Düsseldorf 1966, 7-24, (11 f.); Robert Prößler: *Das Erzstift Köln in der Zeit Erzbischofs Konrad von Hochstaden.* Köln 1997, 150.

104 CSP Jahresbericht 1248: *novus rex Wilhelmus.*
Zu Wilhelm von Holland: Dieter Hägermann: 1. W[ilhelm]II. In: LEXMA 9. München 1998, Sp. 125-126.

105 CSP Jahresbericht 1249: *Sed intelligens, Philippum de Hovels quosdamque comites et fautores Friderici quondam imperatoris de superioribus partibus in succursum Bobardiensium cum manu forti adventare, inacte a Bobardia redit.*

106 Das Bildprogramm dieser illuminierten Handschrift wurde jüngst mit der spätstaufischen Farbfassung von Sakralräumen verglichen: Anna Skriver: *Die Taufkapelle von St. Gereon in Köln* (mediaevalis 2) Köln 2001, 117ff. mit Abb.

Abbildung 1: Friedrich II. als König im Ornat. Chronica regia Coloniensis. Cod. 467. Bibliothèque Royale de Belgique, Brüssel, fol. 144r.

Abbildung 2: Stammtafel der Ottonen (Ausschnitt). Kaiser Friedrich II. links unten zwischen seinem Vater Kaiser Heinrich VI. und seinem Sohn, König Heinrich (VII.). Chronica regia Coloniensis. Cod. Guelf. 74.3 Aug. 2°. Herzog August-Bibliothek, Wolfenbüttel, pag. 226.

Die Chronisten halten sich bei der Wertung der Persönlichkeit bemerkenswert zurück. Aber der/die Chronist(en) aus Sankt Pantaleon verkneifen sich zwei Bemerkungen nicht:

Friedrich wird Jähzorn vorgeworfen, insbesondere gegenüber dem personalisierten Feind; Kaltherzigkeit ist die andere Untugend, die in Gestalt von Ungerührtheit angesichts des (Todes-) Schicksals durch Sarazenen in der Größenordnung hundert gefangen genommener Templerritter namhaft gemacht wird,[107] aber auch die kaiserliche Munifizenz wird betont.[108]

Das Mosaik der Textstellen könnte über werkimmanente Kontexterhellungen hinaus zum Erkenntnisgewinn mit anderen Chroniken[109] abgeglichen werden, um abweichende Nuancen des Herrscherbildes zu notieren, wichtiger ist aber die ins Einzelne gehende Verifizierung der Aussagen der CRC und CSP, sofern Fakten nicht gerade auf allein diesen chronikalischen Meldungen beruhen.[110] Die Forschung – die punktuellen Literaturhinweise mögen dafür stehen – hat das weitgehend geleistet, so dass hier vornehmlich dem Sprachgewand des analistisch/chronikalischen Entwurfs des Herrscherbildes freier Raum für die Rezeption gelassen werden konnte.

So lässt sich insgesamt resümieren, dass in den Chroniken jenseits des anscheinend ohne innere Logik gebotenen Faktengerüstes ein durch die spätere Historiographie bis in die Gegenwart verfeinertes, aber in den Grundzügen trotz vieler Faktendefizite kein grundsätzlich abweichendes Herrscherbild entworfen worden ist. Insofern ist dem in Ansätzen analytischen zeitgenössischen Urteil dieser im wesentlichen konstatierenden und deskribierenden Texte ein treffliches Zeugnis auszustellen.

107 CSP Jahresbericht 1240: ... *imperator ira stimulatus* ... Es folgt im Text die Schilderung einer abschreckenden Exekution.
CSP Jahresbericht 1237: *Eodem anno Templarii transmarini quoddam castrum a Sarracenis obsessum iuxta terram Halapie volentes redimere, quod ad eos pertinebat, voluntate sua completa, Halapie terram vastant. Quos Sarraceni in multitudine gravi inpugnantes et cum eis congredientes, occidunt vel capiunt ex eis circiter centum. Unde iidem pro redemptione fratrum suorum supplices mittunt litteras inperatori. Qui ad eorum peticionem parum dicitur esse motus.*

108 CSP Jahresbericht 1241: ... *et nobiliores omnes* ... *ad convivium convocat et omnes splendide procurans*...

109 Eine Auswahl an chronikalischen Texten bietet - methodisch anders vorgehend als dieser Beitrag - Klaus J. Heinisch (Hrsg.). *Kaiser Friedrich II.* Sein Leben in zeitgenössischen Berichten. (dtv-dokumente 2901), München 1977, 5 f. zur Methode.

110 Inwiefern chronikalische Nachrichten, auch wie die in dem in Rede stehenden Falle sich zu einem Bild fügenden Textstücke, biografische Entwürfe im Spannungsbogen von der "hagiographischen" Variante: Ernst Kantorowicz: *Kaiser Friedrich der Zweite.* Berlin 1927, Erg.-Bd. Berlin 1931, ND Düsseldorf, München 1963, bis zu der nüchtern komponierten Forschungsbilanz: Stürner: Friedrich II. (wie A. 4), inspiriert haben, kann nicht quantifiziert werden, aber chronikalische topoi, so auch aus der CRC und der CSP, haben in der Forschungsliteratur bis heute überlebt.

„Up ewig ungedeelt" – Ein Schlagwort und sein Hintergrund

Thomas Riis

Alle Schleswig-Holsteiner kennen das Gemälde von Hans Olde und Julius Fürst aus dem Jahre 1896, das die Proklamation der Provisorischen Regierung am 24. März 1848 vor dem Kieler Rathaus darstellt. Über dem Eingangstor lesen wir die Worte „Up ewig ungedeelt".[1] Das Interessante ist aber, dass nach einem zeitgenössischen Foto (aus dem Jahre 1890) es überhaupt keine Inschrift über dem Rathaustor gab.[2] Ebenso bemerkt der Radfahrer oder Fußgänger, der in Angeln zwischen Satrup und Missunde unterwegs ist, in der Nähe von Buschau am Wegerand einen schlichten Feldstein mit der Inschrift „Up ewig ungedeelt 1848 - 24. März 1898", Beispiele, die sich beliebig fortsetzen ließen. Ganz offiziell waren ferner die Worte als Devise des im Jahre 1848 angenommenen Wappen Schleswig-Holsteins gewählt worden. Woher stammen diese drei Wörter und welchen Stellenwert hatten sie im 19. Jahrhundert?

Um die erste Frage beantworten zu können, müssen wir zurück in das Mittelalter gehen. Das Herzogtum Schleswig war wie das eigentliche Dänemark nördlich der Königsau verhältnismäßig früh besiedelt worden und beide zeigten spätestens um 1300 Zeichen von einer Agrarkrise in der Form von wüsten Hofstellen und Dörfern. Im später kolonisierten Holstein sind solche erst eine bis zwei Generationen später nachweisbar. Das bedeutet, dass es in Dänemark und Schleswig möglich war, Land preiswert zu erwerben, während südlich der Eider noch genügend Kapital auf günstige Anlagemöglichkeiten wartete. Mehrere holsteinische Adlige erwarben daher für die jüngeren Söhne Güter oder Pfandlehen in Schleswig und Dänemark, und so entstand im Laufe des 14. Jahrhunderts eine Gruppe von Gutsbesitzern, die Besitz auf beiden Seiten der Eider hatten, und in deren Interessen die Errichtung einer gemeinsamen Verwaltung Schleswigs und Holsteins lag.

Auf der anderen Seite wurde die Aufgabe der Sonderstellung Schleswigs sowie die Einverleibung Holsteins in Dänemark abgelehnt; die wendischen Hansestädte sowie die Grafen von Holstein brauchten Schleswig als Pufferstaat zwischen Dänemark und den eigenen Gebieten, wie wir es im Jahre 1448 sehen können. Der Oldenburger Graf Christian war in diesem Jahr zum König von Dänemark gewählt worden, indem sein Onkel Adolf VIII. diese Würde abgelehnt hatte; Adolf regierte als Graf von Holstein und als Herzog von Schleswig über die beiden Provinzen in Personalunion. Christian hatte vor seiner Wahl versprechen müssen, Schleswig mit Dänemark nicht zu vereinigen;[3] vielleicht hatte es schon 1326 eine ähnliche Bestimmung gegeben, als der Herzog von Schleswig zum König von Dänemark gewählt worden war, während Graf Gerhard von Holstein das Herzogtum Schleswig übernahm.[4]

1 Siehe z.B. die Abbildung in *Schleswig-Holstein, eine Landesgeschichte. Historischer Atlas* von Christian Degn, Neumünster 1994, S. 227.

2 Siehe Agnes Köhler, Historische Grenzen, Funktionalität und Charakter versus vordergründige Designideen: Öffentlicher Raum in Kiel nach 1945. Entwicklung der Platzanlagen in der Kieler Innenstadt, in: Markus Oddey & Thomas Riis hrsg., *Zukunft aus Trümmern*. Wiederaufbau und Städtebau in Schleswig-Holstein nach dem Zweiten Weltkrieg, Kiel 2000, S. 292, Abb. 1.

3 *Den danske Rigslovgivning 1397-1513*, hrsg. Aage Andersen, Kopenhagen 1989, S. 99-101.

4 Es ist eine umstrittene Frage, ob die so genannte Constitutio Valdemariana, die die Vereinigung Schleswigs mit Dänemark verbietet, aus dem Jahre 1326 oder eher von 1448 stammt; eine Bestimmung mit diesem Inhalt wäre in beiden Jahren aktuell gewesen. Siehe hierzu Knud Fabricius, *Kr.Erslevs Tolkning af den saakaldte Constitutio Valdemariana*, Historisk Tidsskrift, 11. Rk. VI, Kopenhagen 1960-1962, S. 245-268 sowie Niels Skyum-Nielsen, *Fruer og Vildmænd I*, Kopenhagen 1994, S. 231-241.

Adolf VIII. starb im Dezember 1459 ohne Kinder; sein schleswigsches Herzogtum hätte Christian I. als heimgefallenes dänisches Lehen einziehen können,[5] in Holstein hätte aber ebenso der Kaiser als Lehnsherr einen anderen mit der Grafschaft belehnen können. Mehrere Personen kamen als Nachfolger Adolfs in Betracht: Christian und dessen Brüder aus der cognatischen Linie sowie der Graf von Pinneberg aus der agnatischen Schauenburger Linie. Um die Trennung der beiden Provinzen zu verhindern, setzte sich die Ritterschaft beider Landesteile für eine gemeinsame Wahl ein. Dieses war ein verfassungsmäßiges Novum, denn obwohl die Provinzen (mit Unterbrechungen) seit 1386 in Personalunion vereinigt gewesen waren, hatten sie bisher keine gemeinsamen Institutionen außer dem Landesherrn gehabt. Das Ergebnis war die Wahl Christians zum Herzog von Schleswig und Grafen von Holstein, die in Ripen am 5. März 1460 stattfand. Obwohl nach dem Wortlaut der Urkunde (der „Ripener Urkunde“ oder des „Ripener Privilegs“) die Wähler die Prälaten, die Ritterschaft, die Städte und die Einwohner Schleswigs, Holsteins und Stormarns waren, ist es zweifelhaft, ob andere als Prälaten und Räte aus den vornehmsten Familien als Wähler auftraten.[6] In dieser Urkunde verpflichtet sich der neue Landesherr, den Frieden zu bewahren: „Desse vorben(omeden) land laven wy na alle unseme vormoge holden an gudeme vrede, unde dat se bliven ewich tosamende ungedelt“.[7] Die Frage ist jetzt, inwieweit diese Bestimmung nach Form und Inhalt auf ewige Zeit gültig bleiben würde, wie ihre Formulierung andeutet, wie auch der Umstand, dass die Wähler als Gruppen (Prälaten, Ritterschaft, Städte, Einwohner) und nicht als Personen auftreten. Dafür erscheint Christian I. notwendigerweise als Person und nicht als König von Dänemark.[8] Der ist es, der seinen Wählern verschiedene Versprechen leistet, dafür wird er gewählt.

Alexander Scharff hat als Erster die staatsrechtliche Bedeutung der „Ripener Urkunde“ richtig bestimmt, indem er nachweisen konnte, dass er auf der skandinavischen staatsrechtlichen Tradition basierte und eine Wahlkapitulation resp. Handfeste darstellte.[9] Wahlkapitulationen waren in Skandinavien durchaus üblich; das früheste Beispiel war diejenige Christophs II., die ihm im Jahre 1320 die dänische Königswürde verschaffte.[10] Unter den Nachfolgern Christophs mussten Waldemar III. 1326,[11] Oluf 1376,[12] und Christian I. 1448 dänische Wahlkapitulationen,[13] Christoph von Bayern und Christian I. ähnliche Dokumente in Bezug auf Schweden (1441 und 1457),[14] und Christian I. auch noch auf Norwegen, 1449, ausstellen.[15] Für Schleswig oder Holstein sind Wahlkapitulationen allerdings nicht bekannt.

Die Wahlkapitulationen („Håndfæstninger“) bildeten in Dänemark bis zur Einführung des Absolutismus in den 1660er Jahren die geschriebene Verfassung des Reiches, die bei Thron-

5 Trotz des Versprechens Christians im Jahre 1448, Schleswig mit Dänemark nicht zu vereinigen, könnte man argumentieren, dass es gegen die Interessen des dänischen Reiches streite und nach dem Kirchenrecht rückgängig gemacht werden könne, vgl. c. 33 X II 24 de iure iurando, sowie Thomas Riis, *Les institutions politiques centrales du Danemark 1100-1332*, Odense 1977, S. 292-293.

6 Eine moderne Edition findet man in der Festschrift anlässlich der 500-Jahresfeier des Ripener Vertrags, Henning von Rumohr hrsg., *Dat se bliven ewich tosamende ungedelt*, Neumünster 1960, S. 26-33. Vgl. auch Hans Harald Hennings, *Die Wähler von Ripen 1460*. Der schleswig-holsteinische Rat um 1460, ebda., S. 65-100.

7 Ebda., S. 30 Zl. 13-16.

8 Ebda., S. 26 Zl. 1-19. Dass die Gültigkeit auf Dauer nicht selbstverständlich war, wird von den Beispielen in Hermann Krause, *Dauer und Vergänglichkeit im mittelalterlichen Recht*, ZRG. GA. LXXV, 1958, S. 219-223 und 244-247 deutlich.

9 Alexander Scharff, Die Wahl von Ripen und das Vorbild des Nordens, in: Dat se bliven ewich tosamende ungedelt, S. 54-61.

10 Vgl. Riis, Les institutions politiques, S. 267.

11 Siehe ebda., S. 267-268 (Waldemar III.).

12 Erich Hoffmann, *Die dänische Königswahl im Jahre 1376 und die Norddeutschen Mächte*, ZSHG IC, 1974, S. 175; die Wahlkapitulation ist in: *Den danske Rigslovgivning indtil 1400* hrsg. Erik Kroman, Kopenhagen 1971, S. 276-284, gedruckt.

13 Gedruckt in *Den danske Rigslovgivning 1397-1513,* hrsg. Aage Andersen, Kopenhagen 1989, S. 101-103.

14 Gedruckt in *Sverges Traktater III* hrsg. O.S.Rydberg, Stockholm 1890-1895, Nr. 480 (1441) und *Norges gamle Love 2*. R. II, Christiania s.a., S. 132-133 (1457).

15 Gedruckt in *Norges gamle Love 2*. R. II, Christiania s.a., S. 4-12.

wechsel von dem Thronfolger und dem Reichsrat (als Träger der Souveränität) ausgehandelt wurde. Daraus ergibt sich, dass sie nur für die Regierungszeit des Königs Gültigkeit besaß. So bot jeder Thronwechsel die Gelegenheit zur Verfassungsrevision, es sei denn, dass man die Wahlkapitulation des verstorbenen Herrschers für angemessen hielt und sie unverändert übernehmen wollte. Aber auch in diesem Fall musste eine neue Urkunde (obgleich selben Inhalts) vom neuen König ausgestellt werden, wie Christian IV. es im Jahre 1596 tun musste.[16]

Für das Ripener Privileg bleibt jetzt festzuhalten, dass es eine innere Diskrepanz enthält. Einerseits unterstreicht es den ewigen Charakter der Bestimmung („ewich tosamende ungedelt"), andererseits ist eben dieser mit der Natur der Urkunde als Wahlkapitulation nicht vereinbar. Die Diskrepanz würde durchaus den von Hermann Krause angeführten bischöflichen Wahlkapitulationen entsprechen, die selbstverständlich nur für die betroffene Person Gültigkeit haben, wo jedoch auch die Dauerformel erscheint.[17] Da die Ripener Urkunde eine rechtliche Innovation bedeutete, ist es wenig wahrscheinlich, dass die Dauerformel durch die unkritische Übernahme einer vorhandenen Vorlage in den Text hineingekommen ist.

Wurden die Vertreter der Ritterschaft von ihren dänischen Kollegen über den Tisch gezogen, indem diese die Dauerformel akzeptierten, wohl wissend, dass sie mit einer Wahlkapitulation unvereinbar ist? Obwohl wenig wahrscheinlich, ist es nicht ganz auszuschließen, eben weil die Ritterschaftsvertreter diesen Typ Urkunde nicht kannten.

Der Vergleich mit dem Verkauf Estlands an den Deutschen Orden durch Dänemark ist in diesem Zusammenhang aufschlussreich. Der Orden wusste sehr wohl, dass mit einem Hinweis auf das internationale Kirchenrecht König Waldemar den Verkauf rückgängig machen konnte. Die Begründung war, dass Veräußerungen, die ein „preiudicium regni" bedeuteten, gegen den Krönungseid des Herrschers vorstießen.[18] Dass der Orden sich des Risikos bewusst war, dass Waldemar vielleicht die Bestimmung anwenden würde, geht aus einem Entwurf des Verkaufsvertrags vor; in diesem heißt es, dass Waldemar auf den möglichen Beistand des Kirchenrechts und des römischen Rechts verzichte.[19] In der endgültigen Fassung fehlt aber diese Bestimmung.[20] Der Orden muss das Risiko akzeptiert haben, indem man hoffte, dass die Frage niemals aktuell würde.

Eine ähnliche Situation muss im Jahre 1460 vorgelegen haben; vielleicht akzeptierte die Ritterschaft die Form der Wahlkapitulation in der Hoffnung, dass auch der nächste Landesherr seine Miterben abfinden würde. Die dänischen Reichsräte nahmen die Dauerklausel im Bewusstsein an, dass beim Tod Christians eine neue Wahlkapitulation, gegebenenfalls mit anderen Bestimmungen, vereinbart werden müsse. Grundsätzlich hatte wohl die Ritterschaft mit dem „Up ewig ungedeelt"-Grundsatz sowohl Erbteilungen der Länder als die Einverleibung Schleswigs mit Dänemark verhindern wollen; dafür könnte man sich durchaus aber auch vorstellen, dass der Reichsrat wie zur Zeit Erich von Pommerns (1412-1439) eine darauf hinzielende königliche Schleswigpolitik mittragen würde.[21]

So können wir feststellen, dass der Grundsatz der Untrennbarkeit Schleswigs und Holsteins, der in der „Ripener Urkunde" festgelegt wurde, keine Gültigkeit über die Regierung Christian I.s als Landesherrn hinaus haben konnte, weil die Vertragspartner nicht dieselben sein würden. Die Frage stellt sich nun, ob der Grundsatz später wiederbelebt wurde und so neue Rechtskraft erhielt.

16 Seine Håndfæstning (Wahlkapitulation) wurde von V.A.Secher in *Corpus Constitutionum Daniæ I*, Kopenhagen 1887-1888, S. 54-74 als Varianten zu der Friedrichs II. 1559 gedruckt, vgl., ebda. III, Kopenhagen 1891-1894, S. 31.

17 Hermann Krause, *Dauer und Vergänglichkeit im mittelalterlichen Recht*, Zeitschrift der Savigny-Stiftung für Rechtsgeschichte, Germanistische Abteilung LVII, 1958, S. 220-221 mit Anm. 62.

18 Vgl. Anm. 5. Die Bestimmung wurde im Jahre 1234 in das internationale Kirchenrecht aufgenommen.

19 *Dipl. Dan. 3*. R. I, Nr. 171 vom 21.5.1341: "...renunciamus omnique auxilio iuris canonici seu ciuilis..."

20 *Dipl. Dan. 3*. R. II Nr. 273 vom 30.8.1346.

21 Die Gefahr wurde noch bei der Wahl Christians zum König im Jahre 1448 als aktuell betrachtet.

Die Söhne Christians I., Johann und Friedrich, wurden gemeinsam zu Landesherren gewählt und bestätigten im Jahre 1482 die von ihrem Vater und dessen Vorgängern gegebenen Privilegien; allerdings unter dem Vorbehalt, dass Herzog Friedrich sie bei seiner Mündigkeit erneut bestätigen müsste.[22] Doch wurden die Herzogtümer[23] schon zwischen 1490 und 1513 von dem dänischen König Johann und dessen Bruder Friedrich gemeinsam regiert, indem sie die Einkünfte teilten. Im Jahre 1513 stellte Christian II. eine ähnliche Urkunde aus, worin er die von Christian I. und dessen Vorgängern gegebenen Privilegien, Gerechtigkeiten und Freiheiten, sowie „de lofflike wonheit vnd ßede", kurzum, den durch Urkunden und ungeschriebenes Gewohnheitsrecht etablierten Rechtszustand bestätigte.[24]

Die „Ripener Urkunde" von 1460 selbst war einige Tage später noch durch die so genannte „tapfere Verbesserung" ergänzt worden, die u.a. Regeln für die Wahl des Landesherrn festsetzte. Wenn Christian I. nur einen Sohn haben würde, der zur selben Zeit König von Dänemark war, konnte man ihn mit der Bedingung wählen, dass er die von Christian I. gegebenen Artikel und Privilegien bestätige. Wollte er es nicht, war man nicht verpflichtet, diesen zu wählen, sondern konnte einen anderen Erben Christians I. nehmen.[25] Dieser Fall traf nach dem Herrscherwechsel im Jahre 1523 ein, aber trotzdem begnügte man sich mit einer einfachen Bekräftigung der Privilegien gemäß der Tapferen Verbesserung nicht,[26] sondern gab der Bestätigung den Charakter einer Wahlkapitulation.[27] Unter den Artikeln bemerken wir die Einrichtung von zwei Landtagen jeweils einmal im Jahr: für Schleswig in Flensburg und für Holstein in Kiel, die als Gerichte arbeiten sollten.[28] Es hieß auch: „Deßen landen vorbenometh lauen Wy na alleme vnseme vormoge holden an guden frede, vnde dat se bliuen, ewich thosamende vngedelet dar vmme schall neymant feyden, den andern, Men eyn Islick schal sick nogen lathen in rechte, vppe dat ßodan vrede, des tho beth geholden werde."[29] Wir sehen eindeutig aus diesem Artikel, dass die „Ripener Urkunde" seine Gültigkeit verloren hatte, denn sonst hätte man die Bestimmung in der Wahlkapitulation von 1524 nicht wiederholen müssen.

Nach dem Tod Friedrichs I. (seit 1523 König von Dänemark und Norwegen) im Jahre 1533 wurde die Königswahl, vor allem aus religiösen Gründen, um ein Jahr vertagt. In den Herzogtümern stellte der älteste Sohn Friedrichs, der spätere Christian III., eine Wahlkapitulation für sich und seine unmündigen Brüder aus, die eine Bestätigung der Privilegien sowie eine Reihe Bestimmungen enthielt. Unter denen findet man aber den Grundsatz der Untrennbarkeit der Herzogtümer nicht.[30] Im selben Jahr wurden die Privilegien im Allgemeinen als Gegenleistung zur Erbhuldigung bestätigt; dafür sollten die Brüder Christians nach erreichtem Mündigkeitsalter eine ähnliche Bekräftigung ausstellen.[31] Ferner ging am 5. Dezember 1533 Christian, in seinem Namen und dem seiner jüngeren, noch unmündigen, Brüder, einen Vertrag mit dem dänischen Reichsrat ein, der ein Bündnis zwischen Dänemark, Schleswig und Holstein bedeutete.[32] Vom Interesse ist vor allem die Bestimmung, dass die Union in Kraft

22 F.C.Jensen & D.H.Hegewisch hrsg., *Privilegien der Schleswig-Holsteinischen Ritterschaft*...Kiel 1797, S. 87-92. Eine Bestätigung Friedrichs findet sich nicht unter den hier veröffentlichten Aktenstücken.
23 Holstein, Stormarn und das noch zu erobernde Dithmarschen waren 1474 zum Herzogtum Holstein zusammengelegt worden, siehe *Diplomatarium Christierni Primi* hrsg. C.F.Wegener, Kopenhagen 1856, S. 292-294.
24 Jensen & Hegewisch, Privilegien, S. 105-108.
25 Ebda., S. 62-63.
26 Vielleicht hatte diese schon ihre Rechtskraft verloren.
27 Jensen & Hegewisch, Privilegien, S. 140-150 (1524).
28 Ebda., S. 147.
29 Ebda., S. 146.
30 Ebda., S. 151-169.
31 Ebda., S. 170-172.
32 *Danmark-Norges Traktater 1523-1750*...I (1523-1560), hrsg. L. Laursen, Kopenhagen 1907, S. 150-171. Christian und seinen Brüdern war am 8. Juni 1533 vom Landtag in Kiel gehuldigt worden, ebda. I, S. 488-489.

bleiben solle, so lange die Nachkommen Friedrichs I. Könige in Dänemark wären. Es heißt im § 20:

> „Hirmede sal de tosprake und vormende gerechtickeit, alze die crone und dat rike Denemarken ock wy fursten to Sleswick und Holsten hebben muchten efte konden to dem furstendom Sleswick, van beiden parten in aller mate unvorkrencket sin, und doch sal solcke tosprake edder jennigerlei ander rechtganck dussen vorbunt nenerley wyse krencken mogen.“[33]

Als die Brüder Christians, seit 1536 König von Dänemark und Norwegen, mündig geworden waren, gelang es dem König, die Herzogtümer unter dreien seiner Brüder zu teilen; der Vierte, Friedrich, sollte mit dem säkularisierten Erzbistum Bremen abgefunden werden.[34]

Die Teilung wurde im Gegensatz zur gemeinsamen Regierung König Johanns und Herzog Friedrichs 1490-1513 eine Realteilung, wo der Besitz jedes Bruders spezifiziert wurde.[35] Die weitere Teilung des königlichen Anteils zu Gunsten Herzog Johanns des Jüngeren 1564 war auch eine Realteilung wie die im Jahre 1544 durchgeführte.[36]

Bei Antritt eines neuen Landesherrn bestätigte dieser die Privilegien im Allgemeinen als Gegenleistung für die Erbhuldigung.[37]

Der nächste Bruch in der staatsrechtlichen Entwicklung der Herzogtümer fand im Jahre 1658 statt, als Dänemark die schonischen Provinzen verlor und zur selben Zeit dem Gottorfer Herzog die Souveränität über den gottorfischen Teil Schleswigs abtreten musste.[38] In dem vom König und Reichsrat am 2. Mai ausgestellten Cessionsbrief wird die Belehnung des Grafen Gerhard mit Schleswig im Jahre 1326 erwähnt, und ferner, dass die Belehnung auf die Oldenburgische Linie übergegangen war, was sich seitdem nicht geändert hatte.[39] Die Beziehungen zu Holstein werden nicht erwähnt, was auch wenig sinnvoll gewesen wäre: Holstein war ein Lehn des Reiches (obwohl es von zwei Herren regiert wurde), während Schleswig 1658 in zwei vom dänischen Reich unabhängige Teile geteilt wurde.

In Dänemark war im Laufe der 1660er Jahre der Absolutismus eingeführt worden, was vorläufig keinen Einfluss auf die Bestätigung der landesherrlichen Privilegien hatte. Im Jahre 1712 bestätigte der Vormund Herzog Karl Friedrichs im Allgemeinen die Rechte der Prälaten und der Ritterschaft; der König tat dasselbe im selben Jahr, zum ersten Mal ohne eine Gegenleistung in der Form einer Erbhuldigung zu erwähnen.[40]

Der Friede von 1720 bedeutete, dass der Gottorfer Herzog seinen Anteil von Schleswig an den König von Dänemark-Norwegen abtreten musste. Es war in der Forschung sehr umstritten, ob Schleswig im Jahre 1721 mit Dänemark einverleibt wurde oder nicht; heute tendieren

33 Ebda. I, S. 167-168 §§ 19 und 20. Die dänische Fassung (auf der der deutsche Text basiert) von § 20 lautet: „Dog schal met thet forbundt uforkrencket vere hves ret eller rettighedt, som Danmarcks krone og riige och vii furster af Slesvig och Holsten hafve eller hafve kunde tiil Slesvig furstendom, och begge partes ret her met i alle maade uforkrencket. Och schal met slig tiiltal eller ander rettergang thette forbundt udi ingen maade kunde forkrencket blifve.“

34 Ebda. I, S. 473-488 (26. Juli 1544), vgl. S. 497-499 (10. August 1544).

35 Ebda. I, S. 490-495 vom 9. August 1544.

36 Ebda. II (1561-1588) hrsg. L. Laursen, Kopenhagen 1912, S. 110-117 (27.-28. Januar 1564). Auch die weiteren Teilungen des Besitzes Johanns des Jüngeren sowie die Teilung des Haderslebener Anteils im Jahre 1581 waren Realteilungen.

37 Jensen & Hegewisch, Privilegien, S. 190-193 (Friedrich II. und Johann d.Jüngere 1564), 203-206 (Philipp 1590), 206-209 (Johann Adolph 1592), 209-214 (Christian IV. 1593), 214-217 (König Friedrich III. 1648, keine Bestätigung durch den Herzog vom selben Namen findet sich unter den veröffentlichten Privilegien), 218-221 (Christian Albrecht 1661), 221-225 (Christian V. 1671), S. 250-252 (Christian V. für Prälaten und Ritterschaft im herzoglichen Teil Schleswigs 1684). Das Wahlrecht hatten die Stände im Jahre 1616 verloren, als das Primogeniturprinzip festgelegt wurde, vgl. Ulrich Lange, *Verfassungskämpfe in Schleswig-Holstein zu Beginn der Neuzeit,* ZSHG CIV, 1979, S. 168.

38 *Danmark-Norges Traktater* (1651-1664) hrsg. L. Laursen, Kopenhagen 1920, S. 272-278 (12. Mai 1658) § 1 (S. 274).

39 Ebda. V, S. 279-280 und 286-287.

40 Jensen & Hegewisch, Privilegien, S. 240-243 (Karl Friedrich soll als Erwachsener die Bestätigung wiederholen) und 243-246 (König Friedrich IV.).

die Historiker eher dazu, eine „getarnte“ oder geplante Einverleibung anzunehmen.[41] Diese zeigte sich darin, dass die Privilegienbestätigungen sowohl im Jahre 1731 als auch im Jahre 1766 für Schleswig und Holstein separat ausgefertigt wurden. In beiden Jahren handelte es sich um allgemeine Bekräftigungen der Rechte der Prälaten und Ritterschaft, für Schleswig mit dem interessanten Zusatz „soweit solche (= die Privilegien) Unserer souverainen alleinigen Regierung über mehrbesagtes Herzogthum nicht entgegen seynd.“[42]

Anlässlich des Tauschvertrags von Zarskoje Selo aus dem Jahr 1773 zwischen dem russischen Zaren (als Erben Gottorfs) und dem dänischen König, durch den Dänemark den gottorfischen Anteil Holsteins gegen Oldenburg und Delmenhorst einhandelte, verzichtete der Zar auf sein Erbrecht in Bezug auf Schleswig[43] sowie auf seinen Anteil von Holstein, dessen Einwohner er vom Untertanenband löste.[44] Besonders enge Beziehungen Schleswigs und Holsteins im Sinne der Ripener Urkunde wurden nicht erwähnt, dafür entsprach die Bestätigung der Privilegien für den ehemaligen herzoglichen Teil Holsteins[45] durchaus denen von 1731 und 1766.

Bei der Auflösung des Heiligen Römischen Reichs Deutscher Nation im Jahre 1806 stand Holstein ohne Lehnsherrn da; die dänische Regierung erklärte deshalb das Herzogtum für mit Dänemark einverleibt.[46] Neun Jahre später trat Friedrich VI. (als Herzog von Holstein, aber nicht in seiner Eigenschaft als König von Dänemark) als Mitgründer des Deutschen Bundes auf, auch in diesem Vertrag wurde Schleswig nicht erwähnt.[47]

Wir können vorläufig zusammenfassen: Die Ripener Urkunde, d.h. die Wahlkapitulation Christians I. in Bezug auf Schleswig und Holstein hatte die Unteilbarkeit, aber auch die Untrennbarkeit der beiden Provinzen voneinander festgeschrieben. Die spätere Entwicklung führte dazu, dass das Prinzip bald aufgegeben wurde, spätestens bei der Realteilung 1544. Es wurde nicht wieder aufgegriffen, obwohl die Herzogtümer zusammen, vor allem wohl aus praktischen Gründen, verwaltet wurden, auch nach den Einverleibungen Schleswigs 1721 und Holsteins 1806. Bei der Errichtung des Deutschen Bundes 1815 trat nun Holstein als Mitglied ein, was diesem Herzogtum im Vergleich mit Schleswig einen besonderen Status gab. Hierin war nichts merkwürdiges, weil auch in der Vergangenheit Schleswig niemals dem Reich angehört hatte.[48]

Mit einigem Recht darf man die so genannte „Waterloo-Rede“ F.C.Dahlmanns,[49] am 7. Juli 1815 in Kiel gehalten, für den Beginn der nationalen Auseinandersetzung in den Herzogtümern betrachten. Der Anlass war die von der Universität arrangierte Dankesfeier für die endgültige Niederlage Napoleons. Für Dahlmann hatte es schon vor den „100 Tagen“ einen doppelten Grund zum Feiern gegeben: Ende der 20-jährigen Unruhen, und Auferstehung der Deutschen; er freut sich, dass trotz der Wiederkunft Napoleons sich die neue deutsche Einheit hatte erhalten können.[50] Später erklärt er, dass die deutschen Stämme sich in den Hauptsachen

41 H.V.Gregersen, *Slesvig og Holstein før 1830* (Politikens Danmarks Historie), Kopenhagen 1981, S. 372-378; Christian Degn (wie Anm. 1), S. 155; Ulrich Lange in *Geschichte Schleswig-Holsteins* hrsg. Ulrich Lange, Neumünster 1996, S. 258.

42 Jensen & Hegewisch, Privilegien, S. 252-254 (Christian VI. für Schleswig 1731, das Zitat aus S. 253), 254-255 (derselbe für Holstein 1731), 265-267 (Christian VII. für Schleswig 1766) und 267-268 (derselbe für Holstein). Ähnliche Bestätigungen Friedrichs V. bei seiner Übernahme der Herrschaft 1746 sind unter den veröffentlichten Bestätigungen nicht enthalten.

43 *Danske Traktater 1751-1800*, Kopenhagen 1882, S. 346-348 (21. Mai/1. Juni 1773).

44 Ebda., S. 348-353 (20./31. Mai 1773).

45 Jensen & Hegewisch, Privilegien, S. 269-270.

46 Franklin Kopitsch in Ulrich Lange hrsg., Geschichte Schleswig-Holsteins, S. 285.

47 *Acten des Wiener Congresses in den Jahren 1814 und 1815* hrsg. Johann Ludwig Klüber II, s.l. 1815, Nachdruck Osnabrück 1966, S. 587-615 (8. Juni 1815).

48 Es muss jedoch unterstrichen werden, dass während der Kaiser das Oberhaupt des Reichs war, war der Deutsche Bund eine Organisation souveräner Staaten mit kollektiver Sicherheit als Grundsatz.

49 Gedruckt in Anton Springer, *Friedrich Christoph Dahlmann I*, Leipzig 1870, S. 463-472.

50 Ebda., S. 465.

geeinigt haben, „in der gemeinsamen Behauptung der Freiheit, der Volksthümlichkeit und des Rechts. Mag dann im Einzelnen noch manches Störende sein, mag der Zwiespalt und das alte gehässige Treiben der Cabinette[51] vieles noch verwirren, Deutschland ist da durch sein Volk, das sich mit jedem Tage mehr verbrüdert, Deutschland ist da, bevor noch jene Bundesacte ausgefertigt wird; wehe dem, der was das heiligste Gefühl vereinigt hat, frevelnd von einander reißen wollte!"[52] Dahlmann erklärt weiter, dass auch der Schleswiger sich freuen solle, und er wünscht sich, dass das durch die Freude geknüpfte Eintrachtsband als solches auch in den beiden Herzogtümern empfunden werden möge. Die Universität gehöre ja den beiden, und die Pfleger der Wissenschaft seien am nächsten, das heilige Feuer der Vaterlandsliebe zu bewahren. „Wenn auch der Schleswiger nie im deutschen Bunde gewesen ist", konstatierte der Historiker Dahlmann bevor der Politiker Dahlmann das Wort übernimmt, „er (d.h. der Schleswiger) gehörte ihm und gehört ihm noch durch den verbrüderten Holsteiner an, dem er seit Jahrhunderten die treue Hand gereicht hat, mit dem er in Verfassung, Freiheiten und Gerechtsamen innigst verschmolzen ist. Mögen sich diese Hände nun noch so fester fassen..."[53] Dies mag eine Zumutung für die Schleswiger erscheinen, deren Gesinnung schleswigsch, gesamtstaatlich oder dänisch orientiert war. Man muss aber bedenken, dass Dahlmann vor den Vertretern des damaligen und kommenden städtischen Bildungsbürgertums sprach, und auch in Nordschleswig war dessen Kultur vorwiegend deutsch. Später drückt er den Wunsch nach guten Verfassungen aus, und schließt die Rede mit einer Danksagung dem „ höchsten Wesen" („l'être suprême" - so kurz nach der Revolution wagt er noch kaum „Gott" zu sagen) und mit einem dreifachen Heil:

> „Heil der Zukunft, welche unsere Hoffnungen krönen wird. Heil auch unserm Könige Friedrich dem Sechsten, welchem es vorbehalten ward, seine Deutschen in den alten Bund ihrer Väter zurückzuführen. Heil den Deutschen, welche aus tiefer Noth Errettung gefunden haben, und noch der späte Enkel rufe dankbar: Heil Blüchern und den Streitern für das deutsche Vaterland."[54]

Die Rede wurde nicht überall gut aufgenommen; die dänische Monarchie war ja mit Frankreich verbündet gewesen, und hatte dadurch Norwegen verloren. Dass Dahlmann Anhänger der Einigung der Deutschen war, ist eindeutig, aber auch, dass er auf die Annahme freier Verfassungen hoffte. Holstein hatte schon kraft der Bundesakte § 13 Recht auf eine landständische Verfassung, aber Schleswig war kein Mitglied des Deutschen Bundes. Wie wir eben gesehen haben, erkannte Dahlmann diese Tatsache an, fand aber, dass das nördliche Herzogtum wegen der Verbindung mit Holstein jedoch dazu gehöre. In anderen Worten, Holstein hatte Recht auf eine Verfassung; um auch Schleswig eine solche zu geben, musste es in den Deutschen Bund aufgenommen werden, und hierfür war die alte Verbundenheit der beiden Herzogtümer ein gutes Argument. Die „Ripener Urkunde" bekam so eine neue Aktualität.

Erschien Dahlmann in der Waterloo-Rede vor allem als Politiker, musste er als Schriftführer der Ritterschaft juristisch argumentieren, indem er nachzuweisen versuchte, dass dem Landtag das Steuerbewilligungsrecht zugestanden hatte. Die Verbindung Schleswigs mit Holstein war in diesem Zusammenhang entscheidend, denn 1) sie basiere auf dem ältesten Privilegium (d.h. der „Ripener Urkunde"), 2) sie sei immer anerkannt, niemals aufgehoben worden 3) sie sei durch die Bestätigung der Privilegien bestätigt worden 4) sie sei den Herzogtümern Schleswig und Holstein nützlich. Dahlmann sah ferner die „Ripener Urkunde" als einen Teil der schleswig-holsteinischen Grundrechte an.[55] Er stellte sich ferner vor, dass ein Privilegium

51 Dieselbe Ablehnung der klassischen Kabinettspolitik der Großmächte sollte man genau ein Jahrhundert später bei dem amerikanischen Präsidenten Woodrow Wilson erleben.
52 Springer, Friedrich Christoph Dahlmann, S. 467-468 (die Hervorhebung schon im Text).
53 Ebda., S. 468.
54 Ebda., S. 471-472.
55 F.C.Dahlmann, *Urkundliche Darstellung des dem Schleswig-Holsteinischen Landtage, Kraft der Landes-Grundverfassung zustehenden anerkannten Steuerbewilligungsrechtes*...Kiel 1819, S. 114-116.

nur ausdrücklich – nicht stillschweigend durch fehlende Bestätigung – aufgehoben werden konnte.[56] Auch der Rechtsgelehrte Nicolaus Falck vertrat diesen Standpunkt.[57]

Dieser Juraprofessor versuchte im Jahre 1816, die staatsrechtliche Stellung Schleswigs innerhalb der Monarchie darzustellen; eine klare, ausgewogene Untersuchung, die sich noch heute gut liest. Völlig korrekt sieht er die Verfassung als den Rechtszustand, der auf der Rechtsentwicklung von Jahrhunderten basiert.[58] Sowohl in Dänemark als auch in Schleswig war Recht zum Teil Gewohnheitsrecht wie in England, erst mit der absolutistischen Regierung wurde das Recht immer stärker schriftlich fixiert, vor allem in Dänemark. Im Geiste der frühmodernen Staatslehre sieht Falck eine Verfassung noch als einen Herrscherkontrakt: „Die Verfassung eines Landes, nemlich im eigentlichen Sinne des Worts, insofern darunter die Bestimmung eines Grundverhältnisses zwischen Regenten und Volk verstanden wird, welches Grundverhältniß so wenig durch den einseitigen Willen des Regenten, als durch den einseitigen Willen des Volks abgeändert werden darf, kann – dieß liegt schon im Begriff – nur Vertragsweise eine Aenderung erleiden.“[59]

Nach Falck seien die Privilegien noch anlässlich des letzten Landtags im Jahre 1712 bestätigt worden, und bis zu diesem Jahr war die Landesverfassung Schleswigs, das Recht auf Repräsentation und die Verbindung mit Holstein unverändert geblieben; der Status Holsteins als Reichslehn würde ferner die Einführung des dänischen Absolutismus verhindern.[60] Im Jahre 1721 übernahm der dänische König als Landesherr den herzoglichen Teil Schleswigs. Nach der Formulierung des von der Ritterschaft zu leistenden Eides verpflichteten sich deren Mitglieder, den König „für unsern alleinigen Souveränen Landesherrn (anzu)erkennen und halten deroselben wie auch dero Königl. Erbsuccessoren secundum tenorem legis regiae“, d.h. die Erbfolge des Königsgesetzes würde auch für den König als Landesherrn in Schleswig Gültigkeit haben.[61] Nach der Huldigung reichten die Prälaten und die Ritterschaft eine Bittschrift an den König ein, worin man u.a. um die Einberufung eines Landtags sowie um Bestätigung der Privilegien bat. In der Bittschrift heißt es, dass „bey dergleichen Erbhuldigungen die Landesprivilegien, Freiheiten und Begnadigungen jederzeit allergnädigst confirmiret, solches auch von 1460 unverrückt dergestalt beobachtet (...)“[62] Der letzte Satz muss so verstanden werden, nicht dass die „Ripener Urkunde“ ausdrücklich bestätigt wurde, sondern dass man seit der Wahl Christians I. im Jahre 1460 die Privilegien und Freiheiten anlässlich des Herrscherwechsels bestätigten, indem als Korrelat von „solches“ der ganze Satz „die Landesprivilegien (...) confirmiret“ steht.

Der König lehnte grundsätzlich nicht die Vorstellung einer Einberufung des Landtags ab, aber die Privilegien wurden in der königlichen Resolution als Antwort auf die Bittschrift nicht erwähnt. Eine solche sei auch überflüssig gewesen, denn Friedrich IV. habe schon im Jahre 1712 sich zur Einhaltung der Landesprivilegien verpflichtet.[63] Übrigens konstatiert Falck, dass die Privilegien üblicherweise in den Huldigungseiden nicht erwähnt wurden.[64] Er unterstreicht ferner, dass die Konfirmation der Privilegien nur eine Formsache ist, worum es geht, ist deren

56 Brief der Ritterschaft und der Prälaten Schleswigs und Holsteins an Friedrich VI. 8.10.1816, in: F.C.Dahlmann hrsg., *Sammlung der wichtigsten Actenstücke, die gemeinsamen Angelegenheiten des Corps der Schleswig-Holsteinischen Prälaten und Ritterschaft und der übrigen Gutsbesitzer betreffend, August 1816 bis October 1816,* Kiel 1816, S. 90-104.

57 N. Falck, *Handbuch des Schleswig-Holsteinischen Privatrechts I*, Altona 1825, S. 141-143. Über Falck im Allgemeinen, siehe Erich Hoffmann, *Nicolaus Falck und die Schleswig-Holsteinische Frage*, ZSHG CXI, 1986, S. 143-155.

58 N. Falck, *Das Herzogthum Schleswig in seinem gegenwärtigen Verhältniß zu dem Königreich Dänemark und zu dem Herzogthum Holstein*, Kiel 1816, S. 15.

59 Ebda., S. 25.

60 Ebda., S. 79.

61 Ebda., S. 89 und 96.

62 Ebda., S. 90.

63 Ebda., S. 92-93.

64 Ebda., S. 95 Anmerkung.

Inhalt.[65] Aber eben hier verkennt er die Natur des Privilegiums als eine Ausnahme vom gültigen Recht (etymologisch: „privare" + „lex"). Ebenso verhält es sich mit der Verfassung Schleswigs, die er als auf einem Vertrag basierend sieht:

> „Christian der Erste hatte durch ein feierliches Versprechen sich und seine Nachfolger verpflichtet, das Herzogthum Schleswig nicht als einen Teil von Dännemark zu behandeln; er hatte den Ständen und dem gesammten Volke des Herzogthums Schleswigs die vertragsmäßig bestimmten Rechte eidlich bestätigt, und unter der Bedingung, den Vertrag stets fest und unverbrüchlich zu halten, war er Herzog der Lande Schleswig und Holstein geworden."[66]

Wie schon gesagt, wurde die eigentliche Natur des Ripener Vertrags als Wahlkapitulation in der skandinavischen Tradition erst von Alexander Scharff erkannt; Falck bezeichnete die Urkunde zwar als Privilegium, fand aber, dass ein solches seine Rechtskraft behält, wenn es nicht ausdrücklich aufgehoben wird. Falck ließ sich hier wohl von seinen gewohnheitsrechtlichen Überlegungen leiten, indem er den doppelten Sprachgebrauch des Wortes Privilegium bemerkt:

> „Lasse sich aber niemand dadurch täuschen, daß die Urkunden, in welchen die Verfassung unserer Lande beschrieben ist, Privilegien genannt werden, als wenn es bloß ertheilte Wohlthaten des Regenten und Gnadenbezeugungen wären. Es ist eine von kundigen Männern längst gemachte Bemerkung, daß die unter den Namen Privilegien vorkommenden Rechte entweder als allgemeine Resultate der uralten Landes-Constitution zu betrachten oder in wahren Verträgen gegründet sind."[67]

Zwar spricht man in letzterem Sinne meistens nicht nur von Privilegien, sondern von „Privilegien und Freiheiten" als Ausdruck für den herkömmlichen Rechtszustand, und zwar auf gewohnheitsrechtlicher Grundlage, dies schließt aber keineswegs aus, dass Privilegien im ersten Sinne unter dessen Quellen waren.

Der eigentliche Initiator der Verfassungsbewegung, Uwe Jens Lornsen, ging kurz auf die Frage ein, ob die beiden Herzogtümer von einander getrennt werden konnten. Für ihn wäre eine solche Entwicklung unvorstellbar: „Eine Trennung des Herzogthums Schleswig von dem Herzogthum Holstein, die durch die vereinzelte Umgestaltung des letztern in einen constitutionellen Staat und der damit in Verbindung stehenden administrativen Einrichtungen desselben in der Hauptsache durchgeführt wäre, ist jedem Schleswigholsteiner schlechthin undenkbar."[68] Ohne die Vereinigung der Herzogtümer juristisch zu begründen, nahm er sie für eine Tatsache; die Begründung war auch überflüssig, weil Lornsen die Erreichung einer Verfassung für die Herzogtümer durch den Umweg über den Deutschen Bund (worin Schleswig aufzunehmen wäre) nicht beabsichtigte. Er wollte eine Verfassung für die Herzogtümer innerhalb der dänischen Monarchie, anscheinend ohne bezug auf den Deutschen Bund. Für Dahlmann galt aber die Aufnahme Schleswigs in den Deutschen Bund als eine Voraussetzung für eine Verfassung, wegen des Versprechens in der Bundesakte und wegen der historischen Vereinigung der Herzogtümer.

Andererseits fand der linksliberale Theodor Olshausen die Verfassungssache viel wichtiger als die nationale Frage, so dass er es ab 1839 vorzog, Holstein eine Verfassung gemäß der Artikel der Bundesakte zu geben, um nicht weiterhin auf die Klärung der Nationalitätsprobleme Schleswigs warten zu müssen.[69] Für diese „neuholsteinische" Bewegung war die juristische Trennung der Herzogtümer kein Frevel.

65 Ebda., S. 108.
66 Ebda., S. 125.
67 Ebda., S. 133.
68 U.J.Lornsen, *Ueber das Verfassungswerk in Schleswigholstein*, Kiel 1830, S. 3-4.
69 Später ging Olshausen zum Grundsatz der Unteilbarkeit der Herzogtümer zurück, siehe Degn, Schleswig-Holstein, S. 236.

Die Anfang des Jahres 1848 in die Wege geleitete Verfassungsreform wurde durch die Ereignisse der Erhebung abgebrochen,[70] und am 15. September 1848 konnte das Staatsgrundgesetz für Schleswig-Holstein verabschiedet werden. Nach dessen Artikel 3 waren die Herzogtümer ein Bestandteil des deutschen Staates. Also sollte Schleswig in den Deutschen Bund aufgenommen werden, aber nicht mehr als eine notwendige Vorbedingung für eine Verfassung nach der Bundesakte, sondern aus nationalen Gründen.[71] Schon die provisorische Regierung hatte sich in ihrer Proklamation vom 24. März 1848 für den Anschluss an die Einheits- und Freiheitsbestrebungen Deutschlands ausgesprochen.[72]

Der Realpolitiker Bismarck durchschaute das Prinzip „up ewig ungedeelt“ als leeres Schlagwort, indem er am Silvesterabend 1863 erklärte: „Die ‚Up-ewig-ungedeelten‘ müssen einmal Preußen werden. Das ist das Ziel nach dem ich steure (...)“[73]

Jedoch wurde die Untrennbarkeit der Herzogtümer allmählich ein Symbol der schleswig-holsteinischen Eigenständigkeit innerhalb Preußens. Eigenartig genug, wenn man bedenkt, dass die Schaffung eines landesgeschichtlichen Lehrstuhls an der Kieler Universität erst zur Weimarer Zeit genehmigt wurde.[74]

Zusammenfassend bleibt daher nur zu konstatieren, dass der Grundsatz der Unteilbarkeit und der Untrennbarkeit der Herzogtümer wie er in der Wahlkapitulation vom Jahre 1460 sowie in derjenigen von 1524 ausgedrückt worden war seitdem nicht wieder aufgegriffen wurde. Die Entwicklung hatte sie ungültig gemacht. Für die frühen Verfassungswünsche, wie z.B. bei Dahlmann, spielte er wieder eine Rolle, indem er dazu benutzt wurde, die in der Bundesakte Holstein zugesagte Verfassung auch auf Schleswig auszudehnen, obwohl in diesem Fall das nördliche Herzogtum in den Deutschen Bund aufgenommen werden musste. Dieses war für Lornsen nicht notwendig, und auch Theodor Olshausen konnte sich lange eine Verfassung allein für Holstein eher vorstellen als gar keine Verfassung. Wenn es zur Erhebung kam, wollte man jedoch Schleswig in den Deutschen Bund aufnehmen lassen, nicht aus konstitutionellen, sondern aus nationalen Gründen. Die Forderung der Ritterschaft aus dem Jahre 1460, die im 16. Jahrhundert ihre Bedeutung und Gültigkeit verloren hatte, war erst im 19. Jahrhundert wieder zu neuem Leben erweckt worden – diesmal als ein politisches Schlagwort.

70 Zur Rekonstruktion der Ereignisse, siehe Hans Vammen, *Die Casino-„Revolution“ in Kopenhagen 1848*, ZSHG, CXXIII, 1998, S. 59-78.

71 Einen ähnlichen Gedanken findet man schon in Dahlmanns Waterloo-Rede.

72 Facsimile der Proklamation in *Quellen zur Geschichte der deutsch-dänischen Grenzregion I: Der nationale Gegensatz 1800-1864,* Flensburg 1984, S. 150 (mit dänischer Übersetzung S. 151).

73 Zitiert nach Degn, Schleswig-Holstein, S. 241.

74 Die Bestrebungen um 1880 der Kieler Universität sowie der Gesellschaft für Schleswig-Holsteinische Geschichte, einen landesgeschichtlichen Lehrstuhl einzurichten, scheiterten am Widerstand der preußischen Regierung. Nach der Auffassung des Finanzministeriums führe es zu weit, „bei den Universitäten für die Pflege der engeren heimatlichen Geschichte und des Lokalpatriotismus besondere Lehrstühle auf Staatskosten zu unterhalten“, zitiert nach Karl Jordan, Geschichtswissenschaft, in: *Geschichte der Philosophischen Fakultät 2* (Geschichte der Christian-Albrechts-Universität zu Kiel V 2, Neumünster 1969), S. 71-72.

‚Vom Krieg hören und schreiben'. Aus den Briefen an den Lübeck-Nürnberger Kaufmann Matthias Mulich (1522/23)

Gerhard Fouquet

I. „Im Namen Gottes: Die Welt ist jedermann gemein" – kaufmännische Mentalitäten im Brief

Kaufleute[1], so die „Regierer" der ‚Ravensburger Handelsgesellschaft' in einem Sendschreiben an ihre Außengelieger vom Jahre 1478, fürchteten in der Welt keine Konkurrenten, gleichwohl sie gefräßig wie „Rotten hungriger Hunde" auf jede Chance warteten, sich gegenseitig zu zerfleischen.[2] Denn sie vertrauten auf den „allmächtigen Gott und das reine Herz Mariä", die ihnen „Glück an Seele und Leib" verliehen,[3] vor allem aber bauten sie auf ihren ‚Kredit' und ihre Ehre,[4] auf ihr geschäftliches Geschick, ihre Weltgewandtheit, ihren rechnenden Verstand und ihren nimmermüden Fleiß.[5] Fleißig sein, das hieß für die kaufmännischen Zeitgenossen in erster Linie: Bücher führen, Briefe schreiben – unablässig. „Sei emsig Tag und Nacht in Büchern", ließen die ‚Ravensburger' 1477 ihren Gesellen Hans Konrad Muntprant in Valencia wissen.[6] Weltgewandtheit und -offenheit bedeutete, fremde Sprachen zu lernen, andere Kulturen in ihren sozialen und wirtschaftlichen Verfasstheiten zu verstehen[7] und mit wachem Blick nicht nur das enge Markttreiben, sondern Tag für Tag das gesamte Zeitgeschehen zu beobachten und sich darüber schriftlich auszutauschen. Prinzipale und Geschäftspartner, Ratsherren, Verwandte und Freunde erwarteten, ja forderten Nachrichten, eingestreut in Frachtbriefe oder in andere kaufmännische Korrespondenz, ebenso sehnsüchtig und pünktlich, wie man selbst stets bereit war, in Gegenbriefen das Neueste mitzuteilen. Tidinge, wie es im Mittelniederdeutsch hansischer Kaufleute heißt, wollte man lesen über Stürme, Heuschreckenplagen, Hungerkrisen, Tod und Verderben durch Epidemien und Krieg. Solche ‚Zeitungen' waren keineswegs unwichtiger als Notizen über Angebot und Qualität der Waren, über Marktpreise

1 Zitat aus der ‚Großen Rekordanz', einem Sendschreiben an die Gelieger in Genf, Lyon, Avignon, Saragossa, Barcelona und Valencia, vom März 1478: Schulte, Aloys, *Geschichte der Großen Ravensburger Handelsgesellschaft (1380-1530)*, 3 Bde., Stuttgart-Berlin 1923 (ND Wiesbaden 1964), hier: Bd. I, S. 147 u. Bd. III, S. 77, Nr. 7. Bei meinen Kieler studentischen Hilfskräften, Jasper Kock und Gabriel Zeilinger, bedanke ich mich für ihre unermüdliche Hilfe.

2 Aus der nämlichen Rekordanz der ‚Ravensburger' vom März 1478 über den Safranhandel auf der Frankfurter Messe: „Dar zů so sind me kouff lúten umendum den rotten hund und hunger stot der boess neben inen": Schulte, Geschichte, III, S. 95, Nr. 7.

3 1477 Oktober 23: Große Rekordanz für Genf, Avignon, Barcelona, Saragossa, Valencia und Lyon: Schulte, Geschichte, III, S. 54, Nr. 6.

4 Dazu Schreiner, Klaus und Schwerhoff, Gerd (Hrsg.), *Verletzte Ehre*. Ehrkonflikte in Gesellschaften des Mittelalters und der Frühen Neuzeit, Köln-Weimar-Wien 1995.

5 Zur Sozialisation von Kaufleuten z.B.: Beer, Mathias, *Eltern und Kinder des späten Mittelalters in ihren Briefen*. Familienleben in der Stadt des Spätmittelalters und der frühen Neuzeit mit besonderer Berücksichtigung Nürnbergs (1400-1550), Nürnberg 1990.

6 Schulte, Geschichte, I, S. 142 u. III, S. 55, Nr. 6.

7 Das Tagebuch des Augsburgers Lukas Rem über seine Reisen und Tätigkeiten in Flandern und den Niederlanden, in Frankreich, Spanien und Portugal ist streckenweise auch als Länder- und Warenkunde zu verstehen: Greiff, Benedikt (Hrsg.), *Tagebuch des Lucas Rem aus den Jahren 1494-1541*. Ein Beitrag zur Handelsgeschichte der Stadt Augsburg, Augsburg 1861.

und Frachtraten.[8] Die briefliche Kommunikation war ein „Wesensmerkmal" von Handelsnetzen und damit ein wichtiger Bestandteil ökonomischer Logik im umfassenden Sinn des überkommenen Begriffs.[9] Zugleich wurden in der ‚Tauschkultur' Alteuropas über die Nachricht im Brief personale Bindungen hergestellt bzw. verdauert, auch Vertrauen geschaffen, indem sie die Korrespondenten aneinander band. Briefliche Nachrichten waren daher gleichsam Gaben, die Gegengaben zwingend erforderlich machten. Sie ermöglichten in der kulturell vermittelten ‚Gerechtigkeit des Tausches' Kommunikation, sie und die auf Unmittelbarkeit und Authentizität abhebende rhetorische Kunst der Epistolographie garantierten die Legitimität sozialer Beziehungen[10]: „Vorder, leve swager, bedanke Ic Juwer leve ser vruntliken der tydynge halven, so gi my hebben gescreven. Ic wer wol geneget, Juw ok tydynge van hir to schrivende", so versichert der Lübecker Ratsherr Hermann Meyer am 23. Januar 1523 den in Nürnberg weilenden Kaufmann Matthias Mulich seiner Freundschaft.[11]

Und in der Tat: ‚Neue Zeitungen' erhielt und vermittelte der sich im Winter 1522/23 für wenige Monate in Familienangelegenheiten fern von Lübeck aufhaltende Matthias Mulich in offenbar hoher Zahl.[12] Von dieser Korrespondenz haben sich lediglich 29 Briefe wohl eher zufällig unter den Mulich-Papieren erhalten, kein Stück von Matthias selbst verfasst, sondern ausschließlich von den Mitgliedern seiner Familie und seines Hauses, von seiner Frau Katharina ebenso wie von seinen Handlungsdienern, auch von der patrizischen Verwandtschaft und der Freundschaft in der Travestadt sowie von Geschäftspartnern geschrieben.[13] Die Briefe an den geliebten Mann, an den Schwager und Freund, an den Prinzipal und kaufmännischen Mitgesellschafter enthalten vielfältige Nachrichten aus Kernfamilie, Haus und Verwandtschaft, sie berichten von den Warenwünschen der Lübecker vom großen Nürnberger Markt, von Heiraten, Festen und Feiern in Lübeck ebenso wie vom Ärger mit dem Pächter eines der Bauernhöfe Mulichs, sie enthalten intime Versicherungen von Liebe und freundschaftlicher Bindung nicht nur im Sinne der Patron-Klient-Beziehungen, sie sind voller Mitteilungen der Mulich-

8 Die Begriffe „Zeitung"/„Neue Zeitung" sind von den Zeitgenossen in der dieser Studie zu Grunde liegenden Mulich-Korrespondenz nicht als gesonderte Beilagen zu den Briefen verstanden worden, sondern durchgehend als „Bericht", „Kunde", als „aktuelle Nachricht" und „neue Nachricht": Wehrmann, Carl Friedrich (Hrsg.), *Briefe an Matthias Mulich, geschrieben im Jahre 1523*, in: ZVLübG 2 (1865), S. 296-347. Zur Begrifflichkeit: Sporhan-Krempel, Lore, *Nürnberg als Nachrichtenzentrum zwischen 1400 und 1700*, Nürnberg 1968, S. 15 f., 23 f. u. 30 f.; Lindemann, Margot, *Nachrichtenübermittlung durch Kaufmannsbriefe*. Brief-„Zeitungen" in der Korrespondenz Hildebrand Veckinchusens 1398-1428, München-New York 1978, S. 21 f. Im 15. Jahrhundert wurden überdies auch ‚Offene Briefe' als Medien der öffentlichen Austragung von Streitigkeiten eingesetzt: Christ, Dorothea A., *„...dannen die geschrifften kein ende würden haben"*. Ein Briefkrieg Graf Oswalds von Thierstein mit der Stadt Basel (1476-1480), in: BaslerZG 96 (1996), S. 33-56.

9 Jahnke, Carsten, *Politische Nachrichten aus Lübeck aus den Jahren 1531 bis 1535*, in: ZVLübG 79 (1999), S. 119-145, bes. S. 123 f. Grundsätzlich zur Kategorie ‚Kommunikation als sozialer Interaktion': North, Michael, *Kommunikation, Handel, Geld und Banken in der Frühen Neuzeit*, München 2000, S. 45 f.

10 Zur historischen Anthropologie der Gabe: Ewert, Ulf Christian und Hirschbiegel, Jan, *Gabe und Gegengabe*. Das Erscheinungsbild einer Sonderform höfischer Repräsentation am Beispiel des französisch/burgundischen Gabentausches zum neuen Jahr um 1400, in: VSWG 87 (2000), S. 5-37 (mit der einschlägigen Literatur). Zur Rhetorik und Pragmatik der spätmittelalterlichen und frühneuzeitlichen Briefkultur, gleichsam ein methodisches Paradigma der Historischen Kulturwissenschaft: Bürgel, Peter, *Der Privatbrief*. Entwurf eines heuristischen Modells, in: DtVjSchr 50 (1976), S. 281-297; Constable, Giles, *Letters and Letter-Collections*. Turnhout 1976. Darüber hinaus mit weiterer einschlägiger Literatur: Nolte, Cordula, „Pey eytler finster in einem weichen pet geschrieben". Eigenhändige Briefe in der Familienkorrespondenz der Markgrafen von Brandenburg (1470-1530), in: Heimann, Heinz-Dieter (Hrsg.), *Adelige Welt und familiäre Beziehung*. Aspekte der „privaten Welt" des Adels in böhmischen, polnischen und deutschen Beispielen vom 14. bis zum 16. Jahrhundert. Potsdam 2000, S. 177-202; Fouquet, Gerhard, Fürsten unter sich – Privatheit und Öffentlichkeit, Emotionalität und Zeremoniell im Medium des Briefes, in: Spieß, Karl-Heinz (Hrsg.), *Principes*. Dynastien und Höfe im späten Mittelalter (im Druck, 2002).

11 Wehrmann, Briefe, S. 314, Nr. 6.

12 Zu den Indizien, die für einen beträchtlichen Umfang des Briefwechsels sprechen, siehe allein die Hinweise zu Hans Castorp als ‚Relaisstation' der Korrespondenz nach Nürnberg: unten S. 173.

13 Archiv der Hansestadt Lübeck (AHL), 53: Geschäfts- und Firmenarchive, Matthias und Paul Mulich. Zur Mulich-Überlieferung: Rörig, Fritz, *Das Einkaufsbüchlein der Nürnberg-Lübecker Mulich's auf der Frankfurter Fastenmesse des Jahres 1495*, Breslau 1931. Die Briefe sind (mit Ausnahme eines Schreibens der Anna von Ahlefeldt) veröffentlicht von: Wehrmann, Briefe.

Faktoren und Gehilfen über die Hantierung im weit gefächerten Waren-, Produktions- und Kreditgeschäft. Endlich unterrichteten sie den gerade an dem ‚reichsstädtischen Hauptort'[14] schlechthin weilenden Mulich fortlaufend über die politische Lage im Norden des Reiches und in Skandinavien, über den Krieg zwischen Dänemark und Schweden. In dieser Auseinandersetzung war Lübeck im Schulterschluss mit Danzig seit Juli 1522 auf seiten Schwedens und des Schleswig-Holsteiner Herzogs aktiv mit Flotte, Fußknechten und Kapital engagiert und auf diplomatischem Parkett allseits am kaiserlichen Hof in Brüssel, beim Nürnberger Reichsregiment, am Hof der Herzogs von Schleswig-Holstein und in den hansestädtischen Rathäusern präsent.

Im Mittelpunkt dieser Studie steht freilich nicht der bereits gut erforschte Krieg,[15] sondern die Nachricht von ihm, stehen der Quellenwert dessen, was man Matthias Mulich nach Nürnberg berichtete, und die Formen, in denen jene Nachrichten in Lübeck, dem Zentrum von Kommunikation im südlichen Ostseeraum, erfahrbar waren und brieflich mitgeteilt wurden.[16] In den Briefen, neben der Edition Wehrmanns als Fragmente auch in den ‚Hanserecessen' publiziert,[17] sind die Kämpfe in Dänemark, Schweden und Jütland während der Jahreswende 1522/23 und der Monate Januar bis März 1523 nur in Impressionen präsent. Auch war das tatsächliche Wissen der Briefpartner Mulichs um den Krieg, wie zu zeigen sein wird, begrenzt. Es geht daher allein um die Rekonstruktion des kommunikativen und sozialen ‚Wissens' der Korrespondenzpartner Mulichs, von Reichs- und Hansestädtern mithin, die teilweise zum Patriziat Lübecks gehörten und daher direkten oder mittelbaren Zugang zum Rat, zur politischen Führungsgruppe der Stadt, besaßen. Dazu sollen zunächst in einem ersten kürzeren Schritt Matthias Mulich und seine Korrespondenzpartner vorgestellt und dann in einem zweiten größeren Abschnitt die politischen Mitteilungen in der Korrespondenz vor dem Hintergrund der Kriegsereignisse sowie im Hinblick auf die Fragestellung analysiert werden.

II. „Weth, leve juncker Matz" – Matthias Mulich und seine Korrespondenzpartner

Die Mulich stammten aus Nürnberg, kamen vermutlich aus der ‚Ehrbarkeit', der zweiten gesellschaftlichen Oberschicht der Stadt.[18] Kunz Mulich der Ältere war das erste Mitglied der Familie, das in Lübeck erschien: Im Jahre 1442 ist er dort als Importeur von St. Galler

14 Neben der Tradition als Stätte zahlreicher Hof- und Reichstage war Nürnberg zu dieser Zeit Sitz des Reichsregiments, außerdem wurde gerade aktuell seit Sommer 1522 ein Reichstag dort abgehalten: Moraw, Peter, Das Hauptstadtproblem in der deutschen Geschichte, in: DAMALS 24 (1992) S. 246-271; Roll, Cristine, *Das zweite Reichsregiment 1521-1530*, Köln-Weimar-Wien 1996; Wrede, Adolf (Hrsg.), *Deutsche Reichstagsakten unter Kaiser Karl V.*, Bd. III, Gotha 1901 (ND Göttingen 1963).

15 Venge, Mikael, Christian 2.s Fald. Spillet om magten i Danmark januar-febuar 1523, Odense 1972. Darüber hinaus: Venge, Mikael, „Når vinden føjer sig...". Spillet om magten i Danmark marts-december 1523, Odense 1977.

16 Krieg und Fehde sind jüngst als Analysefelder im Zeichen der Historischen Kulturwissenschaft in der Mediävistik ‚wiederentdeckt' worden: Brunner, Horst (Hrsg.), *Der Krieg im Mittelalter und in der Frühen Neuzeit:* Gründe, Begründungen, Bilder, Bräuche, Recht, Wiesbaden 1999; Keen, Maurice (Hrsg.), *Medieval Warfare:* A History, Oxford 1999; Paviot, Jacques und Verger, Jacques (Hrsg.), *Guerre, pouvoir et noblesse au Moyen Age.* Mélanges en l'honneur de Philippe Contamine, Paris 2000; Kortüm, Hans-Henning (Hrsg.), *Krieg im Mittelalter*, Berlin 2001. Grundlegend: Contamine, Philippe, *La guerre au Moyen Âge* (1980), 4. Aufl., Paris 1997.

17 Wehrmann, Briefe; Schäfer, Dietrich und Techen, Friedrich (Bearb.), *Hanserecesse von 1477 bis 1530*, Bd. VIII, Leipzig 1910, S. 211, Nr. 184; S. 223 f., Nr. 197; S. 307, Anm. 1, Nr. 269; S. 308, Anm. 1, Nr. 270; S. 320, Anm. 2, Nr. 284.

18 Zitat: Wehrmann, Briefe, S. 335, Nr. 22. Zu den Mulich und ihren Korrespondenzpartnern: Fouquet, Gerhard, Geschäft und Politik, Ehe und Verwandtschaft – Briefe an den Nürnberg-Lübecker Kaufmann Matthias Mulich vom Winter 1522/23, in: Bräuer, Helmut und Schlenkrich, Elke (Hrsg.), *Die Stadt als Kommunikationsraum.* Beiträge zur Stadtgeschichte vom Mittelalter bis ins 20. Jahrhundert. Festschrift für Karl Czok zum 75. Geburtstag, Leipzig 2001, S. 311-346.

Leinwand zu belegen.[19] Damit war eine Handelsverbindung im Hause Mulich eröffnet worden, welche die vier Söhne des älteren Kunz – Kunz der Jüngere und Hans, Paul und Matthias – fortsetzten[20] und mit besonderer Intensität ausbauten. Kunz der Jüngere und Hans Mulich engagierten sich als erste der Brüder auf der Strecke Nürnberg – Lübeck. Seit 1470 sind sie und ihre kaufmännischen Aktivitäten in den Lübecker Quellen zu finden.[21] Im Jahre 1482 kam Paul Mulich nach Lübeck, acht Jahre später ließ sich dort gleich seinem Bruder Hans auch Matthias nieder.[22] Die Mulich brachten neben oberdeutschen und italienischen Luxustextilien und Importgewürzen, neben dem ‚Nürnberger Tand' und dem thüringischen Kupfer vor allem Waffen – Panzer, Harnische – in den Ostseeraum, sie waren Hoflieferanten und Bankiers zahlreicher Fürsten des Nordens, der Herzöge von Schleswig-Holstein-Gottorf, Sachsen-Lauenburg und Mecklenburg, der Könige von Dänemark.[23] Und so erstreckte sich der Wirkungs- und Kommunikationskreis des Matthias Mulich von Schweden bis Nürnberg und von Frankfurt am Main bis Reval.

Dem geschäftlichen Erfolg sollte bald der soziale Aufstieg in Lübeck folgen. Matthias Mulich erwarb 1514 das Lübecker Bürgerrecht. Er heiratete 1515 gleich seinem Bruder Hans in das Lübecker Patriziat ein: Katharina van Stiten hieß die Auserwählte[24]. Nach dem Tod der ersten Ehefrau feierte er 1518 Hochzeit mit Katharina Kortsack. Mulich gehörte damit zur engeren Gruppe der Ratsfamilien. Direkte Verwandtschaftslinien führten zu dem Heiratskreis der so genannten ‚neuen' Geschlechter um die Castorp und Kerkring.[25] Höchste gesellschaftliche Anerkennung wurde dem am 2. Dezember 1528 verstorbenen Matthias Mulich zuteil, als ihn 1513 und damit bereits vor seiner Heirat mit Katharina van Stiten die Mitglieder der Zirkel-Gesellschaft kooptierten.[26]

Dem Kreis der Briefeschreiber, die mit Matthias Mulich über die drängenden politischen Wechselfälle des Winters 1522/23 korrespondierten, ist ein auffälliges Charakteristikum eigen: Es waren nur Männer, mit denen Mulich über Krieg und Politik im Medium des Briefes redete. Die Frauen schwiegen davon. Weder in den fünf, teilweise recht ausführlichen Handschreiben der Ehefrau Katharina Kortsack noch in dem ungestümen, in den Konventionen von intimer Privatheit hingeworfenen Briefgruß ihrer Schwester Anna – „myn leve bole, my vorlanget ser na jw"[27] –, auch nicht in den wenigen Zeilen der Niederadligen Anna von Ahle-

19 Peyer, Hans Conrad, *Leinwandgewerbe und Fernhandel der Stadt St. Gallen von den Anfängen bis 1520*, 2 Bde., St. Gallen 1959-1960, hier: Bd. II, S. 32; Nordmann, Claus, *Nürnberger Großhändler im spätmittelalterlichen Lübeck*, Nürnberg 1933, S. 55; Burger, Helene, *Die Nürnberger Totengeläutbücher*, Tl. II: St. Lorenz 1454-1517, Neustadt/Aisch 1967, S. 67, Nr. 1272.

20 Paul Mulich z.B. handelte 1494 Hering direkt über Lübeck mit Schonen: Jahnke, Carsten, *Das Silber des Meeres*. Fang und Vertrieb von Ostseehering zwischen Norwegen und Italien (12.-16. Jahrhundert), Köln-Weimar-Wien 2000, S. 248.

21 Rörig, Einkaufsbüchlein.

22 Nordmann, Großhändler, S. 55 u. 57.

23 Nordmann, Großhändler, S. 54-77 (mit den einschlägigen Nachweisen). Darüber hinaus jüngst anhand der Coburger Geleitsrechnungen, in denen sich zu 1527/28 Hans Mulich („Mullick") sowie der mit den Mulich verwandte Hans Huter 1529/30 und 1557/58 finden – im Nürnberger Haus des Hans Huter hielt sich Matthias Mulich während des Winters 1522/23 auf: Straube, Manfred, Kaufleute auf dem Wege von und nach Leipzig – Handelsreisende im 16. Jahrhundert, in: Bräuer und Schlenkrich, Stadt, S. 763-790, hier: S. 782 u. 784. Zu Kreditgeschäften des Matthias Mulich am Beispiel der Herzöge von Schleswig-Holstein: Fouquet, Gerhard, *Fräulein und Gnädige Frau – Anna von Brandenburg (1487-1514)*. Reminiszenzen an eine Fürstin des Spätmittelalters, in: MITTRESIKOMM 11,1 (2001), S. 19-31, hier: S. 26.

24 Dünnebeil, Sonja, *Die Lübecker Zirkel-Gesellschaft*. Formen der Selbstdarstellung einer städtischen Oberschicht, Lübeck 1996, S. 273: Katharina, Tochter des Zirkel-Gesellen Thonis van Stiten und der Barbara van Wickede, war zuvor mit Johann van Wickede, einem Zirkel-Gesellen, und Klaus Kapenhagen verheiratet gewesen.

25 Rörig, Einkaufsbüchlein, S. 13; Nordmann, Großhändler, S. 55 f. Zum Verwandtschaftskreis: Wegemann, Georg, *Die führenden Geschlechter Lübecks und ihre Verschwägerungen*, in: ZVLübG 31 (1949), S. 17-51, hier. S. 39 u. 43.

26 Dünnebeil, Zirkel-Gesellschaft, S. 121 u. 204.

27 Wehrmann, Briefe, S. 315, Nr. 7.

feldt[28] kamen politische Ereignisse zur Sprache. Frauen verfügten, das ist schon vielfach an anderem Sujet erörtert worden, über eigene, von den Männern geschiedene Kommunikationsnetze.[29] Dabei waren Kaufmannsfrauen des Spätmittelalters keineswegs mit ihren Geschlechtsgenossinnen um 1900 zu vergleichen.[30] 400 Jahre zuvor stand beispielsweise Cathringin, die Ehefrau des Kölner Bürgermeisters Johann Broelman, selbstverantwortlich einer der führenden Stahlimportfirmen Kölns vor.[31] Überhaupt belegen zeitgenössische Stimmen des 15. und 16. Jahrhunderts, dass zumindest im städtischen Bürgertum Frau und Mann gemeinsam und gleichberechtigt in ihren je verschiedenen Rollen den Erhalt des Hauses zu sichern hatten[32]. Katharina Kortsack schrieb ihrem „leven Mattes" denn auch keineswegs nur von ihren großen Sehnsüchten, ging ihren Gemahl nicht nur ihrer kleinen Wünsche halber an, die er ihr in Nürnberg besorgen sollte, sie unterhielt ihn nicht allein mit Schnurren von der Lübecker Fastnacht und umhegte ihn mit dem neuesten Familienklatsch. Katharina wusste vielmehr um ihre Rolle als Hausfrau und handelte danach: Sie kümmerte sich beispielsweise um die Ausrüstung des Schiffes, das der Rat für den Krieg hatte requirieren lassen, sie borgte Geld, um die fällige Kriegssteuer bezahlen zu können, und versuchte freilich erfolglos, eine faule Schuldsumme des Herzogs Friedrich von Schleswig-Holstein-Gottorf beizutreiben.[33] Katharina Kortsack gestattete sich nur gelegentlich eher indirekte Hinweise auf die schweren Zeiten, schrieb Mulich, dass zur Beförderung der geschätzten ‚Fastenspeise' nach Nürnberg wegen der Unsicherheiten auf Weg und Steg zur Zeit keine Fuhrgelegenheit zu bekommen sei, und haderte, dass die Leute ihre Häuser nun um den halben Zins vermieten müssten, weil sie ihren Immobilienbesitz nicht leer stehen lassen wollten, um hinzuzusetzen: „Gott gebe, daß alles (wieder) gut werde. Wir müssen die Sache mit ausbaden."[34]

Unter den Männern, die ‚Politik machten', kann, nach der Korrespondenz zu urteilen, der verwandte Hinrich Kerkring als der intimste Freund, Geschäfts- und Briefpartner Matthias Mulichs bezeichnet werden.[35] In Kerkrings Briefen mischte sich unter die Nachrichten über die Politik und die Geschäfte – Kerkring war einer der wichtigen Aufkäufer des in der Mulich-Kupfermühle zu Oldesloe produzierten Kupferblechs – viel Persönliches. Da waren die Fastnachtsmummereien, über die es zu berichten galt, da waren Vertrauensbeweise verschiedenster Art, die man in den Briefen reflektierte und die sich darin widerspiegelten: Die vertraute Anrede war ebenso selbstverständlich wie die Hilfe in der Not. Hinrich Kerkring lieh

28 AHL 53: Geschäfts- und Firmenarchive, Matthias und Paul Mulich. Zu Anna von Ahlefeldt, geborene Meinstorp, deren Mann Jürgen in der Schlacht von Hemmingstedt am 17. Februar 1500 gefallen war und die Mulich wohl von ihrem Amt als Hofmeisterin der dänischen Königinnen Christine und Isabella (Elisabeth) (bis 1518) her kannte: Bobé, Louis T., *Slægten Ahlefeldts Historie*, Bd. 1, København 1897, S. 70 f.

29 Vgl. z.B. Wunder, Heide, *„Er ist die Sonn', sie ist der Mond"*. Frauen in der Frühen Neuzeit, München 1992, S. 225-229.

30 Im Gegenentwurf des aus der Antike tradierten Topos: Salewski, Michael, *„Julian, begib dich in mein Boudoir" – Weiberherrschaft und Fin de siècle*, in: Bagel-Bohlan, Anja und Salewski, Michael (Hrsg.), *Sexualmoral und Zeitgeist im 19. und 20. Jahrhundert*, Opladen 1990, S. 43-69. Darüber hinaus aus der Vielzahl der Literatur: Duby, Georges und Perrot, Michelle (Hrsg), *Geschichte der Frauen*, Band IV: 19. Jahrhundert, hrsg. von Geneviève Fraisse; Band V: 20. Jahrhundert, hrsg. von Françoise Thébaud, Frankfurt/M. –New York 1994-1995.

31 Zusammenstellungen und Belege bei: Wensky, Margret, *Die Stellung der Frau in der stadtkölnischen Wirtschaft im Spätmittelalter*, Köln-Wien 1980, S. 195 f., 205-207, 234-236, 243-246, 249, 256-258, 262-267 u. 269-272; Irsigler, Franz, *Die wirtschaftliche Stellung der Stadt Köln im 14. und 15. Jahrhundert*, Wiesbaden 1979, S. 201 f., 224, 228, 230 f. u. 265-269.

32 Wunder, Heide, Historische Frauenforschung. Ein Zugang zur Gesellschaftsgeschichte, in: Affeldt, Werner (Hrsg.), *Frauen in Spätantike und Frühmittelalter*. Lebensbedingungen – Lebensnormen – Lebensformen, Sigmaringen 1990, S. 31-41, bes. S. 36; Fouquet, Gerhard, Ein privates Milieu im 16. Jahrhundert. Familie und Haushalt des Kölners Hermann Weinsberg (1518-1597), in: Elkar, Rainer S.; Neutsch, Cornelius und Schawacht, Jürgen (Hrsg.), *„Vom rechten Maß der Dinge"*. Beiträge zur Wirtschafts- und Sozialgeschichte. Festschrift für Harald Witthöft zum 65. Geburtstag, St. Katharinen 1996, S. 347-379, hier: S. 367-373.

33 Fouquet, Geschäft, S. 328-338.

34 Wehrmann, Briefe, S. 334, Nr. 21. Die Übertragungen aus dem Mittelniederdeutschen stammen vom Verfasser.

35 Fouquet, Geschäft, S. 340 f.

beispielsweise Katharina Kortsack Geld, denn er hielt es für ausgemacht, dass sie „untereinander als Freunde" verkehrten.[36] Nächst Hinrich Kerkring war Hans Castorp d.J., gleichfalls Mitglied einer bekannten Rats- und Bürgermeisterfamilie,[37] einer der engsten Korrespondenzpartner Mulichs aus dem Kreis der Lübecker Verwandtschaft. Hans d.J. wurde als Sohn Hans Castorps d.Ä. geboren, der ein Onkel Katharinas von mütterlicher Seite aus war.[38] Hans Castorp d.J., der Vetter 1. Grades, stand seit ca. 1516 als Faktor in den Diensten der Mulich-Firma, er agierte u.a. in Reval.[39] Castorp war, das wird aus der Korrespondenz deutlich, die rechte Hand Mulichs im Geschäftlichen, über alles informiert und für alles zu gebrauchen.[40] Freilich wahrte Castorp meist feinen Abstand zu seinem Kaufherrn. Es ist die Distanz, die sich aus der Ehrerbietung des Jüngeren zu dem Älteren, des Faktors zu seinem Prinzipal ergab: „juwer leve", Euer Liebden, so seine in den Briefen immer wiederkehrende ehrfurchtsvolle Anrede. Unter die Korrespondenzpartner aus der patrizischen Oberschicht Lübecks reihten sich noch Hermann Moller und Hermann Meyer. Während die verwandtschaftlichen Beziehungen zu dem aus einem Lübecker Rats- und Kaufherrengeschlecht stammenden „gude(n) frundt" Hermann Moller z.Z. nicht zu rekonstruieren sind,[41] bezeichnete Katharina Kortsack den Ratsherr und Zirkelbruder Hermann Meyer als „Onkel"[42]. Gleich was diese Verwandtschaftsbezeichnung auch immer ausdrücken mag: Bei „Ohm" Hermann war Katharina an Silvester und am Abend vor Heiligdreikönig zu Gast, wo man auf das Wohl Mulichs trank.[43] Matthias selbst ließ dem Ratsherrn durch Hans Castorp sagen, dass er in Nürnberg „drei Finger dicker geworden" sei, und Meyer trug dem Faktor auf, Mulich zu antworten, dass es ihn freue, den Bekannten bei so guter Gesundheit anzutreffen.[44]

Zum Kreis der Briefeschreiber, die mit politischen Nachrichten aufwarteten, gehörten endlich Matthias Scharpenberg und Hans Karl, die beiden Handlungsdiener des Matthias Mulich, sowie der Adlige Wolf von Uttenhofen. Für die in der Firma abhängig beschäftigten Scharpenberg und Karl war Matthias Mulich der Prinzipal, der „leve Juncker Matz". Sie selbst bezeichneten sich wie Hans Castorp als „juwe willige dener"[45]. Im Gegensatz zu Castorp, der sich Mulich gelegentlich mit der familiären Anrede „Schwager" näherte, wahrten die Gehilfen, besonders Hans Karl, ein junger Kaufmann aus Süddeutschland, der in Lübeck ausgebildet wurde[46], in der Rhetorik des Briefes stets die geforderte soziale Distanz. Der Kammerrichter Wolf von Uttenhofen schließlich war vom Reichsregiment vor dem 8. September 1522 an den dänischen Hof und nach Lübeck gesandt worden, um den Frieden zu vermitteln.[47] Uttenhofen, im Frühjahr 1523 Kanzler Herzog Friedrichs von Schleswig-Holstein-

36 Wehrmann, Briefe, S. 317, Nr. 9. ‚Freundschaft' meinte dabei sowohl die Erwartung und Hoffnung auf gegenseitige Unterstützung wie die emotionale Bindung im Sinne des modernen Freundschaftsbegriffes: Tenbruck, Friedrich H., Freundschaft. Ein Beitrag zu einer Soziologie der persönlichen Beziehungen, in: KölnZSoziol 16 (1964), S. 431-456.

37 Neumann, Gerhard, *Hinrich Castorp*. Ein Lübecker Bürgermeister aus der zweiten Hälfte des 15. Jahrhunderts, Lübeck 1932.

38 Zur Castorp-Verwandtschaft der Katharina Kortsack: Nordmann, Großhändler, S. 56; Neumann, Castorp, Stammtafel.

39 Nordmann, Großhändler, S. 64, 72 u. 151.

40 Wehrmann, Briefe, S. 308-312, Nr. 4; S. 327-329, Nr. 14; S. 329 f., Nr. 15; S. 330 f., Nr. 16; S. 331 f., Nr. 17; S. 338-340, Nr. 23.

41 Wehrmann, Briefe, S. 333 f., Nr. 20. Zu den Moller/Möller: Fehling, Emil Ferdinand, *Lübeckische Ratslinie von den Anfängen der Stadt bis auf die Gegenwart*, Lübeck 1925, S. 215 (Reg.).

42 Wehrmann, Briefe, S. 312 f., Nr. 5. Dazu Beer, Eltern, S. 123 u. 133. Zu Meyer auch: Dünnebeil, Zirkel-Gesellschaft, S. 85, 142 f., 167, 210, 226 u. 277; Fehling, Ratslinie, S. 86, Nr. 584.

43 Wehrmann, Briefe, S. 312 f., Nr. 5.

44 Wehrmann, Briefe, S. 327, Nr. 14.

45 Wehrmann, Briefe, S. 306 f., Nr. 2; S. 307 f., Nr. 3; S. 319-323, Nr. 10; S. 324-326, Nr. 12; S. 335-338, Nr. 22; S. 341 f., Nr. 25.

46 Nordmann, Großhändler, S. 64 f.

47 RTA. JR, III, S. 2 f., Anm. 4; S. 258, Anm. 1; Wülcker, Ernst und Virck, Hans (Hrsg.), *Des kursächsischen Rathes Hans von der Planitz Berichte aus dem Reichsregiment in Nürnberg 1521-1523*, Leipzig 1899 (ND Hildesheim-New York 1979), S. 194, Nr. 86. Dazu Roll, Reichsregiment, S. 441, Anm. 329. Zu Uttenhofen: Heise, Arnold,

Gottorf, ließ Mulich durch Hans Castorp Grüße übermitteln. Ihn, den Kaufmann, bat er am 4. Februar 1523, die beigebundenen Briefe an ihre Adressaten in Nürnberg zu bestellen.[48] Matthias Mulich war für Uttenhofen ein „erbar besunder guter freund."[49]

III. Aus Schweden nichts Neues – ‚Brief-Zeitungen'

1. „Zeitungen"

„Sonst ist da nichts Neues aus Schweden, seitdem diese von dem Gesellen des Hans Salegen geschriebene Zeitung von Söderköping kam, die ich Euch hiermit sende (...)" – so eröffnete Hans Castorp am 29. Januar 1523 seine ‚Brief-Zeitung'[50] an Matthias Mulich, seine Mitteilungen über den Krieg im Norden, der damals im neunten Monat stand.[51] Über die seit Oktober 1522 laufende Winter-Expedition nach Schweden hatten die Ratsherren Bernd Bomhouwer und Hermann Plönnies, Führer des Lübecker Korps, dem Rat bereits kurz nach Ankunft in den Schären vor Söderköping (17. Oktober 1522) schriftlichen Bericht erstattet. Die Relation gab man einem schwedischen Schiffer mit, der sie aus Furcht vor den Dänen über Bord geworfen haben soll.[52] Bomhouwer und Plönnies fertigten daher am 5. Januar 1523 erneut einen Bericht an, der jedoch zusammen mit einer am 1. Januar datierten Kundschaft von den Kriegsereignissen des Novembers und Dezembers 1522 und weiteren Schreiben erst um den 15. März vor den Lübecker Rat gelangte. So geht das jedenfalls aus einem Brief Hinrich Kerkrings an Matthias Mulich hervor.[53] Selbst in jenen Säkula dezentral organisierter Postsysteme, in denen Briefe von Kaufleuten, wandernden Buckelkrämern und Fuhrleuten, von fürstlichen Kurieren, ad hoc bezahlten Läufern und durchaus regelmäßig verkehrenden Stadtboten zugestellt wurden, waren ca. elf Wochen Beförderungsdauer exzeptionell, ein schieres Desaster für das ‚Management' des Krieges[54]. Die von Matthias Mulich und seinen Korrespondenzpartnern geschriebenen, vornehmlich durch Nürnberger und Lübecker Stadtboten zugestellten Briefe brauchten dagegen nur ca. 12 bis 14 Tage, um ihre Adressaten zu erreichen.[55] Unter

Wulfgang von Utenhof, Kongerne Frederik den Førstes og Kristian den Tredjes tydske Kansler, in: HistTKøbenhavn 6 (1877/78), S. 163-328.

48 Wehrmann, Briefe, S. 327, Nr. 14 (1523 Januar 27); S. 332, Nr. 17 (1523 Februar 4). Mit den Grüßen Hans Castorps hatte Uttenhofen bereits am 27. Januar 1523 Briefe an Mulich expedieren lassen.

49 Wehrmann, Briefe, S. 332, Nr. 17.

50 Dazu Sporhan-Krempel, Nachrichtenzentrum, S. 77–111; Lindemann, Nachrichtenübermittlung, S. 80 f.

51 Wehrmann, Briefe, S. 329, Nr. 15.

52 Hanserecesse, III, 8, S. 219, Nr. 192. Im Übrigen habe man, wie sie auf einem eingelegten Zettel vom gleichen Tag mitteilten, zwei Mal geschrieben, die Briefe vergeblich zum einen über Stralsund, zum anderen über Danzig geschickt: Ebd. III, 8, S. 221, Nr. 193.

53 Hanserecesse, III, 8, S. 213–218, Nr. 190; S. 218–220, Nr. 192; S. 220–222, Nr. 193; S. 222, Nr. 194. Die Kanzleivermerke lauten zwar: „Receptum Jovis 26. marcii 1523": Hanserecesse, III, 8, S. 213, Nr. 190; S. 218, Nr. 192; S. 222, Nr. 194 (beide falsch: „Jovis 25. marcii"). Hinrich Kerkring schreibt aber Matthias Mulich unter dem 15. März 1523: „Wir hätten auch Briefe von unseren Ratsherren aus Schweden, welche auf den letzten Neujahrstag datieren (...)": Wehrmann, Briefe, S. 345, Nr. 27. Die Briefe, die Bomhouwer und Plönnies samt ihren Relationen nach Lübeck schickten, liefen offenbar über Reval, das die Post mit einem Boten nach Danzig expedierte: Hanserecesse, III, 8, S. 308 f., Nr. 272. Nach dem 26. Februar 1523 wurde von Bomhouwer und Plönnies noch Evert Potger mit Nachrichten von Uppsala aus nach Lübeck geschickt. Die Instruktionen für den Boten haben sich erhalten: Hanserecesse, III, 8, S. 341 f., Nr. 321.

54 Aus der Fülle der Literatur nur: Werner, Theodor Gustav, *Das kaufmännische Nachrichtenwesen im späten Mittelalter und in der frühen Neuzeit und sein Einfluss auf die Entstehung der handschriftlichen Zeitung* (hrsg. von Friedrich-Wilhelm Henning), in: Scripta Mercaturae 9/2 (1975), S. 3-51, hier: S. 6 f. (Briefe von Nürnberg nach Venedig benötigten um 1500 vier bis sechs Tage). Allgemein: Behringer, Wolfgang, *Bausteine zu einer Geschichte der Kommunikation:* Eine Sammelrezension zum Postjubiläum, in: ZHF 21 (1994), S. 92-112.

55 Wehrmann, Briefe, S. 338, Nr. 23; S. 344, Nr. 27. Zum Lübecker und Nürnberger Postverkehr: Neumann, Gerhard, *Vom Lübecker Botenwesen im 15. Jahrhundert*, in: ZVLübG 57 (1977), S. 128-137; Sporhan-Krempel, Nachrichtenzentrum, bes. S. 21-37.

diesen Kaufleuten achtete man peinlich auf pünktliche Beförderung – Hinrich Kerkring etwa beklagt sich, dass ihm ein Schreiben Mulichs vom 6. Dezember 1522 erst am 6. Januar 1523 überstellt worden sei[56] –, man hielt auf die sorgfältige Datierung der Briefe – Hermann Meyer reklamiert, dass er einen Brief Mulichs ohne Datum empfangen habe: „villichte vorseen", und teilt Matthias den genauen Ankunftstag seines Schreibens in Lübeck mit[57] – und Hans Castorp, der Mulich-Faktor, wirkte als Relaisstation für die Lübecker Post an seinen Prinzipal in Nürnberg: Am 27. Januar 1523 etwa berichtet er Mulich, dass er seiner Epistel einen Brief Hinrich Kerkrings beifüge. Ein Schreiben Hermann Meyers habe er gestern abgefertigt, endlich erwarte er weitere Briefe Kerkrings und Katharina Kortsack-Mulichs. „Ich hoffe, ich kann Euch noch Zeitungen schreiben, mit diesem Brief nichts mehr als meinen Dienst."[58]

Doch trotz aller Pünktlichkeit, Genauigkeit und emsiger Organisation – wirkliche Neuigkeiten, ‚harte' Nachrichten vom Krieg hatten in jenen Wochen angesichts der offensichtlich sehr schwierigen Kommunikationsbedingungen Seltenheitswert, man konnte häufig genug nur ‚Verwehtes' nach Nürnberg berichten. Der Mulich-Gehilfe Matthias Scharpenberg schreibt denn auch am 8. Januar 1523 nüchtern:

> „Weiterhin, so mögt Ihr auch wissen, lieber Junker, daß ich von Leuten, die das wohl wüßten, vernommen habe: Ein ehrsamer Rat von Lübeck besitze noch keine wahrhafte Zeitung von den Schiffen, seitdem sie von hier ausgelaufen sind. Alle Nachrichten, die bisher aus Schweden und von der Flotte hierher kamen, waren samt und sonders ‚floch mer'."[59]

Mären wollte Hermann Meyer, Ratsherr und damit intimster Kenner aller ‚arcana civitatis', nun wahrlich nicht an den Verwandten und Vertrauten nach Nürnberg ‚fliegen' lassen. Er wäre wohl geneigt, Mulich neue Zeitungen von Lübeck zu schreiben, ließ er in seinen Brief vom 23. Januar einfließen, „aber ein ehrsamer Rat hier hat bis auf diesen Tag noch keine Nachrichten von seinen Sendeboten in Schweden erhalten, seitdem sie dort sind." Der Rat habe freilich „sehr viele Zeitungen von Söderköping" aus Briefen von Kaufleuten empfangen, denen man trauen könne. Meyer setzt aber hinzu:

> „Sollten wir endlich Verlautbarungen unserer Gesandten aus Schweden erhalten, Gott gebe dies in seiner Güte, und sollte es mir (als Ratsherr) gestattet sein, zu schreiben, soll Euer Liebden nicht ununterrichtet bleiben."

Über das Ausbleiben der ‚sicheren' Relationen von Bomhouwer und Plönnies aus Schweden zeigte sich Hans Castorp schon am 8. Januar sehr besorgt – „dat al man forwundert" –, erwartete sie allerdings für die nächsten Tage.[60] Als die Expeditions-Briefe dann Mitte März endlich nach Lübeck kamen, waren die Sorgen gerade angesichts der Unsicherheiten der Kommunikationsübermittlung geschwunden. Triumphe meldete Kerkring am 15. März nach Nürnberg: Die beiden Gesandten seien „bei glückseliger Gesundheit", viele feindliche Schiffe hätten erobert werden können, allein Stockholm sei noch immer in der Hand der Dänen.[61] Doch der Informationsgehalt dieser Nachrichten war bereits elf Wochen alt.

Die Lübecker Ratsherren wussten im Allgemeinen mehr, als sie bereit waren, öffentlich kundzutun. Das ‚Wissen' des Rates speiste sich aus zahlreichen Informationskanälen, zahlreiche formelle wie informelle Netzwerke der Kommunikationsübermittlung standen zur Verfügung. Schriftliche und mündliche Kontakte wurden dauernd und unablässig mit anderen Städten, mit fürstlichen Höfen gepflegt. Ratssendeboten besuchten beispielsweise Mitte Januar

56 Wehrmann, Briefe, S. 316, Nr. 9.
57 Wehrmann, Briefe, S. 313, Nr. 6. Zu ähnlichen Gewohnheiten Hildebrand Veckinchusens: Lindemann, Nachrichtenübermittlung, S. 15.
58 Wehrmann, Briefe, S. 327-329, Nr. 14.
59 Wehrmann, Briefe, S. 308, Nr. 3.
60 Wehrmann, Briefe, S. 308 f., Nr. 4.
61 Wehrmann, Briefe, S. 345, Nr. 27.

1523 die Tagfahrt zu Stralsund.[62] Im Rat wusste man überdies etliches aus kaufmännischer Korrespondenz. Zusätzlich verfügten die Ratsherren über Kundschaften, die mündlich an sie gelangten. Agenten zeitgenössischer Mündlichkeit waren vor allem Schiffer: „Hätten wir nicht das Schiff von Telte hier liegen", schreibt Hans Castorp unter dem 8. Januar, „so wüßten wir nicht, daß unsere Schiffe vor Stockholm operierten."[63] Befragt wurden auch zwei Gefangene, darunter der Bergenfahrer Jürgen van Gotland, die ebenso wie fünf Bootsleute aus Kopenhagen fliehen konnten und in Lübeck Aufnahme fanden. Matthias Scharpenberg kannte ihre Berichte nur vom Hörensagen.[64] Hans Castorp wusste, wie er am 8., 27. und 29. Januar sowie am 2. Februar schreibt, durch deren Aussagen von der Rückkehr der offenbar schwer zerschossenen königlichen Flotte nach Kopenhagen, auch davon, dass in der Stadt ein allgemeiner Nachrichtenstopp verhängt worden sei: Unter Trommelschlag hätten die dänischen Machthaber es dort untersagen lassen, Informationen über Flotte und Krieg zu verbreiten.[65]

Insgesamt sah man sich im Lübecker Rat in jenen Monaten nur mit Versatzstücken der Wirklichkeit konfrontiert, mit Informationen aus zweiter Hand, mit durchaus problematischen Augenzeugenberichten, die gleich einem Mosaik zu einem Bild gefügt werden mussten. Versatzstücke waren es denn auch, die aus der sonst durch die argwöhnisch beobachtete Sphäre des ‚Geheimnisses' stets abgeschirmten Ratskammer offenbar gesteuert über verschiedene Kanäle, u.a. durch die Weitergabe innerhalb der Ratsgeschlechter, in eine weitere städtische Öffentlichkeit gelangten. Der Informationsgehalt dieser Nachrichten wurde zumindest von reflektierenden Zeitgenossen kritisch bewertet: So betont der Handlungsgehilfe Hans Karl gegenüber seinem stets Neuigkeiten und „seltzam spil" fordernden Firmenherrn am 26. Januar die Solidität seiner Mitteilung: Zeitungen seien hier angekommen, die „wahrhaftig" sein sollen. Und Hans Castorp beurteilte Augenzeugenberichte aus Kopenhagen als „wahr"[66]. Dennoch – der Rat konnte zwar Nachrichten über den Krieg gezielt verbreiten, das Gerücht, die Flugmäre, das Geflüstere war nicht zu unterbinden. Wer glaubte dabei schon an die Wirkung von Trommelschlag und Strafandrohung? Hörensagen, Gerüchte, Geschwätz – Karl und Castorp gaben sie stets vorsichtig bewertend weiter. Hans Karl schickte seinem Junker etwa am 27. Februar eine Kunde, die dem Lübecker Rat brieflich aus Livland über Danzig ‚zugeflogen' war[67] und wohl auf den Gassen kolportiert wurde: „Stockholm soll auch wieder verloren sein, auf Stephanstag (26. Dezember) sollen es die Lübischen und Schweden mit gewaltiger Hand gewonnen haben."[68] Das war reichlich verfrüht, Stockholm fiel erst am 21. Juni 1523. Hans Castorp versuchte dagegen, Gerüchten „nenen loffen" (keinen Glauben) zu schenken und schreibt beteuernd am 8. Januar: „An Lügen kommt hier so viel an, ich glaube dies nicht eher, bis ich Briefe sehe"[69].

In einer Zeit ohne institutionalisierte Öffentlichkeit in Form von Journalen und Zeitungen war indes die „gemeine rede" schlechthin Ausdruck der öffentlichen Meinung.[70] „Men secht",

62 Der Bericht der Lübecker Ratssendeboten über den Stralsunder Städtetag (1523 Jan. 14-24): Hanserecesse, III, 8, S. 287-294, Nr. 259. Hans Castorp erhoffte sich von der Tagfahrt weitere aufschlussreiche Nachrichten vom Krieg, doch scheint er sich in der Informationspolitik des Rates getäuscht zu haben: Wehrmann, Briefe, S. 328, Nr. 14; S. 330, Nr. 16.

63 Wehrmann, Briefe, S. 308 f., Nr. 4.

64 Wehrmann, Briefe, S. 306, Nr. 2.

65 Wehrmann, Briefe, S. 309, Nr. 4; S. 328, Nr. 14; S. 329, Nr. 15; S. 330 f., Nr. 16.

66 Wehrmann, Briefe, S. 325, Nr. 12; S. 332, Nr. 18.

67 Der Rat teilte die ‚frohe' Nachricht am 23. Februar 1523 Herzog Friedrich von Schleswig-Holstein-Gottorf mit: Hanserecesse, III, 8, S. 335, Nr. 309.

68 Wehrmann, Briefe, S. 342, Nr. 25. Hans Castorp berichtet schon am 2. Februar von Gerüchten um die Einnahme Stockholms am Nikolaustag (6. Dezember 1522): Ebd., S. 331, Nr. 16.

69 Wehrmann, Briefe, S. 309, Nr. 4.

70 Vgl. Bloch, Marc, *Mémoire collective*, in: RevSynthèseHist 40 (1925), S. 73-83; Schubert, Ernst, *bauerngeschrey*. Zum Problem der öffentlichen Meinung im spätmittelalterlichen Franken, in: JbFränkLdForsch 34/35 (1975), S. 883-907, bes. S. 893 u. 906; Ross, Charles, *Rumor, Propaganda and Public Opinion during the Wars of the Roses*, in: Griffiths, Ralph A. (Hrsg.), *Patronage, the Crown and the Provinces in Later Medieval England*, Gloucester 1981, S. 15-32; Holenstein, Pia und Schindler, Norbert, Geschwätzgeschichte(n). Ein kulturhistori-

so lautet denn auch die stehende Redewendung in den Briefen an Mulich.[71] Die Mächtigen taten gut daran, diese Form von Öffentlichkeit ins Kalkül zu ziehen und das Gerücht ihrerseits zu beobachten. Am 23. Januar schreibt der Ratsherr Hermann Meyer: „Viele Zeitungen habe man von Söderköping, die uns alle behagen, auch der „gemene man" (Gemeine Mann) schenkt ihnen Glauben."[72]

2. „Noch keine Nachricht von des Königs Schiffen" – der Krieg und die Briefe von ihm

Anfang Februar 1523 kam der Krieg nach Lübeck. Herzog Friedrich von Schleswig-Holstein-Gottorf ritt in die Stadt ein. Die Lübecker wurden dadurch selbst zu Zeugen, zu unmittelbaren Beobachtern, zu Handelnden. „Der Herzog ist hier angekommen," notiert Hans Castorp am 4. Februar lapidar; Matthias Scharpenberg hatte genauer recherchiert: Herzog Friedrich sei an Maria Lichtmess (2. Februar) morgens um fünf Uhr erschienen und am Freitagfrüh (6. Februar) wieder weggeritten.[73] Doch Zeitzeugenschaft hat ihre Grenzen. Castorp und Scharpenberg wussten nicht, was sie vom Besuch des Herzogs beim Rat halten sollten. Acht Tage nach der Abreise des Fürsten waren Matthias Scharpenberg die Beratungsergebnisse noch unbekannt, die Stadt lag in gespannter Erwartung. „Man sagt", notiert Scharpenberg, „die Jüten haben einen als ihren (neuen) Herrn gewählt (...). Was daran ist, wird man wohl in Kürze gewiß werden."[74] Was war tatsächlich an diesen Gerüchten? Wie stand es um die Auseinandersetzungen zwischen Dänemark, Schweden und Lübeck?

Der dänische Hof bestimmte um 1500 die politische Großwetterlage im Norden Europas. Im Sommer 1497 war es der Krone geglückt, Schweden durch mehrere Siege über den Reichsverweser Sten Sture d.Ä. in die Knie zu zwingen und die seit 1387/97 bestehende nordische (Kalmarer) Union zwischen Dänemark, Norwegen und Schweden/Finnland zu erneuern.[75] Doch König Hans (1455-†1513) und sein Bruder Herzog Friedrich von Schleswig-Holstein-Gottorf (1471-†1533) konnten sich nur kurze Zeit der wiederhergestellten Großmachtstellung des Hauses Dänemark erfreuen. Am 12. Februar 1500 fanden auf der Walstatt vor Hemmingstedt ca. 4000 Mann des Heeres von König und Herzog den Schlachtentod`.[76] Nicht nur Dithmarschen war damit für sie verloren, sondern auch Schweden. Denn Sten Sture d.Ä. zerbrach erneut die Union. Die Schweden erhoben sich. Am 6. Mai 1502 streckten die dänischen Verteidiger des königlichen Schlosses zu Stockholm die Waffen. Alle Versuche, die Schweden in den folgenden Jahren in die Knie zu zwingen, sollten scheitern. Auf Sten Sture d.Ä. folgte im Amt des Reichsverwesers 1503 Svante Nilsson und nach dessen Tod 1512 Erik Trolle, der – allzu nachgiebig gegenüber Dänemark – rasch von dem neunzehnjährigen Sten

sches Plädoyer für die Rehabilitierung der unkontrollierten Rede, in: Dülmen, Richard van (Hrsg.), *Dynamik der Tradition.* Studien zur historischen Kulturforschung IV, Frankfurt/M. 1992, S. 41-108 u. 271-281. Schubert, Ernst, Erscheinungsformen der öffentlichen Meinung im Mittelalter, in: DAS MITTELALTER 6 (2001), S. 109-127, bes. S. 117-122. Zur Funktion und Definition von Öffentlichkeit im Mittelalter: Benzinger, Josef, *Zum Wesen und zu den Formen von Kommunikation und Publizistik im Mittelalter.* Eine bibliografische und methodologische Studie, in: PUBLIZISTIK 15 (1970), S. 295-318, bes. S. 307.

71 Wehrmann, Briefe, S. 307, Nr. 3; S. 331, Nr. 16; S. 332, Nr. 17; S. 335, Nr. 22.

72 Wehrmann, Briefe, S. 314, Nr. 6.

73 Wehrmann, Briefe, S. 331, Nr. 17; S. 335, Nr. 22.

74 Wehrmann, Briefe, S. 335, Nr. 22.

75 Findeisen, Jörg-Peter, *Dänemark.* Von den Anfängen bis zur Gegenwart, Regensburg 1999, S. 93 f.; Andersson, Ingvar, *Schwedische Geschichte.* Von den Anfängen bis zur Gegenwart, München 1950, S. 144; Hoffmann, Erich, *Spätmittelalter und Reformationszeit* (Geschichte Schleswig-Holsteins, IV, 2), Neumünster 1990, S. 307-309; Riis, Thomas, The States of Scandinavia, v. 1390-c. 1536, in: THE NEW CAMBRIDGE MEDIEVAL HISTORY, Bd. VII, Cambridge 1998, S. 671-706, bes. S. 696-704.

76 Lammers, Walther, *Die Schlacht bei Hemmingstedt.* Freies Bauerntum und Fürstenmacht im Nordseeraum, 2. Aufl., Heide 1982, bes. S. 162-171 (Verluste); Hoffmann, Spätmittelalter, S. 309-321; Mißfeldt, Jörg, *Die Republik Dithmarschen*, in: *Geschichte Dithmarschens*, red. v. Martin Gietzelt, Heide 2000, S. 123-166, hier: S. 126-132.

Sture d.J., dem ehrgeizigen „jungen Herrn Sten“, verdrängt wurde.[77] Nur das gleichfalls unruhig gewordene und in Parteiungen zerfallene Norwegen konnte beim Haus Dänemark gehalten werden.[78]

So stand die Union beim Tod König Hans‘ 1513 unentschieden. Sein Sohn und Nachfolger Christian II., verheiratet mit Isabella (Elisabeth), der Schwester Karls V. und Enkelin Kaiser Maximilians I., spielte auf dem Parkett der europäischen Höfe die Karte Habsburg, im Ostseeraum betrieb er Realpolitik nach hegemonialer Manier, „blutige Unionspolitik“[79]. 1517 begann Christian II. den großen Reigen mit einem erfolglosen militärischen Vorstoß nach Stockholm. Dänemarks Verbündeter Erzbischof Gustav Trolle von Uppsala wurde auf einem Reichstag in Stockholm des Landesverrats angeklagt, abgesetzt und inhaftiert. Im Jahr darauf erschien der Dänenkönig wiederum vor Stockholm, wurde erneut geschlagen, segelte diesmal aber mit sechs wertvollen Geiseln nach Hause, unter ihnen der mit Sture verwandte Gustav Eriksson Vasa. Zwei Jahre später entwickelten sich die Dinge für Christian II. günstiger. Umsichtig war der Feldzug des Jahres 1520 vorbereitet worden: Die dänische Diplomatie hatte den Heiligen Stuhl dazu bewegt, wegen der Behandlung Erzbischof Trolles eine Bannbulle gegen Sten Sture und seine Anhänger zu schleudern und das Interdikt über das gesamte Land zu verhängen. Christian II. sammelte gewissermaßen als Exekutor der kirchlichen Zensuren zu Wasser und zu Land eine große Streitmacht. Während die Flotte Öland eroberte, schlug das Soldheer aus französischen, schottischen und deutschen Reisläufern Anfang 1520 die Schweden am Åsundensee Ulricehamm. Sten Sture, der Feind von König und Union, starb verwundet zwei Tage nach der Schlacht. Auch in Finnland öffneten die Burgen der Sture-Faktion den Königlichen die Tore. Die Waffenstillstandsverhandlungen kamen mit Unterstützung des befreiten Erzbischofs Gustav Trolle zustande: Die Dänen versprachen Milde und spendeten Amnestie, die schwedischen Reichsräte gelobten die Wahl Christians II. zum König von Schweden. Allein Stockholm, der letzte feste Platz der Sture, konnte sich noch behaupten. Als nach viermonatiger Belagerung die Stadt unter Sten Stures Witwe Christina Gyllenstierna kapitulierte, war der Weg frei, Christian II. am 4. November 1520 in der Stockholmer Storkyrka zu krönen.[80] Drei Tage lang wurde gefeiert. Als der Morgen des 8. Novembers anbrach, dämmerte der Tag der Rache herauf. Erzbischof Gustav Trolle zog 82 bereits amnestierte Gegner, Verwandte der Sture, Bischöfe, Ratsherren und Bürger Stockholms, vor ein Inquisitionstribunal, am Nachmittag des nämlichen Tages ließ Christian II. sie als „ungehorsame Exkommunizierte“ enthaupten, ihre Leichname verbrennen, selbst der tote Körper Sten Stures wurde exhumiert und mit den anderen ins Feuer geworfen. Das so genannte ‚Blutbad von Stockholm‘ wirkte als Fanal.[81] Unter Führung von Gustav Eriksson Vasa, der aus dänischer Haft entkommen war und gegen den „Bluthund“ Christian die Propagandatrommel rührte, erhoben sich die Bauern von Dalarna, ja große Teile des nördlichen Mittelschwedens. Fünfzehntausend schlecht ausgerüstete Aufrührer standen gegen Christian II. als König von Dänemark, Norwegen, Schweden und Finnland, als Feldherrn über ein kampferprobtes Söldnerheer und Oberbefehlshaber einer bedeutenden Flotte. Doch die Bauern siegten im April 1521 in einem Treffen bei Västerås und nahmen im Mai Uppsala ein. Die Erhebung erfasste ganz Schweden. Im August 1521 wählten

77 Andersson, Schwedische Geschichte, S. 144-148; Dufner, Wolfram, *Geschichte Schwedens*. Ein Überblick, Neumünster 1967, S. 62 f.; Roberts, Michael, *The Early Vasas*. A History of Sweden, 1523-1611, Cambridge 1968, S. 1-13.

78 Gerhardt, Martin, *Norwegische Geschichte*, 2. Aufl. neu bearb. von Walther Hubatsch, Bonn 1963, S. 145-147; Holmsen, Andreas, *Norges historie fra de eldste tider til 1660*, 2. Aufl. d. 3. Ausgabe, Oslo 1961, S. 377-384.

79 Gerhardt, Norwegische Geschichte, S. 147.

80 Andersson, Schwedische Geschichte, S. 149-153.

81 Andersson, Schwedische Geschichte, S. 153-155; Roberts, Vasa, S. 17-19; Scocozza, Benito, *Kongen og købekonen*. Om Christian 2. og Mor Sigbrit, København 1992, S. 62-67.

die schwedischen Reichsstände Gustav Vasa zum Reichsverweser. Nur noch Stockholm und die wichtige Festung Kalmar befanden sich in der Hand Dänemarks.[82]

Lübeck, ‚Haupt der Hanse' und wirtschaftliche Vormacht im Ostseeraum, hatte der Erneuerung der Union und den dänisch-schwedischen Wirren nicht tatenlos zugesehen. Zu viel stand für die Reichsstadt an der Trave auf dem Spiel. Da bedrohten nach der Fehde von 1438-1441, in der es zwischen den holländischen und wendischen Städten noch lediglich um ungeklärte Geldforderungen aus dem Krieg gegen Dänemark gegangen war,[83] die Holländer mit ihrer direkten Frachtfahrt massiv die Vorherrschaft der Ostseestädte auf der Transitstrecke zwischen Nord- und Ostsee; die Holländer waren für die preußischen und livländischen Städte wirtschaftlich attraktiv und den Dänen politisch hochwillkommen.[84] Da stellten sich um 1500 in Konkurrenz zu den seit Ende des 14. Jahrhunderts an der Ostsee Handel treibenden Nürnbergern die Fugger ein und versuchten, insbesondere mit dem Kupfer aus ihren Werken in Ungarn, Kärnten und Thüringen die hansischen Handelslinien zu überschwemmen.[85] Dadurch bedrohten die Fugger den Kupferimport der Hansestädte aus Schweden bzw. den Eigenhandel der Schweden zumindest potenziell[86]; Sten Stures d.Ä. Aktivitäten als Handelsherr und Reeder sind nur das prominenteste Beispiel dafür.[87] Da mischte sich endlich die dänische Krone mit einer zunächst prohibitiven, dann zunehmend expansionistischen Wirtschaftspolitik in den Ostseehandel ein: 1502 ließ König Hans etliche Handelsschiffe aus Lübeck aufbringen, sah sich aber zum Schadensersatz gezwungen. 1505 erneuerte er das Verbot des Schwedenhandels, untersagte auch den Dänen den Handel mit den Ostseestädten; 1506 und 1507 musste Lübeck mit den wendischen Städten zähneknirschend dem Boykott des Handelsverkehrs mit Schweden zustimmen. Lübeck versuchte zwar, im schwedisch-dänischen Konflikt auch zum Wohle seiner Handelsinteressen zu vermitteln, doch die Lage trieb auf einen Krieg mit Dänemark zu. Im Mai 1509 war es soweit, als dänische Auslieger eine lübische Flotte angriffen, die die Handelsblockade Schwedens via Reval durchbrechen wollte. Lübeck antwortete darauf mit Übergriffen gegen Güter dänischer Kaufleute. Der eigentliche Seekrieg zwischen Dänemark und Lübeck brach freilich erst im Frühjahr 1510 aus, das letzte Gefecht dieser Fehde endete am 9. August 1511 bei Bornholm mit einem Remis. Die Lübecker Armada nahm zwei Tage später eine holländische Handelsflotte vor Hela an und brachte etwa 300 Schiffe auf. Die Folgen ließen nicht lange auf sich warten: Repressalien gegen den Hansehandel in Brügge und Antwerpen, Danzig distanzierte sich von den Lübeckern. So entwickelte sich der Krieg für Lübeck insgesamt zu einem Fehlschlag. Zur Bewahrung der eigenen Handelsinteressen gerade gegenüber Schweden war der Lübecker Rat zu Friedensverhandlungen

82 Andersson, Schwedische Geschichte, S. 156-158; Dufner, Geschichte, S. 65-71; Scocozza, Kongen, S. 56-67.

83 Seifert, Dieter, *Kompagnons und Konkurrenten.* Holland und die Hanse im späten Mittelalter, Köln-Weimar-Wien 1997.

84 Vollbehr, Friedel, *Die Holländer und die Deutsche Hanse*, Lübeck 1930, S. 46-54 u. 61-64; Blockmans, Wim P., *Der holländische Durchbruch in der Ostsee*, in: Jenks, Stuart und North, Michael (Hrsg.), *Der hansische Sonderweg?* Beiträge zur Sozial- und Wirtschaftsgeschichte, Köln-Weimar-Wien 1993, S. 49-58; Hammel-Kiesow, Rolf, *Die Hanse*, München 2000, S. 101; Seggern, Harm von, Zur Kommunikation zwischen den wendischen Hansestädten und der Grafschaft Holland im 15. Jahrhundert, in: Ebeling, Dietrich; Henn, Volker; Holbach, Rudolf; Reichert, Winfried und Schmid, Wolfgang (Hrsg.), *Landesgeschichte als multidisziplinäre Wissenschaft.* Festgabe für Franz Irsigler zum 60. Geburtstag, Trier 2001, S. 325-346.

85 Dollinger, Philippe, *Die Hanse*, 3. überarb. Aufl., Stuttgart 1976, S. 384 f. u. 409-413; Nordmann, Großhändler, S. 95-108; Pölnitz, Götz Frhr. von, *Jakob Fugger.* Kaiser, Kirche und Kapital in der oberdeutschen Renaissance, Tübingen 1949, S. 73 f. u. passim; Pölnitz, Götz Frhr von, *Fugger und die Hanse.* Ein hundertjähriges Ringen um Ostsee und Nordsee, Tübingen 1953, bes. S. 10, 12, 15-24 u. 25-44.

86 Besonders die 1490er Jahren erwiesen sich trotz zunehmender Fugger-Präsenz als „schöne Blütezeit". Überhaupt gingen die schwedischen Waren trotz aller Rückschläge während des 16. Jahrhunderts noch lange nach Lübeck, auch wenn die Stadt im Vergleich zum 14. Jahrhundert ihre Monopolstellung verloren hatte: Kumlien, Kjell, Stockholm, Lübeck und Westeuropa zur Hansezeit, in: HansGbll 71 (1952), S. 9-29.

87 Die wirtschaftlichen Aktivitäten Sten Stures d.Ä. anhand der Lübecker Pfundzollbücher 1492-1496 behandelt: Vogtherr, Hans-Jürgen, *Der Eigenhandel des schwedischen Reichsvorstehers Sten Sture des Älteren über Lübeck Ende des 15. Jahrhunderts*, in: ZVLübG 79 (1999), S. 75-93.

gezwungen, die mit dem Vertragswerk von Malmö am 23. April 1512 ihren Abschluss fanden.[88]

Als Christian II. mit seiner Gemahlin Isabella aus dem Hause Habsburg 1513 den dänischen Thron bestieg, wurde Lübecks Position gegenüber den holländischen Konkurrenten immer schwieriger. 1516 versuchte der König in seinem Kampf gegen Schweden die Hansestädte zur Neutralität zu zwingen, aber weder politische Erpressung noch zunehmende Übergriffe der dänischen Krone auf den Ostseehandel führten zu einer gemeinsamen Aktion aller Städte. Lübeck selbst unterstützte die antidänischen Parteiungen in Schweden: Man beherbergte monatelang den dänischer Geiselhaft entronnenen Gustav Vasa, die Stockholmfahrer, allen voran der Lübecker Hermen Israhel, halfen 1521 den Aufständischen in Schweden mit Geld und Waffen.[89] König Christian II. reagierte darauf mit expansionistischer Wirtschaftspolitik und dynastischen Machinationen: Die Krone verfügte die Erhöhung des Ostseezolls durch den Öresund, man hat Verbindungen zu holländischen Kaufleuten geknüpft. Pläne wurden durch Hans Mikkelsen, den Bürgermeister von Malmö, entwickelt, den hansischen Handelsnetzen und der Macht ihrer Kontore eine eigene große nordische Handelsgesellschaft entgegenzustellen, die Faktoreien in Kopenhagen und Stockholm, an der finnisch-russischen Grenze und in den Niederlanden besitzen sollte. Kopenhagen war dabei als zweites Lübeck ausersehen[90]. Unterhandlungen mit den Fuggern über diese Entwürfe waren bereits weit gediehen. Die Fugger selbst setzten energisch dazu an, sich mit dänischer Unterstützung das Nowgoroder Kontor zu unterstellen, da überrollten die Ereignisse der Jahre 1522/23 den König und seine oberdeutschen Handelsherren.[91]

Christian II. hatte das politisch-dynastische Fiasko jener Jahre, das ihn im April 1523 zum unbehausten Flüchtling werden ließ, nicht nur durch seinen ‚Handelsplan' heraufbeschworen, den Lübeck, Danzig und andere Ostseestädte als tödliche Bedrohung ansehen mussten, und der sie zu einer Aktionseinheit zusammenzwang.[92] Der König suchte vielmehr auch eine grundlegende politische Lösung, deren Umsetzung einem Erdbeben gleichgekommen wäre und die politische Topographie im Norden des Reiches verwandelt hätte. Bei einem Besuch am kaiserlichen Hof in den Niederlanden während des Sommers 1521 erreichte Christian II. bei seinem Schwager Karl V. die Belehnung mit Holstein und versuchte ihn auch davon zu überzeugen, der dänischen Krone die Reichsstadt Lübeck zu überlassen.[93]

88 Hoffmann, Max, *Lübecks Krieg gegen Dänemark 1509-1512*, in: MittVLübG 12 (1905), S. 70-87; Hauschild, Wolf-Dieter, Frühe Neuzeit und Reformation: Das Ende der Großmachtstellung und die Neuorientierung der Stadtgemeinschaft, in: Graßmann, Antjekathrin (Hrsg.), *Lübeckische Geschichte*, 3. erg. Aufl., Lübeck 1997, S. 341-432, hier: S. 366-370. Unter der wirtschaftspolitisch genehmen Beute vor Hela befanden sich 102 Last Fuggersches Kupfer aus Ungarn: von Pölnitz, Fugger und Hanse, S. 16.

89 Hauschild, Frühe Neuzeit, S. 370-372. Dazu und zu den Ereignissen 1522: Vogtherr, Hans-Jürgen, Die Geldgeber Gustav Vasas 1522 und die Lübecker Außenpolitik, in: ZVLÜBG 82 (2002), S. 59-110. Die Studie konnte nicht mehr berücksichtigt werden.

90 Paul, Johannes, *Lübeck und die Wasa im 16. Jahrhundert.* Beiträge zur Geschichte des Unterganges hansischer Herrschaft in Schweden, Lübeck 1920, S. 2 f.; Nielsen, Axel (Hrsg.), *Dänische Wirtschaftsgeschichte*, Jena 1933, S. 69 f.

91 Nordmann, Großhändler, S. 107 f.; von Pölnitz, Fugger und Hanse, S. 17, 30 f. u. 39. Im Ratschlag des kleinen Ausschusses über die Monopolienfrage auf dem Reichstag zu Nürnberg wiesen um die Jahreswende 1522/23 die lübischen Gesandten darauf hin, dass der König von Dänemark und die Fugger gemeinsame Geschäfte machten, um alle Kaufmannsgüter, die bisher aus dem Land der Moskowiter in die Hansestädte transportiert würden, in die Gewalt von Dänemark und der Fugger kommen sollten, „di sie furter auch nach irem willen und gevallen verteuern und Teutsche land dester mer damit schatzen mogen": RTA, JR, III, S. 590, Nr. 104. Ausführlich zu den im Folgenden geschilderten Auseinandersetzungen aus schwedischer Sicht: Yrwing, Hugo, *Lybeck, de nordiska rikena och konungavalet i Strängnäs 1523*, in: SCANDIA 24 (1958), S. 194–254. Die dänische Forschung beschreibt die Entmachtung Christians II. und das neue Königtum Friedrichs I. im Jahre 1523 hauptsächlich als Initiative der jütländischen Reichsräte: Venge, Christian, S. 198-201 u. passim.

92 Rossi, Helga, *Gustav Vasa und Lübeck. Bemerkungen zu einem neuen schwedischen Beitrag*, in: HansGbll 77 (1959), S. 120-123, hier: S. 121.

93 Hauschild, Frühe Neuzeit, S. 372; Hoffmann, Spätmittelalter, S. 326. Zur Reise des Königs in die Niederlande: Scocozza, Kongen, S. 82-86.

„Ebenteurisch [...] und vast geschwind", so beurteilten die Zeitgenossen im Nürnberger Reichsregiment Verhalten und Persönlichkeit des Königs.[94] Karl V. bewahrte zwar die intervenierenden Lübecker vor einer Mediatisierung, verbot ihnen aber jede Hilfeleistung für Schweden, genauso wie er Christian II. alle Feindseligkeiten gegen Lübeck untersagte.

Die Wogen der von Christian II. in die Ostsee geworfenen Option vermochte freilich der ferne Kaiser nicht zu glätten. Denn zur nämlichen Zeit war im Lübecker Rat die Überzeugung gewachsen, dass die Union, deren innere Spannungen der Hansestadt so häufig zum Vorteil gereicht hatten, unerträglich geworden sei. Die bedeutenden jährlichen Subsidien Lübecks an Christian II. hatte man auf verdorrtem Grund ausgebracht. Ja wie zum Hohn würden dem „unschuldigen kopmanne" in der Ostsee, so Lübeck am 16. Juni 1522 in einem Schreiben an zahlreiche Hansestädte, die Privilegien aufgesagt, Schiffe aufgebracht und die gewöhnliche Schifffahrt behindert[95]. Die Spaltung der Union auf Dauer war aber nur durch die Erneuerung des schwedischen Königtums zu haben[96]. So kam es zu einer Eskalation des Konfliktes: Anfang 1522 bot Gustav Vasa dem Lübecker Rat für Geld und deutsche Reisläufer Zollfreiheiten im Handel mit Schweden an. Die wendischen Hansestädte, allen voran Lübeck, und Danzig, das Schwedens erster Baien-Salzlieferant war,[97] konnten sich im März auf koordinierte Militäraktionen gegen die dänische Krone verständigen. Währenddessen versuchte eine kaiserliche Kommission, den Frieden zu erhalten – vergeblich. Es kam zu einem Kriegsbündnis zwischen den wendischen Städten und Danzig: Lübeck und Danzig warben zunächst 2400 bzw. 2000 Söldner zur Unterstützung Gustav Vasas an, die auf gecharterten Handelsschiffen in ihre Einsatzgebiete gebracht wurden.[98] Im Verein damit wurden weitere Kriegsknechte im Binnenland rekrutiert. Am 30. Mai waren die ersten zehn Lübecker Schiffe von Travemünde aus nach Schweden abgegangen.[99] Am 3. August lief eine zweite Lübecker Flotte aus, die zusammen mit Schiffen aus Stralsund und Rostock sowie mit den Anfang September erst spät dazustoßenden Danzigern nur wenige Wochen lang vor Bornholm und Kopenhagen operierte. Die Ambitionen des Verbandes beschränkten sich mehr oder weniger auf die Durchsetzung der hansestädtischen Blockade Dänemarks.[100] Inzwischen versuchte man, auf regionalen Tagen in Segeberg und Lübeck den Konflikt zu moderieren. Kaiser und Reich schickten eine dringende Mahnung zum Frieden, drohten widrigenfalls mit der Reichsacht.[101] Es kam zu keinem annehmbaren Vergleich. Am 22. August ließ Lübeck den förmlichen Absagebrief nach Dänemark expedieren und schließlich lichteten am 2. Oktober 1522 acht, von Lübecker Bürgern ausgerüstete Schiffe Anker, liefen unter schwerem Sturm vor Bornholm, erreichten unbeschadet die mittelschwedische Küste und befuhren im Verein mit dem im Mai ausgelaufenen Verband und der schwedischen Flotte die Schären vor Söderköping und Stockholm.[102]

94 Wülcker und Virck, Planitz, S. 387, Nr. 158 (Hans von der Planitz an Kurfürst Friedrich von Sachsen, 1523 März 3).

95 Hanserecesse, III, 8, S. 147, Nr. 125. Brandt, Ahasver von, Lübeck und der Norden. Umrisse einer internationalen Beziehung, in: ders., *Geist und Politik in der lübeckischen Geschichte.* Acht Kapitel von den Grundlagen historischer Größe, Lübeck 1954, S. 97-122, hier: S. 112.

96 Bereits auf dem Lübecker Städtetag (15.-19. September 1521) ließ Bürgermeister Thomas van Wickede die schwedische Königsfrage behandeln: Lübische Artikel für den Städtetag 1521 Sept. 16: Hanserecesse, III, 8, S. 22, Nr. 7 (§ 35); Rossi, Gustav Vasa, S. 122.

97 Kumlien, Stockholm, S. 23-26 u. 28.

98 Dazu und zum folgenden: Hanserecesse, III, 8, S. 146, Nr. 22 u. 24; Fritze, Konrad und Krause, Günter, *Seekriege der Hanse.* Das erste Kapitel deutscher Seekriegsgeschichte, Berlin 1997, S. 156-161. Zur Kaperei: Kammler, Andreas, *Kaperschifffahrt in Hamburg und Lübeck 1471-1510*, in: ZVHambG 85 (1999), S. 19-34.

99 Hanserecesse, III, 8, S. X; S. 144 f., Nr. 120; S. 149 f., Nr. 128. Danach zerstörte ein Großfeuer Travemünde, Mit Ort und Hafen fielen auch fünf vollausgerüstete Kriegsschiffe Lübecks den Flammen zum Opfer: Fritze und Krause, Seekriege, S. 156.

100 Hanserecesse, III, 8, S. VI f.; S. 167, Nr. 155.

101 Das geht aus einem Schreiben Lübecks an seinen Gesandten beim Reichsregiment Henning Osthusen vom 23. August 1522 hervor: Hanserecesse, III, 8, S. 263-265, Nr. 241.

102 Hanserecesse, III, 8, S. 219, Nr. 192; S. 215-217, Nr. 190.

Just zu diesem Zeitpunkt setzt die Sammlung der Mulich-Briefe mit einem Schreiben des Handlungsgehilfen Matthias Scharpenberg vom 17. Dezember 1522 ein. Scharpenberg hatte über einen Dritten von dem Bericht des Bergenfahrers Jürgen van Gotland erfahren, den er als neue Zeitung an Matthias Mulich übermittelte: Keine Nachrichten besäße man in Kopenhagen von den Schiffen des Königs, große Aufregung herrsche deswegen in der Stadt. Geworbene Kriegsknechte hätten sich beim Auslaufen der Flotte des strengen Winters halber verborgen. König Christian II. aber habe sie mit drei Proviantschuten nachgeschickt, bei Falsterbo seien sie ertränkt worden.[103] Das von Scharpenberg Gehörte gibt Gerüchte, Versatzstücke der Unternehmungen wieder, die Admiral Sören Norby im November 1522 unternahm, um der dänischen Besatzung Stockholms auch mit Schiffen aus Finnland, Öland und Gotland Nachschub und Verstärkung zu sichern. Die lübisch-dänische Flotte vereitelte diese Operation zunächst in drei Seegefechten um den 1., 11. und 21. November, bei denen man in den Schären vor Stockholm insgesamt 63 dänische Schiffe mit Nachschub und Söldnern an Bord aufbrachte und zahlreiche Gefangene machte. Eines der dänischen Fahrzeuge, „de Bersze, eyn proper schyp", das sich hinhaltend wehrte, wurde durch ein lübisches Schiff in Brand geschossen, die Pulverkammer explodierte, die „Bersze" sank mit 100 Mann an Bord.[104] Von diesen Ereignissen wussten zwar die Menschen auf den Gassen wie auch das offizielle Lübeck erst ab Mitte März 1523 Genaues, als der Expeditionsbericht endlich eintraf, aber die Kunde davon war der Stadt, wie gezeigt, über unterschiedlichste Medien schon zugekommen. „Unsere Schiffe", schreibt Hans Castorp am 8. Januar, „hätten die Proviantschiffe aus Finnland genommen."[105] Hans Karl wusste am 26. Januar sogar die Zahl von „ungefähr 64 Schiffen" anzugeben, die „den Holm wolten speyssen"[106]. Doch weder die jedes „seltsame Spiel" sensationslüstern forttragenden ‚Mären' in Lübeck, die man Matthias Mulich weitererzählte, noch der offzielle Kriegsbericht wissen von einem Vorfall, den Admiral Sören Norby Ende des Jahres 1524 Lübeck zum Vorwurf machte, als der Rat die Beschuldigung verbreitete, Norby sei ein unehrenhafter Seeräuber: Die Lübecker hätten im November 1522 in den Schären selbst ohne Ehre gehandelt, als sie ca. 500 Gefangene, darunter drei Verwandte Norbys, „ohne Gnade, unchristlich" an Händen und Füßen gebunden, über Bord warfen und das Geschrei der Ertrinkenden mit Geschützdonner, Trommeln und Trompeten übertönten.[107]

Am 29. November 1522 war dann Sören Norby mit 13 Schiffen und „trefflichem Geschütz" selbst in den Schären vor Söderköping erschienen und versuchte, der dort im Winterlager liegenden lübischen Flotte den Weg nach Stockholm zu verlegen. Die Lübecker beorderten darauf hin ihre Artillerie auf die Klippen vor die dänischen Schiffe, beschossen sie tagelang und brachten ihnen offenbar so erhebliche Schäden bei, dass es Norby für ratsam hielt, sein Heil in der Flucht zu suchen. In der Nacht vom 9. auf den 10. Dezember ließ der Admiral die Anker lichten und segelte „stillicken" mit günstigem Wind davon. Die Lübecker verfolgten zwar die dänischen Schiffe eine Woche lang auf dem offenen Meer, konnten jedoch nichts mehr ausrichten.[108] Von diesem Abwehrerfolg gelangten schon Anfang Januar 1523 durch einen Schiffer Nachrichten nach Lübeck. Hans Castorp hat davon das Märlein von einem Seegefecht zwischen den lübischen und dänischen Schiffen erfahren und weiß auch, dass Norby

103 Wehrmann, Briefe, S. 306, Nr. 2.

104 Relation Bomhouwers/Plönnies von 1523 Jan. 1: Hanserecesse, III, 8, S. 215-217, Nr. 190.

105 Wehrmann, Briefe, S. 308 f., Nr. 4.

106 Wehrmann, Briefe, S. 325 f., Nr. 12. Die Zahl von 64 Schiffen entsprach fast den Angaben des offiziellen Kriegsberichts (63 Schiffe), aus dem auch Hinrich Kerkring am 15. März die nämliche Menge von 64 zitiert: Hanserecesse, III, 8, S. 215, Nr. 190; Wehrmann, Briefe, S. 345, Nr. 27.

107 Sören Norby an Lübeck, 1524 Dez. 19: Hanserecesse, III, 8, S. 901, Nr. 883. Nach anderer Überlieferung sollen es sogar 600 Menschen gewesen, die auf diese Weise den Tod fanden: Ebd. III, 8, S. 215, Anm. 8, Nr. 190; Fritze und Krause, Seekriege, S. 157.

108 Hanserecesse, III, 8, S. 216 f., Nr. 190.

drei Schiffe verloren habe, die „ihm in den Grund geschossen worden seien"[109]. Hinrich Kerkring hatte sogar gehört, dass nach Kopenhagen lediglich drei von den neun Schiffen Norbys schwer beschädigt zurückgekommen wären[110]. Hans Karl verfügte da schon über genauere Nachrichten, als er Mulich am 26. Januar von neun dänischen Schiffen berichtet, die sich stark zerschossen aus Stockholm in das bergende Kopenhagen gerettet hätten. Von Sören Norby wisse dagegen niemand, „wo er hin ist". Man vermisse ihn mit vier Schiffen. Selbst vom Brand und Untergang der dänischen „Bersze" am 21. November 1522 war Karl unterrichtet: Viel Geld und Silber aus der Schatzung in Finnland seien an Bord gewesen; „das wurde geborgen"[111]. Augenzeugen hatten den Lübeckern in der zweiten Januarhälfte von der Situation in Kopenhagen und damit über den Krieg bessere Kenntnis gegeben. Und so konnte Hans Castorp am 27. und 29. Januar sowie am 2. Februar seinem Prinzipal endlich ein zutreffenderes Bild von der Situation zeichnen als zuvor: Die stark zerstörten dänischen Schiffe hätten viele Verwundete nach Kopenhagen gebracht, „das Volk" in der Stadt sei bedrückt, Sören Norby sei mit vier Schiffen nach Kalmar gesegelt und habe alle Landsknechte mit sich geführt, die Schweden lägen mit 20.000 Mann vor der Festung.[112]

Mitte März 1523 waren das von Norby befehligte Kalmar, Stockholm und Kopenhagen die einzigen festen Plätze, auf die sich König Christian II. von Dänemark noch verlassen konnte. Die Dinge standen schlecht um den König. Hinrich Kerkring berichtet Mulich unter dem 15. März, dass der Adel Jütlands einen Brief an Sören Norby nach Kalmar gerichtet habe, „er solle darauf bedacht sein, Gotland und Öland zu sichern, sie würden es ihm gedenken." Ähnliches hätten die Jüten „ohne Zweifel wohl auch an die Seeländischen Räte geschrieben, so daß fürwahr die königliche Majestät in großer Bedrängnis sei. Und man munkelt, daß sich der König mitsamt der Königin und dem jungen Herrn mit großem Schatze heimlich aus dem Reich nach Holland verfüge." Und Kerkring setzt nachdenklich hinzu: „Das wäre nicht gut für uns (...). Gott im Himmel helfe uns aus diesen unseren Nöten."[113] Kerkring fürchtete sicherlich nicht die finanziellen Verluste, die vornehmlich Matthias Mulich bei dem Entschwinden des königlichen Schuldners zu gegenwärtigen hatte.[114] Es ging Mitte März 1523 schlicht um Lübeck, es ging um sie alle, die an Mulich schrieben, es ging um den Erhalt des verfassungsrechtlichen Status der Reichsstadt in einer politisch und dynastisch äußerst labilen Situation. Die Auseinandersetzung mit Christian II. hatte die Stadt seit 1521 in eine beängstigende Nähe zu dem traditionell fernen Kaiser gebracht. Noch am 13. Februar 1523 ließ das Reichsregiment an sein Mandat vom Dezember 1522 erinnern und gebot Lübeck bei Strafe von 2000 Mark lötigen Goldes, keinerlei Feindseligkeiten mit König Christian II. zu beginnen und gegenüber den Schweden jede militärische Unterstützung zu unterlassen.[115]

Wesentliche Gründe für die Eskalation der Auseinandersetzungen waren die dynastischen Probleme im Hause Dänemark und der nicht mehr zu beherrschende Konflikt mit dem Adel

109 Wehrmann, S. 309, Nr. 4. Der offizielle Kriegsbericht nennt keine Schiffsverluste: Hanserecesse, III, 8, S. 217, Nr. 190.

110 Wehrmann, Briefe, S. 317, Nr. 9.

111 Wehrmann, Briefe, S. 326, Nr. 12.

112 Wehrmann, Briefe, S. 328, Nr. 14; S. 329 f., Nr. 15; S. 330 f., Nr. 16. Aus dem Bericht der lübischen Gesandten über die Lage in Dänemark und Schweden vom 11. Februar 1523 geht hervor, dass Sören Norby Kalmar verproviantiert habe. Er solle ein 2000 Mann starkes Aufgebot besitzen: Hanserecesse, III, 8, S. 322, Nr. 284.

113 Wehrmann, Briefe, S. 345 f., Nr. 27.

114 Antoni von Metz, der in den Diensten Christians II. stand, hatte wegen einer Schuld des Königs bei Matthias Mulich und Klaus Lüdinghausen von seinem eigenen Geld die Summe von 1200 Gulden bei Bernd Johanssen hinterlegen lassen. Dieses Geld war von Mulich und Lüdinghausen beschlagnahmt worden. Lübeck verweigerte vor dem 21. Januar 1523 einem dänischen Gesandten die Herausgabe der Summe: Hanserecesse, III, 8, S. 308, Nr. 270. Hermann Meyer und Bernd Johanssen nahmen in ihren Briefen Bezug auf diese Angelegenheit: Wehrmann, Briefe, S. 314, Nr. 6; S. 316, Nr. 8.

115 Hanserecesse, III, 8, S. 323, Nr. 286. Lübeck verfasste darauf hin eine Rechtfertigungsschrift des Krieges und gibt sie in den Druck: Ebd. III, 8, S. 335, Nr. 310.

des Landes. Bei Ausbruch der Feindseligkeiten mit Lübeck und den wendischen Städten beeilte sich Christian II. zwar, seinen im Jahr zuvor durch den Brüsseler Belehnungsakt düpierten Onkel Herzog Friedrich I. in dynastischer Räson zu halten, indem er im Bordesholmer Vertrag (13. August 1522) auf „seine ihm vom Kaiser überlassenen Verleihungsrechte für Holstein" verzichtete und im Gegenzug von Friedrich für dessen Anteile an den Herzogtümern Schleswig und Holstein eine Neutralitätsgarantie erlangte. Doch der Herzog setzte sich während der folgenden Monate zunächst vorsichtig, dann immer offener von seinem königlichen Neffen ab, ohne freilich die Entwicklung zu forcieren. Immerhin ging Friedrich mit Lübeck einen Neutralitätspakt ein.[116]

Viel entscheidender wurde, dass Christian II. seit Herbst 1522 vor einer Erosion der Treue seiner jütischen Reichsräte und der Landesräte der schleswig-holsteinischen Ritterschaft stand. Die schon durch die Wirtschaftspolitik des Königs gebeutelten Stände aus Adel und Prälaten verweigerten ihrem König und Herrn zusehends die Gefolgschaft. Schon am 14. November wusste man im fernen Nürnberger Reichsregiment von Gerüchten, der Adel fiele vom dänischen König ab und verbünde sich mit den Städten, es sei „warlich erschrecklich", kommentierte Hans von der Planitz[117]. Hinrich Kerkring schreibt unter dem 24. Januar 1523: „Starke Flugmären gingen, dass die Jüten und viele andere Untertanen Dänemarks sich gegen die Königliche Majestät erheben, was vielleicht zu einem Ende dieser Fehde helfen könnte." Der König habe auf dem Kieler Umschlag, dem im Januar stattfindenden großen Geldmarkt des Nordens[118], keinen Kredit mehr erhalten. Es finge an, abwärts mit ihm zu gehen, „wie man sagt"[119]. Und in der Tat: Am 21. Dezember 1522 hatten sich die jütischen Stände insgeheim von Christian II. losgesagt und dies nach der offenen Proklamation des Aufstandes (20. Januar 1523) vor dem 1. Februar 1523 dem Lübecker Rat mitgeteilt.[120] Deutlich erkennt man in den Briefen an Mulich, dass Lübeck diese Angelegenheit als Ratsgeheimnis wahrte. Selbst Hans Castorp musste am 4. Februar seine Botschaft nach Nürnberg noch in Gerüchteform kleiden: „Man sagt, daß die Jüten abgefallen seien, sie liegen wohl 30.000 Mann stark im Felde und wollen den Herren von Holstein (Friedrich und seinem Sohn Christian) huldigen."[121] Überhaupt hing ein Schleier der Ungewissheit um das Schicksal Christians II. über der Stadt. Hermann Moller schreibt am 14. Februar: Noch Ende Januar hätte der König einen Tag in Odense geboten. Doch niemand wäre dorthin gekommen außer dem dänischen Rat Magnus Gøye. „Derselbe mußte mit seiner Königlichen Würde in eigener Person am Tisch sitzen und K.W. gab ihm verba honorabilia und schmeichelte ihm sehr, aber es wollte alles nichts helfen."[122] Volkes Stimme: In Wirklichkeit hatte der König einen Tag in Århus angesetzt. Auf dem Weg dahin empfing er in Vejle den Absagebrief der Jüten von dem Landrichter in Jütland Magnus Munk.[123] Auch Hans Castorp ließ noch am 22. Februar nur Unbestimmtes verlauten: „Ich halte dafür, daß die Jüten dem jungen Herzog von Holstein (Friedrichs Sohn Christian) huldigen werden, denn sie sind von ihm abgefallen in den drei Städten Kolding, Vejle und Horsens."[124]

In der Zwischenzeit war am 5./6. Februar 1523 ein Bündnis zwischen Lübeck und Herzog Friedrich von Schleswig-Holstein-Gottorf gegen König Christian II. geschmiedet worden: Der Rat verpflichtete sich darin, Reisläufer und Geld zur Verfügung zu stellen, Friedrich sagte zu,

116 Dazu u. zum folgenden: Hofmann, Spätmittelalter, S. 326-330, bes. S. 326f.
117 Wülcker und Virck, Planitz, S. 242, Nr. 110.
118 Zum Kieler Umschlag: Landgraf, Henning, Bevölkerung und Wirtschaft Kiels im 15. Jahrhundert, Neumünster 1959, S. 121-126. Zu den weiteren Ereignissen auf dem Kieler Umschlag des Jahres 1523 (u.a. Schandbrief gegen Kay von Ahlefeldt durch den Hamburger Kaufmann Burchhardt Hoken) unter Verwendung der Mulich-Briefe: Venge, Christian, S. 97-99.
119 Wehrmann, Briefe, S. 318, Nr. 9; Venge, Christian, S. 122.
120 Hanserecesse, III, 8, S. 311 f., Nr. 278.
121 Wehrmann, Briefe, S. 332, Nr. 17.
122 Wehrmann, Briefe, S. 333 f., Nr. 20.
123 Dazu Venge, Christian, S. 100-121.
124 Wehrmann, Briefe, S. 339, Nr. 23.

die Lübecker Handelsprivilegien zu erneuern.[125] Schon während des ganzen Januars hatten beide Seiten, der König und die Jüten mit den Schleswig-Holsteiner Herzögen, gegeneinander gerüstet. Matthias Scharpenberg schreibt am 25. Januar, dass aus Kiel Zeitungen gekommen seien: Der König läge in Ribe und ließe Geschütz bringen. „Man sagt, es gelte den Jüten." 1500 Kriegsknechte zögen ihm noch zu, außerdem weitere 800 Reisläufer und 500 Berittene, „ein abenteuerliches Spiel kann daraus werden. Man sagt, daß er die dritte Glocke und den dritten Kelch im Lande requiriere und viele Büchsen gießen ließe."[126] „Die Knechte", wusste vier Tage später Hans Castorp, „liegen noch in Flensburg und das reisige Zeug in Odense auf Fünen."[127] Am 2. Februar nahm Castorp diesen Faden wieder auf und schrieb, dass auf der Gegenseite der Herzog von Schleswig-Holstein Knechte werbe. „Er habe schon 600."[128] Der Herzog bemühte sich freilich schon seit Anfang des Jahres 1523 um Söldner, der Sold-Markt stand günstig. Landsknechte ‚garteten' seit dem Ende der Hildesheimer Stiftsfehde.[129] Lübeck seinerseits erfüllte den Vertrag vom 6. Februar 1523 in einer konzertierten Aktion zusammen mit Danzig, Rostock und Stralsund: 2000 Bewaffnete, 200 Pferde, eine Last Pulver und eine Anleihe von 4000 Mark lübisch schickten die Städte dem Herzog zu Hilfe, wie sie es zuvor schon auf dem Tag zu Stralsund beschlossen hatten.[130] „Das reisige Zeug wird in der ersten Woche der Fastenzeit hier ankommen", berichtet Hans Castorp unter dem 22. Februar, „da haben wir 2000 Knechte hier liegen."[131] Und Hans Karl schreibt fünf Tage später, dass „die von Lübeck dem Herzog von Holstein auf kommenden Sonntag (1. März) 2000 Knechte schicken werden, wohl gerüstet mit Feldgeschütz und allen Dingen, und haben einen Grafen von Hoya angenommen mit 200 Pferden."[132] Bürgermeister Klaus Brömse hatte Graf Johann von Hoya, einen der typischen Soldunternehmer der Zeit, Anfang des Jahres 1523 von einem Tag in Hamburg nach Lübeck mitgebracht.[133] In Begleitung von drei Hauptleuten und Reisigen sei Graf von Hoya eingeritten, berichtet atemlos Hans Castorp am 8. Januar. Die Städter beobachteten genau: Acht Tage seien Hoya und die Seinen hier gelegen, zwei Mal verhandelten sie mit dem Rat auf der Kanzlei. „Man sagt, daß sie ihnen (den Ratsherren) 400 Pferde zugesagt haben, wenn sie ihrer bedürften." Gesprochen habe man mit dem Grafen von Hoya auch über den Sold. Und wenn die Ratsherren „ihn nicht brauchten, so soll er für seine Ausrüstung soviel haben, wie er mit unseren Herren vereinbart habe. Sie (die Ratsherren) machten den „goden mans" (den Adligen) auf seiner Herberge quitt (bezahlten seine Wirtskosten), und er ritt wieder von hier fort mit Hast. Da sind Verträge zwischen ihnen und dem Rat gemacht worden, man kann noch keine Gewißheit erlangen, wie es steht."[134]

Wie es stand, das wussten die Lübecker Anfang Februar 1523 zwar immer noch nicht, aber man beobachtete, dass sich Großes tat. Herzog Friedrich, schreibt Hans Castorp am 2. Februar, sei um vier Uhr heute Morgen mit 25 Pferden in die Stadt gekommen und sei in Schorhars Haus abgestiegen. „Unsere Herren werden ihm große Ehre erweisen. Was sie (miteinander) verhandeln, wird man hier demnächst zu wissen bekommen. (...) Hier ist etwas Heimliches

125 Hanserecesse, III, 8, S. 312-318, Nr. 280. Dazu Hoffmann, Spätmittelalter, S. 328.
126 Wehrmann, Briefe, S. 323, Nr. 10.
127 Wehrmann, Briefe, S. 330, Nr. 15.
128 Wehrmann, Briefe, S. 331, Nr. 16.
129 Rossmann, Wilhelm und Doebner, Richard, *Die Hildesheimer Stiftsfehde (1519-1523)*, Hildesheim 1908.
130 Hanserecesse, III, 8, S. 301–306, Nr. 261-267 (Verteilung der Kosten); Fritze und Krause, Seekriege, S. 158.
131 Wehrmann, Briefe, S. 339, Nr. 23.
132 Wehrmann, Briefe, S. 342, Nr. 25. Entlohnt wurden tatsächlich 230 Reiter: Venge, Når vinden, S. 20.
133 Wehrmann, Briefe, S. 307 f., Nr. 3. Zu Johann von Hoya und anderen Soldunternehmern seiner Zeit: Venge, Når vinden, S. 14-30; Redlich, Fritz, *The German Military Enterpriser and his Work Force.* A Study in European economic and social History, 2 Bde., Wiesbaden 1964-1965; Fouquet, Gerhard, *Krieg und Geld.* Die Kosten des kurpfälzischen Kriegszuges gegen Franz von Sickingen im Jahre 1523, in: Spieß, Pirmin (Hrsg.), *Palatia Historica.* Festschrift für Ludwig Anton Doll zum 75. Geburtstag, Mainz 1994, S. 287-360 (mit weiterer Literatur).
134 Wehrmann, Briefe, S. 309 f., Nr. 4.

vorhanden, es muß bald ausbrechen."[135] Zunächst kam der genannte Beistandspakt vom 6. Februar zustande, die Lübecker versorgten offenbar Herzog Friedrich mit „viel Geld", wie Matthias Scharpenberg am 15. Februar „vernommen" hat – bitter für Matthias Mulich war, dass der Herzog die Geldsäcke für Besseres zu verwenden wusste als zur Begleichung der Schulden bei seinem Kaufmann.[136] Das ‚Bessere' war der Krieg gegen Christian II. „Der Herzog nimmt Knechte und Reisige an, alles was er bekommen kann, und wollen dem König (alles) wegnehmen, was er im Land zu Holstein hat, wollen dem jungen Herzog von Holstein huldigen als ihrem (neuen) Herrn, und sie wären auf dem Feldzug fort in Jütland, dass dem Herzog gehuldigt werde." Die Ereignisse überschlugen sich, Hans Karl konnte ihnen kaum mit der Feder folgen.[137]

Herzog Friedrichs Heer rückte im März 1523 unter dem Feldhauptmann Johann Rantzau schnell nach Norden. Kurz war der Widerstand der Anhänger Christians II.: Duburg, wo sich der Amtmann Detlef Brockdorff verschanzt hatte, die Stadt Flensburg, die dem König die Treue hielt, und Sonderburg öffneten ihre Tore, als die Hilfe Christians II. ausblieb. Allein Apenrade war geplündert und verbrannt worden[138]. Bereits am 15. März meldet Hinrich Kerkring nach Nürnberg: Heute am Sonntag Letare ließe sich Herzog Friedrich zu Ribe oder Kolding huldigen[139]. Doch so schnell waren die Herzoglichen nicht: Erst am 26. März 1523 wurde Friedrich in Viborg zum neuen König von Dänemark und Norwegen erhoben. Als der Feldzug danach auch Fünen und Seeland erfasste, verließ Christian II. das Land und floh mit 20 Schiffen in die Niederlande, vertrieben von „auffrurischen Gotts diebe(n)", wie Martin Luther die ‚Täter' aus seinem Verständnis von rechter Obrigkeit brandmarkte[140]. Am 14. April 1523 huldigten Friedrich I. auch die Herzogtümer Schleswig und Holstein als ihrem alleinigen Herzog[141]. Demoralisiert durch die ausbleibende Unterstützung Christians II. kapitulierte endlich auch Kopenhagen – freilich erst am 6. Januar 1524.[142] Der Adel des Landes hatte sich noch einmal gegen die Königsmacht durchgesetzt - es war „einer seiner letzten großen politischen Erfolge"[143].

Auch in Schweden war man nicht untätig geblieben. Gustav Vasa hatte mit Hilfe der lübischen Flotte die dänisch besetzten Burgen in Schweden und Finnland erobert. Am 6. Juni 1523 wählte die zu Strängnäs tagende Reichsversammlung den ersten Vasa zum König Schwedens[144]. Der Erhebungsakt ist zusammen mit dem Vertrag vom 10. Juni, der Lübeck volle Handelsherrschaft über Schweden einräumte, als „en triumf" der Hansestadt an der Trave bezeichnet worden.[145]

135 Wehrmann, Briefe, S. 331, Nr. 16. Dazu auch Ebd., S. 331 f., Nr. 17; S. 335, Nr. 22. Mit dem Herzog kamen auch etliche seiner Räte nach Lübeck. Neben Wolf von Uttenhofen war dies sicherlich noch Johann Rantzau, der fürstliche Feldhauptmann: Venge, Christian, S. 155 f.

136 Scharpenberg schrieb im gleichen Brief vom 15. Februar 1523: „Wollte er (der Herzog) uns was davon gegeben haben, das hätte er wohl tun können, denn ich ließ ihn durch den Kanzler (Wolf von Uttenhofen) ansprechen": Wehrmann, Briefe, S. 335, Nr. 22. Zu den erfolglosen Versuchen der Schuldeintreibung: Fouquet, Geschäft, S. 336 f.

137 Hans Karl am 27. Februar 1523: Wehrmann, Briefe, S. 342, Nr. 25.

138 Hoffmann, Spätmittelalter, S. 328-330. Zu Johann Rantzau: Venge, Når vinden, S. 69–100 (mit weiterer Literatur).

139 Wehrmann, Briefe, S. 345, Nr. 27.

140 Luther, Martin, *Ob kriegsleutte auch ynn seligem stande seyn künden* (1526), in: *D. Martin Luthers Werke. Kritische Gesamtausgabe*, Bd. XIX, Weimar 1897, S. 623-662, hier: S. 641.

141 Hoffmann, Spätmittelalter, S. 330 f.

142 Venge, Når vinden, S. 116 f.

143 Bohn, Robert, *Dänische Geschichte*, München 2001, S. 47.

144 Dufner, Geschichte, S. 72 f.; Findeisen, Schweden, S. 88; Yrwing, Lybeck .

145 Yrwing, Lybeck, S. 254. Zum so genannten Strängnäsprivileg und zur Schuldentilgung Schwedens: Hanserecesse, III, 8, S. 402-406, Nr. 444. Dazu Paul, Lübeck, S. 4; Rossi, Gustav Vasa, S. 123; Hammarström, Ingrid, *Finansförvaltning och varuhandel 1504-1540*. Studier i de yngre Sturarnas och Gustav Vasas statshushållning, Uppsala 1956, S. 207, 404 u. 417 f.; Krüger, Kersten, *Die Staatsfinanzen Dänemarks und Schwedens im 16. Jahrhundert – ein Strukturvergleich*, in: ZHF 15 (1988), S. 129-150, hier: S. 139.

IV. „Gott gebe, daß es mehr Frieden werde" – den Frieden gewinnen

Damit die Welt tatsächlich „jedermann gemein" werde, hatten die Lübecker und die anderen Hansestädte an der Ostsee in den Jahren 1522/23 zu den Waffen gegriffen. ‚Jedermann' bedeutete in der Welt dieser Kaufleute im Norden des Reiches nicht Freihandel, sondern ‚Gemeiner Kaufmann', stand für die Handelsprivilegien der Einzelstadt, für die Vorrechte der Kontore jenes Gemeinen Kaufmanns und der hansischen Städtebünde. Lübeck und die übrigen Städte hatten in jenen Jahren ihre durch die frühmoderne Königsherrschaft bedrohten Vorrechte auf der Ostsee und in den Häfen verteidigt, mehr nicht, aber auch nicht weniger. Dass dabei die politische Landkarte im Norden Europas nachhaltig verändert wurde, war für sie nur Mittel zum Zweck gewesen.[146] Der Krieg hatte aber auch den Frieden geschaffen. Das war für alle Menschen in Lübeck entscheidend gewesen, nicht nur für die Kaufleute, Schiffer, Träger und Schiffsausrüster. Am 24. Januar 1523 noch mitten in diesem Krieg schreibt Hinrich Kerkring an Matthias Mulich:

> „Ich zweifele nicht daran, daß Sie sich dort (in Nürnberg) zum Besten und zur Unterstützung dieser guten Stadt mit Herren und Freunden versehen werden. Sie werden es mit Hilfe des Allmächtigen daran nicht sparen lassen, daß wir aus dieser Bedrückung kommen, darin wir jetzt immer noch sind, wie wohl wir bisher von unseren Feinden keinen großen Schaden erlitten haben. Der allmächtige Gott wird uns weiterhin bewahren. Aber er (der Feind) wird nicht schlafen und nicht auf unser Bestes trachten."[147]

„Wäre nur Frieden, so sollte dies ein lustiger Handel werden", notiert Hans Castorp wenige Tage später, um im gleichen Brief noch einmal die Zukunft zu beschwören: „Gott gebe, daß es mehr Frieden werde."[148]

146 Voraussehen konnte der Lübecker Rat im Juni 1523 nicht, dass das Strängnäsprivileg nur bedingt sein Pergament wert war. Zwei Jahre später hat Gustav Vasa die Monopolisierung Schwedens durch die wendischen Städte abgestreift und den Holländern die Häfen seines Landes geöffnet. Die lübische Sundpolitik war 1525 auf Dauer gescheitert: Hauschild, Frühe Neuzeit, S. 374-377; Roberts, Vasa, S. 25-58, von Brandt, Lübeck, S. 113. Zur Situation und den wirtschaftspolitischen Neuorientierungen Lübecks: Friedland, Klaus, *Kaufmannstum und Ratspolitik im spāthansischen Lübeck*, in: ZVLübG 43 (1963), S. 5-17.

147 Wehrmann, Briefe, S. 317, Nr. 9.

148 Hans Castorp am 27. Januar 1523: Wehrmann, Briefe, S. 328, Nr. 14.

Kuh, Milch, Käse und der Stier

Das Rind in der politischen Symbolik der frühneuzeitlichen Eidgenossenschaft

Olaf Mörke

1850 veröffentlichte Jeremias Gotthelf seinen Roman *Die Käserei in der Vehfreude.* Rund um das Motiv der Eröffnung einer Genossenschaftskäserei in einem fiktiven Dorf im Kanton Bern zeichnete er ein skeptisch-satirisches Gesellschaftspanorama in einer Zeit des politischen Wandels, vor allem aber der ökonomischen und sozialen Verwerfungen, denen sich die Eidgenossen um die Mitte des 19. Jahrhunderts ausgesetzt sahen. Die Aussicht auf schnellen Reichtum durch die Ware Käse entfachte in der Vehfreude das ‚Käsfieber', stürzte die hergebrachten Beziehungen der Menschen untereinander und zum Vieh um, kurz: sie ließ den Markt zum Maßstab sozialen Handelns werden. Für die Kuh als Hausgenossin blieb nicht länger Platz:

> „Wo man nun aber lauter greisete Kühe haben will, da ändert sich das ganze Verhältnis, das Bleibende muß einem beständigen Wechsel weichen, denn der Kühe Natur, Liebe und Fruchtbarkeit lassen sich so wenig nach den Käsereien regeln als das Gras. [...] Wer nun so recht den Kästeufel im Leibe oder das Käsfieber hat, muß also alle Kühe [...] abstoßen, wenn sie nicht greiset sind. So verschwinden aus diesen Ställen die Stämme, die alte gute Zucht hört auf, Fremdes zieht aus und ein, Gutes und Schlechtes, wie der Markt es bringt, was man erst hinterher merkt, wenn die Nutzung kommen soll. [...] Es ist sehr merkwürdig, wie der Zeitgeist [...] in alle Verhältnisse dringt, wie er nicht bloß die Familienbande bis auf die innigsten löset, sondern auch die Bande zwischen Menschen und Vieh, alles Freundliche, alle Anhänglichkeit frißt und herzlos nur das scheinbar Nützlich gelten läßt."[1]

Hier interessiert nicht die Modernisierungskritik des konservativen reformierten Pfarrers Gotthelf. Es geht nicht um die müßige Beweinung des Verlustes vermeintlich alteidgenössischer Idylle. Hier interessiert die aus der zitierten Passage sprechende Beziehung zur Kuh als symbolischem Kristallisationspunkt eines gesellschaftlichen Normensystems am Wendepunkt von der traditionalen zur modernen Schweiz. Das gesellschaftskritische Motiv von der vernutzten Kreatur nahm 130 Jahre nach Gotthelf der Schweizer Autor Beat Sterchi in seinem 1983 erschienenen Erstlingsroman in Gestalt der titelgebenden Kuh *Blösch* wieder auf. Das Schicksal von Blösch markiert bei Sterchi gleichsam pars pro toto das von Mensch und Tier unter den gesellschaftlichen Bedingungen eines erneuten ökonomisch-sozialen Modernisierungsschubes.[2]

Dass Kühe ins motivische Zentrum zweier keineswegs am Rande des Literaturbetriebes angesiedelter Romane rückten – und das in völlig unterschiedlichen Epochen –, passt ins Bild, das wir uns von unserem südlichen Nachbarn machen und das dieser selbst nach Kräften befördert.[3] Sei es durch die allgegenwärtige lila Kuh in der Werbung eines Schweizer Lebensmittelmultis und den ihr lange zur Seite gestellten schrullig-sympathischen Alten mit seinem keh-

1 Jeremias Gotthelf: *Die Käserei in der Vehfreude.* Eine Geschichte aus der Schweiz, Zürich 1978 (Jeremias Gotthelf, Ausgewählte Werke in 12 Bänden, hg. v. Walter Muschg), S. 72f.

2 Beat Sterchi: *Blösch*, Zürich 1983.

3 Zur umfassenden sinnbildlichen Bedeutung der Kuh in der gegenwärtigen Schweiz: Kathrin Oester: *Unheimliche Idylle.* Zur Rhetorik heimatlicher Bilder, Köln 1996.

lig-gurgelnden *it's cool man* und weißem Rauschebart, sei es durch die knallgelben Löcherkäsetrikots, in denen sich bis vor kurzem eidgenössische Skisportler auf Geheiß eines Großsponsors bei internationalen Großveranstaltungen zu Tale stürzen mussten. Ähnlichen Bekanntheitsgrad als Botschafterin nationaler Stereotypenbildung wie die lila Kuh und der alte Alpler genießt wohl nur die Käsehäppchen verteilende Frau Antje, jene blonde junge Dame mit Spitzenhäubchen, die bei uns, abgesehen von wenigen Sommerwochen, in denen sie von noch nicht durch die Werbebranche entdeckten Caravangespannen mit gelben Nummernschildern abgelöst wird, zur Verkörperung des Niederländischseins wird. Dass die Verstärkung nationaler Stereotypen allenthalben zur Marketingstrategie gerät, ist Ausweis des Erfolges von Wahrnehmungsschemata und ihrer symbolischen Manifestationen, die ihre Entstehung ursprünglich keineswegs immer wohlmeinender Intention verdanken. Zu jenen symbolischen Manifestationen gehören die Kuh und die mit ihr verbundenen Produkte Milch und Käse.

Es kommt nicht von ungefähr, dass die Beispiele aus der Werbewirtschaft auf die Schweiz und die Niederlande rekurrieren, gehören doch Milchprodukte zu deren Exportschlagern – und das seit Jahrhunderten.[4] Das allein reicht indes als Erklärung für den werbestrategischen Erfolg von Kuh- und Käsesymbolik in Verbindung mit nationalstereotypen Elementen wie der – freilich für den hochdeutschen Markt geglätteten – ‚chrätzenden' Aussprache des Alten vom Berge in den Spots für die Schokolade mit der lila Kuh oder dem Spitzenhäubchen der Frau Antje nicht aus. Es muss mehr dazukommen. Nämlich die assoziative Wirkung dieser Elemente auf das Ganze des Anderen, das sich vom Eigenen unterscheidet und deshalb Reiz – im Fall der Werbung: Kaufreiz – ausübt. Kühe, auch wenn sie lila sind, und bauernschlaue Idealsennen stehen in Deutschland für die Schweiz. Käse und Spitzenhäubchen für die Niederlande. Dahinter verbergen sich Hetero- und Autostereotypen, die sich zum Teil bis ins Spätmittelalter zurückverfolgen lassen.

Ganz besonders im Fall der Eidgenossenschaft, in leicht abgeschwächter Ausprägung aber auch in dem der Niederlande, wurden die Kuh und die mit ihr in Verbindung stehenden Produkte Milch und Käse in der frühen Neuzeit zu Kernelementen der politischen Kollektivsymbolik.[5] Nirgendwo sonst in Alteuropa war dies meines einstweilig vorläufigen Wissens so deutlich der Fall. Es sei Aufgabe der folgenden Seiten, zu zeigen, wie dieses Spezifikum aus den normativen Grundsätzen der politischen Kultur der Eidgenossen resultierte, wie sich im Assoziationsrahmen um das Sinnbild Kuh ein politisch-gesellschaftliches Konstrukt auf den Punkt bringen ließ.

Was ist der Kuh Eigen, das in der frühen Neuzeit einer politisch-symbolischen Verwertung zugeführt werden konnte? Zedlers Universal-Lexikon gibt zunächst ganz nüchtern Auskunft: Die Kuh ist ein „bekanntes großes vierfüßiges und gehörntes Thier, welches zur Zucht und um der Milch-Nutzung Willen in einer Haus-Wirtschaft gehalten wird. [...] Die Kühe haben unter allerhand Arten Vieh, so im Haus-Wesen nöthig und nützlich sind, ihres Ansehens und besondern Nutzens-Willen billig die erste Stelle; denn sie geben uns in ihrem Leben Milch, Butter, Kälber, und denen Feldern Mist und Düngung; Fleisch, Häute, Unschlitt, Fett, Horn, u.a.m. aber wenn sie geschlachtet worden, zum großen Nutzen in der Haushaltung, davon weiter unten ausführlicher bey dem Worte *Rind* gehandelt."[6]

4 Zur Käseproduktion in der Schweiz zahlreiche Beispiele aus der Chronistik: Leo Zehnder: *Volkskundliches in der älteren schweizerischen Chronistik*, Basel 1976, S. 99f. Zum Interesse deutscher Reisender in den Niederlanden des 18. Jh.s an Viehzucht und Käseproduktion: Anja Chales de Beaulieu: *Deutsche Reisende in den Niederlanden.* Das Bild eines Nachbarn zwischen 1648 und 1795, Frankfurt am Main 2000, S. 109-112.

5 Zum Begriff Kollektivsymbol: Jürgen Link, Wulf Wülfing: *Nationale Mythen und Symbole in der zweiten Hälfte des 19. Jahrhunderts*, Stuttgart 1991, S. 18. – Ich beabsichtige, mich zu Kuh und Käse als Kollektivsymbolen in den Niederlanden in der nächsten Zeit in einem Artikel zu äußern.

6 Johann Heinrich Zedler: *Grosses vollständiges Universal-Lexikon aller Wissenschaften und Künste, welche bishero durch menschlichen Verstand und Witz erfunden worden*, 69 Bde., Halle / Leipzig 1732-1754 (ND Graz 1993-1999), hier: Bd. 15, Artikel ‚Kuh', Sp. 2083f.

Der achtspaltige Artikel beschränkt sich ganz auf den höchst erfreulichen, weil so umfassenden Nutzen, den das Tier für die Ökonomie, die Hauswirtschaft, besitzt. Kein Wort über seinen politischen Symbolwert. Und doch lassen sich diesbezüglich erste Anzeichen entdecken. Es ist der Begriff der Hauswirtschaft, auf den ich die Aufmerksamkeit lenken möchte, da er uns später noch beschäftigen wird. Das Handwörterbuch des deutschen Aberglaubens erwähnt einen in diesem Zusammenhang bedeutsamen Aspekt der Mensch-Kuh-Beziehung, der aus der hohen Wertschätzung des Rindes für die Hauswirtschaft resultiert. „Wegen seiner Bedeutung für den Besitz hat das Rindvieh durchweg Eigennamen, als ob es Menschenkinder wären."[7] Die durchaus emotionsgeladene Einbeziehung der Kuh in das Haus als Lebens- und Wirtschaftseinheit manifestiert sich in anthropomorphisierender Namensgebung.

Die Kuh dergestalt zur Hausgenossin zu haben, mag diejenigen befremden, die nicht aus einer Region stammen, in der dem Bäuerlichen leitkulturelle Funktion eignete. Just ein solches Befremden scheint am Beginn der Verwendung der Kuh als Symbol für die Eidgenossen zu stehen. Seit dem 14. Jahrhundert war das Herausbrechen der eidgenössischen Orte aus einer politisch-normativ vom Adel geprägten politischen Umwelt evident. Vor allem die Konflikte des 15. Jahrhunderts mit den österreichisch-habsburgischen Herzögen, den vormaligen Landesherren und noch immer mächtigsten Fürsten in der unmittelbaren Nachbarschaft der Eidgenossen, ließen die Differenz im Bereich des politisch-kulturellen Normengefüges spektakulär zu Tage treten. Helmut Maurer hat die Wurzeln eines bis heute im Bodenseeraum wirkenden denunziatorischen Vokabulars für den jeweils anderen offen gelegt und verfolgt sie bis in das 14. Jahrhundert. Sind die Deutschen der Region für den Schweizer bis dato vielfach *Sauschwobe*, so gehört der Begriff des *Kuhschweizers* umgekehrt zum Standardvokabular der politischen Folklore, mit dem von deutscher Seite aus die Schweizer bedacht werden.[8] In der Bischofsstadt Konstanz, die im Spätmittelalter Zentralort der politischen und ökonomischen Kontakte zwischen Schweizern und ‚Schwaben' war, sorgte zunächst das oftmals als ungehobelt angesehene Verhalten der bäuerlichen innerschweizer Vieh-, Butter- und Käsehändler bei den ehrbaren Stadtbürgern für Befremden.[9] Die wachsenden politischen Konflikte, die sich zu militärischen Auseinandersetzungen auswuchsen, welche 1499 im – je nach Standpunkt – Schwaben- bzw. Schweizerkrieg genannten Reichskrieg gegen die Eidgenossen gipfelten, nachdem diese sich den Beschlüssen des Wormser Reformreichstages von 1495 nicht unterwerfen wollten, weiteten den sozialen Gegensatz zwischen bäuerlicher einerseits und adliger sowie städtischer Welt andererseits zum grundsätzlich politischen Antagonismus aus. Im Zuge des politisch-militärischen Konfliktes wurden dem Verdikt des Kuhschweizers auch die Städte der Eidgenossenschaft unterworfen.

Eine besonders infame Variante der Denunziation durch die Umwelt stellte der Sodomievorwurf dar, der hinter dem Begriff *Kuhghyer* stand.[10] Mit ihm positionierte man die Schweizer außerhalb der gottgewollten Ordnung. Diese hatten sie nach Meinung Kaiser Maximilians auch verlassen, weil sich die Schweizer gegen die christliche Ständeordnung verschworen hät-

7 Art. Kuh, in: *Handwörterbuch des deutschen Aberglaubens*, Bd. 5, Berlin / Leipzig 1933 (ND Berlin 1987), Sp. 768-790, hier Sp. 770.

8 Helmut Maurer: *Schweizer und Schwaben.* Ihre Begegnung und ihr Auseinanderleben am Bodensee im Spätmittelalter, Konstanz 1983, S. 7f.

9 Ebd., S. 13-18.

10 Ulrich Im Hof: *Mythos Schweiz.* Identität – Nation – Geschichte (1291-1991), Zürich 1991, S. 44; zu den Bedeutungsebenen des Kuhghyer-Spotts mit zahlreichen Literaturhinweisen: Andreas Suter: *Der schweizerische Bauernkrieg von 1653.* Politische Sozialgeschichte – Sozialgeschichte eines politischen Ereignisses, Tübingen 1997, S. 439f; Beispiele von Kuhschmähungen: Zehnder: Volkskundliches, S. 658-667. – Den konkreten Fall der Beschimpfung eines Berner Studenten als „kuegehiger" schildern die Akten des Basler Schultheißengerichts aus dem Jahr 1511. Basel gehörte zu diesem Zeitpunkt erst zehn Jahre zur Eidgenossenschaft. Es zeigt sich, dass im lebensweltlichen Alltagsvollzug Teile der Basler Bevölkerung durchaus noch Vorbehalte gegenüber den Alteidgenossen hegten. Dazu: Marc Sieber: Ungehobelte Studenten, Wölfe und singende Professoren. Das Basler Universitätsleben im ausgehenden Mittelalter, in: Simona Slanicka (Hg.): *Begegnungen mit dem Mittelalter in Basel.* Eine Vortragsreihe zur mediävistischen Forschung, Basel 2000, S. 134.

ten, indem sich die Bauern zu Herren aufschwüngen. So der Habsburger in einem Manifest, mit dem er 1499 die Reichsritterschaft für den Kampf gegen die Eidgenossen zu gewinnen trachtete.[11] Der Schweizerkrieg wurde gleichsam zum Kreuzzug. In der Kombination politischer und sozialer Elemente zeigt sich das umfassende Denunziationspotenzial des Begriffes Kuhschweizer. Das politische und soziale System der Eidgenossenschaft erschien als nicht akzeptabel, da der göttlichen Ordnung widerstrebend. Im vermeintlichen Platz, den die Kuh im sozialen Gefüge genoss, fokussierte sich für die Gegner der Schweiz die umfassende Perversität jenes Systems.

Der Sodomievorwurf konnte sich nicht allein aus der Tatsache speisen, dass der Kuh in der ländlichen Ökonomie eine so bedeutende Stellung zukam. Diese besaß sie schließlich auch außerhalb der Schweiz. Von Bedeutung wurde aber wohl vermutlich ein genusspezifischer Aspekt. Seit dem frühen 15. Jahrhundert „häufen sich die Vergleiche, die Kuh wird wichtigster Schimpfname für diese ‚Bauern' des schweizerischen Hirtenlandes, die das in andern Gegenden den Frauen obliegende Geschäft der Viehhaltung betreiben".[12] Erst, indem der Mann als Hirte in direkte Beziehung zur Kuh als weiblichem Wesen trat, eröffnete sich die Möglichkeit, eine soziale Ordnung generell als sodomitisch zu qualifizieren. Der ablehnende Charakter einer Heterostereotype hätte kaum stärker sein können als bei dem Bild vom Kuhschweizer. Es traf in denunziatorischer Absicht nicht den Bauern bzw. Hirten allein. Indem dieser sich zum Pars-pro-toto-Begriff für die Eidgenossenschaft entwickelte, wurde die Legitimität des politisch-sozialen Systems Eidgenossenschaft als Bestandteil des europäisch-christlichen Kosmos insgesamt in Frage gestellt.[13]

Die normative Front zwischen den Eidgenossen und ihrer politisch-sozialen Umwelt wurde zunächst von letzterer in drastischer Deutlichkeit gezogen.[14] Die Attraktivität, welche die eidgenössischen Bauern- und Bürgerrepubliken als politisches und gesellschaftliches Modell vor allem für die Untertanen der oberdeutschen Herrschaften besaßen, wurde von deren weltlichen und geistlichen Herren als Bedrohung empfunden. Ihr suchte man sich nicht nur militärisch, sondern auch propagandistisch zu erwehren.[15] Die Konfrontation der Schweiz mit dem Prozess einer sich verherrschaftlichenden Territorialisierung im Süden des Alten Reiches und mit den Konflikten um Burgund und Italien im letzten Viertel des 15. und zu Beginn des 16. Jahrhunderts veranlasste die Eidgenossen, sich verstärkt mit den normativen Grundlagen ihres sie gegenüber der Umwelt isolierenden politisch-sozialen Systems auseinander zu setzen. Man machte sich Eigenheit bewusst, indem die Ursprünge in den frühen Schwureinungen am Ende des 13. und zu Beginn des 14. Jahrhunderts zum Kern einer legitimierenden Erinnerungskultur wurden, die sowohl die Landorte der Innerschweiz wie auch die eidgenössischen Städte er-

11 Guy P. Marchal: *Die ‚Alten Eidgenossen' im Wandel der Zeiten.* Das Bild der frühen Eidgenossen im Traditionsbewußtsein und in der Identitätsvorstellung der Schweizer vom 15. bis ins 20. Jahrhundert, in: Innerschweiz und frühe Eidgenossenschaft. Jubiläumsschrift 700 Jahre Eidgenossenschaft, Bd. 2, Olten 1990, S. 313-315.

12 Im Hof: Mythos, S. 44. Der aus einem Zürcher Geschlecht stammende, habsburgfreundliche Geistliche und Gelehrte Felix Hemmerli (1389-1454) betonte, dass in der Innerschweiz die weiblichen Arbeiten des Melkens, Käsens und Butterns den – deshalb ‚weibischen' – Männern überlassen werde. Siehe dazu: Guy P. Marchal: *Die frommen Schweden in Schwyz.* Das ‚Herkommen der Schwyzer und Oberhasler' als Quelle zum schwyzerischen Selbstverständnis im 15. und 16. Jahrhundert, Basel 1976, S. 45, 76f.; Hans Georg Wackernagel: *Die geschichtliche Bedeutung des Hirtentums,* in: Ders.: *Altes Volkstum der Schweiz.* Gesammelte Schriften zur historischen Volkskunde, Basel 1956, S. 36f.

13 Ähnlich die Interpretation des ‚Kuhghyer'-Bildes bei: Matthias Weishaupt: *Bauern, Hirten und ‚frume edle puren'.* Bauern- und Bauernstaatsideologie in der spätmittelalterlichen Eidgenossenschaft und der nationalen Geschichtsschreibung der Schweiz, Basel 1992, S. 46f.

14 Dass das Bild vom ‚bäurischen' Charakter der Eidgenossenschaft zunächst von außen kam, ehe es die Eidgenossen selbst aufnahmen, betont Im Hof: Mythos, S. 44.

15 Ausführlich dazu: Thomas A. Brady: *Turning Swiss.* Cities and Empire, 1450-1550, Cambridge 1985. Textbeispiele aus eidgenössischen und antieidgenössischen Liedern des 15. Jahrhunderts, welche das von den Bauern ausgehende Bedrohungspotenzial thematisierten: Viktor Schlumpf: *Die Frumen edlen Puren.* Untersuchungen zum Stilzusammenhang zwischen den historischen Volksliedern der Alten Eidgenossenschaft und der deutschen Heldenepik, Phil. Diss. Univ. Zürich 1969, S. 148f.

fasste. Der Rekurs auf Wilhelm Tell und den Rütlischwur sowie auf die frühen Erfolge der Bauernkrieger gegen die Adelsheere bildete seit der zweiten Hälfte des 15. Jahrhunderts das Standardrepertoire des kollektive Identität stiftenden eidgenössischen Mythenkomplexes. Der für die kollektiven Basisnormen Einheit, Frieden und Freiheit kämpfende Bauer wurde zum ideellen Gesamtschweizer erhoben.[16]

In engem Zusammenhang damit stand die nunmehr positive Bewertung der Kuh als Sinnbild eidgenössischer Tugend. Das von der Umwelt fundamental pejorativ gemeinte Bild vom Kuhschweizer wurde zumindest implizit zum Ehrentitel umgemünzt. Das zeigen etliche Flugschriften des 16. und 17. Jahrhunderts, in denen die Kuh und der Käse Zeugnis ablegen von der Eigenart des Schweizerseins.[17] Der junge Huldrych Zwingli verglich als Pfarrer im innerschweizerischen Glarus 1510 im lateinisch und deutsch vorgelegten *Fabelgedicht vom Ochsen* die Eidgenossenschaft mit dem Rindvieh.[18] Die aktuelle Situation der Schweiz im System der europäischen Mächte wurde von ihm in die Form einer Fabel gegossen, in der er eindringlich vor dem Verlust der Freiheit durch den Solddienst für das Ausland warnte. Der Kaiser erscheint als Löwe, der Franzose als Leopard, der Papst als Hirte, der „pfaff" als Hirtenhund. Das „gmeyn folck", die Eidgenossen, findet sich als Ochse bzw. als „ruch stier"[19], als tapferer oder ungeschlachter Stier, der den Angriffen des habsburgischen Löwen, aber auch den Verlockungen des listigen welschen Leoparden ausgesetzt ist. Die Schweiz, das Weideland des Ochsen, schilderte Zwingli in den ersten Versen als einen von einem starken Gehege geschützten Garten mit hohen Bergen und rauschenden Flüssen, als eine Idylle. Die Assoziation von der Eidgenossenschaft als einem sich selbst genügenden Paradies in feindlicher Umwelt drängt sich auf. Die Gartenmetapher verstärkt in Verbindung mit dem Bild vom aufrechten, aber ob seiner naiven Arglosigkeit den Machtambitionen und Ränkespielen der Potentaten zuweilen hilflos gegenüberstehenden Ochsen bzw. Stier das agro-pastorale Leitmotiv des eidgenössischen Selbstverständnisses, das sich hier bei Zwingli abzeichnete.

Noch kennzeichnete freilich nicht das Symbol des weiblichen Rindes, die Kuh, die Eidgenossenschaft, sondern das männliche, der Stier in seiner virilen Pracht, mit „einer gharenn (haarigen), krusen, schönen stirn / einer preiten prust, mit witem ghürn (Gehörn) / sin halß mit lempen (Wamme), grossem lust / vom kin gehenckt bys an die brust".[20] Zwingli knüpfte damit einerseits an die heraldische Tradition an, das Stierwappen des Urkantons Uri, andererseits an das Motiv eines Liedes, das nach der Schlacht bei Sempach von 1386 entstanden war. In dieser Schlacht, so das Sempacherlied, habe der eidgenössische Stier dem habsburgischen Löwen getrotzt.[21] Die Bewertung freilich, dass er damit bereits „den Schimpf, die Eidgenossen seien ‚Kuegeyhren', ins Positive" gekehrt habe[22], ist zu relativieren. Die heraldische Ochsen- bzw. Stiergestalt rührte nicht am Komplex der europäischen politisch-gesellschaftlichen Normen. Prinzipiell bewegte sich Zwingli noch im Konventionellen. Gleichwohl deutet sich im Text der Ochsenfabel ein Verständnis von Freiheit im Sinn eines Freiseins von einem Herr-

16 Im Überblick dazu: Ulrich Im Hof: *Geschichte der Schweiz*, 5. Aufl., Stuttgart 1991, S. 54-57; ausführlicher mit weiterführenden Literaturhinweisen demnächst: Olaf Mörke: *Städtemythen als Element politischer Sinnstiftung in der Schweizer Eidgenossenschaft und in der niederländischen Republik* (erscheint 2002 in einem Tagungsband des Südwestdeutschen Arbeitskreises für Stadtgeschichtsforschung).

17 Ferner die hier nicht berücksichtigten Beispiele aus den so genannten historischen Volksliedern. Dazu: Schlumpf: Puren, bes. S. 150f.

18 *Huldreich Zwinglis sämtliche Werke*, Bd. 1, hg. v. E. Egli u. G. Finsler, Berlin 1905, S. 11-22 (siehe dazu ebd., S. 1-7, die erläuternde Einleitung); Gottfried W. Locher: *Die Zwinglische Reformation im Rahmen der europäischen Kirchengeschichte*, Göttingen / Zürich 1979, S. 67.

19 Vers 37 der deutschen Fassung.

20 Verse 7-10 der deutschen Fassung.

21 Zwinglis sämtliche Werke, Bd 1, S. 2. Die früheste bekannte Überlieferung des Sempacherliedes stammt von 1482. Es ist jedoch älteren Datums. Dazu: Thomas Maissen: *Von wackeren alten Eidgenossen und souveränen Jungfrauen.* Zu Datierung und Deutung der frühesten Helvetia-Darstellungen, in: ZEITSCHRIFT FÜR SCHWEIZERISCHE ARCHÄOLOGIE UND KUNSTGESCHICHTE, 56 (1999), S. 271.

22 Marchal: Die ‚Alten Eidgenossen', S. 316.

scher an,[23] das dieses in deutlichen Kontrast zur fürstlich-monarchischen politischen Umwelt setzte und der eidgenössischen Eigenheit klares Profil verlieh. Ein dergestalt formuliertes Selbstbewusstsein war nun Voraussetzung dafür, dass seitens der Schweizer auch an den Konventionen des europäischen Normengefüges gerührt werden konnte, bis hin zur Wendung auch des weiblichen Rindes, der Kuh, zum Ehrensymbol.

Dass die aus der Umwelt an sie herangetragene, zunächst fundamental pejorative Kuhsymbolik von den Eidgenossen aufgenommen wurde, schlug zwei Fliegen mit einer Klappe. Einerseits wirkt die normative Abgrenzung nach außen integrierend nach innen. Andererseits traf man den Normenkontrahenten in trotziger Umkehr mit dessen eigenem symbolischen Waffenarsenal an diffamierenden Symbolkontexten. Was scherte es die Kuh, wenn Löwen, Leoparden sich über sie das Maul zerrissen, war sie doch sich selbst genug und wusste sie um ihr Einssein mit göttlichem Willen. Die synchrone Kontextualisierung des Kuhsymbols mit anderen Elementen des eidgenössischen Selbstverständnisses wirkte verstärkend auf es zurück. So durch den sich seit der Wende zum 16. Jahrhundert häufenden Bezug auf das göttliche Auserwähltsein der Eidgenossenschaft.[24]

Die Kuh eignete sich vortrefflich, dieses Auserwähltsein symbolisch zu repräsentieren. Kuh, Ziege, Widder und Taube waren im Alten Testament die Tiere des Opfers gewesen, mit dem der Bund Gottes mit Abraham bekräftigt wurde.[25] Eine junge, rotfarbene Kuh stand im Mittelpunkt des Sühne- und Reinigungsopfers der von Gott Mose gebotenen Gesetzesordnung.[26] Zudem war die rechte Kuh ein Beispiel an Fürsorge für die eigenen Nachkommen, ja für das Gemeinwesen insgesamt, nährte sie diese doch durch ihre Milch.[27] Sie passte damit ins Bild einer dem Gemeindlichen in seiner ländlich-bäuerlichen und städtisch-bürgerlichen Ausprägung gleichermaßen verpflichteten politisch-sozialen Kultur, für welche die Eidgenossenschaft beispielhaft stand, und einem damit verbundenen Verständnis von Ökonomie, das sich um den Begriff des *Gemeinen Nutzens* formierte.[28] Eine am Gemeinnutz orientierte Ökonomie hatte die *Hausnotdurft*, die Auskömmlichkeit des Hauses als Sozial- und Wirtschaftseinheit, zu sichern. Auskömmlichkeit als grundsätzliches Anrecht gehörte zu den normativen Leitprinzipien dieser Ökonomie.[29]

> „Gemeiner Nutzen und Hausnotdurft stellen sich als wirtschaftsethische Werte dar [...]. Sie sind in dem Sinn komplementär, daß ein über die Auskömmlichkeit hinausgehender Verbrauch dem Gemeinen Nutzen schaden würde und umgekehrt die am Gemeinen Nutzen orientierte Politik der städtischen Räte und dörflichen Vierer [...] die Auskömmlichkeit erst sicherstellt."[30]

Bescheidenheit als individuelle und kollektive Tugend, welche die Hausnotdurft praktisch sichert und die moralische Überlegenheit über die Umwelt metaphorisch ausdrückt, schlug sich in eidgenössischen Flugschriften etwa dort nieder, wo diese von Käse und Quark, dem *Ziger*, als Nahrungsmittel handelten. So im vermutlich 1557 in Bern gedruckten *Ein hüpsch nüw Lied / von den dryzehen Örtern einer ehrlichen unnd loblichen Eydgnoschafft*, in welchem der Verfall der eidge-

23 Dazu: Eduard Jakob Kobelt: *Die Bedeutung der Eidgenossenschaft für Huldrych Zwingli*, Phil. Diss. Univ. Zürich 1970, S. 73.
24 Mit etlichen Beispielen: Marchal: Die ‚Alten Eidgenossen', S. 316-319.
25 1. Mose, 15, 9.
26 4. Mose, 19; Zedler: Universal-Lexikon, Bd. 15, Artikel „Kuh (rothe)", Sp. 2092-2103.
27 So wurde im 1564 in Antwerpen verlegten Emblembuch des Johannes Sambucus eine Kuh, die diesem moralischen Maßstab nicht gerecht wird, warnend vorgeführt und damit implizit die gute Kuh zum Tugendbeispiel erhoben. Siehe: *Emblemata.* Handbuch zur Sinnbildkunst des XVI. und XVII. Jahrhunderts, hg. v. Arthur Henkel u. Albrecht Schöne, Stuttgart / Weimar 1996, Sp. 847.
28 Dazu neuerdings umfassend: Peter Blickle: *Kommunalismus.* Skizzen einer gesellschaftlichen Organisationsform, 2 Bde., München 2000, hier: Bd. 1: S. 88-106, Bd. 2: S. 197-209.
29 Ebd., Bd. 1, S. 106-110.
30 Ebd., Bd. 1, S. 128.

nössischen Tugenden beklagt und die Rückkehr zu diesen angemahnt wurde.[31] Gott selbst habe die Eidgenossenschaft erschaffen. Strophe 15 und 16 seien zitiert:

> „Wie hend unsere altvorderen than/ die weder myet noch gab hend gnan/ sy sind byn ehren bstanden wol/ jhr thuon und lan was glückes vol. Ir narung reichtend sy nitt ferr/ sy hattendt kein gwärb uff dem Meer/ Sy wustend nitt was ylguot was// jr käss und zyger fröwt sy bass".

Im Zusammenhang mit dem innereidgenössischen Konfessionskonflikt und den Versuchen spanischer Einflussnahme auf die Schweiz steht eine dialogische Flugschrift von 1629 unter dem Titel *Spannischer Pfefferkäß / und Eydtgnossische Schweitzer Milch.*[32] Der protestantische Melcher rät dem katholisch-spanischfreundlichen Caspar, vom spanischen Pfefferkäse, der eben kein gut schweizerischer sei, weil zu scharf gewürzt, nicht länger zu genießen: „An d'Milch dich widerumb gewenn/ und gut Eydgnosisch dich bekenn". Das raffinierte Produkt Pfefferkäse entsprach nicht dem Gebot der Schweizer Selbstbescheidung und der Abgrenzung gegenüber verderblichen fremden Einflüssen, wohl aber die unverfälschte Milch.

Im gleichen Jahr erschien mit nämlichem antispanischen Tenor die *Trewhertzige Warnung an alle Stende der Christenheit / Sonderlich eine Lobliche Freye Eydgnoschafft / sich vor Spannischen Pratickten / wohl vorzusehen.*[33] Eindrücklich warnte die Schrift davor, dass die Eidgenossen ein Opfer spanischer Machtpolitik werden: „Der Löw liebt d'Khu der gstalten Gleich wie der Geyr dass Ass". Die Schweizer Kuh als wehrloses Opfer des spanischen Löwen. Die Kuh als Symbol für die Eidgenossenschaft war kein Zeichen der Wehrhaftigkeit nach außen. Gleichwohl taugte sie zur gesamteidgenössischen Selbstcharakterisierung. Sie war einerseits Garantin jener Nahrung, welche die selbstbescheidende Hausnotdurft sicherstellt. Sie war andererseits in ihrer Wehrlosigkeit gegenüber der gewalttätigen Umwelt Sinnbild der eigenen prinzipiellen Friedfertigkeit. Der Friedenswille nach innen aber gehörte, wie der Gemeine Nutzen und die Hausnotdurft, zum Normenkanon eines kollektiven Selbstverständnisses, in dem der Gemeine Mann zum sich selbstbestimmenden politischen Subjekt wurde.[34]

Gemeiner Nutz und Hausnotdurft waren aufs Engste verbunden mit dem Gemeinen Mann, den Bürgern und Bauern als *laboratores*, die arbeiten, nicht herrschen, und insofern in der klassischen Ständelehre das normative Gegenbild zu den *bellatores*, den fürstlichen oder adligen Angehörigen des Regierstandes, konturierten.[35] Zu Recht ist jüngst darauf hingewiesen worden, dass mit dem von außen kommenden negativen wie mit dem von den Eidgenossen selbst positiv gewendeten Bild vom Schweizer als Bauern nicht der Bauer als solcher, sondern die die Ständeordnung in Frage stellenden *laboratores*, die Eidgenossen in Stadt- und Länderorten, als die eigene politische und soziale Ordnung gestaltende Subjekte gemeint waren.[36] Arbeit gehörte folglich zu den positiv besetzten Normbegriffen, die in den Bedingungsrahmen von Gemeinem Nutz und Hausnotdurft einzuordnen sind.

Die Luzerner Flugschrift *Der Alte Eydtgnoß Oder Wider=Lebende Wilhelmb Thell* erschien 1656 in einer schwierigen innenpolitischen Situation, nachdem im ersten Villmergerkrieg erneut ein militärischer Konflikt um die Probleme Konfession und Stadt-Land-Gegensatz ausgebrochen war, der nur mühsam in einem Landfrieden geschlichtet werden konnte.[37] Wie viele andere Schriften seit dem frühen 16. Jahrhundert empfahl sie die Rückkehr zu den verfallenen eidgenössischen Normen als politisches Heilmittel. Unter Punkt 12 der insgesamt 13 „Gräwel der Verwüstung" heißt es:

31 Daniel Guggisberg: *Das Bild der ‚Alten Eidgenossen' in Flugschriften des 16. bis Anfang 18. Jahrhunderts (1531-1712).* Tendenzen und Funktionen eines Geschichtsbildes, Bern 2000, S. 101f., 439, 534, Nr. 557Lhnv.

32 Ebd., S. 148f., 281, 450, 565f., Nr. 629Ps.

33 Ebd., S. 149f., 540; Nr. 629Wt.

34 Zum Begriff des Gemeinen Mannes: Blickle: Kommunalismus, Bd. 1, S. 70-76; zum Frieden: Ebd., Bd.1, S. 110-116, Bd. 2, S. 160-194.

35 Ebd., Bd. 1, S. 76.

36 Weishaupt: Bauern, S. 186-199; auch: Marchal: Die ‚Alten Eidgenossen', S. 313-316.

37 Guggisberg: Bild, S. 169-172, 421, 458, 573f., Nr. 656Ea.

„Es will auch in Ewerer Eydtgnosschafft einreyssen und platz finden der Müssiggang und Hoffahrt/ welches zwo Schwestern/ so vil Länder zu grundt gericht. GOtt hat Euch ein Landt geben/ dass gestallt der Sachen Fruchtbar/ aber es will gearbeytet seyn. [...] GOtt hat Euch ein Landt geben/ darinnen Ihr sonderlich das Viche/ alss Kälber/ Schaaff/ Geyssen/ und anders so zur Kleydung dienet/ uberflüssig habt; Aber was Ewere Alt-vordern geliebt und in Ehren gehalten/ wirdt jetzt aussm Landt geschafft: Man sicht gar wenig von Unterthan oder Bawren (geschweige höheren Standts) in Leder bekleydt/ es müssen nur Ausslåndische Tücher seyn/ daher entspringt der Schulden Last. Welche gewiss/ neben dem Müssiggang/ zimblich helffen den Gräwel der Verwüstung befürdern".

Es findet sich der gesamte eidgenössische Wertekanon. Neben dem Appell zu Wahrung des inneren Friedens (Punkte 7 und 10) und der Erinnerung an das Schicksal des Zürcher Bürgermeisters Waldmann, dem 1489 „als ein Befürderer des Eygennutzens [...] offentlich das Leben genommen" (Punkt 7), wurden Arbeit und die Bescheidung mit der Sicherstellung der Hausnotdurft als ökonomisch-moralische Prinzipien strapaziert. Dass dabei einzig das agropastorale Arbeitsgebiet – das Vieh, Kälber, Schafe und Ziegen – beispielhaft angeführt wurde, deutet auf die ausgeprägt distinktive und integrierende Funktion des damit verbundenen Symbolfeldes, zu dem gerade auch die Kuh gehörte, für die Eidgenossenschaft insgesamt hin.

Die distinktive Funktion gegenüber der politisch-sozialen Umwelt resultierte aus der Ablehnung durch die Eliten dieser Umwelt, welche im alternativen politisch-sozialen Konstrukt der Eidgenossenschaft nicht zuletzt eine Bedrohung sahen. Die positive Wendung des agropastoralen Symbolfeldes durch die Eidgenossen gründete zum einen in dem höchst simplen Faktum, dass aus der Not des durch den Anderen negativ Diskriminierten und Ausgegrenzten von diesem selbst eine Tugend gemacht wurde, indem man das Argument des Anderen in Umkehrung der Wertigkeit zum eigenen werden ließ. Sie folgte zum anderen auch aus der Eigenschaft dieses Symbolfeldes, die Komplexität des politisch-sozialen Systems der Eidgenossenschaft so zu reduzieren, dass aus dieser ein kohärenter Sinnzusammenhang entstand.[38] Die Schweiz als hochgradig partikularisiertes politisches Konstrukt, in dem seit dem Spätmittelalter Auseinandersetzungen zwischen städtischen und ländlichen Orten, seit den 1520ern zusätzlich der Konfessionsgegensatz für Konfliktstoff sorgten, war in ausgeprägter Form auf die informelle Kohärenzstiftung durch den Rekurs auf einen von allen anerkannten Normenrahmen angewiesen, sollte das Gesamtkonstrukt Bestand haben.[39]

Die Integrationskraft des agro-pastoralen Symbolfeldes – und innerhalb dieses von Kuh, Milch und Käse – gründete darin, dass es das Normenfeld von Gemeinnutz, Hausnotdurft und Friede, wie es Peter Blickle jüngst als Charakteristikum von gemeindlich ausgerichteten politischen Kulturen herausgearbeitet hat,[40] zu repräsentieren in der Lage war. Die sinnbildlichen Eigenschaften der Kuh ließen „keine Selbstspiegelung einer siegreichen und kämpferischen Nation zu".[41] Aber das konnte auch nicht gefragt sein, wenn es um die innere Gegensätze überbrückende Orientierung auf das normative Proprium einer gemeindlich orientierten Politikkultur ging. Vielmehr sollte das Haus ins Zentrum des Interesses rücken. „Städtische und ländliche Kommunen verbindet ein herrschaftssoziologisches Kriterium – das kollektive

38 „Sinn ist eine Strategie des selektiven Verhaltens unter den Bedingungen hoher Komplexität. Durch sinnhafte Identifikation ist es möglich, eine im Einzelnen unübersehbare Fülle von Verweisungen auf andere Erlebnismöglichkeiten zusammenzufassen und zusammenzuhalten, Einheit in der Fülle des Möglichen zu schaffen und sich von da aus dann selektiv an einzelnen Aspekten des Verweisungszusammenhanges zu orientieren". Niklas Luhmann: Moderne Systemtheorien als Form gesamtgesellschaftlicher Analyse, in: Jürgen Habermas, ders.: *Theorie der Gesellschaft oder Sozialtechnologie – Was leistet die Systemforschung?*, Frankfurt am Main 1971, S. 12.

39 Ausführlich dazu Mörke: Städtemythen.

40 Siehe oben Anm. 28-30.

41 Oester: Idylle, S. 1.

Regiment der Hausväter."[42] Das Haus bildete die Basiseinheit der Ordnung einer kommunal gegründeten Politikkultur wie der Eidgenossenschaft. Seine Bedeutung „als Friedens- und Rechtsbereich, als ökonomische und gesellschaftliche Grundfigur fällt zeitlich zusammen mit der Existenz städtischer und ländlicher Gemeinden."[43] Die häuslichen Qualitäten der Kuh ließen sie besonders geeignet sein, den Kern des gemeindlichen und damit auch des eidgenössischen Normengfüges insgesamt symbolisch zu vergegenwärtigen. Zu diesen Qualitäten gehörten ihre zentrale Rolle für die Hausökonomie, präziser: für die Hausnotdurft, ihre durch die individualisierende Namensgebung unter Beweis gestellte Quasizugehörigkeit zur Hausgemeinschaft sowie die Assoziation mit dem Weiblichen – „Ä gueti Burefrou isch zwo Chüe" lautet ein Sprichwort aus dem innerschweizerischen Entlebuch[44] – und damit mit dem auf sich selbst zentrierten häuslichen Nahrungs- und Friedensbereich des Hauses.

Auch die Milch stand symbolisch nicht nur für die Nahrung. Zusammen mit dem Honig verwies sie schon im Alten Testament auf die Verheißung des gelobten Landes, das als verdiesseitigtes Paradies sich selbst genug ist.[45] In der Geschichte von der *Kappeler Milchsuppe* wurde sie zum Bestandteil eines eidgenössischen Friedensmahles. Der seit dem 15. Jahrhundert virulente Konflikt zwischen den ländlichen Orten der Innerschweiz und den städtischen Orten der Nordschweiz wurde durch die Reformationsfrage verstärkt. Ein erster militärischer Zusammenstoß der reformierten Stadtkantone mit den fünf altgläubigen Orten der Innerschweiz drohte 1529 bei Kappel an der Grenze zwischen Zürich und Zug. Er konnte mit knapper Not vermieden werden. Am Rande der Truppenkonfrontation bei Kappel ist die Episode von der Milchsuppe angesiedelt.

> „Während die Anführer über Krieg und Frieden verhandelten, soll es im Fußvolk zu Fraternisierungen gekommen sein. Man aß aus der gleichen Schüssel, wobei die katholischen Innerschweizer (Hirten) die Milch und die reformierten Außerschweizer (Kaufleute) das Brot beitrugen."[46]

Populär wurde die Geschichte von der Milchsuppe im späteren 18. Jahrhundert. Doch schon der reformierte Theologe Heinrich Bullinger, Nachfolger Zwinglis in Zürich, hielt sie in seiner Reformationsgeschichte von 1567 der Erwähnung wert, indem er sie in den Kontext der innereidgenössischen Friedenspflicht und -fähigkeit setzte: „Jr Eydgnossen sind wunderbar leu(e)th, wenn ir schon vneins sind, so sind ir eins, vnd verga(e)ssend der allten fru(e)ntschafft nitt".[47]

In der Kappeler Milchsuppe fokussierte sich das Normengefüge eidgenössischen Eigensinns. Milch und Brot bildeten in ihr die Grundnahrungsmittel, die für eine gleichsam gesamteidgenössische Hausnotdurft sorgen. Im Akt der gemeinsamen Mahlzeit, während der sich der ländliche Eidgenosse mit dem Brot ein Stück aus der städtischen, der Städter mit der Milch ein Stück aus der ländlichen Hemisphäre einverleibte, vergegenständlichten sich Friedens- und Einheitsfähigkeit eines in seinem Grund gemeinlich-partikularisierten politischen und sozialen Gesamtkonstrukts als durch den Gemeinen Mann zu bewältigende und bewältigbare Aufgabe. Die gemeinsame Mahlzeit strukturierte den Tageslauf des Hauses und führte die Mitglieder der *familia* zusammen. In der Kappeler Milchsuppe wurden die das einzelne Haus bestimmenden Normen, der Hausfrieden und die Hausnotdurft, in einer symbolischen Handlung auf das eidgenössische Gesamtkonstrukt übertragen. Dass man sie Milch- und nicht Brotsuppe nannte, ist Ausweis für das Übergewicht des Agro-pastoralen gegenüber dem Urbanen im symbolischen Darstellungskanon der gesamteidgenössischen Normen.

42 Blickle: Kommunalismus, Bd. 1, S. 76.
43 Ebd., S. 83.
44 Oester: Idylle, S. 3, Anm. 4.
45 2. Mose, 3,8; Joel, 4, 18.
46 Georg Kreis: Schweiz – Nationalpädagogik in Wort und Bild, in: Monika Flacke (Hg.): *Mythen der Nationen.* Ein europäisches Panorama, Berlin 1998, S. 464.
47 Zitiert nach: Im Hof: Mythos, S. 65.

Die normenvergegenwärtigende Leistungsfähigkeit des Symbolkomplexes Rind, dem Kuh, Milch und Käse zuzuordnen sind, beschränkte sich aber keineswegs auf die Überbrückung innereidgenössischer Konflikte. Er taugte auch zur kollektiven Heroisierung der Eidgenossen in der Auseinandersetzung mit der politisch-sozialen Umwelt, ohne in einen unvereinbaren Widerspruch zum innereidgenössisch orientierten Normenrahmen zu geraten. Im Stierbild wurde eine Brücke zwischen ihm und der auf die Behauptung gegenüber der Umwelt gerichteten Symbolik geschlagen. Dass auch der Stier zum agro-pastoralen Erfahrungshorizont gehörte, ist eine banale, hier gleichwohl notwendige Feststellung. Anders als die friedliche, nahrungsspendende Kuh stand er für Stärke und Wehrhaftigkeit.

Im Rind als symbolischer Gattung konzentrierten sich folglich weibliche und männliche Eigenschaften, die dort programmatisch zusammengeführt werden konnten, wo man die Bedrohung der eidgenössischen Kernnormen und die Notwendigkeit ihrer Abwehr thematisierte. Bildhaft deutlich wird dies in der Illustration zu einem um 1620 entstandenen Einblattdruck mit dem Titel *Spanische Muggen* (Mücken), der die inneren Auseinandersetzungen in Graubünden und den von Spanien wie den katholischen Orten der Eidgenossenschaft gestützten Aufstand im Veltlin behandelte.[48] Das Bild nimmt die schon von Zwingli gebrauchte idyllisierende Gartenmetapher für die Eidgenossenschaft wieder auf. Die Idylle des Gartens, der von einem kreisförmigen Lattenzaun umgeben ist, zeigt sich hier freilich als massiv gestört. Ein Eidgenosse verprügelt seine Frau; „angefacht wird dieser Streit durch einen ‚frembden Mann', der mit einem Blasebalg Geld herantreibt und so versucht, ‚ob er d'ehe nit trennen kann'. Auffälligerweise sind die Ehepartner nicht als konfessionelle Parteien zu identifizieren; entscheidend ist der Gegensatz zwischen Haus beziehungsweise Garten, in dem Zwietracht herrscht, und Aussenwelt, die diese auszunutzen sucht."[49] Ein Fuchs mit Jesuitenmütze schläfert den liegenden Schweizer Stier ein, „indem er die spanischen Mücken verjagt und ‚ihn mit einer brüllen (Brille, O.M.) äfft,/ Das er nicht acht der welt geschäfft'."[50]

Der Stier wird in dieser Illustration in einen Darstellungskontext gesetzt, der das Konstrukt Eidgenossenschaft mit dem *ganzen Haus* im Sinn Otto Brunners assoziiert.[51] Das streitende Ehepaar, der die Frau schlagende Mann, deutet auf die Beeinträchtigung, ja potenzielle Zerstörung des Hauses als politisch-sozialer Basiseinheit dieses Konstruktes durch fremde Einflüsse und damit auch auf die Gefährdung des Gesamtkonstruktes selbst hin. Frieden und Eintracht sowie die Sicherung der Hausnotdurft, für die nur ein intaktes Zusammenwirken von Hausvater und Hausmutter zu sorgen in der Lage ist, werden ernsthaft in Frage gestellt.

Die Bedeutung des Hauses als zu schützender Friedensbereich treffen wir auch in den mythischen Erzählungen um die Gründung der Eidgenossenschaft an, die seit dem späten 15. Jahrhundert kollektive Identität stifteten. Dort bildeten die obrigkeitlichen Übergriffe auf das Haus – auf Familienmitglieder etwa in Gestalt der Frauenschändung, auf das Eigentum in Gestalt des Viehdiebstahls – die Grundlage für die Beurteilung von Herrschaft als Tyrannis und damit für die erste eidgenössische Schwureinung auf dem Rütli und den Tellenschuss.[52] Dem

48 Maissen: Eidgenossen, S. 273-275. Zur Situation in Graubünden um 1620: Randolph C. Head: *Demokratie im frühneuzeitlichen Graubünden.* Gesellschaftsordnung und politische Sprache in einem alpinen Staatswesen, 1470-1620, Zürich 2001, S. 241-250.

49 Maissen: Eidgenossen, S. 273f.

50 Ebd., S. 273.

51 In diesem Sinn die schlüssige Interpretation ebd., S. 277f.

52 So z. B. im um 1512 entstandenen Urner Tellenspiel, in dem es heißt: „Dann wenn einer hat wyb oder kind,/ Deßgleichen ochsen, rinder oder fründ,/ Die dem landtuogt gefielend wol,/ By miner trüw ich die warheit sagen sol,/ So woltend sy es ouch haben bald" (Vers 43-47). Einer der späteren Rütliverschworenen, Erni aus dem Melchtal, berichtet: „Min vatter hat zwen scho(e)n ochsen ghan,/ Die wolt jm der Vogt nemmen mit gwalt,/ Darwider ich mich zu(o) weer stalt,/ Dem knecht ich ein finger entzwey schlu(o)g, | | Gedacht ich, zu(o) fliehen wer min fu(o)g./ Was hat aber der vogt minem vatter thon?/ Hat jm die ougen vßstechen lon" (Vers 152-158). Zitate: *Ein hüpsch Spyl gehalten zu(o) Vry in der Eydgnoschafft / von dem from(m)en vnd ersten Eydgnossen / Wilhelm Thell genannt*, in: Quellenwerk zur Entstehung der schweizerischen Eidgenos-

Dem Rind eignete in dem Flugblatt von den spanischen Muggen möglicherweise eine doppelte Funktion. Es, das freilich nur im Text als Stier zu erkennen ist, in der Illustration könnte es auch eine Kuh sein, vergegenwärtigte zum einen symbolisch zusammen mit dem Ehepaar die Übertragung des Modells vom ganzen Haus in seiner ländlichen Variante – bevölkert von Hausvater, Hausmutter und Vieh – auf die Binnenkonstruktion der Eidgenossenschaft. Der kräftige, hier aber an etlichen Stellen brüchig gewordene Lattenzaun markierte den häuslichen bzw. eidgenössischen Friedensbezirk, der besonderem rechtlichen Schutz unterstand. Der Text deutete zum anderen aber auf eine eindeutig nach außen, in die feindliche Umwelt, gerichtete Perspektive, die einzunehmen vom Stier eigentlich erwartet wurde. Er jedoch, vom Jesuiten eingelullt, beachtet nicht der „welt geschäfft". So war das Rind einerseits Element einer symbolischen Manifestation des häuslich-eidgenössischen Friedensgebotes. Andererseits war es als Schweizer Stier Ausdruck eines für die Aufrechterhaltung des innereidgenössischen Normenkanons zwingend notwendigen Wehrhaftigkeitsgebotes.

Als solches erschien der Stier immer wieder. Die Titelillustration der auf 1584 datierten Handschrift *Concordia aller 13 Orthen gemeiner loblichen Eydtgenosschaft* zeigt einen Stier, um dessen Hörner sich ein Band mit den Wappen der eidgenössischen Orte windet. Wie auch in anderen Fällen, ist die Spitze eines Hornes, das für das an Habsburg verlorene Konstanz steht, abgebrochen.[53] Von Interesse ist der zur Illustration gehörige Text:

> „Es tregt der mechtig Schweitzer Stier/ Dreyzehen Orts, siens Krantzes Zier,/ In Hörnern eingeflochten:/ Löß auff den Krantz, brich ab die Horn,/ Sin Freyheit wirt gar bald verlorn,/ Drum er lang hatt gefochten".[54]

Die nunmehr gefährdete eidgenössische Freiheit als Ergebnis eines langen Kampfes ist Ausweis des Wehrhaftigkeitsgebotes. Etliche Flugschriften nahmen das Motiv des wehrhaften bzw. des eigentlich wehrhaft sein sollenden Stieres auf.[55] In der die bedrohte Einheit der Eidgenossen zum Gegenstand machenden *Comoedia von Zwietracht und Einigkeit*, die 1631 erstmals vor den Gesandten der 13 Orte aufgeführt und 1633 gedruckt wurde, wird der Stier von der Verkörperung der Fortitudo ins Feld geführt. „Herzu du grossmechtiger Stier/ Das erste Ort dir jetzt gebürt: Dieweil zum ersten unverzagt Der Thell sein leben hat gewagt/ Und sein Land von der Tyranney Errettet/ und gemachet frey". [56] Tapferkeit und Wehrhaftigkeit wurden hier explizit als Anforderungen an den Stier formuliert. Immer jedoch ordnete sich die Wehrhaftigkeit den das innereidgenössische Gefüge bestimmenden Normen des Friedens und der Eintracht unter. Sie war eine Sekundärnorm und Sekundärtugend![57]

Dieser Befund deckt sich mit der grundsätzlichen Bewertung des normativen Kanons gemeindlich-kommunalistisch dominierter Politikkulturen, wie sie Peter Blickle vorgenommen hat. Seine jüngsten Ausführungen zu den Werten und Normen jener Politikkulturen resümiert er u.a. wie folgt:

senschaft, Abt III, Bd. 2,1, hrsg. v. Max Wehrli, Aarau 1952, S. 70-99. Zu den Motiven der Frauenschändung und des Viehraubes auch: Marchal: Die ‚Alten Eidgenossen', S. 323, 332f.; Suter: Bauernkrieg, S. 431f.

53 Maissen: Eidgenossen, S. 270f.

54 Abb. ebd., S. 270. Mit unerheblichen Textmodifikationen und der Reduzierung der Stierdarstellung auf den Kopf, gleichwohl auch mit abgebrochener Hornspitze und Wappenkranz, die Titelillustration der 1586 erschienenen Flugschrift *Getreuwe Warnung vnd Vermanung an die treizehen orth Löblicher Eydgnosschafft* (Abb. Marchal: Die ‚alten Eidgenossen', S. 333, dazu auch: Guggisberg: Bild, S. 109-111, 306-308, Nr. 586WgV).

55 So die dialogisch aufgebaute Schrift Nachtbar hüet dich ‖ und ‖ Bruder weich nicht.‖ Pro & Contra ‖ oder Discurs ‖ deß ‖ Practicierenden Fuchsen ‖ und ‖ Gewahrsamen Braune Stiers' von 1628 (Guggisberg: Bild, S. 144-146, 404f., Nr. 627N).

56 Guggisberg: Bild, S. 153f., S. 366, Nr. 633CvZE.

57 Diese Aussage steht durchaus im Widerspruch zu Ergebnissen der älteren historischen und volkskundlichen Forschung sowie der Ästhetisierung des Kriegerischen in der bildenden Kunst, welche der Wehrhaftigkeit geradezu primär-konstitutiven Charakter für die Eidgenossen zusprachen. Dazu kritisch: Weishaupt, Bauern, S. 127-148; mit zahlreichen Beispielen aus der bildenden Kunst des 16. bis 20. Jahrhunderts: Hans-Christoph von Tavel: Nationale Bildthemen (Ars Helvetica, Bd. X), Disentis 1992, passim, bes. S. 113-142, auch S. 281 (Registerstichwörter ‚Wilhelm Tell' und ‚Krieger, Reisläufer, Soldaten').

„Zunächst lohnt es sich [...] festzuhalten, dass Gemeiner Nutzen, Hausnotdurft und Friede aus der bäuerlich-bürgerlichen Lebenswelt herauswachsen. Jedenfalls handelt es sich nicht um Werte, die man mühelos dem Adel zuordnen könnte. Im Gegenteil scheint der Gemeine Nutzen gegen den Herrennutzen, die Hausnotdurft gegen Repräsentations- und Luxusbedürfnisse der führenden Schichten und der Friede gegen die Fehde und die der mittelalterlichen Gesellschaft insgesamt eigene Neigung zur Gewalt durchgesetzt worden zu sein."[58]

Just dies belegt er ausführlich für die Entwicklung der politischen Kultur der spätmittelalterlich-frühneuzeitlichen Eidgenossenschaft.[59] Die fortschreitende Entfernung von den Normen der adlig-feudalen Welt hin zu einer auf jenen gemeindlichen Normen basierenden Verfasstheit wurde zum Signum schweizerischer Eigenheit.

„Indem man solche Werte in der Stadt, auf dem Land, im Tal und in der Eidgenossenschaft durch wiederkehrende Eide [...] immer wieder in Erinnerung brachte, mußte wohl die Überzeugung habituell werden, der Gemeinnutz gebe dem Zusammenleben von Menschen den eigentlichen Sinn. Mindestens im Bewußtsein war damit die ‚gewalttätige Gesellschaft' ohne Zukunft."[60]

Die von ihm zuvor formulierten Fragen „Erklärt sich die militärische Leistungsfähigkeit der Eidgenossen [...] möglicherweise daraus, daß es hier die eigene Sache zu verteidigen galt?" und „Liegt in den antifeudalen, den kommunalen Strukturen der Schweiz die tiefere Begründung für den Schweizer als erfolgreichen Krieger?" beantwortet er somit positiv.[61] Wehrhaftigkeit als Sekundärnorm und Sekundärtugend, wie sie uns in Flugschriften und Theaterstücken entgegentritt, als von der einem anderen Normenmuster folgenden Umwelt aufgezwungenes Mittel zum Zweck der Bewahrung der die Eidgenossenschaft in ihren Teilen wie in ihrer Gesamtheit bestimmenden gemeindlichen Primärnormen, fand ihre Begründung folglich in der konkreten lebensweltlichen Erfahrung.

Das Rind erwies sich als geradezu ideal, wenn es darum ging, die Komplexität und Komplementarität des eidgenössischen Normenhorizontes in einem Symbol zu vereinen. Der Stier, das männliche Rind, stand für die Notwendigkeit der Bedrohungsabwehr. Seine sehr konkrete Aufgabe fand er im Schutz des Gemeinwesens. Es ist unbestritten, dass er sowie andere Symbole und Metaphern der Wehrhaftigkeit zum beständigen schweizerischen Stereotypenkatalog gehörten. Gleichwohl firmierten der Stier und das weibliche Rind, die Kuh, sowie Milch und Käse als Normensymbole nicht gleichberechtigt nebeneinander oder genoss gar der Stier einen argumentationslogischen Vorrang. Die Kuh, die Milch und der Käse hatten das Prä. Sie orientierten auf das Eigentliche, das die Schweiz normativ von ihrer Umwelt unterschied und im Inneren organisierte: auf das Haus und dessen Auskömmlichkeit, die Hausnotdurft, sowie das damit strukturell verbundene Concordia- und Friedensgebot der sich in Freiheit zusammenfindenden Glieder der Eidgenossenschaft, wobei die Hausmetapher sowohl für die Glieder wie für das Ganze zu zeichnen geeignet war. Die Schweizerkuh bedurfte des Schweizerstiers nur, weil die Umwelt des eidgenössischen Hauses nicht ihren normativen Maßstäben folgte. Im Symbol der Kuh kristallisierte sich der Sinn der Eidgenossenschaft, nämlich die Schaffung von Einheitlichkeit in der Fülle des Möglichen in einer hochgradig sozial, ökonomisch und konfessionell segmentierten Politikkultur. In dem des Stiers der Schutz vor dem Einbruch nichtgewollter alternativer Möglichkeiten. Der Normenhorizont der Schweiz folgte damit an einer zentralen Stelle der geschlechtsspezifischen Ausformung der alteuropäischen Dichoto-

58 Blickle: Kommunalismus, Bd. 1, S. 128.
59 Peter Blickle: Friede und Verfassung. Voraussetzungen und Folgen der Eidgenossenschaft von 1291, in: Innerschweiz, Bd. 1, S. 15-202, bes. 170-202.
60 Ebd., S. 202.
61 Ebd., S. 63.

mie von Haus und Welt, in der das Weibliche auf die binnenräumliche Ordnung des Hauses ausgerichtet, das Männliche dessen Beziehung zur Außenwelt zugeordnet wurde.[62]

Freilich hat die Analogie Grenzen, denn die alteuropäische Genushierarchie in der Tradition der aristotelischen Ökonomik war gemeinhin eindeutig. Das Männliche, der Hausherr, besaß in ihr den Vorrang. In politisch-rechtlicher Hinsicht war das in der Eidgenossenschaft nicht anders. In der selbstvergewissernden Kollektivsymbolik der Schweiz manifestierte sich allerdings die Differenz zu jener Ordnung. Wie in der Struktur des Hauses und der Hausökonomie, so griff auch hier die Komplementarität der Geschlechterrollen. Unverzichtbar waren das Männliche und das Weibliche gleichermaßen. Jetzt jedoch in Umkehrung der Wertigkeit. Das Prä der Kuh, des Weiblichen, gegenüber dem Stier, dem Männlichen, im funktionalen Bezug auf das Ganze rührte aus der Zielrichtung der kollektiven Kernnormen auf die Binnenstruktur des politisch-sozialen Konstruktes der Eidgenossenschaft her.[63] Diese verstand sich als sich selbst genügend. Das vom 16. bis zum 18. Jahrhundert allfällige Räsonnieren gegen die verderblichen äußeren Einflüsse, von denen man sich fernzuhalten habe, wolle man die Eidgenossenschaft bewahren, ist Ausweis solchen Selbstverständnisses. Dem Haus als idealiter autarker Einheit entsprach die ideale Schweiz in ihrer Gesamtheit. Noch Gotthelfs Wettern gegen das Einbrechen der vermeintlich wesensfremden Versuchungen des Marktes in die intakte Talgemeinschaft folgte aus dieser Sicht auf sich selbst.

Die Kuh, die Milch und der Käse – kurz die Schlüsselfunktion des Weiblichen für die Auskömmlichkeit des Hauses und das Eigensein, den Eigensinn der Schweiz – konnten sich freilich nicht vom Stier trennen. Es bestand und besteht die Notwendigkeit, sich mit der Umwelt auseinander zu setzen, indem man vorgibt, sich von ihr abzusetzen, und sich gleichzeitig permanent mit ihr einlässt, sei es früher in Gestalt des alteidgenössischen Solddienstes für auswärtige Mächte, sei es in jüngerer Vergangenheit und der Gegenwart in Gestalt der Nummernkonten für auswärtige Potentaten, welche den von der Kuh verkörperten Idealen in keiner Weise entsprachen und entsprechen. Dass es in der Gegenwart gerade die Kräfte des internationalen Marktes sind, welche die Kuh und die Milch in ihren Verarbeitungsformen als ‚Schoki' und Löcherkäse zu Ikonen des Schweizerseins stilisieren, demonstriert nachdrücklich die Kapitulation davor, dass Bartel den Most politisch-sozialer Wirkmächtigkeit schlussendlich doch nicht in der Sphäre der idyllisierenden Selbstisolation holt. Schade eigentlich!?[64]

62 Mit zahlreichen Belegen dazu: Dieter Schwab: Art. *Familie*, in: Geschichtliche Grundbegriffe. Historisches Lexikon zur politisch-sozialen Sprache in Deutschland, hg. v. Otto Brunner, Werner Conze, Reinhart Koselleck, Bd. 2, Stuttgart 1975, S. 258-271; Maria-Theresia Leuker: ‚*De last van 't huys, de wil des mans...*'. Frauenbilder und Ehekonzepte im niederländischen Lustspiel des 17. Jahrhunderts, Münster 1991, S. 14-21, 27-31.

63 Dieses Argument wird gestützt durch Ausführungen von Maissen: Eidgenossen, S. 280-282, zur Helvetiagestalt als weiblicher Staatspersonifikation der Eidgenossenschaft, die seit ca. 1670 anzutreffen ist.

64 Dieser mit einem Fragezeichen versehene Zwischenruf mag dadurch unterstrichen werden, dass der Artikel am 27.1.2002 vollendet wurde, dem Tag, an dem man in Aachen, einem Gedächtnisort, dessen Konnotationen zwischen imperialer Größe und europäischer Einigung oszillieren, dem Berliner Botschafter der Eidgenossenschaft den Karnevalsorden ‚Wider den tierischen Ernst' verlieh.

„Sie haben sich durch ihre Schlechtigkeit selbst überlebt“

Barthold Georg Niebuhr und die Perser der Antike[1]

Josef Wiesehöfer

Einleitende Bemerkungen

> „Zu den eigenthümlichen Zügen der Perser in alten Zeiten gehört eine höchst geschmeidige Knechtschaft und Unterwürfigkeit; nie ist der Perser ein freier und stolzer Mann gewesen, sondern es ist der größte Unterschied zwischen Persern und Arabern, und selbst zwischen den Persern und den Kurden, die stammesverwandt sind. Der Kurde ist stolz, gradezu, fügt sich nicht in den Despotismus und frägt nur nach der Freiheit des Lagers: der Perser dagegen ist durchaus knechtisch mit einer großen Anmuth und Zierlichkeit; er hat keinen andern Begriff als daß er Sklave oder Schah ist. (...) Was Karl der Große für das Abendland war, das ist Alexander für den Orient: neben dem Rustam ist er der Hauptheld der persischen Märchen und Romane. Auch für uns hat er eine außerordentliche Bedeutung dadurch, daß er der ganzen Welt eine neue Gestalt gegeben hat. Er hat begonnen was jetzt vollendet werden wird trotz aller Hindernisse, die Herrschaft Europa's über Asien. Er hat zuerst die Europäer siegreich in den Orient geführt. Asien's Rolle war zu Ende, und es war zur Dienstbarkeit unter Europa bestimmt."[2]

Dieses Zitat aus den vom Sohne Marcus herausgegebenen Nachschriften der 1826 sowie 1829/30 gehaltenen Bonner Vorlesungen Barthold Georg Niebuhrs („Alte Geschichte nach Justins Folge“) verstört den heutigen Leser in mehrfacher Hinsicht: Erstens scheint es in Widerspruch zu stehen zu der dem Vortragenden zugewiesenen Rolle als Begründer der modernen, empirischen Geschichtswissenschaft; zweitens verwundert, dass ausgerechnet die Niebuhr'sche Form der Universalgeschichte so einflussreich gewesen sein soll; drittens schließlich sind die ‚Orientbilder‘ von Carsten und Barthold Georg Niebuhr kaum miteinander zu vereinbaren, obgleich an der Wertschätzung des Sohnes für den Vater kein Zweifel besteht.

Die folgenden Ausführungen werden versuchen, Barthold Georg Niebuhrs Bild der antiken Perser (als Prototypen der ‚Orientalen‘) sowie seine Genese zu ergründen,[3] für den diesbezüglichen familiären Gegensatz eine Erklärung zu finden und schließlich Niebuhrs Stellung in der Geschichte der Universalhistorie zu beschreiben.

Die Geschichte des Orients bei Barthold Georg Niebuhr

Obgleich die Römische Geschichte (der Frühzeit und Republik) immer im Mittelpunkt seines Interesses stand, hat sich Barthold Georg Niebuhr immer wieder auch mit Themen der Ge-

1 Der Autor hat bei der Abfassung dieses Artikels in besonderer Weise von den Arbeiten Gerrit Walthers (Frankfurt) und Jürgen Osterhammels (Konstanz) profitiert.
2 Niebuhr, B.G., *Vorträge über Alte Geschichte*, Bd. 1, Berlin 1847, 154; Bd. 2, 1848, 418.
3 Ein besonderer Blick sei dabei noch auf die historische Rolle Alexanders d.Gr. geworfen.

schichte und Kultur des vorislamischen und vor allem des islamischen Orients und Afrikas beschäftigt.[4] Den Stellenwert der Geschichte des Alten Orients sowie Anlage, Ziel und Methode seines Ganges durch die nicht- bzw. vorrömische antike Geschichte hat er dabei vor allem in seinen Bonner Vorlesungen der Jahre 1826 und 18290/30 ausführlich begründet.[5] Die Geschichte Chinas, Japans und Afrikas, der eigentlich „ein Platz in der alten Geschichte" gebühre, scheide er aus zeitökonomischen, aber auch methodischen Gründen aus;[6] die übrige Weltgeschichte werde – gemäß „philologischer", nicht „theologischer Disposition"[7] – auf das „griechische und römische Alterthum" ausgerichtet. Dessen Geschichte sei in die römische und die nichtrömische Geschichte zu unterteilen, wobei letztere alles umfasse, was sich auf die Griechen beziehe, „also auch die Stufen, welche den Völkerzuständen zuvorgingen, die in der griechischen Geschichte zum Vorschein kommen: so z.B. die Geschichte der Babylonier, Assyrier, Meder, Ägypter, Skythen wegen ihres Verhältnisses mit Persien; ebenso alle Völker, die nicht in einer unmittelbaren Beziehung zu der römischen Welt standen."[8] In der Nachfolge Iustins bzw. des Pompeius Trogus, der in augusteischer Zeit die Geschichte der „Nationen" bis zu ihrem Aufgehen im Imperium Romanum dargestellt hatte[9], versteht Niebuhr dabei die nichtrömische Geschichte als eine notwendige Ergänzung der römischen, die die ganze Welt „überschattet."[10]

Obgleich Niebuhr zeitlebens immer wieder auf Fragen der Griechischen Geschichte einging[11] und seine Vorlesungen zur „nichtrömischen" Geschichte auf großes Interesse stießen, blieb doch dieser die Geschichte Roms ‚ergänzende' Charakter Griechischer Geschichte letztlich kennzeichnend für seine Geschichtsbetrachtung. Die Geschichte der nichtgriechischen

4 Bereits 1796 hatte Niebuhr ein Studium der persischen Sprache begonnen, um die in Oxford befindlichen persischen Handschriften zu erforschen und eventuell sogar eine „Bibliotheca Persica" zu begründen (*Die Briefe Barthold Georg Niebuhrs*, hg. v. Gerhard, D./Norvin, W., Bd. 1, Berlin 1926, 125f; Lebensnachrichten über Barthold Georg Niebuhr aus Briefen desselben und aus Erinnerungen einiger seiner nächsten Freunde, hg. v. Hensler, D., Bd. 1, Hamburg 1838, 156-162). 1802/03 führte er u.a. folgende Arbeitsvorhaben auf: „... eine auszügliche Übersetzung *Elwakidi's*; ... das Reich der Khalifen" (Lebensnachrichten, I 248). Die Übersetzung eines Teils von (Pseudo-)*Wāqidīs Futūḥ al-Islām bi-bilād al ʿAǧam wa ʾl-Ḫurāsān* eines Tendenzwerks aus der Kreuzfahrerzeit, ursprünglich ein Geburtstagsgeschenk für seinen Vater (Lebensnachrichten, I 276f.), erschien, obgleich bereits 1802 entstanden, erst 1847 in Hamburg (*Geschichte der Eroberung von Mesopotamien und Armenien*, aus dem Arabischen übersetzt von B.G.N., hg. v. A.D. Mordtmann). 1810 schließlich nahm Niebuhr erneut das „Studium des Arabischen" auf und plante eine Reise nach Kopenhagen, um „die dortigen arabischen Handschriften" einzusehen, besonders eine Chronik, die ihm Aufschluss über den „Anfang der Mohammedanischen Staaten" geben sollte (Briefe, Bd. 2, Berlin 1929, 123). Ab 1805 war auch der Briefwechsel zwischen Vater und Sohn mit zahlreichen orientalischen und afrikanischen Themen befasst (Walther, G., *Niebuhrs Forschung* (Frankfurter Historische Abhandlungen, 35), Stuttgart 1993, 127 Anm. 3).

5 Die Vorlesung wurde zunächst im Sommer 1826, dann, in deutlich erweiterter Form, noch einmal im Winter 1829/30 und Sommer 1830 gehalten.

6 Niebuhr, B.G., Vorträge, I 4f.6.

7 Die philologische Disposition charakterisiert er dabei folgendermaßen: „Die Disposition, die ich die philologische nenne, bezieht sich darauf, daß wir die alte Geschichte hauptsächlich als einen Bestandtheil der Philologie, als eine philologische Disciplin, als ein Mittel der Interpretation und der philologischen Kenntnisse betrachten. Aus diesem Gesichtspuncte stellen sich die Nationen, deren Literatur die sogenannte classische ist, in den Vordergrund und bilden den Anknüpfungspunct; die übrigen treten mehr zurück und stellen sich in Beziehung auf jene." Demgegenüber begreift nach Niebuhr die „theologische Disposition" die Weltgeschichte als Geschichte der Umwelt des jüdischen Volkes; sie sollte deshalb in Vorlesungen der Theologen ihren Platz haben (Ib., 5f.).

8 Vorträge, I 7.

9 Die Vorlesung wurde für das Wintersemester 1829/30 unter folgendem Titel angekündigt: *Historia aevi antiqui, eo ordine iisque limitibus qui in Justini libris servantur.*

10 „Denn die römische Geschichte erscheint in ihren Uranfängen mit der des übrigen Alterthums nur durch schwache Fäden verknüpft; diese Fäden verstärken sich dann zu mächtigen Wurzeln im Erdboden anderer Nationen, und endlich wächst sie zu einem solchen Umfange heran, daß in ihrer Größe alle übrigen Geschichten des Alterthums endigen, die griechische, macedonische (in die schon die asiatische und ägyptische übergegangen waren), die carthaginiensische; sie nimmt die Urgeschichte unserer Vorfahren mit auf. Die römische Geschichte überschattet die ganze Welt." (Ib., 6f.).

11 Vgl. die Zusammenstellung bei Christ, K., *Hellas.* Griechische Geschichte und deutsche Geschichtswissenschaft, München 1999, 12f.

Kulturen wiederum wird in den Bonner Vorträgen zwar nicht explizit zu einer Vorgeschichte Griechenlands degradiert,[12] ist aber ausschließlich auf sie bezogen und wird nicht um ihrer selbst willen behandelt (s.u.).

Da zu Niebuhrs Zeiten der Alte Orient noch immer der Orient der Bibel und der griechischen Autoren war, die Entzifferung der Keilschrift und die archäologische Forschung vor Ort noch in ihren Kinderschuhen steckten, war den Historikern neuen Typs in Europa, selbst wenn sie ihn gewünscht hätten, noch kein wirklich gelehrter Dialog mit den orientalischen Kulturen selbst möglich.[13] Wie in seinen (übrigen) Schriften, versucht Niebuhr deshalb auch in den ‚orientalischen' Teilen seiner Vorlesung „Geschichte mit einer Darstellung zu rekonstruieren, in der die Analyse des Quellenmaterials [hier der ‚orientalischen' Nachrichten von Autoren wie Berossos, Herodot, Ktesias und Xenophon und den Alexanderhistorikern, J.W.] mit der Erzählung der Ereignisse verbunden ist."[14] Gelegentlich kommt – was Persien betrifft – auch die spätere iranische Tradition (Firdausī etc.) in den Blick, wird aber – nach dem Muster der „Römischen Geschichte" – als verformte mündliche oder späte Überlieferung charakterisiert (und ausgeschieden).[15] Was die archäologischen Zeugnisse angeht, erscheint das vom Vater so geschätzte Persepolis[16] als – schließlich von Alexander teilzerstörte[17] – persische Residenz, als deren Erbauer Dareios vermutet wird[18]; an anderer Stelle wird der Platz als angeblicher Begräbnisort Kyros' d. Gr. mit Pasargadai verwechselt.[19]

Wie alle Arbeiten Niebuhrs sind auch seine Vorlesungen zur nichtrömischen Geschichte methodisch dadurch geprägt, dass historische Parallelen und Analogien, d.h. ein „Vergleich des Betrachteten mit bereits bekanntem Ähnlichem" letztlich die Eigentümlichkeit eines Individuums oder Phänomens offenbaren sollen.[20] Hin und wieder sind auch Schlussfolgerungen zu beobachten, die er mit der Autorität eines Sachverständigen *in rebus politicis et oeconomicis* vorträgt. Nicht zuletzt über die Angemessenheit solcher Vergleiche[21] und Schlüsse im Zusammenhang des Niebuhr'schen Perserbildes ist nun zu reden.

12 „Der Mittelpunkt dieser Darstellung ist das griechische und römische Alterthum, und selbst die Geschichten des jüdischen Volkes und die unserer Vorfahren treten nur so auf, wie sie in Beziehung zu dem classischen Alterthume stehen. Sie werden also hier untergeordnet werden müssen, aber nur dem Gesichtspuncte nach, ohne daß sie deshalb an Wichtigkeit nachzustehen brauchen." (Vorträge, I 6).

13 Immerhin hat Niebuhr bereits die Entzifferungsarbeit wohl wollend zur Kenntnis genommen (vgl. Vorträge, I 120). - Zu den Anfängen der Wissenschaften vom Alten Orient vgl. Wiesehöfer, J., *Ausbau des Schriftbezugs als Fortschritt der Wissenschaft: Die Entzifferung der Keilschrift* (FernUniversität-Gesamthochschule Hagen, Einführungskurs in die Ältere Geschichte, 9), Hagen 1987.

14 Nippel, W., „Niebuhr, Barthold Georg, Staatsmann, Historiker", DEUTSCHE BIOGRAPHISCHE ENZYKLOPÄDIE 7, 1998, 403.

15 Vorträge, I 120f.

16 „Das Bild dieser Ruinen blieb ihm sein Lebelang unauslöschlich, sie waren für ihn das Juwel von allem, was er gesehn." (Niebuhr, B.G., "Carsten Niebuhrs Leben (1816)", ders., *Kleine historische und philologische Schriften. Erste Sammlung*, Bonn 1828, 31).

17 Niebuhr schließt – wohl auf der Grundlage des Reiseberichts seines Vaters – aus dem angeblichen Nichtvorhandensein von Brandspuren in den Palästen auf der Terrasse darauf, Alexander habe allein „die Stadt der Perser...die nahe bei lag" eingeäschert (Vorträge, II 470f.).

18 Vorträge, I 197.

19 Vorträge, I 139 und Anm. 1.

20 Walther, Forschung, 194.

21 Zu Recht ist Walther – für die zweite „Römische Geschichte" – zu folgendem Schluss gekommen: „Gerade weil N. jeden einzelnen Sachverhalt durch Analogien mit ähnlichen Phänomenen bei verschiedenen Völkern alter und neuer Zeit aufzuhellen, gerade weil er alle Parallelen auszuschöpfen und gerade weil er jedes Detail in all seinen politischen Bezügen auszudifferenzieren sucht, verschwindet das konkrete Einzelne in seinem mächtigen Bezugssystem. So betont dieses Verfahren – wohl gegen N.s Absicht – letztlich nicht das Individuelle, sondern das Archetypische, Grundsätzliche, Prinzipielle eines jeden Phänomens." (Forschung, 572).

Das Bild der Perser bei Barthold Georg Niebuhr

„Merkwürdig ist diese Biographie der Sitten, des Treibens und Handelns [Plutarchs *Vita des Artaxerxes*, J.W.] im Orient wegen, und wir sehen daraus, daß es keiner tiefen Blicke in den Orient bedarf, um ihn zu begreifen. Wer die Geschichte der Sofis und der mongolischen Könige gelesen hat, dem drängt sich die Bemerkung auf, wie er im Plutarch ganz dasselbe findet, mit einigen Ausnahmen welche die mohammedanische Religion hervorgebracht hat, und liest man die Geschichte der Hindu= und Mahratten-Regierungen, so findet man darin ganz das Gemälde des persischen Hofes. Es ist der sultanische Despotismus ganz dem europäischen Typus, wie er durch die Griechen begründet wurde, entgegengesetzt. Ausnahmen darin machen in geringem Grade, so lange noch der Enthusiasmus des Islam bestand, die erste Zeit der Chalifen, aber schon unter den Ommajaden zeigt sich jenes orientalische Wesen, und unter den Abbassiden, welche gut anfingen, trat es endlich in seinem größten Umfange hervor. Nicht leugnen können wir, daß er sich auch in die byzantinische Geschichte eingeschlichen hat und die westlichen Dynastieen der Morabethen, Edrisiden u.s.w. zeigen das nämliche Schauspiel."[22]

Niebuhrs Darstellung der Geschichte des Achaimenidenreiches im Rahmen der Vorlesung zur Griechischen Geschichte orientiert sich, wie bereits betont, an der diesbezüglichen griechisch-römischen Überlieferung. Obgleich er deren Aussagewert bei vielen Gelegenheiten mit Methoden subtiler Quellenkritik zu erhellen imstande ist, verstellen ihm grobschlächtige und simple Klischees nicht nur den vorurteilsfreien Blick auf die Nachbarn der Griechen im Osten, sondern zugleich auf die Eigenheiten und die Wirkabsichten der Zeugnisse selbst. Dies zeigt sich in exemplarischer Weise in Niebuhrs Nutzung Herodots für die Geschichte der achaimenidischen Frühzeit.[23] Dank seiner Leitfrage nach der Zuverlässigkeit antiker Quellenauswahl und seiner philologisch-historischen Kompetenz durchaus in der Lage, die Historizität vieler herodoteischer Angaben zu ergründen[24], lassen ihn doch das Messen Herodots an den Maßstäben ‚moderner' kritischer Geschichtsschreibung[25] und eigene unhinterfragte Konzepte, wie das der „orientalischen Despotie" und das des unveränderlichen orientalischen „Nationalcharakters", die Grundzüge und die feinen Nuancen des Weltbildes des Halikarnassiers übersehen, das den schroffen Gegensatz zwischen Orient und Okzident gerade nicht kennt[26]: Die herodoteischen Perser als Träger eines Weltreiches von bislang ungekannten Dimensionen sind nämlich nicht etwa von Natur aus den Griechen physisch oder charakterlich unterlegen; sie sind vielmehr gerade dank ihrer einfachen Lebensweise, der naturhaften Formen ihres religiösen Lebens und ihrer spezifischen Sitten und Gebräuche zur Begründung dieser Weltherrschaft in der Lage gewesen. Allerdings ist ihr Schicksal als Untertanen eines Monarchen entscheidend von dessen sittlichen Qualitäten abhängig. Den Verlockungen der Macht, die Herodots Welt bestimmen, können sich auch die Perserkönige nicht entziehen; sie

22 Vorträge, II 375f.

23 Zur Wirkungsgeschichte Herodots in Deutschland vgl. man Kipf, S., *Herodot als Schulautor*. Ein Beitrag zur Geschichte des Griechischunterrichts in Deutschland vom 15. bis zum 20. Jahrhundert, Köln/Wien/Weimar 1999.

24 Dies lässt sich, neben vielem anderen, besonders gut an Niebuhrs Kritik der herodoteischen Heereszahlen festmachen; man vgl. etwa Vorträge, I 403 u.ö.

25 „Vorträge, I 205: „Der erste eigentliche wahre Historiker nach unserem Begriff ist Thukydides in jeder Hinsicht..." Herodot erscheint Niebuhr dagegen in dieser Hinsicht sogar hinter seinen ionischen Vorläufern zurückzustehen. Abwertend nennt er ihn dann auch den „Logograph(en) von Halikarnaß" (Ib., 388). Besonders kritisiert Niebuhr Herodots (angebliche) Abhängigkeit vom Epiker Choirilos (Ib., 387) und von historisch unzuverlässiger Volksüberlieferung (Ib., 408). Dagegen schätzt er die Zuverlässigkeit der ‚ethnographischen' Teile des Werkes und die Schönheit und Anmut der erzählerischen Darstellung (Ib., 191).

26 Dass Niebuhr Herodot mit Maßstäben ‚moderner' Quellenkritik misst und darüber die herodoteische Wirkabsicht und Weltsicht verloren gehen, verbindet ihn noch mit manchem heutigen Altertumswissenschaftler.

sind so groß, dass selbst die Stimmen der klugen Warner in der Umgebung der Könige dagegen nicht ankommen und die Herrscher dazu verleitet werden, die Unheil ankündigenden Traumgesichte falsch zu deuten. Zum Machtverzicht sind die Könige Herodots schon gar nicht in der Lage, und es scheint auch so, „als sei im Schatten der Mächtigen auf Dauer kein Leben in Gerechtigkeit und Freiheit möglich."[27] Auch die siegreichen Athener in den *Historien* kennzeichnet diese Ambivalenz: Da stehen sich verhängnisvolle Bereitschaft zum Risiko und vorbildhafter Bürgermut, Aufopferungsbereitschaft und eine Geneigtheit, Stimmungen nachzugeben, gegenüber, laufen die Sieger von Marathon und Salamis schließlich sogar Gefahr, die Perser mit ihrer unverhüllten Machtpolitik nachzuahmen.

Niebuhrs Perser und ihre Könige dagegen sind kaum als Individuen auszumachen; tragen erstere „Nationalzüge", die zwar in Grenzen modifizierbar sind, aber das Volk insgesamt und über historische Epochen und Zäsuren hinweg prägen[28], folgen letztere, nachdem der Erste von ihnen dem „orientalischen Despotismus"[29] verfallen ist, diesem ‚Vorbild'. Individualität wird bei den Großkönigen allein durch den Grad despotischen Verhaltens oder das Maß der Ausprägung orientalischer Charakterzüge bestimmt. Ein genauerer Blick auf Niebuhrs Darstellung vermag beides zu veranschaulichen. Zunächst zu den Persern: Obgleich ursprünglich „ein selbst gegen ihren König höchst freies Volk", werden sie zu Knechten ihrer Könige, die ihre neugewonnene Macht dazu nutzen, „die Perser eben so unterthänig wie die andern (zu) behandeln, und so kam es dahin, daß die Perser in der letzten Zeit alle ihre Freiheit verscherzten."[30] Was solche Knechtschaft letztlich bedeutet, erläutert Niebuhr am Beispiel der erfolglos rebellierenden Lyder: „Die Waffen wurden ihnen genommen, und sie wurden darauf angewiesen, bloß ihren Wohlstand zu heben. Ist das aber das Einzige was ein Volk hat, so ist es verloren. Was Herodot erzählt von der Veränderung der Sitten ist nichts als das Resultat jener Verordnung."[31] Zum „Nationalcharakter" der alten Perser, der diese mit den zeitgenössischen Bewohnern Irans, aber auch mit den ‚Orientalen' aller Epochen verbindet, zählen für Niebuhr Eigenschaften wie Trunksucht[32], Grausamkeit[33], Niedertracht[34], aber etwa auch Unbeholfenheit

27 Bichler, R., *Herodots Welt*, Berlin 2000, 108.

28 Vorträge, I 153f.: „Die Züge des persischen Charakters sind darin außerordentlich treu und für die historische Grundlage sehr merkwürdig; es zeigt sich darin der Perser der damaligen Zeit gerade so wie der der heutigen. ... Dies ist ein sehr merkwürdiger Umstand, der andeutet, wie die Nationalzüge sich oft durch ganz andere Ursachen als durch äußere z.B. das Klima modificiren, wie nicht diese allein auf die Charakterbildung der Nation wirken, sondern auch Religion und Lebensweise." Im Anschluss folgt das Eingangszitat dieses Artikels. – „Racen" oder Sprachen hält Niebuhr im Übrigen nicht für unveränderliche biologische Konstanten: Tausch der Sprache und Änderungen in der „physische(n) Gestalt der Völker" (Augenfarbe, Haarfarbe etc.) sind für ihn häufig beobachtbare historische Phänomene (Ib., 259-262).

29 Zur Geschichte des Konzeptes vom „orientalischen Despotismus", das im Zeitalter Napoleons zur „Rechtfertigung eines Befreiungsimperialismus" dient, vgl. Osterhammel, J., *Die Entzauberung Asiens,* München 1998, 271-309.

30 Vorträge, I 122f.

31 Ib., 126.

32 Ib., 154 (anlässlich der von Herodot überlieferten Trunksucht des Kambyses): „Der Trunk ist ein eigenthümliches, recht einheimisches Laster bei den Persern, bis heute ungeachtet der mohammedanischen Religion. Keine Nation ist mehr zum Trunke geneigt..." Die herodoteischen Anekdoten zum Wahnsinn des Kambyses werden von Niebuhr ausdrücklich für glaubhaft gehalten.

33 Ib., I 154: „Dabei sind die Perser ausnehmend grausam, besonders zeigen sie sich so in den Strafen, die sie ersinnen, in den Martern, auf die sie raffiniren, ... und so zeigen sie sich noch bis auf den heutigen Tag." Vgl. ib., II 221 („Es gibt ein Prachtwerk von chinesischen Folter= und Todesstrafen, aber die Perser gaben ihnen nicht viel nach") und 376 („Artaxerxes gehörte an sich nicht zu den Tyrannen, aber weil er ein bloßer Orientale war, so ist seine Geschichte voll von den größten Grausamkeiten, die begangen werden als Sachen die sich gleichsam von selbst verstehen. Strenge Gerichte, Urtheile sind in Persien Äußerung der Willkür, der Despotie").

34 Ib., I 168 (zur Eroberung von Babylon durch die List des Zopyros): „Darius gewann die Stadt, heißt es, durch den aufopfernden Verrath des Zopyrus, der sich um ihm zu dienen sein Gesicht verstümmelte, zu den Babyloniern als Überläufer kam, ihr Zutrauen gewann und sie verrieth: eine Handlung der höchsten Schändlichkeit und Niederträchtigkeit, aber ganz charakteristisch für morgenländische Sitte und Gesinnung."

und Indolenz[35], Trägheit[36], Einfalt und Fatalismus[37]. Wichtiger aber noch: „Knecht des Königs" zu sein, ist bei den Persern keine Schande, „denn der Morgenländer ist stolz darauf Sklave zu sein."[38] Niebuhrs Überzeugung, die persischen „Nationalzüge" zu kennen und entsprechend in den Berichten der Alten aufdecken zu können, steht seiner kritischen „historischen Philologie" im Wege; sie verstellt ihm nicht nur den Blick für antike Topoi und Fremdenstereotype,[39] sondern etwa auch den für die spezifisch herodoteische Sicht von Geschichte.

Niebuhrs Perserkönige sind Prototypen orientalischer Despoten, zugleich aber auch Gefangene ihres eigenen Regiments: Durch Machtfülle, Luxus und die Laster der Hofhaltung verdorben – Krankheiten, die auch andere Personen im Umkreis des Herrschers infizieren können[40] –, bestimmen Wollust[41], Treulosigkeit[42], Zwietracht und Grausamkeit ihr und ihrer Satrapen Verhalten; Milde entpuppt sich als Schwäche[43], Frauen und Eunuchen nehmen unheilvollen Einfluss auf den König.[44] Der „orientalische Despotismus" bestimmt aber nicht nur das Verhalten von Königen und Untertanen, er behindert auch die Reichseinheit[45] und ver-

35 Ib., I 376 (zur athenischen Gesandtschaft nach Sardeis 507 v.Chr.): „Die Athener suchten schon sich in freundschaftliche Beziehungen mit dem Statthalter zu setzen, aber sie wurden insolent behandelt, und gereizt entschlossen sie sich nun es auf das Äußerste ankommen zu lassen. Dazu kam die barbarische Unbeholfenheit der Perser, ihre Indolenz die langsam herankommen ließ, was sie für sicher hielten..."

36 Ib., I 421 (zu den Persern nach Salamis): „Der Geist des Orients und die ganze Nichtswürdigkeit des orientalischen Despotismus zeigt sich in der Art wie die Perser den Krieg fortsetzten. Es kam ihnen nicht in den Gedanken die verlorene Ehre wieder zu gewinnen, sondern sie ließen es darauf ankommen, wie die Griechen den Krieg fortsetzten, und beschränkten sich darauf einen schlaffen Vertheidigungskrieg zu führen ohne alle Anstrengung, wie ohne Schmerz über das Verlorene."

37 Ib., II 220 (zu Dareios' II. Thronbesteigung): „So schlau die Morgenländer sind, so ist dennoch nichts häufiger als daß sie sich von denen bestricken lassen, deren Absicht ihnen ganz klar vor Augen liegt. ... Sie haben fast Recht an Fatalität zu glauben, weil sie sich bei ihnen so sehr äußert."

38 Ib., II 383.

39 Zum griechischen Fremdenbild liegen inzwischen zahlreiche vorzügliche Studien vor: Raeck, W., *Zum Barbarenbild in der Kunst Athens im 6. und 5. Jahrhundert v.Chr.*, Bonn 1981; Miller, M., *Athens and Persia in the 5th Century B.C.*, Cambridge 1997; Bäbler, B., *Fleißige Thrakerinnen und wehrhafte Skythen*: Nichtgriechen im klassischen Athen und ihre archäologische Hinterlassenschaft, Stuttgart, 1998; Hölscher, T., „Feindwelten – Glückswelten: Perser, Kentauren und Amazonen", ders. (Hg.), *Gegenwelten zu den Kulturen Griechenlands und Roms in der Antike,* München/Leipzig 2000, 287-320. – Hall, E., *Inventing the Barbarian*, Oxford 1989; Georges, P., *Barbarian Asia and the Greek Experience*, Baltimore 1994; Tuplin, Ch., *Achaemenid Studies*, Stuttgart 1996; Bichler, R., *Herodots Welt*, Berlin 2000; Hutzfeldt, B., *Das Bild der Perser in der griechischen Dichtung des 5. vorchristlichen Jahrhunderts,* Wiesbaden 1999. – Schmal, S., *Feindbilder bei den frühen Griechen*, Frankfurt 1995; Gehrke, H.-J., Gegenbild und Selbstbild: Das europäische Iran-Bild zwischen Griechen und Mullahs", Hölscher, T. (Hg.), Gegenwelten ..., 85-109; Wiesehöfer, J., Ancient Persia, London ²2001.

40 Vorträge, II 386 (zu den griechischen Söldnerführern Memnon und Mentor): „Diese beiden Brüder aber fanden hier alle Befriedigung für ihren ruchlosen, verwilderten Sinn, wie griechische Gesetze ihn nicht gewährten. Sie hatten vollkommene Aehnlichkeit in Hinsicht der Tüchtigkeit und moralischen Achtungswürdigkeit mit den liguistischen Führern im dreißigjährigen Kriege; sie waren Griechen, aber nicht um ein Haar besser als die Barbaren damals, als die Perser."

41 Ib., II 216: „Aus Herodot kennen wir Xerxes als thörichten, prahlerischen Menschen. Nach der Schlacht bei Salamis lebte er seinen Lüsten, ganz unbekümmert um sein Reich und regierte noch ungefähr fünfzehn Jahre, ohne daß sich weiter etwas Namhaftes zutrug."

42 Ib., II 384: „Diese Empörungen [die Satrapenaufstände des 4. Jh., J.W.] sind darin charakteristisch, daß sie die entsetzlichste Depravation zeigen, Verräthereien, wobei uns schaudert, keine Ehre und Treue."

43 Ib., II 395 (zu Dareios III.): „Er hat in der Geschichte eine günstige Meinung. Ich sehe aber nicht ein, daß er etwas gethan, wodurch dieser Ruf gerechtfertigt wäre: er hat nicht gewußt die Kräfte seines ungeheuren Reiches gegen Alexander zu gebrauchen. ... Aber mit einem gefallenen Fürsten verbindet sich ein wehmüthiges Andenken, und dies wird dadurch vergrößert, daß er menschlich war. Von ihm wird keine einzige Handlung der Grausamkeit erzählt, die sonst auch bei den besten Orientalen sich findet, die selten Menschen anders als Insekten betrachten."

44 Ib., II 222: „Das größte Unglück entsprang aber dem Darius aus seiner eigenen Familie, durch die Hände verruchter Weiber." – Vgl. II 386 (zum Eunuchen Bagoas): „ein grausames unmenschliches Ungeheuer, wie der der das persische Reich am Ende des 18. Jahrhunderts wieder herstellte, der Eunuch Achmed Mehemed Chan..."

45 Ib., I 159 (zu den Reformen Dareios' I.): „Darius theilte das Reich mit möglichster Ordnung nach einem regelmäßigen Systeme ein, und ordnete es zu einem Staate, so weit es nach den Verhältnissen des orientalischen Despotismus möglich war dem Lande eine Gestalt zu geben." – Zur Rolle der ‚Bergvölker' vgl. II 379.

führt zu einer Außenpolitik ohne jedes rechte Maß, zum willkürlichen Wechsel der Herrschaftsprinzipien und -mittel.[46]

Was Niebuhrs Urteil über einzelne Großkönige angeht, so schwimmt er nicht mit dem Strome: Anders als die meisten antiken Autoren, Zeitgenossen und gelehrten Nachfolger ist bei ihm Artaxerxes II. „unter den persischen Königen (...) der Beste; ja sogar zeigt er in seinem Benehmen gegen seinen Bruder etwas für einen persischen König ungewöhnlich Freimüthiges und Großmüthiges“[47]; dagegen gibt es keinen Grund, seinen ansonsten hoch geschätzten Bruder Kyros mit seiner Rebellion „für besser zu halten als irgend einen anderen orientalischen Fürsten gewöhnlicher Art“.[48] Es überrascht auch, dass Niebuhr den – unter Artaxerxes III. „durch Gold und griechische Miethstruppen“ nur vorübergehend aufgehaltenen – Niedergang des Reiches nicht bereits mit Xerxes, sondern erst mit Artaxerxes II. beginnen lässt.[49] Weiterhin erstaunt – bei aller Kritik an den persischen Angriffen auf Griechenland und aller Hervorhebung der Verdienste Athens – die ‚sachliche‘ Art der Darstellung der Perserkriege, die sich wohl tuend von der Hegels und seiner Epigonen abhebt.[50] Dass Persien bei Niebuhr in den athenischen Kämpfen gegen Philipp II. von Makedonien als das kleinere Übel erscheint, dass er die persischen Hilfsgelder für Demosthenes rechtfertigt, kann dagegen – angesichts von Niebuhrs Vorliebe für die griechische Polisordnung (und die Unabhängigkeit Athens) – nicht verwundern.

Niebuhrs Bild Alexanders des Großen[51]

Eine herausragende Rolle in Niebuhrs Darstellung „nichtrömischer“ Geschichte spielt Alexander d. Gr., dessen welthistorische Bedeutung und auf lange Sicht positive Wirkung[52] er unterstreicht. Diese Anerkennung führt ihn jedoch nicht dazu, Alexanders Taten, d.h. die von ihm gewollte und umgesetzte Politik, zu rechtfertigen. Im Gegenteil, der Makedonenkönig erfährt vernichtende Kritik: wegen seines unmoralischen Lebenswandels[53], wegen seines Glaubens an die Gleichwertigkeit der Orientalen[54] und wegen des von ihm herbeigeführten Endes

46 Ib., II 389 (zur persischen Art, die Traditionen der unterworfenen Völker zu respektieren und zur Brutalität des phoinikischen Aufbegehrens gegen die Perser): „Man nimmt es als eine Milderung der Herrschaft barbarischer Völker an, daß sie sich in die innere Regierung gebildeter Völker die ihnen unterworfen sind nicht mischen, sondern sich damit begnügen wenn sie nur die Oberherrschaft haben. Und allerdings trägt dies zur Erhaltung der Originalität solcher Völker, zur Erhaltung aller Sitten und Gesetze bei. Aber es ist eine große Frage für unbefangene Erörterung, ob dieser Vortheil den Nachtheil aufwiege. Durch Roheit, plötzliches übermächtiges gewaltsames Eingreifen, despotisch und persönlich, wird am Ende nur eine Anarchie übrig gelassen, und bei der Herrschaft barbarischer Völker ist dieser Nachtheil überwiegend; er bringt die beherrschten Völker von ihrer eigenen Civilisation zurück.“

47 Ib., II 224.

48 Ib., II 223f.

49 Ib., II 378. Niebuhr zieht dabei Parallelen zur Zeit des Kaisers Theodosius, zum Moghul- und zum Osmanischen Reich.

50 Vgl. etwa ib., I 418 zu den Motiven der griechischen Poleis. Vgl. zu allem Wiesehöfer, J., „‘Griechenland wäre unter persische Herrschaft geraten...‘ Die Perserkriege als Zeitenwende?“, *Zeitenwenden*, hg. v. Brinkhaus, H./Sellmer, S., Hamburg 2002, 209-232.

51 Zu diesem Abschnitt vgl. den vorzüglichen Artikel von Demandt, A., „Politische Aspekte im Alexanderbild der Neuzeit“, ARCHIV FÜR KULTURGESCHICHTE 54, 1972, 325-363, bes. 327f.

52 Vorträge, II 418: „Er hat begonnen was jetzt vollendet werden wird trotz aller Hindernisse, die Herrschaft Europa's über Asien. Er hat zuerst die Europäer siegreich in den Orient geführt.“

53 Etwa ib., 419f.

54 Ib., 486f.: „Aber was er weiter that, war das Allerverkehrteste was geschehen konnte und läßt nicht zu, daß man Alexander als einen großen Mann beurtheilt. Alexander wollte das Ganze seiner Völker zusammen verschmelzen und sie dadurch einander assimiliren, daß er mit seinen Makedoniern zu den morgenländischen Sitten überging. ... Er selbst nahm den elendesten Prunk des morgenländischen Despotismus an, und gefiel sich in der Eitelkeit und Thorheit der Perser; die Morgenländer, die daran gewöhnt hübsch vor ihm niederfielen, waren seine lieben Kinder.“

der griechischen Kultur.[55] Alexander erscheint Niebuhr als Vorläufer Napoleons, und er lässt keinen Zweifel daran, dass er sich damals dem Demosthenes angeschlossen hätte.[56]

Die Genese des Niebuhr'schen Perserbildes oder: Der Orient von Vater und Sohn

> „So früh ist der Orient schon ausgeartet gewesen; nirgends ist eine größere moralische Verworfenheit als die sich durch die alte Geschichte im ganzen Orient zieht. Daher ist es mit der Bewunderung des Orients überhaupt eine eigne Sache und der Wunsch thöricht, daß Indien das Joch der Engländer abschütteln möge. (...) Die Orientalen sind durch und durch ein böses und sittlich verdorbenes Volk, und das fängt vom mittelländischen Meere an und geht bis Japan und China: wenn es anders werden soll, so müssen sie durch europäische Zucht und Herrschaft gebildet werden. Sie haben sich durch ihre Schlechtigkeit selbst überlebt."[57]

> „Die Bauern, sowohl aus Merdast als andern nahe liegenden Dörfern, besuchten mich fleissig. An den Festtagen kam bisweilen eine ganze Parthey Weiber und Mädgen, die gleichfals begierig waren, einen Europäer zu sehen. Alle diese guten Leute bezeigten sich sehr bescheiden, und ich lebte so sicher unter ihnen, als in irgendeinem Dorfe in Europa. (...) Während der Zeit, da ich mich daselbst aufhielt, kamen nach und nach 8 bis 10 herum wandernde Familien Turkmannen und Kurden, die mit kleinen Herden die umherliegenden vortreflichen, aber zum Theil unbebaut liegenden Felder besuchten. Da sie einen Menschen in europäischer Kleidung bey den Ruinen sahen, kamen sie oft zu mir, und wunderten sich, daß einer die Neugier haben könnte so weit zu reisen, und hier ganze Tage zu zeichnen und zu schreiben. Keiner aber sagte mir ein unhöfliches Wort, ob ich gleich gemeiniglich keinen Menschen bey mir hatte, als bloß meinen Bedienten."[58]

In der älteren Forschung hat man immer betont, die Orientinteressen Barthold Georg Niebuhrs, des Verfassers des ersten Zitats, seien „das geistige Erbe seines Vaters"[59] Carsten, des Autors des zweiten Textes, gewesen. Wahr daran ist[60], dass der Vater den Sohn von frühester Kindheit an an seinen Überlegungen, Plänen und Träumen Anteil nehmen ließ, dass er ihm immer wieder von seinen Reisen erzählte[61], ja, dass er ihn sich sogar lange Zeit als seinen

55 Ib., 508: „Er starb mit dem Fluche und der Verabscheuung Griechenland's und Makedonien's. ... Er wollte nicht Asien griechisch, sondern Griechenland persisch machen. ... Das einzige Rettungsmittel Griechenland's, wodurch es frei hätte werden können, wäre gewesen wenn Alexander ausgelebt hätte und mit dem Ruhme seiner Thaten gefallen wäre."

56 Ib., 447: „Ich bin in Verhältnissen gewesen, wo ich solche Erfahrungen machen konnte, und nur dann kann man von Geschichte reden, wenn man sie so fühlt als ob man damals gelebt hätte. Ich hätte mich unbedingt an Demosthenes geschlossen, er war kein Schwärmer, sondern von aller Thorheit frei." – Schon 1806 hatte Niebuhr mit einer Übersetzung der ersten Philippika (*Demosthenes erste Rede gegen den Philippus,* im Auszug übersetzt, Hamburg 1806, wieder gedruckt 1831 gegen die Unruhen in Frankreich) antinapoleonisch agitiert.

57 Niebuhr, B.G., Vorträge, I 155.

58 Niebuhr, C., *Reisebeschreibung nach Arabien und den umliegenden Ländern*, 3 Bde., Kopenhagen/Hamburg 1778-1837, repr. Graz 1968, hier: Bd. 2, 161f.

59 Vgl. etwa noch Bengtson, H., *Barthold Georg Niebuhr und die Idee der Universalgeschichte des Altertums* (Würzburger Universitätsreden, 26), Würzburg 1960, 11.

60 Zum folgenden s. Walther, G., „Wie der Sohn des Entdeckers den Vater des Forschers sah. Zum Verhältnis zwischen Carsten und Barthold Georg Niebuhr", *Carsten Niebuhr und seine Zeit*, hg. v. Wiesehöfer, J./Conermann, S., Stuttgart (im Druck).

61 „Ich erinnere mich sehr lebhaft mancher Erzählungen vom Weltgebäude und vom Orient aus den Kinderjahren, wenn er den Knaben besonders Abends vor dem Schlafengehen auf den Knieen hielt, und ihn damit, anstatt Mährchen, speiste. Die Geschichte Mohammeds, der ersten Khalifen, namentlich Omars und Alis, für die er die tiefste Verehrung hatte, die der Eroberungen und Ausbreitung des Islam, die der Tugenden der damaligen Heroen des neuen Glaubens, die Geschichte der Türken, prägten sich mir früh und mit

„Nachfolger in Reisen im Orient" gewünscht hatte.[62] Bei den – stets mit viel väterlichem Einfühlungsvermögen geführten – Gesprächen wurden auch aktuelle Themen behandelt, vermittelte Carsten Niebuhr seinem Sohn auch seine persönlichen Vorlieben (für die zeitgenössischen Araber und Engländer) und Abneigungen (gegen die Türken und Franzosen).[63] Und trotz aller generationsspezifischen Unterschiede zwischen beiden – hier noch der beobachtende und sammelnde ‚Antiquar', dort schon der moderne erklärende Historiker – verbindet beide, nach Auffassung des Sohnes, auch die Glaubwürdigkeit ihrer jeweiligen Darstellung; überzeugt die des Vaters, weil dieser „in seiner wissenschaftlichen Sittlichkeit nur einer Autorität vertraut: der selbst erlebten, daher auch andere spontan erhellenden Anschauung", so die des Sohnes, weil „jeder, der wie der Autor der ‚Römischen Geschichte' als politisch Handelnder in revolutionären Umbrüchen gelebt hat, sich dieses frühe Rom (...), lebendig vergegenwärtigen' (...) kann, ohne auf Ungereimtheiten zu stoßen."[64] Andererseits erscheint der Vater in den Erinnerungen des Sohnes aber auch „als eine eindrucksvolle, ja geradezu mächtige, aber gebrochene Gestalt: als ein tief enttäuschter Tatmensch, den nur noch seine verblassenden Erinnerungen davon abhalten, ganz in seinem ‚Hang zum fruchtlosen Verdruß' (...) zu versinken, und der doch mit der Sehnsucht eines Gefangenen aus Zeitungen und neuen Reiseberichten das Weltgeschehen verfolgt, von dem ihn das Schicksal so grausam abgeschnitten hat."[65] Die Kenntnis der orientalischen Sprachen, die Barthold Georg Niebuhr schließlich beherrschte, verdankte er im Übrigen nicht – wie man annehmen könnte – seinem Vater, sondern eigenem Bemühen.

Etwas anderes aber ist für unsere Fragestellung entscheidender: Die Sympathie, die der Vater – nach Ausweis der eigenen Reisebeschreibung[66] und auch der Biografie des Sohnes[67] – auf seinen Reisen für die Menschen des Orients empfunden, die er durch seine Unvoreingenommenheit unter Beweis gestellt hatte und die ihm die „Morgenländer" nicht zuletzt deshalb er-

höchst anmuthigen Farben ein: auch waren die Geschichtsbücher hierüber fast die ersten welche in meine Hände kamen. Ich erinnere mich auch, wie er etwa in meinem zehnten Jahr am Weihnachtsabend, um mir das Fest zu verherrlichen, die Hefte, welche seine über Afrika gesammelten Nachrichten enthielten, aus dem fast prächtigen Kasten, der seine Manuscripte, von Kindern und Hausgenossen wie eine Bundeslade verehrt, bewahrte, hervornahm und mit mir las. Er hatte mich gelehrt Karten zu zeichnen und, von ihm ermuntert und unterstützt, entstunden Karten über Habbesch und Sudan." (Niebuhr, B.G., *Carsten Niebuhrs Leben*, 56).

62 Ib., 57.

63 Ib., 58. Die Unterschiede in der Beurteilung von Persern und Arabern spiegeln sich auch im Eingangszitat dieses Artikels. – Zur Reputation Carsten Niebuhrs in England, von der auch noch der Sohn profitiert s. Lebensnachrichten, I 168.227. Vgl. Vance, N., „Niebuhr in England: History, Faith and Order", *British and German Historiography 1750-1950*, ed. Stuchtey, B./Wende, P., Oxford 2000, 83-98. - Gegen die Franzosen hegte Carsten Niebuhr, wie sein Sohn schreibt, eine "Nationalantipathie" ("wiewohl er mit Dank erinnerte, daß sie ihn im Orient vieler Orten ausgezeichnet und auch mit aufrichtigem Wohlwollen aufgenommen hatten, und wiewohl er vor ihren Mathematikern und Orientalisten ausgezeichneten Respect hatte." (Ib.). Zur Begründung führt Barthold Georg Niebuhr an, der Vater habe in der französischen "Nation, ohne viel zu klügeln, unsere natürlichen Erbfeinde gesehen", wohl nicht zuletzt deshalb, weil sie "deutsche(.) und burgundische(.) Provinzen" in ihren Besitz gebracht hatten. Durch den Revolutionskrieg erhoffte er nicht die "Gegenrevolution" ("sein Herz" hing nicht "am Hofe, an der Aristokratie und Klerisei", wiewohl ihn "der Deutschen Glaube an ein goldnes Weltalter von dort [der Französischen Revolution, J.W.] her" ärgerte), sondern die Zurückgewinnung der verlorengegangenen Gebiete. (Ib., 58f.) In einer Anmerkung zur Ausgabe der Biografie von 1828 führt der Sohn noch aus: "Ich glaube aber sagen zu müssen daß mein Vater, wenn er die Generation erlebt hätte welche aus der Gärung der Revolution geläutert hervorgegangen ist, sie gewiß ganz anders beurtheilt haben würde als jenes Geschlecht der Zeit Ludwig XV. welches er gekannt hatte..." (Ib.) - Als eine besondere Ehre empfand es Carsten Niebuhr im Übrigen, vom französischen "Nationalinstitut" als auswärtiges Mitglied ausgezeichnet zu werden (Ib., 68: "... so erkannte er doch, daß keine gelehrte Gesellschaft an Würde und Glanz mit dem damaligen Nationalinstitut verglichen werden könne").

64 Walther, Wie der Sohn, *21f.

65 Walther, Forschung, 37.

66 Ich habe dies anhand des Persepolis-Aufenthaltes 1765 zu zeigen versucht (Wiesehöfer, J., „'...sie waren für ihn das Juwel von allem, was er gesehen'. Niebuhr und die Ruinenstätten des Alten Iran", *Carsten Niebuhr und seine Zeit,* hg. v. Wiesehöfer, J./Conermann, S., Stuttgart (im Druck)).

67 Niebuhr, B.G., Carsten Niebuhrs Leben, u.a. 44f.46.79.

widert hatten,[68] diese Sympathie teilte der schreibstubengelehrte Sohn, wie unsere Zitate beweisen, ganz und gar nicht. Von der Notwendigkeit, begründet Position zu beziehen, überzeugt,[69] fühlt sich dieser nämlich aufgerufen, die Orientalen, unter Verweis auf ein angeblich bereits von Anfang an gegebenes Zivilisationsgefälle zwischen Asien und Europa, zu belehren. Diese Gewissheit gestattet es ihm dann auch, die fremden, östlichen Traditionen der eigenen Kultur gedanklich dienstbar zu machen und sogar die politische Unterwerfung des Orients mit Verweis auf antike Vorbilder zu rechtfertigen.

War der Vater in der Lage gewesen, sich vor Ort in Persien von den Ruinenstätten und den zeitgenössischen Umwohnern überraschen und beeindrucken zu lassen, verstellten „das Apriori europäischer Überlegenheit"[70], der neue Despotiediskurs und die Vorstellung von orientalischen „Nationalzügen" dem Sohn die Möglichkeiten des kulturellen und ethnologischen Grenzgängertums und der bedachten und differenzierenden Wertungen. Zwar war er in der Lage, die Vorliebe des Vaters für den Orient und die „Morgenländer" einer Nachwelt kund zu tun; zugleich jedoch erlaubte es ihm seine auf klassizistischen und europazentrischen Vorurteilen beruhende Karikierung der alten (wie der zeitgenössischen) Perser (und der ‚Orientalen' – mit Ausnahme der Araber – insgesamt) nicht, ihre Geschichte an denselben historisch-kritischen Maßstäben zu messen wie etwa die römische oder griechische. Ja nicht einmal Persepolis, die Ruinenstätte, die seinen Vater so sehr beeindruckt hatte,[71] konnte Barthold Georg Niebuhr anders als ästhetisch unbefriedigend empfinden,[72] selbst wenn er dadurch gezwungen war, die Verzauberung des Vaters durch diesen Ort letztlich als intellektuelle Schwäche zu diskreditieren.

Niebuhr und die Universalgeschichtsschreibung

Immer wieder hat man den Namen Niebuhrs auch im Zusammenhang mit der Geschichte der Universalhistorie genannt und dabei nicht nur auf die Selbstverständlichkeit, mit der er die Geschichte des Alten Orients berücksichtigt habe, abgehoben, sondern auch auf die Wirkung der Niebuhr'schen *Vorträge*, etwa auf Eduard Meyer.[73] Dass Niebuhr dadurch allerdings selbst zu einem Universalhistoriker wird, darf bezweifelt werden. Über seiner berechtigten, wenn auch deutlich überzogenen Kritik an der mangelnden Quellenkritik eines Universalhistorikers wie Arnold Hermann Ludwig Heeren[74] darf man nämlich nicht vergessen, dass nicht nur methodische (oder zeitökonomische) Motive[75] für die Aufnahme oder den Ausschluss bestimm-

68 „In Niebuhrs ausführlichem, von europäischem Selbstlob ungewöhnlich freien Bericht kommen immer wieder Episoden vor, in denen der Europäer nicht nur die fremdkulturelle Umwelt betrachtet, studiert und nach eigenen Maßstäben aburteilt, sondern sich der Tatsache bewußt ist oder bewußt wird, daß er selbst ein Fremdling ist und mit Recht von den Einheimischen als solcher betrachtet wird. ... Bei Carsten Niebuhr finden sich immer wieder Versuche, starre Ost-West-Dichotomien aufzulösen und die Sichtweise der Anderen zu würdigen." (Osterhammel, Entzauberung, 81-83).

69 Zur Ablösung der 'Gesichtspunkte' durch den 'Standpunkt' an der Wende vom 18. zum 19. Jh. vgl. den erhellenden Beitrag von Röttgers, K., "Der Standpunkt und die Gesichtspunkte", ARCHIV FÜR BEGRIFFSGESCHICHTE 37, 1994, 257-284.

70 Osterhammel, Entzauberung, 382.

71 Vgl. Niebuhr, B.G., Carsten Niebuhrs Leben, 78.

72 „Die Gebäude von Persepolis haben in all ihrer kunstvollen Manier, in ihren kunstvollen Säulen dennoch etwas Geschmack- und Ideenloses; auch in ihren kunstvollen Basreliefs ist gänzlicher Mangel an Schönheit und schöpferischen Gedanken." (Vorträge, II 470).

73 Bengtson, Niebuhr, 12.

74 „Rez. A.H.L. Heeren, Ideen über die Politik, den Verkehr und den Handel der vornehmsten Völker der alten Welt. Dritter Theil. Europäische Völker. Erste Abtheilung. Griechen. Mit einer Charte, Göttingen 1812", ERGÄNZUNGSBLÄTTER ZUR JENAISCHEN ALLGEMEINEN LITERATUR-ZEITUNG 1813, 49-90.

75 „Ich habe nichts dagegen, daß man die alte Geschichte auf diese Weise [als „coordinirte Geschichte der Völker", J.W.] vorträgt, und auch diese Methode hat ihr Lehrreiches. Aber das erfordert einen ungeheuern Umfang von Zeit, und einen Umfang von Kenntnissen, den ich wenigstens nicht besitze." (Vorträge, I 4f.).

ter Kulturen aus Niebuhrs Betrachtungen maßgeblich waren. Mit seiner Unterscheidung von „theologischer" und „philologischer Disposition" (im Rahmen einer „subjectiven" Disposition von Alter Geschichte) legte er nämlich bereits fest, dass selbst die vorderasiatischen Kulturen nur in ihrem und wegen ihres Bezug(es) zum „classischen Alterthum" zur Sprache kommen sollten. Spricht er ihnen zu Beginn seiner *Vorträge* durchaus noch eigene Bedeutung zu,[76] begründet er später die Antwort auf die Frage, mit welcher Ausführlichkeit dies geschehen solle, mit der zivilisatorischen Unterlegenheit der orientalischen Kulturen: „Denn es ist die moralische und geistige Wichtigkeit, die unsere Behandlung der Geschichte bestimmt, und diese ist bei diesen Völkern sehr gering und ungleich geringer als das Zeitmaß."[77] Niebuhrs *Vorträge* sind eben nicht allein Ausdruck eines in die Zukunft weisenden methodischen Sieges kritischer Geschichtswissenschaft über die vorwissenschaftliche Naivität aufgeklärter Universalhistoriker[78]; sie sind auch Kennzeichen einer bis heute einflussreichen spezifischen Form von Altertumswissenschaft, die – zumeist unter Verweis auf die Vorbildhaftigkeit ‚abendländischer' Kulturentwicklung – europäische Identitätsstiftung betreibt und die Ausgrenzung der Kulturen „am Rande der griechisch-römischen Welt" noch immer oder immer schon voraussetzt.[79] Im Übrigen beweist das Beispiel Niebuhrs, dass das Erlernen fremder Sprachen zwar notwendige Voraussetzung eigenständiger Forschung auf dem Felde vorderorientalischer Geschichte ist,[80] allein jedoch keine Gewähr dafür bietet, dass diese modernen historischen Maßstäben genügt. Eine Universalgeschichte des Altertums, vor allem im Sinne einer interkulturellen Beziehungsgeschichte und einer transkulturell vergleichenden Geschichtswissenschaft,[81] ist heute mehr denn je gefragt; Quellenkritik *à la* Niebuhr und weltbürgerliche Gelehrtheit *à la* Heeren könnten dabei gerade heute eine sinnvolle Verbindung eingehen.

76 „Sie werden also hier untergeordnet werden müssen, aber nur dem Gesichtspuncte nach, ohne daß sie deshalb an Wichtigkeit nachzustehen brauchen" (Ib., I 6).

77 Vorträge, II 375. Diese Sätze fallen im Zusammenhang der Behandlung spätachaimenidischer Geschichte und Kultur.

78 Zur „Alte(n) Geschichte in der Universalgeschichtsschreibung der Frühen Neuzeit" vgl. neuerdings den erhellenden gleichnamigen Aufsatz von Meyer-Zwiffelhoffer, E., in: SAECULUM 46, 1995, 249-273.

79 In seiner berechtigten Kritik an Christian Meiers These vom athenischen „Sonderweg" „in Richtung auf die Demokratie und zu den Anfängen Europas" (ATHEN, Berlin 1993, 168) führt Egon Flaig aus: „In der Geschichte ist jeder ‚Weg' ein Sonderweg. Wenn wir das Besondere an den anderen Kulturen nicht sehen, dann deswegen, weil wir nicht darauf achten, weil wir uns nicht dafür interessieren. Wenn das Interesse an den Differenzen und Besonderheiten sich konzentriert auf eine bestimmte Kultur, dann deswegen, weil wir dieser Kultur Bedeutung zusprechen. ... Den Preis für eine Geschichtsschreibung, die sich nicht radikal lossagt vom Bemühen, Identitätsstiftung oder Identitätsbeschwörung zu betreiben, hat Lévi-Strauss unnachgiebig genannt: ‚Solange die Geschichte nach Signifikanz strebt, verurteilt sie sich dazu, Gebiete, Epochen, Menschengruppen und Individuen in diesen Gruppen auszuwählen und sie als diskontinuierliche Figuren gegen ein Kontinuum abzuheben, das gerade noch als Hintergrund dienen kann.'" („Europa begann bei Salamis. Ein Ursprungsmythos neu erzählt", RECHTSHISTORISCHES JOURNAL 13, 1994, 432). Vgl. zusammenfassend: Wiesehöfer, ‚Griechenland wäre unter persische Herrschaft geraten...'.

80 Angesichts einer Fülle vorzüglicher ‚Handbücher' zur Geschichte Ägyptens, des Alten Orients und Irans sollten auch Althistoriker heute in der Lage sein, zumindest in Vorlesungen Geschichte und Kultur Vorderasiens und Ägyptens einem interessierten studentischen Publikum nahezubringen.

81 Vgl. die ungemein anregenden, allerdings auf die Neuzeit bezogenen, diesbezüglichen Studien von Osterhammel, J., *Geschichtswissenschaft jenseits des Nationalstaats* (Kritische Studien zur Geschichtswissenschaft, 147), Göttingen 2001.

Der Mantel der Geschichte. Die Karriere eines unmöglichen Zitats

Thomas Stamm-Kuhlmann

Eine Redensart breitet sich aus

Vier Monate vor der Einführung der europäischen Einheitswährung, im August 2001, stellte der Präsident der Europäischen Zentralbank, Wim Duisenberg, in Frankfurt die neuen Euro-Geldscheine offiziell vor. In wenig mehr als hundert Tagen werde sich die neue Währung von einem „virtuellen Marktwert" in greifbares Geld verwandelt haben. Duisenberg scheint es wie eine Vorahnung dieser bedeutenden Zäsur empfunden zu haben, als er sagte: „In diesem Augenblick streift uns der Mantel der Geschichte".[1]

Von diesem Mantel berührt zu werden, scheint allerdings in einer Zeit, in der sich wenige griffige Phrasen mit virenhafter Vermehrungsrate verbreiten, nicht schwierig zu sein. Nicht nur den Europäern, die sich mit Geld beschäftigen, sondern auch dem FC Bayern wurde dieses Los im Jahr 2001 zu Teil.

„Kuffour küsst Kahn, und der Mantel der Geschichte streift den FC Bayern: Laut Manager Hoeneß sind die Münchner so gut wie seit fast 30 Jahren nicht mehr", heißt es in einer Bildunterschrift der Süddeutschen Zeitung anlässlich der Europacup-Runde 2000/2001.[2] Und „Die Woche" schrieb schon im Jahr davor über Politikermemoiren,

> „die das selbst Erlebte auf den Schild des zeitlos Bemerkenswerten heben, auf dass der Schreiber auch noch einen Hauch vom wehenden Mantel der Geschichte abkriegt und nebenbei die Pension aufbessern kann."[3]

Das sind Zufallsfunde. Sie beweisen aber, dass unsere Presse immer noch einen großen Hunger nach Metaphern hat, und, wie gesagt, dass sie sich dann gern immer auf dasselbe stürzt. Wie aber kommt das Bild zustande? Wer einen Mantel trägt, muss eine Person sein. „Die Geschichte" als Personifikation ist aber unbekannt. Wir kennen eine „Germania", eine „Bavaria". Sie tragen selbstverständlich auch Kleidung, und über diese Kleidung könnte man Betrachtungen anstellen. Aber „Die Geschichte"? Es gibt nur Clio als die zuständige Muse. Musen aber tragen keinen Mantel.

Das Bild muss also einen anderen Hintergrund haben. „Die Geschichte" ist eine Konstruktion, die gern eingesetzt wird, um auszudrücken, dass es eigentlich keine einzelne handelnde Person gibt, auf die es ankommt. „Die Geschichte hat entschieden", das soll heißen: hier geht etwas über den Horizont des einzelnen. „Die Geschichte" kann Instanz werden wie „das Schicksal". Wenn eine an sich unpersönliche Gestalt ein persönliches Attribut, wie einen Mantel, bekommt, dann liegt der Verdacht nahe, hier sei ursprünglich jemand anderes Bestandteil des Bildes gewesen, dann aber aus dem Bild vertrieben worden. Und in der Tat: Wo man im 19. Jahrhundert sagte: „Die Geschichte hat entschieden", wäre man in früheren Jahrhunderten geneigt gewesen zu sagen: „Gott hat entschieden." Ist der Mantel der Geschichte also eigentlich der Mantel Gottes?

1 Süddeutsche Zeitung, 31. August 2001.
2 Süddeutsche Zeitung, 20. April 2001.
3 Die Woche, 15. Dezember 2000.

Der Mantel in Ikonografie und Rechtsgeschichte

An sich, so sollte man denken, ist der Mantel eines der elementaren Kleidungsstücke. Sollte ein solches Kleidungsstück nicht mit symbolischer Bedeutung aufgeladen sein? Wenn wir daran denken, wer in der Überlieferung mit Mänteln ausgestattet ist, fällt uns wahrscheinlich zuerst der Heilige Martin von Tours ein. Weiter gelangen wir zur Schutzmantelmadonna, zur Regina coeli mit dem Sternenmantel, zu der sich die Sünder flüchten.

Zu den sakralen Kleidungsstücken antiker Priester zählt der Mantel nicht, weder im griechisch-römischen noch im ägyptischen Kulturkreis. Priester tragen Mitren, Hüte, Binden. Antike Philosophen allerdings benutzen das Pallium, einen „aus Wollenstoff bereitete[n], tief herabhängende[n], von Farbe gewöhnlich weiße[n] Mantel, der ähnlich wie die Toga umgeschlagen“ wurde.[4] Er ist gewissermaßen ihre Berufskleidung, und noch bei Christoph Martin Wieland wird der „Philosophenmantel“ milde verspottet. Auf dem Weg über Ostrom wird das Pallium zum Abzeichen kirchlicher Würdenträger und muss schließlich im Mittelalter teuer bezahlt werden. Das Mittelalter wertet den Mantel auf, und zwar nicht nur das Pallium, sondern auch die Cappa, wie der Heilige Martin sie trägt, ein Schlupfkleid ohne Knöpfe. In der Antike aber ist sakral nicht die Kleidung, sondern die Nacktheit. Priester und Gläubige treten in verschiedenen Zeremonien nackt vor das heilige Wesen.

Wie steht es mit den heiligen Wesen selbst? Hier spielen in der griechisch-römischen Welt verschiedene Attribute eine Rolle, von den Flügelschuhen und dem Flügelhut des Merkur über den Ägis-Schild der Pallas Athene bis zu Göttermänteln, die in manchen griechischen und römischen Tempeln aufbewahrt wurden, allerdings nicht den Hauptgottheiten gehörten. In der Bibel erscheint der Mantel nicht oft. Im Ersten Buch der Könige wird berichtet, der Prophet Achia von Silo habe seinen Mantel zwölffach geteilt. Davon gab er Jerobeam zehn Stücke und sagte ihm dessen künftige Herrschaft über die zehn Stämme des Nordreichs voraus.[5] Als Kosmokrator, Sol invictus, erscheint Christus in der älteren christlichen Kunst in einem blauen Sternenmantel, wie ihn dann später Maria bekommt. Die christliche Kunstgeschichte kennt sogar eine „Gewandsprache“. Das Brausen des Heiligen Geistes wirbelt den Gewandzipfel Christi in die Höhe, den „Pneumazipfel“. Der auferstehende Christus des Isenheimer Altars trägt ein lang herabwallendes Gewand, das nach der Meinung des Kunsthistorikers den „Sieg des Logos versinnbildlicht“.[6]

Und das höchste Wesen selbst? In der germanischen Überlieferung wird betont, dass Wotan Mantelträger war, oder „Hakelberend“.[7] In der christlichen Kunst wirkte lange Zeit das Bilderverbot des 2. Buch Mose, Kapitel 20, Vers 4. In vielen Darstellungen, in denen Christus gezeigt wurde, war deshalb Gottvater mit gemeint.

Die frühesten Darstellungen Gottvaters stammen aus dem 12. Jahrhundert. Man bezog die Stelle aus dem Traum des Propheten Daniel[8] auf Gottvater:

> „Solches sah ich, bis dass Stühle gesetzt wurden; und der Alte setzte sich. Das Kleid war schneeweiß, und das Haar auf seinem Haupt wie reine Wolle; sein Stuhl war eitel Feuerflammen, und dessen Räder brannten mit Feuer. Und von ihm ging aus ein langer feuriger Strahl. Tausendmal tausend dienten ihm, und zehntausend mal zehntausend standen vor ihm. Das Gericht ward gehalten, und die Bücher wurden aufgetan.“

Luther übersetzt vorsichtig mit „Kleid“. Bis aus dem Kleid, das auch ein Toga-ähnliches Gewand sein könnte, der Mantel wird, muss noch Konkretisierungsarbeit geleistet werden.

4 Friedrich Lübker's *Reallexikon des classischen Alterthums für Gymnasien*. 4. verbesserte Aufl. Leipzig 1874, 733.
5 1. Könige 11, 29 ff.
6 Manfred Lurker: *Symbol, Mythos und Legende in der Kunst*. Die symbolische Aussage in Malerei, Plastik und Architektur (Studien zur deutschen Kunstgeschichte Bd. 314). Baden-Baden, Strasbourg 1958, 131.
7 Vgl. Adalbert Erler und Ekkehard Kaufmann (Hrsg.): *Handwörterbuch zur deutschen Rechtsgeschichte*. Bd. 3. Berlin 1984, Sp. 251-154.
8 Daniel 7, 9-10.

In Darstellungen seit dem Hochmittelalter erscheint Gottvater als Hoher Priester oder Papst. Eine Gnadenstuhldarstellung aus den Museen Preußischer Kulturbesitz Berlin lässt Gottvater mit einem roten Überbekleidungsstück erscheinen, das man als Mantel ansprechen darf.[9]

Auf Michelangelos Darstellungen in der Sixtinischen Kapelle trägt Gott, der Weltenschöpfer, ein einteiliges wallendes Gewand mit Ärmeln, das man ebenfalls als Mantel ansehen kann. Diese Darstellungen sind am bekanntesten geworden. Doch bezeichnen Kunsthistoriker auch das von den Schultern gerutschte Gewand des richtenden Christus an der Stirnwand der Sixtinischen Kapelle als „Mantel".[10]

Die Bedeutung des Mantels in der religiösen Symbolik allein hilft uns trotz der Bekanntheit der Sistina nur wenig. Wir können den Mantel der Geschichte als den Mantel Gottes deuten, denn dieses Attribut ist mit Gottesvorstellungen durchaus vereinbar. Als ein besonders einprägsames und wesentliches Detail erscheint er freilich nicht.

Ein anderer Weg soll daher beschritten werden, der Weg der Rechtsgeschichte. Finden wir den Mantel unter den Rechtsaltertümern? Schon im babylonischen Schöpfungsmythos „Enuma iliš" erhält Marduk von den Göttern ein Kleid angelegt und so die Königsherrschaft über das All verliehen.[11] Der „bunte Rock" des Joseph ist ein mit den Bildern von Sonne, Mond und Sternen geschmücktes Kleid, dessen Träger durch Bildzauber die Gestirne beherrscht. Dieser Machtanspruch ist es, der die Brüder Josephs erzürnt.[12]

Das Handwörterbuch zur deutschen Rechtsgeschichte verzeichnet eine ganze Reihe von Bräuchen im Bereich der Vertragsschlüsse, der Übergaben und Belehnungen, in denen der Mantel von zentraler Bedeutung ist.

Während es bei der Investitur die Verleihung des Mantels und die Einkleidung des neu mit einer bestimmten Würde Ausgestatteten sind, die den Rechtsakt zum Ausdruck bringen, verhält es sich beim Brauch des Mantelgriffs gerade umgekehrt. Hier ist es der Lehnsherr, der den Mantel bereits trägt. Es ist Sache des Vasallen, nach dem Mantel des Herrn zu greifen und auf diese Weise das Schutz- und Treueverhältnis zu beglaubigen.

Das Lehenbuch E des Klosters Ellwangen von 1428 schildert die symbolischen Formen, in denen der Ellwanger Abt als Lehnsherr fungierte:

> „Er sizt und heißt den lehenmann für sich knien uff ein knye und dem geit er seinen Scheppler oder eins andern clayds, daz er an hat, in sein hennd und heißt sich an einen backen küssen und spricht dann also: Die lehen, die du vorderst, verleihen wir dir zu deiner rechten, was wir dir daran verleihen können und mögen, ußgenommen unser, unsers gotzhus und unserer manne recht, und wirdst uns davon geloben und sweren uns und unserem gotzhuse getrew und gewertig zu sein."[13]

Otto von Bismarcks Geschichtsphilosophie

Es scheint nun eine Kombination der Vorstellung von Gott (ob als Gottvater oder Christus gesehen) im Mantel mit dem mittelalterlichen Rechtsgebrauch gewesen zu sein, die Otto von

9 Wiedergabe bei Aloys Butzkamm: *Christliche Ikonografie.* Zum Verstehen mittelalterlicher Kunst. Paderborn 1997, 89.

10 Vgl. Frederick Hartt: *Michelangelo.* Gemälde. Aus dem Englischen von Eva Rapsilber. 3. Aufl. Köln 1974, 130.

11 Robert Eisler: *Weltenmantel und Himmelszelt.* Religionsgeschichtliche Untersuchungen zur Urgeschichte des antiken Weltbildes. Bd. 1. München 1910, 287-291.

12 Vgl. Eisler, 286.

13 Bernhard Theil: *Lehenswesen des Klosters Ellwangen im Spätmittelalter.* ZEITSCHRIFT FÜR WÜRTTEMBERGISCHE LANDESGESCHICHTE 34/35 (1975/76), 105. Ich danke Karl-Heinz Spieß in Greifswald für diesen Hinweis.

Bismarcks Fantasie angeregt hat. Denn Bismarck wird als der Urheber der, zunächst noch unverkürzten, Kombination von Mantel und Geschichte genannt. Das dürfte zutreffen, falls er den folgenden Ausspruch wirklich getan hat:

> „Der Staatsmann kann nie selber etwas schaffen, er kann nur abwarten und lauschen, bis er den Schritt Gottes durch die Ereignisse hallen hört; dann vorzuspringen und den Zipfel seines Mantels zu fassen, das ist alles."

Das würde dann bedeuten: der Staatsmann ist von den Gelegenheiten abhängig, die Gott ihm bietet. Wenn er etwas gestalten will, so muss er nach dem Mantel Gottes greifen, wie ein Lehnsmann nach dem Mantel seines Lehnsherrn.

Das Zitat wird uns bei Paul Liman dargeboten, der in seiner über zehntausend Mal verbreiteten Darstellung „Fürst Bismarck nach seiner Entlassung" gleich auf Seite 3 damit aufwartet. Liman ist ein Lobhudler Bismarcks, der aus großer zeitlicher Nähe aufzeichnete, „Was den Kaiser von Bismarck schied", welches Verhältnis Bismarck in den Neunzigerjahren zum Hof Wilhelms II. hatte, und wie Bismarck daheim lebte. Um das Zitat richtig einzuschätzen, wird hier eine Kostprobe des Umfelds gegeben. Paul Liman schreibt:

> „Was immer er dem deutschen Volke geleistet, davon erzählen die Thaten unserer Geschichte. Sie berichten, wie er, unter Wenigen einer, unbeirrt durch den Lärm der Revolution vor den Thron seines Königs trat, ihn mit seinem Leibe zu decken, wie er frisch und klar den Jammer des Bundestages durchschaute, wie er im verschwiegenen Parke von Babelsberg dem entmutigten König als Retter erschien, wie das Bündnis zwischen König und Kanzler geschweißt wurde in der heißen Glut der Seelennot. Er hat nicht Glück gehabt, wie seine Gegner behaupten, sondern er hat durch die Kraft seiner Persönlichkeit, durch den Prophetenblick und den dämonischen Trotz des Genius das Glück zum Sklaven gemacht, er hat es niedergezwungen, daß es ihm diente. Er selbst hat einmal gesagt: ‚Der Staatsmann kann nie selber etwas schaffen, er kann nur abwarten und lauschen, bis er den Schritt Gottes durch die Ereignisse hallen hört; dann vorzuspringen und den Zipfel seines Mantels zu fassen, das ist alles.' Das ist alles, aber es ist das Größte."[14]

Hier findet das Zitat seine gleichsam kanonische Form. Liman scheint keine Quelle zu kennen. Die älteste Überlieferung, die sich bisher finden ließ, ist ein Aufsatz des Bismarck-Biographen Erich Marcks in den „Biographischen Blättern" von 1895. Darin heißt es:

> „Bismarck selbst hat es ja oft abgelehnt, dass ein Staatsmann im Stande sei, die Geschichte zu machen: abzuwarten, aufzupassen, sie zu vollziehen sei die einzige Aufgabe. Das hat er in immer neuen Formen ausgedrückt, am wuchtigsten vielleicht in einem erhabenen Bilde ganz bismarckischer Art, das er, wenn ich recht berichtet bin, einmal im Gespräch gebraucht hat, etwa so: man kann nicht selber etwas schaffen; man kann nur abwarten, bis man den Schritt Gottes durch die Ereignisse hallen hört; dann vorzuspringen und den Zipfel seines Mantels zu fassen – das ist Alles."[15]

Marcks, der aus Zeitzeugenbefragungen wie aus dem privaten Nachlass schöpfte, nennt seinen Gewährsmann nicht, zitiert auch unter dem Vorbehalt: „wenn ich recht berichtet bin". Arnold Oskar Meyer meint in seiner Schrift „Bismarcks Glaube. Nach neuen Quellen aus dem Familienarchiv", den Gewährsmann zu kennen. Es habe sich um den Superintendenten Max Vorberg gehandelt.[16] Dieser hat tatsächlich zwei verschiedene Versionen des Mantelzitates publiziert. Die erste lautet:

14 Paul Liman: *Fürst Bismarck nach seiner Entlassung.* 9.-11. Tausend. Neue vermehrte Volksausgabe. Berlin, Verlag von C.A. Schwetschke u. S. 1904, 3.

15 Erich Marcks: *Nach den Bismarcktagen.* Eine biographische Betrachtung. Biographische Blätter 1895, 136.

16 *Bismarcks Glaube.* Nach neuen Quellen aus dem Familienarchiv. Von Arnold Oskar Meyer. 2. Aufl. München o. J., 64.

> „Die Weltgeschichte mit ihren großen Ereignissen kommt nicht dahergefahren wie ein Eisenbahnzug in gleichmäßiger Geschwindigkeit. Nein, es geht ruckweis vorwärts, aber dann mit unwiderstehlicher Gewalt. Man soll nur immer darauf achten, ob man den Herrgott durch die Weltgeschichte schreiten sieht, dann zuspringen und sich an seines Mantels Zipfel klammern, daß man mit fortgerissen wird, so weit es gehen soll. Es ist unredliche Thorheit und abgelebte Staatsklugheit, als käme es darauf an, Gelegenheiten zu schürzen und Trübungen herbeizuführen, um dann darin zu fischen."[17]

Vorberg berichtet aber zwei Versionen des Zitats, von denen keine mit der Fassung bei Liman übereinstimmt. Die zweite Version ist kürzer:

> „Die glorreichen Schlachten von 1866 waren geschlagen. Wenn je ein Heer es verdient hatte, in die Residenz des Feindes triumphierend einzuziehen, dann war es unsere Armee. Der dankbare König gönnte ihr von Herzen diese militärische Genugthuung. ‚Aber da,' so erzählte Bismarck, ‚da sah ich den Herrgott durch die Weltgeschichte schreiten, und sprang zu, seines Mantels Zipfel zu ergreifen. Die furchtbare Warnung der Cholera, die unsere Armee schwächte, und der Neid der Nachbarn im Osten und Westen standen vor uns."[18]

Bismarck hat dasselbe Bild offenbar mehrfach gebraucht. Da dies stets gesprächsweise geschah, fänden Varianten hier eine Erklärung. Arnold Oskar Meyer berichtet, Bismarcks Schwiegertochter habe ihm ebenfalls eine abgewandelte Form des Zitats mitgeteilt:

> „Gräfin Wilhelm Bismarck hat mir aus eigener Erinnerung von einem Gespräch erzählt, das Bismarck, auf der Chaiselongue liegend, die gelesenen Zeitungen sinken lassend, mit den Worten begann: ‚Kind, Politik ist keine Wissenschaft.' Sie: ‚Politik ist wohl mehr Gefühlssache, wenn Du auch nie sentimentale Politik gemacht hast.' Schweigen. Bismarck pafft einige Züge aus seiner langen Pfeife. Dann: ‚Politik ist, daß man Gottes Schritt durch die Weltgeschichte hört, dann zuspringt und versucht, einen Zipfel seines Mantels zu fassen.' – Es schien mir von Wert, die Überlieferung des oft angeführten und mehrmals gefallenen Wortes einmal zusammenzustellen."[19]

Schon mit den ersten Gewährsleuten beginnt die Geschichte der Ausdeutung dieses Bismarck-Wortes. Erich Marcks meint:

> „Das kann nur, wer den Schritt Gottes zu hören vermag, d. h. wer gut weiss, was er selber für das Gebot und Ziel der Dinge hält; er muss mit dem feinsten Sinne für das im Augenblick Mögliche und Nothwendige, und mit der Bescheidenheit auf das Erreichbare allezeit zugleich das helle Bewusstsein des Hohen und Letzten, das er erstrebt – und somit doch auch eine schöpferische Geistesart – verbinden."[20]

Arnold Oskar Meyer erblickt in dem Ausspruch das Indiz einer demütigen Religiosität Bismarcks:

> „Im Gefühl der Abhängigkeit von einer höheren Macht, im Glauben an einen Sinn des Lebens dank einer göttlichen Vorsehung, in der Überzeugung eines tiefen Zusammenhanges zwischen geoffenbarter Religion und Sittlichkeit, endlich in der Unterwerfung unter das göttliche Sittengesetz, findet sich keine Wandlung und kein Schwanken durch Bismarcks ganzes Leben seit seiner Bekehrung."[21]

Doch scheint der theologische Standpunkt des Betrachters auf seine Interpretation des Zitats abgefärbt zu haben. Bei Paul Liman wird das Mantelzitat einem anderen Zusammenhang zugeordnet. Es steht in einer betrachtenden Sequenz, die sich darüber verbreitet, dass es Bismarcks Verdienst gewesen sei, das deutsche Volk die Notwendigkeit eines nationalen Egois-

17 *Otto von Bismarck. Ein Erinnerungsbild* von Max Vorberg. KIRCHLICHE MONATSSCHRIFT 18 (1899), 2.
18 Ebenda, 53.
19 Meyer, 64.
20 Marcks, 136.
21 Meyer, 7.

mus gelehrt zu haben. Bismarck, so sagt uns Liman, habe das Glück zum Sklaven gemacht. Deckt sich das mit der Intention von Bismarcks ursprünglicher, von Liman zum Beleg herangezogener Aussage?

Interpretieren wir diesen Ausspruch durch andere, die von Bismarck überliefert sind, so ergibt sich ein anderes Bild. Zumindest die von Bismarck nach außen hin statuierten Bemerkungen, aus denen wir seine Geschichtsphilosophie entnehmen dürfen, haben nicht den Zweck, Bismarck zum Sklavenhalter des Glücks zu stilisieren, sondern seine Demut herauszustellen. Dazu passen die Redewendung von der Politik als der Wissenschaft des Möglichen[22] ebenso wie der Vergleich des Politikers mit dem Steuermann, der nie wissen kann, wie das Wetter sich im Lauf seiner Fahrt ändern wird.[23] Ob aufrichtig gemeint oder nicht, Bismarcks Selbstdarstellung als Christ, der sich in Gottes Ratschlüsse fügt, ist auf einen deutlich gedämpfteren Ton gestimmt als die überschwängliche Verherrlichung des Schicksalsbändigers, die Liman betreibt. Liman ist es bereits, der daran mitwirkt, Gott aus dem Zusammenhang zu vertreiben. Denn er fährt fort:

> „Nur der vernimmt das donnernde Schreiten der Geschichte im rechten Augenblick, der in sich selbst den unerschütterlichen Glauben an seine Sache und seine Kraft, der in sich einen eisernen Willen und die Fähigkeit birgt, auch dort einen Weg sich zu bahnen, wo noch niemand vor ihm gewandelt".[24]

Nicht Gott schreitet durch die Ereignisse, sondern die Geschichte schreitet selbst, und zwar donnernd.

Es fehlte jedoch nicht an Stimmen, die zurücklenken und die christliche Religion in ihre Rechte einsetzen wollten. Der Kieler Theologe Otto Baumgarten machte es sich zur Aufgabe, nachzuweisen, dass Bismarck religiös gewesen sei und einen persönlichen Gott als Instanz anerkannt habe. In dem zu Ende 1914 erschienenen Buch „Bismarcks Glaube", das die Neuauflage eines Buches von 1900 darstellte, schrieb er: „Es ist zuzugeben, daß die Selbstbewußtheit und Absichtlichkeit seiner Selbstenthüllung einer schlichten Auffassung Schwierigkeiten bereitet." Dennoch sei, so meinte Baumgarten zu erkennen, „das Grundproblem seines Glaubens (...) gelöst durch das Vertrauen zu seinen vielen Zeugnissen von der Kraft des Ewigen über seine unendlich trotzige, selbstherrliche Natur."

Es stünde allerdings damit nicht in Widerspruch, wenn man, wieder in Baumgartens Worten, annähme, „daß er sich nur deshalb an eine absolute Macht anlehnte und mit ihr in Eins setzte, um so seinem Uebermenschentum den weitesten Spielraum zu verschaffen".[25]

Seinen weiteren Weg machte das Mantelzitat in der Sammlung „Was sagt Bismarck dazu? Ein Wegweiser durch Bismarcks Geistes- und Gedankenwelt"[26], mit der Max Klemm 1924 ein noch heute benutztes Kompendium geschaffen hat. Überkorrekt weist Klemm darauf hin, dass die Umstände der Entstehung des Zitats nicht bekannt seien. So heißt es bei ihm: „Wann

22 „Die Deutschen können sich, weil sie eben noch kaum der politischen Kinderstube entwachsen sind, nicht daran gewöhnen, die Politik als eine Wissenschaft des Möglichen zu betrachten, wie mein intimer Gegner, Papst Pius IX., mit Recht gesagt hat. Die Politik ist keine Mathematik oder Arithmetik. Man hat wohl auch in der Politik mit gegebenen und unbekannten Größen zugleich zu rechnen, aber es giebt keine Formeln und keine Regeln, um im Voraus das Facit ziehen zu können. Darum habe ich mich nicht an die Meinungen und Mittel anderer Staatsmänner gehalten, sondern mir ihre Rechnungsfehler zur Warnung dienen lassen." Liman, 245f.

23 „Es ist in der Politik viel leichter, sich zu sagen, was man vermeiden, als sich zu sagen, was man thun muß. [...] Denn die Politik ist eine Aufgabe, mit der eigentlich nur die Schiffahrt in unbekannten Meeren eine Aehnlichkeit hat. Man weiß nicht, wie das Wetter, wie die Strömungen sein werden, welche Stürme man erlebt ... Also positive Unternehmungen in der Politik sind außerordentlich schwer, und wenn sie gelingen, so soll man Gott danken, daß er seinen Segen dazu gegeben hat, und nicht herummäkeln an Kleinigkeiten, die diesem oder jenem fehlen, sondern die Situation acceptiren, so wie Gott sie gemacht hat." Hamburger Nachrichten, 2. April 1895. Nach: Was sagt Bismarck dazu? Ein Wegweiser durch Bismarcks Geistes- und Gedankenwelt von Max Klemm. Zweiter Band: L-Z. Berlin: Scherl 1924, 153.

24 Liman, 3.

25 Otto Baumgarten: *Bismarcks Glaube*. Tübingen 1915, 11.

26 Klemm, Erster Band: A-K. Berlin: Scherl 1924, 369.

und wo, nicht zu ermitteln."[27] Abschließend aber lässt sich feststellen, dass das Mantelzitat zu anderen, freilich teilweise ebenso wenig verbürgten Bismarck-Äußerungen passt und zu dem Bild, das Bismarck der Nachwelt von sich hinterlassen wollte. „Niemand weiß genauer als Se. Majestät der König", so erklärte Bismarck 1881 im preußischen Abgeordnetenhaus,

> „daß er nicht nur keinen treueren, sondern auch keinen unterthänigeren Diener haben kann als mich, nicht bloß in meiner Eigenschaft als Beamter, Staats- und Reichsbeamter, sondern auch von Geburt ab in meiner Eigenschaft als kurbrandenburgischer Vasall und obendrein Altmärker, als Mitglied einer Familie, die dem regierenden Hause so lange treu gedient hat, als wir überhaupt das Glück haben, dasselbe als Landesherrschaft zu besitzen."[28]

Es wäre doch seltsam, wenn sich das Vasallitätsverhältnis nicht von dem König, der von Gottes Gnaden regiert, auch auf Gott, den als König herrschenden Vater der Welt, übertragen lassen sollte.

Helmut Kohl in einem geschichtsmächtigen Augenblick

Zu neuen Ehren will Helmut Kohl das Zitat gebracht haben, als er am Vormittag des 15. Juli 1990 mit Michail Gorbatschow zusammentraf. Bei der Besprechung mit dem Staatspräsidenten in der Villa Morosow, dem Gästehaus des sowjetischen Außenministeriums, habe er damals das Gespräch eröffnet

> „mit dem Hinweis auf die besonderen Chancen, die mit diesem Treffen gegeben seien. Unsere Aufgabe sei es jetzt, diese zu nutzen. Bevor wir die Stafette an die nächste Generation weiterreichten, hätten wir am Ende dieses Jahrhunderts noch einiges in Ordnung zu bringen. Ich zitierte Bismarck, der einmal gesagt hatte: ‚Man kann nicht selber etwas schaffen, man kann nur abwarten, bis man den Schritt Gottes durch die Ereignisse hallen hört; dann den Zipfel seines Mantels fassen – das ist alles.' Gerade diese Worte seien passend für unsere Zeit. Michail Gorbatschow stimmte mir zu."[29]

Es war dies jene Begegnung, die anschließend im Kaukasus fortgesetzt wurde. Sie gipfelte, am Abend desselben Tages, in dem bekannten Spaziergang mit Strickjacke und Pullover am Selemtschuk- Fluss und, am folgenden Tag, in der Zustimmung Gorbatschows zur vollen NATO-Mitgliedschaft eines künftigen wiedervereinigten Deutschland einschließlich des Territoriums der dann ehemaligen DDR. Dies war, so stellte Kohl es 1996 in seinem von Kai Diekmann und Ralf Georg Reuth aufgezeichneten Erinnerungsbuch dar, der „Durchbruch im Kaukasus".[30]

Der aufmerksame Leser wird bemerken, dass die Wiedergabe im Buch von Diekmann und Reuth in kleinen Details von der Fassung bei Klemm und Liman abweicht. Hier findet sich also bereits eine von mehreren Mutationsspuren des Mantel-Zitats, das sich schließlich zur Unkenntlichkeit verändern wird. Dass Kohl das Zitat im Kaukasus nur vage im Kopf hatte, kann niemanden überraschen, der jemals selbst in der Situation war, bei einem Gespräch fern von seinen Büchern einen Klassiker anführen zu wollen. Die beiden Redakteure aber haben sich ihrerseits offenbar nicht der Mühe unterzogen, bei der Drucklegung des Erinnerungsbuches noch einmal einen Abgleich mit Klemm oder Liman vorzunehmen. Auch den Varianten von Vorberg, Marcks oder der Gräfin Bismarck entspricht die bei Kohl gebrauchte Fassung nicht.

27 Klemm, Bd. 1, 369.
28 Preußischer Landtag, 2. Kammer. Montag, 21. Februar 1881. Klemm, Bd. 2, 349.
29 Helmut Kohl: „Ich wollte Deutschlands Einheit." Dargestellt von Kai Diekmann und Ralf Georg Reuth. 3. Auflage November 1996, 422.
30 „Ich wollte Deutschlands Einheit", 423-441.

Die Frage bleibt, wie bedeutungsvoll diese Veränderungen sind. In der Kaukasus-Version ist der „Staatsmann" weggefallen. Das könnte man als Bescheidenheit werten. Kohl wollte sich gegenüber Gorbatschow nicht als „Staatsmann" in die Brust werfen. „Abwarten und lauschen" (wie bei Liman) ist plastischer, malt die Gottergebenheit des Staatsmanns deutlicher aus als das bloße „abwarten". Bei Liman gehört auch noch dazu, dass der soeben noch ergeben Lauschende „vorspringen" muss, um den Zipfel fassen zu können. Damit wird der Wechsel von passivem Harren zu plötzlicher Aktivität betont. Keine Frage, der Liman-Klemm-Text ist kräftiger, er ist einem Urheber, dessen sprachliche Prägekraft höchste Anerkennung verdient,[31] auf jeden Fall gemäßer. Die Kaukasus-Version hat schon den Nachteil des Abgegriffenen und dadurch eben weniger Ausgeprägten zu tragen.

Die Dämme brechen

Die Begegnung im Kaukasus vom Juli 1990 war jedoch nicht der erste Moment, zu dem Kohl Bismarck bemüht hat. Bereits im Dezember 1989 war es eine altbekannte Tatsache, dass Kohl sich des Mantel-Zitats gerne bediente. So hieß es in einem Bericht der „Tagesthemen" des Ersten Deutschen Fernsehens vom Tag der Begegnung Kohls mit dem neuen Ministerpräsidenten der DDR, Hans Modrow, in Dresden:

> „kohl, der so gerne vom mantel der geschichte spricht, der ihn umweht, hat heute in dresden eine andere variante erfahren:
> kohl: es geht nicht darum, darüber nachzudenken, wie komme ich ins geschichtsbuch, sondern es geht schlicht und einfach darum, jetzt seine pflicht zu tun. ein begriff, der unter historischer dimension heute eine ganz besondere bedeutung hat."[32]

Der Dresden-Flug vom 19. Dezember 1989 wird in der historischen Rückschau zunehmend als Moment der Entscheidung eingeschätzt. Es scheint, als sei Kohl an diesem Tag durch seine Eindrücke von den Begegnungen mit DDR- Bürgern, nicht zuletzt durch die Kundgebungen während seiner Rede vor den Trümmern der Frauenkirche, davon überzeugt worden, dass es möglich sein würde, die Wiedervereinigung in einem kühnen Eiltempo durchzusetzen – oder, mit anderen Worten, nach einer großen und möglicherweise nur kurzfristig bestehenden Chance zu „greifen." Bemerkenswert ist aber vor allem, dass der Kommentator der „Tagesthemen" schon im Dezember 1989 die entgötterte Schwundversion des Mantelzitats verwendet. Kohl selbst hat es in der Folge mal unverkürzt, mal vereinfacht gebraucht. Am 3. April 1991 sagte er in einem Interview mit den Reportern Dieter Kronzucker und Udo Philipp, das der Sender sat-1 ausstrahlte, zur Wiedervereinigung:

> „und was wir fast ganz vergessen im augenblick: die entscheidung ist zwar in deutschland gefallen, aber sie war nur moeglich durch eine einmalige aussenpolitische konstellation. und mir ist im mai klar gewesen, dass wir wenige monate zeit haben, und dass gorbatschow nicht unbegrenzt handlungsfaehig ist in dieser frage. und jeder von uns dreien weiss doch: wenn wir heute die verhandlungen im kaukasus zu fuehren haetten, koennten wir das gleiche ergebnis jetzt nicht mehr erreichen. die lage ist viel schwieriger geworden. der sommer 1990 war ein geschenk fuer uns, so wie der sommer 89 das geschenk der oeffnung war durch die entscheidung der ungarischen regierung, dass zum

31 Selbst Bismarcks politischer Gegner Ludwig Bamberger gab zu, dass Bismarcks Memoiren „Weltliteratur" seien. Vgl. Ludwig Bamberger: *Bismarck Posthumus.* DIE NATION, 16 (1898-99), 145.

32 BUNDESPRESSEAMT-DOKUMENTATION. Text-Medienspiegel. Quelle: deu-rftv dfs. Datum : 19.12.1989. Ich danke dem Presse- und Informationsamt der Bundesregierung für diese Unterstützung aus seiner Datenbank.

ersten mal deutsche aus der ddr in freiheit gehen konnten. da musste man zupacken, da musste man wirklich den mantel gottes im sinne dieses beruehmten wortes festhalten.“[33]

Als Kohl dieses Interview gab, befand er sich zur Kur in Bad Hofgastein. Anscheinend war er entspannt und nahm sich die Zeit, das Mantelbild in seinem ursprünglichen Zusammenhang zu zitieren. Anders in der Haushaltsdebatte des Bundestages vom 4. September 1991. Diesmal entfuhr es ihm, in der improvisierten Antwort auf eine Rede des SPD-Bundesvorsitzenden Björn Engholm vom Vormittag und auf einen Zwischenruf des SPD-Fraktionschefs Hans-Jochen Vogel in der aktuellen Sitzung:

„jetzt tun sie doch nicht so, als waere das, was jetzt in den zeitungen steht, ihr anlass. ihr anlass ist – ich sage es ihnen ganz knapp – , dass sie das jahr 1990, in dem sie den mantel der geschichte an keinem tag erkannt haben – und zwar auf grund ihres festhaltens an alten strukturen, weil sie nicht begriffen hatten, was in der welt vonstatten ging , ungeschehen machen wollen.“[34]

Man muss es zugeben: hier mutet das Mantelzitat ungeschickt bis komisch an. Warum schließlich sollte eine historisch einmalige Gelegenheit ausgerechnet durch einen Mantel gekennzeichnet sein? In den folgenden Jahren macht das Zitat weitere Wandlungen durch, die es immer weiter von seinem Ursprung entfernen. Unter anderem vollzieht sich ein Umbau dergestalt, dass nicht nur die Person Gottes, sondern auch die Personalisierung der Geschichte verschwindet und der Mantel zu einem Kleidungsstück wird, das dem historischen Akteur auf die Schultern rutscht. (Hier handelt es sich um eine Verkehrung, die wir auch von dem Zeus-Europa-Bild kennen. Immer häufiger wird aus dem Stier, auf dessen Rücken die Königstochter Europa durch das Meer getragen wurde, ein Sinnbild dieser selbst, mit anderen Worten, Europa durch ein Rind symbolisiert.)

In einem Artikel des Associated Press-Korrespondenten Thomas Rietig vom 30. März 1995 zum bevorstehenden 65. Geburtstag Helmut Kohls ist von der Zeit die Rede,

„als deutschland und europa in der euphorie der vereinigung sowie des aufbrechens der bloecke jubelten, als der ‚mantel der geschichte' dem kanzler entgegenflog und er ihn sich beherzt umhaengte.“[35]

Während der ehemalige bayerische Kultusminister Hans Maier anlässlich der Vorstellung von Kohls Memoirenband „Ich wollte Deutschlands Einheit“ feststellte, in diesem Buch „rausche“ der „Mantel der Geschichte“ gerade nicht,[36] hat sich Tom Schimmeck von der „Woche“ ein anderes Bild ausgedacht. In seinem von Neid nicht freien Porträt des Aufzeichners der Kohl-Interviews, „Bild“-Zeitungsredakteur Kai Diekmann, heißt es, Diekmann „durfte aus dem Kohlschen Mantel der Geschichte eine Menge Staubkörnchen klopfen“.[37] Die „Mainzer Allgemeine Zeitung“ mutmaßte anlässlich des 14. Jahrestags von Kohls Wahl zum Bundeskanzler und der Tatsache, dass Kohl inzwischen Konrad Adenauer in seiner Amtsdauer übertroffen hatte, im Oktober 1996:

„Der Mantel der Geschichte wird irgendwann einmal gelüftet werden und den unbefangenen Blick freigeben auf die Ära des Bundeskanzlers Helmut Kohl.“.[38]

Doch vorläufig, so schien es, wollte die Presse dem Kanzler den Mantel noch lassen. Zumindest gilt das für den „Tagesspiegel“, der für das Rekorddatum die Überschrift wählte: „Ewig währt am längsten“, und in der Unterzeile schrieb: „Helmut Kohl trägt den Mantel der Geschichte einen Tag länger als Adenauer.“

33 BUNDESPRESSEAMT-DOKUMENTATION, Text-Medienspiegel. Quelle: deu-rftv sat-1 Datum : 03.04.1991.
34 BUNDESPRESSEAMT-DOKUMENTATION, Text-Medienspiegel. Quelle: bpa-bulletin. Datum: 05.09.1991.
35 BUNDESPRESSEAMT-DOKUMENTATION, Text-Medienspiegel. Quelle: AP. Datum: 30.03.1995.
36 STUTTGARTER ZEITUNG, 2. Oktober 1996.
37 Tom Schimmeck: Der Denkmalpfleger. DIE WOCHE, 4. Oktober 1996.
38 MAINZER ALLGEMEINE ZEITUNG, 26. Oktober 1996.

Offenbar stammen die Überschriften von einem anderen Redakteur als dem Autor des Artikels, in dem dann nämlich beklagt wird, dass die deutsche Wiedervereinigung für Beobachter mit einem globalen Standpunkt nur ein Unterpunkt des Zusammenbruchs der Sowjetunion sei: „Aus dieser Perspektive verschwindet der ‚ewige Kanzler' samt seinem Land im Faltenwurf des Mantels der Geschichte.“ [39]

Dafür aber müssen seine innenpolitischen Gegner zu diesem Zeitpunkt zugeben, dass sie Kohl lange Zeit unterschätzt hatten. Denn

> „Mit Ironie gar ist Kohl schon lange nicht mehr beizukommen – Birne, Kanzlerwitze, alles zu Wanderstaub am berühmten Mantel der Geschichte zermahlen.“

Es ist ausgerechnet Manfred Fritz, der Redakteur der Rhein-Neckar-Zeitung, der das Bild auf diese Weise fortentwickelt, der aber auch noch einmal seinen Ursprung ins Gedächtnis ruft.

> „Das Bismarck-Zitat, das er bei den Gesprächen mit Gorbatschow 1990 in Rußland bemüht hat, trifft zu. Man kann nicht selber etwas schaffen, man kann nur abwarten, bis man den Schritt Gottes durch die Ereignisse hallen hört, dann vorspringen und den Zipfel des Mantels fassen – das ist alles.“ [40]

Fritz zitiert die Liman-Klemm-Version zwar genauer als Diekmann und Reuth, aber vollständig gibt auch er sie nicht wieder. Das Gedächtnis ist nun einmal unzuverlässig. Von nun an aber werden die Verwurstungen des Zitats immer rücksichtsloser. 1998 erscheint eine Zitatensammlung, der zufolge Hans Jochen Vogel einmal gesagt haben soll: „Helmut Kohl hatte den Mantel der Geschichte offenbar auch vor den Ohren.“[41]

In einem in der Frankfurter Allgemeinen Zeitung veröffentlichten Comicstrip finden Forscher, die geheimnisvollen Büchern hinterher jagen, als „wohl bedeutensten [sic] Fund“ sogar einen „Mantel der Geschichten“,[42] und in einer Glosse der selben Zeitung heißt es:

> „Wer einmal ein Stück des Mantels der Geschichte erhascht hat, der will sich darin gern auch komplett einkleiden.“

FAZ vom 5. Oktober 2000

39 TAGESSPIEGEL, 30. Oktober 1996.
40 RHEIN-NECKAR-ZEITUNG, 2. November 1996.
41 Politiker beschimpfen Politiker. Leipzig 1998, S. 97.
42 FRANKFURTER ALLGEMEINE ZEITUNG, 5. Oktober 2000. Siehe Abbildung.

Damit ist Helmut Kohl gemeint, der inzwischen, er hat die Bundestagswahl von 1998 verloren und wird von der großen Spendenaffäre heimgesucht, „den richtigen Zeitpunkt zum Abtritt verpasst" habe. Ähnlich ergehe es da dem ehemaligen polnischen Staatspräsidenten und Friedensnobelpreisträger Lech Walesa, der allerdings statt vom Mantel der Geschichte lieber vom „Finger Gottes" spreche.[43]

Die Zeit der „geflügelten Worte" ist noch nicht vorbei. In der zwanzigsten Auflage von Georg Büchmanns „Citatenschatz des deutschen Volkes", erschienen 1900, ist das Mantelzitat zwar nicht aufgenommen, obwohl sich hier mehrere andere Bismarckworte finden.[44] Und auch die folgenden Büchmann-Auflagen verzeichnen es nicht. Seit 1989 sind aber schon wieder geflügelte Worte hinzugekommen, deren Ursprung allerdings ebenfalls zweifelhaft ist, so das Michail Gorbatschow zugeschriebene „Wer zu spät kommt, den bestraft das Leben" und Willy Brandts angebliches Wort vom Zusammenwachsen dessen, was zusammen gehört. Doch dem Schicksal dieser Worte nachzugehen, muss wiederum eigenen Untersuchungen vorbehalten bleiben.

43 FRANKFURTER ALLGEMEINE ZEITUNG, 10. Oktober 2000.

44 *Geflügelte Worte.* Der Citatenschatz des deutschen Volkes. Gesammelt und erläutert von Georg Büchmann. Fortgeführt von Walter Robert –tornow. Zwanzigste vermehrte und verbesserte Auflage. Berlin 1900.

LONDON UNTER DEN HOHENZOLLERN

SAKI UND DIE KRIEGSANTIZIPATION VOR 1914*

LARS U. SCHOLL

Auf dem Höhepunkt der BSE-Krise und der Maul- und Klauenseuche in Großbritannien erschien am 4. März 2001 in der WELT AM SONNTAG eine Karikatur von Dieter Zehentmayr mit der Unterschrift *Erstmalige Eroberung der Insel.*[1] Die Zeichnung ist – 16 cm hoch und 20 cm breit – in vier gleichgroße Felder unterteilt. Auf der linken Bildhälfte eines jeden Feldes sehen wir in drei Fällen ein Kriegsschiff, das auf die britische Küste auf der rechten Bildseite zuläuft, an der der Union Jack und eine Kanone signalisieren, dass man sich an der englischen Küste mit einem Geschütz der Angreifer erwehrt. Die beiden oberen Bilder zeigen Segelschiffe, die groß den Namen ESPAÑA bzw. LA FRANCE tragen. Beide hölzerne Kriegsschiffe sind in Brand geschossen und versinken über das Heck im Ärmelkanal, während sich aus der Kanonenmündung eine leichte, mit sich zufriedene Rauchfahne genüsslich verflüchtigt. Auf dem dritten Bild geht ein deutsches stählernes Kriegsschiff unter. Ein Name ist nicht erforderlich, weht doch am Bug dieses mit zwei Geschützen bewaffneten Kriegsschiffes die Hakenkreuzfahne. Auf dem vierten Bild haben sich die Verhältnisse gewandelt. Mit der Piratenflagge im Topp segeln die Fregatten BSE und MSK auf die Insel zu, die sich nicht mehr in wehrhaftem Zustand präsentiert. Der Union Jack ist durch ein ausgefranstes weißes Tuch ersetzt, das statt an einer Fahnenstange an einem schiefen Ast flatternd die Kapitulation anbietet. Die Kanonenmündung ist nicht mehr auf die Angreifer gerichtet, sondern hängt, nach vorne heruntergeklappt im Wasser, als verbeuge sie sich vor den siegreichen Invasoren. Was weder die Spanier im 16. Jahrhundert, noch die Franzosen im 18/19. Jahrhundert oder die Deutschen im 20. Jahrhundert geschafft haben, nämlich die erfolgreiche Invasion Großbritanniens, das gelingt im 21. Jahrhundert zwei Tierkrankheiten. Trotz schärfster Bestimmung aus Angst vor einer möglichen Tollwuteinschleppung – jeder Tierbesitzer muss eine mehrmonatige Quarantäne in Kauf nehmen, sollte er seinen Liebling mit auf die Insel nehmen wollen – erobern Krankheiten das Vereinigte Königreich. Der Karikaturist hat die für die britische Mentalität charakteristische Angst vor einer Invasion vom europäischen Kontinent aus geschickt in seiner Bildfolge für seine Sichtweise der Tatsachen und Befindlichkeiten benutzt.

Das Bild symbolisiert das Empfinden, dass die Bedrohung von außen kommt. Nach allem was wir wissen, ist diese Vorstellung falsch, denn es scheint eine hausgemachte Katastrophe zu sein, die durch falsche Tierhaltung und -fütterung hervorgerufen sein könnte. Die Urheber der Epidemie sitzen im eigenen Land! Dennoch werden die kontinentalen Nachbarn, in diesem Falle die Franzosen vor allem, von den Briten heftig dafür kritisiert, dass sie das BSE-verseuchte Fleisch nicht in das Land lassen wollen. Das Eindringen des nichtgesunden Fleisches aus England soll in der Form einer Invasionsabwehr vom Kontinent ferngehalten werden. Die Invasionsneurose wird hüben wie drüben eifrig gehegt und gepflegt.

* Angeregt zu diesem Thema wurde ich durch die Veröffentlichungen des Jubilars: Science Fiction und Geschichte. Anmerkungen zu einer merkwürdigen Quellengattung, in: Joachim H. Knoll und Julius H. Schoeps (Hrsg.), *Von kommenden Zeiten.* Geschichtsprophetien im 19. und 20. Jahrhundert. Stuttgart 1984, S. 275 - 302; *Zeitgeist und Zeitmaschine.* Science Fiction und Geschichte. München 1986; (Hrsg.), *Was Wäre Wenn.* Alternativ und Parallelgeschichte: Brücken zwischen Phantasie und Wirklichkeit. HMRG, Beihefte, Bd. 36, Stuttgart 1999.

1 Die Karikatur erschien zuvor in der Berliner Zeitung und wird später auch in der TIMES abgedruckt. Freundliche Auskunft von Dieter Zehentmaier vom 20.3.2002.

Anders als den Völkern Kontinentaleuropas, die in ihrer Geschichte häufiger Einfälle fremder Heere erdulden und an den Peripherien ihrer Territorien nach Abschluss der Feindseligkeiten Gebietsabtretungen hinnehmen müssen, die nicht selten zu späterer Gelegenheit wieder rückgängig gemacht werden, anders also als den Menschen auf dem Festland, sitzt den Engländern quasi als Nationalingredienz eine tiefe Invasionsfurcht in der Seele. Welchem nachkriegsgeborenen Deutschen ist dagegen z.B. in Erinnerung, dass vor einigen hundert Jahren die Schweden in Pommern als Eroberer eingedrungen sind? Dagegen kennt jedes englische Kind die Geschichte von der *Battle of Hastings*, hat eine genaue Vorstellung von dem Untergang der ARMADA oder wird in großer Bewunderung für Lord Horatio Nelson, dem Sieger in der *Battle of Trafalgar* (1805), aufgezogen. Schon in jungen Jahren betritt er die Planken der VICTORY, verzeiht dem Seehelden seine Eskapaden mit der verheirateten Lady Hamilton, begegnet im National Maritime Museum in Greenwich einem zu einer mythischen Nationalfigur entrückten Admiral und bestaunt Benjamin Wests berühmtes Gemälde vom Tode Nelsons, das der Künstler, auf religiöse Ikonografie zurückgreifend, in der Manier einer *Beweinung Christi* aufgebaut hat.

Auch die vor 1066 liegenden erfolgreichen Invasionen der britischen Inseln durch die Römer unter Julius Caesar in den Jahren 55 und 54 vor Chr. und im Jahre 43 nach Chr. unter Kaiser Claudius sind ebenso präsent wie die Landnahme der Angeln, Jüten und Sachsen im 5. Jh., nur wenige Jahre nach dem Abzug der Römer. Die zahlreichen Wikinger-Einfälle aus Norwegen und Dänemark (die ersten Dänen landen 835 bei Sheppey), an deren Beginn die Klöster Lindisfarne (793), Jarrow-on Tyne (794) und Iona (795) zerstört werden sowie die Herrschaft des Dänenkönigs Knut von 1016 bis 1035 sind bis heute nicht vergessen.[2] Und wenn man sich genauer mit dem Jahre 1066 und der Landung des Normannen Wilhelm mit seiner Invasionsflotte bei Hastings befasst, dann muss man konzidieren, dass Wilhelm nach dem Tode des kinderlosen Königs Edward auf ein Nachfolgeversprechen verweisen konnte und dass die Mutter Edwards des Bekenners seine Tante ist. Er kann also zusätzlich verwandtschaftliche Argumente anführen und weiß sich vom Papst und den Herrschern Europas moralisch unterstützt. Letztlich vermag er König Harold II, dem er zwei Jahre zuvor während einer kurzen Gefangenschaft einen Eid abpresst, der Harold verpflichtet, Wilhelms Kandidatur zu unterstützen, vor allem deshalb zu besiegen, weil Harold sich zunächst in Yorkshire gegen einen anderen Konkurrenten um die Königswürde, König Harold Hardrada von Norwegen, erwehren muss. Nach der siegreichen Schlacht von Stamford Bridge eilt er in Gewaltmärschen mit seinen Soldaten nach Hastings. Obwohl die Truppen König Harolds ermattet und nicht mehr ganz frisch in den Kampf ziehen, steht der Ausgang der *Battle of Hastings* am 14. Oktober 1066 lange auf des Messers Schneide. Erst als König Harold kurz vor dem Einsetzen der Dunkelheit tödlich verletzt wird, kann der in Kent eindringende Normanne die Schlacht für sich entscheiden. Aus *William the Bastard* wird nun *William the Conqueror*. Wilhelm II., Herzog der Normandie, ist der letzte erfolgreiche Eroberer und Herr über eine Invasionsstreitmacht, ehe rund 850 Jahre später erneut ein Wilhelm II., dieses Mal der deutsche Kaiser und König von Preußen, zumindest in der Fiktion als Eroberer an der Spitze seiner Invasionstruppen in London eine Parade abnimmt.

When William Came. A Story of London under the Hohenzollerns, so heißt ein Roman, den der Schriftsteller Saki alias Hector Hugh Munro 1913 veröffentlicht. Die Pro-Krieg-Fantasie erscheint kurz vor Ausbruch des Ersten Weltkrieges und markiert den Höhepunkt einer ganzen Reihe von Kriegsantizipationen, die etwa seit 1870 in England, aber auch in Deutschland die Bevölkerung auf den kommenden Krieg einstimmen soll. Der *Krieg vor dem Krieg* hat Konjunktur, jenseits und diesseits des Kanals oder wie Salewski in seiner bahnbrechenden Studie *Zeit-*

2 R. G. Collingwood und J. N. L. Myres, *Roman Britain and the English Settlements.* (= The Oxford History of England, Bd. 1), 2. Aufl. Oxford 1937; Frank M. Stenton, *Anglo-Saxon England*, (The Oxford History of England, Bd. 2), 3. Aufl. Oxford 1971.

geist und Zeitmaschine schreibt: „allein die Zahl jener Romane, die die Invasion Englands durch Frankreich oder Deutschland beschrieben, ist Legion gewesen.“[3] Der heute noch in Deutschland bekannteste Roman dieses Genres ist Erskine Childers’ *The Riddle of the Sands: A Record of Secret Service Recently Achieved*, dt.: *Das Rätsel der Sandbank*, von 1903.[4] Der Roman, der vor dem Hintergrund des maritimen Wettrüstens zwischen Deutschland und England spielt, ist 1985 in zehn Folgen im deutschen Fernsehen mit großem Erfolg gezeigt worden.[5] Das Besondere an Sakis Roman im Vergleich zu Childers’ Fantasie, in der auf die Invasionsgefahr aufmerksam gemacht wird, die von den kleinen Sielhäfen der Nordsee ausgeht, ist die Tatsache, dass der Krieg bereits vorbei, die Invasion geglückt und das Leben in London zu einer durch die Hohenzollern und in ihrem Gefolge durch zivile deutsche Besatzer geprägt ist. In England ist momentan eine Taschenbuchausgabe der Reihe *Penguin Twentieth-Century Classics* auf dem Markt. Eine deutsche Ausgabe ist zur Zeit nicht im Handel, eine Neuauflage der zuletzt 1992 in der Bibliothek der Science-Fiction-Literatur des Heyne-Verlags erschienenen deutschen Übersetzung ist gegenwärtig nicht geplant.

Der Autor

Hector Hugh Munro wird am 18. Dezember 1870 als Sohn eines höheren Offiziers der britischen Militärpolizei in Akyab im Nordwesten Burmas geboren. Er hat eine ältere Schwester, Ethel Mary, und einen Bruder, Charles Arthur. Als seine Mutter Mary Frances Munro, geb. Mercer, Tochter eines Konteradmirals der Royal Navy, erneut schwanger ist, bringt der Vater, Charles Augustus Munro, seine Familie nach England in der Annahme, dass die Geburt seines vierten Kindes in England problemloser sei als in Burma.[6] Doch das Unglück will es, dass eine ausgebrochene Kuh die Schwangere umrennt und eine Fehlgeburt auslöst, die den Tod des Kindes und der Mutter zur Folge hat. Ehe der Vater nach diesem Schicksalsschlag seinen Dienst wieder aufnimmt, erwirbt er in Pilton bei Barnstable in der Grafschaft Devon ein Haus und überlässt seine drei Kinder seiner Mutter und seinen beiden streitsüchtigen und tyrannischen Schwestern. Die beiden unverheirateten Frauen lieben zwar die Kinder, erziehen jedoch nach althergebrachten schottischen Methoden, die Wärme und Herzlichkeit nicht aufkommen lassen. Die *Clovis-Chroniken* enthalten die Geschichte *Sredni Vashtar,* in der ein kranker Junge in seiner Fantasie ein zahmes Frettchen zu seinem Gott macht, bei dem er vor seiner tyrannischen Cousine Zuflucht sucht. Als sein Vormund hinter das Geheimnis kommt und das Tier entdeckt, erschreckt das Frettchen die Frau zu Tode. Während die Hausangestellten entsetzt beraten, wie man es dem armen Kind beibringen soll „machte Conradin sich *genüsslich* (L. U. S.) noch eine Scheibe Toast“, ist er doch endlich die lieblose Cousine los.[7] In der Geschichte *Die Rumpelkammer* wird der kleine Nicholas von einem Kinderausflugs ans Meer ausgeschlossen, weil er bei einer selbst ernannten Tante in Ungnade gefallen ist. Während er zu Hause bleiben muss und zur Strafe auch nicht in den geliebten Stachelbeergarten gehen darf, vergnügt er sich in einer Rumpelkammer. Die Tante hingegen beobachtet den ganzen Nachmittag über den Garten, weil sie Nicholas trotz des Verbotes darin vermutet, da sie nicht weiß, wo er ist. Schließlich sucht sie ihn im Stachelbeergarten und rutscht dabei in die Zisterne, aus der sie sich nicht befreien kann. Nicholas, den sie zu Hilfe ruft, tut so, als sei sie die Leibhaftige, die ihn nur in den verbotenen Garten locken will. Das Küchenmädchen rettet schließlich

3 Michael Salewski, *Zeitgeist und Zeitmaschine.* Science Fiction und Geschichte, München 1986, S. 27.

4 Die deutsche Erstausgabe erschien 1975 im Diogenes Verlag in Zürich.

5 Jovan Everman, *Der Serien-Guide*, 4 Bde, Berlin 1999, Bd. 3, S. 389. Als Spielfilm von 130 Minuten Länge wurde 1987 eine Wiederholung in der ARD gezeigt.

6 Saki, *The Square Egg and other Sketches with three Plays*, With a Biography by his Sister, London 1924, A. J. Langguth, *Saki.* A Life of Hector Hugh Munro, Oxford 1982.

7 Saki, *Die sämtlichen Erzählungen*, Zürich 1998. Darin: Sredni Vashtar, S. 316 - 326.

die Tante, die beim Abendessen eisern schweigt. Der Strandausflug der Kinder ist buchstäblich ins Wasser gefallen, weil die Flut bei ihrer Ankunft gerade den höchsten Stand erreicht hat und weil die Schuhe der Vettern drücken. Auch sie schweigen bedrückt. Nur Nicholas schweigt in sich gekehrt und zufrieden und überlegt, „ob der Jäger mit seinen Hunden würde entkommen können, während die Wölfe über den erlegten Hirsch herfallen". Ein Gemälde mit dieser Szene hat er in der Rumpelkammer entdeckt.[8] Es ist nahe liegend, dass Saki bei diesen beiden Geschichten an seine eigene Kindheit und seine Tanten gedacht hat. Seine Schwester Ethel sagt, dass die Frau in *Die Rumpelkammer* ein exaktes Portrait seiner Tante Augusta ist.

Körperlich sehr schwach, erhält Hector nur wenig formale Schulbildung. Gouvernanten vermitteln ein bisschen Grundbildung, sonst versuchen sich die Geschwister selbst zu bilden. Mit neun Jahren bekommt der Junge „brain fever", eine Art Meningitis, die ihm schwer zu schaffen macht. Hector liebt die Natur und ist von der Naturkunde fasziniert. Er malt gerne Tiere und verfasst kleine Reime und Limmericks, die zu den Bildern passen. Eine Lokalwahl in Barnstable weckt sein Interesse an der Politik und Geschichte. „History then and ever afterwards became his favourite study, and as he had a wonderful memory his knowledge of European history from its beginning was remarkable."[9] Nach einer kurzen Zeit auf einer Privatschule in Exmouth besucht er mit 15 Jahren für vier Terms die Bredford Grammar School. 1886 verlässt er die Schule. Sein Vater hat mittlerweile den Polizeidienst im Range eines Obersts quittiert und kümmert sich fortan um seine Kinder. Er reist mit ihnen in die Normandie, nach Dresden und Potsdam, nach Osteuropa und Paris, eine etwas eigenwillige „Grand Tour", die mit Unterbrechungen rund sechs Jahre dauert. Hector erhält gelegentlich Privatunterricht und besucht Museen und Kunstgalerien. Aus dem Jugendlichen, der eigentlich dem Schulalter entwachsen ist, aber dennoch der Unterweisung bedarf, wird allmählich ein kosmopolitisch und kulturell gebildeter junger Mann mit einem Talent für Sprachen und einem dezidierten Sinn für artistische Feinheiten, aber auch mit einem Hang zu üblen Streichen und hintergründigen Scherzen. Im Frühjahr 1893 endet definitiv seine Jugend und er folgt den Fußstapfen seines Vaters und Bruders bei der Militärpolizei in Burma. Zu krank für den Dienst in der Armee soll er wenigstens seiner Königin als Polizist dienen. An diesem Punkt gleicht sein Leben dem des später als George Orwell berühmt gewordenen Eric Arthur Blair, der ebenfalls zeitweise in der Indian Imperial Police in Burma seinen Dienst versieht. Nach 15 Monaten und sieben Malaria-Anfällen kehrt er krank nach England zurück und muss sich zwei Jahre lang in Devon beim Schwimmen, Reiten und Wandern erholen.

1896 zieht er nach London und beginnt seine Karriere als Autor. Er lässt sich eine Karte für den Lesesaal des British Museums geben und schreibt, nur wenige Jahre nachdem Karl Marx dort an seinem Buch *Das Kapital* gearbeitet hat, eine Geschichte Russlands mit dem Titel *The Rise of the Russian Empire*, offensichtlich beeinflusst von Edward Gibbons *The Decline and The Fall of the Roman Empire*. Sein Vater, der mit einem Jahreseinkommen von £ 400 nach George Orwells Einschätzung zur „lower-upper-middle-class" gehört, finanziert für drei Jahre das Projekt seines Sohnes. Im Frühjahr 1900 erscheint im Verlag von Grant Richards *The Rise of the Russian Empire*, eine Geschichte Russlands von den Anfängen bis zur Zeit Peters des Großen, die aber keine guten Kritiken erhält. Als er dann den Cartoonisten Francis Carruthers Gould kennen lernt, wendet sich Munro Kurzgeschichten zu und beginnt satirische Sketche mit Illustrationen des neuen Freundes in der *Westminster Gazette* zu veröffentlichen unter dem Titel *The Westminster Alice*. Das Buch *The Westminster Alice* in dem Kabinettsminister wie Figuren aus *Alice In Wonderland* beschrieben sind, ist sehr erfolgreich. Weniger Popularität erzielen seine nach Rudyard Kipling's *Just so Stories* nachempfundenen *The Not so Stories*. Munro hat sich jedoch als Autor und politischer Kommentator – wie auch später George Orwell – einen Namen gemacht und wechselt im Jahre 1902 als Korrespondent zur *Morning Post*, die ihn auf den

8 Ebd., Die Rumpelkammer, S. 897 - 909.
9 Tom Sharpe in seiner Einführung zu The Best of Saki (H. H. Munro), London 1976, S. 9.

Balkan sendet, um über die dortigen Kriege zu berichten. Für die nächsten zwölf Jahre wird er einerseits als professioneller Journalist arbeiten und andererseits viele satirische Kurzgeschichten in verschiedenen Zeitschriften veröffentlichen. 1905 erlebt er in St. Petersburg als Korrespondent die Revolution mit. Von dort wechselt er nach Paris, ehe er 1908 nach London zurückkehrt. 1904 erscheint *Reginald,* seine erste Sammlung von Kurzgeschichten, *Reginald in Russia* folgt 1910, *The Chronicles of Clovis* 1911, *The Unbearable Bassington* 1912 und schließlich *Beasts and Superbeasts* im Jahre 1914. *The Toys of Peace* 1919 und *The Square Egg* 1924 werden posthum herausgegeben ebenso wie die in *The Almanack* versammelten Erzählungen aus dem Nachlass.

Der Erste Weltkrieg zerstört die angenehme Welt des Mittelstandes über die Saki schreibt, beendet aber auch das Leben des Autors. Nachdem klar ist, dass Deutschland die belgische Neutralität nicht respektiert und deutsche Truppen am 3. August an fünf Punkten die Grenze überschreiten, erklärt das Vereinigte Königreich am 4. August 1914 um 23.00 Uhr Deutschland den Krieg. Munro meldet sich im Alter von 43 Jahren am 25. August zum Militärdienst und wird als einfacher Soldat der Kavallerie dem *King Edward's Horse*-Regiment zugeteilt. Seinem Verleger schreibt er: „I am a trooper in the above force (...) I hope to get out in the course of a couple of months. It is only fitting, that the author of *When William came* should go to meet Wiliam half way (...) Very sincerely yours (Trooper) H. H. Munro."[10] Damit auch kein Missverständnis entsteht, fügt er noch hinter „get out *to the front*". Er, der sich weigert, Offizier zu werden, muss im Herbst zum *22. Batalion of the Royal Fusiliers* überwechseln, weil er körperlich dem Dienst bei der Kavallerie nicht gewachsen ist. Im November 1915 wird seine Einheit nach Frankreich und nicht, wie erhofft, auf den Balkan verlegt. An der Front verflüchtigt sich allmählich seine Kriegseuphorie. Dennoch meldet er sich nach einer Malaria-Attacke zurück zu seiner Truppe, obwohl er noch nicht vollständig genesen ist, weil er nicht in den Verdacht der Drückebergerei geraten will, als sich die Wahrscheinlichkeit eines Angriffs auf Beaumont-Hamel verdichten. Am 13. November 1916 um 1.30 Uhr setzt sich seine Kompanie in Betrancourt zu den Schützengräben an der Front in Marsch. Am 14. November lehnt sich der mittlerweile zum Unteroffizier beförderte Munro in einer Gefechtspause gegen die Seitenwand eines Kraters, als sich ein Soldat, die Kampfpause nutzend, eine Zigarette anzündet. Munro herrscht ihn an und befiehlt ihm, die Zigarette auszumachen. Gleichzeitig fällt ein Schuss. „Put that bloody cigarette out", sind seine letzten Worte. Von einem deutschen Schützen getroffen, ist er sofort tot. Es ist die Ironie des Schicksals, dass der Warnende und nicht der Gewarnte zum Opfer wird.

Unser Wissen über Hector Hugh Munro ist sehr spärlich und durch die biografische Skizze seiner Schwester Ethel geprägt.[11] Es ist bekannt, dass sie viele Zeugnisse, Briefe etc. vernichtet hat und nur ein ganz bestimmtes Bild von ihrem Bruder und seiner Familie tradiert wissen will. So wird es nicht möglich sein zu klären, warum er seine Geschichten unter dem Pseudonym „Saki" veröffentlicht. Seine Schwester erwähnt lediglich mit drei Zeilen, dass er den Namen des Becherträgers in der Dichtung Rubáiyát annimmt, einer Sammlung von rund 500 Epigrammen des persischen Mathematikers, Astronomen, Freidenkers und Dichters Omar Khayyám aus dem 12. Jahrhundert nach Christus, weil er persische Dichtung und östliche Geschichten liebt.[12] Dagegen glaubt sein Biograf Langguth, dass das Pseudonym für ein Wesen steht, das zwei Gesichter hat. Einerseits bewegt es sich als *Saki* gern in der Gesellschaft, die in seinen Geschichten beschrieben und als töricht entlarvt wird, andererseits zieht diese Person als *Munro* gerade für diese Gesellschaft in den Krieg und verzagt auch nicht angesichts des Todes. Langguth meint, dass Munro ein doppeldeutiges Pseudonym wählt, das besser zu ihm passt, als es ihm je bewusst geworden ist.[13] Tom Sharpe dagegen bezweifelt, dass

10 Langguth, Saki, S. 253.
11 So der Artikel in DICTIONARY OF NATIONAL BIOGRAPHY 1912 - 1921, London 1927, S. 397.
12 Ethel Munro, Square Egg, S. 77.
13 Langguth, Saki, S. 60 - 62.

der Saki aus dem *Rubáiyát*, abgesehen davon, dass er gerne sich in Gesellschaft bewegt, etwas mit dem Mann gemein hat, der die satirischen Geschichten schreibt. Sharpe erinnert an Parallelen zu Edward Gibbon, den Autor von *Verfall und Untergang des Römischen Reiches.* Wie Munro ist Edward Gibbon ein zartes Kind, das kaum Aussicht hat, das Erwachsenenalter zu erreichen. Seine Mutter stirbt als er zehn Jahre alt ist, er wird von einer Tante aufgezogen im Hause seiner Großeltern, während sein Vater fortzieht. Seine Ausbildung wird durch Krankheiten dauernd unterbrochen. Schließlich wird Gibbon mit siebzehn Jahren in die Schweiz geschickt. Da Munro mit seinem Buch *The Rise of the Russian Empire* Gibbons Stil imitiert in der Hoffnung auf literarischen Ruhm, jedoch damit scheitert, wendet er sich der politischen Satire und gesellschaftskritischen Kurzgeschichten zu unter dem Pseudonym Saki. Wie *Gibbon* so ist auch *Saki* eine Affenart mit einem langen buschigen Schwanz, ein sehr zartes Tier, das normalerweise still ist. In zwei Kurzgeschichten findet Sharpe weitere Indizien, die seine These stützen, dass die Charakterisierung der südamerikanischen Affen, wie sie in der *Encyclopaedia Britannica* zu finden ist,[14] auch auf Munro passt: „He too had a gentle ‚half-shy, half-trusting manner, but beneath his exterior there was an underlying temper. One has only to read these stories to discover just how savage that temper was".[15] Wer auch immer Recht hat, Sharpes Hinweise sind nicht von der Hand zu weisen. Im Gegenteil, mir scheint seine Interpretation des Pseudonyms dem Satiriker und Zyniker Munro/Saki eher gerecht zu werden als die anderen Erklärungen. Wir sind geradezu aufgefordert, über die Enträtselung der geheimnisvollen Hinterlassenschaft zu spekulieren und unserer Fantasie freien Lauf zu lassen. Das wäre sicher im Sinne Sakis, der sich ebenfalls die Freiheit nimmt, über eine erfolgreich abgeschlossene Invasion Großbritanniens durch die Hohenzollern zu fantasieren und über das Verhalten seiner Landsleute zu lamentieren.

London unter den Hohenzollern

Cicely Yeovil sitzt im Salon ihres Hauses in der Berkshire Street in London und erwartet die Ankunft ihres Mannes, der nach einem langen Aufenthalt in Ostsibirien, jagend und Vögel sammelnd, und nach einer Malariaerkrankung in seine von deutschen Truppen besetzte Heimat zurückkehrt.[16] Fern von England hat er vom Seesieg der Deutschen gehört. Während seine Frau bereits an dem Punkt angelangt ist, an „dem wir uns mit dumpfer Gleichgültigkeit in das Unvermeidliche fügen", und während ihre Freundin Grace, Lady Shalem, "sich nicht damit begnügt, sich dem Unausweichlichen zu beugen", sondern „ihm die Hand hingestreckt und sich gezwungen [hat], ihm mit einem reizenden Lächeln zu begegnen", muss sich Cicelys Mann erst noch an die Katastrophe, an das „Fait accompli", gewöhnen. Im Victoria Bahnhof sind alle Bekanntmachungen in Deutsch und Englisch abgefasst. Der Taxifahrer, eine Gestalt des unverkennbar germanischen Typs, will ihn nicht zu „Nummer achtundzwanzig, Berkshire Street", sondern in die „Berkshirestraße achtundzwanzig" fahren. Schockiert muss Murrey Yeovil feststellen, dass er in seinem eigenen Land ein „Meldeformular" ausfüllen muss, als sei er in einem Hotel abgestiegen. „Auf andere widerwärtige und störende Dinge (...) war er gefasst gewesen – die Veränderungen auf Briefmarken und Münzen, das aufdringliche germanische Wesen, die fremden Uniformen (...) Doch dieses persönliche Indiz für seinen Status als Untertan traf ihn wie ein Blitz aus heiterem Himmel".

Bei einer Tasse Kaffee im Herrenzimmer erzählt er zunächst, was er in Russland über die Ereignisse in England in Erfahrung gebracht hat, dann berichtet sein Gesprächspartner Dok-

14 THE ENCYCLOPAEDIA BRITANNICA, 11th editon, New York 1910 - 1911, Bd. 24, S. 54, s. v. "Saki".
15 Sharpe, Best of Saki, S. 14.
16 Saki, *Als Wilhelm kam*, (= Bibliothek der Science Fiction Literatur, Bd. 06/85), München 1992. Alle im Folgenden angeführten Zitate sind der deutschen Ausgabe entnommen.

tor Holham, dass es mit einer vollkommen unbedeutenden Meinungsverschiedenheit über irgendwelche Grenzangelegenheiten in Ostafrika begonnen und dass ein deutscher Minister eine höchst bedrohliche Rede gehalten habe. Die Krise ist da, und ehe man sich versieht – „denn ein Krieg zwischen zwei so zivilisierten und aufgeklärten Nationen ist eine Unmöglichkeit" –, ist der Krieg zu einer Unmöglichkeit geworden, da die Engländer nicht mehr in der Lage sind, den Krieg fortzusetzen.

> „Unsere Schiffe waren ihren Schiffen mindestens ebenbürtig, unsere Seeleute waren tüchtiger als ihre Seeleute, aber unsere Schiffe waren nicht fähig, es mit ihren Schiffen plus ihrer Überlegenheit in der Luft aufzunehmen (...) Der Feind bestand aus einer Nation, die eine gründliche Lehre im Umgang mit Waffen durchgemacht hatte, wir waren nur ungelernte Kräfte."

Der Zusammenbruch ist so vollständig, dass der Sieger die Friedensbedingungen diktieren kann. Schnell entsteht der Wunsch nach einer Annexion. England kommt „als *Reichsland* unter die deutsche Krone, eine Art Elsaß-Lothringen, von der Nordsee umspült anstatt vom Rhein". Der König ist nach Indien geflohen, viele der führenden Adelsfamilien sind in die britischen Übersee-Ländereien emigriert.

Die größte Perfidie ist jedoch, dass die britischstämmigen Untertanen der Deutschen Krone, die die Inseln Großbritanniens und Irlands bewohnen, von der Wehrpflicht und nationalen Militärausbildung ausgeschlossen und ein Volk bleiben sollen, „das friedliche Zwecke verfolgt – Handel und Handwerk und Häuslichkeit". Die Verteidigung ihrer Küsten und Schiffe und die Aufrechterhaltung der Ordnung und der allgemeinen Sicherheit würden durch die Garnison deutscher Truppen gewährleistet in Zusammenarbeit mit der Kaiserlichen Kriegsflotte. Dem britischen Volk wird die grausame Bestimmung aufgezwungen, „tatsächlich das zu sein, als was es der Feind vor langer Zeit in bösartiger Verhöhnung bezeichnet hatte – eine Nation von Krämerseelen", nein, „eine Rasse von Krämerseelen, die keine Nation mehr war".

Der militärischen Eroberung folgt die Durchdringung der englischen Gesellschaft durch immer mehr Deutsche, die nach England ziehen. Die Deutschen beabsichtigen, endgültige Fakten zu schaffen und erwarten, ihr Ziel durch Kollaboration zu erreichen. Sie finden genügend Emporkömmlinge, die sich gerne von den neuen Machthabern mit Ehrungen hofieren und mit Titel auszeichnen lassen, während die Eroberer sich um die Meinungsführer besonders bemühen und um deren Akzeptanz und Zusammenarbeit buhlen. „Thus a symbiosis is established between the conquerors and those who hope to exploit the new order for their own advancement."[17] Während Murrey und die erwachsenen Engländer sich mit dem „Fait accompli" mehr oder weniger abfinden bzw. zur aktiven Auflehnung gegen die Besatzer nicht mehr fähig sind, stellt sich die Frage, wie sich die Jugend verhält. Im Café Brandenburg in der Regentstraße sitzt Herr von Kwarl, ein Mann mittleren Alters, der zwar kein offizielles Amt im besetzten England bekleidet, dessen Rat jedoch all jene suchen, „die tatsächlich richtungsweisend für die diversen Angelegenheiten verantwortlich" sind. Sein Rat wird äußerst selten in den Wind geschlagen. „Einige der bestdurchdachten und erfolgreichsten Verfügungen der herrschenden Macht entstammen angeblich den grauen Gehirnzellen des stierköpfigen Stammgastes des Cafés Brandenburg." Von Kwarl erklärt seinem Gegenüber, einem untersetzten Bankier aus Pommern, wie die deutsche Kolonialisierung Großbritanniens erfolgreich sein wird. „Es gibt einen Felsen, an dem unsere Bemühungen um Einverleibung entweder abgleiten oder einen festen Ankerplatz finden wird (...). Die Jugend des Landes, die Generation, die jetzt an der Schwelle des Lebens steht. Die ist es, die wir für uns einnehmen müssen. Wir müssen den jungen Menschen beibringen zu lernen, und sie dazu überreden zu vergessen."

17 Harald Husemann, When William came; If Adolf had come: Speculative Novels on the Military Conquest of Britain by Germany, in: Manfred Pfister (Hrsg.), *Anglistentag 1984* - Passau. Vorträge, Gießen 1985, S. 335 - 350.

Der bevorstehende Aufmarsch der Boy-Scouts wird ein historisches Ereignis sein und zeigen, wieweit man diesem Ziel näher gekommen ist. „Wenn er misslingt, bedeutet das einen entscheidenden Rückschlag für das „Fait accompli". Wenn es ein Erfolg wird, ist der größte Schritt vorwärts auf dem Pfad der Aussöhnung zwischen beiden Rassen, der je getan wurde." So glaubt Lady Shalem, jetzt Gräfin Bailquist. Nichts ist unterlassen worden, um die Scouts für neue Ordnung zu gewinnen. Die Boy-Scouts sollen durch die Eingänge Hyde Park Corner, Marble Arch und Albert Gate hereinkommen und sich zu einer großen Formation aufstellen. Der jüngste Sohn des deutschen Kaisers wird die Reihen abschreiten und sie an seiner Majestät vorbeiführen. Der König von Preußen, Großbritannien und Irland, der Kaiser des Westens sowie Könige, Prinzessinnen aus Bayern und viele militärische Größen sind zusammengekommen und: warten und warten und warten. „In Tausenden von englischen Familien überall im Land schlugen junge Herzen, die nicht vergessen, die keinen Kompromiss geschlossen hatten, die nicht bereit waren, sich zu ihrem eigenen Vorteil zu fügen."

Diese Angaben zum Romaninhalt müssen genügen. Sie skizzieren in wenigen Strichen die äußere Hülle eines beeindruckenden Gesellschaftsbildes nach der erfolgreichen Eroberung Großbritanniens durch die Deutschen. Das Buch erscheint kurz vor Ausbruch des Ersten Weltkrieges, als die Invasionsromane, abgesehen von wenigen Ausnahmen, nur „tumbe, demagogische Chauvinisten-Abenteuer"[18] ausbreiten. Es sind nicht die Kriegsereignisse und das Geschehen an der Front, sondern das Geschehen danach, an dem Saki interessiert ist. Sakis brillantes Werk ist „eine hinreißende Gesellschaftskomödie, eingebettet in einen klug analysierten und konsequent zu Ende gedachten alternativen Geschichtsverlauf, geschrieben mit einem weisen Amüsement, das nationalistische Parolen und Zerrbilder vermeidet und sich um Fairness gegenüber allen Protagonisten bemüht."[19] Der Krieg zwischen England und Deutschland ist so schnell zu Ende, wie er begonnen hat.

Die deutschen Schlachtschiffgeschwader, die neue Kreuzergeneration und die Zeppelinluftflotte haben „mit blitzartiger Schnelligkeit" – wer denkt da heute nicht an die „Blitzkriege" von 1939/1940 – Englands Niederlage besiegelt. Aus „Britannia rules the waves" ist „Germania rules d'e waves" geworden. Die Deutschen sind auch von ihrem schnellen Sieg überrascht und haben überhaupt kein Nachkriegskonzept für England entwickelt. Selbst wenn die Idee aufkommt, England zum Reichsland zu machen wie Elsaß-Lothringen, oder obwohl Verbotsschilder und andere germanische Ungeheuerlichkeiten Londons Stadtbild prägen – der Biergarten in Kensington Gardens mit Würstchen und Kartoffelsalat, ist durchaus populär –, so kann die zurückgebliebene und auch die aufs Land geflohene Oberschicht weitgehend ungestört ihr Leben weiter genießen. Sogar die eindringenden Deutschen sind gar nicht so unsympathisch, so dass auch Murrey Yeovil von dem „fröhlichen, höflichen, wohlerzogenen Geplapper" des Leutnants von Gabelroth angetan ist, ganz gegen seinen Willen. Was Saki bekümmert, ist die Tatsache, dass sich die führenden Schichten seines Vaterlandes so leicht mit dem Siegervolk arrangieren. Er kritisiert seine Landsleute, unter denen es „viele Patrioten" aber „so wenig Patriotismus" gibt. Die herrschende Klasse habe den Krieg auf dem Golfplatz verloren, weil ihr Sport und Müßiggang wichtiger ist als Politik und militärische Wachsamkeit. Die Arbeiterschaft ist durch den Kampf gegen die Ausbeutungsmechanismen der britischen Klassengesellschaft so ausgelaugt, dass sie für einen Widerstand gegen die deutschen Besatzer nicht zu motivieren ist. „So ist *When William Came* ein prophetisches Lehrstück, eine sozialpsychologische Studie über Sieger und Besiegte, über Unterwerfung und Anpassung, über das Taktieren des Einzelnen gegen ein »System«." [20]

Sakis Botschaft, in Friedenszeiten die Verteidigungsbereitschaft stärken, damit es im Kriegsfalle kein böses Erwachen gibt, ist von anderen Produkten dieses Genres bekannt. Was

18 Karl Michael Armer, Nachwort, Ruled Britannia, in: Saki, Als Wilhelm kam, S. 209.
19 Ebd., S. 209.
20 Ebd., S. 217.

aber das Buch von anderen Invasionsromanen unterscheidet, ist der Versuch, die psychologischen Auswirkungen einer möglichen Invasion zu beschreiben. Saki u. a. sehen jedoch nicht voraus, dass sich der kommende Konflikt nicht auf England und Deutschland beschränkt, sondern dass er sich zu einem Weltkrieg ausweitet, an dessen Ende alle Beteiligten als Verlierer dastehen, ungeachtet der Tatsache, dass es militärische Sieger gibt.

Abbildung 1. „Der Zukunftskrieg zwischen Deutschland und England".
Titelseite von Lustige Blätter 15, 1900, Nr. 25. Die Zeichnung des Deutsch-Amerikaners Lyonel Feininger spielt auf die vermeintliche Überlegenheit der Kaiserlichen Marine über die Royal Navy nach dem 1. und 2. Flottengesetz an. Aus: Katalog: Lyonel Feininger. Lustige Blätter. Ulrich Luckhardt (Hg.). Bonn 2000, S. 16.

Das „Battle-of-Dorking"-Fieber

Sakis Fantasie, in der das britische Weltreich in Trümmern liegt und das stolze Albion von Truppen des deutschen Kaisers besetzt worden ist, gehört zu dem literarischen Subgenre des Invasionsromans, das sich nach dem Deutsch-Französischen Krieg 1870/1871 herausbildet. Dass es zwischen beiden Ereignissen einen Zusammenhang gibt, ist naheliegend. Mit dem Sieg über Frankreich erringt Preußen/Deutschland auf dem Kontinent eine Vormachtstellung, und nachdem deutsche Truppen in Paris stehen, ist es nicht mehr ganz abwegig, sich zumindest in der Fantasie auszumalen, dass die Truppen am Kanal ankommen und den Sprung nach England vorbereiten. Plötzlich erscheint die „policy of non-intervention“, die ab 1856 nach den negativen Erfahrungen, die Großbritannien mit seinem militärischen Eingreifen in dem Krimkrieg 1854 bis 1856 gemacht hat, eine Zeit lang sehr populär war, nicht mehr der neuen Situation auf dem Kontinent angemessen. Bis dahin hat die norddeutsche Vormacht „in ihrer ausschließlich kontinental dimensionierten, weder das Hegemonial- noch das Kolonial- oder das Flottenproblem aufwerfenden Orientierung keine britischen Belange“ bedroht.[21] Die militärischen Ereignisse, die zu einer veränderten Landkarte Kontinentaleuropas führen, stellen das Konzept der Nichteinmischung in Frage, denn mit der Bismarckschen Reichsgründung „zeichneten sich ihre bis zum Scheitern offensichtliche Problematik und krasse Fragwürdigkeit im heraufziehenden Zeitalter des Imperialismus mehr und mehr ab.“[22]

Wenngleich die Invasionsfurcht typisch für Großbritannien ist, so hat sich die Science-Fiction als Kriegsgeschichte nicht nur in England „zur Geheimwaffe aller Kriegswünschenden“ vor dem Ersten Weltkrieg entwickelt. „Da gab kein Land dem anderen etwas nach; insbesondere England, Frankreich, Russland und Deutschland überboten sich mit kriegerischen Zukunftsgeschichten – wohl nicht von ungefähr jene Staaten, die das Spektakel 1914 dann auch wirklich inszenieren sollten.“[23]

Am Anfang dieser „literarisch sublimierten Xenophobien“ steht Alfred Bate Richard's Werk *The Invasion of England (A Possible Tale of Future Times)* aus dem Jahre 1870, sieht man einmal von Vorläufern wie *The Invasion of England: A Farce in Three Acts*, London 1803 oder *The History of the Sudden and Terrible Invasion of England by the French in ... May* 1852, London 1851, deren Autoren namentlich nicht bekannt sind.[24] Doch erst mit dem zunächst anonym in Blackwood's Edingburgh Magazine veröffentlichten Pamphlet *The Battle of Dorking, Reminiscences of a Volunteer* setzt das ein, was man später als „Battle-of-Dorking“-Fieber bezeichnet hat.[25] Sir George Tomkyns Chesney stellt England als Opfer des Zukunftkrieges dar, „weil sich die neuen Kriegsmittel – Unterseeboot und Flugzeug – gegen die Insel so wirkungsvoll einsetzen“ lassen.[26] Das von einem Stabsoffizier entworfene Szenario von der Besetzung Englands durch Deutschland wird schnell zum Bestseller, der in Amerika unter dem Titel *The German Conquest of England in 1875* erscheint, während die französische Ausgabe den Aggressor noch deutlicher hervorhebt. *Bataille de Dorking, Invasion Des Prussiens en Angleterre.* Von einem Militärexperten ist ein Feindbild entworfen, dass sich in der Folgezeit breit auswalzen lässt und Franzosen und Deutsche als Hauptaggressoren präsentiert. Zwischen 1871 und 1901 sieht sich Großbritannien elf Mal französischen Invasionen ausgesetzt. Zusätzlich versuchen sechs Mal andere Staaten, über den Kanal anzugreifen. „Aber“, so schreibt Salewski, „all dies war nichts im Vergleich zur Aggressionslust der Deutschen: Nicht weniger als 21 Invasionen mussten die tapferen Briten zwischen 1871 und 1914 erdulden; 1907 gleich vier in einem Jahr, 1908 sowie 1909 je drei Mal.“[27]

Am 18. Januar 1871 wird im Spiegelsaal von Versailles das deutsche Kaiserreich ausgerufen. Zehn Tage später unterzeichnet General de Valdan den Waffenstillstand zwischen Frankreich und Deutschland.[28] Weitere elf Tage später sendet Chesney eine Skizze seiner projektierten Kurzgeschichte an den Herausgeber von Blackwood´s Magazine, der daraufhin im Mai 1871 den Artikel druckt. Bis zum Jahresende wird er in 200.000 Exemplaren verbreitet. Ches-

21 Klaus Hildebrandt, *No Intervention.* Die Pax Britannica und Preußen 1865/66 - 1869/70. Eine Untersuchung zur englischen Weltpolitik im 19. Jahrhundert, München 1977, S. 386.
22 Hildebrandt, No Intervention, S. 8.
23 Salewski, Zeitgeist, S. 172.
24 Ignatius F. Clarke, Voices Prophesying War. Future Wars 1763 - 3749, 2. Aufl., Oxford 1992, S. 28 u. 224.
25 Hildebrandt, No Intervention, S. 394.
26 Salewski, Zeitgeist, S. 174.
27 Ebd., S. 174.
28 Hierzu und im Folgenden Clarke, Voices, S. 27 - 56.

ney beabsichtigt, die Öffentlichkeit von der Notwendigkeit einer umfassenden Reorganisation des britischen Militärwesens zu überzeugen. Sein Erfolgsmuster ist die Verpackung seiner Botschaft in eine fiktionale Form und nicht in trockenen Abhandlungen, wie sie z. B. Marineoffiziere seit den 1840er Jahren verfassen, als der Dampfantrieb für Kriegsschiffe die Kriegsführung zur See revolutioniert. Die Reaktion ist überwältigend. Noch im Jahre 1871 erscheinen in Kanada, Australien oder den USA sechs Ausgaben. In schneller Folge werden Übersetzungen in Brasilien, Frankreich, Deutschland und Schweden veröffentlicht. In Italien entsteht eine auf dortige Verhältnisse bezogene Neufassung des Themas. Clarke listet 23 weitere Publikationen zu diesem Thema, die alle im Jahre 1871 publiziert werden. In ihnen melden sich „Experten" zu Wort, die den Engländern Mut zusprechen, weil die Soldaten vom selben Kaliber seien wie jene, die der berühmte Wellington zu so vielen Siegen geführt habe. Oder es wird bestritten, dass es eine Invasion gegeben habe oder geben werde. Ein anderer Anonymus-Veteran und Ich-Erzähler berichtet von einer zweiten Schlacht bei Tunbridge Wells, in der sich England den endgültigen Sieg in der Auseinandersetzung mit Deutschland sichert. Dies einmal erprobte Muster, nach dem ein Ex-Soldat als Augenzeuge und Mitkämpfer in der Ich-Form seine Erlebnisse niederschreibt, wiederholt sich in der Folge mehrfach.[29]

Es soll hier nicht darum gehen, die Beiträge englischer Autoren zum Thema *Zukunftskrieg* weiterzuverfolgen, so interessant das auch wäre. Die ausgezeichnete Studie von Ignatius F. Clarke *Voices Prophesying War* sowie seine Anthologien zu diesem Phänomen ermöglichen eine gründliche Orientierung mit vielen Anregungen zur weiteren Lektüre.[30] Wenden wir also den Blick auf die Werke einiger deutscher Autoren, die sich mit ihren literarischen Elaboraten an dieser intellektuellen *Kriegsführung vor dem Krieg* beteiligen und dem geneigten Leser im Lehnstuhl ermöglichen, in der warmen Stube den militärischen Sieg über England zu erleben, denn „Gott ist ein gerechter Gott", er „straft England", weil England dem Newcomer Deutschland nicht den ihm zustehenden Teil vom Weltkuchen gönnt. Folgen wir Clarkes *Checklist of Imaginary Wars*, dann zeichnet sich eine deutliche Zunahme solcher Kriegsfantasien nach der Jahrhundertwende ab. Das erstaunt nicht, verkündet doch der oberste Befehlshaber der Kaiserlichen Marine 1898 in Stettin: „Unsere Zukunft liegt auf dem Wasser." Sein Reichskanzler Bülow erklärt im Reichstag, dass „Weltpolitik" lediglich die Pflege und Entwicklung des uns durch die Ausdehnung unserer Industrie, unseres Handels und unserer Schifffahrt erwachsenen Aufgaben bedeute. Um Deutschland in der Konkurrenz mit den Kolonialmächten einen „Platz an der Sonne" zu sichern, unterstützt er die Flottenpläne des Kaisers und seines Staatssekretärs im Reichs-Marine-Amt (RMA) Alfred Tirpitz, denn die Maxime lautet: „Der Ozean ist unentbehrlich für Deutschlands Größe". 1898 und 1900 werden auf der Grundlage der von Tirpitz erarbeiteten Flottenkonzeption das 1. und 2. Flottengesetz vom Reichstag verabschiedet.[31] Die Gesetze haben eine Flotte zum Ziel, die nicht mehr einer „lebendigen Küstenverteidigung" dient, sondern in europäischen Gewässern zur Offensive befähigt ist. Deutschland baut zur Sicherung seine „Weltmacht"- Aspirationen und zur Unterstützung seiner „Weltpolitik" eine starke Flotte, die anzugreifen für jeden, auch die Royal Navy, ein Risiko ist. Die Tirpitzsche Herausforderung an die britische Seemacht steht nunmehr auf der politischen Tagesordnung. Wenn also die Entscheidung im zukünftigen Krieg acht Mal in großen Seeschlachten fällt, „so war das überhaupt nicht verwunderlich, denn die Geschichte, die reale Geschichte

29 Ebd., S. 225 f.

30 Ignatius F. Clarke, *The Tale of the Next Great War 1871 - 1914.* Fictions of Future Warfare and of Battles Still-to-come, Liverpool 1995; ders., *The Great War with Germany 1890 - 1914.* Fictions and Fantasies of the War-to-come, Liverpool 1997.

31 Volker R. Berghahn, *Der Tirpitz-Plan.* Genesis und Verfall einer innenpolitischen Krisenstrategie unter Wilhelm II., Düsseldorf 1971. Zu Bülow siehe: Peter Winzen, *Bülows Weltmachtkonzept.* Untersuchungen zur Frühphase seiner Außenpolitik 1891 - 1901, Boppard a. Rh. 1977; Gerd Fesser, Bernhard von Bülow (1849 - 1929), in: Michael Fröhlich (Hrsg.), *Das Kaiserreich.* Portrait einer Epoche in Biographien, Darmstadt 2001, S. 216 - 227.

dieser Jahre, stand bekanntlich im Zeichen des deutsch-englischen Flottenwettrüstens, das pathologische Zwänge eigener Art entband – in England den „Navy Scare", in Deutschland den „Dreadnought-Schock". Zum ersten Mal in der Geschichte verknüpfen sich technisch-militärische Potenzen mit psychologischen Angstvorstellungen, eine Mischung, die ebenso unberechenbar wie fatal wirkte."[32]

Ein Element, was für die Durchsetzung der Tirpitzschen Flottenpläne entscheidende Bedeutung hat, ist der Einsatz einer Propagandamaschinerie, wie sie bis dato für Deutschland unbekannt ist. Gesteuert aus dem Nachrichtenbureau des RMA wird der Flottenverein gegründet, wird der Kolonialverein für die Flottenpropaganda instrumentalisiert, bedient man sich der Marinemalerei, um einer unwissenden Bevölkerung die Kriegsflotte und Handelsmarine näher zu bringen und gewinnt auch Vertreter der schreibenden Zunft für dieses gigantische Unternehmen der Massenbeeinflussung.[33] Kaum ist das 1. Flottengesetz verabschiedet, laufen die Vorbereitungen für das 2. Flottengesetz.[34] Während man über die Größe der Flotte diskutiert, veröffentlicht „ein deutscher Patriot" namens Gustav Erdmann die Schrift *Wehrlos zur See; eine Flottenphantasie an der Jahrhundertwende.*[35] Waren deutsche Autoren bis dahin mehr damit befasst, Voraussagen, die im Ausland gemacht wurden, zu übersetzen oder Pamphlete allgemein militärischer Natur zu verfassen, setzt mit der Flottenagitation auch in Deutschland eine Veränderung der Kriegsantizipationen ein. Erdmanns Warnung an die Nation geht von Bülows Aussage aus, dass das deutsche Volk im kommenden Jahrhundert entweder „Hammer oder Amboss" sein wird. Wehrlos zur See zu sein, bedeutet, dass eines Tages „Deutschlands Söhne mit ihren Schiffen auf dem Meeresboden ruhen" werden. Wie vor ihm Chesney auf die englischen Verhältnisse bezogen, malt Erdmann detailliert die Folgen des Verhaltens des Zentrums Partei im Reichstag aus, die die Zahl der Schiffe begrenzen will. Durch das Verhalten des Reichstages falle Deutschland unentschuldbar in der Flottenexpansion hinter den anderen Seemächten zurück. Die Folge seien nationale Demütigungen wie die Vernichtung der Ostseeflotte und eine Seeblockade, die zu Hunger, Typhusepidemien und zu Massenselbstmorden führen. Am Ende sei Deutschland auf dem Rang eines Kleinstaates reduziert, die Briten und Amerikaner würden sich die deutschen Weltmärkte unter den Nagel reißen und die soeben noch starke deutsche Industrie, der Deutschland seinen Reichtum verdanke, werde in die Zweitrangigkeit herabsinken.

Ebenfalls im Jahre 1900 erscheint Dr. Karl Eisenharts Publikation *Die Abrechnung mit England.*[36] Den Text durchzieht eine Verabscheuung der Engländer, die sich den Ambitionen Deutschlands nach Weltmacht und Kolonialbesitz entgegenstellen. Während des Krieges der Engländer gegen die Franzosen kommt es in der Girondemündung zu einer militärischen Auseinandersetzung um den deutschen Dampfer CAPELLA, der einen französischen Hafen anlaufen will außerhalb der Blockadezone. Der deutsche Kreuzer FREYA eilt dem Hamburger Schiff zu Hilfe, das von zwei britischen Kriegsschiffen gestoppt werden soll. Am Ende der Auseinandersetzung entkommt die CAPELLA, versinkt die FREYA, geht die gegnerische TOPAZ unter und der Kreuzer EMERALD schafft es gerade noch schwimmend, einen englischen Hafen zu erreichen. Doch damit nicht genug. Herausgefordert durch Großbritanniens zögerliche Haltung, sich von dem empörenden Verhalten seiner beiden Kriegsschiffe zu distanzieren, er-

32 Salewski, Zeitgeist, S. 174.

33 Lars U. Scholl, Ernst von Halle und die wissenschaftliche Propaganda für den Tirpitz-Plan, in: Tjard Schwarz und Ernst von Halle, *Die Schiffbauindustrie in Deutschland und im Ausland*, (Berlin 1902), Reprint Düsseldorf 1997, S. V - XXXIV; ders., Marinemalerei im Dienste politischer Zielsetzungen, in: Heinrich Walle (Red.), Seefahrt und Geschichte, Deutsches Marine Institut und Militärgeschichtliches Forschungsamt (Hrsg.), Herford 1986, S. 173 - 190.

34 Hierzu und im Folgenden Wilhelm Deist, *Flottenpolitik und Flottenpropaganda.* Das Nachrichtenbureau des Reichsmarineamtes 1897 - 1914, Stuttgart 1976, S. 147 ff.

35 Gustav Erdmann, *Wehrlos zur See.* Eine Flottenphantasie an der Jahrhundertwende, Berlin 1900; siehe auch Clarke, Voices, S. 39 u. 80.

36 Karl Eisenhart, *Die Abrechnung mit England*, München 1900.

klärt der Kaiser im Reichstag den Briten den Krieg. Als er von dem rühmlichen Untergang der FREYA spricht, versagt ihm die Stimme und er bricht in Tränen aus. Erst nach einer langen Pause gewinnt er wieder die Fassung. Er sei überzeugt, dass Deutschlands Position im kommenden Seekrieg weniger hoffnungslos sei, als Nicht-Fachleute annehmen würden. Er baue auf den Patriotismus einer Nation, der in jedem Fall einen ehrenhaften, er hoffe sogar siegreichen, Ausgang des unausweichlichen und bitteren Konfliktes garantiere. Sehr schnell erleidet die britische Handelsflotte durch Beschlagnahme und Versenkung enorme Verluste. Da Eisenhart auf eine erfolgreiche Abrechnung hinaus will, erfindet er – wie britische und französische Autoren von Zukunftskrieg-Szenarien – eine Geheimwaffe, wenige Jahrzehnte spricht man später dann von „Wunderwaffen", die es ermöglicht, zwei britische Flotten zu vernichten. Ein elektrischer Antrieb macht die Kriegsschiffe unabhängig von Kohlen und Bunkerstationen und erlaubt ungeahnte Beweglichkeit. In den anschließenden Friedensverhandlungen werden „annehmbare" Friedensbedingungen gestellt, die jedoch nicht verhandelbar sind. Die imaginären Friedensbedingungen „represent the dream package of the German Colonial Society and the Flottenverein; they give Germany a commanding naval base (Gibraltar L. U. S.) in the Mediterranean and desirable colonies in Africa and the South Seas."[37] Schließlich, um den Stachel der Demütigung zu ziehen, schenkt der Kaiser den Briten die indische Enklave Goa, wofür die Briten den Portugiesen als kleinen Ausgleich für große territoriale Verluste allerdings Kompensation bezahlen müssen. Dies ist als süß-saure Rache für Helgoland, dieser „wertlosen Insel" in deutschen Gewässern, gedacht, für deren Besitz Deutschland 1890 einen hohen Preis in Afrika zahlen muss. Das Buch endet damit, dass man in Deutschland glaubt, in Zukunft mit Großbritannien freundschaftliche Beziehungen zu unterhalten, weil man in den Friedensbedingungen so „maßvoll" gewesen sei.

1904 glaubt August Niemann in *Der Weltkrieg – Deutsche Träume*, dass Frankreich, Russland und Deutschland das britische Empire angreifen und dass die vereinigten Flotten die Royal Navy in der Schlacht von Flushing eine vernichtende Niederlage zufügen. Daraufhin bereitet sich die Kaiserliche Marine mit der Unterstützung von 60 großen Dampfern der Hamburg-Amerika Linie, des Norddeutschen Lloyd und Stettiner Reedereien auf die Landung in Schottland vor. Schnell wird Edinburgh eingenommen und anschließend starten vier Divisionen in vier Reihen auf vier Wegen ihren Marsch nach Süden.[38]

Im Jahre 1906, in dem „Beowulf" seine Broschüre *Der deutsch-englische Krieg. Visionen eines Seefahrers* veröffentlicht, kommt es zu einer weiteren, erdachten militärischen Auseinandersetzung mit den Briten.[39] Unter dem Namen „Seestern" beschreibt der Autor Dr. Ferdinand Grautoff (1871-1935), Redakteur der Leipziger Neuesten Nachrichten, in seinem Buch *„1906". Der Zusammenbruch der alten Welt,* wie im fernen Samoa von Engländern und Amerikanern ein Konflikt konstruiert wird.[40] Aus dem „Zwischenfall von Samoa" entwickelt sich ein Krieg zwischen Deutschen und Engländern, der nicht nur dazu führt, dass die Briten Cuxhaven bombardieren und den freien Zugang zur deutschen Küste mit einer Seeblockade verhindern. Der Union Jack weht im Kieler Hafen und britische Soldaten betreten in der Kieler Bucht als Landungstrupp Schleswig-Holstein. Vor Helgoland kommt es zu einer großen Seeschlacht. „An einen wirklichen Sieg konnte man nicht denken, es galt nur die Verluste des Feindes so zu gestalten, dass seine Kräfte nach der Schlacht nicht mehr imstande sein konnten, die deutschen Flussmündungen zu forcieren."[41] Und gerade diese Aufgabe löst die deutsche Flotte. Im britischen Unterhaus bekennt der Redner der Opposition: „Die Vernichtung

37 Clarke, Great War, S.428.
38 August Niemann, *Der Weltkrieg – Deutsche Träume*, Berlin 1904. Engl., *The Coming Conquest of England*, London 1904.
39 Beowulf (Pseudonym), *Der deutsch-englische Krieg*, Berlin 1906.
40 Seestern (Dr. Ferdinand Grautoff), *„1906"*. Der Zusammenbruch der alten Welt, Leipzig 1905. Engl., *Armageddon 190–* , London 1907.
41 Ebd., S. 128 f.

des größten Teil der deutschen Flotte hat unserer Marine schwerere Verluste gekostet, als wir bei Beginn der Feindseligkeiten erwarten durften. Wir sind stolz auf unsere Erfolge zur See. Aber die Marine Kaiser Wilhelms hat mehr geleistet, als wir glaubten. Ein Drittel unserer Schlachtflotte liegt am Grunde des Meeres, ein Drittel unserer Panzerschiffe befindet sich im Dock zur Reparatur, und die schwere Artillerie der noch gefechtsfähigen Schiffe ist so sehr durch den Kampf mitgenommen, dass sie kein Seegefecht mehr riskieren kann."[42]

Die großen Verlierer dieser Auseinandersetzung sind die Briten und die Deutschen, denn „es gibt heute nur noch eine große Flotte auf dem Ozean, das ist die Flotte der Vereinigten Staaten."[43] Mit Bedauern lässt Grautoff den britischen Premierminister der Jahre 1902 bis 1905 A. J. Balfour nun als Staatssekretär des Auswärtigen Amtes feststellen, dass der Große Krieg der Zukunft den Staaten Europas keinen Vorteil bringen wird. Der Ausgang eines solchen Krieges „bedeute nichts mehr und nichts weniger, als dass die Entscheidung über die Geschicke der Welt nicht mehr in der Hand der beiden Seemächte der germanischen Völker liegt, nicht mehr bei England und Deutschland steht, sondern zu Lande Russland zugefallen ist und zur See von der amerikanischen Union abhängt."[44]

Grautoffs Schrift bildet die Nahtstelle zwischen den schriftstellerischen Zukunftskriegen und der Arbeit des Nachrichtenbüros des RMA, dessen Aufgabe keineswegs allein die Propaganda für die Flotte ist. Sie kann auch darin bestehen, die Begeisterung zu mäßigen oder zu unterdrücken, wenn die Propaganda inopportun ist. Nach der Verabschiedung des 2. Flottengesetzes müssen überschäumende Aktivitäten des Flottenvereins gebremst werden. „Aus der Sicht des Staatssekretärs des Reichsmarineamtes, dessen Flottenpolitik sich seit dem 1. Flottengesetz eindeutig gegen Großbritannien richtete, war zur Realisierung des Flottenbaus eine gemäßigte Anglophobie der öffentlichen Meinung unumgänglich notwendig."[45] Die „Gefahrenzone" der Flottenpolitik jener Jahre bis alle Schiffe gebaut sind und der Tirpitzschen Risikotheorie die Substanz geben, muss alles vermieden werden, was die Briten zu einem militärischen Schlag à la Kopenhagen veranlassen könnte. Dem Stufenplan entsprechend ist erst für die Jahre 1904/1905 eine Flotten-Novelle einzubringen, mit der die sechs im Jahre 1900 vom Reichstag abgelehnten Auslandskreuzer erneut gefordert werden und das Dreierbautempo bis in die Jahre 1912/1913 hinein verlängert werden sollen. Nachdem der Flottenverein im Jahre 1902 seine Krise überwunden hat, sind noch zwei Jahre zu überbrücken, bis der Flottenverein für eine neue Propagandakampagne gebraucht wird.[46] Tirpitz steht vor der Frage, wie man den „Auswüchsen" wirkungsvoll begegnen kann, „ohne die anglophobe Grundstimmung zu tangieren?" Da kommt ihm eine Anregung des Militärattachés K. z. S. Coerper zupass, der fragt, ob man nicht durch einen Zeitungsartikel der verbreiteten Abneigung gegen die Briten entgegenwirken könne, in dem die für Deutschland gefährlichen Perspektiven einer Konfrontation der beiden Seemächte dargestellt werden? Von einem Zeitungsartikel sieht Tirpitz nicht genug Wirkung ausgehen. Doch in seinem Kopf reift ein Plan, zu dessen Ausführung er im Oktober 1902 den Kapitänleutnant Carl Hollweg zu sich bittet. Er stellt ihm das Projekt einer Broschüre vor, in der die Vorgeschichte, der Ausbruch und die Folgen eines deutsch-britischen Krieges im Jahre *1906 - 100 Jahre nach Jena!* geschildert werden sollen. Als Muster dient ihm eine Schrift des Freiherrn von Edelsheim, in der die deutsche Invasion Großbritanniens beschrieben wird.[47] Ihr Erscheinen im Jahre 1901 erregt großes Aufsehen in der Öffentlichkeit. Tirpitz übergibt Hollweg eine handgeschriebene Aufzeichnung über Zweck, Inhalt und Form der Schrift.[48]

42 Ebd., S. 199.
43 Ebd., S. 199.
44 Ebd., S. 199, siehe auch Clarke, Great War, S. 202 - 225.
45 Deist, Flottenpolitik, S. 169.
46 Zur Krise um den Flottenverein ebd., S. 147 ff.
47 Freiherr von Edelsheim, *Operationen über See*, Berlin 1901.
48 BA/MA RM3/11679, Nachlass Admiral Carl Hollweg.

„Aufgabe: eine Art battle of Dorking für die augenblickliche Situation zwischen Deutschland und England zu schreiben, battle of Helgoland.
Zweck: dem deutschen Publikum klar zu machen, dass es die Gefahr eines Krieges mit England unterschätzt und darum verständiger sein muß. Indirekter Appell für die Vergrößerung der deutschen Flotte. Dem englischen Publikum vor Augen zu führen, dass Deutschland notwendiger Weise kein Feind zu sein braucht, daß nach Vernichtung Deutschlands die politische und militärische Lage Englands viel schlimmer geworden ist u. Englands Niedergang zur Folge hat. Ueberhaupt der Niedergang d. protestantisch. germanischen Welt in Europa. England nicht schuldlos.
Ausführung: Das Buch muß für große Zahlen von Menschen lesbar, also interessant und stellenweise amüsant sein, es muß der Form nach möglichst hoch stehen. Auf der anderen Seite muß es wirklichen Inhalt haben, der ihm Werth giebt über die Publizistik heraus. Nach drei Richtungen kulturhistorisch u. ökonomisch, militärisch u. politisch. Es muß Aufsehen erregen, um seinen Zweck zu erfüllen. Man darf also nicht ängstlich sein mit Veröffentlichung von Dienstsachen sein. Mehrere Autoren. Pseudonym.

Skizze des Inhaltes: Entwicklung d. Spannung zwischen beiden Völkern (Theilweise vielleicht im Vorwort unterzubringen). Palmerston u. die deutsche Flagge 1848. England 1864 u. 1870 Waffenlieferant (nach Londoner Zeitung 97). Standart 1895 August 5. Wirtschaftliche Entwicklung Deutschlands. Made in Germany. (England nicht gefährdend) Saturday Review 11.9.1897. Germaniam esse delendam. Samoa. Der Philister in Deutschland und das englische Wesen. Englische Rheinreisende. Trotz 1870 zurückgeblieben als Weltnation. Stachel dieser Erkenntniß. Boerenkrieg. Deutsche Presse (internationales zersetzendes Judenthum darin). Unterschätzung d. englischen Stärke. Namentlich völliges Missverstehen d. Größe d. englischen Flotte. Ueberschätzung d. eigenen Flotte. Borniertheit in Bezug auf Wirkung des Seekrieges bes. d. Blockade, selbst Fürst Bismarck sagt einem hohen Staatsbeamten 1897: Was die Engländer, wir schmeißen sie mit Landwehrkolben raus ! Vergebliche Warnung seitens deutscher Sachverständigen. Beleidigung d. Königs in Kladderadatsch u. Jugend, was die Engländer besonders erbittert (diese trennen König vom Privatmann (his gambling and his love are private affairs, Nelson - Deutsche verstehen das nicht. Englische Presse schließlich systematisch gegen Deutschland. Chamerlain persönliche Rache wegen Reichstagsverh.) Times Standart Daily Telgr. Daily Chr. (offiziöse) National Review (Slavenorgan) Fortnightly, Spectator, Saturday und die Harmswortsche Presse wie Daily Mail, Evening News, Daily Chronicle etc. Methode in dieser Maschine.
Schließlich Boden reif. Funke genügt. Frankreichs Stellung (wie Delcassé 1890).
Krieg selbst: 1906. 100 Jahre nach Jena !
Unser Handel weggefegt. Kolonien weggenommen sämtlich.
Blockade. Unsere Industrie sehr bedrängt. Verzweiflungsschlacht unserer Flotte.
Unsere Flotte vernichtet. Engl. Flotte über Erwarten geschädigt. Aufstellen neuer Flotte mit altem Material in England. Deutschland zur See todt. Große Industr. u. finanzielle Krisis. Deutschland wehr- und hilflos.
Ausblick: Deutschland nicht nur auf 70 Jahre zurückgeworfen sondern bei d. rapiden Entwicklung d. übrigen Welt auf allmähligen völligen Niedergang gestellt. Die Großen werden Größer die Kleinen Kleiner. England militärisch so geschwächt u. bei der verzweigten internationalen Beziehung so häufig genöthigt auch Neutrale zu schädigen muß sich Eingriffe Rußlands u. Frankreichs gefallen lassen. Indien. Persien. Frankreich wird Herr d. Mittelmeers. Der Phönix aber sind d. United States. Klondyke. Kanada

geht über. Der Handel des Atlantiks ganz amerikanisch. England hört auf politische Rolle zu spielen."

Bereits Ende Dezember 1902 legt Hollweg einen umfangreichen Entwurf vor, der Tirpitz voll zufrieden stellt. Dagegen ist Hollweg im Zweifel, ob die Veröffentlichung der Broschüre angesichts der politischen Lage opportun ist. Tirpitz sieht das ganz anders und will wegen der „fortdauernd unfreundlichen Haltung der englischen Presse" an dem Vorhaben festhalten. Er bittet den Kanzler und den Staatssekretär um ihre Meinung mit dem Hinweis, „dass er sich der unerwünschten [Neben]Wirkungen einer derartigen Veröffentlichung bewusst sei; um der Abschreckung der öffentlichen Meinung in beiden Ländern vor einem kriegerischen Zusammenstoß willen müssten sie aber in Kauf genommen werden." Da Bülow und der Staatssekretär Richthofen diese Ansicht nicht teilen, verschwindet der bemerkenswerte Vorstoß des Admirals in den Akten. Zunächst jedenfalls, denn im November 1905 erscheint die Broschüre *1906. Der Zusammenbruch der alten Welt*, 100 Jahre nach der Schlacht bei Jena mit einem auf den Mai 1907 datierten Vorwort. Tirpitz bezeichnet die Veröffentlichung als „höchst inopportun", und der Vorstand des Nachrichtenbüros, Karl Boy-Ed, teilt Tirpitz am 5. November 1905 mit, dass die Schrift „sowohl politisch, wie fachmännisch unreif" sei, offensichtlich ohne Kenntnis der Vorgänge im Winter 1902/1903. Die Broschüre sei höchstens geeignet, „die Stimmung für eine größere Flotte bei unserer Jugend und bei den einfältigen Leuten zu heben." Das Nachrichtenbüro findet schnell heraus, wer sich hinter dem Pseudonym „Seestern" verbirgt. Welcher Seeoffizier zu den Mitarbeitern Grautoff gehört, kommt nicht heraus. Die Übereinstimmung zwischen den wesentlichen Punkten des Hollwegschen Entwurfs und der Broschüre sind so augenfällig, dass man nicht umhinkommt anzunehmen, dass Grautoff die Schrift in Kenntnis der Hollwegschen Disposition geschrieben hat. Die Auseinandersetzung bricht im fernen Samoa aus und endet nach einem Jahr, weil die Kolonialvölker meinen, die Gelegenheit, sich gegen die Kolonialherren zu erheben, sei jetzt gekommen. Angesichts dieser Bedrohung sowohl der englischen als auch der deutschen Kolonialherrschaft schließt man in Europa Frieden. „Als unverwirklichte Möglichkeit ist das auch nachträglich noch diskutabel, obschon ein solcher Ausgang den Staatsmännern einen Weitblick zutraut, den sie nicht besaßen."[49]

In schneller Folge wird „Seesterns" Broschüre immer wieder neu verlegt. Im Jahre 1910 hat die 13. Auflage die Höhe von 61.000 bis 65.000 erreicht. Die Krieger aber kämpfen weiter. Karl Bleibtreu (1859-1928) zeigt in *Die Offensiv-Invasion* gegen England von 1907, wie die deutsche Flotte einen erfolgreichen Überraschungs-Coup über den Kanal den britischen Flottenstützpunkt attackiert, den britischen Angriff auf Kopenhagen im April 1801 vor Augen. Die anschließenden Seeschlachten führen zu großen Verlusten auf beiden Seiten. Die dezimierte deutsche Flotte sucht Schutz in Bremerhaven hinter den Weser Forts aus dem deutsch-französischen Krieg von 1870/1871, während Reste eines britischen Geschwaders mit der Blockade der Flussmündung beginnt.[50]

Eine weitere „Schlacht in der Nordsee" endet mit einem deutschen Desaster. Die deutsche Flotte verlässt Cuxhaven. Der Befehl aus Berlin lautet: „Die Flotte kehrt nicht eher zurück, als bis der Feind vernichtet ist."[51] Auf 12.000 Meter Entfernung eröffnen auf Befehl des Flottenchefs die deutschen Kriegsschiffe die Schlacht gegen die plötzlich auftauchende feindliche Flotte. Wer der Feind ist, wird nicht gesagt, aber auch der „jüngste Matrose" weiß, dass die Stunde der Entscheidung geschlagen hat. „Glückt es heut, den Feind empfindlich zu treffen, so ist die Scharte ausgewetzt und neue Hoffnung auf Sprengung der in eiserner Umklammerung die deutschen Küsten einschließenden Blockade seitens des Feindes erwacht, neue Hoff-

49 Alexander Demandt, *Ungeschehene Geschichte*, Ein Traktat über die Frage: Was wäre geschehen, wenn ....?, 3., erweiterte Aufl., Göttingen 2001, S. 119.

50 Karl Bleibtreu, *Die „Offensive-Invasion" gegen England*, Berlin 1907. Der Journalist und Autor vieler Bücher war der Sohn des Schlachtenmalers Georg Bleibtreu (1828 - 1892). Vgl. Clarke, Great War, S. 225 - 232.

51 Submare (i. e. Lothar Persius), *Unterseeboote an die Front!*, München 1911, S. 106.

nung, dass die Flotte doch noch ihr Teil beitragen kann zur Verteidigung des Vaterlandes, auch gegen den übermächtigen Gegner. Ein gewaltiges Ringen um die Seeherrschaft wird es geben. Der starke Wille zum Sieg liegt auf jedem Antlitz, und nur der bange, verzweiflungsvolle Gedanke an die heimtückische, unter dem Wasser drohende Gefahr wirft dann und wann einen Schatten auf die frohe Kampfesstimmung."[52]

Doch die Flotte wird vernichtet, der Flottenchef stirbt an Bord des Flaggschiffes. „Die Flotte des Gegners dampft gemächlich, ohne zu feiern, mitten hinein in das Trümmerfeld der deutschen Schiffe, von denen in der Tat kein einziges mehr Widerstand zu leisten imstande ist."[53] Dem Autor von *Unterseeboote an die Front*, hinter dem Pseudonym „Submare" verbirgt sich der Marineoffizier Lothar Persius (1864-1944), einem der schärfsten Kritiker der Tirpitzschen Flottenpolitik, geht es nicht darum, mit seiner Kriegsantizipation Begeisterung in der Bevölkerung für den erwarteten Kampf gegen England zu wecken.[54] Im Vorwort heißt es ausdrücklich „Ich habe sorgsam vermieden, irgend eine bestimmte Nation als den Feind darzustellen. Nichts liegt mir ferner, als eine Kriegsgefahr an die Wand zu malen."[55] Persius will vielmehr, dass statt der Schlachtschiffe, die 40 bis 50 Millionen das Stück kosten und die sich nun doch als recht wertlos gezeigt haben, Unterseeboote „als fast gleichberechtigt" mit den Linienschiffen erachtet werden. Damit macht er 1911 Tirpitz keine Freude, denn der hofft auf eine weitere Flottennovelle. Tirpitz, der zu Anfang des Jahrhunderts noch von Kaiser Wilhelm praktisch gezwungen wird, sich den U-Bootbau auf der Germaniawerft in Kiel anzusehen, wird nachdem die Entscheidung über den „Primat" der Heeresrüstung gefallen ist und nachdem ihm der politische Bankrott seines Flottenplanes 1913/1914 bewusst wird,[56] dann im Verlauf des Krieges zu einem Befürworter des uneingeschränkten U-Bootkrieges. Lothar Persius hingegen ist 1908 aus dem aktiven Dienst ausgeschieden und beobachtet kritisch-publizistisch die Kaiserliche Marine als Zivilist. Seine Hoffnung, dass es „unserer Diplomatie gelingen wird, weiterhin den Frieden zu wahren, ja sogar zu einem herzlichen Einverständnis mit den Völkern zu kommen, die uns heute noch misstrauen", bewahrheitet sich nicht, wenngleich er auch „nicht zu frühzeitig pazifikatorischen Utopien" das Wort reden will.[57]

Zusammenfassung

Mit der Gründung des Deutschen Reiches nach dem Deutsch-Französischen Krieg hat Deutschland auf dem Kontinent eine solch dominante Stellung bekommen, dass England seine „policy-of-non-intevention" zu überdenken beginnt. In den Jahren 1870/1871 lebt das literarische Subgenre der Kriegsantizipation auf, das zunächst englische Invasionsängste aufgreift und zu vielfältigen literarischen Reaktionen führt. Das so genannte „Battle-of-Dorking"-Fieber bricht aus. Noch sind deutsche Autoren nicht oder fast nicht daran beteiligt. Es sind vor allem die Engländer, die vor Invasionsgefahren warnen, die von Frankreich und Deutschland ausgehen. Sie wollen in erster Linie militärische Wachsamkeit in Großbritannien einfordern. Mit den Flotten- und Weltmacht-Plänen von Kaiser Wilhelm, Bülow und Tirpitz beginnen verstärkt deutsche Autoren, sich mit der maritimen Auseinandersetzung zu befassen, die sie unweigerlich auf Deutschland zukommen sehen, weil England nicht tatenlos die Herrschaft über die Weltmeere mit dem germanischen Emporkömmling teilen will. Es setzt eine

52 Ebd., S. 106
53 Ebd., S. 112.
54 Peter Steinkamp, Kapitän zur See a. D. Lothar Persius (1884-1944) – Ein Seeoffizier als Kritiker der deutschen Flottenpolitik, in: Wolfram Wette (Hrsg.), *Pazifistische Offiziere in Deutschland 1871-1933*, Bremen 1999, S. 99-109.
55 Submare, Unterseeboote, S. 13.
56 Epkenhans, Flottenrüstung, S. 313 ff.
57 Submare, Unterseeboote, S. 13.

Flut von den „Krieg vor dem Krieg" beschreibenden Publikationen ein, die zum Teil hohe Auflagen erreichen. „Submares" Traktat wird in den ersten zwei Wochen nach Erscheinen über 30.000 Mal verkauft. Grautoffs Zukunftskrieg erlebt vor dem Krieg mindestens 13 Auflagen, und Graf Bernstorffs 216 Seiten umfassendes Werk *Deutschlands Flotte im Kampf* wird in über 100.000 Exemplaren verbreitet. Das mit vier großen farbigen Illustrations-Beilagen auf Kunstdruck-Karten und mit 200 hochinteressanten Abbildungen versehene Buch kostet 1 Mk. und ist als Geschenk-Ausgabe in elegantem Leinen-Einband für 3 Mk. zu haben. Die Rezension in der Rheinisch-Westfälischen Zeitung preist das Buch mit folgendem Fazit an: „Der Leser werde unwillkürlich mit fortgerissen und liest gebannt und aufgeregt weiter bis zum glorreichen Schluss. In der Schilderung der Seeschlacht ist Korvetten-Kapitän Bernstorff ein Meister (...)"[58]

„Vor 1914", so bilanziert Salewski, „faszinierte die Kriegssüchtigen und die Pazifisten nichts mehr als der „kommende Krieg", den Friedrich von Bernhardi kaum so schnell schreiben und fordern wie an ein gieriges deutsches Publikum verkaufen konnte."[59] Bernhardis Arbeit *Deutschland und der nächste Krieg* erlebt fünf Auflagen im Erscheinungsjahr 1912. Im Februar 1913 erscheint die 6. Auflage. Das „politisch unüberlegt Buch" (Hubatsch) des Ex-Generals und Militärschriftstellers enthält friedensfeindliche Kapitel wie „Das Recht zum Kriege" oder „die Pflicht zum Kriege". Es erscheint in zahlreichen fremdsprachlichen Übersetzungen und richtet außerhalb Deutschlands viel Schaden an.[60] Für Bernhardi wie für Paul Rohrbach und andere stellt sich für Deutschland nur die Frage „Weltmacht oder Niedergang". Machwerke dieser Art werden von den Alliierten propagandistisch gegen Deutschland benutzt, als seien sie Ausdruck eines offiziellen deutschen Standpunktes.[61] Während in Deutschland die mentale Vorbereitung auf den nächsten Krieg immer martialischer wird und in mit drastischen Farben gezeichnete Kriegsromane mündet, lässt sich in England eine Hinwendung zum Spionageroman beobachten. William Le Queux' Romane *The Invasion of 1910* (1906), *Spies of the Kaiser* (1909) oder German *Spies in England: An Exposure* (1915) oder Walter Woods Buch *The Enemy in our Midst* (1906) beruhen auf der Annahme, dass eine große Armee von Agenten, verkleidet als Kellner, Angestellte, Bäcker oder Friseure, in England als 5. Kolonne für Deutschland arbeiten.[62] Das Spionage-Fieber führt sogar zu Anfragen im Unterhaus. Im Jahre 1916 behauptet Le Queux, deutsche Agenten „had even been on golfing terms with the rulers of Great Britain."[63] Damit ist der Bogen zu Saki geschlagen, der bekanntlich den Krieg gegen Deutschland auf den Golfplätzen Englands entschieden sieht.

Der Krieg ist bereits ausgebrochen, als in einer Sammlung von Seekriegsnovellen mit dem deutschen Titel *Die Unterseeboote des Kapitäns Sirius* aus der Feder von Arthur Conan Doyle, dem Erfinder des Sherlock Holmes, erscheint.[64] Die Geschichte fasziniert Magnus von Levetzow, einen der einflussreichsten und zugleich verhängnisvollsten deutschen Admirale (Salewski) derartig, dass er das Elaborat, in dem Kapitän Sirius England innerhalb von sechs Wochen durch einen Handelskrieg mit U-Booten zur Kapitulation zwingt, an seinen Vorgesetzten Admiral Scheer, den Befehlshaber der Hochseeflotte, weiterreicht. Von ihm gelangt das Werk über den Prinzen Adalbert an Kaiser Wilhelm II. In den obersten Etagen der Marineleitung bis hin zum Oberbefehlshaber wird das Buch eines Engländers verschlungen, das sicherlich einen Teil dazu beiträgt, dass seine Leser von einer Idee infiziert werden, die sich bald darauf

58 Ankündigungen des Verlags Wilhelm Köhler, Minden, in: Submare, Unterseeboote.
59 Salewski, Zeitgeist, S. 154.
60 Walter Hubatsch, Bernhardi, Friedrich Adam Julius, in: NEUE DEUTSCHE BIOGRAPHIE 2, 1955, S. 122.
61 Fritz Fischer, *Krieg der Illusionen*. Die deutsche Politik von 1911 - 1914, 2. Aufl., Düsseldorf 1970, S. 375 ff.
62 Sandra Kemp et. al. (Hrsg.), *Edwardian Fiction*. An Oxford Companion, Oxford 1997, s.v. "spy fiction", S. 370 f.
63 Ebd., S. 370.
64 Salewski, Zeitgeist, S. 174 f.; Gerhard Granier, *Magnus von Levetzow*. Seeoffizier, Monarchist und Wegbereiter Hitlers. Lebensweg und ausgewählte Dokumente, Boppard 1982, S. 24.

zu einer festen Überzeugung verwandelt. 1916 glaubt der Admiralstab, dass England innerhalb von sechs Wochen mit dem unbeschränkten U-Bootkrieg in die Knie gezwungen werden kann. Er wiederholt diese Forderung solange, bis schließlich die Politiker dem Drängen nachgeben und somit dem uneingeschränkten U-Bootkrieg zum 1. Februar 1917 zustimmen, allen ihren bisherigen Vorbehalten zum Trotz. England wird jedoch trotz gewaltiger Verluste nicht friedensbereit; die Illusion der Admirale zerplatzt wie eine Seifenblase.

Nun ist es eine der ureigensten Aufgaben der Militärs, Planspiele zu machen und sich im Vorhinein zu überlegen, was zu tun ist, wenn es zu einer militärischen Konfrontation mit irgendeinem Gegner kommen sollte. Der „Schlieffen-Plan" oder der „Tirpitz-Plan" sind die bekanntesten Produkte dieser Art aus Wilhelminischer Zeit. Aber sollte etwa ein Conan Doyle gedanklich den Weg in den verhängnisvollen uneingeschränkten U-Bootkrieg vorbereitet haben? Hat er eventuell die deutschen Kontrahenten mental in die Falle gelockt, in die sie dann auch getappt sind, und damit der wirtschaftlichen Großmacht endlich die Begründung für den Kriegseintritt liefert?[65]

Mit dem Ende des Ersten Weltkrieges ebbt die Produktion der Kriegsantizipationen zunächst ab. „The post-war writers turned from the nationalistic ready-for-anything style that had been characteristic of the many tales of „The Next Great War". Moreover, the new fiction rejected the old doctrine of inevitable conflict; and ever since the 1920s tales of the war-to-come have for the most part maintained a common front against the dangers of war and, in particular, against the immense destructiveness of modern weapons.[66]

Aber nachdem im Osten der Polenfeldzug 1939 mit einem Blitzkrieg in vier Wochen beendet ist und der „Phoney War" beginnt,[67] lässt der Oberbefehlshaber der Marine Großadmiral Erich Raeder im Winter 1939/1940 erste Überlegungen für eine Landung in Großbritannien anstellen. Als im Mai 1940 deutsche Truppen an der Kanalküste stehen, hält Raeder vor Hitler einen Vortrag über die Frage einer Landung. Am 16. Juli 1940 mit Führeranweisung 16 soll die Landung, Deckname „Seelöwe", in Form eines überraschenden Überganges in breiter Front von Ramsgate bis zur Isle of Wight erfolgen. Bekanntlich scheitert dieser erneute Invasionsversuch. Wie ernst man jedoch die Lage in England einschätzt und wie entschlossen man dem begegnen will, zeigt eine Broschüre, herausgegeben vom Ministry of Information in Kooperation mit dem War Office und dem Ministry of Home Security mit dem Titel *If the Invader Comes. What to do – and how to do it.*[68] Noch im gleichen Jahr 1940 erscheint im Magazin „Liberty" der Fortsetzungsroman *Lightning in the Night* von Fred Allhoff, der den kriegswilligen Amerikanern die Folgen einer Nazi-Invasion in Amerika in düsteren Farben ausmalt.[69] Im folgenden Jahr wird Sakis *When William Came* erneut aufgelegt. In seinem Vorwort erinnert Lord Charnwood die Leser 1941 daran, dass vor dem Ersten Weltkrieg die Warnungen von Autoren wie Munro und Childers gefruchtet hätten. Auch jetzt sei die mentale Bereitschaft zur Verteidigung tiefer verwurzelt als zunächst sichtbar, weil man vorausgedacht habe und sich nicht von der Verteidigungsfalle habe überraschen lassen.[70] Auf die Territorialverteidigung sei man vorbereitet und die Heimatfront sei kampfbereit, weil man die Warnungen ernst genommen habe, ebenso wie 1914, als die Marine darauf eingestellt ist, dem Gegner Paroli zu bieten, anders als in Munros Fantasie. 1943 erscheint quasi als Fortsetzung *When Adolf Came* von Martin Hawkin. In Len Deighton Thriller *SS-6B* findet Saki seinen modernen Nachfolger. Deighton schil-

65 Clarke, Voices, S. 131.
66 Conan Doyle, Die Unterseeboote des Kapitäns *Sirius*, in: *Klar Schiff!* Seekriegsnovellen 1914/1915, Heilbronn 1915.
67 Phoney War bezeichnen die Engländer die Periode relativer Inaktivität zwischen der deutschen Invasion Polens und der Norwegens.
68 Kenneth Macksey, *Invasion.* The Alternate History of the German Invasion of England July 1940, Barton-under Needwood 2001, vor dem Innentitel.
69 Salewski, Zeitgeist, S. 169.
70 Ich danke meinem Kollegen Dr. David M. Williams von der Universität Leicester für seine Bemühungen, mir eine Kopie des Vorwortes zu besorgen.

dert die Besetzung Großbritanniens durch die Nazis. Wie bei Saki arrangiert man sich, sieht weg, kauft nicht in jüdischen Geschäften.[71] Armer geht davon aus, dass der Gedanke einer Invasion einen „morbiden Reiz“ für die Engländer habe. Man genieße den wohligen Gruseleffekt eines gemeinsamen nationalen Horrors, in dem man sich das Unvorstellbare vorstelle.[72] Auf Saki trifft das wohl nur eingeschränkt zu, denn das Phänomen, dass sich die Menschen in den besetzten Ländern mit den Besatzern arrangieren, so wie man sich im „Dritten Reich“ mit den Nazis arrangiert, ist ja eine Un-Tugend, die weiter verbreitet ist, als dass man sie als Produkt der imaginären Welt der Science-Fiction Literatur abtun könnte.

71 Armer, Ruled Britannia, S. 222.
72 Ebd., S. 206.

GESCHICHTSBILDER IN DER UTOPISCHEN LITERATUR DES „DRITTEN REICHES" – VERSUCH EINER ANNÄHERUNG

JENS HOHENSEE

> Der Weltkrieg hat uns allen so an den Nerven gezerrt und hat uns alle vollständig umgekrempelt, dass uns „ruhige Romane" der hergebrachten Art nicht mehr genügen.
> (Hans Dominik in *Vom Schraubstock zum Schreibtisch,* 19)

Persönliche Vorbemerkung

Einen Beitrag auf dem Gebiet der utopischen Literatur zu schreiben, also dort, wo man bestenfalls dilettiert – dies jedoch im eigentlichen Wortsinne, nämlich als Liebhaber – bleibt ein Wagnis; vor allem dann, wenn dieses Feld bereits intensiv durch den akademischen Lehrer, dem dieser Band gewidmet ist, bestellt worden ist. Er – und nicht ich – darf sich somit zu Recht als Experte bezeichnen. Dennoch will ich dieses Wagnis eingehen, war es doch Michael Salewski, der zunächst meine Neugier geweckt, dann mein Interesse verstärkt und schließlich meine Leidenschaft entfacht hat. Leidenschaft für jene Literaturgattung, die 1929 von dem amerikanischen Ingenieur luxemburgischer Abstammung, Hugo Gernsback[1], mit dem Namen Science Fiction belegt wurde. In Deutschland wurde diese Gattung zur gleichen Zeit und auch wenig später während der nationalsozialistischen Diktatur „Utopische Literatur" oder „Zukunftsromane" genannt. Der Untertitel dieses Beitrags bleibt Programm, und der Laureat möge verzeihen, wenn auf den folgenden Seiten für ihn allzu viele Eulen nach Athen getragen werden sollten.

Forschungsstand und Erkenntnisinteresse

Dabei ist es gar nicht einmal so sicher, dass, um im Bild der Literaturgattung zu bleiben, bezogen auf Michael Salewski Laserwaffen auf die Enterprise oder Soylent Green in das New York des Jahres 2022 getragen werden, steht doch die große Anzahl der utopischen Romane, die während der nationalsozialistischen Diktatur in Deutschland erschienen sind, in diametralem Gegensatz zur Forschungsliteratur über den hier zu behandelnden Gegenstand.[2] Andersherum gewendet: das, was es in der Geschichtswissenschaft – streng semantisch betrachtet – ohnehin nicht gibt, nämlich Sekundärliteratur, findet sich kaum über die Zukunftsromane des „Dritten Reiches". Auch Michael Salewski selber, dem wir die einzige Studie zu den Wechselwirkungen zwischen Science Fiction und Geschichte verdanken,[3] widmet der in den Jahren 1933 bis 1945 erschienenen utopischen Literatur nur wenige Zeilen.

Worin liegen die Ursachen für die bislang vorherrschende Zurückhaltung bei der Bearbeitung dieses Themas? Zum einen gilt die Beschäftigung mit Science Fiction in den Augen zahlreicher Historiker als degoutant, unseriös und wenig erkenntnisreich. In der Zunft der Litera-

1 Gernsback hatte bereits 1926 mit „AMAZING STORIES" das erste SF-Magazin gegründet.
2 Gegenstand dieses Beitrags sind sämtliche, heute noch verfügbaren utopischen Romane, die im deutschsprachigen Raum in der Zeit von 1933 bis 1945 erschienen sind. Insgesamt konnten rund 160 Romane bibliographisch erfasst werden; siehe Bibliographie unten.
3 Salewski, Michael: *Zeitgeist und Zeitmaschine*, München 1986.

turwissenschaftler verhält es sich anders. Utopische Literatur ist hier seit vielen Jahrzehnten Gegenstand der Forschung. Doch auch hier sind die Zukunftsromane aus der Zeit 1933–1945 eher stiefmütterlich behandelt worden.[4]

Zum anderen ist die Beschäftigung mit utopischer Literatur aus der Feder deutscher Autoren während des „Dritten Reiches" alles andere als leichte Kost. Die Lektüre dieser zum Teil schwülstig geschriebenen und mit sehr viel Pathos versehenen Romane mag manchen Literaturwissenschaftler, von den Historikern ganz zu schweigen, in der Vergangenheit davon abgehalten haben, sich diesem Thema zuzuwenden. Jost Hermand[5] und Manfred Nagl[6] bilden hier die Ausnahme: Nagl konnte in seiner Dissertation die utopische Literatur des Dritten Reiches lediglich kursorisch behandeln, Hermand verdanken wir immerhin eine Art „Steinbruch" für dieses Genre. Gleichwohl postuliert er den Anspruch, es solle bei seinem Buch, „nicht nur um die Geschichte eines bestimmten literarischen Genres und der in ihm vermittelten Inhalte gehen"[7].

Dass Historiker sich erst recht nicht mit der Frage nach Geschichtsbildern in den Zukunftsromanen während der nationalsozialistischen Diktatur beschäftigt haben, versteht, wer die Reaktionen auf Michael Salewskis „Zeitgeist und Zeitmaschine" erlebt hat – Klio sei's geklagt![8]

Ein dritter Grund, warum dieses Thema bislang ein Desiderat der Forschung, insbesondere der geschichtswissenschaftlichen, darstellt, liegt in der bis dato überaus schwierigen Zugänglichkeit der Texte. Wer lesen wollte, musste sich die Bücher mühsam über Fernleihe oder durch Reisen in bundesdeutsche Antiquariate besorgen. Dies ist im Zeitalter des Internet einfacher geworden: Die meisten Antiquariate Deutschlands und Österreichs sind im Zentralen Verzeichnis Antiquarischer Bücher[9] vertreten, und ihre Bände lassen sich bequem per Mausklick in den Warenkorb legen und per Nachnahme bestellen.

Jost Hermands Aussage, dass „Visionen, Utopien und Zukunftsromane bei der Erforschung der Vorgeschichte des Nationalsozialismus bisher weitgehend übersehen worden"[10] sind, ist zuzustimmen. Im Folgenden soll es freilich nicht um die Vorgeschichte des „Dritten Reiches" gehen. Vielmehr soll die Frage erörtert werden, welche genuin nationalsozialistischen Visionen und Utopien in der utopischen Literatur gespiegelt oder neu entworfen werden. Welche Sujets und Themen waren typisch, welche ließen sich für die nationalsozialistische Sache instrumentalisieren? Lässt sich eine Typologie der Werke und Autoren erstellen? Falls ja, wo sind insbesondere die populärsten und kommerziell erfolgreichsten Zukunftsromane wie

4 Ausnahmen bilden z.B. Fischer, William Baldwin: *Between Fantastic Fabulation and Didactic Disquisition: Kurd Lasswitz, Hans Dominik, and the Development of German Science Fiction*, 1871-1945, Ann Arbor/Mich. 1980 (Diss. Yale Univ. 1979) sowie die Dissertation von Graeb-Könneker, Sebastian: *Autochthone Modernität.* Eine Untersuchung der vom Nationalsozialismus geförderten Literatur, Opladen 1996. Allerdings werden hierin lediglich zwei Zukunftsromane behandelt: Wilfried Bades *Gloria über der Welt* sowie Karl Aloys Schenzingers *Anilin.*

5 Hermand, Jost: *Der alte Traum vom neuen Reich.* Völkische Utopien und Nationalsozialismus, Frankfurt am Main 1988. Siehe auch ders.: Ein Volk von österlich Auferstehenden? Zukunftsvisionen aus dem ersten Jahr des Dritten Reiches, in: Hiltrud Gnüg (Hrsg.): *Literarische Utopie-Entwürfe*, Frankfurt am Main 1982, 266-276 sowie ders.: „Tausendjähriges Reich" oder „Ewiger Kampf ums Dasein"? Faschistische Zukunftsvisionen, in: Norbert Oellers (Hrsg.): *Politische Aufgaben und soziale Funktionen von Germanistik und Deutschunterricht*, Tübingen 1988, 53-61.

6 Nagl, Manfred: *Science Fiction in Deutschland*, Tübingen 1972.

7 Hermand, *Traum*, 14.

8 Die Reaktionen reichten von Nichtbeachtung bis zu elitärem Naserümpfen. Dagegen konnte man in der bundesdeutschen Tagespresse zahlreiche positive Rezensionen finden, siehe u.a. SÜDDEUTSCHE ZEITUNG vom 16. Oktober 1986.

9 www.zvab.de

10 Hermand, Traum, 14.

die von Hans Dominik[11], dem immer noch meistgelesenen deutschen Science Fiction-Autor, und Rudolf Heinrich Daumann einzuordnen?

Im Anschluss an diesen Beitrag ist eine über die Bibliographien von Nagl und Hermand hinausgehende Auswahl der in der Zeit von 1933–1945 erschienenen Texte beigefügt, die insbesondere als Beigabe für den Laureaten gedacht ist, um seine umfangreiche SF-Sammlung in Eckernförde erweitern zu können.[12]

Visionen und Utopien

Die Utopien der nationalsozialistischen Diktatur sind von der Forschung eingehend untersucht worden.[13] Diesen Untersuchungen ist fast immer die Frage immanent gewesen, ob es sich nicht beim Nationalsozialismus per se um eine Utopie gehandelt habe.

Frank-Lothar Kroll hat zu Recht darauf hingewiesen, dass Hitlers Welt- und Geschichtsbild von allen nationalsozialistischen Weltanschauungsvarianten die stärkste Gewichtung der Zukunftsperspektive enthielt.[14] Man denke nur an seine konkreten Lebensziele im Hinblick auf städtebauliche Monumentalvisionen wie der architektonischen Umgestaltung Berlins zur Reichshauptstadt „Germania"[15], welche „einem tausendjährigen Volk mit tausendjähriger [...] Vergangenheit für die vor ihm liegende unabsehbare Zukunft eine ebenbürtige tausendjährige Stadt"[16] verschaffen sollte oder die Neugestaltung Linz' zum Alterssitz und „Mausoleum" des Führers.[17] Die Faktoren Zukunft und Zukunftsangst haben sich, so Kroll, für Hitler als unmittelbar handlungsbestimmende Größen von katalysatorischer Wirkkraft erwiesen. So sehr seine Vision vom „tausendjährigen Reich" Leitmotiv der nationalsozialistischen Diktatur war, so sehr drängte es ihn, die aus seiner Sicht wesentlichen Ziele wie Eroberung von „Lebensraum im Osten", Vernichtung des „Weltjudentums", Aufbau eines „Großgermanischen Reiches" zu seinen Lebzeiten zu verwirklichen. Es wäre interessant gewesen, herauszuarbeiten, inwieweit möglicherweise hierbei auch die Werke der utopischen Literatur als Anregung Pate standen. Leider ist es jedoch nicht gelungen, einen Hinweis darauf zu finden, ob Hitler oder seine mittelbar oder unmittelbar für den Faktor „Zukunft" „zuständigen" Paladine, vor allem natürlich Reichspropagandaminister Joseph Goebbels, „Chefideologe" Alfred Rosenberg, Reichsbauernführer und langjähriger Reichsminister für Ernährung und Landwirtschaft Richard Walter

11 Hans Dominik (1872-1945) verkaufte von 1921-1945 über 2,3 Mio Exemplare seiner Bücher. Nach dem zweiten Weltkrieg gerieten seine Werke vorübergehend in Vergessenheit, waren in der DDR sogar verboten, und werden seit 1997 in einer 20-bändigen Jubiläumsedition neu aufgelegt.

12 Daher werden diejenigen Werke, die ohnehin in der sich anschließenden Bibliographie enthalten sind, teilweise ohne bibliographische Daten erwähnt, es sei denn, es handelt sich um Zitate.

13 Siehe hierzu vor allem, Kroll, Frank-Lothar: *Utopie als Ideologie*. Geschichtsdenken und politisches Handeln im Dritten Reich. Paderborn, 2. Aufl. 1999 sowie ders.: *Der Faktor „Zukunft" in Hitlers Geschichtsbild*, in: Ders. (Hrsg.): *Neue Wege der Ideengeschichte*. Festschrift für Kurt Kluxen zum 85. Geburtstag, Paderborn 1996, 391-409.

14 Vgl. Kroll, *Faktor „Zukunft"*, 393.

15 Vgl. hierzu Thies, Jochen: *Architekt der Weltherrschaft*. Die „Endziele" Hitlers, Düsseldorf 1976 oder auch Speer, Albert: *Erinnerungen*, Berlin 1989.

16 Adolf Hitler: *Reden und Proklamationen 1932-1945*. Hrsg. und kommentiert von Max Domarus, 4 Bde., hier Bd. 1, 765.

17 Siehe hierzu Adolf Hitler: *Hitlers Tischgespräche im Führerhauptquartier 1941-1942*. Hrsg. von Percy Ernst Schramm in Zusammenarbeit mit Andreas Hillgruber und Martin Vogt, Stuttgart 1963, 298. Zu Linz siehe auch die Äußerungen von Goebbels über ein Gespräch mit Hitler in: *Die Tagebücher von Joseph Goebbels*. Sämtliche Fragmente. Hrsg. von Elke Fröhlich. Teil I: Aufzeichnungen 1924-1941, Bde. 1-4, hier Bd. 4, München 1987, 573 u. 593 sowie Slapnicka, Harry: Hitlers Linzplanung in den Gesprächen mit Gauleiter Eigruber, in: HISTORISCHES JAHRBUCH DER STADT LINZ 1985, erschienen 1986 und ders.: Hitlers Linzer Neubaupläne und der Wettlauf der Architekten, in: KUNSTJAHRBUCH DER STADT LINZ 1986, 94-106.

Darré sowie Reichsführer-SS und Chef der deutschen Polizei Heinrich Himmler, die in diesem Beitrag behandelten oder aufgeführten Zukunftsromane zur Kenntnis genommen haben.[18]

Betrachtet man nun die vorrangigen Themen der Science Fiction-Literatur in der Zeit von 1933–1945, so lässt sich eine Antinomie innerhalb der Utopien feststellen. Entweder schafft der technische Fortschritt paradiesische Zustände auf Erden, oder die Technik entwickelt sich zum Monstrum, das die Menschheit brutal unterdrückt. Entweder ist die Erdbevölkerung politisch geeint, wobei in der Regel eine globale Regierung – mal demokratisch, mal diktatorisch – herrscht, oder die Welt geht durch Krieg und Zerstörung zu Grunde. Entweder die Menschen leben frei und selbstbestimmt oder sie sind willenlose Sklaven eines totalitären Regimes.

In der utopischen Literatur des „Dritten Reiches“ dominierte die Verherrlichung von deutscher Technik und deutschem Ingenieurwesen. Der technische Fortschritt schien unaufhaltsam, eine Entwicklung, ja mehr noch: eine Geisteshaltung, die sich spätestens seit der zweiten industriellen Revolution immer stärker manifestierte. Bereits 1914 hatte ein Artikel in „Das Neue Universum“ verkündet: „Es gibt kein Unmöglich mehr, die Technik überwindet jede Schwierigkeit, sie leistet alles.“[19]

Die nationalsozialistische Revolution

Georg Ruppelt hat es im Nachwort seines amüsant zu lesenden Büchleins über die Vorhersagen in der Science Fiction-Literatur auf den Punkt gebracht: „Als die Sehnsucht gewisser Kreise in Deutschland 1933 ihre Erfüllung gefunden hatte, steigerten sich die größenwahnsinnigen Zukunftsträume einiger Schreiber zu unermesslichen Höhen“.[20]

Unmittelbar nach Hitlers Machtantritt erschien eine, wie es im Untertitel hieß, „Kulturphilosophie“, die die unmittelbaren Ereignisse aufgriff und zukünftige, sehnlichst erhoffte, geradezu herbeischrieb. Der Autor Ernst Bergmann mag seinerzeit selbst überrascht gewesen sein, dass einiges von dem, was er für das Jahr 1960 prognostizierte, wesentlich früher eintraf:

> „Da begann das, was man nicht anders als das deutsche Wunder nennen kann, die Auferstehung der Nation nach ihrem furchtbaren Zusammenbruch im Weltkriegszeitalter. Sie begann mit dem Sieg der nationalsozialistischen Revolution, dem wohl wundersamsten Ereignis der Deutschgeschichte seit Hunderten von Jahren, mit der innenpolitischen Einigung und Gleichschaltung, der Auflösung der Parteien und des Parlaments, mit dem Gesetz gegen den erbkranken Nachwuchs und dem Durchbruch einer eugenischen Weltanschauung, mit dem Anschluss Österreichs und der friedlichen Zurückeroberung des Korridors, einem diplomatischen Meisterstück, mit der umfangreichen Neulandgewinnung der Küsten an Nord- und Ostsee, mit dem rapiden Sinken der Arbeitslosigkeit und der wirtschaftlichen Wiederaufblüte, mit der Zurückeroberung der Weltmärkte durch die deutsche Exportindustrie infolge der großartigen neuen Entdeckungen und Erfindungen der vom Hitlerstaat planmäßig gepflegten deutschen Wirtschaft, mit der Wiedereinführung der Wehrpflicht, mit dem raschen Anwachsen der Geburtenziffer infolge durchgreifender sozialpolitischer Maßnahmen, mit dem Umbau des gesamten deutschen Bildungswesens und der Einführung der Deutschreligion als Unterrichtsfach in den Schulen und der dadurch herbeigeführten, fast völligen Entthronung und Verdrängung der nebenstaatlichen kirchlichen Instanzen aus der Macht über das deutsche Wissen und Gemüt, mit der Bildung eines neuen körperlich und seelisch gesünderen

18 Manfred Nagl behauptet, dass Hitler diese Bücher las, bleibt jedoch einen Beweis schuldig. Nagl, *Science Fiction*, 164. Bislang sind die Lesegewohnheiten von Hitler und seinen Paladinen nicht untersucht worden.

19 DAS NEUE UNIVERSUM 35 (1914), S. 92-94, hier 94.

20 Ruppelt, Georg: *Zukunft von Gestern.* Ein Überblick über die Geschichte der Jahre 1901 bis 3000, zusammengestellt aus alten und neuen Science Fiction-Texten, Hamburg 1984.

> deutschen Menschentyps und mit der Ansiedlung der jährlich neu hinzukommenden Bevölkerungsmassen auf dem Land, mit der Entstädterung einiger Großstädte und mit dem plötzlichen, fast völligen Verschwinden des Verbrechertums in Deutschland und der Schließung zahlreicher Gefängnisse und Zuchthäuser, die leer standen.“[21]

Bergmann hebt insbesondere die aus seiner Sicht dringend notwendig gewordene religiöse Erneuerung des deutschen Volkes hervor und beschreibt die Errichtung der so genannten „Deutschkirche“ als Staatsreligion. Neben den oben geschilderten „Errungenschaften“ der nationalsozialistischen Revolution entsteht hier eine Vision eines apotheotischen Kultes – vom Kreuz zum Hakenkreuz –, einhergehend mit Macht- und Größenwahnfantasien, die ihren Ausdruck in Schilderungen von Kolossalbauten finden; eine geradezu verblüffende Antizipation von Hitlers neuer Reichshauptstadt „Germania“, dominiert von Albert Speers Monumentalarchitektur. 100.000 Arbeitslose müssen in Bergmanns Utopie zum Ruhme der „Deutschkirche“ in der eigens neu gebauten Hauptstadt „Heldenaue“ eine Kathedrale als deutsches Nationalheiligtum bauen. Dieses Bauwerk ist so groß, dass der Petersdom bequem darin Platz gefunden hätte. Die Assoziation mit Speers Kuppelhalle drängt sich geradezu auf. Das Christentum ist bei Bergmann nicht nur vergessen, es ist nachgerade ausgelöscht:

> „Es erübrigt sich wohl, zu sagen, dass jede Erinnerung an das hebräische Christentum im Dom zu Heldenaue sowie in den übrigen Kirchen Deutschlands, die die Deutschreligion angenommen haben, fehlt. Das Bild des Gekreuzigten, wohl gar flankiert von den beiden Schächern sieht man in den Hakenkreuzkirchen selbstverständlich nirgends, aber auch keine biblischen Gestalten und Symbole alten oder neuen Testaments, die in den ‚Odalskirchen', wie sie auch sagen, naturgemäß verpönt sind.“[22]

Alljährlich wird in der neuen Kathedrale nun das Sonnenwend- und Nationalfest mit der Vereidigung der Rekruten durch den mittlerweile gealterten Führer begangen:

> „Da sah ich manch edles Haupt. Den heimlichen Adel der Nation sah ich, der aufgebrochen war, die erste Blütengeneration des gereinigten und aufgearteten Volks-Körpers. Manche, während sie auf den Einmarsch warten mussten, hatten den eichenlaubgeschmückten Helm abgenommen und die Junisonne funkelte in ihrem goldenen Haar. Es regnete Rosen und Lilien, die nordische Gottesblume, sie fingen sie auf und schmückten damit ihre Waffen. Und waren so stolz. Und ich dachte an unsere trübe und traurige Jugend, da man in Deutschland vergessen hatte, dass Wehrgeist Ehrgeist ist. [...] Dann sprach der Führer, tief ergreifend. – Am Bilde der Mutter Germania erschien seine ehrwürdige Gestalt, allen sichtbar. Das war der Höhepunkt des Tages. Und dann hoben alle den Arm und sprachen den Deutschlandschwur.“[23]

Bergmann schrieb nicht nur utopische Romane im Geiste der neuen Machthaber, sondern auch pseudowissenschaftliche, stramm nationalsozialistische Gesinnungsliteratur, wie beispielsweise *Deutschland, das Bildungsland der neuen Menschheit*, in der er die aus seiner Sicht notwendige Umwandlung der Frau zu „Gebärmaschinen“ forderte, die mehrere Männer zum Zwecke der Zeugung nach ihren „hochwertigen Erbeigenschaften“[24] auszuwählen hätten.

Ein ganz anderes (Geschichts-)Bild als Bergmanns Apotheose der Deutschkirche – wenngleich ebenso schwülstig – entwirft Georg Richter in seiner Vision vom „Reichstag 1975“. Das germanische Reich ist eine patriarchalische „Demokratie“ nach antikem Muster mit einer Legislaturperiode von sieben Jahren, einer Wahlbeteiligung von 99 Prozent und einer Wahlberechtigung aller Männer über 30 Jahren. Diese wählen nach dem Vorbild Athens lediglich sie-

21 Bergmann, Ernst: *Deutschland, das Bildungsland der neuen Menschheit.* Eine nationalsozialistische Kulturphilosophie, Breslau 1933, 129f.
22 Ebda., 140.
23 Ebda., 144 ff.
24 Ebda., 39.

ben – selbstverständlich – Männer in die Regierung. Diese sieben Auserwählten wiederum küren aus ihrer Mitte den Vorsitzenden, den so genannten „Meisterbruder“:

> „Diesen sieben werden nun neun Berater bewilligt. Diese stehen den Inlands- und Auslandsbrüdern sowie dem Meisterbruder jederzeit zur Verfügung. Sie können herangezogen und ebenso wieder beurlaubt werden. Das Amt eines solchen Beirates ist auch nicht an eine Person gebunden, sondern kann während einer Wahlperiode von verschiedenen bekleidet werden. Es werden aber nur die Besten dazu ausersehen, die sich aus dem Volke herausgearbeitet. Diese Neun sind Fachleute der Astrologie, Literalogie, Graphologie, Chirosöphie, Charakterologie, des Spiritismus und Okkultismus. Ferner gehört ein Hellseher und eine Hellseherin in ihren Kreis. Diese sind nicht im gewöhnlichen Sinne hellsichtig, sondern sie schauen durch große Erfahrungen in sich selbst und können somit hervorragende Berater sein. Sie erschauen in sich Vergangenheit, Gegenwart und Zukunft. Es sind Menschen, die ihre Umgebung sehr tief erleben. Diese neun Berater stehen nun den sieben, mit höchster Vollmacht ausgerüsteten Brüdern zur Seite. Daraus erklärt sich, dass fast gar keine Experimente mit des Volkes Gut gemacht zu werden brauchen. Alles wird von vornherein festgelegt. Der Aufstieg ist für Germanien gegeben.“[25]

Auf der Wartburg in Eisenach wird der neue „Meisterbruder“ inauguriert, wo nach der Zeremonie das gemeinsame Gebet durch den Ältestenrat und die Festversammlung – insgesamt 82 Personen – erfolgt:

> „Jeder Teilnehmer hält die Hände gefaltet und betet still vor sich hin. Man erfleht den Beistand des allmächtigen Gottes, damit jeder in seiner Art sein Allerbestes für des Volkes Wohlfahrt und Aufstieg zu tun vermag. Wo wäre wohl je eine größere Kirche gelebt worden als heute auf der Wartburg! Wartburg! Du Wahrzeichen in Germanien! Auf Dich schauen heute weit über 100 Millionen Menschen und lauschen, was in Deinen Mauern besprochen wird. Die Radioapparate beinahe der ganzen Welt sind auf Dich gerichtet. Darum ist nicht nur im Saale der Wartburg, sondern auch draußen in allen germanischen Landen und bei den befreundeten Völkern das Gefühl der Kirche. Millionen von Menschen sitzen still, in der kleinsten Hütte wie im größten Palast und lauschen, lauschen. Noch hören sie kein Wort. Doch sie wissen, auf der Wartburg ist das Mikrophon. Zweiundachtzig stehen dort vor Gottes Angesicht und erflehen Schutz. Und alle die anderen draußen im weiten Land wünschen jetzt diesen Zweiundachtzig Kraft und Segen. Über 100 Millionen Menschen beten mit diesen Zweiundachtzig. Das ganze Germanienland ist zur Kirche geworden.“[26]

Während Richter und Bergmann mit ihren Zukunftsentwürfen im 20. Jahrhundert blieben, stieß ein gewisser Schmid, dessen Vorname nicht überliefert ist, mit seiner Utopie, die er freilich nicht so nannte, ins Jahr 2000 und darüber hinaus vor. Hitlers Nachfolger, ein Herr König, ist immer noch im Amt und feiert im Jahr 2000 – noch rüstig – seinen 100. Geburtstag. Er regiert über ein Reich, das neben den USA, Großbritannien und Japan zu einer vierten Weltmacht geworden ist und alle „germanischen“ Länder wie Skandinavien, Holland, Flamland, Österreich und den deutschen Teil der Schweiz eingegliedert hat. Das Baltikum und Weißrussland sind frei, jedoch Deutschland als „Schutzstaaten“ angegliedert. Wie bei Richter und Bergmann steht auch im Mittelpunkt dieses Romas die Darstellung einer Feierstunde mit der Beschreibung des staatlich-religiösen Rituals der „Deutschen Kirche“, die des Herrn König zu Ehren der „rassischen Höherzüchtung des deutschen Volkes“ gedenkt und einen Zug „nordischer Mütter“ inszeniert:

> „Voran gehen die jungen Frauen, die zum erstenmal ein Kind an die Öffentlichkeit bringen. Sie werden besonders gefeiert. Dann folgen die Mütter, die ein neugeborenes

25 Richter, Georg: *Reichstag 1975*. Eine Vision, Dresden 1933, 47.
26 Ebda., 14.

Kind an der Brust tragen. Weiterhin kommen die Mütter mit Kindern auf den Armen und an der Hand. Mütter, die mehr als vier Kinder haben, dürfen ihre sämtlichen Kinder mit sich führen, soweit sie nicht schon verheiratet sind. Diese Kinder sind besonders stolz, mit ihrer reichgesegneten Mutter gehen zu dürfen. Auch diese Mütter werden begeistert begrüßt, umso begeisterter, je größer die Zahl ihrer Kinder ist. Die Frauen, die Brustkinder bei sich haben, tragen ihre nährenden Brüste offen. Manche haben es fertiggebracht, dass sich die Säuglinge während des Umzuges an der Mutterbrust sättigen, was erneute Begeisterung weckt. So ist es ein fortwährendes Begrüßen der Frauen, eine begeistertes Zujauchzen, eine fortdauernde Huldigung, die sich bis zu dem Rufe steigert: ‚Heil unseren heiligen Müttern!' [...] Auf der Bühne versammelt, treten die Frauen, die neugeborene Kinder mit sich tragen, vor, besteigen die Stufen des Thrones, und bieten dem König ihre Neugeborenen dar. Der König legt jedem die Hand auf die Brust mit den Worten: ‚Ich begrüße Dich, neues Glied unseres Staates und wünsche Dir alle guten Gaben des Leibes und der Seele. Und Dir Mutter, danke ich für Deine Gabe.'“[27]

Alle drei vorgestellten Zukunftsentwürfe stellen somit nicht so sehr die politische Konstellation der zukünftigen Weltordnung und Deutschlands Rolle darin in den Mittelpunkt als vielmehr die gesellschaftliche Entwicklung hin zu einer rassischen oder religiösen Überhöhung.

Während diesen Romanen ein aus Sicht der mit dem Nationalsozialismus sympathisierenden Autoren „positives“ Welt- und Geschichtsbild gemein ist, da sich die (Siedlungs-)Ziele und Visionen erfüllen, sich somit alles zum „Guten“ wendet, haben wir es bei Paul Gurks *Tuzub 37. Der Mythos von der grauen Menschheit oder von der Zahl 1*[28] insofern mit einer apokalyptischen Darstellung zu tun, als sich hier Technokraten mit dem Namen „graue Metaller“ auf dem gesamten Erdball ausbreiten, zunächst alles natürliche Leben und schließlich sich selbst gegenseitig in Machtkämpfen ausrotten. Ähnlich apokalyptisch kommt *Der Flug in die Zukunft* von Hans Fuschlberger[29] daher. Dort wird der neue, technokratische Weltstaat „Tanto“ beschrieben, in dem ein Dichter gegen den alles Natürliche zerstörenden Staat aufbegehrt, sich, wie es heißt, gegen die „kommunistische Gesellschaftsauffassung“ wendet und schließlich zahlreiche neue Anhänger für seine Lehre findet.

Der deutsche Ingenieur, „Retter der Welt“

Technikinnovation ist seit jeher ein beliebter Topos innerhalb der weltweiten Science Fiction-Literatur gewesen. Für die Romane aus deutscher Feder in der Zeit von 1933–1945 geht dieser Aspekt jedoch mit einem weiteren einher: dem Erfindungsgeist und der – vermeintlichen – Überlegenheit deutscher Ingenieure gegenüber ihren Kollegen anderer Nationen. Dabei wird die Vision einer hegemonialen Stellung in der Welt mal mehr, mal weniger herbeigeschrieben, oftmals dadurch verbrämt, dass den Ingenieuren Zitate wie dieses in den Mund gelegt werden:

> „Mir ist es gar nicht darum zu tun, durch meine Erfindungen Reichtümer zu erwerben, ich will meinem Volke dienen. [...] Der Zweck der Arbeit soll das Gemeinwohl sein.“[30]

Bemerkenswert ist, dass der Autor hier ein geflügeltes Wort wählt, welches im Allgemeinen Alfred Krupp zugeschrieben wird, das dieser anlässlich des 25. Jahrestages der Übernahme der Gussstahlfabrik in Essen im Februar 1873 sprach und das geradezu zum Credo der Kruppschen Unternehmenspolitik werden sollte.

27 Schmid: *Im Jahre 2000 im Dritten Reich.* Eine Schau in die Zukunft, München 1933, 45f.
28 Gurk, Paul: *Tuzub 37.* Der Mythos von der Menschheit oder von der Zahl 1, Berlin 1935.
29 Fuschlberger, Hans: *Der Flug in die Zukunft*, Leipzig 1937.
30 Bialkowski, Stanislaus: *Der Radiumkrieg*, Leipzig 1937, 45.

Der erwähnte und von den SF-Autoren des „Dritten Reiches“ besonders hervorgehobene Erfindungsgeist deutscher Ingenieure mündet bei Hans Dominiks *Der Wettflug der Nationen* in den Bau eines so genannten „Stratosphärenschiffes“ in den von Professor Eggerth geleiteten Werken in Bitterfeld. Dieses fungiert während des Flugrennens zwischen Deutschland, den USA, Frankreich, Großbritannien, Japan, Italien und Russland als Rettungsflugzeug. Das neue Flugzeug fliegt mit 500 Stundenkilometern doppelt so schnell wie die übrigen Teilnehmer, wird jedoch lediglich außer Konkurrenz eingesetzt. Freilich siegt letztlich doch das für den Wettbewerb gemeldete deutsche Flugzeug, die „Seeschwalbe“. Natürlich fürchten alle Teilnehmer Sabotageakte, doch die Deutschen drücken es am unverblümtesten aus: „Nach meiner Meinung haben wir Sabotageakte in erster Linie von den Gelben, in zweiter vielleicht von Moskau zu befürchten.“[31]

Technikinnovation ist in vielen anderen Romanen zu finden, und stets waren es deutsche Ingenieure, die diese Innovation betrieben, sei es auf dem Gebiet der Rohstoffsuche[32], der Kunststoffproduktion[33], der Strahlentechnik[34], der Ballonfahrt[35], des Tiefseetauchens[36], der Raumfahrt[37] oder der – wie wir heute sagen – friedlichen Nutzung der Kernenergie[38] – die militärische sollte erst noch folgen. Unterfüttert sind diese Romane – mal mehr, mal weniger – mit rassistischen und chauvinistischen Weltmachtsvisionen. Bis 1936 geht es sehr häufig gegen die als „Untermenschen“ par excellence ausgemachten „gelben Horden“,[39] denen im Kampf um die Weltmacht oder bei der Verteidigung des eigenen Territoriums nur mit dem Erfindungsgeist der deutschen Ingenieure „beizukommen“ ist. Auch der nationalsozialistischen Autarkiepolitik wird, um es analog zu Ian Kershaw zu formulieren, „entgegengeschrieben“.[40]

Nur selten kommt es, wie im Fall von Dominiks *Atomgewicht 500* zu einer deutsch-amerikanischen Kooperation. Und auch hier ist es so, dass die amerikanische Forschung auf dem Gebiet der Kernspaltung in einem Reaktor, hier „Autoklav“ genannt, letztlich vom „genialen deutschen Forschergeist“ profitiert. Während zum Schluss der Geschichte der amerikanische Kollege in seiner Heimat die Früchte der Arbeit des deutschen Ingenieurs (ohne Vornamen, aber selbstverständlich promoviert!) erntet, strebt dieser in Deutschland bereits zu Höherem, technisch noch Ausgereifterem und legt den Grundstein für das energiewirtschaftliche Paradies:

> „Das Ende der Geschichte ist schnell erzählt. In Salisbury und Detroit wuchsen die Anlagen für die Erzeugung des neuen Kraftstoffes, des Sonnenstoffes, aus dem Boden. In Tag- und Nachtschichten wurde gebaut, bis sie fertig dastanden, und einen nicht unbeträchtlichen Teil dieser Zeit verbrachte Robert Slawter im Flugzeug zwischen diesen beiden Städten.
>
> Bald musste er hier, bald wieder dort sein, um einzugreifen, wenn sich Abweichungen von den Plänen und Vorschriften zeigten. Und fast noch mehr musste er sich zerteilen,

31 Dominik, Hans: *Der Wettflug der Nationen*, Leipzig 1933, 213.
32 Siehe Burmester, Albert K.: *Die Erde reißt*, Bremen 1938.
33 Siehe Hundeicker, Egon: *Alumnit*, 1934.
34 Siehe Naundorf, Gerhard: *Stern in Not*, Berlin 1938; Bialkowski, Stanislaus: *Die Macht des unsichtbaren Sterns. Roman aus der Zukunft der Technik*, Leipzig 1936 oder Spatz, Albert: *Die Herren des Feuers. Ein Roman im Innern der Erde*, 1936.
35 Siehe Kossak-Raytenau, Karl-Ludwig: *Der Stoß in den Himmel*, Leipzig 1940.
36 Siehe Kegel, Walther: *Feuer über dem Atlantik*, München 1939.
37 Siehe Eickermann, Wilhelm Friedrich: *Großmacht Saturn.* Eine Utopie, Berlin 1938 sowie Bilakowski, Stanislaus: *Leuchtfeuer im Mond*, Leipzig 1934.
38 Siehe Dominik, Hans: *Atomgewicht 500*, Berlin 1935; Sieg, Paul Eugen: *Detatom*, Berlin 1936; Bialkowski, *Radiumkrieg*.
39 Nach 1936, also nach Abschluss der Achse Berlin-Tokio finden sich kaum noch Formulierungen dieser Art in den entsprechenden SF-Werken.
40 So beispielsweise in Spatz, *Herren*. Hier nimmt ein deutscher Ingenieur freundschaftliche Beziehungen zu Lebewesen im Inneren der Erde auf, die Deutschland mit metallischen Rohstoffen beliefern, so dass es vollkommen autark und somit zur stärksten Wirtschaftsmacht der Welt wird.

als die Anlagen dann in Betrieb kamen, als in den beiden großen Werken die ersten Chargen des neuen Stoffes erstellt wurden, um dann ins Land hinauszugehen und die Energiewirtschaft in neue Bahnen zu leiten.
Um diese Zeit hatte Dr. Wandel die Fahrt über den Ozean schon längst hinter sich. In der Heimat stand er auf einer Baustelle und sah, wie sich Steine und Balken fügten. Er sah, wie keuchende Traktoren Panzerkugeln herbeischleppten, gewaltiger und größer noch als jener letzte Autoklav, den er in Salisbury zurückgelassen hatte. Tanks und Pumpanlagen entstanden. Unaufhaltsam rückte der Tag heran, da auch hier hinter schweren Stahlwänden elektrische Sonnen aufbrennen und in ihren Gluten unter Riesendrücken irdische Materie sich wandeln würde zu dem neuen segenbringenden Kraftstoff. Für unsere Geschichte mag dieser Tag das Ende bedeuten; doch nimmt man es recht, so beginnt an ihm schon wieder eine andere, die von vielen glücklichen, friedlichen Tagen und Jahren zu erzählen weiß.“[41]

Landnahme, „Lebensraum“ und Eroberung ferner Welten

Hanns Hörbiger (1860–1931), von Beruf Wärme- und Kälteingenieur, hatte 1912 in einem 800 Seiten und 212 Zeichnungen umfassenden Opus die so genannte Welteislehre entwickelt. Die Astronomen, Physiker und Geologen, die Hörbiger mit dem Buch zu überzeugen suchte, widersetzten sich den ihnen ans Herz gelegten Erklärungen. Sie behaupteten, die Welteislehre sei ein Rückschritt. Positiven Widerhall fand Hörbiger dagegen bei interessierten Laien und – nach seinem Tod – bei den Nationalsozialisten. Hohe Funktionäre der NSDAP, angefangen bei Hitler und Himmler, glaubten an die Welteislehre. Ihnen war sie eine arisch-deutsche Erlösung von der „jüdischen Relativitätstheorie“ eines Albert Einstein. Sie gründeten Vereine und Institute zur Unterstützung und Propagierung der Lehre vom Welteneis. Hörbigers Theorie ging vom ewigen Kampf zwischen Feuer und Eis aus und brachte den Untergang des germanischen Atlantis-Reichs mit Schwerkraftkatastrophen in Verbindung. Seine Behauptungen fanden insbesondere post mortem zahlreiche Anhänger in Deutschland und regten die Fantasien und somit literarische Aktivitäten vieler Schriftsteller an. Das Ergebnis waren Romane wie Edmund Kiß' Atlantis-Tetralogie[42], eine vor Rassismus und nationalsozialistischem Gedankengut überquellende Trivialliteratur, Johannes G. Arnoldts *Vor Götterdämmerung*[43], Hermann R. Bartels *Der weiße Elefant*, Rudolf Brunngrabers *Die Engel in Atlantis*, Wilhelm Brepohls *Vom Ende der Tage, Sinn und Geschichte der Schlacht am Birkenbaum* oder Paul Lambertys *Sage vom Weltreich der Arier.* Allen diesen Romanen ist die Rückwärtsgewandtheit zur Atlantis-Sage gemein, ergänzt um Versatzstücke aus den germanischen Heldensagen. Dominierend sind in diesen (Mach)-Werken – dies nimmt nicht wunder – blonde Herrenmenschen, die sich ihr untergegangenes Land zurückerobern. „Werte“ wie rassische Reinheit, Tod-, Auferstehungs- und Heldenmythen werden literarisch hochgehalten, und bei der Lektüre muss man sich stets aufs Neue vergegenwärtigen, dass es sich bei diesen Romanen sehr wohl um utopische Literatur handelt, im streng semantischen Sinne. Denn alle Autoren suchen und beschreiben schließlich ihren „U-Topos“, den vermeintlich nicht vorhandenen Ort, der durch die Hörbigersche Welteislehre seine Auferstehung erfuhr.

Den größten kommerziellen Erfolg mit dem Atlantismythos erzielte Paul Alfred Müller, der unter zahlreichen Pseudonymen schrieb, darunter als Lok Myler während der NS-Zeit und

41 Dominik, Atomgewicht, 315.
42 *Das gläserne Meer*, Leipzig 1930; *Die letzte Königin von Atlantis*, Leipzig 1931; *Frühling in Atlantis*, Leipzig 1933; *Die Singschwäne von Thule*, Leipzig 1939. Die Nationalsozialisten verliehen Kiß für seine Tetralogie einen Literaturpreis.
43 Arnoldt, Johannes G.: *Vor Götterdämmerung*. Phantastischer Roman aus nordischer Frühzeit, Leipzig 1934.

als Freder van Holk in der Nachkriegszeit, mit seinen Heftserien *Sun Koh, der Erbe von Atlantis* und *Jan Mayen*. Insbesondere mit der *Sun Koh*-Reihe, die 150 Fortsetzungen fand, übte Müller einen nicht unerheblichen Einfluss auf spätere Autoren wie Herbert F. Franke aus.

Neben der Welteislehre fand die Hohlwelttheorie, also die Vorstellung, dass sich im Inneren der Erde eine eigene Welt mit menschenähnlichen Lebewesen befinde, weite Verbreitung. Diese Theorie wurde erstmals 1870 von dem Amerikaner Teed entwickelt, der sich vom Schöpfungsbericht der Erde, wie er in der Bibel niedergeschrieben ist, inspirieren ließ. In Deutschland trat 1901 Karl Neupert erstmals für diese Idee ein. In den Dreißigerjahren wurde die Hohlwelttheorie u.a. von Johannes Lang als „neues Weltbild" der Öffentlichkeit präsentiert. Der Schwerpunkt lag dabei auf der Übereinstimmung dieses Weltbildes mit den biblischen Aussagen. Während Gott in der Mitte des Weltalls thront, bildet die Erde seinen Fußschemel.

Dieser Theorie folgt beispielsweise der Debütroman von C.V. Rock *Der Flug in die Erde*, in dem ein wissenschaftliches Team auf seiner Reise ins Innere der Erde auf dort lebende Pygmäen stößt und mit ihnen blutige Gefechte austrägt;[44] ein keinesfalls neues Sujet, das Jules Verne bereits 1864 in seinem Roman *Voyage au Centre de la Terre* verarbeitete. Die Erde steht auch im Mittelpunkt eines anderen Romans von Rock: in *Experiment im All* verändert ein amerikanischer Finanzmagnat die Stellung der Erdachse. Der darauf folgenden Katastrophe entkommen lediglich ein paar Dutzend deutsche Wissenschaftler, die sich mit gerade fertiggestellten Raumschiffen auf den Planeten Venus retten.

Siedlungsmythen finden sich zuhauf in der utopischen Literatur des „Dritten Reiches", seien es rückwärts gewandte, die innere Heimat betonende Werke, in denen „die guten Deutschen" aus der hässlichen „verjudeten" Zivilisation ausbrechen, um sich in die ländliche Idylle wie in Emil Strauss' *Das Riesenspielzeug* oder wie in Hans Heycks *Das Welpennest. Ein Buch von Siedlern, Tieren und Kindern* auf einen Einödhof oder auf eine Atlantikinsel wie in *Robinson kehrt heim. Ein Roman zwischen Gestern und Morgen* aus der Feder desselben Autors zurückzuziehen.

Ähnliches gilt für Wilfried Bades *Gloria über der Welt*: Der Irrstern „Gloria" rast mit hoher Geschwindigkeit durch unser Planetensystem, kommt der Erde gefährlich nahe und stürzt schließlich in die Sonne. Als Folge davon geht von der Sonne eine gefährliche Strahlung aus, die Eisen vernichtet und somit die gesamte technische Zivilisation auf der Erde zerstört. Wer sonst als eine deutsche Ingenieursgruppe hat vorgesorgt und einige Werkzeuge in einem Tunnel vor der Zerstörung gerettet. Die Ingenieure „erkennen", dass ihre bisherige Welt eine falsche Welt war und gründen in einem Bergtal eine bäuerliche Gemeinschaft, die es bis aufs Äußerste zu verteidigen gilt:

> „Wir müssen dieses Tal verteidigen gegen jedermann. Wir müssen es, so hart uns das auch ankommen mag, notfalls mit der Waffe in der Hand verteidigen. Wir werden niemanden mutwillig töten. Aber wenn man uns den Kampf aufzwingt, den Kampf ums Dasein unserer Gemeinschaft, dann werden wir kämpfen."[45]

Auch Hans Dominiks Romane *Land aus Feuer und Wasser* und *Befehl aus dem Dunkel* wird man dem Topos des Siedlungs- und Lebensraummythos zurechnen müssen, wenngleich hier rassistische Ausfälle nahezu gegen Null tendieren und nur gelegentlich Vorurteile, insbesondere wie so häufig bei Dominik gegenüber Amerikanern („Yankee") und Asiaten („Gelbe") aufblitzen. In *Land aus Feuer und Wasser* gelingt es Professor Eggerth, dem „genialen" deutschen Ingenieur aus Bitterfeld, den Vulkanausbruch auf einer unbewohnten Insel zur Landgewinnung zu nutzen, weil er entdeckt, dass sich das Magma in Verbindung mit Wasser vergrößert und so neues

44 Rock (1915-1985) publizierte auch unter den Pseudonymen Henry Walter, Edgar T. Sterling und Cecil V. Freed. Er verfasste zunächst allgemeine Unterhaltungsliteratur und Kriminalromane.

45 Bade, Wilfried: *Gloria über der Welt*, Berlin 1937. Bade war strammer Nationalsozialist und hat neben diesem einzigen utopischen Roman eine Goebbels-Biographie vorgelegt sowie Bücher wie *Trommlerbub unterm Hakenkreuz*, *Der Weg des Dritten Reiches* und *SA erobert Berlin* geschrieben.

Land entsteht. Land, das am Ende des Romans zur Besiedlung für Landsleute aus der Heimat genutzt wird. Auch ein anderer Plan findet sich in diesem Roman: die Stauung des Mittelmeeres durch einen gigantischen Damm, wie Professor Eggerth seinem amerikanischen Gast auseinandersetzt:

> „'Ich weiß nicht, ob Sie von dem phantastischen Plan gehört haben, das Mittelmeer an der Straße von Gibraltar durch einen Damm vom Ozean abzusperren?' MacClure nickte. ‚Ich erinnere mich, etwas darüber gelesen zu haben. Durch die natürliche Verdunstung sollte der Spiegel des Mittelmeeres nach der Absperrung um 200 Meter fallen.'
> ‚Das ist es, Sir', fiel ihm Professor Eggerth ins Wort, ‚eine solche Senkung würde ganz neue Uferlinien schaffen. Beispielsweise würde die italienische mit der Balkanhalbinsel zusammenwachsen und die beiderseitigen Anliegerstaaten der Adria müssen sich über eine neue gemeinsame Grenze einigen. Da haben Sie das gleiche Problem, und schon damals haben sich Kapazitäten des internationalen Rechtes dahin ausgesprochen, dass die neue Grenzlinie genau in der Mitte zwischen den früheren Grenzen verlaufen müsste.'"[46]

In *Befehl aus dem Dunkel* dagegen gewinnt ein deutscher Ingenieur kein neues Land, sondern verteidigt ein altes für die befreundete Großmacht England, nämlich Australien, und dies durch – wie sollte es anders sein – eine geniale Erfindung, die „elektrische Verstärkung seines Gehirns."[47] Die nach Australien eingedrungenen Japaner werden vertrieben und „weiße Siedler" kommen ins Land. Dominiks in vielen seiner Romane zu findendes Bild von den „gelben Horden" wird hier ausgebreitet:

> „Das Manifest schloss: ‚Es ist uns damit gelungen, große Teile der japanischen Invasionsarmee gefangenzunehmen. Nur aus Gründen der Menschlichkeit haben wir von einer Vernichtung der Eindringlinge abgesehen. Australien hofft, dass die japanische Regierung genügend Einsicht besitzt, um ihr Unternehmen zu liquidieren. Australien erwartet, dass Japan seine sämtlichen Truppen aus den besetzten englisch-australischen Gebieten sofort zurückzieht. Alles weitere muss den Friedensverhandlungen vorbehalten werden."[48]

Dem Regime „entgegenschreiben"? – Typologie der Autoren

Will man eine Typologie der deutschen SF-Schriftsteller während des „Dritten Reiches" erstellen, so lassen sich drei Gruppen ausmachen: erstens diejenigen, die mit den Wölfen heulten und sich nicht zu schade waren, ihre Trivialliteratur dem nationalsozialistischen Geist und Gedankengut unterzuordnen. Hierzu gehören diejenigen Autoren, die den „Scholle"-, Siedlungs, und Lebensraummythos in ihren Romanen hochhielten oder gar verstärkten, wie Edmund Kiß, Johannes G. Arnoldt oder Wilfried Bade. Zweitens diejenigen, die sich zwar thematisch mit dem Regime arrangierten, in ihren Romanen jedoch chauvinistische, rassistische oder menschenverachtende Formulierungen und Anspielungen weitestgehend vermieden. Hierzu ist bei aller Kritik auch Hans Dominik zu zählen, der in seinen Romanen mit Ausnahmen wie *Land aus Feuer und Wasser* oder *Befehl aus dem Dunkel* auf solche Elemente verzichtete, jedoch nationalistisch ausgeprägte Technikeuphorie sowie zeitgenössisch übliche Vorurteile gegenüber anderen Nationen erkennen lässt. Schließlich gibt es eine dritte Gruppe, die sich

46 Dominik, Hans: *Land aus Feuer und Wasser*, Leipzig 1939, 287f. Siehe zum Thema Errichtung eines Gibraltardamms zwecks Landgewinnung im Mittelmeer auch Kegel, Walther: *Dämme im Mittelmeer*, Berlin 1937 sowie Lindroder, Wolfgang, *Die Brücke des Schicksals*, Leipzig 1936.

47 Dominik, Hans: *Befehl aus dem Dunkel*, Berlin 1933, 386.

48 Ebda. Siehe auch Chompton, Werner: *Weltbrand von Morgen*, Stuttgart 1934. Hier besiegt Europa unter der Führung Deutschlands die auf ihrem Weg der Welteroberung vorrückenden Japaner, nachdem Russland und die USA „versagt" haben.

dem Regime verweigerte, entweder in die innere Emigration ging oder ins Exil[49] floh und dort ihre utopischen Romane schrieb, mit entsprechenden Themen und Anspielungen auf die nationalsozialistische Diktatur.[50]

So hatte der 1933 jeglicher öffentlicher Tätigkeit enthobene Schriftsteller Hermann Kasack mit seinem surrealistisch-philosophischen Roman *Die Stadt hinter dem Strom* die Antiutopie einer zwischen dem Leben und dem Nichts angesiedelten Totenstadt entworfen. Hauptfigur ist der Orientalist D. Robert Lindhoff, der in der „Stadt hinter dem Strom" eine Stelle als Chronist annimmt. Nach und nach wird ihm klar, dass er ein Lebender in einer albtraumartigen Schattenwelt ist. Kasacks Roman erschien zwar erst 1947, war jedoch bereits in den Jahren 1942–1944 und 1946 entstanden.

Fazit

Geschichtsbilder entspringen stets dem jeweiligen Zeitgeist. Nicht anders verhält es sich mit denjenigen in der utopischen Literatur des Dritten Reiches. Diese entsprechen der Ideologie der nationalsozialistischen Diktatur. Der Drang nach neuem „Lebensraum", die „Überlegenheit der arischen Rasse" und damit auch des deutschen Ingenieurs gegenüber anderen Völkern, der Kampf um die Weltmacht gegen Amerika, die Sowjetunion und – vor 1936 – Japan sind durchgängige Topoi der Zukunftsromane dieser Zeit. Pseudowissenschaftlich untermauert und beeinflusst wurden diese Romane durch Hörbigers Welteislehre, durch den Atlantismythos oder durch die Hohlwelttheorie.

Michael Salewski hat immer wieder mit Vehemenz seine These vertreten: „In der Science Fiction spiegelt sich das historische Selbstverständnis der Gegenwart"[51]. Wie Recht er damit hat, zeigt sich vor allem in den Geschichtsbildern der utopischen Literatur des „Dritten Reiches".

49 So zum Beispiel Kurt Karl Doberer, der seine Romane *Todesstrahlen und andere Kriegswaffen* 1937 in London und *Republik Nordpol* 1936 in Pressburg veröffentlichte. Hierin revoltieren „Antifaschisten" in der Kriegsmarine des „Dritten Reiches" und gründen einen eigenen Staat, eben jene „Republik Nordpol".

50 Hierzu gehört vor allem Rudolf Heinrich Daumann (1896-1957), von Beruf Volksschullehrer, 1933 wegen politischer Einstellung aus dem Schuldienst entlassen, während des zweiten Weltkrieges Widerständler. Einige seiner Romane erschienen in der DDR-Heftreihe „DAS NEUE ABENTEUER" Daumann war bis zu seinem Tod Sendeleiter beim Rundfunk der DDR.

51 Salewski, Zeitgeist, 1.

BIBLIOGRAPHIE

Ackermann, Franz Heinrich: Der Antichrist, Olten 1939.
Alexander, Axel [d.i. Alexander Thomas]: Die Schlacht über Berlin, Berlin 1933.
Arnoldt, Johannes G.: Vor Götterdämmerung. Phantastischer Roman aus nordischer Frühzeit, Leipzig 1934.
Bade, Wilfried: Gloria über der Welt, Berlin 1937.
Barring, Geo [d.i. Axel Berger]: Erdball in Ketten, Bremen 1935.
Ders.: Panzerfort Atlantis meutert, Hamburg 1935.
Bartel, Hermann R.: Der weiße Elefant, Hamburg 1937.
Bastian, Hartmut [Pseudonym: Claus Eigk]: Das Vermächtnis des Ingenieurs Eigk, Berlin 1943.
Bergmann, Ernst: Deutschland, das Bildungsland der neuen Menschheit. Eine nationalsozialistische Kultur-philosophie, Breslau 1933.
Bialkowski, Stanislaus: Krieg im All. Roman aus der Zukunft der Technik, Leipzig 1935.
Ders.: Leuchtfeuer im Mond. Ein phantastischer Roman, Leipzig 1934.
Ders.: Die Macht des unsichtbaren Sterns. Roman aus der Zukunft der Technik, Leipzig 1936.
Ders.: Der Radiumkrieg. Roman aus der Zukunft der Technik, Leipzig 1937.
Ders.: Start ins Weltall. Phantastischer Abenteuer-Roman, Leipzig 1941.
Ders.: Der Stratosphärenflieger, Leipzig 1938.
Bierkowski, Heinz: Der Mann ohne Gesicht, Berlin 1938.
Ders.: Die Welt ohne Schlaf. Vorfall Troll Torrmahnen, Berlin 1940.
Braun, P. Hans-Fried: Die Expedition der Senta II. Ein technischer Zukunftsroman, Bremen 1934.
Brepohl, Wilhelm: Vom Ende der Tage. Sinn und Geschichte der Schlacht am Birkenbaum, Essen 1936.
Brugger, Wolfgang: Kampf um „EA 1“, Berlin 1936.
Brunngraber, Rudolf: Die Engel in Atlantis, Stuttgart 1938.
Ders.: Radium. Roman eines Elements, Stuttgart 1936.
Bürgel, Bruno: Der Stern von Afrika. Ein phantastischer Roman aus dem Jahre 3000, Berlin 1937.
Burmester, Albert K. [d.i. Axel Berger]: Der Damm von Atlantis, Bremen 1936.
Ders.: Die Erde reißt. Technischer Zukunftsroman, Bremen 1938.
Ders.: Die Sonne Sixa. Technischer Zukunftsroman, Bremen 1938.
Ders.: Die Stadt im Krater, Technischer Zukunftsroman, Bremen 1938.
Čapek, Karel: Der Krieg mit den Molchen, Wien 1937.
Chompton, Werner: Weltbrand von morgen. Ein Zukunftsbild, Stuttgart 1934.
Christoph, Emanuel: Ferne Zeiten, Bern 1938.
Daumann, Rudolf Heinrich: Abenteuer mit der Venus. Ein utopischer Roman, Berlin 1940.
Ders.: Dünn wie eine Eierschale, Berlin 1937.
Ders.: Das Ende des Goldes. Ein utopischer Roman, Berlin 1938.
Ders.: Gefahr aus dem Weltall. Ein utopischer Roman, Berlin 1939.
Ders.: Die Insel der 1000 Wunder. Ein utopischer Roman, Berlin 1940.
Ders.: Macht aus der Sonne. Ein utopischer Roman, Berlin 1937.
Ders.: Patrouille gegen den Tod. Ein utopischer Roman, Berlin 1937.
Ders.: Protuberanzen. Ein utopischer Roman, Berlin 1940.

Ders.: Treffpunkt S III Jupiter, Berlin 1943.
Detre, L.: Kampf zweier Welten, Budapest 1935.
Doberer, Kurt Karl: Elektrokrieg. Maschine gegen Mensch, Wien 1938.
Ders.: Republik Nordpol, Bratislava 1936.
Ders.: Todesstrahlen und andere Kriegswaffen, London 1936.
Dolezal, Erich: Grenzen über uns. Zukunftsroman, Leipzig 1940.
Dominik, Hans: Atomgewicht 500, Berlin 1935.
Ders.: Befehl aus dem Dunkel, Berlin 1933.
Ders.: Ein Freiflug im Jahre 2222. Zukunftserzählungen, Berlin 1934.
Ders.: Himmelskraft, Berlin 1943.
Ders.: Land aus Feuer und Wasser, Leipzig 1939.
Ders.: Lebensstrahlen, Berlin 1938.
Ders.: Professor Belians Tagebuch. Zukunftserzählungen, o.O. 1933.
Ders.: Das stählerne Geheimnis, Berlin 1934.
Ders.: Ein Stern fiel vom Himmel, Berlin 1934.
Ders.: Treibstoff SR, Berlin 1940.
Ders.: Der Wettflug der Nationen, Leipzig 1933.
Ehrhardt, Paul Georg: Der Flieger-Robinson, Stuttgart 1934.
Eickermann, Wilhelm Friedrich: Großmacht Saturn. Eine Utopie, Berlin 1938.
Eklund, Ole: Die Reise der „Tellus". Phantastischer Roman, Zürich 1943.
Enskat, Fritz E. W.: Marso der Zweite, Hamburg 1936. [Neuausgabe u. d. T. Weltraumschiff Unimos, Berlin 1941.
Van Eyk, Piet: Unter den Wellen des Atlantik, Hamburg 1937.
Flechtner, Hans-Joachim: Front gegen Europa, Leipzig 1935.
Förster, Karl: Die Welt von übermorgen, Bochum 1933.
Fuschlberger, Hans: Der Flug in die Zukunft, Leipzig 1937.
German, Günther [d.i. Arnold Mehl]: Priemel und die 300 PS, Leipzig 1934.
Ders.: Schatten der aufgehenden Sonne, Leipzig 1935.
Ders.: Der Weg in die Luft, Stuttgart 1936.
Grosser, Reinhold Fritz: Asaka Fu mobilisiert den Osten, Bremen 1934.
Guggenberger, Siegmund: Eurafasia, Wien 1927.
Gurk, Paul: Tuzub 37. Der Mythos von der Menschheit oder von der Zahl 1, Berlin 1935.
Harder, Hermann: Die versunkene Stadt. Ein Roman aus der kommenden Urzeit, Leipzig 1932.
Heichen, Walter: Jenseits der Stratosphäre. Erlebnisse zwischen Mond und Erde. Eine Erzählung für die Jugend, Berlin 1936 [2. Aufl. ebda. 1939 u.d.T. Luftschiff im Weltenraum].
Heichen, Walter: Der U-Bootpirat, Berlin 1941.
Hermann, Franz: Die Erde in Flammen, Berlin 1933.
Heyck, Hans: Robinson kehrt heim. Ein Roman zwischen Gestern und Morgen, Leipzig 1934.
Ders.: Das Wespennest. Ein Buch von Siedlern, Tieren und Kindern, o. O. 1943.
Hilton, James: Irgendwo in Tibet, Wien 1937 [auch u.d.T. Der verlorene Horizont]
Hundeiker, Egon: Alumnit. Ein phantastischer Roman, Berlin 1934.
Karlin, Alma Maximiliane: Isolanthis, Leipzig 1936.
Kärrner, Dietrich: Gösta Ring entdeckt Varnimöki, Ein Zukunftsroman, Berlin 1938.
Ders.: Per Krag und sein Stern. Ein Zukunftsroman, Berlin 1939.
Ders.: Verschollen im Weltall. Ein Zukunftsroman, Berlin 1938.
Kasack, Hermann: Die Stadt hinter dem Strom, Frankfurt am Main 1947.
Kegel, Walther: Dämme im Mittelmeer, Berlin 1937.

Ders.: Feuer über dem Atlantik, München 1939.
Ders.: Metall X, Berlin 1937.
Ders.: Rakete 33, Halle 1934.
Ders. (m. H. Heuer): Tiefsee, Leipzig 1934.
Ders.: Tod im Strahlenring, Berlin 1937.
Kirchhofer, Fritz: Piraten im Äther, Berlin 1934.
Kiß, Edmund: Frühling in Atlantis, Leipzig 1933.
Ders.: Das gläserne Meer, 4. Aufl., Leipzig 1941 [1. Aufl. Leipzig 1930].
Ders.: Die Singschwäne von Thule, Leipzig 1939.
Ders.: Welt-Eis-Lehre, Leipzig 1933.
Knight, Eric: Sam Small fliegt wieder, Bern 1943.
Kossak-Raytenau, Karl-Ludwig: Abenteuer im Zepp, Leipzig 1939.
Ders.: Lermantow vernichtet die Welt, Berlin 1936.
Ders.: Der Stoß in den Himmel. Zukunftsroman, Leipzig 1940.
Ders.: Die Welt am laufenden Band, Wien 1937.
Lamberty, Paul: Die Sage vom Weltreich der Arier, Klagenfurt 1937.
Lang, Johannes: Die Hohlwelttheorie [Die Hohlweltlehre], 2., bedeut. verm und verb. Aufl., Frankfurt am Main 1938.
Ders.: Vorgeschichte und Geschichte. 10.000 Jahre Schrift und Kultur, nachgewiesen durch die Entdeckung der Urschrift und Ursprache der weißen Menschheit, Frankfurt am Main 1935.
Ders.: Welt, Mensch und Gott, Frankfurt am Main 1936.
Langhanski, Viktor: Urkraft. Der Roman einer großen Idee, Hamburg 1937.
Ledner, Ernst: Die leuchtende Ratte. Ein phantastischer Roman aus der Nachkriegzeit, München 1933.
Lerch, Hans: Sintflut über Europa, Leipzig 1933.
Ders.: Der rasende Tod, Leipzig 1935.
Lewis, (Harry) Sinclair: Das ist bei uns nicht möglich, Amsterdam 1936.
Lindroder, Wolfgang: Die Brücke des Schicksals, Leipzig 1936.
Löwenthal, J. Freiherr von: Die unsterbliche Stadt, Berlin 1936.
Lorenz, Helmut: Das Echo von Meganta, Berlin 1935.
Marken, Wolfgang [d.i. Fritz Mardicke]: Das große Australiengeheimnis, Hamburg 1937.
Masovius, Werner: Gefesselte Stürme. Roman um Energiequellen der Zukunft, Berlin 1943.
Ders.: Neotherm C. Roman über eine phantastische Idee, Berlin 1943.
May, Eduard K.: Der Plan des Ingenieurs Dekker. Ein technischer Roman, Salburg 1938.
Milankovitch, Milutin: Durch ferne Welten und Zeiten, Leipzig 1936.
Müller, Paul Alfred [Pseudonym: Lok Myler]: Und die bewegt sich doch nicht! Roman einer Weltentdeckung, Frankfurt am Main 1939.
Myler, Lok: Jan Mayen (120 Hefte), Leipzig 1935–1939 [andere Pseudonyme: Freder van Holk oder Jan Holk].
Ders.. Sun Koh, der Erbe von Atlantis (150 Hefte), o.O. 1933–1939.
Ders.: Trommeln in der Hölle. Roman eines phantastischen Abenteuers, Leipzig 1939.
Ders.: 40.000 Meter unter dem Meeresspiegel, Leipzig 1939.
Naundorf, Gerhard: Stern in Not, Berlin 1938.
Ders.: Welt ohne Sonne, Berlin 1939.
Neupert, Karl E.: Geokosmos. Weltbild der Zukunft. Forschungen über Weltbau, Natur, Ursprung des Lebens, Zürich 1942.
Oder, Felix: Rutsch über den Ozean, Leipzig 1935.

Ohliger, Ernst: Bomben auf Kohlenstadt, Oldenburg 1935.
Oprée, Arthur: Der Unirdische, Hamburg 1937.
Ders.: Unter glühender Doppelsonne, Hamburg 1938.
Pagill [d.i. Paul Gille] : Gletscher über Europa. Zukunftsroman, Berlin 1940.
Reisse, Kurt: Der Yokh von Elmo. Nach dem Bordbuch des Planetenkreuzers RAK I, Leipzig 1936.
Reitter, Nikolaus: Planetenflieger. Ein astronomisches Abenteuer, Berlin 1935.
Richter, Georg: Reichstag 1975. Eine Vision, Dresden 1933.
Rock, C. V. [d.i. Kurt Walter Röcken]: Experiment im All. Ein technischer Zukunftsroman. Burmesters Abenteuer-Serie, Bremen 1939.
Ders.: Das kalte Licht, Auffenberg 1938.
Ders.: Die glühenden Türme. Ein technischer Zukunftsroman. Burmesters Abenteuer-Serie, Berlin 1936.
Ders.: Der Flug in die Erde. Phantastischer Roman, Bremen 1937.
Ders.: Rückkehr aus dem All, Berlin 1939.
Schelle-Noetzel, A. H.: Kampf im Aether oder Die Unsichtbaren, Berlin 1935.
Schenzinger, Karl Aloys: Anilin, Berlin 1941.
Ders.: Atom, o.O. o. J.
Ders.: Metall, Berlin 1939.
Schmid, Edmund von: Im Jahre 2000 im Dritten Reich: Eine Schau in die Zukunft, München 1933.
Schneeberg, Ludwig: Die Welt ohne Maschinen, Wien 1936.
Sieg, Paul Eugen: Detatom, Berlin 1936.
Ders.: Südöstliche Venus, Berlin o. J.
Siodmak, Kurt: Die Macht im Dunkeln. Zukunftsroman, Zürich 1937.
Strauss, Emil: Das Riesenspielzeug, München 1935.
Spatz, Albert: Die Herren des Feuers. Ein Roman im Innern der Erde, Berlin 1936.
Steiner, Rudolf: Die kosmische Vorgeschichte der Menschheit (Das Geschichtsleben der Menschheit), Dornach 1941.
Strobl, Karl Hans: Feuer im Nachbarhaus. Ein Roman von übermorgen, Wien 1938.
Taeschner, Titus: Eurofrika. Die Macht der Zukunft, Berlin 1938.
Ders.: Der Mars greift an, Leipzig 1935.
Uller, T.: Chefingenieur Hansen, Leipzig 1944.
Wehrt, Rudolf von [d.i. Hans Rudolf Berndorff]: Der Libellen-Krieg. Eine abenteuerliche Geschichte, Berlin 1936.
Ders.: Ein Wal – gespenstisch anzusehen. Ein utopischer Roman, Berlin 1943.
Weigel, Hans: Der grüne Stern, Wien 1946.
Wiek, Bruno S.: Ave-Brunonia. Die Stadt in der Erde. Technischer Zukunftsroman, Bremen 1936.
Ders.: LPR 1600. Das Geheimnis mikrokurzer Wellen, Bremen 1935.
Ders.: Phantasten. Roman einer nahen Zukunft, Bremen 1935.
Ders.: Der Schlüssel des Meeres, Bremen 1934.
Witte, Viktor: Bharpami, das Tal der lebenden Toten, Berlin 1936.
Zeltner, Andreas: Des Teufels Phiole. Ein utoparodistischer Roman, Berlin 1939.
Ziese, Maxim: Der Film des Dr. Wharton. Roman einer Weltkatastrophe, Berlin 1938.

MYTHOS UND UTOPIE IM NATIONALSOZIALISMUS

FRANK-LOTHAR KROLL

Mythos und Utopie gehören zu jenen Themenfeldern, denen sich der Jubilar im Lauf seiner langjährigen Beschäftigung mit Fragen und Problemen der Geistesgeschichte des 19. und 20. Jahrhunderts auf vielfältige Weise in immer neuen Ansätzen zu nähern versucht hat. Seine Studien zu Begriff und Phänomen des „Historischen Selbstverständnisses"[1] thematisierten entsprechende Aspekte des Zukunfts-, Fortschritts- und Endzeitdenkens ebenso wie die von ihm vorgelegten Untersuchungen zum Geschichtsdenken des Nationalsozialismus[2] oder seine den apokalyptischen und eschatologischen Visionen in der fantastischen Literatur nachspürenden interdisziplinär argumentierenden Arbeiten zur Gattung der Sciencefiction-Romane.[3] Wenn daher in der folgenden Problemskizze einige Mythen des Dritten Reiches im Blick auf das ihnen inhärente utopische Potenzial näher erörtert werden, so geschieht dies in der Überzeugung, damit die Forschungsinteressen Michael Salewskis zu treffen und zumindest *einen* Bereich seines weitgefächerten historiographischen Wirkens eingehender auszumessen.

Das Thema „Mythos und Utopie im Nationalsozialismus" lässt Raum für sehr verschiedenartige geschichtswissenschaftliche Annäherungs- und Verortungsversuche. Denkbar wäre hier etwa eine Auseinandersetzung mit den herrschaftsstabilisierenden und einen sozialen Konsens intendierenden Aspekten im mythischen Repertoire des Dritten Reiches. Dabei müssten die Funktionsweisen und Wirkungsmechanismen des Führermythos als Klammer und Integrationsmoment für die im Einzelnen höchst disparat zusammengesetzte Anhängerschaft der Partei befragt werden;[4] oder es müssten die mythenbildenden Versuche des Nationalsozialismus selbst in den Blick treten, welcher ja bekanntlich viel daran setzte, seine eigene Geschichte zu stilisieren, ein „nationalsozialistisches Feierjahr" zu installieren, sich gar, vor allem im Umfeld der Himmlerschen SS, als eine „politische Religion" zu konstituieren;[5] oder man müsste eingehen auf die Nach- und Folgewirkungen des Dritten Reiches seit 1945, den Umgang mit dem „Mythos Nationalsozialismus" in den west- und ostdeutschen Nachkriegs-

1 Salewski, Michael, Nationalbewusstsein und historisches Selbstverständnis oder: Gibt es neue Wege historischer Erkenntnis?, in: Hauser, Oswald (Hrsg.), *Geschichte und Geschichtsbewusstsein.* 19 Vorträge, Göttingen-Zürich 1981, S. 19-46; ders., Religiöser Zeitgeist und historisches Selbstverständnis, in: Kroll, Frank-Lothar (Hrsg.), *Neue Wege der Ideengeschichte.* Festschrift für Kurt Kluxen zum 85. Geburtstag, Paderborn u.a. 1996, S. 173-190.

2 Salewski, Michael, Geschichte als Waffe: Der nationalsozialistische Missbrauch, in: Jahrbuch des Instituts für Deutsche Geschichte Tel-Aviv 14 (1985), S. 289-310; ders., *Europa.* Idee und Wirklichkeit in der nationalsozialistischen Weltanschauung und politischen Praxis, in: Franz, Otmar (Hrsg.), *Europas Mitte*, Göttingen-Zürich 1987, S. 85-106; ders., Die Perversion der Einheit. Die nationalsozialistischen Ideen, in: Historische Mitteilungen der Ranke-Gesellschaft 4 (1991), S. 200-211.

3 Salewski, Michael, Science-Fiction und Geschichte. Anmerkungen zu einer merkwürdigen Quellengattung, in: Knoll, Joachim H. und Schoeps, Julius H. (Hrsg.), *Von kommenden Zeiten.* Geschichtsprphetien im 19. und 20. Jahrhundert, Stuttgart-Bonn 1984, S. 275-302; ders., *Zeitgeist und Zeitmaschine.* Science Fiction und Geschichte, München 1986; dazu direkt Kroll, Frank-Lothar, Zeitgeistforschung als Methodenproblem der Literaturwissenschaft, in: Arcardia 25 (1990), S. 73-79; Salewski, Michael, Die Science-Fiction blickt ins 3. Jahrtausend: No future?, in: Gassen, Gabriele (Hrsg.), *Visionen 2000: einhundert persönliche Zukunftsentwürfe*, Leipzig-Mannheim 1999, S. 300-303; vgl. auch ders., Technik als Vision der Zukunft um die Jahrtausendwende, in: Ders. und Stölken-Fitschen, Ilona (Hrsg.), *Moderne Zeiten.* Technik und Zeitgeist im 19. und 20. Jahrhundert, Stuttgart 1994, S. 77-92.

4 Vgl. z.B. Kershaw, Ian, *Der Hitler-Mythos.* Volksmeinung und Propaganda im Dritten Reich. Mit einer Einführung von Martin Broszat, Stuttgart 1980.

5 Vgl. zuletzt Bärsch, Claus-Ekkehard, *Die politische Religion des Nationalsozialismus.* Die religiöse Dimension der NS-Ideologie in den Schriften von Dietrich Eckart, Joseph Goebbels, Alfred Rosenberg und Adolf Hitler, München 1998.

gesellschaften, mit Entmythisierungsschüben und Remythisierungsversuchen, wie sie die Geschichtskultur vor allem des westdeutschen Teilstaates mehrfach erlebte und unter der Signatur „Vergangenheitsbewältigung" zu verbuchen pflegt.[6]

All das bleibt im Folgenden außer Betracht. Vielmehr sollen, in hermeneutisch-ideengeschichtlicher Perspektive, einige jener Hauptmythen dargestellt und diskutiert werden, die den Nationalsozialismus in seinem *ideologischen* Erscheinungsbild prägten und sein politisches Koordinatensystem wesentlich präformierten. Dabei wird deutlich, in welchem Ausmaß die nationalsozialistische Bewegung generell mit mythischen Deutungsmustern und mythologischen Überwältigungsstrategien hantierte – darin übrigens eine in der Weltanschauungsliteratur der 1920er und 1930er Jahre allgemein vorherrschende Zeittendenz widerspiegelnd. Gemeinsam war allen vom Nationalsozialismus bedienten Mythologemen, dass sie – vor wie nach 1933 – eine Transzendierung der konkret bestehenden Gegenwartsordnung in Richtung einer neu zu schaffenden, substanziell anderen Zukunftswelt anstrebten, dass sie also prinzipiell „futurisch" angelegt waren, mithin eine *Utopie* artikulierten, deren Inhalte und Zielvorgaben weltanschauliche Grundkonstanten nationalsozialistischen Denkens markieren.[7] Auch der Nationalsozialismus bezog – wie sein ideologisches Pendant, der sowjetische Bolschewismus[8] – ein Großteil seiner zeitgenössischen Attraktivität aus der Formulierung utopischer Verheißungen in mythischem Gewand. *Utopie* und *Mythos* waren in der nationalsozialistischen Ideologie eng aufeinander bezogene, begrifflich vielfach synonym verwendete Größen.

Drei politische Mythen haben den Nationalsozialismus dabei zunächst und vor allem bestimmt – sowohl in seinem Selbstbild als auch in den Augen seiner Widersacher und Gegner: der *Mythos der Rasse*, mit seinen im Einzelnen allerdings stark voneinander abweichenden Ausprägungsformen (I); der *Mythos des Reiches*, als die politisch wohl konkreteste Denkfigur geschichtsmythologisch überhöhter Zukunftsplanung (II); der *Mythos vom Neuen Menschen*, als Vision eines durch „rassenhygienische" Maßnahmen herbeizuführenden gesellschaftspolitischen Endzustands jenseits aller Deformationserscheinungen der eigenen Gegenwart (III). Diese drei Mythenkomplexe – Rasse, Reich, Neuer Mensch – sollen im Folgenden hinsichtlich ihrer formativen Bedeutung für Theorie und Praxis der Politik des Dritten Reiches in den Blick genommen und dabei vor allem im Rahmen der vom Nationalsozialismus zwecks Legitimierung und Absicherung eigener Herrschaftsansprüche betriebenen Instrumentalisierung der Geschichte näher umrissen werden.

I.

Jede Auseinandersetzung mit dem nationalsozialistischen *Mythos der Rasse* hat zunächst davon auszugehen, dass der Rassegedanke, bei aller ihm für das Erscheinungsbild des Dritten Reiches insgesamt zukommenden Relevanz, nicht das einzige mythisch-utopische Ingredienz im Rahmen des vielfältig ausdifferenzierten nationalsozialistischen Ideenkonglomerats gewesen ist. Es gab andere, innerhalb der NSDAP zeitweise mit gleicher Vehemenz vertretene mythische Ideologiesegmente – zum Beispiel den Mythos eines „nationalen Sozialismus"[9] –, und es

6 Neueste zusammenfassende Darstellung von Reichel, Peter, *Vergangenheitsbewältigung in Deutschland.* Die Auseinandersetzung mit der NS-Diktatur von 1945 bis heute, München 2001.

7 Zum Ganzen Kroll, Frank-Lothar, *Utopie als Ideologie.* Geschichtsdenken und politisches Handeln im Dritten Reich, 2. Aufl., Paderborn u.a. 1999.

8 Vgl. als ersten Aufriss Kroll, Frank-Lothar, Endzeitvorstellungen im Kommunismus und im Nationalsozialismus, in: Krimm, Stefan und Triller, Ursula (Hrsg.), *Der Engel und die siebte Posaune.* Endzeitvorstellungen in Geschichte und Literatur, München 2000, S. 186-204.

9 Vgl. Höver, Ulrich, *Joseph Goebbels – ein nationaler Sozialist,* Bonn-Berlin 1992, bes. S. 401ff., 409ff.; Werth, Christoph H., *Sozialismus und Nation.* Die deutsche Ideologiediskussion zwischen 1918 und 1945, Opladen 1996, bes. S. 250ff., 259ff.; Weißmann, Karlheinz, *Der Nationale Sozialismus.* Ideologie und Bewegung 1890-1933, München 1998, bes. S. 255ff., 308ff., 317ff.

gab infolgedessen, zumindest in den Jahren vor 1933, zahlreiche führende Nationalsozialisten – zum Beispiel Joseph Goebbels, Gregor und Otto Strasser oder auch Ernst Röhm –, für die der Rassenmythos bedeutungslos war. Sodann war das Argumentieren in rassischen Kategorien selbstverständlich keine exklusiv nationalsozialistische Spezialität. Es gab zahlreiche nichtnationalsozialistische Repräsentanten der intellektuellen Rechten, die dem Rassenmythos zuarbeiteten[10] – aber auch ebenso viele, die ihn strikt verwarfen. Und: innerhalb des nationalsozialistischen Rassenmythos selbst herrschte keineswegs Einigkeit über das, was man dem Begriff der Rasse an inhaltlichen Qualitäten zuzubilligen geneigt war, welchen Zuschreibungsmustern das Paradigma „Rasse“ denn mithin eigentlich folgen sollte.

Diese komplexe ideenpolitische Gemengelage muss beachtet werden, wenn man die beiden wichtigsten rassenmythologischen Entwürfe spezifisch nationalsozialistischer Provenienz in den Blick nimmt. Beide erschienen noch in der Weimarer Republik, nahezu zeitgleich, Anfang 1930: „Der Mythus des 20. Jahrhunderts“ von Alfred Rosenberg, dem Haupttheoretiker der NSDAP und späteren Reichsminister für die besetzten Ostgebiete, sowie „Das Bauerntum als Lebensquell der nordischen Rasse“ von Richard Walther Darré, dem agrarpolitischen Experten der Partei, Schöpfer des Schlagworts von „Blut und Boden“ und späteren „Reichsbauernführer“ bzw. Reichsminister für Ernährung und Landwirtschaft. Die beiden, jeweils über 500 Seiten starken Programmschriften sind insofern von besonderem Interesse, als die Verfasser beider Utopien zu den nach 1933 maßgeblichen Trägern politischer Herrschaft in Deutschland zählen sollten und damit in ihrer Person ideologische und realpolitische Aspekte rassenmythischen Denkens jeweils gleichsam miteinander verklammerten. Zugleich wichen ihre beiden Utopien, so genuin nationalsozialistisch sie auch sein mochten, in ihren Zielvorgaben erheblich voneinander ab.

Darrés Rassenutopie basierte auf einem Ursprungsmythos: auf der Vorstellung, dass die Welt des „nordischen Menschen“ solange intakt gewesen sei, wie sie von bäuerlich-ländlichen Lebensformen geprägt wurde. Der Niedergang der „nordischen“ Lebenswelt, von deren Fortbestand nichts Geringeres als die Existenz der Menschheit schlechthin abhing, begann mit deren Abkehr vom Land und Aufgabe des agrarischen Lebensstils.[11] Diesen Degenerationsprozess galt es zu stoppen, den Verfall des Bauerntums und mit ihm den der nordischen Kultur aufzufangen, ja ihn mittels eines Bündels agrarpolitischer und züchterischer Maßnahmen, über deren Aussehen sich Darré bereits in einem 1930 erschienenen Buch „Neuadel aus Blut und Boden“ verbreitet hatte und in späteren Jahren noch weiter verbreiten sollte,[12] wieder rückgängig zu machen. Konservierung des ländlichen Milieus, Wiederverwurzelung des Landstandes im Boden, Regeneration des deutschen Volkes aus dem Geist eines derart bodenverbundenen und überdies rassebewussten Bauerntums – das waren Inhalt und Ziel des Darréschen Agrarmythos, seiner rückwärts gewandten Utopie einer Restituierung vormoderner agrarischer Lebenswelten, heiler, unverdorbener Idealzustände jenseits aller durch Technik und Industrie hervorgerufenen Entartungserscheinungen, fernab auch von allen Fehlleistungen und Verwerfungen der eigenen Gegenwart. Diese Gegenwart, zerrissen und missgestaltet, galt es durch Rückkehr zum Ursprung in eine strahlende Zukunft zu transformieren. „Zukunft“ erschien in dieser Perspektive nichts weiter als Rückholung von Gewesenem – Neuformierung der Vergangenheit auf einer „höheren“ Ebene.

Seine eigentliche Brisanz und Militanz gewann dieser rückwärts gewandte Agrarmythos Darrés dadurch, dass dieser sein Rückholungswerk durch bewusst vorgenommene Züch-

10 Dazu Breuer, Stefan, *Anatomie der Konservativen Revolution*, Darmstadt 1993, S. 86-95; ferner Kroll, Frank-Lothar, *Konservative Revolution und Nationalsozialismus*. Aspekte und Perspektiven ihrer Erforschung, in: Kirchliche Zeitgeschichte 11 (1998), S. 339-354; für den Zusammenhang insgesamt Mühlen, Patrik von zur, *Rassenideologien*. Geschichte und Hintergründe, Berlin-Bonn-Bad Godesberg 1977, S. 230ff.

11 Dazu übergreifend Lutzhöft, Hans-Jürgen, *Der Nordische Gedanke in Deutschland 1920-1940*, Stuttgart 1971.

12 Vgl. Darré, Richard Walther, *Neuadel aus Blut und Boden*, München 1930; ders., *Um Blut und Boden*. Reden und Aufsätze, München 1939; ders., *Neuordnung unseres Denkens*, Goslar 1940.

tungsprozesse zu forcieren gedachte. Schutz des im Bauerntum verkörperten „guten“ Blutes „nordischer“ Provenienz galt daher als vorrangige Aufgabe einer die vermeintliche Gegenwartskrise überwindenden Politik und ist von Darré in seinen verschiedenen politischen Funktionen nach 1933 dann auch durch züchterische Maßnahmen zur „Aufartung“,[13] „Aufnordung“[14] und Schaffung eines „Blutsadels“[15] konkret einzufordern versucht worden. Der *Rassenmythos* erwies sich in diesem Fall als ein sehr konkretes Denkgebilde, mit unmittelbaren und höchst fatalen Konsequenzen für die Ausrichtung der praktischen Politik. Darrés politischer Mythos war in diesem Sinne nicht die *Folge* politischer Ereignisse, sondern gewissermaßen deren *Ursache*. Die Realität sollte gemäß mythischen Vorgaben überhaupt erst geschaffen werden.

Ein derart extrem ideologischer Denkgestus war auch dem Rassenmythos Alfred Rosenbergs inhärent. Allerdings hatte seine Sichtweise wenig zu tun mit der von Darré vertretenen, strikt biologistischen Weltauffassung. Dies galt zunächst und vor allem für Rosenbergs Rasse*begriff*. Dass rassische Kriterien den Entwicklungsgang der Weltgeschichte dominierten, dass die „Rassenseele“ eines Volkes dessen Kulturvermögen ebenso wie die Leistungsgrenzen seiner Schöpferkraft bestimmte, galt auch Rosenberg als unumstößliche Gewissheit. Jedes Volk und jede Kultur besaßen – so die immer erneut vorgetragene Kernaussage des „Mythus“ – ihre eigene „Rassenseele“, und Volk und Kultur waren in ihrer Substanz nur so viel „wert“, wie in dieser „Rassenseele“ an spezifischer Qualität und Begabung potenziell vorhanden waren. Eine solche Konzeption operierte nun aber mit einem äußerst verschwommenen Rassebegriff, der sich, im Unterschied zu Darré, nicht an *biologischen*, sondern an *metaphysischen* Kriterien orientierte und nicht *empirisch-naturwissenschaftlich*, sondern *pseudo-historisch* bzw. *pseudo-philosophisch* argumentierte. Dem entsprechend verwarf Rosenberg, anders übrigens auch als Adolf Hitler, das ihm so verhasste Judentum keineswegs aus *rassischen*, sondern aus *religiösen* Gesichtspunkten.[16] „Rasse“ geriet Rosenberg zu einer ganz unkörperlichen, rein ideellen Größe, einer nebulosen, letztlich unerklärlichen Angelegenheit des Bewusstseins, die sich jeder konkreten physiognomischen oder gestaltpsychologischen Bestimmung entzog, zu einem Gefühl subjektiver Zugehörigkeit, einem mystischen „Urboden“,[17] kryptisch, enigmatisch, ein Mythos – *der* Mythos des 20. Jahrhunderts.

Eine in dieser Weise den Mythosbegriff strapazierende Rassenutopie wie diejenige Rosenbergs fand ihre Fluchtpunkte denn auch nicht wie diejenige Darrés in der züchterischen Neuschöpfung ahistorischer Retortenmenschen, sondern im Rückgang auf eine als konkret ausgegebene Geschichtsepoche, auf den vermeintlichen Geist des Germanentums, dessen reaktivierte Tugenden – Ehrenhaftigkeit, Freiheitsstreben oder Tatkraft etwa[18] – als Basis und Bezugspunkt für die aktuell anzustrebende rassische Regeneration des „nordischen Menschen“ gelten sollten. Das Bemühen um dessen qualitative Aufwertung stand somit auch im Zentrum der Rosenbergschen Rassenutopie. Doch die Einlösung dieser Utopie war für ihn eben nur möglich unter Wiederbelebung eines ganzen Arsenals pseudohistorischer Vorbilder, in deren Anrufung sich ein Großteil des Rosenbergschen „Mythos“ denn auch erschöpfte – bis hin zur

13 Darré, Neuadel, S. 144, 152, 159, 168, 172, 183.

14 Darré, Richard Walther, Blut und Boden als Lebensgrundlagen der nordischen Rasse (1930), in: Ders., Um Blut und Boden, S. 28.

15 Darré, Neuadel, S. 17.

16 Dazu eingehend Kroll, Utopie, S. 118-123; ferner Kiefer, Annegret, *Das Problem einer „jüdischen Rasse“*. Eine Diskussion zwischen Wissenschaft und Ideologie (1870-1930), Frankfurt 1991; für den Zusammenhang Heil, Johannes, „Antijudaismus“ und „Antisemitismus“. Begriffe als Bedeutungsträger, in: Jahrbuch für Antisemitismusforschung 6 (1997), S. 92-114; Tabary, Serge, *De l'antijudaisme réligieux à l' antisémitisme politique*, in: Revue d' Allemagne 32 (2000), S. 177-188.

17 Rosenberg, Alfred, *Letzte Aufzeichnungen*. Ideale und Idole der nationalsozialistischen Revolution, Göttingen 1955, S. 293.

18 Rosenberg, Alfred, *Der Mythus des 20. Jahrhunderts*. Eine Wertung der seelisch-geistigen Gestaltenkämpfe unserer Zeit (1930), 11. Aufl., München 1933, S. 147ff., 153ff., 217ff., 400f., 490, 692ff.

Forderung nach Rückbesinnung auf die Persönlichkeit Christi als einer germanischen Heldengestalt und Anknüpfung an die „authentische" christliche Verkündigung vor deren vermeintlicher Entstellung durch die Paulinische Theologie, die katholische Dogmatik und die Kanonisierung des Alten Testaments.[19] Nirgends wird deutlicher, dass der nationalsozialistische Rassenmythos in seiner Rosenbergschen, „metaphysischen" Variante tatsächlich ohne jede eigene Metaphysik, ohne eigene tragende Ideen gewesen ist. Seine Ideen waren geborgt, selbst diejenige der Rasse, die zu einem Derivat der Geschichte, einer Chiffre für pseudo-historische Aufladungen gerann.

II.

Der nationalsozialistische *Mythos des Reiches* hatte zu Beginn der 1930er Jahre zunächst mit einer Vielfalt vergleichbar scheinender, reichsbezogener Mythen zu konkurrieren, zumeist solchen aus dem Lager der „Konservativen Revolution", oftmals auch aus dem Umfeld der katholischen, betont „abendländisch" argumentierenden politischen Publizistik.[20] Solchen Stimmen gegenüber hat sich ein spezifisch nationalsozialistischer Reichsmythos erst allmählich Gehör zu verschaffen gewusst, und auch dabei standen, ähnlich wie im geschilderten Fall des nationalsozialistischen Rassenmythos, mehrere, teilweise stark voneinander abweichende Deutungsvarianten nebeneinander.[21]

In Hitlers Denken nahm der Mythos des Reiches nach 1933 einen hohen Stellenwert ein. Allerdings besaßen für ihn weder das erste, Heilige Römische, noch das zweite, 1871 gegründete Deutsche Reich Vorbildfunktionen für die eigenen Bestrebungen und Ziele, an die sich ein neuer Mythos, der vielberufene Mythos eines „Dritten Reiches" etwa, hätte ankristallisieren können. Die historischen Projektionsflächen Hitlerscher Reichsmystik waren das *Römische* und das *Britische* Weltreich.[22] *Rom* galt dem Diktator als Maßstab jeder Weltreichsgestaltung schlechthin, zumal die Hegemonialherrschaft hier mittels Bündelung „arischer Rassenkräfte" stabilisiert wurde. Und auch das *Empire* war groß geworden durch die von den Briten in ihrer Kolonialpolitik vermeintlich strikt eingehaltene Vermeidung von „Bastardierung" und „Rassenmischung" zwischen Eroberern und Unterworfenen. Das ließ sich dann leicht als Muster für die eigene, dem zukünftigen deutschen Ostimperium zugedachte Herrschaftspraxis umfunktionieren. „Was für England Indien war", so Hitler in einem seiner Tischgespräche, „wird für uns der Ostraum sein", mit „wunderbare[n] Gebäulichkeiten" und „Paläste[n]" für die deutschen Beherrscher.

> „Was dann kommt, ist eine andere Welt, in der wir die Russen leben lassen wollen, wie sie es wünschen. Nur, dass wir sie beherrschen. Im Falle einer Revolution brauchen wir dann nur ein paar Bomben zu werfen auf deren Städte, und die Sache ist erledigt. Einmal im Jahr wird dann ein Trupp Kirgisen durch die Reichshauptstadt geführt, um ihre Vorstellung mit der Gewalt und Größe ihrer steinernen Denkmale zu erfüllen."[23]

19 Kritik an der Paulinischen Theologie: Rosenberg, Mythus, S. 74, 235, 243, 605ff.; an der römisch-katholischen Priesterherrschaft: Ebd., S. 160ff.

20 Dazu umfassend Breuning, Klaus, *Die Vision des Reiches.* Deutscher Katholizismus zwischen Demokratie und Diktatur (1929-1934), München 1969; ferner Sontheimer, Kurt, *Antidemokratisches Denken in der Weimarer Republik*, Neuaufl., München 1978, S. 222-243; ders., Die Idee des Reiches im politischen Denken der Weimarer Republik, in: Geschichte in Wissenschaft und Unterricht 13 (1962), S. 205ff.

21 Vgl. im Einzelnen Kroll, Frank-Lothar, Die Reichsidee im Nationalsozialismus, in: Bosbach, Franz; Hiery, Hermann und Kampmann, Christoph (Hrsg.), *Imperium/Empire/Reich.* Ein Konzept politischer Herrschaft im deutsch-britischen Vergleich, München 1999, S. 179-196.

22 Dazu detailliert Kroll, Utopie, S. 77-82.

23 Hitler, Adolf, *Tischgespräche im Führerhauptquartier 1941-1942*, hrsg. von Percy Ernst Schramm in Zusammenarbeit mit Andreas Hillgruber und Martin Vogt, Stuttgart 1963, S. 143.

Die historischen Ausprägungsformen der Reichsidee in *Deutschland* hingegen wurden von Hitler, anders als die der Römer und der Briten, mit auffallender Geringschätzung bedacht. Das Alte Reich erschien als fader „Abglanz altrömischer Staatenbildungen“,[24] durch die chronische Schwäche der Zentralgewalt sowohl an der Durchführung einer bewusst betriebenen Ostpolitik als auch an einem dauerhaften imperialen Ausgriff über die Alpen hinweg, nach Italien, gehindert. Und das zweite deutsche Kaiserreich von 1871 trug für ihn von Anfang an den Charakter einer Missgeburt. Es hatte den Deutschen weder innere Einigkeit im Sinne einer die Klassenspaltung überwindenden „Volksgemeinschaft“ gebracht noch sich zu klaren außenpolitischen Expansionszielen im Rahmen kolonialen bzw. ostpolitischen Engagements durchzuringen vermocht – vom Ausschluss der stammesverwandten Deutschen im Habsburgerreich ganz zu schweigen. Nein: Der Mythos des Reiches, wie Hitler ihn verfocht, erweist sich bei genauem Zusehen als ein – wenn man so will – politisch „blinder“ Mythos ohne aktivierbare Anknüpfungspunkte und Mobilisierungspotenziale aus den Traditionsbeständen der deutschen Geschichte, als ein Mythos, der sich, wie im Falle des Rassenmythos bei Darré und Rosenberg, nicht auf ein in der Vergangenheit bereits einmal für existent gehaltenes, „mythisch“ verklärtes Idealgebilde beziehen mochte, sondern auf ein in Zukunft überhaupt erst noch zu schaffendes, vorbild- und präzedenzloses Aufbauwerk. Hitlers Reichsmythos war kein *Gründungs*mythos, sondern ein *Neuschöpfungs*mythos. Dem entsprachen im Übrigen auch die Terminologie und die Semantik des Diktators: Am 13. Juni 1939, kurz nach dem Einmarsch der Truppen des „Großdeutschen Reiches“ in Prag, untersagte Hitler ausdrücklich die offizielle Weiterverwendung des bis dahin auch in Partei- und Staatskreisen geläufigen Begriffs „Drittes Reich“.[25] Hitlers Reichsmythos hatte keine Vorläufer – weder ein „Erstes“ noch ein „Zweites“ Reich.

Dies galt in gewisser Weise auch für jenen Reichsmythos, wie ihn Heinrich Himmler, Reichsführer der SS und Chef der deutschen Polizei, mit einer im Vergleich zu Hitler allerdings deutlich anderen Akzentsetzung vorgetragen hat.[26] Zur gesamteuropäischen Abwehrbastion gegenüber vermeintlich andrängenden „asiatischen Völkerwellen“ stilisiert, sollte das „Reich“ im Sinne eines biologistisch verstandenen „Blutswall[es]“[27] weit in den Ostraum hineinragen. Systematisch mit bäuerlichen Kolonisten „germanischen Blutes“ besiedelt,[28] alles „Fremde“, Nicht-Germanische aus seinen Grenzen ausscheidend, war ihm von vorneherein das Prinzip der Unterdrückung, Ausbeutung und Vernichtung der ansässigen slawischen Bevölkerung inhärent.[29] Hitler hatte das genauso gesehen, und insofern gingen seine und Himmlers Reichsvisionen miteinander konform. Stärker und eindeutiger indes als sein „Führer“, sah Himmler in dem von ihm imaginierten Zukunftsreich nicht primär ein *deutsches*, sondern vor allem ein *germanisches* Gebilde, und „deutsch“ und „germanisch“ waren bei ihm keine deckungsgleichen Größen. Nicht *nationale* Gesichtspunkte, sondern *rassenmäßige* Kriterien sollten den neu zu formierenden Reichsverband zusammenhalten, nicht als *Deutsche*, sondern als *Germanen* hatten sich die rassenverwandten „Brudervölker“ des Nordens dem nationalsozialistischen Führungsanspruch zu fügen, nicht die geistig-kulturelle Gemeinsamkeit der *Nation*, sondern die leiblich-biologische Einheitlichkeit der „Blutskraft“ galt als das entscheidende Bindemittel, das alle Völker und Länder germanischer Provenienz zusammenführen und so

24 Ebd., S. 231.

25 Vgl. Runderlass der Reichkanzlei vom 13. Juni 1939, in: *Verfügungen, Anordnungen, Bekanntgaben*, hrsg. von der Partei-Kanzlei, Bd. 1, München o. J., S. 206.

26 Dazu eingehend Kroll, Utopie, S. 217-222.

27 Himmler, Heinrich, *Geheimreden 1933 bis 1945 und andere Ansprachen*, hrsg. von Bradley F. Smith und Agnes F. Peterson. Mit einer Einführung von Joachim C. Fest, Frankfurt-Berlin-Wien 1974, S. 142.

28 Vgl. ebd., S. 236.

29 Die Einzelheiten der auf dieser ideologischen Basis beruhenden Repressionspolitik sind neuerdings noch einmal in großen Zusammenhängen rekonstruiert worden von Breitman, Richard, *Heinrich Himmler*. Der Architekt der „Endlösung“, Zürich-München 2000, bes. S. 240ff., 325ff.

das Groß*deutsche* Reich zu einem von 120 Millionen Menschen bewohnten Groß*germanischen* Reich erweitern sollte.[30] Eine solche Sichtweise lag übrigens ganz in der Konsequenz der klassischen Rassentheorie, für welche die Begriffe „Rasse" und „Nation" im Grunde einander ausschließende Sachverhalte bezeichneten.[31] Rassenmythos und Reichsmythos koinzidierten bei Himmler wie bei keinem anderen führenden Repräsentanten des Nationalsozialismus – auf Kosten des Mythos von der *Nation*, der in diesem Fall vom Mythos der *Rasse* untergraben, aufgesogen, kupiert wurde.

III.

Rassenideologisch imprägniert war auch der nationalsozialistische *Mythos vom Neuen Menschen*, der seine – auch auf der politisch-ideologischen Gegenseite, im Lager des sowjetischen Bolschewismus virulente – Strahlkraft der zentralen Stellung verdankte, die den Kategorien „Neuheit" bzw. „Erneuerung" sowie der Neuschöpfungs-Metapher überhaupt im propagandistischen Arsenal und programmatischen Repertoire *beider* totalitären Bewegungen des 20. Jahrhunderts zukam.[32] Alle maßgeblichen Ideologen des Nationalsozialismus haben sich dieser Kategorien und Metaphern bedient – getragen von dem Bewusstsein, mit der Etablierung des nationalsozialistischen Herrschaftssystems eine fundamentale Epochenwende der Menschheitsgeschichte einzuleiten,[33] die in der vermessenen Vision vom Akt der Schaffung eines „Neuen Menschen" und einer „Neuen Welt" kulminierte. Im Mythos vom neu zu formenden Menschen enthüllte sich der totalitäre Charakter der nationalsozialistischen Utopie wohl am entschiedensten.

Der Mythos vom Neuen Menschen war freilich keineswegs eine Erfindung nationalsozialistischen Denkens. Es gab ihn bereits bei den Vertretern der intellektuellen Avantgarde des späten Kaiserreichs, etwa im Umfeld des literarischen Expressionismus.[34] Und schon damals hatten sich in seinem Einzugsfeld völkische Rassenideologen mit teilweise sehr konkreten Planungen zur staatlichen Zwangserziehung und zur biologischen Züchtung beschäftigt.[35] Dabei gab es zahlreiche miteinander konkurrierende Deutungsvarianten. Entschieden kollektivistische Neuschöpfungsmythen standen neben individualistischen Visionen, sozialistische Menschheitsutopien neben nationalistischen Denkfiguren, zionistische neben religiösen oder ästhetizistischen Modellen. Friedrich Nietzsches Mythos vom „Übermenschen", der sich seine eigene Welt in souveräner Verachtung christlicher Wertbezüge selbst erschafft, hatte die zu-

30 Vgl. Kettenacker, Lothar, *Der Mythos vom Reich*, in: Bohrer, Karl Heinz (Hrsg.), *Mythos und Moderne*. Begriff und Bild einer Rekonstruktion, Frankfurt 1983, S. 261-289.

31 Dazu Arendt, Hannah, *Elemente und Ursprünge totaler Herrschaft* (1955), 3 Bde., Frankfurt-Berlin-Wien 1975, hier: Bd. 2, S. 69.

32 Vgl. Kroll, Frank-Lothar, Der Neue Mensch. Eine totalitäre Utopie, in: Jebens, Albrecht und Winckler, Stefan (Hrsg.), *In Verantwortung für die Berliner Republik*. Festschrift für Klaus Hornung zum 75. Geburtstag, Berlin 2002, S. 86-93.

33 Vgl. Kroll, Utopie, S. 32-43.

34 Vgl. Scholdt, Günter, *Die Proklamation des Neuen Menschen in der deutschsprachigen Literatur vom Ausgang des 19. bis zur Mitte des 20. Jahrhunderts*, in: Badewien, Jan und Stieber, Ralf, *Der Traum vom Neuen Menschen*. Hoffnung-Utopie-Illusion? Beiträge einer Tagung der Evangelischen Akademie Baden, 14. bis 16. Juni 1996, Schloss Flehingen, Karlsruhe 1999, S. 22-62; vgl. ferner Hüppauf, Bernd, Langemarck, Verdun and the Myth of a New Man in Germany after the First World War, in: WAR & SOCIETY 6 (1988), S. 70-103; Küenzlen, Gottfried, *Der neue Mensch*. Eine Untersuchung zur säkularen Religionsgeschichte der Moderne, 2. Aufl., München 1994; Ulbricht, Justus H., Der „neue Mensch" auf der Suche nach „neuer Religion". Ästhetisch-religiöse Sinnsuche um 1900, in: Deutschunterricht 50 (1998), S. 38-49.

35 Dazu jetzt zusammenfassend Puschner, Uwe, *Die völkische Bewegung im wilhelminischen Kaiserreich*. Sprache-Rasse-Religion, Darmstadt 2001, S. 173ff.; ferner Breuer, Stefan, *Ordnungen der Ungleichheit*. Die deutsche Rechte im Widerstreit ihrer Ideen 1871-1945, Darmstadt 2001, bes. S. 47-76.

kunftsbezogenen und gegenwartsflüchtigen Szenarien all dieser Wandlungsutopien und Erlösungshoffnungen aus der Zeit um die Jahrhundertwende mehr oder weniger stark beeinflusst.[36]

Ähnlich wie der Mythos der Rasse und der Mythos des Reiches, besaß auch der „Neue-Mensch-Mythos" im Koordinatensystem nationalsozialistischer Ideologie – gemäß der Stellung, Funktion und Ausrichtung ihrer einzelnen Repräsentanten – jeweils höchst verschiedenartig ausgeprägte inhaltliche Konnotationen. Alfred Rosenberg projektierte den „Neuen Menschen" ausdrücklich im Rahmen einer *religiös* dimensionierten Fundamentalreformation, als welche er die vom Nationalsozialismus einzuleitende „Weltwende" seit den frühen 1920er Jahren in zahlreichen Publikationen und politischen Propagandaschriften immer erneut zu charakterisieren versucht hat.[37] „Erneuerung" war für den Hauptideologen des Dritten Reiches die „Wiedererstehung der deutschen Seele"[38] im Rahmen einer als „Regermanisierung" ausgegebenen „zweite[n] Reformation"[39] des Christentums *vor* dessen vermeintlicher Entstellung durch den Apostel Paulus. Diese „Reformation" sollte erfolgen mittels einer Rückbesinnung auf die Persönlichkeit Christi als „germanischer Heldengestalt" und einer Entmythologisierung der Heiligen Schrift durch Ausscheidung und „Abschaffung" des Alten Testaments mit seinen von jüdischem Geist getragenen „Zuhälter- und Viehhändlergeschichten".[40] Rosenberg artikulierte mit solchen Forderungen Elemente und Motive des dezidiert modernitätskritischen, säkularisationsfeindlichen „Neue-Mensch"-Mythos völkischer Theologen und Gottsucher aus der Spätphase des Deutschen Kaiserreiches, die – wie etwa Paul de Lagarde[41] oder Houston Stewart Chamberlain[42] – der Etablierung einer nach „arteigener Frömmigkeit" und „deutschem Glauben" strebenden „Nationalreligion" das Wort geredet hatten.[43] „Religionserneuerung"[44] war denn auch die eigentliche Zielvorgabe des nationalsozialistischen „Neue-Mensch"-Mythos in seiner von Rosenberg vertretenen Variante.

Hitler und, in seinem Gefolge, vor allem Joseph Goebbels, sahen dies freilich anders. Beim Propagandaminister des Dritten Reiches beruhte der Mythos vom „Neuen Menschen" nicht, wie bei Rosenberg, auf modernitätskritischen Prinzipien, sondern, ganz im Gegenteil, auf einer grundsätzlichen Anerkennung der Modalitäten und Mechanismen des modernen Massenzeitalters. Der „Neue Mensch" sollte sich hier im Rahmen der Installierung einer kollektivistischen Sozialverfassung konstituieren. Diese erhielt ihre Prägung durch die Fiktion einer „Volksgemeinschaft", den Mythos eines alle sozialen Gruppen- und Klassenunterschiede nivellierenden „klassenlosen" Zukunftsreiches, das die künftige Geschichtsentwicklung an ein Ende gebracht, sie gleichsam „aufgehoben" hätte in der Utopie einer weltanschaulichen Tota-

36 Vgl. Benz, Ernst, *Das Bild des Übermenschen in der europäischen Geistesgeschichte*, in: Ders. (Hrsg.), *Der Übermensch.* Eine Diskussion, Zürich-Stuttgart 1961, S. 19-161; neuerdings Kroll, Frank-Lothar, Parallelen zur JAhrhundertwende? Endzeitvorstellungen im Kommunismus und im Nationalsozialismus, in: Neitzel, Sönke (Hrsg.), *1900: Zukunftsvisionen der Großmächte*, Paderborn u.a. 2002, S. 187-196, 211-213.

37 Dazu jetzt Kroll, Frank-Lothar, Alfred Rosenberg. Der Ideologe als Politiker, in: Garleff, Michael (Hrsg.), *Deutschbalten, Weimarer Republik und Drittes Reich*, Bd. 1, Köln-Weimar-Wien 2001, S. 147-166, bes. S. 157ff.

38 Rosenberg, Alfred, Das neue Deutschland und der Vertrag von Versailles (1933), in: Ders., *Blut und Ehre.* Ein Kampf für deutsche Wiedergeburt. Reden und Aufsätze von 1919-1933, hrsg. von Thilo von Trotha, 26. Aufl., München 1942, S. 329.

39 Rosenberg, Alfred, Die Spur des Juden im Wandel der Zeiten (1929), in: Ders., *Schriften und Reden.* Mit einer Einleitung von Alfred Baeumler. Band 1: Schriften aus den Jahren 1917-1921, München 1943, S. 312.

40 Rosenberg, Mythus, S. 614.

41 Vgl. Lagarde, Paul de, *Über das Verhältnis des deutschen Staates zur Theologie, Kirche und Religion.* Ein Versuch, nicht Theologen zu orientieren (1873), in: Ders., *Deutsche Schriften*, 2. Aufl., München 1934, S. 67f.; ders., *Die Religion der Zukunft* (1878), in: Ebd., S. 251ff.

42 Chamberlain, Houston Stewart, *Die Grundlagen des neunzehnten Jahrhunderts*, München 1899.

43 Vgl. Schnurbein, Stefanie von, *Religion als Kulturkritik.* Neugermanisches Heidentum im 20. Jahrhundert, Heidelberg 1992; dies., *Die Suche nach einer „arteigenen" Religion in „germanisch-" und „deutschgläubigen" Gruppen*, in: Puschner, Uwe; Schmitz, Walter und Ulbricht, Justus H. (Hrsg.), *Handbuch der völkischen Bewegung 1871-1918*, München 1996, S. 172-185; für den Zusammenhang neuerdings auch Gramley, Hedda, *Propheten des deutschen Nationalismus.* Theologen, Historiker und Nationalökonomen 1848-1880, Frankfurt 2001, bes. S. 83ff., 171ff., 261ff.

44 Rosenberg, Mythus, S. 611.

lität, die für Spannungen, Widersprüche und gesellschaftliche Interessengegensätze keinen Raum mehr bot.[45] Die Basis eines derart klassenlosen „Volksreiches" war freilich eine bedingungslos vorausgesetzte Aussonderung all jener, die ihm nicht inkorporiert werden durften, d.h. aller Glieder der jüdischen „Gegenrasse", die es zu vernichten, und aller Angehörigen „minderrassiger" Völker, die es zu unterwerfen galt.

Extremer noch als bei Goebbels und Hitler gestaltete sich der nationalsozialistische Neuschöpfungsmythos bei den Verfechtern eines kruden Biologismus, wie er sich im Kreis der Spitzenrepräsentanten des Regimes wiederum durch den „Reichsbauernführer" Darré und durch Himmler maßgeblich vertreten fand. Darré und Himmler verstanden unter „Erneuerung" ausdrücklich eine Wiederholung „alter", vormoderner Zeiten, d.h. eine Rückkehr zu den Zuständen eines sich vermeintlich harmonisch gestaltenden „einfachen Lebens" ohne alle zivilisatorischen Deformationserscheinungen und Defekte.[46] Darré betrieb mittels boden- und agrarpolitischer Maßnahmen – etwa durch das „Reichserbhofgesetz"[47] –, sowie mittels sehr konkret ausgearbeiteter Züchtungsprogramme eine konkrete Realisierung solcher Utopien.[48] Er wollte den Mythos vom „Neuen Menschen" leibhaftige Gestalt werden lassen. Dies nun freilich hätte nicht nur ein gleichsam retortenmäßig erzeugtes Kunstwesen als zukünftigen Normalfall humaner Existenz zur Folge gehabt. Es hätte auch den Geschichtsprozess selbst zum Abschluss gebracht. Denn nach einer planmäßig durchgeführten „Hochzüchtung" der neuen, in ihrer rassischen Substanz gestählten und unangreifbar gewordenen arisch-germanischen Menschheit wäre alles historische Werden durch biologisches Sein ersetzt, die Dynamik geschichtlicher Bewegung der Statik einer Existenzform gewichen, die den an seinem definitiven biologischen Endzustand angelangten „Neuen Menschen" jeder Notwendigkeit weiterer Veränderungen enthoben und seine geschichtliche Existenz darauf beschränkt hätte, im Rhythmus der Naturgesetze wellenförmig mitzuschwingen.[49]

Auch im Rahmen der von Himmler verfochtenen weltanschaulichen Positionen[50] hatte der „Neue Mensch" seine historische und individuelle Existenz völlig zu Gunsten seiner Funktion als Derivat biologischer Prozesse eingebüßt. Nur als Partikel einer sich stets neu reproduzierenden, ins Unendliche fortsetzenden Geschlechterkette besaß er hier, im Rahmen der SS-Ideologie,[51] überhaupt noch Rang und Bedeutung, „eingegliedert" – wie Himmler es in einer seiner Geheimreden schon 1935 seine Zuhörer wissen ließ – „zwischen Ahnen und Kindern in eine für menschliche Begriffe ewige Vergangenheit und für menschliches Rechnen (...) ewige Zukunft".[52] Für sich gesehen, war der Einzelne bloßes Objekt von gleichsam insekten-, ja amöbenhafter Qualität: „klein und unwichtig".[53] Ein Wert kam ihm nur insofern zu, als er zum „Fortsetzer"[54] der „Blutslinie"[55] seines Geschlechtes wurde und in dieser Rolle dafür sorgte,

45 Kroll, Utopie, S. 291-297.
46 Vgl. Bensch, Margrit, *Die „Blut- und Boden"-Ideologie.* Ein dritter Weg der Moderne, Berlin 1995; ferner die noch immer wichtige ältere Untersuchung von Bergmann, Klaus, *Agrarromantik und Großstadtfeindschaft*, Meisenheim am Glan 1970, bes. S. 297-360.
47 Dazu eingehend Grundmann, Friedrich, *Agrarpolitik im Dritten Reich.* Anspruch und Wirklichkeit des Reichserbhofgesetzes, Hamburg 1979.
48 Vgl. Eidenbenz, Mathias, *„Blut und Boden".* Zur Funktion und Genese der Metaphern des Agrarismus und Biologismus in der nationalsozialistischen Bauernpropaganda R. W. Darrés, Bern u.a. 1993, bes. S. 85ff.
49 Vgl. Kroll, Frank-Lothar, Der Faktor „Zukunft" in Hitlers Geschichtsbild, in: Ders. (Hrsg.), Neue Wege der Ideengeschichte, S. 391-409, bes. S. 408f.
50 Dazu explizit Ackermann, Josef, *Heinrich Himmler als Ideologe*, Göttingen-Zürich-Frankfurt 1970.
51 Grundlegend Wegner, Bernd, *Hitlers politische Soldaten: Die Waffen-SS 1933-1945.* Leitbild, Struktur und Funktion einer nationalsozialistischen Elite, 4. durchgesehene und verbesserte Aufl., Paderborn u.a. 1990, S. 298ff.
52 Himmler, Geheimreden 1933-1945, S. 86.
53 Himmler, Heinrich, Rede in Sonthofen (5. Mai 1944), in: Bundesarchiv/Koblenz NS 19 (Persönlicher Stab Reichsführer SS), Nr. 4013, Bl. 48; vgl. ders., *Die Schutzstaffel als antibolschewistische Kampforganisation*, München 1936, S. 25.
54 Ders., Rede in Sonthofen (24. Mai 1944), in: BUNDESARCHIV KOBLENZ, NS 19, Nr. 4014, Bl. 23.
55 Ders., Rede in Posen (24. Oktober 1943), in: Ebd., Nr. 4011, Bl. 22.

dass die Kette zu Vorfahren und Nachkommen nicht abriss. Denn falls ein Glied in dieser von den Ahnen zu den Enkeln hinüberreichenden Traditionskette ausfiel, waren Leistung und Leben aller vorangegangenen Generationen „umsonst".[56]

Der „Neue Mensch" – bei Himmler erwies er sich als Bestandteil einer letztlich wertlosen, weil jederzeit austauschbaren Manövriermasse ungehemmter politischer Planungen, degradiert für Züchtungsvorgänge beliebigster Art, gefesselt in den Fangnetzen einer totalitären Utopie, mit allen für diese politische Erscheinungsform des 20. Jahrhunderts so charakteristischen Degenerationsmerkmalen und Deformationspotenzialen. Die drei vorgestellten Hauptmythen des Nationalsozialismus spiegeln dieses Deformationspotenzial wie in einem Brennglas und verdeutlichen einmal mehr das dem „Zeitalter der Ideologien" inhärente Ausmaß inhumaner Formkräfte und gegenaufklärerischer Prinzipien. Vielleicht gehört es ja überhaupt zu den Eigentümlichkeiten einer weitgehend säkularisierten und entsakralisierten Welt wie der europäischen Moderne, dass ihre politischen Mythen gegenüber solchen inhuman-totalitären Formkräften und Prinzipien eine besondere Anfälligkeit aufweisen. Dann allerdings ständen dem soeben angebrochenen 21. Jahrhundert heftige Turbulenzen bevor, deren Aussehen und Charakter dem von der Vergangenheit in die Zukunft blickenden Historiker – ließe er sich denn auf entsprechende Spekulationen ein – manche unruhige Nacht abverlangen dürfte.

56 Ders., Rede in München (8. November 1937), in: Ebd., Nr. 4004, Bl. 34.

Wehrmotivation katholischer Wehrmachtssoldaten

Patriotismus auf Grund des Glaubens oder Teilidentität mit dem Nationalsozialismus?

Heinrich Walle

> „Eine Woche sind wir nach dem plötzlichen und unverhofften Aufbruch unterwegs. Immer auf dem Vormarsch. Im Westen, schon weit in Feindesland. Starkes unvergeßliches Erleben füllten diese Tage aus. Nach ganz anderen Maßstäben vollzieht sich nun das Leben. Es lebt die Begierde nach Wagnis und Kampf. Wann kommst du, Schlacht! Bisher folgten wir der schon vorpreschenden Spitze des Heeres. Jede Nacht. Jetzt spürt man die unmittelbare Nähe der Front. Ein Teil unserer Kompanie bereits in Stellung. Ich warte auf die Stunde der Ablösung, die unser und mein Einsatz sein wird. Die Organisation dieser gewaltigen Bewegung ist bewundernswert. Groß sind die Leistungen männlicher Kraft. In dieses Geschehen bin ich hineingestellt als einer unter Tausenden. Aber an meinem Platz soll keiner besser gestanden sein! (...) Der Soldat weiß nicht wohin, nicht wann, nicht warum. Weiß nur den Befehl. Tut seine Pflicht – und fertig. Der Christ sieht nicht durch das Dunkel, weiß nicht, warum Gottes Wille anders ist als der Wunsch seines Herzens. Tut aber den Willen Gottes – und fertig! So einfach ist es nicht immer. Und doch, Soldat und Christ. Der erste muß hart sein. Der andere härter."[1]

Diese Gedanken schrieb der Schütze Johannes Niermann am 17.Mai 1940 auf dem Vormarsch in Frankreich in sein Tagebuch. Am 18.Juni 1940 ist er als MG-Schütze im Alter von 26 Jahren bei der Erstürmung eines Dorfes an der Aisne gefallen. Hans Niermann (1914-1940) ein einfacher Arbeiterjunge aus Rheine in Westfalen war 1935 auf der Wallfahrt katholischer Jugendverbände in Rom zum Reichsführer der Sturmschar, im Katholischen Jungmänner-Verband (KJMV), der damals größten katholischen Jugendorganisation in Deutschland gewählt worden und im gleichen Jahr kurz nach der Rückkehr ins Reich zusammen mit dem Generalpräses der katholischen Jugendverbände, Prälat Ludwig Wolker, wegen illegaler Betätigung in der katholischen Jugend kurze Zeit von der Gestapo in Haft genommen worden. Barbara Schellenberger kommt zu der Feststellung, dass die Briefe Niermanns an seine Eltern und Geschwister von 1934 bis 1939 insgesamt ein eindrucksvolles Zeugnis von der Widerstandskraft katholischer Jugend vermitteln. Im Dezember 1939 wurde er zur Wehrmacht eingezogen.[2] Von der Ostfront schrieb am 6.April 1945 ein Sanitätsobergefreiter an seinen Jugendseelsorger:

> „Lieber Herr Kurat!
>
> Seit einigen Tagen stehe ich in der vordersten Linie als Kp. Sani bei einer Jägerkompanie. Damit begann wieder ein neues Leben – inniger mit Gott verbunden als vorher. Ich fühle wie Christus gerade auf dem Schlachtfeld zugegen ist und die Seinen leitet und führt. –
>
> So hoffe ich, daß ich glücklich durch dieses Dunkel hindurchgelange und einmal wieder heimkehren kann, um dem Ruf des Herrn ganz bis ans Ende zu folgen.

1 Tagebuchnotiz vom 17.Mai 1940 des Schützen Johannes Niermann, aus: Der Weg des Soldaten Johannes. Aus seinen Brie fen und Tagebuchblättern zusammengestellt von Michael Brink, als Manuskript gedruckt, Düsseldorf 1940, Original im Besitz des Verf.

2 Barbara Schellenberger: *Katholische Jugend und Drittes Reich.* Eine Geschichte des katholischen Jungmännerverbandes 1933-1939 unter besonderer Berücksichtigung der Rheinprovinz, Veröffentlichungen der Kommission für Zeitgeschichte, Reihe B: Forschungen, Bd. 17, Mainz 1975, S.133.

> Mit diesem Wunsch will ich für heute schließen und bin mit vielen Grüßen
> Ihr Hermann."[3]

Der Briefschreiber, von dem nur der Vorname bekannt ist, war offensichtlich ein Student der katholischen Theologie, der sich auf den Priesterberuf vorbereitete und als Sanitätssoldat zur Wehrmacht eingezogen worden war.

In Vorahnung seines baldigen Soldatentodes schrieb Leutnant Alfred Urban, im Alter von 23 ½ Jahren gefallen am 5.Mai 1945 als letzter Offizier des Bataillons in Friedland in der Tschechoslowakei, an seine Eltern:

> „Meine Lieben!
> Der vorletzte Abend, ich komme vom Abschiedsabend bei den Buben. Ich will Euch nun einiges sagen. Wenn Euch dieser Brief erreicht, bin ich irgendwo in Russlandserde, doch das Unsterbliche ist daheim – beim Vater. Wenn ich heute daran denke, so kommt mich das Sterben gar nicht hart an – ich denke nur an Mama. Wie wirst Du das tragen. Und Dir sei als Trost geschrieben. Ich bin bereit – fürs Letzte. Endlich habe ich es fertig gebracht, zu sagen: Herr, Dein Wille nur! Wenn es heute so ungeheuer viel Leid gibt, wenn die Erde wie wund schreit und klagt, so deswegen, weil der Herr das zulässt, weil wir gesündigt. Und ich glaub an eine gewisse Kollektivschuld des Volkes. Da ist es bei Gott vielleicht denn besser, es stirbt ein Aufrechter und Edler als dass 10 Dutzendmenschen hingemäht werden. Soll ich Priester werden – ich bin bereit – soll ich opfern, alles, auch das Leben – ich bin ebenso bereit. So gehe ich denn in Dankbarkeit hinaus für die 2 Jahre, die mich so reifen ließen, daß ich den letzten Schritt nicht blind machen muß, sondern mit Augen, mit Menschenaugen. Ich habe nie um mein Leben gebetet, sondern nur um Kraft. Ich will nicht nur als Offizier tapfer gewesen sein, sondern auch viel mehr als Christ. Ich wollte, ich könnte Euch ein sorgenfreies Alter bereiten. Eure Liebe und Güte Euch zu danken – nun muß ich Euch diesen Schmerz zufügen. Und trotzdem bitte ich Euch, seid nicht traurig, es ist ja hier doch nur Kampf und Streit, beim Vater aber ewige tiefe Herrlichkeit! So freut Euch denn! Auf Wiedersehen!
> Euer dankbarer Alfred.
> Du, mein liebes Schwesterlein, hilf unserer Mutter und sei recht stark!
> In Liebe Dein Alfred."[4]

Wie der Totenzettel, den die Eltern, die erst ein Jahr später die traurige Gewissheit seines Todes erhielten, ausweist, war der am 8.September 1921 in München geborene Alfred Urban Mitglied der Pfarrjugend seiner Heimatpfarrei und hat sich offenbar noch nach dem Verbot katholischer Jugendverbände illegal in der Jugendarbeit betätigt, worauf auch der Hinweis auf den „Abschiedsabend bei den Buben" hinweist. Urban muss sich offensichtlich noch mit seiner Jugendgruppe getroffen haben. Alfred hatte ebenfalls vor, Priester zu werden; nach Ableistung des Arbeitsdienstes hatte er noch ein Semester katholische Theologie studieren können.[5]

Die vorangehend erwähnten Briefe sind drei Beispiele einer Sammlung von 243 Korrespondenzen, die als Feldpostbriefe von katholischen Wehrmachtsoldaten, die alle von Mitgliedern der von den Nationalsozialisten verbotenen katholischen Jugendorganisationen an ihre ehemaligen Jugendseelsorger gerichtet waren, bzw. Rundbriefe dieser Geistlichen und von in der Heimat verbliebenen Kameraden oder Bünde, mit denen diese den Zusammenhalt der früher von ihnen betreuten Jungen im Kriege stärken wollten. Das Verschicken von Rundbriefen an ehemals seelsorgerisch betreute Jugendliche galt damals bereits als der Kirche ver-

3 Brief des Sanitätsobergefreiten Hermann... an seinen Jugendseelsorger Wellenhofer in München vom 9.April 1945, Sammlung Karl Theodor Schleicher: Wellenhofer.

4 Undatierter Brief des Leutnants Alfred Urban an seine Eltern und Geschwister. Sammlung Karl Theodor Schleicher.

5 Totenzettel für Leutnant Alfred Urban aus München. Sammlung Karl Theodor Schleicher.

botene Jugendarbeit und konnte von der Gestapo verfolgt werden,[6] wie dies auch der Fall war, wenn die noch nicht zum Wehrdienst eingezogenen Mitglieder katholischer Jugendgruppen solche Rundbriefe aus der Heimat an ihre mittlerweile an der Front stehenden Kameraden verschickten. Die vom Verfasser für eine Veröffentlichung vorgesehenen 243 Briefe sind eine Auswahl von rund 3000 Einzelstücken, die Oberst a.D. Karl Theodor Schleicher, seit seiner Gymnasialzeit im katholischen Jungmännerbund Neudeutschland aktiv, noch während seiner aktiven Dienstzeit in der Bundeswehr zu kompilieren begonnen hatte. Ein Teil der Briefe stammt aus dem Nachlass des 1993 verstorbenen Prälaten Hans Böhner, der ebenfalls als Jugendlicher im Bund Neudeutschland aktiv und dann seit 1928 dort als Jugendseelsorger tätig gewesen war.[7] Die übrigen Briefe entstammen aus Nachlässen des Freundeskreises von Karl Theo Schleicher. Sie wurden in der Sammlung Karl Theodor Schleicher nach den Adressaten in Gruppen geordnet, in denen die Briefe in chronologischer Reihenfolge enthalten sind. Für Hans Böhner, der kurz vor seinem Tode die Edition einer solchen Briefsammlung gefordert hatte, enthielten diese Soldatenbriefe Glaubenszeugnisse junger Christen, deren Ideale von einem verbrecherischen Regime hemmungslos missbraucht wurden. Wie die überwiegende Mehrheit der damaligen deutschen Katholiken wollten auch diese jungen Männer deutsche Patrioten sein und sahen den Krieg als eine von Gott zugelassene Herausforderung an, in der sie sich als Christen bewähren wollten. In allen Briefen – und die vorangegangenen Beispiele sind hier durchaus für die ganze Sammlung zutreffend – tritt eine gemeinsame Grundeinstellung zu Tage: Die Verfasser waren Männer, die sich, gemäß eines Wortes von Dr. Alfred Delp SJ (1907-1945), dem am 2.Februar 1945 als Bekenner christlicher Lehre und wegen seiner Teilnahme an der Verschwörung vom 20.Juli 1944 hingerichteten Jesuitenpater, geweigert haben, „das ‚Dogma' von der ‚Dreieinigkeit' von ‚NSDAP – Drittes Reich – Deutsches Volk' anzuerkennen."[8] Aus geistesgeschichtlicher Sicht sind diese Brief aber wichtige Quellen für die Wehrmotivation katholischer Wehrmachtsoldaten, wobei sich die Frage stellt, ob und in welcher Weise der darin enthaltene Patriotismus eine Teilidentität mit dem Nationalsozialismus darstellt oder ob hier nicht Wehrmotivation aus ganz anderen Quellen, nämlich auf Grund christlicher, katholischer Wertvorstellungen herrührt.

Feldpostbriefe als Quellen zur Geistesgeschichte

Als einzige Verbindung zur Heimat kam der Feldpost in beiden Weltkriegen eine herausragende Bedeutung zu. Außer dem spärlich erteilten Urlaub übernahm vor allem die Feldpost eine wichtige Rolle im mentalen, die Motivation stärkenden oder stabilisierenden Bereich. Dies hatte die militärische Führung bereits seit dem deutsch-französischen Krieg von 1870/71 und dann vor allem auch im Zweiten Weltkrieg erkannt.[9] Im Bereich der Wehrmacht sollen vom Herbst 1939 bis Mai 1945 etwa 30 bis 40 Milliarden Feldpostbriefe befördert worden sein.[10] Klaus Latzel sieht den besonderen Quellenwert von Feldpostbriefen aus dem Krieg 1939-1945

6 Heinz Boberach: Propaganda-Überwachung-Unterdrückung. Die Instrumente des NS-Staates im Kampf gegen die Kirchen, in: *Glaube als Widerstandskraft*, Edith Stein, Alfred Delp, Dietrich Bonhoeffer, hrsg. von Georg Fuchs, Frankfurt 1986, S.56.

7 Hans Böhner/Arno Klönne: *Was wißt ihr von der Erde*. Dokumente katholischer Jugendbewegung, Witzen hausen 1995, S.209 ff.

8 Alfred Delp SJ: *Gesammelte Schriften*, hrsg. von Roman Bleistein, Bd.I – Iv, Frankfurt 1982-1984, hier: Bd.IV, S.106f.

9 Bernd Ulrich: *Die Augenzeugen*. Deutsche Feldpostbriefe in Kriegs- und Nachkriegszeit 1914-1933. Schriften der Bibliothek für Zeitgeschichte, Neue Folge, hrsg. von Gerhard Hirschfeld, Bd.8, Essen 1997, S.39. K.Schracke: *Geschichte der deutschen Feldpost im Kriege 1914-1918*, Berlin 1921, S.3.

10 *„Ich will raus aus diesem Wahnsinn"*. Deutsche Feldpostbriefe von der Ostfront 1941-1945. Aus sowjetischen Archiven, hrsg. von A. Golovchansky, V. Osipov, A. Propenko, Ute Daniel und Jürgen Reulecke, Reinbek, Hamburg 21993 (1991), Nachwort der dt. Herausgeber, S.303.

vor allem darin, dass sie, heute gelesen, gerade wegen ihrer Nähe zum Geschehen eine Form der Erinnerung ermöglichen, die dem Gedächtnis der Kriegsteilnehmer im Abstand der Jahre nicht mehr möglich ist, wobei aber einige spezifische Nachteile zu berücksichtigen sind, die eben aus dieser Nähe des Geschehens resultieren. „Dennoch können Feldpostbriefe behaupten, vergleichsweise direkt zu sprechen. Sie werden helfen, dem ‚Vorrat an Vergessenem' ein paar Dinge zu entreißen, um sie der Erinnerung neu zuzuführen."[11] Feldpostbriefe sind stets persönliche und private Zeugnisse und geben daher vornehmlich subjektive Eindrücke wieder. Klaus Latzel bezeichnet sie als „schriftliche Gesprächsmedien und als sprachliche Objektivationen von sozialen Wissensbeständen (...)"[12] Das trifft auch für die hier zu behandelnden Feldpostbriefe zu, wobei sich die „sozialen Wissensbestände" in besonders spezifischer Form aus der Sozialisierung ihrer Verfasser aus dem von der katholischen Kirche dieser Zeit geprägtem Umfeld und den von der Kirche mitgetragenen katholischen Jugendverbänden ergeben. So zeigen unsere Briefe eine subjektive Betrachtung des Krieges von jungen Wehrmachtsoldaten, die als Mannschaftsdienstgrade, Unteroffiziere oder in einigen Fällen als Subalternoffiziere nicht zur militärischen Führungselite gehörten und als Angehörige verbotener kirchlicher Jugendorganisationen in einen Krieg hineingezogen wurden, den sie nicht gewollt hatten. Aus Gründen der Geheimhaltung, Stimmungserkundung und Generalprävention unterlagen Feldpostbriefe der Zensur.[13] Das war zwar international üblich, hatte jedoch in Deutschland mit der berüchtigten „Kriegssonderstrafrechtsordnung (KSSVO)" vom 17. August 1938 potenziell mörderische Konsequenzen für einen Briefschreiber, denn nach §5 der KSSVO konnten auch in privaten Feldpostbriefen gemachte Äußerungen, wie beispielsweise Zweifel am „Endsieg" oder am Sinn des Krieges oder Kritik am NS-Regime oder seiner Vertreter, als Tatbestände der Wehrkraftzersetzung bewertet und mit dem Tode bestraft werden.[14] Dieser Umstand, der auch durch zahlreiche Todesurteile bestätigt worden ist, war sowohl den Soldaten und ihren Adressaten in der Heimat bekannt und hat unbestreitbar auch in den vorliegenden Briefen seinen Niederschlag gefunden. So beschränken sich die an ihre an der Front stehenden Jungmänner schreibenden Geistlichen vornehmlich auf die Behandlung religiöser Fragen, um damit formal ihren Rundbriefen den Charakter einer rein religiösen Seelsorgemaßnahme zu verleihen. Hans Niermanns Sehnsucht nach der Bewährung in der Schlacht im o.g. Beispiel erinnert eher an Walter Flex[15] oder Ernst Jünger[16] und sieht den Frankreichfeldzug fast wie eine Großfahrt aus früheren Tagen der Jugendbewegung, während die Motivation zur soldatischen Pflichterfüllung in den letzten Tagen des Krieges aus den beiden anderen Briefen keineswegs auf Grund nationalsozialistischer Durchhalteparolen sondern aus einer tiefreligiösen Grundhaltung erfolgt.

Wenngleich die Feldpostbriefe als Privatbriefe subjektive Aussagen sind, so liegt ihr Faszinosum gerade in ihrer o.g. Nähe zum Geschehen, wodurch sie vielfach „Zeugnisse unter dem Schlagschatten des Todes (Ernst Jünger),[17] aus den Zentren der Gewaltgeschichte der ersten Hälfte des zwanzigsten Jahrhunderts (...)"[18] sind. Aus diesem Grunde wurden Feldpostbriefe nach dem Ersten Weltkrieg und auch noch bis 1945 propagandistisch ausgenutzt, indem in solchen Briefeditionen die subjektiven Äußerungen vieler in der Weise objektiviert wurden, dass man daraus quantitative Aussagen über die Übereinstimmung mit den Kriegszielen im

11 Klaus Latzel: Deutsche Soldaten – nationalsozialistischer Krieg? Kriegserlebnis – Kriegserfahrung 1939-1945. *Krieg in der Geschichte*, Bd.1, hrsg. von Stig Förster, Bernhard R. Kroener, Bernd Wegner, Paderborn-München-Wien-Zürich 1998, zugl. Diss. Phil. Bielefeld 1996, S.14.

12 Klaus Latzel, wie Anm., 11, S.17.

13 REICHSGESETZBLATT 1933, Teil I, S.141.

14 REICHSGESETZBLATT 1938, Teil I, S.1683.

15 Walter Flex: *Der Wanderer zwischen beiden Welten*, München o. J.

16 Ernst Jünger: *Der Kampf als inneres Erlebnis*, Berlin 1929.

17 Derselbe: *In Stahlgewittern*. Aus dem Tagebuch eines Stoßtruppführers, Berlin 8 1927, S. 3.

18 Klaus Latzel, wie Anm. 11, S. 14.

Sinn einer Legitimierung abzuleiten versuchte, wie dies die Historiker Klaus Latzel und Bernd Ulrich[19] kritisch untersucht haben.

Selbstverständlich lassen sich subjektive Aussagen dergestalt objektivieren, dass man daraus quantitative Angaben über die Vertretung von Wertvorstellungen bei Angehörigen bestimmter gesellschaftlicher oder weltanschaulicher Gruppierungen machen kann. Allerdings müssten dann die gleichen aufwändigen statistischen und sozialwissenschaftlichen Überprüfungen und Bewertungen angestellt werden, wie dies bei der Interpretation von Untersuchungsergebnissen oder Befragungen von Patienten für wissenschaftliche Veröffentlichungen in der Humanmedizin als Voraussetzung angesehen wird. Wenn in der Forschung inzwischen anscheinend ein Konsens darin besteht, dass „die Wehrmacht (...) als Organisation von vornherein in das nationalsozialistische Versklavungs- und Vernichtungsprogramm mit einbezogen war, so daß mittlerweile das Heer als 'Faktor der arbeitsteiligen Täterschaft (Manfred Messerschmidt)[20]' gelten kann"[21], so beruht dieses Bild auf einer Betrachtung von außen. Von 1935 bis 1945, dem Zeitraum der offiziellen Existenz der Wehrmacht, haben in Heer, Marine und Luftwaffe in dieser Dekade 17,3 Millionen Mann gedient, zusammen mit den Soldaten der Waffen-SS waren es 18,2 Millionen Männer, von denen 5,3 Millionen als Tote zu beklagen waren.[22] Angesichts der Tatsache, dass von den o.g. 30 bis 40 Milliarden Feldpostbriefen Editionen[23] oder wissenschaftliche Auswertungen von Briefsammlungen,[24] die bereits mehrere Tausend Exemplare berücksichtigen, nur kleine Splitter dieser Quellengattung auswerten konnten, wird deutlich, dass dadurch quantitative Aussagen über die moralische Einstellung „der" deutschen Soldaten des Zweiten Weltkrieges kaum möglich sind. Es würde in makabrer Weise eine nachträgliche Bestätigung der NS-Propaganda bedeuten, wollte man pauschal all diese Männer als Vorkämpfer des Nationalsozialismus abstempeln. Die Soldaten der Wehrmacht waren keineswegs ein monolithischer Block, als der sie von der NS-Propaganda hingestellt wurden. Die Millionenarmee der Wehrmacht bestand aus Männern, die die gesamte Palette menschlichen Verhaltens vom Positiven bis zum absolut Negativen aufwiesen. Außer Soldaten, die in den unterschiedlichsten Formen eines militärischen Widerstandes ihr Leben riskierten und auch opferten,[25] gab es auch einen beträchtlichen Anteil von Soldaten, die sich nicht allein nicht mit dem Nationalsozialismus und seinen verbrecherischen Zielen identifizierten, sondern sich auch in einem geradezu tragischen Konflikt befanden, an der Front erkennen zu müssen, dass der Feind keineswegs eine Befreiung Deutschlands von Nationalsozialismus zum Ziele hatte, sondern die totale Zerschlagung des Vaterlandes anstrebte. Das Anderssein als von der NS-Propaganda vorgeschrieben, konnte bereits zur strafrechtlichen Verfolgung mit grausamen Konsequenzen führen, vielmehr noch seine offene Artikulierung, eben die von Alfred Delp SJ eingangs zitierte Ablehnung, das Dogma einer sog. Dreieinigkeit von NSDAP, Drittem Reich und Deutschem Volk anzuerkennen.

Ist es bereits anhand der vorgenannten notwendigen moralischen Differenzierung unmöglich, aus Feldpostbriefsammlungen quantitative Angaben darüber zu machen, wie viele Wehrmachtsoldaten bestimmte Wertvorstellungen vertreten haben, so ist dies auch angesichts einer ungemein vielfältigen sozialen Gliederung dieser Millionenarmee, die sich in drei Wehr-

19 Bernd Ulrich, wie Anm. 9, Klaus Latzel, wie Anm. 11.

20 Manfred Messerschmidt: Das Heer als Faktor der arbeitsteiligen Täterschaft, in: *Holocaust: Die Grenzen des Verstehens.* Eine Debatte über die Besetzung der Geschichte, hrsg. von Hanno Loewy, Reinbek, Hamburg 1992, S.166-190.

21 Klaus Latzel, wie Anm. 11, S.15.

22 Rüdiger Overmanns: *Deutsche militärische Verluste im Zweiten Weltkrieg.* Beiträge zur Militärgeschichte, hrsg. vom Militärgeschichtlichen Forschungsamt, Bd.46, München 1999, S.214 f und S.232.

23 Vgl. dazu nur ein Beispiel: „Ich will raus aus diesem Wahnsinn", wie Anm. 10.

24 Vgl. dazu ebenfalls als Beispiel: Klaus Latzel, wie Anm. 11.

25 Vgl. dazu: *Aufstand des Gewissens.* Militärischer Widerstand gegen Hitler und das NS-Regime 1933-1945. Katalog zur Wanderausstellung, im Auftrag des Militärgeschichtlichen Forschungsamtes hrsg. von Heinrich Walle, Berlin-Bonn-Herford, 4. durchgesehene und wesentlich erweiterte Auflage 1994.

machtteile, einer sehr ausgeprägten Hierarchie von Mannschaften, Unteroffizieren und Offizieren, sowie in eine Vielzahl von unterschiedlichsten Verwendungen in den jeweiligen Truppenteilen aufgliederte, unmöglich. Allenfalls lassen sich anhand von Häufigkeiten und unter Hinzuziehung anderer Quellen gewisse, wenn auch recht vage Trendaussagen machen, dass eine mehr oder weniger größere Anzahl von Männern diese oder jene Auffassungen vertraten. Trotz dieser großen Unsicherheiten über das Ausmaß lässt sich anhand der Feldpostbriefe sehr wohl aufzeigen, dass Wehrmachtsoldaten aus bestimmten sozialen oder weltanschaulichen Gruppierungen gruppenspezifische Auffassungen vertraten, die sie vor allem in der Phase ihrer jeweiligen Sozialisierung aufgenommen hatten.

Ein Grundstock von etwa 3000 Briefen, von denen 243 Exemplare zur Veröffentlichung ausgewählt wurden, ist im Vergleich zu den bisherigen Briefeditionen ein erstaunlich hoher und homogener Bestand, zumal die Briefschreiber zum überwiegenden Teil als Mannschaften, einigen Unteroffizieren und vereinzelten Subalternoffizieren und bis auf einige wenige Ausnahmen alle aus dem Wehrmachtteil Heer stammend, sozusagen die Schicht der „einfachen Soldaten" repräsentieren. Die gruppenspezifische Homogenität der Briefschreiber ist ebenfalls sehr ausgeprägt, da sie alle Angehörige der bereits verbotenen katholischen Jugendorganisationen waren und sich bereits hier durch ihre illegalen Aktivitäten zahlenmäßig weit von ihren Altersgenossen, selbst unter den katholischen Jugendlichen der damaligen Zeit, abhoben. Innerhalb der Wehrmacht waren sie eine absolute Minderheit und von Kriegsbeginn bis zum bitteren Ende haben sie in ihren Briefen auf ihre Vereinzelung hingewiesen und waren froh, wenn sie gelegentlich auf einen gleich gesinnten Kameraden trafen.[26]

Dieses Phänomen einer durchaus als schmerzlich empfundenen Vereinzelung war dann auch der Grund dafür, dass die Briefschreiber sehr dankbar waren, wenn sie von ihren ehemaligen Seelsorgern und geistlichen Jugendführern oder von in der Heimat verbliebenen Kameraden aus den kirchlichen Jugendbünden in Einzel- oder Rundbriefen geistlichen Zuspruch oder auch nur Zeichen einer Solidarität von gleich gesinnten Freunden aus der Heimat erhielten. Eine solche Korrespondenz mit den Jugendseelsorgern, die damals zur geistlichen Obrigkeit gehörten, hatte zur Folge, dass spirituelle Themen im Mittelpunkt standen.

So stellt sich die Frage nach dem geistesgeschichtlichen Ertrag dieser Briefedition. Eine generelle Aussage über die Einstellung von Wehrmachtsoldaten ist daraus in keinem Fall abzuleiten; dafür sind die Briefe ihrer Menge und Zahl der Briefschreiber nach zu wenige. Die jungen Wehmachtsoldaten, die hier mit ihren geistlichen Führern und Bundesbrüdern in der Heimat korrespondierten, waren alle vor ihrer Einberufung zum Wehrdienst in katholischen Jugendverbänden aktiv gewesen. Der größte Dachverband in Deutschland war damals der Katholische Jungmännerverband (KJMV), der 1929 mit 390.000 Mitgliedern im Deutschen Reich seinen Höchststand erreichte, 1933 immerhin noch 360.000 Mitglieder umfasste, dann infolge der nationalsozialistischen Verfolgung, die ab Mitte 1937 zum Verbot aller katholischen Jugendverbände führte, zu diesem Zeitpunkt auf etwas weniger als 100.000 Jugendliche zurückgegangen war.[27] Danach war katholische Jugendarbeit nur noch als rein religiöse Seelsorgemaßnahme innerhalb der Kirche bzw. der Sakristei, möglich. Aktivitäten, wie beispielsweise gemeinsame Fahrten oder nur die Abhaltung von Gruppenabenden galten als verbotene Tätigkeiten der Jugendarbeit, auf die die Hitler-Jugend per Gesetz ein Monopol erhalten hatte, so dass katholische Jugendliche, die solche Aktionen durchführten, damit bereits in die Illegalität

26 Vgl. dazu: Brief von Hans ... an Kurat Wellenhofer aus dem Lazarettt in Hannover vom 17.9.1939. Sammlung Schleicher: Wellenhofer.W.S. an den Jugendseelsorger Hans Böhner vom 4.8.1940. Sammlung Schleicher: Böhner. Clemens Hürten in einem Rundbrief an NDer vom November 1940. Sammlung Schleicher. Brief von Jackl Hirschbold an Kurat Wellenhofer vom 7.11.1941 aus Russland. Sammlung Schleicher: Wellenhofer. Brief des Priestersoldaten Alfons Guther an Kurat Wellenhofer vom 26.3.1942 aus Russland. Und letzter Brief von Sepp Pöschl an Kurat Wellenhofer vom 24.10.1942 aus Russland. Sammlung Schleicher: Wellenhofer.

27 Barbara Schellenberger, wie Anm. 2, S.169 ff und S.194, 197.

gegangen waren und sich schwersten Sanktionen aussetzten.[28] Dass dies nur wenige katholische Jugendliche wagten, liegt auf der Hand. Wenn in manchen Soldatenbriefen aus den Kriegsjahren Erinnerungen an gemeinsame Fahrten oder Zusammenkünfte gemacht werden, so dürfte es sich hier bereits in vielen Fällen schon um Zeugnisse einer illegalen Betätigung handeln.[29] Damit ist anzunehmen, dass die Briefschreiber aus einem relativ begrenzten Personenkreis aus katholischen Jugendverbänden stammen, dass es sich aber um durchaus überzeugte und engagierte Angehörige dieser inzwischen bereits verbotenen Organisationen handelte. Da sie sich, wie es sich aus den drei eingangs zitierten Briefen deutlich wird, in ihrer Motivation zum Einsatz für das Vaterland, wie noch darzulegen ist, durchaus mit den Auffassungen der katholischen Amtskirche in Deutschland identifizierten und dies auch ihren Kameraden an der Front vermitteln wollten, sind diese Feldpostbriefe durchaus zutreffende Zeugnisse über Patriotismus und Wehrmotivation junger katholischer Wehrmachtsoldaten, die als Angehörige inzwischen verbotener katholischer Jugendorganisationen, von ihrem Glauben geprägt, in einem engen Verhältnis zu ihrer Kirche standen.

Die geistesgeschichtliche Prägung des Katholizismus in Deutschland während der ersten Hälfte des 20. Jahrhunderts: Milieukatholizismus

Diese jungen Wehrmachtsoldaten gehörten zu den deutschen Katholiken, einer Minderheit innerhalb der deutschen Bevölkerung, deren Anteil von 36,39% an der Gesamtbevölkerung im Jahre 1910 auf 33,4% im Jahre 1939 gesunken war.[30] Nach Heinz Hürten war der deutsche Katholizismus der Vorkriegszeit ein regionales Phänomen mit Schwerpunkten im Osten, Süden und Westen. Während die Kernlande des Deutschen Reiches, bei denen es sich nicht nur um Zentralräume im geografischen Sinne handelte, sondern um Regionen, in denen das nationale Bewusstsein der Zeit, die deutsche Eigenart und die deutsche Tradition eine besonders starke Ausprägung besaßen, die vielen von evangelischen Mehrheiten besiedelten Gebiete waren.[31] Die deutschen Katholiken standen auch nach der Reichsgründung von 1871 nicht im Mittelpunkt des Bewusstseins der geeinten kleindeutschen Nation und dieses Drittel der Reichsbevölkerung galt auch nicht als gleichberechtigter Teilhaber an der von einer liberalen Öffentlichkeit empfundenen deutschen Tradition oder Kultur. „Am eigentlichen Deutschland, eben jener ‚norddeutsch-protestantischen Welt' hatten sie keinen Anteil."[32] Dieser Außenseiterposition entsprach auch eine materielle Inferiorität, die u. A. auch eine Folge einer Unterrepräsentation in den freien Berufen, in der Kapitalwirtschaft und vor allem auch in den Führungsschichten des damaligen Deutschen Reiches, vor allem im Offizierkorps und in der höheren Beamtenschaft, war.[33]

Von diesem Drittel der katholischen Reichsbevölkerung betrug der Anteil derer, die man als „praktizierende Katholiken", d. h. als „die Katholiken" betrachten kann, nämlich die kirchentreuen, „ultramontanen", in katholischen Verbänden zusammengeschlossenen, das Zent-

28 Vgl. hierzu: Arno Klönne: *Gegen den Strom.* Bericht über den Jugendwiderstand im Dritten Reich, hrsg. vom Hessischen Jugendring in Verbindung mit der Hessischen Landeszentrale für Heimatdienst, Hannover-Frankfurt/Main 1958. Vgl. dazu: Brief von Alois Hofmeister an seinen Jugendseelsorger vom 30.9.1939 aus Polen. Sammlung Schleicher. Brief von W.S. an Hans Böhner aus Ostpreußen vom 1.10.1939. Sammlung Schleicher: Hans Böhner.

29 Brief von Poldl ... an Kurat Wellenhofer vom 21.4.1940, Sammlung Schleicher: Wellenhofer. Brief von Bernhard Utters an Hans Böhner vom 22.5.1940 aus Belgien. Sammlung Schleicher: Böhner. Brief von U. W. an Hans Böhner vom 12.11.1940 aus Norwegen. Sammlung Schleicher: Böhner. Brief von Lenz Hogger an Kurat Wellenhofer vom 29.5.1941. Sammlung Schleicher: Wellenhofer. Brief des NDers Willi Struck an den NDer Leo Custodis vom 4.8.1941 aus dem Osten. Sammlung Schleicher: Strunck.

30 Klaus Gotto, Konrad Repgen (Hrsg.): *Die Katholiken und das Dritte Reich*, Mainz3 1990, S.199 ff.

31 Heinz Hürten: *Deutsche Katholiken 1918-1945*, Paderborn 1992, S.14.

32 Ebd., S.14.

33 Ebd., S.14 f.

rum bzw. die Bayerische Volkspartei wählenden katholischen Bürger, also das, was man als „deutschen Katholizismus" bezeichnet, um 1933 nach grober Schätzung gerade noch etwa 20% der Gesamtbevölkerung, wobei die Tendenz fallend war. Dieses Bevölkerungssegment hob sich, nicht allein nach seiner durch die Kirche bis in die alltäglichen Lebensgewohnheiten geprägten Verhaltensweise, sondern auch durch ein hohes Maß gemeinsamer Überzeugungen und Traditionen von der Gesamtheit ab. Ungeachtet besonderer sozialer und regionaler Differenzierungen dieser Gruppe, bildeten diese Menschen damals ein „katholisches Sozialmilieu"[34], von dem gerade die Angehörigen der katholischen Jugendverbände bis zu deren Auflösung am Ende der Dreißigerjahre besonders geprägt waren und in dem sie als Aktivisten eine führende Rolle gespielt haben.

Dieser „Milieukatholizismus" prägte äußerlich während der Zwanziger- und Dreißigerjahre die Ekklesiologie der katholischen Kirche in Deutschland, welche sich erst nach dem II. Vatikanischen Konzil (1962-1965) ändern sollte. Der Milieukatholizismus wird von der Forschung immer wieder als Sinngebung für das Verhalten deutscher Katholiken in der ersten Hälfte des 20. Jahrhunderts erwähnt.[35] Er basierte auf einem Selbstverständnis des Katholizismus als Sozialform der neuzeitlichen Christentumsgeschichte, wie sie sich seit dem 19.Jahrhundert nach Beseitigung aller feudalkirchlichen Gegenkräfte zu einer säkularen Staatlichkeit in Gestalt eines machtvollen, adelsständischen Episkopats und eines durch Pfründen ökonomisch autonomen Pfarrklerus durch die Französische Revolution herauszubilden begann. Dieser Katholizismus war gekennzeichnet durch eine verstärkte und mit Mitteln der modernen Kommunikationstechnik und Organisationsformen geprägte Bürokratisierung, durch Sakralisierung der kirchlichen Organisationsstruktur als Nebenfolge des Dogmas von der Unfehlbarkeit des Papstes und durch eine sondergesellschaftliche Formierung der katholischen Gläubigen in katholischen Milieus.[36]

> „Im Rückgriff auf bürokratische Organisation als dem Selbstbehauptungsmittel des Jahrhunderts gelang der katholisch geprägten christlichen Tradition die Erhaltung einer der staatlichen gegenüber autonomen sozialen Organisation, wie das Faktum und der Ausgang des Kulturkampfes in Europa belegen."[37]

Der Grund für die Gewissheit des Glaubens war jetzt nicht mehr in dem schwankenden Bewusstsein des Einzelnen zu suchen, „(...) sondern in der Organisation der Kirche mit ihrer sakramental-hierarchischen Struktur. Die Zentralthemen des Trienter Konzils waren entsprechend die Sakramentenlehre und ihr enger Bezug zur kirchlichen Hierarchie."[38]

Diese Idee wurde im 19.Jahrhundert zu einem ekklesiologischen System, d.h. zu einer „hierarchologischen Kirchentheorie" ausgebaut. Einer ausgeprägt christomonistischen Ekklesiologie, deren Monismus eine Verkürzung bedeutete,[39] die darin bestand, dass die Rolle des nach der Auferstehung erhöhten Herrn gegenüber des im Heiligen Geist gegenwärtig wirkenden Christus so gut wie nicht ins Gewicht fällt, entsprach ihre hierarchiologisch-klerikale und zentralistische Rechtsordnung mit ihrem einlinigen Kommunikationsablauf von oben nach unten.[40]

Galt im Mittelalter die hierarchisch strukturierte Gesellschaft insgesamt als Abbild des heiligen Kosmos, „(...) so war es nun die sakramentalisierte kirchliche Kernorganisation mit dem

34 Ebd., S.18 f.

35 Ebd., S.19-34. Leo Karrer: *Die Stunde des Laien.* Von der Würde eines namenlosen Standes, Freiburg i. Br.–Basel-Wien1999, S.59-78.

36 Karl Gabriel: Die neuzeitliche Gesellschaftsentwicklung und der Katholizismus als Sozialform der Christentumsgeschichte, in: Karl Gabriel, Franz Xaver Kaufmann (Hrsg.): *Zur Soziologie des Katholizismus*, Mainz 1980, S.201-225.

37 Ebd., S.215.

38 Ebd., S.217.

39 Herrmann Pottmeyer: Der eine Geist als Prinzip der Einheit der Kirche in Vielfalt. Auswege aus einer christomonistischen Ekklesiologie, in: PASTORALTHEOLOGIE 2, 1985, S.253-284, besonders S.257 und 279.

40 Ebd., S.257 und 279.

charismatischen Papst an der Spitze, die diese Funktion erhielt."[41] Als Mittel zur Wahrung seiner traditionellen Identität entstand eine sondergesellschaftliche Form der kirchlichen Klientel in Gestalt katholischer Milieus, worunter im Einzelnen der „(...) Aufbau eines alle Lebensbereiche und alle Lebensphasen umfassenden Netzes möglicher Sozialbeziehungen auf konfessioneller Basis zu verstehen ist. (...) Es sollte dazu dienen, ein mit gesicherten sozialen Gesetzen versehenes, konfessionell geprägtes sozio-kulturelles Milieu zu schaffen, innerhalb dessen die in der traditionellen Symbolsinnwelt verankerten alltäglichen Deutungsschemata ihre soziale Bestätigung finden konnten."[42] Das prägte sich nun von Land zu Land auf verschiedene Weise aus.[43]

Einen solchen Milieukatholizismus nennt der Pastoraltheologe Leo Karrer die „Bildung des Katholizismus als volkskirchlicher ‚Block' und als defensiver Schild der Kirche"[44], womit im Grunde genommen der Weg zur Formierung einer Art von katholischer Gegenwelt im Sinne einer societas perfecta, wie im Mittelalter, d.h. dem auf Erden vorweggenommenen Versuch zur Schaffung einer idealen Gesellschaft, wie sie nach dem Ende der Zeiten verheißen ist, zu beschreiben versucht wurde

Wegen dieses Trends zur Bildung einer katholischen Sonderkultur wurden die Katholiken im Deutschen Reich angefeindet und die Elite des deutschen Laienkatholizismus focht für eine Transformation dieser Sonderkultur zu einer katholisch geprägten Teilkultur als Bestandteil einer allgemeinen deutschen Kultur[45]. Gegen diese Anfeindung, die sich als Ausgrenzung der Katholiken als Staatsbürger zweiter Klasse in dem seit 1871 einsetzenden Kulturkampf manifestierte, setzten sich die deutschen Katholiken zur Wehr und bekundeten einmal ihre Solidarität und Verbundenheit mit der Kirche durch Zusammenschlüsse unterschiedlichster Art, wozu auch die Jugendverbände zählten, denen die Verfasser der Soldatenbriefe angehörten. Andererseits aber muss die durch den Kulturkampf betriebene Ausgrenzung der deutschen Katholiken als „Staatsfeinde" geradezu traumatische Züge angenommen haben, deren Auswirkungen noch gut sechs Jahrzehnte später in den Soldatenbriefen deutlich erkennbar sind. So war bei den deutschen Katholiken nach dem Abflauen des Kulturkampfes ein geradezu übersteigert erscheinender Patriotismus von stark nationalistischen Zügen erkennbar, womit diese trotz aller Zurückstellung ihre Identität als Deutsche und Katholiken bekunden wollten. Von geradezu symptomatischer Bedeutung ist hier die Aussage aus dem o.g. Brief von Hans Niermann: „Aber an meinem Platz soll keiner besser gestanden sein!"

Diese Entwicklung hatte aber auch eine bedeutende Aufwertung der Laien, d.h. des Kirchenvolks, zur Folge, denn ohne dessen Loyalität, die der aller säkularen Sanktionsmöglichkeiten verlustig gegangene Klerus nicht mehr erzwingen konnte, hätte die Kirche ihren Rückhalt in der Bevölkerung verloren. Mit dem Aufbau eines vielgestaltigen katholischen Vereinswesens, schon seit der ersten Hälfte des 19.Jahrhunderts, wurde ganz allmählich ein Prozess der Laienemanzipation in der katholischen Kirche eingeleitet[46], der bis zur Gegenwart noch andauert. Dieses weitverzeigte Vereins- und Verbandswesen, das fast alle Lebensbereiche des deutschen Katholiken betraf, war eine Abschottung und führte zu einer „Summe von Sozialmilieus"[47]. Das war aber auch Zeichen einer innerkirchlichen Solidarisierung nach außen[48], wodurch der deutsche Katholizismus nicht nur Sozialmilieu sondern auch „Bewegung"[49] war.

41 Karl Gabriel, wie Anm. 36, S.217.
42 Ebd., S.219.
43 Ebd., S.219 und Heinz Hürten, wie Anm. 31, S.19-34.
44 Leo Karrer, wie Anm. 35, S.54.
45 Wilfried Loth: Zentrum und Kolonialpolitik, in: *Die Verschränkung von Innen-, Konfessions- und Kolonialpolitik im Deutschen Reich vor 1914,* hrsg. von Johannes Horstmann, mit Beiträgen von Winfried Becker, Horst Günder u.a., Schwerte 1987, S.67-84.
46 Leo Karrer, wie Anm. 35, S.54.
47 Heinz Hürten, wie Anm. 31, S.24.
48 Ulrich von Hehl: Das Kirchenvolk im Dritten Reich, in: Klaus Gotto, Konrad Repgen, wie Anm. 30, S.93.
49 Heinz Hürten, wie Anm. 31, S.24.

Am Vorabend des Dritten Reiches gab es in Deutschland ungefähr 280 katholische „große und kleine Organisationen und Organisatiönchen“[50].

Die katholischen Milieus hatten allerdings nie zu einer völligen Abschottung von der Außenwelt, wie z.B. in den osteuropäischen jüdischen Ghettos geführt. Als Folge der durch die zunehmende Industrialisierung beginnenden Umstrukturierung der Bevölkerung in Teilen Deutschlands, begann die Prägekraft vieler katholischer Milieus zu schwinden. Dennoch war der Milieukatholizismus bis in die Zeit nach dem Zweiten Weltkrieg in Deutschland dominierend.

Ein neuer Aufbruch des deutschen Katholizismus zeichnete sich nach dem Ende des Ersten Weltkrieges ab. In dieser Zeit nach dem Zusammenbruch der alten Ordnung und Ende des verlorenen Krieges war die römisch-katholische Kirche die einzige noch intakte Ordnungsmacht, deren geistliche Hierarchie ungebrochen war und die eine gesellschaftliche Unter- und Überordnung sowie berufsständische Kategorien auch weiterhin mit Nachdruck zu vertreten wusste. Angesichts des Scheiterns der antikatholischen liberalen und aufgeklärten Kultur bekamen die traditionellen katholischen Ordnungen und Werte nach ihrem über lange Jahre dauernden Schattendasein in der öffentlichen Entwicklung geradezu eine Hochkonjunktur.[51] Dies führte auf religiösem Sektor zu einer wachsenden Neubesinnung auf den Wert der Gemeinschaft und für die Bindung an feste Normen und damit auch für Dogma, Kirche, Bibel und Liturgie.[52]

So war der deutsche Katholizismus der zwanziger und frühen Dreißigerjahre von einem gewissen Aufbruch „aus dem Exil ins Reich der nationalen Kultur“ gekennzeichnet, wobei ein „neues Selbstbewußtsein (...), welche jeden Schatten von Inferiorität verleugnete“[53], für seine Selbstdarstellungen typisch war. Dies zeigte sich auch in der Entwicklung des katholischen Organisationswesens in der Zwischenkriegszeit deutlich, wobei es zur Bildung von Großorganisationen kam, wofür die Entstehung des Katholischen Jungmänner-Verbandes (KJMV) als größte katholische Jugendorganisation beispielhaft ist. Als Ausdruck einer Verstärkung der kirchlichen Bindung, waren diese Zusammenschlüsse nicht mehr Laienvereine nach der Art des 19. Jahrhunderts, sondern kirchliche Vereinigungen mit geistlicher Leitung. In ihrer Führungsstruktur besaß zwar das Laienelement einen stärkeren Anteil, dieser war allerdings begrenzt.[54] So war der o.g. Hans Niermann zwar Reichsführer der Sturmschar des KJMV, die tatsächliche Leitung aber hatte dessen Präses, Prälat Ludwig Wolker, inne, der den KJMV vor allem vor den deutschen Bischöfen vertrat.[55]

Diese Vorherrschaft, die von Klerus und Episkopat in den katholischen Vereinigungen ausgeübt wurde, die nunmehr kirchliche Organisationen waren und die Geistliche auch in der politischen Führung des deutschen Katholizismus (vgl. Prälat Ludwig Kaas als Führer der Zentrumspartei) inne hatte, war ein Erbe des Kulturkampfes. Damals hatte sich das katholische Kirchenvolk in der Abwehr gegen eine staatliche Obrigkeit, die sein religiöses Lebensrecht bedrohte, eng um seine Priester und Bischöfe geschart, als denjenigen, gegen die sich die staatlichen Verfolgungsmaßnahmen am unmittelbarsten gerichtet hatten und sah entsprechend der oben skizzierten damaligen Ekklesiologie in ihnen seine eigentlichen Führer auch im weltlich politischen Bereich.[56]

50 Ulrich von Hehl, wie Anm., 48, S.94.
51 Thomas Ruster: *Die verlorene Nützlichkeit der Religion.* Katholizismus und Moderne in der Weimarer Republik, Paderborn-München-Wien-Zürich 1992, S.16.
52 Karl Bihlmeyer, Hermann Tüchle: *Kirchengeschichte*, Bd.3: Die Neuzeit und neueste Zeit, Paderborn u.a.20 1996, S.486.
53 Heinz Hürten, wie Anm. 31, S.144.
54 Ebd., S.123.
55 Barbara Schellenberger, wie Anm. 2, passim.
56 Ernst Wolfgang Böckenförde: *Der deutsche Katholizismus im Jahre 1933.* Kirche und demokratisches Ethos, mit einem historiographischen Rückblick von Karl Egon Lönne. Schriften zu Staat-Gesellschaft-Kirche, Bd. 1, Freiburg i. Br.-Basel-Wien 1988, S.41.

Das zeigt sich auch in allen Briefen, die katholische Wehrmachtsoldaten an ihre Jugendseelsorger schrieben. Die Geistlichen werden auch bei engster Verbundenheit stets als Inhaber ihrer hierarchischen Stellung und als geistliche Führer behandelt.

Den katholischen Laien, die sich in den zahlreichen und unterschiedlichen katholischen Vereinigungen engagierten, ging es nicht um Strukturveränderungen innerhalb der Kirche, wenngleich das in einigen wenigen Briefen aus der zweiten Kriegshälfte von einigen jungen Soldaten durchaus angedeutet wurde.[57] Ernst Wolfgang Böckenförde beschreibt diese Einstellung:

> „Das politische Denken und Wollen des Christen, insbesondere des Katholiken, ist an inhaltlichen Werten orientiert, nicht an einer formellen Verfassung. Es geht ihm um die Ordnung und Gestaltung des staatlichen und gesellschaftlichen Lebens nach den aus Offenbarung und Naturrecht sich ergebenden Grundsätzen und deren Anwendung, soweit sie den sozialen Bereich betreffen. Demgegenüber sind Fragen der Staatsform von untergeordneter Bedeutung; der Christ ist geneigt, sie danach zu beurteilen, inwieweit die einzelne Staatsform die Verwirklichung dieser gültigen Prinzipien verbürgt oder doch erleichtert.“[58]

Das hatte u.a. zur Folge, dass die damaligen Katholiken in Deutschland, wie auch die Führer und Angehörigen der katholischen Jugendverbände in einer autoritären Staats- und Regierungsform an sich keine Bedrohung erkannten.

Die hier skizzierte Verstärkung der kirchlichen Bindung mit ihrer Akzeptanz der Führungsrolle von Bischöfen und Priestern erfuhr dann in den Jahren der Bedrängnis durch die Machthaber des NS-Regimes eine besondere Ausprägung und ist letztlich auch die Ursache für das Zustandekommen der zahlreichen Soldatenbriefe, die Mitglieder der inzwischen verbotenen katholischen Jugendorganisationen vornehmlich an ihre geistlichen Führer und Seelsorger gerichtet haben.

Katholische Jugendorganisationen im Deutschland der 20er und 30er-Jahre; Jugendseelsorge mit Methoden der Jugendbewegung

Verfasser und Adressaten der Briefe, d.h. junge katholische Wehrmachtsoldaten und Jugendseelsorger standen in einer Tradition katholischer Jugendvereinigungen, die vor gut 300 Jahren in der ersten Hälfte des 17.Jahrhunderts mit Vereinigungen von Schülern und Jünglingen an den Wirkungsstätten der Jesuiten nach dem Vorbild der Marianischen Kongregation ihren Anfang genommen hatte. Dies geschah im Rahmen der seit dem Mittelalter erkennbaren Bemühung der katholischen Kirche um eine personen- und gesellschaftsspezifische Seelsorge, indem man immer wieder neue Wege beschritt, um den Erfordernissen der jeweiligen Zeit zu entsprechen. Im Rahmen des o.g. katholischen Vereinswesens gingen seit der Mitte des 19. Jahrhunderts von der Gründung der ersten Gesellenvereine durch den Priester Adolf Kolping (1813-1865) neue Impulse für die Vereinigungen katholischer Jugend aus. In Düsseldorf erfolgte 1896 ein erster Zusammenschluss von 600 Vereinen der werktätigen männlichen Jugend als „Verband der Katholischen Jugend- und Jungmännervereine Deutschlands“, der im Wesentlichen ein Zusammenschluss der geistlichen Präsides, d.h. der kirchlichen Führungskräfte war, die sich bei ihren jährlichen Zusammenkünften über die Methoden der Jugendführung berieten. 1907 umfasste dieser Dachverband etwa 150.000 Jugendliche, 1918 war die

57 Brief von Bernhard Utters an den Jugendseelsorger Hans Böhner vom 10.5.1941 aus dem Osten. Sammlung Schleicher: Hans Böhner. Brief von Bernhard Utters an den Jugendseelsorger Hans Böhner vom 29.9.1941 aus Russland. Sammlung Schleicher: Hans Böhner Brief des NDers Toni … an den N Der Karl … aus Paris vom 10.5.1942. Sammlung Schleicher: Strunck.

58 Ernst Wolfgang Böckenförde, wie Anm. 56, S.31.

Mitgliederzahl bereits auf 350.000 angewachsen. Im Stil der alten Kongregationen sollten die Mitglieder zu einem bewussten Christentum erzogen und bei ihnen der Sinn für das Apostolat geweckt werden. Zusätzlich wollte man aber auch vollwertige Bildungs- und Erziehungsarbeit leisten und Voraussetzungen für die Einfügung bzw. Erweiterung der beruflichen und sozialen Aufgaben in der Tätigkeit der in diesem Dachverband zusammengeschlossenen Vereine schaffen.

Erste Gruppen katholischer Bündischer Jugend entstanden 1909,[59] wobei der aus abstinenten Schülerzirkeln hervorgegangene, seit 1913 „Quickborn" genannte Bund unter seinem geistlichen Führer, dem Theologen Romano Guardini (1885-1968), als Promotor der „Liturgischen Bewegung" eine für die gesamte katholische Jugendbewegung prägende Rolle spielen sollte.

1919 gründete der Erzbischof von Köln, Kardinal Hartmann, zusammen mit dem Jesuitenpater Ludwig Esch SJ als erstem geistlichen Führer den Schülerbund „Neudeutschland" (ND), der sich 1923 im „Hirschbergprogramm" zur Jugendbewegung bekannte. In Würzburg entstand 1920 die „Deutsche Jugendkraft" (DJK) als Zusammenschluss von Sportgruppen innerhalb des „Verbandes der katholischen Jugend- und Jünglingsvereine Deutschlands" und anderer katholischer Jugendverbände,[60] der 1933 690.000 Mitglieder umfasste.[61]

In den 20er-Jahren bildete sich aus dem 1896 gebildeten Dachverband der „Katholische Jungmännerverband" (KJMV), der ab 1930 diese Bezeichnung auch offiziell führte. An seine Spitze wurde 1927 der spätere Prälat Ludwig Wolker (1887-1955) als Generalpräses berufen. Der aus Bayern stammende Ludwig Wolker war ein geistlicher Jugendführer von hohem Charisma, der den Verband endgültig von den traditionellen Formen des katholischen Vereinslebens, d.h. von vorherrschenden Betreuungs- und Jugendpflegetendenzen loslöste und ihn dem Geist und für die Übernahme der Methoden der Jugendbewegung öffnete. 1928 änderte sich die Verbandsarbeit grundlegend, wobei die Jungmännerbewegung voll zum Durchbruch kam. Barbara Schellenberger resümiert diese Wende:

> „Den Jugendlichen selbst wurde die Verantwortung für die technisch-organisatorische Verbandsführung und für die persönliche Führung anderer junger Menschen anvertraut. Weitere Marksteine in der Geschichte des KJMV setzte Wolker 1931 auf der Reichstagung zu Trier – zum ersten Mal wurde hier neben einer organisatorischen, einer religiös-kirchlichen, einer erzieherischen und sozial-karitativen auch von einer volkspolitischen Aufgabe gesprochen – und 1932 durch die Festlegung des organisatorischen Aufbaus im ‚Grundgesetz'",[62] d.h. in der Satzung des KJMV.

Der KJMV gliederte sich in drei Altersgruppen (Jungschar, bis 14 Jahre, Jungenschaft, 14-18 Jahre, Jungmannschaft, über 18 Jahre), ferner gehörten ihm fünf selbstständige Gemeinschaften an, von denen hier nur der Bund Neudeutschland, die Deutsche Pfadfinderschaft St. Georg (DPSG) und die Sturmschar zu nennen sind.[63]

Die aus den im Verband der Katholischen Jugend- und Jungmännervereine zusammengeschlossenen Wandergruppen 1928 entstandene Sturmschar war ein später Zweig der Bündischen Jugend[64] und sollte für die Wirksamkeit des KJMV von besonderer Bedeutung sein,[65] da die an Ideenreichtum und Initiative gewöhnte Bündische Jugend in der Sturmschar das

59 Barbara Schellenberger, wie Anm. 2, S.1-5.
60 Gerold Schmitz OFM: *Die katholische Jugendbewegung*, Stein a. Rhein 1997, S.31.
61 Barbara Schellenberger, wie Anm.2, S.192.
62 Dieselbe: Ludwig Wolker (1887-1955), in: *Zeitgeschichte in Lebensbildern: Aus dem deutschen Katholizismus des 19. und 20.Jahrhunderts*, hrsg. von Jürgen Aretz u.a., Mainz 1982, S.136 f.
63 Dieselbe, wie Anm. 2, S.14.
64 *Sie hielten stand.* Sturmschar im Katholischen Jungmännerverband Deutschlands, hrsg. von Bernd Borger, Hans Schroer, Düsseldorf 1989, S.11 und S.226.
65 Barbara Schellenberger, wie Anm. 2, S.14.

Hauptkontingent an Führungskräften für den KJMV stellte.[66] Nach §15 des „Grundgesetzes" des KJMV war sie definiert:

> „Sie ist die junge Bewegung des Verbandes, die (...) Ziel und Wollen des Jungmännerverbandes unmittelbar vorantragen will und darum in Verein und Verband zu Dienst und zu Führung sich bereitstellt."[67]

Im Rundbrief der Sturmschar von 1930 wurde das Wesen der sich unter dem Christuszeichen (gebildet aus den griechischen Buchstaben Chi und Rho, nach dem daraus gestalteten Abzeichen PX genannt.) formierenden Bewegung beschrieben:

> „Sturmschar heißt also etwas Kräftiges, Wuchtiges sein. Die zu ihr gehören, müssen Kerle sein. Ganz müssen sie sein – der Sturm kennt kein Hindernis, kein Ausweichen, keine Halbheit. Eroberer müssen sie sein, – der Sturm ruht auch nicht eher bis er Sieger ist. Schwach dürfen sie nicht sein, – Sturm bedeutet Kraft (...) Es sollen Menschen sein, die nicht an sich denken, die nur ihre Aufgabe erfüllen für den, der sie gesandt hat, Christus."[68]

Franz Steber (1904-1983) von 1930 bis 1935 als Reichssturmscharführer diesen Bund am nachhaltigsten prägend, formulierte als umfassendes Erziehungsziel des Sturmschärlers, in dessen Leben der Glaube eine zentrale Stelle einnimmt:

> „Wachrufen des Jungen und der Jungengemeinschaft, daß sie selbstständig wird, reif und verantwortlich, das Leben in der Welt neu zu gestalten; ein lebendiges und innerliches Verbundensein mit den Dingen der Welt zu bekommen, damit der lebendige Christus aus unserer Jugend sich darin ergieße und so alle und alles durchdringt. Darum ist unser Jugendreich nicht nur Jugendreich, sondern Erziehung zum Mann geworden, zum mündig gewordenen, selbstentscheidenden, selbstverantwortlichen der Gemeinschaft verpflichtenden katholischen Menschen."[69]

Mit dieser Forderung nach einer aus dem katholischen Glauben geprägten Individualität zog sich Franz Steber schon 1932 den Hass der Nationalsozialisten zu, als er in Trier öffentlich erklärte: „Wir wehren uns als Katholiken und auch als junge Deutsche gegen alle Formen eines absolutistischen Machtstaates." Steber wurde 1937 vom Volksgerichtshof zu fünf Jahren Zuchthaus verurteilt.[70] Von dieser Haltung, wie sie in dem o.g., im pathetischen Stil der damaligen Zeit formulierten Rundbrief von 1930 und in der Aussage von Franz Steber, dem Vorgänger des eingangs zitierten Hans Niermann, zum Ausdruck kommt, sind fast alle der 243 Briefe junger katholischer Wehrmachtsoldaten geprägt. Diese Männer gehörten zumeist der Sturmschar an, dem Bund Neudeutschland oder der Pfadfinderschaft St.Georg.

Georg Pahlke kommt in seiner Untersuchung „Trotz Verbot nicht tot; Katholische Jugend in ihrer Zeit" zu dem Ergebnis, dass 1933 zu Beginn der nationalsozialistischen Herrschaft etwa 30% der männlichen katholischen Jugendlichen Mitglieder katholischer Jugendorganisationen waren, wobei es von diesem Durchschnittswert erhebliche Abweichungen gab, je nach dem Anteil der Katholiken in der jeweiligen Region. Auch der Schülerbund Neudeutschland umfasste 1933 mit 21.472 Mitgliedern 30% aller katholischen Gymnasiasten in Deutschland.[71]

Mit seiner Hinwendung zu den Ideen der Jugendbewegung, die der KJMV als Dachorganisation fast aller katholischen Jugendorganisationen offiziell seit 1928 vollzog, hatte sich die katholische Jugendseelsorge Ideen und Methoden eines Aufbruchs von Jugendlichen zu Eigen gemacht, die sich um 1900 von der Starrheit der wilhelminischen Gesellschaft, von „Bürger- und Verbindungsmief" und von den Erziehungsnormen der Welt der „Alten" freimachen

66 Gerold Schmitz, wie Anm. 60, S.30.
67 Barbara Schellenberger, wie Anm. 2, S.15.
68 Hans Schroer: Sturmschar im Aufbruch, in: Sie hielten stand, wie Anm. 64, S.14.
69 Gerold Schmitz, wie Anm. 60, S.56 f.
70 Ebd., S.57.
71 Georg Pahlke: *Trotz Verbot nicht tot.* KatholischeJugend in ihrer Zeit, Bd. III: 1933-1945, Paderborn 1995, S.52 und S.445, Anm. 177-179.

wollten,[72] weil sie die hiervon erzwungenen Lebensformen und Gesinnungen vielfach als hemmend und niederdrückend empfand. Dabei strebte man keine Freiheit an, die zur Zügellosigkeit ausartete, sondern man wollte sich unter strenge, aber selbstgewählte Gesetze stellen. Diese Jugendlichen wollten zunächst einmal jung sein nach Art der Jungen und sie wollten den Alten beweisen, dass in der Jugend neue Kräfte lebendig sind, die neue Werte schaffen können.[73]

Dieser Aufbruch von Jugendlichen, der dann zur Jugendbewegung wurde, begann aus verschiedenen Anfängen im letzten Jahrzehnt des 19. Jahrhunderts, wobei das Gymnasium in Berlin-Steglitz der bekannteste Ausgangspunkt wurde. Schülergruppen begannen unter nur wenig älteren Führern Wanderungen zu unternehmen. Erste Organisationen entstanden, 1901 gab man sich den Namen „Wandervogel" und gründete als eingetragenen Verein den „Wandervogel, Ausschuß für Schülerfahrten", der sich nach 1904 in verschiedenen Grupperungen zu spalten begann.[74]Diese von Schülern in Gang gesetzte Entwicklung einer Jugendkultur wurde aber schon bald als Modell freier jugendlicher Lebensart auch von jugendlichen Arbeitern übernommen, die sich ebenfalls zu ähnlichen Gruppierungen wie die der Wandervögel zusammenzuschließen begannen, wobei dies dann aus Motiven geschah, die mit der belastenden Arbeitswelt zusammenhingen. Damit war es kurz vor Ausbruch des Ersten Weltkrieges in Deutschland zu einer weit verzweigten Aufbruchstimmung in der Jugend gekommen, die bis in die Universitäten vordrang.[75]

Joachim H. Knoll sieht in der Jugendbewegung zunächst einen besonders ausgeprägten Anspruch auf Eigenerziehung und Eigenverantwortlichkeit, „also das besondere Konzept einer neuen jugendlichen Bewußtheit und Eigenwertigkeit."[76] Dies drückt auch die auf dem „Freideutschen Jugendtag" im Oktober 1913 auf dem Hohen Meißner, einem Treffen von zwei- bis dreitausend Vertretern jugendbewegter und lebensreformerischer Verbände, nach heftigen Diskussionen entstandene Formel eines neuen Jugendwillens aus: „Die Freideutsche Jugend will aus eigener Bestimmung, vor eigener Verantwortung mit innerer Wahrhaftigkeit ihr Leben gestalten. Für diese innere Freiheit tritt sie unter allen Umständen geschlossen ein."[77] Die Jugendbewegung speiste sich aus den unterschiedlichsten Quellen der damaligen Zeitstimmung, wie beispielsweise Zivilisationskritik, um nur eine zu nennen, wobei der Selbsterziehungsanspruch Jugendlicher auch zu einer Ideologie von spezifischer Jugendkultur und Jugendreich führte.

In Walter Flex (1887-1917), dem im Oktober 1917 auf Ösel gefallenen Infanterieleutnant erwuchs der Jugendbewegung ein Dichter, der als „Romantiker des Krieges" mit seinem 1916 veröffentlichten Roman „Der Wanderer zwischen den Welten" eine idealistisch, im christlichen Glauben fundierte, Schilderung der Kriegskameradschaft vorgelegt hatte, die die Jugendbewegung der Zwanzigerjahre nachhaltig beeinflusste,[78] dessen Nachwirkungen auch in den Briefen der katholischen Wehrmachtsoldaten zu finden sind. Der Kernsatz seines Romans: „Rein bleiben und reif werden – das ist die schönste und schwerste Lebenskunst,"[79] womit er den Geist des Wandervogels auf die knappste Formel brachte, sollte sich als Leitspruch tief in die Jugendbewegung einprägen, vor allem aber auch in ihren konfessionellen Teil.[80]

72 Winfried Mogge: „Wann wir schreiten Seit' an Seit' ...". Das Phänomen „Jugend" in der deutschen Jugendbewegung, in: *Typisch deutsch: Die Jugendbewegung*. Beiträge zu einer Phänomengeschichte, hrsg. von Joachim Knoll und Julius H. Schoeps, mit Beiträgen von G. Fiedler u.a., Opladen 1988, S.40.

73 Rolf Eilers: *Konfession und Lebenswelt.* 75 Jahre Bund Neudeutschland 1919-1994, Mainz 1998, S.58 f.

74 Winfried Mogge, wie Anm. 72, S.39.

75 Gerold Schmitz, wie Anm. 60, S.23 f.

76 Joachim H. Knoll: Typisch deutsch? Die Jugendbewegung, in: Typisch deutsch, wie Anm. 72, S.11.

77 Ebd., S.11 f.

78 Anselm Salzer, Eduard von Funk: Illustrierte Geschichte der deutschen Literatur, neu bearbeitet von Claus Heinrich, Jutta Munster-Holzlar, Bd.IV: *Vom jungen Deutschland bis zum Naturalismus*, Köln o.J., S.367.

79 Walter Flex, wie Anm. 15, S.37.

80 Gerold Schmitz, wie Anm. 60, S.26.

In seiner Analyse der Jugendbewegung verweist Joachim H. Knoll auch darauf, dass sie „viel stilbildende Potenz hervorgebracht und vermehrt hat und dass ihr Ertrag über die individuelle Lebensformung hinaus auch zu einer öffentlich zu nennenden pädagogischen Bewusstheit verholfen hat."[81]

So ist die Jugendbewegung mit ihrer damaligen Reformpädagogik in einen engen Zusammenhang zu stellen, da sie sich mit dieser „aus jenem Veränderungswillen speist, der mit: Zivilisationskritik, Natursehnsucht und Wiederentdeckung des Volkstümlichen und Volkstumhaften verknüpft ist."[82]

Die Jugendbewegung war durchaus ein typisch deutsches Phänomen, das sich im eigentlichen Sinne nur im Deutschen Reich, Österreich, der Schweiz und „eher beiläufig im flämischen Belgien und in den Niederlanden"[83] ereignete. Als „typisch deutsch" lässt sich nach Knoll die Jugendbewegung unter Stichworten kennzeichnen, „die auch in Übereinstimmung mit einer völkerpsychologischen Betrachtungsweise zu sehen wären: – mittelalterliche jugendliche Rittergesinnung, – romantischer Jugendkult, – volkstumhafte Rückerinnerung an das Kulturerbe, das sich in Sprache, Lied und Tanzgut ausdrückt, – Führer- und Gefolgschaftsideologie, also eine Form von Bündigung, die geschichtlich zu begründen ist, – kosmopolitische Weite und Heimatflucht, die Völker in einem volkstumhaften Verband begreift, die zwar geographisch fernerliegend, gleichzeitig aber emotional als näherstehend empfunden werden."[84]

Mit diesen Stichworten sind Phänomene bezeichnet worden, die in unterschiedlich starker Ausprägung bei allen der Jugendbewegung zuzuordnenden Jugendorganisationen zu finden waren, wenngleich diese selbst – und das ist für die Jugendbewegung charakteristisch – auf unterschiedlichsten und teilweise diametral entgegengesetzten weltanschaulichen Fundamenten beruhten. Auch in den vorliegenden Soldatenbriefen trat dies zu Tage, wenn beispielsweise die Feldzüge der ersten Kriegsjahre als „Fernfahrten" erlebt werden, wie das aus der eingangs zitierten Tagebuchnotiz von Hans Niermann deutlich wird.

Mit Ausnahme des letzten Stichwortes von der „kosmopolitischen Weite und Heimatflucht", was in der Tat vorrangig Gedankengut jugendbewegter Jugendbünde war, werden hiermit Richtungen von Zeitgeisttendenzen gekennzeichnet, wie sie von vielen Gruppierungen in Deutschland schon um die Jahrhundertwende vertreten wurden. Bezogen auf die deutschen Katholiken lagen die Wurzeln solcher Ideen in der o.g. Skizzierung einer Traditionalisierung, als dem von der katholischen Kirche in Deutschland in Folge der Romantik des 19. Jahrhunderts gemachten Versuch einer Anknüpfung an ein christlich geprägtes Imperium Romanum des Mittelalters. Ähnlichen Motiven entsprang auch eine Betonung der Volksgemeinschaft als völkische, nationale Kulturgesellschaft, was dann später in der NS-Propaganda zu einem regelrechten Kult von Natur und Ländlichkeit, Blut und Boden, selbst bis zur Wiederanknüpfung an heidnisch-vorchristliche Traditionen führen sollte. Diese völkische Bewegung war eine seit Ende des 19. Jahrhunderts in Deutschland sich weitverbreitende Geisteshaltung, die u.a. auch zu durchaus positiven Erscheinungen, wie zur Gründung von Heimatvereinen oder zur Sammlung von Gegenständen der vorindustriellen bäuerlichen Kultur in Heimatmuseen führte. Auch die völkische Bewegung dürfte ihre geistigen Wurzeln in der Romantik des 19. Jahrhunderts besessen haben und war seit der Jahrhundertwende ein in Deutschland typischer Zeitgeisttrend, der dann auch von den deutschen Katholiken mitgetragen und umgeformt wurde. Dieser Volksgedanke hatte in der katholischen Literatur dieser Zeit nach dem Ersten

81 Joachim H. Knoll, in: Typisch deutsch?, wie Anm. 72, S.13.
82 Ebd., S.18.
83 Ebd., S.17.
84 Ebd., S.17 f.

Weltkrieg einen festen Platz und entsprach einer Sehnsucht nach innerer Einheit und Gemeinschaft, mit der sich unschwer die Brücke vom Mythos zum Reich schlagen ließ.[85]

Auch von der katholischen Jugend wurde die völkische Bewegung rezipiert, aber in einen christlichen Sinnzusammenhang gebracht. Weil die katholische Welt die völkische in sich enthielte und sie durch Erlösung auch ihrer natürlichen Isolierung und ihren Einseitigkeiten und Verzerrungen befreie, glaubte der damals bekannte katholische Soziologe und Pädagoge Waldemar Gurian 1924, dass mit einer solchen katholischen Umformung von Ideen der völkischen Bewegung ein Wettlauf der Völkischen um die Gunst der Massen zu gewinnen sei.[86] Denn das in der Welt der katholischen Jugend enthaltene „Völkische" entsprang der Sehnsucht nach Gemeinschaft und der festgegründeten Verbundenheit Gleichgesinnter, der Suche nach dem Eigentlichen in der Liturgie, in der Natur, in der Kunst, im gemeinsamen Fühlen und Wollen, in der Abkehr von der Bürgerlichkeit und der Wirklichkeit des pluralistischen Staates, einer Verherrlichung von Kraft, Ritterlichkeit, Kampfeswillen und Unterordnung unter die gemeinsame Sache sowie einem starken Bedürfnis nach Autorität und rechtmäßiger Obrigkeit, als die man letztlich die Weimarer Demokratie nicht ansehen wollte,[87] Gedanken, die sich auch in den oben zitierten Passagen aus dem Rundbrief der Sturmschar von 1930 und den Aussagen von Franz Steber finden. In den katholischen Jugendbünden fand dies vor allem nach 1933 seinen Niederschlag in der Verehrung von ritterlichen Heiligen, wie dem Erzengel Michael als Anführer ritterlicher Himmelsheere gegen den Satan, in der Verehrung des hl. Georgs, in Christkönigsliedern und in zahlreichen Loyalitätskundgebungen gegenüber den Bischöfen, die zwar immer als religiöse Veranstaltungen durchgeführt wurden, wobei die Gestapo und der Sicherheitsdienst (SD) solche öffentlichen Sympathiekundgebungen, in denen die Bischöfe quasi als „Gegenführer" zu den Funktionären des NS-Regimes von den Jugendlichen herausgestellt wurden, als politische Artikulationen gegen den Nationalsozialismus interpretierten.[88] Auch in den vorliegenden Soldatenbriefen finden sich für all diese Motive zahlreiche Belege.

Mit einem solchen Anschluss an die nationale und völkische Bewegung, die in den Jahren nach 1933 dann vom Nationalsozialismus aufgesogen und dann als genuin nationalsozialistisches Gedankengut hingestellt werden sollte, sah der deutsche Katholizismus damals offenbar die Möglichkeit zu einem endgültigen Verlassen des katholischen Kulturkampfghettos.[89]

Die katholische Jugendbewegung in Deutschland wurde aber auch von der Pfadfinderbewegung geprägt.[90] Ihr Begründer war der britische General Sir Robert Baden-Powell (1857-1941), der nach den Burenkriegen Jugendliche aus dem englischen Arbeitermilieu zu brauchbaren Anwärtern für die Kolonialtruppen heranbilden wollte und dabei das pädagogische Potenzial seiner auf Religiosität, Naturverbundenheit, Handfertigkeit, Kameradschaft und Dienstbereitschaft beruhenden Methoden erkannte. Seit 1907 entwickelte er auf diesen Grundlagen eine internationale Jugendorganisation, die sich in rascher Folge als Pfadfinderei weltweit auszubreiten begann. Im Gegensatz zur deutschen Jugendbewegung lag hier der Akzent eher auf jugendpflegerischem Gebiet. In der deutschen Pfadfinderschaft St. Georg entstand dann in den 20er-Jahren ein Zweig der Pfadfinderschaft, wo diese Methoden der Jugendpflege auf der Grundlage christkatholischer Sinngebung mit Ideen der Jugendbewegung

85 Thomas Ruster, wie Anm. 51, S.100.

86 Waldemar Gurian: Die religiöse Gedankenwelt der Proletarier-Jugend, in: HOCHLAND, 21.Jg. Heft 2, 1924, S.435-439.

87 Thomas Ruster, wie Anm. 51, S.101.

88 Georg Pahlke, wie Anm. 71, S.193. Dazu auch: Armin Hildebrand: Das Limburger Domjubiläum 1935 in der Auseinandersetzung zwischen Kirche und NS-Staat, in: ARCHIV FÜR MITTELRHEINISCHE KIRCHENGESCHICHTE, 32.Jg., 1980, S.147-200.

89 Rudolf Morsay: Die Katholiken und das Dritte Reich, in: Klaus Gotto, Konrad Repgen, wie Anm. 30, S.23.

90 Gerold Schmitz, wie Anm. 60, S.22. Georg Pahlke, wie Anm. 71, S.84.

verschmolzen wurden. Eine ganze Reihe von Verfassern der vorliegenden Briefe gehörte der Deutschen Pfadfinderschaft St. Georg an.

Dass die geistlichen Führer katholischer Jugendverbände sich so nachhaltig der Jugendbewegung zuwandten, lag einmal in ihrem hohen pädagogischen Potenzial von aktuellen und jugendspezifischen Erziehungsmethoden, wie es vorangehend beschrieben wurde, was am deutlichsten in dem von 1923 bis 1926 unter der Ägide von Jesuitenpatres, wie Ludwig Esch SJ (1883-1956), als theologisch besonders fundiertem Grundsatzprogramm, dem Hirschbergprogramm, erarbeitet wurde. Darin bekannte sich der Bund Neudeutschland zur „Lebensgestaltung in Christus“. Getreu des thomistischen Lehrsatzes „Die Gnade setzt die Natur voraus und erhebt sie“ (gratia supponit naturam, elevat et perficit eam.), waren sich die Autoren darin einig, dass ein solches spirituelles Ziel nur auf einer angepassten weltlichen Basis mit natürlichen Mitteln erreichbar ist. Bezogen auf die praktische Erziehungsarbeit bedeutet das, Gott kommt dem Menschen bei seinem Streben nach Vollkommenheit mit seiner Gnade in dem Maße zur Hilfe, wie weit der Mensch in eigenem Bemühen nach einer möglichst eigenen Vollkommenheit strebt. Mit einer an den von der Jugendbewegung proklamierten Werten Einfachheit, Natürlichkeit und innere Wahrhaftigkeit ausgerichteten Lebensführung sah man einen Weg zur Vollkommenheit. Dies wurde als Voraussetzung gesehen, das Ziel, das sich Neudeutschland gesetzt hatte, zu realisieren: Lebensgestaltung in Christus.[91] Ein anderer wesentlicher Beweggrund war die Akzentsetzung der Jugendbewegung auf Bildung und Pflege von Gemeinschaft. Nach katholischer Lehre ist der Christ zwar ein Individuum und ist als Person durchaus für sein Handeln verantwortlich, er wird aber stets in der Gemeinschaft der Gläubigen gesehen. Daher wurden die katholischen Jugendorganisationen wohl am nachhaltigsten von einer auf dem religiösen Sektor entstandenen und wachsenden Neubesinnung auf den Wert von Gemeinschaft und für die Bindung an feste Normen und damit auch für Dogma, Kirche, Bibel und Liturgie geprägt.[92]

Zum entscheidenden Träger dieser Neubesinnung wurde die Liturgische Bewegung, deren Wurzeln in der im späten 19. Jahrhundert einsetzenden Erneuerung des benediktinischen Mönchtums lagen. Ausgehend von einer nunmehr verstärkten Pflege des bei den Benediktinern besonders hochgehaltenen gemeinschaftlichen Gebetes, regte der Benediktinermönch der belgischen Abtei Mont César, Dom Lambert Beaudin, auf dem Katholikentag in Mecheln 1909 an, die Liturgie, als das eigentliche Gebet der Kirche zur Grundlage der Volksfrömmigkeit zu machen. Das sollte durch die Bereitstellung der lateinischen Messtexte und der Sonntagsvesper in landessprachlichen Übersetzungen für das Kirchenvolk geschehen. Dom Beaudin konnte sich dabei auf entsprechende Dekrete von Papst Pius X. von 1903, 1904 und 1905 berufen, die zur aktiven Teilnahme der Gläubigen an den heiligen Mysterien und an dem öffentlichen und feierlichen Gebet der Kirche aufgerufen hatten, was dann auch von den deutschen Benediktinern aufgegriffen wurde. Die nun langsam entstehende Liturgische Bewegung, deren geistliche Führung bei der Benediktinerabtei Maria Laach unter ihrem dort seit 1913 wirkenden Abt Ildefons Herwegen (1875-1946) lag, beschränkte sich zunächst in Deutschland auf Akademikerkreise. Der Theologe Romano Guardini gab dieser Bewegung durch seine Schriften die theologische Fundierung, wie sie sich dann ausgehend durch den von ihm geleiteten und an der Jugendbewegung orientierten Jugendbund „Quickborn“ als Liturgische Bewegung in den katholischen Jugendorganisationen zu verbreiten begann. Auch in den Pfarrgemeinden fing die Liturgische Bewegung etwa um 1930 an, unter dem Motto „Volksliturgie und Seelsorge“ als tragende Elemente der Gemeindearbeit Fuß zu fassen.[93] Das Hauptanlie-

91 Rolf Eilers, wie Anm. 73, S.83.
92 Biehlmeyer, Tüchle, wie Anm. 52, S.486.
93 Erwin Iserloh: Innerkirchliche Bewegungen und ihre Spiritualität (9. Kapitel), in: Hubert Jedin, Konrad Repgen (Hrsg.): HANDBUCH DER KIRCHENGESCHICHTE, Bd.8: Die Weltkirche im 20. Jahrhundert, Freiburg i.Br..-Basel-Wien 1985, unveränderter Nachdruck der Sonderausgabe von 1985, S.303-305.

gen der Liturgischen Bewegung hatte Romano Guardini in seiner erstmals 1918 veröffentlichten Schrift „Vom Geist der Liturgie“ dargelegt, die in den folgenden Jahren immer wieder neu aufgelegt wurde.

> „Nächster und eigentümlicher Zweck der Liturgie ist nicht, die Gottesverehrung des Einzelnen auszudrücken. (...) Das Ich der Liturgie ist vielmehr das Ganze der gläubigen Gemeinschaft als solcher, ein über die bloße Gesamtzahl der Einzelwesen hinausliegendes Mehr, die Kirche. Liturgie ist der öffentliche, gesetzliche Gottesdienst der Kirche und wird durch eigens von ihr dazu gewählte und bestellte Amtsträger, die Priester, geleitet.“[94]

Durch das liturgische Beten sollte somit Gemeinschaft gebildet werden, indem der Einzelne die Demut aufbringt, Verzicht auf Selbstständigkeit zu leisten, wenn er sich als Individuum, d.h. als Person, in die neu zu bildende christliche Gemeinschaft der Kirche einbringt,[95] mithin Gemeindebildung vom Altartisch aus. Den dahinter stehenden Trend des Zeitgeistes hatte Abt Ildefons Herwegen im Vorwort direkt angesprochen: „Das Individuum... hat sich ausgelebt. Es verlangt nach Gemeinschaft, ... Gemeinschaft im höchsten Sinn ist aber die Kirche. Die Bestrebungen will unsere Ecclesia orans unterstützen.“[96] Mit der Betonung des Priesters als Amtsträger und der christlichen Gemeinschaft, in die der Einzelne sich einzuordnen hatte, entsprach auch die Liturgische Bewegung durchaus der vorangehend skizzierten christomonistischen Ekklesiologie der Zeit vor dem II. Vatikanischen Konzil. Allerdings, Gemeinschaft im Sinne der Liturgischen Bewegung war stets ein Zusammenschluss von für ihr Handeln selbstverantwortlichen Individuen und unterschied sich grundsätzlich von der wenig später nach der Devise „Du bist nichts, dein Volk ist alles!“ von den Nationalsozialisten vollzogenen Perversion eines Begriffes von Gemeinschaft.

Für die katholischen Jugendverbände war nach ihrem endgültigen Verbot und der Ausübung jeglicher weltlicher Aktivitäten in der Jugendpflege das in religiösem Tun erlebte Gemeinschaftserlebnis von zentraler Bedeutung. Hand in Hand gehend mit den seit 1933 beginnenden Einschränkungen und Verboten durch die Machthaber des NS-Regimes bildeten gemeinsame Messfeiern, Andachten, Wallfahrten und Bekenntnisfeiern einen regelrechten Ersatz für Zeltlager, Fahrten und Gruppenabende.[97] Auch in den vorliegenden Soldatenbriefen kommt das allenthalben zum Ausdruck, wenn sich die Briefschreiber voller Freude darüber äußern, dass sie in ihrer Vereinzelung in den Einheiten und an der Front gelegentlich an einem Feldgottesdienst teilnehmen konnten, oder wenn sie das Glück hatten, mit einem Priestersoldaten, d.h. einem zum Priester geweihten und als Sanitätssoldat eingesetzten Kameraden, zusammenzutreffen, der mit ihnen das Messopfer feierte. Hier erlebten sie die Gemeinschaft mit Gleichgesinnten im Glauben und betrachteten dies stets als wichtige Kraftquelle zum Durchhalten.

Zum Verhältnis Jugendbewegung und Katholische Jugendorganisationen lässt sich abschließend feststellen:

> „Die Kirche bot ihrer Jugend die Lebensorientierung und damit Inhalte, Richtung und den normativen Rahmen für ihre Selbstverwirklichung. Von der Jugendbewegung übernahm die katholische Jugend die Formen des Gruppenlebens, Fahrt, Lager, Musik, Rituale – und so viel Romantik, wie neben der Arbeit an sich selbst, für die Gemeinschaft der Gleichaltrigen und für die Kirche noch Platz war.“[98]

94 Romano Guardini: *Vom Geist der Liturgie*, Freiburg i.Br. 1957, S.20.
95 Ebd., S.45-55.
96 Ebd., S.9-12.
97 Georg Pahlke, wie Anm. 71, S.252, ff.
98 Paul Hastenteufel: *Katholische Jugend in ihrer Zeit*, Bd.II: 1919-1932, Bamberg 1989, S.538.

Katholische Jugendliche als Wehrmachtsoldaten, milites Jesu Christi?

Die vorangehende Skizzierung der Ekklesiologie der katholischen Kirche in Deutschland in der ersten Hälfte des 20. Jahrhunderts und die geistige Befindlichkeit der deutschen Katholiken selbst, machen deutlich, dass man in der überwiegenden Mehrheit die militärische Verteidigung des Vaterlandes bejahte und hierin den nichtkatholischen Mitbürgern in keiner Weise nachstehen wollte. Durch eine Teilnahme am aktiven Wehrdienst wollte man auch seine staatsbürgerliche Gleichwertigkeit demonstrieren. Der eingangs zitierte Satz von Hans Niermann, dem ehemaligen Reichsführer der Sturmschar: „An meinem Platz soll keiner besser gestanden haben!" dürfte damals durchaus eine gängige Devise für viele deutsche Katholiken gewesen sein.

Nachdem durch Reichspräsident von Hindenburg am 13. September 1932 das Reichskuratorium für Jugendertüchtigung konstituiert worden war, worin sich kooperationswillige deutsche Jugendverbände zum Zweck einer vormilitärischen Ausbildung zusammenschließen sollten, hatte sich Prälat Wolker nach heftigen Auseinandersetzungen mit Gegnern dieses Vorhabens im eigenen Verband zu einer Mitgliedschaft der DJK in diesem Kuratorium entschlossen. Er tat diesen Schritt aus vaterländischem Pflichtbewusstsein, nach dem katholische Weltauffassung vom Glauben her nicht das Recht und die Pflicht der Vaterlandsverteidigung ablehnen könne.[99]

Ohnehin spielten soldatische Formen und Metaphern in den katholischen Jugendorganisationen der 30er-Jahre eine große Rolle, wie das beispielsweise in den zeitgenössischen Fotos im Gleichschritt marschierender oder in militärischer Ordnung angetretener Jugendgruppen des KJMV deutlich wird.[100] Zwar wollten männliche katholische Jugendverbände keine paramilitärischen Organisationen werden, aber die Hochschätzung soldatischer Tugenden, wie Opferbereitschaft, Kameradschaft und Treue, spielte hier eine wichtige Rolle, wie auch soldatische Formen als Ausdruck dieser Tugenden eine Selbstverständlichkeit waren.[101] Eben an diese Tugenden appellierte Adalbert Probst, der am 2.Juli 1934 von den Nationalsozialisten im Rahmen der Liquidationswelle der Röhmkrise ermordete Referent für Geländesport der DJK,[102] in einem im Mai 1933 in der „Wacht", dem Hauptorgan des KJMV, veröffentlichten Artikel „Wie komme ich als katholischer Jungmann zur Reichswehr".[103] Resümierend stellte Probst hier fest: „Soldat sein heißt ein ganzer Kerl und echter Christ sein, der nichts für sich, aber alles für seinen Schöpfer und sein Vaterland erringen will."[104] Ein Jahr später veröffentlichte Adalbert Probst als Reichsführer der DJK in der Verbandszeitschrift „Deutsche Jugendkraft" im Mai 1934 in seinem Beitrag „Vom Wesen der Wehrhaftigkeit" die gleichen Gedanken, wobei jetzt bereits unter dem Eindruck der beginnenden Verfolgung katholischer Jugendorganisationen durch die Nationalsozialisten der Schwerpunkt darauf gelegt wurde, durch die Ausübung soldatischer Tugenden: Vaterlandsliebe, Gemeinschaftssinn, Einsatz- und Opferbereitschaft, die Gleichberechtigung in der von den Nationalsozialisten propagierten neuen „Volksgemeinschaft" behaupten zu können.[105]

Dem seit 1933 immer häufiger erhobenen Vorwurf, die katholischen Jugendorganisationen seien „national nicht zuverlässig", begegnete Ludwig Wolker mit verschiedenen Reden, die

99 Barbara Schellenberger: Ludwig Wolker, wie Anm. 62, S.137.

100 Vgl. die Illustrationen in: Sie hielten stand, wie Anm. 64.

101 Georg Pahlke, wie Anm. 71, S.275.

102 Barbara Schellenberger: Adalbert Probst (1900-1934). Katholischer Jugendführer – Opfer des Nationalsozialismus, in: DÜSSELDORFER JAHRBUCH. Beiträge zur Geschichte des Niederrheins, Bd.69, Düsseldorf 1998, S.285.

103 Adalbert Probst: Wie komme ich als katholischer Jungmann zur Reichswehr, in: DIE WACHT, Mai 1933, S.136-137.

104 Ebd., S.137.

105 Derselbe: Vom Wesen der Wehrhaftigkeit, in: DEUTSCHE JUGEND KRAFT, 15. Mai 1934, S.74.

1935 auf Schallplatten in vielen katholischen Jugendheimen verbreitet wurden, worin er programmatisch feststellte:

> „Für Christi Reich in einem neuen Deutschland. Dahin geht unser Kampfruf. (...) Ja, es ist unser Deutschland! Auch unser, die wir das Christusbanner führen und junge Kirche heißen. Nichts und niemand kann uns den deutschen Namen, kann uns die deutsche Ehre nehmen, nicht Schmähung und Gewalt. Denn dieser Name und diese Ehre, sie sind in uns und nicht außer uns. Und nichts und niemand kann unsere deutsche Treue brechen, kein Feind von außen und kein Feind von innen, denn unsere Treue wurzelt im innersten Wesen und Willen des Herrn."[106]

Der hierdurch für junge Katholiken beanspruchte Platz in der „Volksgemeinschaft" wurde damals mit Stilmitteln zum Ausdruck gebracht, die dem gerade in den katholischen Jugendverbänden gepflegten Schwärmen für ein romantisches mittelalterliches Weltbild entstammten und die damals Möglichkeiten zu verdeckten aktuellen Aussagen boten, die jedoch in ihrer religiösen Diktion nicht ohne weiteres angreifbar waren. Ihr Duktus war aber auch kennzeichnend für die kommende Situation. Katholische Jugendliche rüsteten sich für einen Kampf um die Weltanschauung, den sie nach dem Vorbild mittelalterlicher christlicher Ritter-, oder besser nach ihrer Vorstellung davon, - führen wollten, gegen einen Gegner, der mit moderner, auch mit zeitgemäßer weltanschaulicher, Kriegstechnik vertraut war.[107] So waren der Christkönigskult, die Verehrung des Erzengels Michael als Patron der Deutschen und des hl. Georg als ritterlicher Heiliger in der damaligen katholischen Jugend weit verbreitet und für viele Jungen war ein Bild der hochmittelalterlichen Skulptur des Bamberger Reiters das Idealbild eines christlichen Kämpfers. In den Soldatenbriefen tauchen diese Motive immer wieder auf. So wurde – abgesehen von Einzelfällen – trotz weltanschaulicher Konflikte mit dem Nationalsozialismus von katholischen Jugendlichen und ihren geistlichen Führern Soldatentum nicht in Frage gestellt und eine grundsätzliche patriotische und nationale Verpflichtung zum Militärdienst für das Vaterland wurde nicht bezweifelt. Eine schon vor Kriegsbeginn häufig gebrauchte Metapher für christliche Lebensgestaltung war damals ein Zitat aus dem zweiten Timoteusbrief: „Als wackerer Streiter Christi Jesu ertrage mit mir Leiden. Kein Krieger läßt sich in weltliche Geschäfte ein, dem Kriegsherrn zu Gefallen." (2.Tim.2,3 f.)[108]

Unbestreitbar sollte mit dem „miles Jesu Christi" auch ein bewusster Gegensatz zum „Soldaten Adolf Hitlers" ausgedrückt werden, für katholische Jugendliche wurde der Dienst als Soldaten im Kriegsfall damals als durchaus selbstverständlich angesehen. Prälat Wolker hatte dies 1939 mit den Worten ausgedrückt:

> „Unser Dienst: ‚Gib dem Kaiser, was des Kaisers ist, und Gott, was Gottes ist.' (...) Der biblische Sinn ist eindeutig der: Das eine und das andere, der Dienst an Volk und Staat und der Dienst am Reich Gottes. So mag uns das Herrenwort ein Leitwort sein!"[109]

Zwar wurde die Wehrmacht in ihrer Gesamtheit als bewaffnete Macht von ihrer Führung den Zielsetzungen der nationalsozialistischen Machthaber zur Verfügung gestellt, um internen Bereich war man aber nachhaltig bestrebt, den Eingriff von Parteifunktionären zu verhindern. Die Soldaten besaßen bis 1945, wie schon ihre Kameraden aus den Heeren der Kaiserzeit, kein Wahlrecht und eine Mitgliedschaft in einer politischen Partei war ebenfalls verboten. Die goldenen Parteiabzeichen, die hohe Militärs verliehen bekamen, waren eine Art von Auszeichnungen und beinhalteten keine Mitgliedschaft in der NSDAP. In den am 25.Mai 1934 noch von Reichspräsident Paul von Hindenburg unterschriebenen „Pflichten des deutschen Solda-

106 Walter Berger (Hrsg.): ad personam: Ludwig Wolker, Buxheim 1975, S 392 und 398. Vgl. auch: Georg Pahlke, wie Anm. 71, S.177.

107 Georg Pahlke, wie Anm. 71, S.177.

108 Übersetzung nach der damals inm katholischen Jugendverbänden viel benutzen Ausgabe: Konstantin Rösch: Das Neue Testament, Paderborn 19234, S.465: 2.Tim.2,3 f.

109 Ludwig Wolker, aus Georg Pahlke, wie Anm. 71, S.275 f.

ten", einem Pflichtenkatalog von 8 Punkten, die allen Wehrmachtsoldaten bekannt- gemacht wurden, lauteten die letzten Passus:

> "Selbstbewußt und doch bescheiden, aufrecht und treu, gottesfürchtig und wahrhaft, verschwiegen und unbestechlich soll der Soldat dem ganzen Volk ein Vorbild männlicher Kraft sein. Nur Leistungen berechtigen zum Stolz. Größten Lohn und höchstes Glück findet der Soldat im Bewußtsein freudig erfüllter Pflicht. Charakter und Leistung bestimmen seinen Weg und Wert."[110]

Solche Forderungen wurden, wie bereits erwähnt, damals auch von den Führern katholischer Jugendverbände voll und ganz mitgetragen und dieses Ethos wird auch in den vorliegenden Soldatenbriefen immer wieder deutlich. Hinzu kommt, dass der Erlebnishorizont und die Prägung der Briefschreiber, die im Grunde genommen alles „einfache Soldaten" waren, d.h. Mannschaftsdienstgrade, Unteroffiziere und einige wenige Subalternoffiziere, fast ausschließlich durch den Mikrokosmos der militärischen Organisation geprägt wurden, d.h. von den untersten taktischen Gliederungen, wie Gruppe (ca. 10-20 Mann), Zug (ca.30-60 Mann) und Kompanie (ca. 150 Mann) bis hin zum Bataillon. Der soziale Zusammenhalt dieser militärischen Kleingruppen bestimmte in entscheidendem Maß das Verhalten des einzelnen Soldaten.[111] Von daher konnte der Dienst in der Wehrmacht, d.h. die Zugehörigkeit zu einer solchen militärischen Kleingruppe, durchaus eine Nische sein, in der man sich dem Zugriff durch Parteinstanzen oder sogar der Gestapo entziehen konnte, vor allem, wenn man den Umstand berücksichtigt, dass solche Einheiten in ungewöhnlich starkem Maß durch die Persönlichkeit ihrer jeweiligen Führer geprägt wurden. So ist es durchaus häufig vorgekommen, dass die entsprechenden militärischen Vorgesetzten ihre Untergebenen gegen Übergriffe von NS-Organen auf Grund eigener christlicher Einstellung oder auch nur wegen ihrer inneren Distanz zum Nationalsozialismus in Schutz genommen haben. Für nicht wenige war dies auch ein Grund zur freiwilligen Meldung zur Wehrmacht.[112]

Wenn Prälat Ludwig Wolker als Generalpräses des KJMV den Dienst an Volk und Staat in gleicher Weise wie den Dienst am Reich Gottes forderte, so tat er das als praktischer Seelsorger unter der damals realistischen Einschätzung, dass nur durch die Erfüllung beider Dienste die von ihm betreuten katholische Jungmänner angesichts des nationalsozialistischen Totalitarismus überhaupt noch eine Möglichkeit hatten, ihre christliche Identität zu bewahren. Schon mit der Unterscheidung zwischen einem Dienst für Volk und Staat und dem Dienst für das Gottesreich hatte er sich in den Widerspruch zur NS-Propaganda gesetzt und sich geweigert, „(...) das ‚Dogma' von der ‚Drei-Einigkeit' von ‚NSDAP-Drittes Reich-Deutsches Volk' anzuerkennen", womit der Jesuitenpater Dr. Alfred Delp im o.g. Zitat die Haltung vieler Katholiken der damaligen Zeit gekennzeichnet hatte.[113] Bereits die eingangs zitierten Briefe zeigen, dass dies aber auch ein in fast allen vorliegenden Soldatenbriefen durchgängiger Topos war.

Was Ludwig Wolker sozusagen als programmatische Devise formulierte, hat Alfred Delp SJ in der von seinem Orden herausgegebenen traditionsreichen Zeitschrift „Stimmen der Zeit" im Juli 1940 in dem Artikel „Der Krieg als geistige Leistung" in theologischer Argumentation kurz vor dem Verbot dieser Zeitschrift niedergelegt.[114] Der Aufsatz erschien unmittelbar nach dem auch von der Wehrmachtführung unerwartet schnell errungenen Sieg über Frank-

110 Die Pflichten des deutschen Soldaten vom 25.Mai 1934, in: *Waffenträger der Nation*. Ein Buch der deutschen Wehrmacht für das deutsche Volk, hrsg. vom Reichswehrministerium, Berlin 1934, S.1.

111 Martin von Creveld: *Kampfkraft*. Militärische Organisation und militärische Leistung 1939-1945. Einzelschriften zur Militärgeschichte Bd. 31. hrsg. vom Militärgeschichtlichen Forschungsamt, Freiburg i.Br. 1989.

112 Georg Pahlke, wie Anm. 71, S.277. Vgl. auch: Heinrich Walle: *Die Tragödie des Oberleutnants zur See Oskar Kusch*, Stuttgart 1995. Vgl. auch: Christen im Krieg. Katholische Soldaten, Ärzte und Krankenschwestern im Zweiten Weltkrieg, hrsg. vom Katholischen Militärbischofsamt und Hans Jürgen Brandt, München 2001.

113 Alfred Delp, wie Anm. 8, S.106 f.

114 Derselbe: Der Krieg als geistige Leistung, in: STIMMEN DER ZEIT. Katholische Monatsschrift für das Geistesleben der Gegenwart, Bd. 137, Heft 7, 1940, S.207-210.

reich und setzt sich aus Sicht katholischer Theologie mit dem Wesen des Krieges auseinander, wobei Delp Auffassungen von Hermann Stegemann, Max Scheler,[115] von Ernst Jünger, dem damals viel gelesenen Autor der Grabenkämpfe des Ersten Weltkrieges[116] und das Werk des als Philosophen des Krieges schlechthin angesehenen preußischen Generals Carl von Clausewitz „Vom Kriege"[117] diskutiert. Mit Clausewitz ist er der Ansicht, dass der Krieg einen Menschen und ein Volk, die ihn nur durch physischen Einsatz meistern wollen, unterlegen findet. Zu seiner Meisterung verlangt der Krieg eine geistige Leistung, die sich keineswegs auf einen Aufschwung von Verstandes- und Charakterkräfte beschränkt. Sie erstreckt sich bis in den Bereich des Sittlichen und erhält erst hier ihre letzte Höhe, Schärfe und Tragfähigkeitsprobe.[118] Will man den Krieg ertragen ohne an ihm zu verderben, muss er ausdrücklich geistige Leistung sein. Damit stellt sich die Frage nach der sittlichen Haltung im Kriege. Sie ist keine allgemeine, sondern eine konkrete. Es wird eine sittliche Meisterung des Krieges verlangt. Der Krieg wurde nicht von uns gerufen und es ist auch nicht in unsere Macht gestellt, ihn aus der Welt der Realität herauszunehmen. Wir müssen mit ihm fertig werden.[119]

> „Die Antwort auf diese Frage, wie sie sich uns stellt, ergibt sich aus dem inneren Gesetz heutiger Kriege, vielleicht des Krieges überhaupt."[120] Delp findet die Lösung Ernst Jüngers als ungenügend, wonach die Eleganz der kämpferischen Methode ohne Rücksicht auf das „Warum"[121] als Sinngebung ausreicht. Er lehnt diesen Weg ab, weil hier kein Wert sichtbar wird, der Einsatz und Leistung möglich macht, versittlicht und verdient. Auch Hermann Stegemanns Auffassung, von einer katastrophenartigen Notwendigkeit und Tatsächlichkeit des Krieges[122] lehnt er ab, da hier trotz aller Wucht des Einsatzes letztlich doch Resignation, Verzicht auf geistige Erfassung und Durchdringung vorherrscht.[123]

Aus Clausewitz' Erkenntnis, dass der einmal existente Krieg sein eigenes Gesetz habe und kein isolierter Akt[124] sei, im Zusammenhang mit dem politischen Geschehen zur Schaffung einer neuen Ordnung tendiere, als Akt der Gewalt den Gegner zur Erfüllung des eigenen Willens zwingen will,[125]ferner dass es absurd sei, wenn in die Philosophie des Krieges ein Element der Mäßigung hineingetragen würde[126] und dass es im Kriege letztlich als Akt der Gewalt keine Grenzen der Gewaltanwendung gebe,[127] zieht Alfred Delp, auf die damalige Kriegssituation bezogen, die folgenden Schlüsse: Aufgrund seines Gesetzes, vor allem aber bedingt durch die heutigen Kriegsmittel, hat der moderne Krieg letztlich nichts anderes als die totale Vernichtung des Gegners zum Ziel.

Die Frage der sittlichen Erlaubtheit seiner solchen Kriegführung oder eine Ethik des Krieges überhaupt klammert er bewusst aus, es geht ausschließlich um die Tatsächlichkeit des Krieges.

> „Und diese Tatsächlichkeit des Krieges geht – zum mindesten heute – auf die Entmachtung, die Vernichtung des letzten Substrates der gegnerischen Kampfkraft – und das ist über alles Geordnete und Gestaltete hinaus das Volk mit seiner Einheit und Gemein-

115 Hermann Stegemann: *Der Krieg, sein Wesen und seine Wandlung*, Stuttgart 1939. Max Scheler: Der Genius des Krieges, Leipzig 1915.
116 Ernst Jünger: *Der Kampf als inneres Erlebnis*, wie Anm. 16.
117 Carl von Clausewitz: Sämtliche hinterlassene Werke über Krieg und Kriegführung, Bd.1: *Vom Kriege*, hrsg. von Wolfgang von Seidlitz, o.O.1999.
118 Carl von Clausewitz: Vom Kriege, S.61, 57 f und S.38.
119 Ebd., S.153 f.
120 Alfred Delp, wie Anm. 114, S.208.
121 Ernst Jünger, wie Anm. 16, S.37, 46, 78 und 50.
122 Hermann Stegemann, wie Anm. 115, S.3 und 20.
123 Alfred Delp, wie Anm. 114, S.208.
124 Carl von Clausewitz, wie Anm. 117, S.29.
125 Ebd., S.25.
126 Ebd., S.26.
127 Ebd., S.27.

> schaft. Die letzte geistige Leistung dem Kriege gegenüber ist also bedingt durch das Verhältnis, in dem der Mensch und Christ zu seinem Volk steht."[128]

Damit hat Alfred Delp Krieg, nach der damals weit verbreiteten Auffassung und gestützt auf die Literatur seiner Zeit, als katastrophenartiges Naturereignis angesehen, dem der Einzelne unentrinnbar ausgeliefert ist und nur durch entsprechende moralische Kräfte unbeschadet überstehen kann. Der Krieg hat letztendlich nur die Vernichtung des Volkes bzw. der Volksgemeinschaft zum Ziel und damit weist der Jesuitenpater zu Zeiten des Höhepunktes deutscher militärischer Erfolge im Zweiten Weltkrieg deutlich darauf hin, dass durch den von Hitler angezettelten Krieg nach Erschöpfung der deutschen Kriegsmittel die Existenz des deutschen Volkes der Auslöschung durch den Gegner aufs Spiel gesetzt wird.

Nach dieser pragmatischen Argumentation ist der Einsatz des Einzelnen im Kriege, in den er schicksalhaft und ohne eigenes Zutun hineingeworfen wurde, ein Dienst zur Erhaltung seines Volkes, der sich aus dem Verhältnis des Einzelnen zu seinem Volk legitimiert.

> „Wie wir Katholiken in der Frage nach der Stellung des Christen zum Staate auf eine klare und saubere Tradition hinweisen müssen und ihr verpflichtet sind, so auch in der Frage nach dem Verhältnis zum Volk, das ein anderes und anders begründetes ist als die Stellung zum Staate. Das Volk ist ein Ergebnis der Schöpfungsordnung, an das uns ursprüngliche Beziehungen und Pflichten binden."[129]

Hier trifft Delp eine wesentliche Unterscheidung, indem er das Volk als unmittelbares Ergebnis der Schöpfungsordnung vom Staat als geschichtlich gewachsener Institution abgrenzt. Als Mann des Widerstandes war Alfred Delp dann auch an der Beseitigung einer von ihm als verbrecherisch erkannten und den Bestand des Volkes aufs Spiel setzenden Staatsführung beteiligt, weil von dieser das Allgemeinwohl (bonum commune) auf das Schlimmste verletzt wurde. In der Begründung dieser Tradition von Bindung und Beziehung des Einzelnen zu seinem Volk beruft sich Delp gemäß der im Jesuitenorden gepflegten Tradition der Scholastik auf Thomas von Aquin, was dieser in seiner Summa Theologica über die „pietas" ausgesagt hat, worunter von den Denkern der Antike das Verhältnis des Einzelnen zum Volk auf naturrechtlicher Basis thematisiert wird. In der Quaestio 101 wird festgestellt: Der Mensch ist zuerst Gott verpflichtet, dann vor allem den Eltern und dem Vaterland. So wie es Aufgabe der Religion ist, Gott die Ehre zu erweisen, ist es nachfolgend Gegenstand der „pietas", den Eltern und dem Vaterland die gebührende Ehre zu erweisen. (S.Th. II.II.q.101, a.1 c.)

Erneut weist Delp auf den Unterschied von der Verpflichtung zum Staat hin, die eine andere Begründung und Absicht hat und beruft sich wiederum auf Thomas: Die „pietas" erstreckt sich auf das Vaterland, weil dieses sozusagen unseren Seinsgrund darstellt, während hingegen die Gerechtigkeit der Gesetze, sofern sie ein Allgemeinwohl darstellt, das Wohl des Vaterlandes zum Gegenstand hat. (S.T.II.II.q.101, a.3 ad 3). Für Thomas hat diese Bindung an das Volk den Charakter eines „debitum legale" (S.T. II.II.q.80, a.1), d.h. sie ist ein Rechtsanspruch des Volkes, der sein Maß in dem der Bedürftigkeit des Rechtssubjektes findet.[130]

So trifft Pater Delp dann am Ende seines Aufsatzes die Feststellung:

> „Kein Christ ist durch sein Christsein aus der Seinsordnung und ihren Bindungen entlassen. Wir beweisen höhere Treue nicht durch Treulosigkeit. Es ist nicht unsere Art, den Krieg zu verherrlichen als Idealzustand männlichen Lebens, aber da er existente Wirklichkeit ist, muß und wird er uns willig finden, mit ihm fertig zu werden und ihn zu meistern, auch aus einer letzten geistigen Haltung und Verantwortung heraus. Für die letzten und äußersten Horizonte unseres Daseins aber gilt das Bewußtsein, daß jede geschichtliche Stunde ‚direkt zu Gott' ist, und daß jede echte Situation, die wir gemeistert haben in Einsatz und Bewährung, Tor und Weg ist unmittelbar in die Heimat Gottes –

128 Alfred Delp, wie Anm. 114, S.209.
129 Ebd., S.209.
130 Ebd., S.210

ob wir den Sieg unseres Volkes selber noch schauen, oder ob wir – wie unsere gefallenen Helden – ihm unser Leben weihen durften."[131]

Wehrmotivation katholischer Wehrmachtsoldaten auf Grund religiöser Spiritualität oder Teilidentität mit dem Nationalsozialismus?

Mit Sicherheit hat keiner der Autoren unserer Soldatenbriefe Delps Aufsatz in den Stimmen der Zeit gelesen. Dennoch liegt in diesem Aufsatz aus dem Juli-Heft „Stimmen der Zeit" von 1940 die nach Ansicht des Verfassers bisher klarste nach der katholischen Theologie der damaligen Zeit begründete Motivation für den Dienst in der Wehrmacht vor, wie sie von zahllosen deutschen Soldaten des Zweiten Weltkrieges auf Grund ihres christlichen Glaubens vertreten wurde und in den Briefen junger Wehrmachtsoldaten, die aus den Reihen der inzwischen verbotenen katholischen Jugendbünde kamen, allenthalben greifbar ist, wenngleich nicht in solch systematischer Begründung.

Im Grunde genommen handelt es sich hier um fünf prinzipielle Aussagen:

1. Der Krieg wird als unentrinnbare Tatsächlichkeit begriffen, dessen Entstehung die Soldaten nicht zu verantworten haben. So klammert Delp auch eine Hinterfragung nach einer Kriegsethik oder sittlichen Erlaubtheit des Krieges aus. In den Soldatenbriefen wird diese Auffassung ebenfalls vertreten und der Krieg als schicksalhafte von Gott zugelassene Prüfung verstanden. Den Krieg unbeschadet zu meistern, gelingt nur durch moralische Kräfte. Delp, wie auch die Briefschreiber sehen ihren christlichen Glauben als die alles entscheidende moralische Kraftquelle an. Entschieden wendet sich Delp dagegen, im Krieg eine naturgegebene Lebensform zur Bestätigung männlicher Kraft zu sehen und tritt damit schon, ohne es direkt zu sagen, der NS-Propaganda entgegen, die im Krieg das Mittel zur Praktizierung der Überlegenheit der germanischen Herrenrasse sehen will. Auch in allen Soldatenbriefen ist hiervon nie die Rede, ganz im Gegenteil, man sieht hier eine Prüfung Gottes, die es aus der Kraft des Glaubens zu bestehen gilt.

2. Ziel des Krieges und vor allem des modernen Krieges ist die Vernichtung der Substanz des Volkes. Was der von Hitler angezettelte Krieg zunächst über die Völker des Gegners brachte, wendet sich nach 1943/43 gegen das eigene Volk.

3. Der in der Wehrmacht geleistete Dienst gilt deshalb als ein Dienst zur Verhinderung von Schaden am eigenen Volk. Auch hier besteht ein grundlegender Widerspruch zum Nationalsozialismus, der den Krieg als Mittel zur Eroberung des Raumes für das germanische Herrenvolk begreift, ein Topos, der in keinem der Soldatenbriefe enthalten ist.

4. Die wohl wichtigste Aussage macht Delp in seiner dezidierten Unterscheidung zwischen Volk/Vaterland und Staat. Als Ergebnis der göttlichen Schöpfungsordnung gehört der Einzelne von seinen Eltern her zum Vaterland, das gewissermaßen sein Seinsursprung ist. Auf Grund des vierten Gebots aus dem Dekalog (Ehrung der Eltern) und des Naturrechts (pietas) hat er gegenüber dem Vaterland bindende Verpflichtungen. Da der Krieg die Existenz von Volk und Vaterland bedroht, ist der Wehrdienst in erster Linie ein Dienst für das Volk. Dieses Volk ist hier im Gegensatz zum Nationalsozialismus nicht eine Masse von „Nullen", sondern als Volk Gottes eine Gemeinschaft von Individuen, die für ihr sittliches Handeln verantwortlich sind. Damit entspricht Delp voll und ganz dem Begriff der Gemeinschaft, wie sie nach der o.g. Skizzierung von der katholischen Kirche und auch von der liturgischen Bewegung vertreten wurde. Auch dies zeigt sich allenthalben in den Soldatenbriefen.

Der Staat in seiner je geschichtlich gewachsenen Ausprägung hat seine Legitimität nur, insoweit er in der Gerechtigkeit seiner Gesetze und Forderungen dem Allgemeingut (bonum

131 Ebd., S.210

commune) dient. Damit hat Delp indirekt dem Totalitätsanspruch des Nationalsozialismus entschieden widersprochen. Auch in den Soldatenbriefen wird der Dienst mit der Waffe nie als Einsatz für den Nationalsozialismus oder nationalsozialistischer Zielsetzungen artikuliert sondern ausschließlich als Einsatz für Volk und Vaterland. Eine solche Unterscheidung zwischen dem Dienst für Volk und Vaterland und einem Einsatz für den Nationalsozialismus oder ein nationalsozialistisches Deutschland haben in der Wehrmacht zahllose Soldaten auch anderer Konfession gemacht.

Als letzte Aussage trifft Delp die pragmatische Feststellung: „Kein Christ ist durch sein Christsein aus der Seinsordnung und ihren Bindungen entlassen." Bei einem Einsatz unter Gefährdung oder sogar bewusster Aufopferung des eigenen Lebens, wie das aus dem oben zitierten Brief des Leutnants Alfred Urban deutlich wird, werden moralische Kraftquellen benötigt, die nicht aus dem Diesseits kommen, sondern für den Christen in seinem Glauben liegen, wofür sich in den Soldatenbriefen zahlreiche Belege finden. Auch das war eine Kampfansage an den Nationalsozialismus, nach dessen Lehre der deutsche Soldat auf Grund seiner Zugehörigkeit zur germanischen Herrenrasse und im Glauben an den „Führer" ein fanatischer und unüberwindbarer Kämpfer sein sollte.

Mögen die o.g. Leitbilder, die katholische Jugendorganisationen z.T. aus der bündischen Jugend übernommen hatten, wie beispielsweise „Führer und Gefolgschaft", Nation und Volksgemeinschaft", „Blut und Boden", „Soldatische Tugenden", die „Begeisterung für ein romantisch verklärtes Bild des mittelalterlichen Römischen Reiches deutscher Nation" von der nationalsozialistischen Propaganda und der Hitler-Jugend übernommen worden sein, so handelt es sich hier nicht um genuin nationalsozialistisches Gedankengut. Ihre Ursprünge lagen oft weit vor der Entstehung des Nationalsozialismus und hatten diametral entgegenstehende Zielsetzungen. Sie wurden jedoch auf Grund ihrer Publikumswirksamkeit von der NS-Führung und -Propaganda usurpiert und zur Manipulation missbraucht. Hier ist nicht von „Teilidentität" sondern nach Arno Klönne von „Schnittmengen mit der nationalsozialistischen Ideen- und Begriffswelt"[132] zu sprechen. Mit ihrer in den Briefen allenthalben bekundeten Religiosität und ihrem daraus begründeten Einsatz- und Opferbereitschaft für das Vaterland und ihr Volk haben sich diese katholischen Wehrmachtsoldaten zunächst einmal dem totalen Zugriff durch die nationalsozialistischen Machthaber und ihrer übermächtigen Propaganda zu entziehen versucht. Zum anderen haben sie als Angehörige der verbotenen katholischen Jugendorganisationen auf diese Weise ihre Identität als junge katholische Christen zu wahren versucht.

Wie ein Vergleich der Briefe – die eingangs zitierten Briefe bringen dies am deutlichsten zum Ausdruck – mit dem o.g. programmatischen Äußerungen von Generalpräses des KJMV, Prälat Ludwig Wolker und den systematischen Darlegungen des Theologen Dr. Alfred Delp SJ zeigt, befanden sich diese Soldaten auch im vollen Einklang mit ihrer Kirche, die ebenfalls eine Gleichsetzung von Deutschem Reich und NSDAP strikt ablehnte, was u.a. daran deutlich wird, dass unmittelbar nach Abschluss des Reichskonkordates, der von der NS-Propaganda als päpstliche Legitimation des Nationalsozialismus hinzustellen versucht wurde, Kardinalstaatssekretär Eugenio Pacelli sich zur Abgabe einer offiziellen Erklärung veranlasst sah, dass der Heilige Stuhl in keiner Weise einen Vertrag mit einer Partei, sondern ausschließlich mit der legalen Reichsregierung des Deutschen Reiches abgeschlossen und damit kein, wie auch immer geartetes, ideologisches Regime legitimiert hatte.[133] Diese katholischen Wehrmachtsoldaten artikulierten in ihren Briefen eine deutliche Verweigerung der hier schon mehrfach erwähnten

132 Arno Klönne: Jugendbündische Gegenkultur im Zeichen der Staatsjugend, in: Typisch deutsch, wie Anm. 72, S.180.

133 Konrad Repgen: Die Außenpolitik der Päpste im Zeitalter der WELTKIRCHE, IN: HANDBUCH DER KIRCHENGESCHICHTE, Bd. 7, wie Anm. 93, S. 70f.

Gleichsetzung von NSDAP, Drittem Reich und Deutschem Volk. Hier trotz aller durchaus erkennbaren „Schnittmengen mit der nationalsozialistischen Ideen- und Begriffswelt“ von einer Teilidentität zu sprechen, würde eine nachträgliche Bestätigung der NS-Propaganda bedeuten.

GESCHICHTE(N) AUS MITTELERDE?

FANTASY UND HISTORIE BEI JOHN RONALD R. TOLKIEN

ERNST OPGENOORTH

1. Zum Thema

Voraussetzung dieses Beitrages ist die Annahme, dass man die Hauptwerke John Ronald R. Tolkiens zumindest auch als fiktive Geschichtsschreibung lesen kann. Dafür spricht schon, dass die Personen der Handlung Kenntnisse und ein Bewusstsein von der Geschichte ihrer Welt haben. Dieses wird uns weiter unten noch näher beschäftigen.

Lässt man sich auf die Voraussetzung ein, dann gehören die Werke John Ronald R. Tolkiens sicher zur Parallelgeschichte[1]: Ihre Handlung zweigt nicht irgendwann aus der "wirklichen" Geschichte ab, sondern spielt in einer eigenen fiktiven Welt und hat jedenfalls in ihrem Ablauf mit dem Gegenstand herkömmlicher Geschichtsforschung nichts zu tun. Dass zwar dieser Ablauf in hohem Grade der Fantasie seines Schöpfers entstammt, dessen Rezeption einer reichen und vielfältigen Tradition aber in den Strukturen seiner fiktiven Welt mancherlei Spuren hinterließ, wird noch zu erörtern sein und wirkt sich auf den Aufbau meiner Darlegungen aus: Bei Tolkien wie in der "realen" Geschichte erklären sich Abläufe und Strukturen gegenseitig. Um die daraus entstehenden Verständnisschwierigkeiten zu minimieren, behandle ich nach einem Überblick über Thema, Autor und Forschungsstand zunächst die strukturellen Gegebenheiten, die vorrangig aus der Fantasie Tolkiens stammen und ohne deren Kenntnis der Handlungsablauf unverständlich bleibt, danach skizziere ich diesen, anschließend gehe ich auf die Strukturen ein, die stärker durch Rezeption unserer "historischen Wirklichkeit" gekennzeichnet sind, um schließlich ein Fazit zu ziehen.

Verglichen mit alternativer Geschichtsschreibung hat Parallelgeschichte bisher in der Forschung sehr viel weniger Interesse gefunden. Immerhin konnte der Empfänger dieser Festschrift schon vor vielen Jahren am Beispiel von Sciencefiction zeigen, welche Einsichten in Grundmerkmale menschlichen Geschichtsdenkens sich aus Parallelgeschichte gewinnen lassen.[2] Dies gilt meines Erachtens auch für ein Thema der neueren geschichtstheoretischen Diskussion: die Bedeutung der erzählerischen Form im Rahmen historischer Narrativität. Dieser Begriff entstand zunächst bei den Bemühungen von Geschichtsphilosophen der siebziger und achtziger Jahre,[3] eine kurzschlüssige Soziologisierung unseres Fachs mittels der analytischen

1 Für die Begriffe Parallel- und Alternativgeschichte folge ich Ritter, Hermann, Kontrafaktische Geschichte. Unterhaltung versus Erkenntnis, in: *Was Wäre Wenn.* Alternativ- und Parallelgeschichte: Brücken zwischen Phantasie und Wirklichkeit, hrsg. v. Michael Salewski, Stuttgart 1999, S. 13-42, bes. S. 14 f in Anlehnung an Sheckley.

2 Salewski, Michael, *Zeitgeist und Zeitmaschine.* Science Fiction und Geschichte, München 1986, dtv 4445. Dass der Verfasser in verständlicher Faszination von seinem Gegenstand mit Seitenhieben auf die Gattung Fantasy nicht spart, war für den Tolkien-Fan in mir ein Nebenmotiv für die Wahl des Themas. Die Zuordnung von Sciencefiction zur Parallelgeschichte scheint mir insgesamt plausibel, obwohl viele Romane unsere "reale" Geschichte als Vorstufe voraussetzen.

3 Die damaligen Bände von "History and Theory" sind voll von diesem Thema. Bleibendes Ergebnis ist m.E. Danto, Arthur, *Analytische Philosophie der Geschichte*, Aus d. Engl. Frankfurt a. M. 1974. Für den Kontinuitätsbegriff auch wichtig Baumgartner,Hans Michael, *Kontinuität und Geschichte.* Zur Kritik und Metakritik der historischen Vernunft, Frankfurt a. M. 1972..

Erkenntnistheorie der Popper-Schule abzuwehren und im Rahmen dieser Theorie mit Varianten von "Erklären durch Erzählen" die Eigenständigkeit historischer Methode zu sichern. Dann bemächtigten sich erklärlicherweise die Anhänger der "linguistischen Wende"[4] in den Geisteswissenschaften des Begriffs. Die Rückbesinnung darauf, in welchem Grade unsere Zivilisation über sprachliche Codes funktioniert, führte auch zur Wiederbelebung der schon von Droysen formulierten Einsicht, dass wir Vergangenheit nie "an sich" haben, sondern immer nur vermittelt durch spätere Betrachter. Vor allem die Arbeiten von Hayden White[5] mit ihrem Versuch, in Anlehnung an die Poetologie der Antike ein Raster erzählerischer Formen zu entwickeln, denen er entscheidende Bedeutung für Deutung und Bewertung historischer Stoffe beimisst, führten dazu, dass die alte Debatte um das Verhältnis von methodischem Objektivitätsstreben und außerwissenschaftlichen Vorgaben wieder einmal neu in Gang gekommen ist: Löst sich der vorausgesetzte Gegenstand historischer Erkenntnis auf in immer neue Schichten sprachlicher Codes, bis es schließlich nur noch "der Herren eigener Geist" ist, mit dem sich der Historiker befasst, wenn er "den Geist der Zeiten"[6] zu analysieren meint? Oder unterscheidet sich das Ergebnis von Quellenstudien doch von reiner Fiktion? Zur Lösung dieser Frage müsste die Beschäftigung mit den Denkstrukturen solcher historischer Fiktion etwas beitragen können, – umso mehr, je weiter die Fiktion inhaltlich vom uns vertrauten Bild "wirklicher" Geschichte entfernt ist. Insofern scheint mir die Fantasiewelt Tolkiens ein gutes Beispiel.

2. Die Texte und ihr Verfasser. Forschungsstand und methodische Probleme

Grundlage der folgenden Überlegungen werden vor allem die drei Werke Tolkiens sein, die einen zusammenhängenden Bericht über die Geschicke der fiktiven Welt namens Mittelerde bieten: Das Silmarillion, der Hobbit und der Herr der Ringe.[7] Das Silmarillion behandelt den gesamten, insgesamt Jahrtausende umfassenden Zeitraum; der Hobbit und der Herr der Ringe schließen aneinander an und erstrecken sich auf etwa 100 Jahre, die Endphase des dritten Zeitalters in Tolkiens Chronologie. Ihr Inhalt wird im Silmarillion kurz zusammengefasst. Andere Werke Tolkiens behandeln entweder kleine Teile dieses Ablaufs[8] oder spielen in einer eigenen, in sich geschlossenen Geschichtswelt[9], auf deren Darstellung hier verzichtet werden

4 Dies ist ein Fremdwort für "linguistic turn"; ich gehöre zu den altmodischen Menschen, die sich nur durch zwingende Argumente vom Gebrauch der deutschen Sprache abhalten lassen. Das Notwendigste zur Bedeutung der Sache für unser Fach bei Iggers, Georg G., *Geschichtswissenschaft im 20. Jahrhundert.* Ein kritischer Überblick im internationalen Zusammenhang, Göttingen 1993, VR 1565. Grundlegend m.E. Foucault, Michel, *Les mots et les choses,* Paris 1966; dt. u. d. T. Die Ordnung der Dinge, Frankfurt a. M. 1995, stw 96.

5 White, Hayden, *Auch Klio dichtet oder die Fiktion des Faktischen.* Studien zur Tropologie des historischen Diskurses, Stuttgart 1986.

6 Zitate nach Goethe, Johann Wolfgang, *Faust I*, Nacht, (Wiesbaden 1953, Sammlung Dietrich, Bd. 25, S. 24).

7 *The Silmarillion*, edited by Christopher Tolkien, London, Harper Collins 1999. – *Das Silmarillion*, dt. v. Wolfgang Krege, Stuttgart, Klett-Cotta 1978. *The Hobbit or There and back again*, London, Harper Collins 1999. – *Der kleine Hobbit*, dt. v. Walter Scherf, München, dtv 1992. *The Lord of the Rings*, London, Unwin Paperbacks 1978. – *Der Herr der Ringe*, dt. v. Margaret Carroux, 3 Bde., Stuttgart, Klett 1976. Alle genannten Bände beruhen auf den ursprünglichen Ausgaben bei Allen & Unwin, London. Das Eingehen auf Details der von Christopher Tolkien herausgegebenen *Unfinished Tales* ist für diese Untersuchung entbehrlich. – Eine kritische, zum Zitieren verbindliche Tolkien-Ausgabe gibt es nicht; zur Textgeschichte der Werke Hammond, Wayne G. (Comp.) u. Anderson, Douglas A (Comp.), J.R.R. Tolkien: A Descriptive Bibliography, Winchester 1993. Ich benutzte Fassungen aus meinem Besitz, darunter ältere Übersetzungen, und zitiere den "Herrn der Ringe" mit der gängigen Sigle LOTR , Silmarillion und Hobbit mit diesen Kurztiteln, das Unterkapitel "Quenta Silmarillion" des ersteren mit der Sigle QS. Um die Benutzung anderer Ausgaben zu erleichtern, verweise ich auch oder nur auf die Kapitel innerhalb der Werke, bei LOTR mit Buch- und Kapitelzahl, sonst mit Kurztitel

8 So die Gedichtsammlung "*The Adventures of Tom Bombadil*" in "Farmer Giles of Ham", London, Allen & Unwin 1979.

9 Dies gilt für Farmer Giles of Ham (wie Anm. 8), und für "*Smith of Wootton Major*", London 1967.

kann. Der Hobbit erschien erstmals 1937, Tolkien hatte das Büchlein ursprünglich für seine Kinder geschrieben. Der Wunsch des Verlegers nach Ähnlichem veranlasste Tolkien, den Herrn der Ringe zu schreiben, dessen drei Teile erschienen zunächst je einzeln 1954 und 1955. Weltweite Resonanz fand das Buch erst durch einen 1965 in den USA erschienenen Raubdruck. Die Anfänge des Silmarillion gehen in die Jahre nach dem ersten Weltkrieg zurück; Tolkien hat das Werk nach dem "Herrn der Ringe" wieder aufgenommen, aber nicht vollendet; die definitive Anordnung der Teile stammt von seinem Sohn.

Tolkien lebte von 1892 bis 1973.[10] Er wurde schon als Kleinkind Halb-, als Zwölfjähriger Vollwaise und verbrachte seine weitere Jugend unter der Obhut katholischer Geistlicher, die Mutter war 1900 Katholikin geworden. Der hochbegabte Junge konnte dank Stipendien eine qualifizierte Bildung erwerben, die es ihm schließlich ermöglichte, Professor für ältere Anglistik in Leeds, später in Oxford zu werden. Die rührend altmodische Geschichte der Liebe zu dem Mädchen, das seine Frau wurde, lässt sich am besten dadurch andeuten, dass Tolkien die Heldin einer der wenigen Liebesgeschichten seines Werks mit seiner Frau identifizierte; die Namen der beiden Gestalten stehen auf dem Grabstein des Ehepaars. Tolkien war ein geselliger Mensch, der vor allem seine literarischen Interessen gern im Freundeskreis pflegte. Bekannt wurde die von ihm gegründete Autorengruppe der "Inklings."

Tolkiens Bild von der Welt hängt eng mit seinem katholischen Glauben zusammen, sein Selbstverständnis als Schriftsteller lässt sich auf die Poetologie des christlichen Humanismus zurückführen: die Welt als Schöpfung, beseelt und gestaltet von der Liebe ihres Schöpfers, die in dessen Geschöpfen weiterwirkt, der Dichter als Nach-Schöpfer (sub-creator), dessen Fantasie eine Analogie der schöpferischen Kraft Gottes darstellt. Im Kontrast zu diesem durchaus optimistischen Welt- und Menschenbild konnte Tolkien jedoch offenbar den heroischen Pessimismus der germanischen Heldenlieder gut nachempfinden.[11] Der Beowulf, das Hauptthema seiner Forschung, liegt bezeichnenderweise in der Berührungszone dieser beiden Welten. Neben dem dominierenden Einfluss der altnordischen Dichtung sind jedoch auch andere Bereiche seiner umfassenden Bildung in seinen Geschichten wiederzufinden. Darüber hinaus war es das Interesse an der Struktur von Sprachen, das Tolkien zum Schriftsteller werden ließ: Der Wunsch, eine Sprache zu erfinden, aus dem dann vor allem das Quenya hervorging, die Elbensprache seiner Erzählungen, brachte ihn auch dazu, eine Welt zu erdenken, in der diese Sprache galt; von dieser Welt handelte zuerst das Silmarillion.

Die Literatur über Tolkien ist uferlos,[12] aber von extrem unterschiedlichem Anspruch. Sie spiegelt die Tatsachen, dass sich aus der nach Millionen zählenden Leserschaft schon bald Kreise von Anhängern mit fast schon sektiererischer Begeisterung und starkem Kommunikationsbedürfnis bildeten und dass diese Erscheinung erklärlicherweise die Aufmerksamkeit der tagesbezogenen Literaturkritik[13] auf sich zog. Diese würdigte zwar die beeindruckende konstruktive Fantasie Tolkiens positiv, machte aber mit dem episch-holzschnittartigen Erzählduktus und dem dazu passenden Mangel an psychologischer Feinzeichnung der Charaktere auch Schwächen aus. Politisch motivierte Kritik rief schließlich die erkennbare konservative Grundorientierung hervor, die sich nicht nur in Ressentiments gegen die negativen Begleiter-

10 Die biografischen Angaben nach Moseley,Charles, *J. R. R. Tolkien*, Plymouth 1997.

11 Hierzu vor allem Petzold, Dieter, *J. R. R. Tolkien.* Fantasy literature als Wunscherfüllung und Weltdeutung, Heidelberg 1980.

12 Ein Ausdruck aus der im Internet zugänglichen Bibliografie der Modern Language Association (MLA), für den ich meinem Bonner anglistischen Kollegen Uwe Baumann zu Dank verpflichtet bin, umfasst allein für die Jahre seit 1980 etwa 750 Titel.

13 Das aus Zitaten als Standardwerk zur Tolkien-Kritik erkennbare Buch von West, Richard C., *Tolkien Criticism*: An Annotated Checklist, zuletzt Kent State University Press 1981, konnte der Leihverkehr mir nicht zugänglich machen. Einen gewissen Ersatz bietet Tolkien. New Critical Perspectives, ed. by Isaacs, Neil D. u. Zimbardo, Rose, Lexington 1981, v.a. d. Leitaufsatz v. Isaacs, On the Need for Writing Tolkien Criticism, S. 1-8. Verteidigung Tolkiens gegen politisch motivierte Kritik: Yates, Jessica, Tolkien the Anti-Totalitarian, in: Mallorn (wie Anm. 20) 33, 1996, S. 233-245.

scheinungen der industriellen Welt äußerte, sondern Tolkien auch eine traditionalistisch-autoritär strukturierte fast reine Männerwelt ersinnen ließ, in der sich vereinzelt sogar rassistische Züge ausmachen lassen. Weiter verbreitet noch war und ist der Einwand, Tolkien verleite vor allem junge Leser zur Flucht[14] in eine Traumwelt und beeinträchtige damit ihre Bereitschaft, sich mit den Problemen der realen Welt zu befassen.

Gegenüber solcher aktualitätsbezogenen Rezeption entstand inzwischen auch eine umfangreiche wissenschaftliche Tolkien-Forschung. Sie ist um Glück über die kritische Bibliografie der relativ neuen Biografie von Moseley[15] gut überschaubar, bei Kontroversen um Details in den Grundzügen ihres Urteils doch einig und überwiegend literaturwissenschaftlicher Art. Die Beschäftigung mit dem breiten Spektrum von Quellen, von denen Tolkien sich anregen ließ, nimmt breiten Raum ein,[16] ebenso linguistische Arbeiten über die fiktive Elbensprache Quenya. Dass die Welt Tolkiens eine Geschichte hat, wird zwar pauschal oft festgestellt, ohne dass jedoch die Konsequenzen untersucht würden. Interesse finden allenfalls die Kalender und die Chronologie,[17] die Tolkien seinen Geschöpfen mitgab. Als Kuriosität erscheinen mir Aufsätze, die Tolkiens Mittelerde als reale Welt, seine Schriften als Quellen zu deren Geschichte nehmen und mit Analogieschlüssen zur "wirklichen" Geschichte Tolkiens "Überlieferungslücken" zu schließen versuchen.[18] Das Verfahren verkennt nicht nur die Grundstruktur fiktiver Geschichtsschreibung, sondern wird auch der metaphysischen Dimension gerade der "bösen" Gestalten nicht gerecht. Größer und für meine Untersuchung wichtig ist das Interesse an der politischen Dimension von Tolkiens Werk.[19]

Die ganze Breite der geschilderten Auseinandersetzung mit dem Schöpfer von Mittelerde findet sich fast ausschließlich in den großen angelsächsischen Zeitschriften über Tolkien oder Fantasy als Gattung.[20] Verglichen mit dem Umfang des dort Gebotenen nimmt sich recht bescheiden aus, was in deutscher Sprache zu Tolkien erschien. Immerhin befasst sich das Inklings-Jahrbuch[21] mit ihm und seinem Freundeskreis. Neben dessen Herausgeber Gisbert Kranz[22] ist vor allem der Anglist Dieter Petzold zu nennen.

14 Schrei, Helmut, Fluchtwege? Science Fiction und Fantasy-Literatur, in: INKLINGS-JAHRBUCH (wie Anm. 20), 2, 1984, S. 65-83. Das in der Debatte vielbenutzte englische 'escapism' ist nicht griffig zu übersetzen; der Brauch, solche Begriffe kurzerhand ins Deutsche zu übernehmen, ist mir zutiefst zuwider.

15 Wie Anm. 10. Auf die Biografie von Shippey, Tom A., *J.R.R. Tolkien.* Author of the century, London 2000 wurde ich erst zu spät aufmerksam.

16 Forschungsüberblick: Chance, Jane, u. Day, David D., *Medievalism in Tolkien:* Two Decades of Criticism in Review, in: STUDIES IN MEDIEVALISM III, 1991, S. 375-387.

17 Baker, Martin, *The Reckonings of Middle-Earth*, in: AMON HEN (wie Anm. 20), 128, 1994, S. 11 ff.; Martin, Darrell A., J.R.R. Tolkiens Calendars or the Saga of Hador the Incompetent, in: MYTHLORE (wie Anm. 20), 14, 1988, S. 52-58.; O'Brien, Donald, Studies in the Chronology of Middle-earth, MALLORN (wie Anm. 20) 19, 1982, S. 9-13.

18 Vor allem Lacon, Ruth verfährt so: *The Earliest Days of Gondor*, in: Mallorn (wie Anm. 20) 30, 1993, S. 10-13, und Dies., *The Economy and Economic History of Gondor*, in: Ebd. 31, 1994, S. 37-44 mögen als zwei Beispiele genügen. Ähnlich Swycaffer, Jefferson P., *Historical Motivations for the Siege of Minas Tirith*, in: MYTHLORE (wie Anm. 20) 10, 1983, S. 47 ff.

19 Vor allem Chance, Jane, *The Lord of the Rings.* The Mythology of Power, New York 1992; Blackburn, William, *'Dangerous as a Guide to Deads'.* Politics in the Fiction of J.R.R. Tolkien, in: MYTHLORE (wie Anm. 20), 15, 1988, S. 62-66; Finch, Jason, *Democratic Government in Middle-Earth*, in: AMON HEN (wie Anm. 20), 129, 1994, S. 12 f.; Petzold, Dieter, *Zwischen Weltkatastrophe und Eukatastrophe.* Politik in Fantasy-Romanen, in: INKLINGS-JAHRBUCH 4 (wie Anm. 20), 4, 1986, S. 63-86. Yates, Jessica (wie Anm. 13).

20 MALLORN. The Journal of the Tolkien Society, London seit 1964. AMON HEN. The Bulletin of the Tolkien Society. London seit 1975. MYTHLORE: A Journal of J.R.R. Tolkien, C.S. Lewis, Charles Williams, General Fantasy and Mythic Studies, Altadena, CA seit 1975.

21 INKLINGS – Jahrbuch für Literatur und Ästhetik, Düsseldorf seit 1983.

22 Kranz, Gisbert, (Hrsg.): *Tolkien in aller Welt*: Eine Ausstellung der Inklings-Gesellschaft anlässlich des 100. Geburtstags von J.R.R. Tolkien und des Internationalen Tolkien-Symposions in Aachen, Aachen 1992. – Petzolds wichtigstes Werk ist zitiert in Anm. 11. Ein Nebenergebnis des geringen Interesses deutscher Forscher an Tolkien ist es, dass ich der einschlägigen Literatur nur mit Schwierigkeiten oder gar nicht habhaft werden konnte.

Klärungsbedürftig ist eine Frage der Begrifflichkeit: Lässt angesichts des Ausmaßes von Handlungsbestandteilen, die nach landläufigem Verständnis dem Mythos oder der Sage angehören, auf Tolkiens Werke der Begriff Geschichte überhaupt anwenden? Diese Frage spielt in der Forschung kaum eine Rolle, verglichen mit dem Interesse für die Rezeption konkreter Mythen- und Sagenmotive. Immerhin tritt in der Diskussion um den Platz des Herrn der Ringe im Spektrum der literarischen Gattungen[23] das Argument auf, es handle sich insgesamt um den Versuch, einen künstlichen Mythos zu schaffen. Auch die Bemühungen von Calabrese um Mythisches in der Zeitstruktur des „Herrn der Ringe"[24] umfassen faktisch das ganze Werk. Dem liegt ein weites Verständnis von Mythos[25] als Vor- und Frühform der uns geläufigen Form rationaler Welterklärung zu Grunde, das letztere auf die wahrnehmbare Wirklichkeit bezieht und sich deshalb auf eine insgesamt fiktive Welt nicht optimal anwenden lässt. Versteht man jedoch Mythen als „Göttergeschichten"[26], die in einer chronologisch unbestimmten Vor- oder Endzeit spielen, dann lässt sich innerhalb des Silmarillion eine Grenzzone zwischen Mythos und Geschichte festlegen, jenseits deren eine durchgängige relative Chronologie besteht und Eingriffe der Götter zur Ausnahme werden. Diese Grenzzone scheint mir von der Schaffung der Elben bis zur Entstehung von Sonne und Mond zu reichen; erst hier kann die Jahreszählung beginnen, die Tolkien seiner Welt mitgibt. Er bezieht sich jedoch nur ausnahmsweise auf diese Zählung und arbeitet stattdessen mit einer relativen, weithin genealogisch definierten Chronologie aufeinander folgender Ereignisse und Personen, die auch innerhalb der erwähnten Grenzzone schon gilt. Andererseits bleiben einzelne Lebewesen und Gegebenheiten der „mythischen" Frühzeit bis ins dritte, letzte Zeitalter erhalten.[27] Ein präziser Einschnitt lässt sich deshalb nicht festlegen.

Es stützt diese Deutung, dass der Unterschied zwischen mythisch-sagenhaften und empirisch-historischen Vorstellungen über ihre Welt auch unter den Bewohnern von Mittelerde Bedeutung hat. Basney[28] sieht richtig, dass innerhalb der Handlung des Herrn der Ringe die Kenntnisse dieser Bewohner übereinander sich zunehmend vom Inhalt nicht recht ernst genommener alter Sagen zu konkreten Beobachtungen hin verändern und dass darin eine Rationalisierung liegt, in der sich das Ende des Dritten Zeitalters ankündigt.

3. Strukturen I

3.1. Götter, Welt, Erde

Der religiöse Mensch, der Tolkien war, hat seine fiktive Geschichte in eine ebenso fiktive Metaphysik eingebunden und sich damit die Möglichkeit geschaffen, ihr einen Sinn zu unterlegen. Diese Metaphysik ist insofern christlich, als ihre oberste Instanz ein Schöpfergott ist[29], Eru

23 Moseley (wie Anm. 10), Petzold (wie Anm. 11). Ich neige wie dieser dazu, Tolkiens Werke als Großformen des Kunstmärchens zu verstehen.

24 John A. Calabrese: *Mythic Time in Tolkiens Lord of the Rings*, in: Morse, The Fantastic in World Literature and the Arts, ed. by Donald E. Morse, Westport/CT 1987, S. 31-45.

25 Beste Orientierung zur Mythosforschung bieten die sechs unterschiedlich akzentuierten, teils kontroversen Beiträge zum Stichwort *Mythos* in der THEOLOGISCHEN REALENZYKLOPÄDIE (TRE), Bd. 23, Berlin 1994, Sp. 597- 665.; ergänzend Lauer, Gerhard, Art. Mythos, Mythologie im LEXIKON FÜR THEOLOGIE UND KIRCHE, Bd. 7, 3. Aufl. Freiburg 1998, Sp. 597-606.

26 Schmidt, Werner H., Art. Mythos, Alttestamentlich in der TRE (wie Anm. 24).

27 Basney, Lionel, *Myth, History and Time in the Lord of the Rings,* in: Tolkien. New Critical Perspectives (wie Anm. 13), S. 8-18. Basney überschätzt aber m.E. den Grad an Übereinstimmung mit unserer Welt am Ende des Dritten Zeitalters.

28 Wie Anm. 27.

29 Zum Folgenden Silmarillion (wie Anm. 7), Ainulindale, S. 1-12, u. Valaquenta 1 u. 2, S. 27-42.

oder Iluvatar, aus dessen Liebe alles Seiende hervorgeht. Er schafft zunächst eine Gruppe von Geistwesen, die Ainur. Diese sind unterschiedlich mächtig und zerfallen in zwei Rangstufen. Iluvatar beteiligt sie an seinem weiteren Werk, indem er sie eine Musik aufführen lässt, die seinen Schöpfungsplan enthält. Schon dabei stört einer der mächtigsten, Melkor, durch Beharren auf eigenen Motiven die Harmonie; Iluvatar kann jedoch die entstehenden Dissonanzen auflösen. Um bei der Ausführung des Schöpfungsplanes mitzuwirken, müssen diejenigen Ainur, die dies wünschen, ganz in die entstehende Welt eintreten; sie heißen nun Valar, Mächte. Unter ihnen ist auch Melkor, der eine Gefolgschaft findet und schon bald eindeutig den Part des Bösen übernimmt. Er zerstört, was die anderen Valar aufbauen, bedient sich insbesondere des Feuers, und in dem Maße, in dem Lebewesen entstehen, schafft er Ungeheuer, die diesen gefährlich werden. Die Entwicklung der Welt wird so von vornherein zum Kampf zwischen guten und bösen Mächten

Alles dies ist möglich, weil die „guten" Valar zwar getreulich dem Plan Iluvatars folgen, im Übrigen aber durchaus innerweltlich-unvollkommene Wesen sind. Sie haben persönliche, an Menschen erinnernde Charakterzüge und Schicksale, eine von ihnen paart sich sogar mit einem Geschöpf, einem Elben[30]; in alledem sind die Valar den Göttern der Antike oder anderer polytheistischer Religionen ähnlicher als etwa den christlichen Engeln. So haben sie körperliche Gestalt, die sie zwar laut Tolkien beliebig wechseln können, faktisch aber benötigen, um gegeneinander zu kämpfen. Melkor wird zeitweise eingekerkert; eine der Stellen, wo die an sich imposante innere Folgerichtigkeit von Tolkiens Welt einen kleinen Webfehler aufweist. Am ehesten erinnern Melkor und sein Anhang in ihrer zwar nicht von Anfang an voll gegebenen, aber von einem bestimmten Punkt an unumkehrbaren Bosheit an den Satan der jüdisch-christlichen Lehre. Dennoch sind auch sie innerweltliche Wesen. Tolkien demonstriert an ihnen die auf Augustinus zurückgehende Grundauffassung christlicher Theologie, wonach das Böse keine eigene Qualität hat, sondern nur als Abwesenheit des Guten zu verstehen ist: Melkors Macht, deren Ausmaß Tolkien im Detail sehr unterschiedlich groß darstellt[31], ist grundsätzlich begrenzt und verringert sich in dem Maße, in dem er Teile davon an seine üblen Geschöpfe abgeben muss; gelegentlich wird er sogar von diesen seinen Kreaturen abhängig. Und wie die Dissonanzen der Schöpfungsmusik, so werden auch Melkors Eingriffe in den Bauplan der Welt von Iluvatar integriert. Seine zeitweiligen Erfolge verdankt Melkor der Unvollkommenheit seiner Gegner. Diese raffen sich nur in großen Abständen zu umfassenden Aktionen gegen die Bösen auf, denen sie dann überlegen sind, und errichten im Übrigen paradiesähnliche Sitze für sich und ihre Lieblinge. Da ihnen Iluvatar seine Absichten zur Erschaffung von Elben und Menschen nicht im Einzelnen mitgeteilt hat, lassen sie es zu, dass diese unter Melkors Einfluss geraten, der sie gegeneinander und gegen die Valar aufhetzt und terrorisiert, soweit seine Macht es erlaubt. Und als er endlich definitiv aus der Welt vertrieben wird, da entkommt sein wichtigster Helfer, ein Maja namens Sauron.[32] Er steht folglich im nächsten, dem Dritten Zeitalter, vor allem für die Handlung des „Herrn der Ringe", als ideale Besetzung des verkörperten Bösen bereit. Er gibt an brutaler Machtgier und taktischer Raffinesse seinem Lehrmeister nichts nach und bleibt nur insofern hinter ihm zurück, als er die schöpfungsgeschichtlich „alten" Ungeheuer aus Melkors Zeit zwar in seine Pläne einbeziehen, ihnen aber keine Vorschriften machen kann. Andererseits erleichtern die Valar ihm seine Erfolge, indem sie nicht mehr direkt in das Geschehen in Mittelerde eingreifen, sondern ihren Schützlingen lediglich die Istari oder Zauberer zu Hilfe senden.

Auffallen muss, dass die Götter von ihren Schützlingen keine Verehrung erwarten. Außer der Beisetzung von Toten und der Pflege ihres Andenkens hören wir von keiner Form von

30 Silmarillion (wie Anm. 7), Valaquenta 4, S. 54 f.
31 Melkor kann zwei Mal den Wohnsitz der Valar verwüsten: Silmarillion (wie Anm. 7), QS I, 28 f, u. VIII, 79f.; andererseits kann ihn sein Geschöpf, die Spinne Ungoliant, bedrohen: ebd. IX, S. 85 f.
32 Silmarillion (wie Anm. 7), Akallabeth, S. 319 f.

Kultus oder dafür bestimmten Gebäuden. Die einzige Ausnahme findet sich bei den noch zu behandelnden Numenorern, die auf Anstiften Saurons dem damals bereits aus der Welt vertriebenen Melkor göttliche, mit Menschenopfern verbundene Ehren erweisen.[33]

Über den Kosmos, in dem sich diese Auseinandersetzungen vollziehen, erfahren wir wenig; Hauptschauplatz ist Arda, die Erde. Diese stellt sich Tolkien erkennbar[34] nach dem ptolemäischen Weltbild der Antike und des Mittelalters vor: als Scheibe, umflossen von einem Ozean. Die Ländermasse in dessen Mitte heißt Mittelerde. Sie ist gegliedert durch Gebirge, Ströme und kleinere Binnenseen; ein Gegenstück zum Mittelmeer fehlt. Die westlichen Partien beschreibt Tolkien auffallend genauer als den Osten; dem entspricht es, dass westlich von Mittelerde im Ozean Inseln liegen, die mit den antiken Inseln der Seligen, aber auch mit den Zielen der Seefahrt des irischen Heiligen Brendan[35] große Ähnlichkeit haben. Hier richten sich die Valar häuslich ein, nachdem Melkor eine erste Niederlassung in Mittelerde zerstörte; hierhin versuchen sie die Elben zu ziehen und schaffen ihnen mit der Insel Tol Eressea einen Rückzugsplatz für die Zeit, zu der sie Mittelerde verlassen müssen. Hier liegt auch die offenbar nach dem Vorbild von Atlantis gestaltete Insel Numenor,[36] Sitz einer Hochkultur besonders edler und langlebiger, mit Elben und Valar verbundener Menschen, die zunächst als Kolonisatoren und Kulturbringer im Westen von Mittelerde große Reiche errichten, sich dann aber unter dem Einfluss Saurons zu Gewaltherrschern entwickeln und schließlich gegen die Valar empören. Daraufhin vernichtet Iluvatar sie und ihre Insel. Eine Minderheit von "Getreuen" der Valar und Elben bleibt übrig, ihre Reiche im Westen von Mittelerde verfallen jedoch parallel zur Machtsteigerung Saurons.

Eine Eigenart von Tolkiens Welt ist die enge Verzahnung der Geschichte ihrer Bewohner mit erd- oder schöpfungsgeschichtlichen Veränderungen. Die Zerstörung Numenors wurde bereits erwähnt; mit ihr ging eine Verbreiterung des Ozeans um Arda einher, welche die glücklichen Inseln im Westen für die Bewohner von Mittelerde ohne die Hilfe der Valar unerreichbar machte. Auch die Entstehung von Sonne und Mond[37] erfolgte erst geraume Zeit nach der Schöpfung von Arda, ausgelöst durch die Zerstörung älterer Leuchten durch Melkor. Im Zuge solcher kosmischer Katastrophen änderten sich auch Umrisse und Binnengliederung von Mittelerde.

3.2. Dramatis personae

Der auffälligste Unterschied zwischen Tolkiens Schöpfung und der "wirklichen" Geschichte ist die Vielfalt handelnder Subjekte in Mittelerde. Soweit die Valar nicht mehr direkt aktiv sind, lassen sie sich vertreten durch die Istari oder Zauberer. Sie sollen vor allem im dritten Zeitalter den Einfluss Saurons ausgleichen; einer von ihnen, Saruman, wird jedoch selbst böse und Konkurrent, faktisch aber ungewollter Helfer Saurons. Dann gibt es die Elben, anmutige, fröhliche und naturverbundene Wesen, erfindungsreich und geschickt, aber auch kampftüchtig. In dieser Hinsicht noch vor ihnen rangieren die Zwerge. Sie sind bei Tolkien fast menschengroß, aber sonst so beschaffen, wie man sie aus den Märchen kennt, leben in riesigen, palastartigen Höhlen und sind von eher spröder Gemütsart, verlässlich, aber auch geschäftstüchtig bis zur Geldgier. Zwischen ihnen und den Elben besteht eine in ihrer Entstehungsgeschichte angelegte Distanz, die sich bis zur Feindschaft steigern kann. Tolkiens interessanteste Schöpfung sind die Hobbits: Menschenähnliche, aber nur etwa halb so große Bewohner eines

33 Silmarillion, Akallabeth, S. 327 f.
34 Am deutlichsten bei der Entstehung von Sonne und Mond: Silmarillion, QS 11, S. 108 ff.
35 Roche, Norma, Tolkien, the Saint Brendan Story, and the Idea of Paradise in the West, in: MYTHLORE (wie Anm. 20) 17, 1991, S. 16-20.
36 Silmarillion, Akallabeth, S. 307-338; Erwähnungen im LOTR (Wie Anm. 7) passim.
37 Wie Anm 34.

ländlich-friedlichen Welt, in der Tolkien sein Ideal eines "Merry Old England" Gestalt annehmen ließ. Sie sind fröhlich, allen guten Dingen des Lebens zugetan und von einer wohl tuenden Alltäglichkeit, deren Kontrast zum Heroismus der übrigen Akteure zur Lesbarkeit des Herrn der Ringe – im Vergleich zum Silmarillion – wesentlich beiträgt. Dennoch sind sie zu einer unauffälligen, aber gerade dadurch überzeugenden Tapferkeit fähig; bei der Besiegung Saurons fällt ihnen eine Schlüsselrolle zu.

Bisher war von den guten oder freien Wesen die Rede. Ihnen gegenüber stehen die üblen Geschöpfe Melkors: Drachen, Trolle, eine als Balrogs bezeichnete Art feuriger Ungeheuer und vor allem die Orks, hässliche und brutale, hinterhältige und im Wortsinne lichtscheue, aber kampftüchtige Wesen, gewissermaßen die Linieninfanterie der Finsternis. An ihnen exemplifiziert Tolkien seine theologische Überzeugung von der Nicht-Eigenständigkeit des Bösen: Melkor hat sie nicht wirklich aus Eigenem geschaffen, sondern Elben, die in der Frühzeit der Welt in seine Hände fielen, zu Orks pervertiert.

Die bisher beschriebenen Wesen können insofern als Subjekte der fiktiven Geschichte von Mittelerde betrachtet werden, als an ihren Verhalten die willentliche und rational gesteuerte Nutzung von Entscheidungsspielräumen beobachtet werden kann[38]. Darüber hinaus zeichnet Tolkien eine belebte Welt, in der Wölfe oder Adler, gelegentlich sogar Bäume und Berge in den Kreis der Handelnden eintreten, auch diese meist einseitig der guten Seite – die Adler – oder dem Bösen – die Wölfe – zugeordnet.

Noch größere Bedeutung für die Geschichte von Mittelerde hat eine Tatsache, die sich aus der bereits erwähnten Diesseitigkeit des Guten und Bösen ergibt: Die verschiedenen Arten von Lebewesen sind als solche den guten oder bösen Mächten zugeordnet. Elben und Zwerge sind gut, Drachen, Trolle und Orks sind böse. Bei näherem Zusehen wird die Systematik allerdings durch die auf beiden Seiten herrschende Vielfalt verunklärt. Menschen sind grundsätzlich gut, doch leben ganze Völker unter der Gewaltherrschaft des Bösen,[39] die aber am Ende des "Herrn der Ringe" durch den Sieg der Guten beseitigt wird. Ethisch verwerfliches Handeln bis hin zu Mord und Betrug kommt auch unter Elben vor,[40] ohne dass aber die Täter dadurch von Melkor abhängig würden; im Gegenteil kämpfen diese Elben einen langen, letztlich aussichtslosen Kampf gegen ihn. Spannungen innerhalb und zwischen den guten Wesen können zwar von der Gegenseite instrumentalisiert werden, bestehen aber unabhängig davon als Merkmale einer harmonischen Vielfalt; kennzeichnend für beides sind die Beziehungen von Elben und Zwergen.[41] Leid und Trauer haben ihre Ursachen für Tolkien nicht nur im Wirken des Bösen, sondern sind ein Grundmerkmal der Schöpfung; kennzeichnend ist die Existenz einer Göttin, deren Eigenart das Mit-Leiden ist.[42] Die innere Vielfalt der bösen Seite wurde bereits angedeutet. So gibt es Orks im Dienste Saurons, andere hat der böse gewordene Zauberer Saruman von sich abhängig gemacht, und schließlich kommen "wilde" Orks vor, die unter eigenen Häuptlingen selbstständig durch Raub und Mord ihr Leben fristen.[43] Die immer wieder auftretenden Konflikte zwischen diesen Gruppen sind eine wesentliche Ursache für Saurons schließliche Niederlage.

38 Ich vermeide das stolze Wort Freiheit, um dessen gerade auch bei Tolkien wirksame metaphysische Konnotationen auszublenden. Thomas Hobbes würde alle diese Wesen als frei bezeichnen: Hobbes, Thomas, *Leviathan*, ed. by C.B. Macpherson, Harmonsworth 1968 (Penguin Classics), Buch II, Kap. 21.

39 Silmarillion (wie Anm. 7), Akallabeth, S. 9.; LOTR (Wie Anm. 7) III, 8, S. 568 die Ureinwohner des Rohirrim-Landes, ebd.V, 6, S. 82-884 passim die Südländer und Ostlinge im Dienst der Ringgeister.

40 Silmarillion (wie Anm. 7), QS 7 u. 8 das Handeln Feanors.

41 Die negative Form deutlich im Hobbit (wie Anm. 7), v. a. IX; Verständigung am eindrücklichsten zwischen Legolas und Gimli im LOTR (wie Anm. 7), seit II, 6 passim, besonders III, 8, S. 578 f.

42 Silmarillion (wie Anm. 7), Valaquenta, S. 19.

43 Im Hobbit, passim, herrschen sie noch vor, bei der Zersprengung der Ringgemeinschaft im LOTR (Wie Anm. 7) II, 10 u. III, 2, kommen alle drei Arten vor.

Es wurden in den letzten Abschnitten bereits Merkmale der Verhaltensnormen erkennbar, die Tolkien dem Handeln seiner Geschöpfe zugrundelegt. Diese Ethik[44] soll hier kurz skizziert werden. Sie ist rein innerweltlich: Lohn oder Strafe in einem Jenseits, das es für Tolkiens Menschen gibt, spielen nirgends eine Rolle. Dennoch ergeben sich die Grundmerkmale aus Tolkiens christlicher Theologie: Gut ist Liebe, Bejahung der Vielfalt der Schöpfung, Verständnis für andere Wesen und Achtung von deren Freiheit; schlecht ist Eigensucht, Absolutheitsanspruch für die eigenen Vorstellungen. In einer Welt, in der gute und böse Kräfte so leicht unterscheidbar dastehen und typischerweise gegeneinander kämpfen, ist dies eine durchaus politische Wertordnung: Gut ist der Gebrauch von Macht zum Schutz von Vielfalt und Freiheit; schlecht ist ihr Missbrauch zur Unterdrückung anderer im Dienst der absolut gesetzten eigenen Ziele. Das bedeutet, dass Tolkien seinen guten Wesen neben der zum Kampf unerlässlichen Tapferkeit in mindestens gleichem Maße Güte und Toleranz abverlangt. Es gehört zu seinen großen literarischen Leistungen, an den Heldengestalten des Herrn der Ringe diese Kombination glaubwürdig dargestellt zu haben. Die Bösen dagegen sind undifferenziert und definitiv böse; dass etwa auch Orks Entscheidungsspielräume haben und Maßstäbe für deren Nutzung brauchen, ist für Tolkien kein Thema.

Das wahrnehmbare Neben- und Gegeneinander von Gut und Böse hindert Tolkien nicht daran, die sittlichen Entscheidungen seiner Gestalten differenziert zu schildern. Die zeitweiligen Erfolge der bösen Seite beruhen auf der Verführbarkeit der Guten. Das Streben nach Macht, vermeintlich für gute Ziele, in Wirklichkeit als Selbstzweck und mit der Bereitschaft verbunden, andere zu ihrem vermeintlichen Glück zu zwingen, ist ein mehrfach auftretendes Motiv.[45] Aber auch mangelndes Vertrauen in die gute Sache, das dann die Gegenseite durch geschickte Fehlinformationen oder durch Einschüchterung verstärkt, gehört hierhin.[46]

3.3. Magie

Zu den Schwierigkeiten eines Vergleichs der Werke Tolkiens mit herkömmlicher Geschichtsschreibung gehört der Umfang, in dem in Mittelerde Magie stattfindet. Zaubersprüche öffnen geheime Tore[47], der Stab des Zauberers Gandalf setzt Dinge in Brand, Ringe der Macht lassen ihre Träger unsichtbar werden. Dergleichen scheint nicht in einen Ereignisablauf zu passen, der aus rational gesteuertem willentlichem Handeln der Beteiligten hervorgeht.

Näheres Zusehen erweist die störende Wirkung der Magie als sehr viel weniger weit reichend, als man zunächst vermutet. Zunächst steht sie der guten wie der bösen Seite zu Gebote, so dass ihr Einflüsse auf den Ereignisablauf sich weithin aufheben Dann lassen sich manche Formen von Magie als Nutzung technischer Möglichkeiten verstehen, die lediglich von der Mehrheit der Beteiligten nicht als solche erkannt werden. Bestes Beispiel sind die Palantiri[48] aus dem Herrn der Ringe: Objekte, deren Äußeres an die Kristallkugeln kommerzieller Wahrsagerinnen erinnert, deren Funktion aber in audiovisueller Telekommunikation besteht; Tolkien sieht hier eine Technik voraus, deren Einführung uns noch bevorsteht, – wenn auch unmittelbar. Hauptsächlich aber ist die Wirkung von Magie psychologischer Art: Zauberkraft wird in ihrer Wirkung emotional wahrgenommen, beeinflusst Haltung und Situationsver-

44 Hierzu neben den Überblickswerken (wie Anmm. 10 u. 11) Clark, Craig, *Problems of Good and Evil in Tolkien's The Lord of the Rings*, MALLORN (wie Anm. 20) 35, 1997, S. 15-19; Olszański, Tadeusz A., *Evil and the Evil One in Tolkiens Theology,* MALLORN 33, 1996, S. 298 f.

45 Saruman: LOTR (Wie Anm. 7) II, 2, S. 275 ff.; Boromir: ebd. II, 10, S. 416-420; ; Abwehr der Gefahr bei Gandalf ebd. I, 2, S. 74 f., bei Galadriel ebd. II, 7, S. 385.

46 Mit negativem Ergebnis beim Statthalter von Gondor Denethor LOTR (wie Anm. 7), V, 1, S. 755 ff, V, 7 passim; als Ausgangsposition, deren Überwindung gelingt, beim Rohirrim-König Theoden ebd. III, 6, S. 538-541.

47 LOTR (Wie Anm. 7), II, 4, 324 f.; d. Folgende ebd. II, 3, 308. Unsichtbarkeit: Hobbit (wie Anm. 7) S. 78-85.

48 LOTR (wie Anm. 7) III, 10, 607, ebd. III, 11, 614-18, 620 f.

ständnis der Betroffenen, hebt aber deren Entscheidungsfreiheit nicht auf. So versuchen die im Dienst Saurons stehenden Ringgeister durch ihr düsteres äußeres Bild und den greifvogelartigen Klang ihrer Rufe ihre Opfer in Schrecken zu versetzen[49] und diesen mit Worten oder telepathisch ihren Willen aufzuzwingen; es ist jedoch möglich, ihnen zu widerstehen. Die Reinkultur dieser Form von Magie besteht im telepathischen Kampf unmittelbar zwischen Geist und Geist, Willen und Willen.[50] Man kann diese Erscheinungen als Chiffre für die Verführbarkeit verantwortlicher Wesen, besonders für die korrumpierende Wirkung von Macht verstehen.

4. Der Gang der Dinge

Nach so viel Vorbereitung kann und muss nun endlich der Handlungsablauf der behandelten Werke wenigstens in Grundzügen geschildert werden. Seine Einteilung in drei Zeitalter hat für die wichtigen Zäsuren des Ablaufs nur wenig Bedeutung und wird deshalb im Folgenden keine Rolle spielen. Vom Inhalt des Silmarillion, besonders von der mythischen Entstehungszeit der Welt und der Epoche der Elben, war schon knapp die Rede. Kennzeichnend sind hier neben den wiederholten zerstörerischen Eingriffen Melkors die nur zum Teil erfolgreichen Bemühungen der Valar, die Elben zu sich auf die paradiesischen Inseln im Westen zu holen, ein Konflikt der Valar mit einem Teil der Elben, der zu deren Rückkehr nach Mittelerde und zu weit gehendem Desinteresse der Valar am Geschehen dort führt, und die über Generationen immer wieder erneuerten Kämpfe der Elben mit den Geschöpfen Melkors, den Zwergen und untereinander. Einzelschicksale, so die anrührende Liebesgeschichte der Elbin Luthien mit dem Menschen Beren, lockern die gelegentlich etwas ermüdende Abfolge immer neuer Schlachten auf. Seit ihrer Erschaffung, die zeitlich etwa mit der Entstehung von Sonne und Mond zusammenfällt, werden auch die Menschen in diese Kämpfe verwickelt; mehrheitlich geraten sie unter den Einfluss Melkors. Nach dessen Vertreibung aus der Welt erhalten die Verbündeten der Valar und Elben unter den Menschen die Insel Numenor zum Wohnsitz.

Mit der Vertreibung Melkors und dem weiter vorn bereits angesprochenen Aufstieg und Untergang des Reiches von Numenor beginnt das Dritte, von den Menschen dominierte Zeitalter. Die Kämpfe zwischen den guten Wesen und dem neuem mächtigsten Repräsentanten der Finsternis, Sauron, gehen weiter; die Valar greifen jedoch nur noch indirekt ein durch die Entsendung der Istari oder Zauberer. Wichtig zum Verständnis der Endphase, der Handlung des "Hobbit" und des "Herrn der Ringe", ist ein Ereigniszusammenhang der Anfangszeit, die Entstehung der Ringe der Macht.[51] Sie wurden von Elben in Zusammenarbeit mit Sauron auf dessen Anstiften geschaffen; seine böse Wesensart war damals noch nicht offenkundig. Drei gehörten den Elben, sieben den Zwergen, neun den Menschen. Alle waren in ihrer Wirkung gebunden an den einen Ring, den Sauron allein schmiedete und in den er den Großteil seiner eigenen Macht einband. Im Übrigen waren die Ringe von unterschiedlicher Wirkung: Die Elbenringe waren eindeutig gut, sie erlaubten ihren Trägern, Schutzbereiche aufzubauen, in denen ihr Volk sich verteidigen und in relativem Frieden sein frohes und anmutiges Leben führen konnte. Die Zwergenringe wurden zu Mittelpunkten der großen Horte, welche die Fürsten der Zwerge in ihren Höhlenpalästen sammelten, und wurden mit diesen Horten von Drachen vernichtet oder gerieten wieder in Saurons Hände. Den meisten Nutzen hatte dieser von den Menschenringen. Diese ermöglichten ihren Trägern den Aufbau von Herrschaft und verliehen ihnen langes Leben, ließen sie aber auch zu Geisterwesen werden, die vor allem bei Tageslicht

49 LOTR (wie Anm. 7) I, 3-4, passim.
50 Frodo auf dem Berg Amon Hen, LOTR (wie Anm. 7) II, 4, S. 221 f.; Aragorns Kampf gegen Sauron mittels des Palantir ebd. V , 2, S. 811 f.
51 Silmarillion (wie Anm. 7), Rings of Power, S. 343-47.

Orientierungsschwierigkeiten[52] hatten, und machten sie vor allem mehr und mehr zu Dienern Saurons, den Ringgeistern.

Eine gewaltige Kraftanstrengung von Elben, Zwergen und Menschen führt zu einer eindeutigen Niederlage Saurons, der sogar seinen Ring einbüßt. Der neue Besitzer wird jedoch von Orks getötet, der Ring geht verloren. Ein Hobbit findet ihn, sein Gefährte Gollum tötet den Finder, nimmt den Ring an sich und wird unter dessen Einfluss zu einem ungeselligen und tückischen Wesen, das in einer ausgedehnten Höhle lebt. Dort begegnet ihm zufällig der Hobbit Bilbo, Held des Büchleins "Der Hobbit", auf seiner Reise mit einer Gruppe Zwerge, die mit seiner Hilfe einen ihrer Schätze wiedergewinnen wollen. Er findet den Ring, den Gollum nicht trägt, entdeckt zufällig dessen unsichtbar machende Wirkung und entkommt so Gollum, der ihm nach dem Leben trachtet. Dieser sieht in ihm einen Dieb und versucht, seiner und des Rings habhaft zu werden.

Bilbo und seine Zwergenfreunde gewinnen nach dramatischen Abenteuern den Schatz, Bilbo kehrt heim und führt ein ruhiges und geachtetes Leben. Den Ring nutzt er, seine Mithobbits gelegentlich zu necken, ohne zu ahnen, dass er den Einen Ring der Macht besitzt, der ihm ein ungewöhnlich langes Leben ermöglicht. Wohl aber vermutet der Zauberer Gandalf die Wahrheit; auf seine Veranlassung überlässt Bilbo den Ring seinem Neffen und Erben Frodo und zieht sich zu den Elben zurück, die er von seiner Schatzsuche mit den Zwergen kennt. Frodo muss einige Jahre später mit dem Ring seine Heimat verlassen, weil die Ringgeister Saurons nach ihm forschen. Auf den Rat Gandalfs und des Elbenfürsten Elrond bildet sich um Frodo eine Gruppe von Hobbits, Menschen, einem Elben, einem Zwerg und zeitweise Gandalf. Führer ist der Waldläufer Aragorn, der rechtmäßige Erbe der früheren Könige von Numenor. Die Gruppe will den Ring und damit Saurons Macht vernichten. Die kann nur im Feuer eines Vulkans geschehen, der im Lande Mordor nicht weit von Saurons Hauptfestung liegt.

Mit den Abenteuern der Gruppe verzahnt sind die Vorbereitungen Saurons für die Niederwerfung des letzten Numenor-Reiches Gondor, das von einer Dynastie von Statthaltern der früheren Könige beherrscht wird, und den Bemühungen des böse gewordenen Zauberers Saruman, den Ring zu erlangen und das seinem Reich benachbarte Reitervolk der Rohirrim zu unterwerfen. Zu deren Gunsten greifen die Ents ein, uralte, riesenhafte, äußerlich Bäumen ähnelnde, aber mit Vernunft, Willen und Sprache ausgestattete Wesen. Sie vernichten die Festung Sarumans; dies ermöglicht den Rohirrim, ihren Verbündeten in Gondor zu Hilfe zu kommen und die Belagerung der Hauptstadt aufzubrechen.

Die Ringträger-Gruppe ist inzwischen von Orks überfallen und zersprengt worden, nachdem der ihr angehörende Sohn des Statthalters von Gondor sich den Ring anzueignen versuchte. Er kommt bei dem Überfall ums Leben, die anderen werden in die Kämpfe gegen Saruman und um Gondor verwickelt; Frodo und sein Diener Sam brechen mit dem Ring nach Mordor auf. Sie treffen auf Gollum, der ihnen in dem ihm bekannten Land als Führer dient, sie aber auch zu verraten sucht und schließlich unwillentlich an der Zerstörung des Rings entscheidend beteiligt ist. Diese bewirkt den Zerfall von Saurons Macht, Aragorn kann seine angestammte Würde als König von Gondor antreten. Die Hobbits treffen bei ihrer Heimkehr auf Saruman, der in ihrem Land mit Hilfe von Landstreichern und unter Ausnutzung der unpolitisch-friedlichen Natur seiner Bewohner eine Miniaturausgabe seiner früheren Gewaltherrschaft aufgebaut hat. Es gelingt den Hobbits relativ leicht, ihre Landsleute zu einem erfolgreichen Aufstand zu bewegen.

Durch die Zerstörung des Einen Ringes haben auch die Elbenringe ihre Kraft verloren, die Elben verlassen Mittelerde und fahren zu den glücklichen Inseln; Frodo schließt sich ihnen an.

52 LOTR (wie Anm. 7), I, 3 u. 4. Tolkien hält dies nicht durch; bei den Kämpfen um Minas Tirith, ebd. V, 4. u. 6. passim, ist von Sehproblemen der Ringgeister nichts mehr zu bemerken.

Sam begleitet ihn bis zum Hafen; mit seiner Rückkehr zu seiner Familie schließt das Werk in einer Stimmung von Elegie und Frieden.

5. Strukturen II

5.1. Wirtschaft, Gesellschaft, Kultur, Technik

Das relativ Wenige, das uns Tolkien über die wirtschaftlichen und gesellschaftlichen Verhältnisse der Bewohner von Mittelerde mitteilt, zeigt uns eine vorindustrielle Welt, die mit dem Mittelalter unserer Zivilisation große Ähnlichkeit hat. Dabei ist allerdings die zeitliche Bandbreite der zum Vergleich geeigneten Verhältnisse recht breit: Das Volk der Rohirrim lebt in einer Steppenlandschaft, gewinnt seinen Unterhalt neben dem Ackerbau hauptsächlich aus der Pferdezucht und ist, soweit erkennbar, noch halbnomadisch. Seine ziemlich genau beschriebene Hauptsiedlung hat mehr Fliehburg- als Stadtcharakter[53]; insgesamt erinnern die Rohirrim an die Goten der Völkerwanderungszeit. Bei den Hobbits und deren Nachbarn in Bree[54], über die wir mehr erfahren, befinden wir uns eher im Spätmittelalter oder der frühen Neuzeit: Wir haben eine zwar vorwiegend agrarisch bestimmte, aber doch voll ausgeprägte Geldwirtschaft, in der professionelle Händler – meist Zwerge – vorkommen, ihren Beruf allerdings noch im Umherziehen ausüben. Auch die gesellschaftliche Ordnung ist hierarchisch, aber mehr vom Vermögen ihrer Mitglieder bestimmt als eigentlich feudal; erbliche Ehrenrechte sind Erinnerung aus der Zeit des Königtums und keine eigentlichen Privilegien mehr. Große Städte mit einem differenzierten Spektrum von Berufen vermisst man bei den Hobbits wohl deshalb, weil das Land insgesamt klein ist; anderswo, etwa in Gondor[55] oder in der Seestadt im "Hobbit" findet man sie. Auch von Handel über größere Entfernungen ist immer wieder die Rede. Insgesamt entsprechen also die materiellen Lebensbedingungen eher denen des Spätmittelalters.

Das kulturelle Leben der Bewohner von Mittelerde ist grundsätzlich diesen Rahmenbedingungen angemessen, aber recht hoch entwickelt. Tolkien preist vor allem Musik und Dichtung der Elben sowie das Kunsthandwerk der Zwerge, schildert aber auch imponierende Großbauten und Denkmäler. Dabei wird deutlicher als im wirtschaftlichen und gesellschaftlichen Leben eine unser "wirklichen" Geschichte fremde Eigentümlichkeit der gesamten Lebensumstände erkennbar: Sie sind sehr alt und in hohem Grade statisch. Entwicklung findet nicht statt, eher zeichnet sich Verfall ab. Tolkien benutzt gern die aus Mythen stammende Erzählfigur vom urzeitlichen Gründer und Kulturbringer; kennzeichnend ist die Erfindung der ältesten Elben-Runenschrift[56] schon vor der Entstehung von Sonne und Mond. Früh entstanden ist auch ein an sich sehr modernes Merkmal der Kultur von Mittelerde, die gemeinsame Sprache[57], über die alle "freien Völker" neben ihren eigenen Sprachen verfügen und die im Bedarfsfall selbst auf der Gegenseite wenigstens die führenden Mitarbeiter Saurons beherrschen. Dass die Menschen Kunstfertigkeiten aller Art von den älteren Elben erlernten, passt in dies Bild, ebenso die Deutung solcher Fertigkeiten als Magie:

53 LOTR (wie Anm. 7) III, 6, S. 530 ff.
54 LOTR (wie Anm. 7) Prologue, I, 1 passim; Bree: ebd. I, 9 u. 10 passim.
55 LOTR (wie Anm. 7) V, 1 passim; d. Folgende Hobbit, X, S. 179, 185 f.
56 Silmarillion (wie Anm. 7), QS 6, S. 73 f.
57 Entstehg: Silmarillion (wie Anm. 7), QS 17, S. 165 f.. Kenntnis auch auf der Gegenseite: LOTR (wie Anm. 7), V, 10, 923 ff.

"The dwarwes of yore made mighty spells"[58]heißt es in einem Lied der Zwerge im „Hobbit."

Ein relativ gut erkennbarer, für mein Thema wichtiger Teilbereich der Kultur ist das Geschichtsbewusstsein ihrer Lebewesen. Dies tritt uns einmal in der Geschichtsschreibung entgegen, die Tolkien ansatzweise im Silmarillion, deutlicher im Herrn der Ringe, vor allem in den Anhängen von dessen erster Auflage als bestehend voraussetzt und zum Gegenstand eines köstlichen literarischen Spiels macht: zu der Fiktion nämlich, er habe die Handlung nicht erfunden, sondern aus aufgefundenen alten Geschichtswerken übernommen.[59] Dazu konstruiert er eine Überlieferungsgeschichte dieser Texte, die jeder Edition einer mittelalterlichen Chronik Ehre machen würde. Durchschaubar wird die Fiktion dadurch, dass die Urheber dieser Historiografie zu Tolkiens fiktiven Wesen gehören, die letzte, schriftliche Phase, die wir uns auf dem literarischen und methodischen Niveau etwa spätmittelalterlicher Stadtchronistik vorzustellen haben, ist vor allem das Werk der Hobbits; Vorstufen stammen von den Elben.

Diese Vorstufen gehören zu einer anderen, historisch älteren Schicht historischer Tradition, die Tolkien auch anderswo voraussetzt oder bruchstückweise zitiert: dem Lied. Hier ist das Vorbild der germanischen Heldenlieder unverkennbar: Ursprünglich zum Vortrag im Sprechgesang bestimmte Texte in Versen, die neben Historischem auch Mythisches und Sagenhaftes enthalten. Diese Form des Wissens von der Vergangenheit ist in der "Gegenwart" des Herrn der Ringe noch durchaus lebendig: Bei der Siegesfeier im Schlussteil der Erzählung tritt ein Sänger auf, um "das Lied von Frodo mit den neun Fingern und dem Ring des Schicksals"[60] vorzutragen. Von der wichtigsten Funktion solches Geschichtsbewusstseins, der Rechtfertigung der jeweils gegenwärtigen Ordnung, wird noch die Rede sein.

Auf welchem Stand der Technik sich Mittelerde befindet, ist hauptsächlich deshalb betrachtenswert, weil die Behandlung dieses Themas Tolkien Gelegenheit gibt, seinen Ressentiments gegen die industrielle Welt freien Lauf zu lassen: Die Rüstungsbetriebe Saurons und Sarumans geraten ihm zu Karikaturen moderner Industrieanlagen.[61] Tatsächlich geben sie zwar reichlich Rauch und Gestank von sich und verpesten Luft und Wasser, produzieren aber nicht Atomraketen oder auch nur Maschinengewehre, sondern Helme, Schilde und Schwerter. Wir befinden uns auch hier im späten Mittelalter. Feuerwaffen sind noch unbekannt, lediglich irgendeinen Sprengstoff setzen die Krieger Sarumans gelegentlich ein.[62] Die wirksamste Fernwaffe ist der Bogen, für den Tolkien wie viele seiner Landsleute Sympathie zeigt. Innovativ ist die böse Seite eher im Biologischen: Als die Ringgeister ihre Pferde verlieren, rüstet Sauron sie mit riesigen fledermausähnlichen Reittieren aus, die er für diesen Zweck hat züchten lassen, und Saruman kreuzt Orks mit Menschen, um die Empfindlichkeit ersterer gegen das Tageslicht herabzusetzen. Dass die angeführten Beispiele durchweg dem militärischen Bereich entstammen, ergibt sich aus einer Handlung, die großenteils aus Kämpfen aller Art besteht.

5.2. Politik

Die Politik[63] ist der Lebensbereich, dessen Strukturen am deutlichsten erkennbar sind; zugleich sind hier persönliche Überzeugungen des Autors deutlicher bestimmend als bei Wirtschaft

58 Hobbit, Unexpected party, S. 15. Die Zwerge der grauen Zeiten wussten mächtigen Zauber, sagt meine etwas pathetische Übersetzung.

59 LOTR (wie Anam. 7) I, Prologue, Notes on he shire records. Von den Anhängen der ersten Auflage ist bei den weiteren nur die Geschichte von Aragorn und Arwen geblieben.

60 LOTR (wie Anm. 7) VI, 4, S. 990. Ein Lied über den Anteil der Rohirrim den Kämpfen um Gondor ebd. V, 6, S. 882 f.

61 LOTR (wie Anm. 7), II, 2, S. 278; III, 8, S. 577 f.

62 Sprengstoff: LOTR (wie Anm. 7) III, 7., S. 56o f.. Dazu auch Appleyard, Anthony, *Tolkien and Space Travel,* Mallorn (wie Anm. 20) 34, 1996, S. 21-24. Fledermausreiter ebd. V, 4 u. 6 passim., Ork-Menschen ebd. III, 7 passim.

63 Literatur in Anm. 19.

und Gesellschaft. Wir finden auch hier – jedenfalls auf der guten Seite – Ähnlichkeiten zum europäischen Mittelalter, aber mehr noch zu dessen Selbstverständnis als zu den tatsächlichen Gegebenheiten. Politische Ordnung ist durchgängig historisch legitimiert, hierin liegt die Hauptfunktion des Geschichtsbewusstseins der Lebewesen von Mittelerde, und deshalb ist dieses Bewusstsein so stark genealogisch bestimmt. Das geht bis hin zu Tieren und Pflanzen: Die Totempflanze der Könige von Numenor, der weiße Baum Mallorn, führt seine Abstammung bis in die Schöpfungszeit zurück, und dass Aragorn die Königsherrschaft seiner Vorfahren wiedergewinnt, wird begleitet durch das Auffinden eines jungen Mallornbaumes als Ersatz für das verdorrte Exemplar im Burghof der Hauptstadt von Gondor.[64] Das Königtum ist die Normalform von Herrschaft in Mittelerde. Es gibt Ausnahmen: Die Bürger der Seestadt im Hobbit haben eine oligarchisch-parlamentarische Verfassung,[65] deren gewählten "Meister" Tolkien aber deutlich unsympathisch zeichnet im Vergleich zum auch hier vorhandenen erblich legitimierten Helden. Die Hobbits im "Herrn der Ringe" leben in einer demokratischen Fast-Anarchie, die man als Illustration des Begriffs "Nachtwächterstaat" bezeichnen könnte; auch diese Ordnung wird jedoch legitimiert durch Reste von Institutionen aus der Zeit der Numenor-Könige.

Auf die tatsächliche Legitimation seiner erblichen Herrscher-Helden durch geeignete Charaktereigenschaften hat Tolkien viel Mühe verwandt, und hier werden sowohl die Bezüge zur politischen Theorie des Mittelalters deutlich als auch die Verankerung in Tolkiens oben skizzierter politischer Ethik mit ihrer klar positiven Bewertung von Freiheit und Toleranz: Tolkiens Ideal ist der 'rex iustus', der seine Stellung als Amt im Dienst des Gemeinwohls versteht, Friede und Recht unter seinen Untertanen wahrt, deren Individualität achtet und deshalb seine Macht auf die Zustimmung der Beherrschten gründen kann. Am besten werden die mittelalterlichen Vorbilder erkennbar bei Aragorns feierlichem Wiederantritt seines Königsamtes: Hier schimmern bis in die Formulierungen hinein mittelalterliche Krönungsordines durch.[66] Sogar den topos des 'roi thaumaturge', des Königs als Heiler, hat Tolkien auf Aragorn übertragen.[67] Dazu passt, dass dieser bei aller Härte, die ihm seine militärischen Aufgaben abverlangen, nicht als plumper Gewaltmensch gezeichnet ist, sondern als nachdenklicher und sensibler Mensch. Weniger deutlich ist das auch bei den anderen Führern der guten Seite der Fall. Folie dazu sind Melkor, Sauron, Saruman und ihre gelegentlich auftretenden Beauftragten. Das sind Figuren aus der Werkstatt Macchiavellis[68]: Harte, kalte Machtmenschen, die außer unmittelbarer Gewaltanwendung vor allem das Einschüchtern ihrer Partner durch Drohungen, aber auch deren Irreführung geschickt handhaben; besonders Saruman ist rhetorisch sehr gewandt.

6. Grundmerkmale

Das Geschichtsbild in Tolkiens Werk entspricht dem christlichen Glauben seines Schöpfers insofern, als der Gang der Ereignisse grundsätzlich aus dem Willen Gottes hervorgeht. Dieser führt geschichtliche Zäsuren durch die Schöpfung neuer Lebewesen oder durch kosmische Veränderungen herbei und lässt in den frühen Epochen seine Diener, die Valar, aktiv in die Gestaltung der Welt eingreifen.

64 LOTR (wie Anm. 7), VI, 5, S. 1008.
65 Hobbit (wie Anm. 7) X passim. Zum Folgenden LOTR (wie Anm. 7), Prologue u. I, 1.
66 Das ist gegen Petzold (wie Anm. 11, S. 80 f.) zu sagen, der hier Ähnlichkeiten zu modernen Parteitagen sieht.Die Schilderung LOTR (wie Anm. 7), VI, 5, S. 1002 ff. Aragon als Heiler ebd. V, 8, S. 899-904.
67 LOTR (wie Anm. 7), V, 8.
68 Melkor: Silmarillion (wie Anm. 7), QS 7, S. 69 ff.; Sauron: ebd., Akallabeth, S. 324 ff.; Diener Saurons: LOTR (wie Anm. 7), V, 10, S. 922 - 25; Saruman: Ebd. II, 2, 275 ff.

Mit einem solchen Grundverständnis handelt sich Tolkien das Problem ein, das die Theologen mit dem Begriff Theodizee[69] bezeichnen: die Notwendigkeit, das Böse in der Geschichte mit der Annahme eines allmächtigen und allgütigen Gottes zu vereinbaren. Tolkien operiert mit der Lösung, die alle rationalistische Theologie seit der Hochscholastik anbietet: Ein Gott, der Freiheit seiner Geschöpfe will, kann den Missbrauch dieser Freiheit nicht ausschließen. Es schränkt seine Allmacht nicht ein, wenn er sich auf diese Weise selbst beschränkt. Er bleibt als der Schöpfer weiterhin auch den Bösen unter seinen Geschöpfen überlegen, kann insbesondere die Ergebnisse bösen Handelns in seinen Weltplan integrieren. Mit der Auflösung zeitweiliger Dissonanzen in einem Musikstück hat Tolkien für diesen letzten Gedanken eine schöne Metapher gefunden.[70]

Die Umsetzung dieser Vorstellungen in sein Werk hat sich Tolkien durch die Erfindung der Ainur/Valar erleichtert. Diese vollziehen zwar grundsätzlich den Willen des Schöpfergottes, sind aber unvollkommen; die Ergebnisse ihrer Fehler sind also Illuvatar nur indirekt beizumessen, und der Handlungsspielraum Melkors und seines Helfers und Nachfolgers Sauron vergrößert sich, ohne doch grundsätzlich den Weltplan Iluvatars gefährden zu können. Tolkien findet viele Gelegenheiten, die innerweltliche Begrenztheit des Bösen dadurch zu veranschaulichen, dass die Taten der Bösewichter sich in ihren Wirkungen gegenseitig aufheben. So zerstören Saurons Orks beim Angriff auf Gondor voreilig den äußeren Mauerring, der weiträumig das Umland der Hauptstadt umschließt.[71] Das erfolgreiche Eingreifen der Rohirrim zu Gunsten der Belagerten wird erst dadurch möglich; an einer intakten Außenmauer hätte sich das nur aus Reitern bestehende Entsatzheer leicht aufhalten lassen.

Mit Hinweisen auf direktes Eingreifen des Schöpfergottes ist Tolkien sehr vorsichtig. Dazu trägt bei, dass dieser Gott sich nicht offenbart, keinen Kultus erwartet und im alltäglichen Bewusstsein seiner Geschöpfe folglich so gut wie nicht präsent ist. Stattdessen spricht Tolkien oft vom Schicksal.[72] Es gelingt ihm insbesondere häufig, Entscheidungssituationen durch die Schilderung begleitender Naturvorgänge, vor allem Veränderungen der Witterung, in kosmische Zusammenhänge einer belebten Welt einzubeziehen. Der Freiheit der bevorstehenden Entscheidung tut dies aber keinen Abbruch.

Für die Vereinbarkeit willentlichen Handelns mit einem göttlichen Plan des Geschichtsablaufs hat Tolkien an einer einzigen, allerdings entscheidenden Stelle ein meines Erachtens geglücktes Beispiel erdacht, dessen Wichtigkeit er durch vorausdeutende Hinweise hervorhebt[73]: Als Frodo mit Sam – und Gollum – das Vulkanfeuer des Schicksalsbergs erreicht, erliegt er zum ersten Mal der Versuchung des Rings, beansprucht ihn für sich und steckt ihn an. Da greift Gollum ihn an, – ob er als früherer Ringträger Frodo sehen kann, bleibt Tolkiens Geheimnis –, und beißt ihm den Finger mit dem Ring ab. Beim anschließenden Triumphtanz tritt er über die Kante zum Krater und stürzt in die vulkanische Glut. Mit ihm vergeht auch der Ring, die Mission ist erfüllt.

Es war bisher hauptsächlich von den Gemeinsamkeiten mit dem christlichen Geschichtsbild die Rede; das Werk Tolkiens weist diesem gegenüber aber auch wesentliche Unterschiede auf, die sich vor allem daraus ergeben, dass Iluvatar gegenüber seiner Schöpfung sehr viel mehr Distanz hält als der christliche Gott. So gibt es zur Abfolge von Schöpfung und Erlö-

69 Kern, W., Art. Theodizee im LEXIKON FÜR THEOLOGIE UND KIRCHE (LThK), Bd. 10, 2. Aufl. Freiburg i. Br. 1965, S. 26

70 Silmarillion (wie Anm. 7), Ainulindale .

71 LOTR (Wie Anm. 7), V, 5, S. 866 ff.

72 Schicksalsring für den Einen Ring, oben Anm. 57, Schicksalsberg für den Vulkan, in dem der Ring vernichtet wird, LOTR (wie Anm. 7) VI, 3, Überschrift. Zum Folgenden Faramir u. Eowyn, ebd. VI, 5, S. 998 f., Ankunft d. Rohirrim in Gondor ebd. V, 4, S. 861, V,5, S. 870. Vgl. Deyo, Steven Mark, *Wyrd and Will.* Fate, Fatalism and Free Will in the Northern Elegy and J.R.R. Tolkien, in: Mythlore (wie Anm. 20) 14, 1988, S. 59- 62.

73 Vorausdeutungen: Gandalf, LOTR (wie Anm. 7) I, 2, S. 73.; Frodo zu Sam in Mordor, ebd. IV, 8, S. 740 f.. Die Begebenheit ebd. VI, 3, S. 980 ff.

sung allenfalls eine sehr indirekte Analogie in der zeitweiligen Trennung eines Teils der Elben von den Valar,[74] und die Initiative zur Versöhnung geht nicht von den Valar aus, sondern von einem Elben.

Vor allem fehlt Tolkien die Vorstellung von einem jüngsten Gericht und damit die teleologische Komponente des christlichen Geschichtsbildes.[75] Auch die säkulare Variante dieser Teleologie, der Fortschrittsgedanke, findet sich bei ihm allenfalls indirekt in einer Form, die man als zunehmende "Entzauberung" der Welt bezeichnen könnte: Die urweltlich-mythischen Wesen der Welt verschwinden nach und nach. Der Drache Smaugh, der im "Hobbit" sein verdientes Ende findet, ist der Letzte seiner Art,[76] dasselbe gilt wahrscheinlich für den Balrog, den Gandalf in Moria nach hartem Kampf überwindet. Am Ende des "Herrn der Ringe" verlassen die Elben Mittelerde. Die bereits erwähnte Ablösung von Mythen und Sagen als Welterklärung der Bewohner von Mittelerde durch Geschichtsschreibung à la Bilbo geht damit einher.

Weit entfernt ist aber Tolkien von einem positiven Verständnis dieser Entwicklung, wie sie landläufig mit dem Fortschrittsbegriff verbunden ist; wir finden vielmehr die Deutung vieler Vorgänge als Verfall. Vor allem die elegische Stimmung, die in den Schlusspartien des "Herrn der Ringe" den Fortgang der Elben aus Mittelerde umgibt,[77] ist hier zu nennen, aber auch anderswo spricht Tolkien von der Frühzeit der Welt als ihrer Jugend. Die bereits erwähnte Vorstellung, dass die wesentlichen kulturellen Leistungen schon in den Anfangszeiten der Geschichte entstanden seien und seitdem allenfalls Rückschritt habe stattfinden können, passt hierzu ebenso wie die Statik der materiellen Lebensverhältnisse in Mittelerde, die Abwesenheit von Weiterentwicklung im Wirtschaftlichen und Technischen. Nicht einmal von Bevölkerungszuwachs ist irgendwo die Rede, obwohl dieser jedenfalls bei den Elben zu erwarten wäre,[78] die nur durch Gewalt zu Tode kommen können. Die innere Konsequenz seines Bildes in solchen Fragen hat Tolkien offenbar wenig interessiert.

Die elegischen Partien der Erzählung schließen sich andererseits nicht zu einem Gesamtbild von historischem Niedergang zusammen; vieles, vor allem den Verfall der Numenor-Reiche,[79] muss man vielmehr mit der Machtzunahme Saurons im Dritten Zeitalter zusammensehen; dass hier die Vernichtung des Einen Rings Ansätze für eine positive Entwicklung schafft, deutet Tolkien selbst an. Andererseits darf man sich diese Zukunft auch wieder nicht zu golden vorstellen. Der Untergang sowohl Saurons als auch Sarumans sind in einer Weise beschrieben, die eine Wiederkehr dieser Gestalten nicht ausschließt. Jedenfalls der Maja Sauron ist ja nicht im menschlichen Sinne sterblich. Das Ende bleibt offen; der Kampf der Guten gegen die Bösen kann bis ins Unendliche weitergehen. Zum Gesamtbild passt dies: Dynamik der Abläufe bei Statik der Strukturen, nicht Aufwärts-, nicht Abwärtsbewegung, auch nicht zyklische Wiederkehr, sondern stetiges Auf und Ab, immer neue Drohungen, immer neue Chancen. Mir kommt der sonst so konservative Tolkien in dieser Hinsicht sehr modern vor.

74 Silmarillion, QS 7 u. 9, das Folgende ebd., QS 24.

75 Wytenbroek, J. R., *Apocalyptic Vision in The Lord of the Rings,* Mythlore (wie Anm. 20) 14, 1988, S. 7-12, konstatiert zwar Einzelbeispiele für Endzeitbewusstsein, stimmt aber grundsätzlich mit meiner Sicht des Themas überein. Zum christlichen Geschichtsbild Löwith, Karl, *Weltgeschichte und Heilsgeschehen,* 8. Aufl., Stuttgart 1990. Fortschrittsgedanke: Koselleck, Reinhard u. Meier, Christian, Art Fortschritt in GESCHICHTLICHE GRUNDBEGRIFFE (GG), Bd. 2. Stuttgart 1975, S. 351-423.

76 Hobbit (wie Anm. 7) 14, S. 231 f. Basney (wie Anm. 27), dem ich hier folge, hat dies nicht bemerkt. Z. Folgenden LOTR (wie Anm. 7) III, 5, S. 523 f; VI, 9 passim, u. Basney.

77 Wie vorige Anm.; Silmarillion (wie Anm. 7), Valaquenta u. QS, 1-5 passim.

78 Versuch einer Demographie der Elben bei Loback, Tom, The Kindreds, Houses and Population of the Elves during the First Age, Mythlore (wie Anm. 20) 14, 1987, S. 35-56.

79 Wie Anm. 36; Ähnliches gilt f. d. Schilderung Gondors, wie Anm. 55.

7. Ergebnisse

Nicht nur in den Details seiner Geschichtserzählung, sondern auch in den Grundzügen von deren Konzeption erweist ein Vergleich mit anderen Geschichtsbildern Tolkien als einen Autor von gewaltiger konstruktiver Fantasie. Die Vielfalt der dargestellten Verhältnisse und die lebhafte Bewegung der Abläufe faszinieren nicht nur den Unterhaltung suchenden Leser, sondern rücken das Werk in die Nähe "realer" Geschichte; ebenso tut dies die Rezeption zahlreicher struktureller Merkmale des vorindustriellen Europa.. Bei alledem ist eine Erzählung von großer innerer Geschlossenheit zustande gekommen. Die gelegentlichen "Webfehler", auf die ich in einem gewissen Gegensatz zum Großteil der Literatur mit Bedacht hingewiesen habe, stehen mit dem Bemühen um Farbigkeit und Vielfalt in ursächlichem Zusammenhang und kommen diesem zugute. Überdies sind sie kennzeichnend dafür, wie sich der Mensch John Ronald R. Tolkien in unserer Welt und ihrer Geschichte zurechtgefunden hat.

Mit dem vorigen Satz versuche ich auf meine Leitfrage zurückzukommen. Die Erzählung Tolkiens verdankt ihren inneren Zusammenhalt der Weltsicht ihres Autors. Die Rezeption der vielen von Tolkien in sein Werk integrierten Vorlagen ist von einem Standpunkt aus erfolgt. Damit bildet das Werk auf eine Weise eine Einheit, wie "wirkliche" Geschichte das nicht tun kann. Gerade wenn wir letztere als Erzählung, als Aggregat von Texten verstehen und von einer "Wirklichkeit" hinter diesen Texten absehen, müssen wir feststellen, dass es sich um Texte einer unendlichen Vielzahl von Autoren handelt, verknüpft durch eine entsprechend große Zahl von Rezeptionsvorgängen.[80] Für jeden dieser Vorgänge aber sind die rezipierten Texte ihrerseits "Wirklichkeit", vorgegeben in einer Wahrnehmung, die auch anderen zugänglich ist, interpretierbar, aber gegen willkürliche Deutung geschützt durch eben diese intersubjektive Zugänglichkeit, deren Nutzung als Kontrollmöglichkeit das Wesen von Wissenschaft ausmacht. Statt einer in sich konsistenten Deutung von Geschichte ergibt sich so ein Geflecht von unendlich vielen und verschiedenen Deutungsansätzen, dessen Ausmaß definiert ist durch den Umfang des für Menschen Denkbaren. Otto Vossler[81] hat dies vor Jahrzehnten auf die Formel gebracht, Geschichte habe nicht einen angebbaren Sinn, sondern sie sei Sinn.

80 Beobachtungen zu diesem Thema fand ich zu meiner Freude vor vielem Jahren bei Salewski, Zeitmaschine (wie Anm. 2), vor allem im Kapitel "Die andere Geschichte".

81 Vossler, Otto, *Geschichte als Sinn*, Frankfurt a. M. 1979.

Was wäre wenn ...? – Gedanken zur kontrafaktischen Geschichtsschreibung

Sönke Neitzel

I.

Die Kontrafaktische Geschichtsschreibung wird trotz weitgehendem Methodenpluralismus innerhalb der Zunft nicht als seriöser Ansatz anerkannt. Historiker befassen sich mit der Vergangenheit und versuchen zu ergründen, wie es eigentlich gewesen. Sie basieren ihre Forschungen dabei auf einen möglichst breiten Quellenkorpus, und dennoch lassen sich viele Phänomene nicht recht erklären, sei es weil die Überlieferungen zu spärlich sind oder die Zeugnisse sich gar widersprechen. Ein jeder Historiker ist bei seinen Forschungen wohl schon an den Punkt gekommen, an dem er für eine plausible Erklärung letztlich nur noch spekulieren konnte. Und dabei handelt es sich keineswegs nur um Detailprobleme. Man denke nur an die Debatte um die Entscheidung zur „Endlösung der Judenfrage", die der Forschung noch immer Rätsel aufgibt[1] oder etwa die Frage, warum sich bei Hitler überhaupt ein solch zerstörerischer Antisemitismus entwickelt hat.[2]

Die Spekulation, obgleich zumindest öfter gebraucht, als mancher zugeben mag, scheint für den deutschen Historiker etwas zutiefst verhasstes zu sein. Daher befassen sie sich nicht oder doch äußerst selten damit, auf Grund ihrer Kenntnis der Vergangenheit die Zukunft vorauszusagen[3] oder aufzuzeigen, wie die Ereignisse auch anders hätten verlaufen können. Als große Ausnahmen können die Bände von Alexander Demandt, *Ungeschehene Geschichte*[4] und Michael Salewski, *Was Wäre Wenn*[5] gelten. Gerade der letztere enthält eine hervorragende Übersicht von Methode und Theoriediskussionen innerhalb der kontrafaktischen Geschichtsschreibung[6] und bietet ein halbes Dutzend anregender und überaus gelungener, sprich plausibler Alternativgeschichten. Wer die gewaltigen Auflagenstärken vergleichbarer Bücher in Großbritannien und den USA kennt – man denke nur an Niall Fergusons Bestseller *Virtual History*[7] – muss bitter enttäuscht sein, dass derartige Publikationen in Deutschland bestenfalls ein Nischendasein führen. Aber warum diese fast schon militante Ablehnung des Konjunktivs?

Möglicherweise hängt dies damit zusammen, dass es - sieht man einmal von der Wirtschaftswissenschaft ab - trotz nachhaltiger Bemühungen der Sozialwissenschaften kein aussagekräftiges Modell gibt, den Lauf der Geschichte vorherzusagen. Dies leuchtet schon aus dem

1 Vgl. Peter Longerich, *Politik der Vernichtung: eine Gesamtdarstellung der nationalsozialsozialistische Judenverfolgung*, München 1998.

2 Vgl. Gerhard Schreiber, *Hitlerinterpretationen 1923-1983*. Ergebnisse, Methoden und Probleme der Forschungen, Darmstadt 1988, S. 103-127, 206-209.

3 Wie etwa Samuel P. Huntington, *Kampf der Kulturen: die Neugestaltung der Weltpolitik im 21. Jahrhundert,* München 1998.

4 Alexander Demandt, *Ungeschehene Geschichte.* Ein Traktat über die Frage: Was wäre geschehen, wenn...?, Göttingen 1986

5 Michael Salewski (Hrsg.), *Was Wäre Wenn.* Alternativ- und Parallelgeschichte: Brücken zwischen Phantasie und Wirklichkeit, Stuttgart 1999.

6 Siehe Hermann Ritter, *Kontrafaktische Geschichte.* Unterhaltung versus Erkenntnis, in: ebenda, S. 13-42. Eine vergleichbar gelungene Zusammenfassung der Methodendiskussion bietet Niall Ferguson, Virtual History: Towards a ‚chaotic' theory of the past, in: ders. (Hrsg.), *Virtual History*, Alternatives and Counterfactuals, London 1998, S. 1-90.

7 Ferguson, Virtual History.

Grund ein, da man nach jahrzehntelanger Diskussion an dem Punkt angekommen zu sein scheint, dass eine Unzahl von Faktoren den Gang der Dinge im Großen und im Kleinen beeinflussen: politische, wirtschaftliche und soziale Strukturen ebenso wie Personen, technische Entwicklungen oder einfach nur Zufälle. Darum scheiterten bislang auch alle Versuche, doch einmal in der Zukunft liegende Entwicklungen vorauszusagen. Derjenige, der dieser Versuchung unterliegt, projiziert in der Regel augenblicklich vorhandene Tendenzen geradlinig in die Zukunft. Doch die Geschichte verläuft nicht geradlinig, darum ist sie – wenn überhaupt – nur in ganz groben Zügen vorherzusagen und Zukunftsmodelle, die sich mit Details in einem großen Zeitrahmen befassen, sagen mehr über die Gegenwart als über die kommenden Jahre aus. Von der Wahrscheinlichkeit her betrachtet, könnte man wohl ebenso gut raten.

Eine ähnliche Kritik richtet sich gegen die kontrafaktische Geschichtsschreibung. Da es kein wissenschaftliches Modell zur Vorherbestimmung alternativer Geschichtsverläufe gibt, arbeitet man in der kontrafaktischen Geschichtsschreibung mit dem Mittel der Plausibilität. Man verändert eine Entscheidung oder ein Ereignis und versucht den *plausiblen* alternativen Gang der Dinge nachzuvollziehen. Der Historiker gerät damit in ungewohntes Terrain, da er sich nicht mehr auf Quellen realer Ereignisse abstützen kann. Schnell ist der diskreditierende Vorwurf der Spekulation zur Hand. Schließlich erscheint das menschliche Zusammenleben derart komplex, dass zuverlässige Voraussagen nur für enge Rahmenbedingungen gemacht werden können. Und auch dann kann man nur von Wahrscheinlichkeiten, nicht von Gewissheiten sprechen.

Hier setzt nun die Kritik ein, die alles ablehnt, was nicht sicher bestimmt werden kann. Mit Wahrscheinlichkeiten will man sich nicht befassen, sondern eben nur mit Fakten. Allerdings verkennt eine solche Haltung den großen Erkenntniswert, den kontrafaktische Überlegungen haben können, denn es geht darum, aufzuzeigen, was anhand der *bekannten* Fakten wie außenpolitischer Konstellationen, Interessen von Staatsmännern, wirtschaftlichem Potenzial etc. am plausibelsten gewesen wäre. Auf der Basis dieser *bekannten* Informationen lassen sich durchaus alternative Entwürfe absichern.

Dabei ist jedoch das betrachtete Zeitfenster überaus bedeutsam. Je weiter ich mich von meiner gesicherten Datenbasis entferne und je mehr Faktoren ich aus meinem abgesicherten Geschichtsbild durch alternative Faktoren ersetze, desto unsicherer und schließlich spekulativer wird die Prognose. Lasse ich etwa Hannibal den Zweiten Punischen Krieg gewinnen oder die Reconquista scheitern, ist es kaum möglich, ein plausibles Bild unserer heutigen Welt zu entwerfen, da man zu viele Ebenen und Wendungen zu berücksichtigten hätte.[8] Ein solcher Versuch würde einer Wettervorhersage für den 2.1.3003 gleichen.

Die Methode der Plausibilität ist somit auf ein überschaubares Zeitfenster begrenzt. Letztlich kann aber auch bei zeitlich begrenzten Szenarien immer (nur) von Wahrscheinlichkeiten für alternative Verläufe gesprochen werden, wobei man sich bewusst sein muss, dass Geschichte oftmals eben *nicht* den plausibelsten Weg nahm. Dies scheint in besonderem Maße für militärische Feldzüge und Schlachten zu gelten. Man nehme nur die Eroberung Kretas im Mai 1941, wo die voreilige Räumung einer beherrschenden Anhöhe nahe dem Flugplatz Maleme, den Kampf für die in aussichtsloser Position kämpfenden deutschen Fallschirmjäger wendete.[9] Oder um auf eine größere Ebene zurückzugreifen: Der Angriff der Wehrmacht auf Frankreich im Mai 1940. Hätte er nicht stattgefunden, beispielsweise weil Hitler beim Bürgerbräuattentat ums Leben gekommen wäre, gäbe es heute kaum jemanden, der nicht von einem Wahnsinnsplan sprechen würde, der niemals hätte gelingen können. Verfolgt man den Verlauf des Westfeldzuges, dann war der schnelle deutsche Erfolg von einer Anhäufung von Zufällen,

8 Lewis L. Lapham, Furor Teutonicus: The Teutoburg Forest, in: John Cowley (Hrsg.), *What if?* Military Historians imagine what might have been, London 1999, insbesondere S. 66-69 erliegt dieser Versuchung.

9 Hierzu: Callum McDonald, *The lost battle: Crete 1941*, London 1993, insbesondere S. 200-216.

Missverständnissen und Ungehorsam einzelner Panzergenerale bedingt,[10] der so kaum vorauszusehen war; übrigens ebenso wenig wie die Tatsache, dass ein Streit zwischen dem OKH sowie der Heeresgruppe A und Hitler das Entkommen der bereits geschlagenen alliierten Streitkräfte über Dünkirchen ermöglichte. Die Geschichte hat in beiden Fällen einen sehr unwahrscheinlichen Verlauf genommen.

Daraus kann der Schluss gezogen werden, dass man mit der Vokabel „undenkbar" im Zusammenhang mit militärischen Operationen je nach Fall zumindest zurückhaltend umgehen sollte. Betrachtet man etwa die geplante deutsche Landung in England, das Unternehmen „Seelöwe", so vertritt die Forschung fast einhellig die Meinung, dass diese Operation zwangsläufig gescheitert wäre, hätte Hitler sie Ende September 1940 nicht abgesagt. Dies ist gewiss plausibel, bedeutet jedoch keineswegs, dass eine deutsche Landung in jedem Fall ausgeschlossen gewesen wäre. Fakt ist, dass niemand in der Wehrmachtführung an diese Operation glaubte und man meinte, sie umgehen zu können, ebenso wie man im Herbst 1939 hoffte, den Angriff auf Frankreich vermeiden zu können. Die Planung für „Seelöwe" war somit eher ein Versuch, die Aussichtslosigkeit des ganzen Unterfangens deutlich zu machen. An Lustlosigkeit war die ganze Vorbereitung kaum mehr zu übertreffen.[11] Im Sommer 1940 fehlten die Zufälle des Winters 1939/40, die einen genialen Plan zur Ausführung kommen ließen. Diesmal wurden der Wehrmacht nicht unerwartete Trümpfe in die Hand gespielt.[12]

Als Zwischenergebnis lässt sich festhalten: Zukunftsprognosen und alternative Geschichtsentwürfe haben immer dann eine hohe Plausibilität und damit – zumindest nach Meinung des Verfassers – auch einen Erkenntniswert, wenn die Zeitachse vergleichsweise überschaubar und die verfügbare Datenmenge, auf der diese Prognose basiert, abgesichert ist, somit der Einfluss von Zufällen minimiert werden kann. Ist dies nicht der Fall, verliert die Darstellung an Plausibilität und gleitet damit rasch in den Bereich der Sciencefiction ab. Um nicht missverstanden zu werden: Auch eine seriöse Sciencefiction kann auf gesichertem historischen Datenmaterial basieren, doch letztlich kann sie auf Grund der weit angelegten Perspektive immer nur eine von unendlich vielen Möglichkeiten beschreiben. Damit ergibt sich ein Unterhaltungswert, über diese alternative Variante der Geschichte nachzudenken, ein wissenschaftlicher Erkenntniswert verbirgt sich dahinter aber kaum. Allerdings: Die Plausibilität alternativer Geschichtsverläufe ist kein sicherer Beweis dafür, dass es wirklich so gekommen wäre. Sie bleiben somit immer mit der Unvollkommenheit der Wahrscheinlichkeit behaftet. Dennoch sind ist das Nachdenken über sie nicht sinnlos. Im Gegenteil: Ihr großer Wert besteht darin, einen Gegenpol zum Determinismus der Strukturgeschichtler aufzubauen, die alternative Geschichtsverläufe auf Grund der Ausprägung bestimmter Gesellschaftsformen und -traditionen ablehnen, insbesondere etwa den Einfluss einzelner Personen auf den Gang der Großen Politik.

Wenngleich gegen diese Position insbesondere von konservativer Seite stets vehemente Kritik geäußert wurde, hält sich etwa in der deutschen Historiographie des Zweiten Weltkrieges hartnäckig die Position, dass die Geschichte zwischen 1939 und 1945 eben kein offener Prozess gewesen ist, sondern auf Grund der politischen und vor allem wirtschaftlichen Strukturen vorherbestimmt gewesen sei. Diese Position ist in den Diskussionen über Richard Overys Buch „Why the Allies won"[13] auf dem Workshop des Deutschen Komitees für die Ge-

10 Ausführlich hierzu Karl-Heinz Frieser, *Blitzkrieglegende*, München 1996.

11 Vgl. insbesondere Peter Schenk, *Landung in England*. Das geplante Unternehmen „Seelöwe". Der Beginn der amphibischen Großunternehmen, Berlin 1987, S. 411-414. Hier auch weiterführende Literatur zum Thema.

12 Man müsste im Gegenteil eher formulieren, dass es für Großbritannien ein Glücksfall war, dass im Norwegenfeldzug die deutschen U-Boot-Torpedos nicht funktionierten und der Royal Navy so schwere Verluste erspart geblieben sind und dass die Kriegsmarine ihre äußerst effektiven Magnetminen bereits im Herbst 1939 einsetzte und deren geheimen Zündmechanismus preisgab.

13 Deutsch: *Die Wurzeln des Sieges*. Warum die Alliierten den Zweiten Weltkrieg gewannen, Stuttgart, München 2000.

schichte des Zweiten Weltkrieges im Juni 2000 in Hamburg deutlich geworden. Die deutschen Teilnehmer taten sich mit Overys Argumentation überaus schwer, dass der Ausgang des Ringens am 3. September 1939 eben noch nicht entschieden gewesen sei, weil bedeutende alliierte Entscheidungen während des Krieges zum Zeitpunkt seines Ausbruchs noch nicht absehbar waren. Er nannte diesbezüglich etwa die geschlossene Mobilisierung der US-Gesellschaft, die Verlagerung der sowjetischen Industrie nach Osten oder den alliierten Luftkrieg gegen Deutschland.[14]

Allerdings kann dies im Umkehrschluss nicht bedeuten, dass Geschichte generell und immer ein vollkommen offener Prozess gewesen ist, dass Strukturen generell niemals einen determinierenden Einfluss hatten. Es gilt jeden Einzelfall sorgfältig zu prüfen, eine generelle Regel gibt es nicht. Betrachtet man etwa den Ausbruch des Ersten Weltkrieges: Selbst wenn der Thronfolger Franz Ferdinand am 28. Juni 1914 nicht ermordet worden wäre oder der Kriegsausbruch während der Julikrise hätte verhindert werden können, wäre keines der virulenten Probleme Europas gelöst worden. Der entscheidende Punkt ist hier, dass die Macht- und Sicherheitsinteressen der Großmächte in einer durch Nationalismus, Prestigeverlangen und Sozialdarwinismus aufgepeitschten Zeit nicht miteinander zu vereinbaren waren, zumal der Krieg trotz einige Zweifel noch immer als probates letztes Mittel zur Durchsetzung der Politik galt. Bislang hat kein Historiker einen plausiblen alternativen Verlauf ohne Krieg aufzeigen können, falls der Erste Weltkrieg nicht im Sommer 1914 ausgebrochen wäre. Das soll nun nicht heißen, dass der große Krieg damit als vollkommen unumgängliches Fixum zu gelten hat. Seine Vermeidung war seit den Balkankriegen von 1912/13 aber sehr unwahrscheinlich geworden, und dies ist bereits eine bedeutende Erkenntnis.

Damit ist bereits der Rahmen für die sinnvolle Verwendung kontrafaktischer Geschichtsschreibung abgesteckt: Es geht darum, alternative Möglichkeiten für begrenzte und klar definierte Fragestellung aufzuzeigen, um etwa den strategischen Rahmen eines Gesamtkonzeptes zu überprüfen. Eberhard Jäckel hat dies in vorbildhafter Weise für den 20. Juli 1944 durchexerziert[15]. Er untersuchte die Frage, was passiert wäre, wenn Hitler durch die Bombe Stauffenbergs getötet worden wäre und kann zeigen, dass der Umsturz auch in diesem Fall aller Wahrscheinlichkeit nach binnen kurzem niedergeschlagen worden wäre und es wohl noch nicht einmal zu einem bürgerkriegsähnlichen Zustand gekommen wäre. Wesentliche Veränderungen im weiteren Verlauf des Krieges erscheinen überhaupt nur plausibel, wenn die Regierungsgewalt auf die Verschwörer übergangen wäre – mithin ein sehr unwahrscheinliches Szenario. Ergo: Will man den 20. Juli und seine Erfolgschancen einordnen, so kann man mit den Worten Treskows festhalten, dass das Attentat (lediglich) den Beweis erbrachte, dass die deutsche Widerstandsbewegung den entscheidenden Wurf gewagt hatte. Eine Aussage, die ohne kontrafaktische Überlegungen nicht getroffen werden könnte.

Ein weiteres Beispiel kann den Interessen des Jubilars entsprechend,[16] aus dem Bereich der Seekriegsgeschichte gegriffen werden: Die deutsche Marineleitung hat im Ersten wie im Zweiten Weltkrieg geglaubt, mit dem U-Boot-Krieg Großbritannien in die Knie zwingen zu können. Die Vorstellung war dabei, über einen längeren Zeitraum mehr Handelsschiffsraum zu versenken als von den Briten neu gebaut werden konnte. Der Tonnagemangel sollte schließlich so groß werden, dass die Versorgung der Insel nicht mehr gewährleistet und London friedensbereit sein würde. Wie wir wissen ist dieser Versuch in beiden Weltkriegen gescheitert. Es

14 Der Tagungsbericht ist über die Website des Deutschen Komitees schnell abrufbar, vgl. www.DWKII.de.

15 Eberhard Jäckel, Wenn der Anschlag gelungen wäre..., in: ders.: *Umgang mit Vergangenheit.* Beiträge zur Geschichte, Stuttgart 1989.

16 Hier sei nur verwiesen auf Salewskis monumentale Arbeit *Die deutsche Seekriegsleitung. 1935-1945*, 3 Bde, Frankfurt/Main 1970-75. Einen gelungenen Überblick von Salewskis Interesse am Seekrieg gibt auch der Festband zu seinem 60. Geburtstag, in dem eine Auswahl seiner Aufsätze zu diesem Thema publiziert sind, Michael Salewski, *Die Deutschen und die See.* Studien zur deutschen Marinegeschichte des 19. und 20. Jahrhunderts, hrsg. v. Jürgen Elvert, Stefan Lippert, Stuttgart 1998. Der Fortsetzungsband erschien Stuttgart 2002.

bleibt jedoch die Frage zu beantworten, wie sinnvoll dieser Ansatz überhaupt gewesen ist. Insbesondere nach dem Zweiten Weltkrieg ist oftmals behauptet worden, dass die U-Boote kurz davor waren, die lebenswichtige Verbindung nach Übersee zu durchschneiden und England nur knapp der Niederlage entgangen sei. Neuere Forschungen haben diesen Thesen widersprochen und versucht zu veranschaulichen, dass die deutsche Marine keinesfalls Großbritannien wirtschaftlich ins Herz zu treffen vermochte.[17]

Nach 1945 ist allerdings noch niemand der – kontrafaktischen – Frage nachgegangen, unter welchen Bedingungen ein wirtschaftlicher Zusammenbruch Englands vorstellbar gewesen wäre. Während des Krieges glaubte die Kriegswissenschaftliche Abteilung der Luftwaffe festhalten zu können, dass England den Krieg nicht mehr hätte fortführen können, wenn der Schiffsraumbestand unter zehn Millionen Bruttoregistertonnen gesunken wäre.[18] Die Frage ist allerdings, ob heutige Wirtschaftshistoriker diesem Befund ohne weiteres folgen würden. Letztlich geht es darum, eine Versenkungsziffer und einen Zeitrahmen zu fixieren, die den wirtschaftlichen Zusammenbruch plausibel erscheinen lassen. Die Differenz zwischen dieser fiktiven Berechung und den realen Versenkungszahlen ist überaus aussagekräftig. Ist die Differenz sehr klein, so waren die U-Boote in der Tat auf dem richtigen Weg, ist sie sehr groß – und damit ist mit an Sicherheit grenzender Wahrscheinlichkeit zu rechnen – ist der gesamte Ansatz des Tonnage-Krieges im Sinne der Niederringung Englands diskreditiert und man kann weiter untersuchen, warum innerhalb der Seekriegsleitung die Realitätsferne nicht erkannt worden ist.[19]

Das Argument, dass das Deutsche Reich mit dem U-Boot-Krieg das Mittel in der Hand hatte, Großbritannien aus dem Felde zu schlagen, taucht in der Literatur immer wieder auf. So behauptete John Keegan,

> „had Germany deployed at the outset of the war the force of 300 U-boats, which Dönitz had advised Hitler was necessary to win the Battle of the Atlantic, Britian would surely have collapsed as a combatant long before events in the Pacific War brought about the United States entry".[20]

Zunächst unterlässt er eine wirtschaftswissenschaftliche Untersuchung seiner Behauptung, die auch entsprechende Gegenmaßnahmen der Briten (Besetzung Irlands, drastische Einschränkung des Verkehrs mit Einzelfahrern, deutsche Torpedokrise etc.) außer Acht lässt. Und außerdem: Dönitz hat die ominösen 300 operativen U-Boote erst im April 1939 zum ersten Mal gefordert,[21] *nachdem* die ersten großen Manöver in der Nordsee und dem Atlantik abgeschlossen waren. Es war somit wirtschaftlich und technisch schlichtweg unmöglich, bis Kriegsbeginn eine derart große U-Boot-Flotte aufzubauen. Keegans Argumentation führt daher zu nichts. Kontrafaktische Geschichtsschreibung sollte sich auf dem Boden zeitgenössischer Optionen bewegen und darf nicht versuchen, neue Realitäten zu erschaffen.

17 Zum Ersten Weltkrieg mit weiteren Literaturangaben Holger H. Herwig „Total Rhetoric, Limited War. Germany's U-Boat Campaign, 1917-1918, in: Roger Chickering; Stig Förster, (Hrsg.), *Great War, Total War.* Combat and Mobilization on the Western Front, 1914-1918, Cambridge 2000, 189-206. Zum Zweiten Weltkrieg vgl. Sönke Neitzel, *Der Einsatz der deutschen Luftwaffe über dem Atlantik und der Nordsee 1939-1945*, Bonn 1995, S. 55-58. Zuletzt Clay Blair mehrfach in seiner Studie *Der U-Boot-Krieg*, 2 Bde, München 1998/1999.

18 Die Abhängigkeit der alliierten Kriegführung von der Freihaltung der Seeverkehrswege und die Folgen einer Drosselung der Zufuhren aus Übersee. Studie der 8. Abteilung/Chef Genst. D. Lw. 1944 (BA/MA, LW 107/164).

19 Stephen Howarths ist ein typisches Beispiel für ein hypothetisch aufgezeigtes Szenario eines erfolgreichen deutschen Seekrieges gegen England, das jedweder technischen und operativen Plausibilität entbehrt. Es besitzt daher allenfalls einen (begrenzten) Unterhaltungswert. Stephen Howarth, Germany and the Atlantic Sea War 1939-1943, in: Kenneth Macksey (Hrsg.): *Hitler Options.* Alternate Decisions of World War II, London 1995, S. 102-119.

20 John Keegan, *The Second World War*, London 1989, S. 214.

21 FdU-Bericht vom 14.4.39, Stellungnahme Flottenchef vom 26.5.39 (BA/MA, RM 7/1469, Bl. 140-160).

Ein anderes Beispiel für die sinnvolle Anwendung einer Alternativgeschichte für die Überprüfung eines strategischen Konzeptes ist die alliierte Luftoffensive gegen Deutschland und die Frage nach ihrem Stellwert für die Niederringung des Deutschen Reiches. Der United States Bombing Survey kam 1945/46 zum Schluss, dass die deutsche Rüstungsindustrie durch die Bombenangriffe nur unwesentlich beeinträchtigt worden ist. Gleiches kann für die Moral der deutschen Zivilbevölkerung gelten. Allerdings haben neue Forschungen darauf hingewiesen, dass die alliierte Luftoffensive gewaltige Ressourcen des deutschen Militärpotenzials und der Rüstungsindustrie (rd. 40 %) gebunden hat.[22] Es ist somit danach zu fragen, welche Ressourcen ohne diese Luftoffensive freigeworden wären und welche Folgen dies für den weiteren Kriegsverlauf hätte haben können. Gewiss ist es müßig, nun den weiteren Gang des Krieges detailliert beschreiben zu wollen. Wir können aber so weit gehen festzuhalten, dass die Wehrmacht ohne eine alliierte Luftoffensive sehr wahrscheinlich die Luftüberlegenheit an der Ostfront hätte bewahren können, erheblich größere Mengen an Panzerabwehrgeschützen zur Verfügung gestanden hätten und man auch wesentlich größere Ressourcen etwa für die Panzerproduktion zur Verfügung gehabt hätte. Dies alles hätte der Roten Armee ihren Vormarsch nach Westen sehr erschwert, wenn auch wahrscheinlich nicht unmöglich gemacht. Es bleibt als Ergebnis festzuhalten, dass der alliierte Luftkrieg, obwohl er bei der Zerschlagung der Rüstungsindustrie die Erwartungen nicht erfüllte, dennoch einen bedeutenden Beitrag zur Niederringung des Deutschen Reiches geleistet hat, weil er gewaltige Ressourcen von der entscheidenden Landfront im Osten abzog und so den Vormarsch der Roten Armee nennenswert beschleunigte.

Zur Einordnung eines strategischen oder operativen Konzeptes kann es in Einzelfällen durchaus sinnvoll sein, bewusst den Weg der gesicherten Faktenüberlieferung zu verlassen. Erneut ein Beispiel: Die deutsche Sommeroffensive 1942. Von der Forschung ist unstrittig herausgearbeitet worden, dass der Angriff von seiner kräftemäßigen und operativen Anlage die sowjetischen Ölfelder im Kaukasus – so wissen wir heute – nicht erreichen konnte.[23] So weit, so gut. Die Frage stellt sich allerdings, ob das Ziel für sich genommen überhaupt sinnvoll gewesen ist. Welche Folgen hätten sich also für die UdSSR ergeben, wenn es der Wehrmacht – hier einmal bewusst spekulativ angenommen – gelungen wäre, bis nach Baku vorzudringen. Da 90 % der sowjetischen Erdölproduktion aus dem Kaukasus kamen und die Lieferung von Erdöl aus dem angloamerikanischen Bereich in diesen gewaltigen Mengen auf logistische Probleme gestoßen wäre, kann hier geschlossen werden, dass die deutsche Sommeroffensive in der Tat eine sowjetische Achillesferse angriff und ihr erfolgreicher Verlauf für die Sowjetunion einer Katastrophe gleichgekommen wäre.[24]

Neben der Überprüfung und Einordnung eines strategischen Gesamtrahmens lässt sich mit der Plausibilitätsrechnung aber auch der Einfluss einzelner Faktoren auf den Lauf der Geschichte bestimmen.[25] Kommen wir dazu erneut zum Tonnagekrieg: Die Briten waren ab Mai 1941 in der Lage, den deutschen U-Boot-Funkverkehr mitzulesen. Die Frage ist nun, welchen Einfluss diese Dechiffrieroperation „Ultra" auf die Schlacht im Atlantik hatte. Jürgen Rohwer hat mit seinen Untersuchungen nachgewiesen, dass ohne „Ultra" die Versenkung von zusätz-

22 Zuletzt Phillips O'Brien, East versus West in the Defeat of Nazi Germany, in: JOURNAL OF STRATEGIC STUDIES 23 (2000) 2, S. 89-113. Hier auch weitere Quellen- und Literaturangaben.

23 Ausführlich hierzu: Bernd Wegner, Der Krieg gegen die Sowjetunion 1942/43, in: *Das Deutsche Reich und der Zweite Weltkrieg*, hrsg v. MGFA, Bd. 4, Stuttgart 1983, S. 761-1102, insbesondere S. 1094-1102.

24 Klaus Schmider, The Mediterranean in 1940/41: Cross-roads of lost opportunities?, in: WAR AND SOCIETY 15 (1997), 2, S. 39. Der Aufsatz stellt darüber hinaus ein gelungenes Beispiel alternativhistorischer Überlegungen dar, mit denen die deutsche und alliierte Mittelmeerstrategie sinnvoll beleuchtet wird.

25 Diesen Ansatz verfolgt gelungen der Band von Peter G. Tsouras (Hrsg.) *Rising Sun victorious.* The Alternate History of How the Japanese won the Pacific War, London 2001. Die Autoren zeigen anschaulich, dass, gleich welches Szenario man durchspielt – einen durchaus denkbaren japanischen Sieg in der Schlacht um die Korallensee oder um Midway, ein japanischer Angriff auf Australien oder Indien –, Japan letzten Endes keine Chance hatte, die Vereinigten Staaten entscheidend zu schlagen und zum Frieden zu zwingen.

lich rund zwei Millionen BRT Schiffsraum durch deutsche U-Boote im Herbst 1941 und Frühjahr 1943 als sehr wahrscheinlich angesehen werden muss.[26] Dementsprechend kann man seiner plausiblen These folgen, dass ohne Ultra viel mehr alliierte Ressourcen in die Atlantikschlacht geworfen worden wären, dass sich der Beginn der alliierten Gegenoffensive im Pazifik im November 1943 und wahrscheinlich auch die Invasion verschoben hätten. Die Analyse Rohwers macht aber auch deutlich, dass der Einfluss von „Ultra“ auf den Krieg nicht überbewertet werden darf. Die alliierte Funkaufklärung hat bereits bestehende Tendenzen beschleunigt, keinesfalls vollkommen neue Umstände geschaffen wie etwa die Abwendung einer drohenden Niederlage.[27]

Ein weiteres Beispiel betrifft die Reichsverteidigung. Wie Horst Boog in seiner jüngst publizierten Studie nochmals verdeutlicht hat,[28] ist die deutsche Tagjagd im Frühjahr 1944 von den quantitativ und qualitativ überlegenen amerikanischen Luftstreitkräften zerschlagen worden, so dass Deutschland ab Sommer 1944 in der Luft fast wehrlos war. Bei der Ursachenforschung wird stets auf das überlegene alliierte Industriepotenzial verweisen. Aber welchen Einfluss hat die von den Historikern gern übersehene Technik in diesem Kampf gespielt? Ein Blick in die Quellen zeigt, dass die 8. USAAF die Tagjagd vor allem deshalb zerschlagen konnte, weil ihre Begleitjäger vom Typ „Thunderbolt“ und dann auch „Mustang“ die deutschen Me 109- und Fw 190-Jäger deklassierten. Das Ausbleiben eines nennenswerten Leistungssprunges in der Zeit von 1942 bis Herbst 1944 besiegelte das Schicksal der deutschen Tagjagd. Kann man nun im Umkehrschluss folgern, dass bei einem früheren Einsatz, etwa im Winter 1943/44 der Hochleistungsjäger des Typs Fw 190 D, Ta 152, Me 109 K oder gar Me 262 die Luftschlacht über Deutschland von der USAAF verloren worden wäre? Ohne hier auf Details eingehen zu wollen, scheint es plausibel, dass sie dann eher den Verlauf der Nachtbomberoffensive angenommen hätte, die mit den verheerenden Verlusten des britischen Angriffs auf Nürnberg am 30./31. März 1944 bei einem Patt angekommen war. Dass bedeutet aber auch, dass Tag wie Nacht und selbst mit herausragender Flugzeugtechnik die Angriffe auf das Deutsche Reich *dauerhaft* kaum hätten verhindert werden können, da die Alliierten mit ihren gewaltigen Ressourcen, neuen Flugzeugtypen wie der B-29 oder der Verlagerung der amerikanischen Angriffe in die Nacht noch ausreichend Trümpfe in der Hand hatten, um etwa die weit verstreut liegenden Hydrierwerke empfindlich zu treffen. Lediglich die Abwendung der Deklassierung, die darin mündete, dass Deutschland ab Herbst 1944 kein „Dach“ mehr hatte, erscheint plausibel.

Identifiziert man die Flugzeugtechnik als den entscheidenden Faktor für den Verlauf, wenn auch nicht für das Endergebnis der Luftschlacht über dem Reich, lässt sich weiterhin danach fragen, warum der Leistungssprung in der deutschen Tagjagd ausfiel. Und damit sind wir in einem Kernbereich der Luftwaffengeschichte angelangt: der Motorenentwicklung. Weil die Motorenindustrie keinen leistungsfähigen Flugzeug(höhen)motor zu entwickeln vermochte, fiel die zellentechnisch bereits entwickelte Nachfolgegeneration der Flugzeugtypen des Jahres 1941 aus. Die Forschung hat bislang die Frage, warum diese Entwicklung so zögerlich verlief, nicht beantworten können. Daher vermag man bislang auch nichts Gesichertes darüber zu sa-

26 Jürgen Rohwer, Special Intelligence und die Geleitzugsteuerung im Herbst 1941, in: MARINE-RUNDSCHAU 75 (1978) 6, S. 711-719; ders.: Radio Intelligence and its Role in the Battle of the Atlantic, in: *The Missing Dimension.* Governments and Intelligence Communities in the Twentieth Century. Hrsg. v. Christopher Andrew und David Dilks, London 1984, S. 159-168.

27 Jürgen Rohwer., Der Einfluss der alliierten Funkaufklärung auf den Verlauf des Zweiten Weltkrieges, in: VIERTELJAHRSHEFTE FÜR ZEITGESCHICHTE 27 (1979), S. 325-369.

28 Horst Boog, Strategischer Luftkrieg in Europa und Reichsluftverteidigung 1943-44, in: *Das Deutsche Reich und der Zweite Weltkrieg*, Bd. 7, hrsg. v. Militärgeschichtlichen Forschungsamt, Stuttgart 2001, S. 259-319.

gen, ob hier Organisationsfehler, Rohstoffmangel oder schlicht mangelndes technisches Know how zu Grunde zu legen sind.[29]

Im Falle des Düsenjägers Me 262 ist unser Kenntnisstand weiter fortgeschritten. Das Flugzeug war gewiss ein überlegenes Waffensystem, das für die amerikanischen Bomber zu einer erheblichen Gefahr hätte werden können, wenn es rechtzeitig, etwa im Februar 1944, in ausreichender Stückzahl zur Verfügung gestanden hätte. Aber: Mittlerweile ist nachgewiesen, dass die technischen Probleme bei der Entwicklung der Düsentriebwerke so groß gewesen sind, dass eine Serienreife vor Frühjahr 1945 schlichtweg nicht zu erreichen war. Berücksichtigt man die damaligen Konstellationen, handelte es sich bei der Me 262 somit nicht um eine „verpasste Chance", so wie es Memoiren von Luftwaffengeneralen immer wieder behaupten.[30]

II.

Anhand der genannten Beispiele wird klar, wie wichtig die kontrafaktische Geschichtsschreibung für die Positionsbestimmung auch einzelner Faktoren ist. Die hier skizzierte Alternativgeschichte, die dem Historiker als Methode dienen soll, über den Rahmen der realen Geschichte hinauszuschauen und den Lauf der Dinge in einen weiteren Komplex einzuordnen, wird mit ihrem Plädoyer für intensive Recherche und vorsichtigem Abwägen von den meisten „What if"?-Publikationen leider nicht verfolgt. Gerade auf dem englischsprachigen Büchermarkt ist mittlerweile eine unübersehbare Fülle von Publikationen erschienen, die meist nur zur Diskreditierung dieses methodischen Ansatzes beiträgt, nicht jedoch einem wissenschaftlichen Erkenntnisinteresse dient.[31] Es handelt sich dabei fast ausschließlich um Werke, die sich mit Kriegen befassen, vornehmlich mit dem Zweiten Weltkrieg. Intensive Recherchen unterbleiben, so dass man es hier in den meisten Fällen lediglich mit Unterhaltungsliteratur zu tun hat, die den Forschungsstand als Grundlage einer kontrafaktischen Betrachtung außer Acht lässt.

Trevor N. Dupuy lässt etwa in einem kontrafaktischen Szenario die Wehrmacht die Invasion am 6. Juni 1944 mit Hilfe von 150 Me 262, einem intensiven Luftwaffeneinsatz und einer starken Küstenverteidigung zurückschlagen.[32] Er basiert sein Szenario damit in Unkenntnis der zeitgenössischen Möglichkeiten und Fakten auf Konstrukten, die mit der Realität des Jahres 1944 nichts zu tun haben, selbst nicht mit einer hypothetischen. Denn auch die Hypothese muss sich, so sie an Überzeugungskraft gewinnen will, an den technischen Fakten orientieren. Die gesamte Argumentation ist darauf aufgebaut, auf Biegen und Brechen zu zeigen, dass die Deutschen die Invasion hätten zurückschlagen können. Diesem Ziel ordnet der Verfasser jedwede Plausibilität unter. Denn: Selbst bei anderer Dislozierung etwa der Panzerverbände oder auch der Verstärkungen für die Normandie ist ein schlüssiges Szenario zur Abwehr der Invasion nicht aufzustellen, da die Überlegenheit der Alliierten zu dominierend war.[33]

29 Diese Lücke wird auch nicht von dem jüngst publizierten Beitrag zum Thema geschlossen. Vgl. Hans-Joachim Braun, Krieg der Ingenieure? Technik und Luftkrieg 1914 bis 1945, in: Bruno Thoß, Hans-Erich Volkmann, *Erster Weltkrieg – Zweiter Weltkrieg.* Ein Vergleich, Paderborn (u.a.) 2002, S. 193-210.

30 Vgl. die überzeugende kontrafaktische Untersuchung von Alfred Price, The Jet Fighter Menace, in: Kenneth Macksey (Hrsg.), *The Hitler Options*, London 1995, S. 172-185. Zum technischen Hintergrund Manfred Boehme, JAGDGESCHWADER 7. Die Chronik eines Me 262-Geschwaders 1944/45, Stuttgart 1983, insbesondere S. 251f.; Rudolf Schabel, *Die Illusion der Wunderwaffen.* Düsenflugzeuge und Flugabwehrraketen in der Rüstungspolitik des Dritten Reiches, München 1994.

31 Vgl. hierzu die Übersicht von Hermann Ritter, Kontrafaktische Geschichte.

32 Trevor N. Dupty, *Options of Command.* Ten crucial command decisions that could have altered the history of World War II, New York 1984, S. 221-251.

33 Der Forschungsstand über die Invasion wird in dem Beitrag von Detlev Vogel, Deutsche und Alliierte Kriegführung im Westen, in: *Das Deutsche Reich und der Zweite Weltkrieg*, hrsg. v. Militärgeschichtlichen Forschungsamt, Bd. 7, Stuttgart 2001, insbesondere S. 532-556, referiert. Es ließen sich zahllose weitere Beispiele für überaus unplausible alternative Geschichtsverläufe aufführen. So lässt John Keegan die Wehr-

Ralph Giordano ist in seinem Buch „Wenn Hitler den Krieg gewonnen hätte" so eifrig dabei, das wahrscheinliche Bild des nationalsozialistischen Griffs zur Weltmacht nachzuzeichnen, dass er gar deutsche Luftoffensiven gegen die USA voraussagt, unwissend, dass solche Überlegungen niemals einen ernsthaften Charakter annahmen.[34] Ohnehin kann die Auflistung der extremsten und absurdesten Expansionspläne, die im Dritten Reich von zivilen und militärischen Dienststellen erarbeitet wurden, lediglich Auskunft über die geistige Ausrichtung ihrer Verfasser geben, nicht aber über ein reales Bild in einem von Deutschland gewonnenen Zweiten Weltkrieg. Entscheidende Faktoren wie innerparteiliche Streitereien, der Widerstand besetzter Völker, die Beeinflussung Hitlers durch verschiedene Personen- und Interessengruppen in seinem Umfeld oder aber auch Hitlers Gesundheit usw. wären dabei zu berücksichtigen.

Neben der Verkennung technischer Möglichkeiten und struktureller Realitäten ist eine Hauptschwäche kontrafaktischer Publikationen, dass es dem Verfasser oft nur darum geht, bestimmte extreme Szenarien aufzuzeigen, ein von vornherein fixiertes Ergebnis zu präsentieren und sich den Weg dorthin mehr oder minder zurechtzudichten.

So verfährt etwa Niall Fergusson in dem von ihm herausgegebenen Bestseller „Virtual history".[35] Es ist sicherlich verdienstvoll, auf die wenig beachtete Spaltung des britischen Kabinetts im Juli 1914 hinzuweisen und auch auf den Unwillen Großbritanniens, in diesem Augenblick in den Krieg zu ziehen. Er argumentiert, dass Deutschland ohne die britischen Expeditionsstreitkräfte Frankreich innerhalb von Monaten niedergerungen hätte. Selbst wenn das BEF nur einige Tage später entsandt worden wäre oder nicht an der entscheidenden Stelle von Mons disloziert worden wäre, hätte Moltke, so Ferguson, die Alliierten binnen kurzem vernichten können. Die Deutschen hätten den Ersten Weltkrieg gewonnen, weil es zu einem diplomatischen Ausgleich mit einer deutschen Garantie der belgischen Integrität gekommen wäre. Das Reich hätte dann eine Europäische Zollunion aufgebaut. Ergo:

> „Had Britain stood aside – even for a matter of weeks – continental Europe would have been transformed into something not unlike the European Union we know today – but without the massive contraction in British overseas power entailed by the fighting of two world wars".[36]

Ferguson hat diese These publikumswirksam in seinem Buch "The Pity of War" wiederholt.[37] Das offensichtliche Ziel dieser Argumentation ist es, zu zeigen, dass Großbritanniens Eintritt in den Ersten Weltkrieg unsinnig und kontraproduktiv gewesen sei. Diese Meinung mag man vertreten, allerdings fehlt dem kontrafaktischen Szenario jede Plausibilität: Zunächst ist nicht zu ersehen, wie das Deutsche Heer 1914 selbst ohne den Einsatz der British Expeditionary Force Frankreich innerhalb von Monaten hätte niederringen sollen. Operativ waren die Deutschen – im Gegensatz zum Krieg 1870/71 – den Franzosen nicht überlegen. Gewiss hätte Moltke größere Teile Frankreichs besetzen können, aber wie er einen durchschlagenden und entscheidenden Sieg hätte binnen weniger Monate hätte erringen können, vermag auch Ferguson nicht aufzuzeigen. Zudem sprechen alle Fakten gegen die Tatsache, dass ein siegreiches

macht 1941 den Vorderen Orient erobern und schließt daraus, dass die Wehrmacht so eine wesentlich bessere Ausgangsbasis für ein 1942 stattfindendes Unternehmen „Barbarossa" gehabt hätte. Selbst wenn man von der gewichtigen Tatsache absieht, dass Hitler niemals einen derartigen Plan in Erwägung gezogen hätte, verkennt Keegan alle logistischen Probleme dieses Ansatzes und mögliche Gegenreaktionen der UdSSR. John Keegan, How Hitler could have won the war, in: Cowley, What if?, S. 295-305.

34 Ralph Giordano, *Wenn Hitler den Krieg gewonnen hätte.* Die Pläne der Nazis nach dem Endsieg, Hamburg 1989, S. 66-68. Vgl. zu diesem Themenkomplex Horst Boog, „Baedeker-Angriffe" und Fernstflugzeugprojekte 1942. Die strategische Ohnmacht der Luftwaffe, in: MILITÄRGESCHICHTLICHE BEITRÄGE 4 (1990), S. 91-110.

35 Niall Ferguson, The Kaiser's European Union: What if Britain had stood aside in August 1914?, in: Ders.: (Hrsg.), *Virtual History*, Alternatives and Counterfactuals, London 1998, S. 228-280.

36 Ebenda, S. 278.

37 Deutsch: Niall Ferguson, *Der falsche Krieg.* Der Erste Weltkrieg und das 20. Jahrhundert. Stuttgart 1999, S. 397, 399.

Deutschland – nehmen wir dies einmal an – dazu bereit gewesen wäre, mit der Zusicherung des Status quo ante in Belgien, sich mit England zu vergleichen.

Eine vernunftorientierte Kriegszielpolitik hat Berlin während des gesamten Ersten Weltkrieges nicht betrieben. Und außerdem: Niemals wäre es dem Deutschen Reich gelungen, so etwas Ähnliches wie die Europäische Union aufzubauen. Jeder, der die Geschichte der Mitteleuropaidee kennt weiß, dass es noch nicht einmal gelang, mit Österreich-Ungarn zu einem handelspolitischen Ausgleich zu kommen. Wie sollte Berlin da einen Mitteleuropäischen Zollverein aufbauen, der schon intern auf massive Widerstände stieß?[38]

Damit können wir den Befund schließen: Ferguson benutzt das durchaus interessante Szenario eines zumindest zögerlich agierenden Großbritanniens dazu, seine vorformulierte These einer britischen Fehlentscheidung nachzuweisen, ohne die alles besser gekommen wäre. Er ignoriert dabei viel plausiblere Szenarien, die diesem Ergebnis nicht dienlich sind.

Das Problem ist eben, dass Geschichte nicht geradlinig quasi logisch von A nach B verläuft. Sie wird beeinflusst von zahllosen Faktoren, so dass ihre Berechenbarkeit überaus schwierig ist. Das bedeutet für Fergusons Szenario letztlich folgendes: Gewiss, Bethmann Hollweg hat in seinem Septemberprogramm die Idee eines von Deutschland dominierten Mitteleuropäischen Wirtschaftsbundes angeregt. Ob dieser nach einem siegreichen Krieg verwirklicht worden wäre und der Welt damit ein zweiter Waffengang erspart geblieben wäre – so wie Ferguson dies andeutet – erscheint keinesfalls plausibler als andere Modelle.

Im Gegenteil, ein besiegtes Europa hätte sich genauso gut gegen den deutschen Hegemon militärisch auflehnen können, ebenso wie die Völker Europas sich niemals in die Staatenordnung eines Napoleons hatten fügen wollen.

Die kontrafaktische Methode legt es in ihrer Plausibilitätsrechnung nahe, verschiedene Möglichkeiten mit einzubeziehen und nicht immer den unwahrscheinlichsten Extremfall zu verfolgen. Die Wahrscheinlichkeitsrechnung verlangt vielmehr danach, einen grauen Mittelweg zu verfolgen, der zwar weniger publikumswirksam, jedoch meist plausibler ist.

III.

Fassen wir zusammen: Die kontrafaktische Geschichtsschreibung befasst sich mit denkbaren alternativen Geschichtsabläufen, die letztlich nur über eine Plausibilitätsrechnung zu stützen sind. Absolute Sicherheit, dass es wirklich so gekommen wäre, kann mit dieser Methode nicht gewonnen werden. Daher wird sie von den deutschen Historikern meist abgelehnt. Allerdings: Man muss sich bewusst sein, dass das real Passierte auch nur eine von vielen denkbaren Möglichkeiten darstellte.

Die kontrafaktische Geschichtsschreibung hilft daher, historische Abläufe in einen Gesamtrahmen einzuordnen, indem sie Alternativen aufzeigt. Zudem ermöglicht sie es, den Einfluss einzelner Faktoren auf den Verlauf der Geschichte zu bestimmen, indem man bestimmte Entscheidungen verändert und versucht, den dann alternativen Gang der Geschichte nachzuvollziehen. Entscheidend ist bei beiden Methoden die Einordnung in ein nicht zu weit gefasstes Zeitfenster und die Zugrundelegung quellenmäßig nachweisbarer zeitgenössischer Optionen.

Und ein Weiteres: Wie bei allen historischen Forschungen darf die Analyse nicht der Untermauerung eines bereits vorher fixierten Zieles gelten. Das Nachdenken über alternative Geschichtsabläufe muss stets ein offener Prozess bleiben.

38 Zu den Problemen bei der Verwirklichung eines Mitteleuropäischen Wirtschaftsbundes Georges Henri Soutou, *L'or et du sang*, Paris 1989, insbesondere S. 713-725.

Michael Salewski ist mit seinem kräftigen Plädoyer, die selbstauferlegten Grenzen zu durchbrechen und über die Frage „Was wäre wenn...?" nachzudenken,[39] zweifellos einer der wenigen deutschen Protagonisten dieses Ansatzes. Er bewies damit erneut, dass er mit seinen Forschungen nicht ausgetretenen methodischen Pfaden gefolgt ist, sondern immer wieder neue Wege beschritt, so wie er dies schon in der Marine- oder der Ideengeschichte tat.

Dass er dabei den wissenschaftlichen Erkenntnisgewinn mit einem hohen Unterhaltungswert zu verbinden vermag, haben die Publikationen aus seiner Feder nachhaltig bewiesen.[40]

39 Vgl. etwa das Vorwort in: Salewski, Was wäre wenn...?, S. 7-12.

40 Zur Alternativgeschichte vgl. z.B. N.N.: Der Großgermanische Seekrieg gegen Japan und die USA im Jahr 1949. The Near Miss, in: Salewski, Was wäre wenn, S. 153-161; Zweitausend, in: Salewski, Die Deutschen und die See, S. 352-359; Michael Salewski, *Zeitgeist und Zeitmaschine.* Science-Fiction und Geschichte, München 1986.

Teil 3

Das Bild von Geschichte

ADIOS COLUMBOS: DIE ENTDECKUNG DES KOLUMBUS IN AMERIKA

WILLIAM F. SHELDON

Am 12. Oktober 1492 gelangte Christoph Kolumbus zu einer Insel, die sich genau dort befand, wo er sie vermutet hatte. Er erzählte den Eingeborenen, die ihn begrüßten, dass sie vor der Küste Japans, nämlich in Indien, wohnten und deshalb „Indianer" seien. Diese „Entdeckung" feiern die USA am Kolumbus-Tag, oder, wie man nun „politisch korrekt" sagt, sie „gedenken" dieser „Begegnung" mit den „Urbewohnern" des amerikanischen Kontinents. Der Kolumbus- Tag wird seit 1892 in allen Staaten der USA als Feiertag begangen. Er ist einer der beiden Staatsfeiertage in den Vereinigten Staaten zu Ehren einer Einzelperson. Der andere vergleichbare Feiertag wurde 1986 Martin Luther King gewidmet. Seit 1796 gedenkt man des Geburtstages von George Washington, aber seit einigen Jahren wird sein Geburtstag zusammen mit dem von Abraham Lincoln als „President's Day" am dritten Montag in Februar begangen – beide wurden im Februar geboren. Kann man daraus folgern, dass Christoph Kolumbus den Amerikanern wichtiger als George Washington und Abraham Lincoln geworden ist?

Ich möchte eine Reise von 1492 bis in die Gegenwart machen, indem ich Jahrhundertschritte gehe; ich unternehme also nicht eine Reise durch den Raum wie Kolumbus, sondern eine durch die Zeit. Dabei will ich die Entdeckung des Kolumbus in Amerika untersuchen, genauer gesagt in dem Teil des Kontinents, auf dem später die USA entstanden.

Im Jahre 1492 wurde eine Gruppe von Menschen, die Kolumbus „Indianer" nannte, in den ihnen vertrauten Gewässern von einem Unbekannten überrascht. Diese „Indianer" waren die ersten Amerikaner, die Kolumbus entdeckten. Ebenso wenig wie Kolumbus wusste, dass er Amerika erreicht hatte, ebenso wenig wussten oder interessierten sich die Indianer dafür, dass dieser weiße Mann, den sie für einen Gott hielten, Christoph Kolumbus war. Die Konsequenzen, die die Reise des Kolumbus für die Indianer haben sollten, waren nicht abzusehen und so wurde er schnell in Amerika vergessen. Die Spanier beuteten zwar die Entdeckung Amerikas aus, aber auch sie nahmen zunächst von dem Entdecker keine Notiz. Der Kontinent wurde nicht nach Kolumbus benannt, sondern nach dem italienischen Navigator Amerigo Vespucci, der als Erster feststellte, dass diese Landmasse ein Kontinent war.

Ein Jahrhundert später, im Jahre 1592, hatte man Kolumbus in Spanien entdeckt. Aber kaum jemand auf dem amerikanischen Kontinent erinnerte sich an diesen Mann und naturgemäß veranstaltete niemand eine Jahrhundertfeier. Im Selbstverständnis der in Neuengland lebenden Menschen beginnt die Geschichte ihres Landes mit den Pilgervätern, die 1620 am Plymouth Rock im späteren Staat Massachusetts landeten.

In Salem, einer kleinen Stadt in Massachusetts, fing an einem Wintertag im Januar 1692, also 200 Jahre nach der Landung des Kolumbus in Guanahani, die kleine Betty Parris, die neunjährige Tochter eines puritanischen Pastors, zu schreien an. Sie schrie und schrie, und niemand in der kleinen englischen Siedlung wusste warum. Sie warf sich auf den Boden, hatte Schaum vor dem Mund, ihre Muskeln verkrampften sich, ihre Worte waren unverständlich. Als Anwesende das Vaterunser sprachen, versuchte die kleine heimgesuchte Betty Parris, sich in das Kaminfeuer zu werfen. Ihr Vater war ratlos, und er rief einen Arzt zur Hilfe. Dessen Diagnose war eindeutig: Hexerei. Nach einigen Tagen zeigte Bettys Cousine Abigail Williams ähnliche Symptome, und in den nächsten Monaten traten sie noch bei einigen anderen Menschen auf.

Die Moral dieser Geschichte ist, dass die Bewohner der Gebiete, die später einmal Kernstück der Vereinigten Staaten werden sollten, sich im Jahre 1692 mit besessenen Kindern, Hexenprozessen und der Frage nach Erlösung der Seele befassten. Sie hatten nicht die geringste Ahnung von, Interesse an oder Verlangen nach Christoph Kolumbus. Für sie war die Mayflower das wichtige Schiff, sie kannten keine Nińa, Pinta oder Santa Maria. Die Heilige Schrift gab ihnen Anleitung und Rat, um ihr Leben in dieser britischen Kolonie zu bestehen, eine historische Person als Vorbild gab es nicht.

Karikatur von Bob Engelhart, in: Hartford Courant, reproduziert in International Herald Tribune, 28. Juli 1992, S. 8.

Erst um das Jahr 1792, also dreihundert Jahre nachdem Kolumbus seinen Fuß in die Neue Welt gesetzt hatte, entdeckten die Amerikaner, die nun seit 1787 in den „Vereinigten Staaten von Amerika" lebten, diesen Mann. Voraussetzung für diese Entdeckung war eine Reihe von Ereignissen, die sich während der amerikanischen Revolution von 1776 bis 1783 abgespielt hatten. Diese Ereignisse führten zu der Unabhängigkeit von Großbritannien und der Gründung eines neuen Staates mit einer revolutionären Staatsform, nämlich einer föderalistischen Republik. Die Revolution krönte ein Jahrhundert der Expansion: Die Bevölkerung war in diesem Zeitraum von 194.000 Einwohnern auf mehr als drei Millionen gewachsen,[1] das besiedelte Land hatte sich um das Vierfache vergrößert. Gewerbe und Handel blühten wie nie zuvor. Hexen und Hexenjagd starben in einer zunehmend säkularen Gesellschaft aus. Ein starker,

1 James Axtell. A Confluence of Cultures, in: DIALOGUE, 2, 1992, S. 16. Reprinted from Humanities, Bd. 12, Nr. 5, Sept./Okt. 1991.

selbstbewusster Mittelstand war entstanden und gedieh; eine Intellektuellenschicht fand Zeit für Reflexion und für Politik, für Geschichtsschreibung und für die Schaffung von Mythen und Symbolen.

Die Unabhängigkeit von Großbritannien und die Gründung eines Staates mit einer neuen Staatsform bedeuteten, metaphorisch gesprochen, ein Segeln in unbekannten Gewässern, das an die Unternehmung des Kolumbus erinnert. Der britischen Kolonie hatte eine eigene Vergangenheit und Geschichte gefehlt. Die amerikanischen Kolonisten konnten sich nicht wie andere Nationen auf eine Vergangenheit mit Mythen, Helden und Heroen berufen, sondern mussten sich mit britischen Namen und mit britischer Geschichte begnügen. Die Akkorde in ihrem historischen Gedächtnis, die nach Abraham Lincoln aus vielen Leuten eine Nation machen, waren: die Magna Charta, Sir Francis Drake, Königin Elisabeth, die Glorreiche Revolution von 1688, John Locke, die Bill of Rights, Marlborough. Die Kolonisten teilten Erinnerungen und Ruhm mit Großbritannien und hatten kaum eigene. Die wohlhabenden und gebildeten Kolonisten wollten auf diese Traditionen nicht verzichten.

Aber der Bruch mit Großbritannien und der kolonialen Vergangenheit kam, aus den britischen Kolonisten wurden Revolutionäre, die gegen den Kolonialstatus aufbegehrten. Die Amerikaner gewannen den Unabhängigkeitskrieg, trennten sich vom Mutterland und benötigten dringend eine eigene Identität, um eine Nation zu werden. Aber woher sollte diese Identität kommen? Man griff u.a. auf die Unabhängigkeitserklärung zurück, denn sie beruhte auf den Werten, die die Revolutionäre zu ihrem drastischen Schritt geführt hatten, beziehungsweise mit denen sie den Schritt rechtfertigten. Die Unabhängigkeitserklärung wurde bald Grundlage des neuen Selbstverständnisses. George Washington wurde mythologisch überhöht und diente bereits zu seinen Lebzeiten als Identifikationsfigur.

Bei ihrer Suche nach einer neuen Identität entdeckten Intellektuelle und Patrioten der Zeit nach der Revolution Christoph Kolumbus. Diese Entdeckung spiegelte sich vor allem in Namengebungen und in Gedichten, die in dieser Zeit geschrieben wurden. 1784 wurde der Name von Kings College, der noch in der kolonialen Tradition stand, durch „Columbia College" ersetzt. Joel Barlow, der sich des Bedürfnisses nach einer neuen amerikanischen Identität sehr wohl bewusst war, veröffentlichte 1787 ein episches Gedicht mit dem Titel „Die Vision des Kolumbus". Darin wird ein klagender Kolumbus von einem Engel in die neu gegründeten Vereinigten Staaten geführt, und er bekommt die wunderbaren Früchte seiner Entdeckung zu sehen. Einige Amerikaner, z.B. Samuel Sewell, ein Richter aus Boston, wollten die neue Republik sogar nach Kolumbus benennen, nach dem „großmütigen Helden (...) der augenscheinlich von Gott dazu bestimmt war, der Entdecker dieser Länder zu sein." Auch die Tammany Gesellschaft hatte ähnliche Pläne. Am 12. Oktober 1792 feierte diese katholische, ethnisch italienisch dominierte Gemeinschaft, die sich auch Kolumbus- Orden nannte, den, soweit man weiß, ersten Gedenktag der Landung des Kolumbus im Jahre 1492. Die Gesellschaft wollte der neuen Republik den Namen „Columbia" geben, aber diese Bemühungen blieben erfolglos. Vielleicht als Kompromiss nannte man im Oktober 1792 die neue Hauptstadt der Staaten „Washington, D.C."; „D.C." ist die Abkürzung für „District of Columbia". Nach George Washington war Kolumbus der zweitgrößte Held der Nation geworden.[2]

Welche Bedeutung hatte Kolumbus, dem die jungen Amerikaner so viel Aufmerksamkeit widmeten, für sie gewonnen? Das Bild von Kolumbus erreichte mythische Ausmaße und entsprach mehr dem Selbstbild der revolutionären, antikolonialen, antiimperialistischen Amerikaner als der historischen Figur. Kolumbus war genauso wie sie und ihre puritanischen Vorfahren ein Jahrhundert zuvor von Gott dazu auserwählt worden, Seinen Willen zu verwirkli-

2 Zitate in John Noble Wilford: Discovering Columbus, in: THE NEW YORK TIMES MAGAZINE, 11. Aug. 1991, Section 6, S. 45. Vgl. auch The Trouble with Columbus, in: TIME INTERNATIONAL, Nr. 40, 7. Okt. 1991, S. 52-56

chen. Kolumbus‘ Kühnheit und Vision ließen ihn ein jungfräuliches Land entdecken, in dem es keine Könige, Stände und mittelalterliche Institutionen gab. Dieses Land war ein Ort des Neubeginns, an dem man Zuflucht vor dem alten Kontinent mit seinen einschränkenden Strukturen suchte. Die Gründungsväter der Vereinigten Staaten hoben hervor, dass Kolumbus in bescheidenen Umständen aufgewachsen war und diesen gesellschaftlichen Nachteil durch einen starken Willen, viel Mut und große Klugheit ausgeglichen hatte. In den Augen dieser Generation war er der Prototyp des „self-made man“ und verwirklichte damit den amerikanischen Traum. Er war eine starke Persönlichkeit, verließ Europa und bezwang den unbekannten Ozean, darin den Amerikanern ganz ähnlich, die einst Europa entflohen waren und über die wilde Natur in dem amerikanischen Kontinent gesiegt hatten. Die neue Nation, die keine eigene Geschichte und Mythologie hatte und darum nach einer eigenen Identität suchte, fand einen ihrer Helden in der fernen Vergangenheit, einen, der wie sie unter der Tyrannei der alten Welt gelitten hatte. Diese Amerikaner, die meist angelsächsischer und protestantischer Abstammung waren, übersahen oder akzeptierten die Tatsache, dass Kolumbus katholisch war und aus Italien stammte. Wichtig war für sie damals, dass er nicht britisch war.

Das Kolumbusbild des späten 18. Jahrhunderts wurde im 19. Jahrhundert weiter ausgemalt. Der populäre amerikanische Schriftsteller Washington Irving machte einen romantischen Helden aus Kolumbus. In seinem 1828 erschienenen dreibändigen Werk mit dem Titel „Geschichte vom Leben und von den Reisen des Christoph Kolumbus“ wurde der Entdecker als das große und einfallsreiche Genie dargestellt; er zeichnete sich durch edles Streben, große Taten und einen weiten Horizont aus. Sein Leben zeigte, dass gewöhnliche Leute – er war ja der einfache Seemann aus Genua – Großes in Amerika erreichen konnten; er verkörperte eine amerikanische Lieblingsvorstellung, nämlich die Karriere vom Bettler zum Millionär, vom Blockhaus zum Weißen Haus, vom Tellerwäscher zum Präsidenten. Wenn man überhaupt Fehler bei Kolumbus finden wollte, z.B. in seinen Navigationskünsten, in seinem Führungsstil oder in seinem Charakter, dann schienen sie unbedeutend oder aus der Zeit des Kolumbus heraus erklärbar.

Den Gipfel seines Ruhms in den Vereinigten Staaten erreichte er 1892, vierhundert Jahre nach seiner ersten Reise. Wenn Kolumbus 1792 die „Verheißungen“ Amerikas offenbar gemacht hatte, so bewies er 1892, dass sich „diese Verheißungen“ in dem „Land der unbegrenzten Möglichkeiten“ erfüllt hatten. Ein ganzes Jahr des Gedenkens an Kolumbus wurde organisiert. Präsident Benjamin Harrison gab zu diesem Anlass eine Proklamation heraus:

> „Hiermit bestimme ich, Benjamin Harrison, Präsident der Vereinigten Staaten, (...) Freitag, den 12. Oktober 1892, den 400. Geburtstag der Entdeckung Amerikas, zu einem allgemeinen Feiertag für das Volk der Vereinigten Staaten. Die Menschen sollen an diesem Tag, soweit wie möglich, ihre Arbeit niederlegen und sich solchen Tätigkeiten widmen, mit denen sie am besten den Entdecker ehren und die Ergebnisse von vierhundert Jahren amerikanischen Lebens würdigen können.
>
> Kolumbus galt zu seiner Zeit als Pionier des Fortschritts und der Leistung. In unserer Zeit ist eine institutionalisierte universale Erziehung das bedeutendste und wohltätigste Zeichen eines aufgeklärten Geistes. Darum sind Schulen besonders als Zentrum für die Feierlichkeiten geeignet. Lasst die Flagge der Vereinigten Staaten über jedem Schulhaus im Lande wehen und gestaltet die Festveranstaltungen so, dass sie unserer Jugend die patriotischen Pflichten eines amerikanischen Staatsbürgers einprägen.
>
> Dankt in Kirchen und anderen Versammlungsorten des Volkes der göttlichen Vorsehung für die liebevolle Sorge und Führung, mit der Er unsere Geschichte geleitet und unser Volk im Übermaß gesegnet hat.“[3]

3 Robert J. Myers. Celebrations. *The Complete Book of American Holidays*. Doubleday & Co., New York, 1972, S. 244f.

Als Beitrag zum Kolumbus- Jahr und im Geiste der Rede von Präsident Harrison schrieb Francis Bellamy 1892 den Eid auf die amerikanische Flagge, der zum ersten Mal bei den nationalen Schulfeiern 1892 gesprochen wurde. Er wird noch immer täglich in den öffentlichen Schulen geleistet.[4] Italienische Einwanderer finanzierten eine Kolumbus-Statue aus italienischem Marmor für den Central Park in New York City, dieser Teil des Parks erhielt den Namen „Columbus Circle". In ganz Amerika wurden zu Ehren von Kolumbus Paraden abgehalten, Feuerwerk in die Luft geschossen, Straßen umbenannt, Denkmäler errichtet, Münzen und Medaillen mit seinem Bild geprägt und Briefmarken mit seinem Konterfei gedruckt. Im Rahmen der Feiern, die ein Jahr währten, wurde Anton Dvorak als Dirigent für das Konzert am 21. Oktober 1892 zu Ehren von Christoph Kolumbus in der Carnegie Hall gewonnen. Bei der offiziellen Einführung des Maestros hielt der Mäzen Colonel Thomas Higginson die Festansprache mit dem Titel: *Zwei neue Welten - Die neue Welt des Kolumbus und die neue Welt der Musik.* Anschließend richtete Higginson seine Worte direkt an Dvorak: er möge helfen, die neue Welt der Musik dem Kontinent, den Kolumbus gefunden habe, zu bringen.[5]

Die Veranstaltung, die das neue Bild von Kolumbus am besten spiegelte, war die „World's Columbian Exposition." Sie wurde – ein wenig verspätet – 1893 im Schmelztiegel Chicago auf einem Gelände eröffnet, das dreimal so groß wie das der letzten Weltausstellung 1889 in Paris war. Die World's Columbian Exposition wurde von fast der Hälfte der amerikanischen Bevölkerung besucht und stand für große Erfolge und für noch größere Zukunftsperspektiven. Kolumbus diente nun nicht mehr als Ersatz für fehlende eigene Geschichte wie noch im 18. Jahrhundert, sondern war Symbol für die Gegenwart und die Zukunft eines blühenden Amerika geworden.[6]

> „Der 1892 neugewählte Präsident Grover Cleveland knipste den Schalter der neuen Kraft an, die die Amerikaner „entdeckt" und entwickelt hatten, nämlich der Elektrizität: Er setzte damit zahllose Maschinen in Bewegung und erhellte das Ausstellungsgelände im Herzen Amerikas mit strahlendem Licht, das allen zeigte, dass die Vereinigten Staaten in der Welt angekommen waren. Hier in Chicago, in der zweitgrößten Stadt der USA, in einem trocken gelegten Sumpfgebiet des Mittleren Westens entstand die Weltstadt der Zukunft, die so genannte „White City". Der Hintergrund dieses „Jubiläums der Menschheit" waren schnelle Industrialisierung, technologischer Fortschritts, ökonomische Expansion und die Schließung der Frontier. Der Mann der Zukunft war jetzt Unternehmer, Eisenbahnbauer, Automobilhersteller, General. Kolumbus war in den Augen amerikanischer Patrioten, Nationalisten und Imperialisten der Prototyp des Unternehmers, der erste Mann der Zukunft. In diesem Sinne war die Rede zur Eröffnung der Weltausstellung in Chicago ein Dankgebet für die „bedeutenden Reisen, durch die Kolumbus die Schleier lüftete, die die Neue Welt vor der Alten verbargen und durch die er das Tor zur Zukunft der Menschheit öffnete."[7]

Auch die Indianer spielten eine aufschlussreiche Rolle bei dieser Selbstdarstellung in Chicago. Zur Erläuterung ist ein Rückblick erforderlich. Während der Weltausstellung in Philadelphia im Jahre 1876, die anlässlich der Centennial- Feiern der Unabhängigkeitserklärung der USA mit viel Aufwand ausgerichtet wurde, verbreitete sich die Nachricht wie ein Feuer, dass fünf Kompanien der 7. U.S. Kavallerie unter der Führung des aus dem Bürgerkrieg sehr bekannten Obersts George A. Custer im Kampf am Little Big Horn in Montana von dem Hunkpapa Sioux Chief Sitting Bull besiegt worden sei. Kein Soldat in Custers Einheit hatte „Custer's Last

4 Dennis Kelly: „Our Patriotic Mantra for 100 Years," in: USA TODAY, 8. Okt. 1992, S. 9A-10A.
5 Klaus Döge. *Dvorak*. Leben, Werke, Dokumente, Schott & Piper, Mainz & München, 1991, S. 256-289.
6 Zur Weltausstellung vgl. Petra Krutisch: Aus aller Herren Länder. Weltausstellungen seit 1851, in: *Kulturgeschichtliche Spaziergänge im Germanischen Nationalmuseum*, Bd. 4, 2001, S. 85-93.
7 Wilford, 46.

Stand" überlebt. Der Schock und die Fassungslosigkeit über diese Ereignisse ähnelten denen, die das Attentat vom 11. September 2001 auslösten. Die Regierung reagierte hart. Indianer wurden noch intensiver bekämpft und in Reservate gezwungen. 1890 – kurz vor der Eröffnung der Weltausstellung in Chicago – fand der letzte Kampf zwischen „Weißen" und Indianern in der Schlacht am Wounded Knee statt. Die „Native Americans" wurden endgültig besiegt und das Indianer-Problem aus der Sicht der Weißen triumphal gelöst. Während der Columbian Exposition in Chicago präsentierte der Historiker Frederick Jackson Turner bei der Jahrestagung der American Historical Association in Chicago seine berühmte Frontier-These: Die Frontier, die Quelle der amerikanischen Demokratie, sei jetzt geschlossen. Zivilisation habe die Barbarei besiegt, ein wilder Kontinent sei gezähmt. In diesem Geist des siegreichen Fortschritts wurden die Indianer in Chicago 1893 präsentiert. Ein Sioux Dorf wurde rekonstruiert, Vertreter der Sioux fungierten dort längere Zeit als Beispiele für „professional scalper" oder „man of leisure". Die Hütte von Sitting Bull, dem Sieger über Custer, wurde in der Ausstellung aufgebaut und als „squalid hut" in Kontrast zu den großartigen modernen Gebäuden präsentiert. Die Indianer wurden mehr als Tiere denn als Menschen dargestellt, sie dienten als Beispiel für die wilde Natur vs. Zivilisation, sie waren Gegenstände der Neugier. Die Zivilisation und Kultur der Indianer war nicht präsent. Die Weltausstellung war ein beredter Ausdruck von dem herrschenden Darwinismus der Zeit, indem sie die Überlegenheit der weißen Rasse über die Indianer – übrigens auch über die Schwarzen – demonstrierte.[8]

1992. Die „Christopher Columbus Quincentenary Jubilee Commission" wurde schon 1984 (!) vom Congress geschaffen, um die „commemoration" der Reisen von Kolumbus zu planen und zu koordinieren. Man hatte wie ein Jahrhundert zuvor ein ganzes Jahr für Feiern vorgesehen. Sponsoren wurden gefunden, die Trommeln, Trompeten und Halskrausen wurden ausgekramt; die neue Jubelfeier, die noch spektakulärer als ein Jahrhundert zuvor werden sollte, stach in See.[9] Bei einer der ersten Medienpräsentationen geriet das Jubiläumsschiff in Sturm. Oder, wie Journalist Garry Wills 1990 in der New York Review of Books schrieb, „etwas Eigenartiges passierte auf dem Weg in die Fünfhundertjahrfeier der Entdeckung Amerikas (...) Kolumbus wurde von den Indianern überfallen."

„Kolumbus hat Amerika nicht entdeckt," sagte eine Gruppe von Indianern, „wir entdeckten Kolumbus. Wir empfingen ihn herzlich als Gast, und er benahm sich abgrundtief schlecht."[10] Viel schärfer formulierte Russell Means von der American Indian Movement, wenn er sagte, dass Kolumbus „Hitler wie einen jugendlichen Hooligan aussehen lässt." Der indianische Aktivist Vernon Bellecourt forderte zu „militanten Demonstrationen" gegen die Feiernden von 1992 auf, „um die Kerzen ihres Geburtstagskuchens auszublasen". Der Vorstand des vorwiegend protestantischen Rats der Kirchen in den Vereinigten Staaten beschloss, dass in Anbetracht „des Genozids, der Sklaverei, des Ökozids und der Ausbeutung", die auf die Entdeckung des Kolumbus gefolgt waren, die fünfhundertjährige Wiederkehr dieses Tages eine Zeit der Reue und nicht des Jubels sein sollte. Die Gesellschaft der Bibliothekare der USA nannte das Jahrhundert der europäischen Entdeckung und Kolonisation der westlichen Hemisphäre den „Native American Holocaust". Kirkpatrick Sales startete den giftigsten Angriff auf Kolumbus. Sein Buch „Die Eroberung des Paradieses" stellt Kolumbus als einen käuflichen Glücksjäger dar, dessen Vermächtnis die Zerstörung der eingeborenen Bevölkerung und des Landes war, eine Zerstörung, die nach Meinung des Verfassers auch heute noch

8 Elizabeth Atwood Lawrence. *His Very Silence Speaks*. Comanche. The Horse Who Survived Custer's Last Stand. Wayne State University Press, Detroit, Michigan, 1989, S. 110-129.

9 Vgl. *Five Hundert.* Official Publication of The Christopher Columbus Quincentenary Jubilee Commission, Washington, D. C. 1989ff. Ähnlich wie ein Jahrhundert davor sollte eine großartige, teuere musikalische Produktion entstehen. Die Metropolitan Opera beauftragte George Glass, eine Oper zu schreiben. „The Voyage" kostete über $2 Millionen. Vgl. International Herald Tribune, 15. Okt. 1992, S. 20

10 Dieses und die folgenden Zitate bei Wilford, S. 49.

anhält. Kolumbus wurde als ein Sexualverbrecher gesehen, als ein Plünderer, ein Sklavenhändler, ein Massenmörder, vergleichbar mit Hitler und Pol Pot. Er war ein Symbol für Imperialismus und Ausbeutung; er stand nicht für Fortschritt, sondern für Untergang.

Noch einmal hatte sich das Kolumbus- Bild geändert. Nachdem es im 18. Jahrhundert als Ersatz für den fehlenden Mythos und im 19. Jahrhundert als Spiegel eines selbstbewussten Unternehmertums und einer arrivierten Nation gedient hatte, war es nun durch die Bedürfnisse, Ängste und Hoffnungen der nordamerikanischen Indianer geprägt: Es war zerkratzt. Das hatte weit reichende Folgen für die Feierlichkeiten im Gedenkjahr 1992. Der erste Direktor der Kommission für die Kolumbus- Feiern trat zurück. Die Wortwahl der Kommissionsmitglieder änderte sich. Sie sprachen bald nicht mehr von „Entdeckung", sondern von „Begegnung" oder „Kontakt". Aus den anfänglich geplanten Feiern und Jubiläen wurden „Gedenktage". „Indians", die sich in den 60er-Jahren „Native Americans" nannten, wurden jetzt „Native Peoples"; mit dieser Bezeichnung wollten sie ihre Solidarität mit den mittel- und südamerikanischen Indianern zum Ausdruck bringen. Fast keine Veranstaltung zum Gedenken an Kolumbus fand ohne Proteste statt.

Was waren die Ursachen für die kritische Haltung der Indianer und anderer Minderheiten? Nicht nur sie, sondern auch zahlreiche Intellektuelle hatten seit Jahren bezweifelt, dass die Amerikaner eine einheitliche Nation bildeten und eine nationale Identität besaßen. Die breite Mehrheit der Amerikaner hielt zwar an diesem Glauben fest und beschwor die Einheit durch Riten und Mythen, zu denen auch Kolumbus zählt. Aber seit der Bürgerrechtsbewegung der 60er-Jahren mussten auch sie den Protest der Indianer und der Schwarzen zur Kenntnis nehmen, die schon immer von dem amerikanischen Traum ausgeschlossen waren und nun Gleichberechtigung und Teilhabe an Wohlstand und Freiheit einforderten. In diesem Zusammenhang begann auch die Suche nach ihrer ganz eigenen Identität. Die aufwändigen Feiern der 500-jährigen Wiederkehr der „Entdeckung" Amerikas wurden als Anlass für erneute und verstärkte Forderungen nach einer ethnozentrisch und sozialer ausgerichteten Orientierung der amerikanischen Gesellschaft genutzt. Die Mehrheit der ethnischen Minderheiten bejaht den amerikanischen Traum als Ganzes, sie will lediglich mehr an ihm beteiligt werden; sie will mehr Gleichheit, mehr sozialen Ausgleich und mehr Achtung für ihr ethnisches Erbe. Kleinere, sehr beredte, ethnozentrisch orientierte Gruppen lehnten die These von einer nationalen Identität gänzlich ab, sie fühlten sich durch die geplanten Feiern für Kolumbus zu den oben zitierten Äußerungen provoziert. Für sie war und ist der amerikanische Traum ein Albtraum; in Wirklichkeit gebe es in den USA nur viele ethnische Gruppen nebeneinander. Kolumbus und alles das, wofür er steht, bedeuteten Unterdrückung. Einige gingen so weit, einen eigenen Staat für ihre ethnische Gruppe zu verlangen. Auch wollten sie Lehrpläne an Schulen und Universitäten reformieren, da sie zu europäisch seien, Kolumbus als Helden darstellten und ihre eigenen Kulturen, Geschichte und Traditionen zu wenig berücksichtigten. Indianer fanden ihre Identität im vorkolumbischen Amerika. Radikale Latinos, Nachkommen mittel- und südamerikanischer Indianer, verlangen, dass in den Schulen Spanisch gelehrt und neben Englisch als eine offizielle Sprache in den Vereinigten Staaten zugelassen wird.

Wird die Einheit der Vereinigten Staaten durch diesen Ethnozentrismus bedroht? Einige Beobachter der amerikanischen Gesellschaft hegen diese Befürchtung. Am deutlichsten hat sie Arthur Schlesinger, Jr. ausgesprochen, der ein Buch mit dem Titel veröffentlichte: „Die Enteinigung von Amerika. Überlegungen zu einer multikulturellen Gesellschaft".[11] Er sieht in dem Aufbranden ethnischen Bewusstseins auch gesunde Momente; aber grundsätzlich hält er die

11 Arthur M. Schlesinger, Jr. *The Disuniting of America.* Reflections on a Multicultural Society. Rev. und ergänzte Ausgabe. New York: w. w. Norton, 1998.

ethnozentrischen Tendenzen für schädlich, weil sie zur „Fragmentierung, zur erneuten Rassentrennung und zur Zersplitterung in Stämme im amerikanischen Leben" führten. Die ethnische Debatte dauert an, die Zahl der Menschen, die ethnische Forderungen erheben, wächst und Vertreter dieser Positionen nehmen zunehmend Einfluss auf die Innenpolitik. Gleichzeitig werden sie stärker an den nationalen Riten beteiligt. So umarmte Präsident Clinton bei seiner offiziellen Einführung im Januar 1993 den afroamerikanischen Rapper LL Cool. Die afroamerikanische Dichterin und Schriftstellerin J. Maya Angelou trug ein Gedicht vor.

Der 11. September 2001 hat aus allen ethnischen Gruppen zunächst wieder Amerikaner gemacht. Aber wird diese Einheit Bestand haben? Und welche Rolle wird Kolumbus darin spielen?

Die Verlockung der Vernunft

Jüdisches Denken und Bewusstsein im 17. und 18. Jahrhundert

Julius H. Schoeps

Durch Generationen hindurch war jüdisches Denken und Bewusstsein von dem Glauben bestimmt, die Juden seien von Gott auserwählt und Träger der religiösen Wahrheit. Die Überzeugung, sie stünden in einem besonderen Verhältnis zu Gott, der ihnen eines Tages den Messias schicken würde, diese Überzeugung war fest verwurzelt und bestimmte den Ablauf des täglichen Lebens. Die fest gefügte Ordnung der Gemeinde kannte weder den nagenden Selbstzweifel, der typisch für den Juden in der modernen Gesellschaft werden sollte, noch ließ sie der Individualität des Einzelnen Platz zur Entfaltung. Ob Kind oder Erwachsener, ein jeder war strengen Normen und Regeln unterworfen, die das Leben von der Geburt bis zum Tod bestimmten und denen sich zu entziehen, nur sehr schwer möglich war.

Die Anfänge innerjüdischer Aufklärung sind umstritten. In der jüdischen Geschichtsschreibung gibt es dazu unterschiedliche, teilweise sich widersprechende Positionen. Die einen sehen die Anfänge im Zusammenhang mit der Ende des 18. Jahrhundert einsetzenden „Haskala", jener Bewegung also, deren Anhänger die traditionellen Formen des Judentums sprengen und eine Synthese zwischen Judentum und Umwelt herbeiführen wollten. Sie setzen als die eigentlich entscheidende Zäsur das Auftreten Moses Mendelssohns an, der bereits von den Zeitgenossen als der Inbegriff und Verkörperung des modernen Juden gesehen wurde.

Andere wiederum halten aufgeklärte Denkhaltungen nicht allein für ein Resultat der Übergangsveränderungen vom Mittelalter zur Neuzeit, sondern sehen diese als etwas spezifisch „jüdisches" an. Sie sind der Ansicht, es habe im Judentum seit jeher eine „aufgeklärte" Denkungsart gegeben. Verwiesen wird dabei auf die Reihe der Religionsphilosophen von Sa'adja (gest. 942) bis Maimonides (1135 - 1204) und Chasdai Chrescas (um 1340-1410), von denen wir wissen, dass sie den Versuch unternommen haben, den jüdischen Monotheismus und die darauf gegründete Offenbarungsreligion zugleich als ein in sich konsistentes System einer Vernunftreligion zu deuten.

In den letzten Jahrzehnten hat sich zunehmend die von dem Kabbalaforscher Gershom Scholem vertretene Ansicht durchgesetzt, die jüdische Mystik, die unter dem Eindruck der Katastrophen des ausgehenden Mittelalters überraschende und zum Teil sehr radikale Antworten auf die bedrängenden Fragen der Zeit gab, sei die eigentliche Antriebskraft für innerjüdische Veränderungen gewesen. Als zentral gilt dabei die eigenartige und geheimnis-umwobene Gestalt des aus Smyrna stammenden Ekstatikers Sabbatai Zwi (1626-1676), der für sich die Rolle des Erlösers beanspruchte und sich als Messias hatte feiern lassen.

Die Apostasie des Sabbatai Zwi und die damit verbundenen Nachwirkungen[1] werden von Scholem und seinen Schülern nicht als eine ephemere Angelegenheit, sondern als ein historisches Ereignis ersten Ranges betrachtet. Diese hätte, zu Recht oder Unrecht, das mag hier nicht weiter diskutiert werden, eine neue Auffassung des Judentums eingeleitet. Als Beleg dafür, dass der Sabbatianismus zu Veränderungen im Judentum geführt hat, weist Scholem auf sabbatianische Kabbalisten wie Abraham Cardoso, Jakob Koppel Lifschitz und den Hamburger Rabbiner Jonathan Eibenschütz hin, von denen bekannt ist, dass sie in ihren Reden und Schriften den Abfall des Sabbatai Zwi als den Anbeginn einer neuen Zeit gedeutet haben.

1 Vgl. Gershom Scholem, *Der mystische Messias*, Frankfurt am Main 1992, S. 742 ff.

Sabbatianismus und Aufklärung

An der Ausbildung der Aufklärungsbewegung in Europa hatten religiöse und mystische Bewegungen zweifellos einen gewichtigen Anteil. Das gilt gleichermaßen für die jüdische wie für die christliche Welt, wo radikale Pietisten, Anababtisten und Quäker die für den Rationalismus der Aufklärung förderliche Stimmung geschaffen haben. Der Sabbatianismus, der auf dem Paradox eines abgefallenen Erlösers aufbaute, hatte ähnliche Wirkungen. In den Judengassen verursachte er Aufregung und Aufruhr. In Scholems Werken ist nachzulesen, wie das europäische Judentum durch den Sabbatianismus und seine Metamorphosen bis hart an den Rand der Selbstauflösung geführt, Bewußtseinswandlungen durchlief, die letztendlich den inneren Zerfall des talmudischen Judentums zur Folge hatten.

Das Auftreten des Sabbatai Zwis verband die Sehnsüchte der Zeit mit uralten messianischen Erwartungen. In ganz Europa machte die Botschaft dieses seltsamen Abenteurers die Runde. In den Synagogen wurden Gebete gesprochen für „Unseren Herren, König und Meister, den heiligen und rechtschaffenen Sabbatai Zwi, gesalbt vom Gott Israels". Der Wahn der Massen kannte keine Grenzen. Frauen verfielen in Verzückung und weissagten Wunder, die sich ereignen würden, in Sprachen, die ihnen bis dahin angeblich unbekannt waren. In manchen Judengemeinden, so heißt es, soll es zwischen Anhängern und Gegnern der neuen Erlösungsmystik zu wilden Auseinandersetzungen gekommen sein.

Aus den Memoiren der ehrwürdigen Kaufmannswitwe Glückel von Hameln (1646-1724) erfahren wir zum Beispiel, wie junge Leute, festlich gekleidet, um die Hamburger Synagoge tanzten, um die kurz bevorstehende Welterlösung zu feiern. Einige hielten Fässer mit Trockenproviant (Erbsen, Bohnen, Dörrfleisch, Pflaumenschnitz) bereit, um jederzeit ohne Verzögerung dem Ruf des Messias folgen und nach Jerusalem aufbrechen zu können. Andere stellten sich wie Glückels Schwiegervater die Erlösung noch romantischer und konsequenter vor. Sie trafen nicht einmal mehr Reisevorbereitungen, sondern liquidierten ihre bescheidene Habe und gaben jeden Broterwerb auf.

Als Sabbatai Zwi, anstatt die Welt zu erlösen, 1666 zum Islam übertrat, verfielen nicht wenige Zeitgenossen in Trübsal und tiefe Verzweiflung. Man begann, mit dem Schicksal zu hadern, die Schuld bei sich selber zu suchen. Manche begannen sich zu fragen, ob vielleicht die Menschen noch nicht reif seien für die messianische Befreiung. „Wir wissen wohl," heißt es in Glückels Memoiren, „daß der Höchste es uns zugesagt hat, und wenn wir von Grund unseres Herzens fromm und nicht so böse wären, so weiß ich gewiß, daß sich Gott unserer erbarmen würde." Dass der Messias nicht erschienen sei, hänge wohl damit zusammen, dass die Juden Sünden begangen hätten, meinte Glückel. Würden sie sich strikt an die Gebote halten, dann werde der Messias auch erscheinen, „wenn Deine festgesetzte Zeit da ist."[2]

Auf die Zeit überschäumender Hoffnungen folgte eine Zeit der Ernüchterung. Die Vorsteher der Gemeinden, die Rabbiner und Gelehrten waren bemüht, Namen und Andenken des „falschen Messias" auszulöschen. Dokumente, die an Sabbatai Zwi erinnerten, wurden von „aufgeklärten" Nachkommen, die sich der Verirrungen und „dunklen Stunden" im Leben ihrer Väter schämten, vernichtet. Gänzlich ließen sich die Vorgänge aber nicht aus dem Bewusstsein verdrängen. Die messianische Revolte hatte Nachwirkungen. Überkommene Gebote und Bräuche wurden in Frage gestellt. Die Skepsis gegenüber dem Glauben der Väter nahm zu. Manche folgten dem falschen Messias in den Islam nach und zogen wie dieser den weisen Turban an. Andere fanden sich in Frömmigkeitsbewegungen wie dem Chassidismus wieder, traten zum Christentum über oder verfielen in religiöse Agonie und Anarchie.

Historiker vertreten in den letzten Jahren zunehmend die Ansicht, der Sabbatianismus habe dem Judentum den Übergang in die Emanzipationsära erleichtert. Argumentiert wird dabei,

2 *Denkwürdigkeiten der Glückel von Hameln*, hrsg. von Alfred Feilchenfeld, Berlin 1923, S. 63

wenn das auch nicht als ein stringenter Beweis gelten kann, dass einige der letzten Sabbatianer, in denen noch das messianische Feuer loderte, zu Revolutionären wurden. Jakob Frank (1726-1791) zum Beispiel gilt als ein typischer Vertreter jener Übergangsgeneration.

Die Sekte, die Frank gründete, war extrem häretisch. Von den Anhängern wurde gefordert, durch alle Religionen hindurchzugehen und alle von innen heraus zu zerstören. Frank war dabei durchdrungen von der Überzeugung, alle früheren Messiasse seien die Metamorphose einer und derselben Persönlichkeit. Er selbst sah sich als die jüngste Verkörperung des Erlösers, der davon überzeugt ist, in der Nachfolge König Davids, des Propheten Elijahu, Mohameds, aber auch Sabbatai Zwis zu stehen.

Es war nicht ein „mystischer Messias", den Jakob Frank seinen Anhängern vorlebte, sondern eine Art „Athleten-Messias" (Gershom Scholem). Frank sah sich als „Prostak", als ein einfacher und ungebildeter Mensch, der die rabbinischen Traditionen ablehnte und für sich keine Gebote mehr gelten lassen wollte. Die ihm und seinen Lehren folgten, waren echte Gläubige, die den „Weg in den Abgrund" propagierten. Sie verkehrten miteinander in einer Sprache, die mit komplizierten theosophischen Doktrinen versetzt, eine Symbolik benutzte, die für Außenstehende unverständlich war.

Die von ihnen praktizierte sexuelle Promiskuität empfanden sie als eine Form messianischer Freiheit. In den Verheißungen einer anarchistischen irdischen Utopie meinten sie, die erhoffte Erlösung zu finden. Sie waren, wie Gershom Scholem sie genannt hat, „Träumer des Nihilismus"[3], die weder die Bibel als ein göttliches Buch noch den Gehorsam gegen die Obrigkeit anerkennen wollten.

Die messianische Revolte gegen das Ghetto führte dazu, dass zunehmend die Idee des Fortschritts anstelle der überkommenen Hoffnung auf Erlösung Eingang in das jüdische Denken fand. Moses Dobruschka (1754-1794)[4] zum Beispiel, ein Neffe von Jakob Frank, gilt wie sein Onkel als ein Repräsentant dieses Transformationsprozesses. Nach seiner in Prag 1775 erfolgten Taufe und der Namensänderung in Franz Thomas Edler von Schönfeld wurde er ein Wortführer der josephinischen Aufklärung, gleichzeitig aber auch Mitgründer des Freimaurer-Ordens „Asiatische Brüder", von dem es heißt, er sei von theosophisch-kabbalistischer Tendenz gewesen.

Der Ausbruch der Französischen Revolution führte Dobruschka alias Edler von Schönfeld nach Frankreich, wo er in Straßburg einem Jakobinerklub beitrat und zum zweiten Mal seinen Namen wechselte. Er nannte sich von da an Junius Frey und war mit seinem Bruder, der ebenfalls den Namen Frey angenommen hatte, in ein undurchsichtiges Komplott gegen Robespierre verwickelt. Sie kamen am 2. April 1794 deshalb vor ein Revolutionstribunal, das sie zum Tode verurteilte. Das Ende der beiden Brüder, die zusammen mit ihrem Schwager François Chabot sowie mit Danton und Desmoulins das Schafott bestiegen und durch das Fallbeil der Guillotine starben, hat mancherlei Spekulationen ausgelöst und gehört bis heute zu den Rätselhaftigkeiten der Geschichte des Sabbatianismus beziehungsweise Frankismus.

Uriel Acosta und Baruch Spinoza

Bewegungen wie der Sabbatianismus und der Frankismus stehen am Anfang der neuzeitlichen Entwicklungen im Judentum. Sie werden in der Historiografie als Aufbruch, manchmal aber auch als innerjüdische Verfallstendenzen oder als diesseitige Erlösungsbewegungen gedeutet.

3 Vgl. Gershom Scholem, Die Metamorphose des häretischen Messianismus der Sabbatianer in religiösen Nihilismus im 18. Jahrhundert, in: JUDAICA 3, Frankfurt 1977, S. 213

4 Vgl. Josef Karniel, Jüdischer Pseudomessianismus und deutsche Kultur. Der Weg der frankistischen Familie Dobroschka-Schönfeld im Zeitalter der Aufklärung, in: JAHRBUCH DES INSTITUTS FÜR DEUTSCHE GESCHICHTE, Universität Tel Aviv, Beiheft 4/1983, S. 31-54

Zweifellos waren Sabbatianismus und Frankismus Reaktionen auf die allgemeine Lage der europäischen Judenheit, die zu Ende des 17. und zu Beginn des 18. Jahrhunderts von einem orthodoxen Rabbinismus und von der Willkür der Gemeindeoligarchie geprägt war.

Sieht man von den Interpretationen ab, die im Sabbatianismus „Aufbruch", „Verfallstendenzen" oder gar eine säkulare „Erlösungsbewegung" sehen wollen, so bleibt ein Sachverhalt, der unstrittig sein dürfte – die Tatsache nämlich, dass die tief greifenden Veränderungen und Umwälzungen innerhalb des Christentums Rückwirkungen auf die jüdische Welt und das jüdische Selbstverständnis hatten. Der „Zweifel", seit der Renaissance einer der Grundelemente des modernen Denkens, erfasste auch die Juden in die Gassen des Ghetto und führte dazu, dass innerhalb der Gemeinden zunehmend überkommene Lehren verworfen und manche bis dahin für unumstößlich gehaltene Glaubenssätze in Frage gestellt wurden.

Im Judentum der frühen Neuzeit sind ähnliche Veränderungsprozesse feststellbar wie im Christentum – nur im Kern und in den Konsequenzen vielleicht etwas radikaler. Luther, Calvin oder Zwingli, die in Deutschland und in der Schweiz für die Erneuerung der Kirche kämpften, haben sich zwar für eine Reform der Kirche capita membraque eingesetzt, sind jedoch letztlich immer auf dem Boden der christlichen Kirche verblieben. Anders im Judentum, wo radikale Denker und Philosophen wie Uriel Acosta und Baruch Spinoza auftraten, die am Offenbarungsglauben zweifelten und den Mut hatten, den Boden des traditionellen Judentums zu verlassen. Sie taten es, obwohl sie wussten, dass dies zwangsläufig zu ihrer Ächtung und Ausstoßung aus der Gemeinde führen würde.

Uriel Acosta (1590-1640), dem Karl Gutzkow in seiner berühmten Novelle „Der Sadduzäer von Amsterdam" (1847) und Israel Zangwill in seinen „Dreamers of the Ghetto" (1898) ein Denkmal setzten, galt und gilt vielen in seiner Standfestigkeit als nachahmenswertes Vorbild. Bewundert wird seine Haltung, sein um Wahrheit ringender Geist, der nicht bereit war, die christliche Dogmenlehre noch die rabbinischen Traditionen zu akzeptieren („Ich bezweifele, daß das Gesetz des Moses in Wahrheit das Gesetz Gottes ist"), sondern für seine Überzeugungen Gefängnis und Bann auf sich nahm. Acosta, dessen Kampf auf heftigen Widerstand stieß, machte die manchem Ketzer vertraute Erfahrung, dass es die erträumte ideale Gemeinschaft nicht gibt und letztlich der Einzelne unterliegt, wenn er sich mit gegenläufigen oder revolutionären Ansichten gegen die festverwurzelten Auffassungen der Mehrheit stellt.

Eine ähnliche, wenngleich etwas anders gelagerte Erfahrung machte der Philosoph Baruch Spinoza (1632-1677), einer „der großen Revolutionäre der Menschheit" (Alex Bein). Spinoza, ein Anhänger René Descartes („cogito, ergo sum"), der vom Schleifen optischer Gläser lebte, hatte sein Denken ganz auf die Erkenntnis der Vernunft gestellt. Als er seitens der Amsterdamer jüdischen Gemeinde ketzerischer Ansichten verdächtigt und angeklagt wurde, war er weder willens noch bereit, (wohlgemerkt im Gegensatz zu Uriel Acosta und seinem Zeitgenossen Sabbatai Zwi), seine Überzeugungen aufzugeben und den einmal eingeschlagenen „Irrweg" zu verlassen.

Spinoza, der sich lateinisch Benedictus nannte und Zeit seines Lebens für die Befreiung der Menschen von der Religion kämpfte, fehlte jede Furcht vor den Konsequenzen des eigenen Denkens. Seine 1656 erfolgte Ausschließung aus der Amsterdamer Gemeinde hat er wohl durchaus als normale Folge seines Kampfes gegen Glaubenszwang und den Übergriff der Theologie in das freie, das philosophische Denken begriffen. Die Zeitgenossen wiederum sahen in Spinoza, der die Bibel als allgemein gültige Grundlage für den Glauben, das Denken und die Lebensordnung der Menschen in Frage stellte, einen Gottleugner und Atheisten, von dem sie meinten, seine Lehren würden nicht nur die sittlichen Grundlagen menschlichen Zusammenlebens untergraben, sondern letztlich sogar zerstören.

Im Gegensatz zu den mittelalterlichen Vertretern jüdischer Religionsphilosophie von Ibn Esra bis Maimonides, für die so wohl der göttliche Ursprung der Bibel als auch die Offenbarung und die Prophetie unumstößliche Tatsachen waren, hat Spinoza nur die philosophische

Gotteserkenntnis gelten lassen. In seinem berühmten „Theologisch-politischen Traktat“[5] (1670), den er zu Gunsten der Politik des ihm befreundeten und damals an der Spitze der Holländischen Republik stehenden Jan de Witt (1625-1672) verfasst hatte, bestritt Spinoza nicht nur den Absolutheitsanspruch der Offenbarung, sondern vertrat auch die Ansicht, der Staat müsse Gedankenfreiheit garantieren, also jedem das Recht zugestehen, „zu denken, was er will, und zu sagen, was er denkt“.

Spinoza, der nur die „libertas philosophandi“ gelten lassen wollte und jede Bevormundung durch Staat und Kirche ablehnte, formulierte Ansichten, die ein Jahrhundert später einen heftigen Streit auslösen sollten. Als der Philosoph Friedrich Heinrich Jacobi mit Moses Mendelssohn nach dem 1781 erfolgten Tod des Schriftstellers Gotthold Ephraim Lessing in einen Streit darüber geriet, ob letzerer als ein Spinozist (und damit – für die Zeitgenossen – ein dezidierter Atheist) zu gelten habe oder nicht, wurde eine Debatte ausgelöst, an der die geistig herausragendsten Köpfe Deutschlands jener Zeit sich beteiligten – Kant, Lavater, Herder, Haman, sogar Goethe, dessen „Prometheus“ angeblich der äußere Anlass zu diesem berühmt gewordenen Streit gewesen sein soll.[6]

Der Aufklärer Moses Mendelssohn

Die jüdische Aufklärungsbewegung ist Teil der europäischen Aufklärung, die von Holland, England („enligthenment“) und Frankreich („lumières“) Ende des 17. Jahrhunderts ausgehend das europäische Geistesleben bis in das 19. Jahrhundert bestimmt hat. Der Appell, sich von der Last ererbter Vorurteile zu befreien, sich von vernunftgemäßer Erkenntnis leiten zu lassen und Aberglaube durch Wissen zu ersetzen, ist auch bei Juden auf einen fruchtbaren Boden gefallen. Das Besondere der jüdischen Aufklärungsbewegung bestand jedoch darin, dass sie nicht nur die kulturellen Wertbegriffe der europäischen Völker aufnahm, sondern dass sie sich vor allem parallel zu der sozialen und kulturellen Integration der Juden in ihre jeweilige Umwelt entwickelte.

Als geistiger Wegbereiter der jüdischen Aufklärung gilt in Deutschland der Philosoph und Schriftsteller Moses Mendelssohn (1729-1786).[7] Bis heute lebt er fort im allgemeinen historischen Bewusstsein als Freund Lessings und Urbild des „Nathan“. Mendelssohn, Sohn eines Synagogendieners und Thorarollenschreibers in Dessau, der seinen Lebensunterhalt als Buchhalter, später als Teilhaber einer Seidenfabrik in Berlin verdiente, war er nicht nur einer der geistreichsten Denker im Europa der zweiten Hälfte des 18. Jahrhunderts, sondern auch der erste Jude in Deutschland, der in seiner Person die Möglichkeit vorlebte, Judentum und moderne Kultur miteinander zu verbinden.[8]

Mendelssohn hat in der Philosophie keine Epoche gemacht, wie Immanuel Kant vorhergesagt, und ist auch nicht, wie der mit ihm befreundete Lessing prophezeite, ein zweiter Spinoza geworden. Er blieb Zeit seines Lebens der Leibniz-Wolffschen Philosophie verhaftet. Deren

5 *Theologisch-politischer Traktat*, übertr. und eingel. von C. Gebhardt (Philosophische Bibliothek, Bd. 93), Hamburg 1955

6 Zur Rezeptionsgeschichte Spinozas vgl. *Spinoza in der europäischen Geistesgeschichte*, hrsg. von Hanna Delf, Julius H. Schoeps, Manfred Walther (= Studien zur Geistesgeschichte, Bd., 16), Berlin 1994

7 Zur Literatur über Mendelssohn vgl. Hermann M.Z. Meyer, *Moses Mendelssohn-Bibliographie.* Mit einigen Ergänzungen zur Geistesgeschichte des ausgehenden 18. Jahrhunderts. Mit einer Einführung von Hans Herzfeld [= Veröffentlichungen der Historischen Kommission zu Berlin, Bd. 26], Berlin 1965; insbes. Alexander Altmann, *Moses Mendelssohn.* A Biographical Study, Philadelphia 1973. Zum letzten Stand der Mendelssohn-Forschung s. Michael Albrecht, Moses Mendelssohn. Ein Forschungsbericht 1965-1980, in: Deutsche Vierteljahresschrift für Literaturwissenschaft und Geistesgeschichte, März 1983, S.64-159

8 Alexander Altmann (Moses Mendelssohn as Archtypal Jew, in: *The Jewish Response to German Culture.* From the Enligthenment to the Second World War, hrsg. von Jehuda Reinharz und Walter Schatzberg, Hanover und London 1985, S. 1-31) hat Moses Mendelssohn als "Archetypus" des deutschen Juden bezeichnet.

Grundideen (die Monadologie und die prästabilisierte Harmonie) versuchte er durch von Locke und den englischen Freidenkern entnommene sensualistische Begriffe zu modifizieren. Dass er dabei keine neuen Ideen zu entwickeln vermochte und vielleicht auch damit überfordert war, der Philosophie Kants gegenüber Stellung zu beziehen, das hat Mendelssohn sich selbst eingestanden.

Mehr Einfluss als auf die Philosophie hatte der „deutsche Sokrates" oder der „Sokrates der Aufklärung", wie ihn seine Verehrer nannten, auf die Entwicklung der Ästhetik und der Literaturkritik.[9] Insbesondere waren es seine philosophisch-ästhetischen und seine literaturkritischen Schriften, die auf die Zeitgenossen Eindruck machten. Sein 1767 erschienener „Phädon"[10] zum Beispiel, eine Art Erbauungsbuch für das gebildete aufgeklärte Bürgertum, in dem über die Unsterblichkeit der Seele verhandelt wurde, machte Mendelssohn quasi über Nacht zu einer europäischen Berühmtheit.

Das sich entwickelnde Bildungsbürgertum erhielt durch Mendelssohn fruchtbare Anregungen vermittelt. So hat er zum Beispiel zur Klärung der Frage beigetragen, welcher Geschmack der beste, welche Empfindung des Schönen der wahren Bestimmung des Menschen und damit dem Endzweck seines Daseins am zuträglichsten ist. Stets war er in der Kritik bemüht, den Menschen den Weg zur Vollkommenheit zu weisen, zur vollkommenen Ausbildung ihrer Seelenfähigkeiten. Ob Mendelssohns Arbeiten auf diesem Feld ganz ohne Wirkung geblieben sind – darüber scheint das letzte Wort noch nicht gesprochen zu sein.

Von den Zeitgenossen bewundert wurde Mendelssohns Kunst des Schreibens – mochte er selbst noch so bescheiden darüber gedacht haben. Drei Eigenschaften wurden und werden seinem Stil mit Abwandlungen immer wieder nachgesagt: 1. Richtigkeit (d.i. Genauigkeit, Gründlichkeit), 2. Deutlichkeit (Klarheit, Helle, Licht), 3. Anmut (Zierlichkeit, Leichtigkeit, Eleganz). „Es ist", so meinte Kant einmal, „nicht jedermann gegeben, so subtil und doch zugleich so anlockend zu schreiben als David Hume oder so gründlich und dabei so elegant als Moses Mendelssohn."[11]

Selbst Gegner, in der Sache Andersdenkende, waren von Mendelssohns Sprache und von der Art seines Schreibens angetan. Nicht wenig zu diesem Urteil beigetragen hat Mendelssohns ablehnende Haltung gegenüber dem Gebrauch der französischen Sprache, von der er weder Form noch Inhalt sonderlich schätzte. Wiederholt spöttelte er über die „französische Windmacherei" und mokierte sich, dass der Preußenkönig Friedrich II. in seinen Schriften sich in erster Linie der französischen Sprache bediene.

Für die deutsch-jüdische Beziehungsgeschichte ist das eigentlich Neue, dass Mendelssohn und seine Schüler deutsch schrieben. Andere Aufklärer wie zum Beispiel Jakob Emden oder Aron Gumperz veröffentlichten zur gleichen Zeit ihre Schriften in hebräischer Sprache. Sie verstanden sich als Juden und wollten ausschließlich ein jüdisches Publikum ansprechen. Moses Mendelssohn hingegen ging es darum, mit der Wahl des Deutschen, der jüdisch-deutschen Volks- und Umgangsprache, dem so genannten Jargon, den Kampf anzusagen.

9 Zu Mendelssohn als Literaturkritiker vgl. Eva Engel, The Emergence of Moses Mendelssohn als Litarary Critic, in: LBIY 24/1979, S. 61-82; *Die Bedeutungs Moses Mendelssohns für die Literatur des 18. Jahrhunderts*, Mendelssohn-Studien Bd. 4/1979, S. 111-159; Moses Mendelssohn: His Importance als Literary Critic, in: *HUMANITÄT UND DIALOG: LESSING UND MENDELSSOHN IN NEUER SICHT,* Beiheft zum Lessing Yearbook, hrsg, von Ehrhard Bahr u.a., Detroit 1982, S. 259-273

10 *Phädon oder über die Unsterblichkeit der Seele in drey Gesprächen*, Berlin und Stettin 1867

11 *Kant's gesammelte Schriften*, hrsg. von der Preußischen Akademie der Wissenschaften, 22 Bde., Berlin 1900-1942, Bd. 5, S. 262

Der Disput mit Lavater

Für den Eintritt der Juden in die europäisch-deutsche Geistesgeschichte war von einiger Bedeutung das Gespräch, das Mendelssohn mit dem Freund Goethes Johann Caspar Lavater (1741 - 1801) führte.[12] Mit dem Pathos des guten und noch ungetäuschten Glaubens war in diesem von „Toleranz", von „Verstehen" und „gegenseitiger Anerkenntnis" die Rede. Andererseits war dieses Gespräch zwischen Jude und Christ ein Gespräch, das zwischen ungleichen Partnern geführt wurde. Lavater hat vermutlich nicht begriffen, vermutlich auch nicht begreifen können, dass zu einem Gespräch im Sinne eines Dialoges immer zwei Partner gehören, die zum einen gleich-berechtigt und zum anderen auch bereit sind, den Gegenüber vorurteilslos als das gelten zu lassen, was er ist.

Das „Gespräch" zwischen Mendelssohn und Lavater hatte seitens Lavaters ganz offensichtlich nur den einen Zweck, Mendelssohn von der Überlegenheit des Christentums zu überzeugen.[13] Das Szenario war vorgegeben. Auf der einen Seite stand der Zürcher Diakon Lavater, ungebrochen in seinem Bekehrungseifer, auf der anderen der mit einem Schutzbrief versehene und auf das Wohlwollen seiner Umgebung angewiesene Mendelssohn. Auch die Argumentationsfiguren waren die üblichen. Lavater stellte Mendelssohn unmissverständlich vor die Wahl entweder die Beweise des französischen Philosophen Charles Bonnet für die Wahrheit des Christentums zu widerlegen – und wenn er das nicht könne, sich für den christlichen Glauben zu entscheiden. Mendelssohn, der zu diesem „Gespräch" gezwungen worden war, wusste, dass er seine Worte vorsichtig wählen und unbedachte Äußerungen zu vermeiden hatte. Ein falsches oder missverstandenes Wort hätte leicht seine und die an sich schon schlechte Lage seiner Glaubensbrüder noch weiter gefährden können.

Der Briefwechsel zwischen Mendelssohn und Lavater fand unter der Anteilnahme des damaligen gebildeten Europa statt. In den Salons harrte man gespannt auf den Ausgang des Disputs, von dem man hoffte es würde Lavater gelingen, Mendelssohn davon zu überzeugen, dass der Messias bereits gekommen und das Christentum die bessere, dem Judentum überlegene Religion sei. Sicher ist, dass Lavater sich von einer Bekehrung Mendelssohns eine Signalwirkung erhoffte. Probst Teller, einige Jahre später mit David Friedländer in einen ähnlichen Disput verwickelt, hat die Quintessenz des zwischen Lavater und Mendelssohn geführten Gesprächs geistvoll durch einen Spottvers ironisiert, den er in einer Abendgesellschaft in Anwesenheit von Lessing, Nicolai und Mendelssohn vortrug:

> An Gott, den Vater glaubt ihr schon,
> so glaubt doch auch an Gott den Sohn.
> Ihr pflegt doch sonst bei Vaters Leben
> dem Sohn schon Kredit zu geben.

Schlagfertig soll Mendelssohn geantwortet haben:

> Wie sollen wir Kredit ihm geben,
> wird doch der Vater ewig leben.

Moses Mendelssohn war Jude nicht nur von Geburt, sondern aus Überzeugung. Zahlreiche Briefe, die er im Zusammenhang des Streites mit Lavater an Dritte schrieb, machen deutlich, dass er den Vorzug des Judentums vor der christlichen Religion im Fehlen gerade jeder über die Vernunft hinausgreifenden Glaubenslehre erblickte. „Wir haben", schrieb Mendelssohn an Elkan Herz am 22. Juli 1771, „keine Glaubenssätze, die gegen die Vernunft oder überdieselbe seien."[14]

12 Heinz Mosche Graupe, *Die Entstehung des modernen Judentums.* Geistesgeschichte der deutschen Juden 1650-1942, Hamburg 1969, S. 95

13 Vgl. Dominique Bourel, Mendelssohn und Lavater. Ein Fauxpas in der Aufklärung?, in: *Das jüdisch-christliche Religionsgespräch*, hrsg. von Heinz Kremers/Julius H. Schoeps, Stuttgart/ Bonn 1988, S. 41-54

14 M[eyer] Kayerling, *Moses Mendelssohn.* Sein Leben und seine Werke, Leipzig 1862 S. 495

Besonders aufschlussreich ist das Schreiben vom September 1770 an den Erbprinzen von Braunschweig. In ihm äußerte er sich skeptisch über das Christentum und dessen Dogmen Dreieinigkeit, Menschwerdung, Leidensweg und Sühnetod Christi, die „den ersten Gründen der menschlichen Erkenntnis schnurstracks zu widersprechen scheinen." Gerade dies, meinte Mendelssohn, sei eben der Unterschied zwischen den Büchern des Alten Testaments und denjenigen des Neuen Testaments: „Jene harmonieren mit meiner philosophischen Überzeugung oder widersprechen derselben wenigstens nicht, diese hingegen fordern einen Glauben, den ich nicht leisten kann".[15]

Vernunftglauben und göttliche Offenbarung

Die in gelehrten Kreisen geführte Debatte, ob den Juden irgendwelche Rechte zuzugestehen seien oder nicht, veranlasste Mendelssohn seine Grundsätze über Staat und Religion in aller Offenheit darzulegen. Er tat dies in einem epochemachenden Buch, das er 1783 unter dem Titel „Jerusalem, oder über religiöse Macht und Judentum"[16] veröffentlichte. Bei seinem Erscheinen war das Werk Tagesgespräch. Dass ein rechtloser Jude das Recht in Anspruch nahm, sich für seine unterdrückten Glaubensbrüder einzusetzen, war schon ein ungewöhnliches Ereignis. Staunen und Bewunderung aber erregte es, dass dieser Jude es wagte, freimütig und ohne Hemmungen das Verhältnis von Staat und Kirche zu erörtern, dass er nicht davor zurückscheute, sowohl für Denk-, Glaubens- und Gewissenfreiheit als auch für Gleichheit aller vor dem Gesetz, sowie für Toleranz und religiöse Duldung einzutreten.

Gleich zu Anfang seines Buches wies Mendelssohn auf den Widerspruch zwischen Staat und Religion hin. Seit Jahrhunderten sei es ein Problem, eine der schwersten Aufgaben, „Staat und Religion – bürgerliche und geistliche Verfassung – weltliches und kirchliches Ansehen – diese Stützen des gesellschaftlichen Lebens so gegeneinander zu stellen, dass sie sich die Waage halten". Bisher sei keine Lösung gefunden worden. Mit den Lehren eines Thomas Hobbes oder John Locke würde man nicht weit kommen.

Notwendig sei es, so führte Mendelssohn weiter aus, den wechselvollen Einfluss zu berücksichtigen, den Staat und Religion auf die „Glückseligkeit des bürgerlichen Lebens" haben. Staat und Religion hätten zwar ein gemeinsames Ziel, die Mittel dieses Ziel zu erreichen, seien jedoch sehr unterschiedlicher Natur. Der Staat erreiche durch Gesetze, was er erreichen will. Die Religion hingegen kenne keine Handlung ohne Gesinnung, kein Werk ohne Geist, keine Übereinstimmung im Tun, ohne Übereinstimmung im Sinn. Der wesentliche Unterschied zwischen Staat und Religion sei der, dass der Staat gebiete und Zwang ausübe, die Religion hingegen belehre und überrede.

Soll nun der Staat irgendwelchen Einfluss in Fragen der Religion haben? Darf ihm das Recht zugestanden werden, sich in religiöse Streitigkeiten einzumischen? Ist es ihm gestattet, bestimmte Lehrmeinungen besonders zu begünstigen? Mendelssohn räumte dem Staat zwar das Recht ein, in bestimmten Fällen einzuschreiten, aber nur dann, wenn die ethischen und sozialen Grundlagen des Staates gefährdet, die Staatsautorität durch Atheismus, Epikureismus oder Fanatismus in Frage gestellt sein sollten.

Grundsätzlich war Mendelssohn der Auffassung, der Staat habe in Fragen der Religion eine Haltung der Neutralität einzunehmen. Für verkehrt und nicht akzeptabel hielt er es andererseits aber auch, wenn die Kirche die Staatsgewalt für sich in Anspruch nehme. Gesinnungen, Meinungen und Überzeugungen dürften weder den Staat noch durch die Kirche irgendwelche

15 JubA, Bd. VII, S. 301

16 *Moses Mendelssohn's gesammelte Schriften.* Nach Orginaldrucken und Handschriften, hrsg. von Prof. Dr. G.B. Mendelssohn. In sieben [vielmehr acht] Bänden, Leipzig 1843 - 1845, hier Bd. III, S. 255-362

Einschränkungen erfahren: „Grundsätze sind frei, Gesinnungen leiden ihrer Natur nach keinen Zwang, keine Bestechung (...) Weder Kirche noch Staat haben also das Recht, Grundsätze und Gesinnungen der Menschen irgendeinem Zwange zu unterwerfen (...)".[17]

Im zweiten Teil seines Bekenntnisbuches beschäftigte er sich damit, die in der ersten Hälfte entwickelten rechtsphilosophischen und kirchenpolitischen Prinzipien auf die bürgerliche und staatsbürgerliche Stellung der Juden zur Anwendung zu bringen. Die jüdische Religion, so Mendelssohn, würde den aufgestellten Grundsätzen nicht widersprechen. Im Gegenteil: Staat und Religion seien im alten Judentum vollständig vereinigt, seien letztlich also ein und dasselbe. Das Judentum ist keine „geoffenbarte Religion", sondern „geoffenbartes Gesetz". Und wie schon im Lavater-Streit verwies Mendelssohn darauf, dass das Judentum keine Dogmen kenne. Das Judentum habe göttliche Gesetze, Gebote, Befehle, Lebensregeln, aber keine Lehrmeinungen, keine Heilswahrheiten, keine allgemeinen Vernunftsätze.

Neben dem Beweis, dass das Judentum in sich Vernunftglauben und göttliche Offenbarung vereinbare, ging es Moses Mendelssohn in „Jerusalem" auch um eine wesentlich praktische Absicht. Er wollte zum einen auf die Rechtmäßigkeit der Forderung nach bürgerlicher Emanzipation seiner Glaubensbrüder hinweisen, zum anderen noch einmal die Prinzipien hervorheben, die er über das vernunftgemäße Verhältnis des Staates zu den Religionen überhaupt entwickelt hatte. Die Gesetze und Lebensregeln des jüdischen Volkes würden, so meinte er, auf Offenbarung beruhen. Diese würden auf ein einmaliges geschichtliches Ereignis – die Gesetzesverkündigung auf dem Sinai – zurückgehen.

Eindringlich warb Moses Mendelssohn um Verständnis für die jüdischen Zeremonialgesetze, von denen er ahnte, dass sie der bürgerlichen Emanzipation hinderlich seien, wenn nicht sogar entgegenstünden. Unmissverständlich gab er jedoch zu verstehen, dass aus seiner Sicht Abstriche von der Gesetzesoffenbarung nicht möglich seien. Mit deutlicher Anspielung auf die geplanten Reformen und Erziehungsmaßnahmen Josephs II. bemerkte er: „Wenn die bürgerliche Vereinigung [Emanzipation] unter keiner anderen Bedingung zu erhalten [ist], als wenn wir von dem Gesetze abweichen, (...) so müssen wir lieber auf bürgerliche Vereinigung Verzicht thun".[18]

Wie am Anfang seines Buches forderte Mendelssohn am Schluss noch einmal Gewissenfreiheit, Gerechtigkeit und Toleranz. Mit den Worten „Regenten der Erde!" wandte er sich direkt an die christlichen Völker und Fürsten:

> „Um Eurer und unsrer Aller Glückseligkeit willen *Glaubensvereinigung ist nicht Toleranz*, ist der wahren Duldung gerade entgegen! Belohnet und strafet keine Lehre, locket und bestechet zu keiner Religionsmeinung! Wer die öffentliche Glückseligkeit nicht stört, wer gegen die bürgerliche Gesetze, gegen Euch und seine Mitbürger rechtschaffen handelt, den lasset sprechen wie er denkt, Gott anrufen nach seiner oder seiner Väter Weise, und sein eigenes Heil suchen, wo er es zu finden glaubt. Lasset Niemanden in euren Staaten Herzenskündiger und Gedankenrichter sein, Niemanden ein Recht sich anmaßen, das der Allwissende sich allein vorbehalten hat!"[19]

Exkurs: Die Herausbildung des Toleranzbegriffes

Der Toleranzgedanke ist in Europa erstmalig als Forderung an die Kirche und die weltliche Machthaber nach Glaubensfreiheit formuliert worden. In älteren Nachschlagewerken findet man zwar für den Begriff Toleranz noch allgemeine und nichts sagende Sätze wie „Erlauben

17 Ebenda, S. 294
18 Ebenda, S. 357 f.
19 Ebenda, S. 361 f.

oder wissentliches Geschehenlassen von Dingen und Handlungen aller Art".[20] Neuere Lexika stellen hingegen meist auf die Probleme der Glaubensfreiheit ab und definieren Toleranz als „Duldsamkeit gegenüber abweichenden Überzeugungen"[21].

In den modernen Geschichtslehrbüchern finden sich ähnliche Äußerungen, meist verbunden mit dem Hinweis oder der Bemerkung, dass der Toleranzgedanke Ergebnis und Produkt der Reformationsjahrzehnte und der damit verbundenen Glaubenskämpfe sei. Verwiesen wird dabei häufig auf das Wirken von Spiritualisten am Rande der Reformation wie Sebastian Frank (1499-1542) und Sebastian Castellio (1515-1563) oder einzelner Täuferführer wie Hans Denck, Dirck von Cornheert oder David Joris, die Glaubenszwang und gewaltsame Unterdrückung für unvereinbar mit dem christlichen Liebesgebot erklärten. „Ich wais auch", bemerkte zum Beispiel der mährische Täufer Kilian Aurbacher 1534 in einem Brief an den Reformator Martin Butzer, „das nymermer recht ist ainen im glauben zu nottigen, er glaubt wie er woll, er sey jud oder turck"[22]

Im Zeitalter der Glaubenskriege traten Männer wie zum Beispiel Paul Felgenhauer (1593-nach 1677)[23] auf, die Religionstoleranz predigten und gleichzeitig ihre Stimmen pro Judaeis erhoben. Felgenhauer, ein biblischer Chiliast, der aus schwärmerischer Liebe zum Judentum seinen Sohn „Israel" und seine Tochter „Hierosolyma" nannte, war ein dezidierter Gegner kirchlicher Dogmen, die er in rüden Worten bekämpfte. Die Kirche nannte er „Babel", den Papst schimpfte er „Vater aller falschen Propheten".

Aus seiner Christologie heraus – der Christus, den Felgenhauser verkündete, ist ein reines Himmelswesen, der nur eine göttliche, aber keine wirklich menschliche Natur besitzt („himmlisches Fleisch Christi") – fand er zu Duldung und Toleranz gegenüber den Juden. „Es wäre ja wohl recht und billig", bemerkte er, „daß wir Menschen einander dulden, dieweil auch Gott uns alle duldet, wie unterschieden wir auch im Glauben und Religion wären".[24]

Wirklich entscheidend für die Ausformung des Toleranzgedankens waren aber nicht christliche Mystiker, Spiritualisten oder Chiliasten aller Art, auch nicht der Einfluss christlicher und neustoischer Humanisten (Erasmus, Reuchlin, Lipsius, Heinsius usw.), sondern in erster Linie die sich allmählich durchsetzende naturrechtliche Theorie, die die Plattform bot, auf der sich Menschen jeder Religion und Weltanschauung zusammenfinden und verständigen konnten.

Der Einfluss von Gelehrten wie Jean Bodin, Johannes Althusius und Hugo Grotius hat dazu beigetragen, und zwar jeder auf seine Art, das „Mündigwerden der Vernunft" voranzutreiben. Bodin plädierte für die Anerkennung der Verschiedenartigkeit der religiösen Bekenntnisse. Johannes Althusius entwickelte unter dem Namen „Politik" eine systematische Soziallehre, die alles gesellschaftliche Leben auf eine ursprüngliche Bereitschaft des Menschen zur „Symbiose", zur Lebensgemeinschaft mit anderen, zurückführte. Und Hugo Grotius schließlich, der allgemein „Vater des Völkerrechts" genannt wird, propagierte eine von den Grundsätzen der Staatengleichheit und der Gegenseitigkeit geprägte Rechtsordnung, die bis in unsere Gegenwart in den Theorien über die zwischenstaatliche Politik Berücksichtigung findet.

Ende des 17. Jahrhunderts kam es zu einem Massenexodus von etwa 500 000 Hugenotten aus Frankreich, ausgelöst durch die von Ludwig XIV. angeordnete Zurücknahme des Toleranzediktes von Nantes. Diese Zurücknahme hatte aber auch einen nichtvorhergesehenen Nebeneffekt. Eine Folge war nämlich, dass die Toleranzidee gerade dadurch eine weitere Stärkung erfuhr. Denker traten auf, die Toleranz propagierten und für eine strikte Trennung von

20 *Staats- und Gesellschaftslexikon*, hrsg. von Hermann Wagener, Bd. 20, Berlin 1865, S. 554
21 *Brockhaus Enzyklopädie*, Bd. 18, S. 743
22 Vgl. Hans J. Hillerbrand, *Die politische Ethik der oberdeutschen Täufer*. Ein Beitrag zur Religions- und Geistesgeschichte des Reformationszeitalters, Köln 1963, S. 22
23 Ausführlich zum Leben und Wirken Felgenhauers vgl. Hans-Joachim Schoeps, *Philosemitismus im Barock*. Religions- und geistesgeschichtliche Untersuchungen, Tübingen 1952, S. 18 ff.
24 Monarchen-Spiegel I [Wolffenbüttel/ Basel 1633]

Staat und Kirche eintraten. Sie leiteten damit ein Entwicklung ein, die einige Jahrzehnte später den Aufstieg der bürgerlichen Gesellschaft begünstigte.

John Locke (1632 - 1704) zum Beispiel legte ein Toleranzprogramm („Letters concerning Toleration", 1689) vor, in dem er für die Freiheit aller Glaubensbekenntnisse eintrat und die Pflicht der Toleranz für Kirche und Staat forderte. Pierre Bayle (1647-1706) wiederum, der aus Frankreich fliehen musste und ein Gegner einer jeden Form von Dogmatismus war, plädierte für religiöse Toleranz seitens des Staates, selbst gegenüber Atheisten, wozu Locke sich noch nicht hatte durchringen können. Und in Deutschland übte Christian Thomasius (1655-1728) Kritik am landesherrlichen Recht auf Eingriff in innerkirchliche Angelegenheiten und sprach sich für eine strikte Trennung staatlicher und kirchlicher Angelegenheiten aus, womit er zwar den Boden der herrschenden Lehre seiner Zeit verließ, aber auch einer der Vorkämpfer der deutschen Aufklärung wurde.

Die Verwirklichung der Toleranzidee in den modernen Staaten vollzog sich im 17. und 18. Jahrhundert in einem stufenweisen Prozess. Erst in den Niederlanden, wo Katholiken und Lutheraner, aber auch Täufer, Sektierer, Spiritualisten und aus Spanien vertriebene Juden („Marrannen") eine neue Heimat fanden. Dann in England, wo nach erbitterten konfessionellen Kämpfen 1689 als Krönung der Glorious Revolution die Toleranzakte zustande kam, die allen religiösen Dissenters außerhalb der Staatskirche volle Religionsfreiheit zusicherte, sofern sie dem englischen König Treue schworen und die päpstliche Gewalt ableugneten. Schließlich in den Vereinigten Staaten mit ihren „Bill of Rights", die für Frankreich und seine in der Revolution 1789 propagierten „droits naturelles et inscriptibles" zum Vorbild wurden.

Das als Musterland religiöser Freiheit gefeierte Brandenburg-Preußen hat zwar tolerante Herrscher besessen, wie den Großen Kurfürsten, den späteren König Friedrich I., der in das Land Arianer, Socinianer, Menoniten, Hugenotten und Juden aufnahm. Andererseits war es aber nicht nur der Geist religiöser Duldsamkeit, der Brandenburg-Preußen zum Asyl der Religionsverfolgten machte, sondern die Politik der Staatsklugheit, der handfesten Interessen, die diese Einwanderungspolitik bestimmte. Bevölkerungspolitische Ideen („Peuplierung") spielten dabei ebenso eine Rolle wie Motive wirtschaftspolitischer Natur. Von den Fremden erhoffte sich der Kurfürst, sie würden nicht nur loyale Untertanen sein, sondern auch die notwendigen Gelder mitbringen, um den gewerblichen und wirtschaftlichen Aufschwung des Landes voran zu treiben.

In der Regel übersehen wird der Sachverhalt, dass die Juden im Unterschied zu anderen, die in das Land geholt wurden, mindere Rechten besessen haben. Das „Edikt wegen aufgenommenen 50 Familien Schutz-Juden" vom 21. März 1671[25], mit dem der Kurfürst den Juden Niederlassungsrechte mit entsprechenden Auflagen gewährte, enthielt im zweiten Teil die einschränkende Formulierung „jedoch daß sie keine Synagogen halten", die kenntlich machte, dass der Duldung der Juden dort Grenzen gesetzt waren, wo christlicher Glaube und christliche Überzeugung tangiert wurde. Die Nachfolger des Kurfürsten, der Soldatenkönig und der Philosoph von Sanssouci, haben sich nicht anders verhalten. Auch sie orientierten ihre Judenpolitik nicht an der Toleranzidee und dem Prinzip der christlichen Nächstenliebe, sondern an den steuer- und wirtschaftspolitischen Notwendigkeiten des sich herausbildenden merkantilistischen Industriestaates.

In patriotischen Erbauungsschriften und Schulgeschichtsbüchern ist über die letzten beiden Jahrhunderte der Preußenkönig Friedrich II. als ein aufgeklärter Herrscher idealisiert worden. In Fragen der Religionspolitik, heißt es immer wieder, hätte er Toleranz walten lassen. Dieses Friedrich-Bild, das bis heute liebevoll gepflegt und gehegt wird, bedarf auf Grund einer kritischeren Sicht, die wir uns inzwischen über den König und seine Epoche angewöhnt haben, einiger Korrekturen.

25 Selma Stern, *Der preußische Staat und die Juden, II/2*, Tübingen 1962, S. 13 ff.

Heute sollte man die berühmten Friedrich-Zitate nicht mehr für sich allein nehmen, sondern bemüht sein, sie an der Politik des „Roi-Philosophe" zu messen. Das Marginal auf einem Eingabeakt zum Beispiel „Die Religionen müssen alle toleriret werden, und muß der Fiskal nur das Auge darauf haben, daß keine der anderen Abbruch tue; denn hier muß ein jeder nach seiner Fasson selig werden"[26] oder die bekannte Replik anlässlich einer Anfrage des Generaldirektoriums „Alle Religionen sind gleich gut, wenn nur die Leute, wo sie professiren, ehrliche Leute sind"[27] waren Sätze und Äußerungen, die dem Aufklärungszeitgeist entsprachen, aber mit der Realität des preußischen Staates und seiner Bewohner nur wenig zu tun hatten.

Toleranz war für Friedrich II. keine Frage der Gesinnung, sondern der Zweckmäßigkeit und der Staatsräson. Letztlich waren für ihn alle Religionen „un système fabuleux plus ou moins absurde", was wohl auch der Grund war, dass er sich zu einem Toleranzedikt nicht hat durchringen können – anders als der katholische Kaiser Joseph II., der für die österreichischen Kronlanden ein solches am 13. Oktober 1781 erließ. Joseph II. war freilich nicht „aufgeklärter" als sein preußischer Gegenspieler. Auch er wollte die Rolle der Juden im Staat beschnitten wissen.

Sein Toleranzedikt, das nur dem Namen nach eines war, ist ein raffiniert durchdachtes System der Reglementierung gewesen, das in 23 Paragrafen der jüdischen Bevölkerung mehr Pflichten als Rechte auferlegte und dessen Bewegungsspielraum einengte. Kritiker der josephinischen Gesetzgebung haben es denn auch ein von vordergründigen Nützlichkeitserwägungen diktiertes Duldungsedikt genannt, das unter der Maske der Reform und unter Zuhilfenahme der Machtmittel des Polizeistaates nicht nur die Autonomie der jüdischen Gemeinden abschaffen, sondern auch Sprache und nationale Kultur der Juden verdrängen wollte – entsprechend der Losung „Zuerst die nationale Entpersönlichung, dann die bürgerliche Gleichberechtigung"

Mit Toleranz im heutigen Sinne hatte das nicht viel zu tun. Selbst viele Aufgeklärte waren nur bedingt bereit, den Gegenüber zu akzeptieren, und zwar so wie sich dieser selbst verstand oder definierte. Typisch ist zum Beispiel die Debatte um die Staatsbürgerrechte der Juden. Man war zwar im Prinzip bereit, Juden individuelle Staatsbürgerrechte zu gewähren, aber mit der Auflage, dass sie aufhörten, Juden zu sein. In diesem Zusammenhang wird meist die berühmte Formulierung zitiert, die Graf Clermont-Tonnèrre in der Emanzipationsdebatte der französischen Nationalversammlung im Dezember 1789 äußerte und die dann zum unumstößlichen Credo der Gegner der Emanzipation der Juden europaweit werden sollte: „Den Juden als Individuen alles, den Juden als Nation nichts".[28]

Dennoch begann sich die Toleranzidee durchzusetzen, und zwar unter dem Eindruck des Bildes vom „guten Juden", das im 18. Jahrhundert zunehmend von Schriftstellern wie Johann Gottfried Schnabel, Christian Gellert und insbesondere dem Mendelssohn-Freund Gotthold Ephraim Lessing gezeichnet worden ist. Zahlreich sind die Abhandlungen, Zeitschriftenaufsätze, Romane und Dramen, die Toleranz predigten und bemüht waren, wohltätige und edelmütige Juden darzustellen. Der „gute Jude" war nicht nur eine literarische Kunstfigur, sondern galt geradezu als Symbol für das eigene aufgeklärte Verhalten und ist als ein Gleichnis begriffen worden, und zwar für den Kampf des der Vernunft sich verpflichtet fühlenden Bürgertums gegen alle Ausdrucksformen von Vorurteil und Intoleranz.

Lessings „Nathan der Weise" hat für das deutsche Judentum eine nicht zu unterschätzende Rolle gespielt. Das Schauspiel diente der Selbstdefinition, war gewissermaßen ein Orientie-

26 Hans-Joachim Schoeps, *Preußen.* Geschichte eines Staates, Frankfurt/Berlin 1966, S. 333

27 *Die Randbemerkungen Friedrichs des Großen,* Bd. I, hrsg. von Georg Borchardt, Potsdam 1937, S. 82

28 Der genaue Wortlaut der betreffenden Passage in der Rede des Grafen Clermont-Tonnèrre lautete: „Man soll alles den Juden verweigern und alles ihnen als Individuen gewähren; sie dürfen im Staate weder eine politische Körperschaft noch einen Orden bilden; sie sollen individuell Staatsbürger sein. Man behauptet, daß sie das nicht sein wollen. So mögen sie es [klar] sagen, und man verbanne sie dann! Es darf keine Nation in der Nation geben".

rungspunkt, an dem nicht nur der Toleranzbegriff festgemacht, sondern auch die Formel für das Miteinanderumgehen von Juden und Christen definiert werden konnte. Die Parabel von den drei vom Vater den Söhnen ausgehändigten Ringen lehrte, dass Gott-Vater dem Juden, dem Christen und dem Muselman in ihrer geschichtlichen Religion jeweils den echten Ring gegeben habe und jede der drei monotheistischen Religionen Gottes Offenbarung gegenwärtig und zu respektieren sei. Das wurde zu einer Botschaft, die von einer Generation auf die Nächste weitergegeben wurde. Die Verehrung gegenüber dem Autor des „Nathan" führte dazu, dass es im deutsch-jüdischen Bürgertum geradezu zu einem Lessing-Kult kam, der manche seltsame Blüte hervorgetrieben hat.

Fatalerweise haben die Zeitgenossen jedoch nicht bemerkt oder es nicht bemerken wollen, dass Lessings Konzeption in sich brüchig war, denn letztlich relativierte sie die Wahrheit. „Oh so seid ihr alle drei betrogene Betrüger!", äußert bekanntlich in Lessings „Nathan" der Richter. „Eure Ringe", so verkündete er weiter, „sind alle drei nicht echt. Der echte Ring ging vermutlich verloren. Den Verlust zu ersetzen, ließ der Vater diese drei für einen machen".[29]

Den Juden mit und nach Lessing ging es aber nicht um die Doppelbödigkeit in der Lessingschen Ringparabel,[30] die Generationen von Literaturwissenschaftlern beschäftigt und manche von ihnen zu überaus gewagten Interpretationen angeregt hat. Wichtiger war ihnen die uns Heutigen vielleicht etwas vordergründig erscheinende, aber seit dieser Zeit mit dem Namen Lessings verbundenen Botschaft, dass der moderne Mensch stets vor die Frage gestellt ist, „ob er den Raum der geistigen Freiheit festhalten will, den ihm die Generation von 1800 erkämpft hat, als sie den Weg vom Dogmenstreit zum Glaubensgespräch bahnte und damit eine neue Einschätzung auch des religiösen und weltanschaulichen Gegners durchsetzte" (Hans-Joachim Schoeps)[31]

Wenn Moses Mendelssohn für religiöse Duldung und gegenseitige Toleranz in seinem Werk „Jerusalem oder über religiöse Macht und Judentum" warb, dann hatte er in erster Linie die Lage seiner Glaubensbrüder im Blick und deren Forderung nach politischer Emanzipation und gesellschaftlicher Anerkennung. Dem Staat wollte er bei der Durchsetzung dieser Forderung keine besondere Rolle zugewiesen wissen. Das ist insofern verständlich, als zur Zeit Mendelssohns der Staat der Gegner war, der die geforderten Rechte verweigerte beziehungsweise nicht zugestehen wollte.

Drei Generationen später sollte das anders aussehen. Die rechtliche Gleichstellung war zu diesem Zeitpunkt nicht mehr strittig und seitens des deutschen Judentums wurde im Staat nicht mehr der Gegner, sondern der Beschützer gesehen. Ihm wies man die Funktion zu, als Garant für Gewissensfreiheit, Gerechtigkeit und Toleranz aufzutreten. „Der Staat allein", formulierte es 1917 der Neukantianer Hermann Cohen in einem Vortrag in Berlin, „gibt den religiösen Gemeinschaften nicht bloß politische Sicherheit, sondern er muss auch für Gewissensfreiheit, für die Unabhängigkeit des religiösen Bekenntnisses von äußeren Hemmnissen und Beeinträchtigungen sorgen".[32]

Das Bekenntnis zur religiösen Duldung und gegenseitiger Toleranz gehörte zum Arsenal der Grundüberzeugungen des deutschen Judentums vor 1933. Die von dem Freundespaar Lessing-Mendelssohn vermittelte Erkenntnis, dass es jedem Menschen gestattet sein müsse, seinen Religionsüberzeugungen unbehindert nachzugehen und „nach seiner Façon selig zu werden" (Friedrich II.) – sei er nun Christ, Moslem oder Jude – wurde in Schule und Familie wie ein heiliges Vermächtnis angesehen und von Generation zu Generation weitergegeben.

29 *Lessings Werke* (= Meisterwerke deuscher Klassiker), Berlin [1910], S. 362
30 Über die Ringparabel und die Herkunft des Satzes „Von den drei Betrügern" vgl. Friedrich Niewöhner, *Veritas sive Varietas.* Lessings Toleranzparabel und das Buch Von den drei Betrügern, Heidelberg 1988
31 Hans-Joachim Schoeps, *Studien zur unbekannten Religions- und Geistesgeschichte*, Göttingen u.a. 1963, S. 205
32 Hermann Cohen, „Was einigt Konfessionen?", in: *Jüdische Schriften, Bd. 1: Ethische und religiöse Grundfragen*, Berlin 1924, S. 67

Das Vorhandensein eines Begegnungsraumes, in dem die jeweiligen Gesprächspartner gleichberechtigt und unbefangen miteinander umgehen können, empfand man im ausgehenden 18. Jahrhundert als ein kostbares Gut neuzeitlicher Liberalität. Die Wahrheit offen aussprechen, ohne sich dadurch in der ständigen Besorgnis zu befinden, persönlichen Schaden zu nehmen, war ein Zustand, den man anstrebte und den man bemüht war, auf möglichst unkomplizierte Weise zu verwirklichen.

Ein wie auch immer gearteter Zwang in Religionsfragen wurde seitens der aufgeklärten Kreise abgelehnt. Man wollte man sich nichts vorschreiben lassen. „Es ist unsinnig", hatte schon Johann Caspar Lavater 1777 in seinen „Physiognomischen Fragmenten" bemerkt, „dem Gewissen einer Nation, Gemeinde, Gesellschaft eine Religionsform aufzudrängen. Zum äußerlichen Bekenntnisse kann man durch Zwang gebracht werden, zur innerlichen Überzeugung nicht"[33].

33 Johann Caspar Lavater, *Physiognomische Fragmente zur Beförderung der Menschenkenntnis und Menschenliebe,* Bd. III, S. 240

ARNDT UND DIE EHRE[1]

ZUR KONSTRUKTION DER NATION IN TEXTEN VON ERNST MORITZ ARNDT

BIRGIT ASCHMANN

Drei Jahre nach dem Siebenjährigen Krieg vermisste Friedrich Carl von Moser bei den Deutschen noch „eine solche National-Denkungsart, eine allgemeine Vaterlandsliebe (...), wie man sie bey einem Britten, Eydgenossen, Niederländer oder Schweden antrifft"[2]. Exakt 40 Jahre später erschien 1806 der erste Teil von Arndts Hauptwerk „Geist der Zeit", der einem bedingungslosen Engagement für das deutsche Vaterland das Wort redete, womit der Autor dazu beitrug, dass sich 1813 Zehntausende freiwillig zur Verteidigung der Nation in einen mörderischen Kampf schicken ließen. Die so genannten Befreiungskriege[3] 1813-1815 gelten als „*Schlüsselereignis* der modernen deutschen Nationalgeschichte"[4], als Initiationsphase des deutschen Nationalismus, der als Teil eines europaweiten Phänomens im Laufe des 19. Jahrhunderts anschwoll, um im 20. Jahrhundert in zwei Weltkriegen zu eskalieren. Nach dieser Katastrophe glaubte man, den Nationalismus als restlos gescheitertes Konzept zu Gunsten supranationaler Institutionen zu Grabe tragen zu können, um verwundert registrieren zu müssen, dass sich nach dem Zusammenbruch des Sowjetkommunismus in den von der Klammer des Ostblocks gelösten Territorien eine Renaissance nationalistischer Bestrebungen abzeichnete. Leicht versetzt folgte diesem Phänomen eine bis heute nicht abgeebbte Welle erneuter historiographischer Beschäftigung mit dem Komplex „Nationalismus".[5] Dass die Frage nach den Ursprüngen und Anfängen dieser „imagined communities"[6], jenes sozio-kulturell bedingten Konstruktes, als welches die Nationen heute weitgehend betrachtet werden, dabei einen prominenten Platz einnehmen muss, liegt auf der Hand. Umso erstaunlicher mutet der Umstand an, dass eine erschöpfende Untersuchung zu den Befreiungskriegen, die immerhin als „einer der wichtigsten Bezugspunkte nationaler Identifikation und Traditionsbildung"[7] gehandelt

1 Diese Fallstudie entstammt dem Umfeld einer Habilitationsschrift, die zum Thema „Ehre und Nation im 19. und 20. Jahrhundert" entsteht.

2 Moser, Friedrich Carl, *Von dem Deutschen Nationalgeist*, Ndr. Selb 1976, S. 9.

3 Ich schließe mich hier der Argumentation von Peter Brandt an, der seine Bevorzugung des Terminus „Befreiungskriege" vor allem damit begründete, dass sich der Begriff in der Fachwelt etabliert habe. Helmut Berding und Karen Hagemann sprechen demgegenüber von „Freiheitskriegen", um den Einsatz des Volkes zu Gunsten auch einer politischen Freiheitsidee zu akzentuieren und um nicht kritiklos der konservativ bestimmten historischen Tradition zu folgen. Die hier verwandte Terminologie ist nicht als Parteinahme zu Gunsten einer obrigkeitlichen Interpretation misszuverstehen.

4 Dann, Otto, *Nation und Nationalismus in Deutschland 1770-1990*, München 1993, S. 71, Hervorhebung im Original.

5 Einen umfangreichen Forschungsüberblick bieten v.a. Langewiesche, Dieter, Nation, Nationalismus, Nationalstaat: Forschungsstand und Forschungsperspektiven, in: NEUE POLITISCHE LITERATUR 40 (1995), S. 190-236, ders.: ‚Nation', ‚Nationalismus', ‚Nationalstaat' in der europäischen Geschichte seit dem Mittelalter – Versuch einer Bilanz, in: ders./Schmidt, Georg (Hrsg.), *Föderative Nation.* Deutschlandkonzepte von der Reformation bis zum Ersten Weltkrieg, München 2000, S. 9-30, sowie Planert, Ute (Hrsg.), *Nation, Politik und Geschlecht.* Frauenbewegungen und Nationalismus in der Moderne, Frankfurt/M. 2000.

6 Der Buchtitel von Anderson ist inzwischen zum allgemein akzeptierten und etablierten Topos in der Nationalismusliteratur geworden, vgl. Anderson, Benedict, *Imagined communities.* Reflections on the Origin and spread of Nationalism, London 1983. Der deutsche Titel gibt die Nuancen nicht korrekt wieder: ders., *Die Erfindung der Nation.* Zur Karriere eines folgenreichen Konzepts, Frankfurt/M. erw. Neuauflg. 1998.

7 Brandt, Peter, Die Befreiungskriege von 1813 bis 1815, in: Grüttner, Michael; Hachtmann, Rüdiger und Haupt, Heinz-Gerhard (Hrsg.), *Geschichte und Emanzipation.* Festschrift für Reinhard Rürup, Frankfurt/M., New York 1999, S. 17-57, hier S. 17.

wurden, lange ausstand.[8] Erst mit der im Frühjahr 2002 veröffentlichten Habilitationsschrift von Karen Hagemann liegt eine Studie vor, die – anknüpfend an frühere Bemühungen aus der Literaturwissenschaft, Soziologie, Publizistik oder Genderforschung[9] – der zentralen Fragestellung nachgeht, wie bzw. wodurch es in diesen Jahren zur Entstehung und Verbreitung eines neuen Nationalbewusstseins kommen konnte.[10]

Eine Persönlichkeit wird hier ebenso wie in allen anderen Darstellungen zur Thematik immer wieder erwähnt: Ernst Moritz Arndt. Eine intensivere Auseinandersetzung mit Arndt lohnt sich dabei in mehrfacher Hinsicht. Zum einen nimmt er unter den Intellektuellen, die an der Formierung eines nationalen Selbstverständnisses beteiligt waren, eine Schlüsselposition ein. Zum anderen geriet er jüngst wieder in die Schlagzeilen, als sich die Greifswalder Gelehrtenwelt darüber zerstritt, ob die Universität weiter seinen Namen tragen sollte oder nicht.[11] Doch weder dieses kurzfristige publizistische Rampenlicht, noch der Umstand, dass Rechtsradikale gegenwärtig Arndts Wasser auf ihre Mühlen lenken, kann darüber hinwegtäuschen: Arndt ist ein erstaunliches Beispiel für kollektiven Gedächtnisschwund: Während ihn heute kaum noch jemand kennt, waren seine Texte einst Bestandteil des Lied- und Bildungsgutes aller sozialen Schichten.[12] Zu Beginn des 19. Jahrhunderts war Arndt einer der meistgelesenen Autoren in Deutschland. In unermüdlicher publizistischer Tätigkeit, die ihn rund 90 Flugschriften und Bücher, unzählige Aufsätze, Zeitungsartikel, Lieder und Gedichte verfassen ließ, hat Arndt, ein „Massenpsychologe seltener Intuition"[13] versucht, seinem Publikum einen Sensor für das aus seiner Sicht zentrale nationale Anliegen, die vom Volkswillen getragene Vertreibung der Franzosen aus den deutschen Territorien, zu vermitteln.[14] Kein anderer Publizist

8 Als kurze Überblicke lagen bis 2002 der Aufsatz von Brandt, Befreiungskriege sowie die Beiträge von Berding, Helmut (hier v.a. zu divergierenden Interpretationsansätzen) vor, vgl. Berding, Helmut, Freiheitskriege, in: *Sowjetsystem und demokratische Gesellschaft.* Eine vergleichende Enzyklopädie, Bd. 2, Freiburg/Basel/Wien 1968, S. 681-693; sowie ders., Das geschichtliche Problem der Freiheitskriege 1813-1814, in: Aretin, Karl Otmar Freiherr von und Ritter, Gerhard A. (Hrsg.), *Historismus und moderne Geschichtswissenschaft.* Europa zwischen Revolution und Restauration 1797-1815, Stuttgart 1987, S. 201-215. Zugleich ist dieser Zeitabschnitt ein Bestandteil der etwas breiter angelegten Studie von Echternkamp, Jörg, *Der Aufstieg des deutschen Nationalismus (1770-1840)*, Frankfurt 1998.

9 Vgl. u.a. die germanistische Habilitationsschrift von Weber, Ernst, *Lyrik der Befreiungskriege (1812-1815).* Gesellschaftspolitische Meinungs- und Willensbildung durch Literatur, Stuttgart 1991; Pape, Walter, „Männerglück". Lyrische Kriegsagitation und Friedenssehnsucht zur Zeit der Befreiungskriege, in: Dülffer, Jost (Hrsg.), *Kriegsbereitschaft und Friedensordnung in Deutschland 1800-1814*, Münster 1995, S. 101-126; Reder, Dirk-Alexander, „Natur und Sitte verbieten uns, die Waffen der Zerstörung zu führen..." Patriotische Frauen zwischen Frieden und Krieg, in: Dülffer, Kriegsbereitschaft, S. 170-182; Hagemann, Karen, Nation, Krieg und Geschlechterordnung. Zum kulturellen und politischen Diskurs in der Zeit der antinapoleonischen Erhebung Preußens 1806-1815, in: GESCHICHTE UND GESELLSCHAFT 22 (1996), S. 562-591. Unter dem Aspekt der Konstruktion vgl. u.a. Wodak, Ruth u.a. (Hrsg.), *Zur diskursiven Konstruktion nationaler Identität*, Frankfurt/M. 1998.

10 Hagemann, Karen, *„Mannlicher Muth und teutsche Ehre".* Nation, Militär und Geschlecht zur Zeit der Antinapoleonischen Kriege Preußens, Paderborn 2002. Hagemann arbeitet heraus, wie in dieser Zeit das Bild der Nation als einer Volksfamilie entstand, in der die Frauen zwar einerseits einen zentralen Platz an der Heimatfront zugewiesen bekamen, andererseits aber auf Grund ihrer Geschlechtszugehörigkeit von der allgemeinen Wehrpflicht ausgeschlossen blieben. Da aber die Zusicherung von Partizipationsrechten im Staat als Gegenleistung für den Waffendienst verstanden wurde, war es möglich, dass die Frauen zwar integraler Bestandteil der Kulturnation waren, in der Staatsnation aber weiterhin nichts zu melden hatten. Dieserart vermochte Hagemann die engen Verknüpfungen zwischen dem Konstrukt der Nation, den militärischen Notwendigkeiten und der Ausprägung von Bildern der Geschlechterrollen nachzuweisen.

11 Vgl. Buchholz, Werner, Eine Tagung mit Folgen. Der Streit um den Namenspatron der Universität Greifswald hält an, in: SÜDDEUTSCHE ZEITUNG Nr. 261, 13. November 2001, S. 15.

12 Vgl. Weber, Lyrik, S. 12.

13 Vgl. Schäfer, Karl Heinz: *Ernst Moritz Arndt als politischer Publizist.* Studien zu Publizistik, Pressepolitik und kollektivem Bewußtsein im frühen 19. Jahrhundert, Bonn 1974, S. 123.

14 Einen Überblick über sämtliche Schriften Arndts vermitteln Schäfer, Karl Heinz und Schawe, Josef (Hrsg.), *Ernst Moritz Arndt.* Ein bibliographisches Handbuch 1769-1969, Bonn 1971. Hier werden für den Zeitraum 1812-1815 immerhin 300 Titel genannt.

seiner Zeit vermochte derartige Massenauflagen zu erzielen wie Arndt, dessen Schriften im gesamten deutschen Sprachgebiet verbreitet waren.[15]

Im Folgenden soll zunächst aufgezeigt werden, warum sich der Fall Arndt für die nähere Untersuchung der Anfangsgeschichte des modernen deutschen Nationalbewusstseins geradezu aufdrängt. Anschließend geht es darum, die „Strategie" Arndts, d.h. die seinen Texten nachweisbaren Prinzipien zu analysieren, die als ursächlich für seine Breitenwirkung zu betrachten sind. Dabei sollen in einem ersten Schritt die von der Forschung bislang hervorgehobenen Mechanismen rekapituliert und durch eine eigene Textanalyse ergänzt werden, um schließlich nachzuweisen, welche zentrale Relevanz der bislang nur marginal berücksichtigte Ehrdiskurs in der Argumentation Arndts besitzt. Ein abschließender Blick auf die zahlreichen Widersprüche, die sich in seinen Texten aufzeigen lassen, wird den Konstruktcharakter des „Nationalen" neu hervortreten lassen.

Als gleichsam idealtypisches Beispiel kann Arndt herangezogen werden, um diverse Theorien zur Entstehung von Nation und Nationalismus zu belegen. So vollzog sich erstens der Prozess der allmählichen Identifizierung mit dem neuen Kollektiv „Nation" vor dem Hintergrund eines tief greifenden sozioökonomischen wie geistesgeschichtlichen Wandels.[16] Die Auflösung bzw. Infragestellung alter Ständeformationen, Wirtschaftsmechanismen und religiöser Sinnstiftungsmuster im Zuge von Aufklärung, Französischer Revolution und heraufziehendem Kapitalismus ließ ein mentales Vakuum entstehen, in welches die nationale Propaganda jetzt mit einem neuen Identifikationsangebot hereinströmte. Dessen Attraktivität ergab sich nicht zuletzt durch das Potenzial, über die Aufnahme religiöser Traditionen auch emotionale Bedürfnisse zu befriedigen. Das Bemühen, das Konstrukt „Nation" emotional aufzuladen und eng an das religiöse Empfinden seiner Rezipienten zu koppeln, zieht sich einem roten Faden gleich durch die Schriften Arndts.[17]

Zweitens gehörte Arndt zur intellektuellen Elite, der eine wegweisende Vorreiterrolle bei der Lancierung eines Nationenbildes zufiel.[18] Die Bedeutung der Intellektuellen war umso zentraler, als selbst im höfischen Umfeld die Relevanz der öffentlichen Meinung, auf welche einzuwirken mit Hilfe der Intellektuellen möglich schien, erkannt worden war. So hatte Metternich schon 1808 versucht, die Wiener Diplomaten für diese Frage zu sensibilisieren: „Die öffentliche Meinung", schrieb der damalige Botschafter Österreichs aus Paris an seinen Chef Graf von Stadion, „ist das wichtigste Mittel (...). Die öffentliche Meinung verachten, ist so gefährlich, als wenn man die moralischen Grundsätze verachtete". Sie erfordere „eine besondere Beachtung, konsequente und ausdauernde Pflege."[19] Dem Freiherrn vom Stein war die Bedeutung einer gezielten Pressepolitik für die Entwicklung eines nationalen Bewusstseins nicht we-

15 Zahlreiche Flugschriften und Liedsammlungen wurden mit mehr als 10.000 Exemplaren in den Druck gegeben. Die Flugschrift „Was bedeutet Landsturm und Landwehr?" wurde in den zwei Jahren 1813 bis 1815 über zwanzigmal aufgelegt. Ihre Gesamtauflage schätzt Hagemann auf zwischen 76.000 bis 100.000 Exemplaren, womit die Flugschrift die am weitesten verbreitete ihrer Zeit war. Auch der „Katechismus" wurde mit bis zu 80.000 Exemplaren vertrieben, vgl. Hagemann, Mannlicher Muth, S. 131ff.

16 Vgl. u.a. Brandt, Die Befreiungskriege, S. 22 oder Hagemann, Mannlicher Muth, S. 24f.

17 Vgl. u.a. das Kapitel „Die Bedeutung der Religion", Schäfer, Ernst Moritz Arndt, S. 133-141. Die Bezeichnungen des Nationalismus als „politische Religion" oder „Ersatzreligion" im Sinne einer Ablösung der traditionellen Religiosität sind zu Recht kritisiert worden. Vgl. u.a. Graf, Friedrich Wilhelm, Die Nation – von Gott „erfunden"? Kritische Randnotizen zum Theologiebedarf der historischen Nationalismusforschung, in: Krumeich, Gerd und Lehmann, Hartmut (Hrsg.), *„Gott mit uns"*. Nation, Religion und Gewalt im 19. und 20. Jahrhundert, Göttingen 2000, S. 285-317. Arndts Texte sind ein Beispiel dafür, wie eng Religion und Nation verflochten wurden.

18 Zur Bedeutung der Intellektuellen für die Bildung eines Nationalbewusstseins vgl. Giesen, Bernhard, *Die Intellektuellen und die Nation*. Eine deutsche Achsenzeit, Frankfurt/M. 1993, v.a. S. 131-169. Ebenso Giesen, Bernhard; Junge, Kay und Kritschgau, Christian, *Vom Patriotismus zum völkischen Denken: Intellektuelle als Konstrukteure der deutschen Identität*, in: Berding, Helmut (Hrsg), *Nationales Bewußtsein und kollektive Identität* (Studien zur Entwicklung des kollektiven Bewußtseins in der Neuzeit, Bd. 2), Frankfurt/M. 1994, S. 345-394, v.a. S. 353-357.

19 Zitiert bei Schäfer, Ernst Moritz Arndt, S. 38.

niger klar.[20] Dafür setzte er ganz auf Arndt, der seit seiner Ankunft in St. Petersburg 1812 im Auftrage Steins publizistisch tätig war. Arndt selbst wandte sich seinerseits mit dem Appell an Priester, Gelehrte und Beamte an die Intellektuellen, denen er bei der Genese eines Nationalbewusstseins eine zentrale Bedeutung beimaß: „Euch steht es zu, den Namen Deutscher zu einem großen Gefühl zu machen, ihn jedem Deutschen unverletzlich zu machen."[21] Nicht anders sah er die eigene Funktion.

Drittens spielten – wie später näher auszuführen sein wird – bei dieser Konstruktion eines Nationalbildes die Betonung gemeinsamer historischer Wurzeln und die solcherart intendierte Prägung kollektiver Erinnerungen eine zentrale Rolle.[22] Bezeichnend für den Wert, den Arndt dem kollektiven Gedächtnis beimisst, ist der Lehrplan, den er in seiner populären Flugschrift „Der Rhein, Deutschlands Strom, aber nicht Deutschlands Grenze" für eine projektierte Rekrutierungsinstitution der politischen Elite, einen neuen „Deutschen Orden", entwirft. Die Vermittlung historischer Kenntnisse, dessen, „was das deutsche Volk gewesen ist, und was es sein soll", nimmt hier einen prominenten Platz ein. Dabei beschränkt sich derartige Wissensvermittlung nicht auf einen Selbstzweck, sondern dient der Sinnkonstruktion in der Gegenwart, denn „durch die Vergangenheit wird immer auf die Gegenwart und Zukunft hingedeutet"[23].

Viertens kam es zur Entwicklung und Verbreitung dieses Bildes von der eigenen Bezugsgruppe erst im Zusammenhang des unmittelbaren Erlebens eines Vergleichskollektivs.[24] So wurde Arndts Beschäftigung mit den Nationalstereotypen keineswegs zufällig durch eine Reise stimuliert, die ihn 1798-1799 unter anderem nach Ungarn, Italien und Frankreich führte.[25] Auch die z.T. längeren Aufenthalte des Pommern in Schweden, das seit dem Westfälischen Frieden die Lehnshoheit über Pommern besaß, haben Reflektionen über das „Eigene" und das „Andere" angeregt.[26] Die „Schwedenliebe und Schwedenverehrung"[27], für welche ihn an-

20 Vgl. u.a. die Nassauer Denkschrift vom Juni 1807, in welcher Stein vorschlägt, die „gebildeten Klassen" über ein „gut gebildetes Organ der öffentlichen Meinung" mittels „Überzeugung, Teilnahme und Mitwirkung bei den National-Angelegenheiten" an den Staat zu binden, vgl. Stein, Karl Freiherr vom, *Briefe und amtliche Schriften*, bearb. von Erich Botzenhart, neu hrsg. von Walther Hubatsch, Bd. 2, 1, S. 391, wiedergegeben in Weber, Lyrik, S. 82.

21 „Blick vorwärts" (1807), in: *Ausgewählte Werke in 16 Bänden*, hrsg. von Heinrich Meisner und Robert Geerds, Bd. 10, Leipzig 1908, S. 82. Intellektuelle, die dieser Erwartung nicht entsprachen und womöglich einem Kosmopolitismus oder der Verehrung Napoleons das Wort redeten, wurden dagegen von Arndt in aller Schärfe attackiert: „(...) der gemeinste Sinn, Geiz, Ehrsucht, Weichlichkeit machen sie zu Schildträgern der Knechtschaft und des Despotismus". Vgl. „Letztes Wort an die Deutschen" (gesprochen im Herbst 1808), in: Werke 10, S. 118-188, S. 163. Ähnlich in: „Was wollte und was tat Bonaparte? Wie kam er nach Rußland? Wie kam er aus Rußland heraus?, in: *Geist der Zeit*, Teil 3 (Werke 11), S. 7-103, S. 21.

22 Zur prinzipiellen Tendenz aller Nationalismen, die eigene Vorgeschichte weitmöglichst in die Vergangenheit zu projizieren, vgl. Kallscheuer, Otto und Leggewie, Claus, Deutsche Kulturnation versus französische Staatsnation? Eine ideengeschichtliche Stichprobe, in: Berding, Bewußtsein, S. 112-162. Die Autoren widmen sich in ihrem Aufsatz der „Dekonstruktion fiktiver Genealogien", die sie als „retrospektive Teleologie" entlarven, vgl. S. 114f.

23 „Der Rhein, Deutschlands Strom, aber nicht Deutschlands Grenze", in: Werke 13, S. 194.

24 Die Unabdingbarkeit der Erfahrung des „Anderen" bzw. die Distanzierung vom „Anderen" für die Entstehung des Nationalgefühls betonen Jeismann und Blitz, vgl. Jeismann, Michael, *Das Vaterland der Feinde*. Studien zum nationalen Feindbegriff und Selbstverständnis in Deutschland und Frankreich 1792-1918, Stuttgart 1992; S. 27-102, Blitz, Hans-Martin, *Aus Liebe zum Vaterland*. Die Deutsche Nation im 18. Jahrhundert, Hamburg 2000, S. 12.

25 Anerkennend attestierte er den Ungarn einen wirklichen Nationalcharakter, der die Voraussetzung zum nationalen Selbstverständnis sei, und rühmte das italienische Volk als das tapferste und talentvollste in ganz Europa, das sich selbst nach einer dreihundertjährigen Abhängigkeit vom Ausland seine Eigentümlichkeiten bewahrt habe. Vgl. Müsebeck, Ernst, *Ein Lebensbild*. Erstes Buch. Der junge Arndt 1769-1815, Gotha 1914, S. 50, 54.

26 Zur Identitätssuche auf den Reisen vgl. Schmidt, Harald, *Fremde Heimat*. Die deutsche Provinzreise zwischen Spätaufklärung und nationaler Romantik und das Problem der kulturellen Variation: Friedrich Nicolai, Kaspar Riesbeck und Ernst Moritz Arndt, in: Berding, Bewußtsein, S. 394-442, S. 420-428. Ebenso Speth, Rudolf, *Nation und Revolution*. Politische Mythen im 19. Jahrhundert, Opladen 2000, S. 171. Dühr und Gülzow zufolge hat Arndt auf seiner ersten Schwedenreise (1803/1804) sein „Deutschtum" entdeckt, vgl. Dühr, Albrecht und Gülzow, Erich (Hrsg.), *Gerettete Arndt-Schriften*, Kassel 1953, S. 52. Arndt selbst schrieb

fangs noch ein Onkel hatte gewinnen können, trat mehr und mehr zurück. Schließlich fühlte sich der Geisteswissenschaftler nicht dem schwedischen Staatsverband, sondern der deutschen „Kulturnation"[28] zugehörig, deren Ausdehnung er durch die Grenzen der Sprache, „den süßesten Klang der Gemeinschaft"[29], vorgegeben sah. „Was ist des Deutschen Vaterland?", so dichtete Arndt 1813 in seinem bekanntesten Lied, „So nenne endlich mir das Land!/So weit die deutsche Zunge klingt/und Gott im Himmel Lieder singt,/Das soll es sein!/Das wackrer Deutscher nenne dein!"[30]

Gerade dieses Lied sollte in Deutschland ungemein populär werden. Als Ferdinand Delbrück 1846 dagegen polemisierte und forderte, dieses „allerunvaterländischste" Gedicht aus allen Gesangbüchern zu streichen, replizierte ein Kommentar der Kölnischen Zeitung 25.8.1846 in einer Mischung aus Ernst und Ironie: „Was sollte aus dem deutschen Nationalitäts-Bewußtsein (...) werden, wenn „des Deutschen Vaterland" nicht mehr dabei wäre?"

Noch als Arndt 1848 als Alterspräsident in der Frankfurter Paulskirche das Wort ergriff, begannen die Parlamentarier spontan, diese Strophen zu intonieren.[31]

Doch hätte dieses Lied, das die Franzosen ohne jede Umschweife zu Feinden erklärte („Wo jeder Franzmann heißet Feind"), kaum so beliebt werden können, wenn nicht in ganz Deutschland, bedingt durch die kollektive, negative Erfahrungen aus der Zeit französischer Besatzung, der Frankophobie ein fruchtbarer Boden bereitet worden wäre. Welchen Einfluss die persönliche Erfahrung auf das antifranzösische Mobilisierungspotenzial ausübte, lässt sich schon daran erkennen, dass sich während der Befreiungskriege sowohl die Intensität der Propaganda als auch der Zulauf der Freiwilligen in Deutschland regional durchaus unterschiedlich gestaltete.[32] So nahm in den von Frankreich früh (bis 1795) annektierten linksrheinischen Gebieten, die in das französische Regierungs- und Verwaltungssystem integriert wurden und denen die gleichen wirtschaftlichen Privilegien zukamen wie den französischen Kerngebieten, der antinapoleonische Widerstand kaum Gestalt an. Die Rheinbundstaaten profitierten zunächst von der französischen Vorherrschaft, so dass sich sowohl bei der politischen Elite als auch in der Bevölkerung eine durchaus wohl wollende Haltung ausprägte, bis es ca. 1809/10 zum Stimmungsumschwung kam, als die Landessöhne in Spanien oder später Rußland für den Korsen den Kopf hinhalten mussten.

In Preußen hingegen war die Stimmung seit den Niederlagen von Jena und Auerstedt, spätestens aber seit den als demütigend empfundenen Friedensbedingungen eine ganz andere. Durch die Willkür des Besatzungsregimes, die hohen Kontributionen und die regelrechten Plünderungswellen, nachdem Preußen zum Auf- bzw. Durchmarschgebiet des französischen Heeres für den Kriegszug gegen Rußland geworden war, entstand eine antifranzösische Stim-

über seinen Aufenthalt in Schweden: „(...) in dieser Fremde lernte ich zuerst recht (...) was das deutsche Volk wert sei, wie geistig, wie treu, wie bieder, wie fromm (...)", in: „Was müssen die Deutschen jetzt tun?", in: Werke 11, S. 158-195, S. 160.

27 „Erinnerungen aus dem äußeren Leben", in: Werke 7, S. 78. Nach eigenen Angaben hatte er zunächst „mehr ein schwedisches als ein deutsches Herz" gehabt, ebd. S. 80.

28 Die auf Friedrich Meinecke zurückgehende Differenzierung zwischen Staatsnation und Kulturnation wurde von Hans Kohn zu einer Typologie weiterentwickelt, die ein „subjektiv-politisches Konzept" (gemeint ist das westliche, französische Modell) von einem „objektiv-kulturellen Konzept" unterscheidet, vgl. Winkler, Heinrich August, Der Nationalismus und seine Funktionen, in: ders. (Hrsg.), *Nationalismus*, 2. erweiterte Auflage, Königstein/Ts. 1985, S. 5-48, hier S. 7-9.

29 „Blick vorwärts" (1807), in: Werke 10, S. 84. Zur Sprache, die nach Arndt die „einzige gültigste Naturgrenze" ist, Sprachen als „die natürliche Scheidewand der Völker und Länder" vgl. „Der Rhein, Deutschlands Strom, aber nicht Deutschlands Grenze" (1813), in: Werke 13, S. 145-197, S. 148f.

30 „Des Deutschen Vaterland" (1813), in: Werke 3, S. 25.

31 Meisner, Heinrich, *Ernst Moritz Arndts Leben und Schaffen.* (Ausgewählte Werke Bd. 1), Leipzig 1908, S. 71, 76. Schäfer, Ernst Moritz Arndt, S. 125.

32 Zu Folgendem siehe Weis, Eberhard, Die außenpolitischen Reaktionen der deutschen Staaten auf die französische Hegemonialpolitik zwischen Widerstand und Anpassung, in: Aretin, Karl Otmar Freiherr von und Ritter, Gerhard A. (Hrsg.), *Historismus und Moderne Geschichtswissenschaft.* Europa zwischen Revolution und Restauration 1797-1815, Stuttgart 1987, S. 185-200.

mung, die bei der Bevölkerung in allgemeinen Unmut und bei der politischen Elite in Insurrektionspläne mündete.[33] So ist es kein Zufall, dass gerade Preußen zum „Zentrum des geistigen Widerstandes“[34] gegen das napoleonische Herrschaftssystem wurde und dass gerade hier die Schriften eines Ernst Moritz Arndt Verbreitung und Zustimmung fanden.

Mehr als alle anderen Publizisten seiner Zeit verstand es Arndt, sich einen Zugang zu einer sozial breiten Leserschaft zu verschaffen. Als „Mann des Volkes“[35] pflegte er bewusst einen Stil, der „einfältig, klar und ohne alle Klügelei des Worts“[36] sein wollte, und erreichte damit auch diejenigen, die sonst kaum zur Lektüre bewegt werden konnten – mit seinen Liedern selbst diejenigen, die des Lesens unkundig waren.

So sehr letztlich im Unklaren bleiben muss, welcher Anteil den Schriften Arndts im Hinblick auf die tatsächliche Mobilisierung der Bevölkerung zur Teilnahme am antinapoleonischen Feldzug beigemessen werden kann, so ist doch zumindest die Popularität seiner Werke unstrittig – selbst wenn man in Rechnung stellt, dass Arndts Protektoren eigens voller Engagement für die Verbreitung seiner Schriften Sorge trugen, beispielsweise durch kostenlose Verteilung „von Haus zu Haus“[37].

Zwangsläufig stellt sich dabei die Frage nach den in Arndts Werk nachweisbaren Strategien, Mitteln und Techniken, mit denen er einer solchen Beliebtheit zuarbeitete. Wenn im Folgenden derartige Elemente hervorgehoben werden, sollte klar sein, dass es nicht gilt, einem simplen Funktionalismus das Wort zu reden. Es ist nicht davon auszugehen, dass er seine Ideen mit kühler Distanz und kalkulierender Ratio platzierte und dafür raffinierte Methoden der Verführung ersann; dafür sind seine Texte zu sehr mit Herzblut geschrieben. Auch ist Arndt trotz der engen Kooperation nicht zu verkürzen auf den Befehlsempfänger, der einzig die Vorgaben des Auftraggebers Steins exekutierte. Wer ihn zu dessen „Trommler“[38], „public relation-Mann“[39] oder gar zum „Polit-Offizier“[40] reduziert, wird seinem unabhängigen Wesen und vor allem seiner authentischen Leidenschaft kaum gerecht.[41] Schließlich ist zu berücksichtigen, dass es erst die antifranzösischen Texte Arndts waren, die Stein auf ihn aufmerksam werden ließen. Gleichwohl kann auch von einer naiven Textproduktion nicht die Rede sein, dafür wiederum war sich Arndt zu sehr der Wirkung seiner Worte bewusst, deren er sich zu Gunsten der erklärten Absicht bediente, Massen für den Krieg zu mobilisieren. Die Grenze zwischen authentischem Anliegen und ergebnisorientierter Instrumentalisierung bleibt dabei verschwommen.

Über die stilistischen, rhetorischen Mittel, derer Arndt sich bediente, um seine Inhalte zu transportieren, ist Zentrales bereits herausgearbeitet worden. Elemente der Wiederholung (sei es ganzer Sinnabschnitte, Sätze oder Satzanfänge) findet man sowohl in Flugschriften als auch Gedichten und Liedern allerorten.[42] Dabei bindet Arndt seine Zentralaussagen in Verse, die weniger der Kunst als vielmehr der Kommunikation verpflichtet sind: Ebenso simpel wie ein-

33 Ebd., S. 194; ebenso Brandt, Die Befreiungskriege, S. 26ff.
34 Vgl. Weis, Reaktionen, S. 194.
35 Schäfer, Ernst Moritz Arndt, S. 123.
36 Arndt im Brief an Karl Schildener vom 11. Dezember 1814; zitiert in Schäfer, Ernst Moritz Arndt, S. 123.
37 So schrieb Barthold Georg Niebuhr an den Hamburger Verleger Friedrich Perthes am 23. März 1813: „Sie werden auch ein Paar tausend Exemplare von Arndts classischer Schrift über Landsturm und Landwehr erhalten: (...) Sie sollen gratis verteilt werden, von Haus zu Haus. (...) Diese Schrift darf in keinem Haus fehlen.“ In: *Die Briefe Barthold Georg Niebuhrs*, hrsg. von D. Gerhard und W. Norvin, Bd. 2 (1929), S. 381, zitiert in Schäfer, Ernst Moritz Arndt, S. 175f.
38 Sichelschmidt, Gustav, *Ernst Moritz Arndt*, Berlin 1981, S. 67. Sichelschmidt versteigt sich in seiner Biografie zu kaum nachvollziehbarer Pathetik.
39 Paul, Johannes, *Ernst Moritz Arndt*. „Das ganze Teutschland soll es sein!“, Göttingen 1971, S. 75. Ebenso wie Sichelschmidt neigt dieser Biograf zu hagiographischen Ansätzen gegenüber Arndt und bietet eine euphorische Apologie des preußischen Staates, vgl. S. 64f.
40 Ebd. S. 75.
41 Vgl. dazu Schäfer, Ernst Moritz Arndt, S. 111, 151-158.
42 Vgl. ebd., S. 124.

prägsam ist der von Arndt bevorzugte Schüttelreim. Die Lieder weisen überwiegend denselben Aufbau auf, indem erst der aktuelle Zustand in schwärzesten Farben geschildert wird, um dann abrupt in den Appell zur Änderung überzugehen. Auf das „Verflucht den Trug, die Schande (...)" folgt unmittelbar: „Zusammen! Frisch zusammen!"[43] Der appellative Charakter seiner Schriften ergibt sich schon aus der Häufigkeit jener Worte, mit denen Arndt zum Aufbruch ruft: „Auf! Auf!", „Heran!", „Hinein!"[44], „Heraus! Heraus!", „In die Schlacht, in die Schlacht hinaus!"[45], „Frischauf!", „Wohlauf!"[46], „Drum auf, ihr Männer!" „Zu den Waffen! Zu den Waffen!"[47] sowie der imperativischen Form „Schwöret"[48] „Betet"[49], „hetzet", „schlaget"[50], „Gebt", „Siegt oder sterbet"[51], „hasse und liebe, belohne und strafe", „verfluche und verbanne", „vertilge"[52] – oder einfach „Du sollst ..."[53].

Entlehnungen aus dem Liedgut der protestantischen Kirche finden sich in seinen Liedern zuhauf, während die Sprache seiner Prosatexte bewusst dem Stile Luthers nachgebildet ist oder – insbesondere bei seinem Katechismus – den Psalmen und Prophetien des Alten Testaments entsprungen zu sein scheint.[54] Die Analogie wird dann unverkennbar, wenn in diesen Zeilen Gott selbst das Wort ergreift. All dies sind Mittel, dem eigentlich sehr säkularen Anliegen höhere Weihen zu verleihen.

Dazu gehören ebenso Arndts Tendenz zur Sakralisierung der Nation und deren Stilisierung zur neuen gottgegebenen Ordnung sowie der massive Appell an Gefühle. „Das ist die höchste Religion", so Arndt 1807, „das Vaterland lieber zu haben als Herren und Fürsten, als Väter und Mütter, als Weiber und Kinder (...) Dieses heilige Kreuz der Welterlösung, diese ewige Religion der Gemeinschaft und Herrlichkeit, die auch Christus gepredigt hat, macht zu eurem Banner und nach der Rache und Befreiung bringt unter grünen Eichen auf dem Altar des Vaterlandes dem schützenden Gotte die fröhlichen Opfer."[55]

Nation und Religion wurden in dieser Zeit derart miteinander verknüpft, dass nicht nur von einer Sakralisierung des Nationalen, sondern auch umgekehrt von einer „Nationalisierung des Sakralen"[56] gesprochen werden kann.[57] So wirbt Arndt einerseits für den „Heiligen Krieg" mit „heil´gen Waffen" zur Rettung Deutschlands, welches ein „heiliges Land"[58] mit einer „heiligen (...) Sprache"[59] ist, in welchem es den „heiligen germanischen Strom"[60] zu verteidigen gel-

43 „Aufruf an die Deutschen bei Schills Tod" (1809), in: Werke 2, S. 95.
44 U.a. „Zuversicht auf Gott" (1813), in: Arndt, Ernst Moritz, *Lieder für Teutsche im Jahr der Freiheit 1813*, Leipzig 1813 (Reprint: Berlin 1913), S. 32.
45 „Frischauf" (1807), in: Arndt, Lieder, S. 51.
46 „An den Teutschen" (1812), in: Ebd. S. 40.
47 „Schlachtgesang" (1810), in: Ebd., S. 26ff.
48 „Der Fahnenschwur", in: Ebd., S. 71.
49 „Gebet bei der Wehrhaftmachung eines teutschen Jünglings", in: Ebd., S. 74.
50 So u.a. in „Gottes Gericht" (1813). Hier findet sich sowohl das „Heraus! Heraus!" als auch „Auf!" sowie „Frisch hinterdrein!" wie die erwähnten Imperative, in: Werke 3, S. 73.
51 U.a. „Teutsches Kriegslied" (1806), in: Arndt, Lieder, S. 9.
52 „Was müssen die Deutschen jetzt tun?", in: Werke 11, S. 180.
53 So vor allem in „Kurzer Katechismus für deutsche Soldaten" (1812), in: Werke 13, S. 19-76, S. 47.
54 Vgl. auch Schäfer, Ernst Moritz Arndt, S. 108f, 133ff.
55 „Blick vorwärts" (1807), in: Werke 10, S. 85
56 Echternkamp, Jörg, „Religiöses Nationalgefühl" oder „Frömmelei der Deutschtümler"? Religion, Nation und Politik im Frühnationalismus, in: Haupt, Heinz-Gerhard und Langewiesche, Dieter (Hrsg.), *Nation und Religion in der Deutschen Geschichte*, Frankfurt/M 2001, S. 142-169, hier S. 144. Bei Echternkamp auch weitere Literatur zum Komplex Nation und Religion.
57 Zur Instrumentalisierung der Religion in den Befreiungskriegen vgl. auch Graf, Gerhard, *Gottesbild und Politik*. Eine Studie zur Frömmigkeit in Preußen während der Befreiungskriege 1813-1815, Göttingen 1993.
58 Für den „heiligen" bzw. „heil´gen Krieg" und das „heilige Land" ließen sich zahlreiche Belege finden. Das „heil´ge teutsche Land" ist beschworen u.a. in „Zuversicht auf Gott" (1813), in: Arndt, Lieder, S. 32; ebenso in „An den Teutschen" (1812), Ebd. S. 40, oder „Marsch" (1812), in: Werke 2, S. 149. Vgl. auch „Das Lied vom heiligen deutschen Lande" (1813), in: Werke 3, S. 83ff. Zum „heil´gen Krieg" ruft Arndt u.a. in „Ermunterungslieder 1", in: Ebd., S. 60 (hier quasi als Refrain mehrfach rezitiert).
59 „Was müssen die Deutschen jetzt tun?", in: Werke 11, S. 179.

te, und verheißt andererseits den Schutz und Beistand des „deutschen Gottes“[61], den ein „deutscher Glaube“[62] mit dem Menschen verbinde. Dem Denken in klaren Oppositionen entspricht die Gleichsetzung des französischen Feindes mit „Satan“[63], „Brut der Hölle“ und Frankreichs mit dem „Land der bösen Heiden“.[64]

Mit kluger Reflexion und nüchterner Abwägung hat das nichts zu tun, aber damit will Arndt auch explizit nichts zu tun haben: „Für die großen Dinge gehören Kinderaugen und Kinderherzen.“[65] Dezidiert wendet er sich von einer „verkopften“ und „herzlosen“ Aufklärung ab und polemisiert in rüdester Form gegen einen unparteiischen Kosmopolitismus.[66] Stattdessen ruft er auf, Stellung zu beziehen für „deutsche Humanität oder Menschlichkeit“[67] und sich ohne Kompromisse und Halbherzigkeiten ganz einer Sache, nämlich dem Vaterland und seiner Befreiung, zu verschreiben. Um deutsche Fürsten und Bürger aus ihrer von Arndt scharf angeprangerten Trägheit zu locken, predigt er ihnen den unbedingten Hass (der bezeichnender Weise ebenfalls sakralisiert wird zum „heiligen Haß“[68]) und die unbedingte Liebe: „Denn wer nicht liebet und haßt, lebt den erbärmlichsten Tod“[69]. Von Zwischentönen keine Rede. Legitimiert werden diese Gefühle mit Hilfe religiös-moralischer Wertzuschreibungen,

60 Ernst Moritz Arndt: „Was bedeutet Landsturm und Landwehr? Nebst einer Mahnung an deutsche Männer und Jünglinge in Preußens rheinischen Landen“ (1813), in: Werke 13, S. 88.

61 Arndt sieht das deutsche Volk verbunden „mit dem alten teutschen Gotte“, vgl. „Das Lied vom Stein“ (1814), in: Arndt, Ernst Moritz, *Lob teutscher Helden*, Köln 1815, S. 32, ebenso in „Meine Helden“ (1815); Ebd., S. 40. „Alter lieber deutscher Gott“ heißt es in „Gebet 1810“, in: Werke 2, S. 97. Schon 1808 ähnlich in: „Was müssen die Deutschen jetzt tun?“, in: Werke 11, S. 195. 1843 schreibt Arndt – nach längerer Pause – erneut: „Deutscher Gott“, in: Werke 4, S. 68; und 1849: „Der deutsche Gott lebt noch und wacht“, in: „Ihr Könige, gebt acht! 3. Mai 1849, in: Ebd., S. 125. Graf will in der Nationalisierung Gottes jedoch keinen Hinweis auf einen in Preußen verbreiteten Glauben an die Erwähltheit des deutschen Volkes sehen; Arndt vertrete hier eine extreme Mindermeinung, vgl. Graf, Gottesbild, S. 72-80.

62 „Deutscher Trost“ (1813), in: Werke 3, S. 32; ebenso in „Bundeslied“ (1815), in: Werke 3, S. 101. Analog in: „Deutschland“, in: Geist der Zeit, 4. Teil, in: Werke 12, S. 7-39, S. 11.

63 U.a. in „Ermunterungslieder 2“, in: Werke 3, S. 13. Auch: „Satans ältester Sohn“, in: „Katechismus für den deutschen Wehr- und Kriegsmann“, in: Werke 13, S. 45. An anderer Stelle erwähnt Arndt „fransche Teufel“, in: Werke 3, S. 21. „Es ist“, räsoniert Arndt über den Angriff Napoleons, „als ob Satan sich zum zweiten Mal gegen Gott empören und im schnöden Frevelmut die Werke seiner Herrlichkeit zerstören wollte.“ In: Nachsatz vom Mai 1815, in: Werke 13, S. 98.

64 Arndt appelliert an die deutschen Kämpfer: „(...) kehrt die Brut der Hölle aus“, in: „Die Schlacht beim schönen Bunde“ (1815), in: Arndt, Lob, S. 38.

65 Arndt: Geist der Zeit, Teil 1, in: Werke 9, S. 41.

66 „Jener Kosmopolitismus, den man uns anpreist, ist nicht von Gott sondern von Tyrannen und Despoten, welche alle Völker und Länder zu einem großen Schutthaufen, ja Misthaufen der Knechtschaft machen möchten (...). Verflucht aber sei die Humanität und der Kosmopolitismus, womit ihr prahlet! Jener allweltliche Judensinn, den ihr uns preist als den höchsten Gipfel menschlicher Bildung!“ In: „Der Rhein, Deutschlands Strom, aber nicht Deutschlands Grenze“ (1813), in: Werke 13, S. 190. Vgl. Werke 9, S. 111, ebenso „Blick vor- und rückwärts“ (1806), in: Werke 10, S. 6-33, S. 27f. Noch stärker in: „Friedensrede eines Deutschen“ (gesprochen den 13. Juli 1807), in: Werke 10, S. 85-118, S. 97: „Wir haben uns durch eine schlechte Lehre einer empfindenden Humanität und eines philanthropischen Kosmopolitismus (wie man mit vornehmen, fremden Worten das Elendige benennt) einwiegen und betören lassen, daß Kriegsruhm wenig, daß Tapferkeit zu kühn, daß Männlichkeit trotzig und Festigkeit beschwerlich sei; halbe Faulheiten und weibische Tugenden sind von uns als die höchsten Lebensbilder ausgestellt (...).“

67 „Was müssen die Deutschen jetzt tun?“, in: Werke 11, S. 187.

68 Vgl. Nachsatz vom Mai 1815 in: Werke 13, S. 93. Dass Arndt hier martialisch-destruktive Leidenschaft predigt, offenbaren die Zeilen: „Auch schwör´ ich heißen, blut´gen Haß“, in: „Des teutschen Knaben Robert Schwur“, in: Lieder 1913, S. 102. An anderer Stelle fordert Arndt auf, „des schönen Hasses“ zu gedenken, vgl. „Letztes Wort an die Deutschen“ (gesprochen im Herbst 1808), in: Werke 10, S. 118-188, hier S. 188; und hofft, dass der „glückselige Haß“ bleibe, in: „Was müssen die Deutschen jetzt tun?“, in: Werke 11, S. 181.

69 „Lug ins Leben“ (1813), in: Werke 3, S. 57. Die Beschwörungen von Hass und Liebe sind in Arndts Werk an vielen Stellen zu finden. Eine sei zur Illustration ausführlicher zitiert: „Frischauf denn, Haß, mutiger, lebendiger Wind in die Segel der Seele, wehe, blase, brenne, ja donnere und zerschmettere, wenn du kannst! Du bist mein Glück und mein Stolz, du bist mein Schirm und meine Stärke. Frischauf Liebe! Atem der Gottheit und Seele der Welt, du mein Schild und mein Trost in Not und Tod. Kommt, heilige beide, und seid meine Gesellen durchs Leben und seid heute die Kraft meines Herzens, daß ich dem Volke alles auslege und verkündige, wie es ist, und wie es sein soll.“ In: „Was müssen die Deutschen jetzt tun?“, in: Werke 11, S. 167.

die ein scharf konturiertes Weltbild evozieren, in dem zugespitzt die „guten Deutschen“ den „bösen Franzosen“ gegenüberstehen, eben „das Böse gegen das Gute zu Felde gezogen ist“.[70]

Da die Franzosen zudem die Deutschen in ihrer Existenz bedrohen würden, sei es – so legt es die Argumentation nahe – eine legitime, moralisch unanfechtbare Maßnahme, die Franzosen mit allen Mitteln außer Landes zu treiben: „die deutsche Sache ist die gute Sache und der deutsche Krieg ist der gerechte Krieg“[71].

Es wird sich auf Grund der problematischen Quellensituation kaum verlässlich feststellen lassen, inwieweit der Arndt´sche Nationalismus massenwirksam wurde. In der Forschung dominiert die Ansicht, dass die Mehrheit der deutschen Bevölkerung weiterhin einem Landespatriotismus zuneigte.[72] Wie wenig der nationale Impetus trug, wird dann mit dem Hinweis auf die vielen Deserteure aus den Freiwilligenverbänden belegt.[73] Allerdings verabschiedeten sich auf diese Weise nur aus dem Lützower Freikorps ungewöhnliche viele Soldaten, während bei den Freiwilligen insgesamt die Desertionen bemerkenswerter Weise kaum eine Rolle spielten.[74] Zudem lassen sich zahlreiche weitere Spuren nationaler Euphorie nachweisen: So bieten manche Briefe und Aufzeichnungen aus den Freiheitskriegen zuweilen ein getreues Spiegelbild der Propaganda Arndts. Wenn der 19-jährige Gymnasiast Heinrich Wilhelm Alberti im Februar 1813 an seine Eltern in Schlesien schrieb, „(...) es ist unser erhabenstes Ziel und muß unser höchstes Ideal seyn, fürs Vaterland zu kämpfen, zu siegen – oder – das Feld der Freiheit und Ehre bedecken zu helfen“ und zwei Monate später verkündete, erst dann zurückzukommen, wenn „das Vaterland, die Freiheit und mein König, dem ich durch meinen heiligen Eid verpflichtet bin, gerettet und die alte Schmach mit Blut gereinigt ist!“, so ist anzunehmen, dass die Ideen Arndts durchaus wirkungsvoll zumindest in die Bildungsschicht, der der Gymnasiast zuzurechnen ist, hineindiffundiert waren.[75] Auch der starke Andrang zu den Jahresfeiern der Leipziger Oktoberschlacht 1814 und 1815 muss als Indiz für ein sensibilisiertes Nationalempfinden gewertet werden. All dies lässt vermuten, dass die Intensität des Nationalbewusstseins deutlich über ein von Brandt angenommenes „vages gemeindeutsches Empfinden“[76] hinausging.[77] „Vage“ ist nur dann richtig, wenn es sich nicht auf die Stärke des Gefühls, sondern auf die inhaltliche Unbestimmtheit bezieht. Auf eine eindeutige politische Stoßrichtung jenseits der allgemein als verbindlich akzeptierten Forderung, sich der Franzosen zu entledigen, können die „Patrioten“ (so die zeitgenössische Bezeichnung) nicht festgenagelt werden. Dies war schon deshalb notwendig, weil für den gemeinsamen Kampf alle Kräfte mobilisiert werden sollten. Die Offenheit, die damals die Voraussetzung dafür war, dass Fürsten wie Bauern für den Krieg gewonnen wurden, bot allerdings auch der Forschung eine breite Palette von Anschlussmöglichkeiten, mit der Folge, dass sich gerade um die Freiheitskriege vortreffliche Forschungskontroversen entspinnen konnten.[78]

70 Ebd., S. 34.
71 Ebd., S. 36.
72 Vgl. u.a. Brandt, Die Befreiungskriege, S. 34, 39f. Er nimmt an, dass „eindeutig naive Formen von heimatlichem Landespatriotismus“ im Vordergrund standen.
73 Vgl. Latzel, Klaus, „Schlachtbank“ oder „Feld der Ehre“? Der Beginn des Einstellungswandels gegenüber Krieg und Tod 1756-1815, in: Wette, Wolfram (Hrsg.), *Der Krieg des kleinen Mannes.* Eine Militärgeschichte von unten, München 1992, S. 76-92, hier S. 92 (Anmerkung 44).
74 Vgl. Brandt, Peter, Einstellungen, Motive und Ziele von Kriegsfreiwilligen 1813/14: Das Freikorps Lützow, in: Dülffer, Jost (Hrsg.), *Kriegsbereitschaft und Friedensordnung in Deutschland 1800-1814*, Münster 1995, S. 211-233, hier S. 225.
75 *Kriegsbriefe des Leutnants Wilhelm Alberti aus den Befreiungskriegen.* Nebst Reiseberichten, Breslau 1913, S. 2, 20; zitiert in Latzel, „Schlachtbank“, S. 84.
76 Brandt, Die Befreiungskriege, S. 34.
77 Diese Vermutung wird zudem gestützt durch die neuen Erkenntnisse von Karen Hagemann, die zu dem Ergebnis kommt, „daß der Versuch, eine patriotisch-nationale Stimmung in weiteren Bevölkerungskreisen zu erzeugen (...) relativ erfolgreich war.“ Hagemann, Mannlicher Muth, S. 41.
78 Vgl. Berding, Freiheitskriege sowie vor allem ders., Problem. An den Freiheitskämpfen habe sich „eine mit Leidenschaft und Intensität geführte Debatte entzündet wie an nur wenigen historischen Themen.“ Ebd., S. 201.

Wenn es gilt, nach Techniken zu suchen, deren Verwendung dazu beitragen konnte, vormals friedfertige Bürger in den Kampf zu schicken, fällt schließlich auf, dass bislang ein Schlüsselelement dieser Strategie weitgehend unbeachtet blieb, was umso mehr erstaunt, als gerade der Einsatz dieses Aspektes meines Erachtens von hoher Effektivität war: Es handelt sich um den Diskurs der Ehre.[79] „Deutsche, geliebte Männer und Brüder", so Arndt 1808, „euch Mut und Zorn einhauchen, euern Stolz erregen will ich"[80]. Womit gelänge dies besser als mit einem Appell an die Ehre? Schon die Häufigkeit, mit der Arndt die „Ehre" erwähnt, lässt aufhorchen. „Freiheit und Vaterland" – unter diesem Motto ist die Zielsetzung Arndts bislang wahrgenommen worden. Dabei handelt es sich vielmehr um die Trias „Ehre, Freiheit und Vaterland." Endlos ließen sich Beispiele für die Verwendung des Ehrbegriffs anführen: „Ehr und Vaterland und Freiheit"[81] dürfen nicht vergessen, „Freiheit, Ehre, Glück, Gut und Mut"[82] nicht verloren und „Ehr und Frieden"[83] müssen zurückgeholt werden, für „Freiheit und für Ehre!"[84] gelte es zu kämpfen, „Sieg und Ehre"[85] sei das Ziel; stark sei ein Volk, „das Gott fürchtet und Freiheit und Ehre liebt"[86]; es zeichne den Grafen Chasot aus, dass „in seinen Adern Ehre rann"[87], die Deutsche Legion hebe „für Freiheit und Ehre das Siegspanier"[88], Arndt ruft zum „Lied, das Ehre singt" und appelliert an Gott, „der die Ehre oben hält"[89] und mit welchem „Ehre auf der Ehrenbahn"[90] wandele.

Dabei lassen sich zwei verschiedene Formen der Ehre, bzw. zwei verschiedene Träger der Ehre unterscheiden, wobei gerade die Interdependenz zwischen beiden Ebenen von zentraler Bedeutung ist. Einmal geht es um die Rolle des Einzelnen, ein andermal um die Ehre eines Kollektivs, es geht um „des Vaterlandes heil´ge(..) Ehren"[91]. Die Ehre des Vaterlandes, respektive der Nation galt es zu retten. So sah Arndt den Sinn seiner ersten Tätigkeit im Auftrage Steins darin, die Deutschen, die im napoleonischen Heer gegen Rußland kämpften, daran „zu erinnern, dass sie jenseits [gemeint war jenseits der russischen Grenze] ein großes Vaterland haben, für dessen Glück und Ehre" sie besser das Leben riskieren sollten, anstatt sich „von dem fremden Überzieher in den Tod treiben zu lassen."[92] Nimmermüde wird Arndt zu wiederholen, was bei dem Kampf gegen Napoleon eigentlich auf dem Spiel stehe: Die Ehre des Vaterlandes, die „deutsche Gemeinehre"[93], die Ehre der Nation. So sehr im Umbruch vom 18.

79 Bislang gibt es nur zwei Werke, die sich im Zusammenhang mit den Freiheitskriegen explizit mit Fragen der Ehre auseinander setzen: Dörner, Andreas, Die symbolische Politik der Ehre. Zur Konstruktion der nationalen Ehre in den Diskursen der Befreiungskriege, in: Vogt, Ludgera und Zingerle, Arnold (Hrsg.), *Ehre*. Archaische Momente in der Moderne. Frankfurt/M. 1994, S. 78-95. Ebenso Hagemann, Mannlicher Muth. Anders als der Titel ihrer Habilitationsschrift nahe legen könnte, untersucht Hagemann jedoch den Ehrenaspekt nicht systematisch, sondern arbeitet an unterschiedlichen Stellen etwas fragmentarisch den Zusammenhang zwischen Ehrenappellen und Männlichkeit heraus. Zudem geht in einem Absatz auch Klaus Latzel auf Ehrenaspekte ein, vgl. Latzel, „Schlachtbank", S. 86.

80 „Letztes Wort an die Deutschen" (gesprochen im Herbst 1808), in: Werke 10, S. 118-188, S. 148.

81 „Das Lied vom Dörnberg" (1815), in: Arndt, Lob, S. 13. Siehe auch „An die Preußen" (1813), in: Werke 13, S. 77-83, S. 79.

82 „Was bedeutet Landsturm und Landwehr?", in: Werke 13, S. 84.

83 „Das Lied vom Stein" (1814), in: Arndt, Lob, S. 38.

84 „An den Teutschen" (1812), in: Arndt, Lieder, S. 45; identisch in „Soldatenlied" (1812); Ebd., S. 48, ebenso in „Ermunterungslieder 2"; Ebd. S. 64.

85 „Was bedeutet Landsturm und Landwehr?", in: Werke 13, S. 92.

86 Ebd., S. 85.

87 „Das Lied vom Grafen Chasot" (1813), in: Arndt, Lob, S. 16.

88 Ebd., S. 18.

89 „Der Waffenschmidt der teutschen Freiheit" (1813), in: Arndt, Lob, S. 23.

90 „Das Lied vom Stein" (1814), in: Arndt, Lob, S. 32.

91 In dem Lied über Scharnhorst imaginiert Arndt einen Vater, der – stellvertretend für viele – seinen Sohn vor dem Abschied zum Waffengang an das Grab Scharnhorsts treten lässt: „heißt ihn knien, heißt ihn schwören,/Treu des Vaterlandes heil´gen Ehren/Treu bis in den Tod zu seyn." In: „Auf Scharnhorsts Tod" (1813), in: Arndt, Lob, S. 26.

92 „Meine Wanderungen und Wandelungen mit dem Reichsfreiherrn Heinrich Karl Friedrich vom Stein", in: Werke 8, S. 13.

93 „Was müssen die Deutschen jetzt tun", in: Werke 11, S. 178.

zum 19. Jahrhundert der Terminus „Nation“ noch zwischen einer Bezeichnung für den Territorialstaat und einem Begriff für das gesamte Deutschland schwankte, so wenig ist bei Arndt jedoch zweifelhaft, welche Bezugsgröße er meinte: Gerade ihm war an einer Überwindung der Kleinstaaterei zu Gunsten eines einheitlichen Nationalstaates gelegen. Diese Nation trat als Kollektiv nun ein spezifisches Erbe an: Sie sprang hinsichtlich der Orientierungsfunktion in die Fußstapfen der alten Stände. Es war die Nation, die nunmehr Zugehörigkeiten und Verhaltensregeln vorgab und damit Leistungen übernahm, die eine überlebte Ständegesellschaft den Haltsuchenden nicht mehr bieten konnte. Dies erklärt, warum die Nation vielfach so schnell als gottgewollte Ordnung angenommen wurde; dies erklärt auch, warum die Privilegierten der Ständegesellschaft dem neuen Modell oftmals überaus skeptisch gegenüberstanden. Und es erklärt schließlich den hohen Stellenwert, den die Ehre hatte, dessen ungeschriebenen Kodex die Träger des neuen Kollektivs übernahmen. Die Ehre einer Gruppe zu verteidigen, war kein neuer Anspruch. Jetzt galt es nur nicht mehr die Ehre eines Standes oder einer Berufsgruppe, sondern vorzugsweise die der Nation zu wahren. Das soll nicht bedeuten, dass Berufszugehörigkeit oder vergleichbare Gruppenbildungen (erkennbar an späteren Burschenschaften) nicht mehr eigene, separate Ehrenkodices behalten bzw. ausprägen konnten. Vielmehr ist davon auszugehen, dass ebenso wie bei dem territorialen Zugehörigkeitsgefühl (regionaler oder territorialstaatlicher Patriotismus und Nationalbewusstsein) mehrere Identitäten koexistierten und je nach situativem Anlass mal die eine, mal die andere Loyalität im Vordergrund stehen konnte. Auch Arndt selbst appellierte, wenn es dem Gesamtziel dienlich schien, durchaus an das Ehrempfinden eines Territorialfürsten. Wenn er 1807 die Österreicher mahnt, „versitzt nicht den einzigen Augenblick, der den Thron der Habsburge [sic] und die Ehre des Vaterlandes wieder aufrichten könnte“[94], so ist zumindest unklar, ob mit „Vaterland“ in diesem Fall Österreich oder Deutschland gemeint ist. Gerade auch bei Preußen, das in den Zeiten der Befreiungskriege eine Vorreiterrolle übernahm, waren die Grenzen zwischen einer territorialstaatlichen Verbundenheit und nationaler Euphorie fließend. So hatte sich nach dem Urteil von Arndt der Freiherr vom Stein nur deshalb für den preußischen Dienst gewinnen lassen, weil durch preußische Politik „der deutsche Name wieder über alle Welt hinausklang“ und er in „Preußens Erhebung und Vergrößerung nur die künftige Größe und Stärke des deutschen Vaterlandes“ sah.[95]

Arndt zufolge ist die Ehre der Deutschen ein traditionelles Gut, das nicht zuletzt durch vorbildliches Verhalten der Ahnen der Nachkommenschaft treuhänderisch übergeben worden sei. Dabei ist es ein traditionelles Verfahren, Dingen, die es aufzuwerten gilt, eine lange Vorgeschichte anzudichten. So konnte auch nachgewiesen werden, dass jeder Nationalismus danach strebt, den Beginn einer nationalen Bewegung so weit wie möglich in die Vergangenheit zu verlegen.[96] So auch bei Arndt. Der Hinweis auf die „Ehre und Würden der Väter“[97] und die Errungenschaften der Ahnen ist in seinen Liedern zum Topos geworden. So sei es „der Väter Lehre“ gewesen, für die Ehre das Leben zu opfern.[98] Die Bezüge gehen zurück bis zu den antiken Germanen, wenn das „freie, tapfere Teutsgeschlecht“[99] beschworen wird: „Leset Tacitus und Plinius und schämet euch! Eure Väter in den Tierfellen waren viel klügere Männer als ihr.“[100] Als nationale Heilige, deren Hilfe erbeten oder die als unhinterfragte In-

94 „Blick vorwärts“ (1807), in: Werke 10, S. 34-85, S. 75.
95 Werke 8, S. 166.
96 Vgl. Hobsbawm, Eric J. und Ranger, Terence (Hrsg.), *Invention of Tradition*, 15. Auflage, Cambrigde u.a. 2000 (Erstauflage 1983). Ebenso Kallscheuer und Leggewie, Kulturpolitik, S. 114f.
97 U.a. „Was müssen die Deutschen jetzt tun?“, in: Werke 11, S. 177.
98 „Blick vor- und rückwärts“ (1806), in: Werke 10, S. 10.
99 Vgl. „Deutsches Kriegslied“ (1841), in: Werke 4, S. 54. Ebenso in „Ermunterungslieder 4“, in: Werke 3, S. 16. „Teut“ wird diverse Male beschworen; u.a. wird „der Deutsche“ angesprochen als „Sohn vom Teut“, in: „Deutscher Trost“ (1813), in: Werke 3, S. 32.
100 „Letztes Wort an die Deutschen“ (gesprochen im Herbst 1808), in: Werke 10, S. 118-188, S. 179.

stanzen angerufen werden, gelten Hermann der Cherusker, Martin Luther, Ulrich von Hutten, bezeichnenderweise aber auch ein Gustav Adolf.[101] „Komm hernieder“, wird Luther gebeten, „aus deinem hellen Himmel und sieh, was das Volk treibt, das du mit Stolz dein nanntest, (...) und erzähle Hutten nicht davon und Gustav Adolf nicht davon“[102]. Noch wichtiger als Luther jedoch ist Hermann als Gewährsmann für deutsche Größe. Sein Sieg habe das „Schicksal der Welt“[103] entschieden, schließlich habe er die Existenz der Germanen gerettet. Arndt, dessen scharfe Fürstenkritik ihm den Vorwurf eingetragen hatte, eine deutsche Revolution zu propagieren, wies Derartiges strikt von sich, schließlich wolle er mehr als viele andere die Tradition, nämlich: „die alte Freiheit, die alte Tugend, die alte Ehre, die alte Tapferkeit, die alte Treue der Germanen.“[104] Von der langen Vergangenheit scheint es ein kleiner Sprung zu sein in die Ewigkeit. Arndt preist das „hohe Ideal der Ewigkeit“[105], was hinsichtlich des Kollektivs bedeutet: „Wir sind ein unsterbliches Volk in der Geschichte“[106]. Diese Geschichte bleibt allerdings insofern keine Erscheinung der Vergangenheit, als sie zum Maßstab der gegenwärtig Handelnden wird. „Deutsche, vergesset Hermann nicht, flehet die Vorsehung an um einen solchen Mann und Befreier“[107]. Auch der Hinweis: „Vom zehnten bis fünfzehnten Jahrhundert waren wir das mächtigste Volk Europens“[108] [sic] wirkt implizit schon deshalb appellativ, weil er den derzeitigen Zustand als zu überwindenden darstellt: „Sind wir immer so nichtig gewesen, wie jetzt? (...) Nein, wir hatten Fürsten und Männer, die zu Sieg und Ehre führten (...)“.[109] Wenn der Zeitrahmen des deutschen Volkes die Ewigkeit ist, verblasst die Bedeutung des Individuums. „Die kleinen Sorgen und Ängste gehen in dem Großen und Unvergänglichen unter, die Leben, Taten und Leiden der einzelnen werden durch das Ganze mit aufgewogen.“[110] So sind die Einzelnen angehalten, sich in die Regeln einzufügen: „(...) vergesset nicht, was ihr eurem Namen, euren Zeitgenossen, euren Enkeln schuldig seid.“[111] Dies wiederum fordert Aufopferungsbereitschaft, Bereitschaft zu „jedem hohen Opfer.“[112]

Neben der Aufforderung zur Opferbereitschaft hat der wiederholte Verweis auf die ruhmvolle Geschichte des deutschen Volkes die Funktion, die aktuelle Lage umso kontrastreicher davon abheben zu können, was wiederum in einen Handlungsappell mündet: „Höre du Volk, dessen Väter ich geliebt habe, dessen Land ich geheiligt habe (...). Was willst du länger trägen Sinnes sein und nicht gedenken, wer deine Väter gewesen?“[113] So solle vor Ausrücken der Landwehr den Soldaten ausdrücklich vermittelt werden, wie ihr Land zuvor ruhmreich gewesen sei und wie es dies nun wieder werden müsse:[114] „Waget euren Vätern zu gleichen (...)!“[115]

Es ist Preußen, das 1813 dieses „Wagnis“ auf sich nimmt und dafür von Arndt als „Muster der Ehre“[116] gepriesen wird. Schon der Große Kurfürst sei der Ehre besonders verpflichtet

101 „Blick vor- und rückwärts“ (1806), in: Werke 10, S. 26. Zum Schwedenkönig wird dem deutschen Volke, an welches sich Arndt als Adressaten richtet, erklärt, dass er „auch dein Mann und Held war“. Ebd.
102 „Blick vor- und rückwärts“ (1806), in: Werke 10, S. 27.
103 „Friedensrede eines Deutschen“ (gesprochen den 13. Juli 1807), in: Werke 10, S. 85-118, hier S. 94.
104 „Was müssen die Deutschen jetzt tun?“, in: Werke 11, S. 191.
105 Ebd., S. 115. Das „Ewige“ ist einer der Schlüsselbegriffe Arndts, so u.a. auch „alles Heilige und Ewige“, in: Werke 10, S. 133.
106 „Friedensrede eines Deutschen“ (gesprochen den 13. Juli 1807), in: Werke 10, S. 85-118, S. 93. Auch Herrmann selbst sei für die Deutschen keineswegs Vergangenheit: „nein, er ist etwas Ewiges und Wirkliches“. Ebd., S. 95.
107 Ebd.
108 Ebd., S. 96.
109 Ebd.
110 „Letztes Wort an die Deutschen“ (gesprochen im Herbst 1808), in: Werke 10, S. 118-188, S. 128.
111 „Friedensrede eines Deutschen“ (gesprochen den 13. Juli 1807), in: Werke 10, S. 85-118, S. 106.
112 Ebd., S. 115.
113 „Katechismus für den deutschen Kriegs- und Wehrmann“, in: Werke 13, S. 47.
114 „Was bedeutet Landsturm und Landwehr?“ (1813), in: Werke 13, S. 83-99, hier S. 90.
115 „An die Preußen“ (1813), in: Werke 13, S. 81.
116 Ebd.

gewesen: „Das Wirkendste und Unsterbliche, was er hinterließ, war der Geist der Ehre.“[117] Diesem Ehrbewusstsein stand die eigentlich unveräußerliche Ehre der Nation, die Ehre Deutschlands gegenüber, die intakt blieb bis zur Französischen Revolution. „Deutschland“, so Arndt 1808, „war unberührt (...); seine Ehre war noch ungebrochen“[118], auch wenn manch Kaiser mit den „Ehren des Reichs“[119] zuweilen schon leichtfertig gespielt hatte. Diese Ehre wurde durch das Taktieren Friedrich Wilhelm II. im Baseler Frieden aufs Spiel gesetzt:

> „(...) er gab Deutschlands Ehre und Unabhängigkeit durch einen schmachvollen Frieden den Franzosen hin (...). Gehaßt von vielen, um ihrer Ehre hohen Glanz betrogen (...) traten die Preußen zurück. Die Entschädigungen, die sie bei dem letzten Reichsfrieden erhielten, waren zu unbedeutend gegen die Ehre, die sie dafür aufgaben, des Vaterlandes Schiedsrichter und Retter zu sein.“[120]

Nun wird – wieder und immer wieder – ein Bild des Verfalls beschworen. Die Fallhöhe ist immens: von ruhmreicher und ehrenvoller Höhe stürzt Deutschland (und mit ihm Preußen) in finsterste Tiefen. Der Ausweg, den Schiller 1797 aufgezeigt hatte, indem er nach politischem Niedergang des Reiches eine Identifikation über die Kultur der Deutschen für möglich hielt, kommt als Alternative Arndt zufolge nun nicht mehr in Frage.[121] Schließlich ist mit der französischen Besatzung selbst das deutsche Kulturgut in Gefahr, denn Deutschland „völlig zu unterjochen und zu französisieren“ sei das Hauptanliegen des Korsen.[122]

Das Bezeichnende an Arndts Darstellung ist die Inszenierung der politischen Degeneration als Ehrenpunkt. Die Ehre Deutschlands ist verletzt. Da jede Verletzung der Ehre mit dem Totalverlust derselben gleichzusetzen ist, gilt Deutschland nun als ehrlos – was bleibt, ist die Schande, und was folgt, ist Hohn und Verachtung. „In Unehre und Elend liegt das heilige Vaterland, liegt das alte Germanien, das Land der Krieger, der uralte Sitz der Gerechtigkeit und Freiheit, erniedrigt und geschändet (...).“[123] Es ist unmöglich, all jene Textstellen zusammenzutragen, mit denen Arndt den Ehrverlust ausschmückt. Kaum ein Lied, kein Flugblatt ohne diese Dramatik. Einzelne Texte sind geradezu überbordend mit Begriffen aus dem Wortfeld „Schande“ befrachtet, worunter „Hohn“, „Schmach“, „Schimpf“, „Erniedrigung“ sowie die entsprechenden Verbformen („geschändet“, „erniedrigt“ etc.) einen prominenten Platz einnehmen.[124]

Wer Deutschland das angetan hatte, bleibt keinem Zweifel überlassen: Es war Napoleon, der über „eure Ehre dahin [zog], wie der giftige Bauch der Boaschlange verwüstend und verpestend über ein fruchtbares Gefilde zieht.“[125]

Gleichgültig kann das niemanden lassen, schließlich sind dadurch – und hier wird die Sakralisierung der Nation mit dem Ehrdiskurs verknüpft – die „heiligste Werte“ in Gefahr. Es geht in dem Kampf, zu dem Arndt aufruft, um „das Heiligste und Ehrwürdigste“, und bei der näheren Spezifizierung nennt er – lange noch vor Eltern, Kindern und Frauen – als Erstes

117 Werke 9, S. 153.
118 „Letztes Wort an die Deutschen“ (gesprochen im Herbst 1808), in: Werke 10, S. 118-188, hier S. 167.
119 Werke 12, S. 20.
120 Werke 9, S. 165.
121 Schiller 1797: „Deutsches Reich und deutsche Nation sind zweierlei Dinge. Die Majestät des Deutschen ruhte nie auf dem Haupt seines Fürsten. Abgesondert von dem politischen hat der Deutsche sich einen eigenen Wert gegründet, und wenn auch das Imperium unterginge, so bliebe die deutsche Würde unangefochten. Sie ist eine sittliche Größe, sie wohnt in der Kultur und im Charakter der Nation, die von ihren politischen Schicksalen unabhängig ist.“ Vgl. Schiller, Friedrich, Deutsche Größe, in: ders.: *Sämtliche Werke*, hrsg. v. G. Fricke und H.G. Göpfert. Bd. 1, 7. Auflage Darmstadt, S. 473-478, hier S. 473f.
122 „Blick vorwärts“ (1807), in: Werke 10, S. 67.
123 „Katechismus für den deutschen Kriegs- und Wehrmann“ (1813), in: Werke 13, S. 71.
124 Vgl. beispielhaft „Blick vor- und rückwärts“ (1806 im September), in: Werke 10, S. 6-33. Hier sind all die oben erwähnten Termini, z.T. mehrfach genannt, zu finden.
125 „An die Preußen“, in: Werke 13, S. 77.

„die Ehre“.[126] Wer annimmt, der Ehrenkodex sei eine säkulare Angelegenheit und womöglich mit dem christlichen Demutsgebot unvereinbar, wird von Arndt eines Besseren belehrt, denn „Gott will Stolz und Ehre (...); für sie soll jedermann freudig jeden Augenblick Gut und Blut einsetzen“[127]! Um genau zu letzterem zu motivieren, zieht Arndt alle Register: Es gehe nicht allein um die Werte allerhöchster Wichtigkeit, es stünde zudem eine Entscheidung an, die keineswegs später zu revidieren sei, denn es gehe „um ewige Ehre und ewige Schmach“.[128]

In diesem Entscheidungskampf war jeder Einzelne gefragt. Hier setzte nun die zweite Ebene an, die Ehre des Einzelnen. Wer „ehrenhaft“ und damit ein „Ehrenmann“ sei, erläutert Arndt an diversen Stellen. Einerseits geht es dabei um die Einhaltung eines Tugendkatalogs, der dem Deutschen insofern offenbar nicht allzu viel auferlegte, als die Eigenschaften, die eingefordert werden, eben „typisch deutsche“ Merkmale seien: Das deutsche Volk sei von Natur aus „ruhig, treu, redlich“, „still, mäßig, gerecht“[129]. So fragt Arndt 1813 „Wem gebührt der höchste Preis?“ und antwortet: dem der „immer wahr und immer ächt/geht der Ehre festen Gang,/Der demüthig und bescheiden/Alles kann um Tugend leiden“.[130] Dies wären Attribute einer „inneren Ehre“, wenn man die nicht unproblematische Differenzierung zwischen „innerer“ und „äußerer“ Ehre zu Grunde legen will. Eine solche Differenzierung ist deshalb fragwürdig, weil die Ehre per se eigentlich etwas ist, was von außen zugeschrieben wird. Dann aber ist die öffentliche Wahrnehmung die Voraussetzung für die Würdigung.[131] Arndt schafft mit seiner Publizität ein öffentliches Forum, in dem über den obigen Tugendkatalog hinaus ein neuer Maßstab für „Ehrenhaftigkeit“ angelegt wird: Es geht um vaterländisches Verhalten. Der Einzelne ist dann ein ehrenhafter Mann (Frauen sind bei dieser Argumentationsstruktur ausgeschlossen), wenn er sich für die Ehre des Vaterlandes engagiert. Damit ist die Verbindung zwischen der Ehre des Vaterlandes und der Ehre des Einzelnen hergestellt: „(...) so wisset“, wendet sich Arndt an die Fürsten, „es gibt kein Glück ohne Ehre; ihr Verlust, ihre Verachtung verdirbt den einzelnen Mann und das ganze Volk“[132]. „Wer aber sein Vaterland über alles liebt, wessen Herz für Freiheit und Ehre brennt“, so erläutert Arndt im Soldatenkatechismus, „(...) der trägt wohl einen Kranz schöner Tugenden und mag ein biederer und ehrenfester Mann genannt werden“.[133]

Andererseits werden diejenigen Deutschen verunglimpft, die sich Napoleon angedient hatten: „Haben sie nicht ihre Ehre und die heiligere und unverletzlichere Ehre ihrer Väter befleckt?“[134] Entsprechend dem von Arndt geknüpften Zusammenhang von Sakralem, Nationalem und Ehrenfragen, sind derartige Vergehen an der Nation „Sünden“[135], und wer sich der-

126 „Und wofür wird gestritten werden in dem großen Kampfe? Für das Heiligste und Ehrwürdigste: für die Ehre, die Freiheit, die Gerechtigkeit, für die Wissenschaft und für die Kunst, für jede schönste Tugend und jedes höchste Gut des menschlichen Geschlechts (...), für das Liebste und Teuerste; für die Eltern und Kinder, für die Weiber und für die Bräute (...); in ebd., S. 82.

127 „Was bedeutet Landsturm und Landwehr?“, in: Werke 13, S. 88.

128 „Blick vorwärts“ (1807), in: Werke 10, S. 83.

129 „Das preußische Volk und Heer im Jahre 1813, in: Werke 13, S. 116-145, S. 143. „Der Rhein“, in: Werke 13, S.171

130 „Der Waffenschmidt der teutschen Freiheit (1813), in: Arndt, Lob, S. 21.

131 In seinem Standardaufsatz zur Ehre vertritt Friedrich Zunkel die Auffassung, seit der Aufklärung habe sich ein „verinnerlichter“ Ehrbegriff durchgesetzt. Vgl. Zunkel, Friedrich, *Ehre, Reputation*, in: *Geschichtliche Grundbegriffe*. Historisches Lexikon zur politisch-sozialen Sprache in Deutschland. Hrsg. von Otto Brunner, Werner Conze, Reinhart Koselleck, Bd. 2, Stuttgart 1975, S. 1-63, S. 23f. Die „innere“ von „äußerer“ Ehre zu unterscheiden, wurde zudem in der Hispanistik üblich. Nach Harald Weinrich kann es jedoch im engeren Sinne keine „innere Ehre“ geben, da mit dem Verzicht auf Billigung durch andere die Ehre aufhören würde, Ehre zu sein. „Sie ist nun etwas ganz anderes: Gewissen oder Anständigkeit oder Stolz.“ Vgl. Weinrich, Harald, *Mythologie der Ehre*, in: Fuhrmann, Manfred (Hrsg.), *Terror und Spiel*. Probleme der Mythenrezeption, München 1971, S. 341-356, hier S. 355.

132 „Blick vor- und rückwärts“, in: Werke 10, S. 30.

133 „Kurzer Katechismus für deutsche Soldaten“, in: Werke 13, S. 70.

134 „Zwei Worte über die Entstehung und Bestimmung der deutschen Legion“ (1813), in: Werke 13, S. 111.

135 „Blick vorwärts“, in: Werke 10, S. 48; „Letztes Wort an die Deutschen“, in: Werke 10, S. 157.

gleichen zu Schulden kommen lässt, ist ein „Sünder“[136]. Sind es zunächst die Fürsten der Rheinbundstaaten und die deutschen Söldner im französischen Heer, die „Sklaven, die Knechtschaft leiden“[137], die „die Ehre unserer Väter erniedrigt“[138] haben, über welche ein Trommelfeuer der Ehranwürfe herniedergeht, ist bald, insbesondere seit 1813, jeder Mann in Gefahr, dass ihm Ehre und Männlichkeit abgesprochen wird: „Wer säße mit Weibern am Herde dann?/Das kann kein Mann./In die Schlacht, in die Schlacht hinaus!“[139]

Dass aber, wer sich nur aus der Deckung begibt, um am antinapoleonischen Streitzug teilzuhaben, Ehren davonträgt, birgt eine nicht zu verachtende Attraktivität. Schließlich war die Ehre, die es nach Beleidigungen in Kampfhandlungen zu verteidigen galt, bisher eigentlich ein Vorrecht des Adels, des „waffentragenden Standes.“ Nun aber sollen alle, ungeachtet der sozialen Herkunft, an diesem höchsten Attribut teilhaben können, „denn in solchem Kriege ist der kleinste Mann so wohlgefällig und ehrwürdig als der größte.“[140] Insofern impliziert die Aufforderung zum Kampf im Namen der Ehre durchaus ein (pseudo-)demokratisches Angebot.[141] Dies befindet sich auf einer Linie mit zahlreichen Äußerungen Arndts, in denen er rigoros eine Abkehr vom Geburtsadel zu Gunsten einer Gesellschaft fordert, die sich allein auf das Effizienz- und Leistungskriterium gründet.[142]

Diese neue Teilhabe an der Ehre des Kriegsmannes hat jedoch ihren Preis. Es gilt, sich einzulassen auf die Spielregeln des Ehrenkodex. Die Kehrseite des neuen Rechtes ist die Pflicht. Nicht zufällig sind „Ehre und Pflicht“ zwei häufig gemeinsam benannte Termini. Und die Pflicht eines Ehrenmannes ist es vor allem, die eigene Ehre ebenso wie diejenige der ihm Anvertrauten über alles andere im Leben zu stellen, anzuerkennen, „daß es tausend Dinge gibt, die besser sind als das Leben (...) Wer nicht sterben kann, wann Pflicht und Ehre ihn rufen, der ist der größte Realist, weil er an die ewige Herrlichkeit des Menschengeschlechts keinen Glauben hat.“[143] Dass „Realismus“ bei Arndt keine positiven Assoziationen auslöst, bedarf keiner weiteren Hinweise. „Realismus“ hätte womöglich einen anderen Blickwinkel auf den Krieg und vor allem seine Schattenseiten ermöglicht, die Arndt durchaus hat wahrnehmen können. So berichtete er in seinen autobiografischen Schriften spürbar erschüttert und angewidert von Leichenbergen in Wilna und Leipzig und dem elenden Krepieren an Kriegsverletzungen und Infektionen.[144] Einfluss auf seine Kriegslyrik hatten diese Eindrücke nicht, seine Lobpreisungen des Heldentodes bleiben aseptisch. Diesen bereitwillig in Kauf zu nehmen, dazu jedenfalls – und das ist das der zentrale Mechanismus des Ehrdiskurses – ist der Einzelne,

136 „Letztes Wort an die Deutschen“, in: Werke 10, S. 161.
137 „Das Lied vom Grafen Chasot“ (1813), in: Arndt Lob 1815, S. 16.
138 „Was müssen die Deutschen jetzt tun?“, in: Werke 11, S. 175.
139 „Frischauf“ (1807), in: Lieder 1913, S. 51.
140 „Was bedeutet Landsturm und Landwehr?“, in: Werke 13, S. 90.
141 Insofern ist Walter Pape eben nicht zu folgen, wenn er zu dem Schluss kommt, „daß die ‚emanzipatorischen Tendenzen‘ des neuen Nationalismus in der Agitationsliteratur der Gebildeten keine, aber auch gar keine Rolle spielten.“ In: Pape, „Männerglück“, S. 125. Es ist im Übrigen dieser emanzipatorische Aspekt, der aus der antidynastischen Polemik von Arndt hervorging, dieser kleine Ausschnitt aus dem Arndt´schen Denkgefüge, an dem es der DDR möglich war, anzuknüpfen und über Jahrzehnte einen regelrechten Arndtkult zu pflegen. Arndt wurde als Verfechter eines revolutionären Aufstandes in die Entwicklungsreihe des Historischen Materialismus eingefügt, die vom Bauernkrieg bis zur sozialistischen Gesellschaft der DDR reichte. Vgl. *Ernst Moritz Arndt 1769-1969*. Katalog der Ausstellung der Ernst-Moritz-Arndt-Universität Greifswald zum 200. Geburtstag Ernst Moritz Arndts, hrsg. von Werner Scheler, Putbus auf Rügen 1969, S. 3. Allgemein zum Bild der Befreiungskriege in der DDR-Historiographie vgl. u.a. Schäfer, Karl Heinz, Die Freiheitskriege in der Sicht der marxistischen Geschichtsschreibung der DDR, in: GWU 21 (1970), S. 2-21.
142 „Es ist Zeit, daß das Geburtsrecht verrufen werde und das Naturrecht herrsche, weil die Welt sonst untergeht. (...) Jedes Große und Tapfere, wo es sich findet, muß aus dem Volke frei ausgehen und den geradesten und geschwindesten Weg zu seiner Herrlichkeit laufen dürfen (...) Ich sage, die Aristokratie der Geburt ist veraltet, sie ist ein Verbrechen an dem Zeitalter (...)“, in: Siebenter Brief an den Grafen Kurt Philipp Schwerin, in: Arndt-Schriften, S. 151-157, hier S. 156.
143 „Letztes Wort an die Deutschen“, in: Werke 10, S. 126.
144 Vgl. „Erinnerungen aus dem äußeren Leben“, in: Werke 7, S. 155-159, 168.

der Anteil an der Ehre der Nation haben, der selbst „ehrenhaft“ sein und bleiben möchte, verpflichtet, ja geradezu gezwungen. „Also Volkskrieg muß sein, Landwehr und Landsturm muß aufgeboten und gerüstet werden. Dies ist allen deutschen Männern Ehre und Pflicht.“[145]

Zwei Elemente sollen es dem Mann erleichtern, dieser Pflicht nachzukommen. Erstens: Der Krieg der Kollektive wird rhetorisch verbrämt als Kampf von Mann zu Mann, als Ehrenkampf – als „sauberes“ Duell. Als Duellant zu sterben, waren viele, selbst Bürgerliche bereit, auch wenn sie sonst keineswegs lebensmüde waren.[146] Arndt höchstpersönlich hatte sich 1806 lebensgefährliche Verletzungen zugezogen bei einem Duell, zu dem er einen schwedischen Offizier gefordert hatte, nachdem dieser Arndts deutsches Vaterland beleidigt hatte. Kaum genesen, floh Arndt vor den heranrückenden Franzosen nach Schweden mit der Begründung, keine Lust gehabt zu haben, sich „wie einen tollen Hund von den Welschen totschießen zu lassen“.[147] „Realistisch“ betrachtet wären beide Todesarten im Endeffekt auf dasselbe, nämlich den Exitus, hinausgelaufen. Die über den Ehrdiskurs erfolgte Sinnzuschreibung lässt jedoch die eine Form des Ablebens als akzeptabel, die andere als verabscheuens- und vermeidenswert erscheinen. Wie sehr das Duell, das bei seiner Kriegskonstruktion Pate stand, in der Alltagswelt Arndts präsent war, lässt sich zuweilen zwischen den Zeilen herauslesen. So wird Arndt 1812 in St. Petersburg der Rußland bereisenden Madame de Staël vorgestellt als ein „einmal im Zweikampf Verwundete[r] und Niedergeschossene[r]“.[148] Die Französin sollte die tragische Seite des Duells insofern kennen lernen, als ihrem ältesten Sohn 1813 – wie Arndt ungerührt berichtet – bei einer solchen Begegnung der Kopf vom Rumpf getrennt wurde. Das gleiche Schicksal war auch dem Duellgegner des älteren Grafen von Chasot widerfahren, dessen Sohn seinerseits einen Duellgegner erschossen hatte.[149] Gerade die Beiläufigkeit, mit der Arndt dergleichen erwähnt, könnte darauf schließen lassen, dass weniger drastische Duelle eine geradezu alltägliche Erscheinung waren.

Wie die durch französische Demütigungen beschmutzte Ehre des Vaterlandes von der Schmach und Schande wieder „reinzuwaschen“ sei, legt allein die Verwendung der Begrifflichkeit aus dem Ehrenhändel nahe. Es gilt mit dem „Degen“[150] eine Schmach „abzuwaschen“, es gilt einen Ehrenkampf „auszufechten“, in dem man sterben, aber niemals erliegen könne.[151]

Ein zweites Element sollte die Hemmschwelle der Bevölkerung senken, sich am Krieg zu beteiligen: Die allgemeine Aufwertung der Soldatentätigkeit, wozu die indirekte Gleichsetzung des Soldaten mit dem Ehrenmann und des Krieges mit dem Duell nicht unerheblich beitrug.[152] Das Bild vom verachteten Söldner des 18. Jahrhunderts wurde verabschiedet, um dem des nationalen Helden, des „Bürgers als Nationalstreiter“[153] Platz zu machen. Galt der Soldatenstand vormals als „Abschaum“[154], verkündete Arndt nunmehr: „Dies ist ein heiliger und hoher Beruf“[155]. Die „Zwangspflicht“ wurde umdefiniert zur „Ehrenpflicht“.[156] Arndt machte selbst keinen Hehl daraus, dass eine solche Stilisierung quasi als „Lockmittel“ dazu beitragen sollte, das militärische Potenzial des preußischen Heeres zu stärken. Den Katechismus habe er ge-

145 „Was bedeutet Landsturm und Landwehr“, in: Werke 13, S. 88.
146 Vgl. Frevert, Ute, *Ehrenmänner. Das Duell in der bürgerlichen Gesellschaft*, München 1991.
147 „Erinnerungen aus dem äußeren Leben“, in: Werke 7, S. 90f.
148 „Meine Wanderungen und Wandelungen mit dem Reichsfreiherrn Heinrich Karl Friedrich vom Stein“, in: Werke 8, S. 46.
149 „Erinnerungen aus dem äußeren Leben“, in: Werke 7, S. 152.
150 „Was gegen euch den Degen zieht (...)“, in: „Deutschlands Kriegslied“, in: Werke 4, S. 54. Ebenso „Du tapferer Degen“, in: „Das Lied vom Feldmarschall (1813), in: Werke 3, S. 82.
151 Vgl. „Kurzer Katechismus“, in: Werke 13, S. 72.
152 Siehe die Studie von Latzel zum Einstellungswandel gegenüber Krieg und Tod von 1756-1815, Latzel, „Schlachtbank“, v.a. S. 82.
153 Vgl. Hagemann, Mannlicher Muth, S. 33.
154 Latzel, „Schlachtbank“, S. 81.
155 „Kurzer Katechismus“, in: Werke 13, S. 62.
156 Hagemann, Mannlicher Muth, S. 85.

schrieben, verkündet er in demselben freimütig, „auf daß alle deutschen Soldaten sich durch den hohen Reiz der Ehre und Tugend locken lassen."[157]
Ehrgefühl und Nationalstolz erwecken wollte Arndt jedoch nicht nur um der Schlachtenerfolge willen. Der Krieg war ihm allenfalls Mittel zum höheren Zweck, der sich nicht auf eine Befreiung vom französischen Joch beschränkte, sondern sich vor allem auf die deutsche politische Einheit bezog. Noch über der gemeinsamen Sprache, dem „Band aller Bande"[158], sieht Arndt im Nationalstolz den meistgeeigneten Kitt, um alle Deutschen zusammenzuschließen, wozu es seines Erachtens zwangsläufig schon hätte kommen müssen, wenn die französische Geschichte anders verlaufen wäre:

> „Man fing an, auf den Namen Deutscher, auf deutsche Kunst und Sitte stolz zu werden, und dieser Stolz hätte gewiß ein heiliges, unsichtbares Band um das ganze Volk geschlungen und es endlich zur Einheit der Gesinnung zusammengezogen, wäre nicht die französische Revolution dazwischen gekommen."[159]

Es ist diese von Arndt so ersehnte deutsche Einheit, um die es ihm zu tun ist. Immer wieder klagt er den territorialstaatlichen Separatismus an und beschwört Bayern, Sachsen, Preußen und Österreicher „ein Land, ein Volk, ein Herz, ein Heer"[160] zu sein. „Auf, deutsche Menschen (...)! Fühlet die große, zu lange vergessene Brüderschaft, fühlet die heiligen und unzerreißlichen Bande desselben Blutes, derselben Sprache, derselben Sitten und Weisen".[161] „Als echte deutsche Brüder/Haun wir die Räuber nieder,/Die unsre Ehr´ zerreißen"[162]. Hierin ist eine Ambivalenz von großer Tragweite angelegt: Die Integration der Deutschen erfolgt nicht nur durch Konfliktbeilegung unter den Gruppenmitgliedern, sondern vor allem durch den vehementen Ausschluss der „Out-Group". Der an die „In-Group" gerichtete Appell, alle Feindseligkeiten, „Haß und Neid" zu begraben und fortan in „Liebe und Treue"[163] zueinander zu stehen, fruchtet umso besser, als alle negativen Gefühle nun nach außen gekehrt und Hassgefühle auf Außenstehende umgelenkt werden. „Liebe, allgemeine Liebe gegen uns selbst, ewiger Haß gegen die listigen Fremden erwachse!"[164] Es waren in erster Linie die Franzosen, gegen welche Arndt den Hass regelrecht aufpeitschte.[165] Wahrscheinlich ging er davon aus, dass der sonst zivilisierte Bürger nur mit einer solchen emotionalen Disposition die humanitären Hemmschwellen überwinden könnte, um sich auf das einzulassen, was Arndt forderte: „Hin-

157 „Kurzer Katechismus", in: Werke 13, S. 70. Er widmet der „Soldatenehre" in seinem Katechismus Ausführungen in mehreren Kapiteln, in denen er gegen die ältere Meinung, die Soldatenehre sei von der des Bürgers zu unterscheiden, Stellung bezieht und als „wahre Soldatenehre" bezeichnet, „daß der Soldat ein edler Mensch und treuer Bürger seines Vaterlandes ist und alles tut, was diesem Vaterlande und seinem geliebten Volke Ehre, Freiheit, Preis und Lob bringt daheim und in der Fremde; daß er, wann Fremde andringen und sein Land beschimpfen oder unterjochen wollen, freudig bereit ist, seinen letzten Blutstropfen zu verspritzen, und keine andere Stimme hört als die: Das Vaterland ist in Gefahr." In: „Kurzer Katechismus", in: Werke 13, S. 39.

158 „Zwei Worte über die Entstehung und Bestimmung der deutschen Legion" (1813), in: Werke 13, S. 107.

159 „Letztes Wort an die Deutschen", in: Werke 10, S. 165.

160 „Der Freudenklang" (1813), in: Werke 3, S. 68. Vgl. ebenso die rhetorischen Fragen zum Vaterland in „Des Deutschen Vaterland": „Ist´s Preußenland? Ist´s Schwabenland?", „Ist´s Bayerland? Ist´s Steierland?" sowie die Arndt´sche Antwort: „O nein, nein, nein! Sein Vaterland muß größer sein", „Das ganze Deutschland soll es sein!" In: Werke 3, S. 25f.

161 „Was müssen die Deutschen jetzt tun?", in: Werke 11, S. 186.

162 Ebd.

163 Ebd., S. 186.

164 „Blick vorwärts", in: Werke 10, S. 83.

165 Gegenüber den Russen konnte Arndt schon deshalb keinen Hass predigen, weil die Deutschen deren Beistand im Kriege benötigten. Eine gewisse Überheblichkeit, die sich bei anderer militärischer Konstellation zu Schlimmerem hätte auswachsen können, lässt sich jedoch auch in den Texten nachweisen, wenn Arndt selbstgefällig darauf hinweist, dass es die Deutschen „vor allen anderen europäischen Völkern [sind], welche das russische Volk zur europäischen Bildung mit emporgehoben und aus dem Groben gearbeitet haben." In: „Erinnerungen aus dem äußeren Leben", in: Werke 7, S. 193.

ein! Und färbt die Schwerter rot!/Die Rosseshufen rot!/Schlagt alle Franzen mausetot! Schlagt alle Buben tot"[166].

Hass, Krieg, Ehre und Einheit der Deutschen verschmolzen bei Arndt zu einem untrennbaren Konglomerat:

> „Aber, deutsches Volk, damit dieser glückselige Haß werde und bleibe, dazu bedarfst du Krieg, heißen, blutigen gemeinsamen Krieg aller Deutschen gegen die Überzieher. Nur ihr Blut kann die Schande abwaschen, die euch befleckt; nur Blut kann die Ehre erwecken, die euch unterging; nur in einem solchen gemeinsamen Kriege können durch verbrüderten Stolz und Mut die Bande wieder geknüpft werden, die von Jahrzehnt zu Jahrzehnt mehr gelöst und in unsern Tagen endlich völlig zerrissen wurden; nur in einem solchen Kriege (...) könnet ihr lernen, wie hoch deutscher Geist, deutsche Tugend und deutscher Mut über welschen Tand und Lug und Trug emporfliegen kann."[167]

Wie auf einer Waage scheint die Größe Deutschlands nur emporsteigen zu können, wenn Frankreich in die Tiefe sinkt. Und so werden die Franzosen von Arndt mit allerlei Schmutz beworfen: Von „treulosen und verbrecherischen Bösewichtern"[168], „Banditen", „Affen"[169], „Franzosenungeziefer"[170], „Satansgespann"[171], „Satansnest"[172] und „teuflische[r] Brut"[173] ist die Rede. Napoleon wird zum „Gaukler und Taschendieb"[174], „Franzosenwicht" und „Ehrendieb"[175] erklärt und – mit ehrenrührigen Anspielungen auf seine Körpergröße – als „Männlein"[176], als kleiner „aufgedunsener Orientale"[177] verspottet. Er sei „ein Ungeheuer mit so enger Seele, gefleckt mit tausend Lastern, die keine einzige Tugend erlöst, (...) ein solches Ungeheuer ohne Heldensinn, ohne Menschlichkeit, ein Tugendfeind, ein Freiheitshasser, ein Lügner"[178] und habe eine „enge, treulose, geizige, blutige Seele" und für seine Ziele „gezettelt, betrogen, gelogen und gemordet."[179] Sind die deutschen Attribute treu und aufrichtig, so ist der Franzose treulos und verlogen, von Wollust und Geiz sowie anderen niederen Motiven getrieben, welche ihn das wehrlose Nachbarland überfallen ließen.[180]

Der höhere moralische Wert der Deutschen sei von der Natur nun einmal vorgegeben, schließlich lag von jeher „der Keim des Großen und Guten im germanischen Volke, wie in einigen Völkerschaften der Keim des Gemeinen und Schlechten liegt."[181] „Ein eitles, schlechtes Volk"[182] seien eben die Franzosen. Diese völkischen Anklänge mündeten hinsichtlich Deutschlands in den Superlativ des „edelsten, größten Volks in der neuen Geschichte"[183] und

166 „Zuversicht auf Gott" (1813), in: Lieder 1913, S. 32.
167 „Was müssen die Deutschen jetzt tun?", in: Werke 11, S. 181.
168 „Was bedeutet Landsturm und Landwehr", in: Werke 13, S. 96.
169 „Blick vor- und rückwärts", in: Werke 10, S. 27.
170 „Letztes Wort an die Deutschen", in: Werke 10, S. 188.
171 „Ein Traum" (1842), in: Werke 4, S. 56.
172 „An den Teutschen" (1812), in: Lieder 1913, S. 45.
173 „Marsch" (1812), in: Werke 2, S. 149.
174 „Blick vorwärts", in: Werke 10, S. 35.
175 „An den Teutschen" (1812), in: Lieder 1913, S. 40.
176 „Heran, du hüpfender Franzos! Du Männlein voller Tand! Du Länderdieb, du Ohnehos! Heut gilt´s das Vaterland", in: „Ein anderes" (1807), in: Arndt, Lieder, S. 10.
177 „Blick vorwärts", in: Werke 10, S. 25.
178 Arndt-Schriften, S. 72.
179 Ebd., S. 23f. Zur Dämonisierung Napoleons in der Publizistik, v.a. auch der Karikatur, der Befreiungskriege vgl. auch Pelzer, Erich, Die Wiedergeburt Deutschlands 1813 und die Dämonisierung Napoleons, in: Krumeich und Lehmann, „Gott mit uns", S. 135-156, v.a. S. 147ff. Ebenso Wülfing, Wulf, „Heiland" und „Höllensohn". Zum Napoleons-Mythos im Deutschland des 19. Jahrhunderts, in: Berding, Helmut (Hrsg.), *Mythos und Nation*, Frankfurt/M. 1996, S. 163-184.
180 „Wo Worte der Treue der Deutsche spricht,/Da wohne französische Lüge nicht.", in: „Gottes Gericht" (1813), in: Werke 3, S. 73.
181 „Friedensrede eines Deutschen", in: Werke 10, S. 98.
182 „Gebet 1810", in: Werke 2, S. 97.
183 So äußerte Arndt sich noch 1858, vgl. „Meine Wanderungen und Wandelungen", in: Werke 8, S. 201.

in eine nicht nur geographisch zu verstehende Nabelschau: „Wir sind der Nabel der europäischen Erde, der Mittelpunkt des Norden und des Südens."[184]

Dabei geraten nicht nur die Franzosen ins Abseits. Die großen Beschwörungen brüderlichen Zusammenstehens der Deutschen verdecken, dass zur ehrwürdigen nationalen Gemeinschaft offenbar nur diejenigen Deutschen zählen, die sich auf die hier vorgegebenen Spielregeln einlassen. Wer nicht bereit ist, das Vaterland – mit allen Konsequenzen – an die höchste Stelle der Werteskala zu rücken, „ist nicht werth, daß er unter ihm lebe, und muß als ein Bube oder Weichling aus ihm ausgestoßen oder vertilgt werden."[185] Was sich Arndt unter „ausgestoßen" und „vertilgt" konkret vorgestellt hat, bleibt völlig unklar. Eine ungebrochene Kontinuitätslinie von hier zum Holocaust zu entwerfen liegt nahe, wäre aber fraglos absurd. Dennoch kommt man nicht umhin einzuräumen, dass Arndt hier Denkschemata präsentiert, die späterer Pervertierung offen standen.

Zwei weitere Gruppen spielen neben den patriotisch „Unzuverlässigen" in der von Arndt konstruierten nationalen Gemeinschaft eigentlich keine Rolle: Die Frauen und die Juden. Im nationalen Diskurs, in den Kriegsliedern und Flugschriften, werden Frauen allenfalls dann erwähnt, wenn die Beschützerinstinkte des Kriegers geweckt werden sollen. Arndt trägt damit zur Lancierung eines typischen Rollenverständnisses hinsichtlich der Aufgabenverteilung zwischen Mann und Frau im Verband der Nation bei.[186] Der Antijudaismus Arndts manifestiert sich in beiläufigen Kommentaren in den ausführlicheren Prosatexten, wie in dem kurzen Hinweis zu den „unruhigen, neugierigen und alles betastenden und umwühlenden Hebräern"[187] in Deutschland oder der Gefahr, dass die Deutschen zum „schnatternden Judensinn erniedrigt" und womöglich „fast in Allerweltjuden verwandelt"[188] werden könnten.

Die Selbststilisierung des nationalen Kollektivs in Abgrenzung vom Anderen, die fließend zur nationalen Überheblichkeit und Abwertung des Anderen übergeht, gehören offenbar derart konstitutiv zum Nationalismus, dass eine Trennung in Nationalismen, die einem „humanen", also „guten", Ansatz zugehören und jenen, die einen „integralen", „chauvinistischen" also „schlechten" Nationalismus repräsentieren, überaus fragwürdig scheint.[189] Schon der deutsche Frühnationalismus, wie er bei Arndt vertreten und propagiert wird, ist unverkennbar mit Xenophobie kontaminiert.

Charakteristisch für die von Arndt evozierten Bilder und vorgetragenen Argumente ist, dass sie voll von Widersprüchen sind. Wer an Gefühle appelliert, Hass, Liebe und das so sensible Ehrempfinden anspricht, scheint es mit Logik nicht allzu genau nehmen zu müssen. Bei

184 „Friedensrede eines Deutschen", in: Werke 10, S. 88. Zur Germanomanie im Frühnationalismus vgl. auch Stamm-Kuhlmann, Thomas, Humanitätsidee und Überwertigkeitswahn in der Entstehungsphase des deutschen Nationalismus, in: HISTORISCHE MITTEILUNGEN 4 (1991), Heft 2, S. 161-171.

185 „Was bedeutet Landsturm und Landwehr", in: Werke 13, S. 16.

186 Zur Etablierung der Geschlechterordnung vgl. Hagemann, Nation. Dass aber auch den Frauen eine Aufgabe im Kriege zugewiesen wurde, geht aus der Schrift „Das preußische Volk und Heer im Jahre 1813" hervor. Hier wird „das zartere Geschlecht" gelobt, „durch stille Gebete, brünstige Ermahnungen, fromme Arbeiten, menschliche Sorgen und Mühen für die Ausziehenden, Kranken und Verwundeten" gesorgt zu haben. In: Werke 13, S. 132.

187 „Erinnerungen aus dem äußeren Leben", in: Werke 7, S. 118.

188 „Was müssen die Deutschen jetzt tun?", in: Werke 11, S. 169.

189 So unterschied der amerikanische Historiker Carlton J.H. Hayes in einer ersten Typologie des Nationalismus zwischen einem humanitären, jakobinischen, traditionalen, liberalen und integralen Nationalismus. Vgl. Hayes, Carlton J.H., *The Historical Evolution of Modern Nationalism*, New York 1931. Auch dem dichotomischen Konzept von Hans Kohn, der ein subjektiv-politisches von einem objektiv-kulturellen Konzept trennt, liegt implizit eine solche Wertung zu Grunde. Kohn, Hans, *Die Idee des Nationalismus*, Frankfurt 1962. Die amerikanische Originalausgabe (The Idea of Nationalism) stammt von 1944. Auch Otto Dann hat noch eine solch positive Sicht auf den Frühnationalismus. Indem sich der Literaturwissenschaftler Weber weitgehend auf Dann stützt, übernimmt er etwas unkritisch diese positive Sichtweise, vgl. Weber, Lyrik, S. 13. Weber bezieht sich auf Danns Veröffentlichung von 1978, vgl. Dann, Otto, Nationalismus und sozialer Wandel in Deutschland 1806-1815, in: ders. (Hrsg.), *Nationalismus und sozialer Wandel*, Hamburg 1978, S. 77-128, S. 118f.

so viel Inkohärenz ist etwas im Argen. Derartige Unstimmigkeiten lassen Verdacht schöpfen und wären das geeignete Feld einer Dekonstruktion, die sich der Aufdeckung von Widersprüchen verpflichtet fühlt, um Scheinargumenten zum Zwecke der Legitimation politischer Forderungen und Handlungen auf die Schliche zu kommen. Das kann hier nicht geleistet werden, doch soll das Spektrum an Widersprüchlichkeiten zumindest kurz umrissen werden.

Es beginnt mit uneinheitlich definierten Termini wie „Vaterland", das einerseits regional, andererseits national definiert wird. Auch die „Ehre" soll keineswegs immer positive Konnotationen auslösen, insbesondere der „Ehrgeiz" ist überwiegend, aber nicht ausschließlich negativ besetzt.[190] Wenig überzeugen zudem Arndts geradezu provozierende scheinlogische Argumente. So wagt er es, mit Anklängen an den neutestamentarischen Korinther-Brief zur Liebe aufzufordern: „Also sollen wir auch lieben, wie er geliebt hat, und tun, wie er getan, und uns hingeben und jede Stunde bereit sein das Letzte zu tun und zu leiden", und daraus unmittelbar die Schlussfolgerung abzuleiten: „Mit fröhlichem Mut in den Krieg!"[191] Für diesen werden die Soldaten angesichts ihres Feindes aufgefordert: „Diesen erschlaget (...), diesen vertilget"[192], von moralischer Schuld jedoch sogleich freigesprochen: „Deutscher Mensch, du bist kein Mörder (...)".[193]

Widersprüchlich sind darüber hinaus auch komplexere Legitimationsstrategien. So kontrastiert die rigorose Verurteilung von Friedrich dem Großen in frühen Texten mit der später hymnischen Verehrung. Ähnlich verhält es sich mit der früh überaus scharf vorgetragenen Polemik gegenüber den Fürsten der deutschen Territorien und dem späteren Entwurf einer vom Adel geführten Nation, der in den Vorschlägen zur Neugründung des „Deutschen Ordens" als Erziehungsanstalt des Adelsnachwuchses gipfelt. Die Ursache solcher Widersprüche ist schnell aufgeklärt: Nachdem Preußen sich an die Spitze der Befreiungsbewegung gestellt hatte und die Kampfesentscheidungen ohne den Einsatz deutscher Fürsten anders verlaufen wären, wurde eine Umwertung der Rolle Friedrichs notwendig. Kam Arndt 1806 noch zu dem Urteil: „Friedrichs Arbeiten haben gewirkt zu unserm Verderben"[194], so ist bald nur noch die Rede vom „großen Friedrich" und den glorreichen Taten des „gewaltigen Friedrich."[195] Nicht nur einzelne Gestalten, sondern die Vorgeschichte der deutschen Nation wird prinzipiell sehr widersprüchlich dargelegt. Wird mehrheitlich ein Bild ungebrochener Herrlichkeit und Glorie der germanischen Vorfahren entfaltet und die Deutschen des 18./19. Jahrhunderts zu unmittelbaren Erben der Germanen stilisiert[196], so klagt Arndt selbst an anderen Stellen über die eigene Strategie: „Wenn die Deutschen über die traurige Gegenwart klagen", so schreibt er im ersten Teil von „Geist der Zeit", „so nehmen sie den Mund so gern voll von der Allmacht und unüberwindlichen Furchtbarkeit und Stärke ihrer Altvordern im Mittelalter. Ich habe mich danach umgesehen, sie aber nirgends so gefunden."[197] Dies passt zu der harschen Kritik an Friedrich II. und anderen königlichen Häuptern in Arndts frühen Texten; parallel mit der Fürstenkritik verschwinden aber auch diese Zweifel an einer ungebrochen glorreichen Vergangenheit des deutschen Volkes in späteren Werken.

Nicht ganz konsequent ist zudem die Übertragung des Ehrenkampf-Modells auf die Kriegssituation durchgehalten. So würde sich ein Ehrenmann nur mit einem prinzipiell

190 Ausnahmsweise positiv wird der „Ehrgeiz", wenn er sich auf Arndt selbst bezieht. Dann wird daraus ein „edler Geiz", vgl. „Letztes Wort an die Deutschen", in: Werke 10, S. 188.
191 „Katechismus für den deutschen Kriegs- und Wehrmann", in: Werke 13, S. 69.
192 Ebd., S. 46.
193 „Was müssen die Deutschen jetzt tun?", in: Werke 10, S. 187.
194 „Geist der Zeit" Teil 1 (1806), in: Werke 9, S. 165.
195 „Blick vorwärts", in: Werke 10, S. 52f. Im selben Text folgt kurz darauf der Anruf: „Wo war der Name Friedrich, wo war die Erinnerung alter Herrlichkeit (...)?", ebd. S. 62.
196 Vgl. „(...) Daß wir Söhne der Germanen sind", in: „Blick vorwärts", in: Werke 10, S. 84; „Germanen, welch ein Name und welch ein Volk", „wir bewohnen das alte Land der Germanen, wir sprechen ihre Sprache." In: „Friedensrede eines Deutschen", in: Werke 10, S. 93f.
197 Werke 9, S. 100.

gleichwertigen Gegner duellieren, während die Polemik gegenüber den Franzosen diese gegenüber den Deutschen als minderwertig abstempelt.[198] Auch setzt ein Zweikampf die strikte Einhaltung vorgegebener Regeln voraus, die jede Heimtücke oder eine Demütigung des Gegners unterbinden. Das regellose Draufhauen, das Arndt der Landwehr empfiehlt, ist damit schwer vereinbar: „alle Kriegskünste, Listen und Hinterlisten [sind] erlaubt", und als Waffen sollen neben Speeren und Flinten auch Keulen und Sensen usw. herhalten.[199] Auch hinsichtlich des Kriegszieles widerspricht sich Arndt. Wird einerseits ein Anspruch auf französisches Terrain vehement von sich gewiesen (man solle „die Franzosen gern behalten lassen was französisch ist"[200]) und der Kampf auf eine Vertreibung der Franzosen aus deutschen Gebieten beschränkt, heißt es andererseits „Nun nach Frankreich! Nun nach Frankreich!"[201], wo die Zerstörung von Paris gefordert wird:

Dann brause teutsche Siegesflut,
Paris an deine Mauern,
Dann lerne, frecher Übermut
Mit Schlangenkünsten lauern.
In Flammen laßt das Satansnest
Der ganzen freien Welt zum Fest
Zerfallen laßt´s in Trümmer!
Sein Tag erstehe nimmer![202]

Inkohärenz zeichnet auch Arndts Stellungnahmen zur Weiblichkeit aus. Wird in seinen Liedern und Flugblättern die Frau als schwach und schutzbedürftig, als Heimchen am Herd suggeriert, das nie als Adressat für Arndts Vaterlandsbeschwörungen auftaucht und folglich in diesem Diskurs keinerlei Rolle zu spielen scheint, ergibt sich aus den Schilderungen von Begegnungen mit einzelnen Frauen doch ein ganz anderes Frauenbild. Anerkennend attestiert er Madame de Staël (auch noch ausgerechnet einer Französin!) Gleichrangigkeit mit dem Freiherrn von Stein. Hätte er ein festes, in sich geschlossenes Frauenbild gehabt (wie es seine frauenfeindliche Lyrik nahe legt), hätte er vermutlich mit mehr Verdruss die Ausnahme von der Regel kommentiert. Stattdessen bereitet ihm der souveräne Auftritt geradezu Vergnügen: „Es war eine Lust, wie die Frau den Stein behandelte, und wie die beiden lebendigsten Menschen (...) sich miteinander karambolierten."[203] „Verstand und Güte", „Glanz des Genius", „Witz und Geist" sind hier die Attribute der Frau. Auch die Gattin des Herzogs von Württemberg, die einstige Prinzessin von Sachsen-Koburg, die Arndt in Rußland kennen lernte, gab Anlass zu ähnlichen Kommentaren: Sie sei von „hohem, deutschen Gemüt", „eine volle Steinin und Deutschin" und trug „das Steinsche Banner des Muts und der Ehre".[204] Schließlich geht er so weit, der Schwester des von ihm sehr verehrten Freiherrn vom Stein zuzugestehen: „Vielleicht hatte sie wirklich mehr Geist als ihr Bruder". „Sie war geistreich, sie war aber auch kenntnisreich und gelehrt und wußte die vaterländische Geschichte und die alten deutschen Ordnungen und Verfassungen nicht bloß auf dem Nagel, sondern im Herzen." Er schätzte diese Frau als etwas Besonderes, sah aber auch Verallgemeinerbares: „Weiber haben mehr Klarheit, ha-

198 Dass Arndt die Voraussetzung der Gleichrangigkeit von Duellgegnern bekannt war, ergibt sich schon aus einer Erzählung zur Deutschen Legion. Dort wird von einem Aufschneider berichtet, der „alle auf die Klinge fordern" wollte. Weil aber die Herkunft des Herausforderers unklar war, kam der Kriegsrat, dem Arndt angehörte, überein, daß man vorerst kein Ehrengefecht mit ihm eingehen könne. Vgl. „Meine Wanderungen und Wandelungen", in: Werke 8, S. 19.

199 „Was bedeutet Landsturm und Landwehr?", in: Werke 13, S. 87.

200 „Der Rhein, Deutschlands Strom, aber nicht Deutschlands Grenze", in: Werke 13, S. 166.

201 „Die Schlacht beim fröhlichen Bunde" (1815), in: Werke 3, S. 103.

202 Arndt, Lieder, S. 44f. In der Ausgabe von Meisner ist nicht mehr explizit von Paris die Rede, sondern es geht um „Babels stolze Mauern", in: Werke 2, S. 116.

203 „Erinnerungen aus dem äußeren Leben", in: Werke 7, S. 146.

204 Ebd., S. 144

ben mehr Besonnenheit und, wenn sie wirklich Geist haben, leicht mehr Bestimmtheit und Spitzigkeit als Männer."[205]

Hier entwickelt Arndt das Bild einer mindestens gleichrangigen, wenn nicht gar geistig überlegenen Frau, die sich durchaus mit dem Mann im Streite messen („karambolieren") und die Kriegsfahne („Banner") tragen kann. Es sieht so aus, als ob die Erlebnisse seiner Alltagswelt, in denen gerade im Adelskreis die Frauen durchaus souverän auftraten, strikt aus seiner nationalen Propaganda herausgehalten wurden.

Aber gerade dies ist bezeichnend und wichtig. Prinzipiell weisen all die Widersprüche, von denen weitere anzuführen nicht schwer wäre, darauf hin, wie wenig die von Arndt entworfenen Bilder mit der „Realität" zu tun haben. Sie entlarven die von Arndt postulierten Gesetzmäßigkeiten oder Notwendigkeiten als interessengeleitete Fiktion. Es handelt sich bei „Geschichte", bei „Nation", bei „weiblich" und „männlich" sowie bei der „Ehre" eben nicht um harte Fakten, sondern um Konstruktionen, bei denen weniger die Sache selbst als die Zuschreibungen ausschlaggebend sind. An diesen in einer überaus sensiblen Prägephase des deutschen Frühnationalismus mitgestrickt zu haben, ist Arndts „Verdienst". Letzteres muss deshalb in Anführungszeichen stehen, weil seine Hinterlassenschaft überaus bedenklich ist. Mag er womöglich selber (wofür die aufgeführten Inkohärenzen ein Indiz sein könnten) nicht von der eigenen Hassrhetorik oder den verbreiteten Geschlechterbildern überzeugt gewesen sein – die massenhafte Verbreitung seiner Schriften wird jedoch in nicht geringem Ausmaß diffusen Gefühlen wie Fremden- und v.a. Franzosenhass, Ehrversessenheit, Rachedurst und deutscher Überheblichkeit (schon durchaus völkischen Charakters) weiteren Vorschub geleistet haben. Schien dies zunächst insofern funktional zu sein, als die Deutschen motiviert werden sollten, den Verteidigungskrieg zu gewinnen und die politische Einheit herbeizuführen, zeigte sich bald, dass der Geist, der einmal aus der Flasche gelassen war, sich nicht wieder zurückrufen ließ. Ganz im Gegenteil war nunmehr ein Gefühlstableau etabliert, das auch bei späteren deutsch-französischen Krisen der Instrumentalisierung schnell wieder zur Verfügung stand. Jedes Mal wurde dann wieder auf die Grammatik des Ehrenkodex zurückgegriffen. Dessen Vorteile für die Mobilisierung von Massen liegen auf der Hand: Er ist die Schnittstelle zwischen Emotion und Ratio: Er packt die Menschen bei den Gefühlen und fordert zugleich nüchtern-gesetzmäßiges Handeln nach den vorgegebenen Spielregeln. Der Ehre, die als Privileg des Adels mit dem Untergang der Ständegesellschaft hätte eigentlich verschwinden können, stand ganz im Gegenteil noch eine große, durchaus unheilvolle Karriere im 19. Jahrhundert bevor.

205 Ebd., S. 199f.

KAMPF UM EIN GESCHICHTSBILD: DIE MÄRZGEFALLENEN

HANS HATTENHAUER

Politische Geschichtsbilder, noch erwünschte wie bereits herrschende, bedürfen der ständigen Sicherung gegen ihren Verfall und der stets wiederholten Erneuerung durch öffentliches Handeln. Statt dies umständlich erläutern zu müssen, mag hier der Hinweis auf die Bemühungen um die Sicherung des kollektiven Erinnerns an den Holocaust durch Gedenktage, Mahnmale und Museen genügen. Dabei zeigt ein Vergleich des Umgangs mit dem Holocaust in der Bundesrepublik Deutschland mit jenem in den USA, dass dasselbe politische Symbol in unterschiedlichen Kontexten unterschiedliche Funktionen haben kann. Nicht zuletzt Nationalsymbole erhalten durch diesen sinnstiftenden Zweck ihre Bedeutung. Sie sollen den Staatsbürgern einmütige Bekenntnisse ermöglichen, indem sie die tragenden Ideen der Nation zur Anschauung bringen. Sie müssen daher allgemein verständlich bis hin zur Naivität sein. Oft eignet ihnen eine uneheliche Geburt, nehmen sie ihren Anfang als gegen die alte Ordnung aufbegehrende Protestzeichen und steigen nach erfolgreicher Machteroberung der Protestierenden auf zu Sieges- und Herrschaftszeichen. Um von Dauer sein zu können, müssen sie getragen sein von nicht weiter hinterfragter, als selbstverständlich hingenommener Zustimmung des Volkes. Ob sie diese vorbehaltlose Anerkennung im öffentlichen Bewusstsein erreichen, steht auf einem anderen Blatt. Schwer haben es oft jene Symbole, die von Regierungen für ihre Bürger gewissermaßen auf dem Reißbrett entworfen und als politisch erwünscht durch Gesetz verordnet werden. Nicht jedem auf diese Weise von der herrschenden Macht verordneten Zeichen gelingt die Karriere zum Nationalsymbol, nicht jedes behält diesen Rang auf die Dauer, nachdem es vorläufig dort angelangt ist. Der Satz des Dirigenten Hans von Bülow „Je preiser eine Musik gekrönt ist, umso durcher fällt sie!" hat auch in seiner entsprechenden Anwendung auf Nationalsymbolik viel für sich.

Manche politischen Symbole bleiben eben deshalb auf der Strecke, weil sie allzu scharfsinnig und klug entworfen sind und allzu nachdrücklich dem öffentlichen Leben aufgenötigt werden. So können scheinbar dauerhaft gesicherte Herrschaftszeichen auch zu Symbolen politischer Niederlage und öffentlicher Verachtung werden, wie man dies etwa beim Hakenkreuz der NSDAP und bei den DDR-Symbolen im Jahre 1989 hat erleben können. Dieses Problems der Sicherung ihrer Symbolkultur vor dem Verfall, insbesondere vor deren Entleerung und Entwertung durch Gegensymbole müssen sich alle weisen Regierenden ständig annehmen. Denn wie Nationalsymbole einerseits Geschichtsbilder begründen und befestigen sollen, sind sie andererseits dort zum Scheitern verdammt, wo es nicht gelingt, das gewünschte Geschichtsbild politisch verbindlich zu machen beziehungsweise dessen Bestand zu sichern. Auch nach ihrem Scheitern als Nationalsymbole können sie aber als Zeichen für das Bekenntnis einer Gruppe weiterleben, wie dies etwa heute der 1. Mai als Tag der Arbeiter geblieben ist und der Zug der Kommunisten zu den Gräbern von „Karl und Rosa" alljährlich am 15. Januar in Berlin zeigt. Im ungünstigsten Falle geraten sie gänzlich in Vergessenheit und sind dann nur noch für Historiker von Interesse. Die Geschichte der gescheiteren Nationalsymbole als Funktion gescheiterter Geschichtsbilder will erst noch geschrieben sein. Dabei sollte man dann auch den über 200 auf den Barrikaden zu Berlin gefallenen Revolutionären des 18./19. März 1848 ein Kapitel widmen. Einige Vorbemerkungen dazu mögen künftigem Forschen die Arbeit etwas erleichtern.

Entblößten Hauptes hatten die Barrikadenkämpfer von Berlin am Nachmittag des 19. März 1848 die mit Blumen, grünen Zweigen und Lorbeer geschmückten Särge ihrer Toten auf den

Schlosshof aufgebahrt.[1] Spontan war daraus eine öffentliche Anklage des Volkes gegen die Regierung und den König geworden. Beim Niedersetzen der Bahren wurde jeweils verkündet, um wen es sich bei dem Gefallenen handelte, etwa: „15 Jahre alt, mein einziger Sohn“, „Ohne Pardon niedergetreten, nachdem er sich ergeben hatte“, „Ein Familienvater von fünf unerzogenen Kindern“. In die sich steigernde Erregung hinein scholl der Ruf, der König solle kommen. Dieser erschien schließlich mit der Königin am Arm, körperlich gebrochen, um den Toten seine Ehre zu erweisen. Spontan sangen die Anwesenden den traditionellen Beerdigungschoral „Jesu, meine Zuversicht“, den das königliche Paar bis zu dessen Verklingen anhörte.

Während aber dieses Ereignis auf dem Schlosshof noch spontanen Charakter trug, vor allem ein Zeugnis für die tiefe Erschütterung des Vertrauens der Bürger zum Herrscherhaus gewesen war und bei jenem als tiefe Demütigung unauslöschlich im Gedächtnis haften blieb, wurde die Beisetzung der Märzgefallenen am 22. März von den Revolutionären politisch planend vorbereitet. Sie gedieh zu einer Kundgebung der nun anscheinend siegreichen und unumkehrbaren Revolution. Aus dem Ereignis hätte in der Tat ein dauerhaftes deutsches Nationalsymbol werden können, hat dies auch nach dem Willen der Veranstalter werden sollen und ist es schließlich doch nicht geworden.

Die Veranstaltung fand im Friedrichshain[2] statt. Bei diesem handelte es sich um einen der nun in Mode kommenden, dem Bürger gewidmeten „Volksparks“. Die Stadt hatte 1840 dessen Einrichtung nach dem Vorbild des von Peter Joseph Lenné (AD 1789 - 1866) geschaffenen Magdeburger Volksparks beschlossen. Anlässlich des hundertsten Jubiläums der Thronbesteigung Friedrichs II. erhielt er zu Ehren des Großen Königs durch Beschluss der Stadt vom 30. Mai 1848 und wohl auch bereits als Reaktion auf die Märzereignisse seinen seitdem unveränderten Namen. In diesem Revolutionsjahr wurde das Werk soeben vollendet. Nun aber sollte es nach dem Willen der Revolution eine im Jahre 1840 keineswegs geplant gewesene Bestimmung erhalten und eine Kultstätte der siegreichen frühsozialistischen Bewegung werden. Den Bürgern ohnehin gewidmet, sollte der Friedrichshain nicht allein deren Erholung, sondern auch der politischen Erbauung dienen. Am 21. März 1848 beschloss die Stadtverordnetenversammlung, dass sämtliche Opfer der Kämpfe vom 18./19. März jeglicher Konfession, also auch die gefallenen Soldaten, dort auf einem neu zu schaffenden Friedhof auf Kosten der Stadt beigesetzt werden sollten. Hierfür wurde der „Lindenberg“, eine 2,3 Hektar große Fläche, vorgesehen. Zu diesem Zweck sollten zwei dort stehende Mühlen abgerissen werden. Zum Gedächtnis der Toten sollten zwei Denkmäler errichtet werden: eines auf dem Friedhof selbst, das andere in der Stadt. Diese Beschlüsse wurden in der Folgezeit allerdings nur zum Teil verwirklicht. So fanden allein die gefallenen Revolutionäre, wegen des Einspruchs des Königs nicht aber auch die gefallenen Soldaten dort ihre Ruhestätte. Zur Errichtung der Denkmäler kam es nach dem alsbaldigen Erlahmen der Revolutionsbegeisterung hier wie dort nicht mehr. Immerhin wurden im Friedrichshain am 22. März 1848 und danach insgesamt 254 Märzgefallene beigesetzt. Zu ihnen gehörten auch die später an ihren Verwundungen Gestorbenen. Einen Tage nach dem Beschluss von Magistrat und Stadtverordnetenversammlung fand die Beerdigung statt.

Das Volk trug Trauer. Schwarze Fahnen wehten an den öffentlichen Gebäuden, so auch am Schloss, wie dies sonst nur bei regierungsamtlich angeordneter Staatstrauer der Fall gewesen war. Am Gendarmenmarkt vollzogen je ein evangelischer, ein katholischer und ein jüdischer Geistlicher die kirchlichen Handlungen. Dann setzte sich ein Zug von 20.000 Menschen in Bewegung und zog zum Friedrichshain. Die Bürgerwache bildete präsentierend Spalier.

1 Valentin, Veit, Geschichte der deutschen Revolution von 1848-49, Berlin 1930/ND Aalen 1968, S. 444 ff.; Wolff, Adolf, Berliner Revolutionschronik, Bd. 1, Berlin 1851. Hettling, Manfred, Totenkult statt Revolution, 1848 und seine Opfer, Frankfurt/M., 1998.

2 Abraham, Heike, *Der Friedrichshain*, Berlin 1988, mit Hinweisen auf Archivmaterial, das hier nicht auszuwerten war; Knobloch, Heinz, *Alte und neue Berliner Grabsteine*, Berlin 2000, S. 48 ff..

Voran schritten die Innungen des Handwerks mit ihren Fahnen und Abzeichen. Frauen und Jungfrauen trugen Kränze, Bürger die Särge der derzeit 183 Toten. Es folgten die Berliner Geistlichkeit, die Vertretungen des Staatsministeriums, der Polizeipräsident, die Professoren der Universität in ihren Talaren mit dem Rektor an der Spitze, Studenten, der Magistrat und die Stadtverordneten in Amtstracht, Fabrikarbeiter, Polen, Italiener von der Oper, Gymnasiasten, Abordnungen, Vereine mit Fahnen, Abgesandte der preußischen Städte. Die Musik spielte wieder „Jesu, meine Zuversicht“; der Choral hatte durch den Gesang vom Schlosshof den Rang eines Revolutionschorals bekommen. Mit entblößtem Haupt erwies der auf dem Balkon des Schlosses stehende, von seinen Ministern umgebene König den vorbeigetragenen Särgen seine letzte Ehre.

Gesch. Deutschland 19. Jh. – Revolution 1848/49 –
Berlin – Kämpfe – Die Gefallenen
Die Totenfeier auf der Friedrichshöhe bei Berlin am 4. Juni 1848.
Neuruppiner Bilderbogen (Oehmigke & Riemschneider Nr. 1339).
Orig.: Berlin, Landesarchiv

Die Schützengilde weihte das Grab mit Ehrensalven. Gerichts-Assessor Georg Gottlob Jung (AD 1814 - 1886) hielt als Sprecher der Revolutionäre eine Grabrede[3]:

3 Valentin, Geschichte, S. 454; ferner: Brauner, R(obert), *Todtenfeier für die am 18. und 19. März Gefallenen*, Berlin 1849; Sachs, Michael, *Segens-Spruch für die Opfer des 18. und 19. März*. An ihren Särgen gesprochen am 22. März 1848, Berlin 1848; Sydow, Karl Leopold Adolf, *Worte gesprochen im Friedrichshain bei der Bestattung der am 18. und 19. März Gefallenen*, Berlin 1848; Gedenkworte für die Märzgefallenen 1848 und 1998, in: BERLINISCHE MONATSSCHRIFT 1998, S. 93 ff.

> „Die Rache, die Blut für Blut fordert, mag schwinden. Aber sühnen wollen wir dieser Toten Blut, indem wir das heilige Vermächtnis annehmen, wofür sie gestorben sind. (...) Wie Antonius das Testament des ermordeten Cäsar eröffne ich Ihnen das Testament des gemordeten Volkes. Wachet, heißt es in dem Testament, dass die Freiheit, für die wir starben, nicht mehr verkümmert. (...) Wachet, dass keine Fackel der Zwietracht sich entzündet. (...) Der Reiche hat neben dem Armen auf der Barrikade gestanden (...) Weg mit allen Scheidemauern der Menschen: So vermachen wir euch gleiches Recht, gleiches Gesetz, gleiches Gericht (...) So erwächst aus unserem Blut statt des wilden Rachegeistes die Rose der Freiheit und Verbrüderung. (...) Wachet und strebet und denkt der blutigen Schatten eurer Brüder, die wahrlich nicht für ein kleines zu sterben gedachten (...)"

Damit war zugleich das Programm für die Schaffung eines künftigen Nationalsymbols entworfen und verkündet. Der Friedrichshain sollte zum Nationaldenkmal, der 22. März zum Nationalgedenktag werden. Er hätte es auch werden können, wenn es den Achtundvierzigern gelungen wäre, ihren politischen Tageserfolg in einen dauerhaften Sieg umzumünzen und ihr Geschichtsbild aus einer Gruppenüberzeugung zu einem allgemein verbindlichen Glaubensbekenntnis der Nation zu machen. Dass es dazu so leicht nicht kommen werde, sollte sich alsbald zeigen. Von Anbeginn an scheiterten die Denkmalspläne. Zwar rief man bereits am 25. März das ganze deutsche Volk zu Spenden für den Zweck des Denkmalbaus auf. Es gingen in der Tat insgesamt 2.658 Taler ein, doch war die günstige Stunde für den Bau bereits vergangen. Schließlich wurden im Jahre 1854 die Spenden beim Stadtgericht hinterlegt, da derzeit keine Aussicht auf einen Denkmalbau bestehe. Zu welchem Zweck und wann das Geld später verwendet worden ist, hat sich bisher nicht ermitteln lassen. Der Friedhof der Märzgefallenen aber war immerhin in der Welt und ließ sich als ein Symbol der gescheiterten Revolution, ein Ort der politischen Trauer von deren Anhängern nutzen. Dennoch wurde die ursprüngliche Idee nicht preisgegeben. So kam es in der Folge zu immer neuen Anstrengungen, ihm seinen Charakter, wenn schon nicht als Nationaldenkmal, so doch als Protestsymbol und Kultstätte der Achtundvierziger zu bewahren und öffentlich zu bekräftigen. Die verfassungsrechtlich entscheidende Schlacht um das dort verkörperte Geschichtsbild aber fand nicht im Friedrichshain statt, sondern wurde im Preußischen Verfassungskonvent ausgetragen.

Ein knappes Vierteljahr nach den aufwühlenden Tagen des März hatte sich die Lage in Berlin gründlich geändert. Während die Revolutionäre noch behaupteten, damals sei das Prinzip der Volkssouveränität endlich und endgültig verwirklicht worden und müsse in seinem Rang in der nun in Arbeit befindlichen Verfassung durch die vom Volk gewählte, autonome Nationalversammlung lediglich angemessen anerkannt werden, ging es tatsächlich nur noch um: „eine Vereinbarung", das Aushandeln der Verfassung als einen Vertrag zwischen dem Parlament und dem König, die Anerkennung der konstitutionellen Monarchie durch das Parlament. Während sich die politische Linke noch begeistert an die Barrikadenkämpfe erinnerte, deutete die Regierung sie bereits als eine „Straßemeute", einen Aufstand des Berliner Pöbels. Während die Revolutionäre behaupteten, für das und mit dem ganzen Lande gekämpft zu haben, machten ihre Gegner einen deutlichen Unterschied zwischen dem Pöbel der aufrührerischen Hauptstadt und den braven Untertanen in den Provinzen.

Die Verfassungsgebende Nationalversammlung Preußens war zugleich mit jener der Paulskirche am 1. Mai 1848 gewählt worden und trat am 22. Mai erstmals zusammen. Hier sollte nach dem Willen der Revolutionäre deren Geschichtsbild am 8. Juni 1848 dauerhaft festgestellt werden. Dem Ereignis war kurz zuvor eine Großdemonstration an den Gräbern der Märtyrer vorausgegangen. Für Sonntag, den 4. Juni hatte das Studentenkomitee eine Veranstaltung im Friedrichshain vorgeschlagen. Die Idee war von den Klubs begeistert aufgegriffen worden. Zwar lehnten die städtischen Behörden und die preußische Nationalversammlung ihre Beteiligung ab, und auch die Bürgerwehr gestattete ihren Angehörigen lediglich die unbewaffnete Teilnahme als Privatpersonen, dennoch nahmen 6.000 Demonstranten unbewaffnet und friedlich an der Totenehrung teil. Die Klubs enthüllten ihre Fahnen, die Komiteemitglieder schmückten sich mit Schärpen und Federn am Hut. Es kam das, allerdings unzutreffende, Gerücht auf, dass bei dieser Gelegenheit nun die Republik ausgerufen werden solle.

Vier Tage nach diesem Vorspiel tagte die Nationalversammlung zum dreizehnten Mal.[4] Die Sitzung schien schon zu deren Beginn mit dem „Erscheinen Seiner Königlichen Hoheit des Prinzen von Preußen, als Abgeordneter des Kreises Wirsitz in der Versammlung" ihren Höhepunkt erreicht zu haben. Allerdings geruhten Seine Königliche Hoheit, dem Hause einen nur knappen Besuch abzustatten. Sie ergriffen das Wort, zu einer kurzen Ansprache von der Tribüne aus, sagten ihren Wählern Dank für die Entsendung in das Parlament und erinnerten die Abgeordneten an den „heiligen Beruf", den diese, vor allem aber Seine Königliche Hoheit selbst hier zu erfüllen hätten:

> „Die constitutionelle Monarchie ist die Regierungsform, welche unser König zu geben uns vorgezeichnet hat (...) Das ist die Pflicht eines jeden Vaterlandsfreundes, vor Allem also die meinige, als des ersten Unterthanen des Königs. So stehe ich jetzt wieder in Ihrer Mitte, um mitzuwirken, dass die Aufgabe, welche uns gestellt, zu einem glücklichen Ziele geleitet werde. Möge die Gesinnung, welche ich ausgesprochen habe, von uns Allen getheilt und festgehalten werden, dann wird unser Werk gelingen, und zum Wohl und Heil des geliebten Vaterlandes gereichen. Möge mein Erscheinen unter Ihnen in dieser Beziehung ein günstiges sein; mögen wir vereint die Thätigkeit entwickeln, welche von uns erwartet und erhofft wird."

Nachdem die Hoheit sich bei den Abgeordneten entschuldigt hatte, dass sie wegen anderweitiger Pflichten leider nicht regelmäßig an den Sitzungen werde teilnehmen können, verließ der Prinz die Tribüne und den Saal mit den Worten: „Mit Gott für König und Vaterland!"

Für sein Erscheinen wurde ihm von der Rechten des Hauses Beifall zuteil. Im Anschluss an diesen Tagesordnungspunkt brachte der Abgeordnete und Buchdruckereibesitzer Berends aus Berlin einen aus ganz anderem Geiste gespeisten Antrag ein[5]:

> „Die hohe Versammlung wolle in Anerkennung der Revolution zu Protokoll erklären, dass die Kämpfer des 18. und 19. März sich wohl um das Vaterland verdient gemacht haben."

Der Antragsteller war zu diesem Schritt durch eine Adresse aus dem Kreise seiner Wähler des Berliner Stadtbezirks veranlasst worden. Dass es sich bei jenen nicht nur um einige verspätete Revolutionäre gehandelt hatte, sollte sich einen Tag später zeigen. Berends begründete seinen Antrag mit dem Hinweis, darin gehe es um zweierlei: einerseits um die „Anerkennung der Revolution" und ferner um die „Anerkennung der Kämpfer, welche in dieser Revolution thätig gewesen sind." Schließlich sei die Versammlung selbst aus dieser Revolution hervorgegangen, ihr Dasein also faktisch die Anerkennung der Revolution:

> „Es handelt sich darum, dass die Versammlung es ausspreche, sie stehe auf dem Boden dieser Revolution, in welcher das Volk die unveräußerlichen Rechte der Selbstregierung und sich seine Gesetze selbst zu geben zurückgenommen hat (...). Meine Herren! Es ist von vielen Seiten und auch in dieser Versammlung von dem Herrn Minister-Präsidenten gesagt worden, dass das hohe Staats-Ministerium Veranlassung genommen habe, die neuen Einrichtungen, die neuen Entwickelungen an die alten Zustände unseres Staats anzuknüpfen und auf diese Weise einen ununterbrochenen, wenn auch beschleunigten Uebergang zu den freien Institutionen hervorzubringen. In dieser Thatsache liegt die Anerkennung, dass eine wirkliche Revolution eigentlich nicht stattgefunden habe, dass eine wirkliche Revolution für die Entwickelung unseres Staatslebens nicht nöthig gewe-

4 *Verhandlungen der Versammlung zur Vereinbarung der Preußischen Staats-Verfassung*, Neudruck, hg. Von Werner Sombart, 1986, Bd. 1, S. 15ff.

5 Ebd., S. 156.

sen wäre; es liegt darin der Grundsatz ausgesprochen, dass die Rechte des Volkes, wie sie in unserer Versammlung jetzt zu Tage kommen, entweder von dem Könige bewilligt und verliehen oder durch Beschluß des Vereinigten Landtages ins Leben getreten seien. Dem ist aber nicht so. (...) Ich kann es als Berliner wohl sagen, dass es uns ein schmerzliches Gefühl gewesen ist, so vielfach und von so verschiedener Seite diesen Kampf geschmäht und herabgesetzt sehen zu müssen."

Gesch. Deutschland – 19. Jh. – Revolution 1848/49 –
Berlin – Kämpfe – Die Gefallenen
Bestattung der für die Freiheit gefallenen Kämpfer, den 22. März 1848.
Neuruppiner Bilderbogen (G. Kühn Nr. 2033).
Orig.: Berlin, Landesarchiv

Indem der Redner an die großartige Demonstration der Beisetzung der Märzgefallenen erinnerte, machte er deutlich, dass die eingangs formulierten beiden Anliegen miteinander in einem unauflöslichen Zusammenhang standen. Die Revolution war schon keine unbestrittene Tatsache mehr, sondern bedurfte der Sicherung ihres Ansehens durch parlamentarische Anerkennung. Dies konnte dauerhaft und anschaulich nicht besser als durch die Ehrung der Märzgefallenen geschehen. Dass er mit seinem Antrag auf Widerstand stoßen werde, war dem Redner bewusst. Andererseits waren die Anhänger der alten Ordnung ihrer Sache noch nicht in dem Maße sicher, dass sie den Antrag schon zu Beginn der Beratung ohne weiteres mit der ihnen eigentlich geboten scheinenden Eindeutigkeit niederzustimmen gewagt hätten. Ein alsbald gestellter Geschäftsantrag auf Übergang zur Tagesordnung fand noch keine Mehrheit.

Stattdessen entbrannte eine quälende und noch vom heutigen Leser als peinlich empfundene, lange Debatte. Es kam zu einer Flut von Abänderungsanträgen, die alle ausführlich begründet wurden, und zu einer Fülle von Geschäftsordnungsanträgen. Nach immer lauter werdender, stundenlanger Debatte schlug der Abgeordnete und Finanzminister Hansemann unter Zustimmung der Mehrheit des Hauses die Unterbrechung der Debatte vor. Man möge sie am folgenden Tag fortsetzen, um in der Zwischenzeit die Sache noch einmal zu überlegen.

Aber die Beratung des 9. Juni 1848 gedieh noch schlimmer als die vom Vortag. Man meldete sich zur Geschäftsordnung, nahm dann aber langatmig zur Sache Stellung, wurde vom Hause durch Zwischenrufe niedergeschrieen. In diesem Chaos fand sich schließlich auch der Stenograf nicht mehr zurecht und begnügte sich mit dem Vermerk „Großer Lärm". Die Revolution blieb in einer unentwirrbaren Geschäftsordnungsdebatte stecken. Als nun erneut ein Antrag auf Übergang zur Tagesordnung gestellt und darüber abgestimmt wurde, stimmten 196 Abgeordnete dafür und nur noch 177 waren für die Fortsetzung der Debatte. Revolution und Revolutionäre besaßen nicht mehr die politische Kraft, um die Nationalversammlung zu einem Eintreten für ihr Geschichtsbild bestimmen zu können.

So widerstandslos, wie man dies bei der Mehrheit des Hauses womöglich erwartet hatte, gab die Linke jedoch nicht klein bei. Was das Parlament nicht hatte gewähren wollen, sollte die Straße zustande bringen. Die Abgeordneten hatten das Haus noch nicht verlassen, als sie sich von einer aufgebrachten Menge belagert sahen. Zugleich meldeten sich bei dem Präsidenten diesem unbekannte Männer und stellten sich ihm als „Deputirte des souveränen Volkes" vor. Unterstützt vom wütenden Volk, hatten sie die Türwächter überwunden und sich Eingang in das Haus verschafft. Gegen den Beschluss des Parlaments beriefen sie sich auf „das höchste Gesetz, des Volkes Wille", konnten damit aber beim Präsidenten nicht durchdringen. Draußen kam es zu Tätlichkeiten, Misshandlungen und Fußtritten gegen die das Haus verlassenden Abgeordneten.

Am nächsten Beratungstage, dem 14. Juni, ging es um das parlamentarische Aufräumen des politischen Aufbäumens. Nun aber stand nicht mehr die Anerkennung der Revolution und die Ehrung der Märzgefallenen zur Debatte, sondern die Sicherung der ungestörten Beratungen des Hauses. Dem Vorschlag einer Verlegung derselben an einen ruhigeren Ort außerhalb Berlins mochte die Linke zwar nicht zustimmen. Dass es nun aber nicht mehr um die toten Märtyrer, sondern um die lebenden Volksvertreter ging, stand auch bei ihnen außer Frage. Die Straße sollte nicht erzwingen können, was ihr das Parlament mehrheitlich versagt hatte.

Karl Marx und Friedrich Engels lieferten in der „Neuen Rheinischen Zeitung"[6] den ebenso verbitterten wie treffenden Nachruf auf die auch für die Revolutionäre selbst peinliche und politisch in deren Gegenteil umgeschlagene Anerkennungsdebatte:

> „Die Debatte in der Kammer über die Anerkennung der Revolution wurde von beiden Seiten mit großer Breite und mit großem Interesse, aber mit merkwürdig wenig Geist geführt. Man kann wenig Unerquicklicheres lesen als diese diffuse, jeden Augenblick durch Lärmen oder durch reglementierende Spitzfindigkeiten unterbrochene Verhandlung. Statt der großen Leidenschaft des Parteikampfes eine kühle Gemütsruhe, die jeden Augenblick in den Konversationston herabzusinken droht; statt schneidender Schärfe der Argumentation breites verworrenes Gerede vom Hundertsten ins Tausendste; statt schlagender Antwort langweilige Moralpredigten über das Wesen und die Natur der Sittlichkeit.
>
> Auch die Linke hat sich in dieser Debatte nicht besonders ausgezeichnet. Die meisten ihrer Redner wiederholen einander; keiner wagt es, der Frage entschieden auf den Leib zu rücken und offen revolutionär aufzutreten. Sie fürchten, überall anzustoßen, zu verletzen, zurückzuschrecken. Hätten die Kämpfer des 18. März nicht mehr Energie und

6 Nr. 14 v. 14. Juni 1848, MEW 5 (1959), S. 64 - 77, hier S. 65.

> Leidenschaft im Kampf bewiesen als die Herren von der Linken in der Debatte, es stände schlimm um Deutschland."

Damit war allerdings noch nicht das Todesurteil über die Anerkennung des Friedrichshains als einem Ort von politischem Charakter gefällt worden. Hatte die Nationalversammlung ihm auch die Erhebung in den Rang eines Nationalsymbols verweigert, so wurde er doch ein dauerhaftes Bekenntnissymbol der gescheiterten politischen Linken. Dorthin ging, wer wehmütig der alten Tage der Revolution gedenken wollte. Von diesem Gehalt des Friedrichshains als Wallfahrtstätte der politischen Linken berichten die zu Beginn des 20. Jahrhunderts berühmt gewesenen und heute noch lesenswerten „Memoiren einer Idealistin" der Malwida von Meysenbug (AD 1816 - 1903)[7]:

> „Aus den geräuschvollen Straßen der großen Hauptstadt fort eilte ich einem Ort ausserhalb der Thore zu, den ich allen anderen Spaziergängen der Stadt vorzog. Es war ein kleiner Hügel, auf dem sich eine gartenähnliche Anlage befand, welche die Gräber der 1848 im Kampfe gegen die Soldaten gefallenen Kämpfer für die Freiheit enthielt. Die Demokratie hatte ihnen zur Zeit ihrer Macht, gleich nach dem Kampf dieses Asyl geweiht, wo sie allein, unter wohlgepflegten Blumen und einfachen Denkmälern schlummerten. Ich setzte mich an einem Grabe nieder, das von Fabrikarbeitern den gefallenen Brüdern errichtet war und dessen Inschrift lautete:
>
> ‚Im Kampfe für des Volkes Freiheit sterben,
> Das ist das Testament nach dem wir erben.'
>
> Zu meinen Füssen breitete sich die stolze Hauptstadt mit ihren Palästen, ihrem Luxus, ihrem geistigen Leben und ihren triumphierenden Soldaten in der weiten Ebene aus. (...) Um mich her aber im stillen Garten des Todes war ein tiefer Friede. (...)"

Malwida war nicht die einzige, die dort ihren traurigen Gedanken über die gescheiterte Revolution nachging. Als sie sich umsah, erblickte sie ein junges Paar:

> „Sie erzählten mir, daß sie noch zu arm wären, um zu heiraten, daß sie fern von einander wohnten, sich nur selten sehen könnten, da er in einer Fabrik, sie als Dienstmädchen sehr beschäftigt wären, daß sie aber, wenn sie einmal eine Stunde Zeit hätten, sich meist an diesem Ort zusammen fänden, wo so viele ihrer Freunde ruhten und wo sie sich die heiligen Hoffnungen in das Gedächtnis riefen, für die jene gestorben wären."

So still war es im Friedrichshain indessen nicht immer. Alljährlich am 18. März trafen sich dort die Kinder der Revolution und machten aus dem als Nationalsymbol gescheiterten Ort einen Schauplatz von politischen Großdemonstrationen und blutigen Kämpfen mit der Polizei. Alljährlich wurden Kränze niedergelegt, deren Schleifen von der Polizei alsbald abgerissen wurden, wenn die Widmungen Revolutionäres bekundeten. Alljährlich wurde der Ort von Militär und Polizei besetzt, um den Aufzug der Tausende zu verhindern oder doch wenigstens zu behindern. Daran wiederum entzündeten sich Trotz und Hartnäckigkeit der Demonstranten, so dass das Staatsministerium im Jahre 1850 und wiederholt danach den Besuch des Friedhofs am 18. März gänzlich verbot. Dies wiederum führte dazu, dass die Revolutionäre ihre Gedenkveranstaltungen in die Gasthäuser der unmittelbaren Nachbarschaft verlegten. Schließlich verhinderte die Regierung das Betreten des Friedhofs durch dessen Umfriedung mit einem Bretterzaun und durch Einebnen der Wege. Es kamen wiederholt Gerüchte auf, dass sie den Friedhof gänzlich einziehen und an dessen Stelle einen Bahnhof errichten wolle. Das allerdings war nicht ohne die Umbettung der Toten und die dafür erforderliche Zustimmung ihrer Angehörigen möglich. Von jenen nahmen offenbar viele, wenn auch nicht alle die ihnen für ihre Zustimmung angebotene Vergütung an und willigten in die Umbettung ein. Mit der Neuen Ära kamen im Jahre 1861 auch für den Friedhof im Friedrichshain bessere Zeiten. Inzwischen hatte sich das Bürgertum von dort zurückgezogen, so dass er ein Symbol der aufblü-

7 Meysenbug, Malwida von, *Memoiren einer Idealistin*, 5. Aufl. Berlin 1900, Bd. 1, S. 376 ff.

henden Arbeiterbewegung geworden war. Er wurde nun zu deren Kult- und Kampfstätte, den die Regierung immerhin tolerierte, wenn sie auch alles tat, um seinen Symbolwert zu schmälern. Alljährlich pilgerten die Proletarier zu ihren Märzgefallenen, so insbesondere am 25. Jahrestag der Revolution 1873 und zum Protest gegen die Sozialistengesetze.

Als sich deren 50. Jahrestag näherte, fühlte sich die siegesbewusste Sozialdemokratie stark genug, dem Friedrichshain die so lange verweigerte Ehre durch eine würdigere Gestaltung zu verschaffen und den bisher verhinderten Denkmalbau endlich nachzuholen. Im Jahre 1897 begannen die Auseinandersetzungen zwischen den Berliner Stadtverordneten und dem Magistrat einerseits und den staatlichen Behörden andererseits. Der Magistrat wollte den Friedhof in einen Zustand entsprechend jenem der anderen Friedhöfe versetzen. Er sollte wie jene ein Eingangsportal mit schmiedeeisernen Toren und eine neue Umzäunung erhalten. Die Stadtverordneten wollten außerdem unter Berufung auf den Beschluss von 1848 einen Gedenkstein errichtet haben mit der Aufschrift „Den Gefallenen des 18. März 1848 die Stadt Berlin". Dem widersprach der politisch vorsichtigere Magistrat in der Befürchtung, durch eine solche Betonung der Denkwürdigkeit dieses Tages könnten die Arbeiter zu Demonstrationen angeregt werden. Auch manche Stadtverordnete befürchteten, eine solche Erinnerung an die Märzrevolution könne die öffentliche Sicherheit gefährden. So legten die Stadtverordneten diesen Plan schließlich wieder zu den Akten und beschlossen, statt eines Denkmals solle die Eingangspforte die Inschrift erhalten: „Ruhestätte der in den Märztagen 1848 in Berlin Gefallenen".

Auf dieser Grundlage legte der Magistrat der Stadt Berlin als der Eigentümerin des Friedhofs im Mai 1898 dem Polizeipräsidenten den Entwurf eines Eingangsportals zur baurechtlichen Genehmigung vor. Der aber verweigerte diese durch Verfügung vom 15. Februar 1899[8]:

> „Wie aus den dem Antrag vorangegangenen Verhandlungen der städtischen Körperschaften und aus der Art, wie die Ausführung geplant sei, hervorgehe, bezwecke das Bauwerk eine Ehrung der dort begrabenen „Märzgefallenen", mithin eine politische Demonstration zur Verherrlichung der Revolution, die aus allgemeinen ordnungspolitischen Gründen nicht gestattet werden könne."

Das gegen diese Verfügung vom Magistrat beim Bezirksausschuss eingelegte Rechtsmittel wurde auch von jenem verworfen. Dem folgte schließlich auch das Oberverwaltungsgericht mit der Begründung:

> „Aus der zutreffenden Sachdarstellung ergiebt sich, daß der geplante Bau in der That in den weitesten Kreisen als eine Ehrung der am 18. März 1848 Gefallenen aufgefasst wird. Das ist auch völlig erklärlich, wenn man den Zusammenhang der Verhandlungen berücksichtigt, in deren Verlaufe der Magistrat schließlich auf den Plan des Portalbaus hinausgekommen ist. In diesem Zusammenhange kann der Portalbau sehr wohl als der Rest einer Ehrung aufgefasst werden, die nach der Absicht von Vereinen und der Stadtverordnetenversammlung jenen Gefallenen in einem förmlichen Denkmal und sodann, da das scheiterte, in der Niederlegung eines Kranzes dargebracht werden sollte, und dies um so mehr, als das monumentale Portal nebst geplanter Inschrift nach den vorliegenden bildlichen Darstellungen zu dem geringen Umfange des Begräbnisplatzes, der längst dem Gebrauch entzogen ist, zu seiner abgeschiedenen Lage, seiner einfachen Ausstattung, seiner schmucklosen Einfassung in einem Verhältnis steht, das wohl dazu Anlaß bieten kann, darin ein Mehreres zu erblicken, als den nöthigen Friedhofseingang. (...) Nach alledem kann es keinen begründeten Zweifel geben, daß der geplante Bau sehr wohl als Ehrung der Revolution und der in ihr Gefallenen aufgefasst werden kann und

8 Urteil des Preuß. OVG v. 14. 12. 1899; in: ENTSCHEIDUNGEN DES KÖNIGLICH-PREUẞISCHEN OBERVERWALTUNGSGERICHTS (OVGE) 37 (1900), S. 403, Nr. 69; *Der Kranz der Märzgefallenen.* Aktenstücke zur Geschichte der Selbstverwaltung in Preußen, Berlin 1898.

> so geeignet ist, durch die Belebung und Stärkung revolutionärer Gesinnung die öffentliche Ordnung, Ruhe und Sicherheit zu gefährden, zumal bei dem Widerstreite der Meinungen und Leidenschaften, von denen das Publikum auf politischem Gebiete beherrscht wird, die Verwirklichung des Plans, insbesondere bei der Wiederkehr von Gedenktagen, sehr wohl zu Ruhestörungen Anlaß geben kann."

Das war eine klare Sprache. Zwar dürfte die politische Linke empört gewesen sein, doch hatte das Gericht für seine Entscheidung Argumente vorgetragen, deren Stichhaltigkeit der schlichte Bürger wohl verstehen und anerkennen konnte. Das Gericht flüchtete sich bei seiner Begründung nicht in baurechtliche Nebenfragen, sondern berief sich auf den seit dem Jahre 1794 im berühmtem § 10 II 17 des preußischen Allgemeinen Landrechts verbrieften und durch das bis heute unvergessene „Kreuzberg-Urteil"[9] vom 19. Juni 1882 bestätigten und präzisierten Grundsatz:

> „Die nöthigen Anstalten zur Erhaltung der öffentlichen Ruhe, Sicherheit und Ordnung und zur Abwendung des dem Publico oder einzelnen Mitgliedern desselben bevorstehenden Gefahr zu treffen, ist das Amt der Polizei."

Es ging bei dieser Entscheidung unter den innenpolitischen Bedingungen der Zeit in der Tat um die Verhinderung gefährlicher Volksaufläufe und damit um die innere Sicherheit. Aus dem einst geplanten Nationalsymbol war längst ein Parteisymbol geworden, eine Verkörperung der von den Sozialisten verbreiteten Revolutionserwartungen. So leicht es heute auch fallen mag, über das Urteil von 1899 den Stab zu brechen, so deutlich lässt es doch erkennen, dass es den Richtern um die Verhinderung von Aufruhr und Zusammenstössen mit der Polizei ging. Als Vertreter der Dritten Gewalt hatten sie das Gesetz anzuwenden und konnten sich auf jenes mit vollem Recht berufen.

Dennoch kam es schließlich am 11. Oktober 1925 zwar zum Bau und zur Einweihung des seinerzeit verhinderten Portals in dessen 1898 geplanter Gestalt. Doch hatte der Friedrichshain inzwischen seine endgültige Bestimmung verloren und seinen revolutionären Glanz an den Berliner Zentralfriedhof in Friedrichsfelde abgeben müssen.[10] In den Kämpfen zwischen Revolutionären und Regierungstruppen, die am 9. November 1918 und unmittelbar danach die Stadt erschüttert hatten, waren am 9. und am 20. November auch auf der Seite der Revolutionäre Tote zu beklagen gewesen. Am 20. November wurden im Friedrichshain sieben von ihnen beigesetzt. Karl Liebknecht hielt ihnen auf dem Tempelhofer Feld die Trauerrede, danach wurden sie unter großer Beteiligung in einer neu ausgehobenen Gruft unter Glockengeläut und mit Chorgesang begraben. Vierzehn weitere Tote kamen nach den Kämpfen vom 6. und 21. Dezember 1918 hinzu. Als Letzte wurden elf revolutionäre Matrosen am 29. Dezember 1918 im Friedrichshain bestattet. Auch die folgenden revolutionären Opfer, darunter die am 15. Januar 1919 ermordeten Karl Liebknecht und Rosa Luxemburg, hatten ihre Gräber eigentlich hier finden sollen. Diesem Vorhaben widersetzten sich jedoch der Oberbürgermeister und der Senat der Stadt mit der – wohl vertretbaren – Begründung, dass im Friedrichshain für weitere Gräber kein Platz mehr zur Verfügung stehe. Sie wiesen den toten Revolutionären die, von dessen Haupteingang weit entfernte, Abteilung 64 auf dem Zentral-Friedhof – die Verbrecherecke des Armenfriedhofs – als Grabstätte zu. Die „Freiheit", Zeitung der Berliner USPD, kommentierte am 26. Januar 1919[11]:

> „Das seit der 48er Revolution bestehende Recht gefallener Berliner Freiheitskämpfer auf den Friedrichshain als letzte Ruhestätte ist ihnen, den Opfern der Gegenrevolution, von der Leitung einer sozialistischen Regierung streitig gemacht worden. Möglichst weit von Berlin entfernt sollen sie der Erde übergeben werden. Aber auch der Friedhof in Fried-

9 OVGE 9, 353; Weyreuther, Felix, *Das Kreuzbergurteil*, 1977.

10 Hoffmann, Joachim, *Berlin-Friedrichsfelde*. Ein deutscher Nationalfriedhof, Berlin 2001.

11 Ebd., S. 11

> richsfelde birgt viele mutige Kämpfer für die Freiheit, und durch die Beisetzung der 32 Opfer der Gegenrevolution ist auch seine Erde für immer geweiht."

Im Frühjahr des Jahres 1933 kamen die Märzgefallenen in bisher ungewohnt gewesener Weise neu zur Sprache. So sehr das Wort in aller Munde war, so wenig kennt man dessen Herkunft und Verfasser. Man verspottete mit diesem Wort jene Beamten, die sich nach den Reichstagswahlen vom 5. März 1933 nicht schnell genug ein Parteibuch der NSDAP hatten verschaffen können[12].

Der preußische Ministerpräsident Hermann Göring (AD 1893-1946) hatte für diese Gattung politischer Opportunisten, die man in den Jahren nach 1945 „Mitläufer" und nach 1989 „Wendehälse" nennen sollte, am 25. April 1933 nur den Kommentar übrig:[13]

> „Es habe ihn angewidert und angeekelt zu sehen, wie in seinem Ministerium, dessen Beamtenkörper notorisch zu 60% aus eingesetzten Severing-Anhängern bestanden habe, schon nach wenigen Tagen die Hakenkreuzabzeichen wie Pilze aus der Erde geschossen seien, und wie schon nach vier Tagen der Hackenknall und die hocherhobenen Hände auf den Korridoren eine allgemeine Erscheinung gewesen seien."

Immerhin ist an diesem Spottwort abzulesen, dass Wort und Begriff der Märzgefallenen 1933 in Deutschland noch zur geschichtlichen Allgemeinbildung gehörten. In der Zeit des Zweiten Weltkriegs erlitt der Friedrichshain als Stellung einer Flakbatterie und zweier Bunker schweren Bombenschaden. Nach dem Krieg stellte man ihn wieder her. Die Regierung der DDR bereicherte ihn durch eine Gedenkstätte für die deutschen kommunistischen Spanienkämpfer sowie durch ein Deutsch-Polnisches Ehrenmal. Es war auch keine Frage, dass die DDR dort alljährlich am 18. März eine Gedenkveranstaltung mit Kranzniederlegungen abhielt. Der Friedrichshain schien insoweit als ein Symbol des siegreichen Klassenkampfes und seines „ersten sozialistischen Staates deutscher Nation" endlich und endgültig auch ein Nationalsymbol geworden zu sein.

Dennoch hatte auch die DDR mit dem Ort ihre Schwierigkeiten. Es gab nun zwei miteinander konkurrierende Friedhöfe revolutionärer Toter: den Friedrichshain und den Zentralfriedhof in Friedrichsfelde. Für die Bestattung der nun folgenden Größen der DDR kam, nun gewiss aus Platzgründen, nur noch der Zentralfriedhof in Betracht. Dort lagen bereits die Gräber von „Karl und Rosa", denen die Kommunisten alljährlich am 15. Januar durch einen Gedenkmarsch die Ehre erwiesen und bis heute erweisen. Dort richtete daher die DDR-Elite eine „Gedenkstätte der Sozialisten" für ihre Toten ein. Walter Ulbricht und die anderen verdienten Genossen, die das Schicksal der DDR gelenkt hatten, sollten in der Nähe der Märtyrer von 1919 liegen und als deren Erben an deren Ruhm teil haben. Auch wenn man der Behauptung Glauben schenkt, dass „Karl und Rosa" heute wirklich dort noch in den Gräbern liegen, darf man doch als gewiss annehmen, dass ihnen der Friedrichshain als Grabplatz willkommener gewesen wäre.

Indessen ist auch dieses Kapitel aus der Geschichte der Märzgefallenen heute bereits Vergangenheit. Die Frage, wie die nach 1989 gewandelte Bundesrepublik mit diesem Stück deutscher Symbolgeschichte umgehen wird, ist noch nicht beantwortet. Ist etwa der Kampf um das in ihm enthaltene politische Geschichtsbild der Vergangenheit überantwortet worden? Danach sieht es nicht aus, wenn man liest[14], dass in Berlin eine Bürgerinitiative „18. März 1848" seit 1978 bestanden und verlangt hat, es solle dem Platz westlich des Brandenburger Tores der Name „Platz des 18. März" verliehen werden. Zwar hatte der Berliner Senat auf dieses Drängen hin im Jahre 1998 zum 150. Gedenken der Märzrevolution dem Platz vor dem Maxim-Gorki-Theater den Namen „Platz der Märzrevolution" verliehen, doch gaben sich die

12 Falter, Jürgen W., Die „Märzgefallenen" von 1933, in: GESCHICHTE UND GESELLSCHAFT 24 (1998), S. 595 ff.

13 Mommsen, Hans, *Beamtentum im Dritten Reich*, Stuttgart 1966, S. 162

14 FRANKFURTER ALLGEMEINE ZEITUNG vom 18. März 1990.

Bürgerinitiatoren damit nicht zufrieden. Abgesehen von der Fortführung der in der DDR üblich gewesenen alljährlichen Veranstaltungen im Friedrichshain, brachten sie im Vorgriff auf die endgültige Erfüllung ihrer Forderung an dem besagten Platz alljährlich die geforderten Namensschilder selbst an. Dazu sahen sie sich unter dem Beifall prominenter Politiker umso mehr berufen, weil der 18. März im Jahre 1990 zugleich als der Tag der ersten freien Wahlen der DDR in die deutsche Geschichte eingegangen ist. So entschied der Berliner Senat schließlich im Jahre 2000, dass die beteiligten Stadtbezirke die Namensänderung sollten vornehmen können, falls sie dies wünschten, doch solle des Tages ohne Erwähnung einer Jahreszahl gedacht werden, damit auch das Jahr 1990 zu Ehren komme. Auch der Friedrichshain blieb bei dieser Gelegenheit nicht völlig vergessen. Am 18. März 1998 fand ein Gedenkzug vom Ziergarten dorthin statt, an dem etwa tausend Menschen teilnahmen. Es wurden Reden des Bezirksbürgermeisters, des Präsidenten des Abgeordnetenhauses, des Vorsitzenden der Jüdischen Gemeinde vorgetragen und der Superintendent der lutherischen Kirche sowie der Dompropst der katholischen Kirche sprachen gemeinsam ein ökumenisches Gebet. Den Abschluss bildeten Gedenkworte des Sprechers der „Initiative 18. März", wonach der Gesang der Kinderhymne von Bertolt Brecht zu hören war.[15]

Der Kampf um das in den Märzgefallenen verkörperte Geschichtsbild der Märzrevolution scheint sich damit zwar seinem Ende zuzuneigen und in einen nationalen Konsens einzumünden. Der Friedrichshain und seine Märzgefallenen dagegen liegen noch unter den Trümmern des alten Schlachtfeldes verborgen und warten auf ihre Wiederentdeckung.

15 Gedenkworte für die Märzgefallenen, S. 93 ff.

„Auf Bajonetten läßt sich schlecht sitzen“

Propaganda und Gesellschaft in der Anfangsphase der nationalsozialistischen Diktatur

Bernd Sösemann

Die erste große öffentliche Rede des Reichskanzlers Adolf Hitler war alles andere als ein glänzender rhetorischer Auftakt.[1] Zwölf Tage zuvor hatten die Kamarilla um den nicht mehr amtsfähigen Paul von Hindenburg (1847-1934), der Zentrumspolitiker Franz von Papen (1879-1969) und rheinisch-westfälische Industrielle um den Bankier Kurt Freiherr von Schröder (1889-1966) den Führern der NSDAP und der DNVP die Regierung übergeben. Sie waren davon überzeugt, dass langfristig nicht Hitler, sondern sein Koalitionspartner Alfred Hugenberg (1865-1951) die Politik bestimmen werde. Vorerst sah es anders aus, denn am 10. Februar 1933 eröffnete Hitler einen Reichstagswahlkampf, den sein Koalitionspartner eigentlich hatte verhindern wollen. Der mit antisemitischen Spruchbändern und weiteren Parteiparolen geschmückte Berliner Sportpalast war bereits Stunden zuvor ausverkauft. Überall in den Straßen hingen die ersten Wahlplakate der NSDAP; an mehreren großen Plätzen in Berlin hatte die selbstherrlich-aggressiv auftretende Partei riesige Lautsprecher aufgebaut. Hitler betrat das Podium wie so häufig bewusst deutlich verspätet, um Joseph Goebbels (1897-1945) ausreichend Zeit für die Fortsetzung der seit Tagen laufenden „Vorpropaganda“ und für den Aufbau einer günstigen Atmosphäre zu lassen. Trotz dieser guten Voraussetzungen und des begeisterten Empfangs durch die nahezu vollständig anwesende Führungsspitze der NSDAP, zahlreiche Parteimitglieder, SA-Abordnungen und viele Sympathisanten, trat Hitler zögernd und wie so oft unsicher ans Mikrophon. Die ausführlichen Filmaufnahmen dokumentieren die geringe oratorische Qualität noch deutlicher als der Mitschnitt des Hörfunks.[2] Das Publikum bekam auch an diesem Tag keine inhaltlich und rhetorisch brillante Rede zu hören.[3] Hitler wartete auffallend lange auf die Beruhigung des Saales. Er begann wie meistens verlegen, langsam und stockend, als suchte er nach Worten, obwohl ausführliche Stichworte neben ihm auf einem Tisch lagen und er seine Gestik und Mimik längst vor dem Spiegel perfektioniert hatte. Er war offensichtlich nervös, obgleich Goebbels ihn enthusiastisch eingeführt und auch die Kommentierung für alle Sender übernommen hatte. Dennoch suchte Hitlers Linke immer wieder Halt am Gürtel oder strich flüchtig über das Haar. Wiederholt korrigierte er seine Schrittposition. Mit der Rechten zog er seine Hose hoch, richtete die Papiere neben sich eher fahrig aus, um dann endlich gekünstelt knarrend, begleitet von ruckartigen Bewegungen des Oberkörpers, aber einer starren Kopfhaltung, einen gewissen Redefluss zu erreichen. Es dauerte eine überraschend lange Zeit, bis er weniger abgehackt sprach und den ersten Beifall er-

1 Das Zitat in der Überschrift dieses Beitrags gibt die dritte Feststellung von zwanzig Bemerkungen wieder, die Goebbels unter dem Titel „Goldene Worte für einen Diktator und für solche, die es werden wollen“, datiert unter dem 1. September 1932, in der von ihm herausgegebenen Zeitung „Der Angriff“ veröffentlicht hat; jetzt leicht zugänglich in: Joseph Goebbels, *Der Angriff.* Aufsätze aus der Kampfzeit. München 1938, S. 325-327, hier: S. 326f. – Goebbels hat diese Sentenz – sie geht auf Napoleon zurück – gern und häufiger verwendet.

2 Für diesen Auftritt ist die Quellen- und Überlieferungssituation besonders günstig, denn von den meisten Reden Hitlers existieren nur (Zeitungs-) Berichte, Mitschriften und einige Hörfunkmitschnitte. In einem ähnlichen Umfang wird Hitler nur noch in dem Propagandafilm „Triumph des Willens“ gezeigt.

3 Hier und im Folgenden nach: Karl Friedrich Reimers, *Hitlers Aufruf an das deutsche Volk* (Filmdokumente zur Zeitgeschichte G 126). Göttingen 1971, passim. – Dieses Begleitheft zu dem Filmdokument kann im „Institut für den Wissenschaftlichen Film“ ausgeliehen werden.

hielt. Viel später kamen jene Beifallsstürme auf, die bis zum fulminanten Schluss anhielten, in dem Hitler mit dem gleichen Erfolg wie bereits viele Male zuvor in einen weihevollen Tonfall und in die sakralisierte Sprache verfiel, in der er den „Allmächtigen" anzurufen oder mit einem „Amen" zu schließen pflegte.

Zeitgenössische Zeugnisse und Memoiren sprechen selten über den Inhalt der Reden von Hitler oder Goebbels – von denen Heinrich Himmlers (1900-1945), Alfred Rosenbergs (1893-1946) oder Hermann Görings (1883-1946) ganz zu schweigen –, wenn sie erklären wollen, woher die damalige Begeisterung rührte.[4] Heutige Rezipienten der Filmsequenzen, der Funkmitschnitte und der vollständigen Textfassungen erkennen unschwer, dass die Wirkung nicht von den nur allzu häufig wiederholten historischen und politischen Versatzstücken des Redners ausgegangen sein kann. Auch sind die thematische Enge, inhaltliche Dürre und geistige Dürftigkeit zu offenkundig, als dass sie den Gewinn von knapp 44% der Stimmen begründen könnten, die die Nationalsozialisten bei der letzten, am 5. März 1933 durchgeführten Reichstagswahl mit Straßenterror und Ausnahmegesetzen zu erzielen vermochten.[5] Die Zuhörer in den Sälen und am Radio müssen ebenso wie die Zeitungsleser noch etwas anderes vernommen haben als die Fragmente eines wirren Pseudoprogramms. Sie konnten offensichtlich ihre Zustimmung so begeistert zeigen, weil dieser Redner und seine Gefolgschaft ihre Erwartungen erfüllten. Das Publikum interessierte sich nicht für politische Themen oder Wahlprogramme und somit auch nicht für Widerlegungen. Es brachte dem Redner wegen seiner Verweigerung jeglicher Diskussion Sympathie entgegen. Von ihm durften sie Befreiung von ihren Ängsten und Nöten erwarten, gleichzeitig auch von Parteiengeist, korrupten Interessenverbänden und von den republikanischen „Novemberverbrechern". Das Publikum hielt alle Reformen für sinnlos, weil es mit Hitler Parlamentarismus als „Schwätzerei", als „blutleeren Intellektualismus" oder „konkretischen Aftergeist" abzutun bereit war.[6] Von dem radikal Neuen einer „Bewegung" sollte die „Wiedergeburt der Nation" ausgehen. Derartige Hoffnungen waren aus den wirtschaftlichen und geistigen Krisen der Zwanzigerjahre, aus Wertverlusten einer verunsicherten, fragmentierten Gesellschaft entstanden, die an einem unpopulär gebliebenen Verfassungstag „Demokratie" und „Parlamentarismus" feierte, ohne zu einer überzeugenden Sinndeutung fähig zu sein. Hoffnungen richteten sich deshalb auf die radikalen Flügelparteien. In der NSDAP wurden selbst Redner wie Julius Streicher (1885-1946) und Robert Ley (1890-1945), die sich mühsam durch ihre Manuskripte kämpften, von den positiven Emotionen getragen, die ihnen aus den Versammlungen entgegen strömten. Inhalt und Argument mussten angesichts einer derart stimmigen Gesamtsituation bedeutungsschwach werden. Die Intensität des Erlebnisses, die Vermittlung von Stärke und Entschlossenheit regten die bereits Bekehrten und die Hoffenden an, sich selbst aus den pathetischen, aber wenig aussagekräftigen Worten Sinn und Bedeutung zu suchen.[7]

4 Hermann Weiß / Paul Hoser (Hg.), *Die Deutschnationalen und die Zerstörung der Weimarer Republik.* Aus dem Tagebuch von Reinhold Quaatz 1928-1933. München 1989; Leni Riefenstahl, *Memoiren.* München 1990, S. 152f.; Albert Speer, *Erinnerungen.* Frankfurt am Main 1969, S. 33; s. dazu auch: Klaus Theweleit, *Männerphantasien.* Bd. 2: Männerkörper. Zur Psychologie des Weißen Terrors. Reinbek 1978, S. 148-150; Martin Broszat, *Der Staat Hitlers.* Grundlegung und Entwicklung seiner inneren Verfassung. München 2000, S. 128-130.

5 Zum gesamten Thema s. den für eine breitere Öffentlichkeit vom Vf. (Bernd Sösemann) geschriebenen Beitrag „Propaganda und Öffentlichkeit in der ‚Volksgemeinschaft'", in: ders. (Hg.), *Der Nationalsozialismus und die deutsche Gesellschaft.* Einführung und Überblick. München 2002, S. 114-154.

6 Karl Nennstiel, *Presse und Propaganda.* Weimar 1936, S. 21; dazu auch: Franz Alfred Six, *Die politische Propaganda im Kampf um die Macht.* Diss. phil. Heidelberg 1936.

7 Hitler gab im „Völkischen Beobachter" (VB) am 17. Dezember 1925 eine Überzeugung kund, die für ihn in den folgenden Jahren bestimmend bleiben sollte: „Wir Nationalsozialisten sehen in dem Werke Christi die Möglichkeit, durch einen fanatischen Glauben das Ungeheuerlichste zu erreichen. Christus ist in einer verfaulten Welt erstanden, hat den Glauben gepredigt, zuerst verhöhnt, und doch ist aus diesem Glauben eine große Weltbewegung geworden. Wir wollen das Gleiche auf politischem Gebiet herbeiführen."

Zeitgenossen wie Kuno Graf von Westarp (1864-1945), langjähriger deutschnationaler Partei- und Fraktionsführer der Deutschnationalen im Reichstag, weiten deshalb den Erklärungsrahmen für die „flammende Begeisterung“ aus. Er rückt ebenfalls nicht Sachthemen in den Vordergrund, sondern „die Propaganda“ mit ihren Mitteln, Formen und Gefühlswerten. Als Westarp 1936 diese persönlichen Eindrücke von den ersten drei Jahren nationalsozialistischer Herrschaft niederschrieb, zeigte er sich am stärksten von der rundum zu spürenden Popularität Hitlers beeindruckt[8]. Er verwies auf die „sich fortwährend [...] wiederholenden Demonstrationen der Begeisterung für den Führer“, die Methoden und Wirkungen einer „mit allen Mitteln moderner Technik arbeitende[n] Propaganda, die den Führer und sein Werk unausgesetzt und bei jedem noch so fernliegenden Anlass in den höchsten Tönen preist, um die Massen suggestiv in ihren Bann zu ziehen.“[9] Diese Gesamteinschätzung teilten nicht nur etliche seiner Zeit- und Standesgenossen, sondern weite Kreise der deutschen Bevölkerung und auch ausländische Beobachter Deutschlands.[10]

Selbstverständlich gab es daneben Zeitgenossen wie die liberalen oder sozialdemokratischen Publizisten Theodor Wolff (1868-1843)[11] und Carl von Ossietzky (1889-1938)[12], Politiker wie Julius Leber (1891-1945) und Wilhelm Hoegner (1887-1980)[13] oder Schriftsteller wie Thomas Mann (1875-1955)[14], die vor den Nationalsozialisten rechtzeitig, deutlich und wiederholt gewarnt hatten. Sie haben die Brutalität, Geistesfeindschaft und Irrationalität, das Spiel mit Emotionen und Vorurteilen, die Appelle an niedere Instinkte erkannt und noch bis ins Frühjahr 1933 hinein öffentlich beschrieben. Sie argumentierten auch gegen die „Antifaschistischen“, die in Hitler und seiner Truppe „Söldner des Monopolkapitals“ sahen. Die Kommunisten hielten die SPD, die sie als „sozialfaschistisch“ diffamierten, für ihren Hauptfeind. Deutschnationale und Zentrumspolitiker meinten, die nationalsozialistische „Bewegung“ für ihre antidemokratischen und antiparlamentarischen Ziele ausnutzen zu können; die KPD ging in Ausnahmesituationen sogar eine Koalition mit der NSDAP im Parlament und auf der Straße ein, wenn ihr und der NSDAP ein Negativbündnis gegen die Republik opportun erschien.[15] Wenige Monate später sollten sie alle erfahren, wie sehr sie die mentalen und politischen Wirkun-

8 „Erste Aufgabe des Diktators ist: das, was er will, populär zu machen und den Willen der Nation mit seinem eigenen Willen in Übereinstimmung zu bringen. Nur dann wird die breite Masse ihn auf die Dauer ertragen und sein Regiment hinnehmen“ (Goebbels, Angriff, S. 325; 4. Feststellung – s. o. Anm. 1).

9 Westarps persönliche Eindrücke wurden zusammen mit weiteren Einschätzungen aus dem Jahr 1942 kürzlich ediert von Friedrich Freiherr Hiller von Gaertringen u. a. (Hg.), *Konservative Politik im Übergang vom Kaiserreich zur Weimarer Republik von Kuno Graf von Westarp* (Quellen zur Geschichte des Parlamentarismus und der politischen Parteien. 3. Reihe. Bd. 10). Düsseldorf 2001, S. 562-567, hier: S. 561f.

10 S. dazu Ferdinand Friedensburg, *Die Weimarer Republik*. Berlin 1946, S. 369. - Aus der Fülle der privaten und amtlichen Zeugnisse seien hier wegen der genauen und kritischen Beobachtungs- und Darstellungsweise lediglich genannt: Hans Dieter Baroth, *Gebeutelt, aber nicht gebeugt*. Erlebte Geschichte. Köln 1981; Dorothy von Moltke. *Ein Leben in Deutschland*, Briefe aus Kreisau und Berlin (1907-1934). München 1999, S. 226f., S. 230f., S. 248 (Sommer 1933); Christabel Bielenberg, *Als ich Deutsche war*. Eine Engländerin erzählt 1934-1945. München 1987; Victor Klemperer, *Ich will Zeugnis ablegen bis zum letzten*. Tagebücher 1933-1945. 2 Bde. Berlin 1995; dazu auch William L. Shirer, *Berliner Tagebuch*. Aufzeichnungen 1934-1941. Leipzig 1991.

11 BERLINER TAGEBLATT (im Folgenden BT) 587, 13.XII.1931: „Zerstörung der Psychose“; BT 587, 13.XII.1931 (Abendausgabe): „Pflücket die Rose“; BT 360, 31.VIII.1932 (Abendausgabe): „Um Alles!“; Bernd Sösemann, *Theodor Wolff*. Ein Leben mit der Zeitung. München ^{2}2001, S. 321ff.

12 Die Weltbühne (im Folgenden WB) 15.XII.1931: „Kommt Hitler doch?“; WB 19.I.1932: "Um Hindenburg“; WB 3.I.1933: „Wintermärchen“.

13 Sie gehörten zu den sozialdemokratischen Politikern, die zusammen mit dem preußischen Ministerpräsidenten Otto Braun (1872-1955) eine Front der Demokraten gegen Hitler aufzubauen suchten; s. dazu Heinrich August Winkler (Hg.), *Die deutsche Staatskrise 1930-1933*. Handlungsspielräume und Alternativen. München 1992.

14 BT 493, 18.X.1930: „Deutsche Ansprache“, und BT 373, 8.VIII.1932: „Was wir verlangen müssen.“

15 Im Reichstag kam es häufiger zu derartigen taktisch motivierten Verbrüderungen; von den Aktionen in der Öffentlichkeit erfuhr der „Berliner Verkehrsstreik“ Anfang November 1932 die größte Beachtung (Bernd Sösemann, *Das Ende der Weimarer Republik in der Kritik demokratischer Publizisten* [Abhandlungen und Materialien zur Publizistik 9]. Berlin 1974, S. 94).

gen der nationalsozialistischen Propaganda und den Willen Hitlers zur Macht unterschätzt hatten.[16]

Ein Teil der Forschung vertritt in den letzten Jahren die Ansicht, die Erfolge der Medienpolitik der NSDAP, die Wirkungen der NS-Propaganda und insbesondere die Rolle von Goebbels[17] würden überschätzt. Es werde der Auffassung Vorschub geleistet, das NS-Regime habe das deutsche Volk geschickt verführt und „gleichgeschaltet", es sei das Opfer skrupellos mit Gewalt und Verlockungen agierender Verbrecher geworden, die sich tragischerweise der Regierung hätten bemächtigen können.[18] Damit werde die Mitwirkung und Mitverantwortung großer Teile der Bevölkerung für die Entwicklungen in der nationalsozialistischen Diktatur, in dem Kampf gegen die „Volksfeinde" und im Krieg abgeschwächt oder übersehen.[19] Diese Bedenken sind ernst zu nehmen. Doch andererseits zeigt sich in der Tendenz, Propaganda als Meinungs- und Führungsmittel sogar in einer Diktatur für mindergewichtig zu halten, eine Unterschätzung propagandistischer Wirkungspotenziale. Derartige Fragen und Themen sollten künftig weniger moralisch, dafür aber quellenkritisch genauer und mit der Bereitschaft zur stärkeren Differenzierung diskutiert werden.[20] Die Geschichtswissenschaft müsste sich fünfzig Jahre nach dem Sturz des NS-Regimes dem Thema „Propaganda" vorurteilsfrei widmen können.[21] Einige Erkenntnisse sollten stärker in die Überlegungen mit einbezogen werden. Es kann nicht mehr von einem einheitlichen und unwandelbaren nationalsozialistischen Propaganda-Begriff ausgegangen werden. Propaganda ist kein exklusives Phänomen diktatorialer oder autoritärer Systeme. In freiheitlich-demokratischen Gesellschaften gehört sie in das weite Feld der politischen Werbung und Öffentlichkeitsarbeit. Nicht einmal in allen Grundzügen decken sich die Auffassungen von Hitler und Goebbels über Propaganda. Aus diesem Grund

16 "Das Jahr 1932 hat Hitlers Glück und Ende" gebracht, triumphierte Gustav Stolper am Ende jenes Jahres in der Fachzeitschrift „Deutscher Volkswirt". „Am 31. Juli hatte sein Aufstieg den Höhepunkt erreicht, am 13. August begann der Niedergang, als der Reichspräsident von Hindenburg Hitler den Stuhl, den er ihm zum Sitzen anbot, vor die Tür stellte. Seitdem ist das Hitlertum in einem Zusammenbruch, dessen Ausmaß und Tempo nur mit dem seines eigenen Aufstiegs vergleichbar ist" (zit. nach Toni Stolper, *Ein Leben in Brennpunkten unserer Zeit.* Gustav Stolper 1888-1947. Tübingen 1960, S. 307).

17 Besonders auffällig in der weitgehend unkritischen Biografie von Ralf Georg Reuth, *Goebbels.* München 1990; s. dazu die Rezensionen in: Francia 20 (1991) H. 3, S. 261-263 (Jan-Pieter Barbian); in: HPB 39 (1991), H. 4, S. 114f. (Bernd Sösemann), und in: Publizistik 36 (1990), S. 272f. (Martin Moll). – Nach wie vor ist zu empfehlen Helmut Heiber, *Goebbels.* München ^{3}1988 (zuerst Berlin 1962).

18 In den ersten Jahrzehnten der BR Deutschland wurde diese rechtfertigende Auffassung nicht nur von einer breiteren Öffentlichkeit vertreten, sondern auch in vielen geschichts- und politikwissenschaftlichen Darstellungen sowie einer Vielzahl populärer Schriften. Einen konzisen Überblick bietet Winfried Schulze, *Deutsche Geschichtswissenschaft nach 1945.* München 1989.

19 Am nachdrücklichsten vertreten von Gerhard Paul, *Aufstand der Bilder.* Die NS-Propaganda vor 1933. Bonn 1990, S. 255, 257, 261f., im Gegensatz zu Hans-Ulrich Thamer, *Verführung und Gewalt.* Deutschland 1933-1945 (Die Deutschen und ihre Nation). Berlin 1986, der bereits mit dem Titel das Moment der Beeinflussung durch das Regime und die Favorisierung der Perspektive der Partei- und Staatsgewalt betont. – Eine gewisse Tendenz in diese Erklärungsrichtung zeigen auch die Studien von Ian Kershaw, in denen die Macht der Inszenierung und des Führer-Mythos in zahlreichen Varianten beschworen wird (ders., *Der Hitler-Mythos.* Führerkult und Volksmeinung. München 2002).

20 Der Konzeption des Lexikons entsprechend liegt der Hauptuntersuchungsraum für den Begriff „Propaganda" im 5. Bd. von Otto Brunner u. a. (Hg.), *Geschichtliche Grundbegriffe.* Historisches Lexikon zur politisch-sozialen Sprache in Deutschland. Stuttgart 1984, S. 69-112, zwar auf der Zeit vor dem 20. Jahrhundert, doch die Darstellung von Wolfgang Schieder und Christof Dipper bietet eine gute Grundlage für weitere Arbeiten.

21 Müssen Erfolge der Propaganda und wirkungsvolle Aktionen genannt werden, dann folgt sogleich die wohl als Versuch einer Abschwächung gemeinte, aber keineswegs zu beweisende Beschwichtigung, „die Wirkung der Propaganda [habe] nicht auf deren vermeintlicher Originalität oder Raffinesse" beruht und den Nationalsozialisten sei es mit ihrem „Massenspektakel" nur „scheinbar" gelungen, „Bedürfnisse und Erwartungen [...] zu befriedigen". Außerdem wird im gleichen Kontext oft behauptet, der Bevölkerung sei es „kaum noch möglich [gewesen], hinter die Scheinwelt der Propaganda und der Masseninszenierungen zu blicken und sich der Durchdringung des Alltags durch nationalsozialistische Symbole und Phrasen zu entziehen". In dieser methodisch, aber auch inhaltlich nicht in allen Punkten überzeugenden Weise zuletzt: Hans-Ulrich Thamer, *Der Nationalsozialismus* (Reclam, Universal-Bibliothek 17037). Stuttgart 2002, S. 225f.

demonstrierte Goebbels bereits als „Reichspropagandaleiter der NSDAP“ und in einem größeren Umfang als Propagandaminister bei diesem Thema aus taktischem Kalkül eine inhaltliche Nähe zu Hitler, indem er möglichst viele Zitate aus Hitlers Propaganda-Kapiteln in „Mein Kampf“ benutzte. Hier deutet sich ein weiteres Problem an. Arbeiten zur nationalsozialistischen Propaganda sollten sich bei dem Versuch, allgemeine Feststellungen treffen zu wollen, nicht vorwiegend auf Hitlers Buch stützen. Die Themen und Herausforderungen, die Motive und Intentionen, die in diesem 1924/25 verfassten Buch formuliert sind, können die Grundlage für eine zeit- und situationsgebundene Interpretation der nationalsozialistischen Propaganda abgeben, werfen aber für alle darüber hinaus reichenden Schlüsse erhebliche quellenkritische und inhaltliche Probleme auf. Einige sollen wenigstens angedeutet werden. Hitler schrieb sein Buch etliche Jahre vor der Übernahme der Regierungsverantwortung und in einer innerparteilich und innenpolitisch äußerst prekären Lage. Seine Ausführungen in dem Kapitel über das „Propagandawesen“ beruhten auf den Kenntnissen als Propaganda-Redner im militärischen und Münchner Milieu. Erst in den folgenden Jahren gewann er intensive Erfahrungen auf der Reichsebene und mit Partnern wie Hugenberg sowie mit größeren finanziellen, personellen und logistischen Mitteln. Zwischen einer Propagandapolitik außerhalb der Regierungsverantwortung und einer regierungsamtlichen besteht ein großer Unterschied; er wächst weiter an, wenn eine Monopolpartei das Staatswesen beherrscht.[22]

Es müssen die einzelnen Phasen der nationalsozialistischen Propagandapolitik separat untersucht werden, bevor in einem differenzierteren Gesamtbild auch die gewiss vorhandenen Konstanzen markiert werden können. Außerdem wäre es überzeugender, Untersuchungen zur Propagandapolitik nicht aus der Perspektive der Nachlebenden anzustellen und die notwendigen Beurteilungskriterien stärker aus zeitlich parallelen Quellenbeständen nichtstaatlicher Provenienz und aus vergleichenden Analysen zeitgenössischer Parteien und Verbände zu gewinnen.[23] Des Weiteren sollte in einer Diktatur der gesamte propagandistische Komplex weniger personalisiert und somit methodisch und konzeptionell weiter gefasst werden. Propaganda ist strukturell dynamisch und dürfte besser zu analysieren sein, wenn von ihrem Prozesscharakter ausgegangen wird. Späte Emigranten wie der Sozialist Fritz Eberhard (1896-1982), die zuvor im Untergrundkampf gegen Hitler in Deutschland aus der unmittelbaren Konfrontation langjährig Erfahrungen hatten sammeln können, haben in ihren Analysen des Nationalsozialismus der Propaganda die hohe Aufmerksamkeit geschenkt, wie sie gemeinhin nur „harten“ Strukturen und Faktoren der Gesellschaft, also Wirtschaft, Industrie, Militär oder Polizei gewährt wird. Sie verstehen „Propaganda“ als eigenständige Größe im Geflecht der kommunikationspolitischen und mentalen Strukturen einer Gesellschaft.[24] Ein derartiges Vorgehen lenkte die Aufmerksamkeit auch stärker vom Einzelmedium, dessen sich der Propagandist bedient, ab und zum Phänomen des „Medienverbunds“ hin. Der Rezipient bezieht seine täglichen Informationen nicht über ein Medium, sondern er nutzt in der Regel mehrere Medien und nimmt außerdem noch weitere Botschaften in einer weniger bewussten und konzentrierten Weise wahr. Deshalb sollte jede einzelne Propaganda-Maßnahme ebenso im Medienverbund interpretiert werden wie in ihrem allgemeinen politischen Kontext. Nicht zuletzt ließen sich überzeugendere Erkenntnisse gewinnen, wenn das disperse Publikum systematisch mit in die In-

22 Einen zuverlässigen ersten Überblick zum Gebrauch und Verständnis des Begriffs „Propaganda“ vermittelt Cornelia Schmitz-Berning, *Vokabular des Nationalsozialismus*. Berlin 1998, S. 475-480.

23 Hinweise und nähere Erläuterungen dazu habe ich gegeben in: Bernd Sösemann, *Appell unter der Erntekrone*. Das Reichserntedankfest in der nationalsozialistischen Diktatur, in: JbKommg 2 (2000), S. 113-156; ders., Journalistischer Kampf gegen den Nationalsozialismus im deutschen Untergrund und französischen Exil, in: ders. (Hg.), *Fritz Eberhard*. Rückblicke auf Biographie und Werk (Beiträge zur Kommunikationsgeschichte 9). Stuttgart 2001, S. 123-192.

24 Zuerst erschienen in: Sozialistische Warte 14, 21.I.1939, S. 78-83; jetzt in: Sösemann, Eberhard, Dok. 23, S. 380-385.

terpretation einbezogen wird. Wirkungsanalysen vermögen allein dann zu überzeugen, wenn sie konsequent aus der Perspektive der Rezipienten erfolgen und somit der Öffentlichkeit und dem jeweiligen Publikum den Rang einräumen, der eine wichtige Voraussetzung für eine differenzierte Erfassung der Reaktionen und Aktivitäten bildet. Dabei dürfte ein Phänomen deutlicher hervortreten, das sich als Erfahrungs- und Erlebnisgemeinschaft von Propagandisten und Publikum beschreiben lässt. Diese Überlegung wird im Folgenden mit in die Untersuchung einbezogen, weil auch mit ihr die perspektivische Verengung eines großen Teiles der Literatur auf die Institutionen und Organisationen der Propaganda vermieden wird.

Mit dem 30. Januar 1933 wurde die NSDAP zum „politischen Orden eines völkischen Führerreichs", zum einzigen Träger des politischen Willens der Nation, erläuterte Ernst Rudolf Huber (1903-1990)[25], einer der führenden Juristen der Zeit. Unter den von ihm genannten Hauptaufgaben lassen sich drei dem Bereich des Propagandistischen zuordnen: Erziehung des Volkes, Durchsetzung der Weltanschauung, Auslese der Führer und völkische Willensbildung.[26] Unter der alleinigen Führerschaft von Regierung und Partei hätten alle Organe des Reiches ihre Kräfte und Fähigkeiten auf die Erreichung dieser übergeordneten Ziele hin auszurichten: alle Medien und Kommunikatoren, Autoren und Verlage, Künstler und Künste, Verbandsfunktionäre und Korporationen oder die Bau- und bildende Kunst, vom Maler bis zum Theaterregisseur.[27] Diese Aufgabe schloss den Kampf gegen die „Volksfeinde" ebenso mit ein, wie die Aufmerksamkeit gegenüber den „Staatsfeinden", die das Reich von außen bedrohten, sowie das unablässige Ringen um die Einheit der Partei und die Gewinnung weiterer „wertvoller Elemente" für die „Volksgemeinschaft".[28] Die Arbeiter gehörten vor und nach 1933 zu der auffallend häufig und intensiv umworbenen Zielgruppe, gefolgt von den Bauern, dem „Nährstand", und den Soldaten, dem „Wehrstand". Der Mittelstand bzw. das Bürgertum und die Frauen wurden nicht direkt und kontinuierlich angesprochen. Die Frauen waren in der medialen Arbeit der Propagandisten präsent, doch bestimmten ihre Funktionen in der Familie und Wohltätigkeitsorganisationen, an der Seite des Mannes oder auch schlicht als Verkörperung des guten Erbträgers das Bildmaterial.[29]

Die Bevölkerung konnte sich seit den ersten Februartagen über Aktivitäten der Hitler-Hugenberg-Koalition nahezu ausschließlich in Medien informieren, die den Machthabern gehörten, sich ihnen angepasst hatten oder die das Regime aus pragmatischen Erwägungen vorerst existieren ließ.[30] Als „real" geschehen und für berichtenswert galten jetzt lediglich Nach-

25 "Der Führer ist der Träger des völkischen Willens; er ist unabhängig von allen Gruppen, Verbänden und Interessenten, aber er ist gebunden an die Wesensgesetze des Volkes. In dieser Doppelung: Unabhängigkeit von aller Interessenbindung, aber unbedingte Gebundenheit an das Volk, spiegelt sich das eigentliche Wesen des Führertums" (Ernst Rudolf Huber, *Verfassungsrecht des Großdeutschen Reiches*. Hamburg ²1939, S. 195).

26 Huber, Verfassungsrecht, S. 44-46. – „Die Eroberung der Macht, die in diesen Wochen vor sich ging, beseitigte die alten verfassungsrechtlichen Grundgedanken und Formen vollständig und ersetzte sie durch eine neue geistige und rechtliche Ordnung", in: ebd., S. 44.

27 Berthold Hinz u. a. (Hg.). *Die Dekoration der Gewalt.* Kunst und Medien im Faschismus. Gießen 1979; Hans Dieter Schäfer, *Das gespaltene Bewußtsein.* Deutsche Kultur und Lebenswirklichkeit 1933-1945. München 1981. Vgl. dazu auch die Bestimmungen im Theatergesetz (15.V.1934), in: RGBl I 1934, S. 411-413.

28 Detlev Peukert, *Volksgenossen und Gemeinschaftsfreunde.* Köln 1982, S. 219-288. – Dazu die Grafik "Interaktionen von Politik und Propaganda in der NS-Diktatur. Ein synergetisches Modell", in: Sösemann, Appell, S. 145.

29 Wolfgang Zollitsch, *Arbeiter zwischen Weltwirtschaftskrise und Nationalsozialismus.* Göttingen 1990, S. 238-245; Adelheid von Saldern, *Mittelstand im „Dritten Reich.* Hannover 1979; Gerhard Schoenbaum, *Die braune Revolution.* Eine Sozialgeschichte des Dritten Reiches. München ²1980; Gisela Bock, Der Nationalsozialismus und die Frauen, in: Sösemann, Nationalsozialismus, S. 188-209.

30 Zu der Ausnahmerolle einiger Zeitungen und Zeitschriften für bürgerliche Leserkreise sowie zu ihrer Funktion in der nationalsozialistischen Diktatur und Propaganda s. Bernd Sösemann, Publizistische Opposition in den Anfängen des nationalsozialistischen Regimes, in: Peter Steinbach / Jürgen Schmädecke (Hg.), *Der Widerstand gegen den Nationalsozialismus.* München 1985, S. 190-206; Hainer Michalske, Öffentliche Stimme der „inneren Emigration"? Über die Funktion der Frankfurter Zeitung im System nationalsozialistischer Propaganda, in: JBKOMMG 3 (2001), S. 170-193. – Dabei machte das Regime keinen Hehl daraus, dass es

richten, die den jeweils gewünschten oder geforderten parteipolitischen Zielen dienten.[31] Das Publikum konnte oberflächlich den Eindruck haben, alle Maßnahmen verliefen rechtlich einwandfrei, wenn auch in autoritäreren Formen als unter Papens „Kabinett der Barone“. In diesem Klima des Erschreckens und Entsetzens, des Aufbruchs und der Umorientierung stimmten auch Zentrumspolitiker und Demokraten[32] wie Theodor Heuss (1884-1963) im März dem Ermächtigungsgesetz zu.[33] In jenen Tagen verfassten Literaten wie Luise Rinser (1911-2002) Huldigungsgedichte auf Hitler[34], suchten Industrielle und Vertreter der Kirchen die Nähe der neuen Macht. Militärs, Wissenschaftler und Intellektuelle[35], wie die am 20. Juli 1944 als Widerstandskämpfer ermordeten Ludwig Beck (1880-1944) und Henning von Tresckow (1901-1944)[36] oder Ferdinand Sauerbruch (1875-1951), Gottfried Benn (1886-1956)[37], Wilhelm Pinder (1878-1949)[38] und Martin Heidegger (1889-1976)[39], appellierten an die Öffentlichkeit, Hitlers Programm zu unterstützen oder wenigstens zu akzeptieren.

Nicht nur eine Chance, Beachtung und Zustimmung zu finden, hatten die Appellierenden, denn auf die Rechtmäßigkeit seiner Zensurmaßnahmen, Zeitungsverbote, Enteignungen, Zwangsverkäufe und Verhaftungen legte das Regime hohen Wert. Es stützte sich dabei formaljuristisch auf die weit reichende, die Grundrechte beseitigende Reichstagsbrand-Notverordnung des Reichspräsidenten (28.II.1933).[40] Das Ermächtigungsgesetz[41] und die beiden Gesetze zur

Kompromisse ablehne und einen Kampf gegen alle Gegner und auch gegen geschickte Opportunisten führen werde. Goebbels verhöhnte diejenigen, die sich „in den ersten Monaten blitzschnell mit der Geschwindigkeit eines Affen“ noch anzupassen versucht hätten. Denn „[…,] wenn einer Fahnenträger der vergangenen 14 Jahre gewesen ist, dann kann er nicht Fahnenträger der kommenden Jahrzehnte sein. Denn diese beiden Weltanschauungen stehen sich so diametral gegenüber, daß eine Versöhnung zwischen ihnen überhaupt unmöglich ist“ (Rede vom 25. März.1933, in: MITTEILUNGEN DER REICHSRUNDFUNK-GESELLSCHAFT, Sonderbeilage zu Nr. 354, 30.III.1933, Bl. 1/8).

31 Hannah Arendt, *Elemente und Ursprünge totaler Herrschaft*. Frankfurt am Main 1955, S. 533-538.

32 s. dazu Kurt Sontheimer, *Antisemitisches Denken in der Weimarer Republik*. München 1962, S. 51ff.

33 Rudolf Morsey, *Das Ermächtigungsgesetz vom 24. März 1933*. Quellen zur Geschichte und Interpretation des „Gesetzes zur Behebung der Not von Volk und Reich“. Düsseldorf 1992.

34 Die Schlussverse des Gedichts von Luise Rinser, „Junge Generation“, lauten: „Wir sind Deutschlands brennendes Blut !/ Todtreu verschworene Wächter heiliger Erde,/ Des großen Führers verschwiegene Gesandte,/ Mit seinem flammenden Zeichen auf unserer Stirn,/ Wir jungen Deutschen, wir wachen, fliegen oder sterben,/ Denn wir sind treu !“, in: HERDFEUER 10 (Jan./Feb. 1935), S. 436.

35 Hierzu: Hans Mommsen, *Von Weimar nach Auschwitz*. Stuttgart 1999, S. 155-174.

36 Im „Tag von Potsdam“ sah er im Händedruck zwischen Hitler und Hindenburg die „Geburtsstunde eines neuen Deutschland“ eingeläutet (Klaus-Jürgen Müller, *General Ludwig Beck*. Studien und Dokumente zur politisch-militärischen Vorstellungswelt und Tätigkeit des Generalstabchefs des deutschen Heeres 1933-1938. Boppard 1980, S. 339).

37 Gottfried Benn, *Essays und Reden*. Frankfurt am Main 1989, und ders., *Briefe an Friedrich Oelze*. 3 Bde., Frankfurt am Main 1979-1982, sowie insbesondere die Broschüre: ders., *Der neue Staat und die Intellektuellen*. Berlin 1933.

38 Bernd Sösemann (Hg.), *Emil Dovifat*. Studien und Dokumente zu Leben und Werk (Beiträge zur Kommunikationsgeschichte 8). Berlin 1998, S. 142f.

39 Als Rektor der Universität Freiburg begrüßte er anlässlich seiner Antrittsrede am 27. Mai 1933 den Führerstaat und die Überlagerung des „Führerprinzips“ auf die universitäre Ordnung; im November 1933 zählte er zu den Wissenschaftlern, die an die ganze Welt appellierten, Hitlers Politik zu unterstützen; und am 30. September verstieg er sich zu der Ansicht, weil der neue Student „primitiv“ sei, habe er die Berufung, den „neuen Wissenschaftsanspruch“ durchzuführen (zu weiteren Einzelheiten s. Victor Farias, *Heidegger und der Nationalsozialismus*. Frankfurt am Main 1989).

40 Verordnung des Reichspräsidenten zum Schutz von Volk und Staat, 28.II.1933 (RGBl I 1933, S. 83): „Auf Grund des Artikels 48 Abs. 2 der Reichsverfassung wird zur Abwehr kommunistischer staatsgefährdender Gewaltakte Folgendes verordnet: § 1: Die Artikel 114, 115, 117, 118, 123, 124 und 153 der Verfassung des Deutschen Reichs werden bis auf weiteres außer Kraft gesetzt. Es sind daher Beschränkungen der persönlichen Freiheit, des Rechts der freien Meinungsäußerung, einschließlich der Pressefreiheit, des Vereins- und Versammlungsrechts, Eingriffe in das Brief-, Post-, Telegraphen- und Fernsprechgeheimnis, Anordnungen von Haussuchungen und von Beschlagnahmen sowie Beschränkungen des Eigentums auch außerhalb der sonst hierfür bestimmten gesetzlichen Grenzen zulässig […].“ – Am selben Tag unterzeichnete der Reichspräsident weitere, die öffentliche Kommunikation zusätzlich einschränkende Bestimmungen: Verordnung des Reichspräsidenten gegen Verrat am Deutschen Volke und hochverräterische Umtriebe (28.II.1933), in: RGBl I 1933, S. 85-87.

Gleichstellung der Länder mit dem Reich[42], die zur Schaffung einer „Reichsmittelinstanz" führten, waren ebenfalls von den zuständigen Institutionen verfassungskonform beschlossen worden.[43] Die Wirkungen der täglichen Veränderungen, Aufrufe, Aufmärsche und aller abwehrenden, reglementierenden und zensierenden Maßnahmen auf die Bevölkerung lassen sich nicht einzeln und isoliert erfassen. Erst in der Zusammenschau mit den parallel ablaufenden harten Repressionen ergibt sich ein stimmiges Porträt. Es lag eine ubiquitäre Gewalt-, Bürgerkriegs- und Terrordrohung über der Gesellschaft: mit den Auswirkungen der Ausnahmegesetze und den Rechtsverletzungen, mit den sofort einsetzenden Verfolgungs- und Verhaftungswellen, mit Görings 50.000 Hilfspolizisten und mit dem alsbald eingerichteten Geheimen Staatspolizeiamt. Die wiederholt auch öffentlich demonstrierte Gewalt förderte die Ausbreitung von Misstrauen und Angst, von Opportunismus und forcierter Akklamation.[44] Parallel dazu sorgten Partei und Regierung mit Festakten wie der Eröffnung des Reichstags in Potsdam, mit neuen und alten positiven Symbolen und mit dem Rückgriff auf Traditionen für ein äußerlich strahlendes Glanzporträt von der „nationalen Erhebung".[45] Die dabei offiziell verbreiteten Botschaften lauteten: Es findet eine „legale" Revolution unter der Obhut des ehrwürdigen Reichspräsidenten Hindenburg statt. Ein honoriger Staatsmann führt Deutschland aus der Schmach und Schande von Versailles und Reparationsverträgen heraus, in die der „Verrat von 1918" und die „System-Politiker" das Volk haben versinken lassen. Die Zusammenarbeit mit allen „nationalen" Gruppen jenseits eines engen Klassendenkens und Standesegoismus wird gesucht. Erstmals besteht volle Übereinstimmung zwischen dem Volk und seiner Führung. Der Kampf gegen den Bolschewismus muss nach dem Brand des Reichstags noch entschiedener geführt werden. Die „Volksgemeinschaft" ist auch mit denen zu verwirklichen, die vorerst noch in Lagern umerzogen werden müssen. Die Regierung verfolgt eine strikte Friedens- und Versöhnungspolitik. Diese nachdrücklich wiederholten Erklärungen und eine ansteckende Bereitschaft, nach den Jahren sich unaufhaltsam verschärft habender Krisen in Staat, Wirtschaft, Finanzen und Gesellschaft, in den Ankündigungen und Wunschbildern einen realen Kern zu entdecken, verhinderten die Entstehung einer breiten Oppositions- oder Widerstandsbewegung. Die ersten wirtschafts-, arbeits- und sozialpolitischen Maßnahmen, der schnelle Abschluss des Reichskonkordats am 20. Juli 1933 und die Dauerbeschwörung einer Friedenspolitik vergrößerten den Kreis der Sympathisanten auf dem rechten Flügel und in der Mitte.[46] Sogar anfangs distanzierte Beobachter beeindruckten sie, denn es wuchs die Zahl derjenigen, die dafür plädierten, man möge Hitler wenigstens eine Chance geben.[47]

41 Gesetz zur Behebung der Not von Volk und Reich, 24.III.1933 (RGBl I 1933, S. 141): Art. 1: „Reichsgesetze können außer in dem in der Reichsverfassung vorgesehenen Verfahren auch durch die Reichsregierung beschlossen werden. Dies gilt auch für die in den Artikeln 85 Abs. 2 und 87 der Reichsverfassung bezeichneten Gesetze." Art. 2: „Die von der Reichsregierung beschlossenen Reichsgesetze können von der Reichsverfassung abweichen, soweit sie nicht die Einrichtung des Reichstags und des Reichsrats als solche zum Gegenstand haben. Die Rechte des Reichspräsidenten bleiben unberührt."

42 Vom 31. März und 7. April 1934; s. Walter Baum, *Die* „Reichsreform" im Dritten Reich, in: VJHEFTE ZG 3 (1955), S. 36-56.

43 „Hitler trug zu der nötig gewordenen endgültigen Kompetenzabklärung zwischen Reichsverwaltung und NSDAP ebenso wenig bei, wie zur Beendigung des unglücklichen Nebeneinanders von Reichsstatthaltern und Ministerpräsidenten in den Ländern mit *doppelter Führungsspitze*. Er vermied es, zugunsten einer der jeweils rivalisierenden Instanzen zu intervenieren. [...] Das Reich blieb daher weit davon entfernt, ein echtes *Einheitsreich* zu sein" (Uwe Barnick, *Die Verfassungsreformvorstellungen im nationalsozialistischen Deutschen Reich und ihre Verwirklichung* [Schriften zur Verfassungsgeschichte 45]. Berlin 1995, S. 58-65, hier S. 65; die Hervorhebungen finden sich in der Vorlage).

44 Peter Steinbach, Die Gleichschaltung, in: Sösemann, Nationalsozialismus, S. 78-113.

45 Klaus Scheel, *1933. Der Tag von Potsdam*. Berlin 1996.

46 Hitler sah sich wenige Wochen nach den Reichstagswahlen vom 5. März 1933 gezwungen, für die NSDAP eine Aufnahmesperre zu beschließen, weil er durch die Hunderttausende, die neu eingetreten waren, eine „Verbürgerlichung" der Partei befürchtete. Die Mitgliedersperre bestand bis 1937 (Domarus, Hitler, Bd. I, S. 189).

47 Wolfgang Wippermann, Hat Hitler die Macht ergriffen?, in: Sösemann, Nationalsozialismus, S. 77.

Die scharfe innenpolitische Zäsur zeigte sich nach der Regierungsübergabe an die Hitler-Hugenberg-Koalition auch in den gezielten Abänderungen und Neuordnungen, die umgehend für propagandistische Zwecke getroffen wurden. Sie umfassten personelle, institutionelle, wirtschaftliche, finanzielle und organisatorische Regelungen im Reich und in den Ländern.[48] Parallel dazu beschlossen das Kabinett, die Ministerien und die NSDAP unter pragmatischen Gesichtspunkten Improvisationen, durch die sie frühzeitig Schlüsselpositionen besetzten.[49] Hitler setzte sich bereits am zweiten Regierungstag über geltendes Recht hinweg, als er eine Direktübertragung im Hörfunk anordnete, um in einem „Aufruf an das deutsche Volk"[50] eine parteipolitische Ansprache an die Bevölkerung zu richten, die von der Form einer gesetzlich sanktionierten Regierungserklärung abwich.[51] Große Teile des Publikums und besonders die Fachleute im Sender waren keineswegs von Hitlers rhetorischer und inhaltlicher Leistung begeistert. Auf etliche deutsche und auch österreichische Zuhörer habe Hitlers Stakkato unsympathisch gewirkt; sein Ton sei kasernenhofartig und „gar nicht deutsch" gewesen, berichteten liberale und sozialdemokratische Zeitungen und Zeitschriften in ihren letzten Nummern vor dem Verbot. [52]

Elf Tage später steigerte die NSDAP die Einvernahme des von ihr hoch geschätzten Mediums Hörfunk mit einem Coup, für den Hitler die eingangs beschriebene Direktsendung befahl. Den Filmgesellschaften gegenüber war Zwang unangebracht, denn sie sahen in der NSDAP mit ihren Großveranstaltungen im Sportpalast immer ein lohnendes Sujet. Die Partei legte auf das Bildmaterial der Filmgesellschaften hohen Wert, weil sie einen Filmzusammenschnitt noch im Wahlkampf einsetzen wollte. Hitler und Goebbels enttäuschten die Erwartungen der Reporter und Kameramänner nicht. Zwar beeindruckten beide nicht mit ihren abgestandenen Erzählungen über den Aufstieg der Partei und das „Programm der nationalen Wiedergeburt", doch umso wirkungsvoller erwiesen sich die unverhüllten Drohungen: „Einmal wird unsere Geduld zu Ende sein, und dann wird den Juden das freche Lügenmaul gestopft werden. [Starker Beifall]. [...] Und wir werden den Herren vom Karl-Liebknecht-Haus bald Töne beibringen, die sie noch niemals vernommen haben. [Heilrufe und starker Beifall]."[53] Einen ähnlich hohen Stellenwert billigten die Journalisten den höhnenden „Abrechnungen" der NS-Führer zu, mit denen sie die Politiker der „Systemzeit" verdammten, damit die „Morgenröte des Dritten deutschen Reiches" heller über dem „Ereignis der nationalen Wiedergeburt" leuchten konnte. 44 weitere Wahlsendungen mit ähnlichen Drohungen und

48 Anders als in den Jahren zuvor, konnte die NSDAP ihre Position als Regierungspartei sogleich ausnutzen und ließ sich weder im Reich noch in den Ländern von rechtsstaatlichen Bedenken beeinflussen, wenn es galt, Einfluss auf das öffentliche Leben zu nehmen – Übertragung politischer Veranstaltungen im Hörfunk – oder für nationalsozialistische Politik und Weltanschauungen zu werben; s. Dieter Rebentisch, Verfassungswandel und Verwaltungsstaat vor und nach der nationalsozialistischen Machtergreifung, in: Jürgen Heideking u. a. (Hg.), *Wege in die Zeitgeschichte*. Festschrift zum 65. Geburtstag von Gerhard Schulz. Berlin 1989, S. 123-150.

49 Vgl. dazu die übersichtliche Dokumentation von Günter Wollstein (Hg.), *Quellen zur deutschen Innenpolitik 1933-1939*. Darmstadt 2001.

50 Max Domarus (Hg.), *Hitler.* Reden und Proklamationen 1932-1945. 4 Bde., hier: Bd. 1. Würzburg 1962. S. 191-194.

51 Die Proteste der Länderregierungen waren in jenen Tagen uneinheitlich und halbherzig. Am Tag zuvor hatte allein Bayern die Übertragung des Fackelzugs durch die Berliner Funk-Stunde im Laufe des Abends mit der Begründung abgebrochen, es sei eine der verbotenen Parteikundgebungen („Richtlinien für den Rundfunk", 18.XI.1932); nur das Württembergische Staatsministerium verwahrte sich am 9. Februar 1933 entschieden gegen den erneuten Rechtsbruch vom 1. Februar (*Akten* der Reichskanzlei. Regierung Hitler 1933-1938. Teil I: 1933/34. Hg. von Karl-Heinz Minuth. 2 Bde. Boppard 1983, Bd. 1, Dok. 20, S. 64f.).

52 Ian Kershaw, *Hitler 1889-1936*. Stuttgart 1998, S. 231f. – Hitler wiederholte übrigens seinen Aufruf sogleich in verbesserter Form im Tonstudio und ließ anschließend nur noch diese deutlichere und um fast drei Minuten längere Fassung im Laufe des 2. Februars drei Mal ausstrahlen (Helmut Heiber, *Goebbels.* Reden 1932-1945. Bd. 1: 1932-1939. Düsseldorf 1971, S. 116).

53 Reimers, Aufruf, S. 172f. – Zwei Tage zuvor hatte der Hörfunk auf Veranlassung der Reichsregierung eine Rede von Alfred Hugenberg aus dem Sportpalast übertragen müssen (Ansgar Diller, *Rundfunkpolitik im Dritten Reich* [Rundfunk in Deutschland 2]. München 1980, S. 66).

Ausmalungen eines heroischen Selbstvertrauens folgten im ganzen Reich.[54] Den SA-Hilfspolizisten – von Göring zum „bedingungslosen Waffengebrauch“ ermuntert[55] –, den Mitgliedern der NSDAP und den der Partei in jenen Wochen zuströmenden Opportunisten dürfte die Androhung außerordentlicher staatlicher Maßnahmen nur recht gewesen sein. Die übrige Öffentlichkeit hätte sich aber nicht über die offen angekündigten Rechtsbrüche und ungewohnten Brutalitäten mit Alltagsweisheiten hinwegtrösten dürfen. Denn jetzt wurde „so heiß gegessen, wie gekocht“; denn jetzt schossen die „braunen Preußen“ sehr wohl schnell und häufig; und es fielen bei der Verfolgung der Andersdenkenden in den „wilden Gefängnissen“ und Folter-Kellern der SA nicht nur „Späne“.[56] Ein Irrtum war ausgeschlossen, denn die Zeitungen berichteten über die offiziell eingerichteten Konzentrationslager und das staatliche Programm der „Umerziehung der Volksfeinde und Verbrecher“ zu „nützlichen Gliedern der Volksgemeinschaft“. Einige Blätter dokumentierten die Vorgänge zusätzlich mit Namenslisten und Fotografien. Goebbels ließ ebenfalls niemanden im Unklaren. Seine „Goldene[n] Worte für einen Diktator und für solche, die es werden wollen“ hatte er erst ein halbes Jahr zuvor öffentlich verkündet und seitdem für alle, die es hören wollten, bereitwillig wiederholt: „Reden können, das ist keine Schande. Es wird nur dann zum Verhängnis, wenn auf das Wort keine Tat folgt.“[57]

In den Städten ließ man seit dem Februar 1933 auf zentralen Plätzen sukzessive Großlautsprecher aufstellen, deren Bestand bis zum Krieg auf 6.000 "Reichslautsprechersäulen" ausgebaut wurde, weil man mit ihnen und dem Hörfunk zusätzlich eine schnelle Befehlsausgabe sichern wollte. Im Frühjahr 1933 regte das „Reichsministerium für Volksaufklärung und Propaganda“ (RMVP) die Konstruktion eines preiswerten „Volksempfängers“ an.[58] Bereits auf der nächsten Funkausstellung präsentiert die Industrie den „VE 301“ für 76 Reichsmark (RM), der in günstiger Ratenzahlung zu erwerben war. 1934 folgte der „Arbeitsfront-Empfänger“ (DAF 1011), um den politisch gewünschten Gemeinschaftsempfang zu erleichtern.[59] Das kollektive Hören sollte nicht nur die Rezeptions- und damit die Wirkungsmöglichkeiten verbessern, sondern zugleich das Gemeinschaftsgefühl stärken, die Konzentration erhöhen und eine umfassendere Kontrolle der Bevölkerung ermöglichen.[60] Außerdem wies das RMVP die Sendeanstalten an, den Anteil politischer Sendungen zu steigern und völkisches „Kulturgut“[61]

54 S. dazu die Aufstellung über Regierungssendungen vom 1. Februar bis zum 4. März 1933: Bundesarchiv (im Folgenden BA) R 78, Nr. 1269. Goebbels bereitete Veranstaltungen mit Hitler in allen Städten vor, die über einen Rundfunksender verfügten. Die Rede in Stuttgart (15. Februar) endete abrupt, als eine Widerstandsgruppe von Gewerkschaftlern und Kommunisten das Verbindungskabel zwischen der Stadthalle und dem Telegraphenbauamt kappte (Sibylle Grube, *Rundfunkpolitik in Baden und Württemberg 1924-1933*. Berlin 1976, S. 168).

55 Michael Burleigh, *Die Zeit des Nationalsozialismus*. Frankfurt am Main 2000, S. 211-216.

56 Hartmut Melringer, *Widerstand und Emigration*. München 1997, S. 60-63.

57 Goebbels, Angriff, S. 326 (Punkt 10 der in Anm. 1 genannten Liste).

58 Mit dem Plakat „Ganz Deutschland hört den Führer mit dem Volksempfänger“ begannen die Aktionen, durch die möglichst jeder Privathaushalt zum Kauf eines Geräts angeregt werden sollte; später wurden große Anstrengungen unternommen, um auch alle Wehrmachtsangehörigen erreichen zu können (Rundfunkarchiv 1940, H. 2, S. 56f., zit. nach Diller, Rundfunkpolitik, S. 158).

59 Mit dem Gemeinschaftsempfang sollte nicht allein möglichst schnell die öffentliche Rezeption der Reden deutlich gesteigert, sondern auch das Abhören unerwünschter Sender erschwert, die Denunziationsmöglichkeiten gesteigert und die propagandistische Wirkungsintensität in einem dispersen Publikum erhöht werden. Doch nicht einmal während des Krieges, als sich die Sanktionen gegen das Abhören der Feindsender in mehreren Wellen verschärften, konnte die „Gefahr einer Infektion“ durch das Ausland (Goebbels) völlig beseitigt werden; s. dazu Willy A. Boelcke (Hg.), *Kriegspropaganda 1939-1941*. Geheime Ministerkonferenzen im Reichspropagandaministerium. Stuttgart 1960, S. 257, 259, 562 und 596).

60 Eugen Hadamowsky, *Der Rundfunk*. Das Rundfunkbuch für alle Volksgenossen. München 1934; ders., *Der Rundfunk im Dienste der Volksführung*. Leipzig 1934. Die Hörerzahlen stiegen in sechs Jahren von rund vier auf neun Millionen (1939); am Endes des Kriegs waren es fünfzehn (Hans Pohle, *Der Rundfunk als Instrument der Politik*. Zur Geschichte des Rundfunks von 1923 bis 1928. Hamburg 1955, S. 227-229).

61 Dazu zählten Märsche, Gesänge, Erzählungen oder Stimmungsberichte.

stärker zu berücksichtigen.[62] Die Sender setzten derartige Anweisungen ebenso schnell und gründlich wie alle Zeitungen um, so dass Goebbels sie wiederholt lobte, aber auch Ende 1933 vor „Übertreibungen“ warnen musste.[63] Zu keiner Zeit beabsichtigte das RMVP jedoch, die rigorosen Reglementierungen zu beseitigen oder abzuschwächen. Es verfolgte vielmehr eine gegenteilige Politik, indem es das System der Bevormundung ausbaute und mit zusätzlichen Maßnahmen in der Annahme perfektionierte, die gewünschte „Farbigkeit“ lasse sich auf dem Verordnungsweg herstellen.

Im Frühjahr 1933 erreichte die staatliche Propaganda ihre höchste öffentliche Anerkennung mit dem ihr von Hitler am 13. März zugebilligten Kabinettsrang.[64] Erstmals und bislang das einzige Mal existierte in Deutschland mit dem RVMP für zwölf Jahre ein „Generalstab der Volksaufklärung“[65], wie es in der von den Beteiligten geschätzten Sprache der Militärs und in bewusster Verkürzung des offiziellen Titels hieß. Den Aufgabenbereich des RMVP gab eine Verordnung an, die umfassender schwerlich hätte skizziert werden können. Sie sprach von „der geistigen Einwirkung auf die Nation, die Werbung für den Staat, Kultur und Wirtschaft[66], der Unterrichtung der in- und ausländischen Öffentlichkeit über sie und der Verwaltung aller diesen Zwecken dienenden Einrichtungen“.[67] Doch bereits das Gründungsverfahren, die Bezeichnung und Kompetenzen waren unter den Betroffenen und Beteiligten heftig umstritten, weil der größte Teil der Aufgabenfelder aus Ressortabtretungen der Ministerkollegen bestand.[68] Hitler musste schließlich das kollektive öffentliche Bekenntnis der Führung zu einer

62 Auf der 10. Deutschen Funkausstellung, 18. August 1933, konnte Goebbels bereits triumphieren: „Was die Presse für das 19., das wird der Rundfunk für das 20. Jahrhundert sein. Man könnte auf ihn, angewandt auf unsere Zeit, das Wort Napoleons dahin variieren, daß der Rundfunk die achte Großmacht darstellt. Seine Erfindung und Ausgestaltung für das praktische Gemeinschaftsleben ist von einer wahrhaft revolutionären Bedeutung. Vielleicht werden spätere Geschlechter einmal feststellen müssen, daß der Rundfunk für unsere Zeit genau so eine neue Entwicklung der geistigen und seelischen Beeinflussung der Massen eingeleitet hat, wie vor Ausbruch der Reformation die Erfindung der Buchdruckerkunst“ (Gerd Rühle, *Das Dritte Reich.* Dokumentarische Darstellung des Aufbaues der Nation. Das erste Jahr 1933. Berlin 1934, S. 72f.).

63 Eine entsprechende Verordnung erschien am 11. November 1933. In den ausführlichen „*Richtlinien* über die Gesamthaltung der deutschen Presse“ von Anfang 1934 heißt es: „Der Hauptschriftleiter soll ferner Meldungen und Artikel unter diesem propagandistischen Gesichtspunkt nicht nur nach ihrem sachlichen Inhalt werten, sondern nach ihrer höheren Bedeutung in ihrer Wirkung auf die Leserschaft abwägen. Dazu kann ihm die Form der Aufmachung einer Meldung und der richtige Umbruch der Gesamtzeitung dienen. Das Wort von der Eintönigkeit der deutschen Presse muß verstummen. Die deutsche Presse ist heute schon wieder interessant und anregend, sie gibt sich alle Mühe und verwendet große Anstrengung, viel Fleiß und eine Unsumme von Intelligenz darauf, den Aufgaben der Zeit gerecht zu werden.“ – BA ZSg 101/1/132a ff. (20. Oktober 1933): „Man will nicht, daß überall einheitlich geschrieben wird, man will, dass die Presse ihr lebendiges Gesicht behält [...]“ (Mitteilung auf der Pressekonferenz).

64 Hierzu und zu den weiteren Einzelheiten s. die partiell zwar überholte, aber immer noch anregende Untersuchung von Karlheinz Schmeer, *Die Regie des öffentlichen Lebens im Dritten Reich.* München 1956.

65 „Dieser Generalstab der Volksaufklärung, er muß an alles denken, muß überall dabei sein, muss ständig die Hand am Pulse des Volkes halten, über alles unterrichtet sein, Lücken erspüren, Mißverständnisse ausräumen, Notwendigkeiten erfüllen, verzwickte Dinge vereinfachen und allzu einfache reichhaltig machen. Die Heimatausstellung in Palmicken gehört ebenso in seinen Arbeitsbereich wie die Siedlungsfrage, die Kunstausstellung moderner Malerei ebenso wie der russische Nichtangriffspakt, das Gedicht unterm Strich der Morgenzeitung ebenso wie die Gestaltung des 1. Mai. Propaganda ist ja nicht das Erfinden von mehr oder weniger glaubwürdigen Lügen, wofür sie mancher Altkleiderhändler vielleicht halten mag, sondern das Verkünden der Wahrheit und des Willens“ (Winfried Bade, Der Generalstab der Volksaufklärung, in: *Nationalsozialistische Partei-Korrespondenz (NSK),* Folge 466, 11.VIII.1933).

66 Gesetz über Wirtschaftswerbung (12.IX.1933), in: RGBl I 1933, S. 625f. Erste und zweite „Verordnung zur Durchführung des Gesetzes über Wirtschaftswerbung“ (14.IX./ 27.X.1933), in: ebd., S. 628, 791f., und die „Anordnung der Reichspressekammer über Fragen des Vertriebs und der Bezieherwerbung sowie Neugründungen zur Befriedung der wirtschaftlichen Verhältnisse im deutschen Zeitungswesen“ (13.XII.1933), in: *Handbuch deutscher Tagespresse.* 7. Auflage. Berlin 1944, S. 325f.

67 Verordnung über die Aufgaben des Reichsministeriums für Volksaufklärung und Propaganda (30.VI.1933), in: RGBl I 1933, S. 449.

68 Zum Erlass s. RGBl I 1933, S. 104; Einzelheiten finden sich in: Akten, Dok. 44, 56 und 60. Die Konflikte erreichten ein solches Ausmaß, dass sie sogar öffentlich bekannt wurden. Nach zweijährigem Bestehen des RMVP bekannte ein offiziöser Festartikel: „Reibungen waren auch dabei nicht einfach zu vermeiden. Denn

ministeriellen Propagandatätigkeit erzwingen. Ein von so deutlich bekundeter Ablehnung aus dem Kabinett deprimierter Goebbels musste den Doppelnamen akzeptieren, den er wegen der Nähe zur „Werbung“ nicht schätzte.[69] Gut ein Jahr lang bemühte er sich – geschickt verdeckt gegenüber Hitler –, seinem Kabinettskollegen Bernhard Rust (1883-1945) Teile des Wissenschafts- und Kulturressorts abzunehmen, um sich die Legitimation zu verschaffen, „Propaganda“ durch „Kunst“, „Künste“ oder „Kultur“ ersetzen und die biedere „Volksaufklärung“ streichen zu können. Nachdem alle Versuche erfolglos geblieben waren, versuchte Goebbels, den Propaganda-Begriff wenigstens vor Missbrauch zu schützen und seinen Klang in der Öffentlichkeit aufzubessern. Er wies die Wirtschaft an, zukünftig ausschließlich das Wort „Werbung“ zu benutzen. Die deutsche Presse und der Hörfunk mussten für informations- und meinungslenkende Aktivitäten des Auslands „Agitation“, „Hetze“ oder höchstens „Gräuelpropaganda“ wählen.[70]

In politisch korrekten Begriffen sahen die Nationalsozialisten eine wichtige Voraussetzung für den propagandistischen Erfolg. Die Sprachregelungen setzten in den ersten Tagen ein und endeten so gut wie nie, denn Goebbels und Rosenberg mühten sich um den Erhalt der von ihnen beiden beanspruchten weltanschaulichen Deutungshoheit und politischen Sinngebungsfunktionen bis in den April 1945 hinein.[71] Da die schriftlichen und mündlichen Anweisungen zunehmend Details und Feinheiten der publizistischen Gestaltung bestimmten und die Journalisten in der steigenden Informationsflut den Überblick zu verlieren drohten, reagierten die Behörden mit der Ausgabe von Handbüchern, Zusammenfassungen und mit weiteren Einzelanweisungen.[72] Die Wirkungskraft dieser hegemonialen Sprachordnung endete nicht mit der Zerstörung des Regimes. Ein halbes Jahrhundert später sind nicht einmal alle wissenschaftlichen Werke von nationalsozialistischen Begriffsbildungen frei.[73] Im Herbst 1933 stellte eine

nichts in der Welt ist schließlich erfolgreich begonnen und durchgeführt worden, ohne daß sich nicht irgendwie Kräfte der angebahnten Entwicklung entgegengeworfen hätten. Alle Schwierigkeiten aber wurden mit zielbewusster und zugleich elastischer Anwendung der gegebenen [...] Mittel allmählich niedergerungen, alle auftretenden Mängel behoben, alle Unebenheiten planiert und schließlich auch die zum Aufbau verwendbaren, einst gegeneinander stehenden Kräfte zu einer gemeinsamen Arbeit auf ein Ziel vereinigt“ (veröffentlicht in: Zeitungsdienst, Berliner Dienst, 25.IV.1935: „Zwei Jahre Propagandaministerium“).

69 Heiber, Goebbels, S. 136f.

70 Zweite Verordnung zur Durchführung des Gesetzes über Wirtschaftswerbung, 27.X.1933 (RGBl I 1933, S. 791). – Am 25. März 1933 sprach Goebbels vor Intendanten und Direktoren der Rundfunkgesellschaften: „Das ist ja das Geheimnis der Propaganda. Ich verwahre mich dagegen, daß die Propaganda etwas Minderwertiges sei, denn wir säßen heute nicht in den Ministersesseln, wenn wir nicht die großen Künstler der Propaganda gewesen wären. Und wir hätten den Krieg nicht verloren, wenn wir die Kunst der Propaganda besser verstanden hätten. Das ist das Geheimnis der Propaganda: den, den die Propaganda fassen will, ganz mit den Ideen der Propaganda zu durchtränken, ohne daß er überhaupt merkt, dass er durchtränkt wird. *Selbstverständlich* hat die Propaganda eine Absicht, aber die Absicht muß so klug und so virtuos kaschiert sein, dass der, der von dieser Absicht erfüllt werden soll, das überhaupt nicht bemerkt“ (Heiber, *Reden*, S. 95; die Hervorhebung findet sich in der Vorlage). Wie stark das Wort jedoch pejorativ verstanden und weiterhin umfassend benutzt wurde, zeigt sich darin, dass Goebbels seine Mahnung öfters wiederholen musste, „Propaganda“ sei ausschließlich positiv anzuwenden.

71 Presseanweisung als „Rundruf“, 21.XI.1933: „Über angebliche Demonstrationen vor dem Gebäude der Reichsbahn-Hauptverwaltung und am Skagerrak-Platz darf in der Presse nichts berichtet werden“ (*NS-Presseanweisungen der Vorkriegszeit.* Edition und Dokumentation. Hg. von Hans Bohrmann / Gabriele Toepser-Ziegert. Bd. 1 München 1984, S. 22). - Presseanweisung als "DNB-Rundspruch", 18.VII.1934: „Es wird gebeten, Bilder vom Aufenthalt des Führers in Heiligendamm nicht weiter zu verbreiten, da nach dem Wunsch des Führers solche Aufnahmen aus dem Privatleben nicht in die gesamte Presse gelangen sollen“ (ebd.) Bd. 2. München 1985, S. 279). – dass. als „DNB-Rundruf“, 24.V.1935: „Es wird daran erinnert, daß Zahlenangaben über Sterilisationen zu unterbleiben haben. Diese Vorschrift ist unter allen Umständen durchzuführen“ (ebd., Bd. 3/I. München 1987, S. 317).

72 Jürgen Hagemann, *Die Presselenkung im Dritten Reich.* Bonn 1970.

73 Einige seien hier genannt: Die Regierungsübergabe feierte Goebbels als „Machtergreifung“ bzw. „nationale Revolution“. Der Staat wurde in Kontinuität zum mittelalterlichen und dem Bismarckschen Reich gesehen. Der „Feierabend“ trat an die Stelle der „Freizeit“, denn nicht Müßiggang und reines Vergnügen, sondern „erhebende Erholung [...] mit Belehrung und Erziehung“ wurde seit 1934 angestrebt. Alle gesellschaftlichen Umgestaltungen der Jahre 1933/34 deutete die NS-Regierung aktivistisch als „Gleichschaltung“, obwohl die Entwicklungen wegen des vielerorts gezeigten vorauseilenden Gehorsams in etlichen Parteien,

kritische ausländische Stimme fest: „Eine neue Kunst des Lesens, der Rückübersetzung in eine andere als die vorschriftsmäßige Begriffswelt wird sich ausbilden, da das gesamte deutsche Leben durchpolitisiert" sei.[74] Nicht neu, aber auf seine Weise beeindruckend, war das Erscheinungsbild der Hitler-Anhänger auf der Straße. Auch hier verzichtete die NSDAP auf Originalität, wenn die vollständige Übernahme oder ein Zitat aus der Geschichte oder dem Repertoire des politischen Gegners passend erschienen. Bereits in seinen Wiener Jahren hatten Hitler die Kundgebungen und Rituale, Symbole und Fahnen der Arbeiterbewegung beeindruckt. Von ihr, den völkischen Gruppierungen und den Faschisten – Mussolini pries er in tiefster Bewunderung[75] –, der katholischen Kirche und den Militärs übernahm er zahlreiche Elemente: rote Fahnen, Uniform, militärischer (Hitler-)Gruß, soldatisches Gepräge, Straßenmärsche, Flugblatt, Gesänge, Hakenkreuz (1920), Saalschutz (1920), Parteitage mit liturgisch verbrämter Führerverehrung und Fahnenweihe mit pseudosakralen Zügen (1923)[76].

Mit 35 Jahren stand Goebbels nicht nur an der Spitze eines neuen Ministeriums, sondern führte in Personalunion die „Reichspropagandaleitung der NSDAP" (RPL) weiter, die ihm Hitler am 27. April 1930 für den Bereich der Kampf- und Wahlpropaganda übertragen hatte.[77] Außerdem stärkte Goebbels seine Position alsbald noch mit dem Präsidentenamt der „Reichskulturkammer" (RKK)[78] und der Leitung des „Reichsrings für Volksaufklärung und Propaganda", mit der er erstmals Gliederungen, Gruppen und Verbände der NSDAP koordinierte, die bislang relativ unkoordiniert ebenfalls propagandistisch aktiv gewesen waren. Die Doppelfunktion in Kabinett und Partei gab Goebbels die Macht, seine Vorstellungen über die Gaupropagandaebene hinaus bis zur Blockebene hinab durchzusetzen und dafür die jeweils günstigste verwaltungsorganisatorische Umsetzung und politische Gestaltungsmöglichkeit zu wählen.[79] Das RMVP wuchs bis 1943 zu einer Mammutbehörde in 54 Gebäuden mit gut eintau-

Verbänden, Gesellschaften und Vereinen angemessener als eine Kombination von staatlicher Repression, subtilen Drohungen und unausgesprochenen, aber klaren Erwartungen zu Selbstanpassungen zu deuten sind. Den von Hitler und öffentlich sanktionierten Mordaktionen vom 30. Juni 1934 gab man den Anschein des Rechtmäßigen und Wohlanständigen, des Begrenzten und Spontanen, indem man die Gewaltmaßnahmen in Folge des angeblichen „Röhmputsches" als Akte der Staatsnotwehr und der moralischen Hygiene darstellte. Andere Bezeichnungen blieben zwar erhalten, wurden aber mit neuen Vorstellungen verknüpft wie die „Betriebsgemeinschaft", die nach der Unterdrückung der Gewerkschaften und der erzwungenen Gründung einer Arbeiter und Unternehmer vereinenden „Deutschen Arbeitsfront" (DAF) weniger idyllisch und kameradschaftlich geschlossen war, als es der Name suggeriert.

74 Neue Züricher Zeitung 1856, 14.X.1933.

75 In „Mein Kampf" hat Hitler die Zuneigung weniger überschwänglich ausgedrückt als später in seinen Reden. Goebbels verfasste nach seiner ersten Italien-Reise sogleich eine Broschüre über die Beziehungen zwischen den beiden Staaten und Ideologien (ders., *Faschismus und Nationalsozialismus.* Berlin 1934).

76 Bis ins Detail hatte die Partei Uniformen, Fahnen, Lieder und die zu bevorzugenden Farben festgelegt; sie deklarierte das Grüßen zur Pflicht und erläutert den „Hitler-Gruß": „Der Nationalsozialist grüßt Führer und Parteigenossen durch Erheben des gestreckten rechten Armes bis etwa zur Mitte zwischen waagerecht und senkrecht, Stillhalten des linken Armes und gleichzeitig mit dem Ruf *Heil Hitler!* Man bezeichnet oft (fälschlich) den Gruß durch Armerheben als *römischen Gruß* oder *Faschistengruß*. Der in Italien übliche ähnliche Gruß mag diese Bezeichnung mit Recht tragen. Unsere Form des Grußes ist auf den alt-germanischen *Speergruß* zurückzuführen" (die Hervorhebungen finden sich in der Vorlage). – In das öffentliche Leben griff das „Gesetz gegen heimtückische Angriffe auf Staat und Partei und zum Schutz der Parteiuniformen" (20.XII.1934) ein, in: RGBl I 1934, S. 1269.

77 Neben Goebbels wirkte Fritz Reinhardt (1895-1969) in der RPL, der als „Reichspropagandaleiter II" den wichtigen Bereich der Redner-Schulung verantwortete. Für Goebbels blieb die Vereinbarung damals aus einem weiteren Grund unbefriedigend. Hitler verweigerte ihm die gewünschten Zuständigkeiten für Presse, Film, Hörfunk, Wirtschaft, Arbeitsbeschaffung und Volksbildung. Erst im Oktober 1932 erhielt Goebbels die zuvor von Gregor Strasser geleiteten Unterabteilungen „Rundfunk" und „Film" zugesprochen (Paul, Aufstand, S. 70-79).

78 Ernst Bramsted, *Goebbels und die nationalsozialistische Propaganda 1925-1945.* Frankfurt am Main 1971, S. 113-147.

79 Barnick, Verfassungsreformvorstellungen, S. 48 auf S. 385 findet sich der Hinweis auf Hitlers Verständnis: „Was staatlich gelöst werden kann, wird staatlich gelöst. Denn auch der Staat ist nur eine der Organisationsformen des völkischen Lebens" (Zitat aus der Rede Hitlers auf dem Reichsparteitag, 7.IX.1938).

send Beschäftigten heran.[80] Die 18 Reichspropagandastellen baute die „Reichspropagandaleitung der NSDAP“ auf 41 aus.[81] In konsequenter Fortführung der von Papen initiierten Reformen im Hörfunkbereich lösten die Nationalsozialisten die elf regionalen Rundfunkgesellschaften auf. Sie gliederten sie mit dem minderen Rechtsstatus von Zweigstellen der „Reichrundfunkgesellschaft“ (RGG) ein. 1934 mussten die Länder ihre Geschäftsanteile an den Sendeanstalten an das Reich abtreten, das alleiniger Aktionär der RGG war. Die Rundfunkabteilung des RMVP und der Reichssendeleiter Eugen Hadamowsky (1904-1944), in Personalunion Programmdirektor der RGG, konnten sich seitdem als „Befehlszentrale“ gerieren. Das Ministerium finanzierte in den folgenden Jahren aus den rapide steigenden Hörerzahlen seinen im fast gleichen Umfang steigenden Etat.[82] Hadamowsky suchte in den folgenden Monaten zusätzlich darauf hinzuwirken, die Entwicklung des Fernsehens nicht ausschließlich zu einer Angelegenheit des Reichswirtschaftsministeriums und des Elektrokonzerns „Telefunken“ werden zu lassen. Das RMVP beanspruchte die Oberhoheit nachdrücklich, weil es von der Dominanz des Bildes in der Propaganda überzeugt war, zog sich jedoch später zurück, als in der Praxis die Schwächen des Systems hervortraten. Das Medium schien den Propagandisten nunmehr weniger attraktiv wegen der geringen Mobilität der Kameras, der komplizierten und teuren aufwändigen Aufnahme-, Übertragungs- und Abspieltechniken, des instabilen Fernsehbilds sowie wegen der unzureichenden Dimensionen des Bildschirms.[83]

In der praktischen Arbeit berief sich Goebbels zwar durchgehend auf Hitlers Feststellungen zur Propaganda und dessen Gespür für die „Seele des Volkes“[84], entwickelte jedoch eigene Vorstellungen.[85] Hitler orientierte sich an einfachen massen- und wirkungspsychologischen Vorstellungen über das „Weibische“ der „Masse“ und an populären Ansichten über Reklame. Propaganda sei das wichtigste Mittel, die bedeutendste Organisation und die wirksamste Methode im Ringen um die Macht und führe zu ungeheuren Ergebnissen. Der Propagandist habe leidenschaftlich gegen den „Objektivitätsfimmel“ aufzutreten, sich auf Weniges zu konzentrie-

80 Aus den sieben Abteilungen erwuchsen bis 1936 zehn und schließlich siebzehn, die von drei Staatssekretären geleitet wurden. Die Fülle der nachgeordneten Gesellschaften und Behörden war zu Beginn des Weltkriegs kaum noch zu überschauen; der Etat stieg von 28 Mio. (1934) auf 95 Mio. (1939); 90% der Mitarbeiter waren Parteigenossen aus den Jahren vor 1933 und unter 35 Jahre alt (Heiber, Goebbels, S. 136-143).

81 Es waren zuerst „Landesstellen“; 1937 erhielten sie den Status von Reichsbehörden, waren zugleich Gaupropagandaleitungen und somit bevorzugte Schauplätze für die fortdauernden Auseinandersetzungen von Partei- und Reichsämtern.

82 Georg Wilhelm Müller, *Das Reichsministerium für Volksaufklärung und Propaganda.* Berlin 1940; Gerhard Eckert, *Der Rundfunk als Führungsmittel* (Studien zum Weltrundfunk und Fernsehrundfunk 1). Heidelberg 1941.

83 Die Darstellung von Klaus Winker, *Fernsehen unterm Hakenkreuz.* Organisation, Programm, Personal. Köln 1994, unterrichtet über die Formalia und Strukturen zuverlässig, vernachlässigt dagegen die Sendungsinhalte und politischen Intentionen und das propagandistische Potenzial weitgehend.

84 Adolf Hitler, *Mein Kampf*, 2 Bde., München [504-508]1940, S. 194-204 und S. 649-669.

85 In einer systematischeren Form als er es sonst tat und am deutlichsten führte Goebbels seine Gedanken und Motive in einer Rede vor Gau- und Kreispropagandaleitern aus, die sich am 16. September anlässlich des 7. Reichsparteitags der NSDAP in Nürnberg versammelt hatten: „[...] *wir* sind hier und wir bleiben hier! Und wir haben auch nicht die Absicht, uns auf die Spitze der Bajonette zu setzen, sondern wir haben die Absicht, *mit* dem Volk und *für* das Volk zu regieren [Bravo-Rufe, Beifall]. Wenn man uns damals entgegenhielt: Ihr habt aber die Maßnahmen zu treffen, die so unpopulär sind, dass das Volk sie gar nicht verstehen kann, - so geben wir heute noch zur Antwort: Es ist nichts, was das Volk nicht verstehen könnte; es handelt sich nur darum, daß man es dem Volk in einer Art und Weise klarmacht, daß es verstehen *kann!* [Beifall.] Das Volk ist nicht so kurzsichtig, wie die Herren der Intelligenz in ihrer Kurzsichtigkeit glauben möchten [Beifall]. [...] Darum hat die Propaganda nicht nur aggressiv, sondern sie hat auch revolutionär zu sein. Sie muß sich *der* Mittel bedienen, die durchschlagend wirken. Und durchschlagend wirkt beim Volk immer das Extrem. Wir dürfen uns nicht darauf beschränken, in einer satten Gemütlichkeit über die Dinge zu parlamentieren. Wir dürfen nicht Diskussionsredner des Dritten Reichs werden. Sondern das Dritte Reich ist unsere Sache! Und darüber zu disputieren, heißt unsere leidenschaftliche Überzeugung verteidigen und sie aggressiv vorzutragen. Ich halte es gar nicht für gefährlich, daß die zehn Prozent, die in Deutschland gegen uns stehen, über unseren Staat meckern. Ich halte es aber für *gefährlich*, wenn unsere Parteigenossen in diese Meckerei mit einstimmen! [Beifall.]“ (Heiber, Reden, S. 231 und 234; die Hervorhebungen finden sich in der Vorlage).

ren und dieses „ewig zu wiederholen".[86] Für Goebbels war entschiedener als für Hitler jegliche Politik Propaganda und alle Propaganda ein Teil der Staatsführung. Er dachte aktionistischer und plante „großstädtischer", betonte stärker disziplinierende Funktionen und den damit verbundenen antisozialrevolutionären Effekt, wenn die Partei die Massen in Parteiorganisationen ruhig stellte.[87] Er unterschied nicht streng zwischen Propaganda für die eigene Bevölkerung und das Ausland.[88] Goebbels verfasste kein theoretisches Werk, um seinen Gedanken, Aktivitäten und Anregungen eine systematische und programmatische Grundlage zu geben. Er war davon überzeugt, es habe wenig Zweck, „über Propaganda zu diskutieren" oder ein „ABC der Propaganda lehren oder schreiben" zu wollen.[89] „Der Propagandist der Theorie ist vollkommen untauglich, der sich eine geistreiche Methode am Schreibtisch erdenkt und dann am Ende aufs Höchste verwundert und betroffen ist, wenn diese Methode vom Propagandisten der Tat nicht angewandt wird oder – von ihm in Anspruch genommen – nicht zum Ziele führt. Die Methoden der Propaganda entwickeln sich ursächlich aus dem Tageskampf selbst heraus."[90] Goebbels variierte seinen endlosen, siegessicher vorgetragenen Monolog in zahllosen Hörfunk-, Zeitungs-, Zeitschriften- und Redebeiträgen über die Massenbeeinflussungsmittel – die modernsten seien die attraktivsten.[91] Er tat es gelegentlich sogar zynisch oder verachtend, doch nie ohne Ernsthaftigkeit, Detailbesessenheit, Nachdruck und selten, ohne den propagandistischen Wert nicht im Superlativ zu feiern.[92]

86 „Ich weiß, daß man Menschen weniger durch das geschriebene Wort als vielmehr durch das gesprochene zu gewinnen vermag, daß jede große Bewegung auf dieser Erde ihr Wachsen den großen Rednern und nicht den großen Schreibern verdankt. [...] Was dem Marxismus die Millionen von Arbeitern gewonnen hat, das ist weniger die Schreibart marxistischer Kirchenväter als vielmehr die unermüdliche und wahrhaft gewaltige Propagandaarbeit von Zehntausenden unermüdlicher Agitatoren, [... die] so eine fabelhafte Kenntnis dieses Menschenmaterials zu gewinnen wußten, was sie erst recht in die Lage versetzte, die richtigen Angriffswaffen auf die Burg der öffentlichen Meinung zu wählen. [...] [Es kann] durch kluge und dauernde Anwendung der Propaganda einem Volke selbst der Himmel als Hölle vorgemacht werden" (Hitler, Kampf, S. 302 und 529).

87 Die meisten dieser Vorstellungen finden sich in den frühen Broschüren wieder, die die RPL publizierte: Reichspropaganda-Abteilung (Hg.), *Moderne politische Propaganda* (Schriften der Reichspropaganda-Abteilung 1). München 1930; dies. (Hg.), *Der Propagandaapparat der Bewegung*. München 1935.

88 Die Einstellung änderte im Verlauf des Krieges. Goebbels sprach dann von den besonderen Erfordernissen einer „Kriegspropaganda" und ließ Broschüren, Zeitschriften – wie die farbige Illustrierte „Tele" – und Filme – wie die farbige Monatsschau „Panorama" – ausschließlich für das Ausland herstellen.

89 Aus der Rede von Goebbels „Erkenntnis und Propaganda" vom 9. Januar 1928, in: ders., *Signale der neuen Zeit*. 25 ausgewählte Reden. München 1934, S. 28-52.

90 Joseph Goebbels, *Kampf um Berlin*, München 1932, S. 181.

91 Bislang sind sie weder vollständig erfasst noch systematisch ausgewertet worden; zu der Behinderung der Forschung durch François Genoud s. Bernd Sösemann, *Propaganda – Macht – Geschichte*. Eine Zwischenbilanz der Dokumentation der Niederschriften und Diktate von Joseph Goebbels, in: HPB (2002), im Druck.

92 „Wer die Presse [die „achte Großmacht"] hat, der hat die öffentliche Meinung. Wer die öffentliche Meinung hat, der hat Recht. Wer Recht hat, der kommt in den Besitz der Macht" (Joseph Goebbels, *Wesen und Gestalt des Nationalsozialismus*. Berlin 1933, S. 17). – „Das Plakat ist neben Rede, Zeitung und Flugblatt eines der wichtigsten und, richtig angewandt, erfolgreichsten Propagandamittel. [...] Es ist der Volksredner des geschriebenen Wortes" (ders., *Die zweite Revolution*. Briefe an Zeitgenossen. München 1926, S. 27). – „Der Deutsche vergißt über Radio Beruf und Vaterland! Radio! Das moderne Verspießerungsmittel! Alles im Hause!" (1925); „[...] das allermodernste und das allerwichtigste Massenbeeinflussungsinstrument, das es überhaupt gibt [...] so innerlich durchtränken mit den geistigen Inhalten unserer Zeit, dass niemand mehr ausbrechen kann" (ders., *Revolution der Deutschen*. 14 Jahre Nationalsozialismus. Oldenburg 1933, S. 37). „Das Programm des Rundfunks muß so gestaltet werden, dass es den verwöhnten Geschmack noch interessiert und dem anspruchslosen noch gefällig und verständlich erscheint. Es soll in einer klugen und psychologisch geschickten Mischung Belehrung, Anregung, Entspannung und Unterhaltung bieten. Dabei soll besonderer Bedacht gerade auf die Entspannung und Unterhaltung gelegt werden, weil die weitaus überwiegende Mehrzahl aller Rundfunkteilnehmer meistens vom Leben sehr hart und unerbittlich angefaßt wird [...] und Anspruch darauf hat, in den wenigen Ruhe- und Mußestunden auch wirkliche Entspannung und Erholung zu finden. Demgegenüber fallen die wenigen, die nur von Kant und Hegel ernährt werden wollen, kaum ins Gewicht". „[...] die Propaganda muss sich in ihren Aufklärungstendenzen auf einen bestimmten Nenner festlegen. Dieser muß so gehalten sein, daß der Kleinste noch mitkommt, und sie für den Größten immerhin noch interessant erscheint" (ders., Rede vom 21.I.1937; BA 55, Nr. 1338). – „Ich wünsche nicht etwa eine Kunst, die ihren nationalsozialistischen Charakter lediglich durch Zurschaustellung nationalsozialistischer Embleme und Symbole beweist. [...] Es ist im Allgemeinen ein wesentliches Charakte-

Goebbels orientierte sich bei der propagandistischen Choreografie intensiv an profanierten und christlichen Formen, insbesondere an der katholischen Liturgie. Ihn faszinierten die Macht- und Einflussmöglichkeiten des Papstes, die weltweiten Organisations-, Gestaltungs- und Wirkungsmöglichkeiten des Vatikans.[93] Er besetzte den öffentlichen Raum spektakulär, opportunistisch und provozierend.[94] Goebbels wollte anders als Hermann Esser (1900-1981)[95], Gregor Strasser (1892-1934)[96] und Arthur Rosenberg[97] mit Aggression und Randale Profil gewinnen. In seinen Mitteln und Formen zeigte er sich skrupellos. Er diffamierte und attackierte auf niedrigster Ebene, wie sein Kampf gegen „Isidor", also die Hasstiraden auf den Berliner Polizeipräsidenten Bernhard Weiß (1880-1951)[98], es zeigten. Seine Präsenz in den Bereichen der niederen Moral verschaffte ihm meistens die Genugtuung, die Auseinandersetzung später mit größerer öffentlicher Resonanz auf der Straße oder in Gerichtssälen fortsetzen zu können, weil die Angegriffenen schließlich Rechtsmittel einlegten.[99] Als Minister passten Goebbels und Rosenberg sich nach dem 30. Januar in Thematik und Methoden schnell den neuen Funktionen an. Ministerielle Leitartikel und Vorträge im staatsmännischen Stil ersetzten Straßenpolemik und Redeschlachten im Parlament. Den alten Gegnern entboten sie bestenfalls Hohn und zynisch bekundetes Mitleid. Als Minister hatten sie nicht mehr um die Regierungsbeteiligung propagandistisch zu kämpfen, sondern um den Ausbau ihrer Kompetenzen und den nationalsozialistischen Machterhalt.[100] Die jetzt neuen Gegner fanden sie im eigenen Land in den „notorischen Quenglern" oder „ewigen Besserwissern" im Bündnis mit den „satten Emigranten" und „hetzenden Agitatoren" der „jüdisch-bolschewistischen Internationalen" im Ausland.

Im Innern konkurrierten die beiden Minister zusammen mit Ley und Darré (1895-1953) um die Alleinkompetenz oder zumindest um die Federführung bei der Ausrichtung großer staatlicher Feste und sonstiger öffentlicher Feiern. Ministerien, der „Reichsarbeitsdienst" (RAD), Parteiorganisationen, regionale und lokale Instanzen verwandten in den ersten Wochen und Monaten viel Energie darauf, großen Feste zu organisieren. Wenn es ihnen auch in der kurzen Vorbereitungszeit für den „Ersten Mai" oder das erste Reichs-Erntedankfest nicht gelingen konnte, sogleich ideale organisatorische Bedingungen und günstige technische Verhältnisse herzustellen, so bemühten sie sich doch um eine entschiedene politische Akzentset-

ristikum der Wirksamkeit, daß sie niemals als gewollt in Erscheinung tritt. In dem Augenblick, da eine Propaganda bewußt wird, ist sie unwirksam" (BA R 55 Nr. 1338; Rede, 21.I.1937).

93 Als Quintessenz eines hierzu mehrfach geäußerter Übertragungswillens formulierte er Sentenzen wie „Nationalsozialismus ist Religion" (Goebbels, Signale, S. 327).

94 Sösemann, Appell, S. 144f. – Selbst der "Spielergruß" auf dem Fußballfeld wurde reglementiert: vor und nach jedem Spiel hatten die Mannschaften „mit dem deutschen Gruß", also mit dem „Hitler-Gruß", den Gegner und das Publikum zu ehren; nach dem Spielende war zusätzlich ein dreimaliges „Sieg-Heil" zu rufen.

95 Hitler musste Esser gegen innerparteiliche Angriffe verteidigen, die auf „Sozialdemokratismus" zielten. Ein gemäßigter Ton zeigte sich in dem Programm der Propaganda, für das Esser bis 1925 verantwortlich war. Goebbels übertrug ihm 1939 zwar ein Staatssekretärsamt im RMVP, doch war er dort lediglich für den Bereich „Fremdenverkehr" zuständig.

96 S. dazu Kershaw, Hitler, S. 384-388.

97 Im 1928 gegründeten „Kampfbund für deutsche Kultur" blieb Rosenbergs Politik der „Kulturellen Erhöhung der SA" nicht ohne positive Wirkungen auf die Öffentlichkeit (Reinhard Bollmus, *Das Amt Rosenberg und seine Gegner*. Stuttgart 1970, S. 28-34).

98 Sie finden sich in zahlreichen Artikeln des „Angriffs" und gesammelt in Mjoelnir [i. e. Hans Schweitzer, 1901-1980] / [Joseph Goebbels], *Das Buch Isidor*. Ein Zeitbild voll Lachen und Hass. München o. J. [1928]. – Zu der Kampagne und ihrer Bedeutung s. Dietz Bering, *Kampf um Namen*. Bernhard Weiß gegen Joseph Goebbels. Stuttgart 1991.

99 Diese „Mordspropaganda" feierte Goebbels noch einmal öffentlich, indem er seine Leitartikel aus dem „Angriff" in Buchform publizierte (ders., *Signale der neuen Zeit*. 25 ausgewählte Reden. München 1934).

100 „Und wenn heute vielfach gefragt wird", erläuterte Goebbels (Rede, 16.IX.1935), „ob die Propaganda denn, nachdem wir die Macht erobert hätten, überhaupt noch nötig sei, so ist das dieselbe dumme Frage wie die, ob denn die Partei noch nötig sei, da wir doch den Staat besitzen. [...] in der Partei und in der Propaganda [besitzen wir] jene Instrumente [...die] uns die Macht auch erhalten werden. [...]Sie [die Propaganda] ist nötig wie das tägliche Brot, denn sie erhält den Staat und sie ist jene Kraft, die immerdar mit dem Staate das Volk verbindet".

zung im nationalsozialistischen Sinn. Zum 1. Mai 1933 überraschte das Regime mit der öffentlichen Anerkennung des von der Arbeiter-Internationalen selbst unter sozialdemokratischen Regierungen erfolglos propagierten „Tages der Arbeit“. Die Wirkung war außerordentlich groß. Die Arbeiterschaft erhielt zum erstmöglichen Termin eine vielerorts höchst eindrucksvoll ablaufende symbolkräftige Möglichkeit der Selbstdarstellung im neuen Staat.[101] Die Uminterpretation zum „Tag der nationalen Arbeit“ klang 1933 an und wurde in den folgenden Jahren stark hervorgehoben. Goebbels lieferte dazu die Kulisse, indem er Hitler, sich und die NSDAP enthusiastisch auf dem „Weg zur Macht“ nicht nur in täglichen Aufzeichnungen über die Monate um den 30. Januar herum feierte, sondern diese im Dienst entstandenen, sorgfältig stilisierten Niederschriften wenig später in einem in hoher Auflage gedruckten „Drehbuch des Erfolgs“ propagandistisch nutzte.[102]

Ebenso wie diese neu gestalteten Mai-Feiern zunehmend im nationalsozialistischen Sinn instrumentalisiert wurden, geschah es mit dem Reichs-Erntedankfest bei Hameln (Weserbergland)[103] und mit dem ins Heroische umgeprägten ”Volkstrauertag”, der aus den dunklen, bedrückenden Herbsttagen ins helle Frühjahr verlegt wurde. Die Nationalsozialisten feierten den „Heldengedenktag“ mit der Wendung zur feierlichen Verpflichtung der Lebenden für eine heroische Zukunft, denn den Festakt sollte nicht eine rückwärts gerichtete Trauer prägen. Der Tenor dieser vom Militär dominierten Feiern der „völkischen Wiedergeburt“ zielte vielmehr in allen Jahren auf die Glorifizierung von Tapferkeit, Opferwillen und Pflichtgefühl.[104] Zum Soldatischen zählte auch die mentale Mobilmachung der Heimatfront[105]: Die Erfahrungen der Kriegszeit seien zwar für die Zivilbevölkerung belastend gewesen, aber auch kollektiv beglückend und langfristig positiv prägend.[106] Die RPL und die Wehrmachtsführung instrumentalisierten den christlichen Erntedank ebenfalls für ihre Ziele. Zur zweistündigen Feier auf dem

101 Akten, Dok. 72, S. 252.

102 In der in den folgenden Jahren mehrfach den aktuellen Bedürfnissen angepassten Propagandaschrift, Joseph Goebbels, *Vom Kaiserhof zur Reichskanzlei.* Eine historische Darstellung in Tagebuchblättern. München 1934, S. 255, heißt es triumphierend: „sehr schlagend und wundervoll in den Argumenten“. – Die vom Münchner „Institut für Zeitgeschichte“ unkritisch und unkommentiert herausgegebenen sog. Tagebücher – Elke Fröhlich (Hg.), *Die Tagebücher von Joseph Goebbels.* Sämtliche Fragmente. Teil I: Aufzeichnungen von 1924-1941. 4 Bde. München 1987 - verwenden diese Propaganda-Texte zur Füllung der Überlieferungslücken! Zur Problematik jener wissenschaftlich ungenügenden Publikation und zur Fehleinschätzung des Quellenwerts der täglichen im Dienst von Goebbels gefertigten Aufzeichnungen und sonstigen diaristischen Niederschriften s. Bernd Sösemann, *Inszenierungen für die Nachwelt.* Editionswissenschaftliche und textkritische Untersuchungen zu Joseph Goebbels' Erinnerungen, diaristischen Notizen und täglichen Diktaten, in: HZ / Sonderheft 16 (1992), S. 1-45; und ders., „Ein tieferer geschichtlicher Sinn aus dem Wahnsinn”. Die Goebbels-Tagebuchaufzeichnungen als Quelle für das Verständnis des nationalsozialistischen Herrschaftssystems und seiner Propaganda, in: Thomas Nipperdey u. a. (Hg.): *Weltbürgerkrieg der Ideologien.* Antworten an Ernst Nolte. Festschrift zum 70. Geburtstag. Berlin 1993, S. 136-174.

103 Sösemann, Appell, S. 121-125.

104 Jutta Sywottek, *Mobilmachung für den totalen Krieg.* Die propagandistische Vorbereitung der deutschen Bevölkerung auf den Zweiten Weltkrieg. Opladen 1976.

105 Die „propagandistische Mobilmachung“ erreichte mit der Verabschiedung der „wichtigsten Maßnahmen zur Vorbereitung der Propaganda im Kriege“ am 26. Juni 1935 ihren ersten Höhepunkt. In einem zur „Geheimen Kommandosache“ deklarierten Sitzungsbericht zur 10. Sitzung des Arbeitsausschusses des „Reichsverteidigungsrats“ wurde festgelegt: „Die Aufgabe der Propaganda im Kriege ist es, beim Gegner die Querfronten aufzureißen, so daß sie ihm wichtiger werden als der Kampf nach außen und seine Kriegsführung lähmen. Besonders kommt es darauf an, eine Weltfront unter Deutschlands Führung durch den Gegner hindurchzulegen. [...]Die laufende Friedenserkundung muß deshalb die Psychologie der voraussichtlichen Gegner bloßlegen, um alle Spaltungsstellen zu kennen. [...] Die Presse muss mobilmachungsfähig vorbereitet werden, so daß die großen Nachrichtenbüros und die in die Welt gehenden Zeitungen ihre Wirkung behalten, die übrige Presse das Volk führen kann und der Einfluß auf die Presse des Auslandes im Kriege verstärkt wird. Auch die Filmpropaganda und die Abwurfpropaganda aus dem Flugzeug wird vorbereitet [...] für das neutrale Ausland. [...]Den Hauptfeind übernimmt das Propagandaministerium selbst, seine Volksgruppen, z.B. in Frankreich Elsässer, Italiener, verteilt es auf die geeigneten Landesstellen, ebenso die Neutralen.“ (*Der Prozeß gegen die Hauptkriegsverbrecher vor dem internationalen Militärgerichtshof.* 14.XI.1945-2.X.1946. Nürnberg 1947-49, Bd. 36, Dok. 405 EC, S. 410-437, hier S. 429f.).

106 Sabine Behrenbeck, *Der Kult um die toten Helden.* Nationalsozialistische Mythen, Riten und Symbole 1923 bis 1945 (Kölner Beiträge zur Nationsforschung 2). Vierow/Greifswald 1996.

Bückeberg ließ man eine halbe (1933) bis knapp anderthalb (1937) Millionen Bauern anreisen. Der Manöverteil aller Waffengattungen nahm im Programm einen größeren Raum ein als das Aufziehen der Erntekrone.[107] Zusammen mit dem „Ersten Mai" und der jährlichen Erinnerung an den Putsch vom 9. November 1923 – Hitler sprach von den „Gefallenen der Bewegung" als seinen „Aposteln"[108] – bildeten die vier Großveranstaltungen die exklusive Kategorie der „Staatsfeste", die „Feste der Nation". Selbst dem „Tag der Machtergreifung", Hitlers Geburtstag (20. April) oder den Reichsparteitagen (Reichsparteitag der NSDAP) in Nürnberg kamen zusammen mit der Wintersonnenwende (25./26. Dezember), der Verpflichtung der Jugend (Ende März) oder der Verkündung des Parteiprogramms (24. Februar) ein geringerer Status im „NS-Feierjahr" zu.[109] Sie gehörten in die beiden niederen Kategorien großer Veranstaltungen, zu den „Festen der Partei" und den „traditionellen Festen". In der Gemeinschaft des Festes und in der feierlichen Atmosphäre der zahllosen Veranstaltungen in Stadt und Land steigerte sich die Empfänglichkeit für die mit großer Geste verkündeten Vorstellungen vom „Neuen Reich" und die Forderungen an die Leistungsbereitschaft der „Volksgemeinschaft".

Das höchste Parteifest wurde in Nürnberg gefeiert.[110] Anfangs hatte die NSDAP sich gelegentlich auch anderenorts zusammengefunden, doch inzwischen durfte die „Stadt der Reichsparteitage" einen ähnlich hohen Status beanspruchen wie München mit den Feiern zum 9. November. In Nürnberg feierte die RPL in erster Linie die Größe des Hitlers, die Macht der NSDAP und die Einsatzkraft ihrer zahlreichen Organisationen. „Der Führer" personalisierte dort die Politik und mystifizierte in der traditionsreichen, von ihrem mittelalterlichen Stadtbild geprägten Stadt[111] die „Volksgemeinschaft": „Wie fühlen wir nicht wieder in dieser Stunde das Wunder, das uns zusammenführte", rief er 1936 aus:

> „Das ist das Wunder unserer Zeit, dass ihr mich gefunden habt [...] unter so vielen Millionen! Und daß ich euch gefunden habe, das ist Deutschlands Glück! [...] Nun sind wir beisammen, sind bei ihm [Hitler meint sich] und er bei uns, und wir sind jetzt Deutschland!"[112]

Die NSDAP, die SS, der RAD und die SA tauchten in das geheimnisvolle Halbdunkel eines Fackelzugs oder rückten in die überwältigende Helligkeit der Lichtdome, die riesige Flakscheinwerfer an den nächtlichen Himmel malten. Jeder Bestandteil des mehrtägigen Programms verwies auf das unveränderliche Motto „Der Führer und seine Getreuen" oder auf die jährlich wechselnden Parolen „Glaube und Wille", „Sieg des Glaubens", „Einheit und Stärke" oder „Ehre und Stärke" – sei es in der Kongresshalle, auf der Zeppelinwiese, beim SA-Aufmarsch der 100.000 in der Luitpoldarena, während der Fahnenweihe oder einer der

107 Sösemann, Appell, S. 122f.; Peter Reichel, *Der schöne Schein des Dritten Reiches.* Faszination und Gewalt des Faschismus. München 1991, S. 209-221.

108 „Ihr seid auferstanden im Dritten Reich!" Wie auf den Reichsparteitagen nutzte Hitler diese Gelegenheit zu Appellen an die „Volksgemeinschaft". Auf diese pathetischen Formulierungen verzichtete Hitler so gut wie nie (Wolfgang Wippermann, *Der konsequente Wahn.* Ideologie und Politik Adolf Hitlers. Gütersloh 1989).

109 Winfried Gerhardt, *Fest, Feier und Alltag.* Über die gesellschaftliche Wirklichkeit des Menschen und ihre Deutung. Frankfurt am Main 1987.

110 Siegfried Zehnhefer, *Die Reichsparteitage der NSDAP.* Geschichte, Struktur und Bedeutung der größten Propagandafeste im nationalsozialistischen Feierjahr. Nürnberg 1991.

111 Eine Untersuchung wert wären die Erwägungen der Propaganda bei der gezielten Berücksichtigung regionaler Interessen, mit der offenkundig der Eindruck einer einseitigen Orientierung auf das Reich abgeschwächt und die Bedeutung der Gaue und die Eigenschaften der „deutschen Stämme" hervorgehoben werden sollten. Zur auffälligsten Umsetzung dieses Konzepts gehören die namentliche Auszeichnung bestimmter Städte wie München, Nürnberg, Frankfurt, Goslar, Weimar, Danzig oder Berlin, und die bestimmter Regionen des Reiches oder unzähliger Einzelorte im ganzen Reich, denen entweder in völkischem Geschichtsverständnis lokalgeschichtliche Bedeutung zukam – germanische Kultstätten – oder die für das nationalsozialistische Politik-, Kultur- und Geschichtsverständnis symbolkräftig (Geschichtslegende) und damit von überregionaler Ausstrahlungskraft waren wie Tannenberg, Annaberg oder der Bückeberg.

112 Gerd Rühle, *Das Dritte Reich.* Dokumentarische Darstellung des Aufbaues der Nation. Das dritte Jahr. Berlin 1937, S. 222.

Reden Hitlers. Diese Festlichkeiten sollten die Kampfbereitschaft festigen und den Hass auf die sog. Staats-, Volks- oder Klassenfeinde verinnerlichen, die Juden, Kommunisten, Plutokraten, Freimaurer und „liberalistisch und humanistisch angekränkelten Intellektuellen“.[113] Doch die Botschaften beschränkten sich keineswegs auf das Negative und die Abwehr, sondern das Schlechte und die dunklen Mächte bildeten den gewünschten Kontrast zu dem Hellen und Schönen, Neuen und Jungen, Guten und Starken. Schulungen, Feiern und die Berichterstattung der Medien hatten Konsens zu stiften, zu integrieren und somit Gegenkräfte zu mobilisieren. Die Öffentlichkeit wurde deshalb im unterschiedlichen Umfang an allen Veranstaltungen medial beteiligt. Den Abwesenden vermittelten ausführliche Presseberichte, Wochenschau und Hörfunk einen sorgfältig arrangierten Eindruck, wie es die großen Text und Bildbeilagen der Tageszeitungen und des „Illustrierten Beobachters“,[114] eigene Reichsparteitags-Publikationen oder der Film „Triumph des Willens“ (1935) beweisen.[115] Mit der filmischen Inszenierung durch Leni Riefenstahl (1902 geb.) verfügte die Propaganda über das in parteipolitischer, propagandistischer und ästhetischer Hinsicht ideale Bild, dessen Pathos und harmonischer Heroismus[116] die Realität eines RPT auf einen minderen Rang verweisen musste. Für die späteren Reichsparteitag (RPT) genügte der RPL die aktuelle Publizität der Wochenschau mit ihren Kurzbeiträgen; „Triumph des Willens“ ließ sie in den Kinos regelmäßig erneut vorführen.[117]

Die nationalsozialistische Unterdrückungs- und Einschüchterungspolitik, die Verbote und Verhaftungen betrafen in einem großen Umfang kommunistische und sozialdemokratische Redakteure und Publikationen – im Februar 1933 bereits rund 200 Zeitungen der SPD und 35 der KPD mit einer rund zwei Millionen hohen Auflage –, aber auch bürgerlich-liberale und einzelne konservative.[118] Es war eine Welt der Bücherverbrennungen am 10. Mai 1933[119], empfehlenden Literaturverzeichnissen für Schulen und Buchhandlungen[120], zunehmend perfektio-

113 Damit sind die am häufigsten erwähnten Gruppen und nicht die ganze Liste genannt. Im Verlauf der Jahre vergrößerte sich das Feindbild so sehr, dass die Propaganda in der Schlussphase des Krieges bereits jedes abweichende Verhalten anprangerte.

114 Willy Stiewe, *Das Pressephoto als publizistisches Mittel.* Leipzig 1936.

115 Riefenstahls Film „Sieg des Glaubens“ über den Reichsparteitag von 1933 konnte dazu nicht dienen, da er den inzwischen ermordeten Ernst Röhm (1887-1934) als treuen Gefolgsmann an der Seite Hitlers zeigte.

116 Zum Umfeld des Begriffs und zur Kunstpolitik der Nationalsozialisten allgemein s. Erhard Schütz, Wunschbilder des Nationalsozialismus in Kultur und Kunst, in: Sösemann, Nationalsozialismus, S. 221-238.

117 Rainer Rother, *Leni Riefenstahl.* Die Verführung des Talents. Berlin 2001, S. 73-81; s. auch Ernst Offermanns, *Internationalität und europäischer Hegemonialanspruch des Spielfilms in der NS-Zeit* (Studien zur Zeitgeschichte 22). Hamburg 2001.

118 Der konservativ und monarchistisch gesinnte Chefredakteur der „Münchner Neuesten Nachrichten“, Erwein Freiherr von Aretin (1887-1952), wurde verhaftet und für mehrere Monate in das Konzentrationslager Dachau eingeliefert. Er hatte am 31. Januar 1933 die Regierungsübergabe in seiner Zeitung mit folgender Einschätzung der Nationalsozialisten kommentiert: Aus alter „Gegnerschaft Vorbehalte zu schöpfen, für die jetzt keine Stunde mehr sein darf, von Besorgnissen zu reden, deren Aussprache niemandem nützt und deren Nichterfüllung der Wunsch aller Deutschen sein muß [, sei allzu billig]. [...] Wir haben eine so lange Spanne des führerlosen Intrigierens um die Macht hinter uns, daß wir uns selbst verleugnen würden, gäben wir nicht ehrlich der Hoffnung Ausdruck, daß diese Wendung von Dauer sei, und daß die Größe der Aufgabe die neuen Männer herausrisse aus der Enge und der Dumpfheit der Parteien in eine Welt, in der es nur mehr Deutsche gibt und ihre Feinde.“

119 S. dazu die vom „Hauptamt für Aufklärung und Werbung“ der „Deutschen Studentenschaft“ ausgegebenen „Feuersprüche“ für die an einigen Orten sogar unter Beteiligung von Universitätsdozenten durchgeführten Bücherverbrennungen (10.V.1933), in: Hildegard Brenner, *Die Kunstpolitik des Nationalsozialismus.* Reinbek 1963, S. 368; s. zu weiteren Einzelheiten der Bücherverbrennungen: Hermann Haarmann u. a. (Hg.), *„Das war ein Vorspiel nur ...“.* Bücherverbrennung Deutschland 1993. Voraussetzungen und Folgen. Berlin 1993.

120 Überliefert in: BA R 56 V/70a, Bl. 5-31.

nierten „Schwarzen Listen" für Bibliotheken[121], Prüf- und Zensureinrichtungen für Verlage[122], Schulungskurse, Personal-, Programm- und Planungs-„Vorschläge". Eine nicht zu überschauende Zahl von Institutionen in Staat, Partei und angegliederten Organisationen wirkte öffentlich oder auf dem Dienstweg mit einem ausgeklügelten, aber keineswegs perfekt abgestimmten Instrumentarium „gegen den undeutschen Geist", die „Asphaltliteratur" und gegen die „Schund- und Schmutzschriften"[123] in alle Bereiche von Volksbildung, Wissenschaft, Kunst und Kultur hinein.[124] Gleichzeitig suchten sie das Gefühl zu vermittelten, mit dem „neuen Geist" breche eine schönere Welt an. Unternehmen und Banken, die „Deutschen Christen", Schulen und Universitäten unterstützten die staatlichen und parteiamtlichen Institutionen, die Korporationen und Organisationen in der leuchtenden Ausmalung der neuen Ära. Das Publikum las, sah und hörte die Botschaften in unzähligen Broschüren, Flugblättern und Flugschriften, Spiel- und Dokumentarfilmen, Wochenschauen, Hörfunkbeiträgen, öffentlichen Vorträgen, im Theater, auf den Thingstätten und Freiluftbühnen, in Predigten, auf Werbeanzeigen oder Plakaten.[125] Auf politischer Ebene stimmten sich RMVP, Rosenbergs zahlreiche Institutionen, AA, DAF und RPL meistens, aber keineswegs immer in ihren Aktionen ab und überzogen das Reich mit einer Vielzahl von Veranstaltungen. Die „innere Erziehung des Menschen" habe systematisch zu erfolgen, erklärte Hitler, und Goebbels erläuterte, das Volk solle anfangen einheitlich zu denken, einheitlich zu reagieren, damit es sich schließlich der Regierung mit ganzer Sympathie zur Verfügung stellen werde.[126] Große Reichs- und kleinere Ausstellungen des RMVP und der RPL, des „Instituts für Deutsche Kultur und Wirtschaftspropaganda" oder der „Reichsstelle zur Förderung des Deutschen Schrifttums" erlebte die Bevölkerung in einer ähnlich dichten Folge wie die Festveranstaltungen. Sie erfuhr die Belehrungen nicht nur im künstlerischen Bereich, sondern zu allen politisch bedeutsamen Themen. Sie reichten von der ländlichen lokalen Veranstaltung des Reichsnährstands in einem kleinen oberrheinischen Dorf zur Münchner „Blut und Boden"-Ausstellung über die Wanderausstellung „Der ewige Jude" bis hin zur Berliner Großausstellung „Das Wunder des Lebens", die den

121 Den Start leitet der „Ausschuß zur Neuordnung der Stadt- und Volksbüchereien" ein. Die Fachzeitschriften publizierten begleitende Aufsätze (Hans-Gerd Happel, *Das wissenschaftliche Bibliothekswesen im Nationalsozialismus*. München 1989).

122 Die „Parteiamtliche Prüfungskommission zum Schutze des nationalsozialistischen Schrifttums" wurde im Frühjahr 1934 geschaffen. Philipp Bouhler (1899-1945) leitete sie und fand schnell die Unterstützung von Rosenberg und Amann. Darüber hinaus waren aber noch weitere parteiamtliche Schrifttumsstellen reglementierend tätig: Rosenbergs „Reichsstelle zur Förderung des deutschen Schrifttums", der „Stab Stellvertreter des Führers", die DAF, die RPL, die „Reichsjugendführung", das „Hauptamt für Erziehung" (Bernd Sösemann, Nationalsozialismus, in: *Lexikon des gesamten Buchwesens*. 2. völlig neubearbeitet Ausgabe. Bd. 5. Stuttgart 1997, S. 307-319, mit 4 Grafiken).

123 Gesetz über die Aufhebung des Gesetzes zur Bewahrung der Jugend vor Schund- und Schmutzschriften (10.IV.1935), in: RGBl I 1935, S. 541.

124 Jan-Pieter Barbian, *Literaturpolitik im „Dritten Reich"*. Institutionen, Kompetenzen, Betätigungsfelder. Frankfurt am Main ^{2}1995, S. 71-364.

125 Das propagandistische Material verteilte man nicht einmal grundsätzlich kostenlos. Die RPL verkaufte z. B. den „Wochenspruch der NSDAP", ein Text-Bild-Plakat, zwar gegen nur geringe Pfennig-Beträge, doch verlieh sie ihm damit sowie durch das Angebot eines Wechselrahmens (1, 85 RM), eine auf das Bürgertum abgestimmte Themenwahl und durch eine herausgehobene grafische Gestaltung das Flair des Besonderen und vielleicht auch des Wertvollen. Dieses Vorgehen entsprach der Absicht von Goebbels, der Propaganda den Anstrich von „Kunst" zu geben: „Ist die Propaganda, wie *wir* sie verstehen, nicht auch eine Art von Kunst?", fragte er, und antworte: „Es ist [...] nicht möglich, Propaganda in Schulen zu lehren [...]. Das *Wesen* der Propaganda aber ist – ich möchte fast sagen: eine Kunst. Und der Propagandist ist im wahren Sinne des Wortes ein Künstler der Volkspsychologie" (Heiber, Reden, Bd. 1, S. 219-228; hier: S. 224, und ebd., S. 230-265, hier: S. 232 [17.VI./16.IX.1935]; die Hervorhebungen finden sich in den Vorlagen). – Weitere Einzelheiten hierzu in: Bernd Sösemann, „Eine Erneuerung ist ohne die Musik nicht möglich". Kunst und Musik als Mittel der Propaganda in den „Wochensprüchen der NSDAP". In: Josef Kuckertz u. a. (Hg.), *Neue Musik und Tradition*. Festschrift für Rudolf Stephan zum 65. Geburtstag. Laaber 1990, S. 537-557.

126 Reichel, Schein, S. 101-113.

Ehrgeiz hegte, das „volkliche und nationale Sein“, also die Themen Erbgesundheit und Rassereinheit in Verbindung mit dem Führerprinzip künstlerisch gestalten zu wollen.[127]

Die öffentliche Rede galt den Nationalsozialisten als ein im hohen Maß geeignetes Medium, um die propagandistischen Ziele erreichen zu können. Deshalb standen der RPL bereits in der „Kampfzeit“ für Reinhardts Rednerschule mehr finanzielle Mittel zur Verfügung als für die übrigen propagandistischen Aktivitäten. Außerdem schuf man in den Jahren der Weimarer Republik eine Choreografie, die den Redner unterstützen sollte und alle Veranstalter verpflichtete, detaillierte Instruktionen sorgfältig zu beachten.[128] Das Publikum sollte den Redner in vertrauter Atmosphäre und klar strukturierten Formen erleben: mit Fahnen, Uniformen, Spruchbändern, musikalischer Untermalung und einer von militärisch-sakralisiertem Zuschnitt bestimmten Haltung. Die zentrale Botschaft lautete: Nüchternheit und Entschlossenheit, Härte und Disziplin, Gemeinschaft und Erfolg. Ein „Vorprogramm“ stimmte auf das Erscheinen des Redners freudig, spannungsvoll oder feierlich ein. Nahezu jeder Rede lag ein Dreier-Schema zu Grunde, das mit Introitus – Evangelium – Credo und Hymnus der christlichen Liturgie ähnelte. Der Rednerbeitrag gliederte sich in vier Abschnitte: Dem *exordium* mit Anrede und Nennung des Themas folgte eine *narratio* mit der Beschreibung der Ausgangssituation. Die *propositio* mit den Ausführungen zum Thema schloss sich an; sie konnte mit Exkursen zu aktuellen und lokalen Neben-Themen – bei Hitler ging es zumeist um die „Schmach von Versailles“, „Knechtung des Reiches durch das internationale Finanzjudentum“ und um den Aufstieg der NSDAP in der „Parteierzählung“. Die Rede endete mit der *peroratio*, also einem die „Volksgemeinschaft“ beschwörenden und den „Führer“ glorifizierenden Schlussappell.

Damit bot die RPL-Leitung zwar wenig Originelles, doch hielt sie diesen Gesichtspunkt nicht für ein entscheidendes Kriterium. Ihr ging es ausschließlich um Wirkung, um den höchst möglichen Aufmerksamkeits- und Mobilisierungswert. Für diesen Effekt hielt sie die bekannten und bewährten emotionalen Grundmuster am besten geeignet. Jedes Sachthema hat zu Gunsten des Atmosphärischen in den Hintergrund zu rücken, denn mit dieser Entscheidung sollten die Einstimmungsneigung und die Zuwendungsbereitschaft im Publikum gesteigert werden. Die RPL erhöhte die Anschaulichkeit für Veranstalter, Redner und Zuhörer mit aufwändig gestalteten Programmheften, Ansichtskarten, Gedenkmünzen und Abzeichen bei Großveranstaltungen und in allen anderen Fällen mit den üblichen Symbolen, Spruchbändern und Fahnen. Sie tat es publizistisch mit Bildbänden wie das „Braune Heer“ des „Alten Kämpfers“ und „Reichsbildberichterstatters der NSDAP“, Heinrich Hoffmann (1885-1957), mit (Bild-) Plakaten, Karikaturen und Fotoserien. Besonders im Medium der Fotografie ließen sich „Der Führer und sein Werk“ reichsweit, preiswert, ausdrucksstark und massenwirksam verbreiten. Das Bild galt der nationalsozialistischen Propaganda als „Bannerträger der Weltanschauung“, weil es verklären, überhöhen, pointieren, kurzum: weil es zusammen mit dem Wort „Wunder“ bewirken könne. In unzähligen Bildbänden, in Sammelalben wie denen der Zigarettenfirma „Reemtsma“, Illustrierten und in der Tagespublizistik feierte sich das Regime in immer neuen Varianten. Hoffmanns Bildverlag nahm mit seinen neun Zweigstellen von Wien bis Riga eine Vorzugsstellung ein. Seine Themen, seine Auswahl, Stilisierungen und seine Perspektive bestimmen bis heute nicht wenige Facetten des populären Bildes von der nationalsozialistischen Diktatur. In einem noch höheren Maß gilt diese Feststellung für Riefen-

127 Christoph Zuschlag, *„Entartete Kunst“:* Ausstellungsstrategien in Nazi-Deutschland. Worms 1995.

128 Die RPL gab Broschüren zum Selbststudium und umfangreiche Lose-Blatt-Sammlungen für ihre Redner heraus, die laufend aktualisiert und mit Vorschlägen für die Frage-und-Antwort-Situation versehen wurden; das Wort „Diskussion“ war verpönt, weil es der abgelehnten Sphäre der intellektuellen Analyse und Rationalität entstammte. – Sösemann, Appell, S. 125f., mit einer Zusammenstellung der „Elemente und Prinzipien der rhetorischen Strategie Hitlers“; s. auch Murray Edelmann, *Politik als Ritual.* Frankfurt am Main 1976.

stahls Propagandafilme von den ersten drei Reichsparteitagen der NSDAP und den Olympischen Spielen von 1936. Sie setzte die allgemeinen und jeweils aktuellen propagandistischen Erfordernisse kongenial um.[129] Mit der bevorzugten Präsentation der SA trug sie 1934/35 dazu bei, die nach den Mordaktionen vom 30. Juni schwelende Krise zu überwinden. In ihren filmästhetisch eindrucksvollen Aufnahmen und besonders mit Bildern des rassischen und erbgesunden Menschen propagierte und verfestigte sie die nationalsozialistischen Ziele und Feindbilder. Riefenstahls Filme und Begleitpublikationen verherrlichten den von ihr persönlich verehrten Führer, zeichneten die einfache, saubere, schöne, wohl geordnete Welt glücklicher Volksgenossen, die einer überragenden Persönlichkeit bedingungslos folgten und für die zu sterben die Erfüllung des Lebens sein musste.[130] Eine weniger bedeutende, aber ebenfalls wirkungsvolle Funktion kam unzähligen Broschüren, Heftchen oder den vielgestaltigen Sonderberichten und Extraausgaben laufender Serien und Reihen zu. Sie boten in begrenzter stilistischer und sprachlicher Variation und mit sich wiederholenden Bildern Verherrlichungen des Führertums und Soldatenlebens, der Kameradschaft und Treue bis in den Tod. Ebenso fanden die propagandistisch getönten Beiträge vom Autobahnbau[131], von Ausstellungen, nationalen und internationalen Sportereignissen ein großes Publikum. Unter den Autoren gab es Schriftsteller und Journalisten wie Joseph Berchtold (geb. 1897)[132], die mit diesen Produkten ihre Karriere begannen. Vordergründig „unpolitische" Verfilmungen historischer Themen, die Liebes-, Lust- oder Revuefilme und Hörfunksendungen des gleichen Genres vermittelten das nationalsozialistische Lebens- und Wertgefühl subtiler und damit eindringlicher als „weltanschaulich" aufgeladene Texte und Filme der NSDAP oder Rosenbergs.[133]

Als das umfassendste aller Steuerungsinstrumente auf dem kulturellen Sektor sollte sich die am 22. September 1933 eingerichtete „Reichskulturkammer" erweisen.[134] Bereits im Juli hatte Goebbels im Kabinett sein Ressortinteresse bekundet, um einen Erfolg Rosenbergs oder des Innenministers Wilhelm Frick (1877-1946), besonders aber um einen Triumph Leys zu verhindern, der die auf dem Kulturgebiet Tätigen in seiner Deutschen Arbeiterfront (DAF)[135] betreuen wollte. Goebbels konnte sich nur partiell durchsetzen; Hitler ernannte ihn zum Präsidenten der als Körperschaft des öffentlichen Rechts geführten Einrichtung der DAF. Die RKK bestand aus sieben Einzelkammern. Sie arbeiteten als ständische, hierarchisch aufgebaute, mit einer eigenen Berufsgerichtsbarkeit ausgestattete und nach dem „Führerprinzip" verwaltete Berufsvertretungen. Sie wurden für die Presse und das Schrifttum eingerichtet, den Film und das Theater, die Musik und die bildenden Künste sowie für den Rundfunk, wobei die „Reichsrundfunkkammer" (RRK) nicht eine ähnliche Bedeutung wie die übrigen Kam-

129 Noch vor kurzem suchte sie die Aufführung und Kommentierung dieser historischen Dokumente in einer von der Freien Universität Berlin und dem Filmarchiv des Bundesarchivs, Berlin, veranstalteten wissenschaftlichen Vortragsreihe zu verhindern.

130 Dazu gründlich und kritisch: Martin Loiperdinger, *Der Parteitagsfilm „Triumph des Willens" von Leni Riefenstahl.* Leverkusen 1986; Hermann Witte, *Lachende Erben, toller Tag.* Filmkomödie im Dritten Reich. Berlin 1995, S. 256-261.

131 Erhard Schütz/Eckhard Gruber, *Mythos Reichsautobahn.* Bau und Inszenierung der „Straßen des Führers" 1933-1941. Berlin ²2000.

132 Seit dem Januar 1933 amtierte er als Chef vom Dienst im VB, München; er verfasste den Bild-Text-Band *„Adolf Hitler über Deutschland"*, in dem Hitlers Flüge im Wahljahr 1932 verherrlicht wurden.

133 Heinz Rühmann (1902-1994) in der „Feuerzangenbowle" oder als „Quax der Bruchpilot" dürfte ebenso wie Harlans „Der große König" und auch „Jud Süß" ungleich stärker gewirkt haben als sein unerträglich hetzender Film „Der ewige Jude" oder die Durchhalte-Filme der letzten Stunden „Opfergang" (1944) und „Kolberg" (1945).

134 Reichskulturkammergesetz, 22.IX.1933 (RGBl I 1933, S. 661f.): „§ 2: Gemäß § 1 werden errichtet: 1. eine Reichsschrifttumskammer, 2. eine Reichspressekammer, 3. eine Reichsrundfunkkammer, 4. eine Reichstheaterkammer, 5. eine Reichsmusikkammer, 6. eine Reichskammer der bildenden Künste. [...] § 5: Die im § 2 bezeichneten Körperschaften werden gemeinsam mit der vorläufigen Filmkammer, die den Namen Reichsfilmkammer erhält, zu einer Reichskulturkammer vereinigt. Die Reichskulturkammer steht unter der Aufsicht des Reichsministers für Volksaufklärung und Propaganda [...]".

135 BA R43 II/1149 (Kabinettssitzung, 11. März 1933).

mern erlangte und 1939 aufgelöst wurde.[136] Das Fernsehen blieb unberücksichtigt, obwohl Hadamowsky als verlängerter Arm von Goebbels die „Rundfunkeinheit“ eingefordert hatte. Im Mai 1935 gelang ihm die Gründung einer Fernseharbeitsgemeinschaft bei der RRK, ohne damit Hitlers Entscheidung verhindern zu können, die Kompetenzen für das Fernsehen auf mehrere Ministerien zu verteilen und die technische Entwicklung nicht vorrangig betreiben zu lassen.

Die „Reichsschrifttumskammer“ (RSK) sollte unter der Leitung von Hanns Friedrich Blunck (1888-1961) mit „berufskundlichen Erziehungsarbeiten“ ein neues schriftstellerisches Ethos schaffen. Jedes Mitglied sollte sich für die „Volksgemeinschaft“ verantwortlich fühlen, so dass Vor- oder Nachzensur überflüssig werden konnten.[137] Im Ringen jener Tage läutere sich der Geist, frohlockte der Nachfolger des zu zögerlich agierenden Bluncks in der RSK, Hanns Johst (1890-1978), es werde in Deutschland so energisch geschrieben, dass die Sprache sich dem Befehl annähere.[138] Goebbels konnte mit seinen RKK-Verordnungen die „staats- und volkstragende Elite“ direkt beeinflussen und den Autoren die jeweils gewünschten Akklamationsfunktionen oder Adorationshaltungen zudiktieren. Zumeist bedurfte es keiner Zwangsmittel, denn die Zahl der Anpassungswilligen unter den nicht emigrierten oder sich ins Private gewendeten Schriftstellern war nicht gering. Die Akten der RSK füllten vielmehr die Fälle der Autoren, für die Ausnahmeregelungen aus unterschiedlichsten Gründen galten, weil führende Persönlichkeiten eine Schutzzone bildeten oder eine stillschweigende Duldung politisch günstiger schien.[139] Da das Kammergesetz eine gleiche Zwangsmitgliedschaft wie der RVDP festlegte, führte die Ablehnung eines Journalisten oder Publizisten zum Berufsverbot. Zu der einflussreichsten Kammer neben der RSK entwickelte sich die „Reichspressekammer“ (RPK). Das Schriftleitergesetz[140] festigte die Abhängigkeit, verstärkte nochmals die Staatsnähe und verbreiterte das Angebot an Reglementierungen.[141] Damit verringerte das Gesetz den Einfluss der (Zeitungs-) Verleger deutlich. Der Journalist hieß zukünftig „Schriftleiter“, war seinem Vorgesetzten verantwortlich, dem jetzt „Hauptschriftleiter“ genannten Chefredakteur, der wiederum dem Präsidenten der RPK und „Reichsleiter für die Presse“, Max Amann (1891-1957), gegenüber die politische Linie des Publikationsorgans zu rechtfertigen hatte.[142] Das Schriftleitergesetz akzeptierte ausschließlich Deutsche, setzte politisches Wohlverhalten in

136 Diller, Rundfunkpolitik, S. 154-168.

137 Barbian, Literaturpolitik, S. 202-204, 365-386.

138 S. dazu den Briefwechsel zwischen Hans Hinkel (1901-1960) und Johst in: BA R56 V/31, Bl. 141ff.

139 Etliche Beispiele finden sich bei Barbian, Literaturpolitik, passim.

140 Schriftleitergesetz, 4.X.1933 (RGBl I 1933, S. 713): „§ 5: Schriftleiter kann nur sein, wer: 1. die deutsche Reichsangehörigkeit besitzt, 2. die bürgerlichen Ehrenrechte und die Fähigkeit zur Bekleidung öffentlicher Ämter nicht verloren hat, 3. arischer Abstammung ist und nicht mit einer Person von nichtarischer Abstammung verheiratet ist, 4. das 21. Lebensjahr vollendet hat, 5. geschäftsfähig ist, 6. fachmännisch ausgebildet ist, 7. die Eigenschaften hat, die die Aufgabe der geistigen Einwirkung auf die Öffentlichkeit erfordert.[…] § 8: Die Zulassung zum Schriftleiterberuf wird auf Antrag durch Eintragung in die Berufsliste der Schriftleiter bewirkt. […] § 14: Schriftleiter sind in Sonderheit verpflichtet, aus den Zeitungen alles fernzuhalten: 1. was eigennützige Zwecke mit gemeinnützigen in einer die Öffentlichkeit irreführenden Weise vermengt, 2. was geeignet ist, die Kraft des Deutschen Reiches nach außen oder im Innern, den Gemeinschaftswillen des deutschen Volkes, die deutsche Wehrhaftigkeit, Kultur oder Wirtschaft zu schwächen oder die religiösen Empfindungen anderer zu verletzen, 3. was gegen die Ehre und Würde eines Deutschen verstößt, 4. was die Ehre oder das Wohl eines andern widerrechtlich verletzt, seinem Rufe schadet, ihn lächerlich oder verächtlich macht, 5. was aus anderen Gründen sittenwidrig ist. […]“.

141 „Von der Notwendigkeit, die Presse aus einem staatlich überwachten Träger individueller Geistesbetätigung in einen Träger öffentlicher Aufgaben zu verwandeln, muß die Neugestaltung ausgehen. Die Presse ist Mittel der geistigen Einwirkung auf die Nation, sie ist ein Kultur-, Erziehungs-, vor allem auch Staats- und Nationalerziehungsmittel wie Schule, Rundfunk, Bühne, Film. Sie ist also ihrem Wesen nach eine öffentliche Einrichtung, das Gegenteil dessen, was die liberale Anschauung und das liberale Recht in ihr sieht. Das neue Recht der Presse kann nicht mehr Freiheitsgarantie und nicht mehr Polizeirecht sein, sondern es ist ein Organisationsrecht“ (Goebbels in seiner Begründung zum Entwurf eines Schriftleitergesetzes, 30.IX.1933, in: Akten, S. 881, Anm. 10).

142 Da die RPK eine Kammer der RKK war, lag die oberste Verantwortlichkeit wiederum bei Goebbels als dem Präsidenten der RKK.

der „Systemzeit“ voraus, verlangte von den Bewerbern einen „Ariernachweis“[143], forderte unbedingte Loyalität und rückte den Publizisten in eine beamtenähnliche Abhängigkeit – vergleichbar der des Notars –, indem es Journalismus als öffentliche Aufgabe definierte.[144] Das nationalsozialistische Regime konnte wegen der Vielzahl detaillierter direkter Steuerungsmechanismen auf eine Vorzensur verzichten. Die Nachzensur fiel deshalb umso gründlicher aus. Der Katalog der Disziplinierungs- und Strafmaßnahmen reichte von Missbilligung und Tadel bis zum Berufs- und Erscheinungsverbot, zur Haft- und Todesstrafe.[145]

Mit dem Medium Film ging die Reichsfilmkammer (RFK)[146] in ähnlicher Weise wie die RPK vor und löste in Deutschland eine Emigrationsbewegung und Boykottmaßnahmen im Ausland aus. Das RMVP sicherte durch eine Filmkreditbank (1933)[147] die Existenz der bis 1937 strukturell unverändert belassenen privaten Filmindustrie und damit auch die von mehr als 3400 Kinobetrieben. Goebbels konnte mit der Filmkreditbank, den Prädikatsverleihungen „staatspolitisch wertvoll“ oder „volksbildend“, einem Reichsfilmdramaturgen als Gutachter und obersten Zensor neben sich, seinem Reichsfilmintendanten im RMVP, Fritz Hippler (1909 geb.), und mit gesetzlichen Regelungen[148] knapp ein Drittel der 1600 produzierten längeren und kürzeren Spielfilme direkt und den Rest mittelbar beeinflussen.[149] Im Schulunterricht plante die Behörde feste Zeiten für Propagandafilme ein. Die Gaufilmstellen bedienten mit mobilen Tonfilmwagen und parallel organisierten Rednereinsätzen Millionen von Zuschauern auf dem flachen Land. Die traditionelle, reichlich subjektive und vordergründige Einteilung in „unpolitische“, „politische“, „primär“ oder „manifest politische“, „massiv politische“, „genuin ideologische“ oder „reine“ Propaganda-Filme ist ungenau und nicht überzeugend. Sie berücksichtigt vorrangig Themen und Inhalte, lässt aber Rezeptionsumstände und Wirkungsbedingungen weitgehend außer Acht. Die latent vorhandene, unterschwellige und keineswegs wirkungsschwache propagandistische Funktion nahezu aller Filme jener Zeit bleibt dabei weitgehend unerkannt.[150]

Jedes Medium wurde von den Nationalsozialisten genutzt und keines blieb unreglementiert. Doch am weitesten ging die Beeinflussung im Pressebereich. „Pressefreiheit“ hielt Goebbels für eine überholte Idee der „Systemzeit“. Sie gehöre zu liberalistischen Prinzipien einer von Klasseninteressen zerrissenen Gesellschaft, die aufzugeben seien, wenn ein verantwortungsbewusster Dienst an der Gesamtheit des Volkes geleistet werden soll.[151] Noch im Frühjahr

143 Die Einzelheiten regelt in 32 Paragrafen die Verordnung über das Inkrafttreten und die Durchführung des Schriftleitergesetzes (19.XII.1933), in: RGBl I 1933, S. 1085-1088.

144 Goebbels triumphierte: „[...] ich glaube, wir stehen damit an einem entscheidenden Wendepunkt der Entwicklung der öffentlichen Meinung in Deutschland überhaupt. [...] Diese Begrenzung der Geistes- und Meinungsfreiheit wird sich immer dann zum Segen des ganzen Staatswesens auswirken, wenn die Mehrheit der Wohlmeinenden sie sich freiwillig auferlegt und sie von Staats wegen den renitenten und sabotierenden Elementen aufgezwungen wird. In dem Augenblick, in dem der Staat sich dieses souveränen Rechtes begibt, begibt er sich der Möglichkeit, eine zielbewußte und konsequente Politik nach innen und nach außen zu betreiben. [...]“, in: Darmstädter Tageblatt 227, 6.X.1933.

145 Eine „Verfahrensordnung für die Berufsgerichte der Presse“ erschien am 18. Januar 1934 und regelte die Einzelheiten der Repressions- und Strafverfahren; Handbuch deutscher Tagespresse, S. 309-312.

146 Gesetz über die Errichtung einer vorläufigen Filmkammer (14.VII.1933), in: RGBl I 1933, S. 483f.

147 Verordnung über die Errichtung einer vorläufigen Filmkammer (22.VII.1933), in: RGBl I 1933, S. 531.

148 Gesetz zur Änderung des Lichtspielgesetzes (13.XII.1934), in: RGBl I 1934, S. 1236. Zweites Gesetz zur Änderung des Lichtspielgesetzes (28.VI.1935), in: RGBl I 1935, S. 811.

149 Etwa 600 Filme wurden importiert. Den Niedergang des Spielfilms konnte Goebbels jedoch erst aufhalten, als er alle vierzehn Gesellschaften - die bedeutendsten waren „Tobis“, „UFA“, „Terra Filmkunst“ und „Bavaria“ - zusammen mit den österreichischen Produktionsstätten weitgehend verstaatlichte, um „die objektiv höheren Produktionskosten und Stargagen auffangen zu können“ (Felix Moeller, *Der Filmminister.* Goebbels und der Film im Dritten Reich. Berlin 1998, S. 82-226).

150 Gerhard Stahr, *Volksgemeinschaft vor der Leinwand?* Der nationalsozialistische Film und sein Publikum. Berlin 2001, S. 273-283.

151 In diesem Sinn formulierte die Redaktion des einzigen während der nationalsozialistischen Herrschaft konzipierten – fragmentarisch gebliebenen Lexikons: „[...] daß mit der P[ressefreiheit] Klassen und Parteien

1933 übernahm der Staatssekretär im RMVP und „Reichspressechef der NSDAP“, Otto Dietrich (1897-1952), zusammen mit Amann die Führung des „Reichsverbands der Deutschen Presse“ (RVDP) und im „Verein Deutscher Zeitungsverleger“.[152] Eine vom RVDP in Berlin gegründete, vom RMVP überwachte „Reichspresseschule“ sollte den Zwecken der Rekrutierung, Persönlichkeitsprägung und Kontrolle dienen.[153] In ihr kasernierte und disziplinierte man den ausgewählten journalistischen Nachwuchs seit dem Januar 1935 in dreimonatigen Kursen zu 150 Reichsmark, ohne dass sich nach 13 Lehrgängen in viereinhalb Jahren trotz großen Andrangs der erhoffte Erfolg einstellte.[154] Die universitäre Lehre und Ausbildung für Journalisten wurde eingeschränkt; die Herausgabe von Handbüchern und bibliografischen Werken, Forschungen über die Medien als Führungsmittel, über die Grundlagen und Geschichte der Propaganda, Arbeiten zur Praxis und Methodik der Publizistik gefördert, Dozenturen für das „Rundfunkwesen“ eingerichtet. Das Gesetz „zur Wiederherstellung des Berufsbeamtentums“ (7.IV.1933) bot die Grundlage, um „Nichtarier“ zu vertreiben und politisch Andersdenkende oder Missliebige auszuschließen. Unter den entlassenen jüdischen Dozenten aus den Hochschulen befanden sich etliche des im Aufbau begriffenen Faches „Zeitungswissenschaft“.[155] Wenige opponierten, etliche Kollegen passten sich an[156] oder gingen sogar vorbehaltlos auf den Diktator zu wie Hans A. Münster (1901-1963) in Leipzig, der in seinen universitären Vorlesungen über Verbrechen und Rechtsverletzungen hinwegsah, den „Volksführer“, die „Volksaufklärung unseres Staates“ und das Zusammenspiel von Publizistik und Propaganda begrüßte.[157]

Trotz der Zusicherungen im Reichskonkordat (20.VI.1933) sparten die Nationalsozialisten bei ihren Maßnahmen zur „Entkonfessionalisierung des gesamten deutschen Lebens“ die katholische Tagespresse nicht aus.[158] Wie entschlossen dabei das RMVP vorging, zeigte sich auch in der Übernahme der traditionell von den Journalisten verantworteten „Pressestelle *bei* der Regierung“ als regierungsoffizieller Einrichtung[159] und der Errichtung eines Nachrichtenmonopols, der RKK, dem Schriftleitergesetz sowie einer Fülle wirtschaftlicher und finanztechnischer Regelungen. Die neue, ihrer Unabhängigkeit von der Regierung beraubte „Reichspresse-

ein wünschenswertes Machtmittel gegeben sei, um den staatlichen Organen Anweisungen und Richtlinien für ihr Handeln zu erteilen und daß im Gegeneinander der verschiedenen Pressemeinungen die sog. öffentliche Meinung zu Ausdruck gelange“ (Meyer, *Konversationslexikon*, Leipzig [8]1940. Bd. 9, s. v. „Pressefreiheit“).

152 Bernd Sösemann, Auf dem Grat zwischen Entschiedenheit und Kompromiß in: ders. (Hg.) Dovifat, S. 103-159, hier S. 111.

153 In Erfüllung des Reichsschriftleitergesetzes § 25 Abs. 1 („Ausbildungs-, Fortbildungs- und Wohlfahrtseinrichtungen“). – In den Vorlesungen gab es drei Hauptthemen: Der Journalist und seine Arbeitswelt – Der Führerstaat – Die öffentlichen Einrichtungen; zur körperlichen Ertüchtigung zählte auch der Übungshandgranatenweitwurf; zum Fragebogen für die Aufnahmeprüfung s. Margret Boveri, *Wir lügen alle*. Eine Hauptstadtzeitung unter Hitler. Freiburg 1965, S. 589f.

154 Der Leiter der Schule, Wolf Meyer-Christian, schätzte die Leistungen der wenigen Frauen in der Schülerschaft hoch ein, denn sie strebten den Beruf aus persönlicher Neigung an, engagierten sich besonders im Kulturbereich und wüssten, dass sie es später in dem von Männern dominierten Umfeld nicht leicht haben würden (Deutsche Presse 25, 11.V.1935, S. 233).

155 Arnulf Kutsch, Die Emigration der deutschen Zeitungswissenschaft ab 1933, in: MEDIEN UND ZEIT 3 (1988), S. 5ff.

156 Arnulf Kutsch (Hg.), *Zeitungswissenschaftler im Dritten Reich*. Köln 1984.

157 Hans A. Münster, Die drei Aufgaben der deutschen Zeitungswissenschaft. Leipzig 1935, S. 12f.

158 Reichsinnenminister Wilhelm Frick forderte am 7. Juli 1935 die „Entkonfessionalisierung des gesamten öffentlichen Lebens“, in: VB (Münchner Ausgabe), 8. Juli 1935: „[...] Wir Nationalsozialisten fordern die Entkonfessionalisierung des gesamten öffentlichen Lebens. Was hat es für einen Sinn, daß es noch katholische Beamtenvereine gibt? Wir wollen keine katholischen und keine protestantischen Beamten, wir wollen deutsche Beamte. Was soll eine katholische Tagespresse? Wir brauchen keine katholische und keine protestantische, sondern deutsche Tagespresse. [...] Diese Organisationen betätigen sich vielfach auf Gebieten, die der nationalsozialistische Staat zur Erfüllung seiner Aufgaben für sich allein in Anspruch nehmen muß. Alle diese Dinge sind geeignet, die deutsche Volksgemeinschaft zu stören. Diese deutsche Volksgemeinschaft aber, die Adolf Hitler nach fünfzehnjährigem Kampf um die Seele des Deutschen geschaffen hat, lassen wir von niemandem mehr zerstören [...]“.

159 Zur „Neuordnung der Berliner Pressekonferenz“ (Die Presse 23, 30.IV.1933, S. 181).

stelle“ hatte zusätzlich zu den Informationen der Regierungs- und Gaupropagandaämter täglich „Anregungen und Direktiven“ des RMVP und anderer Ministerien zu verbreiten.[160] Detaillierte „Presseanweisungen“ informierten nicht nur die Redaktionen täglich, welche Ereignisse sie darstellen durften, sondern legten auch fest, in welcher Form und Ausführlichkeit es geschehen und welcher Vorgang mit welcher Zielsetzung kommentiert werden müsse.[161] Die Gruppe der „Hauptschriftleiter“ erhielt darüber hinaus „Vertrauliche Informationen“ höchster Stufe, die bei Androhung der Todesstrafe nach dem Gebrauch umgehend zu vernichten waren.[162] Der Einfluss von Staat und Partei steigerte sich durch Enteignungen und (Zwangs-) Aufkäufe von jüdischen Verlags- und Druckereibesitzern sowie eine ganze Reihe zusätzlicher wirtschafts- und finanztechnischer Verordnungen von Amann.[163] Grundsätzlich sollte kein Zeitungsverlag mehr als ein Blatt vertreiben und alle Verlage über Holdinggesellschaften kontrolliert werden. Die Zeitungsleser reagierten in einem auffallend hohen Umfang mit Abbestellungen. Nach gut einem Jahr war die Gesamtauflage aller Tageszeitungen um die Hälfte geschrumpft; dadurch drohten die ausgeklügelten Aktionen allein schon wegen der quantitativen Einbuße in ihren Wirkungen zu verflachen.[164] Mehr als 2.000 Journalisten und Schriftsteller mussten emigrieren, rund 150 Druckereien wurden beschlagnahmt.[165] Die Zeitschriften steuerte das RMVP seit dem Sommer 1936 regelmäßig im Anschluss an die große Reichspressekonferenz mit einer wöchentlichen „Kulturpolitischen Pressekonferenz“ und mit einem speziellen „Zeitschriften-Dienst“.[166] Im November verbot das Ministerium jegliche Kunstkritik und propagierte stattdessen den „Kunstbericht“ als volkspädagogische Hinführung zu einer „nationalsozialistischen Verständnisbildung“.[167]

Mit dem „Deutschen Nachrichtenbüro“ (DNB) sicherte sich der nationalsozialistische Staat das Nachrichtenmonopol und somit die stabilste Grundlage für die Unterdrückung oder geeignete Formulierung der Informationen, für die Steuerung des Nachrichtenflusses im Inneren und nach außen.[168] Im DNB waren zwangsweise vereinigt worden: die „Continental-

160 Walter Hagemann, *Publizistik im Dritten Reich.* Hamburg 1948, S. 14ff., S. 316ff.

161 Hagemann, Presselenkung, S. 36ff.

162 Fritz Sänger, *Politik der Täuschungen.* Mißbrauch der Presse im Dritten Reich. Weisungen, Informationen und Notizen 1933-39. Wien 1975.

163 Anordnung der Reichspressekammer über Fragen des Vertriebs und der Bezieherwerbung sowie Neugründungen zur Befriedung der wirtschaftlichen Verhältnisse im deutschen Zeitungswesen (13.XII.1933). Handbuch deutscher Tagespresse, S. 325f.; Zweite Anordnung zur Befriedung der wirtschaftlichen Verhältnisse im Zeitungswesen (4.I.1934), ebd., S. 326f.; Dritte Anordnung über Fragen des Vertriebes und der Bezieherwerbung zur Befriedung der wirtschaftlichen Verhältnisse im deutschen Zeitungswesen (23.I.1934), ebd., S. 327f.; Vierte und Fünfte Anordnung über Fragen des Vertriebes und der Bezieherwerbung sowie über Neugründungen auf dem Gebiet der Presse zur Befriedung der wirtschaftlichen Verhältnisse im deutschen Zeitungswesen (4.II./15.V.1934), ebd., S. 329.

164 Rudolf Stöber, *Die erfolgverführte Nation.* Deutschlands öffentliche Stimmungen 1866-1945. Stuttgart 1998, S. 76-90.

165 Sösemann, Opposition, S. 194f.

166 Dieter Strothmann, *Nationalsozialistische Literaturpolitik.* Bonn 1960, S. 294-300.

167 Anordnung von Joseph Goebbels über die nationalsozialistische Kunstkritik, 27.XI.1936 (Diether Schmidt (Hg.), *In letzter Stunde.* 1933-1945. Schriften deutscher Künstler des zwanzigsten Jahrhunderts. Bd. 2. Dresden 1964, S. 216): „[…] An die Stelle der bisherigen Kunstkritik, die in völliger Verdrehung des Begriffes *Kritik* in der jüdischen Kunstüberfremdung zum Kunstrichtertum gemacht worden war, wird ab heute der Kunstbericht gestellt; an die Stelle des Kritikers tritt der Kunstschriftleiter. Der Kunstbericht soll weniger Wertung, als vielmehr Darstellung und damit Würdigung sein. Er soll dem Publikum die Möglichkeit geben, sich selbst ein Urteil zu bilden, ihm Ansporn sein, aus seiner eigenen Einstellung und Empfindung sich über künstlerische Leistungen eine Meinung zu bilden“ (die Hervorhebung findet sich in der Vorlage). - Im Sommer 1938 formulierte Goebbels anlässlich der „Reichsmusiktage“ in Düsseldorf, der ersten „Heerschau über die Musikkultur“, auch für die Musik teils redundante, teils sich im Schwulst verlierende „Zehn Grundsätze“. Sie kulminierten in dem neunten Grundsatz: „Die Sprache der Töne ist manchmal durchschlagender als die Sprache der Worte. Die großen Meister der Vergangenheit sind deshalb Repräsentanten der wahren Majestät unseres Volkes, denen Ehrfurcht und Achtung geziemt“ (*Amtliche Mitteilungen der Reichsmusikkammer* 5 [1.VI.1938], S. 123).

168 Am 5. Dezember 1933 vollzogen und somit dem RMVP direkt unterstellt.

Telegrafen-Compagnie (Wolffsches Telegrafisches Büro) AG", die „Telegrafen-Union Internationaler Nachrichtendienst GmbH", zahlreiche Spezial- und Sonderdienste sowie eine noch größere Anzahl von Filialunternehmen. Das DNB unterstand dem Reichspressechef der NSDAP und Vizepräsidenten der „Reichspressekammer", Staatssekretär Otto Dietrich. Er leitete im RMVP die Presseabteilung und zusätzlich noch den „Drahtlosen Dienst", die Nachrichtenagentur für die Rundfunkanstalten. Über einhundert verschiedene DNB-Dienste belieferten anfangs täglich das Inland im Umfang von rund 25.000 Wörtern; das Ausland erhielt vom ihnen 36.000 Wörter in deutscher, englischer und französischer Sprache. Alle Presseorgane erhielten sorgfältig redigierte Informationsmaterialien.[169] Das Publikum konnte nicht einmal davon ausgehen, eine Hitler- oder Goebbels-Rede im VB im vollständigen Wortlaut vorzufinden. Nicht nur in Einzelfällen erhielten die Zeitungen unterschiedliche Fassungen. Die Bearbeitung und Auswahl richtete sich nach ihrer Auflage und Verbreitung, ihrem gesellschaftlichen und „weltanschaulichen Standort", nationaler oder regionaler Bedeutung und nicht zuletzt nach tagespolitischen innen- oder außenpolitischen Erwägungen.[170] Farbiges Papier signalisierte den Grad der Vertraulichkeit oder Geheimhaltung – „grün" als niedrigste, „weiß" als höchste Kategorie.[171] Da Dietrich über ein breites Aufgabenfeld und hohes Fachwissen verfügte, in der Partei als „Reichsleiter" den gleichen Rang wie Goebbels einnahm und sich in Hitlers Augen seit 1931 mehrfach bewährt hatte, verfügte er Goebbels gegenüber über den nötigen Freiraum, um selbst- und machtbewusst agieren zu können. Daraus ergaben sich wiederholt heftige Auseinandersetzungen über alltägliche Details, aber auch über einzelne Kampagnen und pressepolitische Strategien, in denen Goebbels wiederholt die Grenzen seiner Macht im Kabinett und auf der Propagandaebene erfuhr.[172]

Ähnliche inhaltliche Divergenzen und Kompetenzstreitigkeiten entstanden mit anderen hochrangigen Persönlichkeiten und Institutionen. Mit Joachim von Ribbentrop (1893-1946) und dem Auswärtigen Amt oder mit Rosenberg und seinen weit verzweigten Kulturämtern focht Goebbels seinen Streit über Zuständigkeitsfragen für die Auslandspresse oder für die Kontrolle der Schriftsteller über Jahre hinweg aus. Mit Amann und dem Franz Eher-Verlag oder mit Himmler und der SS begann er dagegen keine Auseinandersetzung über die von dort beanspruchte und auch exzessiv wahrgenommene Parallel-Kompetenz im Verlags- oder Zensurbereich. Offenkundig legte Hitler, mehrfach um Schlichtung gebeten, keinen höheren Wert darauf, überzeugende Vereinbarungen herbeizuführen und die Auseinandersetzungen endgültig zu beenden. Sieht man von Einzelkorrekturen einmal ab, dann konservierten Hitlers „Kompromisse" das komplizierte Verwaltungsgefüge. Offensichtlich wollte er damit verhindern, dass sich die Zuständigkeiten für die Propagandaarbeit in einer zu geringen Zahl von Institutionen konzentrierte – ganz zu schweigen von einem Monopol in der Hand von Goeb-

169 Jürgen Wilke, *Telegraphenbüros und Nachrichtenagenturen in Deutschland*. München 1991, S. 215ff.

170 Auffällig häufig erhielt die „Frankfurter Zeitung" außenpolitische Passagen aus Hitler-Reden im vollen Wortlaut und exklusiv, während diese Text oft selbst dem VB vorenthalten blieben oder ihm bestenfalls in paraphrasierter Form zugänglich gemacht wurden. – Es sei hier nur am Rande bemerkt, dass es sogar in einigen Fällen nicht unerhebliche Unterschiede in den Regionalausgaben des VB gab – Nord, Süd, München, Berlin –, ohne dass bis heute in den meisten Untersuchungen auf derartige bibliografische und quellenkritische Details geachtet oder dass auch beachtet würde, dass Goebbels zumindest in seinen Redetexten die Angaben über „Beifall" oder Zwischenrufe relativ frei und z. T. sogar bereits vorab festgelegt hatte.

171 Der „grüne Dienst" durfte von der Presse wörtlich übernommen werden, im „gelben" bot das RMVP Vorausmaterialien für Reden an und auf „rosa" Papier die Grundlagen für Glossen und Kommentare. Ein „blauer Dienst" ging an einen ausgewählten Personenkreis in Regierung und NSDAP sowie an einige Journalisten. Später richtete Goebbels noch einen „roten Dienst" ein, mit dem exquisites „blaues" Material einer noch kleineren Gruppe zugänglich gemacht wurde. Schließlich schuf er einen „weißen Dienst" für rund zwei bis drei Dutzend Personen aus der engsten Führungsgruppe. Weitere Einzelheiten finden sich in: Hansjoachim Höhne, *Die Geschichte der Nachricht und ihrer Verbreiter* (Report über Nachrichtenagenturen 2). Baden-Baden 1977, S. 112 und passim.

172 S. dazu Peter Longerich, *Propagandisten im Krieg*. Die Presseabteilung des Auswärtigen Amtes unter Ribbentrop (Studien zur Zeitgeschichte 33). München 1987, S. 109-148.

bels. Der weitgehende Erhalt des Status quo sicherte Hitlers Position im Grundsätzlichen und Allgemeinen und damit auch in entfernteren Bereichen.

Wir haben es zwischen 1933 und 1945 keineswegs auf der einen Seite mit einer geschickten, vorwiegend die Lüge mit einbeziehenden, propagandistischen Selbstdarstellung der Regierung, und auf der anderen mit einer belogenen, getäuschten, willenlosen und passiv geblieben Masse von Verführten zu tun.[173] Die Fülle der Reglementierungen und auch die systematisch eingesetzten Gewaltmaßnahmen in der Anfangsphase der nationalsozialistischen Herrschaft können allerdings diese Vorstellung hervorrufen. Außerdem könnte die Ansicht entstehen, als habe sich die nationalsozialistische Diktatur „über Nacht", weitgehend widerspruchsfrei sowie durchweg konzessionslos und ohne Rückschlag zu etablieren vermocht. Diese Eindrücke wären einseitig, denn wie sich im Verfassungsrecht zwischen der Norm und der Praxis eine nicht unerhebliche Diskrepanz erkennen lässt, so hat es auch noch nach der Ausschaltung des Parlaments, der Parteien und der Länder Inkonsequenzen, Ausnahmen und Widersprüchlichkeiten gegeben. Außerdem blieb keine Phase der nationalsozialistischen Diktatur ohne Verweigerungs- und Abwehrhaltungen, Akte der Opposition und Taten des Widerstands.[174]

Auf der Ebene seiner propagandistischen Aktivitäten hat der NS-Staat die von der NSDAP in den Zwanzigerjahren geschaffenen Instrumente und Methoden zielstrebig genutzt und weiter entwickelt. Er hat dabei gleichzeitig von einer verbreiteten Bereitschaft zur anpassungswilligen aktiven Mitwirkung oder Duldung eines großen Teils der Bevölkerung profitiert.[175] Es bedurfte in den ersten Jahren keineswegs irgendwelcher Zwangsmaßnahmen, damit sich Millionen versammelten und „ihrem Führer" huldigten. Aus dem vom Publikum mitgestalteten Gemeinschaftserlebnis ergab sich ein Faszinosum, das durch die selten originelle, oftmals aber ansprechend-unkonventionelle Verknüpfung unterschiedlicher Vorstellungen entstand. Die Nationalsozialisten fanden sie in Überlieferungen und bewährten massenpsychologischen Mustern, in traditionell und revolutionär präsentierten Elementen, volksfest- oder revueartigen sowie in politisierten sakralen Bestandteilen. Die Nationalsozialisten suchten damit an Erfahrungen ihres Publikums, dessen Selbstwertgefühl und Sicherheitsbedürfnis sowie an die ihnen vom Publikum entgegengebrachten Erwartungen anzuknüpfen, „Führer" und Partei könnten die Widersprüche versöhnen und der Kriegsgeneration die Verunsicherungen nehmen. Die NSDAP nutzte die Aufbruchsbereitschaft der Jugend, deren Willen, sich zu erproben und, geborgen in der „Volksgemeinschaft", mit einem „wahren Führer" etwas Großes zu wagen.[176] Die Partei lockte die Gruppierungen der Weimarer fragmentierten Massengesellschaft mit dem Bruch hinderlicher Konventionen und Hierarchien. Sie waren in einem Jahrzehnt wirtschaftlicher und politischer Krisen herangewachsenen und in einem Freund-Feind-Denken befangen. Hitler versprach nach allen Seiten Ansehen und Stärke, Ruhm und Ehre, aber auch Einigkeit, Frieden und Wohlstand.

173 Die ältere Forschung nimmt weitgehend diese Position ein: Werner Stephan, *Goebbels*. Dämon einer Diktatur. Stuttgart 1949; Z. A. B. Zeman, *Nazi Propaganda*. London 1964; David Welch, *Nazi Propaganda*. The power and the limitations. London 1983, und Bramstedt, Goebbels, in seinem Unterabschnitt „Passive Anteilnahme des Volkes" (S. 107-110).

174 Grundlegend sind immer noch: Steinbach / Schmädeke, *Widerstand*. München 1985 (spätere Neuauflagen sind unverändert); zur Frage „Widerstand ohne das Volk" s. Ian Kershaw, *Der NS-Staat*. Geschichtsinterpretationen und Kontroversen im Überblick. Reinbek ²2001, S. 279-328.

175 Die Stimmung im Volk „wollen wir ja propagandistisch auswerten", erläuterte Goebbels in einem Zeitungs-Interview (VB 16.III.1933), und er ergänzte später: „Ein geschickter Propagandist muss sozusagen auf der Lauer stehen" (Rede, 21.I.1937; BA 55, Nr. 1338).

176 „Die deutsche Jugend aber wird strahlenden Herzens ohnehin erfüllen, was die Nation, der nationalsozialistische Staat von ihr erwartet und fordert. Wenn wir diese Gemeinschaft bilden, eng verschworen, zu allem entschlossen, niemand gewillt zu kapitulieren", rief Hitler beschwörend aus (Reichstagsrede, 1.IX.1939), „dann wird unser Wille jeder Not Herr werden" (Domarus, Hitler, Bd. 3, S. 1317).

Die Hinweise auf den hohen Stellenwert des Propagandistischen im Denken und Handeln der nationalsozialistischen Führer und die Betonung des nicht geringen Einflusses der Propaganda im Alltag der NS-Diktatur überschätzen in den hier skizzierten Gesamtzusammenhängen nicht die nationalsozialistischen Beeinflussungs- und Steuerungsstrategien. Sie betonen vielmehr die grundsätzliche Mitverantwortung der Bevölkerung und verweisen auf die verschiedenen Aktivitäten der Rezipienten. Die Grundlagen, Eigenheiten und die Wirkungen propagandistischer Aktionen wurden differenziert untersucht; die situativen, mobilisierenden, persuasiven und auch terrorisierenden Dimensionen ließen sich zeigen. „Propaganda“ in diktatorialen Systemen lässt sich generell multiperspektivisch interpretieren, wenn sie nicht eng als Technik der Massenbeeinflussung verstanden wird, sondern:

Erstens als *Kollektivsingular*, der eine Vielzahl von Möglichkeiten des „Propagandistischen", also von Themen und Aktivitäten, Techniken und Formen, Motiven und Intentionen, Zielen und Wirkungen berücksichtigt, die von den Propagandisten adressatenbezogen entwickelt werden.

Zweitens als *Prozess*, der vom staatlichen und parteiamtlichen System und dessen Propagandisten systematisch aktiviert, mobilisiert, politisiert und ästhetisiert wird. Die Rezipienten sind in diesen multilateralen Prozess auf verschiedene Weise, aus vielerlei Gründen und in unterschiedlicher Intensität eng mit eingebunden. Von den Intentionen, Motiven und Zielen aller Beteiligten ist auszugehen, und nach den Intentionen und Wirkungen wird kritisch zu fragen sein, wenn eine überzeugende Gesamteinsicht in das Regime und den speziellen Beitrag der Propaganda erzielt werden soll.

Drittens als *Struktur*, die im Gefüge von Herrschaft und Macht, „Ideologie“ und Praxis, Öffentlichkeit und Mentalitäten, Kommunikatoren und Medien sowie dispersem Publikum und Rezipienten erkundet werden sollte.

Viertens als *Instrument*, das in der Diktatur zur Integration und Stabilität, zur Lenkung und Kontrolle in einem hohen Maß mit beiträgt. Dieses Instrument verleiht artikulierten und unbestimmten Hoffnungen und Erwartungen Ausdruck. Es öffnet sich gegenüber Verunsicherungen und Befürchtungen und nimmt Bedrohungen und Ängste so auf, dass sich das Publikum dem Regime begeistert und aktiv zuzuwenden vermag.

Andreas Hillgruber zum ehrenden Gedächtnis

VON DER RECHTS- ZUR LINKSORTHODOXIE

DAS POLITISCH-IDEOLOGISCHE ELEMENT IN DER DEUTSCHEN GESCHICHTSSCHREIBUNG SEIT 1871, VON TREITSCHKE ZU WEHLER

IMANUEL GEISS

Reflexion über eigenes Tun und ihre Wissenschaft begleitet Historiker ihr ganzes akademisches Leben: Nachdem Mitarbeit bei Fritz Fischer[1] und eigene Beiträge[2] geholfen hatten, die heiligste Kuh der deutschen Nationalreligion zu schlachten, Unschuld am Ersten Weltkrieg, sollte die Habilitationsschrift in jugendlichem Leichtsinn auch noch Hand an die Priester der Nationalreligion legen – „das politische Element in der deutschen Geschichtsschreibung von Ranke bis Ritter". Nur die Weisheit des nach 1933 emigrierten Hajo Holborn, der seine deutschen Pappenheimer kannte, riet zum Ausweichen auf ein unverfänglicheres Thema.[3] Doch blieb die Leitidee, von der „schwarz-weiß-roten Zunft", Meinecke und Fischer-Kontroverse zum „kollektiven Fehlstart" der Alten Orthodoxie „in die demokratische Zukunft" nach 1945[4]. Inhaltlich ist nichts zu bedauern, außer einigen linken Schlenkern und Publizieren in Organen, deren Irrationalität in aller Naivität damals noch entging („Argument", „diskus"). Vieles ist gebrochen durch ernüchternde Erfahrungen mit Intoleranz der Neuen Orthodoxie und lebenslängliches Dazulernen beim Elementarisieren der Weltgeschichte unter breiteren Horizonten[5]. Modifizierende Mutierungen brachten eine thematische Rückung: Verschärfte sich die These vom „politischen Element" zur „Orthodoxie", und verengte sich zeitlich wie sachlich von Ranke zu Treitschke, so soll, in dialektischer Verdoppelung nach „links", nun auch die Neue Orthodoxie dran glauben, mehr in Trauer als Zorn über verlorene linke Illusionen.

1 Fritz Fischer: Deutsche Kriegsziele. Revolutionierung und Separatfrieden im Osten 1914-1918, in: HZ, 199/2, 1959, S. 249-310; Kontinuität des Irrtums. Zum Problem der deutschen Kriegszielpolitik im Ersten Weltkrieg, in: HZ 191/1, 1961, S. 83-100. *Griff nach der Weltmacht.* Zur Kriegszielpolitik des kaiserlichen Deutschland 1914/18. Düsseldorf 1964.

2 U.a. Imanuel Geiss: *Der polnische Grenzstreifen 1914-1914.* Ein Beitrag zu den deutschen Kriegszielen im Ersten Weltkrieg. HISTORISCHE STUDIEN 378. Hamburg und Lübeck 1960; polnisch: Warszawa 1964; *Julikrise und Kriegsausbruch 1914.* Eine Dokumentensammlung, 2 Bde., Hannover 1963/64; Juli 1914. dtv München 1965, englisch 1967.

3 Ders.: *Panafrikanismus.* Ein Beitrag zur Geschichte der Dekolonisation. Frankfurt/Main 1968; englisch: Pan-African Movement. London, Boston 1974.

4 DISKUS, 3/1971; Kritischer Rückblick auf Friedrich Meinecke, in: ARGUMENT 10/1972, S. 22-36; auch in: ders.: *Studien über Geschichte und Geschichtswissenschaft.* es 569, Frankfurt/Main, S. 89-107; Die Fischer-Kontroverse. Ein kritischer Beitrag zum Verhältnis zwischen Historiographie und Politik in der Bundesrepublik, in: Ebenda, S. 108-198; Die westdeutsche Geschichtsschreibung seit 1945, in: JAHRBUCH DES INSTITUTS FÜR DEUTSCHE GESCHICHTE TEL AVIV, 3/1974, S. 417-455.

5 Ders.: *Geschichte griffbereit*, 6 Bde., 3. erw. und aktual. Aufl. Gütersloh 2002; Geschichte im Überblick. Daten und Zusammenhänge der Weltgeschichte. Reinbek 1986, 4. Aufl. 2001.

1. Grundsätzliche Vorklärungen

Deutsche Historiker-Orthodoxien

Um Missverständnisse zu vermeiden, sei vorweg der Schlüsselbegriff erläutert: Orthodoxie meint nur den politisch agi(ti)erenden Flügel der (meist Neuzeit) Historiker, die den Primat des Politischen auch in der Wissenschaft verfochten, Spitzen des *deutschen* historischen Nationalgettos „rechts" wie „links", mit unbegrenztem Zugang zu den Medien ihrer Zeit. Die „politischen Historiker" der „Alten" und „Neue Orthodoxie" beansprucht(e)n, „herrschende Meinung" und „letzten Stand der Wissenschaft" je, politisch korrekt, *allein* zu vertreten. Abweichler wie Franz Schnabel nach 1933 der inneren[6], Historiker der äußeren Emigration kommen zu kurz, auch Historiker, die über Außereuropa arbeiteten: Distanz nach Raum und Zeit erlaubte ihnen jene Annäherung an Objektivität, die für die eigene Nationalgeschichte so schwer fällt. Hier tut sich der Wissenschaftsgeschichte ein weites Feld auf: Deutsche Historiker, daheim mit „peripheren" Themen Außenseiter, waren in der Welt bahnbrechend bis führend, blieben aber von der eigenen „Zunft" ignoriert. Ein Historiker, der seine Herkunft aus der „Neuen Orthodoxie" globalhistorisch überwand, dazu seine Gelehrsamkeit in selten sprachliche Eleganz kleidet[7], könnte am besten zeigen, wie die Alte Orthodoxie in provinzieller Enge und im eigenen Saft schmorte, da sie Horizonterweiterungen durch deutsche Außereuropa-Historiker ausschlug.

Die scheinbare Ausnahme Max Weber bestätigt nur die Regel: Der Soziologe gehörte *per definitionem* nicht zur Historikerzunft, die ihn herzlich ignorierte. Dennoch stellte er sich selbst *politisch* in die historische Rechtsorthodoxie, von seinen alldeutschen Anfängen über den Appell zur Weltpolitik der Freiburger Antrittsvorlesung 1895 bis zum Eifern wider Versailles.[8] Solche Affinitäten zur ihn links liegen lassenden Nachbarzunft hinderten nicht, ihn, neben Marx, im dialektischen Umschlag zur Ikone der neuen Linksorthodoxie zu erheben.

Nun ist es leider normal, dass überall vielleicht 90% aller Historiker nur oder meist zur eigenen Nationalgeschichte publizieren. Daher sind weder Überwiegen von Arbeiten deutscher Historiker zur deutschen Geschichte noch Parteinahme als „Pflicht politischer Pädagogik" (Theodor Mommsen)[9] ein Makel. Aber kollidiert der Anspruch auf universale Gültigkeit mit teutscher Enge, irritiert die Kluft zwischen hehren Prinzipien („herrschaftsfreier Diskurs") einer „redlichen Geschichtswissenschaft" (S. 141) und deprimierender Praxis.

Über-Engagement („leidenschaftlich", „kämpferisch", „militant") exekutiert missionarisch eifernd dualistisches Freund-Feind-Denken, gefangen im öden „rechts-links"-Mechanismus. Parteilichkeit schafft sich Staatsanwälte, Richter bis Henker in einer Person, ohne *legitimes* politisches Engagement von Wissenschaft ausreichend zu trennen: In politischen Texten mag sich politisches Temperament nach Herzenslust austoben, aber Wissenschaft sollte altmodisch „*sine ira et studio*" bleiben: „Begriffspolitische Hygiene" (S. 177) schützt vor verbalen Exzessen, wahrt die Wortwahl: Schon ein Thema kann, auch ohne Moralisieren, Parteinahme signalisieren, wenn in der Hohen Schule klirrender Sachlichkeit gezügelt. Oft reicht es, diszipliniert Fakten und Zitate für sich selbst sprechen zu lassen, notfalls gegen ihre Urheber gewendet,

6 Clemens Rehm, Hg.: *Franz Schnabel - eine andere Geschichte.* Historiker, Demokrat, Pädagoge. Freiburg 2002. Ausführlicher Thomas Hertfelder: Franz Schnabel und die deutsche Geschichtswissenschaft. Göttingen 1998.

7 Jürgen Osterhammel: *Geschichtswissenschaft jenseits des Nationalstaats.* Studien zu Beziehungsgeschichte und Zivilisationsvergleich. Kritische Studien zur Geschichtswissenschaft Bd. 147. Göttingen 2001.

8 Wolfgang J. Mommsen: *Max Weber und die deutsche Politik.* Tübingen 1959.

9 Sich auf Mommsen berufend Hans-Ulrich Wehler: *Entsorgung der deutschen Vergangenheit?* Ein polemischer Essay zum 'Historikerstreit', München 1988, S. 142; dort auch die folgenden Zitate mit Seitenangaben in Klammer.

um Phrasen beim Wort zu nehmen: „*Fortiter in re, suaviter in modo*". Dann sollte aber auch dem Schwächeren sanfte Ironie als Selbstschutz erlaubt sein.

Deutsche Historiker-Orthodoxie findet sich in Sprache und Inhalten, die auch rationale Faktoren enthalten, rechts wie links: Wer Abweichler von der Generallinie als „töricht", „verfehlt" bis „abwegig" abkanzelt, wie Gerhard Ritter und Wehler über Generationen und ideologische Abgründe hinweg im verräterischen Gleichschritt, schlägt im (selbst)„gerechten Zorn" (S. 102) des nur noch polemischen „cum *ira ac studio*" (S. 8) über alle Stränge der Fairness wissenschaftlicher Disziplin und reklamierter intellektueller Redlichkeit: An ihren Worten sollt ihr sie erkennen – Sag mir, welche Reizworte („wir", „Feinde", „abwegig", „Renegat") Du benutzt, und ich sag´ Dir, wer Du bist.

Deutsche Wechselbäder und ihre historiographischen Reflexe, 1806-1990

Um reine Geistesgeschichte zu vermeiden, sei der realhistorische Rahmen angedeutet[10]: Seit dem Thronstreit zwischen Staufern und Welfen 1198 war Deutschland staatlich fragmentiert – Machtvakuum ohne Zentralregierung und Hauptstadt, völkerrechtlich ratifiziert vom Westfälischen Frieden 1648, in der „Ohnmacht des Reiches" offen für Interventionen, Schlachtfeld aufsteigender Großmächte. Im Zeitalter der Industriellen Revolution und Nationalismen schufen die Reichseinigungskriege 1864-71 das neue Reich als kleindeutschen Nationalstaat, der machthistorisch zum großdeutschen drängte. Nach Quantität (Bevölkerung, Territorium) und Qualität (Wissenschaft, Technik, Wirtschaft) schoss das Reich zum Machtzentrum auf – zu stark für Europa, zu schwach für die Welt – deklassierte Österreich und Frankreich militärisch, Rußland ökonomisch, bis auf England, die stärkste See- und einzige Weltmacht. Rasches Bevölkerungs- und Wirtschaftswachstum ließen deutsche Bäume schier endlos in den Himmel wachsen: Nach Bismarcks Kontinentalpolitik trieb Wilhelms II. Weltpolitik im (ersten) „Griff nach der Weltmacht" (Fritz Fischer) in den Ersten Weltkrieg. Da die Deutschen ihre Niederlage gegen die selbst provozierte „Welt von Feinden" weder historisch noch politisch annahmen, drängte sich, nach dem Interregnum der ungeliebten Weimarer Republik, das Dritte Reich als Heil auf, stürzte aber die Welt in den Zweiten Weltkrieg: 1941/42 versank das Reich mit dem Völkermord der „Endlösung" in die extreme Spanne zwischen gleichzeitig äußerem Höhe- und innerem Tiefpunkt, den weltweit und für die meisten Deutschen erst 1945 Auschwitz sichtbar machte. Die moralische Krise eskalierte seit dem „Paradigmenwechsel" 1968 im Historikerstreit zum Selbsthass gegen die eigene Kollektiv-Identität mit der gut gemeinten, aber konfusen Denkfigur des „deutschen Sonderweges".[11]

Ausschläge ihrer Verfasstheiten 1806, 1848/49, 1871, 1918/19, 1933, 1945, 1961, 1968, 1989 schlugen auf die Seelenverfassung der Deutschen durch, bis zu Kollektiv-Irrationalitäten, totalitär verstaatlicht in Drittem Reich und DDR, als staatlich verfasster Linksorthodoxie mit eigenen Dogmatisierungen, die nach 1968 auch auf die Bundesrepublik ausstrahlten: Jede Historiker-Orthodoxie reflektierte auf ihre Weise deutsche Realhistorie seit 1871 zwischen reichspatriotischer Euphorie „rechts" und Depression über die „deutsche Katastrophe" (Friedrich Meinecke 1946) und moralischer Selbst-Vernichtung unter der Last von Hitler und Auschwitz „links". Nach Heines glänzendem Einblick „Zur Geschichte der Religion und Philosophie in Deutschland" (1835) erklärte 1917 Hermann Behrs Tagebuch die deutsche Kollektivseele:

> „Dieses ganz selbstlose, ganz selbstvolle, selbstgewollte, selbstbestimmte, selbstdurchgedrungene, selbstvermessene, ganz in sich selbstruhende, nur um sich selbst kreisende,

10 Als problemorientierte Skizze I. Geiss: *Die deutsche Frage 1806-1990*. Mannheim 1992.

11 Auch in Heinrich-August Winkler: *Der lange Weg nach Westen*, 2 Bde., München 2000, mit zwei historisch-ideologischen Leerformeln - „Westen" und „deutschen Sonderweg" vgl. die eigene Kritik in NPL 2001/3, S. 365-370.

die Welt aus sich selbst zeugende, nach sich selbst formende und sich selbst wieder verschlingende Urnebeln entstiegene, wieder in Urnebeln aufgelöste Geschöpf.“ [12]

Am bequemsten lässt sich oft die Gemütslage einer Kollektiv-Identität an ihren politischen Historikern ablesen, wenn „die Herrschaft des Historikers über die Vergangenheit aufs engste zusammenwachsen soll mit dem Wollen des Politikers in der Gegenwart“[13]: Die Erforschung des deutschen Mittelalters war stets von „Liebe zum Vaterland durch Kenntnis seiner Geschichte“ durchtränkt, so 1820 Freiherr vom Stein, Gründer der Monumenta Germaniae Historica. Seit der Revolution 1848/49 wirkten deutsche Historiker auch als Publizisten und Parlamentarier (u.a. Dahlmann, Droysen, Sybel, Treitschke, Mommsen) politisch, verschlüsselt in Mommsens „Römischer Geschichte“ (1854-56) und im Sybel-Ficker-Streit 1861/62, offen und direkt Treitschke samt Schüler. 1919 fasste Walter Goetz das politische Hauptmotiv deutscher Historie so zusammen:

> „Der Blick in eine Vergangenheit, in der Deutschland an der Spitze der abendländischen Welt gestanden hatte, drängte zu vertiefter Erkenntnis des alten deutschen Reiches, und die Stärkung des nationalen Bewußtseins durfte von solcher Erkenntnis erwartet werden.“ (S. 16)

Und im nostalgischen Rückblick trauerte Gerhard Ritter einen Weltkrieg und „Zusammenbruch“ später, bei Eröffnung des ersten Historikertages in München 1949 nach dem Dritten Reich, dem verlorenen Rang deutscher Historiker nach:

> „Die Zeit, in der die deutsche Historie wie selbstverständlich eine führende Rolle im öffentlichen Leben unserer Nation spielte, da ihre prominentesten Vertreter geradezu als 'Herolde' deutscher Politik galten, ist sehr lange vorüber.“[14]

2. Deutsche Rechtsorthodoxie, 1871-1968

Deutsche Rechtsorthodoxie dominierte zwischen 1871 und 1967, überlebte als geistiges Band struktureller Kontinuitäten die Brüche von 1918 und 1945, zwar erschüttert durch die Revolution 1918 und Teilung Deutschlands 1945 samt Monopol marxistischer Geschichtsschreibung in der DDR.

Realhistorische Voraussetzungen: „ Gottes Fügung“ und „Pleonexia“

Die Reichgründung 1871 kam für die Deutschen – nach fast 700 Jahren als Machtvakuum – über Nacht als Wunder und war nur noch religiös zu fassen. Das Stichwort für das damals schon „glücklichste Volk der Erde“ gab Wilhelms I. Telegramm, das den Sieg von Sedan meldete: „Welche Wendung durch Gottes Fügung“. Beim Einzug der heimkehrenden preußischen Armee prangte es am Brandenburger Tor. Der Kyffhäuser-Mythos, mit chiliastisch-eschatologischen Klängen vom im Berg schlafenden Endkaiser Friedrich, der alles richten würde, lieferte in volkstümlichen Balladenversen den emotionalen Untergrund, in seiner Festrede zum 75. Geburtstag Wilhelms I. 1872 vom Historiker Wilhelm Maurenbrecher pathetisch beschworen:

12 Nach Heinrich Rumpler: Das Deutsche Reich aus der Sicht Österreich-Ungarns, in: ders.: *Innere Staatsbildung und gesellschaftliche Modernisierung in Österreich und Deutschland 1867/71 bis 1914*. Wien 1991, S. 232.

13 Nach Walter Goetz: *Die deutsche Geschichtsschreibung des letzten Jahrhunderts und die Nation*. Leipzig, Dresden 1919, S. 11, Anm. 1.

14 Gerhard Ritter: Gegenwärtige Lage und Zukunftsaufgaben der deutschen Geschichtswissenschaft, in: HZ 170/1949, S. 1-22, das Zitat S. 2. Ausführlicher mit aufschlussreichen Originalzitaten Karen Thiessenhusen: Politische Kommentare deutscher Historiker zur Revolution und Neuordnung 1918/19, in: *Aus Politik und Zeitgeschichte*. Beilage zur Wochenzeitung DAS PARLAMENT, B/45/69, 8.11.1969, mit ausführlicher Bibliographie; Kap. I, „Der Führungsanspruch deutscher Historiker“, S. 4-10.

> „Von einem dereinstigen Erwachen Kaiser Rothbarts träumte die Phantasie unseres Volkes und sangen die Lieder unserer Dichter. Und siehe da: Träume und Phantasien, Lieder und Sagen, Hoffnungen und Wünsche haben ganz plötzlich in ungeahnter Weise Erfüllung gefunden. ... Auf dem Schlachtfeld gegen die Ungarn hat Otto I. und auf dem Schlachtfelde gegen die Franzosen hat Wilhelm I. sich die Kaiserkrone erworben. Anlaß und Hergang zeigen im 10. und im 19. Jahrhundert verwandte und übereinstimmende Züge."[15]

1870/71 bejubelten Protestanten das „heilige Evangelische Reich deutscher Nation", Wilhelm I. und seinen „Gründer"[16]. Nationalreligiös ergriffen, sprach der nationalliberale Historiker Heinrich von Sybel in seinem Brief vom 27. Januar 1871 an seinen Karlsruher Kollege Hermann Baumgarten für die meisten deutschen Historiker[17]; der goss das Bekenntnis seiner schönen Seele ins Bild vom „deutschen Lebensbaum", den „der Krieg von 1866" als „gewaltiger Frühlingssturm schüttelte":

> „Und nachdem das deutsche Volk in vier Jahren über diesen Sturm gesonnen und in ernstem Nachdenken in sich gegangen, siehe da! nun zertheilten sich die Wolken, nun lacht der blaue Frühlingshimmel über allen deutschen Gauen, und sie alle überschattet der gewaltige Baum deutscher Einheit, deutscher Macht, prangend in herrlichstem Blüthenschmuck und tönend von den Liedern unserer Sänger, der alten von 1813 und jungen von 1870, und das ganze deutsche Volk fällt Angesichts so wundervoller Offenbarung auf die Knie und ruft zum Himmel: Großer Gott, wir loben dich!"[18]

So sahen die Deutschen naiv nur die „Gnade" des jähen „Aufstieg(s) des Reiches"[19] als gottgegebene Selbstverständlichkeit, übersahen in der Mitte Europas konfliktproduzierende Komplikationen, anders als ihr Reichsgründer Bismarck. Dabei hatten liberale und demokratische Vordenker Folgen des neuen Reiches schon vor 1848 durchdacht, nach einigem Schwanken auch herzhaft bejaht – Hegemonie, Kolonien, Flotte, Weltpolitik, Krieg gegen England.[20] In überbordender Reichseuphorie ereilte sie die Dialektik der „Pleonexia" (Aristoteles): Macht will mehr Macht, je höher jemand aufsteigt, desto mehr zieht er Konflikte der Welt auf sich. Dagegen erkannten jenseits des reichsdeutschen Nationalgettos, kritische Geister „rechts" wie „links" fatale Folgen der Reichsgründung, so der Baseler Jacob Burckhardt bald nach Sedan:

> „O wie wird sich die arme deutsche Nation irren, wenn sie daheim das Gewehr in den Winkel stellen und den Künsten und dem Glück des Friedens obliegen will: da wird es heißen: vor allem weiter exercirt! (...) Denn nun kommt der deutsch-russische Krieg (...) allmälig in den Vordergrund des Bildes zu stehen."[21]

Auch ohne Berufsegoismus warnte der Sieger Moltke vor neuen Kriegen, härter und länger als je. Von linksaußen sah Marx in der 2. Adresse des Generalrats der Internationalen zum deutsch-französischen Krieg nach der Annexion Elsaß-Lothringens („Raub an französischem Gebiet") schon die Konstellation von 1914, („Frankreich in die Arme Rußlands hineinzwingen"): Das Reich würde „der offenkundige Knecht russischer Vergrößerung", oder „muß sich

15 Helmut Böhme, Hg.: *Die Reichsgründung*, dtv-dokumente 428. München 1967, S. 42-45.

16 Nach H.-A. Winkler: Der lange Weg nach Westen, Bd. 1, S. 214.

17 Ebenda, S. 212: „Wodurch hat man die Gnade Gottes verdient, so große und mächtige Dinge erleben zu dürfen? Und wie wird man nachher leben? Was zwanzig Jahre Inhalt alles Wünschens und Strebens gewesen, das ist nun in so unendlich herrlicher Weise erfüllt! Woher soll man in meinen Lebensjahren noch einen neuen Inhalt für das weitere nehmen?"

18 Hermann Baumgarten: Wie wir wieder ein Volk geworden sind (1870), 2. verm. Aufl., in: ders.: *Historische und politische Reden und Aufsätze*, Straßburg 1894, S. 241-316, das Zitat S. 254f.

19 So der „Neo-Rankeaner" Erich Marcks später in *Der Aufstieg des Reiches.* Deutsche Geschichte von 1807-1871/78, Stuttgart, 2 Bde., Berlin 1936.

20 Hans Fenske: Ungeduldige Zuschauer. Die Deutschen und die europäische Expansion 1815-1880, in: Wolfgang Reinhard, Hg.: *Imperialistische Kontinuität und nationale Ungeduld im 19. Jahrhundert.* Frankfurt/Main 1991, S. 87-123.

21 Zitiert nach H. Böhme, Hg.: Reichsgründung, S. 30f.

nach kurzer Rast für einen neuen ‚defensiven' Krieg rüsten, nicht für einen jener neugebackenen ‚lokalisierten' Kriege, sondern zu einem Racenkrieg gegen die verbündeten Racen der Slawen und Romanen."[22] In der West-Ost-Doppelkrise 1887 über Boulanger und Bulgarien sah Engels den „Weltkrieg von nie geahnter Ausdehnung", mit „Verwüstung des Dreißigjährigen Krieges, zusammengedrängt in drei bis vier Jahre und über den ganzen Kontinent verbreitet", bis zum „Zusammenbruch der alten Staaten und ihrer traditionellen Staatsweisheit"[23].

„Die ganze Weltgeschichte von Adam an siegesdeutsch angestrichen"

Unberührt von realistischen Prognosen notorischer Außenseiter über Folgen der Reichsgründung stürzte sich die nun dominierende norddeutsch-protestantische borussisch-kleindeutsche Schule in eine „Umwertung aller Werte" (Nietzsche). Dazu brach sie endgültig mit den süddeutsch-liberalen Aufklärungshistorikern (Schlözer, Heeren, Schlosser, Gervinus) und deren breitem wirtschafts- und universalhistorischen Horizont[24] sowie den ebenfalls meist süddeutschen katholisch-österreichisch-großdeutschen Historikern,[25] auch mit Ranke[26]: Auf dem Weg vom kosmopolitischen „Weltbürgertum" zum „Nationalstaat" (Meinecke, 1907) war die „liberalisierende und moralisierende Richtung (...) zum Aussterben verurteilt"[27]. Schon Sylvester 1872 empfahl Jacob Burckhardt ironisch, mit der Anschaffung neuer Bücher zur deutschen Geschichte für das Historische Seminar einige Jahre zu warten, „bis die ganze Weltgeschichte von Adam an siegesdeutsch angestrichen und auf 1870/71 orientiert sein wird." Und sein Philosophiekollege Friedrich Nietzsche sah grimmig die Reichsgründung als „Exstirpation des deutschen Geistes zu Gunsten des Deutschen Reiches".

Gewiss übertrieb Burckhardt – leicht. Aber im Kern tat die sich reichspatriotisch bornierende Orthodoxie genau das: „Das Land der Griechen mit der Seele suchend" (Goethe), erfand sie Seelenverwandtschaften der indo*germanischen* Griechen mit den Deutschen, bis hin zu Gerhard Ritter.[28] Wider alle Tradition des deutschen Historismus schnitt sie materielle und geistige Kontinuitäten von den (semitischen) Phönikern zum klassischen Hellas ab, als wäre die griechische Hochkultur um 500 v. Chr. vom Himmel gefallen, wie Pallas Athene vollendet dem Haupte des Zeus entsprungen. In Wirklichkeit stieg sie als damals westlichste und modernste Randkultur des Alten Orients zur eigenen Zivilisation auf, mythisiert in der Gestalt der Europa aus Tyros.[29] Zeitliche und räumliche Ferne zum alten Hellas schützte Koryphäen zur altorientalischen bis griechischen Geschichte und Kultur, Eduard Meyer und Ulrich v. Wilamowitz-Moellendorff, im Ersten Weltkrieg nicht vor chauvinistischen Exzessen.[30]

22 Zitiert nach Karl Marx, Friedrich Engels: Studienausgabe in 4 Bänden, hg. von Iring Fetcher, Bd. III, Fischer-Bücherei 766, Frankfurt/Main 1966, S. 131f.

23 Nach Jehuda L. Wallach: *Die Kriegslehre von Friedrich Engels.* Frankfurt/Main 1968, S. 30.

24 Für eine thematisch gebündelte Anthologie vgl. Manfred Asendorf, Hg.: *Aus der Aufklärung in die permanente Restauration.* Geschichtswissenschaft in Deutschland, Hamburg 1974, mit den dort einschlägigen Kapiteln. Zuvor schon H.-U. Wehler, Hg.: *Deutsche Historiker.* 5 Bde., edition suhrkamp, Frankfurt/Main 197..

25 Thomas Brechenmacher: *Großdeutsche Geschichtsschreibung im neunzehnten Jahrhundert.* Die erste Generation (1830-1848). Berlin 1996.

26 W. Goetz, ebenda (1919), S. 14: „Von vielen wurde die kleindeutsche Historikerschule mit der deutschen Geschichtswissenschaft überhaupt gleichgesetzt", die „wohl auch einen großen und den maßgebenden Teil der öffentlichen Meinung der öffentlichen Meinung beherrschte."

27 W. Goetz, ebenda, S. 18. Ähnlich auch Gerhard Ritter 1925, in seinem Lutherbuch, S. 10.

28 G. Ritter: *Luther - Gestalt und Symbol.* München 1925, S. 10: „Mitteninne gestellt zwischen Orient und Okzident wie einst das Volk der Hellenen, scheint es die uns vom Schicksal bestimmte Aufgabe, die rechte Mitte zu finden zwischen der religiösen Tiefe des Ostens und der begrifflichen Helle, der willensmäßigen Nüchternheit der großen Nationen des Westens."

29 Für eine Korrektur im Anschluss an die westliche Altertumswissenschaft findend, nun die Freiburger Dissertation von Michael Sommer: *Europas Ahnen.* Ursprünge des Politischen bei den Phönikern. Darmstadt 2000.

30 U.a. Eduard Meyer: *Weltgeschichte und Weltkrieg.* Gesammelte Aufsätze. Berlin 1916.

Zum Glück eignete sich die sprödere Geschichte des alten Rom mit ihren breiteren Perspektiven nicht zu völkischen Extravaganzen: Schon Niebuhr war, „durch den Gegenstand seiner Arbeit, durch die römische Geschichte, den Dingen seiner eigenen Zeit (...) entrückt" (Goetz, 1919, S. 11). Der größte deutsche Althistoriker zur römischen Geschichte, Theodor Mommsen – 1902 mit dem ersten Nobelpreis für Literatur international geadelt – war im Antisemitismusstreit 1879 Widerpart seines nationalliberalen Fraktionskollegen Treitschke.

Insgesamt kam nach 1871 der dominierenden kleindeutschen „politischen Schule" der breitere Horizont rasch abhanden: Die germanische „Heldenzeit" der Völkerwanderung malte sie als Geschichte „der alten Deutschen", statt Vorlauf zur deutschen Geschichte ab 911, reklamierte Karl den Großen als deutschen Gründungskaiser, der als Charles I. auch die Liste französischer Könige anführt. Höhepunkt der Reichs-Historie war die Herrlichkeit „deutscher Kaiserzeit"[31], der Ottonen, Salier und Staufer, als „Deutschland an der Spitze der abendländischen Welt gestanden hatte" (W. Goetz, 1919). Luther und die Reformation waren der nächste Schwerpunkt. Gegen Dreißigjährigen Krieg und Westfälischen Friede als düstere Folie hob sich der „einzigartige" Aufstieg Brandenburg-Preußens zur Großmacht umso strahlender ab, obwohl Markgrafschaften von der Peripherie ältere Machtzentren oft übernahmen, diesmal gegen das der alten Zivilisation (Italien) nähere und prestigereichere Österreich. Zudem war Preußen die letzte, kleinste und schwächste Großmacht, meist abhängig vom quantitativ stärkeren Rußland – bis 1871.

Treitschke – Vorkämpfer und Herold des Reiches

Gründervater rechter Historiker-Orthodoxie war Treitschke, als Reichsherold einst hochverehrt, heute dafür verpönt. Sein böses Wort „Die Juden sind unser Unglück"[32] im Antisemitismusstreit 1879[33], später Motto in Julius Streichers „Der Stürmer", hätte den Schutzpatron des deutschen Antisemitismus und Alldeutschtums disqualifizieren müssen. Aber der Herausgeber der „Preußischen Jahrbücher", Geschichtsprofessor in Berlin, Mitglieder der Preußischen Akademie der Wissenschaften, Träger des vom Königshaus gestifteten Verdun-Preises, war zuletzt 1895/96 Herausgeber der „Historischen Zeitschrift", einst Zentralorgan der borussisch-kleindeutschen Schule.

Spätestens seit dem 1. Band seiner „Deutschen Geschichte im Neunzehnten Jahrhundert" (1879), deren fünf Bände weiter handlich zugeschnitten wurden, thematisch[34] und gekürzt als ein Band mit glühender Einführung von Alfred Rosenberg[35], avancierte Treitschke zum Leitwolf der reichspatriotischen Orthodoxie. Seine „Deutsche Geschichte" war seinem Schüler Erich Marcks „das bezeichnendste Erzeugnis jener Periode der alldurchdringenden nationalen Politik, deren Herold Treitschke geworden war, (...), ursprünglich aus dem Wunsche erwachsen, erzieherisch, agitatorisch zu wirken, (...) wurde zum Siegeshymnus für 1866 und 1870: (...) durch die Geschichtspolitik zu wirken, blieb ihm auch jetzt oberstes Ziel."[36] Spätere deutsche Gesamtdarstellungen lesen sich wie Gegenentwürfe zu Treitschke – Schnabel, Thomas Nipperdey, Wehler.

31 Wilhelm Giesebrecht: *Geschichte der deutschen Kaiserzeit.* 6 Bde., 1855-95.
32 Heinrich von Treitschke: Unsere Aussichten, in: PREUßISCHE JAHRBÜCHER, 15.11.1879, in: ders.: *Deutsche Kämpfe.* Neue Folge. Schriften zur Tagespolitik, Leipzig 1896, S. 27.
33 Wealter Boehlich, Hg.: *Der Berliner Antisemitismusstreit.* Frankfurt/Main 1988.
34 *Bilder aus der Deutschen Geschichte von Heinrich von Treitschke.* Erster Band. Politisch-Soziale Bilder. 7. Aufl., Leipzig 1918; Zweiter Band. Kunsthistorisch-Literarische Bilder. 6. Aufl. Leipzig 1917.
35 H. von Treitschke: *Deutsche Geschichte im 19. Jahrhundert.* Mit einer Einführung von Alfred Rosenberg, hg. und bearbeitet von Klaus Gundlach. Berlin o. J.
36 Erich Marcks: *Heinrich von Treitschke.* Ein Gedenkblatt zu seinem zehnjährigen Todestage. Heidelberg 1906, S. 64-66.

Treitschke begründete den Personenkult des deutschen Historismus – „Männer machen die Geschichte“ (I, S. 27). Wie er im Vorwort zur „Deutschen Geschichte“ schreibt, „will“ er „einfach erzählen und urteilen“ – teleologisch verkürzt auf Preußen und dessen „deutsche Mission“. Seine Einleitung bis zum Westfälischen Frieden resümiert die damalige deutsche Geschichtsideologie:

> „Die deutsche Nation ist trotz ihrer alten Geschichte das jüngste unter den großen Völkern Westeuropas. Zweimal ward ihr ein Zeitalter der Jugend beschieden, zweimal der Kampf um die Grundlagen staatlicher Macht und freier Gesittung. Sie schuf sich vor einem Jahrtausend das stolzeste Königtum der Germanen und mußte acht Jahrhunderte nachher den Bau ihres Staates auf völlig verändertem Boden von neuem beginnen, um erst in unsern Tagen als geeinte Macht wieder einzutreten in die Reihe der Völker.“ (S. 3).

Im „Befreiungskrieg“ (1813/14 (auch: „heiligen Kriege“, II, S. 4, 97, 188) übertrieb er Preußens Anteil am Sieg über Napoleon – vom quantitativen Beitrag Rußlands in der Koalition und qualitativen Englands (Finanzen, Flotte) ist wenig zu hören. Die ganze Wucht nationalpädagogischer Lyrik schlägt im urteilenden „Erzählen“ von der Weigerung des Kaisers Franz zu, nach dem Endsieg über Napoleon I. 1815 wieder die Reichskrone zu übernehmen:

> „Welche Entrüstung nun unter diesem teutonischen Geschlechte, als sich ergab, daß alles beim alten blieb, daß die Kaiserherrlichkeit begraben war, (...), daß die alten schönen Heimatlande deutscher Gesittung [Elsaß-Lothringen, I.G.] wieder von dem Schlamme welscher Verbildung überflutet werden sollten, um vielleicht für immer darin zu versinken.“ (S. 772)

Andererseits benötigte Treitschke nur wenige Jahreszahlen für untergeordnete Daten: Seine Leser waren historisch so gebildet, dass er das Meiste als bekannt nur anzutippen brauchte, was im Jahr I nach PISA einem historisch zu interessierenden Lesepublikum erst wieder mühsam beizubiegen ist.

Hat man sich in Band 1 durch Kriege und Schlachten 1792 bis 1815 durchgekämpft, so erkennt Fairness einen anderen Treitschke, besser als sein Ruf heute: Schon in Band 1 fallen, gegen seine „Männer machen Geschichte“, strukturgeschichtliche Seitenblicke ab – Theokratie im Alten Reich, durch die Reformation vollends anachronistisch[37]; Spannung zwischen „Einheitsstaat“ und „Staatenbund“ (S. 13); das Machiavelli-Syndrom (Konflikte zwischen Nachbarn, S. 15, 24, 30). Danach folgen lesenswerte Kapitel, vom Wiener Kongress bis zu „Vorboten der europäischen Revolution“ (V, S. 686-725). Der Deutsche Bundestag mit eingebautem Immobilismus („unverwüstlicher Trägheit“, II, S. 174) erklärt, dass zuletzt „diesem treuen, gesetzliebenden“ deutschen „Volke kein Hohn zu frech, kein Schimpfwort zu roh schien für die einzige Behörde, deren Namen noch an Deutschlands Einheit erinnerte“ (S. 178) – Demokraten und Liberale reimten „Bund“ auf „Hund“.

Die Personalisierung lieferte gestochene Schattenrisse Friedrich Wilhelms IV. und seiner „Umgebung“ (II, S. 6-28), des Zaren Nikolaus I. (III, S. 707-710). Selbst als Bismarckianer *sans phrase* blieb er – gegen „überspannte(s) Teutonentum“, „Schwarmgeisterei der teutonischen Jugend“ und „Deutschtümelei“ (II, S. 170, 181) – beim liberalen Rechts- und Verfassungsstaat („Unentbehrlichkeit der konstitutionellen Staatsform“, V, S. 23), behandelte Anfänge der Industrialisierung (Schutzzoll, Freihandel, Deutschen Zollverein) (S. 425-513). Wie beim hochkonservativen Radowitz „entging“ auch ihm „der soziale Untergrund der politischen Bewegung nicht“ (S. 22): Nach dem Schlesischen Weberaufstand 1844 „brach über ganz Deutschland eine jener schweren Teuerungszeiten herein, welche in der Geschichte fast regelmäßig den Revolutionen vorangehen.“ (S. 512). Kapitel zur Außenpolitik beleuchten die Orientali-

37 H. v. Treitschke: Deutsche Geschichte, I, S. 8, 11f., 18, 32, 34, 57; im Folgenden erscheinen Belege von Zitaten aus unmittelbar aufeinander folgenden Titel im Haupttext in Klammern.

sche Frage, Italien, Polen, die Schweiz besser als neudeutsche Sonderweg-Geschichten, mit überraschend modernen Kategorien – „Weltkrieg“ (II, S. 124, = die Kriege 1792-1815), „der passive Widerstand“ gegen Gebietsreformen in Preußen nach 1815 (S. 193), „Völkermord im Orient“ der Türken an Griechen 1822-29 (III, S. 715). Aber alles bleibt punktuell, ohne systematische Analyse, die seinem indoktrinierend volkspädagogischen „Erzählen und Urteilen“ widersprochen hätte. Dazwischen schießt er Giftpfeile seiner Invektiven, die keiner Geschichtsschreibung gut tun – u.a.: „schamlos“, „schimpflich“, „erdreisteten sich“, „schmählichen“, „ekelhaftes Schauspiel“, „widerwärtige(n“); „‚die Pest des Landes‘, die Wucherjuden in jedem Dorfe“.[38]

Zieht man Treitschkes schrille Töne ab, so bleibt ein beachtliches stilistisches Niveau, vielleicht weil er, großer Verehrer Goethes, eigentlich Dichter werden wollte, selbst auch Gedichte schrieb: Kapitel zur Kultur des 19. Jahrhunderts beweisen breite Kenntnis der deutschen und europäischen Literatur. Seine harten Urteile anerkennen meist literarische Qualitäten, selbst beim ungeliebten Heine. Er verspottete des Protokollanten des Frankfurter Bundestages „entsetzliches Deutsch“, das „den dürftigen Inhalt der Verhandlungen noch lächerlicher erscheinen ließ“, und die Rede zur Eröffnung des Bundestages durch Graf Buol.[39] Stark sind „aufgeklärter Gesinnungsterrorismus“ (II, S. 97), der preußischen Regierung „polizeiliche Seelenangst“ (V, S. 662).

Oh, hätte er doch sonst nur geschwiegen, wäre er ein bedeutender Historiker geblieben! So aber ging sein politisches Temperament anderweitig mit ihm durch und ruinierte ihn als Historiker: Sein „Die Juden sind unser Unglück“ eröffnete den deutschen Antisemitismus, selbst wenn er *subjektiv* nur wollte, dass Juden rückhaltlos Deutsche würden, er sich vom Radau-Antisemitismus absetzte.[40] Aber *objektiv* trat er die Lawine des deutschen Antisemitismus los, die altliberale Vorbehalte über den Haufen warf, bis Auschwitz und Folgen.

Ebenso fatal wirkte Treitschkes „Politik“, eine Vorlesung ab 1863/64, die postum in zwei Bänden erschien[41], über eine Kette von Schülergenerationen noch lange nach 1945 im konservativen gebildeten Publikum als politisches Credo. In Band 2 verdirbt er seine rationale Definition von „Theokratie“ („Vermischung geistlicher und weltlicher Macht“, S. 18) durch christlich-protestantisch-preußisch-deutsche-rassistische Vorurteile. Katastrophal sind seine Passagen zum Wesen der Politik. Hier braucht man nur noch zu zitieren:

> „Daraus folgt schon, daß die Einrichtung eines völkerrechtlichen Schiedsgerichts als dauernde Institution mit dem Wesen des Staates unvereinbar ist. Nur in Fragen zweiten und dritten Ranges könnte es sich allenfalls einem solchen Schiedsgericht fügen. (...) Aber bis an das Ende der Geschichte werden Waffen ihr Recht behalten, und darin gerade liegt die Heiligkeit des Krieges.“ (S. 38f.)

> „Bei der Vertheilung dieser nichteuropäischen Welt ist Deutschland bisher nur zu Kurz gekommen, und es handelt sich doch um unser Dasein als Großstaat bei der Frage, ob wir auch jenseits der Meere eine Macht werden können (...). Nur in großen Staaten kann sich ein wirklicher Nationalstolz entwickeln, der ein Zeichen ist der sittlichen Tüchtigkeit eines Volkes; (...) Namentlich die Beherrschung des Meeres wirkt in diese Richtung

38 H. v. Treitschke, Ebenda, (II, S. 156; V, S. 725; II, 169, 210, 226; V, S. 686;(II, S. 171, III, 721, II, 262); das letzte Zitat vom Oberpräsident für die neue preußische Provinz Westfalen Vincke: Übersicht über die Verwaltung Westfalens, August 1817 - schon so früh!

39 „Hohlere Phrasen hatten doch selbst die unreifsten teutonischen Studenten noch nie gebraucht, als hier der Wiener Hof, da er anhub:“ (II, S. 143f.)

40 H. v. Treitschke: Unsere Ansichten, S. 27: „Ein erfreulicher Anblick ist es nicht, dies Toben und Zanken, dies Kochen und Aufbrodeln unfertiger Gedanken im neuen Deutschland“; „von einer Zurücknahme oder auch nur Schmälerung der vollzogenen Emancipation kann für Verständige gar nicht die Rede sein; sie wäre ein offenbares Unrecht, ein Abfall von der guten Tradition unseres Staates.“

41 Ders.: *Politik*. Vorlesungen gehalten an der Universität zu Berlin, 2 Bde., Leipzig 1897.

(...) Es kann eine Zeit kommen, wo Staaten ohne überseeische Besitzungen nicht mehr zu den Großstaaten zählen werden." (S. 42-45)
„Die zweite wesentliche Funktion des Staates neben der Rechtspflege im Innern ist die Kriegführung. (...) Der Krieg ist für krankende Völker das einzige Heilmittel. (...) Der lebendige Gott wird dafür sorgen, daß der Krieg als eine furchtbare Arznei für das Menschengeschlecht immer wiederkehrt." (S. 72-76)

Irrationalität spricht aus dem Inhalt selbst – selbstzerstörende Hybris im Wahn der Pleonexia, Handlungsanleitung für die wilhelminische und hitlersche „Weltpolitik", vom von Treitschke beeinflussten Tirpitz, der 1891 Wilhelm II. für die Schlachtflotte mit dem Argument gewann, sie solle gegen die englische Seehegemonie das gestörte Weltgleichgewicht wiederherstellen,[42] bis zu Schülergenerationen nach ihm und Feldpostausgaben im Ersten Weltkrieg 1915. Seiner „Wahrheit" über den Krieg als „Heilmittel" für „krankende Völker" erlagen das Zweite und Dritte Reich im Ersten und Zweiten Weltkrieg. Und doch dreht der Herold deutscher Weltpolitik noch im Grabe den Mächtigen dieser Welt eine Nase, so ihre Machtpolitik auf ihn hereinfiel.

Wille zur Weltmacht: „Weltpolitik" und Erster Weltkrieg

Treitschke kam mit seinem Mammutwerk nur bis 1847. Aber seine „Politik" zeigt, welche Gipfel glühender Reichslyrik er erklommen hätte, hätte er miterlebte Zeitgeschichte schreiben können. So waren seine wahren Fortsetzer die „Neo-Rankeaner", vor allem seine direkten Schüler Max Lenz und Erich Marcks, Historiker-"Herolde" deutscher Weltpolitik vor 1914. Ihr Wirken reichte über den national-reichspatriotischen Katzenjammer 1918 und das Interregnum der Weimarer Republik bis zu den Anfängen des Dritten Reiches. Der Neo-Rankeaner Begleitmusik zur „Weltpolitik" verriet Rankes reklamiertes Objektivitätsideal: Von ihm blieb nur noch der Blick auf die Großmächte der Pentarchie, projiziert auf Weltebene, meist als künftige Feinde gegen „uns". In „heroifizierendem Pathos" (Krill, S. 93) bejahten sie die „Weltpolitik" im von Europa dominierten Weltstaatensystem: Imperialismus = „Reichsbildung (...) von Weltreichen" (Marcks, S.190). Punktuell rational sah Marcks die „Riesenreiche" England, Rußland und China, die USA (S. 174) und deren Eingreifen (S. 192). Lenz fürchtete gar einen Weltkrieg, weil er „nicht nur die Grundlagen der gesamten Zivilisation, sondern vor allem den Kolonialbesitz und damit die Vormachtstellung der europäischen Mächte in der Welt (...) in Frage stellen könnte". Aber das Reich sei mächtig genug, „den Frieden zu befehlen" (S. 184f.). Er prahlte jedoch, dass „wir wieder um uns greifen würden, sobald es für uns wieder eine Macht zu teilen gäbe, wie vor hundert Jahren Polen" (S. 175). Um 1900 wollten auch ca. 270 „Flottenprofessoren", angeführt vom alldeutschen Historiker Dietrich Schäfer[43], das Reich mit Weltpolitik und Schlachtflottenbau als hartem Kern zu dem machen, was jüngst „global player" heißt, zur mit England gleichberechtigten Weltmacht. Aber alle verkannten eine harte Realität der Weltgeschichte: Aufstieg zur „Weltmacht" war friedlich nicht zu haben, „Deutsche Weltpolitik und kein Krieg"[44] bestenfalls fromme Lebenslüge, fortgesetzt in Kriegsunschuldlüge und Dolchstoßlegende.

Im „Augusterlebnis 1914 ging Treitschkes Saat auf: Das „Wunder des August 1914" (Friedrich Naumann) setzte im „Volk der Dichter und Denker" eine Woge vaterländischer Begeisterung frei, allein im August 1914 1,5 Millionen Kriegsgedichte, rund 50.000 – pro

42 Hans-Heinz Krill: *Die Ranke-Renaissance.* Max Lenz und Erich Marcks. Ein Beitrag zum historisch-politischen Denken in Deutschland 1880-1935, Berlin 1963, S. 187, auch für die folgenden Zitate.
43 Wolfgang Marienfeld: Wissenschaft und Schlachtflottenbau. MARINE-RUNDSCHAU, Beiheft II, 1957.
44 Hans Plehn, Berlin 1913, in einer politisch wirkungslosen, aber oft überschätzten Broschüre.

Tag.[45] Kriegsbegeisterung machte auch nicht Halt vor deutschen Historikern. Schon gar nicht gelang ihnen, wie der noch besonnenere Hans Delbrück im selbstkritischen Rückblick 1919 für sich beanspruchte, was Aufgabe der geistigen Elite Deutschlands hätte sein müssen, „dem Sturm rasender Leidenschaften gegenüber die Stimme der Vernunft (...) zu Gehör zu bringen“.[46] „In der Walhalla der nationalen Erregung“ und „Abwendung vom politischen Denken Westeuropas“, herrschte das Gegenteil von Vernunft: „Die feurige Lohe, die mit Urgewalt emporschoß, schmolz alle deutschen Herzen zu einem einzigen flammenden Gefühl zusammen.“ (Lenz, S. 43f.).

Lenz beschwor, durch das „Augustwunder der inneren Einheit, (...) wie eine Offenbarung getroffen“ (Krill, S. 212), im „einheitlichen Zug zum Irrationalen und Weltanschaulichen“ den „deutschen Gott“ und „Deutsches Heldentum“ (S. 199).

Nach Kriegsbeginn waren in der neuen Broschürenreihe „Der Deutsche Krieg“, eröffnet mit Heft Nr. 1: „Warum es der Deutsche Krieg ist“, Historiker besonders früh und prominent vertreten.[47] Von 69 Geschichtsprofessoren beteiligten sich 43 an der Kriegspublizistik (Schwabe, S. 23), u.a. mit Ringvorträgen, die als Sammelbände erschienen, bis zur alldeutsch inspirierten „Intellektuelleneingabe“ an den Reichskanzler von 1915 für expansive Kriegsziele. Zur „Mobilmachung der Geister“ sollten die Universitäten „mit den ‚Waffen des Geistes‘ dem Vaterlande dienen“, „mit gläubigen Worten“, „als Wahrzeichen deutscher Gesinnung“ „den Heersäulen der Nation voranziehen' (der noch gemäßigte Theologe Ernst Troeltsch, S. 21), zum „heiligen Krieg“ (Meinecke) und „Kreuzzug“ (Heinrich Finke, Freiburg) (S. 39). Nach innen sollten expansive Kriegsziele integrieren, wie zuvor deutsche Weltpolitik nach außen (S. 126, 13). Gegen die „Ideen von 1789“ der Französischen Revolution, setzten professorale Ideologen trutzig die „Ideen von 1914“ – Deutschland verklärt zum „vollendetsten Gebilde“ der Geschichte (der Verfassungsrechtler Adolf Lasson), seine Verfassung ein „Wunderwerk“ (Marcks) (S. 37).

In „Übereinstimmung zwischen Politik und offiziöser Geschichtsschreibung bis zur Absurdität“ (Krill, S. 202) glichen professorale Empfehlungen geheimen amtlichen Kriegszielen, trotz Nuancen in grundsätzlicher Einheit – Wille zur Weltmacht, Hegemonie in Europa, in Ost (Rußland) oder West (Frankreich, Belgien), überwölbt von „Mitteleuropa“, ergänzt durch „Mittelafrika“ und Flottenstützpunkte in Übersee. Selbst der Alldeutsche Dietrich Schäfer kannte die subtile Differenz zwischen „Angliederung“ (indirekter Herrschaft) und „Einverleibung“ (Annexionen) (S. 173), die in der Fischer-Kontroverse die Alte Orthodoxie apologetisch zum platten „Annexionismus“ verwischte.

Im Eifer des Gefechts ging ein Vorgang tieferer Wirkung unter: 93 deutsche Gelehrte verteidigten in ihrem „Aufruf an die Kulturwelt“ vom 4. 10.1914 auf scharfe Kritik englischer Professoren an der deutschen Kriegführung namentlich in Belgien auch den deutschen Militarismus. Weitere Aufrufe von Hochschullehrern, u.a. vom 16.10.1914 mit über 3000 Unterschriften, verschärften den „Krieg der Geister“ (S. 22f.): So begann der Abstieg deutscher Wissenschaft und Kultur von der Höhe ihres Prestige in der Welt vor dem August 1914, später noch einmal überdeckt durch die Flut von Nobelpreisen für deutsche (oft auch: jüdische) Gelehrte – bis 1933. Zuletzt steigerte „pseudoreligiöse(r) Nationalismus“ „die wunderbare heiligende Macht des Krieges“ (Lenz) in „Mobilisierung der Urkräfte des Neogermanismus“ (Krill, S. 213f.) zu Walhalla-Untergang à la Hitler 1945: Lenz pries „sich und seine Generation selbst dann noch selig, wenn die Nation durch die Übermacht der Feinde 'ausgelöscht' würde,

45 Klaus Vondung: *Die Apokalypse in Deutschland.* München 1988, S. 193, nach einer zeitgenössischen *deutschen* Schätzung.

46 Allgemein Klaus Schwabe: *Wissenschaft und Kriegsmoral.* Die deutschen Professoren und die Grundfragen des Ersten Weltkrieges. Göttingen 1969, S. 279, auch für das Folgende; auch Klaus Böhme: *Aufrufe und Reden deutscher Professoren im Ersten Weltkrieg.* Stuttgart 1975.

47 Z.B. Heft 6: Hermann Oncken: *Deutschlands Weltkrieg und die Deutschamerikaner.* Ein Gruß des Vaterlandes über den Ozean.

da Gott dann diesen Untergang dargestellt haben würde als ,ein ewiges Beispiel für das was Treue ist: eine Predigt würde unser Todeskampf sein, die durch die Jahrhunderte hallen würde'".

Weimarer Republik: Larmoyanz und deutscher Sonderweg

Auch nach dem „Zusammenbruch" 1918 setzten sich Kontinuitäten fort, von deutschen Historikern reflektiert und aktiv gestaltet, vom Zweiten Reich über die Weimarer Republik zum Dritten Reich, vom Ersten Weltkrieg zum Zweiten Weltkrieg, bis zum nächsten „Zusammenbruch" 1945.[48]

Unter deutschen Historikern riss der Umbruch 1918/19 von der Parlamentarisierung des Reiches im Oktober 1918 bis zur Novemberrevolution ein ganzes Spektrum politischer Positionen auf.[49] Aber in seiner Links-Rechts-Ausdehnung spiegelte es die damalige politische Kräfteverteilung ungefähr umgekehrt wider: Die extreme Linke war kaum vertreten, bis auf Arthur Rosenberg (KPD, dann SPD), einige Historiker standen der SPD nahe (u.a. Gustav Meyer). Bürgerliche Verteidiger der Republik waren u.a. Johannes Ziekursch, Veit Valentin, Ludwig Quidde, Ludwig Bergsträßer, Goetz, Schnabel, Hajo Holborn, Wilhelm Mommsen – aber stets als Minderheit in der Defensive. „Vernunftrepublikaner" halbrechts waren u.a. Meinecke, Hermann Oncken, bis zu in der Mitte Schwankenden wie Gerhard Ritter, der in seiner historischen Grundposition konservativ-national blieb, ohne sich offen gegen, aber auch kaum für die Republik zu engagieren. Immerhin gelang es dem Vernunftrepublikaner Friedrich Meinecke, der kleinen Minderheit republikanischgesinnter Historiker in der von ihm geleiteten Historischen Reichskommission eine starke Stellung zu geben (Arthur und Hans Rosenberg, Meyer, Valentin, Holborn), aber mit dem Ergebnis, dass sie nach der NS-Machtergreifung sofort wieder hinausgesäubert wurden, gefolgt vom rasch entmachteten Meinecke.[50]

Quantitativ und mit ihrem Einfluss qualitativ viel stärker waren offene Feinde der Republik, mindestens auf deutschnationaler Linie (u.a. Lenz, Marcks, Georg von Below, Martin Spahn, Otto Westphal, Willy Andreas, Karl Alexander von Müller, Johannes Haller; Hans Rothfels, Egmont Zechlin). Nach Niederlage und Revolution 1918 bewahrte sich die deutschnational-reichspatriotische Mehrheitsfraktion ihre traditionelle Welt-Anschauung, bis auf einen wichtigen Punkt:

> „Das politische Denken der Machtrealisten flüchtete sich in die sonst niemals bezogene Trutzburg der Moral: Der Friedfertige ist unter die Räuber gefallen." (Krill, S. 202)

Vor Tische las man es anders: Vergessen war das Auftrumpfen deutscher Macht – vor dem Fall. Es blieb die Klage über Machtpolitik der „anderen" und Versailles. Rechtshysterie witterte in der Parlamentarisierung - immerhin von Ludendorff zur Abwendung der Revolution befohlen, universal normale Reaktion nach innen auf die schwere Niederlage nach außen – „Verrat" und „Zusammenbruch", erst recht in der Revolution (S. 228, 230). Schon im Krieg war die Dolchstoßlegende vorgeformt, kultiviert seit dem 9. November 1918 als „große" und „kleine" Dolchstoßlegende: Wühlen gegen die Macht des Reiches „von Bismarck bis Max von Baden" oder die „Oktober-Verfassung 1918".[51] Rechten Historikern war deutsche Unschuld am und im Weltkrieg so selbstverständlich, dass sie den offiziösen Kampf gegen die „Kriegschuldlüge", finanziert, koordiniert und inspiriert vom Kriegsschuldreferat des Auswärtigen

48 Peter Schöttler, Hg.: *Geschichtsschreibung als Legitimationswissenschaft 1918-1945*. Frankfurt/Main 1997.
49 Ausführlicher K. Thiessenhusen: Politische Kommentare deutscher Historiker, S. 20ff.
50 Ingo Haar: *Historiker im Nationalsozialismus*. Deutsche Geschichtswissenschaft und der „Volkstumskampf" im Osten, Göttingen 2000, S. 126f.
51 Ebenda, S. 25-30, mit zahlreichen Originalzitaten.

Amtes,[52] einem Major a. D. und seiner Zeitschrift, „Die Kriegsschuldfrage“ (später „Berliner Monatshefte“), überließen, auch die einzige umfassende Darstellung der Julikrise 1914.[53] Nur Hermann Oncken lieferte ein professorales Gegenstück, konzentriert auf den deutschen Vorlauf zu 1914.[54]

Was schon für den verfrühten Siegestaumel im Krieg galt, verstärkte sich im patriotischen Katzenjammer: Rechte Reichs-Orthodoxie zog sich auf deutsche Geschichte zurück – „Quellborn“, „Schatzkammer“, uneinnehmbare „Burg, aus der wir jederzeit hervorbrechen können, wo und wann wir je herausgefordert werden“[55], im „nationalpolitischen Beruf des Historikers“, wie Droysen und Treitschke[56], trunken vom eigenen Redeschwall. Deutschnationales Kultbuch wurde Johannes Hallers einbändige „Epochen der deutschen Geschichte“ (1922), 1940 in erweiterter 9. Auflage erschienen. Das Vorwort vom März 1939 begrüßte das (ungenannte) großdeutsche Reich als „Erfüllung“ der Träume und Wünsche von 1922. Überraschend rational setzt Haller den Anfang deutscher Geschichte gegen alle Germanentümelei richtig fest – 911 (S. 17-19).

Im Reichsgetto deutscher Geschichte über alles in der Welt verfestigte sich erst jetzt das Sonderweg-Syndrom, der Sache nach, obwohl nicht dem Worte nach[57]: Großthemen waren Primat der Außenpolitik; Geopolitik; deutsche Mittellage, (nicht, was legitim ist, zur historischen *Erklärung*, sondern) zur Ableitung imperialer *Ansprüche* auf ein deutschbeherrschtes „Mitteleuropa“; deutscher Nationalcharakter gegen den Westen; „deutsche Freiheit gegen welsche Freiheit“ (v. Below); statt Realhistorie das Um- und Umwenden weniger „nationaler“ Leitfiguren für die Gegenwart (Luther, Friedrich II., Stein, Bismarck) – insgesamt steriles geschichtsideologisches Sandkastenspiel.

Pseudo-historische Geisterbeschwörung diente der moralischen Aufrüstung im Jammertal von Versailles, sollte Trost spenden, gerade an positiv oder negativ aufgeladenen Gedenktagen – Reichsgründung 18. Januar, Unterzeichnung des Versailler Vertrages 28. Juni. Gerhard Ritter frisierte sein Lutherbuch (1925) zu „Luther der Deutsche“ (1928) um, schon 1925 mit Sätzen zu Luther wie: „Er ist wir selber: der ewige Deutsche“; nur Deutsche könnten ihn ganz erfassen, „weil nur wer seines Blutes und Geistes ist, ihn aus der Tiefe seines Wesens versteht“ (S. 151). „Selbstglorifizierung“ des Bismarckreiches[58] fixierte den politischen Ideal- und Normalstatus für die Deutschen, in gespenstischer Kontinuität „des Bundes zwischen den deutschen Historikern und Bismarck“ (Marcks, S. 236).

„Heldische“ Höhepunkte waren Marcks, „der mit seiner persönlichsten Empfindung in den Tagen Bismarcks, d.h. auf den schimmernden Höhen unserer Vergangenheit zu leben gewöhnt“ war[59], so willkommen wie die „Tiefpunkte“ 1648 und 1806[60], da sie den Weg nach o-

52 I. Geiss: Die Kriegsschuldfrage - das Ende eines nationalen Tabus, in: Hg. Walter George Laqueur/George L. Mosse, *Kriegsausbruch 1914.* 2. Aufl. München 1970, S. 101-126, auch in: I. Geiss: *Das Deutsche Reich und die Vorgeschichte des Ersten Weltkriegs.* München 1978, 1985, S. 204-229; detaillierter ders.: Die manipulierte Kriegsschuldfrage. Deutsche Reichspolitik in der Julikrise 1914 und deutsche Kriegsziele im Spiegel des Schuldreferats des Auswärtigen Amtes, 1919-1931, in: MILITÄRGESCHICHTLICHE MITTEILUNGEN, 31/2, 1983, S. 31-60; umfassender Ulrich Heinemann: *Die verdrängte Niederlage.* Politische Öffentlichkeit und Kriegsschuldfrage in der Weimarer Zeit. Göttingen 1983.

53 Alfred von Wegerer: *Der Ausbruch des Weltkrieges 1914.* 2 Bde., Hamburg 1939.

54 H. Oncken: *Das Deutsche Reich und die Vorgeschichte des Weltkrieges.* 2 Bde., Leipzig, München 1933.

55 Max Lenz, zitiert nach Krill, S 229.

56 So Wolfgang Windelband, Wilhelm Mommsen, nach Bernd Faulenbach, unten Anm. 57.

57 Bernd Faulenbach: *Ideologie des deutschen Weges.* Die deutsche Geschichte in der Historiographie zwischen Kaiserreich und Nationalsozialismus. München 1980. Dort kommt „deutscher Sonderweg“ nirgends als zeitgenössisches Originalzitat vor. Zum Folgenden ebenda, S. 24-34, 80-85, 133, 156, 137.

58 Ebenda, S. 69.

59 Erich Marcks: Tiefpunkte des deutschen Schicksals in der Neuzeit, in: ders.: *Geschichte und Gegenwart.* Fünf historisch-politische Reden. Stuttgart 1925, S. 79-107; Vortrag vor den Deutschen Vereinen in Stockholm zur Feier des 18. Januars 1924; das Zitat auf S. 83.

60 Ebenda, S. 106f.: „Aus der großen Erinnerung quillt Zukunft. ... Auch aus den Schicksalsnöten unserer Vergangenheit ... ruft uns die heilige Stimme unseres Volkes an - mahnend, warnend, aber auch tröstend

ben zum Wiederaufstieg des Reiches wiesen. Das Ende der Donaumonarchie 1918 eröffnete Ersatz für die Verluste von Versailles, sogar dem „Vernunftrepublikaner" Oncken früh als „Wiedergeburt der großdeutschen Idee"[61], „einzige Rückzugsline", „Ergebnis der Weltkrisis": „Großdeutschland ist jetzt möglich geworden, weil der österreichische Hausstaat nicht mehr existiert", Kleindeutschland „Vorstufe zu etwas Höherem, zu dem großdeutschen Nationalstaat, der heute schlechterdings unser Ideal ist". Blasphemisch säkularisierte Otto Westphal 1933 die NS-Bewegung zur „Transsubstantiation" der Idee Preußens (S. 173): Der ganze Reichs-Schmus trieb nachgerade zum Abmarsch ins Dritte Reich.

Drittes Reich und seine Folgen

1933 begann die wahre deutsche „Urkatastrophe": Die beiden Weltverbrechen des Dritten Reiches, Zweiter Weltkrieg als zweiter „Griff nach der Weltmacht" und auf dessen Scheitelpunkt 1941/42 die „Endlösung" als Symbol für vielfältigen Massen- und Völkermord, stürzten die Deutschen in die moralische Dauerkrise. Schon Verluste durch das Exil deutscher (darunter vieler jüdischen) Intelligenz nach 1933 eröffneten nunmehr sichtbar den Abstieg deutscher Wissenschaft, in Selbstverstümmelung durch rechtstotalitären Terror nach innen und außen: Hitlers Reden und Taten waren rechtsextreme Hysterie pur, genährt von der traditionellen Alten Orthodoxie.

Nach 1933 gingen nur wenige Historiker in die Emigration, äußere (Holborn, Valentin, Ludwig Quidde, Meyer, Hedwig Hintze) und innere (Schnabel), noch weniger in den (konservativen) Widerstand (Ritter). Im Dritten Reich bewegten sich die meisten Historiker auf einer mittleren Linie zwischen DNVP und NSDAP[62], im Extrem klassische Bildung mit Rassismus („Urrassen", „Unterrassen" = vorindeuropäische Bevölkerung in Europa samt noch so „indogermanisierten" Nachfahren) verquickend[63]. Ehrgeizige junge Historiker der „kämpfenden Wissenschaft", nicht nur in den „Reichsuniversitäten" in West (Straßburg) und Ost (Posen, „Führerschule des deutschen Ostens", „Bastion nationalsozialistischen Denkens"[64]), wurden Vordenker ethnischer Säuberungen[65], gar des Völkermordes im Zweiten Weltkrieg.[66]

Restauration und ihre Überwindung, 1945 - 1967

Da das Trägheitsgesetz auch im Geistig-Politischen gilt, wirkten materielle, geistige und moralische Trümmer des Dritten Reiches nach 1945 weiter, in sich vielfältig gebrochen und aufgespalten: Das Geschehen war so ungeheuer, dass es in der Tat schwerfällt, als Deutscher, ei-

und erhebend: aus Nacht wurde doch Licht. ... Wir waren lebendig, auch in Tagen des Unheils und der Not, und wurden wieder stark, ..., und diese Bilder von Genesung und Größe spenden uns Zuversicht.. ... Das Leben hat einst triumphiert, langsamer oder schneller. Wir sind auch heute nicht tot und wollen leben. Deutschland soll leben, und dieser Gedenktag unseres Deutschen Reiches bleibt uns, solange wir nur fortfahren können zu atmen, der Weihetag unserer Zukunft."

61 (1920), in: H. Oncken: *Nation und Geschichte.* Reden und Aufsätze 1919-1935. Berlin 1935, S. 45-70; die folgenden Zitate S. 61, 64.

62 Helmut Heiber: *Walter Frank und sein Reichsinstitut für Geschichte des neuen Deutschland.* Stuttgart 1966; Karen Schönwälder: *Historiker ohne Politik.* Geschichtswissenschaft im Nationalsozialismus. Frankfurt/Main 1992; Winfried Schulze, Otto Gerhard Oexle, Hg.: *Deutsche Historiker im Nationalsozialismus.* Frankfurt/Main1 1999.

63 Otto Westphal: *Das Reich.* Aufgang und Vollendung. 2 Bde., Erster Band: Germanentum und Kaisertum, S. 27, 32, 54, 60, 77, 90; 32, 55, 14, 22 (2x), 60 (2x), 85 (2x), 98, 114.

64 Zitiert nach Błażej Bialkowski: Deutsche Historiker im nationalsozialistisch besetzten Polen. Konzeptionelle Überlegungen zum Dissertationsprojekt, in: *Inter Finitimos.* Wissenschaftlicher Informationsdienst deutsch-polnische Beziehungen, Nr. 17/18, 2000, S. 33-38; die Zitate S. 35.

65 I. Haar: Historiker im Nationalsozialismus.

66 Götz Aly, Susanne Heim: *Vordenker der Vernichtung.* Auschwitz und die deutschen Pläne für eine neue europäische Ordnung. Hamburg 1991.

ne rationale Position zu gewinnen, zwischen Flucht in Verleugnung bis Apologie rechtstotalitärer Verbrechen samt historischen Voraussetzungen „rechts", honoriger Verzweiflung über die Verbrechen „links", ohne kalter Zynismen oder verdeckter Apologie geziehen zu werden. Nach 1945 überwog die erste Position, nach 1968 die zweite – Kollektiv-Buße für Hitler und Auschwitz, bis hin zur Selbstaufgabe als Nation, die insgesamt spiegelbildlich so gesehen wurde wie von der Alten Orthodoxie, nur mit umgekehrtem ideologischen Vorzeichen, durch Identifizieren von Reich und Nation. Mittelpositionen zwischen beide Varianten neudeutscher Historiker-Hysterie, hatten es schwer zwischen jeweils hegemonialen Orthodoxien.

Reste der Rechts-Ideologie hielten sich vor allem unter NS-belasteten Historikern, die nach 1945 nicht mehr zur Universität zurückkehren konnten. Sie organisierten sich teilweise ausgerechnet als neue Neorankeaner in der Ranke(!)-Gesellschaft. Sie löste sich aber – List der Vernunft – nach 1968 im Zuge einer demokratischen Normalisierung von ihrem ursprünglichen Ausgangspunkt, unter ihrem langjährigen Vorsitzenden, des mit dieser Festschrift zu Ehrenden, Michael Salewski, der akademisch über seine Schule des auslaufenden Deutschnationalismus (Walther Hubatsch) hinauswuchs. Ein besonders starkes Stück zumindest personeller Kontinuität vom Dritten Reich in die werdende Bundesrepublik leisteten sich jüngere NS-Historiker von der „kämpfenden Wissenschaft", deren „wissenschaftlich" verbrämter „Kampf" einst der territorialen Expansion des Reiches und deutschen „Volksbodens", vor allem im Osten, gegolten hatte – u.a. Hermann Aubin, Theodor Schieder, Werner Conze, Otto Brunner – eher „liberal" gebrochen und verdeckt, daher auch lange unentdeckt. Mit seiner Treitschke-Chiffre „Herold" 1949 und Apologie des Kaiserreiches setzte selbst Gerhard Ritter als international anerkannter Sprecher die alte Kontinuität objektiv fort, den „Bund" zwischen „deutschen Historikern und Bismarck" (Marcks):

> „Aber gemäßigte Monarchisten und Halbkonservative sind die deutschen Historiker des 19. Jahrhunderts zuletzt alle gewesen. (...) Die deutsche Historie könnten diesen Teil ihres Erbes nicht fahren lassen, ohne sich selbst, d.h. den letzten und höchsten Sinn ihrer Arbeit, zu verraten."[67]

Er und Meinecke beherrschten mit ihren Schülern Universitäten und politische Publizistik, blockierten die kritische Aufarbeitung deutscher Reichsgeschichte, Ritter gar auf vertrautem Sonderweg, als faktischer Herold des guten Deutschen Kaiserreiches.[68] Nur Hitler und seinen Zweiten Weltkrieg wollte er aus der sonst passablen Vergangenheit operieren, mit der neuen Diskontinuitäts-These, die alle Belastungen vom gemeindeutschen Konto nach innen auf Hitler und seine Bande, nach außen auf „die anderen" (Französische Revolution, Versailles, Weltwirtschaftskrise 1929) umbuchte. Ritters Neuzeit-Teil einer quasi-offiziösen historiographischen Bilanz im Zweiten Weltkrieg[69] spiegelt die Misere der Alten Orthodoxie wider – Übergewicht deutscher Geschichte gegenüber dem Rest der Welt, Personalisierung, NS-Propagandaschriften als „Leistungen" deutscher Geschichtswissenschaft.[70]

Die Wirkungen waren wieder ambivalent: Ritters verbissene Abwehr Ludwig Dehios milden Neubeginns[71] und in der von ihn selbst so genannten härteren Fischer-Kontroverse[72] stau-

67 G. Ritter: Gegenwärtige Lage und Zukunftsaufgaben.

68 F. Meinecke: *Die deutsche Katastrophe.* Wiesbaden 1946. G. Ritter: *Europa und die deutsche Frage.* Betrachtungen über die geschichtliche Eigenart des deutschen Staatsdenkens. München 1948.

69 *Die deutsche Geschichtswissenschaft im Zweiten Weltkrieg.* Bibliographie des historischen Schrifttums deutscher Autoren 1939-1945, hrsg. im Auftrag des Verbandes der Historiker Deutschlands und der Monumenta Germaniae Historica von Robert Holtzmann und Gerhard Ritter, Marburg 1951.

70 Ausführlicher analysiert mit Beispielen bei I. Geiss: Westdeutsche Geschichtsschreibung (Anm. 4), S. 428-431.

71 Ludwig Dehio: *Gleichgewicht oder Hegemonie.* Krefeld 1948; ders.: *Deutschland und die Weltpolitik.* München 1955.

72 Näher analysiert von I. Geiss: *Die Fischer-Kontroverse* (Anm. 4) und ders.: Zur Fischer-Kontroverse. 40 Jahre danach, in: Ralph Jessen, Martin Sabrow, Klaus Große Kracht, Hg.: *Zeitgeschichte als Streitgeschichte.* Kontroversen nach 1945; erscheint 2003.

te den normalen kritischen Revisionsbedarf auf, wie er sich im Generationswechsel, erst recht nach zwei Weltkriegen angesammelt hatte. Er brach sich auch in der deutschen Zeitgeschichtsforschung, zeitlich ungefähr parallel, in zunehmend selbstkritischer Distanzierung von unten Bahn, durch die Dynamik historischer Aufklärung. Ritter und die Seinen, Politiker wie Eugen Gerstenmaier (CDU) und Franz-Joseph Strauß (CSU), erreichten in ihrem Scheitern nur, dass, nach Ritters Tod im symbolträchtigem Juni 1967, der Nachholbedarf an historischer kritischer Selbstprüfung mit dem Aufbegehren gegen die gesellschaftlich-politische Erstarrung der Spät-Adenauerzeit zusammenfiel und beide sich gegenseitig aufluden, bis hin zu neuen Irrationalitäten.

3. Linksorthodoxie, seit 1968

Zur sehr viel kürzeren Geschichte bundesdeutscher Linksorthodoxie seit 1968 sind nur noch einige abschließende Bemerkungen möglich.

Von Ritter zu Wehler

Auch 1968 wirkte ambivalent: Nach Erledigung der Kriegsunschuldlüge 1961 durch Fischer trat die Alte Orthodoxie 1967/68 endgültig ab, gefolgt von einer neuen Linksorthodoxie. Zwar behielt Ritter in der Sache weithin Unrecht, aber unsere Neue Orthodoxie bestätigte ihn bald in einem fundamentalen Punkt, wie ihn Ritter in seiner ersten großen Breitseite gegen Fischer zuletzt ahnungsvoll zugespitzt hatte:

> „Zugleich wird in ihm [d.h. Fischers Buch, I.G.] ein erster Gipfel erreicht in der politisch-historischen Modeströmung unserer Tage: In der Selbstverdunkelung deutschen Geschichtsbewußtseins, das seit der Katastrophe von 1945 die frühere Selbstvergötterung verdrängt hat und nun immer einseitiger sich durchzusetzen scheint. Nach meiner Überzeugung wird sich das nicht weniger verhängnisvoll auswirken als der Überpatriotismus von ehedem."[73]

Genau das trat ein: Die 68er Bewegung löste von unten den umfassenden antitotalitären Konsens von 1945 auf – gegen Nationalsozialismus *und* Kommunismus, den allerdings elastischere NS-Anhänger auch als Unterschlupf in ihrer neuen „demokratischen" politischen Heimat nutzten. Stattdessen luden sich die 1968er mit einem moralisierenden Antifaschismus auf und drifteten im Kalten Krieg in einen antifaschistischen Anti-Anti-Kommunismus, durch die Negation der Negation auch dialektisch in eine gegenüber dem Kommunismus apologetische bis befürwortende Haltung, zumindest tendenziell innerhalb eines ganzen Spektrums von Marxismen unterschiedlich intensiv.

Schon der Abgesang auf die Alte Orthodoxie 1972 warnte auch vor einer, im Pendelschlag gegen die Alte Orthodoxie, theoretisch stets denkbaren neuen „Tendenzhistorie" (Ritter). Der Bejahung der von Hans Herzfeld eingeforderten „methodisch disziplinierten Kontrolle", „die sich selbst die zum Bewußtsein erhobenen Schranken des geschichtlichen Erkenntnismittels klarmacht und sich ihnen unterwirft", erwuchs die Absage an jede Neue Orthodoxie:

> „Eine solche 'methodisch disziplinierte Kontrolle' und der Zwang zur intellektuellen Selbstbescheidung sind aber nur durch eine freie und rationale Diskussion über alle Gegenstände unserer Wissenschaft möglich, wie sie Fritz Fischer und seine Gruppe erst mühsam erzwingen mußten. Die neue Historikergeneration, die diese, von Herzfeld jetzt plötzlich (zu Recht) postulierte elementare Voraussetzung freier und rationaler

73 G. Ritter: Eine neue Kriegsschuldthese? Zu Fischers Buch 'Griff nach der Weltmacht', in: HZ, Bd. 191/1962, S. 646-668, das Zitat S. 668.

Wissenschaft der bisherigen herrschenden Orthodoxie überhaupt mühsam abringen mußte, wird gerade aus ihrer Erfahrung heraus hoffentlich niemals ihrerseits wieder zu einer intoleranten und den Wissenschaftsprozeß unterdrückenden Orthodoxie degenerieren wie die, die jetzt gerade dabei ist, endgültig abzutreten. Vielmehr wird sie das Prinzip der Kritik und freien Diskussion von vornherein tatsächlich, und nicht nur verbal, in ihr Wissenschaftsprogramm aufzunehmen haben. Jede nachrückende, neue junge Wissenschaftsgeneration wird sie an ihrem tatsächlichen Verhalten messen dürfen und können."[74]

Damals stand der Vorkämpfer der Neuen Orthodoxie nicht erst „*ante portas*", sondern schon längst „*intra muros*": War Treitschke Herold deutscher Rechtsorthodoxie, so stieg mit 1968 Wehler rasch zum Oberhaupt „linker" Gesellschaftshistoriker und der Neuen Orthodoxie auf. Schon früh erkannte der konservative Sozialdemokrat Thomas Nipperdey des Pudels wahren volkspädagogischen Kern und rief Wehler dreifach als „Treitschke redivivus" an[75]: „Du mußt es dreimal sagen!" (Goethe, „Faust"). Gewiss war und blieb Wehler ideologisch-politisch Antimaterie zu Treitschke, wandelte sich aber, dialektisch über Kreuz, in seiner Mentalitätsstruktur immer mehr seinem „rechten" Antipoden an – politische Volkspädagogik und scharfe Polemik in gnadenlosem Freund-Feind-Denken.

Zugleich ist Wehler Stellvertreter seines lebenslänglich geistig-politischen siamesischen Zwillingsbruders Jürgen Habermas, des wahren Ober-Souveräns in der neudeutschen Orthodoxie. Der Nebenfachhistoriker als Sozialphilosoph griff oft und lustvoll in die Zeithistorie ein – wie Calvin ohne öffentliches Amt und damit Verantwortung, mit säkularisiert quasi-theokratischer Macht in der Republik, und Robespierre: Einer seiner Bewunderer vermeldet, dass Habermas täglich die „Frankfurter Allgemeine Zeitung" nach Zeichen eines neuen deutschen Nationalismus systematisch durchstöbert („*scans*")[76], um so ausgeguckte Feinde mit geharnischten papiernen Interventionen öffentlich zu guillotinieren.

Im Windschatten ihrer konservativ-liberalen Doktorväter von der einstigen „kämpfenden Wissenschaft" hatten sich Wehler und seine Historikerstreiter in der Fischer-Kontroverse nicht exponiert, bekannten sich als „Linke" zu Fischer erst nach 1967/68. So begann die Neue Orthodoxie mit Durchsetzung ihrer Bielefelder Gesellschaftsgeschichte, nicht ohne Rabulistik gegen „konservative" Historiker, bis zum aus der Luft gegriffenen Vorwurf des Plagiats gegen Winfried Baumgart, weil er gewagt hatte, Wehlers „Bismarck und der Imperialismus" zu kritisieren[77].

Ihr viel zitierter „Paradigmenwechsel" entpuppte sich bald als ordinärer Dogmenwechsel: Nun erst stieg der „deutsche Sonderweg", „kritisch" undefiniert – gegen die verblichene Alte Orthodoxie zur Lieblingsdenkfigur der Neuen Orthodoxie auf.[78] Hinzukam der Anspruch auf umfassende historische Erklärung – „Modell zur Analyse einer ganzen Gesellschaft und ihrer kurzfristigen Veränderungen"; „die Chancen rationaler Orientierung zu vermehren"[79]. Wehlers Anathema gegen den Nationalismus („Ersatzreligion", „politische Religion"[80]), vermengt mit dem Reich, suggeriert sogar „linkes" Verlassen des deutschen historischen Nationalgettos. Aber seine Gesellschaftsgeschichte als *deutsche* Wirtschafts- und Sozialgeschichte in der Indus-

74 I. Geiss, Die Fischer-Kontroverse, es 569, S. 194.

75 Thomas Nipperdey: Wehlers 'Kaiserreich'. Eine kritische Auseinandersetzung, in: GESCHICHTE UND GESELLSCHAFT, 1. Jg., Heft 4, 1975, 539-560, das dreimalige Zitat auf S. 542, 546, 560.

76 Jan-Werner Müller: Jurgen Habermas, in: PROSPECT, London, March 2001, S. 44.

77 Ausführlicher bei I. Geiss: Hysterikerstreit, S. 69f.

78 Näher ausgeführt bei I. Geiss: Der Holzweg des deutschen Sonderwegs, in: KIRCHLICHE ZEITGESCHICHTE (KZG), 7. Jg., Heft 2/1994, S. 191-208.

79 Jürgen Kocka: *Klassengesellschaft im Krieg*. Deutsche Sozialgeschichte 1914-1918. Göttingen 1973, S. 3; H.-U. Wehler: *Das deutsche Kaiserreich 1871-1918*. Göttingen 1973, S. 12.

80 H.-U. Wehler: *Die Gegenwart als Geschichte*. Essays. München 1995, S. 148, 239; umfassender, in der Wortwahl leicht milder, jetzt auch ders.: *Nationalismus*. Geschichte, Formen, Folgen. C.H. Beck. Wissen. München 2001.

triellen Revolution, mit Vorlauf seit 1700[81], fixiert in Wirklichkeit dasselbe Bild der „rechten" Orthodoxie von der deutschen Geschichte, nur mit umgekehrten ideologischen Vorzeichen, wie Positiv und Negativ in der Photographie: Aus Weiß wurde Schwarz, aus Schwarz Weiß, gemäß dem Nibelungen- und Zauberflöteneffekt. Dazu lassen sich auf so schmaler empirischer Basis keine schwindelerregende Ansprüche auf universale Gültigkeit solcher Modelle durchhalten. Wehler als deutscher Vertreter moderner Weltgeschichte auf dem Internationalen Historikerkongress in Oslo 2000 wirkte, gegen den Hintergrund seines Œuvre, wie wenn sich der Wolf zum Vormund für die sieben Geißlein gemacht hätte.

Der Historikerstreit – Durchsetzung der linken Neuen Orthodoxie

Nach Kontroversen seit der Fischer-Kontroverse – u.a. Reichstagsbrand, Primat der Außenpolitik vs. Primat der Innenpolitik, „Intentionalisten" vs. „Funktionalisten" zur Erklärung des „Holocaust" und Hitlers Rolle[82] – erzwang die Neue Orthodoxie noch in der alten Bundesrepublik ihre Machtergreifung als „kulturelle Hegemonie" im „Historikerstreit" 1986. Seine Eröffnung durch Habermas im „Zeit"-Artikel „Eine Art Schadensabwicklung. Die apologetischen Tendenzen in der deutschen Zeitgeschichtsschreibung" troff von Moralisieren, nach Inhalt, Sprache und Methode: Die von Habermas eingeforderte, von seinen Kritikern angeblich unterlassene „Zitatenkontrolle" zeigte sofort, dass er die meisten aufgespießten Schlüsselzitate verdrehte bis verfälschte, ihnen böse Absicht unterschob.[83] Da er sich sonst nur noch auf Hitler und Auschwitz fixierte, unterstellte Habermas, die vier willkürlich herausgegriffenen „konservativen" Historiker (Ernst Nolte, Andreas Hillgruber, Michael Stürmer, Klaus Hildebrand) hätten den Völkermord des „Holocaust", symbolisiert von Auschwitz, verteidigt und gerechtfertigt – „Apologie" identifiziert sich mit dem zu Verteidigenden, hier Hitler und Auschwitz.

Habermas unterschob korrekt referierte Mitteilungen Dritter seinem eigentlichen Opfer Hillgruber als eigene Meinung und gab ihnen einen bösartigen Dreh, von Hans Mommsen im Verriss des von Nolte nachgeschobenen Buches noch ausgiebiger wiederholt.[84] Im Extrem drehte Habermas dem Delinquenten Hillgruber aus dem Fehlen zweier Pünktchen über dem „o" („k*o*nnte" statt „k*ö*nnte) den antifaschistischen Strick und hängte ihn öffentlich daran auf, von Wehler genüsslich wiederholt[85]: Seit dem Streit nach dem Konzil von Nicäa 325 zwischen dem Patriarchen von Alexandria Athanasius und Arius um die wahre Natur Christi – Hom*ou*sie (= Wesenseinheit der drei göttlichen Personen der Trinität, Vater, Sohn, Heiliger Geist) oder Hom*ö*usie (Wesensähnlichkeit von Vater und Sohn) – entfalteten zwei Tüttelchen nicht mehr so fatale Wirkung wie im deutschen Historikerstreit. So witterte (gedanken)"polizeilicher Seelenschmerz" (Treitschke) in „Drittes Reich" ohne Anführungszeichen auch schon ideologischen Unrat.[86]

Der nunmehr offenbarte Vordenker der Nation löste mit dem Bannfluch in seinem Zentralorgan, der „Zeit", eine Flut gesunden linken Volksempfindens aus, das sich in 1203 Stel-

81 Ders.: *Deutsche Gesellschaftsgeschichte*, (bisher) 4 Bde, München 1987ff.
82 Skizziert bei I. Geiss: Hysterikerstreit, im Unterkapitel „Frühere deutsche Historiker-Kontroversen", S. 10-16.
83 Ausführlich ders.: Die Habermas-Kontroverse (1988), vor allem Teil I, Kap. 2: „Habermas als Historiker": 'Zitatenkontrolle' und 'Habermas-Verfahren', S. 48-85, im Anhang die Gegenüberstellung von Originalzitaten Hillgrubers und Stürmers mit dem, was Habermas daraus machte, S. 190-193; im zweiten Anlauf ders.: Der Hysterikerstreit (1992) S. 8-118, mit der Darlegung von bis 1988 aufgelaufener Verfälschungen und damals inzwischen neuen.
84 Zu Hans Mommsen ausführlich dargelegt in I. Geiss: Hysterikerstreit, S. 100-111.
85 H.-U. Wehler: Entsorgung?, S. 158.
86 Ebenda, S. 218, Anm. 15: „Wie man hier einen vom Nationalsozialismus okkupierten Begriff wie den des 'Dritten Reiches' ohne Anführungszeichen gebrauchen kann, ist ein Rätsel."

lungnahmen ergoss, meist für Habermas[87], ihn teilweise noch überbietend und vergröbernd. Gewiss waren die Wenigsten Universitätshistoriker, deren (nur zu vermutende) Mehrheit schwieg. Sachkritik, mehr (Nolte) oder weniger (Hillgruber) berechtigt, hätte sich in aller Ruhe und Entschiedenheit in einem rationalen und demokratischen Sinne, der auch das Recht auf Irrtum einschließen müsste, behandeln lassen können, zur Einübung in wahre „politische Streitkultur". Stattdessen verwandelte sich die Szene zum Tribunal: Selbst sachliche Vermittlung (Anerkennung der honorigen Motive der Historikerstreiter, Verteidigung der Demokratie gegen rechts, verbunden mit Kritik an Nolte und Hillgruber[88]) war „seltsame Anbiederung an die – ach so verfolgten – Neokonservativen", [89] „unerträgliches Renegatentum": Linke Selbstgerechtigkeit ließ keine faire Diskussion zu, auch nicht über große, von Habermas zu Recht angeschnittene Fragen nach dem deutschen Rechtstotalitarismus und seinen Weltverbrechen, deren sachliche Erörterung eine produktive öffentliche Aussprache hätte eröffnen können.[90] Kritik an Zitatfälschungen und weiterführende Anregungen zur Sache blieben totgeschwiegen: „Freimütige Kritik erscheint einem Mandarinen stets als Majestätsbeleidigung." (Wehler, S. 157). Jeder Vergleich mit linkstotalitären Staats- und Parteiverbrechen, so verquer und ärgerlich ihn Nolte eingeführt hatte, galt als Verstoß gegen die „Einzigartigkeit" der NS-Verbrechen, als NS-"Apologie", obwohl Wissenschaft von Kritik und Vergleichen lebt – Vergleich ist nicht Gleichsetzung, sondern konfrontiert Gemeinsamkeiten *und* Unterschiede.

Die Selbstentlarvung

Da die vergleichende Einordnung der NS-Verbrechen in andere Totalitarismen perhorresziert wurde, lief das Vergleichs- und Kritikverbot zu Gunsten der realexistierenden Sowjetunion im von der linken Neuen Orthodoxie sonst so beliebten dialektischen Umkehrschluss genau auf das hinaus, was sie der „Viererbande" – mit gefälschten Zitaten – in böswilliger Absicht unterstellte: zumindest indirekte Apologie des Totalitarismus, den sie unter die Käseglocke ihres Vergleichs- und Kritikverbots stellte, des Kommunismus. Natürlich leugnet sie die dialektische Konsequenz ihrer sonst üblichen Methode. Aber der Rückschluss muss erlaubt sein und ist dann unerbittlich: Die Neue Orthodoxie kann sich nicht einfach unter Sonderrecht stellen.

„Begriffspolitische Hygiene" (Wehler) zieht aus der Diffamierung sachlichen Dissens als „unerträgliches Renegatentum" (Wehler) angemessene Schlüsse: „Renegat", einst aus dem Bereich monotheistischer Hochreligionen, wurde für Kommunisten Synonym für „Verräter". „Renegat" im diesem Sinne zur Stigmatisierung eines Nichtmehrlinken verrät die nämliche Gesinnung – linkstotalitär, sei sie noch so professoral und liberal geadelt. Auch die Sprache ist aufputschend, exaltiert, selbstgerecht, noch relativ milde Habermas. Hier braucht man nur noch zu zitieren, das meiste passend als Retourkutschen:

> „unappetitliche Kostproben"; "das obszöne Gerangel", „Sprache der Stuka", „moralische Obszönität"[91].

87 Helmut Donat/Lothar Wieland, Hg.: *„Auschwitz erst möglich gemacht?"*. Überlegungen zur jüngsten konservativen Geschichtsbewältigung. Bremen 1991, die Bibliographie von Diether Koch, chronologisch geordnet, S. 159-214.

88 In aller Deutlichkeit, aber auch notgedrungenen Kürze auch bei I. Geiss: Habermas-Kontroverse, S. 41-46, von der Hillgruber in einem Brief an den Vf. kurz vor seinem Tod einräumte, er akzeptiere „Ihre Kritik", d.h. die von I.G..

89 H.-U. Wehler: Entsorgung?, S. 234, Anm. 69; für das Folgende Wehler brieflich an den Vf.

90 Vgl. jeweils die letzten Teile in den beiden Büchern zum Historikerstreit von I.G.: „Vom 'öffentlichen Gebrauch der Historie' - in klärender Absicht", in: Habermas-Kontroverse, S. 103-188; „Konsequenzen aus dem Historikerstreit", „Rückblick und Ausblick" (S. 162-242).

91 J. Habermas: Eine Art Schadenabwicklung, in: *„Historikerstreit"*. Die Dokumentation der Kontroverse um die Einzigartigkeit der nationalsozialistischen Judenvernichtung. München 1987, S. 71; ders.: *Die nachholende Revolution*. Kleine Politische Schriften VII., Frankfurt/Main 1990, S. 206, 222.

Alle Rekorde an irrationaler bis hysterischer Sprache brach Wehler in seinem „*cum studio ac ira*“ geschriebenen „polemischen Essay“ –

> „Zumutung“; „ihrem Treiben“, „gezielt bösartiger Vorwurf“; „törichten Erwägungen“; „mit skandalöser Ungerechtigkeit“, „fast wie gezielte Häme“; „in einem schwer erträglichen Jargon“; „solche abwegigen Urteilsmaßstäbe“; „Konglomerat unausgegorener, ressentimentgeladener Erwägungen“; „klassische Mischung von unverhüllter Wehleidigkeit und unverfrorener Schuldzuweisung“; „greuliche Klappentext“; „unverfrorenen Bestreiten“; „Großmeister der tönenden Suada“; „wichtigtuerisch“; „Stürmers trübseligem Ableugnen“; „schnöde begründete Absage“; „trübseligen Auftakt“, „vollends tristen Tiefpunkt“; „larmoyante Klage“; „perfide blieb der Vorwurf“; „arrogante Pfründenmentalität“; „Konsenswächter auf der Zinne“; Pseudoargumentation“; „mit ungemildeter Arroganz“, „wiederum kläglich mißglückte“; „bockig wiederholte“; „Unisono-Beifall einer unkritischen Claque“; „unangefochtene Selbstgerechtigkeit, die rechthaberische Verteidigung jeder Schwachstelle, die Unfähigkeit zum Dialog“; „zum Extrem gesteigerte blamable deutsche Nabelschau und die deprimierende Selbstbemitleidung“; „mit einem furchterregenden Mut zur Monotonie“; „perfiden Diatribe“, „Unverfrorenheit“, „schäbige Verunglimpfung“; „unverändert verstockten Reaktion Noltes“; „denkwürdiger Egozentrik“; „maßlose Unterstellung“; „Lernunfähigkeit.“[92]

Im Eifern für seinen Herrn enthüllt Wehlers mit „Wortkaskaden“ (S. 116) eines „schwer erträglichen Jargon“ (S. 56) unfreiwillig-dialektisch den mit Habermas gemeinsamen pietistischen Hintergrund seiner Jugend: Seine konsequent nach linkssäkularisierte „Suada“ (S. 93), zur tödlichen Polemik verkommen als „Stimme des Predigers“ (S. 122) im „selbstgerechten missionarischen Eifer“ (S. 13) und (selbst)“gerechten Zorn“ (S. 102), dient nur noch der „Gesinnungskontrolle“ (S. 189):

> „alttestamentarische Propheten oder moderne Gurus“; „Hohepriesteramt des wahrhaft zeitgemäß denkenden Historikers“; „apokryphen Anspielungen“; „seligmachendes Sinnstiftungsevangelium“; „Hohepriester der Objektivität“; „Todsünde zu verketzern“; „diesen Konformismus dekretierenden Papst“; „falschen Glauben an überlieferte Hierarchien“; „Fürst der Finsternis“ (=Hitler); „apokryphe Schriften“; „falsche Propheten“, „Anathema“.[93]

Der Militanz eines linkssäkularisierten dualistischen Fundamentalismus, der nur noch „Gut“ und „Böse“ kennt, entspricht eine militaristisch-kriegerische Sprache Wehlers und zweier Historiker-Mitstreiter, die den Ursinn von „Polemik“ (griech.: „*polemos*“ = Krieg) gegen Feinde erfüllt:

> „Vorstöße“, Primat der Attacke“, „Gegenoffensive“; „schneidende Kampfansage“; „Gegenwehr“; „Zeitzünder“; „Frontalattacke“; „Defensivmanöver“; „wissenschaftliche Offensive“; „Kreuzfeuer der Kritik“; „Vormarsch in die Öffentlichkeit“, „mit Renegateneifer ins Gefecht gestürzt“.
>
> „Eine Art ideologisches Stoßtruppunternehmen“; „Schlachtordnung“, „Stellvertreterkrieg“ (Hans Mommsen); „Hegemonialstellung erobern“, „kam ... unter Beschuß“, „Frontbegradigung“. „Schußfeld“, Frontlinie der Kritik“ (Wolfgang J. Mommsen).[94]

Das Ganze ist „trübseliger Tiefpunkt“ (Wehler) deutscher linker Historiker-Orthodoxie Polemik: Im Vergleich dazu waren die Groß-Polemiker der Alten Orthodoxie (Treitschke, Below, Ritter) rechte Waisenknaben.

92 H.-U. Wehler: Entsorgung, S. 12; 13; 51; 52; 56; 58; 59; 61; 91; 92; 93; 94; 97; 110; 115; 118; 125; 126; 131; 146; 148; 157; 158; 165; 175; 212; 223; 224; 237; 245, 246; 248.

93 Ebenda, S. 34; 43; 71; 92; 117; 122; 123; 127; 144; 147; 173, 189.

94 Wehler: Ebenda, 71, 79 (auch 122, 136), 87; 99; 101; 160; 197; 201; 210; H.-U. Wehler: Geschichtswissenschaft oder Sinnstiftung, in: Frank Niess, Hg.: *Interesse an der Geschichte.* Frankfurt/Main 1989, S. 126. Die weiteren Zitate von Hans und Wolfgang J. Mommsen, belegt in : I. Geiss: Hysterikerstreit, S. 21,

Im Endeffekt war der Historikerstreit – für ihre Verfechter Sternstunde liberaler Demokraten – Rufmord, öffentlich exekutiert als Lehrstück „aufgeklärten Gesinnungsterrorismus" (Treitschke): Selbst vor dem sichtbar vom tödlichen Krebs gezeichneten Hillgruber senkten die Historikerstreiter nicht die Waffen. Nach seinem Tod kein Wort des Bedauerns oder gar der Entschuldigung gegenüber dem zu Tode Gequälten, noch nicht einmal nach dem Exitus des Realsozialismus 1989/91, der weltweit demonstrierte, dass Kritik am Kommunismus berechtigt war, auch im Vergleich mit dem deutschen Nationalsozialismus. Noch nicht einmal zur Anerkenntnis ihres früheren Irrtums konnten sich Historikerstreiter durchringen, als sie, nach einer Schamfrist, dieselben Begriffe benutzten, die sie einst der „Viererbande" als NS-Apologie unbarmherzig um die Ohren geschlagen hatten, so als hätten sie nie anderes gesagt – „totalitär", „endlich verblichene DDR", „Auflösung des informellen russischen Kolonialimperialismus in Osteuropa", „zutiefst pervertierte Staatskommunismus", „SED-Büttel", Befreiung von sechzehn Millionen Deutschen von der Diktatur", „Kollaps des sowjetischen Imperiums".[95] Dabei hätte *eine* Geste menschlicher Regung gegenüber dem toten Kollegen Hillgruber und dem sonst so eloquent für sich reklamierten oder von anderen eingeforderten Quäntchen *öffentlicher* Selbstkritik, und wenn nur zur Begründung eines Meinungswechsels, der ja als Dazulernen nicht verboten ist, die seit dem Historikerstreit so vergiftete Atmosphäre bereinigen können.

Dennoch gelten Habermas, der berühmteste deutsche Intellektuelle, gerade auch wegen seiner Rolle im Historikerstreit mit öffentlichen Ehrungen im In- und Ausland geradezu überschüttet, und seine Historikerstreiter von der linken Orthodoxie als Vertreter des besseren Deutschland – *„mundus vult decipi."*

4. Aus der Geschichte lernen: Nie wieder Orthodoxie, nie wieder historisches Nationalgetto

Das bevorstehende Ende der „linken" Neuen Orthodoxie, und wenn nur durch clamheimliches Räumen von Positionen, die sie im Historikerstreit so militant-polemisch verteidigte, wirft wieder die ewige Frage auf – „aus der Geschichte lernen?" (Wehler): Natürlich verneinte Hegel die Frage schon früh, selbst wenn punktuell und selektiv immer wieder „Lehren aus der Geschichte" gezogen wurden, oft dialektisch-kontraproduktiv. Aber wenn das dramatische Auf und Ab deutscher Historiker-Orthodoxien in zwei Jahrhunderten *eine* Lehre nahelegen sollte, dann die: Nie wieder zurück ins deutsche historische Nationalgetto, nie wieder Orthodoxie, gleich welcher ideologischen Couleur.

Orthodoxien, und begännen sie mit noch so edlen Vorsätzen, wie unsere allerjüngste „linke", werden als Rechtgläubige immer oligarchisch, dogmatisch, verengt, damit borniert und letzten Endes dumm, im Sinne des Gleichnisses vom „Salz der Erde", das in den Boden getreten wird, wenn es nichts mehr taugt: Wissenschaft und Demokratie leben von Diskussion und Abweichungen, müssen sich stets offen halten für Differenzen und Neuerungen, in einem weiten Spektrum zulässiger Positionen. Nun ist eine solche Forderung oder Hoffnung rührend naiv, weil Kampf um Macht und Oligarchisierung Universalien sind. Aber wenigstens das Ideal könnte zumindest helfen, oligarchische Links-Orthodoxien, die sogar noch demokratische „Gleichheit" auf ihr Panier schreiben, leichter beim Wort ihrer schönen Phrasen zu nehmen.

Im deutschen Fall erhebt sich, schon wegen der politisch-ideologischen Konsequenzen, die nun einmal jeder Geschichtsschreibung auch innewohnen, ein zusätzliches Problem, dessen konstruktive Lösung viel Umsicht und Fingerspitzengefühl erfordert, zumal gegen den realhistorischen Hintergrund seit 1871: Im natürlichen Pendelschlag zwischen links und rechts soll-

95 H.-U. Wehler: *Die Gegenwart als Geschichte.* Essays. München 1995, S. 145, 176, 205, 212, 252, 260.

ten wir alles tun, um dem sonst kaum zu vermeidenden reaktionären Rückschlag nach rechts zu entgehen. Eine neue, noch so stromlinienförmig modernisierte deutschnational-reichspatriotische Allerneueste Orthodoxie wäre auch politisch eine Katastrophe, die kein vernünftiger Demokrat wünschen kann. Was die Rechts-Orthodoxie nach dem Zweiten Weltkrieg und im selbstprovozierten Blitz und Donner der Fischer-Kontroverse seinerzeit verpasste, könnte die abtretende „linke" Neue Orthodoxie jetzt nachholen – den Abgang in Würde, als das, was sie von sich selbst immer behauptete, selbstkritische, liberal-demokratische Wissenschaft, die auch Dissens und Sachkritik verträgt.

Sollte die altgewordene Neue Orthodoxie ihrer Wissenschaft und Nation diesen letzten Liebesdienst versagen, so sind die Aussichten größer als je zuvor in Deutschland, dass eine neue Wissenschaftsgeneration, über die alt-Neue Orthodoxie hinweg, ihren Weg nimmt, hoffentlich ohne je wieder eine allerneueste Neue Orthodoxie nachzuschieben. Vielmehr müssen wir Ranke gleichsam säkularisieren: Alle legitimen wissenschaftlichen Annäherungen sind gleich unmittelbar zur Geschichte. Nur darf keine noch so schöne und wichtige Spezialisierung für sich Hegemonie oder gar Ausschließlichkeit beanspruchen. Dagegen müssten sich alle, ebenso gleichermaßen wie gleichzeitig, anderen historischen Teildisziplinen und Nachbarwissenschaften, die auch ihre historische Dimension haben, auf Anfrage als Hilfswissenschaft zur Verfügung stellen, in kollegialer Amtshilfe beim selbstverständlichen Dienst an der Wissenschaft. Sollte je wieder am Horizont ein neuer Hegemon auftauchen, müssten alle Alarmglocken schrillen, zum Kampf gegen monochrome Erstarrung.

Erst recht sollte der Weg zurück ins historische Nationalgetto im Zeitalter rechtverstandener Globalisierung auf immer verbaut sein: Gewiss bleibt es normal, dass auch die meisten deutschen Historiker weiter zu deutscher Geschichte arbeiten, schon um die Bodenhaftung zur eigenen Nationalgeschichte – in all ihrer reichs-imperialen Gebrochenheit durch gleich drei Reiche – nicht zu verlieren. Im Interesse der Welt müssen wir die Geschichte „unseres schwierigen Vaterlandes" (Gustav Heinemann) annehmen, in Distanzierung von den bekannten Teilen jüngster deutscher Geschichte. Aber möglichst viele Historiker sollten möglichst viele Themen auch außerhalb der eigenen Nationalgeschichte bearbeiten, sich gar der außereuropäischen Geschichte zuwenden. Zumindest im Studium sollten sie genügend Kenntnisse der Weltgeschichte aufnehmen, um ihre Spezialgebiete, deutsche wie außerdeutsche, in breitere Perspektiven einzuordnen.

In dieser Beziehung ist inzwischen schon ein breiteres Potenzial unter deutschen Historikern denn je herangewachsen, außerhalb jeder Orthodoxien, auch durch vielfache institutionelle (Europa, UNO) wie persönliche Verflechtungen, z. B. Auslandstudium kreuz und quer herüber und hinüber, Liebe, Heiraten und Verwandtschaftsbeziehungen in alle Himmelsrichtungen. Die neue, hoffentlich auf immer orthodoxiefreie bleibende deutsche Geschichtswissenschaft wird – vielleicht – gelernt haben, legitimes bis gebotenes politisches Engagement von „Textsorten" wissenschaftlichen Anspruchs zu trennen. Dann hätte sich das manchmal quälende Abschreiten deutscher Historiker-Orthodoxien seit 1871 sogar noch gelohnt.

Der Vertrag von Rapallo und die deutsche Außenpolitik

Geschichtsbild und historisches Ereignis

Peter Krüger

Es mag ja zutreffen, dass sich Geschichtsbilder häufig aus Ereignissen und historischen Prozessen nähren, die zunächst nicht bewusst in ihrer späteren symbolhaften Geschichtsträchtigkeit geformt oder auch nur erkannt wurden. Auch kommt es häufig vor, dass bestimmte Entscheidungen, die ein historisches Ereignis auslösen, durch einen Traditionszusammenhang begründet oder nachträglich gerechtfertigt werden. Das Geschichtsbild, auf dem ein solcher Zusammenhang beruht, wird dann infolge der Entscheidungen bekräftigt, vertieft oder sogar erneuert.

Nicht ganz eindeutig ist die Sache im Falle des deutsch-sowjetischen Vertrags von Rapallo vom 16. April 1922, der erheblich zum Scheitern der nach Genua einberufenen ersten Konferenz für wirtschaftliche und politische Zusammenarbeit in Europa beitrug[1] und der schon deswegen europäische Bedeutung hatte. Einerseits enthielten die Begründungen für einen Ausgleich und ein engeres Verhältnis zwischen dem Deutschen Reich und Sowjetrußland und für den spektakulären Zeitpunkt seines Zustandekommens durchaus sowohl suggestive, das Geschichtsbewusstsein formende bildhafte Verdichtungen komplizierter Vorgänge als auch über die traditionellen Voraussetzungen hinausgehende Momente eines neu entstehenden Geschichtsbildes. Und das zeigte sich nicht erst in den nachträglichen, sofort einsetzenden und bis weit in die Historiographie der Bundesrepublik hineinreichenden Rechtfertigungen des Rapallo-Vertrags.[2] Schon vor Rapallo ließ sich unter seinen Befürwortern[3] eine propagandistische Neigung zur historischen Überhöhung des deutsch-russischen Verhältnisses feststellen, vornehmlich im Sinne nationaler Stärkung – sei es in wirtschaftlicher, politischer oder militärischer Hinsicht. Als Indiz erweist sich in den Reichstagsdebatten über die deutsch-russischen Beziehungen schon einige Wochen vor Rapallo die geschichtsträchtige Beschwörung einer deutsch-russischen „Schicksalsgemeinschaft".[4] Darin entfaltete sich auch eine Neigung zur tiefen, als seelenverwandt betrachteten russischen Kultur und dementsprechend zum antiwestlichen Ressentiment. Auf der anderen Seite trugen die Vorgänge und Maßnahmen, die zum Abschluss des Rapallo-Vertrages führten, den Stempel praktischen, am konkreten Nutzen orientierten politischen Handelns, dessen Gründe und Begründungen aus der internationalen

1 Fink, Carole, *The Genoa Conference.* European diplomacy, 1921-1922, Chapel Hill-London 1984. Fink, Carole; Frohn, Axel und Heideking, Jürgen (Hrsg.), *Genoa, Rapallo, and European reconstruction in 1922*, Washington, D.C.-Cambridge 1991. Petricioli, Marta (Hrsg.), *Une occasion manquée?* 1922: La reconstruction de l'Europe, Bern u.a. 1995.

2 Text mit den geheimen zusätzlichen Vereinbarungen: Krüger, Peter, *Versailles.* Deutsche Außenpolitik zwischen Revisionismus und Friedenssicherung, 2. Aufl., München 1993, S. 178-181. Immer noch im Scharfsinn der Analyse sehr anregend und die Probleme vertiefend, obgleich durch neuere Quellen und Forschungen teilweise überholt: Graml, Hermann, Die Rapallo-Politik im Urteil der westdeutschen Forschung, in: Vierteljahrshefte für Zeitgeschichte (VfZG) 18 (1970), S. 366-391.

3 Speziell für das Auswärtige Amt: Sütterlin, Ingmar, *Die „Russische Abteilung" des Auswärtigen Amtes in der Weimarer Republik*, Berlin 1994; Wagner, Armin, *Das Bild Sowjetrußlands in den Memoiren deutscher Diplomaten der Weimarer Republik*, Münster 1995.

4 Schieder, Theodor, Die Entstehungsgeschichte des Rapallo-Vertrags, in: Historische Zeitschrift (HZ) 204 (1967), S. 567. – Umfassend für das deutsch-russische Verhältnis, seine historische Bedeutung und Perzeption, seine Bedingtheiten und Wandlungen Baechler, Christian, *L'aigle et l'ours.* La politique russe de l'Allemagne de Bismarck à Hitler 1871-1945, Bern u.a. 2001.

Situation und der Abwägung von Vor- und Nachteilen hinreichend und einleuchtend erschienen und dafür nicht unbedingt eines bestimmten Geschichtsbildes oder historischen Mythos bedurften, auch wenn aus dem Vertragsabschluss ein Mythos[5] entstand.

Der historische Mythos ist ein ebenso wesentlicher Bestandteil vieler Geschichtsbilder wie die in ihnen angelegte Vorstellung einer Konstante, eines immer erneuten Auftretens oder der Wiederholbarkeit bestimmter Konstellationen und Entwicklungen. Eine solche Verwendbarkeit stärkt die Überzeugungskraft von Geschichtsbildern, und dies umso mehr, wenn sie dabei, gerade in einem wissenschaftlich orientierten Zeitalter, von wissenschaftlicher Bestätigung profitieren können. Selbstverständlich gibt es unter den Auspizien der Wissenschaft auch andere, weniger suggestive, eher desillusionierende Geschichtsbilder auf der Basis eines ständig weiter entwickelten Instrumentariums und dauernder methodisch-kritischer Überprüfung. Sie beruhen ebenfalls auf der Verdichtung komplexer Strukturen, Ereignissequenzen, Kontinuitäten in komprimierenden abstrahierenden Aussagen. Darin liegt oft bewusst eine entmythologisierende, Legenden samt ihrer wissenschaftlichen Untermauerung entkräftende Absicht. Auch dafür bietet Rapallo reichlich Stoff, wie die historiographische Entwicklung zeigt, und interessant wird die Sache, weil es hierbei auch um einen beispielhaften Fall der Auseinandersetzung um Geschichtsbilder geht – bis in die vielbeschworene deutsch-russische Verbundenheit seit dem Vertrag von Tauroggen am Jahresende 1812, bis in den umstrittenen Komplex von Kontinuität und Diskontinuität in der deutschen Geschichte vom Kaiserreich zum Nationalsozialismus, bis in die Grundfragen deutscher Außenpolitik zwischen den Weltkriegen und nicht zuletzt bis in die Geschichtsbilder hinein, die sich vor allem in Frankreich und Polen, aber auch in Großbritannien und anderen Ländern mit dem Schlagwort Rapallo als Inbegriff einer notorisch die internationale Ordnung störenden, gegen den Westen gerichteten, unkalkulierbaren und gefährlichen deutschen Macht- und Expansionspolitik und deutsch-russischen Verbindung aufrufen lassen.

Geschichtsbilder sind demnach auch historische Orientierungspunkte, zumal in folgenreichen Entscheidungssituationen wie während der Konferenz von Genua und in Rapallo, aus denen heraus sie zugleich gestärkt werden in der vollzogenen Entscheidung, insbesondere wenn sie so symbolträchtig für ganz verschiedene Auffassungen und Interessen ist wie Rapallo. Dazu trägt der tiefe Eindruck bei, den dieses unerwartete Ereignis hinterlassen hat. Sowohl seine Konsequenzen als auch vermeintlich oder tatsächlich ähnliche oder auch nur erhoffte oder befürchtete vergleichbare Vorgänge werden von den unterschiedlichen Geschichtsbildern, in denen Rapallo eine prominente Rolle spielt, unmittelbar verständlich gemacht, steuern die Perzeptionen und sollen dementsprechend rechtzeitiges Handeln ermöglichen – dafür oder dagegen. Das gibt Anlass, die Entscheidung von Rapallo noch einmal komprimiert zu betrachten, und zwar unter dem Gesichtspunkt, auf den hin Befürworter und Gegner ihre Erwartungen in unmittelbarer Reaktion auf das Ereignis projizierten: die mögliche weitere Entwicklung deutscher Außenpolitik in ihrem europäischen Zusammenhang.

Während der Anfangsphase der Konferenz von Genua, drei Tage nach dem allgemein als Sensation empfundenen Abschluss des Rapallo-Vertrages, notierte der Mäzen, Literat, Pazifist und zeitweilige Diplomat Harry Graf Kessler am 19. April 1922 in seinem Tagebuch, einige wenige für den Ablauf der Konferenz in hohem Maße verantwortliche Delegierte hätten „die

5 Analyse des Rapallo-Mythos bis in die Gegenwart: Buffet, Cyril, Rapallo. Sirens and phantoms, in: Buffet, Cyril und Heuser, Beatrice (Hrsg.), *Haunted by history*. Myths in international relations, Providence-Oxford 1998, S. 235-258, bes. S. 236: „The circumstances of the birth of this as of any other myth are very important. Rapallo came at a very particular moment; it is this that gives it its great memorability. At a time when they were invited to an international conference at Genoa [...] Germany and Russia decided to break away and come to an agreement on their own, much to the surprise of everybody else. This shocked the Western Powers as it seemed to unset the peace-order of Versailles, threatening instability. [...]Thus, as we shall see, the myth of Rapallo assumed different natures, that of the repulsive phantom or the alluring siren, depending on the angle from which it was seen and the purpose for which it was invoked."

kostbare und mühsam wieder zusammengeleimte Vase des europäischen Vertrauens fallen lassen und von neuem zerschmissen". Mit alten Methoden und Gewohnheiten sei kein neues Europa zu schaffen. Und mit Blick auf eine Politik der Verständigung und gemeinsamen Verantwortung in Europa fuhr er fort: „Wir können das überhaupt nicht mehr; die Kunst ist verlorengegangen und nicht wieder zu erwecken, selbst wenn wir sie brauchten."[6] Kessler hielt sich halb offiziell in Genua auf als Vertrauter des deutschen Außenministers Walther Rathenau und war wie ein Seismograph seiner Zeit, ein im 20. Jahrhundert selten gewordenes Talent des gebildeten gesellschaftlichen Umgangs und begabt mit einem feinen Sinn für die Atmosphäre wichtiger Situationen.

Der wesentliche Zweck dieser, vom britischen Premierminister David Lloyd George initiierten Konferenz mit monströsen Zügen war die Wiederherstellung einer gemeinsamen, von allen Beteiligten getragenen, wirtschaftlichen und politischen Ordnung und neuen Prosperität Europas. Wenn Graf Kessler zu dem Urteil kam, dass die Voraussetzungen und Pläne für die Genua-Konferenz durch den Abschluss des Vertrages von Rapallo schon ein Scherbenhaufen waren, dann lohnt es, dass die Historiker sich mit diesem spektakulären Ereignis unter einem neuen Aspekt befassen: nämlich dem europäischen.

War also Rapallo und die deutsche Außenpolitik, die maßgeblich zu diesem Ereignis beitrug, ein schwerer, vielleicht bewusst geführter Schlag gegen die Zusammenarbeit und Verpflichtung zu einvernehmlichem Handeln, gegen den Versuch, mehr Gemeinsamkeit in Europa zu bewirken? Das bedeutet, danach zu fragen, was daraufhin alles in Scherben ging oder zu gehen drohte. Mit der europäischen Bedeutung der Ereignisse und ihrer Analyse sowohl im europäischen Rahmen als auch unter dem Gesichtspunkt der gesamten deutschen Außenpolitik tut sich die Forschung immer noch schwer, auch in ihren jüngsten Erzeugnissen. Deshalb wird hierin, unter der Prämisse eines zu schaffenden europäischen Geschichtsbildes, der Schwerpunkt meiner Ausführungen liegen, deren gedanklicher Aufbau fünf kleine Abschnitte nahe legt: 1) Eine knappe Erinnerung an die Ausgangslage; 2) eine erneute Bewertung der Vorgänge, die zum Entschluss führten, in Rapallo mit den Russen abzuschließen; 3) eine – viel zu selten angestellte – Erörterung der Bedingungen, Vorbereitungen und Verhaltensweisen bei den als Instrument internationaler Politik immer wichtiger werdenden Großkonferenzen; 4) die Frage nach der Vereinbarkeit des Vertrags von Rapallo mit den Erfordernissen der deutschen Außenpolitik insgesamt (was die Frage impliziert, ob es eine dementsprechende Gesamtkonzeption überhaupt gegeben hat); 5) schließlich eine Antwort darauf, welche Folgen das deutsche Vorgehen für einen möglichen Annäherungsprozess in Europa und für eine – bei allen Interessengegensätzen – wirksamere Organisation europäischer Zusammenarbeit und friedlichen Interessenausgleichs hatte.

I.

Lloyd George war die treibende Kraft für die Einberufung der Genua-Konferenz, einer Mammut-Veranstaltung mit Vertretern aus 34 Ländern, die – einberufen vom Obersten Rat der alliierten Siegermächte des Ersten Weltkriegs wie eine zweite Friedenskonferenz – bei aller damit verbundenen Ehre und den Einnahmen, die sie brachte, mit ihrem riesigen Tross wie eine Landplage Genua überkam. Sie sollte den von ruinösen Spannungen und Problemen geprägten desolaten Zustand beenden, in den Europa nach dem Ende des Ersten Weltkriegs gesunken war. Die Konferenz umfasste auch Staaten, die im Kriege neutral geblieben waren, Mitglieder des britischen Empire – die USA jedoch hatten die Beteiligung an einer ihnen wenig versprechenden, ihre Interessen möglicherweise beeinträchtigenden Konferenz abgelehnt

6 Kessler, Harry Graf, *Tagebücher 1918-1937,* hrsg. von Wolfgang Pfeiffer-Belli, Frankfurt 1961, S. 301f.

– und zum ersten Mal auch Deutschland und Sowjetrußland als gleichberechtigte Teilnehmer. Auf Deutsche und Russen legte insbesondere Lloyd George großen Wert. Denn im Zuge der von ihm für unbedingt erforderlich gehaltenen Ausgleichung von Gegensätzen, Entspannung und Beruhigung in Europa betrachtete er die kontrollierte Wiedereingliederung Deutschlands und Rußlands als Hauptaufgabe.

Die nach den Jahren wirtschaftlichen Verfalls im britischen Interesse so dringend erstrebte wirtschaftliche Wiederbelebung und Wiederherstellung Europas war ohne das Potenzial – als Produzent wie als Markt – eines sich erholenden, kooperierenden Deutschen Reiches nicht zu verwirklichen. Der Wiederaufbau Rußlands und weiter Bereiche bis nach Mitteleuropa hinein sollte einen gewaltigen Impuls wirtschaftlicher Erholung vor allem der Industrie Europas auslösen, und die Initiative dazu der britischen Regierung die Lenkung dieses in seinen Folgen schwer absehbaren Prozesses ermöglichen. Die dazu erforderliche Bereinigung des Verhältnisses zwischen Deutschland und Rußland auf der einen, den Alliierten auf der anderen Seite machte Zugeständnisse an beide und eine Regelung der russischen Vorkriegsschulden und der sowjetischen Sozialisierungsschäden ebenso unausweichlich wie ein gewisses Entgegenkommen wenigstens in der sich einer krisenhaften Zuspitzung nähernden Frage der deutschen Reparationen. Sie sollten im Übrigen auch aus den Gewinnen auf dem russischen Markt finanziert werden.

Die Einsicht, dass Sicherheit, Entspannung und wirtschaftliche Wiederherstellung Europas untrennbar verbunden seien, begann sich Bahn zu brechen, und zwar in erster Linie auf Grund der französischen Forderung, dass die unter diesen Voraussetzungen bei der Durchsetzung des Versailler Vertrags unerlässlichen Konzessionen gegenüber Deutschland kompensiert werden müssten durch eine nun umso notwendiger werdende britische Sicherheitsgarantie für Frankreich und eine Stärkung ihrer Entente, eine Forderung, die Poincaré betonte.[7] Denn in einer nach britischen Vorstellungen konzipierten Lösung der europäischen Probleme und der Befriedung Europas war der auch machtpolitische Aufstieg Deutschlands unvermeidlich. Beide Regierungen, die britische wie die französische, stimmten immerhin darin überein, dass die aus ihrer Sicht nachteiligste aller möglichen Entwicklungen, eine separate Verständigung und ein Zusammengehen zwischen Deutschen und Russen, verhindert werden müsse. Auch dazu sollte die Konferenz nach Lloyd Georges Intentionen dienen. Er versuchte, den mit seinem Programm verbundenen Schwierigkeiten im Übrigen dadurch zu entgehen, dass er in Verbindung mit seinen wirtschaftlichen Plänen einen vereinbarten, also bindenden Verzicht auf Gewalt und Krieg in Europa und auf diesem Wege Entspannung und Sicherheit erreichen wollte – ohne Garantieleistung für Frankreich.[8]

II.

Die Reichsregierung, deren Reputation bei den Alliierten infolge der ‚Erfüllungspolitik' gestiegen war, hatte die Pläne Lloyd Georges mit erwartungsvollem Interesse verfolgt, und Rathenau war als Sonderbeauftragter des Reichskanzlers Wirth zu den für Genua entscheidenden Beratungen zwischen Llyod George und dem französischen Ministerpräsidenten Aristide Briand vom Dezember 1921 in London mehrmals inoffiziell hinzugezogen worden. Der Gedanke, Mittel- und Osteuropa und insbesondere Rußland mit Hilfe eines internationalen, von den beteiligten Regierungen eingesetzten und kontrollierten Finanz- und Industrie-Konsortiums wirtschaftlich in die Höhe zu bringen, war seit längerer Zeit auch im deutschen Auswärtigen

7 Dazu vor allem: ARCHIVES DU MINISTERE DES AFFAIRES ÉTRANGERES, Paris. Série Z: Europe 1918-1929, 284-6, Bde. 69-71.

8 Generell die in Anm. 1-4 erwähnte Literatur und *Documents on British foreign policy*. 1919-1939. Series 1, Bde. XV, Kap. VII und XIX, Kap. I-III.

Amt erwogen worden, stieß in Moskau jedoch wegen des drohenden gemeinsamen Vorgehens der ‚kapitalistischen' Mächte auf vehemente Ablehnung. Rathenau, der Ende Januar 1922 Außenminister geworden war, galt als Exponent dieser Pläne und allgemein einer Politik einvernehmlichen Vorgehens mit den Westmächten.[9] Daneben gab es aber eine einflussreiche Gruppe von Politikern, Diplomaten, Geschäftsleuten und Intellektuellen, die auch an einer besonderen, in einer langen Tradition stehenden Verständigung mit Rußland und damit an einer privilegierten Stellung dort interessiert waren, wobei man sich nicht selten für beide Orientierungen offen zeigte.

Die Reichsregierung verlagerte im Frühjahr 1922 Schritt für Schritt die Gewichte ihrer auswärtigen Politik, und zwar wegen ihrer labilen parlamentarischen Basis, der wachsenden wirtschaftlichen Schwierigkeiten, der Pressionen der machtvoll organisierten gesellschaftlichen Interessen und nicht zuletzt unter dem Eindruck der sich verschlechternden internationalen Voraussetzungen für die geplante Genua-Konferenz: der Wechsel von Briand zu Poincaré – von den Historikern oft zu undifferenziert dargestellt –, die Absage der USA, schließlich vor allem die in Deutschland mit Empörung aufgenommenen Beschlüsse der Reparationskommission. In der Reichsregierung setzte sich die Ansicht durch, auf einen populären, das heißt, nationales Prestige steigernden, außenpolitischen Erfolg angewiesen zu sein, und man begann im Kabinett über demonstrative Bekundungen eigenständiger Außenpolitik und nationalen Protests nachzudenken. Entscheidendes Gewicht erlangten in dieser Situation, kurz vor Beginn der Konferenz, die Vorbereitungen zur weitgehenden Verständigung mit Sowjetrußland, vorangetrieben in intimer Zusammenarbeit von Reichskanzler Wirth und dem einflussreichsten deutschen Diplomaten in jenen Monaten, dem Leiter der Osteuropaabteilung des Auswärtigen Amts, Freiherr von Maltzan. Nach der Durchreise der sowjetischen Delegation für Genua lag ein weitgehend unterschriftsreifer Vertragsentwurf vor. Allerdings war man sich durchaus im Klaren über die schädlichen und destruktiven Konsequenzen einer Einigung vorab über einen der wichtigsten Gegenstände der Konferenz. Die Unterzeichnung wurde verschoben.[10]

Der Auftakt der am 10.April feierlich eröffneten Konferenz war für die deutsche Delegation nicht ungünstig; ihre gleichberechtigte Vertretung in den Arbeitsausschüssen wurde gesichert. Verzögerungen in den Sitzungen der maßgebenden Politischen Unterkommission veranlassten Lloyd George, am 13. April unter Einbeziehung von Vertretern Frankreichs, Italiens und Belgiens informelle Vorgespräche mit den sowjetischen Delegierten in der Villa d'Albertis aufzunehmen, um Einigungschancen zu sondieren; also unter Ausschluss der Deutschen. Die gemeinsame Verhandlungsgrundlage der Alliierten berücksichtigte die deutschen Interessen nicht und ließ den Russen sogar die Möglichkeit offen, auf Grund von Artikel 116 des Versailler Vertrags vom Deutschen Reich Reparationen zu fordern. Juristisch war dies so ohne weiteres, wie Gaus, der Justitiar des Auswärtigen Amts, nachwies, gar nicht möglich,[11] aber als Druckmittel in politischen Verhandlungen mochte es sich verwenden lassen, ebenso auf deutscher Seite, um Schwankende in den eigenen Reihen auf eine klare Linie zu Gunsten der Priorität einer Verständigung mit Sowjetrußland zu bringen und ihnen generell die Schrecken einer Einigung der Alliierten mit den Russen zu Lasten Deutschlands vor Augen zu führen, von der Erhöhung seiner Reparationslast bis zur wachsenden Abhängigkeit von den Siegern. So ging Maltzan seit längerer Zeit und verstärkt in Genua vor, um die Chancen für den von ihm mit aller Kraft erstrebten separaten Abschluss mit den Russen zu verbessern. Auch Wirth trat in internen Besprechungen für diese Lösung ein. Der Ausschluss von den informellen Bespre-

9 Krüger, Peter, „Es handelt sich darum, einen Kontinent wiederherzustellen" – Walther Rathenau als Außenpolitiker, in: *Die Extreme berühren sich.* Eine Ausstellung des Deutschen Historischen Museums in Zusammenarbeit mit dem Leo Baeck Institut, New York, hrsg. von Hans Wilderotter, Berlin 1994, S. 189-202.

10 Akten der Reichskanzlei. Weimarer Republik. *Die Kabinette Wirth I u. II*, Bd. 2, S. 659-662, 670-689; Akten zur deutschen auswärtigen Politik 1918-1945 (= ADAP). Serie A, Bd. VI, Dok. Nr. 39, 40, 43.

11 ADAP. Serie A, Bd. V, Dok Nr. 225.

chungen in der Villa d'Albertis steigerte nur noch die ohnehin schon vorhandene Nervosität, Unklarheit über die Ziele und Uneinheitlichkeit der Auffassungen in der durch einen riesigen Tross von Sachverständigen aufgeblähten Delegation.

Mit dem Besuch des stellvertretenden Leiters der italienischen Delegation, Francesco Giannini, der am Abend des 14. April die Deutschen über den Stand der Gespräche unterrichten sollte, begann die hektischste und entscheidende Phase in der unmittelbaren Vorgeschichte des Rapallo-Vertrags. Vielleicht drückte sich Giannini missverständlich aus, vielleicht war psychologisch die Bereitschaft, ihn misszuverstehen, bei den deutschen Delegierten – Wirth, Rathenau, Staatssekretär von Simson, Maltzan und Gaus – schon sehr weit gediehen – jedenfalls erreichten die Befürchtungen, nun sogar von gesonderten Vereinbarungen der Alliierten mit den Russen ausgeschlossen und des erhofften russischen Partners beraubt zu sein, ihren Höhepunkt. Der Abschluss des Vertrages mit der in Rapallo untergebrachten sowjetischen Delegation erschien vielen daraufhin als einziger Ausweg, um zu gewährleisten, dass eine eigenständige deutsche Außenpolitik und die Verbindung zu Rußland genutzt werden konnten als Rückendeckung gegen den Druck der Alliierten und als Trumpf in allen Belangen der Ostpolitik einschließlich der späteren Revision der deutsch-polnischen Grenze. Maltzan leistete dem nach Kräften Vorschub, nutzte die Weisung Rathenaus, mit der sowjetischen Delegation Kontakt aufzunehmen, konsequent aus, machte sich zur Schlüsselfigur in der Dosierung der Kontakte und Informationen – in entscheidenden Punkten wider besseres Wissen – und sorgte dafür, dass die Briten aus den spärlichen Kontakten kein klares Bild über die Absichten der Deutschen gewannen. Lloyd George wollte die Deutschen bewusst aus den informellen Gesprächen heraushalten und vermied daher Begegnungen mit ihnen.

Der dramatische Ablauf der Ereignisse in den 24 Stunden vor den letzten Verhandlungen in Rapallo zeigte die wachsende Isolierung Rathenaus in einer Umgebung, in der die Verfechter der separaten Einigung mit der sowjetischen Delegation den Ton angaben, vor allem Wirth und Maltzan. Sie setzten Rathenau, der bis zuletzt zögerte, nach allen Regeln der Kunst unter Druck, bis er nach Rapallo fuhr und den Vertrag schließlich unterzeichnete. Historiker, die immer noch Rathenau die führende Rolle bei dieser Entscheidung zuweisen, interpretieren an den Quellen[12] vorbei.

III.

Um das Ausmaß dieser für die Konferenz von Genua katastrophalen Wende zu verstehen, ist ein bisher in der Forschung vernachlässigter Aspekt zu berücksichtigen: die besonderen Bedingungen und Anforderungen moderner, noch weithin ungewohnter Verhandlungen auf großen, in der Abfolge der Beratungsschritte auf längere Dauer eingestellten Konferenzen mit erheblicher Wirkung in der Öffentlichkeit. Benötigt wird eine Art Konferenz-Theorie. Dazu in unserem Zusammenhang nur wenige Anmerkungen: Der Umfang solcher Mammut-Veranstaltungen wie der Konferenz von Genua verlangt über die selbstverständliche, besonders differenzierte und doch übersichtliche Planung des Ablaufs und des angemessenen Wechsels zwischen Plenar- und Kommissionssitzungen variabler Größenordnung hinaus von allen Teilnehmern intensive und auf die Konferenzstruktur konzentrierte Vorbereitungen. Unbestimmtheit der Zielsetzung und der Mangel an einer klaren Festlegung der Prioritäten in einem zusammenhängenden Verhandlungskonzept vermag unberechenbaren Einflüssen, überraschenden Konstellationen oder zielbewussten Gruppierungen in einer Delegation unverhältnismäßige Wirksamkeit zu verschaffen und eine große Konferenz unkalkulierbar und in-

12 Fink u.a. (Hrsg.), Genoa, S. 49-65; Krüger, Rathenau als Außenpolitiker; dazu u.a. Kessler, Tagebücher, S. 301. Gaus, Friedrich, 1922 – Rapallo wie es wirklich war. Bisher nicht veröffentlichte Aufzeichnungen aus Anlass des Abschlusses des deutsch-sowjetischen Vertrags, in: VORWÄRTS Nr. 41 vom 7. Oktober 1971.

folgedessen unlenkbar zu machen. Beides traf auf die deutsche Delegation und die Konferenz von Genua zu, ebenso die Tatsache, dass alle diese Probleme noch beträchtlich verschärft werden, wenn sich zu viele Abgesandte auf derartigen Veranstaltungen auf die Füße treten, und – gravierender noch – dass es zu einer bedenklichen Beeinträchtigung des Handlungsspielraums kommen kann, wenn sich, wie im deutsch-sowjetischen Fall der Vertragsausarbeitung, eine Regierung vor Beginn der Konferenz in einem der Kernpunkte der Tagesordnung schon weitgehend bindet, ohne diese Bindung in ein präzise abgestimmtes Konferenzkonzept einzufügen oder die abweichende Einstellung der übrigen Teilnehmer zu berücksichtigen.

Die deutsche Delegation war mit stark gedämpften Erwartungen, zwiespältigen Vorstellungen und Misstrauen gegenüber den Alliierten angereist. Geradezu fahrlässig war die von Wirth und Rathenau im Kabinett vertretene Auffassung, man fahre nach Genua und warte ab, wie sich die Dinge entwickelten, verbunden mit der Bereitschaft, auch überraschende, die Konferenz in Frage stellende Schritte zu wagen. Hierbei dachte man zunächst noch an die Reparationen. Begründet wurde dies mit der desaströsen Logik, dass die eigentlich schonend zu behandelnde innenpolitische Schwäche Lloyd Georges ihn zur Hinnahme auch schwerer Belastungen zwingen würde, um die Konferenz, von der sein politisches Schicksal abhänge, nicht scheitern zu lassen. Schließlich war die schiere Größe der Gesamtdelegation eine erhebliche Belastung, anfällig für Meinungsverschiedenheiten, Gerüchte und unterschiedliche Formen des ‚Lagerkollers'. Das Kalkül, möglichst viele wichtige Interessenvertreter als Sachverständige einbinden und durch die Fülle der Sachverständigen allen Anforderungen gerecht werden zu können, war ein Zeichen der Schwäche und Unsicherheit, ebenso die Ausarbeitung von zahlreichen Plänen für Einzelfragen ohne jede Kohärenz einer Gesamtplanung. Die Verantwortlichen in Deutschland kümmerten sich wenig um die gemeinsame europäische Zielsetzung und hatten kaum eine Ahnung davon, wie eine europäische Neuordnung aussehen könnte, selbst wenn sie ganz egoistisch den deutschen Interessen dienen sollte. Die zur Unübersichtlichkeit neigende Struktur der Genua-Konferenz hätte ihnen im Übrigen eine systematische Pflege möglichst enger Verbindungen zu den anderen Delegationen nahe legen müssen. Das galt aber auch für die Briten, deren Diplomatie gegenüber den Deutschen in Genua eine glatte Fehlleistung war, obwohl sie es unter Umständen in der Hand gehabt hätten, die deutsche Extratour nach Rapallo schon im Ansatz zu unterbinden durch engen, aber wachsamen und kontrollierenden Kontakt zur deutschen Delegation und deren einfühlsame Behandlung während der informellen Gespräche am 13. und 14. April. Auch die Italiener haben in dieser Hinsicht als Gastgeber und Veranstalter, der stets den Ablauf der Konferenz und ihre möglichen Gefährdungen im Blick hätte halten müssen, einiges versäumt.

IV.

Nach diesen kurzen Hinweisen auf Struktur und Anforderungen des neuen Konferenztyps lässt sich, aus den zutage getretenen Mängeln heraus, die Frage nach der eigentlichen außenpolitischen Konzeption der Reichsregierung und nach der Bedeutung des Rapallo-Vertrags präziser beantworten: Es gab keine einheitliche, in sich schlüssige und umfassende Konzeption deutscher Außenpolitik; das hatte das Hin und Her bei den Vorbereitungen in Berlin und während der ersten Konferenzwoche in Genua bewiesen. Selbst wenn Reichsregierung und Delegation in sich geschlossen und ohne zu zögern die Unterzeichnung des Rapallo-Vertrages auf der Konferenz als wesentliches Ziel verfolgt hätten, bleibt es offensichtlich, dass sie keinerlei genaue Vorstellung davon besaßen, in welcher Form dieser sensationelle Schritt mit den übrigen Feldern deutscher Außenpolitik verknüpft werden, welche Auswirkungen er vor allem auf die ‚Westpolitik' haben und wie es überhaupt danach eigentlich weitergehen sollte. Bis in die neuesten Publikationen[13] lässt sich konstatieren, dass selbst die Historiker dieser wichtigsten Frage höchstens beiläufig nachgehen, oder in der älteren Literatur den eingeschränkten Blickwinkel der damals Handelnden mehr oder weniger nur reproduzieren.

Von einmütiger Geschlossenheit konnte aber im Frühjahr 1922 keine Rede sein, was das Fehlen einer klaren außenpolitischen Gesamtkonzeption noch fühlbarer und belastender machte. Die Rapallo-Politik war auch kein rettender großer Plan, geboren aus einer verzweifelten äußeren Situation. Die außenpolitische Lage bot dank Lloyd George Chancen im Westen und war alles andere als verzweifelt. Wachsende Schwierigkeiten gab es zwar im Innern: den Druck der ‚nationalen Interessen' unterschiedlicher Gruppierungen, die nachteiligen Folgen der Inflation, die unzulängliche Basis des lebenswichtigen Außenhandels, die Belastungen des gesellschaftlichen Gründungskompromisses der Weimarer Republik – aber verzweifelt war dieser Zustand noch nicht. Verzweifelt waren höchstens diejenigen im Auswärtigen Amt, die eine Chance zur Anbahnung einer Verständigung mit den Westmächten sahen und nicht gehört wurden. Wenn überhaupt, gab es vor Genua im Kabinett nur sehr vage Gemeinsamkeiten: dass eine erfolgreiche außenpolitische Aktion (auch zur Entlastung in der Innenpolitik), eine Demonstration nationaler Interessenwahrung gegenüber den Alliierten stattfinden solle – allerdings bei den Reparationen, auch wenn sich diese mentale Einstellung dann auf den Rapallo-Vertrag übertrug – und dass ein besonderes Verhältnis zu Sowjetrußland gewahrt bleiben müsse, auch im Falle internationaler Organisation des Wiederaufbaus dort.

Einige gingen darüber hinaus, insbesondere Reichskanzler Wirth. Er wollte den Vertragsabschluss mit den Russen vollziehen, gleichzeitig aber die Politik der Erfüllung der alliierten Forderungen aus dem Versailler Vertrag in modifizierter Form, also in einem Arrangement mit den Alliierten fortführen. Wie beides zugleich gehen sollte, war ihm selbst nicht recht klar. Er hatte schon seit längerem die Optionen des Reiches mit Hilfe einer Verbesserung der Beziehungen zu den USA und zu Sowjetrußland erweitern und nicht den Maßnahmen der Alliierten ausgeliefert bleiben wollen. Außerdem hielt er es auch innenpolitisch für geboten, erst einmal aktiv zu werden und dann weiterzusehen – nach dem Motto, „wir wollen es [den Alliierten] mal zeigen", wie Graf Kessler treffend notierte.[14]

Rathenau hatte, schon im Interesse seines weltumspannenden Elektrokonzerns AEG (dass man dabei immer nur auf das Ostgeschäft sieht, ist ein weiterer Mangel der Forschung), seit jeher für intensive Rußlandbeziehungen und eine Erschließung des russischen Marktes gearbeitet. Als er aber in einer schweren Entscheidung sich vornehmlich der Politik verschrieb und Minister wurde, geschah das in der dezidierten Absicht einer auf Verständigung mit den Westmächten beruhenden Rekonstruktion Europas – „es handelt sich darum, einen Kontinent wiederherzustellen", sagte er.[15] Das Aufbegehren gegen eine von ihm als gefährlich empfundene und nationale Empörung auslösende alliierte Reparationspolitik, seine leichtfertige Ablehnung, vor Genua in Sondierungen über Kompromissregelungen einzutreten, die sogar mit Poincaré[16] möglich waren, sein kräftiges Einstimmen in das nationale „Nein" gegenüber weiteren Reparationszumutungen verbunden mit der Absicht, etwas zu riskieren und zu prüfen, wie belastbar das Verhältnis zu den Alliierten war – das alles bezog sich auf eine bestimmte Situation in der Reparationspolitik und bedeutete keine Abwendung vom Ziel der Verständigung mit den Alliierten. Wieweit diese Protesthaltung in Genua weiterwirkte und ihm die schwer abgerungene Zustimmung zur Fahrt nach Rapallo erleichterte, mag dahingestellt bleiben. Dass

13 So auch die auf Grund neuer russischer Quellen und breiter Fragestellung weiterführenden Untersuchungen von Linke, Horst Günter, Der Weg nach Rapallo. Strategie und Taktik der deutschen und sowjetischen Außenpolitik, in: HZ 264 (1997), S. 55-109. Siehe allgemein auch Salewski, Michael, Das Weimarer Revisionssyndrom, in: AUS POLITIK UND ZEITGESCHICHTE B2/80 vom 12. Januar 1980, S. 14-25.

14 Kessler, Tagebücher, S. 301.

15 Siehe, auch für das Folgende: Krüger, Rathenau als Außenpolitiker.

16 Jeannesson, Stanislas, *Poincaré, la France et la Ruhr (1922-1924).* Histoire d'une occupation, Straßburg 1998, S. 73-75 und über den „Rapallo-Schock" S. 75ff.

er den Vertrag nur mit großen Bedenken schloss, ist aus den Quellen klar erwiesen, und als er das Ausmaß der Empörung der Alliierten über den deutschen Alleingang erkannte, war er sogar zunächst bereit, den Vertrag wieder zurückzuziehen. Da hilft auch keine stereotype Betonung seiner Geschäftsinteressen und des Drängens der Wirtschaftsvertreter auf Abschluss des Vertrags (eine Aussage, die übrigens insofern zu korrigieren ist, als die Bankiers und übrigen Finanzexperten strikt dagegen waren; denn sie sahen die Folgen für Reparationen und Finanzen bis hin zur französischen Ruhrbesetzung und für die dringend benötigten Kredite, die das Reich für eine wirklich lukrative Ausgestaltung der Wirtschaftsbeziehungen zu Sowjetrußland brauchte und die nur die Westmächte zur Verfügung zu stellen vermochten). Demgegenüber wurde öfters auf die Funktion des Vermittlers zwischen Ost und West hingewiesen, die Rathenau als seine umfassende Konzeption habe einnehmen wollen. Die Rolle des Vermittlers lag Rathenau nie fern.[17] So neu ist das nicht, die Belege werden aber zahlreicher in der angespannten Situation vor und in Genua und sind auch Ausdruck einer gewissen Hilflosigkeit in der Klemme zwischen sowjetischer und alliierter Orientierung. Der Kern seiner außenpolitischen Vision reichte jedenfalls viel weiter als zu einer Vermittlung, es war die Idee einer Sanierung Europas durch organisierte und rationalisierte wirtschaftliche und politische Verflechtung der Staaten. Aber auch das war keine konkrete außenpolitische Konzeption, nur die Grundlage dazu.

Bleibt Maltzan. Er hatte eine Konzeption, wenn auch eine begrenzte. Sie war in klassischer Form machtpolitisch orientiert und lief darauf hinaus, mit Hilfe der deutsch-sowjetischen Zusammenarbeit Handlungsfreiheit für Deutschland zu gewinnen, um dessen Lage zu verbessern und dessen Interessen unbehinderter vom Druck der Alliierten verfolgen zu können: eine deutsche Großmachtposition unter Berücksichtigung der wirtschaftlichen, politischen und gesellschaftlichen Veränderungen nach dem Ersten Weltkrieg. Das war nicht grundsätzlich antiwestlich, aber in Genua entwickelte sich für ihn insofern eine Zwangslage, als die akute Gefahr der Einigung der Alliierten mit Sowjetrußland über Deutschland hinweg zwar abnahm, aber sofort die neue Gefahr für seine Konzeption entstand, dass eine gemeinsame Front der Alliierten mit den Deutschen zustande kam, die sich dem kaum hätten entziehen können. Damit wäre die Westbindung und die Einschränkung der für das Reich erstrebten Handlungsfreiheit einen großen Schritt nähergerückt.

Der Rapallo-Vertrag war an sich seinem Inhalt nach nicht zu beanstanden. Er legte eine umfassende Bereinigung und die Basis für einen politischen und wirtschaftlichen Neuanfang fest: Gegenseitigen Verzicht auf Forderungen aus Vorkriegs-, Kriegs- und Sozialisierungsphase, handelspolitische Meistbegünstigung, Wiederaufnahme voller diplomatischer Beziehungen und – geheim – für den eventuellen Fall von Sozialisierungs-Entschädigungen ebenfalls die Meistbegünstigung und schließlich die deutsche Zusage, sofern ein internationales Konsortium für die Wiederankurbelung der Wirtschaft in Russland zustande kam, an Unternehmungen in diesem Rahmen nur nach vorheriger Vereinbarung mit der sowjetischen Regierung teilzunehmen. Es ist richtig, dass der Zeitpunkt, nicht der Inhalt des Vertrags den Skandal darstellte. Aber in einem Punkt war auch der Inhalt fragwürdig: Er präjudizierte die Regelung von Ansprüchen der Alliierten. Die Erfolgsaussichten der Genua-Konferenz jedenfalls waren entscheidend verringert, und die Anbahnung einer Verständigung zwischen Deutschland, Frankreich und Großbritannien, deren Gewicht für die außenpolitischen Interessen des Reiches unbedingt Vorrang hätte haben müssen, war weit zurückgeworfen.

17 Einige Belege bei Linke, Weg nach Rapallo, S. 97.

V.

Die Überlegungen werfen abschließend noch einmal die Frage nach den Folgen des Rapallo-Vertrags für Europa auf. Bei allen eigennützigen Interessen, die mit der Konferenz von Genua verfolgt wurden, war diese Konferenz doch die erste, die eine Neuordnung Europas auf der Grundlage wirtschaftlicher und politischer Kooperation zum Ziel hatte. Untrügliches Zeichen dafür war die europäische Öffentlichkeit, in der diese Initiative einen bedeutenden Impuls der paneuropäischen Bewegungen und Ideen auslöste. In diesem Sinne war die Genua-Konferenz ein Test für die Reife der europäischen Staaten zu gemeinsamem Handeln und solidarischem Verhalten. Angesichts der leidvollen Kriegserfahrungen und tiefen Gegensätze in der Nachkriegszeit waren allenfalls erste Ansätze auf diesem mühevollen Weg zu verwirklichen. Aber es wäre schon ein bedeutender Erfolg für die Konferenz von Genua gewesen, wenn sie, auch ohne große Ergebnisse in den komplizierten Sachfragen, ein neues Instrument gemeinsamer Behandlung europäischer Probleme etabliert hätte und dann in Folgekonferenzen zu einer neuen Methode internationaler Auseinandersetzung, zu einer Institution, einer Plattform europäischer Verständigung und Annäherung geworden wäre, ungeachtet der widerstreitenden Interessen und der Mühen, sie auszugleichen.

Die europäischen Staaten haben den Test nicht bestanden; man ließ sich nicht wirklich auf den zentralen europäischen Aspekt der Konferenz ein. Vielleicht war das auch noch zu viel verlangt. Aber dass die besonders krasse Missachtung der europäischen Zielsetzung und Verantwortung durch die deutsche Delegation und den Abschluss des Rapallo-Vertrags erheblich zum Scheitern dieser ersten europäischen Initiative beitrug, daran kann kein Zweifel bestehen. Und es hat schon seine Folgerichtigkeit, dass die deutschen Anstrengungen für eine Ära der Verständigung in Europa ein paar Jahre später mit der fast emphatischen Absage an ein weiteres Rapallo verbunden wurden[18] und den Ausgleich mit Frankreich in den Mittelpunkt rückten. Das aber war eine Ära, der ein anderes paradiesisches Städtchen der Südalpen seinen Namen gab: Locarno.

Wenn nicht so sehr im Zustandekommen eines historisch bedeutsamen politischen Ereignisses wie des Rapallo-Vertrags, sondern vor allem in dem Ereignis selbst der bekräftigende Ausdruck eines Geschichtsbildes gesehen werden kann, ist es angebracht, abschließend den Hintergrund der von so vielfältigen politischen, wirtschaftlichen und diplomatisch-taktischen Interessen geprägten Entscheidungen zu erschließen. Die Hinweise auf traditionelles deutschrussisches Zusammengehen, die latenten antiwestlichen Tendenzen, das Bewusstsein, dass sich zwei wie unter Quarantäne stehende Staaten, denen bis zur Konferenz von Genua die gleichberechtigte, frei zu entscheidende Beteiligung an derartigen Veranstaltungen vorenthalten worden war, verbinden müssten – all diese langfristigen, nicht überwältigend starken oder Aufsehen erregenden Tendenzen vermögen die ungewöhnlich tiefe Wirkung und weit reichende Aufmerksamkeit für einen außenpolitischen Vertragsabschluss vor allem auch in Deutschland selbst nicht hinreichend zu erklären. Dabei macht es wenig aus, dass es, wie üblich, Widersprüche zwischen einzelnen Geschichtsbildern gab, etwa zwischen Rapallo und der Vorstellung von der bolschewistischen Gefahr als neuem, geschichtsmächtigem Faktor. Das war eine Frage der unterschiedlichen innen- und außenpolitischen Ebenen und der wechselnden Prioritäten.

Näher an eine Erklärung heran führen sorgfältige, differenzierende und abwägende Untersuchungen eines umfassenderen revisionspolitischen Zusammenhangs[19]: die nahezu einmütige Ablehnung des Versailler Vertrags in Deutschland, der Wille, ihn zu revidieren und seine ‚Fes-

18 Ministerialdirektor *v. Schubert an Gesandten Dufour (London), 5.7.1924*, in: Nachlass v. Schubert (Grünhaus b. Trier), Privatbriefe, Bd. 23.

19 Linke, Weg nach Rapallo, passim.

seln zu sprengen', und die Hoffnung, mit Hilfe Sowjetrußlands eine eigenständige starke Stellung gegenüber den Westmächten wiedererrichten zu können und sich aus ihrer, das Reich isolierenden Umklammerung und allgemein aus der Ohnmacht zu befreien. Dieses dominierende, oft mit nationalistischer Leidenschaft erörterte Geschichtsbild von einem im Grunde nicht wirklich, sondern nur infolge von allerlei Machenschaften verlorenen Ersten Weltkrieg, vom dadurch herbeigeführten, unvorhergesehenen Zusammenbruch des vielen Menschen in verklärtem Licht erscheinenden Kaiserreichs und insbesondere die Überzeugung von der schreienden Ungerechtigkeit und dem Wortbruch der Alliierten hinsichtlich der 14 Punkte Wilsons beim Friedensschluss hob Rapallo als erstes bedeutendes Zeichen erfolgreichen nationalen Widerstands, einer großen, gelungenen außenpolitischen Aktion und Demonstration gegenüber den Siegermächten, außerdem geradezu als Unterpfand einer vermeintlichen Erweiterung außenpolitischen Handlungsspielraums und der Ermöglichung eines Gegendrucks in eine ganz andere Sphäre nationalen Denkens und Fühlens, als es selbst das Sensationelle des Abschlusses für sich allein vermocht hätte.

Man kann noch einen Schritt weiter gehen. Das seit dem Umschwung an der Westfront und den umwälzenden Veränderungen, die sich aus der Endphase des Ersten Weltkriegs ergaben, so heftig gebeutelte oder gar gedemütigte nationale Selbstbewusstsein lebte wieder auf. Ein – wenn auch sehr unterschiedlich konturiertes – Geschichtsbild, das in der historischen Größe und Bedeutung des deutschen Reiches und der deutschen Nation seinen Kern hatte, die Grundvorstellung von der deswegen erforderlichen unabhängigen Stärke, Eigenständigkeit und Handlungsfreiheit einer deutschen Großmacht erfuhr neuen Aufschwung. Dies war eine nicht mehr zeitgemäße, angesichts zunehmender internationaler Verflechtung und wechselseitiger Abhängigkeit der Staaten äußerst riskante, bedrohliche und verlustreiche, im Grunde das Recht des Stärkeren fördernde Großmachtvorstellung und Geschichtsauffassung. Sie machte es dann in der Ära der Verständigungspolitik seit 1924 umso schwerer, ein neues Geschichtsbild mit der notwendigen Anerkennung internationaler, schon seit langem in Gang befindlicher Verflechtungsprozesse und einer ihnen gemäßen und auch für Deutschland viel ertragreicheren Politik des friedlichen Interessenausgleichs und der Zusammenarbeit zu etablieren und damit den konkreten außenpolitischen Maßnahmen der Locarno-Ära einen stärkeren Rückhalt zu geben.

Politik und Landesgeschichte in Mecklenburg 1918-1945

Bernd Kasten

Vor 1918 war die Erforschung der mecklenburgischen Landesgeschichte von harmonischer Eintracht geprägt. Landesherr wie Stände konnten gleichermaßen nur in der Geschichte die Legitimation für ihre hartnäckig behauptete Machtposition finden. Gegenüber allen demokratischen und republikanischen Angriffen klammerten sich beide Seiten an die immer anachronistischer werdende ständestaatliche Verfassung aus dem Jahre 1756 und vertrauten auf die Kraft der historischen Tradition. So nimmt es denn nicht wunder, dass Großherzog und Ritterschaft in seltener Einigkeit über Jahrzehnte und mit erheblichen Mitteln die in ihrer Art wahrhaft vorbildliche Edition sämtlicher mecklenburgischer Urkunden bis 1400 förderten.[1] Die Landeshistoriker, die als Universitätswissenschaftler, Archivare, Lehrer oder Pastoren schließlich alle ihr Gehalt auf die eine oder andere Art vom Landesherrn bezogen, mieden kontroverse Themen geflissentlich. So ließ der Archivar Paul Steinmann 1912 seine Forschungen über die Reduzierung des mecklenburgischen Bauernstandes durch die Praxis des von der Ritterschaft betriebenen „Bauernlegens" in der frühen Neuzeit wegen der Unzugänglichkeit wichtiger Quellen im landständischen Archiv in Rostock und wohl auch aus politischen Rücksichten einstweilen bewusst unvollendet.[2] Archivrat Tessin bemerkte dazu in seinen Lebenserinnerungen: „Über Bauernlegung zu sprechen war in Mecklenburg tabu gewesen. Zu eng waren die Verbindungen der Beamten des Archivs zum Adel und Grundbesitz".[3]

Die Novemberrevolution zerstörte das idyllische Zusammenwirken von Fürst, Ritterschaft und Landeshistorikern jählings. Die neuen, häufig wechselnden Regierungen waren nun durch Wahlen legitimiert und zeigten nur geringes Interesse an der Erforschung der Landesgeschichte. Die nur noch sehr spärlich fließenden Zuschüsse zur Urkundenbuchedition brachten die Arbeiten zeitweise fast völlig zum Stillstand.[4] Auf der anderen Seite bewirkte die Revolution jedoch auch einen nachhaltigen Mobilisierungseffekt bei den traditionellen Eliten. Des Großherzogs alte Garde schloss die Reihen. Mehr als 130 Pastoren, Ministerialräte und Offiziere a.D. traten nach 1918 neu in den „Verein für mecklenburgische Geschichte und Altertumskunde" ein, um über der Beschäftigung mit der ruhmvollen Vergangenheit die triste Gegenwart zu vergessen.[5] Im Juli 1922 erreichte der Verein mit 613 Mitgliedern den höchsten Stand seiner Geschichte.[6] Die Haltung des Vereins war offen monarchistisch. 1920 betrauerte der Vereinssekretär Archivdirektor Dr. Stuhr den Tod des Herzogs Johann Albrecht: „ein Meck-

1 Jahresbericht des Vereins für mecklenburgische Geschichte und Altertumskunde (1.7.1927), in: MECKLENBURGISCHE JAHRBÜCHER (MJB) 91 (1927); Röpcke, Andreas, Zur Geschichte und Perspektive des mecklenburgischen Urkundebuches, in: Irgang, Winfried und Kerken, Norbert (Hrsg.), *Stand, Aufgaben und Perspektiven territorialer Urkundenbücher im östlichen Mitteleuropa*, Marburg 1998.

2 Steinmann, Paul, *Bauer und Ritter in Mecklenburg*. Wandlungen der gutsherrlich-bäuerlichen Verhältnisse im Westen und Osten Mecklenburgs vom 12./13. Jahrhundert bis zur Bodenreform 1945, Schwerin 1960, S. 4; vgl. auch Münch, Ernst, Mecklenburg – ein mittelalterliches Bauernland? Die Gadow-Kontroverse 1935 und ihr Nachwirken, in: Münch, Ernst und Schattkowsky, Ralph (Hrsg.), *Studien zur ostelbischen Gesellschaftsgeschichte*, Bd. 1 , Festschrift für Gerhard Heitz, Rostock 2000, S. 95-111.

3 Tessin, Georg, Lebenserinnerungen, in: LHAS, 10.9-T/1, Nachlass Tessin, V.

4 Jahresbericht des Vereins für mecklenburgische Geschichte und Altertumskunde (1.7.1919), in: MJB 84 (1919); Jahresbericht des Vereins für mecklenburgische Geschichte und Altertumskunde (1.7.1927), in: MJB 91 (1927).

5 Jahresbericht des Vereins für mecklenburgische Geschichte und Altertumskunde (1.7.1921), in: MJB 85 (1920/21); Jahresbericht des Vereins für mecklenburgische Geschichte und Altertumskunde (1.7.1922), in: MJB 86 (1922).

6 Jahresbericht des Vereins für mecklenburgische Geschichte und Altertumskunde (1.7.1922), in: MJB 86 (1922).

lenburger vom Scheitel bis zur Sohle und einer der bedeutendsten Fürsten unserer Zeit. (...) Seine letzten Tage waren durch Schmerz und Bitterkeit getrübt. Möge er sanft ruhen in der alten Grabstätte seines Hauses zu Doberan".[7] Bei der intensiven Beschäftigung mit „unseres Volkes Stolz und Größe"[8], geriet den Herren die Gegenwart schon gelegentlich aus dem Blick. Immerhin bis 1926 wurde der Vereinsvorsitzende, der im November 1918 entlassene ehemalige Staatsminister Langfeld, in den Vereinsmitteilungen als „Staatsminister Dr. Langfeld, Exz." geführt ohne den kleinsten Hinweis darauf, dass Exzellenz seit 1918 gar nicht mehr im Amt war.[9] Erst 1927 wurde schließlich hinter den Staatsminister erstmals ein kleines „a.D." eingefügt.[10] Neben der Revolution ignorierte die Vereinsführung auch die Tatsache, dass sich das Deutsche Reich seit 1919 nicht mehr im Krieg befand und lehnte 1921 die Wiederaufnahme des Schriftenaustausches mit „dem feindlichen Auslande" ab.[11] Tatsächlich wurde der früher sehr rege Austausch mit Institutionen und Vereinen in Frankreich, England und anderen Ländern bis 1945 nie wieder aufgenommen. Die Haltung des Vereins war offen revanchistisch, die gemäß des Versailler Vertrages abgetretenen Territorien wurden als „geraubte Gebiete"[12] bezeichnet.

Krieg und Nachkriegszeit führten überdies zu einer zunehmenden Verbreitung völkischen Gedankenguts in der Landesgeschichtsschreibung, was ihr bis dahin weitgehend fremd gewesen war. Da die Dynastie als Einzige unter den regierenden deutschen Fürstenfamilien ihren Stammbaum bis auf einen slawischen Stammesführer zurückführte und sich überdies stets sehr stolz auf ihren wilden heidnischen Vorfahren zeigte, war vor 1918 jeglicher antislawischen Agitation der Boden entzogen. Gern ließen sich auch die Landadeligen als „Abkömmlinge der Dynasten des bewunderten Obotritenvolkes feiern".[13] Bald nach der Abdankung des letzten Großherzogs begannen jedoch die ersten Absetzbewegungen. 1925 bemühte sich der alte Generalmajor Julius von Weltzien mit Hilfe einiger recht wagemutiger Hypothesen um den Nachweis, dass einige Familien des mecklenburgischen Uradels wie seine eigene, „trotz ihres rein wendischen Namens doch deutschen Ursprungs sind".[14] In diesem Klima bereits bestehender slawenfeindlicher Ressentiments bewirkte im Jahr 1930 die deutsche Übersetzung einer bereits 1915 verfassten Untersuchung des Russen Dimitrij Jegorov zur Kolonisation Mecklenburgs im 13. Jahrhundert eine deutliche Radikalisierung. Jegorov provozierte seine deutschen Kollegen mit der These, die mittelalterliche Kolonisation des Landes sei nicht den wenigen deutschen Siedlern, sondern allein den Wenden zu verdanken gewesen.[15] Ein Sturm der Entrüstung war die Folge. Für Hans Witte war dies eine „staatlich bestellte politische Arbeit", die den Zweck hatte „dem Slaventum die Wege zur Ausdehnung nach Westen hin zu bahnen".[16] In einer wahren Flut von Gegendarstellungen wiesen die deutschnationalen Historiker darauf nach, dass die deutschen Siedler im 13. Jahrhundert ein nahezu menschenleeres

7 Jahresbericht des Vereins für mecklenburgische Geschichte und Altertumskunde (1.7.1921), in: MJB 85 (1920/21).
8 Jahresbericht des Vereins für mecklenburgische Geschichte und Altertumskunde (1.7.1919), in: MJB 84 (1919).
9 Jahresberichte des Vereins für mecklenburgische Geschichte und Altertumskunde, in: MJB 84 (1919) bis 90 (1926).
10 Jahresbericht des Vereins für mecklenburgische Geschichte und Altertumskunde (1.7.1927), in: MJB 91 (1927).
11 Jahresbericht des Vereins für mecklenburgische Geschichte und Altertumskunde (1.7.1921), in: MJB 85 (1920/21).
12 Ebd.
13 Lisch, Friedrich, *Geschichte und Urkunden des Geschlechts Hahn*, Bd. 1, Schwerin 1844, S. 2.
14 Weltzien, Julius von, Ein Beitrag zur Einwanderungsfrage, in: MJB 89 (1925), S. 323-324.
15 Jegorov, Dimitrij N., *Die Kolonisation Mecklenburgs im 13. Jahrhundert*, Breslau 1930.
16 Witte, Hans, Jegorovs Kolonisation Mecklenburgs im 13. Jahrhundert. Ein kritisches Nachwort, Breslau 1932.

Land besiedelt hatten.[17] Der wissenschaftliche Wert beider Versionen war ebenso karg wie ihr politischer Propagandawert hoch. Selbst nach 1945 mobilisierte das Thema noch heftige Emotionen. Tessin betonte 1978: „Wendomanie ist keine Spielerei, sondern eine Gefahr ersten Ranges, besonders jetzt, nachdem die Slawen wieder bis an die Oder und in die Lausitz (Pflege des Sorbischen) vorgedrungen sind".[18] Die These von den slawischen Wurzeln des Volkes lehnte er vehement ab: „Die Mecklenburger sind Niederdeutsche".[19]

Während sich die Einstellung zu den Wenden bereits bald nach 1918 wandelte, blieben kritische Stimmen zur Rolle der Ritterschaft in der mecklenburgischen Landesgeschichte in der Weimarer Republik noch die Ausnahme. Nur der der DDP angehörende Rechtsanwalt Wolfgang Scharenberg veröffentlichte 1926 im Eigenverlag eine historische Ausarbeitung über „Die Sünden der mecklenburgischen Ritterschaft".[20] Die professionellen Landeshistoriker aber mieden dieses gefährliche Thema geflissentlich. Auch für Paul Steinmann war in Anbetracht des „destruktiven Charakters" der Republik der Zeitpunkt für solche Veröffentlichungen noch nicht gekommen, da er befürchtete „dass eine tendenziöse Ausschlachtung der Arbeiten im kommunistischen Sinne erfolgen würde".[21] Mit der Machtergreifung der Nationalsozialisten endete dieser den Kontrahenten aufgezwungene Burgfriede. Der Gauleiter Friedrich Hildebrandt stand als ehemaliger Landarbeiter den immer noch mächtigen Großagrariern durchaus reserviert gegenüber.[22] In den ersten Jahren nach 1933 zeigte seine Politik zur Aufsiedlung von Gütern und zur Verbesserung der sozialen Lage der Landarbeiter eine deutlich gegen die etablierten Großgrundbesitzer gerichtete Tendenz. In der Parteizeitung „Niederdeutscher Beobachter" und auf öffentlichen Kundgebungen attackierte er die Gutsbesitzer immer wieder.[23] Hierbei fehlte es auch nicht an Rückgriffen in die Geschichte. Vor allem der junge Archivar am Landeshauptarchiv Georg Tessin assistierte ihm hierbei und scheute sich auch nicht, das bislang stets tabuisierte Bauernlegen durch die Ritterschaft durch Quellen zu belegen. Seine älteren Kollegen reagierten hierauf mit Erschütterung. Für Archivdirektor Stuhr und seinen Nachfolger Strecker waren solche Forschungen „einfach shocking. Das tat man nicht."[24] Tessin jedoch, SA-Mann und Parteimitglied seit 1932,[25] hatte ein anderes politische Weltbild. 1934 ließ er seine historischen Darlegungen zum mecklenburgischen Bauerntum mit dem Ausblick enden: „Die Siedlung schreitet fort, Mecklenburg soll wieder Bauernland werden".[26]

Von dieser Aussicht waren die Gutsbesitzer verständlicherweise wenig begeistert. Mit einer eigenen Interpretation der Vergangenheit versuchten sie sich zu verteidigen. 1935 legte Hans Joachim von Gadow eine stark apologetische Darstellung zur Geschichte der Ritterschaft vor, in der er das Bauernlegen bagatellisierte und das Rittertum zu „einer Art höheren Bauern-

17 Biereye, Wilhelm, Über die Besiedlung des Landes Parchim durch die deutsche Ritterschaft 1126-1256, in: MJB 96 (1932), S. 151-188; Spangenberg, Hans, Die Bedeutung der Stadtsiedlung für die Germanisierung der ehemals slavischen Gebiete des deutschen Reiches (mit besonderer Berücksichtigung Mecklenburgs), in: MJB 99 (1935), S. 107-132; Engel, Franz, Archäologische Methoden in der mittelalterlichen Siedlungsforschung. Neue Wege zur Erforschung der Ostkolonisation, in: MJB 100 (1936), S. 249-260.

18 Tessin, Georg, Ungedruckte Arbeiten über Mecklenburg, Mecklenburg-Saga (Vortrag aus dem Jahr 1978), in: LHAS, 10.9-T/1, Nachlass Tessin, V.

19 Ebd.

20 Scharenberg, Wolfgang, *Die Sünden der mecklenburgischen Ritterschaft.* Eine geschichtliche Darstellung, Hagenow 1926.

21 NIEDERDEUTSCHER BEOBACHTER vom 3. November 1935.

22 Vgl. Kasten, Bernd, Deutschnationale Führungsschichten und der Aufstieg der NSDAP in Mecklenburg-Schwerin 1930-1933, in: MJB 115 (2000), S. 233-257, hier: S. 248-250.

23 NIEDERDEUTSCHER BEOBACHTER vom 30. März und 15. Mai 1934; vgl. auch die Aussage Wilhelm von Oertzens zu Hildebrandts Auftritt auf dem Landarbeitertag, in: Elsner, Lothar, *Die Herrengesellschaft.* Leben und Wandlungen des Wilhelm von Oertzen, Leck 1998, S. 111.

24 Tessin, Lebenserinnerungen.

25 Ebd.

26 Tessin, Georg, Der mecklenburgische Bauer, seine Geschichte und sein Recht, in: MECKLENBURG 29/4 (1934) S. 103.

tums" stilisierte.[27] Diese wissenschaftlich in der Tat wenig überzeugende Schrift führte bei Tessin und seinem Kollegen Steinmann zu einem Aufschrei der Entrüstung.[28] In einer ganzen Serie von Artikeln im „Niederdeutschen Beobachter" widmeten sie sich der Widerlegung von Gadows Thesen. Das von ihnen konstituierte „mittelalterliche Bauernland Mecklenburg" war zwar ebenfalls ein historisch fragwürdiges Konstrukt, dafür aber in politischer Hinsicht ungemein einflussreich.[29]

Die Ritterschaft empfand diese Position am Pranger der NS-Presse als ausgesprochen unangenehm. Im November 1935 unternahm Karl Bernhard von Oertzen auf Kotelow deshalb einen Entlastungsangriff an der historisch-politischen Front und übersandte dem „Niederdeutschen Beobachter" Akten aus seinem Hausarchiv zum Widerstand der Stände gegen die von Friedrich Franz I. 1813 betriebene Judenemanzipation. Über die Erfolgsaussichten seines Schrittes war er sich hierbei keineswegs im Klaren, „da sie eine derartige Ehrenrettung der alten Stände und vor allem der Ritterschaft darstellten, dass es mir sehr fraglich war, ob sie dem Niederdeutschen in seine politische Linie passten".[30] Wider Erwarten aber fanden seine Vorschläge beim Gauleiter ein offenes Ohr, wobei Hildebrandt weniger daran interessiert war, die Ritterschaft zu rehabilitieren, als vielmehr das Material zu einem Angriff auf die mecklenburgische Fürstendynastie zu nutzen.

Dabei war der ehemalige Landesherr, anders als die Gutsbesitzer, anfänglich von der NSDAP-Führung durchaus sehr respektvoll behandelt worden. Hildebrandt war 1932 selbst auf ihn zugegangen in dem Bestreben „die Brücke zu den Kreisen zu schlagen, die wertvoll waren, um die Kräfte, die gewillt und brauchbar waren, zur Mitarbeit heranzuziehen".[31] Um das „entehrende Unrecht" des 9. November 1918 wieder gut zu machen, gab er ihm sogar die kostenlose Loge in der Oper zurück und hob das in der Weimarer Republik bestehende Verbot der Übernahme von Vereinsprotektoraten auf.[32] Der Großherzog aber missverstand dieses Entgegenkommen und hielt seine Stunde für gekommen. So gab er sich mit diesen symbolischen Gesten nicht zufrieden und forderte mit seinem Neustrelitzer Erbe und der Überlassung von 96 Gütern eine substanziellere Entschädigung.[33] Außerdem trat er nun wieder sehr aktiv öffentlich in Erscheinung und strebte nach Hildebrandts Ansicht insgeheim zurück auf den Thron.[34] Nachdem die Wiedereinführung der Wehrpflicht 1935 die Bedeutung des zumeist monarchistischen höheren Offizierskorps erheblich gesteigert hatte, hielt Hildebrandt diese Bedrohung für derart gefährlich, dass er sich zum Angriff entschied.[35]

Oertzens alte Akten kamen ihm nun gerade recht. Am 23. Januar veröffentlichte der „Niederdeutsche Beobachter" unter dem Titel „Der Großherzog und seine Hofjuden" einen zweiseitigen Artikel zu der von Friedrich Franz I. 1813 betriebenen Judenemanzipation, der den Landesherrn heftig attackierte.[36] Der verantwortliche Redakteur Henning Duderstadt, ein konvertierter ehemaliger Sozialdemokrat, machte aus seinen Ressentiments gegen den „Zwergpotentaten", „den oberflächlichen und sehr selbstherrischen Mann", der „einen bei der furchtbaren Not dieser Jahre nicht eben bescheidenen Hof hielt", keinen Hehl.[37] Dagegen lobte er den

27 Gadow, Hans Joachim, *Ritter und Bauer in Mecklenburg*, Berlin 1935; vgl. vor allem auch Münch, Mecklenburg – ein mittelalterliches Bauernland.

28 NIEDERDEUTSCHER BEOBACHTER vom 24. und 25. Oktober 1935.

29 Münch, Mecklenburg – ein mittelalterliches Bauernland, in: Münch/Schattkowsky, *Studien zur ostelbischen Gesellschaftsgeschichte*, Bd. I, S. 95-111.

30 Karl Bernhard von Oertzen (Kotelow) an Hildebrandt (3.4.1936), in: LHAS, 10.9-H/8, Nachlass Hildebrandt, Nr. 44.

31 Hildebrandt, Friedrich, Aktennotiz (14.2.1936), in: LHAS, 10.9-H/8, Nachlass Hildebrandt, Nr. 44.

32 Ebd.

33 Protokoll einer Besprechung zwischen Hildebrandt und dem Großherzog (23.1.1934), in: LHAS, 10.9-H/8, Nachlass Hildebrandt, Nr. 43.

34 Hildebrandt, Friedrich, Sonderbericht (4.10.1934), in: LHAS, 10.9-H/8, Nachlass Hildebrandt, Nr. 43.

35 Hildebrandt, Friedrich, Aktennotiz (14.2.1936), in: LHAS, 10.9-H/8, Nachlass Hildebrandt, Nr. 44.

36 NIEDERDEUTSCHER BEOBACHTER vom 23. Januar 1936.

37 Ebd.

hartnäckigen Widerstand der Ritterschaft als Beweis für „gesunden Menschenverstand" und „staatspolitische Einsicht".[38] Oertzen selbst war begeistert von der durch diesen „geschickten Artikel" bewirkten „Wendung in der öffentlichen Meinung".[39] Erfreut berichtete er Hildebrandt, „dass mich Parteigenossen und nicht Parteigenossen darauf angeredet haben, sie hätten niemals geahnt, dass die Stände in derart mannhafter Weise die Interessen des Volkes gegenüber den damals doch recht allmächtigen Fürsten gewahrt hätten".[40]

Weniger erfreut zeigten sich der Großherzog und der ihm verbundene Teil des mecklenburgischen Adels. Der Vorsitzende der Ritterschaft, Major von Buch, teilte Oertzen mit, der Artikel habe dem Großherzog „tiefen Schmerz bereitet", und ersuchte ihn als „mecklenburgischer Edelmann und Ritter", sich von Duderstadts Angriffen zu distanzieren.[41] Auch der Oertzensche Familienverein unter Führung des alten großherzoglichen Oberforstmeisters von Oertzen auf Gelbensande missbilligte es zutiefst, die schmutzige Wäsche der Vergangenheit heute in der Öffentlichkeit zu waschen, da Großherzog und Stände schließlich lange Jahre „in engster Zusammenarbeit segensreich für Mecklenburg gewirkt"[42] hätten. Karl Bernhard von Oertzen – nach eigenem Bekunden „das einzige Mitglied der Ritterschaft im Gaugebiet, welches seit Frühjahr 1931 sich kämpferisch für die NSDAP eingesetzt hat"[43], – hatte mit seiner Initiative die traditionelle Standessolidarität verletzt und war aus der seit 1851 bestehenden gemeinsamen Defensivfront von Großherzog und Ritterschaft ausgebrochen. Seine Loyalität galt nicht mehr dem alten Lehnsherrn, dessen Kränkung er bewusst in Kauf nahm,[44] sondern seinem Parteiführer, dem er über die Vorgänge umgehend Bericht erstattete.[45] Ebenso erklärte er seinen Austritt aus dem Familienverein.[46]

Vor einem Konflikt mit dem ständig gereizten Gauleiter aber schreckten die getreuen Monarchisten denn doch zurück. Der ehemalige Staatsminister und DNVP-Führer Dietrich von Oertzen und die beiden Brüder von Karl Bernhard von Oertzen traten im Familienrat zu seinen Gunsten auf und bewirkten eine Rücknahme der ausgesprochenen Kritik.[47] Auch von Buch beeilte sich, Hildebrandt zu versichern, dass auch die heutige Ritterschaft im Kampf gegen die Juden fest in der Tradition des „mannhaften Verhaltens der damaligen Führer der Ritterschaft"[48] stehe. Tatsächlich war der Antisemitismus im mecklenburgischen Adel weit verbreitet.[49] So legte auch der Oertzensche Familienverein großen Wert auf die Feststellung, dass die Familie beim „Kampf gegen das Judentum" selbstverständlich stolz den gleichen Standpunkt einnehmen würde wie ihre Vorfahren vor über 100 Jahren.[50] Von der eher schwächlichen Reaktion des monarchistischen Lagers wenig beeindruckt, ließ Hildebrandt auch in der Folgezeit beim Großherzog keine Zweifel über die realen Machtverhältnisse aufkommen. Als am 9. April 1936 zum Geburtstag des Großherzogs das Gebäude der großherzoglichen Vermögensverwaltung in Schwerin mit den Flaggen des Fürstenhauses geschmückt war, versam-

38 Ebd.
39 Oertzen an Hildebrandt (3.4.1936).
40 Ebd.
41 Major von Buch an Karl Bernhard von Oertzen (Kotelow) (4.3.1936), in: LHAS, 10.9-H/8, Nachlass Hildebrandt, Nr. 44.
42 Oertzenscher Familienverein an Karl Bernhard von Oertzen (Kotelow) (27.3.1936), in: LHAS, 10.9-H/8, Nachlass Hildebrandt, Nr. 44.
43 Oertzen an Hildebrandt (3.4.1936).
44 Karl Bernhard von Oertzen (Kotelow) an Major von Buch (6.3.1936), in: LHAS, 10.9-H/8, Nachlass Hildebrandt, Nr. 44.
45 Oertzen an Hildebrandt (3.4.1936).
46 Karl Bernhard von Oertzen (Kotelow) an Oertzen´schen Familienverein (27.3.1936), in: LHAS, 10.9-H/8, Nachlass Hildebrandt, Nr. 44.
47 Karl Bernhard von Oertzen (Kotelow) an Hildebrandt (21.5.1936), in: LHAS, 10.9-H/8, Nachlass Hildebrandt, Nr. 44.
48 Mecklenburgische Ritterschaft an Hildebrandt (20.4.1936), in: LHAS, 10.9-H/8, Nachlass Hildebrandt, Nr. 44.
49 Kasten, Deutschnationale Führungsschichten, S. 241-242.
50 Familienverein an Oertzen (27.3.1936), in LHAS, 10.9-H/8, Nachlass Hildebrandt, Nr. 44.

melte sich vor dem Haus eine von der NSDAP geführte Menschenmenge, warf die Scheiben ein und erzwang eine Einholung der Fahnen.[51]

Der Monarchismus in Mecklenburg beschränkte sich auf sentimentale Erinnerung, politische Gestaltungskraft kam ihm auch nach 1933 nicht mehr zu. Die Macht lag ganz klar in den Händen der Nationalsozialisten, mit denen sich auch die noch der alten Dynastie verpflichteten Traditionsvereine wie der Verein für mecklenburgische Geschichte arrangieren mussten. Anfänglich war die Distanz auf beiden Seiten groß. Hildebrandt beschrieb den Verein 1934 folgendermaßen: „Es hat sich nämlich herausgestellt, dass eine Organisation, sie nennt sich „Verein für Mecklenburgische Altertümer und Heimatpflege" (sic!) in Massen ehemalige Monarchisten aufnimmt und andere Kreise anwirbt, hier wird offen in dieser Richtung gearbeitet. An der Spitze des Vereins steht der frühere Staatsminister und Vertraute des Großherzogs Exzellenz Langfeld"[52]. Auch den zweiten Vorsitzenden, den alten General von Woyna, hielt er für einen Gegner der NSDAP.[53] Dass der Großherzog 1933 sein Protektorat über den Verein wieder aufgenommen hatte und im folgenden Jahr erstmals seit 1918 an einer Generalversammlung teilnahm[54], dürfte die Sympathien des Gauleiters gleichfalls nicht gerade erhöht haben. So überrascht es nicht, dass Hildebrandt bei der Feier zum hundertjährigen Vereinsjubiläum 1935 nicht anwesend war und auch das Staatsministerium nur den zuständigen Referenten entsandte.[55]

Archivrat Tessin ergriff daher 1935 die Initiative. Nachdem Langfeld aus Altersgründen ausgeschieden war, überzeugte er den Vereinsvorstand davon, die bereits weit gediehenen Urkundenregesten des 15. Jahrhunderts nicht weiter zu bearbeiten, sondern stattdessen mit der Edition mecklenburgischer Bauernlisten aus dem 15. und 16. Jahrhundert zu beginnen.[56] Wissenschaftlich war dieses Projekt viel weniger ergiebig, dafür genoss es aber deutlich größere politische Protektion.[57] Das Verhältnis entspannte sich in der Folgezeit; eine gewisse Distanz ließ sich gleichwohl nicht übersehen. Nur wenig prominente Nationalsozialisten traten dem Verein bei.[58] In den Jahrbüchern von 1936 bis 1940 wurden kaum Themen behandelt, die für die Parteipropaganda von Interesse gewesen wären.[59] Bis 1941 benutzte der Vereinsvorstand für die schriftliche Anrede an den Großherzog stets weiterhin die alte, vor 1918 gebräuchliche Formel: „Allerdurchlauchtigster Großherzog! Allergnädigster Großherzog und Herr!"[60] Unterdessen vergreiste der Verein immer mehr. Durch die zunehmenden Todesfälle unter den pensionierten Beamten und Offizieren, die den Verein immer noch dominierenden, reduzierte sich die Zahl der Mitglieder stetig, bis sie 1940 nur noch 369 betrug.[61]

Die NSDAP war auf den Verein nicht angewiesen. Als sie 1938 in zwei voluminösen Sammelwerken ihre Version der mecklenburgischen Landesgeschichte präsentierte, konnte sie hierfür auf die gesamte wissenschaftliche Elite des Landes zurückgreifen.[62] Auch für das Kapi-

51 Kreisleiter Schwerin an Gauleiter (9.4.1936), in: LHAS, 10.9-H/8, Nachlass Hildebrandt, Nr. 45.
52 Hildebrandt, Friedrich, Sonderbericht (4.10.1934), in: LHAS, 10.9-H/8, Nachlass Hildebrandt, Nr. 43, S.13.
53 Besprechung Hildebrandt mit General Ulex (13.5.36), in: LHAS, 10.9-H/8, Nachlass Hildebrandt, Nr. 44.
54 Jahresbericht des Vereins für mecklenburgische Geschichte und Altertumskunde (1.7.1934), in: MJB 98 (1934).
55 Jahresbericht des Vereins für mecklenburgische Geschichte und Altertumskunde (1.7.1935), in: MJB 99 (1935).
56 Jahresbericht des Vereins für mecklenburgische Geschichte und Altertumskunde (1.7.1936), in: MJB 100 (1936); Münch, Mecklenburg – ein mittelalterliches Bauernland, S. 103; Tessin, Lebenserinnerungen.
57 Münch, Mecklenburg – ein mittelalterliches Bauernland, S. 103; 107.
58 Vgl. die Jahresberichte des Vereins für mecklenburgische Geschichte und Altertumskunde von 1933 bis 1940, in: MJB 97 (1933) bis 104 (1940).
59 Vgl. MJB 100 (1936) bis 104 (1940).
60 Verein für mecklenburgische Geschichte und Altertumskunde an Großherzog (18.12.1941), in: LHAS, 5.2-1 Kabinett III, Nr. 2381.
61 Jahresbericht des Vereins für mecklenburgische Geschichte und Altertumskunde (1.7.1940), in: MJB 104 (1940).
62 Crull, Richard (Hrsg.), *Mecklenburg*. Werden und Sein eines Gaues, Leipzig 1938; Schulz, Ernst (Hrsg.), *Mecklenburg*. Ein deutsches Land im Wandel der Zeit, Rostock 1938. Die fast zeitgleiche Herausgabe von

tel über die Juden in Mecklenburg fand sich mit dem Direktor der Landesbibliothek Dr. Carl August Endler ein renommierter Historiker, der seine antisemitischen Ausführungen mit der Hoffnung schloss, dass „in absehbarer Zeit (...) Mecklenburg wieder ein judenfreies Land ist".[63] Auch die anderen Historiker zeigten sich der Partei in diesen Bänden gern dienstbar und unterstützten bereitwillig die eigenwillige Konstruktion des mittelalterlichen Mecklenburgs als eines germanisch besiedelten Bauernlandes.[64] Diese professionelle Hilfe war Hildebrandt sehr wichtig, denn ihm kam es sehr darauf an, bei den Eliten den Eindruck zu verhindern, dass „man nicht annimmt, als ob wir halbe Bolschewisten wären, die auf Tradition und Vergangenheit keinen Wert legten, sondern mit Stiefeln drauf rumtrampeln".[65]

So legten die Nationalsozialisten großen Wert auf Traditionsbildung und historische Legitimation. Hildebrandts wichtigster Ratgeber hierbei war der junge Archivrat Tessin, der ihn regelmäßig mit entsprechenden Ausarbeitungen versorgte.[66] Der Gauleiter wiederum zeigte sich nicht undankbar und überließ ihm dafür 1935 ein kostenloses Grundstück und ein sehr günstiges Baudarlehen in der sonst nur seinen Gauamtsleitern vorbehaltenen neuen Siedlung an der Tackertstraße im Schlossgartengebiet.[67] Hildebrandt und Tessin bemühten sich gemeinsam mit großem Elan, die Fehlentwicklungen der „dynastischen Geschichtsschreibung der Vergangenheit"[68] zu beseitigen und die Landesgeschichte einer Neubewertung im nationalsozialistischen Sinne zu unterziehen. Besonders eindruckvoll kam dieses Programm bei der nahezu kompletten Umbenennung der Straßen der Gauhauptstadt Schwerin, die hier „beispielgebend für die ganzen Städte im Land"[69] sein sollte, zur Durchführung.

Der Gauleiter war mit den bestehenden Namen höchst unzufrieden: „Es gab ganze Stadtviertel in Schwerin, deren Straßen die Namen sämtlicher Mitglieder des Großherzoglichen Hauses bis zu den jüngsten Prinzen hinunter trugen. Unter ihnen war eine Reihe von Fürsten, deren Charakter und deren deutsche Haltung mehr als zweifelhaft war".[70] Als der alte deutschnationale Bürgermeister Wempe 1937 die Umbenennung dieser Straßen verweigerte, ersetzte ihn der erzürnte Hildebrandt durch den aus Braunschweig kommenden Wilhelm Timmermann, einen überzeugten Nationalsozialisten.[71] Im April 1939 wurde in einer gemeinsamen Beratung zwischen Timmermann, Tessin und Hildebrandt die Umbenennung von nicht weniger als 37 Straßen beschlossen.[72] Sämtliche Fürstennamen von Adolf Friedrich bis Wladimir wurden mit einem Schlag aus dem Stadtbild eliminiert.[73] Sie hatten durchweg keine Gnade vor den Augen der Nationalsozialisten gefunden. Entweder erschienen sie wie die Prinzessinnen Helene oder Anna historisch unbedeutend[74], oder sie waren gar wie Christian

zwei Werken zu diesem Thema hat ihren Grund sicherlich in der hartnäckigen Rivalität zwischen Gauleitung und Staatsministerium.

63 Endler, Carl August, Die Juden in Mecklenburg, in: Crull (Hrsg.), Mecklenburg, S. 262.

64 Vgl. Crull (Hrsg.), Mecklenburg.

65 Besprechung Hildebrandt mit Ulex (13.5.36), in LHAS, 10.9-H/8, Nachlass Hildebrandt, Nr. 44.

66 Vgl. z.B. Tessin, Georg, Mecklenburger unter Niederländischer Flagge 1788-1796, in: LHAS, 10.9-H/8, Nachlass Hildebrandt, Nr. 35; Tessin an Reichsstatthalter (29.5.1936), in: Ebd.; Tessin, Lebenserinnerungen. Zur Biografie Tessins vgl. Schmidt, Roderich, Zum Gedenken an Georg Tessin (1899-1985), in: MJB 106 (1987), S. 159-167.

67 Kaufverträge (27.2.1935), in: STADTARCHIV SCHWERIN (SAS), MK 6; Niederschrift, (20.2.1936), in: LHAS, 10.9-H/8, Nachlass Hildebrandt, Nr. 58; Tessin, Lebenserinnerungen.

68 Oberbürgermeister von Schwerin an Kreisleiter (2.6.1939), in: SAS, MB 2218.

69 Reichsstatthalter an Stadtbaurat Warnick (26.9.1938), in: SAS, MB 2218.

70 Oberbürgermeister an Reichsstatthalter (16.8.1939), in: SAS, MB 2218.

71 Oberbürgermeister Wempe an Gauleiter Hildebrandt (11.10.1936), in: LHAS, Ministerium des Innern Nr. 4168; Gauleiter Hildebrandt an Oberbürgermeister Wempe (29.10.1936), in: Ebd.; vgl. auch Kasten, Bernd, Konflikte zwischen dem Gauleiter Friedrich Hildebrandt und dem Staatsministerium in Mecklenburg 1933-1939, in: MJB 112 (1997), S. 157-175, hier: S.168-170.

72 Stadtbaurat Warnick, Niederschrift (13.4.1939), in: SAS, MB 2218; Verzeichnis der Straßenumbenennungen zum 20.4.1939, in: Ebd.

73 Verzeichnis der Straßenumbenennungen zum 20.4.1939, in: SAS, MB, 2218.

74 Oberbürgermeister an Auguste Kentzler (16.5.1939), in: SAS, MB 2218; NIEDERDEUTSCHER BEOBACHTER vom 22. April 1939.

Ludwig I. „Anbeter des Sonnenkönigs Ludwigs XIV.“, oder hatten wie Herzog Friedrich Wilhelm „in großem Umfang Soldatenhandel betrieben, um Geld für ihre Privatschatulle zu gewinnen.“[75] Bei der Suche nach historischer Größe legte die NSDAP-Führung einen derart strengen Maßstab an, dass noch nicht einmal Kaiser Wilhelm I., der seine Erfolge nur seinem „genialen Kanzler“ zu verdanken hatte, und Großherzog Friedrich Franz II, dessen Truppen im Feldzug gegen Frankreich 1870/71 schließlich de facto von seinem Generalstabschef kommandiert worden waren, die Prüfung bestanden.[76]

In Wahrheit ging es Hildebrandt nicht darum, einzelne ungeeignete Persönlichkeiten zu entfernen, sondern die gesamte Dynastie aus der öffentlichen Erinnerung zu tilgen. Die tiefere Ursache dieser *damnatio memoriae* war der vom Fürstenhaus und seinen slawophilen Hofhistoriographen im 19. Jahrhundert geförderte „Niklot- und Obotritenkult“, in dem die Nationalsozialisten auch die Ursache für die Rückständigkeit des Landes gefunden zu haben meinten.[77] Gemäß der völkisch-rassistischen Weltanschauung des dritten Reiches hatten die Großherzöge dabei verheerendes Unheil über ihr Volk gebracht:

> „Da das Fürstenhaus ständig seine obotritische Herkunft betonte, glaubte auch jeder gute Mecklenburger Obotrit sein zu müssen. (...) Demgegenüber empfindet es jeder Nationalsozialist es als seine ständige Aufgabe, immer wieder darauf hinzuweisen, dass die Mecklenburger Niedersachsen sind und dass slavisches Blut in ihnen ebenso wenig oder ebenso viel zu spüren ist, wie in den anderen Stämmen ostwärts der Elbe“.[78]

Eine Dynastie, in die bis in die neuere Zeit immer wieder Angehörige der Zarenfamilie eingeheiratet und deren Kinder Namen wie „Borwin“ oder „Woislawa“ erhalten hatten, erschien als Vorbild nicht mehr geeignet.[79]

Die Suche nach anderen geeigneten Persönlichkeiten gestaltete sich jedoch nicht einfach. Der Gauleiter dachte anfangs vor allem an Wegbereiter des Nationalsozialismus, stieß aber schnell auf das Problem, dass nach Lebenden (außer nach Hitler selbst natürlich) keine Straße benannt werden durfte, und tote Nationalsozialisten gab es einfach noch nicht genug.[80] Auch wenn es in der Parteipropaganda immer anders dargestellt wurde, so war die SA in Mecklenburg vor 1933 ihren kommunistischen und sozialdemokratischen Gegnern an Zahl, Bewaffnung und Brutalität derart überlegen, dass sie eigentlich außer August Brackmann im Jahr 1932 keine Toten zu beklagen hatte, und die Opfer zumeist auf der anderen Seite lagen. Tessins Votum für einige prominente Generäle des 1. Weltkriegs fand wiederum ebenso wenig die Billigung des Gauleiters wie sein Vorschlag zur Wiederbelebung alter Flurnamen wie „faule Grube“ oder „am Siechenbaum“.[81] Man einigte sich schließlich auf eine überraschend unpolitisch anmutende Liste prominenter mecklenburgischer Gelehrter (Tielemann Stella, Friedrich Lisch, Heinrich Schliemann, Robert Beltz) und Baumeister (Busch, Barca, Reutz, Severin), unter denen sich mit G.A. Demmler sogar ein Sozialdemokrat befand.[82] Als positive Leitfigur fungierte neben bekannten Persönlichkeiten wie Königin Luise, Theodor Körner, Blücher und Moltke der wohl von Tessin wiederentdeckte Graf Heinrich von Schwerin. Oberbürgermeister Timmermann führte hierzu aus: „Wie notwendig es ist, große Persönlichkeiten, die aber durch die dynastische Geschichtsschreibung der Vergangenheit in Vergessenheit geraten sind, wieder in das Bewusstsein unserer Generation zurückzurufen, zeigt das Beispiel des Grafen Heinrich. Graf Heinrich ist derjenige gewesen, der durch die Entscheidung in der Schlacht bei Bornhö-

75 Oberbürgermeister an Reichsstatthalter (16.8.1939).
76 NIEDERDEUTSCHER BEOBACHTER vom 4. Mai 1939.
77 Oberbürgermeister an Reichsstatthalter (16.8.1939), in: SAS, MB 2218.
78 Ebd.
79 Ebd.
80 Oberbürgermeister Wempe an Gauleiter Hildebrandt (11.10.1936); Gauleiter Hildebrandt an Oberbürgermeister Wempe (29.10.1936); Gauleiter an Stadtbaurat (26.9.1938), in: SAS, MB 2218.
81 Stadtbaurat, Niederschrift (5.12.1938), in: SAS, MB 2218.
82 Verzeichnis der Straßenumbenennungen zum 20.4.1939, in: SAS, MB 2218

ved im Jahr 1227 dafür gesorgt hat, dass Mecklenburg nicht dänisch wurde. Auch sonst gehörte er zu den größten Persönlichkeiten seiner Zeit. Er war jedoch ein deutscher Graf und ist deshalb unterschlagen worden."[83] Außer diesem germanischen Recken rehabilitierte Tessin auch noch mit dem Herzog Karl Leopold ein bislang verkanntes Mitglied des Fürstenhauses. Die traditionelle Landesgeschichte hatte seine Person und Politik stets heftig missbilligt, so dass wohl mit gutem Grund keine Straße nach ihm benannt worden war. Aber nun wandelte sich der „unerzogene und geradezu gewissenlose Fürst, der über sein Land schweres Unheil brachte"[84] zu einem Helden, „der gegen die mecklenburgischen Stände bis zum Letzten kämpfte und für den sich das mecklenburgische Volk zu Tausenden erhob".[85] Der zum „Bauernherzog"[86] umbenannte Landesherr blieb freilich das einzige Mitglied seiner Dynastie, nach dem in ihrer einstigen Residenzstadt noch eine Straße benannt war. Das war eine Provokation, die heftige Proteste auslöste. Während die NSDAP zunächst behauptete, dass sich hierüber nur „eine Handvoll Reaktionäre" und ein „paar alte Hofschranzen" aufregen würden,[87] musste selbst der Kreisleiter intern zugeben, dass breite Kreise der Bevölkerung die Aktion kritisierten.[88] Eine sentimentale Wertschätzung der Großherzöge war weit verbreitet, der brutale Versuch der Nationalsozialisten zu ihrer posthumen Beseitigung galt vielen als „Geschmacklosigkeit".[89]

Politik und Landesgeschichtsschreibung befanden sich von 1918 bis 1945 in enger Wechselwirkung. Auch wenn die Historiker selbst immer wieder das Rankesche Ideal des „sine ira et studio" postulierten[90], blieben sie doch auf eklatante Weise in den Beschränkungen ihres politischen Weltbildes befangen. Sie gehörten hierbei ausnahmslos dem deutschnationalen Bürgertum an. In diesem Milieu gab es weder Sozialdemokraten noch Liberale. Dementsprechend waren die dominierenden Weltanschauungen der von den Älteren bevorzugte Monarchismus oder der Nationalsozialismus, der seine Anhänger eher unter den Jüngeren fand. Beide Richtungen zeigten einen hohen historischen Legitimationsbedarf und trugen ihre politischen Auseinandersetzungen nach 1933 wiederholt auch auf dem Feld der Landesgeschichte aus. Ob Gauleiter, Gutsbesitzer oder Anhänger des Großherzogs, sie alle versuchten ihre Position durch den Rückgriff in die Vergangenheit zu festigen. Die Initiative lag hierbei in der Regel bei den Nationalsozialisten, die sich um eine umfangreiche Revision der alten dynastisch orientierten Landesgeschichte bemühten und weder den Landesherrn noch die Ritterschaft verschonten.

83 Oberbürgermeister an Kreisleiter (2.6.1939), in: SAS, MB 2218.
84 Vitense, Otto, *Geschichte Mecklenburgs*, Gotha 1920, S. 252.
85 Oberbürgermeister an Reichsstatthalter (16.8.1939); NIEDERDEUTSCHER BEOBACHTER vom 4. Mai 1939.
86 ROSTOCKER ANZEIGER vom 20. April 1939.
87 NIEDERDEUTSCHER BEOBACHTER vom 22. April 1939.
88 Kreisleiter an Oberbürgermeister (30.5.1939), in: SAS, MB 2218.
89 Auguste Kenzler an Oberbürgermeister (10.5.1939), in: SAS, MB 2218; vgl. auch Ministerium des Innern an Oberbürgermeister (28.11.1939), in: Ebd.
90 Vgl. z.B. Strecker, W., Rezension zu Dimitrij Jegorovs, Die Kolonisation Mecklenburgs im 13. Jahrhundert, Breslau 1930, in: MJB 95 (1931).

Clausewitz ante portas?

Anmerkungen zur Militärgeschichtsschreibung in Deutschland

Guntram Schulze-Wegener

> Wie ein entsetzlicher Brand die gewundenen Täler durchwütet,
> Hoch im dürren Gebirg; es entbrennt unermeßlich die Waldung,
> Und rings wehet der Wind mit brausenden Flammenwirbeln:
> So rings flog mit der Lanze der Wütende, stark wie ein Dämon,
> Folgend zu Mord und Gewürg, und Blut umströmte die Erde
> (Homer, Ilias 20, 490-495)

Der Krieg ist ein zentraler Bestandteil der Menschheitsgeschichte, möglicherweise ist er die Menschheitsgeschichte selbst. Für den Vorsokratiker Heraklit von Ephesos ist Krieg „aller Dinge Vater, aller Dinge König"[1] und als solcher in seinen verschiedensten Ausformungen eine fast selbstverständliche Einrichtung, eine Normalität.

Das Anormale war der Friede, der die Gesetzmäßigkeit von Gegensatz und Kampf niemals ernsthaft in Frage stellen konnte, weil er so selten in Erscheinung trat. Der immer währende Wechsel des Auf und Ab, das Werden und Vergehen, um sich letztlich im Kosmos in Einheit und Harmonie zusammenzufügen, als Grundstruktur heraklitischer Lehre vom Sein bestimmt in verblüffender Weise die Geschichte der Menschheit: Vergehen – das ist der Kampf als unabdingbare Voraussetzung für neues Werden und ein womöglich besseres Sein. Wie eine Parallele zu Thales' Lehre vom Wasser und Anaximenes' von der Luft erscheint es, wenn Heraklit das Feuer, also das Prinzip des Vergehens, für die arché der Dinge erklärt – das Feuer als Gegensatz zum dinghaft Beständigen. Wie die Flamme, das Verbrennen, ist die Welt ein Geschehen, ein Prozess, eben ein ewiges Werden und Vergehen, ein „Archetypos der ständigen Wandelbarkeit"[2].

Dieses Modell der Entwicklungslehre taucht, prinzipiell unverändert, zwei Jahrtausende später bei Hegel und im dialektischen Materialismus marxistischer Philosophen wieder auf und hat die Jahrhunderte hindurch in ganz erstaunlicher Weise – ob sie es wollten oder nicht – die Protagonisten der Militärtechnik[3] beeinflusst, welche die „Zwischenkriegsphasen" zur Optimierung militärtechnischer Errungenschaften nutzten, obwohl der Krieg – folgt man Clausewitz – keinesfalls Sache von Kriegstechnikern sein sollte.[4]

> „Von daher erklärt sich auch die Bereitschaft, den Krieg und die Phase seiner Vorbereitung als besonders befruchtend für den technologischen Fortschritt in der Geschichte anzusehen, obwohl damit die bei weitem größere Zahl der ‚zivilen' technischen Ent-

1 Hans-Joachim Störig, *Kleine Weltgeschichte der Philosophie*, Frankfurt/M. 1995, S. 136.

2 *Der Kleine Pauly*. Lexikon der Antike in fünf Bänden, Bd. 2, München 1979, S. 1047.

3 Vgl. Heinrich Walle, *Die* Bedeutung der Technikgeschichte innerhalb der Militärgeschichte in Deutschland. Methodologische Betrachtungen, in: *Militär und Technik*. Wechselbeziehungen zu Staat, Gesellschaft und Industrie im 19. und 20. Jahrhundert. Im Auftrag des Militärgeschichtlichen Forschungsamtes herausgegeben von Roland G. Foerster und Heinrich Walle (Vorträge zur Militärgeschichte, Bd. 14), Herford, Bonn 1992, S. 23-72.

4 Vgl. Gerd Krumeich, Sine ira et studio? Ansichten einer wissenschaftlichen Militärgeschichte, in: Thomas Kühne, Benjamin Ziemann (Hgg.), *Was ist Militärgeschichte?* (Krieg in der Geschichte, Bd. 6), Paderborn, S. 95.

wicklungen einschließlich der Leistung ihrer jeweiligen geistigen Väter weniger Berücksichtigung findet. Unbestritten bleibt, daß der Mensch zu allen Zeiten versucht hat, auf dem Gebiet militärischer Technologie Überlegenheit in Bezug auf vorhandene oder vermeintliche Gegner anzustreben und sich zu diesem Zwecke vorzugsweise der technischen Wissenschaften zu bedienen.“[5]

Mit militärtechnischer Überlegenheit Kriege zu gewinnen, war Archimedes, Leonardo da Vinci und Albrecht Dürer ebenso Leitmotiv wie Oppenheimer, Einstein oder Heisenberg. Sie dienten direkt oder indirekt dem Phänomen Krieg[6], indem sie ihm ihre bahnbrechenden Erkenntnisse bzw. Entwicklungen zur Verfügung stellten. Clausewitz:

> „Die Gewalt rüstet sich mit den Erfindungen der Künste und Wissenschaften aus, um der Gewalt zu begegnen. (...) Gewalt, d.h. die physische Gewalt (denn eine moralische gibt es außer dem Begriffe des Staates und Gesetzes nicht) ist also das Mittel, dem Feinde unseren Willen aufzudringen, der Zweck.“[7]

Der Gedanke vom Krieg als eine historische quasi-Notwendigkeit, um den Weltenlauf in seiner Bahn zu halten, war ein „natürlicher“ Gegenstand theoretischer Betrachtungen der Militärs, die den Krieg auszuführen hatten. Für Moltke d.Ä. – Kants Schrift „Zum ewigen Frieden“ im Gedächtnis – war der Friede „nur ein Traum, und nicht einmal ein schöner.“[8] Moltkes Lehrer Clausewitz definierte sein Verständnis vom Krieg als historisches und weniger als eindimensionales militärisches Phänomen. Der Krieg erschöpfe sich keineswegs im Führen von Schlachten, in Operation, Strategie und Taktik, er lasse sich auch nicht auf Sieg und Niederlage reduzieren, sondern sei eine Geburt der Politik. Der Krieg ist ein Mittel der Politik, ist Politik: „So sehen wir also, daß der Krieg nicht bloß ein politischer Akt, sondern ein wahres politisches Instrument ist, eine Fortsetzung des politischen Verkehrs, ein Durchführen desselben mit anderen Mitteln.“[9]

Die Austragung militärischer Konflikte, um den Feind wehrlos zu machen bzw. um ihm den eigenen Willen aufzuzwingen, war in Europa bis 1945 eine Normalität und folgte insofern den Regeln der heraklitischen Lehre. Nach den beiden Urkatastrophen des 20. Jahrhunderts, die das Militärische überdimensioniert und ins Gigantische verformt hatten, war den Deutschen wie den meisten Europäern das „Prinzip Militär“ aus dem Gesichtsfeld geraten, der Krieg fremd geworden und schon gar die Vorstellung an seine Führbarkeit.[10]

Das Ende der Ost-West-Konfrontation und damit die Auflösung jener starren Blöcke, die den Frieden in Europa garantiert hatten, machte das Führen von Kriegen wieder möglich. Und zwar nicht fernab von der eigenen zivilen Beschaulichkeit, sondern, wenn auch mittelbar und virtualisiert, am eigenen Gartenzaun. Dass der Krieg in seiner heimtückischsten, weil urplötzlichen Form nach dem 11. September und 12. November 2001 sogar unmittelbar das eigene Haus treffen kann, ist eine völlig neue Erfahrung seit dem Ende des Zweiten Weltkrieges.

Krieg bestimmt die mediale Welt mehr denn je in den letzten fünfzig Jahren, dringt in das berufliche wie private Leben ein, er regiert neuerdings wieder unsere Sinne und damit letztlich

5 Volker Schmidtchen, Streitkräfte und Rüstung. Eine historische Betrachtung zum Verhältnis von Militär und Technik, in: *WTS-Info*, Mitteilungen des Vereins der Freunde und Förderer der wehrtechnischen Studiensammlung Koblenz 6 (1984), S. 47.

6 Über das geistige Beziehungsgeflecht von Militär und Technik vgl. Michael Salewski, Geist und Technik in Utopie und Wirklichkeit militärischen Denkens im 19. und 20., Jahrhundert, in: Militär und Technik, S. 73-97.

7 Carl von Clausewitz, *Vom Kriege*. Hinterlassenes Werk, Frankfurt/M, Berlin 1994, S. 17.

8 Helmuth von Moltke, *Vermischte Schriften*, Bd. 5, Briefe, zweite Sammlung, und Erinnerungen (=Gesammelte Schriften und Denkwürdigkeiten des Generalfeldmarschalls Grafen Helmuth von Moltke), Berlin 1892, S. 194.

9 Clausewitz, Vom Kriege, S. 34.

10 Vgl. Thomas Kühne, Benjamin Ziemann, Militärgeschichte in der Erweiterung. Konjunkturen, Interpretationen, Konzepte, in: Was ist Militärgeschichte?, S. 9-46.

unser Dasein. Es wird viel darüber diskutiert und mindestens ebenso viel geschrieben. Die Gazetten sind voll von Analysen, Wahrnehmungen, Perzeptionen und Rezeptionen eines Krieges, der jeden Tag jeden Menschen treffen kann. Krieg als pars pro toto, als konstitutiver Faktor moderner Gesellschaften. In dem Maße, wie die reale Führbarkeit und Erfahrung eines Krieges wieder in das Bewusstsein der Europäer rücken, verändert sich das mentale und emotionale Verhältnis zum Krieg. Neu ist das wiederentdeckte sowohl wissenschaftliche als auch populäre Interesse[11] an den Kriegen der Menschheitsgeschichte, also an Militärgeschichte im Allgemeinen wie im Besonderen. Bemerkenswert ist, dass 1996, erstmals seit dem Tode von Werner Hahlweg, wieder ein Lehrstuhl für Militärgeschichte (Universität Potsdam) eingerichtet wurde, der sich eines großen Zuspruchs von Seiten der Studierenden erfreut.[12]

Der Akt der aus den politischen Umständen hervorgehenden Gewalt war zwei Jahrhunderte über in Deutschland ein Zentrum der geistigen Auseinandersetzung, vornehmlich der Militärs, um durch das Studium vergangener Kriege Handlungsanweisungen für künftige zu gewinnen, deren Kommen nicht in Frage stand. Diese auf Scharnhorsts Pragmatismus zurückgehende Anschauung hatte prinzipiell bis zum Ende des Zweiten Weltkrieges Bestand und führte, wie noch zu sehen ist, Anfang der Sechzigerjahre zu Grundsatzdebatten von Fachwissenschaftlern über Nutzen und Zweck von Militärgeschichte.

Im Zeitalter Friedrichs des Großen, als die Art der Kriegführung an ein Brettspiel erinnerte, war eine Schlacht im weitesten Sinne „planbar“: Sind die Hauptprinzipien der Kriegführung bedacht, Truppenaufmarsch und Nachschub berechnet, die Handgriffe zur Beherrschung von Gewehr und Geschütz einstudiert (das preußische Heer konnte sich nicht von ungefähr mehrfach gegen zahlenmäßig weit überlegene feindliche Kräfte durchsetzen), dann schien der Ausgang der Schlacht kalkulierbar. Das Glück der kommenden Schlacht war umso berechenbarer, je intensiver die Fehler vergangener Kriege analysiert und Mängel abgestellt wurden.

Die Beschäftigung mit der Kriegsgeschichte war ausschließlich den Militärs vorbehalten und von eindeutig didaktischer Absicht geprägt. Obwohl Friedrich der Große die militärischen Erfahrungen in seinen „Generalprinzipien vom Kriege“ (1748) speziell für seine Generale verfasst hatte und er als erster Souverän für das kriegswissenschaftliche Studium seiner Offiziere Regimentsbibliotheken einrichten ließ, war dies noch nicht gleichzusetzen mit einer Institutionalisierung der Kriegsgeschichtsschreibung. Die Anfänge der weisungsbedingten, d.h. auf Befehl der Krone initiierten kriegsgeschichtlichen Abhandlungen und institutionellen Gründungen fallen in das ausgehende 18., vor allem in das 19. Jahrhundert: Das „Heeresgeschichtliche Büro des Generalstabes“ in Bayern, in Österreich die „Kriegsgeschichtliche Abteilung“ als Dienststelle des Generalquartiermeisterstabes und in Preußen die „Kriegsgeschichtliche Abteilung beim 2. Departement des Kriegsministeriums“.[13] Begleitet wurden diese Einrichtungen von Veröffentlichungen, die nicht nur intern, sondern in Zeiten allgegenwärtiger, ins Private hineinreichender Militärpräsenz bei einem größeren Publikum Interesse fanden. So die dreibändige „Geschichte der Kriegswissenschaften“[14] von Max Jähns, königlich preußischer Oberstleutnant und von 1872-1886 Lehrer der Geschichte der Kriegskunst an der preußischen Kriegsakademie in Berlin. Jähns definierte Sinn und Zweck der Kriegswissenschaften als „Erfahrungswissenschaft“, die aus der Praxis „für eine neue Praxis“[15] vorbereite.

11 Wissenschaftliches Interesse meint die forschende Behandlung von Militärgeschichte als Spezialdisziplin der Geschichtswissenschaft, populäres Interesse die einem breiteren Leserkreis zugängliche Form in Zeitungen und Zeitschriften.

12 Mitteilung von Dr. phil. habil. Jürgen Angelow, Privatdozent und Assistent am Lehrstuhl für Militärgeschichte, an den Verfasser.

13 Vgl. *Militärgeschichte*. Probleme-Thesen-Wege. Im Auftrag des Militärgeschichtlichen Forschungsamtes (Beiträge zur Militär- und Kriegsgeschichte, Bd. 25), Stuttgart 1982, S. 7 f.

14 Max Jähns, Geschichte der Kriegswissenschaften vornehmlich in Deutschland, 3 Bde., München, Leipzig 1889-1891.

15 Ebd., Bd. 1, S. V/VI.

Im geistigen Erbe Jähns stand Hans Delbrück, der als erster Zivilhistoriker in das abgeschottete Lager fachmilitärischer Kompetenz eindrang. Schüler Rankes, Droysens und Sybels, folgte Delbrück als Nachfolger Heinrich von Treitschkes 1896 dem Ruf an die Universität Berlin. Mit seinem viel beachteten Hauptwerk „Geschichte der Kriegskunst im Rahmen der politischen Geschichte“[16] hatte er die militär-politische Vergangenheit im besten Rankeschen Sinne quellenkritisch rekonstruiert. Delbrücks vierbändige Abhandlung, der letzte Band war 1920 in Druck gegeben worden, wurde im Jahre 2000 neu aufgelegt. Das Werk hatte sich, von Fachleuten hoch geschätzt, im Verlauf der Jahrzehnte und über den Zweiten Weltkrieg hinweg zwar ehrenvoll behauptet.

> „Doch der einsetzende Kalte Krieg und der Schatten der nuklearen Drohung verhinderten die Wiederkehr eines Autors, der zwar viel über die Reiter von Cannae und die Infanterie von Marignano zu sagen hatte, aber nichts über die Kesselschlachten in Mittelrussland und den atomaren Wettlauf der Supermächte.“[17]

Ein Schicksal, das er mit dem fast 50 Jahre später komplett erschienenen, vierbändigen Werk „Staatskunst und Kriegshandwerk“[18] von Gerhard Ritter teilen sollte.

In den staatlichen Institutionen stieß Delbrücks „Geschichte“ seinerzeit weitgehend auf Ablehnung, weil er es gewagt hatte, manche überlieferte und so in den allgemeinen Kanon aufgenommene Schlachtenbeschreibung als Fantasieprodukt des Autors hoch zu nehmen – abgesehen von dem so genannten Strategiestreit, mit dem sich Delbrück in einen Dauerkonflikt mit der „Kriegsgeschichtlichen Abteilung“ des Großen Generalstabes gestürzt hatte, denn dieser beanspruchte die Geschichtsschreibung der Kriege und Schlachten als sein ureigenstes Betätigungsfeld.

> „Oberflächlich betrachtet nichts als ein Historikerstreit um den Stil der friderizianischen Kriegführung, ging es doch um mehr: um die historische Legitimation der Einigungskriege, um den Anspruch auf die gültige Auslegung Clausewitz‘ und schließlich um die Rolle der Militärgeschichte als Generalstabswissenschaft oder als Teil der allgemeinen Historie. Letzten Endes stand das Deutungsmonopol auf Friedrich und die preußische Geschichte auf dem Spiel: also wahrlich keine Kleinigkeit.“[19]

Delbrück und Jähns wurden gelesen. „Man“, d.h. nicht nur der Militär, sondern auch der politisch und historisch interessierte Bürger, ergründete die Wurzeln des deutschen Militärs, das es so weit gebracht hatte, sich nun auch einen „Platz an der Sonne“ zu erkämpfen. Zu wissen, woher man kommt, um zu wissen, wer man ist. Unter Generalfeldmarschall Moltke wurde die Militärgeschichtsschreibung zielgerichtet für die Lösung militärspezifischer Fachfragen eingesetzt. Er hatte die praxisorientierte Untersuchung kriegsgeschichtlicher Ereignisse eingeführt, die mit der Betrachtung möglicher künftiger Kriegsschauplätze sowie der Beurteilung neuer technischer Entwicklungen und ihrer Konsequenzen einhergehen sollte. Dies zeigten vor allem die unter seiner Anleitung erarbeiteten Studien „Der deutsch-dänische Krieg 1864“ (1886/87), „Der Feldzug von 1866 in Deutschland“ (1867) und „Der deutsch-französische Krieg 1870/71“ (1874-1881). Über den Untersuchungen stand das methodische Leitmotiv, ob die im Großen Generalstab vor dem(n) Krieg(en) erarbeiteten Auffassungen und Pläne mit dem tatsächlichen Ablauf der Ereignisse übereinstimmten. Die gewonnenen Erkenntnisse wurden zur Präzisierung von Operationsplänen und Überarbeitung von Reglements genutzt.

Prinzipiell änderte sich dies auch unter Generalfeldmarschall Schlieffen, dem Schüler Moltkes, nicht. Als langjähriger Chef der „Kriegsgeschichtlichen Abteilung“ des Generalstabes war er bemüht, aus der Analyse von Kampfhandlungen Schlussfolgerungen für die strategische

16 Hans Delbrück, *Geschichte der Kriegskunst im Rahmen der politischen Geschichte*, 4 Bde., Berlin 1900-1920.
17 Vorwort zur Neuauflage von Ulrich Raulff, Berlin, New York 2000, Bd. 1, S. X.
18 Gerhard Ritter, *Staatskunst und Kriegshandwerk*. Das Problem des Militarismus in Deutschland, 4 Bde., München 1954-1968.
19 Raulff, Vorwort zu Delbrück, *Geschichte der Kriegskunst*, Bd. 1, S. XXI f.

und operative Führung künftiger Kriege sowie für die Schulung der Offiziere und die Ausbildung der Truppe zu gewinnen. Was wäre das Selbstverständnis eines Kaiserlichen Offiziers ohne die Kenntnis von Moltkes „Gesammelten Schriften und Denkwürdigkeiten“[20]? Sowohl das historisch gebildete Publikum wie die Fachwelt und auch jeder angehende Offizier hatten „ihren Jähns“, später „ihren Delbrück“ studiert. Anders das vierzehnbändige im Jargon so benannte „Reichsarchivwerk“ über den Ersten Weltkrieg[21] von der „Historischen Kommission für das Reichsarchiv“ erarbeitet, das allein schon ob seines voluminösen Charakters einer größeren Kundschaft wohl verborgen blieb; abgesehen davon, dass die zutiefst apologetische Ausrichtung dieser Generalstabshistorie ideologischen Missbildungen Vorschub leistete.

Die Zwanzigerjahre gebaren eine Vielzahl an populären Darstellungen zur Ereignisgeschichte des Ersten Weltkrieges. Vor allem setzte sich eine neue Literaturgattung in Szene: die Memoiren-Literatur, die in dieser massiven Weise noch nicht in Erscheinung getreten war.[22] Frei von dem Anspruch auf kritisch-wissenschaftliche Methoden kristallisierte sich in Heft- oder Buchform der blutende Frontsoldat, die geschundene Graben-Kreatur, wie sie nur der alles verschlingende Moloch des Ersten Weltkrieges hervorbringen konnte, als Focus literarischer Anstrengungen heraus; sei es von begabten Autoren oder von Teilnehmern des Weltkrieges, die sich ihre schweren Erlebnisse als Mahnung und Warnung für die nachfolgenden Generationen von der Seele schrieben.

Der Markt bot nun Alternativen zu den von Historikern fachwissenschaftlich sezierten Operationsgeschichten des Großen Generalstabes an. Diese Form der unmittelbaren Kriegsgeschichte, von Fachkreisen weitgehend als trivial abgelehnt, aber millionenfach kursierend, erreichte die Menschen, weil sie Instinkte anrührte. Das Publikum hatte durch diese Leidensliteratur erstmals Zugang zur militärischen Tötungsgewalt, konnte teilnehmen am Krieg, der von der alleinigen Wahrheit des Krieges sprach: vom Tod. Die literarisch umgesetzte Erfahrung des Todes als intellektueller Erkenntnisgewinn befriedigte Sehnsüchte und lief den offiziellen, dickleibigen Konvoluten – auflagen- und anteilnahmemäßig – natürlich den Rang ab. Der Innenraum von Emotionen, in dem es letztlich um Töten und Getötetwerden ging, hielt Einzug in die Gesellschaft. Die „Goldenen Zwanziger“ wollten die „menschliche“ Verarbeitung des soeben Erlebten und nicht die Generalstabshistorie, schon gar nicht Königgrätz 1866 oder Roßbach 1757. Die Gesellschaft hatte sich verändert, das Militärische in Deutschland war auf 100.000 professionelle Angehörige der Zunft zurückgeschraubt. Wie der Kieler Knabenanzug aus den Schränken verschwand, so entzog sich die schwerwiegende militärhistorische Literatur dem Zugriff des allgemeinen Publikums.

Wo war die militärgeschichtliche Wissenschaft geblieben? Wilhelm Deist kennt den Schnitt, der die Zwanzigerjahre von den Dreißigern trennt: „Einen neuen Anlauf zur Überwindung dieser ‚reinen‘ Kriegsgeschichte des Militärs (Der Weltkrieg 1914-1918, d. Verf.) unternahm Gerhard Oestreich, allerdings unter der Prämisse der völkischen Ideologie der Zeit.“[23] Oestreichs Artikel erschien 1940 in der „Historischen Zeitschrift“ (HZ) und erklärte die Militärgeschichte zur Wehrgeschichte, in der es allein auf „Erhaltung und Stärkung, Sicherung und Erhöhung des völkischen Lebens“[24] ankam.

Geschichte, zumal die deutsche Militärgeschichte, wurde ideologisch verformt und als rassischer Kampf um Sein und Nichtsein gedeutet.[25] Der Erste Weltkrieg war dabei willkomme-

20 Helmuth von Moltke, *Gesammelte Schriften und Denkwürdigkeiten*, 8 Bde., Berlin 1891-1893.

21 *Der Weltkrieg 1914 bis 1918*. Bearbeitet im Reichsarchiv bzw. von der kriegsgeschichtlichen Forschungsanstalt des Heeres, 14. Bde., Berlin 1925-1944.

22 Memoiren waren zwar schon vom Siebenjährigen Krieg, von Napoleons Rußlandfeldzug (Förster Flecks. *Erlebnisse in Rußland 1812-1814*, Köln o.J.) oder auch von den Einigungskriegen in Umlauf, das massenhafte Auftreten fällt jedoch erst in das 20. Jahrhundert.

23 Wilhelm Deist, Bemerkungen zur Militärgeschichte in Deutschland, in: Was ist Militärgeschichte?, S. 317.

24 Ebd.

25 Vgl. Rainer Wohlfeil, Wehr-, Kriegs- oder Militärgeschichte, in: MILITÄRGESCHICHTLICHE MITTEILUNGEN 1 (1967), S. 21-29.

ner Anlass zu reichlich glorifizierenden Darstellungen im Überlebenskampf des deutschen Volkes. Die Propaganda erhob den Frontsoldaten des Weltkrieges zur göttlich-mythischen Figur. Ernst Jüngers „In Stahlgewittern" war 1942 in seiner 24. Auflage (206-220 Tausend) erschienen. Im gleichen Jahr war der „Beauftragte des Führers für die militärische Geschichtsschreibung" eingesetzt worden – die Instrumentalisierung einer ideologisierten Militärgeschichte, die mit dem Ende des „Dritten Reiches" zwangläufig auch ihr eigenes Ende finden musste.

Bis zur Gründung institutionalisierter Militärgeschichtsforschung 1957 wurde die Militärliteratur analog zur Situation nach dem Ersten Weltkrieg von Soldaten- und Feldherrn-Erinnerungen geprägt, wobei letzteren ein deutlich apologetischer Charakter innewohnte. Ende der fünfziger und Anfang der Sechzigerjahre – und auch hier ist eine Analogie zu den Zwanzigerjahren zu erkennen – ergoss sich eine wahre Flut von Heften und Büchlein, in denen Kriegsteilnehmer ihre Fronterlebnisse sub specie des Nur-Soldatischen weitestgehend entideologisiert an den Mann brachten. „Soldatengeschichten" und „Fliegergeschichten", Sonderhefte über die Taten von Ritterkreuzträgern und andere wurden nun unter dem Sammelbegriff „Der Landser" subsumiert. Der Zweite Weltkrieg fand – und findet in überarbeiteter Form – in diesen u.a. wöchentlich herausgegebenen Heften fast ausschließlich im Frontgraben, vornehmlich im Osten, statt, dort, wo der Krieg konkret ist.

Die Leidensfigur ist der deutsche Landser, der von Berlin und Hitler nichts wissen will, der vor Moskau, am Ilmensee, bei El Alamein, in den Weiten des Atlantiks oder hoch oben über dem Kanal seine „soldatische Pflicht" erfüllt. Die Reihe, die sich als eine Art pazifistischer Leidensprosa mit knapp kalkulierter Operationsgeschichte des Zweiten Weltkrieges versteht, traf mit ihrem Anspruch des auf das nackte Prinzip von Befehl und Gehorsam reduzierten Verständnisses um die Vorgänge im Zweiten Weltkrieg einen Lebensnerv der Nachkriegsgeneration(en): Der tapfer kämpfende deutsche Soldat als Opfer einer fernen verbrecherischen Führung, der zum zweiten Mal geopfert wird, als die deutsche Medienlandschaft der achtziger und Neunzigerjahre seine Leiche mit Füßen tritt.

Diese Opferrolle des deutschen Soldaten war neu. Traf sie im Ersten Weltkrieg allenfalls auf das Jahr 1918 zu, in dem der ungeschlagene Grabenkämpfer durch den Dolchstoß in den Rücken von der Heimat verraten wurde, so ist das Opfer-Sujet in der Wahrnehmung ex post dem gesamten Zweiten Weltkrieg inhärent. Das Landser-Wertesystem konzentriert sich dabei ohne jegliche weltanschauliche Unterfütterung und wissenschaftliche Analyse der sachrationalen Stabsarbeit aus dem Binnenraum der Generalstäbe allein auf die Soldaten-Selbstzeugnisse vom Kampfgeschehen. Der Kameradschaft in ihrer Verantwortlichkeit für die Konsolidierung der soldatischen Schicksalsgemeinschaft wird dabei ein besonderer Stellenwert beigemessen. Der Krieg des „Frontschweins", des „Kleinen Mannes"[26], wird hier in seiner direktesten, unerbittlichsten Weise ad oculos geführt. Das Geheimnis des Landser-Erfolges liegt in der Konzentration auf das Kriegswesentliche, also den Kampf der Feldgrauen, der den Leser das Weiße im Auge des Feindes sehen lässt, und in der Simplifizierung übergeordneter, kompliziert erscheinender operativer, strategischer und taktischer Vorgänge.

Eine bestimmte Form der Trivial-Literatur zur Geschichte des Zweiten Weltkrieges fand und findet auch in gebundener Form statt. Was Grimmelshausen für den Dreißigjährigen Krieg, Remarque und Jünger für den Ersten Weltkrieg, das sind Plievier oder Buchheim für den Zweiten Weltkrieg. „Das Boot"[27], das in „Die Festung"[28] seine Fortsetzung erfuhr (obwohl der Kommandant eigentlich schon tot ist und eine wundersame Auferstehung feiert, weil

26 Diesem Topos der militärhistorischen Forschung ist, soweit ich sehe, vom MGFA nur ein Titel gewidmet worden: Wolfram Wette (Hrsg.): *Der Krieg des Kleinen Mannes*. Eine Militärgeschichte von unten, München 1992.

27 Lothar-Günther Buchheim, *Das Boot*, 14. Aufl., München 1991.

28 Ders., *Die Festung*, Hamburg 1997.

der Medienerfolg es so wollte), als komprimierte Leidensgeschichte einer U-Boot-Crew, deren maritime Kriegsabenteuer mit pazifistischen Bekenntnissen gefüttert und durch pornografische Detailschilderungen adressatengerecht aufbereitet wurden.

Buchheims „Boot" war ein einmaliger Kino- und Fernseh-Hit, der eine wahre Navalismus-Welle in Deutschland auslöste, wie auch der Film „Die Brücke" (1959) von Bernhard Wicki als dezidierter Anti-Kriegsfilm, das „Stalingrad"-Epos von Josef Vilsmaier (1993) und die Neuverfilmung von „So weit die Füße tragen" (2001) große Betroffenheit erzeugten – ganz zu schweigen von den Hollywood-Schinken „Der Soldat James Ryan", „Enemy at the gate" und „Pearl Harbor".

Während sich populäre Heftreihen, unzählige Soldaten-Memoiren und opulente Bildbände zu Waffen und Kriegsgerät ein Millionenpublikum eroberten, begann in der Bundesrepublik die institutionalisierte Militärgeschichtsschreibung mit der Schaffung der „Militärgeschichtlichen Forschungsstelle" (1957), die ab Januar 1958 die Bezeichnung „Militärgeschichtliches Forschungsamt" (MGFA) führte, nachdem Militärwissenschaft bereits in der Abteilung V der „Dienststelle Blank" sowie in einzelnen Historischen Kommissionen[29] im Auftrag und unter Kontrolle der Alliierten betrieben worden war. „Militärgeschichtliche Forschung und Didaktik wurden damit unter Beibehaltung der Eigenständigkeit ihrer Aufgaben und Methoden im Militärgeschichtlichen Forschungsamt miteinander verbunden."[30] Im Vordergrund der Arbeit standen die Auswertung kriegsgeschichtlicher Erkenntnisse für die Bundeswehrführung, die Vermittlung historischer und militärhistorischer Kenntnisse im Rahmen der politischen Bildung der Soldaten und die museologische Darstellung von Militärgeschichte.

> „Diesem Verständnis entsprechen die allgemeinen Aufgaben, die dem Militärgeschichtlichen Forschungsamt vom Bundesministerium der Verteidigung gestellt sind. Diese und die daraus resultierenden fest umrissenen Aufträge werden im Amt von vier wissenschaftlichen Teileinheiten durchgeführt, unterstützt von Teileinheiten für die Führung und Versorgung sowie die Verwaltung."[31]

Dem in Freiburg i.Br. angesiedelten MGFA waren das Wehrgeschichtliche Museum Rastatt und das Luftwaffenmuseum Uetersen angegliedert. Dieses Dreigestirn bildete die einzige militärhistorische Forschungsstätte in der (alten) Bundesrepublik Deutschland.

In das Jahr 1958 fiel auch die Gründung des „Instituts für Deutsche Militärgeschichte" der DDR, das 1972 in „Militärgeschichtliches Institut der DDR" umbenannt wurde. Im gleichen Jahr eröffnete das Armeemuseum in Dresden und dessen Ausstellung im Neuen Zeughaus der Festung Königsstein. Auch für die Militärgeschichtsschreibung der DDR hatte es Vorläufer gegeben, etwa die 1954 um den ehemaligen Generalfeldmarschall Friedrich Paulus entstandene „Kriegsgeschichtliche Forschungsanstalt". Neben diesen zeitlichen Parallelen ist erstaunlicherweise auch die weitgehende „deutsch-deutsche" inhaltliche Übereinstimmung festzustellen. Forschung und Verbreitung der in der wissenschaftlichen Einrichtung der Nationalen Volksarmee (NVA) erarbeiteten Ergebnisse erstreckten sich vor allem auf die Geschichte der Militärpolitik, der Kriege und der Kriegskunst, der Streitkräfte, der Militärtechnik und des militärtheoretischen Denkens[32] – allerdings nicht ganz ohne „Rotlichtbestrahlung":

> „Es (das Institut, d.Verf.) hat die Aufgabe, auf wichtigen Teilgebieten der Militärgeschichtswissenschaft zu forschen und einen wirksamen Beitrag für die Ausarbeitung des marxistisch-leninistischen Militärgeschichtsbildes, für die politisch-ideologische und mi-

29 z.B. das „Naval Historical Team", das bereits 1946 seine Arbeit aufgenommen hatte.
30 Militärgeschichte, S. 9.
31 Ebd.
32 Vgl. Jürgen Angelow, Forschung in ungelüfteten Räumen. Anmerkungen zur Militärgeschichtsschreibung der ehemaligen DDR, in: Was ist Militärgeschichte?, S. 73-89.

> litärtheoretische Arbeit in der NVA und anderen bewaffneten Organen sowie für die sozialistische Wehrerziehung der Bevölkerung der DDR zu leisten."[33]

Die von dem Institut seit 1962 herausgegebene Zeitschrift „Militärgeschichte" spiegelte deutlich die Entwicklung der Militärgeschichtsschreibung in der DDR. Standen in den Sechzigerjahren vor allem Studien zur Geschichte und Vorgeschichte des Zweiten Weltkrieges im Vordergrund, so erweiterte sich die Thematik in den Siebzigerjahren durch eine Focussierung auf die Militärgeschichte vor 1918, nach 1945, die Geschichte der Militärtechnik sowie methodologische und historiografische Probleme. Immerhin war die Redaktion Träger der Verdienstmedaille der NVA in Gold.

Die entscheidende Frage, die sich zu Beginn der amtlichen militärhistorischen Forschung in der Bundesrepublik stellte, war die nach Zweck und Nutzen von Militärgeschichte generell und im Besonderen im Zeichen atomarer Rüstung, die einen Krieg zum finalen Ereignis hätte werden lassen. Direkter Anlass für diese interdisziplinäre Auseinandersetzung dürfte das Verbot der Alliierten gewesen sein, Militärgeschichte als Zweig der allgemeinen Geschichtswissenschaft an den Universitäten zu lehren, was einen Bruch mit der u.a. von Hans Delbrück begründeten Tradition darstellte. „Von tieferer Bedeutung war aber sicherlich das Bestreben von Historikern selbst, die Geschichtsauffassung zu entmilitarisieren und zu demokratisieren (...)."[34]

Dem Leitbild traditioneller Kriegsgeschichte (der Begriff „Kriegsgeschichte" wurde Mitte der Fünfzigerjahre durch den weniger martialisch anmutenden Begriff „Militärgeschichte" ersetzt) sollte ganz bewusst nicht mehr entsprochen werden, im Gegenteil stand die Abkehr von einer unter rein militärischen Gesichtspunkten stehenden und damit für militärische Ziele einsetzbaren Kriegsgeschichte im Vordergrund. Das grundlegende Prinzip der hergebrachten Kriegsgeschichtsschreibung, die professionelle Auswertung vergangener Kriege als Erkenntnisgewinn für das Führen künftiger Kriege, wurde vom Anspruch auf eine ganzheitliche Geschichtsbetrachtung und Universalität der geschichtswissenschaftliche Teildisziplin Militärgeschichte überlagert.

Eine der Kernfragen war, ob aus der Kriegsgeschichte ein „innerer", also ideeller, Nutzen oder nach der so genannten applikatorischen Methode durch Analyse kriegsgeschichtlicher Studien ein praktischer Nutzen gezogen werden könne. Es setzte sich rasch die Erkenntnis durch, dass angesichts der ungeheuren technischen Neuerungen nach 1945 taktisch-operative Erfahrungen aus dem Zweiten Weltkrieg kaum mehr auf die Ausbildung in der Bundeswehr übertragen werden konnten.

Die darüber entbrannte lebhafte Diskussion fand in der Artikelserie der Zeitschrift „Wehrkunde" 1960/61 ihren Niederschlag und wurde wegen ihres Grundsatzcharakters zum 25-jährigen Jubiläum des MGFA in dem Sammelband „Militärgeschichte" im Jahre 1982 neu aufgelegt. Die Beschäftigung mit Kriegsgeschichte, das war die Quintessenz, sollte eine wesentliche Voraussetzung für die Ausübung des Offiziersberufes in demokratischen Streitkräften und als geistiges Rüstzeug des Offiziers unabdingbar sein. Hans Meier-Welcker, Amtschef des MGFA 1958-1964:

> „Denn die Kriegsgeschichte gibt Kenntnis vom Wesen des kriegerischen Geschehens, besonders im Bereich des Unwägbaren, das von größter Bedeutung und in der Ausbildung nicht faßbar ist. Die Kriegsgeschichte weckt das Verständnis für das Wesen der Führung und für die Elemente taktischer und operativer Vorgänge. Dabei kann gerade das operative Denken an Vorgängen in allen Zeiten geschult werden. Die militärische Operation, also die Gruppierung und das Bewegen von Heereskörpern nach den geo-

33 *Wörterbuch zur deutschen Militärgeschichte*, 2 Bde. (Schriften des Militärgeschichtlichen Institut der Deutschen Demokratischen Republik), Bd. 2, Berlin 1985, S. 545.
34 Walle, Technikgeschichte, S. 52.

> graphischen Bedingtheiten, bezogen auf die Kräfteverteilung und Bewegungen des Feindes nach einer bestimmten Idee, gehört einem zeitlosen Prinzip an."[35]

In den Ausführungen von Hermann Heidegger[36], Friedrich Forstmeier[37] und Gerhard Papke[38] wurden gegenseitig lediglich einzelne Thesen in Frage gestellt, geschichtswissenschaftliche und erkennntnistheoretische Grundfragen erörtert bzw. methodologische Ansätze diskutiert – der „mainstream" aber blieb:

> „Will der Offizier also über das ‚Kriegshandwerk', über die Praxis des Krieges hinaus sich des Krieges bewußt werden, dann kann er diesen Zustand nicht durch Üben und Lernen, nicht in einem technisch-handwerklichen Prozess, sondern nur in einem geistigen Prozess erlernen – durch die Beschäftigung mit der Kriegsgeschichte."[39]

Die noch heute gültige Grundkonzeption der amtlichen Militärgeschichtsschreibung wurde von der Arbeitsgruppe „Ziel und Methodik der Militärgeschichtsschreibung" im Jahre 1976 formuliert, nach der Militärgeschichte jene Spezialdisziplin der Geschichtswissenschaft bezeichne, die sich den militärischen Gegebenheiten in der ganzen Breite ihrer vielfältigen Erscheinungsformen und Abhängigkeiten zuwende. In den „Grundzügen der deutschen Militärgeschichte", die 1993 im Auftrag des MGFA herausgegeben wurde, heißt es dazu ergänzend:

> „Für den Teil der Militärgeschichte, der sich unter Beachtung der geschichtswissenschaftlichen Methoden mit den Aktionen von Streitkräften im Kriege beschäftigt, ist heute der Begriff ‚Operationsgeschichte' gebräuchlich; früher sprach man in diesem Zusammenhang von ‚Kriegsgeschichte'."

Und zum allgemeinen Nutzen von Militärgeschichte:

> „Heute herrscht weitgehender Konsens, daß Militärgeschichte nicht auf Zwecke praktischer Nutzanwendung in der militärfachlichen Ausbildung reduziert werden darf, sie allerdings nicht grundsätzlich ausklammert."[40]

Das MGFA verstand sich von Anfang an als eine Brücke zwischen Militär und Wissenschaft, weniger zwischen Militär und Öffentlichkeit. Die Bundeswehr als übergeordnete Instanz war dabei die maßgebende Kapazität:

> „Mit einer solchen Institutionalisierung der Militärgeschichte in den deutschen Streitkräften unter gesamtgesellschaftlichen wie auch unter militärspezifischen Aspekten stellte sich die Frage nach dem Beitrag dieses Faches als Hilfe zur Erfüllung des Auftrages der Bundeswehr. Für die am MGFA tätigen Wissenschaftler ergab sich daraus, daß sich Militärgeschichte als wissenschaftliche Disziplin einem Spannungsfeld zwischen praxisbezogener Funktionalität, wie beispielsweise in der didaktisch-methodischen Umsetzung in Form von historischen Ausstellungen, und rein wissenschaftlichen Anforderungen nicht entziehen kann."[41]

Militärgeschichte als Ausbildungsfach für angehende Offiziere wurde an den Bundeswehr-Universitäten in Hamburg und München bis 1990 innerhalb des Studiengangs Pädagogik angeboten; seit 1990 wird Geschichtswissenschaft auch als Hauptfach gelehrt. Die Absolventen des Magisterstudiengangs werden zunächst als Lehrstabsoffiziere für Wehrgeschichte – hier ist der Begriff „Wehr-" seltsamerweise geblieben – eingesetzt, um in ihrer weiteren Laufbahn im MGFA die Forschung zu unterstützen. Das Ende der Fahnenstange ist im Allgemeinen mit

35 Hans Meier Welcker, Unterricht und Studium in der Kriegsgeschichte angesichts der radikalen Wandlung im Kriegswesen, in: Militärgeschichte, S. 25.

36 Hermann Heidegger, Kann Kriegsgeschichtsunterricht heute noch einen praktischen Nutzen haben?, in: Ebd., S. 26-33.

37 Friedrich Forstmeier, Sinn und Wert des kriegsgeschichtlichen Unterrichts. „Innerer Nutzen" oder „Applikatorische Methode", in: Ebd., S. 33-37.

38 Gerhard Papke, Was ist Kriegsgeschichte?, in: Ebd., S. 38-47.

39 Ebd., S. 47.

40 *Grundzüge der deutschen Militärgeschichte*, im Auftrag des Militärgeschichtlichen Forschungsamtes herausgegeben von Karl-Volker Neugebauer, Bd. 1: Historischer Überblick, Freiburg 1993, S. 9.

41 Walle, Technikgeschichte, S. 50.

dem Dienstgrad Oberstleutnant bzw. Fregattenkapitän erreicht. Der Spitzendienstgrad Oberst bzw. Kapitän z.S. ist dem Amtschef des Militärgeschichtlichen Forschungsamtes und seinem Stellvertreter vorbehalten. Grundsätzlich bietet sich den Historiker-Stabsoffizieren zwar auch die Möglichkeit der Habilitation, um sich für eine Verwendung im Hochschulbereich anzubieten. Ob diese allerdings wahrgenommen werden kann und vom Dienstherrn erwünscht ist, bleibt fragwürdig. Der behäbige Beamtenapparat, der freilich auch vor den Toren des seit Mitte der Neunzigerjahre in Potsdam befindlichen Amtes nicht Halt gemacht hat, ist einer flexiblen Berufsgestaltung eher hinderlich, was gerade für die jüngeren Nachwuchswissenschaftler im Range eines Majors bzw. Korvettenkapitäns und Hauptmanns bzw. Kapitänleutnants wenig erfreulich sein dürfte.[42] Abgesehen von solchen und ähnlichen internen Problemen ist die Bundeswehr mit der Einrichtung des Studiums der vom Gesetzgeber geforderten Integration in die Gesellschaft in beispielhafter Weise nachgekommen.

Warum, so stellt sich zwangsläufig die Frage, war bis in die Neunzigerjahre hinein Militärgeschichte in Deutschland institutionell ausschließlich mit der Bundeswehr verknüpft? Obwohl sie nicht mehr wie im 18. und 19. Jahrhundert und abgesehen von wenigen Ausnahmen auch in der ersten Hälfte des 20. Jahrhunderts eine Domäne der Militärs war, konnte bis zum Ende des Ost-West-Konfliktes keine systematische Auseinandersetzung mit internationaler Kriegsgeschichte innerhalb öffentlicher Forschungs- und Lehranstalten beobachtet werden. Was Clausewitz nachdrücklich gefordert hatte, nämlich den Krieg an die Gesellschaft, aus deren Umständen und Verhältnissen seine konkrete Form nur nachvollziehbar ist, zurückzuverweisen, fand nicht statt. Militärgeschichte war eine Enklave innerhalb der Bundeswehr und anscheinend nicht für die Allgemeinheit konzipiert.

Diese Tatsache mag u.a. darauf zurückzuführen sein, dass der Beschäftigung mit Kriegsgeschichte stets etwas Seltsames, Anrüchiges anhaftete. Schnell war als Militarist enttarnt, wer außerhalb des sakrosankten MGFA Schlachtengeschick zum Gegenstand seines Interesses und damit von Veröffentlichungen gemacht hatte, womit er ja „fassbar" war. Die Militärgeschichte, so formulierte Omer Bartov in einer beißenden Polemik gegen die im Militärgeschichtlichen Forschungsamt institutionalisierte wissenschaftliche Forschung, sei „besonders seit Ende des Zweiten Weltkrieges in den Ruf eines etwas zweifelhaften Unternehmens geraten, und wer sich mit ihr befaßt, wird nicht selten als zweitrangiger Gelehrter abgetan, dem es mehr um die Schilderung heroischer Schlachten als um seriöse historische Forschung zu tun ist."[43] Als „seriös" galt offenbar die Untersuchung von Kriegsursachen und -ausbrüchen, Waffenstillständen und Friedensverhandlungen, nicht aber die Frage nach dem Verlauf militärischer Konflikte.

Folgerichtig war Militärgeschichte von der Allgemeinen Geschichte getrennt und fand als eigentlich zutiefst ernst zu nehmender Zweig der Geschichtswissenschaft an den Universitäten kaum Beachtung. Wozu sollte auch die Kunst, aus vergangenen Kriegen zu lernen, um kommende zu gewinnen, vor dem Hintergrund definitiv nicht führbarer Kriege betrieben werden? Zumal es vermeintlich unproblematischere Felder der Geschichtswissenschaft gibt, auf denen weitaus weniger Tretminen anzutreffen sind als ausgerechnet auf dem Feld der Militärgeschichte. Hierzu stellt Bernd Wegner in Bezug auf die Operationsgeschichte in einer leidenschaftlichen Anklage gegen diesen widersinnigen Zustand an bundesdeutschen Universitäten fest[44]:

> „1) Operationsgeschichte wird an deutschen Universitäten weder erforscht, noch gelehrt noch vermißt.

42 Gespräch des Verfassers mit einigen jüngeren Angehörigen des MGFA anlässlich einer Tagung in Potsdam im Jahre 2001.

43 Omer Bartov, Wem gehört die Geschichte? Wehrmacht und Geschichtswissenschaft, in: Hannes Heer, Klaus Naumann (Hgg.): *Vernichtungskrieg*. Verbrechen der Wehrmacht 1941-1944, Hamburg 1995, S. 601.

44 Bernd Wegner, Wozu Operationsgeschichte?, in: Was ist Militärgeschichte?, S. 105-113.

2) Die Ausblendung der Operationsgeschichte aus dem Themenspektrum kritischer Geschichtswissenschaft bedeutet eine gefährliche Verkürzung der historischen Analyse von Kriegen und stellt insoweit ein gravierendes Defizit dar.

3) Eine historisch-kritische Operationsgeschichte wird auf Dauer nur auf dem Boden einer methodischen und methodologischen Neuorientierung gedeihen; hierfür fehlen bislang alle Voraussetzungen.

4) Eine historisch-kritische Operationsgeschichte hat mit einer aus militärischen Erwägungen geborenen und nach militärischen Grundsätzen praktizierten ‚Kriegsgeschichte' nichts zu tun.

5) Mehr als für jeden anderen Teilbereich der Militärgeschichte gilt, daß zivile Forschungseinrichtungen und Universitäten die berufenen Instanzen zur Entwicklung einer integrierten neuen Operationsgeschichte sind."

Umso verdienstvoller war es, dass einige Professoren, unter ihnen Michael Salewski, die Militärgeschichte als integralen Bestandteil historischer Forschung und Lehre betrachteten und entsprechende Seminare, in denen auch die Operationsgeschichte eine Rolle spielte, anboten. Als ich zum Wintersemester 1991/92 von der Philipps-Universität Marburg an die Christian-Albrechts-Universität zu Kiel wechselte, trat für mich – immerhin nach vier Semestern in Marburg – am Lehrstuhl Salewski die Militärgeschichte in Gestalt des „Unternehmens Barbarossa" zum ersten Mal als Forschungsgegenstand in Erscheinung. Und wie Michael Salewski uns Studierenden einmal mitteilte, war er in seiner Eigenschaft als Marinehistoriker und Spezialist für die deutsche Seekriegsleitung 1935-1945 bei einem Teil der Studenten keinesfalls beliebt, als er 1980 dem Ruf von Bonn nach Kiel gefolgt war: Man wolle nicht das „U-Boot aus Bonn" als Nachfolger Karl Dietrich Erdmanns, sollen einige skandiert haben.

Diese ablehende Haltung, und mag sie auch nur von Wenigen geäußert worden sein, war ein sicheres Indiz für die Scheu vor der universitären Wahrnehmung der (deutschen) Militärgeschichte, der es offenbar an konkreten Nutzungsmöglichkeiten mangelte, obwohl diese bereits von Paul Heinsius, der dabei auch die nichtsoldatische Klientel im Visier hatte, artikuliert worden waren. Im Studium der Militärgeschichte erkannte er eine wesentliche Voraussetzung für die Friedenswahrung. Im Frieden die Wirklichkeit des Krieges zu erfassen, erfordere grundlegende Kenntnisse über die Entwicklung von Waffen, Gerät und Kriegstechnik. 1969 war immerhin an der Universität Münster ein Lehrstuhl für Militärgeschichte und Wehrwissenschaften begründet worden, wodurch nunmehr Militärgeschichte als Teildisziplin der Geschichtswissenschaft erstmals wieder an einer öffentlichen Forschungsanstalt gelehrt wurde. Es war bezeichnend, dass der Lehrstuhl nach dem Tode seines Inhabers, Professor Werner Hahlweg, zunächst nicht mehr besetzt worden ist.

Die grundsätzlich zu beobachtende Reserviertheit gegenüber der Kriegsgeschichte in Forschung und Lehre an den Universitäten gründete u.a. auf einer schnellfertigen Politisierung des Gegenstandes, dem ein ungeheure Streitbarkeit innewohnte und der sich in einem Hochspannungsfeld von Wissenschaft und Politik bewegte. Dies machte vor allem die so genannte Fischer-Kontroverse[45] Ende der Sechzigerjahre deutlich. Hatte es Fritz Fischer mit seinen Thesen zur Vorgeschichte des Ersten Weltkrieges im Sog einer sich gesellschaftlich etablierenden Linken recht leicht, so begab sich Gerhard Ritter als dessen Antipode in gefährliche Zonen, wollte er bei aller ansonsten vorgebrachten Kritik am deutschen „Militarismus" die dramatis personae des Ersten Weltkrieges „verstehen".

Das gesellschaftliche Verhaltensmuster, mit „rechts" und „links" leichtfertig zu belegen, wer bestimmte historische (und nicht etwa politische!) Positionen bezieht, wurde zuletzt in gesteigerter Form in der emotional aufgeladenen Kontroverse um die so genannte „Wehrmacht-

45 Vgl. Bruno Thoß, Der Erste Weltkrieg als Ereignis und Erlebnis. Paradigmenwechsel in der westdeutschen Weltkriegsforschung seit der Fischer-Kontroverse, in: Wolfgang Michalka (Hrsg), *Der Erste Weltkrieg*. Wirkung, Wahrnehmung, Analyse, München 1994, S. 1012-1043.

ausstellung“[46] des Hamburger Instituts für Sozialforschung augenscheinlich. Es fiel auf, dass eine elementare Forderung der historischen Wissenschaft, nämlich jenseits der politischen Stellungnahmen ein objektives Bild von der Vergangenheit zu vermitteln, von vornherein in einem unappetitlichen Brei aus Ressentiments, Emotionen und schließlich Verunglimpfungen rettungslos untergegangen war. Die Parteien standen sich in Lagern gegenüber – ein Zustand, der übrigens den Mitarbeitern des MGFA in anderem Zusammenhang schon bekannt war: Dort hatte man sich über die vergleichsweise läppische Frage, ob Band 4[47] des Reihenwerkes „Das Deutsche Reich und der Zweite Weltkrieg“ die Überschrift „Der Überfall auf die Sowjetunion“ oder „Der Angriff auf die Sowjetunion“ tragen sollte, heillos zerstritten. Dass ausgerechnet ausländische Historiker mit der Forderung nach Überprüfung der Ausstellung eine neue Phase einleiteten, war eine Bankrott-Erklärung der deutschen (militärischen) Geschichtswissenschaft: Es ist nicht bekannt, dass sich auch nur ein einziger deutscher Wissenschaftler dazu herabgelassen hätte, die strittigen Fotos quellenkritisch zu untersuchen und öffentlich zu kommentieren, obwohl hinlänglich bekannt war, dass „Fotos interpretationsbedürftig sind bzw. lügen können“.[48] Erst als der – in Deutschland vermisste – Aufklärungsdruck des Polen Bogdan Musial und des Ungarn Krisztian Ungváry unerträglich wurde, drängte sich die teutonische Zunft mit geübter Wortgewalt wieder in den Vordergrund. Das mag sicherlich damit zu tun haben, dass im „Vorfeld“, d.h., bevor einzelne Fotos als Fälschungen entlarvt worden sind, jeder Kritiker der Ausstellung Gefahr lief, an den rechtsradikalen Rand gedrückt zu werden.

Wenn Wolfram Wette die Ausstellung als ein „Indiz für das Herauswandern der Militärhistoriografie aus der früheren Forschungsstätte MGFA“ bezeichnet, die es vermocht habe, „in den Jahren 1995 bis 1999 (...) etwa 800000 Menschen“[49] anzuziehen, so liegt dies keineswegs in der Stärke des Hamburger Instituts begründet, sondern offenbar in der Schwäche des Forschungsamtes der Bundesrepublik, dem Wette lange Zeit angehörte. Seine Feststellung, die Ausstellung habe „mehr zur Aufklärung über die Wehrmacht des NS-Staates beigetragen, als es die zentrale Institution für Militärgeschichtsforschung zuvor vermocht hatte“[50], ignoriert auf der einen Seite ihre fatalen Mängel, die der rechten Szene in ungeahnter Weise Nahrung zuführten, auf der anderen Seite legt sie den Zustand der Militärgeschichtsschreibung des Amtes erbarmungslos bloß, dessen ureigenstes Feld plötzlich und vor allem erfolgreich von einem in dieser Sache eigentlich wesensfremden „Institut für Sozialforschung“ bestellt wurde.

Da ist es nur konsequent, wenn das MGFA mittlerweile im Kielwasser dieses Instituts läuft. So tat sich anlässlich einer Buchvorstellung des Amtes im Spätsommer 2002 Jan Philipp Reemtsma als Laudator hervor, der den Amtschef des MGFA, Kapitän zur See Jörg Duppler als „Wissenschaftler und Mäzen“ würdigte, und es sich nicht nehmen ließ, die inhaltlichen Verbindungen des Amtes nach Hamburg zu rühmen – eine „Situation“, die von Rainer Blasius in der FAZ vom 19. September prompt aufgespießt wurde:

> „Die Wissenschaft von der Gewalt à la Reemstma und die Militärgeschichtsschreibung im Auftrage der Bundeswehr wurden (bei der Buchpräsentation, d.Verf.) in einen Ein-Topf geworfen – nach dem alles einigenden Motto, dass auch das MGFA „Gesellschaftsgeschichte des Krieges“ betreibe. Das Wort „Wehrmachtsausstellung“ – weder die alte von 1955 noch die neue von 2001 – fiel erst gar nicht, und auch die Tatsache blieb unerwähnt, dass Reemstma mit juristischen Mitteln in den neunziger Jahren eine Aufsatzsammlung des MGFA über die Wehrmacht mit kritischen Bemerkungen über

46 Hans-Günther Thiele, *Die Wehrmachtausstellung.* Dokumentation einer Kontroverse, Bremen 1997.
47 *Das Deutsche Reich und der Zweite Weltkrieg*, Bd. 4: Der Angriff auf die Sowjetunion, herausgegeben vom Militärgeschichtlichen Forschungsamt, Stuttgart 1983.
48 Krumeich, Sine ira et studio?, S. 101
49 Wolfram Wette, Militärgeschichte zwischen Wissenschaft und Politik, in: Ebd., S. 69.
50 Ebd.

die 1999 wegen starker Mängel zurückgezogene Reemstma-Heer-Schau zunächst verbieten lassen wollte.
Diese Art wissenschaftsgeschichtlicher Verdrängung ist sicherlich äußerst pragmatisch. Muss aber ein Bundeswehr-Amtschef aus Stolz über den Reemtsma-Besuch jegliche Trennschärfe zwischen den Instituten verwischen? Zwar ist die Zeit längst vorbei, dass Seeoffiziere mit wehender Flagge daherkommen, insbesondere im militärhistorischen Bürodienst. Duppler hatte aber nicht nur die Flagge eingeholt, sondern zeigte – bildlich gesprochen – Jan Philipp Reemtsma das weiße Tuch."

Wo man sich dem Umfeld von Heer und Reemstma an die Brust geworfen hat, ist garantiert kein ideologisierendes oder gar politisierendes Gezänk mehr zu erwarten. Politisch und somit auch in der wissenschaftlichen Ausrichtung sind MGFA und das „Hamburger Institut für Sozialforschung" offenbar ein Herz und eine Seele. Es stellt sich allerdings die Frage, ob das Fach Militärgeschichte vom MGFA nunmehr im Reemtsma´schen Sinne nur noch als „Gesellschaftsgeschichte des Krieges" transportiert wird, oder ob die Amts-Historiker (und Militärs) Kriegs-Geschichte auch mal wieder selbstständig und vor allem politisch unabhängig betreiben wollen und werden.

Davon unberührt bleibt die Tatsache bestehen, dass das „Prinzip Krieg" aktueller denn je in der Geschichte der Bundesrepublik und daher wieder von Interesse ist. So ist mit hoher Wahrscheinlichkeit davon auszugehen, dass sich das Fach Militärgeschichte einen festen Platz erobern wird.

Wiewohl in verstärktem Maße die Kriegsgeschichte Einzug in die Universitätsseminare hält – wird der „Rest der Gesellschaft" auch weiterhin außen vor bleiben? „Wissenschaftliche" Militärgeschichte als Lesestoff der happy few, als Gegenstand intellektueller Glasperlenspiele? Darf das wissenschaftlich nicht vorgebildete Publikum keinen Anteil haben am gesellschaftlich neu entdeckten Interesse an Militärgeschichte? Die Werke u.a. des MGFA sind zwar sämtlich über den Buchhandel zu beziehen, aber bitte: Welcher Laie, und mag er noch so interessiert sein, mutet sich das auf 12 Bände konzipierte Reihenwerk „Das Deutsche Reich und der Zweite Weltkrieg" zu, wenn er etwas über die Schlacht im Kursker Bogen erfahren will oder den Todeskampf deutscher U-Boote?

Hierin liegt ein Versäumnis, das in die Gründerjahre des MGFA zurückreicht und das ja gerade die „Wehrmachtausstellung", in der so vieles schiefgelaufen ist, weil keine Profis am Werk waren, auf exemplarische Weise verdeutlicht hat: Das Versäumnis, professionell betriebene Militärgeschichtsschreibung auch breiteren Bevölkerungsschichten zugänglich zu machen, in einer bestimmten Form also „volksnah" zu gestalten. Dass dieses über Jahrzehnte bestehende Vakuum zu einer Polarisierung führen musste, liegt auf der Hand. So konstatierte der ehemalige Amtschef des MGFA, Werner Rahn, auf der militärhistorischen Tagung in Potsdam im März 2001, dass es auf der einen Seite die wissenschaftlichen und über jeden Zweifel erhabenen Produkte der Zunft gäbe, denen es beklagenswerter Weise am Verkauf mangeln würde, die andere Seite des Spektrums hingegen von kostengünstigen massmarket-Produkten ausgefüllt würde, die sich eines regen Kaufinteresses erfreuen würden.

Den Verantwortlichen der amtlichen Militärgeschichtsschreibung in Deutschland ist vorzuwerfen, bisher kein Werk ins Leben gerufen zu haben, das sich zwischen beiden Polen bewegte, das einerseits der wissenschaftlichen Redlichkeit und historischen Objektivität Rechnung zu tragen vermochte und andererseits mit einer ansprechenden äußerlichen und grafischen Gestaltung in die Lage versetzt wurde, eine größere Leserschaft über das ausgesuchte, historisch beschlagene Publikum hinaus zu gewinnen. Diskussionen darüber soll es wohl gegeben haben, letztlich aber sind sie daran gescheitert, dass die Mittel von Seiten des Bundes nicht zur Verfügung gestellt werden konnten.

Mit der drei oder vier Mal im Jahr erscheinenden (so genau wissen das die Herausgeber selbst nicht) 30-seitigen Aufsatzsammlung „Militärgeschichte", in der mittlerweile sogar Illustrationen auftauchen, gibt sich das MGFA krampfhaft modern. Das Heft, das den Anspruch erhebt, *das* Medium der historischen Bildung in der Bundeswehr zu sein, bezieht seinen einsamen Posten per Verteiler in den Kasernen und erreicht „draußen" niemanden.

Was in den USA u.a. mit den Zeitschriften „Military History" und „Military Heritage", in England mit „Images of War" und in Frankreich mit den Titeln „La grande guerre" und „Image de guerre" gelang, wurde in Deutschland von offizieller Seite erst gar nicht im Ansatz versucht. Das Ergebnis war, dass sich andere berufen fühlten, teilweise hochpreisige Magazine mit zuweilen zweifelhaftem militärhistorischen Inhalt einzuführen. Etwa die „Deutsche Militärzeitschrift" (DMZ), „Der Freiwillige", „Kameraden" und „Geschichte". Allen ist gemein, dass sie einseitig auf den Zweiten Weltkrieg konzentriert sind, in erster Linie die Leistungen des deutschen Soldaten in den Vordergrund rücken und seine pauschale Verdammung, wie sie durch zahlreiche Medien erstaunlich konsequent betrieben wurde, mit Nachdruck anprangern. So müssen sich diese Publikationen dem teilweise gerechtfertigten Ruf aussetzen, ihren Posten am rechten Rand bezogen zu haben, was die bereits erwähnte Polarisierung von Militärgeschichte in Deutschland zusätzlich verschärft. Da ist es verdienstvoll, wenn der Archiv Verlag in Braunschweig die vorzügliche Reihe „Dokumente zur deutschen Militärgeschichte" herausgibt, die kommentierte Schriftstücke, Karten, Bilder etc. aus 500 Jahren deutscher militärischer Vergangenheit in exzellenter Qualität zugänglich machen.

Die Entscheidung der Pabel-Moewig Verlag KG, einer 100-prozentigen Tochter des Hamburger Bauer-Verlages, der seinerseits der größte Anbieter auf dem europäischen Zeitschriftenmarkt ist, diese Lücke mit der seit Januar 2002 edierten neuen Zeitschrift „Militär & Geschichte" zu schließen, könnte ein Meilenstein im Selbstverständnis deutscher Militärgeschichtsschreibung sein. Denn zum ersten Mal wird im Zuge des neu entdeckten Interesses für Militär- und Kriegsgeschichte einem breiten Publikum ein militärhistorisches Magazin angeboten, das in Zusammenarbeit mit führenden Fachleuten, Instituten und Museen entsteht und zweierlei miteinander verbindet: seriöse, objektive und wissenschaftlich zuverlässige Darstellung von nahezu 5000 Jahren nationaler und internationaler Militärgeschichte mit zeitgemäßer textlicher, bildlicher und grafischer Gestaltung.

Der Markt, der in der Akzeptanz oder Ablehnung eines neuen Produktes gnadenlos zu sein pflegt, wird darüber urteilen, ob die Clausewitzsche Forderung, den Krieg an die Gesellschaft zurückzuverweisen, in Gestalt der viel zitierten „neuen Militärgeschichte" eine vorübergehende Erscheinung ist oder von tatsächlichem Bestand.

„Clio“, Tirpitz und die Marine

Michael Epkenhans

I.

Im Winter 1918/19, als Tirpitz zurückgezogen im entlegenen Jagdhaus Zabelsberg in Hinterpommern seine „Erinnerungen“ verfasste, ging er auch ausführlich auf die Rolle der deutschen Intellektuellen beim Aufbau der Flotte ein. Besonders lobend äußerte er sich dabei über die Nationalökonomen: „Schmoller, Wagner, Sering, Schumacher und viele andere wiesen nach, dass die Aufwendungen für die Flotte produktive Ausgaben wären, und stellten die Lage Deutschlands dar, die ungesicherte wirtschaftspolitische Grundlage unserer ganzen Kultur und Macht, die Gefahr, dass unser Menschenüberfluss statt eines Reichtums eine unerträgliche Last werden könnte.“[1] Die Historiker hingegen, fuhr er klagend fort, „die in einem früheren Menschenalter die öffentliche Meinung“ geführt hätten, hätten diesen Zusammenhang aufgrund „der Neuheit und raschen Entwicklung dieses politischen Problems“ leider nicht wirklich „begriffen“. „Hätte“, so resümierte der Großadmiral grollend, „die in Deutschland herkömmlich gelehrte Geschichte uns mehr daran gewöhnt, in Kontinenten zu denken, so würde auch der Schulpforter Bethmann Hollweg vielleicht den Angelpunkt des Weltkrieges weniger missverstanden haben.“

Diese Deutung fügt sich nahtlos ein in Tirpitz' allgemeinen „Blick zurück im Zorn“, der selbst engste Weggefährten nicht schonte – doch an einem falschen Verständnis der historischen Bedeutung von Seemacht und einem „Versagen“ der Historiker ist das von ihm entwickelte Konzept wohl kaum gescheitert. Immerhin machte der eigentliche „Vater der Flotte“, dessen Lebenswerk, wie er düster im August 1914 vorausgesehen hatte, mit der Revolution der Matrosen im November 1918 endgültig mit „einem Minus“[2] geendet hatte, mit diesen Äußerungen aber deutlich, dass die „Historie“ und ihre Vertreter eine vergleichsweise bedeutende Rolle bei der Ausformulierung und Vermittlung einer überzeugenden Weltmachtideologie zu erfüllen hatten. Diese Funktion „Clios“ für die Marine auszumessen und zu zeigen, wie sehr Tirpitz über fast vier Jahrzehnte durch die Instrumentalisierung der Vergangenheit im Allgemeinen wie auch seiner persönlichen „Geschichte“ im Besonderen Gegenwart und Zukunft zu gestalten versuchte, ist Ziel der folgenden Ausführungen, die sich auf wenige Beispiele beschränken müssen.

II.

Bereits 1876 und soweit ihm später möglich hatte Tirpitz als junger Offizier mit großem Eifer die Vorlesungen Heinrich v. Treitschkes in Berlin besucht. Wie der spätere Reichskanzler Bernhard v. Bülow oder auch Wilhelm II. war er von Treitschkes Ausführungen über „Politik“, dessen Huldigung des „Machtstaatsgedankens sowie der daraus abgeleiteten Forderung,

1 Tirpitz, Alfred v., *Erinnerungen*, Leipzig 1919, S. 96f.
2 Tirpitz an seine Ehefrau, 24. November 1914, ebd., S. 406.

auch das Deutsche Reich müsse „in stolzestem Sinne“ wieder eine Kolonial- und Seemacht werden, tief beeindruckt.[3]

Diese von Treitschke vermittelten Einsichten gingen mit den von Tirpitz in den 1870er, 1880er und 1890er Jahren systematisch entwickelten Überlegungen von der Bedeutung von Seemacht für das Deutsche Reich eine unverkennbare Symbiose ein und fanden in der Dienstschrift IX schließlich ihren programmatischen Niederschlag: „Nationaler Welthandel, Weltindustrie, bis zu einem gewissen Grade auch Hochseefischerei, Weltverkehr und Kolonien sind unmöglich ohne eine der Offensive fähige Flotte“[4], postulierte Tirpitz dort unmissverständlich. Zur Begründung verwies er auf die Geschichte: „Deutschland war als See- und Weltstaat untergegangen, als die Seemacht der Hansa brach. Der Welthandel Hollands sank von seinem ersten Platz in die siebente Stelle, nachdem De Ruyters Flotten definitiv geschlagen waren.“

Verantwortlich dafür, dass Tirpitz das von ihm entwickelte Konzept *auch* historisch zu begründen versuchte, war nicht zuletzt die Tatsache, dass der Flotte wie der deutschen Weltpolitik überhaupt eine überzeugende Legitimation fehlte. Im Gegensatz zur Royal Navy, deren allgemein anerkannte „Mission“ die Sicherung der „Pax Britannica“ war, spielte die Kaiserliche Marine im Bewusstsein der Politiker und der Öffentlichkeit wie auch bei der Verteidigung des Reiches nur eine untergeordnete Rolle.[5] Traditionell war Preußen-Deutschland eine Landmacht. Die Ereignisse der Revolution von 1848/49 und die von Bismarck zwischen 1864 und 1871 geführten Kriege hatten zwar deutlich gemacht, dass eine Großmacht zur Wahrung ihrer Handelsinteressen auch eine Flotte haben müsse, der Glanz der siegreichen Armee überschattete aber weiterhin die Marine. In Bismarcks Politik und in der Öffentlichkeit führte diese daher im Großen und Ganzen ein Randdasein: Chef der Admiralität waren zunächst nur Generale; ein Teil der Schiffe wurde bis in die Reichsgründungszeit hinein in England gebaut, und die programmatischen wie auch die operativen Planungen der Marine waren ein Zeugnis weitgehender Konzeptions- und Ratlosigkeit. Hinzu kam, dass Bismarck primär in kontinentalen Bahnen dachte und Seemacht daher keine Rolle in seiner Politik spielte. Soweit erforderlich sollte sich die Flotte als „Juniorpartner“ (Jörg Duppler) auf die politische und maritime Solidarität mit Großbritannien stützen, keinesfalls aber gegen dieses rüsten.[6]

Mit der Thronbesteigung Wilhelms II. änderten sich die Rahmenbedingungen für die Marine allmählich. Verantwortlich dafür war zunächst die Marinepassion des Kaisers. Bereits als junger Prinz hatte er den alternden Kanzler mit Marineeingaben und Schiffszeichnungen überhäuft[7], und die Uniform des Admiral of the Fleet trug er bis zum Ausbruch des Ersten Weltkrieges mit großem Stolz. Hinzu kam ein sich langsam vollziehender Wandel in der Außenpolitik des Reiches, die Bismarcks kontinentale Grundlinie in zunehmend schnellerem Tempo verließ und „Weltpolitik“ zu treiben versuchte. Parallel dazu mehrten sich in der Öffentlichkeit die Stimmen, die in Anlehnung an die Ideen von Charles Darwin in der Gründung eines deutschen „Weltreiches“ die Grundvoraussetzung für eine sichere Zukunft im 20. Jahr-

3 Ebd. S. 96; Reinhardt, Horst Dieter, *Tirpitz und der deutsche Flottengedanke in den Jahren 1892-1898*, Diss. Marburg 1964, S. 71; Winzen, Peter, *Bülows Weltmachtkonzept*. Untersuchungen zur Frühphase seiner Außenpolitik 1897-1901, Boppard 1977, S. 27-36.

4 „Dienstschrift Nr. IX“ vom 16. Juni 1894 über „Allgemeine Erfahrungen aus den Manövern der Herbstübungsflotte“, zitiert nach: Berghahn, Volker R. und Deist, Wilhelm, *Rüstung im Zeichen wilhelminischer Weltpolitik*. Grundlegende Dokumente 1890-1914, Düsseldorf 1988, S. 89f. (auch für das folgende Zitat).

5 Dazu – in Anlehnung an Ludwig Dehio – Hildebrand, Klaus, „System der Aushilfen“? Chancen und Grenzen deutscher Außenpolitik im Zeitalter Bismarcks, in: Schöllgen, Gregor (Hrsg.), *Flucht in den Krieg?* Die Außenpolitik des kaiserlichen Deutschland, Darmstadt 1991, S. 110.

6 Hierzu zusammenfassend: Duppler, Jörg, *Der Juniorpartner*. England und die Entwicklung der Deutschen Marine 1848-1890, Herford 1985; Berghahn, Volker R., *Der Tirpitz-Plan*. Genesis und Verfall einer innenpolitischen Krisenstrategie unter Wilhelm II., Düsseldorf 1971; Epkenhans, Michael, *Die wilhelminische Flottenrüstung 1908-1914*. Weltmachtstreben, industrieller Fortschritt, soziale Integration, München 1991; Lambi, Ivo N., *The Navy and German Power Politics, 1862-1914*, London 1984.

7 Vgl. Heinsius, Paul, Wilhelm II. und seine Flottenskizzen, in: Plagemann, Volker (Hrsg.), *Übersee*. Seefahrt und Seemacht im Deutschen Kaiserreich, München 1988, S. 207f.

hundert erblickten.[8] Die wachsende Zahl globaler Konflikte, in die das Deutsche Reich hineingezogen wurde oder sich einmischte, wie auch das Eintreten einflussreicher opinion leader wie Max Weber für das Beschreiten neuer Wege in der Außenpolitik bedeutete aber nicht zwangsläufig, dass die vom Kaiser mehrfach geforderte Vergrößerung der Marine unumstritten war. Dessen Forderung nach mehr Schiffen „hakte" vielmehr an einem entscheidenden Punkt: Obwohl die technischen Entwicklungen und die Diskussionen der Marinetheoretiker in den 1880er Jahren viele offene Fragen der Baupolitik und der Seestrategie beantwortet hatten, war keineswegs klar, welchem Schiffstyp – Schlachtschiff oder Kreuzer – die Zukunft gehören und welche Ziele eine neue Welt- und Flottenpolitik verfolgen sollte. Das böse Wort der „uferlosen Flottenpläne" (Eugen Richter), die dementsprechend regelmäßig im Reichstag abgelehnt wurden, spiegelt diesen Zustand der Unsicherheit mit aller Deutlichkeit.[9]

Sich „Clios" zu bedienen erschien Tirpitz und seinen Mitarbeitern aus der „Torpedobande" daher neben einem kaum widerlegbar erscheinenden statistischen Nachweis der deutschen Seeinteressen[10] als *ein* wichtiges Mittel, die Richtigkeit des eigenen Planens und Handelns nachzuweisen. Einen historischen Anknüpfungspunkt hätte dabei im Prinzip die Gründung der ersten deutschen Flotte darstellen können. Diese war – betrachtet man das Jahr der Verabschiedung des Ersten Flottengesetzes im Frühjahr 1898 als „Fluchtpunkt" – fast auf den Tag genau fünfzig Jahre zuvor von bürgerlichen Revolutionären aus der Taufe gehoben worden. Ein Historiker zumal, der Kieler Professor Johann Gustav Droysen, hatte dafür in einer großen Denkschrift die Begründung geliefert.[11] Doch was abgesehen von seiner machtpolitischen Funktion auch und im Besonderen als bürgerlich-demokratisches Symbol der Einheit gedacht war, taugte nicht zur Traditionsbildung einer Hochseeflotte, die der Royal Navy im Namen eines Monarchen, der darin ein wesentliches Ziel seines „persönlichen Regiments" erblickte, den „Dreizack" entreißen und zugleich ein überkommenes System stabilisieren sollte. Im Gegenteil: Diese Reichsflotte war ungeachtet ihrer tatsächlichen Leistungsfähigkeit schnell der Lächerlichkeit preisgegeben worden, und Hannibal Fischer, der unglückliche Auktionator, der sie 1852/53 in Brake und Bremerhaven versteigerte, wurde von Tirpitz schon bald zum personifizierten Schreckensszenario für den Fall hochstilisiert, dass der von ihm entwickelte Plan nicht durchgeführt werden sollte.[12]

In dieser Hinsicht war es ein „Geschenk des Himmels", dass der vergleichsweise unbekannte Lehrer an der US-Marineakademie, Kapitän z.S. Alfred T. Mahan, ein mehrbändiges Werk verfasst hatte, das am Beispiel der Begründung der englischen Seemacht – eine Tatsache, die angesichts der antienglischen Spitze des Flottenbaus nicht einer gewissen Ironie entbehrt, – eine regelrechte „Steilvorlage" zur historischen Begründung von Seemacht lieferte. Im Zuge der von Tirpitz noch als Chef des Stabes des Oberkommandos forcierten „Modernisierung" der Marinepropaganda war bereits 1895 der erste Band – „The Influence of Sea Po-

8 Vgl. dazu ausführlich Neitzel, Sönke, *Weltmacht oder Untergang*. Die Weltreichslehre im Zeitalter des Imperialismus, Paderborn 2000, S. 81-210.

9 Vgl. dazu Kehr, Eckart, *Schlachtflottenbau und Parteipolitik 1894-1901*. Versuch eines Querschnitts durch die innenpolitischen, sozialen und ideologischen Voraussetzungen des deutschen Imperialismus, Berlin 1930, S. 34-71.

10 Vgl. dazu die vom Reichsmarineamt unter Beteiligung führender Nationalökonomen in vergleichsweise schneller Folge – 1898, 1900 und 1906 – herausgegebenen Denkschriften über *„Die See-Interessen des Deutschen Reiches"*. Vgl. dazu Deist, Wilhelm, *Flottenpolitik und Flottenpropaganda*. Das Nachrichtenbureau des Reichsmarineamtes 1897-1914, Stuttgart 1976, S. 113-116.

11 Vgl. dazu Salewski, Michael, Die „Reichsflotte" von 1848. Ihr Ort in der Geschichte, in: ders., *Die Deutschen und die See*. Studien zur deutschen Marinegeschichte des 19. und 20. Jahrhunderts. Hrsg. von Jürgen Elvert und Stefan Lippert, Stuttgart 1998, S. 24-39.

12 Tirpitz an den Chef des Marinekabinetts, 6.5.1909, BUNDESARCHIV/MILITÄRARCHIV (BA-MA) RM 2/1762 (Auszüge auch in: Tirpitz, Alfred v., *Politische Dokumente*. 2 Bde., Stuttgart u.a. 1924-1926, hier: Bd. 1, S. 152); Otto Fischer veröffentlichte im Jahre 1900 bereits einen tendenziösen Aufsatz: Dr. Laurenz Hannibal Fischer und die Auflösung der deutschen Flotte 1852/53, in: HZ 85 (1900), S. 250ff, vgl. dazu Kehr, Schlachtflottenbau, S. 391, Anm. 4.

wer upon History, 1660-1783" – übersetzt worden;[13] unmittelbar nach Amtsantritt gab der Staatssekretär auch die Übersetzung des zweiten und dritten Bandes in Auftrag und ließ diese anschließend mit großem Propagandaaufwand verteilen. Entgegen landläufiger Meinung waren es weniger die seestrategischen Lehren, die diese Bücher den Flottenenthusiasten im Reichsmarineamt und in der Öffentlichkeit so wertvoll erscheinen ließen, als vielmehr die historischen Zusammenhänge, in die Mahan diese einbettete: „Capt. Mahans Werk ‚Der Einfluss der Seemacht auf die Geschichte'", hieß es daher auch im Vorwort des zweiten Bandes, „hat berechtigtes Aufsehen erregt, weil es zum ersten Male und auf Grund sorgsamer Forschung den Einfluss nachweist, den die Macht zur See auf die Geschicke der Staaten jederzeit gehabt hat, derart, dass ohne sie Staaten und Völker im Wettstreit der Nationen stets unterlegen sind."[14]

Diese Interpretation, die ein schlüssiges Erfolgsrezept für die Zukunft zu enthalten schien, deckte sich in weiten Teilen mit der Auffassung führender Historiker. Treitschke folgend trat dessen Nachfolger als Herausgeber der „Preußischen Jahrbücher" und – später – Verwalter von dessen Berliner Ordinariat, Hans Delbrück in seinen Leitartikeln mit großer Verve für die von diesem entwickelten Ideen ein: „Haben wir", fragte er zu Beginn des Jahres 1897, „das Deutsche Reich gegründet, damit es unter unseren Enkeln wieder verschwindet?"[15] Andere folgten Delbrück, argumentierten freilich nach außen hin weniger politisch und stärker historisch als dieser. Vor allem Dietrich Schäfer ging nach dem Scheitern der Hollmann´schen Flottenvorlage im Frühjahr 1897 tief in die deutsche Geschichte zurück, um schließlich zum gleichen Ergebnis zu kommen: „Nur wer sich Klarheit darüber verschafft, welche Bedeutung für die Entwickelung unseres Volkes und Reiches das Meer hatte, wird von fester Grundlage aus ein Urteil darüber abgeben können, welche Stellung zur See Deutschland zu erstreben und zu behaupten hat."[16] Um diese Forderung einzulösen, verwies Schäfer stolz auf „Franken, Sachsen, Friesen, Angeln", die bereits in der Antike erfolgreich „die Küsten des Römerreichs" heimgesucht hätten, und auf die Angeln, „ein seebeherrschendes Volk", das sich Englands bemächtigt hatte; er zeigte Aufstieg und Niedergang der Hanse und die Entwicklung der holländischen, englischen und französischen Seemacht auf, um schließlich, schweren Herzens „seine wissenschaftliche Arbeit in den unmittelbaren Dienst von Tagesfragen" stellend, anknüpfend an Friedrich List zu resümieren: „'Wer an der See keinen Teil hat, der ist ausgeschlossen von den guten Dingen und Ehren der Welt, der ist unseres lieben Herrgotts Stiefkind.' [...] Wollte Gott, dass diese Erkenntnis bald Gemeingut unseres ganzen Volkes werden möchte. Dann wäre seine Zukunft auf festen Grund gebaut."[17]

Dies waren Äußerungen ganz nach Tirpitz' „Geschmack": Einerseits legitimierten sie den von ihm konzipierten Flottenbau historisch; einem deterministischen Geschichtsbild verhaftet, zeigten sie andererseits die großen Perspektiven auf, die der Übergang zur Welt- und Flottenpolitik zu eröffnen schien. Mit Ernennung zum Staatssekretär des Reichsmarineamtes versuchte er daher führende Historiker und andere intellektuelle Meinungsführer dafür zu gewinnen, das „Volk im Ganzen durch eine große Reihe inhaltsvoller Artikel über die wirtschaftliche Notwendigkeit der Marine und ihre Bedeutung als politischer Machtfaktor" aufzuklären.[18] Mit wenigen Ausnahmen sind die Historiker, ob sie nun Althistoriker, Mediävisten oder „Zeitgeschichtler" waren, diesem Appell gefolgt. In einer Vielzahl von Publikationen und Vorträgen zogen sie als „Flottenprofessoren" historische Vergleiche zur Gegenwart, aus de-

13 Dazu vor allem Deist, Flottenpolitik, S. 31-69, S. 88f.
14 Vorwort zu Mahan, Alfred T., *Der Einfluss der Seemacht auf die Geschichte 1783-1812*, Berlin 1897.
15 Reinhardt, Tirpitz, S. 73f.; Deist, Flottenpolitik, S. 59 und passim; Canis, Konrad, *Von Bismarck zur Weltpolitik*. Deutsche Außenpolitik 1890 bis 1902, Berlin 1997, S. 225-233.
16 Schäfer, Dietrich, *Deutschland zur See*. Eine historisch-politische Betrachtung, Jena 1897, S. 1.
17 Ebd., S. 64.
18 Heeringen an Tirpitz, 6. Juli 1897, zitiert nach: Deist, Flottenpolitik, S. 102.

nen sie dann in mehr als fragwürdiger Weise allgemein gültige „Gesetze“ ableiteten, um den Schlachtflottenbau zu legitimieren und zu popularisieren.[19]

Parallel zu diesen teils unabhängig, teils vom Reichsmarineamt angeregten Aktivitäten nahm dieses aber auch das „Heft“ selbst in die Hand, um die durchaus vorhandenen Widerstände gegen die „grässliche Flotte“ (Diederich Hahn) zu brechen. Seit 1899 veröffentlichte das Nachrichtenbureau unter dem Pseudonym „Nauticus“ ein „Jahrbuch für Deutschlands Seeinteressen“, das nicht zuletzt auf Grund seines hohen wissenschaftlichen Niveaus langfristig ein großer Erfolg wurde.[20] „Anstatt einer Einleitung“ stellte dessen erste Ausgabe den Beiträgen eine größere Zahl von Aussprüchen bedeutender deutscher historischer Persönlichkeiten – beginnend mit dem Großen Kurfürsten über Friedrich List und Heinrich v. Treitschke bis zu Wilhelm II. – voran.[21] Auch die weiteren Artikel beschäftigten sich in größerem Umfang mit der „Seemacht in der Geschichte“. Beginnend mit einer Abhandlung über „Die römische Seemacht nach Mommsen und Ratzel“ versuchten sie den historischen Nachweis zu führen, dass „unsere Zukunft auf dem Wasser“ liegt.[22]

Während Mahan in seinen Werken einen aus der Geschichte abgeleiteten, freilich auch sehr abstrakten Handlungsleitfaden für den Tirpitzschen Schlachtflottenbau in seinen verschiedenen militärischen und politischen Facetten darstellte, sollten andere auf Grund ihrer „Einfachheit“ in Sprache und Bildhaftigkeit wohl weitaus wirkungsmächtigere Publikationen wie der vom Reichsmarineamt 1894 angeregte „Prachtband“ von Kapitänleutnant a.D. Georg Wislicenus „Unsere Kriegsflotte“ nicht vergessen werden.[23] Kaum zu überschätzen ist in dieser Hinsicht auch Reinhold v. Werners „Buch von der Deutschen Flotte“.[24] In erzählerischer Form und von Hans Bohrdt und anderen Marinemalern reich illustriert schildert dieses Buch eines von Bismarck wegen Missachtung des Primats der Politik[25] geschassten Vizeadmirals das Seemannsleben. Der Erzählung vorangestellt ist jedoch ein mit einem „Einbaum eines Germanen“ illustrierter „Geschichtlicher Überblick“, in dem der Bau einer Flotte in einem historischen Längsschnitt begründet wird.[26]

Aber auch intern diente die Rückversicherung in der Geschichte in erstaunlicher Weise als wichtiger Orientierungspunkt bei der Formulierung der eigenen Planung. Da die Einzelheiten des preußischen Heeres- und Verfassungskonflikts nicht – mehr – bekannt waren, ließ Tirpitz 1897 einen Fragenkatalog erstellen, der ausführlich die zentralen Punkte dieser Auseinandersetzung umriss, im Besonderen aber einen Kerngedanken des eigenen Konzepts – die gesetzliche Festlegung – durch eine detaillierte Analyse der vergleichbaren Regelungen für die Armee historisch hinterfragte: „Waren“, so lautete die für das weitere Vorgehen zentrale Frage,

19 Vgl. Marienfeld, Wolfgang, *Wissenschaft und Schlachtflottenbau in Deutschland 1897-1906*, Frankfurt/M. 1957, S. 63-68; vgl. auch vom Bruch, Rüdiger, *Wissenschaft, Politik und öffentliche Meinung*. Gelehrtenpolitik im Wilhelminischen Deutschland (1890-1914), Husum 1980, S. 66-92.

20 Vgl. Deist, Flottenpolitik, S. 105-108.

21 NAUTICUS, Jahrbuch für Deutschlands Seeinteressen 1 (1899), S. 1f.

22 Ebd., S. 323-429 (dort das Zitat).

23 Wislicenus, Georg, *Unsere Kriegsflotte*, Berlin 1895. Die Auflage von 1000 Exemplaren war innerhalb weniger Wochen ausverkauft; 1896 folgte „*Deutschlands Seemacht sonst und jetzt*“, das in der Folgezeit mehrere Auflagen erlebte und – allein auf Grund der Ausstattung – ebenfalls ein großer Erfolg war. Ausführlich Deist, Flottenpolitik, S. 48-50.

24 v. Werner, Reinhold, *Das Buch von der Deutschen Flotte*. 7. Aufl. Bielefeld 1898. Zu dessen Wirkung vgl. Hopman, Albert, *Das Logbuch eines deutschen Seeoffiziers*, Berlin 1924, S. 11: „Zufällig kam mir das von Admiral Reinhold v. Werner geschriebene ‚Buch von der Deutschen Flotte' in die Hände; ich verschlang es mit Begeisterung und wachte eines Morgens mit dem fertigen Entschluss auf: ‚Du gehst zur Marine!'“

25 Tirpitz, Erinnerungen, S. 14.

26 So heißt es gleich zu Beginn: „Soweit die Geschichte reicht, sehen wir den Menschen bestrebt, die Hindernisse, welche ihm das Wasser entgegenstellt, zu überwinden. Als Gott ihm die von Strömen und Meeren durchschnittene Erde zum Wohnsitz anwies, da pflanzte er auch den Trieb in ihn, nicht an der Scholle zu kleben, und verlieh ihm die Mittel, die Wasserschranke zu brechen und zu überbrücken, um Herr der ganzen Erde zu werden.“ Zitiert nach: Werner, Das Buch, S. 1. Inwieweit das Reichsmarineamt die Neuauflagen direkt unterstützte, ist unklar, aber nicht unwahrscheinlich, da Werner Tirpitz durch Vorträge unterstützte. Vgl. Deist, Flottenpolitik, S. 93.

„für die liberalen Parteien also vornehmlich parlamentarische-politische [sic !] Erwägungen gerichtet auf eine größere Beschränkung der Heeresverwaltung in der Organisationsbefugnis des Heeres zu Gunsten des Parlaments maßgebend?"[27] Eine Antwort ist nicht überliefert; die Einbringung des Flottengesetzes im Herbst 1897 und Tirpitz' bis zuletzt starres Festhalten daran – trotz der Warnung des preußischen Kriegsministers vor den negativen Folgen eines Gesetzes für ein schnelles, flexibles Vorgehen[28] – zeigt jedoch, dass das Reichsmarineamt darin eher einen Vor- als einen Nachteil sah.

Wie wichtig die Lehren der „Geschichte" aus Sicht der Marineführung waren, ist auch daran ablesbar, dass Seekriegsgeschichte neben Seekriegslehre ein Hauptfach im Rahmen der Admiralstabsausbildung an der Kieler Marineakademie war. In ihren „Winterarbeiten" beschäftigten sich viele der zum Admiralstab kommandierten jungen Offiziere ausführlich mit Themen der Seekriegsgeschichte. So schrieb der spätere Befehlshaber der Aufklärungsstreitkräfte in der Ostsee, Vizeadmiral Hopman, über das Thema „Peter der Große und die russische Flotte"[29]; Vizeadmiral William Michaelis, zeitweilig Stabschef der Hochseeflotte, arbeitete über „Das Zusammenwirken von See- und Landstreitkräften im Krimkrieg".[30]

Im Großen und Ganzen hat „Clio" ihre Funktion vor 1914 daher auch erfüllt: „Von Flotten-Vorlagen zu sprechen," betonte Hans Delbrück 1906 in den „Preußischen Jahrbüchern", „ist an dieser Stelle nicht mehr nötig, sie gehen von selber,"[31] und 1912 umriss dieser eher gemäßigte Historiker und erbitterte Gegner der Alldeutschen seine Position noch einmal mit aller Deutlichkeit:

> „Es ist die Wahrheit von Gestern, dass unsere Flotte geschaffen worden ist, um unseren Handel zu schützen; heute sind wir soweit, uns ein höheres Ziel setzen zu dürfen: unsere Flotte soll nicht bloß unseren überseeischen Handel schützen, sondern uns auch den gebührenden Anteil an jener Weltherrschaft verschaffen, die das Wesen der Menschheit und ihre höhere Bestimmung den Kulturvölkern zuweist."[32]

Selbstzufrieden schaute daher auch das Marineamt im Jubiläumsjahr 1913 in die deutsche Geschichte zurück, erinnerte an den kontinuierlichen Aufstieg Deutschlands seit 1813, das 25-jährige Regierungsjubiläum des Kaisers, unter dem „der allgemeine Wohlstand sich so gehoben hat, in denen Handel und Gewerbe aus einem armen ein reiches Volk gemacht haben" wie auch an die Annäherungsversuche Englands um die Jahrhundertwende, die aber abgelehnt hätten werden müssen, da Deutschland dann „bei seiner Schwäche zur See in Abhängigkeit" geraten wäre, um dann zu betonen: „An Großbritannien ist es, Deutschlands Recht auf einen Platz an der Sonne anzuerkennen und eine Politik aufzugeben, die Deutschlands Entwicklung Steine in den Weg wirft."[33] Nur wenig später sollte sich herausstellen, dass diese Forderung das Ergebnis einer von vornherein falschen, kurz-, mittel- und langfristig freilich

27 Undatierte Denkschrift (1897), BA-MA RM 3/10413.

28 Vgl. das Protokoll der Sitzung des Preußischen Staatsministeriums vom 6. Oktober 1897, in: Berghahn und Deist, Rüstung, S. 141.

29 Vgl. dazu das „Dienstzeugnis" des Inspekteurs des Bildungswesens der Marine, Vizeadmiral Oldekop, vom 16. August 1899: „Eine auf tüchtiges Quellenstudium und reiches historisches Wissen sich stützende Arbeit, die den Gedanken durchführt, wie die Verfolgung eines festen politischen Zieles – in diesem Falle die Gewinnung der Meeresküste – die militärischen Ziele beherrscht und beeinflusst und so mit Notwendigkeit die russische Flotte entstehen ließ." BA-MA Pers 6/2133.

30 Vgl. Scheerer, Thomas, *Die Marineoffiziere der kaiserlichen Marine*. Sozialisation und Konflikte. Diss. Hamburg 1993, S. 148-153.

31 Zitiert nach: Deist, Flottenpolitik, S. 105.

32 Delbrück, Hans, Deutsche Ängstlichkeit, in: PREUßISCHE JAHRBÜCHER 149 (1912), S. 365. Diese Einschätzung schloss Differenzen hinsichtlich der Haltung gegenüber England bzw. in der Frage eines „Primats" der Heeres- oder Marinerüstung nicht aus. Vgl. dazu vom Bruch, Rüdiger, „Deutschland und England. Heeres- oder Flottenverstärkung?" Politische Publizistik deutscher Hochschullehrer 1911/12, in: MGM 27 (1981), S. 7-35.

33 Nauticus 16 (1914), S. 1, S. 8.

sehr wirkungsmächtigen Interpretation des „Einflusses von Seemacht auf die Geschichte" war.

III.

Wie aber gestaltete sich die Funktion „Clios" nach 1918, hatte doch die Marine nach weit verbreiteter Meinung „versagt"? Anstatt die Seeherrschaft zu erringen, um die vielbeschworenen „Seeinteressen" zu verteidigen, waren die einst stolzen Schlachtschiffe der Hochseeflotte weitgehend untätig in den Häfen vor sich hingerostet, und allein die zuvor gering geschätzten U-Boote konnten einige Erfolge vorweisen. Darüber hinaus hatten die Matrosen der Hochseeflotte, einst die verhätschelten symbolträchtigen „Lieblinge" der Nation, mit der roten Fahne in der Hand die Revolution im Lande verbreitet. Die Blütenträume derjenigen, die die Zukunft des Reiches auf dem Wasser gesehen hatten, waren damit endgültig wie Seifenblasen zerplatzt. Nach außen ging es nicht mehr darum, den Status einer führenden Weltmacht zu erkämpfen, sondern das Reich vor dem Abstieg zu einer Macht zweiten oder sogar dritten Ranges zu bewahren; im Innern waren die monarchische Ordnung und die sozialen Eliten von jenen „gebildete[n] und ungebildete[n] Sozialdemokraten"[34] hinweggefegt worden, die durch den Bau der Marine und eine erfolgreiche Weltpolitik *auch* hatten eingedämmt werden sollen. Last but not least drehten sich die Diskussionen auch nicht mehr darum, wie groß die Flotte sein sollte, sondern ob es überhaupt noch eine geben werde.

Vor diesem Hintergrund ist es erstaunlich zu sehen, wie schnell führende Marineoffiziere und die Marineleitung trotz oder auch gerade wegen der die Marine regelrecht existenzbedrohenden Wirren der Zeit die Bedeutung von „Geschichte" erkannten und zu instrumentalisieren versuchten. Die Rolle, die „Clio" zugedacht war, wurde dabei sehr schnell deutlich: Zunächst ging es um persönliche Rechtfertigung vor der Geschichte. Indem – neben den ohnehin verachteten „zivilen" Politikern, allen voran der ehemalige Reichskanzler Bethmann Hollweg, – eine kleine Zahl von „Sündenböcken" innerhalb der Marine für vermeintliche gravierende „Fehlentscheidungen" und mangelnde Entschlusskraft verantwortlich gemacht wurde, wurden, ähnlich wie nach dem Zweiten Weltkrieg, dabei mögliche entscheidende „Siege" regelrecht „erschrieben"[35]. Zugleich versuchte die Marineführung mit allen Mitteln historisch den Nachweis ihrer „Unschuld" am Ausbruch der Revolution zu führen. Angesichts dieser verzerrten Sicht der Vergangenheit war es nur konsequent zu behaupten, dass es zu dem vor 1914/18 unter Führung von Tirpitz beschrittenen Weg historisch keine Alternative gegeben habe. Entsprechend diesem Denken lagen die Forderungen für die Zukunft klar auf der Hand: Revision des außenpolitischen Status quo, Errichtung eines starken, autoritären Regimes und, soweit es die Marine selbst betraf, Festhalten an der seestrategischen Konzeption, wie sie von Tirpitz zwei Jahrzehnte zuvor entwickelt worden war.[36]

34 So Tirpitz in seinem häufig zitierten Brief an Stosch, 21. Dezember 1895, zitiert nach: Berghahn und Deist, Rüstung, S. 103.

35 Vgl. dazu Wegener, Bernd, Erschriebene Siege. Franz Halder, die ‚Historical Division' und die Rekonstruktion des Zweiten Weltkrieges im Geiste des deutschen Generalstabes, in: Hansen, Ernst Willi; Schreiber, Gerhard und Wegener, Bernd (Hrsg.), *Politischer Wandel, organisierte Gewalt und nationale Sicherheit.* Beiträge zur neueren Geschichte Deutschlands und Frankreichs, München 1995, S. 287-302.

36 Vgl. dazu übergreifend und wegweisend Schreiber, Gerhard, Thesen zur ideologischen Kontinuität in den machtpolitischen Zielsetzungen der deutschen Marineführung 1897 bis 1945, in: Messerschmidt, Manfred; Maier, Klaus A.; Rahn, Werner und Thoß, Bruno (Hrsg.), *Militärgeschichte.* Probleme, Thesen, Wege, Stuttgart 1982, S. 260-280; ders., Zur Kontinuität des Groß- und Weltmachtstrebens der deutschen Marineführung, in: MGM 26 (1979), S. 101-171; Salewski, Michael, Selbstverständnis und historisches Bewusstsein der deutschen Kriegsmarine, in: ders., Die Deutschen und die See, S. 170-190; Dülffer, Jost, *Hitler, Weimar und die Marine.* Reichspolitik und Flottenbau 1920 bis 1939, Düsseldorf 1973, S. 182-199.

Dass dies die „Eckdaten“ der Auseinandersetzung mit der Vergangenheit um der Zukunft willen werden sollten, wurde, erstaunlich genug, bereits in den Tagen der „Novemberrevolution“ unmissverständlich deutlich. In mehreren Zeitungsartikeln und Broschüren griff der ehemalige Kapitän z.S. Lothar Persius Tirpitz und die von ihm verfolgte Politik in ungewöhnlich scharfem Ton an. „Durch seine verhängnisvolle Sucht, dem Wunsche des Kaisers nach einer großen Flotte nachzukommen“, so Persius im November 1918, „bescherte uns Tirpitz eine Seerüstung, die [...] zum großen Teil am Ausbruch des Krieges schuld ist.“[37] Zugleich wies er auf die *„Misshandlung des Geistes“* in der Flotte hin, die die Revolution unvermeidlich gemacht habe.[38] Diese Kritik traf die Marine bis ins Mark und ungeachtet der revolutionären Wirren, die die Seeoffiziere zeitweilig zwangen, ihren Schreibtisch zu verlassen, um sich „in die Schar der Kämpfer zur Sicherung des Staates einzureihen“[39], versuchte sie vor allem Letzteres mit großem Nachdruck zurückzuweisen.[40]

Die ersten offiziösen Stellungnahmen waren jedoch nur der „Prolog“ der Beschäftigung mit der Vergangenheit und ihrer Instrumentalisierung, die sich alsbald im Wesentlichen auf vier Ebenen – der Memoiren, der amtlichen Geschichtsschreibung, der populären Seekriegsliteratur sowie der Tages- und Fachpresse[41] – abspielen sollte und an deren Anfang – erneut und nicht wirklich erstaunlich – Tirpitz mit seinen „Erinnerungen“ stand: Bereits vor dem Kriege, zu einem Zeitpunkt, als das politische und militärische Scheitern des eigenen Werkes schon unübersehbar war, hatte er mit der Ordnung seines Nachlasses begonnen. Wichtige Schriftstücke wurden mit großer Selbstverständlichkeit im Original oder als Abschrift zu den „Privatakten“ gelegt.[42] Auf einem Spaziergang hatte er darüber hinaus im März 1914 einem Mitarbeiter ein längeres „Fragment“ darüber diktiert, „wie der Flottengesetzgedanke sich aus taktisch-strategischen Erwägungen heraus entwickelt hat“.[43] Unter dem Druck der Ereignisse und des „Versagens“ der Marine fügte er diesem im Herbst 1915 eine noch lose Zusammenstellung seines Handelns seit Kriegsbeginn bei.[44] 1916, nach der Entlassung aus dem Amt, gewährte Tirpitz dem Historiker Fritz Kern Einblick in diese „Privatakten“. Dahinter verbarg sich offenbar die dann allerdings nicht realisierte Absicht, darauf gestützt gegen die Reichsleitung unter Bethmann Hollweg zu polemisieren und zu intrigieren. Im August 1918, als sich die Rahmenbedingungen erheblich gewandelt hatten, wandte sich Kern erneut an Tirpitz, der zu dieser Zeit noch immer zögerte. „Um die Zukunft der Flotte, bezw. um den Respekt vor ihr, der, wie ich so oft empfinden muss, gerade in den meisten vaterländisch gesinnten Kreisen ins Wanken gekommen ist“, zu wahren, versuchte er ihn von der Notwendigkeit zu überzeugen, nunmehr seine Memoiren auch tatsächlich zu schreiben.[45] Mit Tirpitz' Einverständnis begann Kern daher noch vor der Niederlage auf der Grundlage „konzise[r] mündliche[r] Blasier Erzählung“ ein erstes Manuskript zu verfassen. Denn „was dem ratlosen und verblende-

37 Persius, Lothar, *Tirpitz, der Totengräber der deutschen Flotte*, Berlin 1918, S. 16.
38 Ebd., S. 2.
39 So der Bearbeiter der „Nordseebände“, Kapitän z.S. Otto Groos, in seinen „Erinnerungen“, S. 145, BA-MA Nachlass Groos N 165/20.
40 Vgl. die amtliche Stellungnahme zu den Ausführungen des Kapitän z.S. a.D. Persius über den misshandelten Geist in der Flotte von Korvettenkapitän Albert Scheibe, Berlin 1918.
41 Eine detaillierte, die ganze Breite des Themas „Marine und Geschichte“ umfassende Darstellung der Marinegeschichtsschreibung ist weiterhin ein Desiderat der Forschung. Die von Keith W. Bird angekündigte Studie ist leider nie erschienen. Vgl. aber dessen sehr instruktiven Beitrag: The Origins and Role of German Naval History in the Inter-War Period 1918-1939, in: NAVAL WAR COLLEGE REVIEW 32 (1979), S. 42-59, dem diese Ausführungen zahlreiche Anregungen verdanken. Vgl. auch Schwengler, Walter, *Marine und Öffentlichkeit 1919-1939*, in: MGM 46 (1989), S. 35-59, der sich insbesondere mit den organisatorischen Aspekten dieses Themas beschäftigt.
42 Vgl. dazu die Tagebucheintragung Hopmans vom 3. Juli 1914, BA-MA Nachlass Hopman N 326/10, sowie die zahlreichen Vermerke in den offiziellen Tagesmeldungen aus dem Großen Hauptquartier, ebd., RM 3/11486.
43 Ebd., Nachlass Tirpitz, N 253/100.
44 „Für Privatakten. Aus den Akten Krieg 1914/15“ (Oktober 1915), ebd.
45 Kern an Tirpitz, 14. August 1918, ebd., Nachlass Tirpitz N 253/456.

ten Volk jetzt die Augen öffnen kann, damit es seine eignen Fehler erkennt und beherzige, das kann jetzt nur noch die schlichte geschichtliche Wahrheit sein. Auf ihre wirkungsvolle Darstellung hinarbeiten, dürfte die unerlässliche Vorarbeit für das Wiedereingreifen des nationalen Gedankens in einem gebeugten Deutschland sein, an dessen Wiederauferstehung zu glauben kein Trug sein kann."[46] Mit größter Sorgfalt wurden diese „Erinnerungen" in den folgenden Monaten verfasst. Geflissentlich wurde dabei darauf geachtet, bei allen zentralen Problemen der Vorgeschichte und des Verlaufs des Ersten Weltkrieges – Flottengesetze, „Kriegsschuldfrage"[47] und Einsatz der Flotte im Kriege – das „System, welches Bethmann Hollweg inauguriert hat und welches auch heute noch, ich möchte sagen in geradezu grotesker Form, an der Herrschaft ist", zu attackieren, ohne aber der nationalen Sache zu schaden.[48] Dieser Tenor bestimmte dann auch den Inhalt und die Botschaft, die es zu vermitteln galt: Überzeugt von seiner historischen Mission, berief sich Tirpitz im „Vorwort" wie auch in seinem „Schlusswort" auf die Geschichte, nahm ganz unbefangen für sich in Anspruch, „nach bestem Wissen die Wahrheit" zu sagen, wies mit großem Nachdruck alle Kritik am Schlachtflottenbau sowohl im Hinblick auf dessen politische Folgen als auch dessen militärische Grundgedanken als abwegig zurück, schob ohne Skrupel alle Schuld an der Katastrophe der „unzureichenden persönlichen Vertretung" innerhalb des alten Staatssystems zu, kritisierte mit großer Schärfe „das Zerreißen unserer geschichtlichen Entwicklung" durch den Übergang von der Monarchie zur „republikanischen Staatsform", um dann an das „kommende Geschlecht" unbeirrt einen programmatischen Appell zur richten: „Ein Sklavenvolk sind wir noch nie gewesen. Seit zweitausend Jahren hat unser Volk nach jähem Sturz stets wieder sich emporgehoben."[49] Angesichts dieser Betonung historischer Kontinuitäten und der gleichzeitigen Eröffnung neuer Perspektiven war es nicht weiter erstaunlich, dass Kern, nicht ohne Selbstlob, die Veröffentlichung der „Erinnerungen" im Oktober 1919 als den „Beginn des geschichtlichen Begreifens unserer Zeit überhaupt" interpretierte.[50]

Durch seine Darstellung der Vergangenheit gab Tirpitz ein Interpretationsmuster vor, das – im Großen und Ganzen – die weitere Beschäftigung mit der Geschichte der Marine bestimmen sollte. Die überwiegende Mehrzahl hoher Marineoffiziere, die in der Folgezeit mit teilweise erstaunlichen Auflagezahlen ihre Memoiren vorlegten oder sich mit Einzelfragen des Seekrieges beschäftigten, folgten jedenfalls weiterhin ihrem „Meister", wie Tirpitz von seinen Untergebenen voller Respekt genannt wurde, wie einige wenige Beispiele zeigen. Unter Berufung darauf, dass „der Sieger vom Skagerrak [...] das Vorrecht [habe], die Kriegsgeschichte zu schreiben", legte Admiral Scheer noch im Herbst 1919 ebenfalls seine „persönlichen Erinne-

46 Kern an Tirpitz, 12. Oktober 1918, ebd.

47 „Bei der Frage, ob Deutschland die zum Krieg treibende Macht gewesen ist oder nicht, muss man unterscheiden den österreichisch-serbischen Konflikt und die Frage des Weltkrieges. Was den ersten Punkt anbetrifft, so liegt unsere Unterstützung des österreichischen Vorgehens gegen Serbien so klar zutage, dass es m. E. ein Fehler wäre, diese Tatsache verschleiern zu wollen. Man würde gerade dadurch sich die Möglichkeit nehmen, den Nachweis erbringen zu können, dass die Schuld am Weltkrieg lediglich auf den [sic !] Entente fällt. Bethmann hatte eine sehr große Sorge vor dem Weltkrieg und hatte die Auffassung, dass er durch die Ausbrennung der Mordhöhle in Belgrad eine der wesentlichen Ursachen für den Ausbruch eines Weltkrieges beseitigen würde. Bei dieser Auffassung hat er die Neigung der Großfürsten-Partei, auf alle Fälle zum Kriege zu kommen, unterschätzt, die Friedensliebe Englands aber und seine in den letzten zwei Jahren tatsächlich gesteigerte Abneigung zum Kriege überschätzt. [...] Erwähnen möchte ich noch, dass in allen meinen Niederschriften beim Kriegsausbruch und in meinen Briefen, die ich im Anfang des Krieges nach Hause schrieb, unser unbeabsichtigter, indirekter Anteil an dem Kriegsausbruch stets sehr viel stärker als jetzt in dem betreffenden Kapitel zum Ausdruck kommt. Seitdem ich mich mit dem Gedanken einer Veröffentlichung dieser Erinnerungen beschäftigt habe, bemühte ich mich stets, jede Milderung einzufügen, die bei den nicht verschleiernden tatsächlichen Vorgängen möglich war." Tirpitz an Kern, (o.D. [April ?] 1919), ebd.

48 Ebd.

49 Tirpitz, Erinnerungen, S. 391.

50 Kern an Tirpitz, 1. Oktober 1919, BA-MA Nachlass Tirpitz N 253/456. Zur Entstehungsgeschichte und Rezeption der „Erinnerungen" vgl. auch Scheck, Raffael, *Alfred von Tirpitz and German Right-Wing Politics, 1914-1930*, Boston 1998, S. 82-84.

rungen“ vor.[51] Darin vermied er zwar weitgehend alle persönlichen Angriffe, schloss sich im Prinzip aber Tirpitz’ Deutung an.[52] Der letzte Stabschef der Hochseeflotte und – bis zum Kapp-Lüttwitz-Putsch – zeitweilige Chef der Admiralität nach der Revolution, Vizeadmiral v. Trotha[53], und zahlreiche andere folgten, teilweise mit einiger Verzögerung, ohne aber die Bedeutung der Tirpitzschen „Erinnerungen“, denen 1924 bzw. 1926 noch zwei Aufsehen erregende Dokumentenbände folgten[54], zu erreichen. Vergleichsweise sachlich und zudem gut lesbar geschrieben waren zwar – um ein letztes Beispiel zu geben – die 1924/25 in zwei Bänden veröffentlichten Memoiren des langjährigen Leiters der Zentralabteilung im Reichsmarineamt und zeitweiligen Befehlshabers der Aufklärungsstreitkräfte in der Ostsee, Vizeadmiral Hopman.[55] Auf der Grundlage von Tagebuchaufzeichnungen und einigen wenigen Auszügen aus amtlichen Akten zeichnete er – teilweise in enger Absprache mit Tirpitz – die Geschichte seines Lebens und damit die der Kaiserlichen Marine nach. Da Hopman trotz seines Ranges eher in der „zweiten Reihe“ gestanden hatte, spielte persönliche Rechtfertigung bei ihm, anders als bei Tirpitz und anderen Spitzen der ehemaligen Kaiserlichen Marine, allenfalls eine untergeordnete Rolle. Umso wichtiger erschien es ihm aber, die Notwendigkeit historischer Kontinuität zu betonen. Obwohl er keineswegs ein „Alldeutscher“, „wilder Reaktionär und Revanchemann“ oder „altpreußischer Monarchist“ war, hatte er nach eigenem Empfinden doch ein „nicht minder deutsch-großdeutsch empfindendes Herz, das mit allen Fasern den Wiederaufstieg“ ersehnte.[56] Daher scheute auch Hopman, wenngleich in weit geringerem Umfang als Tirpitz, nicht vor verfälschenden Kürzungen zurück.[57] Dies erschien ihm insofern gerechtfertigt, als die Beschäftigung mit der Vergangenheit gerade das Ziel hatte, die Hoffnung zu bestärken, „dass es mit Deutschland wieder bergauf gehen kann, wenn es keine Durchschnittsmenschen als Führer hat.“[58]

Diese Phalanx von Memoiren, die sich offen oder stillschweigend an Tirpitz’ Erinnerungen orientierten, war kaum zu durchdringen. Durch die Veröffentlichung einer Auswahl von Aufzeichnungen und Briefen versuchte die Witwe des Chefs des Admiralstabs 1914/15, dann der Hochseeflotte, Vizeadmiral Hugo v. Pohl, Anfang 1920 ein differenziertes Bild des Geschehens zu zeichnen und dafür zu sorgen, dass Tirpitz’ Urteil nicht „dermaleinst in die Geschichte übergeht“.[59] Große Resonanz war ihrem Anliegen nicht beschieden.

In hohem Maße mitverantwortlich für die letztlich stromlinienförmige Deutung der Vergangenheit im Tirpitzschen Sinne war die Tätigkeit des Marinearchivs. Ohne auf die gewan-

51 Scheer, Reinhard, *Deutschlands Hochseeflotte im Weltkrieg.* Persönliche Erinnerungen, Berlin 1919, Vorwort. Scheers Erinnerungen erschienen in zahlreichen Auflagen und – gekürzten – Volksausgaben: 1920 erreichte die Auflage bereits 32.000, die Auflage der gekürzten Volksausgabe betrug im Inflationsjahr 1923 bereits 51.000; angesichts dieses Erfolges erschien 1925 ein zweites Buch unter dem Titel: *Vom Segelschiff zum U-Boot*, Leipzig 1925.

52 Vgl. dazu die Besprechung Hans Delbrücks: „Das Buch gibt manche interessante und auch schöne und erhebende Einzelheiten, ist aber für den großen Zusammenhang unergiebig. Die bekannten Tatsachen und landläufigen Argumente der alldeutsch-militaristischen Richtung werden breit, aber ohne Vertiefung vorgetragen.“ In: Preußische Jahrbücher 181 (1920), S. 249.

53 Trotha, Adolf von, *Großdeutsches Wollen.* Aus den Lebenserinnerungen eines Seeoffiziers, Berlin 1924; ders., *Volkstum und Staatsführung.* Briefe und Aufzeichnungen aus den Jahren 1915-1920, Berlin 1928.

54 Tirpitz, Politische Dokumente; zur Entstehungsgeschichte des ersten Bandes vgl. Scheck, Tirpitz, S. 182-187.

55 Hopman, Logbuch; ders., *Das Kriegstagebuch eines deutschen Seeoffiziers,* Berlin 1925.

56 Hopman an seinen Sohn Immo, 2. September 1920, Privatnachlass Hopman.

57 Vgl. dazu demnächst meine Edition der *Briefe, Tagebücher und Aufzeichnungen, 1901-1921* von Vizeadmiral Albert Hopman.

58 Hopman, Kriegstagebuch, Vorwort.

59 Pohl, Ella von (Hrsg.), *Aus den Aufzeichnungen und Briefen während der Kriegszeit von Admiral Hugo v. Pohl*, Berlin 1920, Vorwort. Allein der Führer der U-Boote während des Ersten Weltkrieges, Vizeadmiral Andreas Michelsen, bildete später ebenfalls eine Ausnahme, der sich in seinen Kriegserinnerungen: *Der U-Bootskrieg 1914-1918*, Leipzig 1925, kritisch über den U-Bootbau äußerte. Vgl. dazu den Brief von Kapitän z.S. Arno Spindler an Korvettenkapitän a.D. Bartenbach vom 31. Oktober 1925, in: Tirpitz, Politische Dokumente, hier: Bd. 2, S. 653-658.

delten politischen Verhältnisse besondere Rücksicht zu nehmen, begann dieses mit Unterstützung der Marineleitung bereits 1920, unter dem Titel „Der Krieg zur See", ein umfangreiches amtliches Werk herauszugeben. Diese Bände, die seit 1916 vorbereitet worden waren, erschienen in erstaunlich schneller Folge und fanden, trotz der schwierigen Situation in der Inflationszeit, sogar zahlreiche Abnehmer.[60] Im Gegensatz zum „Reichsarchivwerk" wurden sie ganz bewusst von Marineoffizieren und nicht, wie einer der wichtigsten Bearbeiter, Kapitän z.S. Otto Groos, nicht ohne Spott später bemerkte, „'Klubsesselstrategen' wie de[m] Professor Delbrück"[61] verfasst.[62] Bereits die Einleitung zu dem ersten programmatischen Band über den Krieg in der Nordsee machte deutlich, welches „Interesse" die Marineführung dabei verfolgte:

> „Jeder Band soll dem deutschen Volk ins Bewusstsein rufen, welche Taten es auf allen Meeren in seiner Marine und diese wieder durch die Männer, die sie schufen und führten, vollbracht, und was es durch Einbuße seiner Seegeltung verloren hat. Die harten Lehren des Krieges, die Erkenntnis der Fehler werden den Wiederaufbau vorbereiten. Die Erinnerung an die Großtaten zur See mögen dazu beitragen, den Stolz der Nation wieder zu erwecken und den Glauben an die deutsche Zukunft wieder auferstehen zu lassen!"[63]

Dies war eine nahezu unverhüllte amtliche Weihe der im Jahre zuvor veröffentlichten Tirpitzschen Deutung der Vergangenheit. Verantwortlich für deren Wirkungsmächtigkeit war zweifellos die Tatsache, dass der „Meister" die Marine geschaffen und ihr über nahezu zwei Jahrzehnte hinweg auch einen tieferen Sinn gegeben hatte, der, so schien es, ungeachtet des Desasters der Niederlage, seine Gültigkeit nicht verloren hatte. „Euer Excellenz ahnen nicht", schrieb der Leiter des Marinearchivs, Vizeadmiral Eberhard v. Mantey, der als einer der ersten die „Ehre" hatte, Tirpitz' Memoiren im Sommer 1919, noch vor deren Erscheinen, zur Besprechung zugeschickt zu bekommen, „wie tief mich die ‚Erinnerungen' gepackt und erschüttert – aber auch erhoben haben."[64] Persönliche Verehrung, länger wirkende ideologische Prädispositionen sowie mittel- und langfristige Zielperspektiven gingen hierin unverkennbar eine Symbiose ein. Es war daher auch eine Selbstverständlichkeit, dass Tirpitz über wichtige Details der Bände, vor allem ihren Grundtenor, informiert und zur aktiven Mitwirkung aufgefordert wurde. Nachdem der erste Band sich relativ weitschweifig mit der Vorgeschichte und den ersten Wochen des Seekrieges beschäftigt hatte, sprach Tirpitz im November 1921, als das Ansehen der Marine in der Öffentlichkeit noch sehr gering war, Mantey gegenüber die Erwartung aus, „dass Ihr zweiter Nordsee-Band eine wirkliche Entlastung für die Marine bringen wird, in der Richtung, dass bei allem drum und dran Herr v. Bethmann es war, der den Ein-

60 Die erste Auflage (5200 Exemplare) des Nordseebandes war innerhalb von zwei Jahren ausverkauft und wurde mit 2500 relativ schnell verkauften Exemplaren nachgedruckt; auch der von Raeder verfasste erste Band über den Kreuzerkrieg – ebenfalls 5200 Exemplare – verkaufte sich gut. Auch die übrigen Bände – abgesehen von den Mittelmeerbänden – waren bald vergriffen. Vgl. die „Übersicht über die Auflagen und den Absatz der bisher erschienenen Bände des Admiralstabswerks ‚*Der Krieg zur See 1914-1918*'" des Mittler-Verlags vom 26. April 1938, BA-MA RM 8/148.

61 So der Verfasser der Bände 1-5 des *Krieges in der Nordsee*, Otto Groos, in seinen Lebenserinnerungen, S. 145, BA-MA Nachlass Groos N 165/20.

62 Vgl. Murawski, Erich, Die amtliche deutsche Kriegsgeschichtsschreibung über den Ersten Weltkrieg, in: WWR 9 (1959), S. 584-587; Rahn, Werner, *Reichsmarine und Landesverteidigung 1919-1928*, München 1976, S. 123-132, sowie jetzt zusammenfassend: Pöhlmann, Markus, *Kriegsgeschichte und Geschichtspolitik: Der Erste Weltkrieg.* Die amtliche deutsche Militärgeschichtsschreibung 1914-1956, Paderborn u.a. 2002; vgl. auch: Herwig, Holger H., Clio Deceived. Patriotic Self-Censorship in Germany after the Great War, in: Wilson, Keith (Hrsg.), *Forging the Collective Memory.* Government and International Historians through Two World Wars, Providence 1996, S. 87-127; Heinemann, Ulrich, *Die verdrängte Niederlage.* Politische Öffentlichkeit und Kriegsschuldfrage in der Weimarer Republik, Göttingen 1983.

63 Marine-Archiv (Hrsg.), *Der Krieg zur See 1914-1918*, Band 1: Der Krieg in der Nordsee. Bearb. von Otto Groos, Berlin 1920, S. VIII.

64 Mantey an Tirpitz, 18. Juli 1919, BA-MA Nachlass Tirpitz N 253/257. Aus rechtlichen Gründen, die vor allem mit der Übersetzung ins Englische zusammenhingen, verzögerte sich das Erscheinen aber bis Anfang Oktober.

satz der Flotte im richtigen Zeitpunkt verhindert hat."[65] Der Bearbeiter, Kapitän z.S. Otto Groos[66], kam diesem Wunsch zur großen Befriedigung von Tirpitz ohne Umschweife nach und orientierte seine Darstellung weitestgehend an dessen Sicht der Ereignisse.[67] Dementsprechend tendenziös und einseitig waren die Bände, in denen vor allem diejenigen innerhalb der Marine in ein schlechtes Licht gestellt wurden, die in Tirpitz' Augen „versagt" hatten wie der Chef der Hochseeflotte bei Kriegsbeginn, Admiral v. Ingenohl, der Chef des Admiralstabs, Admiral v. Pohl, oder der Chef des Marinekabinetts, Admiral v. Müller. Mit unverhüllter Schärfe wurde in den ersten Bänden vor allem Ingenohls Führung der Flotte kritisiert. Alle Aspekte, die zu einer differenzierten Erklärung seines Verhaltens hätten beitragen können – der unklare Operationsbefehl, der der strategisch schwierigen Lage nur unzureichend Rechnung trug, die inneren Spannungen innerhalb der Marine und die schweren Depressionen des Stabschefs der Hochseeflotte, Admiral Eckermann, die, wie auch Mantey intern zugab, Ingenohls Arbeit nicht erleichtert haben dürften[68] –, wurden ebenso bewusst verschwiegen wie Tirpitz' keineswegs entschiedene Haltung in den ersten Wochen des Krieges, obwohl auch diese öffentlich bald kein Geheimnis mehr war.[69]

Wie weit die Orientierung an Tirpitz' Gedankenwelt durch das Marinearchiv ging, belegen auch die vom späteren Großadmiral Erich Raeder, einem der „getreuesten Tirpitzianer"[70], bearbeiteten Bände über den „Kreuzerkrieg", die neben den (marine)politisch bedeutsamen ersten „Nordseebänden" auf Grund der erzielten Erfolge einen besonderen Stellenwert innehatten. Raeder schilderte diese ausführlich, verstand seinen Band aber auch als „Lehrbuch", das „dem Nachwuchs der Marine und der deutschen Jugend die wertvollen Erfahrungen in der Kreuzerkriegführung übermitteln [sollte], die in langjähriger, sorgsamer Friedenstätigkeit der Marine und während der Kriegsoperationen der Auslandskreuzer in den ausländischen Gewässern gesammelt sind."[71] Deren Erscheinen wurde bis ins Kleinste im Vorhinein inszeniert: Symbolisch bedeutsam wurde zunächst der Tag der Schlacht bei Coronel, einer der wenigen unbestreitbaren Siege der Marine, als Termin für die Veröffentlichung vorgesehen. Da dieser Band nach Rücksprache mit Tirpitz zugleich dazu diente, „das ganze Debacle Pohl, Ingenohl, Müller, Bethmann" aufzuzeigen,[72] wurde dessen Drucklegung dann aber bis zum

65 Tirpitz an Mantey, 14. November 1921, ebd.

66 Erst nach Erscheinen des ersten Bandes hat Groos über den Historiker Fritz Kern unmittelbaren Kontakt mit Tirpitz aufgenommen. Kern an Tirpitz, 21. Juli 1920, ebd., Nachlass Tirpitz N 253/456; vgl. dazu auch die diesen Umstand positiv wertende Darstellung von Otto Groos in dessen *Lebenserinnerungen*, S. 154f. Groos „beriet" Tirpitz auch bei der Abfassung der *Politischen Dokumente*. Ebd., Nachlass Groos N 165/20.

67 Tirpitz an Mantey, 16. Juni 1922, ebd., Nachlass Tirpitz N 253/257.

68 „Es ist eine ungeheure Tragik, dass Admiral Eckermann nach Ansicht sämtlicher befragter Ärzte [...] mit ziemlicher Sicherheit schon bei Antritt seines Kommandos als Chefs des Stabes die beginnende Geisteskrankheit in sich trug. War Admiral v. Ingenohl an sich schon unentschlossen, so musste diese Unentschlossenheit durch einen Chef des Stabes, dessen Denken nicht normal war, nur erhöht werden. In seiner ersten Niederschrift", klagte Mantey, „warnt Eckermann vor jeder Offensive, er will nicht nur die Schlacht, sondern er sieht sogar in einer *siegreichen* Schlacht ! ein [sic !] Nachteil für Deutschland [...] Der 16. Dezember hätte den Krieg entscheiden können und man kann das graue Elend, wenn man sieht, was durch Schwachheit einerseits, durch einen kranken Chef des Stabes andererseits versiebt worden ist." Mantey an Tirpitz, 10. Oktober 1922, ebd., Nachlass Tirpitz N 253/257; Ingenohl verwahrte sich freilich gegen diese Interpretation, vgl. v. Ingenohl, Friedrich, *Die Flottenführung im ersten Kriegshalbjahr und das Seekriegswerk*, in: MR 28 (1923), S. 5.

69 Nachdem der ehemalige Oberhofmarschall Hugo v. Reischach in seinen Erinnerungen berichtet hatte, dass Tirpitz im August 1914 im Großen Hauptquartier zur Zurückhaltung der Flotte geraten habe, kam es darüber zu einer öffentlichen Diskussion, die aber ohne Ergebnis blieb, da ein eindeutiger Nachweis nicht zu führen war und alle beteiligten Marineoffiziere Tirpitz verteidigten. Vgl. zusammenfassend Fischer, Jörg-Uwe, *Admiral des Kaisers*. Georg Alexander von Müller als Chef des Marinekabinetts Wilhelms II. Frankfurt a.M. u.a. 1992, S. 211-215, sowie die Kontroverse zwischen Hans Delbrück und Vizeadmiral Hopman in: Die Kriegsschuldfrage 3 (1926), S. 539-547.

70 So zu Recht Schreiber, Kontinuität, S. 133.

71 Marine-Archiv (Hrsg.), *Der Krieg zur See 1914-1918*. Der Kreuzerkrieg in den ausländischen Gewässern. Bearb. v. Erich Raeder. 2 Bde., Berlin 1922-1923, hier: Bd. 1, S. VII.

72 Mantey an Tirpitz, 10.Oktober 1921, BA-MA Nachlass Tirpitz N 253/257 (auch für das folgende Zitat).

Erscheinen des zweiten Bandes der „Betrachtungen“ des ehemaligen Reichskanzlers hinausgezögert, „um dortigen Auffassungen in unserm Werk entgegentreten zu können.“ Gleichermaßen wurde auch die historische „Bilanz“ des Kreuzergeschwaders an sich soweit als möglich geschönt. „Bei der Beurteilung des Falkland-Unternehmens, das“, so Raeder, „ja eigentlich nicht zu verstehen ist, habe ich mir in der Form große Zurückhaltung auferlegt, um gegenüber dem *Laien*publikum das Fehlerhafte nicht zu sehr in die Erscheinung treten zu lassen.“[73]

Neben der Herausgabe amtlicher Werke bemühte sich die Marineführung, die Geschichte der Marine durch eine große Zahl von ihr initiierter oder unterstützter populärer Werke in einem positiven Licht erscheinen zu lassen. Einen aus Sicht des Leiters des Marinearchivs besonderen Stellenwert nahm diesbezüglich das als „Volksbuch im weitesten Sinne des Wortes“[74] 1921 herausgegebene Werk „Auf See unbesiegt“ ein. Nachdem alle „Marinedichter“ ihn im Stich gelassen hatten, schrieb Mantey sogar das schwülstige Einleitungsgedicht selbst. Dessen Strophen, die den historischen Verlauf des Seekrieges umrissen, enthielten zugleich eine unmissverständliche Botschaft an den Leser:

„Auf See unbesiegt! – Doch Gift, Zwietracht und Not
Verraten die Flagge! – Auf Wahnsinns Gebot
Heißt man einen Fetzen – das Seeräuber-Rot,
Das ist keine ehrliche Flagge! [...]
So bleibt unsere Flagge in Ehren doch,
Wir wahren der Alten die Treue noch!
‚Der letzte Mann' hält sinkend sie hoch,
als siegreich wehende Flagge!“[75]

Andere, von bekannten Marinemalern wie Willy Stöwer oder Adolf Bock prachtvoll ausgestattete Werke wie das ebenfalls von Mantey herausgegebene Buch „Unsere Marine im Weltkrieg 1914-1918“[76] oder der unter „Mitwirkung deutscher Seehelden“ von Scheer veröffentlichte Band „Die deutsche Flotte in großer Zeit“[77] sind insofern auch nur zwei Beispiele aus einer erstaunlich großen Reihe von Darstellungen zur Marinegeschichte, die, teils in populärer Form wie die zahlreich aufgelegten Bücher über die „Heldentaten“ des Kreuzergeschwaders, der Hilfskreuzer und U-Boote oder die Skagerrakschlacht, teils mit eher stärker fachlichem Anstrich[78] versehen, alle das gleiche Ziel verfolgten:[79] Scheers einleitendem Motto folgend „Der deutschen Flotte zur Ehre, kommenden Geschlechtern zur Nacheiferung!“, sollten diese Veröffentlichungen vergangenes Handeln rechtfertigen und zugleich die Zukunft gestalten helfen: „Unser Kampf galt der ‚Freiheit der Meere'“, hieß es dann im Vorwort weiter, und, so fuhr Scheer fort, „dass er nicht umsonst geführt wurde, wird die Zukunft erweisen. Möchte sie im Herzen Europas ein in nationaler Geschlossenheit einiges Volk finden, das wagemutig mit hoffnungsfreudig wehenden Wimpeln, über den weiten Ozean hinausstreben kann!“

73 Raeder an Tirpitz, 13. November 1921, ebd., Nachlass Tirpitz N 253/261.
74 Mantey an Tirpitz, 10. Oktober 1921, ebd., Nachlass Tirpitz N 253/257.
75 Mantey, Eberhard von (Hrsg.), *„Auf See unbesiegt“*, 2 Bde., München 1921-1922, hier: Bd. 1, S. VIIf.
76 Ders. (Hrsg.), *Unsere Marine im Weltkrieg 1914-1918*, Berlin 1928.
77 Scheer, Reinhard und Stöwer, Willy (Hrsg.), *Die deutsche Flotte in großer Zeit*, Braunschweig u.a. 1926.
78 Vgl. dazu beispielsweise Groos, Otto, *Seekriegslehren im Lichte der Geschichte*, Berlin 1929; Mantey, Eberhard von, *Deutsche Marinegeschichte*, Charlottenburg 1926.
79 Allein die Höhe der Auflage des Buches des 1. Offiziers der „Emden“, Kapitänleutnant Hellmuth v. Mücke, *„Emden“*, betrug 1922 223.000 Exemplare, Gleiches gilt für Pochhammer, Hans, *Graf Spees letzte Fahrt.* Erinnerungen an das Kreuzergeschwader, Leipzig 1920 [zuerst unter anderem Titel Berlin 1918], das 1926 in der 3. Auflage erschien; von Hase, Georg, *Skagerrak.* Die größte Seeschlacht der Weltgeschichte. Erinnerungen eines deutschen Seeoffiziers, Leipzig 1920, das 1926 bereits eine Auflage in Höhe von 214.000 Exemplaren ereichte und 1932 zum 12. mal wiederaufgelegt wurde, sowie Graf zu Dohna-Schlodien, Nikolaus, *Der „Möwe“ Fahrten und Abenteuer,* Stuttgart 1927.

Um dieses Ziel zu erreichen, bedurfte es aber nicht nur einer unter einem „Führer“ geeinten Nation, wie es in Anlehnung an die von Tirpitz in seinen „Erinnerungen“ beklagte „Führerlosigkeit“[80] während des Weltkrieges schon früh hieß, sondern auch einer einigen Marine. Beide Ziele waren nicht einfach zu erreichen: Weite Teile der Öffentlichkeit standen der Marine, zumal nach ihrer Rolle während des Kapp-Lüttwitz-Putsches, ablehnend gegenüber. Hinzu kam, dass Tirpitz' Gegner in der Reichsleitung, allen voran der ehemalige Reichskanzler Bethmann Hollweg, der allerdings bereits 1921 starb, gegen Tirpitz und dessen Deutung der Geschichte Front machten. Angesichts der Veröffentlichungen von „Professor Haller, Eckardtstein, Meineke [sic !], Timme [sic !], Veit Valentin und ähnlichen Leuten“ hatte Tirpitz daher im Sommer 1922 zunächst auch den Eindruck, dass „die Bethmänner und ihre Anhänger im Augenblick in der öffentlichen Meinung noch die Oberhand haben.“[81]

Diese Klage über die Tages- und Fachpresse war nur bedingt gerechtfertigt. Seit 1919 tobte hier zwar eine über mehrere Jahre sich hinziehende „Schlacht der Admirale“, wie der sozialdemokratische „Vorwärts“ nicht ohne Schadenfreude noch im Oktober 1926 nach den durch das Erscheinen von Tirpitz' zweitem Dokumentenband ausgelösten heftigen Kontroversen innerhalb der Marine konstatierte.[82] Den Anlass dazu hatte Tirpitz aber durch seine „Erinnerungen“ selbst geliefert. Gewiss, die Marine war Tirpitz nie uneingeschränkt gefolgt, und der Krieg hatte die Gräben eher vertieft als überwunden. Reichsmarineamt, Admiralstab und Marinekabinett hatten sich vor allem in Fragen der Seestrategie erbitterte, zutiefst persönliche Fehden geliefert, in die auch der Kaiser nolens volens mit hineingezogen worden war, ohne aber, so zumindest Tirpitz' Sicht, seiner Rolle als oberster Kriegsherr tatsächlich gerecht zu werden. Zur Wahrung der Einheitlichkeit des Seeoffizierkorps und, darüber hinaus, aus Loyalität gegenüber dem Kaiser war davon aber nur wenig nach außen gedrungen. Diesen Ehrenkodex hatte der ehemalige Staatssekretär des Reichsmarineamts durch seine Veröffentlichung in den Augen vieler in einer aus nationaler Sicht äußerst schwierigen Zeit fundamental verletzt.[83] Ohne Skrupel war er in seinen „Erinnerungen“ und, vor allem, in den auf Anraten Kerns als Anhang beigefügten äußerst offenen „Kriegsbriefen“ von der bisherigen Linie abgewichen, Konflikte nur intern, nicht aber öffentlich auszutragen und im Interesse des monarchischen Gedankens auch Wilhelm II. nicht zu kritisieren. Während der Bruder des Kaisers, Prinz Heinrich, Tirpitz in äußerst scharfer Form „nur“ privat rügte,[84] wehrten sich ehemalige Weggefährten wie der Chef des Marinekabinetts, Admiral v. Müller, in der Tagespresse. Andere wie Admiral v. Ingenohl versuchten es zunächst privat, später dann auch öffentlich in Fachzeitschriften wie der Marinerundschau oder den M.O.V.-Nachrichten. Erfolge waren dabei aber nicht zu verzeichnen. Müller gestand sich bereits nach wenigen Wochen ein, dass „meine Verteidigung gegen Tirpitz' Lügenbuch [...] wohl nur geringe Wirkung“[85] hat; nicht zuletzt aus Loyalität gegenüber dem Kaiser verzichtete er aber darauf, seine Tagebücher zu veröffentlichen, die zahlreiche, auch Tirpitz keineswegs schmeichelnde Details

80 Vgl. dazu insbesondere das Kapitel über den „Mangel einer obersten Leitung“ (Tirpitz, Erinnerungen, S. 326-332), sowie ebd., S. 390: „Der Feind stellte Diktatoren an die Spitze, die, wo erforderlich, mit eisernen Mitteln den Sieges- und Vernichtungswillen ihrer Völker hochhielten. Bei uns ließ die derzeitige Staatsleitung mit offenen Augen den inneren Zermürbungsprozess zu in der gefährlichsten Stunde Deutschlands, wo alle Gedanken und alle Herzen gegen den äußeren Feind hätten gerichtet sein müssen. Verschärft wurden die schlechten Triebe unseres Volkes durch jenen zersetzenden undeutschen Geist, der allmählich in unserem Volke die Herrschaft erlangt hat und jetzt alles durchdringt und dem sich entgegenzusetzen das Deutschtum noch zu träge scheint. Unsere Demokratie hatte den Sinn für das Ganze, für den Gesamtstaat bisher ungenügend in sich entwickelt.“

81 Tirpitz an Mantey, 16. Juni 1922, BA-MA Nachlass Tirpitz N 253/257.

82 VORWÄRTS vom 21. Oktober 1926. Vgl. dazu Fischer, Admiral des Kaisers, S. 291-308.

83 Vgl. dazu die Schriftwechsel im Nachlass Levetzow, BA-MA N 239/44.

84 Prinz Heinrich an Tirpitz, 29. Oktober 1919, ebd., Nachlass Tirpitz N 253/183.

85 Müller an den ehemaligen Chef des kaiserlichen Zivilkabinetts, Rudolf v. Valentini, 19. Dezember 1919, zitiert nach: Fischer, Admiral des Kaisers, S. 295.

enthielten.[86] Ingenohls Versuch, seine Flottenführung in der Marinerundschau 1923 zu rechtfertigen, wurde vom Leiter des Marinearchivs, Vizeadmiral v. Mantey, umgehend brüsk zurückgewiesen.[87] „Wir leben", so hatte dieser Ingenohl bereits zuvor als Antwort auf dessen Beschwerden über eine unfaire Behandlung wissen lassen, „in einer Zeit des Niederbruches, in der genau wie nach 1806 die Wahrheit mit einer *gewissen Schärfe* ausgesprochen werden muss, auch in der Geschichtsschreibung."[88] Es war insofern auch nur ein schwacher Trost, wenn manche hohe Offiziere Tirpitz' Widersachern zwar privat ihre Unterstützung zusicherten, sich öffentlich aber im Interesse des Zusammenhalts des Seeoffizierkorps zurückhielten[89], so dass die wenigen Kritiker am Ende unterlagen. Tirpitz, die „graue Eminenz der politischen Rechten"[90] in der Weimarer Republik, „schob" nicht nur mehrfach selber Artikel nach[91], sondern verfügte auch über ein weites Netzwerk an Kontakten, und mit dem ehemaligen langjährigen Leiter des Nachrichtenbureau, Vizeadmiral Carl Hollweg, vertrat auch ein in Presseangelegenheiten sehr erfahrener Offizier – trotz gelegentlicher „Bauchschmerzen"[92] – seine Interessen sowohl gegenüber Anfeindungen aus den eigenen Reihen als auch gegenüber kritischen Publikationen von Fachhistorikern wie Hans Delbrück oder Friedrich Thimme.[93] Dies galt auch für die publizistische Begleitung des Reichstagsuntersuchungsausschusses, der sich mit den Ursachen des Zusammenbruchs beschäftigen sollte. Soweit als möglich wurden Anfragen und Aussagen abgestimmt bzw. durch „Sonderveröffentlichungen" gegen marineunfreundliche Deutungen, vor allem hinsichtlich des Flottenvorstoßes und der Marinemeuterei, Front gemacht.[94] Konservative Historiker wie Fritz Kern, Hans Hallmann oder Dietrich Schäfer unterstützten Tirpitz und die Marine durch „flottenfreundliche" Dissertationen[95] oder Presseartikel; „unfreundliche" wie die Dissertation Eckart Kehrs versuchte diese ebenso wie das Buch eines anderen langjährigen Kritikers, Emil Alboldt, immerhin zu verhindern.[96] Je nach Anlass, zu Tirpitz' Geburtstagen oder zur Erinnerung an besondere Ereignisse aus der

86 Ebd., S. 291f.

87 Ingenohl, Flottenführung. Vgl. dazu Manteys offiziöse Stellungnahme: Zum Aufsatz: 'Die Flottenführung im ersten Kriegshalbjahr und das Seekriegswerk' im JANUARHEFT DER MARINERUNDSCHAU, in: MR 28 (1923), S. 62-64.

88 Mantey an Ingenohl, (undatiert, ca. 1920 ?), in: BA-MA Nachlass Tirpitz N 253/257.

89 Bezeichnend ist in dieser Hinsicht der Schriftwechsel des langjährigen Leiters des Nachrichtenbureaus, Kapitän z.S. Boy-Ed, mit der Schriftleitung der M.O.V.-Nachrichten. Bei einer positiven Besprechung des zweiten Bandes der Tirpitzschen „Politischen Dokumente" drohte er allein deshalb, auf dessen „unbestimmte Haltung betr. Ansetzen" der Flotte öffentlich hinzuweisen, weil er in diesen kritisch beurteilt worden war. Boy-Ed an Krah, 31. Oktober 1926, ebd., Nachlass Levetzow N 239/44. Eine Rezension unterblieb, da das Verbandsorgan der Meinung war, „dass dieses Buch besser nicht gedruckt worden wäre. Denn es ist nur zu sehr geeignet, erneut Uneinigkeit in unsere Reihen zu tragen." Krah an Boy-Ed, undatierter Auszug, ebd.

90 Vgl. dazu ausführlich die Arbeit von Scheck, Tirpitz.

91 Vgl. Tirpitz, Alfred von, Über den strategisch-taktischen Ursprung des Flottengesetzes, in: NAUTICUS 1926, S. 185-202; ders., *Warum kam eine Flottenverständigung mit England nicht zustande?*, in: Süddeutsche Monatshefte 23 (1925), S. 95-126. Eine allerdings unvollständige Liste von Tirpitz' Veröffentlichungen in: Uhle-Wettler, Franz, *Alfred von Tirpitz in seiner Zeit*, Hamburg u.a. 1998, S. 475f.

92 Vgl. das Schreiben Hollwegs an Scheer, 28. Oktober 1926 (Abschrift), BA-MA Nachlass Levetzow N 239/44.

93 Vgl. dazu die Kontroverse zwischen Delbrück, Hopman und Hollweg in: DIE KRIEGSSCHULDFRAGE 3 (1926), S. 177-180, S. 288-230, S. 539-547; Delbrück, Hans, *Ludendorff, Tirpitz, Falkenhayn*, Berlin 1920, S. 25-43; Thimme, Anneliese, Der „Fall Tirpitz" als Fall der Weimarer Republik, in: Geiss, Immanuel und Wendt, Bernd-Jürgen (Hrsg.), *Deutschland in der Weltpolitik des 19. und 20. Jahrhunderts*, Düsseldorf 1973, S. 463-482. Vgl. dazu auch die leider sehr verstreuten Unterlagen in den Handakten Hollweg, BA-MA.

94 Vgl. dazu die Korrespondenz zwischen Tirpitz und dem konservativen Reichstagsabgeordneten Albrecht Philipp in: BA-MA Nachlass Tirpitz N 253/260, die von Konteradmiral a.D. Brüninghaus, ebenfalls ein Mitglied des Ausschusses, verfasste Schrift: *Die politische Zersetzung und die Tragödie der deutschen Flotte*, Berlin 1926, und die Auseinandersetzung zwischen Vizeadmiral Adolf v. Trotha und Johann Victor Bredt in den PREUẞISCHEN JAHRBÜCHERN 208 (1927), S. 1-17, S. 107-112, S. 189-206.

95 Dazu gehören u.a.: Becker, Willy, *Fürst Bülow und England, 1897-1897-1909*, Greifswald 1929; Michalik, Bernhard, *Probleme des deutschen Flottenbaus*, Breslau 1931; Thalheimer, Siegfried, *Das deutsche Flottengesetz von 1898*, Düsseldorf 1926; Hallmann, Hans, *Der Weg zum deutschen Schlachtflottenbau*, Stuttgart 1933.

96 Vgl. dazu Bird, Origins, S. 51.

Marinegeschichte wie das zehnjährige Jubiläum der Skagerrak-Schlacht würdigten zahlreiche aktive und inaktive Marineoffiziere diesen öffentlich als die vielleicht „bedeutsamste und markanteste Persönlichkeit der wilhelminischen Ära“.[97]

Die Öffentlichkeit teilte diese Einschätzung aber nicht uneingeschränkt, wie die heftigen Diskussionen über die Vergangenheit der Marine im Jahre 1926/27 zeigen. Anlass dazu war die Veröffentlichung von Tirpitz' zweitem Dokumentenband, der die Zeit des Weltkrieges behandelte. Durch seine Indiskretionen über Wilhelm II., die aus der Sicht von Monarchisten vor allem dem monarchischen Gedanken schaden mussten, hatte dieser erhebliche Erregung unter führenden Angehörigen der alten Eliten hervorgerufen.[98] In einem Rundschreiben wies Prinz Heinrich daher darauf hin, dass trotz gegenteiliger Intentionen private Veröffentlichungen „einen Einfluss auf die sachliche Geschichtsschreibung [...] allein schon wegen der Subjektivität der Auffassung kaum auszuüben vermögen“ und dass alle weiteren Veröffentlichungen nur geeignet seien, „die Erziehung unseres Nachwuchses, für den wir in der Auffassung von Ehre und Pflicht vorbildlich sein sollten, aufs Äußerste zu erschweren und damit dem Vaterlande zum Schaden zu gereichen“.[99] Die öffentlichen Kontroversen waren damit beendet, in der Folgezeit ging es nunmehr daran, die Reichsmarine – allerdings im Geiste Tirpitz' – wieder aufzubauen. Den ersten Schritt dazu bildete die „Panzerkreuzervorlage“.[100]

Auch wenn die öffentliche Debatte über die Vergangenheit der Marine damit versandete und durch die heftigen Diskussionen über den geplanten Neuaufbau abgelöst wurde, bedeutete dies nicht, dass die Marinegeschichte intern nicht weiter bearbeitet wurde. Der neue Chef der Marineleitung, Admiral Raeder, brachte dafür vielmehr großes Verständnis auf. Er wollte sogar selbst die „losen“ Enden des Seekriegswerkes zusammenfassen und eine geschlossene Darstellung der Geschichte Kaiserlichen Marine verfassen. Die Forschungen gingen daher weiter, „unliebsame“ Bearbeiter wie der Neffe Ingenohls, Kapitän z.S. Erich Weniger, der die letzten beiden „Nordseebände“ bearbeiten sollte, wurden aber von ihren Aufgaben entbunden. Auch „kritische“ Werke durften nicht mehr erscheinen, sei es, dass Raeder sie von vornherein verbot, oder dass die mit der Marinegeschichte beschäftigten Seeoffiziere dies von selbst taten. So verfasste Vizeadmiral William Michaelis Ende 1933 auf Bitten des neuen Leiters des Marinearchivs, Konteradmiral Kurt Assmann, eine nicht unkritische Abhandlung über „Tirpitz strategisches Wirken vor und während des Weltkrieges“, wies in seinem Vorwort aber in bezeichnender Weise auf den Zusammenhang von Vergangenheit und Gegenwart, öffentlichem und dienstlichem Interesse hin: „Dass ich Tirpitz Bedeutung für unsere Marine durch meine Kritik nicht herabsetzen will, ist selbstverständlich. Aber die Erforschung der geschichtlichen Wahrheit darf vor der Person nicht Halt machen, wenn die Geschichte ihre Aufgabe erfüllen soll, Lehrmeisterin der Zukunft zu sein. Für die Menge kann Heldenverehrung wertvoller sein als geschichtliche Wahrheit. Denen, die einst zur Führung berufen sind, darf die Möglichkeit, auch aus Irrtümern und Schwächen der Großen zu lernen, nicht entzogen werden.“[101] Das Manuskript des ehemaligen Admiralstabschef, Admiral Gustav Bach-

97 So z.B. Vizeadmiral a.D. Albert Hopman in seinem Artikel aus Anlass von Tirpitz' 75. Geburtstag in der Kölnischen Zeitung vom 19. März 1924. Ausschnitt in: BA-MA Nachlass Tirpitz N 253/87. Vgl. auch die große Zeitungsausschnittsammlung im Nachlass.

98 Vgl. Fischer, Admiral des Kaisers, S. 301-308.

99 Rundschreiben Prinz Heinrichs, Mai 1927, BA-MA Nachlass Tirpitz N 253/183.

100 Vgl. Rahn, Reichsmarine, S. 195-246; Dülffer, Weimar, Hitler und die Marine, S. 98-130.

101 Michaelis, William, *Tirpitz strategisches Wirken vor und während des Weltkrieges* (12. Januar 1934), BA-MA RM 8/1233. In dieser Abhandlung geht Michaelis, der als Chef des Stabes der Hochseeflotte vieles aus eigenem Erleben berichten konnte, teilweise sehr scharf mit Tirpitz ins Gericht. Insbesondere versucht er dessen Kritik an der Flottenführung zurückzuweisen. In einem Brief an Assmann vom 12. Dezember 1933 hatte Michaelis zuvor deutlich gemacht, warum er sich nicht öffentlich geäußert hatte: „Es öffentlich zu tun, habe ich mich bisher gescheut, um nicht den Demokraten Material zu liefern, das sie zu Hetzereien ausnutzen könnten.“ Ebd.

mann, über „Der Admiralstab der kaiserlichen Marine“[102], das eines der zentralen Probleme während des Ersten Weltkrieges – die Frage der einheitlichen Führung – behandelte, blieb daher ebenfalls unveröffentlicht; der „problematische“ vierte Band über den „Handelskrieg mit Unterseebooten“ erschien erst 1941, freilich nur als Dienstschrift, wurde aber gleich wieder eingestampft.[103]

Dieser Umgang mit der Vergangenheit, über der der unendliche Schatten Tirpitz’ lag und von dem sich die Marine weder befreien konnte noch wollte, war nicht unproblematisch. Auch wenn die Marine wohl bis ins letzte Glied die ideologischen Prämissen des Tirpitzschen Flottenbaus teilte und als Richtschnur für eine noch ungewisse Zukunft geeignet hielt, hätte es nach den Erfahrungen des Krieges zumindest nahe gelegen, Grundfragen der Führung der Marine, der Schiffbaupolitik und der Seestrategie offen zu diskutieren. Bereits während des Ersten Weltkrieges hatte es darüber intensive Diskussionen vom Kapitänleutnant an aufwärts gegeben.[104] Aber bereits Raeder selbst stimmte sich bei den von ihm bearbeiteten Bänden über die „Kreuzerkriegführung“, einem äußerst heiklen Thema, sehr sorgfältig mit Tirpitz ab. Auf dessen „Rat“ betonte er in seinen grundlegenden Ausführungen im ersten Band insbesondere, „dass das Kreuzergeschwader u[nd] die in ihm steckenden Werte ganz anders hätten ausgenutzt werden können, wenn eine straffe, *einheitliche* Leitung Hochseeflotte u[nd] Kreuzergeschwader nach einem einheitlichen Plan gelenkt hätte, in klarer Erkenntnis der Wechselwirkung beider.“[105] Damit setzte er sich bei aller im Einzelnen vielleicht vorhandenen größeren Flexibilität und Modernität nicht in Widerspruch zu Tirpitz’ Strategie, die, erstaunlich genug, aber wenig bekannt, unmittelbar vor 1914 und auch zu Beginn des Krieges den Kreuzern angesichts der hoffnungslosen Lage in der Nordsee bereits ein größeres Gewicht innerhalb der Gesamtstrategie hatte geben wollen.[106]

Wie wenig von Raeder eine grundlegende Abkehr von den von Tirpitz entwickelten seestrategischen Prinzipien zu erwarten war, zeigte auch seine Reaktion auf die seit 1925/26 zirkulierenden Studien des Inspekteurs der Marineartillerie, Konteradmiral Wolfgang Wegener, die eine scharfe Kritik am Schlachtschiffbau und an der unzureichend koordinierten Gesamtkriegführung enthielten. Raeder bezeichnete dessen Thesen kurz und bündig als „Machwerk“. Wegeners Abhandlung erschien daher erst 1929, entscheidende Passagen waren zuvor allerdings bereits der Selbstzensur zum Opfer gefallen.[107] Immerhin sind diese Studien ein Beleg dafür, dass es intern zumindest Ansätze für eine tiefer gehende Diskussion der Vergangenheit gab. Dies ist insofern bedeutsam, als sich zunächst, wie vor 1914, die Ausbildung jüngerer Marineoffiziere für den Admiralstabsdienst ganz an der klassischen Seekriegsgeschichte orien-

102 Bachmann, Gustav, *Der Admiralstab der kaiserlichen Marine,* (1936). Ebd., RM 8/1272. Vor allem Trotha, der „Gralshüter“ des Tirpitzschen Erbes, drängte Raeder, Bachmanns Arbeit nicht zu veröffentlichen, fürchtete er doch, „dass sie dem Marinegedanken insofern abträglich ist, als die kleinlichen Gesichtspunkte und die Schwächen der betreffenden Persönlichkeiten in den Vordergrund gerückt sind.“ Zugleich kritisierte Trotha Bachmanns Ausführungen über die „Novemberrevolution“, die ein „wunder“ Punkt der Marine war. Trotha an Raeder, 15. September 1936., ebd. Bachmanns Ausführungen bildeten später, ohne dass dies ausreichend kenntlich gemacht wurde, die Grundlage von Hubatsch, Walther, *Der Admiralstab und die obersten Marinebehörden in Deutschland 1848-1945*, Frankfurt/M. 1958.

103 Vgl. Rahn, Reichsmarine, S. 128; Bird, Origins, S. 48. Dönitz soll diese Bände wegen ihrer negativen Beurteilung des U-Bootkrieges beispielsweise erst gar nicht gelesen haben.

104 Vgl. dazu den Schriftwechsel zwischen Trotha und Firle über die Bedeutung von Schlachtschiffen bzw. U-Booten in zukünftigen Kriegen aus dem Jahre 1917, in: BA-MA Nachlass Firle N 155/4, sowie die im Auftrag von Tirpitz’ Nachfolger, Admiral Capelle, verfassten Denkschriften in: ebd., RM 3/10.

105 Raeder an Tirpitz, 13. November 1921, ebd., Nachlass Tirpitz, N 253/261.

106 Vgl. die Notizen Capelles vom 17. Mai 1914, ebd., Nachlass Tirpitz N 253/29. Um den Krieg gegen England zu verschärfen, hatte Tirpitz darüber hinaus bereits am 20. August 1914 die Anregung gegeben, „dass es in einem späteren Stadium des Krieges doch in Betracht kommen könne, einen oder 2 große Kreuzer zum Handelskrieg gegen England im Atlantik anzusetzen“ und empfahl, „dies planmäßig vorzubereiten und mit Ballin betreffend der Kohlenversorgung u.s.w. in Verhandlungen zu treten.“ Tagesmeldung Hopmans vom 20. August 1914, ebd., RM 3/11486.

107 Wegener, Wolfgang, *Die Seestrategie des Weltkrieges*, Berlin 1929. Vgl. Rahn, Reichsmarine, S. 129-132; ausführlich zu Wegener auch Schreiber, Kontinuität, S. 118-120.

tierte und dadurch den Nachweis zu führen versuchte, dass „die Seemacht und Seekriegführung Einfluss auf den Gang der geschichtlichen Ereignisse gehabt hat."[108] Erst relativ spät, ab 1928, verteilte die Marineleitung geheime Dienstschriften, die das Admiralstabswerk ergänzen sollten und in denen abweichende Meinungen auch frei geäußert werden durften.

Verantwortlich für diese Haltung war die von vielen älteren Offizieren geteilte Auffassung Raeders, dass öffentliche wie auch mögliche interne Kontroversen von vornherein vermieden, vor allem aber die nachdrängenden jüngeren und der Tradition keineswegs unkritisch gegenüber stehenden Seeoffiziere nicht verunsichert werden sollten.[109] Hierin wirkten ohne Zweifel auch die als traumatisch empfundenen Ereignisse aus der Zeit des Weltkriegs nach. Darüber hinaus fühlte sich Raeder, dessen „Spiritus rector" nach Tirpitz' Tod im Frühjahr 1930 dessen enger Vertrauter Vizeadmiral Adolf v. Trotha war, – trotz mancher Kritik im Einzelnen[110] – verpflichtet, das Erbe des „Meisters" wahren zu müssen. Trotha hatte diese Verpflichtung für das Seeoffizierkorps bereits in seiner Rede anlässlich von Tirpitz' Beerdigung im März 1930 öffentlich abgegeben, als er diesem „nachrief": „Die Kraft Deines Wollens gehört auch aus der Ewigkeit Deinem deutschen Volke und wird Kraft zeugend und Weg weisend in alle Zukunft vor dem deutschen Volke stehen."[111] In seiner 1933 publizierten Tirpitz-Biografie führte er diesen Gedanken fort und fasste dessen Vermächtnis schließlich programmatisch zusammen: „Geist kann nicht sterben. Losgelöst vom irdischen Leib bleibt ihm lebendige Kraft, die wieder Geisteskraft zeugend unsterblich weiterwirkt, wo ernstes Streben nach neuem Erkennen und neuen Taten drängt. Es ist eine Zeit, die Neues werden lässt. Es ist so schwer, diese Zeit sieghaft zu überwinden, weil über das Ende des Weltkrieges die Unwahrhaftigkeit gestellt wurde. Das Edle im deutschen Wesen muss sich im harten Ringen erst wieder sein Recht erkämpfen, um der Freiheit die Bahn zu schaffen. Dann aber muss eine neue Zukunft werden, die für all das Jahrhunderte währende Suchen und Kämpfen und für all das Sichopfern und alles Heldentum die Lösung bringt in der von starkem Willen geführten Einheit des Deutschtums und in der Erfüllung seiner Aufgabe vor der Welt. Unter den wahrhaft deutschen Geistern, die für diesen deutschen Sieg Bahnbrecher sind, wird Tirpitzsches Wollen unerschöpflich lebendige Kraft zeugen." [112]

Die historische Chance, die von Tirpitz begründete Tradition des Strebens nach Weltgeltung mit neuem Leben zu erfüllen, bot sich mit der Machtergreifung vom Januar 1933 schneller als erwartet, und Raeder machte sehr früh deutlich, dass er gewillt und bereit war, hieran in vollem Umfang anzuknüpfen. Ganz im Geiste Tirpitz' betonte er Mitte Juni 1934 die politische Bedeutung von Seemacht: „Die Skala der Weltgeltung der Nationen ist identisch mit der Skala ihrer Seemacht."[113] Das Instrument dazu konnte seiner Meinung nach wie vor 1914 aber nur eine Schlachtflotte Mahanscher-Tirpitzscher Prägung sein, und die unter seiner Regie in Auftrag gegebenen Schlachtschiffe „Bismarck" und Tirpitz" waren diesbezüglich die letzten äußeren Symbole dieses Denkens.[114] Bis zu deren Untergang war es jedoch noch ein „weiter" Weg, und die amtlichen Marinegeschichtsschreiber waren daher bald mehr als stolz, Tirpitz' in den „Erinnerungen" enthaltenen Auftrag „ausgeführt" zu haben, wie das vermutlich 1940

108 Rahn, Reichsmarine, S. 128 (auch für das Folgende).
109 Ebd., S. 126.
110 Vgl. Bird, Origins, S. 50.
111 Rede Trothas am 10. März 1930, in: M.O.V.-Nachrichten vom 1. April 1930, 12 (1930), S. 145.
112 Trotha, Adolf von, *Großadmiral von Tirpitz*. Flottenbau und Reichsgedanke, Breslau 1933, S. 172f. Anfang 1934 folgte eine von einem weiteren engen Mitarbeiter, Fregattenkapitän a.D. Albert Scheibe, verfasste Biografie, *Tirpitz*, Lübeck 1934, die diese Gedanken fortführte.
113 Zitiert nach: Militärgeschichtliches Forschungsamt (Hrsg.), *Das Deutsche Reich und der Zweite Weltkrieg*, Band 1: Ursachen und Voraussetzungen der deutschen Kriegspolitik, bearb. von Wilhelm Deist, Manfred Messerschmidt, Hans Erich Volkmann, Wolfram Wette, Stuttgart 1979, S. 454.
114 Vgl. dazu Salewski, Michael, Das Ende der deutschen Schlachtschiffe im Zweiten Weltkrieg, in: ders., *Die Deutschen und die See*, S. 270-289; zur Bedeutung der Geschichte für Raeder und die praktischen Konsequenzen für die Marineplanung nach 1933 vgl. vor allem ders., Selbstverständnis, passim, sowie Schreiber, Kontinuität, passim.

verfasste Vorwort des Leiters des Marinearchivs, Vizeadmiral Assmann, zum völlig neubearbeiteten ersten Band des „Nordseekrieges" zeigt: „In den 20 Jahren, die zwischen der ersten und zweiten Bearbeitung dieses Bandes liegen, hat sich dank der genialen Führung Adolf Hitlers die Wiedergeburt der deutschen Nation vollzogen. Was in den Schlusssätzen des Vorwortes zur ersten Auflage nur als Hoffnung ausgesprochen werden konnte, ist heute in einem damals unvorstellbaren Maße in Erfüllung gegangen. Die harten Lehren eines verlorenen Krieges, die Erkenntnis der damals gemachten Fehler, haben den Wiederaufbau vorbereitet. Diese Lehren dürfen auch in Zeiten der Macht und Größe des Reiches niemals vergessen werden."[115] Eine – merkwürdig genug – im Auftrage des Luftwaffenführungsstabs herausgegebene Tirpitz-Biografie strich zur gleichen Zeit noch einmal ganz bewusst Tirpitz' Leistungen für „das größere Deutschland der Weltgeltung" heraus: „Als ein Rufer aus der Enge in die Weite, in die Weite nämlich eines genial erweiterten deutschen Staats- und Weltgefühls, ist und bleibt Großadmiral von Tirpitz ein Vorkämpfer der heutigen Zeit und ihrer Größe."[116]

Was hier im „positiven" Sinne als Kontinuität von Tirpitz zu Hitler gedeutet wurde, erwies sich bald als eine endgültig ins Verbrecherische gewendete „Kontinuität des Irrtums". Assmanns mahnende Worte von den „harten Lehren eines verlorenen Krieges" – und dies entbehrt nicht einer gewissen Ironie – sollten zudem schneller als erwartet und dann unter ganz anderen Vorzeichen bittere Realität werden. Im Sommer 1944, als die Fronten zusammenbrachen und eine Flotte kaum noch existierte, begann die Marine erneut wie im Zeichen des Zusammenbruchs ein Vierteljahrhundert zuvor, sich im fernen und sicheren Tambach unter Leitung eines – bezeichnenderweise – engen Tirpitz-Vertrauten, des ehemaligen Marineattachés in London, Kapitän z.S. Wilhelm Widenmann, intensiv mit ihrer Geschichte zu beschäftigen, um für die Zukunft „gerüstet" zu sein. Nach Rücksprache mit dem Oberbefehlshaber der Kriegsmarine, Großadmiral Karl Dönitz, definierte der Leiter der Kriegswissenschaftlichen Abteilung der Marine, Admiral Karlgeorg Schuster, die Tendenz, die dieser zusammenfassenden Darstellung der Geschichte der Kaiserlichen Marine zugrunde gelegt werden sollte. In einem Brief an jenen vom Reichsinstitut für deutsche Geschichte empfohlenen Historiker, der nach der „deutschen Katastrophe" des Jahres 1945 maßgeblich die Marinegeschichtsschreibung prägen sollte, den Historiker und Oberleutnant im Wehrmachtsführungsstab, Walther Hubatsch, fasste er noch einmal unbeirrt und unbelehrt das „Erbe" Tirpitz' zusammen: „Der mich bei der Inangriffnahme dieser Arbeit in erster Linie leitende Gedanke ist, dass leider immer noch bei der übergroßen Mehrzahl der politisch wie militärisch und wirtschaftlich führenden Köpfe das Verständnis für Seegeltung und Seekriegswesen erschütternd gering ist. Dass wir also jede Möglichkeit nutzen müssen, das Verständnis für diese Lebensfrage des deutschen Volkes zu fördern. Gerade dieser uns aufgezwungene Weltkrieg ist ja ein überzeugender Beweis, was Seemacht bedeutet und wie Mangel an Seemacht oder unzureichende Seerüstung die Kriegführung nicht nur erheblich erschwert, sondern tödlichen Gefahren für den Bestand der eigenen Nation aussetzt."[117]
Die Geschichte schien sich also tatsächlich bis ins Kleinste zu wiederholen, und wie vor 1914 und nach 1918 sollten erneut prominente Historiker wie der Münchener Ordinarius Karl-Alexander v. Müller oder der Kieler Neuzeitler Otto Becker mitwirken, die historische

115 Vorwort Assmanns zu *Der Krieg in der Nordsee.* (Ebenfalls) Bearb. von Vizeadmiral z.V. Dr. h.c. Otto Groos. Masch. Fassung (undatiert, ca. 1940), in: RM 8/208-209.

116 Im Auftrage des Luftwaffenführungsstabes Ic/VIII verfasst von Resch, Hans, *Großadmiral Alfred von Tirpitz*, Stuttgart o.J.[1941?], S. 86.

117 Schuster an Hubatsch, 24. Juni 1944, BA-MA RM 8/1427; vgl. auch den Brief des kommissarischen Leiters, Prof. Erich Botzenhart, an Admiral Schuster, 12. Mai 1944, ebd. Da Hubatsch damals jedoch noch Sachbearbeiter „Nord" im Wehrmachtsführungsstab war, konnte er diese Aufgabe nicht übernehmen. Hubatsch an Admiral Schuster, 1. Juli 1944, ebd. Vgl. auch die Denkschrift Widenmanns über „Die Marinepolitik der Kaiserlichen Marine 1871-1918" vom 18. März 1944, ebd.

„Mission der Marine" im Tirpitzschen Sinne zu vollenden. Bis in die letzten Kriegstage wurde daran intensiv gearbeitet, dann holte die Wirklichkeit die Geschichte der Marine endgültig ein.

IV.

Offenbar befangen durch das eigene Erleben, teilweise aber auch unwillig, sich mit den Ursachen der „deutschen Katastrophe" der Jahre 1914-1918 bzw. 1933-1945 (selbst)kritisch auseinander zu setzen, hat eine ältere Generation von Marinehistorikern – allen voran der Bonner Ordinarius Walther Hubatsch – zahlreiche Mythen der von Tirpitz geprägten Marinegeschichtsschreibung äußerst verbissen „geflegt". Unter dem Eindruck der zugespitzten Weltlage im Zeichen des Kalten Krieges, die manche Parallelen zur Situation von 1914 aufzuweisen schien, hat sie sogar mögliche „Lehren" zu erkennen geglaubt. Der „Klappentext" zu Walther Hubatschs Aufsatzsammlung über „Die Ära Tirpitz", die über annähernd zwei Jahrzehnte die wissenschaftliche und öffentliche Diskussion über die Vergangenheit der Marine prägen sollte, wirft daher auch ein Schlaglicht auf die Wirkungsmächtigkeit der von Tirpitz begründeten und von seinen Epigonen – Trotha und Raeder – fortgeführten Tradition, den Flottenbau zu rechtfertigen und ihm dabei zugleich einen tieferen historischen Sinn zu verleihen: „Die Gestalt des deutschen Flottenbaumeisters ist dem deutschen Leben von heute in ihrer Problematik eher fern gerückt. Nach der totalen Niederlage von 1945 drängte sich die ungerechtfertigte Parallele zum ersten Weltkrieg auf, so dass in den letzten Jahren Tirpitz sogar zum Hauptschuldigen am Kriegsausbruch 1914 gestempelt wurde. Ein derartig schiefes Geschichtsbild bedarf der Korrektur. Es geht hier nicht darum, die politischen Fehler der wilhelminischen Zeit zu leugnen oder zu rechtfertigen. Es geht vielmehr darum, zu zeigen, dass die deutsche Weltpolitik im Zeitalter des Imperialismus keine Annexionen erstrebt hat, dass sie in einem heute beispiellos gewordenen Sinne defensiv gewesen ist und dass auch der Aufbau des maritimen Machtmittels von dem deutschen Sicherheitsbedürfnis bestimmt worden ist."[118]

Erst das Nachwachsen einer jüngeren, nicht mehr unmittelbar „belasteten" Generation, die akribisch die reichlich vorhandenen Marineakten sichtete, interdisziplinär zu arbeiten bereit war und die sich nicht mehr an einst so mächtige alte Marinetraditionen und überlieferten Korpsgeist gebunden fühlte,[119] hat „Clio" in Bezug auf Tirpitz und die von ihm begründete Tradition einer Weltmachtideologie, die Staat und Gesellschaft in beispielloser Weise erfasste und funktionalisierte und die über ein halbes Jahrhundert darauf abzielte, das internationale Staatensystem zu revolutionieren, die Binde von den Augen zu nehmen vermocht, die ihr zeitweise und auch nicht ohne eigene „Schuld" den Blick für die historische „Wahrheit" erheblich verstellt hatte.

118 Hubatsch, Walther, *Die Ära Tirpitz*. Studien zur deutschen Marinepolitik 1890-1914, Göttingen 1955. An dieser Interpretation, dass die Marine kein „Angriffsinstrument, sondern der ‚Ausdruck' des Reiches, eine Selbstdarstellung der geeinten deutschen Stämme im Waffenspiel auf den Wellen" war, hat Hubatsch bis zu seinem Tode unbeirrt festgehalten. Vgl. ders., Ziele und Wirkungen der deutschen Flottenpolitik um 1900, in: MR 57 (1969), S. 253-263 (das Zitat ebd., S. 263) sowie ders., *Kaiserliche Marine*. Aufgaben und Leistungen, München 1975. Zu Hubatschs Rolle nach 1945 vgl. jetzt Pöhlmann, Kriegsgeschichte, S. 363-375. Die Tirpitz-Biografie von Uhle-Wettler, Tirpitz, ist ein Rückfall in diese längst überwunden geglaubte Tradition.

119 Stellvertretend seien hier Michael Salewski und Jost Dülffer, Wilhelm Deist und Volker Berghahn, Werner Rahn, Jörg Duppler und Gerhard Schreiber genannt. Vgl. auch den Forschungsüberblick von Forstmeier, Friedrich, Der Tirpitzsche Flottenbau im Urteil der Historiker, in: Schottelius, Herbert und Deist, Wilhelm (Hrsg.), *Marine und Marinepolitik im kaiserlichen Deutschland 1871-1914*, Düsseldorf 1972, S. 34-53, sowie Berghahn, Volker R., Zu den Zielen des deutschen Flottenbaus unter Wilhelm II., in: HZ 210 (1970), S. 34-100.

Anmerkungen zur Unternehmensgeschichte

Otmar Franz

I. Bedeutung der Unternehmensgeschichte für die Unternehmer

Kurz nach der deutschen Wiedervereinigung hat Hilmar Kopper, der damalige Sprecher des Vorstands der Deutschen Bank AG, ausgeführt, dass gerade die deutsche Wiedervereinigung und die damit verbundenen politischen und wirtschaftlichen Ereignisse gezeigt haben, dass die Kenntnis der Geschichte notwendig ist, um die heutigen Probleme zu verstehen.

> „Die Erklärung der Gegenwart und der Ausblick auf die Zukunft bedürfen einer Analyse der Vergangenheit. Erst die Auseinandersetzung mit der Geschichte schafft die nötige Distanz zur heutigen Situation, relativiert die aktuellen Probleme und bietet die Chance zu einem eigenständigen Urteil."

Wie Hilmar Kopper betont, kann die Kenntnis der Geschichte, das Verständnis der Geschichte, einen wesentlichen Beitrag zur Ich-Werdung, zur Identität nicht nur des Einzelnen, sondern auch von Institutionen leisten. „Sie erzieht zu etwas, was für Unternehmer unendlich wichtig ist: zur Verantwortung über den Tag hinaus." Natürlich kann Unternehmensgeschichte nicht die Unternehmer Tag für Tag mit konkreten Anweisungen für die Gegenwart versorgen, aber sie kann durch eine Analyse der Probleme anderer Epochen den Blick für Alternativen schärfen.[1]

Große unternehmerische Entscheidungen haben – wie Lothar Gall zu Recht feststellt – immer eine Langzeitperspektive. Hierfür ist die Kenntnis längerfristiger politischer, sozialer, ökonomischer und kultureller Strukturentwicklungen nützlich. Die Betrachtung vergleichbarer Prozesse und Vorgänge in verschiedenen Epochen und Regionen kann beim Durchspielen von alternativen Szenarien und der Gewinnung von unterschiedlichen Blickwinkeln auf ein Problem und einen Problemzusammenhang helfen. Nicht ohne Grund haben Georg und Werner von Siemens, Ludwig Bamberger oder Walther Rathenau wie viele andere bedeutende Unternehmer das Gespräch mit Historikern gesucht.[2]

Viele Unternehmer vertreten die Meinung, dass man aus der Geschichte lernen kann. Die Beschäftigung mit der Geschichte trägt zur Identifikation des Einzelnen mit seinem Unternehmen bei. Sie kann das Zusammengehörigkeitsgefühl der Mitarbeiter stärken. Die Kultur eines Unternehmens entsteht durch einen historischen Prozess. Basis jeder Kultur ist die Geschichte. Der Zusammenhang von Kultur und Unternehmensgeschichte ist nicht neu. Unternehmen, die sich durch festumrissene Normen, Werte, Führungs- oder Organisationsgrundsätze von anderen unterscheiden, gab es schon seit Beginn der Industrialisierung, sehr häufig bestimmt von großen Unternehmerpersönlichkeiten wie Friedrich Krupp, Werner von Siemens, Emil Rathenau, die Brüder Mannesmann, Carl Benz, Gottlieb Daimler oder Robert Bosch. Viele Unternehmen haben dies inzwischen erkannt.

Zur Unternehmenskultur gehört als Maß der Identifikation der Mitarbeiter mit ihrem Unternehmen nicht nur die Gegenwart und die erhoffte Zukunft, sondern auch die Vergangenheit eines Unternehmens. Die Bestandssicherung eines Unternehmens für die Zukunft kann nicht ohne Kenntnis seiner Entwicklung in der Vergangenheit gelingen. Die Identität seines

1 Pohl, Manfred, *Unternehmen und Geschichte*, Mainz 1992, S. 23.
2 Ebd., S. 22.

Unternehmens zu kennen, zu der auch die Herkunft, die Tradition gehört, heißt, die Stärken und Schwächen seines Unternehmens zu kennen. Dies ist eine wichtige Voraussetzung für eine realistische Zukunftsplanung. Unternehmenskultur, d.h. die Summe aller Werte und gemeinsamen Überzeugungen in einem Unternehmen, ist ein wichtiger Wettbewerbs- und Erfolgsfaktor. Deshalb sollte die äußere und innere Verarbeitung von Unternehmensgeschichte eine wichtige Rolle im Unternehmen spielen. Die Aufarbeitung der eigenen Unternehmensgeschichte bei Jubiläen, die Einrichtung von Firmenmuseen wie z.B. des Daimler-Benz-Museums in Stuttgart, des BMW-Museums Zeitmotor oder des Siemens-Museums in München und die Einrichtung umfangreicher Firmenarchive unterstützen die Herausbildung und Pflege der Unternehmenskultur.

Die Beschäftigung mit Unternehmensgeschichte weckt aber auch das Interesse an hochinteressanten Zusammenhängen, sie macht Freude. Es ist spannend zu sehen, wie sich der Welthandel entwickelt hat, welche Zeichen Ernst Abbe oder Robert Bosch sozialpolitisch setzten, was Gottlieb Daimler und Karl Benz für die Mobilität der Menschen oder was Werner von Siemens mit seinen weltweiten Nachrichtennetzen für die Information der Menschen, für die Kommunikation und die internationale technische Zusammenarbeit geleistet haben. Wie wurde die Infrastruktur von Unternehmern entwickelt? Wie haben die Chemie- und Arzneimittelindustrie durch Umsetzung entsprechender Forschungsergebnisse dazu beigetragen, Hunger und Seuchen zu bekämpfen und das Lebensalter der Menschen wesentlich zu erhöhen?

Gewiss haben viele Kaiser, Könige, Feldherren und Eroberer Großes geleistet. Aber ein Vergleich mit dem, was manche Unternehmer nachhaltig zum Wohle der Menschheit erreicht haben, ist nicht uninteressant. Es gibt sicher ein falsches Bild, wenn in Geschichtsbüchern vielfach Unternehmer und ihre für die Menschheit erbrachten Leistungen kaum erwähnt werden, wenn Unternehmer in Fernsehserien häufig nur als Gauner oder gar als Kriminelle dargestellt werden. Die intensive Beschäftigung mit Unternehmensgeschichte kann nicht die Welt grundlegend verändern, aber doch einiges zurechtrücken. Dazu leistet die Gesellschaft für Unternehmensgeschichte ihren Beitrag.

II. Aufgaben der Gesellschaft für Unternehmensgeschichte.[3]

Die Gesellschaft für Unternehmensgeschichte e.V., die im letzten Jahr ihr 25-jähriges Jubiläum feiern konnte[4], wurde am 10. Juni 1976 von Vertretern der Wissenschaft und der unternehmerischen Wirtschaft als gemeinnützige wissenschaftliche Einrichtung gegründet. Heute ist die Gesellschaft eine über nationale Grenzen hinaus anerkannte Institution.

Ihre Aufgabe ist es, unternehmensgeschichtliche Forschung durchzuführen und zu fördern, die Forschungsergebnisse der Wissenschaft und der allgemeinen Öffentlichkeit zugänglich zu machen und für die Erhaltung geschichtlicher Zeugnisse der Wirtschaft einzutreten.[5] Sie will den Dialog zwischen der Wissenschaft und den Unternehmen fördern und setzt sich für eine enge Zusammenarbeit zwischen Wissenschaftlern und historisch interessierten Unternehmern, Verbänden, Gewerkschaften, Politikern und Journalisten ein.

3 Franz, Otmar, Ziele und Aufgaben der Gesellschaft für Unternehmensgeschichte, in: Dipper, Christof (Hrsg.), *Hessen in der Geschichte: Festschrift für Eckhart G. Franz zum 65. Geburtstag*, Darmstadt 1996.

4 Hartig, Sandra, Von der Tradition zur Innovation. Die Gründung der Gesellschaft für Unternehmensgeschichte, in: ZEITSCHRIFT FÜR UNTERNEHMENSGESCHICHTE 46/1 (2001) , S. 221-236 und Teuteberg, Hans-Jürgen, Wilhelm Treue als Nestor der Unternehmensgeschichte, in: ZEITSCHRIFT FÜR UNTERNEHMENSGESCHICHTE 47/2 (2002), S. 123-157.

5 Vgl. Pohl, H., Ein Jahrzehnt Gesellschaft für Unternehmensgeschichte, in: ZEITSCHRIFT FÜR UNTERNEHMENSGESCHICHTE 31/1 (1986), S. 5-30.

Um den wissenschaftlichen Diskurs zur Unternehmensgeschichte zur fördern, organisiert die Gesellschaft für Unternehmensgeschichte vier Arbeitskreise: Die Arbeitskreise für Bankgeschichte, Verkehrsgeschichte und Versicherungsgeschichte und den Arbeitskreis zur Rolle der Unternehmen im Nationalsozialismus. An den halbjährlichen Treffen der Arbeitskreise nehmen Hochschulprofessoren, Nachwuchswissenschaftler, Archivare und Unternehmer teil. Durch Diskussionen, Informationsaustausch und Veröffentlichung der Arbeitspapiere versuchen die Teilnehmer, Synergieeffekte zu erzielen, die sowohl laufenden Projekten zugute kommen als auch neue Fragestellungen und Arbeiten anregen sollen.

In den Gremien der Gesellschaft für Unternehmensgeschichte, dem Vorstand, dem Wissenschaftlichen Beirat und dem Kuratorium sind führende Wissenschaftler und Unternehmer vertreten.

Die letzten zwei Jahrhunderte sind von einer atemberaubenden Entwicklung der Wirtschaft und der Unternehmen geprägt. Viele namhafte Unternehmen in Deutschland haben eine weit über 100-jährige Geschichte.

Die unternehmensgeschichtliche Forschung hat eine lange Tradition. Die frühesten Unternehmensgeschichten stammen von Verlagen, Druckereien, Apotheken und Heilmittelhandlungen. Beispiele sind die Festschrift zum 150-jährigen Jubiläum der Drogenhandlung Brückner, Lampe & Co. in Berlin von 1900, die Veröffentlichung zum 100-jährigen Jubiläum des Musikverlages Breitkopf & Härtel von 1819 und der Druckerei Justus Perthes von 1885.

Bis 1930 waren die Deutschen auf dem Gebiet der unternehmensgeschichtlichen Forschung führend. Hier seien nur Richard Ehrenberg, Bruno Kuske, Conrad Matschoß und Walter Däbritz genannt. Schon 1919 wurde ein wirtschaftshistorischer Lehrstuhl an der Handelshochschule/Universität Köln und 1920 an der Universität München eingerichtet. In den folgenden Jahren übernahmen die Amerikaner in der Business History nach und nach die führende Position. An der Harvard Business School hatte Dekan Wallace B. Donham schon 1920 das Studium der Business History eingeführt. Aber auch in der Sowjetunion rief Maxim Gorki im Jahre 1931 die Werktätigen auf, die Geschichte ihrer Fabriken und Werke zu schreiben.

An deutschen Universitäten hat seit Anfang der Sechzigerjahre die Wirtschafts- und Sozialgeschichte einen unerwarteten Aufschwung erreicht. Maßgeblich waren Wirtschaftswissenschaftler wie Erich Gutenberg, Erich Kosiol, Friedrich Lütge und Karl Schiller, die 1958 von der Deutschen Forschungsgemeinschaft zusammengerufen wurden, um den Wirtschaftswissenschaften neue Impulse zu geben. Sie beschlossen, jeder wirtschaftswissenschaftlichen Fakultät die Errichtung eines Lehrstuhls für Wirtschafts- und Sozialgeschichte zu empfehlen. So entstanden Anfang der Sechzigerjahre eine Vielzahl von Lehrstühlen für Wirtschafts- und Sozialgeschichte bzw. Wirtschaftsgeschichte.

Die Erforschung der Geschichte von Unternehmen innerhalb der Wirtschafts- und Sozialgeschichte nahm in der jüngeren Vergangenheit erheblich zu. Hierzu hat die Gesellschaft für Unternehmensgeschichte beigetragen.[6] An der Universität Nürnberg-Erlangen gibt es seit 1990 einen Lehrstuhl für Unternehmensgeschichte.

Durch Publikationen macht die Gesellschaft für Unternehmensgeschichte Forschungsergebnisse der breiten Öffentlichkeit zugänglich. Zwei Mal im Jahr erscheint die Zeitschrift für Unternehmensgeschichte. Sie veröffentlicht Beiträge zur Unternehmensgeschichte und verfügt über einen Rezensionsteil und eine laufende Bibliografie. Mit thematischen Schwerpunkten greifen die Herausgeber akzentuierend in die Diskussion ein. In der Schriftenreihe der Gesellschaft zur Unternehmensgeschichte, den früheren Beiheften zur ZUG, werden wichtige Forschungsergebnisse zur Unternehmensgeschichte ausführlich publiziert. Seit 1998 verleiht die Gesellschaft für Unternehmensgeschichte jährlich den Preis für Unternehmensgeschichte. Prämiert werden noch nicht veröffentlichte Forschungsarbeiten, die sich mit Themen und

6 Treue, W., Die Bedeutung der Firmengeschichte für die Wirtschafts- und für die Allgemeine Geschichte, in: ZEITSCHRIFT FÜR UNTERNEHMENSGESCHICHTE, Beiheft 50, Stuttgart 1989, S. 13-36.

Aspekten der Unternehmensgeschichte befassen. Sie werden in der Schriftenreihe der GUG veröffentlicht.

Die Bedeutung archivarischer Überlieferung als nationales Kulturgut ersten Ranges ist kaum zu überschätzen. Das von der Gesellschaft für Unternehmensgeschichte herausgegebene Werk „Deutsche Wirtschaftsarchive", das bereits in 3. Auflage vorliegt, ist ein Nachweis historischer Quellen in Unternehmen, Körperschaften des öffentlichen Rechts (Kammern) und Verbänden in Deutschland. Dieser „auf der Welt einmalige Wegweiser" ist, wie das Historisch Politische Buch in einer Besprechung hervorhebt, ein unentbehrliches Hilfsmittel für die Unternehmensgeschichte und die Unternehmer.

Die Gesellschaft für Unternehmensgeschichte unterstützt ihre Mitglieder bei historischen Ausstellungen und bei der Gestaltung des historischen Teils von Firmenjubiläen. Darüber hinaus betreut sie unabhängige Forschungsprojekte, d.h. die Erstellung einer kritischen Unternehmensgeschichte.

Ein Blick in die von der Zeitschrift für Unternehmensgeschichte erarbeitete Bibliografie zeigt die Vielfalt der in den letzten Jahren erschienenen Unternehmensgeschichten. Es gibt aber – wie Lothar Gall, Vorstandsmitglied der Gesellschaft für Unternehmensgeschichte, zu Recht feststellt – nur wenige gelungene Unternehmens- und Unternehmer-Biografien. Die Geschichte der Industrialisierung etwa und der Entstehung der modernen Industrie- und Dienstleistungsgesellschaft könnte auf diesem Wege noch sehr viel präziser und zugleich plastischer erfasst werden.

Nach einer Untersuchung von Gabriele Teichmann sind der überwiegende Teil der in den letzten Jahrzehnten erschienenen Unternehmensgeschichten an der Public Relation orientierte Werke mit geringem Umfang, hohem Bildanteil und fehlenden Quellennachweisen und Autorennennungen. Die Verpflichtung zur Wissenschaftlichkeit und Objektivität, d.h. genauere Recherchen und jederzeit belegbare Behauptungen müssen die Grundlage einer Unternehmensgeschichte bilden. Dies schließt das Vorhandensein eines wissenschaftlichen Apparates mit ein. Wissenschaftlicher Diskurs wird dadurch erst ermöglicht und ermutigt.[7] Nur ein Teil der heute erscheinenden Unternehmensgeschichten erfüllt einen wissenschaftlichen Anspruch. Herausragende Beispiele für eine unabhängige wissenschaftliche Unternehmensgeschichte sind die Geschichte der Deutschen Bank, die unter Autorenschaft von vier international anerkannten Historikern und einem Bankrechtler entstand und einige der von Mitgliedern des Vorstands und des wissenschaftlichen Beirats der GUG herausgegebene Unternehmensgeschichten.

Die Gesellschaft für Unternehmensgeschichte tritt für die Erhaltung der geschichtlichen Dokumentation ein und berät im Zusammenwirken mit der Vereinigung deutscher Wirtschaftsarchivare bei der Einrichtung und Organisation von Unternehmensarchiven. Sicherlich ist der Übergang zwischen einer aktuellen und einer historischen Information fließend. Die historische Information ist ein wichtiger Bestandteil des Informations- und Kommunikationssystems eines Unternehmens.

Die Aufnahme des Stahlwerks Völklingen und der Essener Zeche Zollverein in die Liste der UNESCO zum Schutz des Kultur- und Naturerbes der Welt „Schätze der Menschheit" sind Beispiele für wohlverstandenen Denkmalschutz historisch interessanter Industrieanlagen.

Auf Symposien und öffentlichen Vortragsveranstaltungen führt die GUG Wissenschaftler, Vertreter der Wirtschaft und eine breitere Öffentlichkeit zusammen.

„Dass Unternehmensgeschichtsschreibung seit den Achtzigerjahren als Zweig der historischen Wissenschaften anerkannt ist und nicht mehr als journalistischer Erwerbszweig verstan-

7 Teichmann, G., *Unternehmensgeschichten – Versuch einer Bestandsaufnahme und Typologie.* Vortrag anlässlich der Tagung des Verbands deutscher Wirtschaftsarchivare e.V., Bochum, 23.-26. April 1995.

den wird, ist wohl der größte Erfolg der GUG", schreibt der schwedische Historiker Harm G. Schröter in der Zeitschrift für Unternehmensgeschichte.[8]

III. Neue Ansätze zur Unternehmensgeschichte

Ausgelöst durch Diskussionen im wissenschaftlichen Beirat der Gesellschaft für Unternehmensgeschichte hat in den letzten drei Jahren eine sehr intensive Diskussion über eine moderne Unternehmensgeschichtsschreibung stattgefunden, für die die Zeitschrift für Unternehmensgeschichte eine gute Plattform bot.

> „Dass private Unternehmen in unserer Wirtschaft und Gesellschaft eine wie auch immer bewertete zentrale Position und Funktion einnehmen, braucht nicht weiter begründet zu werden – wohl aber, ob mit der historischen Untersuchung dieses Gegenstandes eine separate Unternehmensgeschichtsschreibung als wissenschaftliche Disziplin begründet werden kann. Dabei erscheint es sekundär, ob die sachgerechte Auseinandersetzung mit der Geschichte der privaten Erwerbsunternehmen im Sinne einer eigenständigen akademischen Disziplin erfolgt, oder ob dies im Rahmen des Faches Wirtschaftsgeschichte geschieht."

So beginnt Toni Pierenkemper seinen 1999 in der Zeitschrift für Unternehmensgeschichte abgedruckten Aufsatz über eine moderne Unternehmensgeschichtsschreibung.[9]

Wie Pierenkemper ausführt, weisen die Ursprünge der gegenwärtigen deutschen Unternehmensgeschichtsschreibung zumindest in fünf z.Z. sehr disparate Richtungen:

1. Die Geschichtswissenschaft hat sich allgemein mit diesem Objekt befasst. Private Unternehmen und ihre Leiter bilden daher immer wieder einen wichtigen Gegenstand bei der historischen Behandlung von Gesellschaft, Kultur und Politik.[10] Häufig zitiertes Beispiel dieses Genres ist die Firma Krupp.[11] Andere Unternehmer sind prototypisch für sozialstrukturelle Eigenarten der deutschen Gesellschaft wie die Entwicklung des Bürgertums.[12] Aber auch im kulturellen Bereich haben sich Unternehmer im Mäzenatentum besonders verdient gemacht.[13]

Wie Pierenkemper ausführt, kann die weite, vielschichtige, historische Literatur über Wirtschaftsbürger, Mäzene, Unternehmer und weitaus seltener über einzelne Unternehmen noch keine eigenständige Unternehmensgeschichtsschreibung begründen. Auch wenn er Gerald Feldman zustimmt, dass die Unternehmensgeschichte ein bedeutsamer Teilbereich der allgemeinen Geschichte ist,[14] vertritt Pierenkemper doch die Ansicht, dass sich die allgemeine Geschichte und noch viel weniger die Wirtschaftsgeschichte im Individuellen erschöpft.[15]

2. Einem großen Teil der Unternehmensfestschriften, die sich bis ins 18. Jahrhundert zurückverfolgen lassen, „ist ein wissenschaftlicher Anspruch rundweg abzusprechen," ein kleiner Teil ist wissenschaftlich orientiert, nur eine Minderheit genügt gänzlich wissenschaftlichen Stan-

8 Schröter, Harm G., Die Institutionalisierung der Unternehmensgeschichte im deutschen Sprachraum, in: ZEITSCHRIFT FÜR UNTERNEHMENSGESCHICHTE 45/1 (2000). S. 30-48.

9 Pierenkemper, Toni, Was kann eine moderne Unternehmensgeschichtsschreibung leisten? Und was sollte sie tunlichst vermeiden? in: ZEITSCHRIFT FÜR UNTERNEHMENSGESCHICHTE, 44/1 (1999), S. 15-31.

10 Ebd., S. 16.

11 Boelcke, Willi A., *Krupp und die Hohenzollern*, Berlin 1956.

12 Gall, Lothar, *Bürgertum in Deutschland*, Berlin 1989.

13 Lerner, Franz, *Bürgersinn und Bürgertat.* Geschichte der Frankfurter Polytechnischen Gesellschaft 1816-1966, Frankfurt a.M. 1966.

14 Feldman, Gerald D., *Hugo Stinnes: Biografie eines Industriellen, 1870-1924*, München 1998, S. VIII.

15 Pierenkemper, Unternehmensgeschichtsschreibung, S. 16.

dards.[16] Den meisten Unternehmensgeschichten mangelt es an „einer auch noch so geringen wissenschaftlichen Fundierung“.[17]

3. Mindestens ebenso lange wie Unternehmensgeschichten wurden Lebensgeschichten bedeutender Unternehmer geschrieben. Beispiele sind die Biografien von Robert Bosch,[18] Herbert Quandt[19] und die bereits erwähnte Stinnes-Biografie von Gerald Feldman.[20] Bedauerlicherweise fehlt allerdings nach wie vor eine umfassende Geschichte des deutschen Unternehmertums.

4. Die „Business History“,[21] die sich im letzten Jahrhundert, beeinflusst auch durch deutschen Emigranten, herausgebildet hat, hat auf die deutsche Unternehmensgeschichte zurückge-wirkt.[22]

5. Die Betriebsgeschichte der ehemaligen DDR, die in bewusstem Gegensatz zur bundesdeutschen Unternehmensgeschichte konzipiert war, ist eine Herausforderung, „die produktiv in der Unternehmensgeschichtsschreibung der Bundesrepublik verarbeitet werden sollte[23], auch wenn sich Arndt Kluge sehr skeptisch darüber äußert.[24]

Pierenkemper bezweifelt, dass sich aus diesen unterschiedlichen Traditionen ein konsistentes Konzept für eine historische Unternehmensforschung formulieren lässt. Die Unternehmensgeschichte bedarf „eines spezifischen methodischen Zugriffs, der sich von der Methode des Historikers unterscheidet, da dies ansonsten zu grotesken Missverständnissen führen kann“.[25]

Der Versuch „unmittelbar und nicht in der geforderten Weise mittelbar, d.h. in einem ersten Schritt mit einer genuinen Methodik, wissenschaftliche Unternehmensgeschichtsschreibung für ein weites Publikum zu betreiben, ist mit schwerwiegenden Problemen behaftet und trägt den Kern des Scheiterns in sich.“[26] Zusammenfassend schreibt Pierenkemper:

> „Die historische Analyse eines Unternehmens bedarf eines eigentümlichen Ansatzes, der in erster Linie die ökonomische Logik dieser Institution entschlüsselt und sich erst in zweiter Linie weiteren Dimensionen unternehmerischen Handelns widmet... Ohne eine vorausgehende sachgerechte Analyse der realen Handlungsbedingungen der Unternehmer gerät alles vorschnelle Bewerten sehr leicht in den Ruch wohlfeilen Moralisierens“.[27]

Schon im nächsten Heft der Zeitschrift für Unternehmensgeschichte veröffentlichte Manfred Pohl, Vorstandsmitglied der Gesellschaft für Unternehmensgeschichte, eine eingehende Replik auf Toni Pierenkemper[28], wobei er die Überlegungen Pierenkempers zur Unternehmensgeschichte als „interessant, anregend und notwendig“, gleichzeitig aber auch als „unzulänglich und problematisch“ bezeichnet.[29] In sechs Thesen setzt sich Pohl mit Pierenkemper auseinander:

16 Ebd., S. 17.
17 Teichmann, Gabriele, Unternehmensgeschichte – Versuch einer Bestandsaufnahme und Typologie, in: ARCHIV UND WIRTSCHAFT, 1995/4, S. 159-171, hier S. 163.
18 Heuss, Theodor, *Robert Bosch.* Leben und Leistung, Stuttgart 1946.
19 Treue, Wilhelm, *Herbert Quandt*, Bad Homburg 1980.
20 Feldman, Stinnes.
21 Cole, Arthur H., What is Business History?, in: BUSINESS HISTORY 2 (1962), S. 98-106.
22 Pierenkemper, Unternehmensgeschichtsschreibung, S. 17.
23 Ebd., S. 17.
24 Kluge, Arndt, Betriebsgeschichte in der DDR – ein Rückblick, in: ZEITSCHRIFT FÜR UNTERNEHMENSGESCHICHTE 38/1 (1993), S. 49-62.
25 Pierenkemper, Unternehmensgeschichtsschreibung, S. 19.
26 Ebd., S. 28.
27 Ebd., S. 31.
28 Pohl, Manfred, Zwischen Weihrauch und Wissenschaft? Zum Standort der modernen Unternehmensgeschichte, in: ZEITSCHRIFT FÜR UNTERNEHMENSGESCHICHTE 44/2 (1999), S. 150-163.
29 Ebd., S. 151.

1. „Die Unternehmensgeschichte hat in den letzten Jahren erhebliche Fortschritte gemacht. Wenngleich es leider noch immer viel zu viele Beispiele für ungenügende Unternehmensgeschichten gibt, so sind doch ernst zu nehmende Anzeichen vorhanden, dass ein beträchtlicher Verwissenschaftlichungsprozess stattgefunden hat und noch weiter stattfindet. Insgesamt ist die heutige Unternehmensgeschichte weit über eine Festtags- und Hofhistorie hinausgewachsen."[30]

2. „Etwa seit der zweiten Hälfte des 19. Jahrhunderts ist die Bedeutung von Unternehmen und Unternehmer stetig gewachsen. Seit diesem Zeitpunkt nehmen sie unbestrittenermaßen in Wirtschaft, Gesellschaft und Politik zentrale Positionen ein und Funktionen wahr. Vor diesem Hintergrund müssen wir uns um eine Unternehmensgeschichte in der Erweiterung bemühen. Es kann und darf für die Unternehmensgeschichte nicht nur ein Paradigma geben."[31]

3. „Wenn die Unternehmensgeschichte weiter ausgebaut und fundiert werden soll, dann müssen die Gefahren, die es für sie gibt, in aller Offenheit thematisiert und angegangen werden. Dabei ist jedoch m.E. herauszustellen, dass heutzutage die größte Gefahr für eine breite und fundierte Unternehmensgeschichte darin liegt, dass l'art pour l'art betrieben wird. Es ist höchst gefährlich und langfristig möglicherweise kontraproduktiv, die Adressatenfrage und Transferproblematik so abzuhandeln, wie Pierenkemper es vorschlägt."[32]

4. „Unternehmensgeschichte kann und darf auch durchaus ‚Unternehmensgeschichten' heißen."[33]

5. „In den letzten Jahren hat sich die Unternehmensgeschichte verstärkt mit dem Thema ‚Unternehmer und Unternehmen im NS' auseinandergesetzt. Wenngleich dies mit einem ungeahnten Boom der Unternehmensgeschichte verbunden war, und wenn auch dieser Boom in Teilen ausgesprochen problematisch ist, so ist es doch eine begrüßenswerte und positive Entwicklung, die zahlreiche Chancen birgt. Es gilt, sich die negativen Begleiterscheinungen bewusst zu machen und soweit wie möglich zu minimieren. Gleichzeitig sollten wir die darin verborgenen Chancen nutzen."[34]

6. „Angesichts des Booms der Unternehmensgeschichte wird immer wieder die Frage aufgeworfen, wie man dieses Fach organisatorisch und institutionell verankern kann und wer sich berechtigt fühlen darf, sich der Geschichte von Unternehmen anzunehmen. Ferner stehen die Fragen im Raum, ob es eigene Lehrstühle für Unternehmensgeschichte geben bzw. ob die Unternehmensgeschichte von anderen historischen Subdisziplinen abgedeckt werden soll. Angesichts allgemeiner Mittelknappheit und Kürzungen sind diese Fragen von besonderem Interesse. Der Wirtschaftshistoriker Pierenkemper vertritt dabei natürlich die Meinung, dass die Unternehmensgeschichte von den Wirtschaftshistorikern betrieben werden soll. Dem möchte ich entgegen halten: Die Unternehmensgeschichte ist eine viel zu wichtige Disziplin, um sie allein den Wirtschaftshistorikern zu überlassen. Es müssen vielmehr Lehrstühle für Unternehmensgeschichte eingerichtet werden, die das Phänomen Unternehmen in seiner ganzen Komplexität thematisieren können."[35]

Abschließend betont Pohl, dass nur auf der Basis einer gedeihlichen Zusammenarbeit Unternehmenshistoriker den Spagat wagen und dem Legitimationsdruck aus der Wissenschaft und aus dem Unternehmen konstruktiv begegnen können. „Die Frage, wer der bessere Unternehmenshistoriker ist, derjenige an der Universität oder derjenige im Unternehmen, kann eben

30 Ebd., S. 152.
31 Ebd., S. 153.
32 Ebd., S. 155.
33 Ebd., S. 156.
34 Ebd., S. 157.
35 Ebd., S. 158.

nur im Einzelfall entschieden werden. Es hängt nämlich einzig und allein von seiner Leistung und seinem Erfolg ab."[36]

Toni Pierenkemper veröffentlichte im folgenden Jahr seine Einführung in die Methoden und Ergebnisse der Unternehmensgeschichte[37]), auf die hier nicht im Einzelnen eingegangen werden soll. Einleitend weist Pierenkemper auf den amerikanischen Wirtschaftshistoriker Herman E. Krooss hin, der 1958 den Zustand der Unternehmensgeschichtsschreibung mit den Worten charakterisierte „no bible, no handbook, no textbook."[38]

Im gleichen Jahr veröffentlicht Pierenkemper in der Zeitschrift für Unternehmensgeschichte eine Entgegnung auf die sechs oben zitierten Thesen von Manfred Pohl.[39]

Hierbei handelt es sich um die schriftliche Fassung eines Diskussionsbeitrags von Pierenkemper zu einer spannenden Podiumsdiskussion der Gesellschaft für Unternehmensgeschichte, „Unternehmensgeschichte kontrovers", die am 5. April 1999 in Berlin unter Leitung von Franziska Augstein stattfand. Diskutanten waren Hartmut Berghoff, Ludolf Herbst, Toni Pierenkemper, Werner Plumpe, Manfred Pohl und Clemens Wischermann.

Die sechs Thesen, die Pierenkemper in dieser Entgegnung vertritt, sollen kurz zusammengefasst werden.

1. Der gegenwärtige Boom der Unternehmensgeschichte ist zwiespältig zu beurteilen. Als Unternehmenshistoriker sollte man davon ausgehen, dass dem Boom nahezu zwangsläufig wieder Krise und Depression folgen. Es gilt daher die wissenschaftlichen Interessen langfristig zu justieren. Dem dient der Austausch über unterschiedliche Ansätze in diesem Forschungsfeld und die damit verbundenen methodischen Reflexionen.[40]

2. Die Unternehmensgeschichte ist in Deutschland in den letzten Jahren über den Stand einer Festtags- und Hofhistorie hinausgewachsen. Damit werden aber theoretische Reflexionen über den angemessenen Zugang zum Handeln von Unternehmen und zur Analyse ihrer Entwicklung keinesfalls obsolet. Es gibt aber bemerkenswerte Fortschritte in der deutschen Unternehmensgeschichtsschreibung des letzten Jahrzehnts.[41]

3. Unternehmensgeschichte erweitert sich, nicht nur in ihrer Hinwendung zur allgemeinen Geschichte. Es mangelt aber vielfach an detaillierter Kenntnis über das Geschehen im Kernbereich des Untersuchungsgegenstandes, dem ökonomischen Handeln. Unternehmensgeschichte ist mehr als die Entschlüsselung der inneren Logik von Unternehmen, aber zuerst und vor allem ist sie genau dieses und nichts anderes.[42]

4. Die Unternehmensgeschichte darf sich nicht in ihren sprichwörtlichen Elfenbeinturm zurückziehen, aber die vornehmliche Orientierung wissenschaftlichen Arbeitens am wissenschaftlichen, nicht am allgemeinen Publikum ist keine l'art pour l'art. Die Fragestellungen und der Inhalt historischer Forschung müssen wissenschaftlich definiert werden. Eine wohlbegründete Arbeitsteilung bietet der weite Betätigungsraum der Gesellschaft für Unternehmensgeschichte und ihrer unterschiedlichen Veranstaltungen; hier wirkt vor allem die enge Kooperation mit den einzelnen Unternehmen.[43]

5. Die gegenwärtige Unternehmensgeschichtsschreibung profitiert von dem sprunghaft gewachsenen öffentlichen Interesse an der Geschichte der privaten Unternehmen unter dem

36 Ebd., S. 163.
37 Pierenkemper, Toni, *Unternehmensgeschichte*. Eine Einführung in ihre Methoden und Ergebnisse, Stuttgart 2000.
38 Krooss, Herman E., Economic History and the New Business History, in: JOURNAL OF ECONOMIC HISTORY 8 (1958), S. 467-485.
39 Pierenkemper, Toni, Sechs Thesen zum gegenwärtigen Stand der deutschen Unternehmensgeschichtsschreibung, in: ZEITSCHRIFT FÜR UNTERNEHMENSGESCHICHTE 45/2 (2000), S. 158-166.
40 Ebd., S. 159/160.
41 Ebd., S. 160/161.
42 Ebd., S. 161/162.
43 Ebd., S. 163/164.

Nationalsozialismus. Eine Erweiterung der Unternehmensgeschichte in diesem Gegenstandsbereich ist uneingeschränkt zu begrüßen. Diese Initiativen sind aber zweifellos mit „prekären" Quellenproblemen behaftet.[44]

6. „Dem Vorzug einer weitgehenden institutionellen Zentralisierung der Unternehmensgeschichtsschreibung um die Gesellschaft für Unternehmensgeschichte wohnt zugleich eine Gefahr inne. Diese scheint mir gegenwärtig darin zu bestehen, dass die bundesdeutsche Unternehmensgeschichte zu nahe an die Wirtschaft und ihre Unternehmen rückt und dass es zunehmend schwerer fällt, kritische Distanz zu halten."[45]

Ich habe den Eindruck, dass es erfreulicherweise gerade Toni Pierenkemper nicht schwer fällt, kritische Distanz zu halten. Andererseits weist Pierenkemper darauf hin, dass die Öffnung der Gesellschaft für Unternehmensgeschichte für unsere Diskussion und die Kooperation mit anderen wissenschaftlichen Organisationen darauf hoffen lässt, dass die traditionellen Strukturen veränderbar sind.[46] Das gemeinsame Symposium der GUG mit dem Arbeitskreis für kritische Unternehmens- und Industriegeschichte im Herbst 2001 ist ein solches Beispiel.

Sicher beabsichtigt die Gesellschaft für Unternehmensgeschichte keine Monopolisierung der Unternehmensgeschichte, aber eine nützliche Plattform auch und gerade für die kritische Diskussion zwischen Wirtschaftswissenschaftlern, Historikern und Unternehmern und anderen an Unternehmensgeschichte Interessierten wird sie auch in der Zukunft bieten. So bezeichnet das langjährige Mitglied des wissenschaftlichen Beirats der Gesellschaft für Unternehmensgeschichte Peter Borscheid die seit Anfang 1999 in der von ihm herausgegebenen Zeitschrift für Unternehmensgeschichte geführte Diskussion über Inhalt und Form moderner Unternehmensgeschichte als „hocheffizientes Klärwerk".[47]

Borscheid weist u.a. darauf hin, dass die Neue Institutionenökonomik der Unternehmensgeschichte eine Vielzahl an Fragestellungen und Interpretationsmöglichkeiten, die der bisherigen „Fassadenschau" nicht zugänglich waren, eröffnet.

> „Mit der Neuen Institutionenökonomik steht dem Historiker eine relativ realitätsnahe Theorie des unternehmerischen Handelns zur Verfügung, die ihm neue Fragestellungen zum Geschehen innerhalb des Unternehmens eröffnet, wie auch zu dessen Verbindungen zum Markt oder zum Staat".[48]

Sicher ist Borscheid zuzustimmen, dass die Historiker in Zukunft sehr viel stärker als bisher gefordert sein werden, sich mit der Geschichte der Unternehmen zu beschäftigen und zwar aus den unterschiedlichen Perspektiven je nach Fragestellung.[49] Auch seiner abschließenden Antwort auf die Frage, wer darf über die Geschichte von Unternehmen schreiben, ist nichts hinzuzufügen: „Jeder, jeder, der sich dies zutraut. Ob er das wissenschaftliche Rüstzeug dazu mitbringt, muss er zunächst selbst entscheiden. Er muss sich aber stets bewusst sein, dass die Sprunghöhe, die er anpeilt, auch zur Fallhöhe werden kann."[50]

Es ist zu wünschen, dass die so anregende Diskussion über die Grundlagen und Methoden der Unternehmensgeschichte, von der hier nur ein kleiner Auszug gegeben werden konnte, in- und außerhalb der Gesellschaft für Unternehmensgeschichte und ihrer Zeitschrift weitergeführt wird. Die Gesellschaft für Unternehmensgeschichte und die mit ihr verbundenen Wissenschaftler und Unternehmer werden auch in der Zukunft ihren Beitrag dazu leisten.

44 Ebd., S. 164/165.
45 Ebd., S. 165.
46 Ebd.
47 Borscheid, Peter, Der ökonomische Kern der Unternehmensgeschichte, in: ZEITSCHRIFT FÜR UNTERNEHMENS-GESCHICHTE 46/1 (2001), S. 5-10.
48 Ebd., S. 8.
49 Ebd., S. 6.
50 Ebd., S. 10.

Geistesgeschichte als Zeitgeistforschung: Fach oder Methode? Erträge aus 40 Jahren

Joachim H. Knoll

1. Methoden der Geschichtsschreibung, ein Kampf um Positionen?

Der Außenstehende muss zur Zeit den Eindruck gewinnen, als hätten sich die Wogen methodologischer Auseinandersetzungen um den „rechten Zugang" zu Geschichte und Geschichtsschreibung einigermaßen geglättet; eine Auseinandersetzung, die nicht frei war von politischen Präokkupationen und weltanschaulicher Gläubigkeit. Vielfach mochte es den Anschein haben, als würden hier tagespolitische Positionen des „links-rechts"-Schemas reproduziert, als stünden auf der einen Seite die, die vorrangig Geschichte als die Geschichte der handelnden Personen interpretierten und auf der anderen diejenigen, die meinten, dass alles aus dem Prozesshaften des geschichtlichen Ablaufs erklärt werden könne. Dass Historiografie im Wesentlichen um die gegensätzlichen und einander nur scheinbar ausschließenden Positionen der *personen-* oder *prozessorientierten* Geschichtsbetrachtung kreiste, hat einmal etwas zu tun mit den Adressaten der Geschichtsschreibung und auch mit der publizistischen Wahrnehmung dessen, was aus der Historiografie die Öffentlichkeit tatsächlich erreicht. Einfacher gesprochen: viele historisch Interessierte nutzen die personenorientierte Geschichtsbetrachtung als Identifikationsmuster oder als gleichsam künstlerische Veranstaltung, durch deren sprachliche und interpretatorische Kraft der „Held in der Geschichte" erst unmittelbar, gleichsam erlebbar gemacht wird, während die publizistische Mitteilung über Geschichtsschreibung sich zunächst auf die Seite der Vertreter prozessorientierter Geschichtsbetrachtung geschlagen hat, nun aber wieder zu den Personen zurückgekehrt ist, weil durch sie Geschichte eben anschaulicher und einfacher porträtiert werden kann; die Prozesse setzen eine publizistisch schwerer vermittelbare Kenntnis weltanschaulicher Rahmungen voraus. Heinz Schlaffer hat jüngst seine Beiträge in der *Frankfurter Rundschau* in Erinnerung gebracht,[1] deren einer von den „Feiertagen der Wissenschaft" handelt. Dort schreibt er:

> „Die historischen Wissenschaften haben im 20. Jahrhundert die Vorstellung hinter sich gelassen, Geschichte sei das Resultat von Handlungen großer Männer, Kunst als Ausdruck von Erlebnissen des Genies. An die Stelle der Chronologie von Staatsaktionen und Künstlerbiographien ist die Analyse anonymer Gesellschaftsstrukturen und ästhetischer Wahrnehmungen getreten. Doch diese wohlbegründeten methodischen Prinzipien gelten nicht mehr, sobald die Gedenkfeiern, die ein biographisches Datum festlegt, die Rückkehr zum überwundenen Biographismus erfordern. Für die ernsthaften Gegenstände moderner Geisteswissenschaften – die Organisation der venezianischen Seemacht etwa oder den Übergang vom Epos zum Roman – gibt es keine Jubiläen, sondern nur für Goethe, Bismarck, Nietzsche."

Das hier ausgedrückte Bedauern über die publizistische Wahrnehmung von Geschichte in den Personen scheint, wenn ich richtig sehe, eher aus der Schwierigkeit öffentlicher Vermittlung

1 Schlaffer, Heinz, Über den Geist der Geisteswissenschaften, in: Wertheimer, Jürgen und Zima, Peter V. (Hrsg.), *Strategien der Verdummung, Infantilisierung der Fun-Gesellschaft*, München 2001, S. 95. Dieser publizistischen Wahrnehmung könnten Beispiele entgegengestellt werden, die den Rückfall in einen reinen Biografismus widerlegen, z. B. Salewski, Michael, *Preußen: Zwischen Krönung und Kontrollrat*, Kiel 2001.

herzurühren, ist aber nicht mehr Zustand heutiger Historiografie, in der sich nämlich die scheinbare Antinomie im „sowohl als auch“ verbindet.

Aber auf dem Schauplatz historiografischer Auseinandersetzungen herrscht nun keineswegs eine Einvernehmlichkeit, in der Maßgeblichkeit vielleicht nur noch durch die darstellerische Kraft entschieden werden könnte. Aber ebenso wenig ist Geschichtsschreibung nur die formale Abbildung dessen, was sich ereignet hat, das subjektive Element kommt in Sprache, in Deutung, in Interpretation, in „Einbildungskraft“ zum Ausdruck. So will mir das Oeuvre von Christian Graf Krockow als Beleg für die schriftstellerische Qualität einer gegenwärtigen Historiografie erscheinen, in der sich Personen, Haupt- und Staatsaktionen, weltanschauliche Dimension und gesellschaftliche Alltäglichkeit verbinden.[2] Dieser Hinweis soll andere Autoren keineswegs verdecken. Für die nachhaltige Deutungskraft, in der sich die spezielle Analyse historischer Realität mit einer Öffnung zur politischen Zeitgeschichte verbindet und futurologische Andeutungen nicht ausschließt, steht etwa Karl Dietrich Brachers jüngste Aufsatzsammlung „Geschichte als Erfahrung.“[3]

Zum Thema „Geschichtsschreibung als literarische Kunst“ ist im Zusammenhang der Peripetie – nach der nur personen- oder nur prozessorientierten Historiografie, zur Verbindung beider – ein erneutes Gespräch in Gang gesetzt worden, nicht zuletzt durch das Buch von Hayden V. White „Metahistory“[4]. Hier treffen wir auf eine Einseitigkeit, die sich schon am Beginn des Buches so ausdrückt: „Ich betrachte (...) das Werk des Historikers als offensichtlich verbale Struktur einer Erzählung.“[5]

Und indem White Geschichtsschreibung eben wesentlich auf ästhetische und moralische Kriterien reduziert, kann er auch zur Vermutung gelangen, dass es sich bei Geschichte als Fach und bei der Geschichtsschreibung nicht um eine „Wissenschaft“ handle, sondern dass „historische Berichte als Romanze, Komödie, Tragödie, Satire“ modelliert und formiert würden. Solchermaßen wird dann auch der Historiografie der wissenschaftliche Deutungsanspruch entzogen, es wird das Vermögen der Wahrheitssuche dem Zweifel ausgesetzt, was Rüsen zu dem Einwurf veranlasst, dass das Buch der „Gefahr einer Entrationalisierung der Historiographie“ Vorschub leiste.[6] Mir scheint mit dem Buch von White jene schiefe Wahrnehmung vorzuliegen, dass Geschichte in der Erzählung von Geschichten, also in einer narrative Qualität gründe und dass sie ganz aus der subjektiven „Einbildungskraft“ entspringe. Und ferner sollte mit Carlo Ginzberg darauf aufmerksam gemacht werden, dass Gestalt und Gestaltung, in seinem Fall Rhetorik, einerseits und Beweis andererseits sich nicht auszuschließen müssen.[7]

Natürlich kann an dieser Stelle nicht ein Tableau unterschiedlicher inhaltlicher oder instrumenteller Zugehensweisen zur Historiografie ausgebreitet werden, seien es nun solche einer empirisch-quantifizierenden Erforschung,[8] solche der sozialgeschichtlichen[9] oder der politi-

2 Dies gilt besonders für Krockow, Christian Graf von, *Kaiser Wilhelm II und seine Zeit*, Berlin 1999; siehe hierzu meine Besprechung in: ZEITSCHRIFT FÜR RELIGIONS- UND GEISTESGESCHICHTE (ZRGG) 53/2 (2000), S. 178ff.

3 Bracher, Karl Dietrich, Geschichte als Erfahrung, Betrachtung zum 20. Jahrhundert, Stuttgart 2001.

4 White, Hayden V., Metahistory, *Die historische Einbildungskraft im 19. Jahrhundert*, Frankfurt 1984.

5 Ebd., S. 9.

6 Rüsen, Jörn, Geschichtsschreibung als Theorieproblem der Geschichtswissenschaft, in: Koselleck, Reinhart u.a. (Hrsg.), *Formen der Geschichtsschreibung*, München 1992, S. 514-605.

7 Ginzburg, Carlo, *Die Wahrheit der Geschichte*. Rhetorik und Beweis, Berlin 2001; siehe auch Besprechung von Meier, Franziska, Vorhut einer Gegenbewegung, in: FRANKFURTER RUNDSCHAU vom 7. Juli 2001, S. 20.

8 Zum Beispiel das Projekt von Kroll, Stefan u.a., Anwendung der multimedialen GIS-Technologie auf die Geschichtswissenschaft am Beispiel der Sozialtopografie Stralsund. Dieses findet sich in: www.uni-rostock.de/fakult/philfak./imd/lehr-buch/kroll.pp.

9 Ein spezieller Ausschnitt wird dargestellt bei: Knoblich, Tobias J., Das Prinzip Soziokultur – Geschichte und Perspektiven, in: AUS POLITIK UND ZEITGESCHICHTE VOM 9. MÄRZ 2001, S. 7ff.

schen Dimensionierung[10], seien es solche der synchronoptischen „Juxtaposition", die Mitte der 60er-Jahre in Arno Peters einen publizistisch versierten Protagonisten gefunden hatte.

Auf betont subjektive, mithin biografische Zugänge und alltagsgeschichtliche Zustandsbeschreibungen, die die „Geschichte von unten" einfangen wollen, sei nur in der Form des Hinweises hier eingegangen, weil beide Verfahren, vielfach als „modern" ausgewiesen, in ihrer einseitigen Favorisierung Züge einer „intimen Geschichte" tragen und auch in der Zeitgeistforschung eine gewisse Rolle gespielt haben, freilich eher im Hinblick auf eine neue Quellenart als auf das sich vereinzelnde und dahinter stehende theoretische Konstrukt.

Die „Geschichte von unten", der „Oral history" eng verbunden, ist hierzulande ein Kind jener kulturellen Wende in der Jugend- und Erwachsenenbildung, die die narrative Qualität des Selbsterlebten und -erfahrenen mit einem kulturellen Prädikat versah und jedem Beteiligten die Kompetenz zuwies, seine Beteiligung als geschichtswirksam zu begreifen und ausdrücken zu können. Das waren die endenden 70er-Jahre, in denen Geschichtswerkstätten mit stark regionalem und lokalem Bezug entstanden, eine der bekannteren, die Berliner Geschichtswerkstatt, konnte jüngst auf ihr 20-jähriges Bestehen zurückblicken. Die thematische Eingrenzung und deren Veränderungen ergaben sich aus dem Alter der in den Geschichtswerkstätten mitarbeitenden „Zeitzeugen", natürlich auch aus der regional bezüglichen Quellenlage. Es ging mithin um Facetten der Geschichte des 20. Jahrhunderts, vor allem des Nationalsozialismus, der Konzentrationslager, der Zwangsarbeiter, der Judenverfolgung, des Holocaust. In einer Selbstdarstellung der Berliner Einrichtung heißt es im Blick auf die Themenvielfalt:

> “Die Gründung des Vereins war Teil einer breiten sozialen und politischen Bewegung, die ein neues Verständnis von politischer Kultur zum Ziel hatte: Politik und Kultur nicht nur für die Betroffenen, sondern auch mit ihnen. Vorbild war die internationale Bewegung „Grabe, wo du stehst"... Die Bandbreite reichte von Fotoausstellungen zu „Russen in Berlin", über „Augusterlebnis 1914" bis hin zu „Jüdisches Leben am Kudamm."[11]

Dass die hier angelagerte „oral history" und die „Biografieforschung" noch stets einer gewissen Skepsis hinsichtlich ihrer Reliabilität begegnen, ist nicht verwunderlich, weil in beiden historiografischen Richtungen entweder nur das theoretische Konstrukt oder nur das konkrete Beispiel und nicht die Verbindung beider für Distanz und Nähe gesorgt hatten. Mit der Zeitschrift BIOS ist im deutschsprachigen Raum auch die historiografische Dimension von Biografieforschung und Oral History mit einem wissenschaftlichen und kritischen Korrektiv ausgestattet worden.[12]

Es wäre gewiss eines Blickes wert, der freilich hier nicht vorgenommen werden kann, auch das historiografische Selbstverständnis der Disziplinen mit einzuziehen, die von ihrem Fach ausgehend in politische, historische und gesellschaftliche Bezüge hinreichen und solchermaßen zur Klärung des eigenen geschichtlichen Ortes beitragen, gleichzeitig die Geschichtswissenschaft auch um eine neue Option ergänzen. Ich denke hier an Bereiche wie Bildungspolitik, Bildungsverwaltung, Jugend und Jugendforschung, Erwachsene und Erwachsenenbildung, um nur solche Bereiche zu nennen, deren historiografische Bemühungen ich in den letzten Jahren verfolgt habe. Hier scheint so viel sicher, dass die vormalige Vereinzelung der fachlichen Kompetenz und die Ausblendung der realpolitischen Verbindungen inzwischen überwunden

10 Steinbach, Peter, Politik und Geschichte – nicht nur ein wissenschaftliches Verhältnis, in: Aus Politik und Zeitgeschichte vom 6. Juli 2001, S. 3ff.; über unterschiedliche Zugehensweisen auch insgesamt: Silva, Brett, Historiography: How historians do history, in: http://kanga.pvhs.chico.k12.ca.us.

11 Z.B. www.berliner.geschichtswerkstatt.de/verein/20jahre.htm.

12 BIOS Zeitschrift für Biographieforschung und „Oral History" erscheint seit 1988, hrsg. v. Ch. Heinritz (Hagen), A. Lehmann (Hamburg), L. Niethammer (Jena), A. von Plato (Hagen). Siehe u.a. Geppert, Alexander C. F., Methodische Probleme der Oral History, in: GESCHICHTE IN WISSENSCHAFT UND UNTERRICHT (GWU) Heft 5 (1994), S. 303ff.; dort auch eine umfassende Bibliografie S. 321ff.

sind. Man konnte damalige Zustände vielleicht mit der flapsigen Bemerkungen begleiten: 'Wilhelm v. Humboldt werde an einem seidenen Faden aus dem Schnürboden der Weltgeschichte herabgelassen, ohne an preußische Reform als zeitgenössische Bedingungsfaktoren zu denken'. Zumal die Sozialgeschichte des Bildungswesens (Müller, Lundgreen), aber auch die historischen Näherungen zur Geschichte der Bildungsverwaltung als dem Zwischenbereich von Erziehung und Politik (Jeismann) oder auch das Verständnis von Geschichte der Erwachsenenbildung als soziale Emanzipationsbewegung im 19. Jahrhundert (Olbrich) stehen für eine Zusammensicht fachspezifischer Kompetenz und politisch-zeitgenössischer Sensibilität.

Der hier nun in Rede stehenden Zeitgeistforschung als einer eigenen, selbstständigen historiografischen Methode ist nicht eine Beachtung zuteil geworden, die ihrer anregenden Kraft entspricht. Das hängt mit ihrem hegemonialen Auftreten ebenso zusammen – nicht nur Methode, sondern auch Fach sein zu wollen – wie auch mit dem Umstand, dass die Geschichtswissenschaft inzwischen ihr Quellen- und Methodenrepertoire flexibler ausgelegt hat.

2. „Was ist und was will die Geistesgeschichte?“[13]

Mit dem Buch *„Was ist und was will die Geistesgeschichte?“* hat Hans-Joachim Schoeps die wissenschaftsgeschichtliche Begründung des Faches nachzureichen versucht, nachdem er in zahlreichen Studien bereits die Manier der Geistesgeschichte im engeren Sinn vorgestellt hatte; Vorarbeiten gehen bereits auf die Zeit im schwedischen Exil zurück.

Der Erlanger Lehrstuhlinhaber Hans-Joachim Schoeps hat letztmalig in Deutschland eine Professur für das Komplexfach „Religions- und Geistesgeschichte“ versehen. Akademische Lehrer und Wissenschaftler dieses universalen Zuschnittes sind in der deutschen Universität des 20. Jahrhunderts rare Erscheinungen gewesen. Heute sind sie schon gar nicht mehr vorstellbar. Seine Interessen reichen von der Geschichte der vor- und urchristlichen Essener, die uns heute über die Qumran-Funde bekannter sind, über den Philosemitismus im Barock bis hin zu den Frondeuren wider Bismarck im 19. Jahrhundert.[14]

In der Publikation „Was ist und was will die Geistesgeschichte?“ geht es nicht allein um eine wissenschaftsgeschichtliche Legitimation des Faches, auch nicht allein um eine Herkunftsbeschreibung der Geistesgeschichte, es sollte seinerzeit auch eine hochschulpolitische Initiative angeregt werden, die das Fach mehrheitlich an deutschen Universitäten etabliert sehen möchte, es sollte ein Disput über die Verfassung der realgeschichtlichen Historiografie angeregt werden und es sollten auch Beispiele geisteswissenschaftlicher Forschung vorgestellt werden, mit denen der Anspruch der Geistesgeschichte, eine eigenständige, wissenschaftliche Disziplin sein zu können, ansichtig gemacht werden sollte. Der Charakter, Programmschrift sein zu wollen, wird bereits im Vorwort der ersten Auflage annonciert.

> „Mit dieser Schrift wird der Öffentlichkeit das Programm einer neuen Disziplin vorgelegt (...) ich will (aber) nicht nur eine wissenschaftstheoretische Begründung geben, sondern auch aufzeigen, wie dieses Fach sinnvoll und nutzbringend betrieben werden kann. Die Kollegen der historischen Disziplinen wiederum sind eingeladen, in eine Diskussion grundsätzlicher Fragen einzutreten, die uns alle angehen oder angehen sollten.“[15]

Wir wollen an dieser Stelle zunächst die hochschulpolitische Programmatik zurückstellen, sie ist auch weithin verwehte Vergangenheit, und uns im Zusammenhang der Publikation selbst und mit den flankierenden Aktivitäten der „Gesellschaft für Geistesgeschichte“ und der „Zeit-

13 Schoeps, Hans-Joachim, *Was ist und was will die Geistesgeschichte – Über Theorie und Praxis der Zeitgeistforschung*, Göttingen 1959 (2. Aufl. 1970).

14 Dazu ausführlicher in Knoll, Joachim H., In memoriam Hans Joachim Schoeps, in: Heid, Ludger und Knoll, Joachim H., *Deutsch-jüdische Geschichte im 19. und 20. Jahrhundert*, Stuttgart 1992, S. 231ff.

15 Schoeps, Was ist und was will die Geistesgeschichte, S. 9.

schrift für Religions- und Geistesgeschichte“[16] auf die Genese der Zeitgeistforschung und das Fächer übergreifende Prinzip etwas näher einlassen.

3. Zur Genese der Zeitgeistforschung

Hans-Joachim Schoeps hat den Begriff Geistesgeschichte, unter Berufung auf Dilthey, Groethuysen und Wach, dem der Zeitgeistforschung zugeordnet. Es geht der Geistesgeschichte in diesem Sinn um die Beschreibung der Manifestationen des Zeitgeistes in allen Lebens- und Wissensbereichen, womit sie einmal multidisziplinär additiv angelegt ist, aber durch den Bezugspunkt "Zeitgeist" interdisziplinär integrativ zu sein beansprucht.[17] Sie versucht politische, wirtschaftliche, soziale, pädagogische u. a. Manifestationen als Emanationen des jeweils herrschenden Zeitgeistes zu interpretieren und legt diesem Verfahren einen nicht stets verifizierten Consensus von Zeitgeist zu Grunde. Zeitgeist wird zunächst ohne wissenschaftliche Präzisierung als Zeit- und Lebensgefühl der je repräsentativen Gesellschaftsschicht in einer bestimmten Zeit (Epoche) bezeichnet[18]. Wir weisen auf die damit bedingten Fragwürdigkeiten hin, die auch in mancher Widerrede bis auf den heutigen Tag ausgesprochen werden. In dieser „Theorie der Geistesgeschichte“[19] bleibt Zeitgeist unbestimmt, wird "repräsentative Schicht" nicht lokalisiert, und werden auch nicht die Kriterien benannt, nach denen die Quellen ausgewählt werden. Für den „Zeitgeist der Wilhelminischen Ära“ lassen sich solche Fragwürdigkeiten weitgehend aufheben, wenn man den Zeitgeist der Wilhelminischen Ära mit dem Lebensgefühl des Großbürgertums vor 1914 identifiziert und die schriftlichen Äußerungen von Oberlehrern, Juristen, Industriellen und Pfarrern für den geronnenen Zeitgeist hält.[20] Während sich die historische Forschung gemeinhin an Personen und Prozesse heftet, die über ihre Zeit hinausweisen und damit im Verständnis des Durchschnitts, des Commonsense untypisch sind, erkundet die Geistesgeschichte gerade die Durchschnittlichkeit; sie sieht nicht nur den „Helden in der Geschichte“[21], sondern auch den duldenden. leidenden, politisch reagierenden Beteiligten und den dem „Weltgeschehen“ Ausgelieferten. Sie ist – um ein konkretes Beispiel zu nennen – eher am politischen Impetus der in Wahrheit großbürgerlichen „Gartenlaube“ interessiert als an den kulturkritischen Vorkriegsahnungen W. Rathenaus.[22] Weiß man um solche hier nur peripher charakterisierten Einseitigkeiten und stellt man ihr bislang unscharf entwickeltes Instrumentarium in Rechnung, so bleibt doch, dass die Zeitgeistforschung Wandlungsprozesse vielfach schärfer zu konturieren vermag als die politische Geschichte, deren

16 Siehe hierzu meine, die Geschichte von Gesellschaft und Zeitschrift überblickende Darstellung: Knoll, Joachim H., „Wer den Zeitgeist heiratet, wird bald Witwer sein“. 50 Jahre ZEITSCHRIFT FÜR RELIGIONS- UND GEISTESGESCHICHTE und 40 Jahre Gesellschaft für Geistesgeschichte, in: ZRGG Heft 1 (1998), S. 1ff.

17 Schoeps, Was ist und was will die Geistesgeschichte, S. 14 schreibt in der Einleitung auf diese Absicht hin: „Daher ist im Folgenden zu untersuchen, ob und wie eine universale Betrachtungsweise möglich ist, die das Gesamtbild eines Zeitalters intendiert und eine Stileinheit mittels Querschnitten durch alle Sachgebiete des Zeitalters hindurch zu erfassen trachtet.“

18 Die ZEITSCHRIFT FÜR RELIGIONS- UND GEISTESGESCHICHTE und die Gesellschaft für Geistesgeschichte haben die Fruchtbarkeit der Zeitgeistforschung im thematischen Einzelfall nachgewiesen. Freilich sind die soziokulturellen Determinanten dabei nicht zureichend definiert worden.

19 Eine bündige Theorie der Geistesgeschichte liegt bislang nicht vor. Teilaspekte finden sich bei H. J. Schoeps, H. Diwald, K. Pfannkuch, F. Kreppel, H. Schallenberger, J. H. Knoll u.a.

20 Hierzu u.a. Kreppel, Friedrich, Der Lehrer in der Zeitgeschichte, in: *Zeitgeist im Wandel*, Bd. 1, Stuttgart 1967, S. 128ff.; Höfele, Karl H., Selbstverständnis und Zeitkritik des deutschen Bürgertums vor dem Ersten Weltkrieg, anhand von Schulprogrammen, in: ZRGG Heft 1 (1956), S. 40ff.; Knoll, Joachim H., Staatsbürgerliche Erziehung im 19. Jahrhundert, in: PÄDAGOGISCHE RUNDSCHAU Heft (1966), S. 377ff.

21 So: Hook, Sidney, *Der Held in der Geschichte*. Eine Untersuchung seiner Grenzen und Möglichkeiten, Nürnberg 1961, S. 254. Vgl. ders., *Reason, Social Myths and Democracy*, New York 1940, S.119ff.

22 Dazu Knoll, Joachim H., Von der bürgerlichen Lebensordnung zum Ende aller Sicherheit? 1900-1964, in: *Ansichten zur Gegenwart*, Düsseldorf 1965, S. 77ff.

selbstbewusstes Quellenverständnis auch durch die zeitgeist-geschichtliche Forschung erschüttert wurde.[23]

Wir haben in diese Vorüberlegungen zur Zeitgeistforschung sogleich auch unseren kritischen Vorbehalt mit eingebracht. Fassen wir die Konstituenten der Zeitgeistforschung zusammen, so lassen sich folgende Merkmale benennen: synchronoptische Zusammenschau der Emanationen von „Zeitgeist" in den verschiedenen Lebens- und Wirklichkeitsbezirken, Orientierung an der nicht näher bezeichneten „Durchschnittlichkeit" einer als repräsentativ gesetzten Schicht, Untersuchung der Möglichkeiten in einer geschichtlichen Situation, die auch jene Phänomene und Personen berücksichtigt, die die „Gunst der Stunde" nicht gefunden haben, die mit dem Zeitgeist nicht kongruent waren.

Aber des Weiteren: Hans-Joachim Schoeps stellt neben die an van der Leeuws Phänomenologie der Religionen orientierte Religionsgeschichte die Geistesgeschichte als eine selbstständige Wissensdisziplin und versucht darüber hinaus beide aufeinander zu beziehen[24], wobei die bislang vorgetragenen Forschungsergebnisse der Zeitgeistforschung diesen Anspruch seiner Ansicht nach legitimieren, während er sogleich auch einräumt, dass die wissenschaftstheoretische Grundlegung dieses Anspruchs schmal geblieben ist:

> „Viele skeptische Bedenken, die gegen die wissenschaftstheoretische Fundierung einer neuen Disziplin immer angemeldet werden können, verlieren an Gewicht, wenn diese sich durch einen Reichtum eigener Quellen überzeugend ausweisen kann, deren systematische Bearbeitung von keiner vorhandenen Disziplin bisher geleistet worden ist. Die Praxis der Historiographie ist meistenteils auch eindeutiger und überzeugender als alle Versuche theoretischer Begründung."[25]

Der Hinweis auf die wissenschaftsinstitutionelle und disziplingeschichtliche Praxis anderer Länder hat insofern kein beeindruckendes Gewicht, da sowohl die in Amerika sich als „history of ideas" darstellende Disziplin als auch die schwedische Lärdomshistoria im Forschungsziel in andere Richtungen weisen. Nebenbei: im Untertitel der Zeitschrift für Religions- und Geistesgeschichte, von Hans-Joachim Schoeps gegründet, wird Geistesgeschichte heute in dem Begriff „Intellectual history" gefasst.

Die Geistesgeschichte im Sinne von Zeitgeistforschung will mir eher als eine im Anspruch interdisziplinär zu verfassende, im praktischen Vorgehen meist multidisziplinär angelegte, also additiv synchronoptische Methode gelten, die den Nachweis einer eigenen Wissensdisziplin noch nicht erbracht hat.

Trotzdem befindet sich die Zeitgeistforschung in einer Tradition, die auch durch wissenschaftliche Prominenz gesichert wird, und sie hat vor allem einen Aspekt Diltheyscher Geistesgeschichte bewusst gemacht, der in der Regel bei den geistesgeschichtlichen Interpreten nicht sichtbar wird. Dilthey markiert allerdings nicht den Beginn der Zeitgeistforschung. Hans-Joachim Schoeps hat in seiner Schrift „Was ist und was will die Geistesgeschichte?"[26] Geschichte und Problemstellung des Zeitgeistes beschrieben wie auch die Genesis der Zeitgeistforschung. Demzufolge weisen die ersten Belege für Zeitgeist in das Ende des 18. Jahrhunderts, sind also weithin an die Aufklärung gebunden. Vielleicht ist dieser Sachverhalt von daher erklärbar, dass im Sinne von Troeltsch' historiografischer Periodisierung die Aufklärung als eine Zeitenwende proklamiert wird, die gegenwärtiges und zukünftiges Geschehen nicht mehr unter ausschließlich christliche Verstehenszusammenhänge subsumiert, sondern die Sinn und Zielfrage der Geschichte an einem „profanen" Prinzip orientiert, das unter Zuhilfenahme von Völker- und Kulturpsychologie übergeordnete Antriebe für Geschichte annimmt. Herder

23 Siehe hierzu Knoll, Joachim H., *Pädagogik im Lexikon*, in: PÄDAGOGISCHE RUNDSCHAU Heft 1 (1971), S. 1ff.

24 Schoeps, Was ist und was will die Geistesgeschichte, S. 91.

25 Ebd., S. 91.

26 Ebd., S. 13ff.

und Hegel haben sich diesem historiografischen Prinzip ebenso angeschlossen, wie die von Schoeps erstmals ausführlich vorgestellten Vorläufer Spenglers[27] Ernst v. Lasaulx und Carl Ludwig Vollgraff.

In Hegels „Vorlesungen über die Geschichte der Philosophie“ findet sich der indikatorische Satz: „Es ist nur ein Geist, ein Prinzip, welches sich im politischen Zustand ebenso ausprägt wie es sich in Religion, Kunst, Sittlichkeit, Geselligkeit und Handel manifestiert.“[28]

Auf die Situation zu Beginn des 19. Jahrhunderts und die damalige Bildungspolitik angewandt, heißt das, dass die Zeitgeistforschung sich nicht nur an dem die Zukunft einschließenden Gedankenvollzug Humboldts orientiert, sondern auch jene erzieherischen Absichten bedenkt, die ganz eingebunden sind in ihren tagtäglichen Auftrag und etwa Schule und Bildung an den „objektiven Bildungsbedürfnissen“ ausrichtet. In einer so verfassten Geistesgeschichte wäre dann neben Humboldt der Duisburger Gymnasialdirektor Johann Gottfried Christian Nonne[29] zu stellen, der das Gymnasium nicht den Zwängen neuhumanistischer Bildungsprojektionen ausliefern wollte, sondern in ihm eine Bildungsinstitution verstand, die auch die Bedürfnisse einer an Handel und Gewerbe orientierten Stadt zu berücksichtigen habe. Nebenbei: Nonne soll nach Auskunft seines frühen Biografen Moeller eine Schrift „Schule und Zeitgeist“ veröffentlicht haben, die allerdings trotz umsichtiger Recherchen nicht mehr aufzufinden ist.

Dilthey schließlich gilt in der Sicht von Schoeps als wesentlicher Promotor der Zeitgeistforschung, wenn er auch, etwa im Zusammenhang der Pädagogik, nur beiläufige Hinweise zu der speziell geistesgeschichtlichen Methodologie im Sinne von Zeitgeistforschung vorgetragen hat. Da wir nicht in eine detaillierte Darstellung dieses Zusammenhangs eintreten wollen, seien hier nur einige Marginalien vorgebracht: Einmal charakterisiert Dilthey die Pädagogik als rückständige Wissenschaft,[30] und das nicht zuletzt deswegen, weil ihr ein Verständnis für Zusammenhänge und Hierarchien in ihrem historiografischen Selbstverständnis fehle. Im Hinblick auf die Detailforschung formuliert Dilthey in seiner Schrift „Über die Möglichkeit einer allgemein gültigen pädagogischen Wissenschaft“:

> „Noch ist die Aufgabe eben erst angegriffen, das archivalische und gedruckte Material, Schulordnungen, Schulbücher, alsdann die gedruckten Aussagen von Privatpersonen über Ergebnisse der Erziehung zu unserer Kenntnis des Kulturzusammenhangs in Verhältnis zu setzen.“[31]

Hier ist bereits der Weg vorgezeichnet, auf dem sich Zeitgeistforschung als Methode bewegt: Einmal bislang nicht berücksichtigtes Quellenmaterial heranzuziehen und sodann die dabei gewonnenen Einsichten in einen größeren Zusammenhang („Gesamtbild eines Zeitalters“) einzubetten.

Während Dilthey im Hinblick auf eine Zeitgeistforschung noch eher in einer allgemeinen Forschungsstrategie verblieben ist, haben sich nach ihm Groethuysen, Wach und Schoeps daran gemacht, den vorgezeichneten Rahmen auszufüllen. Groethuysens „Entstehung der bürgerlichen Welt- und Lebensanschauung in Frankreich“ (1927, 1930) gründet gerade auf jenem Quellenmaterial, das bei Dilthey bereits annonciert wurde. In der Entwicklung der Zeitgeistforschung markiert dann Joachim Wach, der am Lamprechtschen Institut für Universalgeschichte in Leipzig das Fach Religions- und Geistesgeschichte vertrat, einen wiederum theo-

27 Schoeps, Hans-Joachim, *Vorläufer Spenglers: Studien zum Geschichtspessimismus im 19. Jahrhundert*, Leyden- Köln 1955, S. 2.

28 Schoeps, Was ist und was will die Geistesgeschichte, S. 16.

29 Knoll, Joachim H., *Johann Gottfried Christian Nonne: Ein Beitrag zur niederrheinischen Schulgeschichte am Beginn des 19. Jahrhunderts*, München-Paderborn-Wien 1971 (auch veröffentlicht in: DUISBURGER FORSCHUNGEN, Beiheft 14, Duisburg 1971).

30 Dilthey, Wilhelm, *Pädagogik: Geschichte und Grundlinien des Systems.* Gesammelte Schriften. Band 9, Stuttgart-Göttingen 1961, S. 177.

31 Dilthey, Wilhelm, *Die geistige Welt: Einleitung in die Philosophie des Lebens*, Zweite Hälfte: Abhandlungen zur Poetik, Ethik und Pädagogik. Gesammelte Schriften. Band 6, Stuttgart 1962, S. 72.

retischen Bezugspunkt; in dem ersten Band seiner umfangreichen Publikation „Das Verstehen" (Bd. I, 1926) wird Geistesgeschichte ebenfalls in die Richtung der Zeitgeistforschung gewiesen, als Letzter in dieser Reihe hat Hans Joachim Schoeps dann Geistesgeschichte als selbstständige Entität von seinem Ordinariat für Religions- und Geistesgeschichte aus durchzusetzen versucht.

4. Zur Situation der Zeitgeistforschung im Umfeld des „Erlanger Seminars für Geistesgeschichte"

Wir wollen nachfolgend einige der Bemühungen um die Zeitgeistforschung nach 1960 zunächst im Überblick besehen und dabei auch versuchen herauszufinden, ob sich seither die wissenschaftstheoretische Fundierung konkretisiert hat. In der „Gesellschaft für Geistesgeschichte" (1958 gegründet), ist bis auf den heutigen Tag die Kontroversdiskussion nicht intensiv verfolgt worden, ob die Geistesgeschichte im Sinne von Zeitgeistforschung als Disziplin oder Methode zu verstehen sei.

Wir betonen noch einmal: Hans Joachim Schoeps hat ausgehend von seinen historischen, literaturgeschichtlichen und religionswissenschaftlichen Arbeiten versucht, den Nachweis zu erbringen, dass die Geistesgeschichte als Zeitgeistforschung eine selbstständige Disziplin konstituiere. Unabhängig von solchem Streit, ob nun „Methode" oder „Fach", hat die Zeitgeistforschung, zumal in der Mitte der 70er-Jahre, zahlreiche Anhänger gefunden, die mit den Mitteln der Zeitgeistforschung ihren Disziplinen neue Sichtweisen, neues Quellenmaterial und neue Deutungsparadigmen eröffnet haben. Außerhalb der Erziehungswissenschaft praktizieren Geistesgeschichte als Zeitgeistforschung u. a. *K. Kupisch* für die Kirchengeschichte, *W. v. Löhneysen* für die Kunstgeschichte, *H. Diwald* für den Grenzbereich zwischen Philosophie und politischer Geistesgeschichte, *K. Pfannkuch* für die Philosophie, *F. Bolle* für die Naturwissenschaften, insbesondere die Biologie, und *A. Voigt* für das öffentliche Recht. Im Bereich der Erziehungswissenschaft sind Arbeiten auf der Grundlage der Zeitgeistforschung vergleichsweise selten. Die Fruchtbarkeit dieses Ansatzes ist aus Arbeiten von *F. Kreppel, K. H. Höfele, J. H. Knoll, H. H. Muchow* und *H. Schallenberger*, dessen Beitrag von der Geschichtswissenschaft herkommt, abzulesen. Dass Geistesgeschichte im Sinne von Zeitgeistforschung in die Erziehungswissenschaft erst jüngst Eingang gefunden hat und auch nur vergleichsweise peripher rezipiert wurde, gründet in disziplingeschichtlichen Motiven der Erziehungswissenschaft. Durch eine eindeutige Fixierung auf eine Geistesgeschichte – die von einem nur partiellen Verständnis von *Dilthey* auszugehen scheint – hat sich die Erziehungswissenschaft – in ihrer systematischen und historischen Ausprägung – einem Verstehensbegriff zugeordnet, der sich an den „Hochdokumenten" der Erziehungsphilosophie und Erziehungspraxis orientiert.

Der Zeitgeistforschung geht es entgegen traditionalen Verfahren weniger um den Nachweis und die Analyse der aus ihrer Zeit herausragenden Pädagogen und vorweisenden Erziehungsmaximen, sondern um die Manifestationen des für die jeweilige Zeit Typischen, also um die „je gültige" Lebensweise, Selbstdarstellung der je repräsentativen Gesellschaftsschicht. In diesem Sinn erschiene der Zeitgeistforschung für das erste Dezennium des 20. Jahrhunderts z. B. neben der Analyse der Reformpädagogik das Portrait von Schule, Schüler, Elternhaus wichtiger als die dezidierte Auseinandersetzung etwa mit *Kerschensteiner*, der erst in den 20er-Jahren in den Zeitgeist der Schulwirklichkeit eingegangen ist.

Die Zeitgeistforschung versucht daneben zu erkunden, welche alternativen Wege und Möglichkeiten in einem politischen, kulturpolitischen oder sozialen Kulminationspunkt angelegt waren, wodurch sie die so genannten „unterlegenen Gruppen" stärker als in herkömmlicher Historiografie ins Bewusstsein zu rücken vermag. Im Blick auf die Erziehungswissenschaft hat die Zeitgeistforschung neben neuartigen Themen aus dem Feld der Selbstdarstellungen von

Schule, Schüler, Schulverwaltung ein bislang weniger beachtetes Quellenmaterial erschlossen. In der Nachfolge von *Groethuysens* Vorgehensweise gewinnen Schulansprachen, Schulchroniken, Schulberichte, Schüler- und Lehrertagebücher, Schulzeitschriften, pädagogische und kulturpolitische Gazetten als Manifestationen „durchschnittlicher" Meinungen, Gesinnungen und Verhaltensweisen an Gewicht. Solchermaßen wird versucht, der Aufforderung *Diltheys* zu entsprechen, in wissenschaftlichen Arbeiten auch ein Bild von der Wirklichkeit der Schulstube zu vermitteln. Nun findet solche, sich an „Trivial- oder Mikrodokumenten" orientierende Methode zunehmend auch in der Pädagogikgeschichte Eingang (so frühzeitig bei *C. L. Furck* in Zeitschrift für Pädagogik 1964), aber größere Arbeiten dieses methodischen Zuschnitts, wie sie von Geschichtswissenschaft, Kirchengeschichte und Philosophie vorgelegt wurden, haben in der Erziehungswissenschaft bislang keine Entsprechung gefunden.

5. Zur Definition der Zeitgeistforschung

Gelegentlich mag es scheinen, als habe sich *Schoeps* der historiografischen Unbestimmtheit Leopold v. Rankes verschrieben, der in seiner Weltgeschichte 1883 geäußert hat:

> „Ich kann also unter leitenden Ideen nichts anderes verstehen, als daß sie die beherrschenden Tendenzen in jedem Jahrhundert sind. Diese Tendenzen können indessen nur beschrieben, nicht in letzter Substanz in einem Begriff summiert werden (...)"[32].

Auch die von *Schoeps* angestrebten definitorischen Klärungsversuche sind ganz auf die Beschreibung des Forschungsvorgehens abgestimmt:

> „Der Geistesgeschichte geht es aufgabengemäß um den Querschnitt durch die jeweilige geschichtliche Situation als solche, in der die Akteure in die offene Zukunft hinein agieren, während der normale Historiker stets klüger ist als die Akteure dort und damals, weil er ja schon weiß, wie die Entscheidungen gefallen sind und wie alles zuletzt geworden ist. Ihn zwingen die Tatsachen, die er ja auch allzu gern kausal interpretieren möchte, dass alles just so kommen mußte. Gerade das hindert ihn oft daran, den Anliegen, die nicht zum Tragen kamen, den Konzeptionen und Ideen, die geschichtlich ausgefallen sind, den Personen und Gruppen, die ohnmächtig, ohne Macht geblieben sind, die gleiche andächtige Aufmerksamkeit zuzuwenden."[33]

Das Defizit, das methodologisch allenthalben erkennbar wird, lässt sich auf einige Punkte zusammenziehen: einmal wird der Begriff „Zeitgeist", der in sich selbst wenig bestimmt ist, nicht näher expliziert, sodann bleibt ungewiss, was in der jeweiligen geschichtlichen Situation als repräsentative Schicht anzusehen ist.

Die Orientierung an einer spezifischen Schicht, die in der hierarchisch strukturierten Wilhelminischen Ära noch möglich war, muss umso fragwürdiger werden, als sich schichtenspezifische Abhebungen nicht mehr ausmachen lassen. Wenn wir uns z. B. der Charakterisierung *Schelskys* anschließen, der die soziologischen Befunde seiner Gegenwart, also der 60er und 70er-Jahre des vorigen Jahrhunderts, auf die „nivellierte Mittelstandsgesellschaft" reduziert, dann stellt sich sogleich die Frage, woran sich dann die schichtenspezifische Repräsentativität orientieren könnte.

Und schließlich wird der Stellenwert der je herangezogenen Quelle nicht näher definiert, es müsste sich doch die Frage nach ihrer Relevanz, nach ihrer Verbindlichkeit, nach ihrer Aussagefähigkeit für einen größeren Kontext stellen. Das gilt zumal, wenn Zeitungen und Zeitschriften, aber auch Plakate und Filme [34] als Emanationen des Zeitgeistes benutzt werden, oh-

32 Zit. nach Schoeps, Was ist und was will die Geistesgeschichte, S. 23f.
33 Ebd., S. 28.
34 Dazu u. a.: Pfeiffer, Erich, Der plakatierte Zeitgeist, in: SÜDDEUTSCHE ZEITUNG vom 13. Oktober 1971, S. 23.

ne dass die Vorklärungen der Publizistikwissenschaft (z.B. Reichweitenforschung) berücksichtigt werden.

Es müsste dieses historiografisch bislang weniger geschätzte Quellenmaterial daraufhin geprüft werden, welcher Adressatenkreis, mit welcher Intensität und mit welchen formalen und inhaltlichen Mitteln von den unterschiedlichen Medien angesprochen wird. Inhalts- und Aussageanalysen, quantitativer und qualitativer Art, Leserprofil, binnenstrukturelle Untersuchungen über das Profil der Kommunikatoren müssten das Fundament bilden, auf das die Zeitgeistforschung ihre Deskription zu beziehen hätte.

Die Zeitgeistforschung könnte solchermaßen zu einem Ort interdisziplinärer Forschung werden, und sie könnte versuchen, traditionell geisteswissenschaftliche „Verstehens-Techniken" mit solchen empirischer Art, wie sie vor allem in der Kommunikationswissenschaft üblich sind, zu verbinden.

Überblickt man das mit den Mitteln der Zeitgeistforschung erstellte wissenschaftliche Schrifttum – und wir hatten bereits auf einige Arbeiten aufmerksam gemacht – so fällt zunächst auf, dass sie sich hinsichtlich ihres geschichtlichen Orts im Wesentlichen auf das 19. und beginnende 20. Jahrhundert konzentrieren, und sich an Kulminationspunkten des historischen Prozesses aufhalten, an denen sich auch alternativen Möglichkeiten ablesen lassen, die in einer Situation angelegt waren. Von daher ist das Interesse z. B. an den politischen und vor allem bildungspolitischen Manifestationen in der preußischen Reformära begründet, *Humboldt* wohl bedenkend, werden die dem Neuhumanismus gegenläufigen oder „öffentlich" damals weniger beachteten Konzepte analysiert. Pointiert gesagt: das linguistisch und sprachpsychologisch interessante Buch *Humboldts* über die Kawi-Sprache findet bei der Zeitgeistforschung ein geringeres Interesse als die Berichte der preußischen Schulinspektoren, die Erziehungs- und Bildungswirklichkeit konkret erfahren lassen. Die Kenntnis des Vormärz im erziehungsgeschichtlichen Zusammenhang, am ehesten durch *Helmut Königs* ideologisierte Darstellung der Nationalerziehungspläne erschlossen, ist von *Hans-Joachim Schoeps* durch die Editionen aus dem Gerlachschen Hausarchiv vermehrt worden[35]. Von dieser Zeit an wird die Zahl der Arbeiten dichter, zum Teil auch deshalb, weil sich die politischen Kontroverspositionen nun deutlicher ausprägen und auch, einer größeren Öffentlichkeit gegenüber durch die Massen- und Meinungspresse artikuliert werden können. Von dem Umfang und den Aspekten her hat die Zeitgeistforschung ihren intensivsten Beitrag zur Erforschung des Kaiserreiches geleistet, die diesbezüglichen Arbeiten sind in den beiden Bänden „Zeitgeist im Wandel"[36] und in der Zeitschrift für Religions- und Geistesgeschichte abgedruckt. In der Weimarer Republik haben zumal Schüler von Hans-Joachim Schoeps[37] ein Feld eigener Forschung besetzt. Das Verständnis für die divergierenden Strömungen in der Endphase der Weimarer Republik und insbesondere die Kenntnis von der neben-parlamentarischen Opposition der Neokonservativen, hat durch die Zeitgeistforschung gewiss eine schärfere Kontur erhalten. Die Jungkonservativen, die das Ideengut der altkonservativen Frondeure um die Gebrüder Gerlach in ihre Aktualität umsetzten, bewusst oder unbewusst, sind hierbei in ihren publizistischen Äußerungen und ihrer Teilhabe am politischen Diskurs in der Weimarer Republik erstmals facettenreich dargestellt worden; *Moeller van den Bruck* und auch *Edgar Julius Jung*[38] waren gewiss „Unterlegene", ihre Publizistik markiert Alternativen, die im Zeitgeist noch nicht oder nicht mehr angelegt waren.

35 Schoeps, Hans-Joachim, Aus den Jahren preußischer Not und Erneuerung, Berlin 1963; Ders. (Hrsg.), *Neue Quellen zur Geschichte Preußens im 19. Jahrhundert*, Berlin 1968; Knoll, Joachim H., Staatsbürgerliche Erziehung im 19. Jahrhundert, in: PÄDAGOGISCHE RUNDSCHAU 20 (1966), S. 377ff.

36 Schoeps, Hans-Joachim (Hrsg.), *Zeitgeist im Wandel.* Band 1: Das Wilhelminische Zeitalter, Stuttgart 1967; Ders. (Hrsg.), *Zeitgeist im Wandel.* Band 2: Die Weimarer Republik, Stuttgart 1968.

37 Diwald, Hellmut (Hrsg.), *Lebendiger Geist.* Hans-Joachim Schoeps zum 50. Geburtstag von Schülern dargebracht, Leyden-Köln 1959.

38 Siehe hierzu die Beiträge von Joachim H. Knoll und Hans-Joachim Schwierskott, in: Diwald, Lebendiger Geist.

An solchen Beispielen wird sichtbar, dass Zeitgeistforschung dort am fruchtbarsten ist, wo sie Personen und Ereignisse an historischen Kulminationspunkten aufsucht, und von daher ist auch verständlich, dass eine kontinuierliche Geschichte des 19. Jahrhunderts mit den Mitteln der Zeitgeistforschung bislang nicht geschrieben wurde. Eine derartige kontinuierliche Zusammensicht dürfte auch deshalb nur schwer gelingen, weil mit dem Fortschreiten des 19. Jahrhunderts die für die Zeitgeistforschung relevanten Materialien an Umfang und Dichte enorm zunehmen. Das wissenschaftliche Vermögen einer Person dürfte nicht ausreichen, diese Materialflut zu erfassen und zudem noch im synchronen Verfahren als Manifestationen der verschiedenen Lebens- und Wissensbereichen zusammenzubinden.

Außerdem muss noch ein kritischer Einwurf bedacht werden, der gerade gegenüber den beiden Bänden „Zeitgeist im Wandel" formuliert wurde. Da sich die Zeitgeistforschung auf die „Andacht zum Geringfügigen" (*Jacob Grimm*) verpflichtet, ist sie der Gefahr ausgesetzt, die Geschichte im Kuriosen, Beiläufigen und Absonderlichen widerscheinen zu lassen. Auch *Dilthey* hat unter ästhetischer Perspektive und der Erlebnisqualität historischen Forschens vor der Eingrenzung auf die Momentaufnahme des Durchschnittlichen gewarnt und gemeint:

> „Von der Qual des Augenblicks und von der Flüchtigkeit jeder Freude befreit sich der Mensch nur durch Hingabe an die großen objektiven Gewalten, welche die Geschichte erzeugt hat"[39].

Angesichts der hier genannten Rückfragen an die Zeitgeistforschung haben alle wissenschaftlichen Arbeiten der ersten Jahre das Methodenproblem zumindest angesprochen. So vor allem *Karl Pfannkuch*, dessen Lebensarbeit eng mit dem Großen Brockhaus verbunden ist.[40] Die von ihm gestellte Frage, ob Zeitgeistforschung Tatsachenforschung sei, hat er mit Einschränkung bejaht. Das Aufgabenfeld und den integrativen Charakter der Zeitgeistforschung hat er wie folgt beschrieben:

> „Um ihre Aufgabe recht zu verstehen, muß sie zumindest in der Zielsetzung den Zeitgeist aufspüren im ganzen Bereich dessen, was ein Zeitalter ausmacht: in Religion, Kunst und Dichtung, Gesellschaft, Recht und Politik, Wirtschaft, Technik und Industrie, in unserem Wissen um die bewohnte Erde und die belebte Natur, um die Beherrschung nach Kräften und Stoffe bis hinaus in den Weltraum. Zeitgeistforschung zielt demnach auf die Gesamtheit und Ganzheit der mit den Methoden neuzeitlicher Wissenschaft und Technik erfaßbaren einen Welt ab, d. h. des mit Maß und Zahl, mit Beobachtung und Experiment, mit Norm und Satzung, mit philosophischer, philologischer, und last not least historischer Wissenschaft Erfaßbaren."[41]

Übrigens kommt auch *Pfannkuch* von dieser Beschreibung des Terrains zu der Annahme, dass die Zeitgeistforschung eine eigene Disziplin darstelle, die weit über die Geschichtswissenschaften hinaussehe. Für ihn kann sich Zeitgeistforschung im Sinne von autonomer Wissensdisziplin nicht nur auf *eine* wissenschaftliche Methode beschränken, Zeitgeistforschung müsse sich offen halten „für jede wissenschaftliche Methode, die auf Tatsachen anwendbar ist, einschließlich jeder historischen Methode, die Tatsachen erforscht."[42]

Und in der Tat wollte sich die Zeitgeistforschung von den dargelegten kritischen Einsprüchen am ehesten dadurch freisetzen, dass sie sich der wirksam gewordenen historischen Prozesse ebenso versichert (politische Realgeschichte) wie auch des zeitgenössischen Niederschlags in der politisch-reaktiven Durchschnittlichkeit.

39 Dilthey, Wilhelm, *Weltanschauungslehre: Abhandlungen zur Philosophie der Philosophie.* Gesammelte Schriften. Band 8, Stuttgart - Göttingen 1962, S. 226.

40 Pfannkuch, Karl, Zeitgeist um die Jahrhundertwende, Methodisches – Philosophisches – Literarisches, in: ZRGG Heft 2 (1962), S. 98ff.

41 Pfannkuch, Zeitgeist, S. 99.

42 Pfannkuch, Zeitgeist, S. 103f.

6. Nachwirkungen

Auffällig dürfte über die Jahre hin sein, dass Fragen nach der Methode der Zeitgeistforschung und der wissenschaftsinterne Disziplin-Anspruch der Geistesgeschichte eher einen nachgeordneten Rang einnehmen und das Schwergewicht vielmehr bei Beiträgen liegt, die durch die Sache die Plausibilität des methodischen Zugangs vermitteln. Dabei trifft das Selbstverständnis der weithin etablierten Religionsgeschichte auf eine größere Akzeptanz als das der Geistesgeschichte im Sinne der Zeitgeistforschung, die dem Kompromiss zuneigt, sich als eine besondere Methode zu verstehen und anderen Disziplinen das Repertoire ihrer Quellen zu vermitteln.

Heute wird man sagen dürfen, dass das in dem Buch „Was ist und was will die Geistesgeschichte?" anempfohlene Fragerepertoire und Quellenmaterial von der Geschichtswissenschaft inzwischen angenommen oder von ihr parallel entwickelt worden ist. Die Wissenschaft kennt viele Beispiele der Koinzidenz neuer Fragen und Antworten. In der Geschichtswissenschaft der 50er-Jahren waren indes die historische Berücksichtigung der Unterlegenen und Vergessenen und das Quellenmaterial, das trivial zu nennen wäre, ungewöhnlich. Erst in den 80er-Jahren hat sich allmählich die Geschichtswissenschaft wieder daran erinnert, dass sie nicht mehr nur die Haupt- und Staatsaktionen bedenken sollte und dass Geschichte sich nicht nur nicht in den sie konfigurierenden *Prozessen* darstellt, sondern auch in den *Personen*, die sie maßgeblich gestaltet haben. Schoeps hat Historiografie zumal biografisch gedacht, prozessorientierte Geschichtsschreibung hat er nicht übersehen, aber sie mochte ihm nie bestimmend erscheinen.

Die hier nur anzudeutenden Folgen belegen sich auch in dem zunehmenden Gestalt-, Themen- und Methodenwandel, der sich in den letzten 50 Jahren in der *Zeitschrift für Religions- und Geistesgeschichte* und in den letzten vierzig Jahren in der *Gesellschaft für Geistesgeschichte* ereignet hat.[43]

Man könnte bei einem Blick auf den Zustand heutiger Historiografie meinen, dass sich der vormalige Anspruch der Geistesgeschichte im Sinne der Zeitgeistforschung erledigt habe. Von dem Anspruch, eigenes Fach oder eigene Disziplin zu sein, musste sich die „Erlanger Geistesgeschichte" nicht aus eigener Überzeugung sondern durch einen universitären Willkür-Akt schon in den Achtzigerjahren verabschieden. Damit ist eine „nachhaltige" Tradition jäh abgebrochen worden, die in den Schriften derer, die ihr nahe standen oder mit ihr sympathisierten, bis auf den heutigen Tag verfolgt werden kann; die Festschriften für Hans-Joachim und Julius H. Schoeps nennen Namen, die für einen signifikanten Ertrag der hier gemeinten Geistesgeschichte stehen.[44] Man kann es bedauern, dass es heute keinen Ort in der Universitätslandschaft mehr gibt, der Geistesgeschichte, Kultur- und Ideengeschichte als Entität berücksichtigt, man kann es gleichzeitig begrüßen, dass in anderen Disziplinen die Methode noch stets Zustimmung und Sympathien genießt. So hat sich allgemach aus der Geistesgeschichte im Sinne der Zeitgeistforschung eine Animation entfaltet, die auf Geschichtswissenschaft, Kunstwissenschaft, Religionswissenschaft ausstrahlt. Die methodischen Implikationen sind nach wie vor im Gespräch: der Zeitgeistbegriff, die „Epochen"-kennzeichnung, der Blick auf die Vergessenen und Unterlegenen, auf das Alltägliche bis hin zum Trivialen. Die großen Enzyklopädien der Geschichte Deutschlands, Europas und der Welt machen stets den Versuch, die Emanationen aus möglichst vielen Seins- und Wissensbereichen zusammenzusehen und als Kennzeichnung eines übereinstimmenden Lebensgefühls in einer bestimmten Epoche zu

43 Ich habe den entsprechenden Nachweis hinsichtlich des Umfangs, der Themen und der Personen, die in und für die Zeitschrift und die Gesellschaft maßgeblich gewesen sind, geführt in: Knoll, Wer den Zeitgeist heiratet, S. 1ff.

44 Demnächst auch in der Festschrift für Julius H. Schoeps: Jasper, Willi und Knoll, Joachim H. (Hrsg.), *Preußens Himmel breitet seine Sterne*, Berlin 2002.

begreifen. Es mag der akademischen Vergesslichkeit zugerechnet werden, wenn eine Arbeit, die die vielfältigen Seins- und Wissensbereichen solchermaßen aufeinander bezieht, sogleich als eine „neue Historiografie" ausgezeichnet wird, wie das jüngst mit der so verdienstvollen Arbeit von Hans Ulrich Gumbrecht „1926. Ein Jahr am Rand der Zeit" geschehen ist.[45] Die Zeitgeistforschung, zumal dort wo sie an die Gegenwart heranreicht und die Nähe zur politischen Geschichte markiert, hat stets im Sinn, dass sie andere Fragen als die Geschichtswissenschaft stellen und andere Antworten erhalten kann. Sie sieht solchermaßen genauer auf Stimmungslagen, auf Veränderungssymptome, auf gesellschaftliche und individuelle Befindlichkeiten,[46] auch auf Themen die dem traditionellen Historiker zunächst wenig auskunftsfähig erscheinen mögen (z.B. Krankheit macht Weltgeschichte oder die Rolle von Erotik und Sexualität in der Geschichte). Sie weiß aber auch und sogleich, dass ihre Aussagen erst valide werden, wenn sie mit der Realgeschichte verbunden sind und das Narrativ Weitergereichte 'nicht als regelhaft, charakteristisch, typisch' ausgeben.[47]

Wenn die Zeitgeistforschung solche Behutsamkeit im Blick hält, kann sie in der Historiografie nach wie vor einen Eigengeist reklamieren, der methodisch geisteswissenschaftliche Disziplinen aufeinander bezieht.

45 Gumbrecht, Hans Ulrich, *1926. Ein Jahr am Rand der Zeit*, a. d. Englischen von Joachim Schulte, Frankfurt 2001. Dazu die Besprechung „1926, mittenmang", in: LITERARISCHE WELT vom 31. März 2001, S. 6 mit dem Untertitel: „Hans Ulrich Gumbrecht erprobt an einem Jahr eine neue Historiografie".

46 Siehe Hockerts, Hans Günter, Zugänge zur Zeitgeschichte: Primärerfahrung, Erinnerungskultur, Geschichtswissenschaft, in: AUS POLITIK UND ZEITGESCHICHTE vom 6. Juli 2001, S.15ff.

47 Auf die Überschätzung der Oral history geht Fritz Süllwold in einer Stellungnahme „Unkenntnis über Verhalten und Erleben einer Epoche" ein, in: DIE WELT vom 4. Juli 2001, S. 9.

TEIL 4

DIE GESCHICHTE IM BILD

HERRSCHAFT, WEISHEIT, MÄNNLICHKEIT

„DIE SIEBEN WEISEN MEISTER" IM 15. JAHRHUNDERT

BEA LUNDT

1. Eine frühmoderne Kontroverse über den weisen Herrscher von morgen. Quellenbeschreibung

Die erste überlieferte Druckausgabe der Erzähltradition von den „Sieben Weisen Meistern"[1], erschienen 1473 in Augsburg, beginnt mit den Worten: „Hiernach volget ein gar schoene Chronick un/hystori ..../In welicher ...man vin/det gar vil schoener vn nüczlicher exempel/die gar lustlich vn kurczweylig zehoern seind".[2] Angekündigt wird also eine Geschichte in chronologischem Ablauf, – gemeint ist ein Lebensschicksal – unterbrochen durch Beispielgeschichten, deren ästhetischer und moralischer Wert gepriesen wird. Johann Baemler, in dessen Werkstatt dieses Impressum entstand, stellte sich vor, dass der Text vor Zuhörern vorgelesen werden sollte. Diese Mischform zwischen einer komischen und unterhaltenden Vita und zugleich Didaxe, korrekter christlicher Lehre, die im alltäglichen Leben von Nutzen sein sollte, erwies sich als sehr erfolgreich: So kann die populäre Fassung der Geschichte von den „Sieben Weisen Meistern" zu den beliebtesten Schriften des 15. und 16. Jahrhunderts gerechnet werden.[3] Vermutlich aus orientalischen Ursprüngen stammend, ist die Historia seit dem 12. Jahrhundert in Europa überliefert und seitdem immer wieder neu geschrieben und gedacht worden.[4] Sie erschien in Latein und in volkssprachlichen Versionen, im Rahmen einer größeren Sammlung, den „Gesta Romanorum", oder allein.[5]

1 Die von Hans R. Runte 1975 gegründete „Society of the Seven Sages" bemüht sich um eine systematische Übersicht über die verschiedenen Traditionen dieser Erzählung. Runte machte sich insbesondere um die Edition grundlegender Texte verdient. Eine von ihm und anderen herausgegebene Bibliografie umfasst fast tausend Titel: Runte/Keith J. Whikeley/Anthony J. Farrell (Hg.), *The Seven Sages of Rome and the Book of Sindbad.* An Analytical Bibliografie. New York, London 1984. Eine überarbeitete Neuauflage dieses unverzichtbaren Hilfsmittels, das in jährlichen Rundbriefen fortgeschrieben wird, ist in Vorbereitung.

2 Der Text der Druckausgabe aus der Werkstatt von Johann Baemler Augsburg 1473 liegt in einem Faksimile vor: *Die sieben weisen Meister.* Hg. von Günter Schmitz. Hildesheim/New York 1974 (Deutsche Volksbücher in Faksimiledrucken Bd. 7). Die Ausgabe ist nicht paginiert. Ich zitiere im Folgenden nach eigener Zählung, beginnend mit dem Holzschnitt auf S. 1. Das Impressum folgt demnach auf S. 2. Vgl. auch die Aufstellung der Impressi der verschiedenen frühen Druckausgaben bei Bodo Gotzkowsky, *„Volksbücher".* Prosaromane, Renaissancenovellen, Versdichtungen und Schwankbücher. Bibliografie der deutschen Drucke 2 Bde. Teil 1: Drucke des 15. und 16. Jahrhunderts, Baden-Baden 1991, S. 277-308.

3 Vergleichende Auswertung der Ausgaben: Anneliese Schmitt, Literarische und verlegerische Bucherfolge im ersten Jahrhundert nach der Erfindung der Buchdruckerkunst, in: JAHRBUCH FÜR VOLKSKUNDE UND KULTURGESCHICHTE 31, 1988, S. 147-170, vor allem Tabellen S. 164 f. Auch Gotzkowsky 1991 bezeichnet die SWM als „Bestseller", S. 277. Keine neuen Informationen über die SWM finden sich in dem umfangreichen Werk: Uwe Neddermeyer, Von der Handschrift zum gedruckten Buch 2 Bd. Wiesbaden 1998.

4 Vgl. dazu meine Habilitationsschrift: Bea Lundt, *Weiser und Weib.* Weisheit und Geschlecht am Beispiel der Erzähltradition von den „Sieben Weisen Meistern" (12.-15. Jahrhundert) München 2002. Dort ausführliche Literaturangaben. Meine Überlegungen zu der Druckfassung des 15. Jahrhunderts, die dem vorliegenden Beitrag zugrundeliegen, habe ich im Oktober 2001 auf der „Sixteenth-Century-Studies-Conference" in Denver/Colorado vorgetragen und dort diskutieren können.

5 Einen, nicht immer ganz zuverlässigen, Überblick über Textbestand und Forschungsstand vermittelt: „Sindbad-Name. (Das Sindbadbuch, auch: Die Sieben Weisen Meister)" In: *Kindlers Literatur Lexikon* Bd. 20, 1974, Sp. 8738-8745. Von verschiedenen Spezialisten verfasst, enthält der Sammelartikel Informationen über die Traditionen in den Nationalsprachen. Vgl. außerdem die über die deutschen Nachweise hinausge-

Erzählt wird von dem Sohn eines Kaisers, den sieben Lehrer zum weisen Herrscher erziehen. Doch unterscheidet sich das Werk erheblich von einem „Fürstenspiegel", jenem Genre, in dem stringent Regeln für die Unterweisung eines Prinzen nach einem anerkannten Entwicklungsziel vorgestellt werden. Denn in der Historia von den „Sieben Weisen Meistern" wird der junge Mann zunächst gerade nicht als tüchtiger Herrscher allgemein anerkannt, obwohl er zur Zufriedenheit seiner Lehrer ausgebildet ist. Das in dem Protagonisten repräsentierte Ideal des Weisen auf dem Thron ist also keineswegs konsensfähig. Auch die eingefügten Exempel konfrontieren mit unterschiedlichen Mustern vernünftigen Handelns, deren Bedeutung und Gültigkeit immer wieder erst im Transfer an dem Fall der Rahmenhandlung überprüft werden muss. Schon die mittelalterlichen Varianten sind gekennzeichnet durch eine Pluralität von Konzepten für sinnhafte menschliche Existenzweisen, über die verhandelt wird.[6] Dieser Aspekt wird bei der frühneuzeitlichen Druckschrift noch deutlicher akzentuiert, die sich nun explizit an die vielen Rezipienten richtet, die in der Gruppe zusammensitzen, amüsiert zuhören, mitdenken und diskutieren, welche Schwierigkeiten sich einem jungen Mann in den Weg stellen, welche Aufgaben er erfüllen muss, bevor er gekrönt werden kann.

2. Erzählwerke als „Rahmentexte" für die Historische Sozialisationsforschung.

Zur Methode

Solche Quellen, die auf ein populäres Problembewusstsein hinweisen, sind für die „Historische Sozialisationsforschung" von Bedeutung.[7] Sie grenzt sich damit ab gegen die Bildungsgeschichte der Frühen Neuzeit. Diese beschäftigt sich vor allem mit dem humanistischen Erziehungsideal.[8] Dieses habe, so der Stand der Forschung, für die Ausprägung einer neuen Lebensphase gesorgt, in der dem heranwachsenden Individuum eine gewisse Entscheidungsfreiheit für seinen zukünftigen Weg zugestanden werde: „Jugend" gilt daher als „Erfindung der Moderne."[9] Im Gegensatz zu dieser neuen Dynamik der Adoleszenz habe sich die Standesgesellschaft in den mittelalterlichen Jahrhunderten alternativlos reproduziert, indem Kinder durch Nachahmung ihrer Kontaktpersonen unmittelbar in das Erwachsenenleben übergetreten seien. [10]

Noch immer ist eine gewisse elitäre Tendenz der Bildungsgeschichte spürbar. Zugleich neigt sie zu einer Überbetonung des institutionellen Aspektes, der sich etwa in den Zahlen der

henden Stichworte: Josef Klapper: ‚Meister, sieben weise'. In: *Verfasserlexikon* 3 1943, Sp. 338-344; Udo Gerdes: ‚Sieben weise Meister' in der 2. Auflage 1992, Sp. 1174-1189; Hans-Jürgen Bachorski: Sieben weise Meister. Erzählzyklus. In: Walther Killy (Hrsg.): *Literaturlexikon. Autoren und Werke deutscher Sprache*. Gütersloh/München 1988, Bd. 11, S. 27; Norbert Ott: Sieben weise Meister. In: *Lexikon des Mittelalters* 1995, Sp. 1836-1839. Das entsprechende Stichwort in der „Enzyklopädie des Märchens" ist noch nicht erschienen.

6 Die ältere Exempelforschung beharrte auf der christlich-moralischen Erzählintention und Botschaft aller Beispiele. Über die Herstellung einer narrativen Eindeutigkeit trotz widersprüchlicher Aussageabsicht erzählender Personen vgl. etwa: Ralf-Henning Steinmetz: *Exempel und Auslegung*. Studien zu den ‚Sieben weisen Meistern'. Freiburg/Schweiz 2000. Seine zentrale These ist, dass eine solche interne Logik erst in den spätmittelalterlichen Varianten realisiert wird. Dagegen zeige ich in meiner Arbeit, dass bereits in früheren Beispielen für die Aneignung dieser Erzähltradition von einer verbindlichen Deutung und Lesbarkeit auch von negativ gemeinten Exempeln ausgegangen werden kann.

7 Vgl. Andreas Gestrich: *Vergesellschaftungen des Menschen*. Einführung in die Historische Sozialisationsforschung. Tübingen 1999.

8 Vgl. etwa Wilhelm Kühlmann, Pädagogische Konzeptionen, in: Notker Hammerstein (Hg.), *Handbuch der deutschen Bildungsgeschichte* Bd. 1 München 1996, S. 153-196.

9 So etwa: Horn/Christes/Parmentier, Einleitung, in: dies. (Hg.), *Jugend in der Vormoderne*. Köln u.a. 1998, S. VII.

10 Vgl. etwa auch Notker Hammerstein: Vorwort des Herausgebers, in: ders (Hg.), *Handbuch der deutschen Bildungsgeschichte* Bd. 1, München 1996, S. XV-XVIII.

Absolventen von Akademien spiegelt. Zwar sucht die Universitätsgeschichte jetzt deutlicher die Laufbahnen und Lebenswege nachzuzeichnen.[11] Doch wird auch dieser sozialgeschichtliche Ansatz den Konstruktionen und Entwürfen nicht gerecht, die die Identitätsentwicklung während der Phase des Heranwachsens prägen. Dagegen bemüht sich die Historische Sozialisationsforschung, auch jene Prozesse der Beeinflussung des Bewusstseins zu rekonstruieren, die nicht-intentional inszeniert werden. Gerade wegen ihres diskursiven Charakters stellen die in der frühen Neuzeit weit verbreiteten ersten Druckfassungen von mittelalterlichen Exempelsammlungen und Erzählwerken ein ergiebiges Medium für das Verständnis der Vorstellungswelten über Werte und Wandel menschlicher Entwicklung dar. Die kommentierenden und werbenden Texte der Drucker erläutern den Bezug zur Lebenswelt der Rezipienten und Rezipientinnen.

Gerhild Scholz Williams hat uns am Beispiel einer anderen Erzähltradition, der Geschichte von „Melusine", der Nixe, gezeigt, wie man solche populären Erzählungen als „Rahmentext" für das Verständnis zentraler gesellschaftlicher Mentalitäten erschließen kann.[12] Sie versteht das beliebte Werk als Zeugnis für einen Abwehrdiskurs angesichts zunehmender Ängste vor Magie und Weiblichkeit. Die „Sieben Weisen Meister", die in der Frühen Neuzeit die „Melusine" noch an Beliebtheit übertrafen, können als eine Art Pendant gelten: Das Plot kreist um ein rationales Ideal von einer gelehrten Existenz und die Angst des Mannes vor seinem Trieb; es ist daher geeignet, die Auseinandersetzung um Macht, Weisheit und Männlichkeit zu kanalisieren.

Die vergleichende Analyse von Varianten aus dem Mittelalter mit jener seit dem 15. Jahrhundert verbreiteten Druckschrift ermöglicht es, den Wandel der Konstruktionen für die Identität des gebildeten Herrschers herauszuarbeiten.

3. Die Handlung der Erzählung und die Schwierigkeit der Deutung

Zunächst zum Inhalt:

Die als heiter empfohlene Erzählung beginnt mit einer tragischen Konstellation: Im Mittelpunkt steht eine kaiserliche Familie: Die Mutter stirbt, als der einzige Sohn Diocletian noch ein kleines Kind ist. Der Knabe wird zu sieben Weisen gebracht, die ihn fern des väterlichen Hofes erziehen sollen. Nach sieben Jahren heiratet der Kaiser eine neue junge Frau und bestellt auf deren Wunsch den Sohn nach Hause. Die Lehrer sehen Unheil in den Sternen voraus und vereinbaren, dass der Junge sieben Tage lang stumm bleiben solle. Im Triumphzug wird der Thronfolger empfangen; doch ist das Entsetzen über sein Schweigen groß. Die Stiefmutter verspricht, ihn aufzuheitern. Eigentlich aber will sie ihn vernichten, um den Thron für eigene Nachkommen frei zu halten. Sie versucht, ihn zu verführen. Als er sich widersetzt, behauptet sie, er habe versucht, sie zu vergewaltigen. Angesichts dieses schweren Vergehens will der Kaiser ihn töten. Doch da erscheint einer der sieben Lehrer, bittet um Aufschub und erzählt eine belehrende Geschichte, etwa über lügende Frauen. Die Stiefmutter wehrt sich und präsentiert nun ihrerseits ein Exempel mit gegenteiliger Aussage, etwa über die Gefahr ungetreuer Berater am Hofe. Sieben Mal wiederholt sich dieses Schema der Verhandlung über den Fall. Am Schluss entlarvt der Prinz die Kaiserin als Verleumderin und Ehebrecherin. Sie hat

11 So vor allem Rainer Christoph Schwinges, *Gelehrte im Reich*. Zur Sozial- und Wirkungsgeschichte akademischer Eliten des 14.-16. Jahrhunderts. Berlin 1996.

12 Gerhild Scholz Williams, *Hexen und Herrschaft*. Die Diskurse der Magie und Hexerei im frühneuzeitlichen Frankreich und Deutschland. München 1998. Vgl. dazu auch meine Rezension in Fabula Heft 1/2 2001, S. 180-182.

einen Mann in Frauenkleidern in ihrem Hofstaat versteckt. Mitsamt ihrem heimlichen Geliebten wird sie getötet. Der Thronfolger erzählt nun seinerseits ein Exempel, mit dem er sich als wortgewandt und klug vorstellt. Er wird zum Nachfolger des Vaters gekrönt und regiert zur allgemeinen Zufriedenheit mit Hilfe seiner sieben Erzieher. „Darnach starb der Kaiser bald vn reichßnet dyocleciang an seiner stat vn sein syben wol gelert meyster bey im vn er hielt sy in grosser eren das im mengelich darumb wol sprach“.[13]

Nicht nur die fehlende Bereitschaft, den perfekt erzogenen Thronfolger gleich zu krönen, gibt Deutungsrätsel auf; auch dieser Schluss überrascht. Die umgehenden Fantasien um eine inzestuöse Verstrickung mit seiner Stiefmutter, die den Hauptteil bestimmten, erwiesen sich zwar als falsch; der Prinz bewährt sich auch als fähiger Nachfolger seines Vaters. Doch lässt die Zusammenfassung am Ende dieser Vita den Schluss zu, dass Diocletian nicht heiraten und keine Nachkommen zeugen wird. Anders als am Anfang findet keine die Erbmonarchie weitertragende kaiserliche Familie zusammen, sondern ein Männerbund aus dem jungen Herrscher und den Lehrern seiner Kindheitsjahre- eine merkwürdige Lebensgemeinschaft. Ist die Entwicklung des Thronfolgers zum erwachsenen Mann misslungen, während er sich als weiser Kaiser schließlich doch noch etablieren kann? Wird hier ein Gegentyp zum erfolgreichen Herrscherpaar gestaltet?

4. Der Weise Herrscher ist ein Mönch. Mittelalterliche Varianten

Zunächst ein Rückblick auf die vorangegangenen Gestaltungen des Erzählstoffes: In antiker Tradition wird auch in den mittelalterlichen Jahrhunderten die Figur des Weisen als ein besonderes Ideal für menschliche Existenz dargestellt.[14] Oder: für männliche Existenz, müsste ich genauer sagen, denn das Leben des Gelehrten setzt in der Regel monastische Strukturen und Identitätsmodelle fort und findet zunächst in der Gemeinschaft der Männergruppe in klösterlicher Abgeschiedenheit seine Realisierung. Neben einer sog. „höfischen“ Tradition dieser Erzählung[15] gibt es von Mönchen geschriebene Überlieferungsstränge, etwa den ‚Dolopathos' des Johannes de Alta Silva, entstanden um die Wende zum 13. Jahrhundert.[16] In einem langen Roman thematisiert der Zisterzienser darin die Erziehung eines jungen Mannes, der anders als sein Vater das Ideal des „Philosophen auf dem Thron“ repräsentieren soll. Im Mittelpunkt seiner Ausbildung steht, neben literarischen Studien im Rahmen der „Septem artes liberales“, die Schulung von erwünschten Verhaltensweisen. Der Musterschüler lernt „subtilitas“, die feine Unterscheidungskraft, aber vor allem Selbstbeherrschung, das Finden des rechten Maßes, mhd. „maze“ genannt. Er wird darauf vorbereitet, in asketischer Selbstgenügsamkeit auf sexuelle Erfahrungen mit Frauen zu verzichten. Unter Aufsicht seiner Lehrer muss er, so zeigt es die Exempelsammlung „Scala Coeli“', im 14. Jahrhundert vermutlich für Predigtzwecke niedergeschrieben von dem Dominikaner Johannes Gobi[17], während seiner Pubertät unter Beweis stellen, dass er um die sexuellen Funktionen seines Körpers weiß und sie beherrschen kann. Anders, als die Forschung es für die vormoderne Erziehung behauptet, spielt daher das Jugendalter in den Varianten aus dem Mittelalter eine besondere Rolle.

13 Ed. Schmitz 1974, S. 129.

14 Vgl. dazu den Band: Aleida Assmann (Hg.), *Weisheit.* Archäologie der literarischen Kommunikation III. München 1991.

15 Zu der höfischen Tradition wird die Gestaltung des Dolopathos durch Herbert gerechnet: Vgl. dazu: Jean-Luc Leclanche (Hg.), Herbert: *Le Roman de Dolopathos.* Paris 1997 (3 Vol.) sowie eine Reihe von altfranzösischen Romanen. Vgl. etwa: Mary B. Speer (Hg.), *Le Roman des Sept Sages de Rome.* A Critical Edition of the Two Verse Redaktions of a Twelfth-Century Romance. Kentucky 1989.

16 In einer zweisprachigen Ausgabe lat./franz. neu hg. von Yasmina Foehr-Janssens und Emmanuelle Métry: Jean de Haute-Seille: *Dolopathos, ou le roi et les sept sages*, Turnhout 2000.

17 Vgl. dazu: Marie-Anne Polo de Beaulieu (Hg.), *La Scala Coeli de Jean Gobi.* Paris 1991.

5. Die „Krise der Männlichkeit" im 12./13. Jahrhundert

Dieses zunächst einmal überraschende Phänomen kann gesellschaftsgeschichtlich erklärt werden: Seit dem 12./13. Jahrhundert war das Zölibat für den Kleriker bindend (Gregorianische Reformen). Für jene Männer, die sich nun nicht mehr relational zu weiblichen Gestalten und Familienstrukturen als Vater, Ehemann usw. definieren konnten, wurde damit die Konstruktion einer neuen maskulinen Identität erforderlich.[18] Die Genderforschung[19] spricht von einer „Krise der Männlichkeit". Genau zu dieser Zeit begann, mit der Entstehung der Universitäten[20], auch der neue Stand der städtischen Intellektuellen sich herauszubilden.[21] Er setzte zunächst die klerikalen Traditionen fort und schloss darüber hinaus sogar, anders als die Klosterkultur, Frauen aus. Angesichts dieser Ursprünge der gelehrten Existenz aus der monastischen selbstgenügsamen Männergemeinschaft stehen die ersten Repräsentanten dieser neuen Gruppe in einem zunächst einmal ebenso spannungsvollen Verhältnis zu ihrer Triebstruktur wie die Mönche. Auch die für die Entwicklung von Wissenschaft entscheidende Disposition der ‚curiositas', der Neugierde, auch jene Teile der Welt zu ergründen, die sich nicht selber offenbarten, wurde als ein Trieb verstanden, der kontrolliert und beherrscht werden musste. Das leidenschaftlich enthemmte Forschen galt der Kirche als Sünde fehlender Zucht, eine Folge mangelnder Erziehung.[22] Bei der konflikthaften Auseinandersetzung zwischen Monastik und Scholastik, zwischen Kanzel und Katheder in den folgenden Jahrhunderten, repräsentiert durch die Gestalten Bernhard von Clairvaux und Petrus Abaelardus, werden denn auch Fragen nach der Rückbindung der Wissensstrukturen an die klösterliche Zucht im Mittelpunkt stehen.

Die Geschichte von den „Sieben Weisen Meistern" scheint sich nun als geeignet erwiesen zu haben, zu zeigen, wie eine bestimmte Identitätskonstruktion weitergegeben werden kann, die für die Fortsetzung der Tradition des gelehrten Diskurses unter Männern erforderlich war. Der wahre Philosoph ist ein Mönch, so zeigt sich im „Dolopathos". Auch der Herrscher von morgen aber sollte ein gebildeter Mann sein. Der zur Askese erzogene Prinz muss daher in Konflikt mit einem Leben am Hofe geraten. Denn dort begegnet er Frauen, von denen eine entscheidende Bedrohung für seine Existenz ausgeht, die sowohl in ihrer verführenden Aktivität liegt als auch, so zeigen es mehr und mehr die späteren Varianten, in ihrer klugen Sprache und ihrer Forderung nach Beteiligung an der Regierungsmacht. Daher wird die Repräsentantin

18 Den entscheidenden Anstoß für diese Diskussion um die „Krise der Männlichkeit" gab der Band von Clare A. Lees (Hg.), *Medieval Masculinites.* Regarding Men in the Middle Ages. London 1994. Es folgten eine Reihe von Sammelbänden, etwa D. M. Hadley (Hg.), *Masculinity in Medieval Europe.* London, New York 1999 und Jacqueline Murray (Hg.), *Conflicted Identities and Multiple Masculinites.* Men in the Medieval West. New York, London 1999.

19 Zur Genderforschung aus historischer Sicht: vgl. Bea Lundt, Frauen- und Geschlechtergeschichte. In: Hans-Jürgen Goertz (Hg.), *Geschichte.* Ein Grundkurs. Reinbek bei Hamburg ²2001, S. 579-597; zur aktuellen Methodendiskussion vgl. verschiedene Beiträge in den Bänden: Veronika Aegerter, Nicole Graf, Natalie Imboden, Thea Rytz, Rita Stöckli (Hg.), *Geschlecht hat Methode.* Ansätze und Perspektiven in der Frauen- und Geschlechtergeschichte. (Beiträge der 9. Schweizerischen Historikerinnentagung 1998) Zürich 1999 sowie: Claudia Honegger/Caroline Arni (Hg.), *Gender – die Tücken einer Kategorie.* Joan W. Scott: Geschichte und Politik. Beiträge zum Symposion anlässlich der Verleihung des Hans-Sigrist-Preises 1999 der Universität Bern an Joan W. Scott. Zürich 2001. Zur interdisziplinären Diskussion vgl. aus der Sicht der Germanistik: Ingrid Bennewitz/Helmut Tervooren (Hg.), *Manlîchiu wîp, wîplich man.* Zur Konstruktion der Kategorien ‚Körper' und ‚Geschlecht' in der deutschen Literatur des Mittelalters. Berlin 1999 sowie aus der Volkskunde: Christel Köhle-Hezinger, Martin Scharfe, Rolf Wilhelm Brednich (Hg.), *Männlich. Weiblich.* Zur Bedeutung der Kategorie Geschlecht in der Kultur. (31. Kongress der Deutschen Gesellschaft für Volkskunde. Marburg 1997), Münster/New York 1999.

20 Über die Anfänge der Universitäten vgl. das Werk: Walter Rüegg (Hg.), *Geschichte der Universität in Europa.* Bd. 1 Mittelalter. München 1993.

21 Den Begriff prägte Jacques Le Goff, *Die Intellektuellen im Mittelalter.* Stuttgart 1986; kritisch dazu. Jacques Verger, *Men of Learning at the End of the Middle Ages.* Notre Dame/Indiana 2000, der zwar die Übertragung der Bezeichnung auf die Vormoderne zurückweist, doch in der Sache le Goff bestätigt.

22 Vgl. dazu Bea Lundt, Neugierde, in: *Enzyklopädie des Märchens.* Handwörterbuch zur historischen und vergleichenden Erzählforschung hg. Rolf Wilhelm Brednich u.a. Bd. 9 Berlin/New York 1999, Sp. 1408-1416.

des weiblichen Geschlechtes, die junge Stiefmutter des Thronfolgers, getötet, bevor der weise Herrscher die Macht übernehmen kann.

6. Das Ende des Konfliktes im 15. Jahrhundert?

In der Frühen Neuzeit aber stellt sich dieses Problem anders: Die Verbindung von Zölibat und Wissenschaft hat sich gelockert. Mit der Reformation gewinnt die Ehe eine neue Bedeutung und tritt als ideale Lebensform der strengen klerikalen Geschlechtertrennung gegenüber.[23] Der Wissenschaftsbetrieb hat sich säkularisiert, Mythos und Heilsbedeutung der außerordentlichen Weisheit sind damit zurückgetreten. Mit dem Buchdruck wird Wissen für viele verfügbar und der Erwerb von Bildung ist nicht mehr so stark an bestimmte vorbildliche Personen gebunden. Eine gewisse gelehrte Ausbildung des Herrschers ist selbstverständlich, zudem kann er auf akademisch geschulte Räte am Hofe zurückgreifen. Denn Gebildete sind überall an geistlichen und weltlichen Höfen sowie in den Städten tätig, wo sie sich mit der Präsenz von Frauen arrangiert haben. Die ‚curiositas' erfährt eine neue Schätzung und wird geradezu zum Kennzeichen des modernen Welt.[24] Diese gesamte neue Wissensstruktur bringt neue Identitätskonzepte und Formen des Zusammenlebens hervor.

Ist damit nicht der Handlung der Geschichte von den „Sieben Weisen Meistern" ihre gesamte Basis und Aktualität entzogen? Liegen vielleicht Fortleben und Beliebtheit vor allem in einem Interesse an der vergangenen Alterität begründet? Ich möchte im Folgenden zeigen, welche Transformationen die Erzähltradition durchmacht und warum das alte Buch seine Attraktivität noch erheblich steigern kann.

7. Ein neues Verständnis vom Wissen und seinen Trägern

Bereits die Ausgangskonstellation ist durch ein gänzlich innovatives Problemverständnis der Handlung gekennzeichnet. Die in der Werkstatt Johann Baemlers 1473 entstandene Druckschrift beginnt mit einem Holzschnitt, der auf den ersten Blick einen anderen Zugang zu der Handlung erschließt (Abb. 1):

23 Über die frühneuzeitliche Ehe vgl. versch. Schriften von Heide Wunder sowie jetzt: Susanna Burghartz, *Zeiten der Reinheit, Orte der Unzucht*. Ehe und Sexualität in Basel während der Frühen Neuzeit. Paderborn 1999 und Rüdiger Schnell, Sexualität und Emotionalität in der vormodernen Ehe. Köln 2002.

24 Neil Kenny, *Curiosity in Early Modern Europe Word Histories*. Wiesbaden 1998 hat einen bejahenden Gebrauch des Begriffes der Neugierde im 15. Jahrhundert nachgewiesen.

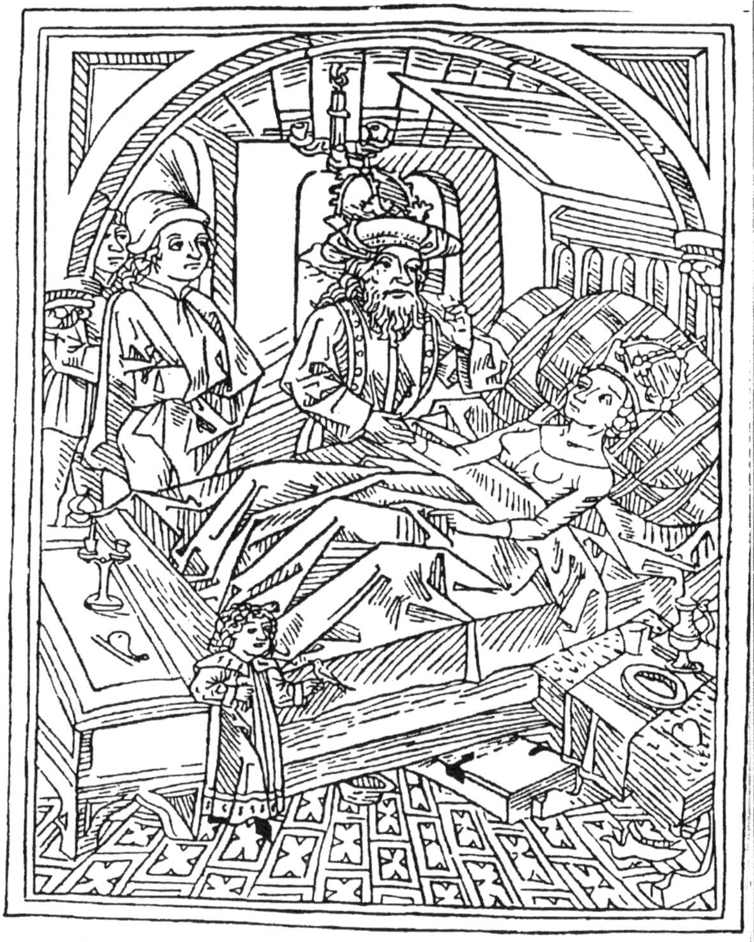

Abb. 1[25]

Die Abbildung visualisiert die Ausgangskonstellation auf eine Weise, die in den mittelalterlichen Varianten gänzlich unbekannt ist: Die Mutter des Prinzen ist als präsente und sprechende Frau gestaltet. Sie bittet auf dem Sterbebett, dass ihr Sohn fern des väterlichen Hofes erzogen wird. Dabei geht es ihr nicht um ein bestimmtes Bildungsideal. Vielmehr fürchtet sie, eine neue Frau des Kaisers werde dem Sohn aus erster Ehe schaden. Die kommende Verstrickung beruht also auf nachvollziehbaren Gefühlsstrukturen und wird von jener Person durchschaut, die diese am besten kennt: Es sind die menschliche Schwäche des Kaisers und die intrigante Struktur des Hofes, die sich zu einer Gefahr für den Nachwuchs verdichten. Diese Prognose der einfühlsamen und klugen Mutter gewinnt einen besonderen Wert, da sie entscheidende Teile der kommenden Handlung ganz richtig voraussieht.

Zum ersten Mal findet sich diese Episode in der sog. „Normalfassung", der Innsbrucker Handschrift,[26] entstanden vor 1342. In den vorangegangenen Varianten war das bedrohliche

25 Ed. Schmitz 1974, S. 1. Vgl. dazu auch: Albert Schramm, *Der Bilderschmuck der Frühdrucke* 22 Bde., 1922-1940, hier: Bd. 3 1921, Abb. 55.

26 Vgl. Georg Buchner (Hg.), *Die Historia Septem Sapientum,* nach der Innsbrucker Handschrift v. J. 1342. Erlangen/Leipzig 1889. Eine neue kritische Edition hat Detlev Roth für das Jahr 2002 angekündigt.

Schicksal des Prinzen aus den Sternen gelesen worden. Es war also im Firmament verankert und daher weitgehend unabhängig von dem irdischen Treiben. Experten hatten es erschlossen: Hofastrologen erstellten ein Horoskop für das neugeborene Kind oder die Lehrer suchten in der himmlischen Konstellation nach Zeichen, die Auskunft geben könnten über die Zukunft des Thronfolgers und damit auch des Landes.

Derselbe Holzschnitt zeigt eine weitere neue Quelle des Wissens: das Kind hält einen Vogel auf seiner Hand. Mit diesem Bildmotiv wird ein antizipierender Bogen geschlagen zu dem Schlussexempel ‚Vaticinium', in dem es sich als erwachsener Prinz vorstellen wird. Diocletian wird dort seine eigene Entwicklung an einem Alter Ego namens Alexander nachzeichnen. Dieser Held versteht die Sprache der Vögel, die ihm sein Schicksal voraussagen: er werde zu so hohen Ehren kommen, dass seine Eltern ihm nicht das Wasser reichen können. Die Überlegenheit ist Alexander also wie ein Gottesgeschenk in die Wiege gelegt worden, seine ‚Weisheit' besteht in einem angeborenen besonderen Zugang zur Natur und unterscheidet sich deutlich von erlerntem kognitiven Schulwissen. Doch bringt sie ihm zunächst nur Unheil ein: Denn der Vater, dem er davon erzählt, fürchtet, von seinem Sohn übertrumpft zu werden und versucht ihn zu vernichten. Alexander durchlebt eine abenteuerliche Reise: er muss Angst durchleiden, Krankheiten überstehen, seinen besten Freund mit einer Frau teilen, Weibeslist erdulden. Die Bewältigung seines harten Schicksals verdankt er diesen Lebenserfahrungen, die ihm soziale Kompetenz vermitteln: Gereift und geläutert kehrt er zu seinen Eltern zurück und versichert ihnen: „zu geleich weyß wie dz ist daz mir got grosse weißheyt geben hat den einem andern Menschen. Darumb haet ich euch ewrs reichs nit beraubet noch euch in mynder eren gehebt."[27]

Mit dem Versprechen, dass er die Gefühle des Vaters nicht verletzen wollte, leitet er die Versöhnung ein, die es ermöglicht, dass sein weniger begabter Erzeuger ihn als seinen Erben akzeptieren kann. Wie in diesem Exempel ist es auch in der Rahmenerzählung mit Diocletian selber: Seine besondere Weisheit ist ihm, in diesem Fall eine besonders sprechende Metapher, „zugeflogen". Doch zählt sie nicht einfach schon für sich als Nachweis herrscherlicher Qualifikation, vielmehr muss er um die Anerkennung seiner Fähigkeiten ringen. Dabei muss ein Gleichgewicht gefunden werden zwischen den Ansprüchen der verschiedenen Generationen.

Die rationale Kunst der Einsicht in die Ordnungen der Welt wird also nicht mehr von dem Stand der weisen Männer monopolisiert. Es bedarf keiner besonderen Schulung und herausragenden Position: Eine Frau, ein Kind und ein Tier sind jetzt die Träger des Wissens um die Zukunft. Das menschliche Schicksal ist nicht durch Nachweis des erfolgreichen Repetierens eines Wissenskanons und durch Fortsetzung von bewährten Schultraditionen zu lenken. Es ist vielmehr bestimmt durch unerklärliche Gaben, aber auch durch konkrete und gefühlsmäßig nachvollziehbare Strukturen. Der besonders Begabte ist daher nicht mehr prädestiniert für außerordentliche Positionen, er steht vielmehr vor einer schwierigen Aufgabe: er muss sich in der Gemeinschaft bewähren, in der beide Geschlechter vertreten sind. Durch „Arbeit" kann er die voraussehbaren Gefahren abwenden. An die Stelle des Ringens in der Kindheit um „subtilitas" und Selbstbeherrschung als den entscheidenden Tugenden des heranwachsenden Weisen ist die kommunikative Leistung des Erwachsenen getreten, der um seinen herausgehobenen Platz kämpfen muss, sodass sich die anderen ihm willig unterwerfen. Aus der Herrschaft über sich selbst und den eigenen Körper ist die Herrschaft über andere geworden. Diese Macht bezieht sich zunächst auf die verborgenen Charaktermerkmale und das Selbstverständnis der Menschen, doch wird sie im Laufe der Handlung auch auf die Leibkomponente und Geschlechtlichkeit der Untertanen erweitert.

Ein Holzschnitt zeigt denn auch den alten Kaiser auf seinem Thron mit allen Insignien seiner Macht. Die Majestät ist der zentrale Fokus der Handlung, auf den alle Beziehungen hin

27 Ed. Schmitz 1974, S. 129.

ausgerichtet sind (Abb. 2 und 3). Unscheinbar und klein steht der Sohn hier noch inmitten anderer Personen am Hofe, links in den beiden Abbildungen. Doch ist der Vater auch der eigentliche Herr über die Gefühle und Triebe der Menschen, vor dem die ‚nackten' Tatsachen sich enthüllen: ein Mensch wird entkleidet und kniet entblößt bittend vor ihm.

Abb. 2 und 3[28]

Damit zeigt die populäre Erzählung anders als zuvor die Grenzen der Weisheit als eines erlernbaren Gutes. Ihr Besitz allein hilft unter den Menschen nicht weiter und führt nur zu neuen Konflikten, eine Einsicht, die die vielen möglicherweise auch leseunkundigen staunenden Zuhörer sicher gerne gehört haben. Gerade das Scheitern des Außerordentlichen vor den Schranken der Macht mag die Belustigung ausgelöst haben, die das Impressum versprach. Anders richteten sich die mittelalterlichen Varianten deutlich an ein gelehrtes Lesepublikum und konnten von einem gemeinsamen diskursiven Problembewusstsein ausgehen, das den Konsens darüber einschloss, dass der Herrscher der Zukunft kein „gekrönter Esel" (asinus coronatus), sondern ein gebildeter Mann sein solle.

Diese Lehre, dass gerade der Begabte die „Ehre", d.h. die Selbstwertstrukturen seiner Bezugspersonen achten muss, wird durch eine Wiederholung zementiert. Nicht nur der alte Vater, auch die Lehrer sollen sich nicht gedemütigt fühlen: so heißt es ja in dem bereits zitierten Schlusssatz, dass er seine Lehrer „in Ehren" hielt. Für dieses Verhalten wird dem jungen Kaiser Lob zugesprochen, von gutem Regiment ist keine Rede. In diesem Sinne gibt ihm die merkwürdige Konstellation der Regierungsgemeinschaft mit den sieben weisen Meistern Gelegenheit, das neue Ideal unter Beweis zu stellen. Dieselbe Situation erweist sich aber noch auf einer anderen Ebene als sinnvoller Endpunkt: sie realisiert nämlich die erfolgreiche Zusammenarbeit des Herrschers mit klugen und zuverlässigen Beratern.

28 So in der Druckausgabe von Johannes Koelhoff. Lübeck 1490. In: Schramm Bd. 8, 1924, Abb. 312 und 313.

8. Die Sieben Weisen Meister als Kaiser-Macher

So hat auch das Kollektiv der sieben Weisen eine Transformation erfahren. Seine Erziehungstätigkeit hat an Bedeutung verloren, da die außerordentlichen Fähigkeiten dem Helden bereits durch Geburt gegeben sind. Zentrales Ziel ist nicht mehr die Anleitung bei dem Prozess einer inneren geistigen Reifung, sondern der Machtwechsel zwischen Vater und Sohn, der mit Hilfe äußerer Herrschaftszeichen beschrieben wird. Umgekehrt wie es die Forschung behauptet, sind hier in den frühneuzeitlichen Varianten Kindheit und Jugend als prägende Phasen weitgehend verschwunden. Während die Lehrer den Knaben eigentlich nur noch schützen und verwahren, erfüllen sie aber eine neue Aufgabe an dem Erwachsenen: Sie sind es, die in einem mehrstufigen Ritual den Kaiser von morgen am Hofe in sein Amt einführen: Nicht ihre kluge Rede ist entscheidend, sondern ihr Handeln in körperlicher Präsenz. Sie kleiden ihn in Purpur und begleiten ihn zum Thron. An die Stelle des weisen Schweigens bei der Begegnung des Prinzen mit seiner späteren Wirkungsstätte ist Trompetenschall getreten. Bildwirksam wird die zentrale Bedeutung der Machtübernahme des Zöglings der Sieben als eines demonstrativen Aktes mit symbolischer Funktion lautstark hinausposaunt (Abb. 4).

Abb. 4[29]

Von mobilen und unabhängigen Gelehrten mit außerordentlichen vorbildlichen Geisteskräften sind die Weisen zu abhängigen Hofbeamten geworden. Als solche aber spielen sie auch weiterhin eine wichtige Rolle. Denn da der Herrscher kein Philosoph auf dem Thron sein muss, bedarf er in der Tat der klugen Ratgeber für sein Regiment. Bei der Rekrutierung der Lehrer bereits wird davon berichtet, dass sie alle Sieben schon früher Aufgaben im Rat des Kaisers erfolgreich erfüllt haben. Sie verstehen also etwas von der Regierungskunst. Für die an sie herangetragene Aufgabe der Erziehung fordern sie einen Lohn. Sitzend vor dem Kaiser werden sie auf einer für Ratsherren typischen gemeinsamen Bank visualisiert (Abb. 5).

29 Anton Sorg 1480. In: Schramm Bd. 4, Abb. 534

Abb. 5[30]

Diese neue Bedeutung als integre Berater und Vertraute des Kaisers wird noch unterstrichen durch die Beschwörung düsterer Gegengestalten in den Exempeln, vor deren Korrumpierbarkeit und unkontrolliertem Wirken am Hofe gewarnt wird. Statt Weisheit anzuwenden, praktizieren diese Negativfiguren dubiose Zauberkünste zum Schaden ihres Herren. Die merkwürdige Konstellation des Zusammenlebens des Herrschers mit seinen Lehrern, die sich zuvor als Kaiser-Macher ihres Zöglings bewährt haben, stellt demnach ein positiv gemeintes Modell vor: Aus der klösterlichen Gemeinschaft unter Brüdern ist die Zusammenarbeit des Herrschers mit seinen tüchtigen und klugen Helfern geworden, die sich darauf verstehen, die Rituale der Macht zu inszenieren und dadurch den Entscheidungen und Regierungsakten des Kaisers die nötige Resonanz zu verschaffen.

9. Die Verschiebung der Sexualität auf einen Stellvertreter

Und was ist angesichts des Verlustes der Erziehungsphase aus den Konstruktionen der männlichen Identität des idealen Herrschers von morgen geworden? Auch hier haben sich bereits im späten Mittelalter völlig neue Lösungsangebote für die Initiationsprozesse gefunden, mit denen der weise Schüler seine erwachsene Männlichkeit unter Beweis stellen musste: Ein heimlicher Geliebter der Kaiserin wird in einer öffentlichen Szene entlarvt, indem der Prinz auf der Entkleidung einer Dame aus dem Gefolge der Stiefmutter besteht. Schrittweise verwandelt sich die von Diocletian bezeichnete Person von einer Hoffrau zu einem Mann und tritt mit einem großen, aber etwas linkischen Schritt aus der Frauengruppe in die Welt der Männer hinüber, wo freilich bereits die Flammen lodern (Abb. 6).

30 Sorg 1480. In: Schramm Bd. 4, Abb. 510

Abb. 6 [31]

An die Stelle der umgehenden Fantasien über die Geschlechtlichkeit des Prinzen in den mittelalterlichen Varianten ist damit jetzt ein konkreter Ehebruch getreten. Eine bisher völlig unbekannte männliche Figur wird gegen Ende des Textes eingeführt, um den Genus-Aspekt im höfischen Alltag zu repräsentieren.

Dabei wird die Aktivität von dem Körper des Prinzen verschoben auf eine Ersatzfigur. Der verkleidete Ehebrecher verdoppelt die Rolle des jungen Mannes in der Handlung und er trägt stellvertretend seine bedrohlichen negativen Aspekte, die durch seine Triebstruktur bedingt sind. Neben der bald verscheidenden guten Mutter am Anfang steht er als männliches Pendant, das ohne große Schmerzen vernichtet werden kann, am Ende des Werkes. Die Druckschrift ist damit durch eine gegenüber den mittelalterlichen Varianten neue „Rahmung" gekennzeichnet, die in einer Verdoppelung handlungstragender Figuren beiderlei Geschlechtes besteht. Während die Rolle der guten Mutter Frauen entlastet, wird mit dem Geliebten der Kaiserin die Frage nach der Schuld neu verteilt:: die Stiefmutter trägt nicht mehr allein die Verantwortung für alles Unheil, das über diese höfische Gemeinschaft kommt. Ohnehin wird in der populären Schrift das Triebgeschehen auf eine bisher undenkbare Weise real: in dem gewaltsam entblößten Männerkörper eines Domestiken, eine namenlose und verächtlich gemachte Gestalt, negativ belastet auch dadurch, dass sie bereit war, jahrelang, wie im Text behauptet wird, unter Frauen zu leben (Abb. 2, 3 und 6).

Neben der Verleumdung des Prinzen existiert mit dem Ehebruch eine weitere schwere Schuld und diese wird durch eine Art „Indizienbeweis" aufgedeckt. Auch dieser schrittweise Nachweis einer für signifikant gehaltenen Straftat stellt eine neue Form dar, um Gewissheit zu erlangen. In der ‚Scala Coeli' aus dem 14. Jahrhundert hatte noch ein Gottesbeweis die böse

31 Sorg 1480- In: Schramm Bd. 4, Abb. 536.

Frau entlarvt, da die Menschen trotz aller Weisheit nicht in der Lage waren, den Fall selber aufzuklären.[32]

Zwar sind die Diskurse um die Erziehung zum Weisen und zum Mann endgültig auseinander gefallen. Nicht der Weg vom Kind zum Mann wird beschrieben, sondern der eines Unwürdigen von der Frau zum Mann. Er wird nicht in die Gemeinschaft der Männer aufgenommen werden. Doch gehören auch weiterhin das Wissen um die Geschlechtlichkeit und um die Sexualität zu den Voraussetzungen, die der Herrscher von morgen erfüllen muss, um seine Reife und Eignung unter Beweis zu stellen. Die Skrupellosigkeit des Stellvertreters und seine Wertlosigkeit als Repräsentant des männlichen Geschlechtes weist nur auf die völlige Tabuisierung der Triebstruktur des weisen Herrschers selber. Dyocletian kann das sündige Treiben unter den Menschen durchschauen, ohne sich selber verwickeln zu lassen. Erneut zeigt sich, dass die zentrale Identitätskonstruktion für die Legitimierung des idealen Herrschers in der populären Schrift nicht mehr die erlernte Beherrschung der eigenen Triebe ist. Seit der sog. „Normalfassung" muss er sich als Herrscher über die anderen erweisen, indem er die Lasterhaften am Hofe entlarvt und die Gemeinschaft von ihnen befreit.

10. Fazit

Die Mehrpoligkeit der Handlung der Erzählung von den ‚Sieben weisen Meistern' ermöglicht eine Akzentverlagerung entsprechend ganz verschiedenen Bedürfnissen an Problemhorizont und Rezeption. Diese plurale Grundlage gewährleistet das Überleben der Erzählung innerhalb der völlig veränderten Wissenskultur der Frühen Neuzeit. Schon im späten Mittelalter war die Thematik des Ideales selbsterworbener exklusiver Weisheit in den Hintergrund getreten. Die Bildung des Außerordentlichen ist bereits säkularisiert und entmythifiziert dargestellt; es muss kein Arkanum mehr entschlüsselt werden. Diese Entwicklung setzt sich bei der Transformation des Textes in der Frühen Neuzeit zu einem vielrezipierten Druckerzeugnis fort. Der Herrscher ist nicht mehr Teil von Männerbünden, die eine geistige Elite von grundsätzlich Gleichen darstellen. Obwohl auch weiterhin am Ende eine Gemeinschaft mit den Lehrern hergestellt wird und der Protagonist keine eigene Familie begründet, wird seine besondere Autorität als Kaiser anders akzentuiert: Seine Majestät macht ihn unnahbar und daher stehen seine Körperlichkeit und Sexualität nicht zur Debatte. Das mühsame Ringen in der Kindheit und in der Pubertät um eine neue männliche Identität in asketischer Selbstbeherrschung entfällt daher völlig. Auch die Wissenselemente der Erziehung treten zurück. Zwar tauchen die Begriffe „klug" und „weise" häufiger auf als zuvor. Doch werden sie in einem Wortfeld benutzt, das allgemein positiv gemeinte Verhaltensweisen beschreibt. Weisheit ist ein allgemein verwendbares Grundlagenwissen, das zur Verrichtung der tagtäglichen Pflichten erforderlich ist. Statt „Zucht" spielt jetzt „Nutz" eine Rolle.

Stattdessen dominiert die Frage nach der Inthronisation eines klugen jungen Mannes zum Herrscher. Die entscheidenden Reifeproben für seine Eignung muss der Erwachsene bestehen. Entsprechend tritt auch die Bedeutung der eingefügten Exempel zurück, die der moralischen Welterkundung und Suche nach den Regeln besonnenen Handelns dienten. Aus dem Exempelwerk, dessen klerikale Varianten im 14. Jahrhundert vornehmlich als Steinbruch für Zwecke der religiösen und moralischen Unterweisung genutzt wurden, ist eine unterhaltende Biografie geworden, die mit der erfolgreichen Machtübernahme endet.

Als entscheidende Tugend zur Legitimation des tüchtigen Herrschers taucht ein neuer Wert auf: es ist die Fähigkeit des Erwachsenen zur „Arbeit" an seinem Schicksal. Diese realisiert sich vor allem in Menschenkenntnis. Seine Herrschaft beruht auf der Fähigkeit, eine sta-

32 In der „Scala Coeli" werden Faustkämpfer (pugiles) eingesetzt, um im Sinne eines Gottesbeweis die Wahrheit zu ergründen.

bile Ordnung der Beziehungen herzustellen, deren Mittelpunkt er darstellt, und Unwürdige aus dieser an seinen Willen gebundenen Gemeinschaft auszuschließen. Zwar darf er seine Überlegenheit nicht dazu nutzen, seine Bezugspersonen in ihrer „Ehre“ zu verletzen. Doch: werden ihre Selbstwertgefühle respektiert, so unterwerfen sich die Menschen seiner kommunikativen Kompetenz. Auch die Lehrer sind nicht mehr Vertreter eines um seine Integration am Hofe und seine Rolle in der Gesellschaft kämpfenden Gelehrtenstandes, sondern bewährte und besoldete Berater mit Erfahrungen im Handwerk der Politik. Als solche sind sie unverzichtbar und stellen eine sinnvolle Interessensvertretung des Sohnes dar.

Meine Untersuchung der populären Schrift bestätigt damit die aktuellen Arbeiten über die Bedeutung ritueller Prozesse und des konkret präsenten Körpers des Herrschers als Fokus der Aufmerksamkeit der Untertanen in der Frühen Neuzeit, so etwa die Thesen von Edward Muir[33]. Doch stehen meine Ergebnisse im Gegensatz zu der Historischen Bildungsforschung mit ihrer These von der „Erfindung der Jugend in der Moderne“. Die ungeheuer beliebte und populäre Erzählung von den „Sieben Weisen Meistern“ ist gerade im 15. Jahrhundert weit entfernt von einem humanistischen Ideal der Menschenprägung[34], das elitär und gerade nicht zweckbestimmt ist. Als ‚nützlich' für jedermann wird die Druckschrift mit ihrer frühneuzeitlichen Aneignung der altüberlieferten Erzähltradition angekündigt. Der außerordentliche Erfolg der Erzählung über die Machtergreifung eines Herrschers bei den lesenden Bürgern wird darauf beruht haben, dass sie Fantasien über die Konstruktion außeruniversitärer Wissensformen und die Beziehungsstruktur des Hofes kanalisieren hilft.

33 Edward Muir, *Ritual in Early Modern Europe*, 1999. Vgl. dazu auch den Literaturbericht von B. Stollberg-Rillinger: Zeremoniell, Ritual, Symbol. In: ZEITSCHRIFT FÜR HISTORISCHE FORSCHUNG 27. Bd., Heft 3 2000, über Muir: S. 391-393.

34 Vgl. etwa Wilhelm Kühlmann, Pädagogische Konzeptionen. In: Notker Hammerstein (Hg.), *Handbuch der deutschen Bildungsgeschichte* Bd. 1 1996, S. 153-196.

Humoristisch-satirische Europakarten von 1848 bis zum Ersten Weltkrieg. Bestand und Besonderheiten

Heinrich Dormeier

Karikaturen bringen bekanntlich auch heute noch Abwechslung, Anregung und Amüsement in die Tages- und Wochenzeitungen. Aber in verschiedener Hinsicht ist ihre Funktion in den heutigen Medien nicht zu vergleichen mit der Rolle, die sie in der Presselandschaft der zweiten Hälfte des 19. Jahrhunderts gespielt haben. Vor gut hundert Jahren gab es in ganz Europa eine ganze Palette von so genannten Witzzeitungen oder humoristisch-satirischen Journalen unterschiedlicher politischer Couleur, in denen die Karikaturen großen Raum einnahmen. Nicht nur quantitativ, sondern auch wegen der völlig anderen Rahmenbedingungen im Medienbereich übten sie eine ganz andere Wirkung aus als heute. Schließlich hatten Bilder in einer Zeit, in der es kein Kino, kein Fernsehen, kein Video, geschweige denn das Internet gab, eine ganz andere Anziehungskraft als heute, wo wir in einer Flut von Bildern zu ertrinken drohen.[1]

Der Wert dieser Karikaturen als Geschichtsquelle der zweiten Hälfte des 19. Jahrhunderts ist kaum zu überschätzen: Kein Bildzeugnis ist so dicht überliefert wie die Karikatur. Kein anderes nichtschriftliches Zeugnis reagiert so spontan und unmittelbar auf die Tagespolitik. Keine andere bildliche Ausdrucksform bietet ein so breites Spektrum von Meinungen wie die je nach Parteienstandpunkt und Herkunft unterschiedlichen Bildkommentare. Vor allem aber vermitteln Karikaturen wie kein anderes Bildzeugnis etwas von der politischen Auseinandersetzung, von der Betroffenheit und von den Empfindungen der Zeichner und der Zeitgenossen.

Allerdings erschließen sich jene Zeichnungen den heutigen Betrachtern nicht so leicht, wie es das wohl berühmteste und meistreproduzierte Beispiel glauben machen mag: der Abschied Bismarcks als Reichskanzler am 20. März 1890. Eine gute Woche später, am 29. März 1890, hielt der Zeichner John Tenniel im Londoner Punch, der bedeutendsten satirischen Zeitschrift Europas, diesen Vorgang symbolhaft fest und lässt den langjährigen Lenker des Staatsschiffes Germania ernst und nachdenklich die Schiffstreppe hinabsteigen, während ihm der junge Kaiser Wilhelm II. selbstgefällig nachschaut („Der Lotse geht von Bord“)[2].

Aber diese respektvolle Würdigung kann leicht zu Fehlschlüssen über die Bedeutung Bismarcks in der englischen Presse verleiten, und auch die Konzentration auf die beiden Protagonisten, die ohne weiteres verständliche und fast zeitlose Aussage sind eher die Ausnahme als die Regel in der Bildsprache der Karikaturen des 19. Jahrhunderts. Die meisten Karikaturen sind ausgesprochen erzählfreudig, kleinteilig und einerseits aktualitätsbezogen, andererseits voll von historischen Anspielungen, beziehungsreichen Bildelementen. Neben anspruchsvollen Bildassoziationen begegnen nicht selten schwer verständliche Bildlegenden und mitunter gar lateinische Wendungen und Zitate. Die Witzblätter waren also auf ein Bildungsbürgertum zugeschnitten, das sich im aktuellen Zeitgeschehen wie in der Geschichte gut auskannte.

1 Die wichtigsten Abbildungswerke und Spezialbeiträge sind bequem zusammengestellt in: *Bismarck in der Karikatur des Auslands*. Auswahl, Einleitung und Kommentar von H. Dormeier, Berlin 1990, S. 220f.

2 Heinrich Dormeier, Karikaturen der Bismarckzeit als Geschichtsquelle, in: *Forschungen z. Brandenburg. u. Preuss. Gesch.*, N.F. 4 (1994), bes. S. 75-77; zu John Tenniel auch Jost Rebentisch, *Die vielen Gesichter des Kaisers*. Wilhelm II. in der deutschen und britischen Karikatur (1888-1918) (Quellen und Forschungen zur Brandenburgischen und Preußischen Geschichte, Bd. 20), Berlin 2000, S. 157 (zu Tenniel), 185f. (zur Lotsen-Karikatur).

I. Eine Sonderform der politischen Karikatur: Die humoristisch-satirischen Europakarten

Was für die Karikaturen im Allgemeinen gilt, das trifft in vielleicht noch höherem Maß auf eine Sonderform dieser Gattung zu: auf die humoristisch-satirischen Karten einzelner Länder oder Europas, die sich von ungefähr 1848 bis zum 1. Weltkrieg besonderer Beliebtheit erfreuten. Doch so geschätzt diese meist großformatigen Blätter im 19. Jahrhundert auch waren, so schwer ist es heutzutage, sie überhaupt einigermaßen vollständig zu erfassen. Nirgendwo sind diese interessanten Blätter, soweit ich sehe, komplett gesammelt und abgebildet, geschweige denn in einer Monographie behandelt worden. Untersuchungen zur Geschichte der politischen Kartographie lassen diese Versuche offenbar als vermeintlich humoristisch-satirische Spielereien gleich ganz außer Acht.[3] Gelegentliche Erwähnungen in der Literatur erlauben es oft nicht, die gemeinte Karte genau zu bestimmen. Die vorläufige Übersicht im Anhang mag daher ergänzungs- und korrekturbedürftig sein, dürfte aber eine erste Orientierung bieten.[4]

Wie sich aus dieser Zusammenschau ergibt, sind für den Zeitraum von 1849 bis 1918 immerhin über 30 Entwürfe zu verzeichnen. Dabei sind vergleichbare Bildlösungen, die nicht ganz Europa, sondern nur einzelne Länder betreffen, beiseite gelassen worden.[5] Andererseits

3 Fehlanzeige etwa bei Jeremy Black: *Maps and Politics*, London 1997; oder auch ders.: *Maps and History. Constructing Images of the Past*, New Haven 1997.

4 Sie erfasst die Funde in der Sammlung Günter Böhmer in München und in großen Karikaturensammlungen wie etwa im Germanischen Nationalmuseum in Nürnberg oder in der Staatsbibliothek in Berlin. Auf manche Stücke stößt man auch in Bildmonographien über Karikaturen des 19. Jahrhunderts oder in entlegener Literatur – vgl. dazu die Angaben zu den Bildbeispielen im Anhang.

5 Vgl. z.B. „Geography bewitched" oder „A droll caricature map of England and Wales", entworfen von Richard Dighton und verkauft von Bowles and Carver bei St. Paul's Churchyard, ca. 1795 (London, British Library, Maps C 27.f.15/1);
- Illustrirte politische Karte von Österreich und den angränzenden Ländern. Lithographie von C. Lanzadelli (um 1848). Würzburg, Inst. für Hochschulkunde (freundlicher Hinweis von Heidemarie Anderlik, Berlin);
- „Politische Karte von Österreich" [um 1848?]; vgl. Abb. von A. Hoffmeister, Sto let ceske Karikatury (1955) S. 101;
- Un'occhiata sull'Italia [Ein Blick auf Italien nach der Annektion Siziliens], in: LA CICALA POLITICA (Mailand 25. nov. 1860, a. I n. 74), abgebildet in: *Caricatura e satira politica in Italia dal 1848 all'unità*, Roma 1975, S. 50 Nr. 179 (mit tav. III).
- The Evil Genius of Europe. 1859 = Italien und die nördlich angrenzenden Gebiete. Unter dem Titel: On a careful examination of this Panorama the Genius will be discovered struggling hard to pull on his Boot. It will be noticed, he has just put his foot in it. Will he be able to wear it?" – Abb.: G. Hill, Cartographical Curiosities London, (1978) S. 47 Abb. 55; dazu Kommentar S. 45f.: Der teuflische Genius ist Napoleon III., der 1858 mit Piemont einen Vertrag abschloss, um einen Krieg mit Österreich zu provozieren und dieses aus den besetzten Teilen Italiens zu vertreiben.
- Jütland und der Herzogtümer richtige Gestalt, 1864; Lithographie; Hg. Gebr. Spiro, Hamburg [in rederiksborg, Naturalhistorisk Museet; freundl. Hinweis von Marie-Louise von Plessen]
- England, das von der sitzenden Königin Viktoria ausgefüllt wird (Plate 10; aus welchem Werk?), 19. Jh., mit Bildunterschrift:
  Beautiful England, – on her Island throne, – From her vast empire the sun ne'er departs:
  Grandly she rules, – with half the world her own; She reigns a Queen-Victoria, Queen of Hearts.
  Foto: FAZ 27.12.01 nach Lie of the Land – the secret of Maps. Ausstellung in der British Library, London (Besprechung von Magnus Brechtken).
- The Evil Genius of Europe. 1859 = Italien und die nördlich angrenzenden Gebiete. Neben dem Titel: On a careful examination of this Panorama the Genius will be discovered struggling hard to pull on his Boot. It will be noticed, he has just put his foot in it. Will he be able to wear it?"
- Neueste Karte des Königreichs Italien, in: SÜDDEUTSCHER POSTILLON, Jg. 13 Nr. 5 [Februar], 1894 – München, Bayerische Staatsbibliothek.
- Der „kranke" Mann in tausend Aengsten. Ein Seitenstück zur orientalischen Frage. SÜDDEUTSCHER POSTILLON 15 Nr. 16 (1896) S. 125 – München, [wohl Teil einer Europakarte].
- Marokko in den Klauen der europäischen Mächte Spanien, Großbritannien und Frankreich, die es fast in Stücke reißen. Aus: *L'Assiette au Beurre*, Paris 1903 (London, British Museum); vermutlich Detail einer Europakarte – vgl. Abb. in: Asa Briggs, (Hg.): *Das neunzehnte Jahrhundert. Politik, Wirtschaft, Wissenschaft und Kunst im Zeitalter des Imperialismus* (Knaurs Große Kulturen in Farben), München/Zürich 1972, S. 223 Abb. 18.

befinden sich darunter auch einige Blätter, die einen fremden Originalentwurf nachahmen oder leicht abwandeln. Die Übersicht lenkt den Blick nicht nur auf die leichter zugänglichen und häufiger registrierten einschlägigen Blätter aus Frankreich, Deutschland und England, sondern auch auf weniger bekannte Exemplare aus Italien, der Tschechoslowakei, Ungarn und der Schweiz.

Abgesehen von dem bekannten „Rundgemälde" der Düsseldorfer Monatshefte von 1849, konzentrieren sich diese Bildentwürfe auf die Jahre 1870-1890, die Zeit des Deutsch-Französischen Krieges von 1870/71 und den Berliner Kongress von 1878. Eine Art Nachblüte erleben diese Länderpersonifikationen dann während des Ersten Weltkriegs. Allerdings reichen diese späten Beispiele qualitativ schon nicht mehr an ihre Vorbilder heran. Nach dem Ersten Weltkrieg trifft man nur noch vereinzelt auf Reminiszenzen an die beliebten Europalithographien. Formal gesehen, herrschen im Grunde drei Lösungen vor: Entweder sind auf einer Landkarte innerhalb der eingezeichneten oder angedeuteten Staatsgrenzen Personifikationen der jeweiligen Länder in Gestalt von Regenten, Politikern, Tieren oder charakteristischen Einzelszenen wiedergegeben. Oder aber man trieb die Personifikationen der einzelnen Staaten so weit, dass die Menschen- oder Tierfiguren zugleich die geographischen Umrisse des betreffenden Landes bildeten (Anhang Nr. 3). Eine dritte Form verbindet beide Verfahren miteinander – so wie es auf dem Budapester Blatt über den Status Mundi von 1887 zu sehen ist (Anhang Nr. 18).

Nun ist diese Verbindung der Geographie mit allegorisch-symbolischen Elementen nicht neu. Bereits aus dem Mittelalter sind vergleichbare Darstellungen bekannt. Die anthropomorphe Weltkarte des Opicinus de Canistris (1296-1350/52), die Europa bzw. Spanien als hilflose Frau und das islamische Nordafrika als aggressiven Mann wiedergibt, ist nicht nur formal, sondern auch in ihrer propagandistischen Absicht ein früher Vorläufer der späteren politischen Europakarten.[6] Die figürlichen Transpositionen des Mittelalters wurden in anderer Form in der frühen Neuzeit weitergeführt. Hervorzuheben sind hier die Darstellungen Europas „in forma virginis" in der Kosmographie Sebastian Münsters und in anderen Werken.[7] „Phantasiekarten" mit dezidiert politisch-satirischen Inhalten und Absichten sind seit dem ausgehenden 18. Jahrhundert auszumachen. Sie scheinen sich aber zunächst nur auf einzelne Länder oder begrenzte Regionen zu beziehen.[8]

Um die Mitte des 19. Jahrhunderts, nicht zufällig während und nach der Revolution von 1848, setzten dann die figurenreichen politischen Europakarten ein. Seit ungefähr 1870 entwickelten sie sich dann auch formal zu einer Sonderform in der Geschichte der satirisch-politischen Publizistik, die in jenen Jahren einen erstaunlichen Aufschwung erfuhr. Ein typisches Beispiel für diese Spezialgattung, das für viele spätere Versuche in dieser Richtung maßgebend wurde, war das Blatt von Paul Hadol (1835-1875) von 1870 (Anhang Nr. 3).

So beeindruckend diese Europakarten auch sind, so schwer sind sie heutzutage zu deuten. Die Karten stecken voll von damals geläufigen, inzwischen aber fremd gewordenen Bildbegriffen, sind nach einem visuellen Alphabet gestaltet, das wir heute nur noch schwer entschlüsseln können. Die Gesichter der politischen Akteure des 19. Jahrhunderts sind uns

6 Rom, Bibl. Vaticana: Vat. lat. 6435, fol. 53v, abgebildet u.a. von Pastoureau, Michel/ Schmitt, Jean-Claude (Hgg.): *Europe.* Mémoire et emblèmes, Paris 1990, S. 43; Romanini, Angiola Maria (Hg.): *Enciclopedia dell'arte medievale,* Rom 1991-2000, Bd. 8, Sp. 814; vgl. R. Solomon, *Opicinus de Canistris.* Das Weltbild eines avignonesischen Klerikers, London 1936 (Studies of the Warburg Institute, 1).

7 Vgl. etwa Pastoureau, Michel/ Schmitt, Jean-Claude (Hgg.): *Europe.* Mémoire et emblèmes, Paris 1990, S. 42 (gute Abb.); Adriano Prosperi, Europa „in forma virginis": aspetti della propaganda asburgica del '500, in: ANNALI DELL'ISTITUTO STORICO ITALO-GERMANICO IN TRENTO 19 (1993) S. 243-275 (mit weiterer Lit.); A. Plaut, Phantasiekarte, in: *Lexikon zur Geschichte der Kartographie*, Bd. 2 (Die Kartographie und ihre Randgebiete. Enzyklopädie, hg. von Erik Arnberger, Bd. C/2), Wien 1986, S. 600-604 mit Abb. 106 auf S. 601; vgl. auch P.H. Meurer, *Einzelkarten des Matthias Quad*, Mönchengladbach 1984.

8 Vgl. etwa „A new Map of England and France" (1793) von James Gilroy mit der Bildunterschrift „The French Invasion: or John Bull bombarding the Bum-Boats" (Die französische Invasion oder John Bull bombardiert die französischen Kriegsschiffe); Farbabb. bei G. Kahn, Europas Fürsten, nach S. 32.

nicht mehr vertraut. Die Bildlegenden sind meist recht kurz und allgemein gehalten und helfen daher nur begrenzt weiter. Einige Kommentare beschränken sich gar darauf, lediglich die Position der Länderfiguren zu beschreiben. Zuweilen haben die Zeichner offenbar nur die politischen Eigenheiten und Empfindsamkeiten der einzelnen Nationen, Isolation und gegenseitiges Misstrauen zum Ausdruck bringen wollen. Hier wird der moderne Interpret acht geben müssen, dass er Gestik und Mimik der personifizierten Länder nicht falsch deutet oder überinterpretiert. Die ausführlicheren Bildunterschriften der italienischen Blätter (Anhang Nr. 8; 12) muten zuweilen lyrisch an, bleiben jedenfalls meist nebulös. Vielleicht ist auch aus diesem Grund, sieht man einmal von dem oft gezeigten und besprochenen „Rundgemälde von 1849" mit der Szenerie der Konterrevolution ab (Anhang Nr. 1), keine einzige dieser Europakarten so ausführlich vorgestellt und kommentiert worden, wie man es eigentlich erwarten würde.[9]

II. Die Augsburger Europakarte von 1879

Eine entsprechende Analyse kann auch hier nicht geleistet werden. Die Übersicht im Anhang dieses Beitrags vermag die Eigenart, Perspektive und inhaltliche Bandbreite dieser Europakarten allenfalls anzudeuten. Doch die Aussagekraft, aber auch die grundsätzlichen quellenkritischen Probleme und Besonderheiten dieses Bildtypus lassen sich bereits an einem etwas eigenwilligen Beispiel aus Deutschland ablesen. Das Augsburger Blatt von 1879 gehört sozusagen einer zweiten Publikationswelle an. Nach dem ersten Höhepunkt dieser Karikaturgattung zur Zeit des Deutsch-Französischen Krieges schildern nämlich gleich eine ganze Reihe humoristischer Karten aus unterschiedlichem Blickwinkel die Situation zu Beginn und während des Jahres 1877 (Anhang Nr. 9-14). In Mitteleuropa hatte sich die Lage nach der „Krieg in Sicht-Krise" von 1875, als ein Präventivkrieg Deutschlands gegen das wiedererstarkte Frankreich zu drohen schien, wieder beruhigt. Der Balkan blieb jedoch das Pulverfass Europas. Entsprechend sind die Spannungen zwischen Rußland und der Türkei ein Hauptthema der Europakarten dieser Zeit. Ferner heben die Autoren dieser Karten unter anderem die dominierende Rolle Bismarcks auf der politischen Bühne hervor. Nach dem russisch-türkischen Krieg war der Kanzler des deutschen Reiches auf dem Berliner Kongress von 1878 unter anderem als „Makler" in der orientalischen Frage und als Vermittler zwischen den Großmächten aufgetreten.

Im folgenden Jahr nun dürfte die (nicht datierte) „Komische Karte" aus Augsburg entstanden sein. Dort haben bereits die geopolitischen Veränderungen nach dem Berliner Kongress ihren Niederschlag gefunden. Aber im Vordergrund steht zweifellos der innenpolitische Umschwung in Deutschland. Die Auseinandersetzungen in Deutschland und die einzelnen Länder sind überwiegend durch realistische Porträts der politischen Gegner bzw. Protagonisten, weniger wie sonst durch allegorische Tierdarstellungen wiedergegeben (Skandinavien, Rußland, Portugal). Bei der Entschlüsselung der Motive hilft der Kurzkommentar unterhalb des Kartenbildes nur recht begrenzt weiter. Ergänzend zu der knappen Legende unterhalb der Karte erleichtern hier und da zusätzliche kurze Hinweise das Verständnis der Motive.

9 Vergeblich sucht man nach diesbezüglichen Bildbeispielen und -kommentaren z.B. in: *Bilder der Macht. Macht der Bilder.* Zeitgeschichte in Darstellungen des 19. Jahrhunderts, hg. von Stefan Germer und Michael F. Zimmermann (Veröffentlichungen des Zentralinstituts für Kunstgeschichte, Bd. 12), München-Berlin 1997. Vgl. diesbezüglich meine eigenen Versuche im Karikaturenprogramm der Berliner Bismarck-Ausstellung (Anhang Nr. 8, 12, 18).

Komische Karte von Europa. Lithogr. Schnellpressdruck v. W. Fiek Augsburg. Foto: DHM Berlin

Diese beiden zusätzlichen Erklärungshilfen lauten zusammengefasst:

DEUTSCHLAND: Bismarck sitzt speisend an der Reichstafel, ihm zur Seite Windhorst [auf dessen Gabel aufgespießt: „Maigesetze"; vor ihm Schüssel: „Frankenstein'scher Antrag"; vor Bismarck Schüssel „Tabaksteuer"; rechts „Nat(ional)-lib(erale)" mit Schachtel „Anti-bilous"]. *Den aufgetischten Speisen entsprechend zeigt sich das an dem Tischtuch hinaufkletternde Ungeziefer, die „Schmuggler".*
DÄNEMARK lächelt hämisch auf die Gruppe herab, während
HOLLAND eine selbstzufriedene sorglose Miene zeigt, im Gegensatz zu
BELGIEN, das scharfen Auges, voller Interessen der Entwickelung der Dinge zu folgen scheint.
FRANKREICH rüstet und in der Zwischenzeit giebt's verschiedene Hahnenkämpfe zum Zeitvertreib, was Alles den Plon-Plon nicht hindert, eifrigst darüber nachzudenken, ob er Kaiser werden will oder nicht [in Südfrankreich zwei Hähne „Cassagnac" und „Girardin"].
Die SCHWEIZ widmet sich ihrer Lieblingsbeschäftigung [melkt Kuh „Lady"].
ENGLAND verfolgt mit besorgten Blicken seine Flotte [Ausspruch: Gracious goodness – my money bags!! Auf dem Atlantik Papierschiffchen: „Tod den verrätherischen Afghanen!" „Jetzt holen wir Ketschwäyo!"], *während IRLAND das Gegentheil von Mitgefühl zu empfinden scheint.*
SCHWEDEN und NORWEGEN spielen ein wenig Hund und Katze [auf den Stufen der „Verfassung"];
im Osten verschlingt die gereizte Hyäne „RUSSLAND" ihre zahlreichen Opfer, die Nihilisten [„Kiew" auf der Hose des Opfers] *und ihre Klaue wird krampfhaft erfasst von*
BULGARIEN, welches soeben von der Rundreise zurückgekehrt ist [mit Tasche „Battenberg"].
UNGARN beschäftigt sich angelegentlichst mit den Interessen Szegedins, [Pumpe: „2 Millionen"; „Szegedin"] *während in OESTERREICH Makart die Austria konterfeit als Angebinde für den*
Spanischen Verehrer, der gar zu gern reisen möchte, aber nicht darf. [Figur „Reiseverbot" und Spruchband „Es giebt nur a Kaiserstadt!"] *Im Mittelmeer schwankt das Wrack der Napoleoniden* [= Schiff „Bonaparte"] *der korsikanischen Küste zu, Sinnbild der erloschenen Dynastie.*
ITALIEN beschäftigt sich mit Herstellung der „Civileh" während Einer mit scharfer Schere den Spaß verdirbt. Der Aetna ist in voller Thätigkeit.
Die TÜRKEI stellt großmüthig ihre Börse [„Ich zahle alles"] *zur Verfügung.* [In der Figur: „O du lieber Augustin etc."]
GRIECHENLAND zielt auf seinen Feind.
In AEGYPTEN ruht der Chedive mit Behagen auf seinen Geldsäcken dem Schaukelspiel zusehend, welches man mit seinem Sohne treibt.
Das aufrührerische ALGIER droht Frankreich mit der Faust.

Aber auch mit diesen Verständnishilfen lässt sich die „Komische Karte von Europa" kaum zuverlässig und angemessen deuten. Was jeweils gemeint ist, ergibt sich erst aus dem historischen Hintergrund, der sich bereits dem zeitgenössischen Betrachter im Abstand von einigen Monaten zu den Ereignissen nicht so ohne weiteres erschlossen haben dürfte.[10] Außergewöhnlich prominent und dominant wird im Zentrum des geographisch-humoristischen Tableaus die neue Wirtschaftspolitik des Deutschen Reiches in Szene gesetzt. An der deutschen Reichstafel speist Otto von Bismarck zusammen mit dem Zentrumspolitiker Ludwig Windthorst und dem Führer der Nationalliberalen, Rudolf von Bennigsen.[11] Mit Schutzzöllen und Verbrauchs-

10 Zum historischen Hintergrund der Szenen, zur Identifizierung einzelner Regenten und Politiker und zur Bestimmung einzelner Attribute sind die einschlägigen Handbücher, Lexika und Hilfsmittel herangezogen worden; vgl. v.a. *Handbuch der europäischen Geschichte* Bd. 6: Europa im Zeitalter der Nationalstaaten und europäische Weltpolitik bis zum Ersten Weltkrieg, hg. von Theodor Schieder, Stuttgart 1968; ferner auch Meyers Conversationslexikon 1889; besonders nützlich: *Europäischer Geschichtskalender 19-21*, 1878-1880, hg. von Heinrich Schulthess, Nördlingen 1879-1881.

11 Zu dem führenden Zentrumspolitiker vgl. Margaret Lavinia Anderson, *Windthorst.* Zentrumspolitiker und Gegenspieler Bismarcks, Düsseldorf 1988, bes. S. 226-242; *Ludwig Windthorst 1812-1891.* Christlicher Parlamentarier und Gegenspieler Bismarcks. Begleitbuch zur Gedenkausstellung aus Anlass des 100. Todestages, hg. vom Landkreis Emsland und der Ludwig-Windthorst-Stiftung, Redaktion Hermann Meemken, Meppen 1991, bes. S. 191-203 (Windthorst in der Karikatur), aber ohne Hinweis auf die Europakarte; Hans-Peter Goldberg, *Bismarck und seine Gegner: die politische Rhetorik im kaiserlichen Reichstag*, Düsseldorf 1998. Zu Rudolf von Bennigsen (1824-1902) ausführlich. Hermann Oncken: *Rudolf von Bennigsen*, Ein deutscher

steuern wollte Bismarck die Finanzen des Reiches aufbessern. Die Gesetzesvorlage für eine neue „Tabaksteuer" kann Bismarck Ende Juni /Anfang Juli 1879 nur mit Hilfe der Konservativen und der katholischen Zentrumspartei durchbringen. Die Kursänderung erhält der Kanzler allerdings nicht zum Nulltarif. Er verspricht (angeblich) Windthorst Zugeständnisse im „Kulturkampf" gegen die katholische Kirche, insbesondere die Rücknahme der antikirchlichen, von Windthorst aufgespießten „Maigesetze" von 1873. Zweitens muss er die nach dem Zentrumspolitiker „von Franckenstein" benannte „Klausel" schlucken. Dieser Zusatz-„Antrag", der am 9. Juli 1879 im Reichstag angenommen wurde, sah vor, dass alle Einnahmen aus den Zolltarifen und aus der Tabaksteuer, die über 130 Millionen Reichsmark im Jahr hinausgingen, den Einzelstaaten zugute kommen sollten. Die geplanten Neuregelungen riefen unweigerlich „Schmuggler" auf den Plan, die bereits am Tischtuch emporkrabbeln. Diese neue Wirtschaftspolitik war mit den Nationalliberalen, den Anhängern des Freihandels, nicht zu machen. Mit „Beruhigungstabletten" versucht von Bennigsen, der mit seinen Vermittlungsversuchen und Anträgen nicht durchkam, seinen Zorn zu lindern. Bismarck hatte öffentlich mit den Nationalliberalen gebrochen, und seinen Kurswechsel in der Innenpolitik, den er ein Jahr zuvor mit der Abkehr von einem (wirtschafts-)politischen Liberalismus und der Hinwendung zu Schutzzollpolitik und staatlicher Sozialpolitik bei gleichzeitigem Kampf gegen die Sozialdemokratie eingeleitet hatte, nunmehr endgültig vollzogen. Bereits die Zeitgenossen haben die Tragweite dieser politischen Wende erkannt. So sah es vermutlich auch der Zeichner unserer Karte, der diese tief greifende innenpolitische Kursänderung als zentrales Motiv gewählt und so ungewöhnlich konkret herausgestellt hat. Vielleicht haben gar die hitzigen und dramatischen Auseinandersetzungen in den Kommissionen und im Reichstag den Entschluss herbeigeführt, diese neue „komische Karte" zu konzipieren. Höchstwahrscheinlich ist die „Komische Karte" kurz vor dem Abschluss der Debatten um die neuen Schutzzölle entstanden, genauer im Juni 1879, als die Niederlage von Bennigsens und der Nationalliberalen noch nicht besiegelt war. Für diese Datierung sprechen auch andere Indizien.[12]

In Frankreich „rüstet man", wie es in der Legende heißt, zum Revanchekrieg gegen Deutschland, aber das Kartenbild spielt in den Nebenszenen konkret auf zwei andere Begebenheiten an: die besagten „Hahnenkämpfe" und die Hoffnungen des Bonaparte-Prinzen auf den Kaiserthron. Der kaiserliche Prinz Louis Napoléon, der sich an den Kämpfen der Engländer in Südafrika beteiligt hatte, war am 1. Juni 1879 von den Zulus getötet worden. Nach dem Gesetz war nun Napoléon Joseph Charles Paul Bonaparte (1822-1891), der sich nach dem Tod seines Bruders (1847) dessen Namen Jérôme zulegte, Chef der Familie Bonaparte. Allerdings besaß dieser Prinz Napoléon Jérôme wenig Reputation; während des Krimkriegs (1854-1856) hatte er wegen seiner Angst vor den Bleikugeln den Spitznamen „Craint-Plon" (bzw. Craint-Plomb) erhalten, der später in „Plon-Plon" umgewandelt worden war.[13] Daher hatte offenbar schon der in Südafrika gefallene Thronprätendent in einer testamentarischen Verfügung versucht, seine Ansprüche auf Victor, den 17-jährigen Sohn Jérôme's zu übertragen. Doch die bonapartistischen Senatoren und Deputierten erkannten schließlich (am 19. Juli) Jérôme als Haupt der Familie (und der Partei) an; dieser hatte jedoch nach eigenem Bekunden nicht vor, etwas gegen die Republik zu unternehmen. Nach Meinung des Zeichners unse-

liberaler Politiker, 2 Bde., Stuttgart, Leipzig 1910. Zur innenpolitischen Wende von 1878-79 ausführlich: Lothar Gall, *Bismarck*. Der weiße Revolutionär, Frankfurt a.M. usw. 1980, S. 526-591.

12 Terminus ante quem ist u.a. der 26. Juni, als der (auf der Karte wohl noch amtierende) Khedive Ismail von Ägypten abgesetzt und dessen Sohn zum Nachfolger ernannt wurde; vgl. auch die „Rundreise" Battenbergs bzw. Alexanders I. in Bulgarien.

13 Zu den Vorgängen vgl. *Europäischer Geschichtskalender 20* (1879), hg. von H. Schulthess, Nördlingen 1880, S. 408f.; ferner Edgar Holt, Plon-Plon. The life of Prince Napoleon. 1822-1891, London 1973, bes. S. 259-264.

rer Karte wären derartige Ansprüche ohnehin kaum realistisch – diese Botschaft vermittelt jedenfalls das Schiffswrack „Bonaparte" vor der Küste Korsikas.

Im „Süden" Frankreichs tragen die beiden Hähne „Cassagnac" und „Girardin" ihren Kampf aus. Gemeint sind die beiden bekannten Publizisten und Politiker Émile de Girardin (1806-1881), Herausgeber des Moniteur universel und des Petit Journal, und Paul Granier de Cassagnac (1843-1905), einer der Führer der bonapartistischen Partei in der 3. Republik. Während der jüngere Cassagnac politisch für die Erhebung des Bonaparte-Prätendenten auf den Kaiserthron wirkte, trat sein Gegenspieler, der französische Publizist Émile de Girardin, für die Umgestaltung Frankreichs in eine föderative Republik ein. Der „Hahnenkampf" könnte allgemein auf die Rivalität dieser beiden einflussreichen Kontrahenten anspielen. Vielleicht hat der Zeichner aber auch konkret eine Debatte der Unterrichtsgesetze im Sinn, mit denen der Unterrichtsminister Jules Ferry (1832-1892) im Juni 1879 das klerikale Schulwesen zurückdrängen wollte. In der hitzigen Debatte hatte Cassagnac den Minister mit Aufsehen erregenden Schmähungen überzogen und war auf Zeit aus der Deputiertenkammer ausgeschlossen worden. Schließlich könnte man die Streithähne auch mit der berüchtigten Vorliebe des hitzigen Paul Cassagnac für das Duell zusammenbringen, der von 1880-1889 gleich 22-mal diese Form des Zweikampfes suchte.[14]

Holland und Belgien, den kleineren Nachbarländern Deutschlands im Westen, hat der Entwurf in Bild und Text wenig markante Züge verliehen. Das gilt auch für Dänemark, während die beiden anderen skandinavischen Reiche im Norden immerhin in Anspielung auf geographische Bezeichnungen (Skager Rack, Kattegat) als Hund und Katze wiedergegeben werden, die sich gemäßigt um Wahlrecht und andere Detailfragen der „Verfassung" streiten.[15]

In England bereiteten die andauernden kostspieligen Kämpfe in Afghanistan und der Zulukrieg Grund zur Sorge, wie man an den Segelaufschriften der auslaufenden Schiffe ablesen kann. In Afghanistan war nach langwierigen und wechselhaften Feldzügen im Mai 1879 ein Friedensvertrag zustande gekommen, der aber nicht eingehalten wurde. So wurden erneut über 4000 Mann nach Indien eingeschifft, die im Herbst erneut in Afghanistan einmarschierten und Mitte Oktober 1879 Kabul besetzten.

In Südafrika hatten die Engländer mit dem König Cetewayo (oder: Ketschwyo) Ende 1878 den „Zulukrieg" um das englische Kapland (Natal und Transvaal) begonnen. Nach verlustreichen Kämpfen und mit immer neuen Hilfstruppen aus dem Mutterland konnte England den Kampf im Juni 1879 faktisch zu seinen Gunsten entscheiden. Der flüchtige König wurde Ende August gefangen genommen.

Österreich denkt mehr ans Feiern als an Krieg. Der Malerfürst Hans Makart, seit 1879 Professor an der Wiener Akademie, arrangierte bereits den glänzenden Huldigungsfestzug, den die Stadt Wien zur Feier der Silberhochzeit des Kaiserpaares am 24. April 1879 organisierte.[16] Nunmehr richten sich die Gedanken schon „nach Madrid", d.h. auf die Eheschließung der österreichischen Erzherzogin Maria Christina, einer Kusine des Kaisers Franz Joseph, mit dem spanischen König Alfons XII., die am 29. November (bzw. am 1. Dezember) 1879 feierlich begangen wurde. Makart arbeitet offenbar bereits am Festgemälde.

Ungarn hat andere Sorgen. Dort wurde die Stadt Szegedin (Szeged) in der Nacht vom 11./12. März 1879 durch die Fluten der Theiß überschwemmt und fast gänzlich vernichtet.

14 Haren Offen, *Paul de Cassagnac and the Authoritarian Tradition in Nineteenth-Century,* France, New York/London 1991, bes. S. 110-199; vgl. auch Alphons Schauseil, *Émile de Girardin.* Studien über die Grundzüge und das Werden eines publizistischen Charakters, Berlin 1960.

15 Dazu im Einzelnen Schultheß, *Europäischer Geschichtskalender 1879* (wie Anm. 10) S. 477f. (Stimmrecht im Storthing), 479 (Unionszeichen in der norwegischen Flagge).

16 Der Festzug von 1879 stand auch im Mittelpunkt einer Sonderausstellung des Historischen Museums Wien zum Schaffen Hans Makarts: Renata Kassal-Mikula, Hans Makart (1840-1884): *Malerfürst.* Historisches Museum der Stadt Wien (263. Sonderausstellung, 14. Okt. 2000-4. März 2001), Wien 2000. Etwa 450 der knapp 600 Objekte beziehen sich direkt auf den Festzug, knapp die Hälfte des Katalogs (149 Seiten) ist diesem Ereignis gewidmet.

Über 5300 Häuser waren eingestürzt oder unbewohnbar geworden, und erst Mitte August war das Wasser wieder aus Straßen und Kellern verschwunden. Das schreckliche Schicksal der Stadt fand allgemeine Anteilname; 2,5 Millionen Gulden – also mehr als die „2 Millionen", die der Zeichner der Karte bis dato verzeichnete – wurden in und außerhalb Österreich-Ungarns für den Wiederaufbau gesammelt.

Im Osten verschlingt die gereizte Hyäne Rußland ihre zahlreichen Opfer, die sozialrevolutionären Nihilisten, die in Kiew und anderswo schon seit 1878 mit Attentaten und Gewaltakten gegen das despotische Zarenregime vorgingen. Der Zeichner denkt offensichtlich an den Anschlag vom 5. April auf den Generalgouverneur von „Kiew". Noch größeres Aufsehen erregte knapp zwei Wochen später das missglückte Attentat auf den Zaren selbst in St. Petersburg. In einigen Gebieten wurde daraufhin der Kriegzustand ausgerufen. Höchst unzufrieden war die größte Kontinentalmacht mit den Ergebnissen des Berliner Kongresses von 1878: Der russische Gebietszuwachs um Bessarabien („Besserhabien statt Kriegien") und Armenien fiel bescheiden aus. Montenegro wurde selbstständig und ist auf der Karte bereits farblich abgesetzt. Österreich durfte Bosnien und die Herzegowina besetzen, die farblich nicht unterschieden sind.

Bulgarien wurde auf dem Berliner Kongress verkleinert und als autonomes Fürstentum dem türkischen Sultan tributpflichtig. Die Nationalversammlung wählte im April 1879 Alexander von Battenberg aus dem Haus Hessen-Darmstadt zum Fürsten Alexander I. (1857-1893) – daher die Tasche mit der Aufschrift „Battenberg". Der Neffe der russischen Kaiserin, der 1877 am russisch-türkischen Krieg teilgenommen hatte, war nach seiner Wahl zum Fürsten zu der im Bildkommentar erwähnten „Rundreise" in die Hauptstädte der europäischen Großmächte aufgebrochen, bevor er im Juli seinen Eid auf die bulgarische Verfassung ablegte und in der Folgezeit das Land mit russischen Beratern regierte.

Die Türkei hat immer noch unter dem Staatsbankrott von 1875/76, den Folgen des russisch-türkischen Krieges von 1877-78 und unter den Bestimmungen des Friedens von Santo Stefano (Yesilköy) zu leiden, der teilweise durch den Berliner Vertrag (1878) revidiert wurde. Die Staatsschulden der Pforte wuchsen ins Unermessliche – die offene Geldbörse mit der resignativen Bemerkung „Ich zahle alles" und das Lied vom „lieben Augustin" (Alles ist hin) bezeichnen auf der Karte hinreichend den deprimierenden Ernst der Lage.

Ägypten, staatlich und militärisch unter türkischer Oberhoheit, war nach dem Bau des Sueskanals (1869), einem unglücklichen Krieg gegen Äthiopien und dem Verkauf seines Anteils der Sueskanalaktien an England finanziell ebenfalls in großer Bedrängnis. Die Staatsschulden wurden von Ausländern verwaltet. Der Engländer Wilson als Finanzminister und der Franzose de Blignères als Minister der öffentlichen Arbeiten behielten sich im Kabinett ein Vetorecht vor. Der Khedive (arabisch-persisch für „Herrchen") Ismail (1863-1879/1895) versuchte mit staatsstreichartigen Methoden, die Ausländer auszumanövrieren. Vorübergehend (März-April 1879) machte er seinen Sohn Tewfik Pascha zum Ministerpräsidenten und wollte kurz darauf ein Kabinett ohne Ausländer etablieren. England und Frankreich erhöhten den Druck auf den Khediven und ließen ihn Ende Juni durch den Sultan absetzen und seinen Sohn zum Nachfolger ernennen. Auf die Wochen vor dieser Entscheidung dürfte sich das „Gezerre" des Engländers und des Franzosen um den Sohn Ismails beziehen, das am unteren rechten Rand der Karte dargestellt ist.

In Italien verabschiedete man im Mai 1879 ein Gesetz über die obligatorische „Civilehe", die vor der kirchlichen Trauung stattfinden sollte. Der „Eine, der mit scharfer Schere den Spaß verdirbt", kann eigentlich nur der Papst sein, der in einem Konzilsbeschluss die Zivilehe zu einem erlaubten, aber bloßen bürgerlichen Akt erklärt hatte; aus kirchlicher Sicht habe dieser Schritt keinerlei Bedeutung und bilde daher auch kein kanonisches Ehehindernis.

In Spanien war 1874 die Monarchie wiederhergestellt worden. König war der junge Alfons XII. (1857-1885), der in Wien und München ausgebildet worden war und, wie schon erwähnt, am 29. Nov./1. Dezember 1879 die österreichische Erzherzogin Maria Christina heiraten sollte. Der Zeichner versieht ihn mit der Schärpe „Reiseverbot" und lässt ihn gemäß der Polka op. 291 von Johann Strauß (Junior) von Wien schwärmen („'S giebt nur a Kaiserstadt!" ['s giebt nur a Wien!]). Der maßgebliche Politiker in diesen Jahren der „Restauration" und des Kulturkampfes war Antonio Cánovas del Castillo, der den Aufbau der bourbonischen Monarchie vorantrieb und der Verfassung von 1876 seinen Stempel aufgedrückt hatte.

III. Absicht und Wirkung der satirischen Europakarten

Einerseits bestätigen die Europakarten die quellenkritischen Vorbehalte und Probleme, die bereits die Interpretation von einzelnen „normalen" Karikaturen erschweren. Andererseits unterscheiden sich diese Länderfigurationen nicht nur wegen ihrer Bildidee und formal von den normalen Tageskarikaturen. Vielmehr liegt ihr historischer Wert auch darin, dass Zeichner und Zeitgenossen – so sollte man jedenfalls meinen – gezwungen waren, ihre Eindrücke in einem gewissen zeitlichen Abstand zeichnerisch auf einen Nenner zu bringen, sozusagen die Quintessenz der Ereignisse des Jahres zu bieten, das Typische herauszustellen. Insofern bieten diese auf das Jahr bezogenen zeichnerischen „Summen" mehr als die Einzelkarikaturen, die stärker dem Tagesgeschehen verhaftet sind.

Das geht aber nicht so weit, dass der moderne Betrachter einen ähnlichen leichten Zugang hätte wie beim „Lotsen-Bild" Bismarcks. Oft sind es kriegerische Verwicklungen, kleine Katastrophen oder innenpolitische Affären, die sich dem zeitgenössischen Grafiker ins Bewusstsein gegraben haben, aber dem späteren Historiker als weniger bedeutsam gelten und normalerweise in den Handbüchern keinen Platz finden. Die Augsburger „komische Karte" von 1879 ist geradezu ein Musterbeispiel für eine derartige eher kleinteilige und erstaunlich aktualitätsbezogene Rezeption der Jahresereignisse.

Von welchen grundsätzlichen Absichten haben sich Zeichner und Verleger beim Entwurf und Vertrieb dieser Europakarten leiten lassen? Man könnte die bunten großformatigen Karten als besonders wirksames Mittel im politischen Kampf ansehen. Die Buchautoren, Ausstellungsmacher und viele Rezipienten scheinen vor allem von dieser beliebten Vorstellung – und werbeträchtigen Formel – vom „Bild als Waffe" fasziniert zu sein.[17] Auf die eine oder andere der satirischen Europalithographien dürfte dieses Wort auch zutreffen. Einige Länderpersonifikationen oder Tierdarstellungen sind zweifellos von Patriotismus, Hass und verletzendem Spott geprägt. Nicht von ungefähr verfallen die Zeichner gerade in Kriegs- und Krisenzeiten verstärkt auf die Idee, den Schlagabtausch und das Gerangel auf der politischen Bühne Europas humoristisch-satirisch in den Blick zu nehmen. Besonders deutlich werden die polemischen und gehässigen Untertöne in den Schreckbildern von 1914, die fraglos im Dienst der Kriegspropaganda stehen. Doch dieser aggressive „Bilderstreit" während des 1. Weltkrieges, in der Spätphase der satirischen „Totalaufnahmen", ist nicht unbedingt typisch für diese Bildgattung.

Die Vorstellung von der Karikatur als „Waffe im politischen Kampf" ist nur mit großer Vorsicht auf die Karikaturen im Allgemeinen wie auf die Europakarten im Besonderen anzuwenden. Zwar kam es auf den Europakarten der Jahre 1870/71 zwischen französischen und deutschen Zeichnern zu einer Art satirischem Schlagabtausch, der hier und da die Grenzen des Anstandes überschritt (Anhang Nr. 3-7). Aber der satirische Konter aus Deutschland nach den Siegen im Deutsch-Französischen Krieg ist doch weit weniger giftig und polemisch als etwa die großformatige farbige Serie der so genannten Genien des Todes, bluttriefende Köpfe

17 Vgl. etwa *Bild als Waffe.* Mittel und Motive der Karikatur in fünf Jahrhunderten, hg. Von G. Langemeyer u.a., München 1984.

und suggestive Zerrbilder von Napoleon III., Wilhelm I., Bismarck und Pius IX., die E. Guillaume 1870 in Brüssel anfertigte.[18] Insofern unterscheiden sich die farbenfrohen und figurenreichen Länderfigurationen aufs Ganze gesehen, zumal in den 70er und 80er Jahren des 19. Jahrhunderts, in ihrer Tendenz doch merklich von manchen Einzelkarikaturen, speziell von den betont national bestimmten Kampfblättern während des Deutsch-Französischen Krieges von 1870/71.

Nicht die Freund-Feind-Stereotypen bilden den roten Faden in diesen Europakarten, sondern vor dem Hintergrund der politischen Großwetterlage sind es eher bestimmte Grundmuster in der Charakteristik verschiedener Länder und Regionen, die häufig wiederkehren und die nicht nur etwas mit der tatsächlichen Politik der betreffenden Regierungen zu tun haben. Rußland erscheint nicht nur wegen seiner geographischen Ausdehnung als größte Figur, die in der Regel als bedrohlich empfunden wird und sich höchstens einmal possierlich als Bär verkleiden kann. In Mitteleuropa beherrscht das Misstrauen zwischen Deutschland und Frankreich die Szene, in den 70er-Jahren wird Bismarcks Rolle in Europa auch außerhalb Deutschlands anerkannt; der Balkan ist ein Pulverfass, und die Türkei liegt im politischen Dämmerschlaf. Schweden und Norwegen spielen meist die aufmerksamen Beobachter, England kümmert sich um sich selbst, um neue Kolonien und um das widerspenstige Irland. Die Mittelmeerländer Spanien und Italien erscheinen eher als Figuren auf dem politischen Schachbrett denn als aktive Mitgestalter auf der europäischen Bühne. Die Europakarten haben ein Stück weit dazu beigetragen, dass sich diese Einschätzungen auch in den folgenden Jahrzehnten halten und verfestigen konnten.

Noch stärker als bei den normalen Karikaturen ging es den Zeichnern und den Redaktionen offenbar gerade bei diesen Europakarten nicht in erster Linie darum, den politischen Gegner sozusagen mit den Mitteln der Satire zu bekämpfen, zu diffamieren und herabzusetzen, sondern die Hauptabsicht scheint wie bei den Witzblättern überhaupt etwas anderes gewesen zu sein: die Unterhaltung und der Umsatz.

Schon die meist harmlosen und schillernden Titel, die die Zeichner ihren Entwürfen gegeben haben, weisen in diese Richtung. Nicht zuletzt das Format und die Edition mancher Karten im aufwändigen und außergewöhnlichen Farbdruck zeigen, wie beliebt diese humoristischen Europabilder damals waren. Meist wurden die Lithographien als Sonderblätter vertrieben, und fast nirgends fehlt der Hinweis auf die Preise dieser hübschen Einzelstücke, die in den Reproduktionen meist fortgelassen werden.[19] Im Titel und an den Rändern wird mit Werbesprüchen zusätzlich die Neugier der Käufer geweckt – so etwa auf der Augsburger Karte von 1879 (vgl. Abb.; Anhang 15), wo an den Rändern marktschreierisch „Neu!" zu lesen ist, oder auch in der deutschen Rezeption einer englischen Figurenlandkarte von 1914, die möglicherweise ironisierend mit der dicken Balkenüberschrift „Von grossem Sammelwert!" um Käufer wirbt (European Revue. Kill that Eagle = Anhang Nr. 30 a+b).

Die schönsten Blätter erschienen zweifellos im „Papagallo", dem „Papagei", in Bologna. Das farbenprächtige Exemplar (wohl 1871) (Anhang Nr. 8) beeindruckt zusätzlich durch seine plakative Größe; es ist einschließlich der Kartenlegenden 1 Meter breit und fast einen halben Meter hoch. Am Rand der Version für 1877 (Anhang Nr. 12) ist zusätzlich der Jahreskalender wiedergegeben worden. Vermutlich zierten die großformatigen kolorierten Lithographien des Papagallo als Wandschmuck die Salons des italienischen Bürgertums.[20]

Diese Beobachtung sagt nicht nur etwas über die Rezeption, sondern auch über die Überlieferungschancen der satirischen Karten aus. Diese schönen Europabilder sind, wie gesagt, nur vereinzelt und vermutlich nicht vollständig überliefert. Das hat aber sicher nicht daran ge-

18 Vgl. Dormeier, Bismarck (wie Anm. 1) Abb. 28-35; 43.
19 Zum Beispiel Anhang 4a (Neueste Komische Karte...Nach Pariser Original. An den Rändern links: 18 Kreuzer s.w., rechts 5 Silbergr.).
20 Carlo Alberto Petrucci, *La caricatura italiana dell'Ottocento*, Roma 1954, S. 50.

legen, dass man sie kaum zur Kenntnis genommen hätte – sondern eher im Gegenteil: die großen Einblattdrucke wurden an den Wänden befestigt und anderweitig genutzt, so dass sie eher verderben oder abhanden kommen konnten als andere Blätter, die innerhalb eines Zeitschriftenheftes publiziert wurden, oder die man gleich sorgsam in einer Sammelmappe ablegte. Wie hoch die Auflage im Einzelnen war, ist schwer zu sagen. Von der Karte von Frederick Rose auf 1899 (Anhang Nr. 21) sind offenbar 15000 Exemplare gedruckt worden.[21]

Vor allem ist ein wesentliches Merkmal dieser Europakarten hervorzuheben, die sie von sonst üblichen Karikaturen unterscheidet: ihre grenzübergreifende Publizität. Zwar wurden auch besonders gelungene oder brisante einzelne Bildentwürfe hin und wieder von den Zeitungsredaktionen anderer Länder übernommen.[22] Was aber bei Einzelblättern eher die Ausnahme war, das scheint im Fall der Europakarten gang und gäbe gewesen zu sein. Die Europakarte des französischen Zeichners Paul Hadol von 1870 ist beispielsweise gleich ein paar Mal in anderen Ländern mehr oder weniger kopiert worden, darunter mehrmals in Deutschland, in England, in Skandinavien (Dänemark oder Norwegen und Schweden?) und sogar in Australien (Anhang Nr. 4). In den beiden deutschen, nur leicht veränderten „Kopien" aus Berlin und Augsburg wird sogar die französische Bildlegende wortwörtlich ins Deutsche übertragen (Anhang Nr. 4a). Kann es ein schlagkräftigeres Argument dafür geben, dass es selbst in den kritischen Jahren 1870/71 den Redaktionen mehr auf den Unterhaltungswert dieser Karten als auf Polemik und die Pflege nationaler Ressentiments ankam? Der Entwurf Hadols hat schließlich selbst noch 1914 in Berlin als Vorlage und Kontrastblatt für eine entsprechende Sicht der Weltlage zu Beginn des 1. Weltkrieges gedient (Anhang Nr. 24).

Die revidierte Version der Octopus-Karte (Serio-comic war map) von Frederick Rose auf 1877 (Anhang Nr. 10b) erschien gar mit deutschen und englischen Erläuterungen! Der „Pappagallo" in Bologna brachte 1878 sogar in Paris („Le Perroquet") und in London („The Parrot") eigene fremdsprachige Versionen seiner großformatigen Blätter heraus (Anhang Nr. 13).[23] Die Budapester Europakarte von 1887 (Status Mundi; Anhang Nr. 18 und 17) wandelte eine entsprechende Vorlage aus dem Züricher Nebelspalter ab. Ebenfalls in Ungarn druckte man gar eine Europakarte aus Japan nach (Anhang Nr. 26).[24]

Es hatte sich in den Jahrzehnten um 1900 also eine eigene Tradition dieser großformatigen manieristisch-figurativen Karten herausgebildet. Die Blätter wurden nicht nur grenzübergreifend wahrgenommen und zum Teil kopiert oder abgewandelt, sondern auch im historischen Gedächtnis lebten die Karten weiter, oder – wie das Beispiel von 1914 zeigt – sie lebten wieder auf.

Wenn man sich also zusammenfassend noch einmal Form, Inhalt, Verbreitung und Wirkung dieser Blätter vergegenwärtigt, dann drängt sich nicht so sehr die nationale Polemik der Zeichner auf, sondern es bleibt, abgesehen von der originellen Bildidee, als vorherrschender Eindruck, wie europäisch diese Europakarten waren.[25]

21 Vgl. Abbildung und Hinweis (15.Thousand) unter htttp://www.loeb-larocque.com/catAtlases.html.
22 Vgl. entsprechende Beispiele für Einzelkarikaturen bei H. Dormeier, Bismarck (wie Anm. 1) Nr. 86, 114.
23 Cento anni di satira politica in Italia (1876-1976), Ausst. Kat. Sansepolcro, Florenz 1876, S. 18; zur Zeitschrift auch J. Grand-Carteret, Bismarck, en caricatures. Paris 1980, S. 210-215.
24 Andere Motive haben einen Verlag in Hamburg geleitet, der 1939/40 ohne größere Eingriffe eine satirische Europakarte aus England als „Dokument der Perfidität Albions" nachdruckte (Anhang Nr. 30b).
25 Für Literaturrecherchen und Korrekturlesen danke ich Michaela Braun, Ute Gudschun und Sebastian Kurbach (Kiel).

Anhang: Übersicht über die humoristisch-satirischen Europakarten, 1848-1918

Vorbemerkung: Die vorläufige und sicher unvollständige Übersicht bemüht sich soweit wie möglich um die Angabe von Zeichner, Verleger, Druckort und Datum und vermerkt ebenfalls ohne Anspruch auf Vollständigkeit, wo die betreffende Karte aufbewahrt, abgebildet und gegebenenfalls kommentiert oder erwähnt ist.

1. „Rundgemälde von Europa im August 1849", zeitgenöss. Federlithographie von Ferdinand Schröder. Lith. Inst. von Arnz & Co. in Düsseldorf.
– (Angeblich) auch veröffentlicht in: Düsseldorfer Monatshefte 1849, Bd.2 (29,7x22,6 cm).
– Einzelblatt: Berlin, Stabi YB 19205m (24,5 x 32 cm; Bild: 17,2 x 23,1 cm); Bildarchiv PK Sign. 1197b; farbig (schwarz/grün/grau); Sammlung Günter Böhmer, München.
Abb.: Kunst der bürgerlichen Revolution von 1830 bis 1848/49, Berlin (1972), S. 117; 1848 im Spaltungsprozeß des historischen Bewusstseins, Steinbach und Wißmar (1974) S. 90 (dazu Kommentar S. 89-93); H. und W. Krüger, Geschichte in Karikaturen Herbert und Werner Krüger (Hgg.), Geschichte in Karikaturen. Von 1848 bis zur Gegenwart, Stuttgart 1981, S. 61 (bzw. 59-62); Ereignis-Karikaturen. Geschichte in Spottbildern, 1600-1930, Ausstellungskatalog. Münster 1983, S. 249 Nr. 204 (Abb. und Kommentar); 1848: Das Europa der Bilder. Der Völker Frühling, Kataloghandbuch, Nürnberg 1998, S. 52 (Abb.) und 171 Nr. 92.
Lit.: K. Koszyk, Die Düsseldorfer Monatshefte zwischen Revolution und Reaktion, in: Düsseldorfer Jahrbuch 51 (1963), S. 198-209 (nichts Spezielles); besser die Kommentare in den oben unter Abb. genannten Monographien.

2. [Landkarte von Europa im fünften Decennium des neunzehnten Jahrhunderts, (tschechisch/deutsch)**].**
Abb.: A. Hoffmeister, Sto let ceské Karikatury (1955) S. 100.

3. Nouvelle Carte d'Europe dressé pour 1870 bzw. „Carte drolatique d'Europe pour 1870, dressée par [Paul] Hadol"
Einblattdruck (handkoloriert), Paris; (Hadol?) Marchander: 305, rue de St Denis – 20 Centimes. Mit Legende.

Paris, Bibliothèque nationale; Nürnberg, Germanisches Nationalmuseum (Schrank 12, Schublade 6 rechts); London, Victoria and Albert Museum: E. 366-1962 (31,8 x 52cm); Berlin, Kunstbibl.: Lipp. 1006,1 (Neudruck von 1914 zusammen mit Europakarte von 1914; siehe unten).
Abb.: The Franco-Prussian War and the Commune in Caricature 1870-71, Austellungskat., hg. von Susan Lambert, London (Victoria and Albert-Museum) 1971, Nr. 1; Bild als Waffe, wie Anm. 17, S. 234; M. Pastoureau-J.-C. Schmitt, Europe. Mémoires et emblèmes, Paris 1990, S. 137.
LitJean Berleux, La caricature politique en France pendant la Guerre, le Siège de Paris et la Commune (!870-1871), Paris 1890, S. 88 (Hinweis auf Druckort: „Imprimerie Vallée"); The Franco-Prussian War (wie oben) Nr. 1; Bild als Waffe S. 235 Nr. 169.

4. Deutsche, englische und skandinavische Kopien der Europakarte von Paul Hadol (1835-1875) mit unterschiedlicher Farbgebung sowie mit teils wörtlich aus dem Französischen übersetzten, teils leicht abweichenden Titel und Text der Legende:

a) Neueste komische Karte von Europa für das Jahr 1870 (Nach Pariser Original). Augsburg 1870.
Einblattdruck (farbig), Augsburg. Zeichner Fiek; Lith Anst. J. Schwegerle sel. Wwe. Augsburg. Druck und Verlag der B. Schmid'-schen Buchhandlung (A. Manz) Augsburg. Links: 18 Kreuzer; rechts: 5 Silbergr.
– Nürnberg, GNM (Bismarck-Karikaturen: Schrank 11, Schublade 1) = Expl. ohne Bildlegende;
– Berlin, Stabi: Yc 144m (37x55 cm; Bild: 24x38 cm) mit Legende „Das isolirte England...".
– Sammlung Günter Böhmer, München.

b) Karte von Europa im Jahre 1870, nach einem französischen Holzschnitte [d.h. nach Paul Hadol]. Mehrfarbiger Flachdruck, Hamburg (Ch. Fuchs), 38,5 x 36,5 cm = Neudruck von 1914 (Reklameverlag Ernst Marx, Berlin

W.8.), mit zweisprachiger, französisch/deutscher Legende, und zwar auf einem Blatt gemeinsam mit einer daneben gedruckten Europakarte von 1914 = unten Nr. 16.
Berlin, Kunstbibliothek SPK: Lipp. 1006.1.

c) Derselbe Druck, Berlin (Schlingmann);
Vgl. Bilder nach Bildern. Druckgraphik und die Vermittlung von Kunst, Ausstellungskat. Münster (Westfäl. Landesmus.) 1976, Nr. 223.

d) „Humoristische Karte von Europa im Jahre 1870", Lith. Inst. von Th. Mettke [oder: Meltke?], Berlin, Verlag von Reinhold Schlingmann, Berlin.
Kolorierte Lithographie; Münster, Westfäl. Landesmuseum (49,6x37,7 cm); Berlin, Stabi: YC 552m (35x43,5 cm; Bild: 24,2x38,2 cm); weniger farbkräftig als Nr. 2 a), aber differenzierter und genauer.

e) Novel Carte of Europe, designed für 1870. J[oseph] G[oggins]. Lith. Dublin. Entered at Stationers Hall.
Abb.: vgl. British Library 1078. (27)
Lit.: Tooley, R.V.: Geographical Oddities (Map Collectors' Series 1), London 1963, S. 18 Nr. 75; Gillian Hill, Cartographical Curiosities; London (British Museum) 1978, S. 46 (ungeheuer populäre Europakarte, die in mehrere Sprachen übertragen wurde).

f) New Map of Europe. Comic Map of Europe for 1870. – E. Whitehead & Co., lith. Melbourne.

g) Tragi Komisk Karta ofser Europa. Efter en Engelsk Teckning. Pris 25 ore.
Abb.:
Lit.: R.V. Tooley: Geographical Oddities (Map Collectors' Series 1), London 1963, S. 18 Nr. 76.

h) Nyt Kort over Europe, indrettet for 1870 Forlag af og trykt i Emil Olsens Lith. Inst. 15 st kjobmg.
Abb.:
Lit.: Lit.: R.V. Tooley: Geographical Oddities (Map Collectors' Series 1), London 1963, S. 19 Nr. 77.
Abb.: Bild als Waffe (1984) S. 234 (Abb. von Druck b); Ereignis-Karikaturen (1983) S. 268.
Lit.: R.V. Tooley: Geographical Oddities (Map Collectors' Series 1), London 1963, S. 19 Nr. 78;
Bismarck in der Karikatur. Ausstellungskatalog (Germanisches Nationalmuseum Nürnberg/Geheimes Staatsarchiv PK Berlin-Dahlem, 1968/69). Texte von Cécile Hensel, Berlin 1968, S. 38 Nr. 34a; Bild als Waffe (wie Anm. 17) S. 235 Nr. 169; Ereignis-Karikaturen (1983) S. 268 Nr. 223.

5. „Humoristische Karte von Europa im Jahre 1870", entworfen und gezeichnet von Arnold Neumann, Berlin.
Mehrfarbiger Flachdruck. Schnellpressendruck von Georg Schreyer & Co., Berlin; Verlag Reinhold Schlingmann) 1870 [mit 8 Zeilen Kommentar: England sitzt abwartend auf dem Wollsack....]
– Berlin, Stabi: YC 551m (24,5x38,5 cm; Bild: 35,2x43,5 cm)
– Sammlung Günter Böhmer, München.
Abb.: Bild als Waffe (wie Anm. 17) S. 233
Lit.: R.V. Tooley: Geographical Oddities (Map Collectors' Series 1), London 1963, S. 19 Nr. 80;
Bild als Waffe (1984) S. 232/235 Nr. 168f.

[6. – (Paul Hadol), L'Europe en 1871.] Imprimerie Lemercier; au bureau de l'Eclipse.
Lit.: Hinweis bei J. Berleux, Caricature politique S. 88; evtl. identisch mit der Karte, die abgebildet ist von Michel Lhospice, La Guerre de 70 et la Commune en 1000 images, Paris 1965, S. 12 Abb. 21, mit folgendem Kommentar (von Lhospice): L'Angleterre, irritée des visées françaises sur la Belgique, et le tsar [als Vogelfänger oder Fischer auf Beutezug], qui se souvient de la Crimée, observent une neutralité bienviellante à l'égard de la Prusse [mit Uhren als Beute aus dem Frankreichkrieg], L'Autriche, assommée par Sadowa, se montre prudente et lente à réagir aux avances françaises. L'Italie exige Rome [mit Porträt Papst Pius' IX, dem die Tiara (= auf der Karte Sizilien!) vom Kopf gefallen ist], alors qu'il ne peut être question pour la France, selon Gramont, de „défendre son honneur sur le Rhin et de la sacrifier su le Tibre." Autant en emporteront les événements! C'est que la France esseulée, au milieu de voisins indifférents ou hostiles.

7. (Wohl französische) Europakarte [1871?].
Abb.: Michel Lhospice, La Guerre de 70 et la Commune en 1000 images, Paris 1965, S. 13 Abb. 22 [dicht aneinandergedrängtes Knäuel von porträtähnlich wiedergegebenen Staatsmännern, deren Körperhaltungen die Länderumrisse ergeben].

8. L'Europa geografico-politica, veduta a vola d'oca (Europa aus der Vogelperspektive bzw. eigentlich „Gänseperspektive"). [wohl Sommer 1871]
Kolorierte Lithographie, Bologna presso Manfredi Manfredo Editore, Via Venezia N. 1749. Prezzo: Centesimi 40
– Berlin, Stabi: YB 20680gr (42,5x66,5 cm; Bild: 37,2x52,5 cm).
– Sammlung Günter Böhmer, München (49,5x69cm) bzw. (H 37,3x B 52,5 cm).
Abb.: Walter Koschatzky, Karikatur und Satire. Fünf Jahrhunderte Zeitkritik. Kataloghandbuch, München 1992, S. 156 Nr. 136 (datiert 3. Viertel 19. Jh.); H. Dormeier, Bismarck in der Karikatur des Auslands, Berlin 1990, S. 150/152 mit Farbtaf. VI, S. 80f. sowie (Detail) S. 86f. Nr. 55 (jeweils mit Kommentar)
Lit.: wohl identisch mit einer Karte aus der Sammlung Günter Böhmer, die in: Karikaturen-Karikaturen. Ausstellungskatalog (Kunsthaus Zürich), hg. von Eugen Kalkschmidt, Zürich, Bern 1972, S. 124 Nr. L 110 „um 1878" (bzw. Nr. L 111) datiert ist und (wohl irrtümlich) kommentiert ist: „Politische Landkarte Europas aus Anlaß des Berliner Kongresses im Jahre 1878, der den Einfluß Rußlands eindämmt."

9. Kratochvilné rozpolozeni Europy. roku 1877 [Kurzweilige Lage Europas im Jahre 1877] (Humoristische Karte von Europa). Prag, Humoristické Listy, August 1877.
Großformatige, schwarzweiße Federzeichnung mit ausführlicher Legende.
– Nürnberg, GNM (Bismarck-Karikaturen: Schrank 11, Schublade 3)
Abb.: –
Lit.: Bismarck in der Karikatur (wie Anhang 4h) S. 59 Nr. 128.

10. Serio-Comic War map for the year 1877. F[rederick]. W. Rose [die erste sog. Octopus-Karte]
vgl. Kommentar zu 10b) = Revised Edition!
Abb. und Lit.: Gillian Hill, Cartographical Curiosities, London (1978) S. 46 mit S. 48 Abb. 57 [Vorlage wohl British Library 1078. (35)].

11. Serio-Comic War Map for the year 1877 (Revised edition), by F.W. Rose.
Kol. Lithograhie (Bild: 44x61cm), London 1877; published by G.W. Bacon & Co., 127 Strand. [ausführliche Erläuterungen englisch/deutsch; auch sonst recht stark verändert gegenüber Nr. 10!]
Sammlung Günter Böhmer, München.
Abb.: Karikaturen-Karikaturen? Ausstellungskat. Zürich (Kunsthaus) 1972, S. 127
Lit.: Tooley, R.V.: Geographical Oddities (Map Collectors' Series 1), London 1963, S. 19 Nr. 82 (57x43 cm) mit Abb. Taf. XV; G. Hill, Cartographical Curiosities (1978) S. 46 (zu den Änderungen in dieser „Revised Edition"; siehe oben unter 6 a) und einem Hinweis (S. 47), demzufolge sämtliche Karten von Rose von G.W. Bacon publiziert wurden; Karikaturen-Karikaturen S. 124 Nr. L 108 mit Abb. 133 auf S. 127.
Karte 1900 erneut mit leichten Veränderungen wiederholt (vgl unten Nr. xy).

12. „Profezie del Papagallo sull'Europa per l'anno 1877" di Augusto Grossi di Bologna. Prezzo centesimi trenta. Pour la France 40 cent. Presso la Direzione del Papagallo in Bologna.
[an den Rändern Jahresfestkalender; unten Legende].
Kol. Lithographie 41,5 x 62 cm.
– Sammlung Günter Böhmer, München.
Abb.: H. Dormeier, Bismarck in der Karikatur des Auslands, Berlin 1990, S. 158-160 mit Farbtaf. VII (S. 82f.) mit Kommentar.
Lit.: Populäre Druckgraphik des 19. Jahrhunderts. Sammlung Günter Böhmer, München, Ausst.Kat. Berlin (Ak. der Künste) 1970, S. 88 Nr. 472; Karikaturen-Karikaturen. Ausstellungskat. Zürich, Bern 1972, S. 124 Nr. L 109

(Italienisch 1877); H. Dormeier, Bismarck in der Karikatur des Auslands, Berlin 1990, S. 158-160 mit Farbtaf. VII (S. 82f.) mit Kommentar.

13. La Pieuvre Russe [ca. 1877/78]. Carte sério-comique.
(Kol. Lithographie? Bild: H 35,5x B 53 cm) M. Vilain-Béloni, Réprésentant. Rue d'Hauteville, 39 Paris. Supplement du Perroquet. Unten: Direction du Papagallo (Perroquet) Bologne (Italie). Lit. Mazzoni. Rizzoli. Rechts im Bild: Legende (franz.).
– Sammlung Günter Böhmer, München.
Abb.: –
Lit.: Die Karte folgt offenbar dem Vorbild der englischen Oktopus-Karte von F.W. Rose von 1877.

14. Neuste komisch-ernste Karte von Europa für das Jahr 1877. B.Schmidt'sche Verlagsbuchhandlung. (A. Manz), Augsburg. [vgl. aber evtl. Nr. 10]
Abb.:
Lit.: R.V. Tooley: Geographical Oddities (Map Collectors' Series 1), London 1963, S. 19 Nr. 81: coloured cartoon of Russia as a bear, Germany represented by the old Kaiser, Denmark with the toothache, Belgium surrounded with money bags, England as a fop fishing, and Ireland as a little boy crying.

15. Komische Karte von Europa [1879?].
Kol. Federlithographie (H 48,5x B 61,5cm). Lithogr. Schnell-pressendruck v. W. Fiek, Augsburg; B. Schmid'sche Verlagsbuchhandlung (A. Manz) Augsburg (Legende von 7 Zeilen in Deutsch). Am linken und rechten Rand des Bildes jeweils „Neu!"
– Sammlung Günter Böhmer, München (Blatt 140)
Abb.: siehe oben Abb.
Lit.: Karikaturen-Karikaturen (1972) Nr. L 106, siehe oben.

16. Humoristische Karte des Deutschen Reiches und von Österreich-Ungarn, gezeichnet von Georg Bauer, 1887.
Einblattdruck, Stuttgart, Verlag von Levy und Müller, 1887. Preis 50 Pfg.
– Berlin, Stabi: YB 21203gr (45x56cm; vgl. Kopie)
Abb.: –
Lit.: wieder etwas andere Gestaltung; Halbporträts der führenden Staatsmänner, über die betreffenden Länder gelegt, wobei geographisch korrekt etliche Städte eingezeichnet und benannt sind (u.a. Kiel, Hildesheim, Göttingen).

[**17. Deutsche Karte über das heutige Europa (ca. 1887)**, die vermutlich der Budapester Karte (= Nr. 18) und der Karte des Nebelspalters (= Nr. 19) zugrundelag]

18. Status Mundi [Der Zustand der Welt]. Istóks verbesserte Veröffentlichung nach deutscher Vorlage (1887)
Budapest, Bolond Istók („Dummer August"), 6. Februar 1887
Federzeichnung? (s/w; vier vierzeilige gereimte Strophen als Komm.); abgewandelt ist hier die Vorlage einer [unbekannten] deutschen Karte [Nr. 12], die wohl vermittelt über dieses Bild auch einer entsprechenden Karte im Nebelspalter [= Nr. 16] zugrundelag.
Nürnberg, GNM (Bismarck-Karikaturen: Schrank 11/ Schublade 4)
Abb.: H. Dormeier, Bismarck in der Karikatur des Auslands, Berlin 1990, S. 192f. Nr. 146 (mit Kommentar).
Lit.: BiK 160.

19. Das heutige Europa (1887).
Separatdruck aus dem Nebelspalter, Nr. 45, gez. von T.B.
Mehrfarbendruck; nach dem Vorbild der ungarischen Länderpersonifikation (Nr. 18); u.a. Rußland mit Zar auf „Dynamit"-Faß, an Galgen Erhängte, Verbannung nach „Sibirien"; Dt. Kaiser mit „Socialistengesetze(n)", Frankreich brüllt „Revanche".
Abb.: Lothar Gall/ Karl-Heinz Jürgens, Bismarck. Lebensbilder, Bergisch-Gladbach 1990, Abb. 162.

20. Das heutige Europa (1897). Separatdruck aus dem Nebelspalter. Verlag von Caesar Schmidt, Zürich. 1897. F. Boscowitz gez.
– Berlin, Staatsbibl. YC 21520gr
Abb.:–
Lit.: – Anmerkung: Regenten im Porträt wiedergegeben; Im Mittelpunkt der Zar (mit Kisten „Französisch Geld" und „Russische Anleihen" sowie Säcken voll von „franz. Sympathien"), der mit der Linken eine Peitsche schwingt und mit der Rechten an mehreren Zügeln Frankreich, Deutschland (Wilhelm II.) und Österreich an der Leine hält; in „Sibirien" sind „Billige Wohnungen zu vermiethen!".

21. Angling in troubled waters. A serio-Comic Map of Europe. Rose, F. W. – Published by Bacon & Co. in **1899**. [49x70,5 cm]; Price one shilling.
Abb.: R.V. Tooley: Geographical Oddities (Map Collectors' Series 1), London 1963, Tav. XVI; vgl. S. 20 Nr. 84; G. Hill, Cartographical Curiosities (1978) S. 46f. mit S. 49 Abb. 58 [Vorlage wohl: British Library 1078. (38)].
Lit.: R.V. Tooley: Geographical Oddities (Map Collectors' Series 1), London 1963, S. 20 Nr. 84 (ausgesprochen elaborierte Karte); Auflage: 15.000(?).

22. [Weitere Octopus-Karte aus England, unter dem Titel:] John Bull et ses amis. Carte serio-comique de l'Europe, par Fred. W. Rose, auteur de la carte „Pechant en eaux troublés etc. etc. 1900.
Links französ. Legende; rechts oben kleine „Charte indicative d'Europe".
Abb.: M. Pastoureau/Jean-Claude Schmitt (Hgg.): Europe. Mémoire et emblèmes, Paris 1990, S. 138. – Lit.: R.V. Tooley: Geographical Oddities (Map Collectors' Series 1), London 1963, S. 19 Nr. 82 (Wiederholung der Octopus-Karte von F.W. Rose von 1877 mit einigen Veränderungen: das Porträt des Zaren in den Octopus eingefügt; Deutschland mit Samoa im Griff und England als „territorial" mit zwei Inschriften: „Wir wünschen Dir Erfolg" J. McKinley, „But hope ye'll get likked" Irischer Demokrat).

23. [Englische Europakarte 1914] „Hark, Hark, the Dogs do bark!" With note by Walter Emanuel. Designed and printed by Johnson Riddle & Co. Published by G.W. Bacon Co.
Abb.: M. Pastoureau/Jean-Claude Schmitt (Hgg.): Europe. Mémoire et emblèmes, Paris 1990, S. 138.
Lit.: R.V. Tooley: Geographical Oddities (Map Collectors' Series 1), London 1963, S. 20 Nr. 85; G. Hill, Cartographical Curiosities (1978) S. 47.

24. Karte von Europa im Jahre 1914, gezeichnet von W[alter] Trier.
Am rechten Rand: Preis der Doppelkarte 30 Pf. 10% von diesem Preis erhält das Central-Comité vom Roten Kreuz. – Gemeinsam mit der Kopie von Hadols Europakarte von 1870 (= oben Nr. 2 b) auf einer „Doppelkarte" vereint. Druck: Reklameverlag Ernst Marx, Berlin W.8.
Mehrfarbige Flachdrucke; 38,5 cm lang und 24,5 cm breit (Bild) bzw. 36,5 cm. Kunstbibl. Berlin (Signatur: Lipp. 1006.1).
Abb.: Bild als Waffe (1984) S. 234; dazu Kommentar S. 235 mit dem Hinweis auf weitere Europakarten von 1914 und früher.

[25. Humorous Diplomatic Atlas of Europe and Asia, Japan 1914]
Lit.: Hinweis in: Bild als Waffe, 1984, S. 235 Anm. 1.

26. Viersprachige ungarische Kopie nach dem (unter Nr. 21 erwähnten) japanischen Humorous Diplomatic Atlas of Europe and Asia, 1914.
Berlin, Staatsbibl.: Einbl. 1904, 1 gr.
Lit.: Hinweis in: Bild als Waffe, 1984, S. 235 Anm. 1.

27. Momentaufnahme von Europa und Halbasien 1914. Farblithographie von W. Kaspar (signiert), Lith. Druck und Verlag von Grath & Kaspar, Hamburg (54,0x73,5).
Abb.: Ereignis-Karikaturen (1983) S. 316 Nr. 286 (nach Expl. in Dortmund, Institut für Zeitungsforschung).
Lit.: wie oben. Kriegsposition der Länder aus deutscher Sicht. Beherrschend der aggressive russische Bär.

28. Satyrische Europa-Karte, Weltkrieg 1914. Schwarzweißdruck, Zeichnung und Entwurf von E. Zimmermann, Hamburg. Druck und Verlag W. Nölting, Hamburg, Kaiser-Wilhelmstr. 43(?). Unten beschreibender Text. (42,0 x 50,0).
Abb.: Ereignis-Karikaturen (1983) S. 317 Nr. 287 (aus: Lüneburg: Nordost-Bibliothek; aber ohne den erwähnten „beschreibenden Text").

29. Weitere figürliche Kriegslandkarten von 1914.
Vgl. Kat. Frankfurt 1976, S. 251f. Nr. 5.2/1-5.2/5, Abb. S. 80, 88, 251; Kat. Münster 1983, Nr. 286, 287 [laut Hinweis in Bild als Waffe, 1984, S. 233 Anm. 1].

30. a) European Revue: Kill that Eagle. Published by Geographia Ltd. (71x49,5 cm) [1914 oder ca. 1939-1945?]
Abb.: –
Lit.: R.V. Tooley: Geographical Oddities (Map Collectors' Series 1), London 1963, S. 20 Nr. 86: Eine amüsante Karikatur des 2. Weltkriegs (!) mit Deutschland als einen Adler, der Österreich als Clown hinunterzieht; Rußland als Bär greift eine Seite an, Frankreich auf der anderen mit Hahn und Tricolore, John Bull krempelt die Ärmel hoch mit einem Schwert in der Hand. Spanien und Skandinavien als Neutrale beobachten den Konflikt durch ihre Operngläser.

30. b) European Revue. Kill that Eagle. Produced by „Geographic" Ltd., 55 Fleet Str., London E.C. **(Europäische Revue) (Töte den Adler).** Gezeichnet von dem englisch-deutschen Artisten J.H. Amschewitz. Überschrieben: „Von grossem Sammelwert!" und Kommentar unterhalb der Karte: „Ein Dokument der Perfidität Albions" bildet diese satyrische Europakarte. Während der Deutsche Gut und Blut für's Vaterland einsetzt, betrachtet England den Krieg nur als Geschäft, indem es kaltlächelnd sagt: ‚Business as usual' (Geschäft wie gewöhnlich). Die Karte ist genau dem englischen Original nachgebildet. Die wenigen Worte sind ins Deutsche zum besseren Verständnis übertragen. In London ist der Preis dieser Kart 1 Schilling. *Mk 1.* . Ohne gnädige Erlaubnis des englischen Vetters von einem deutschen Drucker nachgedruckt, zum ewigen Gedenken."
Druck und Verlag von W. Hölting, Kaiser-Wilhelmstr. [Hausnr. schwer erkennbar], Hamburg 36.
Abb.: Ereignis-Karikaturen (1983) S. 23 Abb. 6b (datiert auf 1914); vgl. ebd. S. 317 Nr. 287.

DIE RAUCHENDE FRAU

FRAUENBILDER IN DER TABAKWERBUNG ZWISCHEN 1900 UND 1945

JÜRGEN ELVERT

„Die deutsche Frau raucht nicht!" Mochte der Reichsführer SS und bekennende Nichtraucher Heinrich Himmler auch so denken, wusste er doch, dass er den deutschen Frauen das Rauchen nicht einfach verbieten konnte. Stattdessen wandte er sich im Juni 1944 an Gottlob Berger, den Chef des SS-Hauptamtes, mit der Bitte, ihm einige Themen vorzulegen, die Ärzte in Vorträgen vor Teilnehmerinnen der SS-Helferinnenschule Oberehnheim behandeln konnten. Sie sollten dort „in netter Form" über die allmählich eintretende Sterilität der Frau und das Runzligwerden der Haut" in Folge von Tabakkonsum sprechen. Himmler wollte also „die deutsche Frau" mit Argumenten, nicht mit erhobenem Zeigefinger davon überzeugen, dem Tabakkonsum zu entsagen, auf ihre Gesundheit zu achten und ihre uneingeschränkte Gebärfähigkeit in den Dienst des deutschen Volkes zu stellen.[1]

Die seiner Initiative zugrundeliegende These, dass im Tabakkonsum eine Ursache für weibliche Sterilität liege, findet sich öfter in der einschlägigen Literatur der nationalsozialistischen Zeit. Üblicherweise handelt es sich dabei allerdings um Werke, die im Umfeld von Staat oder Partei erschienen waren. Weiterführende Hinweise seitens der seriösen Forschung gab es nicht,[2] denn diese Frage zählte in der medizinischen Wissenschaft noch bis 1943 zu den weitgehend ungeklärten Forschungsproblemen.[3] Gleichwohl passte der Topos von der tabakkonsumbedingten Sterilität von Frauen vortrefflich in die jeglicher Form individuellen Genusses abholde, durch und durch prüde nationalsozialistische Weltanschauung. Überdies bot die Betonung der gesundheitsgefährdenden Folgen des Tabakkonsums einen rational nachvollziehbaren Grund für die ideologisch begründete Ablehnung des Genussmittels Tabak. Schließlich gab es aus ideologischer Sicht „drei große Krankheiten [...], an denen Völker zugrunde [gehen konnten]: die Rassenmischung, die stärkere Fortpflanzung der Minderwertigen über die Hochwertigen und [...] den Geburtenschwund". So jedenfalls sah es der Leiter der Abteilung Volksgesundheit der NSDAP Will anlässlich der Einführung von „Gesundheitswalterinnen" und „-waltern" der Nationalsozialistischen Volkswohlfahrt im Gau Franken am 6. November 1938. Dabei wusste er um die Unterstützung durch andere Redner.[4] So verdammte der ebenfalls anwesende Rektor der Universität Erlangen, Hermann L. Wintz, das Nikotin als ein „ausgesprochenes Keimgift", obwohl ihm als Mediziner bekannt gewesen sein dürfte, dass die einschlägige Forschung diese These noch nicht bewiesen hatte.[5] Den einzigen Beleg, den er zur

1 BUNDESARCHIV BERLIN (fortan: BAB), NS 19 (Persönlicher Stab Reichsführer SS), Nr. 3109, Schreiben vom 22.6.1944.

2 So lesen wir z.B. in einer Ausgabe der Schriftenreihe des Reichsausschusses für Volksgesundheitsdienst aus dem Jahr 1936, dass man „neuerdings [...] bei Raucherinnen wiederholt Unfruchtbarkeit festgestellt [habe], die nach Entzug des Tabaks" wieder geschwunden sei. In: Boehncke, *Die Bedeutung der Tabakfrage für das deutsche Volk* (Schriftenreihe des Reichsausschusses für Volksgesundheitsdienst, Heft 24), Berlin 1936, S. 7.

3 Zum Forschungsstand um 1938 siehe: Inge Herwig, *Tabakrauch als ätiologischer Faktor für verschiedene klinische Erkrankungen, bei denen Tabakabusus vorliegt* (Diss. Med. Würzburg), Würzburg 1938, hier insbesondere Kap. II.5 (Tabak als Keimgift), S. 28-30. Selbst in der grundlegenden Studie Paul Bernhards über die Wirkung des Tabaks auf die Fruchtbarkeit der Frau aus dem Jahre 1943 wird Tabakkonsum keinesfalls als Ursache temporärer oder chronischer Sterilität genannt. Dazu: Paul Bernhard, *Der Einfluß der Tabakgifte auf die Gesundheit und Fruchtbarkeit der Frau,* Jena 1943, S. 69-71.

4 Zitiert nach: *Die Frau und das Rauchen* (Schriften des Deutsche Volksheilkunde, Bd. 17), Nürnberg 1939, S. 7.

5 Ebd., S. 16.

Untermauerung seiner These anführen konnte, war eine isolierte experimentelle Studie aus dem Jahre 1923. Noch 1936 war der Versuch fehlgeschlagen, die Kernaussage dieser These durch eine Vergleichsstudie zu bestätigen. Jedoch war sie auch nicht ausdrücklich falsifiziert worden.[6] Ähnliches galt Ende der 1930er Jahre in der Frage einer möglichen Gefährdung von Säuglingen durch in der Muttermilch enthaltenes Nikotin. Wintz persönlich schien das Problem gravierend genug zu sein, um ein generelles Rauchverbot für Mütter zu fordern, auch wenn in der seriösen zeitgenössischen Forschung keineswegs Einigkeit darüber bestand, ob es überhaupt als schädigend einzuschätzen war, von der potentiell schädlichen Menge ganz abgesehen.[7] Allerdings hatte sich die Forschung seit Beginn des 20. Jahrhunderts zunehmend mit der Frage der gesundheitsgefährdenden Folgen des Tabakkonsums auseinandergesetzt und eine Fülle von Indizien zusammengetragen, die eine Gesundheitsgefährdung des menschlichen Organismus zu bestätigen schien. Insofern kam der Forschung die ideologische Auseinandersetzung des Nationalsozialismus mit Genussmitteln durchaus entgegen – mochten die Argumente der NS-Ideologie gegen den Tabakkonsum noch so absurd sein, dienten sie aus Sicht der Wissenschaft doch als ein nützliches Werkzeug in der Bekämpfung eines vermutlich schädlichen Genussmittels. Überdies schien das NS-System anders als die Regierungen zuvor fest dazu entschlossen, den Worten gegen den Tabakkonsum auch Taten folgen zu lassen.

Bekanntlich bestimmten ideologische Aspekte das Denken und Handeln der Menschen im nationalsozialistischen Deutschland in vielerlei Hinsicht. Die exakten Wissenschaften sahen sich dagegen stets dann dem Verdacht ausgesetzt, Relikte einer „undeutschen" Aufklärung zu sein, die auch andere „gefährliche" Geistesfrüchte wie beispielsweise Liberalismus und Sozialismus hervorgebracht habe, wenn ihre Ergebnisse nicht in das ideologische Raster des Nationalsozialismus passten. Sie mussten ihre Existenz durch Erfolge gegenüber dem System und seinen Repräsentanten rechtfertigen, nur dann waren dessen Vertreter bereit, sie als wertvollen Teil des „Volkskörpers" zu akzeptieren. Für den Fall aber, dass die Erträge wissenschaftlicher Forschung nicht im Einklang mit der NS-Ideologie standen, konnten sich Minderheitenmeinungen oder auch alternative Ansätze bis hin zum Okkultismus zumindest solange Gehör verschaffen, wie sie sich ideologisch gefestigt gaben. So sonnte sich auch manch Abseitiges, Absurdes oder Skurriles wenigstens zeitweilig im Wohlwollen führender NS-Repräsentanten – man denke zum Beispiel an die Wertschätzung, die Karl Maria Willigut (Himmlers „Rasputin") einige Jahre beim Reichsführer SS genoss, oder auch an die so genannte „Welteislehre". Den wohl extremsten Versuch der Neudeutung einer etablierten Wissenschaft hatte der Nobelpreisträger Philipp Lenard unternommen, als er Eckpunkte einer genuin „deutschen Physik" markieren wollte.

Dass die ideologisch bedingte „Öffnung" der medizinischen Forschung für alternative Ansätze in mancherlei Hinsicht durchaus fruchtbar sein konnte, hat Robert Proctor in seinen Untersuchungen zum Gesundheitswesen des Nationalsozialismus nachgewiesen. Neben der schulmedizinischen Beweisführungspflicht und den damit verbundenen Schwierigkeiten verschaffte sie eher hypothetisch begründeten und experimentell nur schwer belegbaren Ansätzen den Rahmen, um ihre Wirksamkeit zu demonstrieren.[8] So förderte der ganzheitliche Ansatz in der Medizin die Etablierung alternativer Heilungsformen wie beispielsweise der Homöopathie oder des Heilpraktikerwesens.[9] In nationalsozialistischer Zeit sollten so neue Er-

6 Die experimentelle Studie, auf die sich Wintz vermutlich berufen hatte, war die Hofstätters aus dem Jahre 1923, die 1936 von Stämmler nicht bestätigt werden konnte. Vgl. dazu: Herwig, a.a.O., S. 29 f.

7 Dazu: Jürgen Elvert, *Eine Untersuchung der Frage des allgemeinen Wissens um die gesundheitsgefährdenden Folgen des Tabakkonsums in Deutschland im 20. Jhdt.*, MS Kiel 2002, S. 70 f.

8 Neben seiner in Fußnote 9 genannten Untersuchung über Medizin und Rassenhygiene wäre hier noch zu nennen sein 1999 erschienenes Werk über die Krebsforschung und -bekämpfung im Nationalsozialismus: Robert N. Proctor, The Nazi War on Cancer, New Jersey 1999

9 Dazu: Robert Proctor, *Racial Hygiene.* Medicine under the Nazis, Cambridge 1988, hier bes. S. 226-235 und öfter.

kenntnisse gewonnen werden, die Aufschluss über die „Gesundheit des deutschen Volkskörpers“ insgesamt gaben. Und dabei durfte auch der Tabakkonsum nicht außer acht gelassen werden, schließlich handelte es sich aus der Sicht führender politischer und medizinischer Repräsentanten des Systems dabei um eine akute Bedrohung der Zukunft des deutschen Volkes – direkt und indirekt infolge Beeinträchtigung weiblicher Fertilität einerseits und Schädigung von Säuglingen durch über die Muttermilch konsumiertes Nikotin andererseits, von den unmittelbaren Schädigungen des Organismus der Tabakkonsumenten ganz abgesehen. Damit gehörte der Kampf gegen den Tabak als Teil des Kampfes gegen Genussgifte insgesamt zu den vornehmsten Aufgaben der Volksgesundheitspflege. Diese stand unter der Führung des „Reichsgesundheitsführers“ Leonardo Conti, der seine deutschen Landsleute erklärtermaßen „schöner, gesünder und besser“ machen wollte.[10] Der „deutschen Frau als Quell und Hüterin des Lebens im Dienste der Gesundheit und der gesunden Lebensführung“[11] kam hierbei eine besondere Bedeutung zu, da sie in Familie und Gesellschaft auf einen gesunden Lebenswandel zu achten hatte.

Wenngleich manche Forderung aus dem Kreis des Deutschen Frauenwerkes selbst ideologisch gefestigten Zeitgenossen zumindest ungewöhnlich vorgekommen sein dürfte,[12] zeitigte die staatliche Förderung der wissenschaftlichen Erforschung von Genussmitteln durchaus auch vorzeigbare Ergebnisse. So gelang dem Jenaer Gynäkologen Paul Bernhard 1943 erstmals auf statistischem Wege der Nachweis des nachteiligen Einflusses von im Tabakrauch enthaltenen Giften auf die Fruchtbarkeit von Frauen.[13] Seine Arbeit war im Umfeld des Jenaer „Instituts zur Erforschung der Tabakgefahren“ entstanden, der weltweit ersten wissenschaftlichen Einrichtung dieser Art. Karl Astel hatte als Leiter des Thüringischen Landesamtes für Rassenwesen das Geleitwort zu der Studie verfasst und darin noch einmal seine Hauptsorge zum Ausdruck gebracht: die Gefährdung des Fortbestandes des deutschen

Abbildung 1: „Mütter vermeidet unbedingt in der Schwangerschaft und Stillzeit Alkohol und Nikotin“ – Ein Beispiel für den nationalsozialistischen Kampf gegen Genussmittel

10 Zitiert nach: Christoph Maria Merki, Die nationalsozialistische Tabakpolitik, in VIERTELJAHRSHEFTE FÜR ZEITGESCHICHTE, 46. Jg. 1998, S. 19-42, hier S. 24.

11 So ein Zitat aus einer Broschüre zur Frage einer gesunderen Lebensführung: Deutsches Frauenwerk und Hauptamt für Volksgesundheit der NSDAP (Hg.), *Deutsche Frau, Alkohol und Tabak*, Berlin 1940, S. 8.

12 So beispielsweise die Einführung neuer Formen der Geselligkeit wie gezielter Gesang und Konsum von Süßmostprodukten anstelle des Konsums von Nikotin („Koketterie des Zigarettenrauchens bei jungen Mädels“) und Wein („Es könnten doch einmal die Süßmost-Sorten und deren Mischungen Gegenstand geistreicher Gespräche werden [anstelle der Weinlagen, J.E.]“), vgl. dazu: ebd., S. 7.

13 Paul Bernhard, *Der Einfluß der Tabakgifte auf die Gesundheit und die Fruchtbarkeit der Frau*, (Habil-Schrift) Jena 1943.

Volkes infolge der Tabakkonsum-bedingten eingeschränkten Fortpflanzungsmächtigkeit der deutschen Frau.[14]

In der Bernhard'schen Arbeit wurden zwei Argumentationsstränge zusammengeführt, die seit der nationalsozialistischen „Machtergreifung" in Bezug auf den Konsum von Genussmitteln nebeneinander gelegen hatten. Dabei handelte es sich einerseits um die Schulmedizin, die seit Anfang der 1920er Jahre von einer Beeinträchtigung des weiblichen Organismus durch Tabakkonsum ausging, ohne dass dafür der abschließende, wissenschaftlich gesicherte Beweis erbracht werden konnte. Andererseits verdammte die nationalsozialistische Sozialhygiene den Tabak von vornherein als ein schleichend wirkendes und süchtig machendes „Rassengift", das von „den Juden über finstere Kneipen" nach Deutschland geschleppt worden sei, um „den gesunden deutschen Volkskörper" zu vergiften.[15] Es kann nicht überraschen, dass besonders die zweite Argumentationslinie Julius Streicher, dem berüchtigten Herausgeber des „STÜRMER", imponierte. Als Gauleiter von Franken hielt er die Festrede auf der eingangs erwähnten Veranstaltung der NSV vom 6. November 1938, der eine ebenso simple wie typische Beweiskette zugrunde lag: Der Tabak sei erst vor wenigen Jahrhunderten von Amerika nach Deutschland eingeführt worden – die ersten Raucher habe man als Auswurf der Menschheit betrachtet – erst die Könige und ihre Paladine hätten dem Rauchen ein gewisses Ansehen verschafft – der Tabakgenuss als Ausdruck der völligen Genussfreiheit sei ein Überrest des Liberalismus und damit der Freiheit von jeder Verantwortung – das Genießen sei von Juden bewusst gefördert worden, da man auf diesem Gebiet gute Geschäfte machen könne – gerade nach dem Kriege sei die Reklame für das Genießen groß aufgeblüht – man habe die Werbung für Tabakwaren gezielt durch die Abbildung junger Mädchen veredelt und so versucht, Frauen zum Tabakgenuss zu verführen – das aber sei ein jüdischer Trick, um das deutsche Volk über den Konsum von Genussgiften zugrunde zu richten.[16]

Inwieweit ihm sein Publikum folgen konnte bzw. wollte, soll hier nicht hinterfragt werden. Auf jeden Fall hatte Streicher mit dem Hinweis auf die Nutzung von Frauenbildern in der Tabakwerbung ein Phänomen benannt, das keineswegs nur für die 1930er Jahre typisch war. Schon seit dem Beginn des Siegeszugs der Zigarette unter den Tabakprodukten, also seit dem ausgehenden 19. Jahrhundert war dieser von Werbekampagnen begleitet worden, in denen Frauen, beziehungsweise ganz bestimmte Frauenbilder eine zentrale Rolle spielten. Wenn Streicher ein halbes Jahrhundert später ohne nähere Erläuterungen auf solche Bilder anspielen konnte, lässt das darauf schließen, dass die entsprechenden Werbekampagnen im Sinne ihrer Urheber erfolgreich waren.

Dass er sich überhaupt mit dem Thema beschäftigte, ist im Zusammenhang mit der Genussmittel-skeptischen Haltung des NS-Systems insgesamt zu sehen. Der Konsum von Genussmitteln galt nicht nur als schädlich, sondern überdies als Ausdruck westlich-liberaler bürgerlicher Werte und somit als dekadent. Das Bild, das die Tabakwerbung von der „Rauchenden Frau" in den Köpfen der Zeitgenossen seit etwa 1900 erzeugt hatte, scheint dieses Klischee wenigstens auf den ersten Blick zu bestätigen. Es stand in einem vollkommenen Gegensatz zum Frauenbild des Nationalsozialismus, das die Frau als Hüterin familiärer Gesundheit und Gebärerin des deutschen Volksnachwuchses sehen wollte. Die Werbung hingegen suggerierte, jedenfalls bis in die 1930er Jahre, andere, dem System höchst suspekte Werte wie Unabhängigkeit und Gleichberechtigung. Insofern war es auch aus der Sicht der Pflege des nationalsozialistischen Frauenbildes nur konsequent, wenn Herbert Hunke, der Präsident des Werberates der deutschen Wirtschaft dem Drängen seines „Führers" auf starke Einschränkung der Tabakwerbung folgte und im August 1941 einen neuen Regelkatalog für die Tabakindustrie

14 Karl Astel, Geleitwort, in: ebd., S. VII f.
15 Merki, a.a.O., S. 24.
16 Die Frau und das Rauchen, a.a.O., S. 22 f.

aufstellte, demzufolge es unter anderem nicht statthaft war, Tabakwerbung an Frauen zu richten oder Frauen mit dem Tabakgenuss in Zusammenhang zu bringen.[17]

Diese Maßnahme sollte also nicht nur dazu dienen, die deutschen Frauen vom Tabakkonsum abzuhalten, um deren Gebärfähigkeit zu erhalten, sondern es ging auch darum, ein Bild aus den Köpfen der Zeitgenossen zu verbannen, das sich dort seit einigen Jahrzehnten festgesetzt hatte – das von der rauchenden Frau als Verkörperung der Moderne, der Gleichberechtigung, der Weltoffenheit und -gewandtheit, der Lust am individuellen Genuss und damit schließlich auch der Selbstbestimmung.[18]

*

Gegen Ende des 19. Jahrhunderts war die Rolle der Frau als Objekt und Ziel der Tabakwerbung eine ganz andere gewesen. Das war eine Folge des Siegeszuges, den die Zigarette als neues Tabakprodukt Mitte des 19. Jahrhunderts angetreten hatte. Mit ihr war ein Produkt geschaffen worden, das Frauen ohne ästhetische Bedenken konsumieren konnten. So etwas hatte es seit dem 30jährigen Krieg, der maßgeblich zur Verbreitung des Tabakkonsums in der „Alten Welt" beigetragen hatte, noch nicht gegeben, obwohl die Zigarre um 1800 – genauso wie die Zigarette ein Jahrhundert später – als Ausdruck der Moderne schlechthin gegolten und die Tabakspfeife als Rauchwerkzeug abgelöst hatte. Zigarren als weiterverarbeitete Form des Tabaks waren im späten 17. Jahrhundert erstmals in Kuba hergestellt worden, um 1710 hatte die erste europäische Zigarrenfabrik dann ihre Tore in Sevilla geöffnet. In Deutschland begann die Zigarrenproduktion mit der Gründung der Firma Heinrich Schlottmann in Hamburg im Jahre 1788, und um 1800 konnte sich der deutsche Zigarrenmarkt bereits weitgehend auf die heimische Produktion stützen. Seither hatte man das Herstellungsverfahren fortwährend verbessert und besonders seit 60er Jahren des 19. Jahrhunderts durch eine teilweise Mechanisierung des Herstellungsverfahrens eine erhebliche Steigerung der Produktion erreicht. So produzierten im Jahre 1878 allein im Deutschen Reich 3.959 Betriebe auf 18.756 Pressen pro Woche und Presse deutlich über 2.500 Zigarren. Aber trotz der Teilmechanisierung der Zigarrenherstellung blieb die Herstellung aufgrund der relativ anspruchsvollen Vor- und Nachbereitung weiterhin in hohem Maße an den Einsatz von Facharbeitern gebunden. Das jedoch hielt den Produktpreis vergleichsweise hoch, womit der Konsumentenkreis von vornherein auf das wohlhabende Bürgertum beschränkt blieb.

Mit der Zigarette wurde ein deutlich kostengünstigeres und damit für weite Kreise der Bevölkerung erschwinglicheres Tabakprodukt eingeführt, dessen Einführung eine Veränderung der Rauchgewohnheiten in Europa nach sich zog.[19] Ursprünglich als „Nebenprodukt" zur Verwertung von Tabakabfällen gedacht und damit deutlich preiswerter als alle anderen Tabakprodukte, erfreute sich die „Cigarette" zunächst bei den Arbeiterinnen in den spanischen Tabakmanufakturen einer wachsenden Nachfrage. Von Spanien aus eroberte sie dann den französischen Markt. Allerdings wurden auch im osmanischen Reich im 18. Jahrhundert bereits nennenswerte Absatzmengen verzeichnet, weil hier ein vergleichsweise milder Tabak angebaut wurde, der sich besonders gut für die Zigarettenproduktion eignete. Im restlichen Europa gewann sie erst ab Mitte des 19. Jahrhunderts an Bedeutung, nicht zuletzt aufgrund der Erfahrungen französischer und britischer Soldaten, die sie im Krim-Krieg gemacht hatten, wo

17 Vgl. Schreiben Hunkes an Bormann vom 8. August 1941, in: BUNDESARCHIV BERLIN, Bestand R 43II – Reichskanzlei (neu) Nr. 480, Fol. 134-137, hier bes. Fol 136.

18 Ob die Darstellung rauchender Frauen in der Tabakwerbung zwischen dem ausgehenden 19. Jahrhundert und der nationalsozialistischen Herrschaft über Deutschland nicht sogar in größerem Maße das Problembewusstsein der Öffentlichkeit für die Belange geschlechtlicher Gleichberechtigung geweckt haben könnte und damit wirksamer gewesen ist als abstrakte Partei- oder Programmschriften vergleichbaren Inhalts, wäre eine interessante Frage, der hier leider nicht näher nachgegangen werden kann.

19 Ursprünglich war der Konsum von in Papier gewickelten Tabakkrümeln in Mittelamerika und in Spanien eine Methode gewesen, um Abfälle aus der Zigarrenproduktion nutzbringend zu verwerten.

sie auf russischer wie türkischer Seite mit einem regen Zigarettenkonsum konfrontiert worden waren.

Seither zählte das Zigarettenrauchen zu den modischen Verhaltensmustern der europäischen Gesellschaft. Der neu entstandene Markt wurde zunächst mit Importwaren aus dem osmanischen und dem Zarenreich bedient, bevor man „vor Ort“ mit der Zigarettenproduktion begann bzw. bereits vorhandene Zigarettenfabriken russische oder osmanische Herstellungstechniken und -verfahrensweisen übernahmen und den eigenen Absatz entsprechend steigern konnten. Die erste deutsche Zigarettenfabrik (Eckstein) war schon 1842 gegründet worden. Da sie aber anfangs nur schwere brasilianische Tabake verarbeitet hatte, blieb ihr längere Zeit ein ökonomischer Erfolg versagt. Ein Durchbruch wurde erst erreicht, als 1862 die Petersburger Firma Laferme eine Zweigniederlassung in Dresden eröffnete und das russische verfahrenstechnische Know-how in Deutschland einführte. Innerhalb weniger Jahre entstanden nun zahlreiche neue Zigarettenbetriebe, die einen ständig wachsenden Markt bedienten. Nur 25 Jahre nach Eröffnung der ersten russischen Niederlassung in Dresden produzierten im Jahre 1887 bereits 58 Betriebe mit insgesamt 1.698 Beschäftigten für den deutschen Markt, die Zahl wuchs bis 1900 auf 189 Betriebe mit 5.285 Arbeitsplätzen. Entsprechend nahm der Pro-Kopf-Zigarettenkonsum zu, von 2,5 Stück im Jahre 1877 auf 62 im Jahre 1903. Der Anstieg fiel deutlich stärker aus als der des Zigarrenverbrauchs, der zwischen 1877 und 1903 von 92 Stück pro Kopf und Jahr auf 125 Stück stieg.[20]

Abbildung 2: „Die Tabakmanufaktur von Sevilla“, Gemälde von Constantin Meunier (1831-1905). In Manufakturen wie dieser stellten Hunderte von Arbeiterinnen Millionen von Zigaretten ausschließlich in Handarbeit her

20 Damit war bereits beinahe der Höhepunkt des Zigarrenkonsums in Deutschland erreicht. Der weitere Verbrauch nahm nur noch langsam zu, bis im Jahre 1908 mit 137 Stück pro Kopf und Jahr das Allzeithoch überhaupt erreicht wurde. Seither sank der Zigarrenverbrauch kontinuierlich.

Um 1900 war das Zigarettenrauchen ohne Zweifel modern. Zeitgenössischen Aussagen zufolge verlieh die Zigarette „Haltung, eine weltmännisch gelassene Überlegenheit. Sie gehört ins Boudoir, in die Causerie, an den Bridgetisch des Five o'clock, in den Flirt".[21] Um das Rauchen von Zigaretten wurde ein Kult betrieben ähnlich dem der Aristokratie mit Schnupftabak im 18. Jahrhundert. Wie die Schnupftabaksdosen des 18. Jahrhunderts stellten die Zigarettenetuis an der Wende vom 19. zum 20. Jahrhundert kleine Kostbarkeiten dar, in denen sich der Wohlstand des Besitzers ebenso wie sein Geschmack bzw. der Zeitgeschmack spiegelte. Der gestiegene und weiter steigende Zigarettenkonsum schuf eine neue, informelle Zeiteinheit – die „Zigarettenlänge" symbolisierte fortan die Geschwindigkeit der Moderne und die Schnelllebigkeit der Zeit. Anders gesagt: Wenn man die Zigarette mit dem Automobil verglich, blieb für die Zigarre nur die Postkutsche übrig. Ähnliches galt auch für den Rauchvorgang selber, denn während das Rauchen einer Pfeife oder einer Zigarre stets eine recht intensive Vorbereitung erforderte, ließ sich die Zigarette rasch entzünden, war allerdings ebenso rasch wieder aufgeraucht.

Spätestens seit der Uraufführung von Bizets „Carmen" im Jahre 1875 verband sich mit der Zigarette auch ein Stück Frivolität. In bezug auf männliche Raucher bedeutete das die Assoziation mit Weltläufigkeit oder Lebenskunst im positiven bzw. Verruchtheit im negativen Sinne. Bezogen auf Raucherinnen war das assoziative Verhältnis komplexer. Zum einen besaß die Zigarette selber ein weibliches Image („holde Orientalin Zigarette"), auch wurden ihr weibliche Eigenschaften wie Zartheit, Schlankheit oder Zerbrechlichkeit zugesprochen. Zum anderen ging von ihr aber auch eine gewisse erotische Ausstrahlung aus. Ausgang des 19. Jahrhunderts wurden derlei Assoziationen gerne in Gedichtform präsentiert, wohl nicht zuletzt auch deshalb, weil sich manch allzu offensichtlich pikante Anspielung hinter dem künstlerischen Anspruch verstecken ließ. Ein neues Genre, die sogenannte „Zigarettenlyrik" entstand, die sich, oft unter ausdrücklicher Gleichsetzung von Zigarette und holder Weiblichkeit, mit dem Zigarettenkonsum befasste, der wie ein Liebesverhältnis dargestellt wurde. Der Auszug aus dem Gedicht „Die Zigarette" von Emil Rechert lässt daran keinen Zweifel:[22]

Doch illegitimen Küssen
Leuchtest Du, mein Zigarettchen –
Wenn zu zwei'n wir rauchen müssen,
Rollt sich doppelt gern dein Blättchen.

Noch deutlichere erotische Anspielungen sind in dem etwa zeitgleich entstandenen Gedicht „An Sie!" aus der Feder eines unbekannten Verfassers enthalten:[23]

An Sie!

Meiner Vielgeliebten gleich
Gibt es nichts im ganzen Reich
Eine schönre Beute
Macht kein Fürst; drum trag ich sie
Auf den Händen, lasse sie
Nie von meiner Seite.
Wenn noch kaum der Morgen graut,

21 Zitiert nach: Henner Hess, *Rauchen.* Geschichte, Geschäfte, Gefahren (Reihe Campus, Band 1014), Frankfurt, New York 1987, S. 38.

22 Aus: Michael Weisser, *Cigaretten-Reklame.* Über die Kunst, blauen Dunst zu verkaufen, Münster 1980, S. 109.

23 Abgedruckt bei: ebd.

hängt die Liebliche vertraut
schon an meinem Munde.
O, wie brennt sie da für mich,
wer ist glücklicher als ich,
auf dem Erdenrunde.
Dieses süße Lippenspiel
Wird mir nimmermehr zuviel,
und in langen Zügen
Trink ich sichtbar manche Stund,
Aus dem schöngefärbten Mund,
Labung und Vergnügen.
Manches Silberkettchen wand
Meine schöpferische Hand.
Manches Band von Seiden
Um den schönen Hals, es muß,
Wer es sieht, nie den Genuß,
Meiner Holden, neiden.
Schwirrt der Sorgen düstrer Schwarm
Mir vorm Auge, drückt der Harm
Meine Seele nieder:
O dann fühl ich ihren Wert.
Denn aus ihrem Munde kehrt
Ruh und Freuden wieder.
Wenn sich frey und sorgenlos
In der Freundschaft biedern Schoos
Meine Wünsch ergießen,
Red ich vor ihr ohne Scheu
Mein Geheimniß, was es sey,
Alles darf sie wissen.

Abbildung 3: Erotische Anspielungen nicht nur bei der Zigarette. Diese frivole Zigarrenspitze in Form eines Damenbeins (aus Hartgummi) mit Bruyèreholzkopf stammt aus dem frühen 20. Jahrhundert

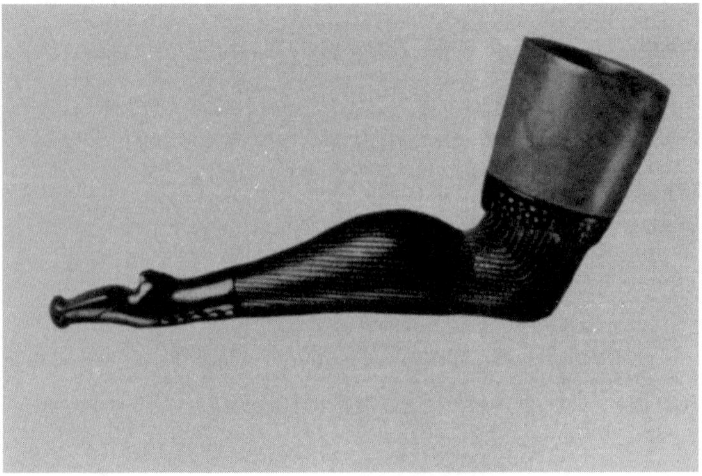

Neben dem erotischen darf freilich auch der emanzipatorische Aspekt nicht übersehen werden. So diente der Konsum von Tabak im Allgemeinen und das Zigarettenrauchen im Speziellen, besonders wenn er in der Öffentlichkeit erfolgte, seit etwa Mitte des 19. Jahrhunderts als Ausdruck der Forderung nach weiblicher Emanzipation.

Abbildung 4: Frauen als Tabakkonsumentinnen im 19. Jahrhundert. Eine satirische Darstellung aus der ersten Hälfte des 19. Jahrhunderts. In dieser Karikatur aus einer Wiener Theaterzeitung fragte der Herr (die Hände flegelhaft in den Taschen und die Pfeife im Mund) die emanzipierte Dame vom Typ George Sand: „Sie rauchen keine Zigarren mehr?" Antwort: „Ich ziehe die Tabakpfeife vor, seitdem jeder Schumachergeselle Havannah-Glimmstengel im Munde hat."

George Sand und Lola Montez hatten öffentlich geraucht und damit ihrem Anspruch auf Emanzipation symbolisch Ausdruck verliehen. Dass sie dabei allerdings auch heftigen Widerspruch provozierten, kann nicht überraschen. Im Falle der Zweitgenannten lieferte der öffentliche Tabakgenuss der Münchener Polizei sogar den Anlass, ihre Ausweisung aus der Stadt anzuordnen.[24]

Abbildung 5: Deutsche Provinzspießer entrüsteten sich auf der Pariser Weltausstellung von 1867 über eine selbstbewusste junge Raucherin. Karikatur aus „Die Illustrierte Welt"

Ein halbes Jahrhundert später schieden sich die Geister immer noch darüber, ob man Frauen in der Öffentlichkeit das Rauchen gestatten sollte oder nicht. Bei anständigen Damen des gemäßigten Mitteleuropa sei das Rauchen coram publico verpönt, war in zeitgenössischen Texten der Jahrhundertwende zu lesen,[25] doch dürfte es gerade diese Konvention gewesen sein, die die um Gleichberechtigung kämpfenden Frauen der Jahrhundertwende herausgefordert hatte.

Es scheint, als ob im ausgehenden 19. Jahrhundert in dieser Angelegenheit zunächst in England ein Durchbruch erzielt worden sei. So soll im Jahre 1898 eine besonders engagierte Raucherin und Mitglied der Londoner Schul-Aufsichtsbehörde im Anschluss an ein Festessen erklärt haben, dass sie und ihre Ausschusskolleginnen zu rauchen beabsichtigten. Die männlichen Teilnehmer an dieser Veranstaltung, selber zumeist Raucher, hätten sich darüber erleichtert gezeigt, da sie nun keine Rücksicht mehr auf nichtrauchende Damen nehmen mussten und sich selber ungehindert dem Tabakgenuss hingeben konnten. Der englischen Presse sei dieser Schritt als ebenso mutig wie überfällig erschienen, sie habe deshalb überwiegend zustimmend darüber berichtet. Einige besonders begeisterte Verfechter der Frauenemanzipation hätten sich, wie es hieß, zudem über die „bahnbrechende Unerschrockenheit derart entzückt" gezeigt, dass sie jeder der Damen eine goldene Zigarettendose widmeten.[26] Wie nachstehende Abbildung zeigt, betrachtete freilich manch männlicher Zeitgenosse auch im England des ausgehenden 19. Jahrhunderts Zigaretten-rauchenden Frauen durchaus skeptischer als die Tagespresse oder die Mitglieder des erwähnten Schulaufsichtsgremiums.

24 So jedenfalls liest man bei Hermann Pilz, *Ueber den Tabak und das Rauchen.* Ernstes und Heiteres aus der Culturgeschichte, Leipzig 1900, S. 251.
25 Ebd., S. 247
26 Diese Anekdote findet sich bei: ebd., S. 255.

Abbildung 6: Im England der 1870er Jahre stellten in der Öffentlichkeit rauchende Frauen offensichtlich keine Besonderheit mehr da, wie diese Tabakwerbung aus dem Jahre 1877 zeigt

Abbildung 7: The New Woman, Karikatur aus dem PUNCH, *1895. Der Text lautet: „You're not leaving us, Jack! Tea will be here directly!" "Oh, I'am going for a Cup of Tea in the Servant's Hall. I can't get on without Female Society, you know!"*

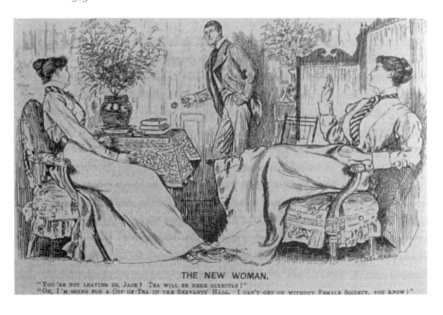

Zu einer Zeit, in der das Rauchen mehrheitlich immer noch als Männerdomäne betrachtet wurde und somit auch symbolisch dazu diente, männliche und weibliche Verhaltensmuster klar voneinander zu trennen, nahmen also einige besonders selbstbewusste junge Frauen das Recht auf öffentlichen Tabakkonsum für sich in Anspruch. Gezielt adaptierten sie eine bislang beinahe ausschließlich männlich konnotierte Verhaltensweise und nutzten den Zigarettenkonsum so als Ausdruck ihrer Forderungen nach Emanzipation.[27] Damit imitierten sie freilich auch eine Verhaltensweise, von der man zuvor angenommen hatte, dass sie beinahe ausschließlich von russischen Fürstinnen bzw. von orientalischen Haremsdamen ausgeübt wurde. Das verlieh ihrem neuen Habitus eine gewisse Pikanterie, der es den Männern möglicherweise erleichterte, den Verlust dieser ehemals männlichen Domäne zu verschmerzen. Mehr noch: Vielleicht hatte das Vordringen von Frauen in die Welt der Raucher um 1900 sogar zur Entstehung eines neuen weiblichen Idealbilds in der männlichen Phantasie beigetragen. Denn dass sich Raucherinnen gründlich vom traditionellen Frauenbild des 19. Jahrhunderts unterschieden, kann nicht bestritten werden. Anstelle von Zurückhaltung, Keuschheit und Sittlichkeit dominierten nun Attribute wie Jugend, Eleganz, Mode- und Selbstbewusstsein, die aufgrund der einschlägigen zeitgenössischen Interpretationen und Vergleiche stets verbunden mit einem gehörigen Schuss Erotik waren.

Der hohe Stellenwert der Zigarette unter den Rauchwaren um 1900 ist demnach das Ergebnis mehrerer kausal zusammenhängender und eng miteinander verflochtener Rezeptionsstränge. Zunächst sei an die verhältnismäßig günstigen Herstellungskosten erinnert, die die Zigarette von vornherein auch preislich in ein echtes Konkurrenzverhältnis zur Zigarre treten ließ. Ein weiterer Aspekt betrifft die Ästhetik der Zigarette, die sich aufgrund ihrer Zierlichkeit und leichten Handhabbarkeit wesentlich besser zum Konsum durch Frauen eignete als die ungleich klobigere und nur unter deutlich größerem Aufwand zu konsumierende Zigarre oder Tabakspfeife. Dieses Problem war schon den Zeitgenossen Mitte des 19. Jahrhunderts, also noch vor dem Beginn des eigentlichen Siegeszugs der Zigarette, durchaus bewusst. So hatte die englische Zigarrenindustrie seinerzeit den Versuch unternommen, durch die Einführung sogenannter „queens", kleinerer und handlicherer Zigarren mit einem speziellen Mundstück, Frauen in größerem Maße als bisher zum Tabakkonsum zu bewegen.[28]

Diesem Versuch blieb allerdings ein durchschlagener Erfolg versagt und Zigarren bzw. Pfeife rauchende Frauen zählten weiterhin zu bevorzugten Gegenständen der Karikatur, besonders dann, wenn es um emanzipatorische Forderungen ging. Wenn also George Sand und Lola Montez noch vor Mitte des 19. Jahrhunderts öffentlich geraucht hatten, sollte das ein unmissverständliches Zeichen ihrer Forderung nach Gleichberechtigung sein. Abgesehen davon zollten sie durch den Konsum von seinerzeit noch kaum bekannt Zigaretten auch ästhetischen Überlegungen Tribut und grenzten sich damit von der üblicherweise Zigarren- oder Pfeife-rauchenden Männerwelt ab. Stattdessen umgaben sie sich mit einem exotisch-erotischen Flair und schufen so die Grundlage für eine starke weibliche Konnotation der Zigarette. Diese konnte nun ihren langsamen Siegeszug in den Salons der Oberschicht antreten, wo die Damen der Gesellschaft, insbesondere jene, die auf Modernität und Eleganz achteten, das Recht auf Tabakkonsum gegen bestehende Widerstände und Vorurteile für sich in Anspruch nahmen. In zeitgenössischen Texten aus der zweiten Hälfte des 19. Jahrhunderts wurde immer wieder darauf hingewiesen, dass früher ausschließlich russische Fürstinnen oder Haremsdamen geraucht hätten. Deshalb sei es ebenso pikant wie dekadent, wenn man heute vermittelst öffentlichem Zigarettenkonsum Russland und die Odaliske in Baden Baden oder Sankt Moritz imitiere.[29]

27 Wiesser, a.a.O., S. 103.
28 Hess, a.a.O., S. 43.
29 Ebd.

Abbildung 8: Wie diese englische Karikatur von 1898 zeigt, war das Rauchen von Frauen um die Jahrhundertwende bereits weit verbreitet. Ein genauerer Blick auf die dargestellten Raucherinnen zeigt auch, dass die meisten von ihnen Zigaretten bevorzugten, Pfeife rauchten nur die Putzfrau, die Köchin und die (irischstämmige) Marktfrau, allerdings auch die offenbar traditionsbewusste Herzogin.

Ein weiterer Aspekt, auf den im Zusammenhang mit der Erfolgsgeschichte der Zigarette hinzuweisen ist, betrifft die Mechanisierung des Fertigungsprozesses. Schon auf der Pariser Weltausstellung von 1867 wurde die erste Maschine zur mechanischen Zigarettenherstellung vorgestellt, mit der sich 3.600 Stück pro Stunde herstellen ließen, dreißigmal mehr als zuvor per Hand.[30] Das senkte den Kaufpreis erheblich, womit die Zigarette zu einem für alle Bevölkerungsschichten erschwinglichen Tabakprodukt wurde. Die Absatzzahlen bestätigen dies: Für das Jahr 1903 war bereits die Zahl von 62 Stück pro Kopf und Jahr im Deutschen Reich genannt worden, im Jahr 1906 betrug die Vergleichszahl schon 93, 1912 128, 1920 319 und 1936 572.

In den ersten drei Jahrzehnten des 20. Jahrhunderts verzehnfachte sich also der Zigarettenkonsum in Deutschland. Dieses rasante Wachstum spiegelte allerdings neben dem gestiegenen Interesse der Verbraucher an dem Produkt Zigarette in noch größerem Maße die Fähigkeit der tabakverarbeitenden Industrie, aufgrund ständig verbesserter Fertigungstechniken größere Mengen zu produzieren. Um 1900 übertraf das Angebot an Zigaretten die Nachfrage so deutlich, dass sich die tabakverarbeitende Industrie verstärkt um eine Vergrößerung des Absatzmarktes durch gezielte Bedarfsweckung, also durch Werbung bemühte.[31] Damit ging es bei der Tabakwerbung ab 1900 also nicht nur um die Erzeugung eines Markenbewusstseins und dessen Verteidigung gegen wachsende Konkurrenz, sondern vor allem auch um die Erschließung neuer Absatzmärkte. Und hierbei sah die Tabakindustrie insbesondere bei Jugendlichen und Frauen erhebliche Wachstumspotentiale. Aufgrund frühzeitig geäußerter Bedenken gegen allzu verbreiteten Tabakkonsum durch Jugendliche blieb für die Tabakwerbung bei der Suche nach neuen Absatzmärkten daher nur noch eine Zielgruppe potentieller Neukunden bzw. Neuraucher übrig – die Frauen.[32] Dabei handelte es sich um eine Kundengruppe, die, wie gesehen, im öffentlichen Bewusstsein schon seit etwa einem Vierteljahrhundert in einem engen und vor allem positiven Bezug zum Tabakkonsum im allgemeinen und Zigarettenkonsum im Besonderen gestanden hatte. Es galt nun, die vorhandenen Bezugspunkte zu verfestigen und weiter auszubauen. Unter Berücksichtigung der Entwicklungsgeschichte des Tabakprodukts Zigarette in der Zigarettenwerbung des hier zugrundegelegten Untersuchungszeitraums erscheint die auffällige Häufung der Nutzung weiblicher Symbole und Frauentypen vor diesem Hintergrund in einem neuen Licht, da diese Form der Tabakwerbung auch Rückschlüsse auf das öffentliche Frauenbild um 1900 und in der Folgezeit erlaubt.

30 Stefan Neumann, *Des Lebens bester Teil.* Geschichte und Phänotyp des Tabakmotivs in der deutschsprachigen Literatur, Trier 1998, S. 39.

31 Hess, a.a.O., S. 46.

32 Eine Durchsicht von um die Wende vom 19. zum 20. Jahrhundert entstandenen Texten, in denen mögliche gesundheitsgefährdende Folgend es Tabakkonsums erörtert wurden, zeigt, dass die im Tabak enthaltenen Giftstoffe zwar schon recht genau bestimmt worden waren, doch über deren genaue Wirkung im menschlichen Organismus noch weitgehend Unklarheit bestand. Da es offensichtlich möglich war, in größerem Umfang Tabak zu rauchen, ohne erkennbare bleibende Schäden zu erleiden, lautete um 1900 die Faustregel, dass der mäßige Genuss von Tabak wie der anderer Genussmittel auch als nicht schädlich, sondern sogar als förderlich für den menschlichen Organismus anzusehen sei. Allerdings sollten Jugendliche, insbesondere Mädchen vor einem allzu frühen Tabakgenuss abgehalten werden. Vgl. dazu z. B.: Paul Riedel, Ist das Rauchen gesundheitsschädlich? In: DIE KRITIK. Monatsschrift für öffentliches Leben (Berlin), Bd. 17/1901, S. 134-139; auch: Edmund Ströszner, Einiges über den Tabak, namentlich mit Bezug auf das Rauchen der Schuljugend, in: ZEITSCHRIFT FÜR SCHULGESUNDHEITSPFLEGE (Hamburg, Leipzig), 15. Jg., 1902, Nr. 8, S. 419-427.

Abbildung 9: Eine wichtige Zielgruppe der Tabakwerbung um 1900: Die Frau (Werbeplakat, England, um 1900)

*

Die meisten Darstellungen, die sich mit der Geschichte der Zigarette und der entsprechenden Produktwerbung befassen, weisen auf große Schwierigkeiten bei der Bearbeitung des Stoffes hin.[33] Das hängt primär mit der Alltäglichkeit des Genussmittels zusammen, die lange Zeit die Überlieferung von Dokumenten und anderen Zeitzeugnissen aus den verschiedenen Epochen seiner Geschichte als überflüssig erscheinen ließ. So finden sich in Museen nur wenige Erzeugnisse der Zigarettenwerbung. Dabei handelt es sich in der Regel um die anspruchsvollsten Plakatentwürfe aus den Händen bekannter Künstler aus der Zeit der Jahrhundertwende. Andere Gegenstände des alltäglichen Gebrauchs sind offensichtlich niemals systematisch gesammelt, sondern nur zufällig überliefert worden. Damit kann keine Untersuchung zu Aspekten dieses Themenspektrums jemals Vollständigkeit beanspruchen. Dennoch erlaubt das verfügbare Material durchaus aussagekräftige Rückschlüsse auf die Frühphase der Geschichte der Tabakwerbung.

Die Tabakindustrie begann ab den 1880er Jahren, gezielt für Zigaretten zu werben. Stilistisch dominierte zunächst der Historismus, der im Falle der Zigarettenwerbung freilich mit ausgeprägt orientalischer Ornamentik gekoppelt wurde. Damit trug die Tabakindustrie einerseits der Herkunft eines Großteils der verarbeiteten Tabake Rechnung, andererseits sollte die damit verbundene Fremdheit die Kundschaft zugleich faszinieren. Auch wenn die in den 1880er Jahren im neo-orientalischen Stil in Dresden erbaute Zigarettenfabrik Yenidze dabei zweifelsohne die konsequenteste Form dieser Art von Werbung darstellte (Abbildung 13), spielten weibliche Motive von vornherein auch eine bedeutende Rolle, wenngleich sie niemals die Werbekampagnen dominierten. Die gezeigten Frauenbilder suggerieren offensichtlich eine Mischung von Fremdheit und Vertrautheit. So erinnerte die orientalisch gekleidete Frau als Führerin zweier Tiger, die für Curasan-Zigaretten der Firma Josetti warb (Abbildung 10), so-

33 Vgl. dazu z. B.: Weisser, a.a.O., S. 46.

wohl an eine Zirkusszene (vertraut/exotisch) als auch an eine Sequenz aus den Geschichten aus 1001 Nacht (exotisch). Die „Sphinx" der Firma Sulima aus dem Hause Wolff stellte ebenfalls ein grundsätzlich vertrautes Motiv dar, das freilich erkennbar weiblichere Züge als das ägyptische Original trug (Abbildung 11). Die beiden Zigeunerinnen der Firma Los Gitanos sollten potentielle Käufer ohne Zweifel an Bizets Carmen erinnern (Abbildung 12). Da es sich bei dem Hersteller um eine kubanische Firma handelte, war die Nutzung eines orientalischen Motivs ausgeschlossen, exotisch-vertraut wirkte die dargestellte Szene zweifellos aber auch.

Abbildung 10: Werbung für Curasan-Zigaretten aus dem Hause Josetti

Abbildung 11: Werbung für Sulima-Zigaretten aus dem Hause Wolff

Abbildung 12: „Los Gitanos", Habana

Abbildung 13: Modell der in den 1880er Jahren in Dresden erbauten Zigarettenfabrik Yenidze

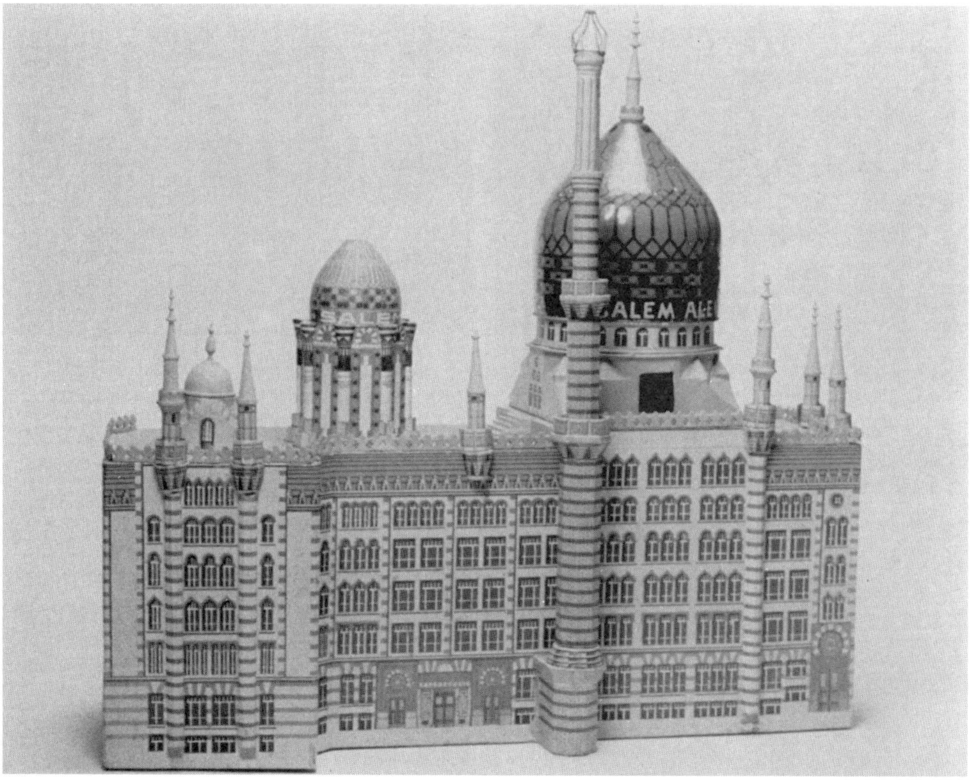

Die Frühphase der Darstellung von Frauenbildern in der Zigarettenwerbung war somit geprägt durch die Verwendung von historisierend-orientalischen, zumindest aber exotischen Motiven. Sie entsprach damit weitgehend dem allgemeinen Trend in der Zigarettenwerbung dieses Zeitraums. Aus diesem Rahmen fallende Aspekte wie Emanzipation, Gleichberechtigung, Modernität oder auch Erotik wurden zu dieser Zeit noch nicht thematisiert, obwohl man sie sämtlich bereits öffentlich diskutierte, wie am Beispiel der emanzipatorischen Funktion des Tabakkonsums bereits gezeigt worden ist. Auch die Verbindung des Tabakgenusses mit erotischen Motiven war keinesfalls neu, wie die Abbildungen 14 und 15 zeigen.

Abbildung 14: Les deux Fumeurs (Frankreich, 1820er Jahre). Betont wurden hier sowohl der Aspekt der Toleranz als auch der der Verführung, wobei nicht klar wurde, wer hier wen verführte

Abbildung 15: Wein, Weib und Tabak-Genuss – vor knapp 200 Jahren

Die Überwindung des Historismus durch den Jugendstil bedeutete für die Zigarettenwerbung eine auffallende Änderung auch ihrer Inhalte. Zwar hatte die besondere Ornamentik des Jugendstils nicht in dem Maße Einzug in die Tabakwerbung gehalten, wie die Vielzahl der gerade aus dieser Zeit überlieferten Plakate auf den ersten Blick suggeriert,[34] doch zeugt es unmissverständlich von dem sich wandelnden Frauenbild an der Wende vom 19. zum 20. Jahrhundert. In der Zigarettenwerbung wird der stilistische Wandlungsprozess zunächst markiert durch die Reduktion der Ornamentik (Abbildung 16) und die Darstellung scheinbar realistischerer Sachverhalte, ohne dass sich die Werbung bereits dazu entschließen konnte, Frauen als aktive Raucherinnen zu präsentieren (Abbildung 17).

Abbildung 16: Die Werbung für Cosi-Zigaretten wies zwar weiterhin orientalische Ornamentik auf, war jedoch bereits erkennbar vom Jugendstil beeinflusst

Abbildung 17: Das Jugendstil-Plakat von Fritz Rehm spiegelte die Realität. Viele Zigarettenhersteller ließen als Blickfang junge Frauen im Schaufenster arbeiten

Am Übergang vom Historismus zum Jugendstil bediente sich die Zigarettenwerbung erstmals scheinbar unverfälschter Frauenbilder, die freilich bei genauerem Hinsehen wiederum Rückschlüsse auf zeittypische Wahrnehmungsmuster erlauben. So wurde auf dem um 1890 gedruckten und damit wohl ältesten Plakat der Firma Laferme (Abbildung 18) eine junge, modisch gekleidete Frau abgebildet, die auf den ersten Blick keine Verbindung mit dem Konsum von Tabakprodukten erlaubte. Erst die Kombination von Bild und Text (Cigarettes Laferme) ermöglichte die Herstellung entsprechender Bezüge. Es handelt sich dabei somit um ein noch vorsichtiges Zugeständnis an die in diesen Jahren sich anzeichnende Wandlung der Gesellschaftsstruktur, in der die Frauen nicht nur eine zunehmende Bedeutung im Beschäftigungssektor erlangten, sondern immer nachdrücklicher auf eine Verbesserung der Rechtsstellung in einer nach wie vor männlich dominierten Gesellschaftsordnung pochten. Ein Jahrzehnt später schien sich die Öffentlichkeit bereits mit dieser Entwicklung abgefunden zu haben. So war die Botschaft des nächsten Werbeplakats derselben Firma bereits ungleich direkter. Anstelle der zwar modisch gekleideten, aber ansonsten noch züchtig verhüllten und unschuldig wirkenden jungen Frau warb nun eine entschieden selbstbewusster dreinblickende, elegant gekleidete Dame für die Produkte des Hauses Laferme, die offensichtlich mindestens zum gehobenen Bürgertum zählte und für die der Konsum von Tabakprodukten, insbesondere von Zigaretten selbstverständlich war (Abbildung 19). Allerlei modische Accessoires wie Fächer und Zigarettenspitze trugen dazu bei, den Betrachtern zu suggerieren, dass diese Raucherin den Trend der Zeit erkannt hatte.

Abbildung 18: Werbeplakat der Firma Laferme, Dresden, ca. 1890

Abbildung 19: Werbeplakat derselben Firma, ca. 1900

Der Unterschied zwischen den beiden zuletzt abgebildeten Werbeplakaten spiegelt einen grundsätzlichen Wandel der Zigarettenwerbung zu Beginn des 20. Jahrhunderts. Dieser hing zum einen zusammen mit dem rasanten Wachstum der Zigarettenproduktion der Zeit und der damit verbundenen zunehmenden Unübersichtlichkeit des Angebots. Um 1910 enthielt die Warenzeichenrolle des Reichspatentamtes schon ca. 20.000 Sortenbezeichnungen für Zigaretten, bis 1914 wuchs diese Zahl noch auf beinahe 30.000.[35] Hinsichtlich der Namenswahl ist für die ersten Jahre des neuen Jahrhunderts eine Entwicklung feststellbar, die die Motivwahl in der Werbung spiegelte. An die Stelle von kosmopolitisch, zumindest orientalisch klingenden Phantasienamen traten nun vermehrt Frauennamen, die dem veränderten Frauenbild in der Gesellschaft Rechnung trugen. Namen wie „Gerty“, „Miriam“, Sybilla“, „Manolita“, „Daphne“, „Diana“, „Lucy Doraine“ oder „Vera“ sollten dabei nicht nur Modernität suggerieren,[36] sondern deuten überdies auf ein auch von der Öffentlichkeit gestiegenes Selbstbewusstsein der Frauen hin. Wie bereits festgestellt wurde, markiert die Wahl der Sortennamen dabei auch den Wunsch der Tabakindustrie nach einer Erweiterung der Absatzzahlen durch die Erschließung neuer Käufergruppen, in diesem Falle von Frauen. Der Trend hin zu „modernen“, weltläufigen Namen bei gleichzeitigem Rückgang des orientalischen Elements in der Zigarettenwerbung hing auch zusammen mit der Verabschiedung des Zigarettensteuergesetzes von 1906, das unter anderem einen Einfuhrzoll auf Importtabake vorsah,[37] diese damit verteuerte und den heimischen Tabakanbau begünstigte. Neue Tabakmischungen entstanden, die mit neuen Namen am Markt positioniert werden mussten.

Darüber hinaus galt es aber auch, bereits bestehende – männliche – Käufergruppen durch die Werbung anzusprechen und damit zur Markentreue anzuhalten. Die Werbung der Firma Laferme für ihr neues Produkt namens „Academia“ spiegelt die Notwendigkeit der Erschließung neuer Märkte bei gleichzeitiger Pflege vorhandener Absatzkanäle anschaulich (Abbildung 20). Auf der einen Seite unterstützte Laferme mit der Kampagne die zeitgenössische Diskussion von Zulassung von Frauen zum Universitätsstudium, andererseits trug sie dem ebenso zeitgenössischen Trend zur Organisation von Studenten in Verbindungen Rechnung. Nahe liegt schließlich auch eine Reverenz an die seinerzeit aktuelle Diskussion über „Weiberlüste und Männerängste“, die Otto Weiningers 1906 erschienenes Buch „Geschlecht und Charakter“ ausgelöst hatte.[38]

Abbildung 20: Blechendes Zigarettenetui der Firma Laferme für die Marke „Academia“ (ca. 1910). Für die damaligen Begriffe bedeutete die Abbildung einer jungen Dame im Kostüm eines schlagenden Burschenschaftlers zweifellos ein Wagnis, schließlich ergriff sie nicht nur Partei in der zeitgenössischen Diskussion über die Zulassung von Frauen zum Universitätsstudium, sondern bot auch mancherlei erotische Assoziationsmöglichkeiten.

35 Weisser, a.a.O., S. 49.
36 Weisser, a.a., S. 49.
37 Dazu: „*Die Cigarettenpackung im Laufe der Reemtsma-Firmengeschichte*“, Sonderdruck aus dem Geschäftsbericht der Reemtsma- Cigarettenfabrik GmbH, Hamburg 1975.
38 Vgl. Michael Salewski, Frauenbilder – Männerängste: Zum Geschlechterdiskurs im Fin de siècle, in: HMRG 13, 2000, S.6-16.

Abbildung 21: Werbung für die Sorte „Gibson Girl" von Manoli (ca. 1912).

Eine ähnliche Aussageabsicht lässt das „Gibson Girl" erkennen, das 1912 auf den Plakaten der Firma Manoli auftauchte (Abbildung 21). Dieses Bild zeigt eine junge Frau, die selbstbewusst den Rock hebt und über eine Zigarette zu springen scheint. Ein Vergleich mit den ersten Frauenbildern, die in der Zigarettenwerbung des ausgehenden 19. Jahrhunderts aufgetaucht waren, zeigt, wie stark sich das Frauenbild zwischenzeitlich gewandelt hatte. An die Stelle der zwar gelegentlich rätselhaft-exotischen, gleichwohl stets züchtig verhüllten und weitgehend passiven Frau des ausgehenden 19. Jahrhunderts war nun der aktive, sportliche und körperbetonte Typ getreten, der offensichtlich eigene Interessen wahrzunehmen bereit war und Hürden eigenständig überwinden konnte.

Während des Ersten Weltkrieges wurden solche Eigenschaften an der „Heimatfront" von den nunmehr in der Produktion, der Verwaltung im Dienstleistungssektor eingesetzten „Kriegerfrauen" tatsächlich gefordert, nachdem sich die anfänglichen Hoffnungen aller Kriegsparteien, nach nur wenigen Wochen das Schlachtfeld als Sieger verlassen zu können, nicht erfüllt hatten. Das Deutsche Reich sah sich wie alle anderen kriegsteilnehmenden Staaten in Europa aufgrund der beeinträchtigten Außenhandelsverbindungen mit der Situation konfrontiert, die eigenen Ressourcen so sparsam wie möglich zu nutzen. Dazu gehörte auch die Frage nach der Tabakversorgung für die deutsche Bevölkerung und die Truppen im Felde. Bis etwa Ende 1916 war diese leidlich gesichert.[39] Erst gegen Ende des Krieges spielten Überlegungen zur verstärkten Nutzung von Tabak-Ersatzmitteln eine zunehmend stärkere Rolle. Angesichts der Materialknappheit[40] ging es dabei zumeist um die Nutzung von Tabak-Ersatzstoffen (Rosenblütenblätter, Waldmeister, Kirschblütenblätter, Wegerich u.ä.).[41] In diesem Zusammenhang geriet die üppige Ausstattung der Streitkräfte mit Tabakwaren immer stärker unter Kritik. In der Tat war die Versorgung der Soldaten mit Tabakerzeugnissen so großzügig, dass sie selber auch bei starkem Tabakkonsum kaum die jeweiligen Rationen persönlich verbrauchen konnten und sie stattdessen auch die Angehörigen in der Heimat noch mit entsprechenden Produkten vorsorgen konnten.[42] Durch die scheinbar unbegrenzte Verfügbarkeit von Tabakwaren wurden auch vormalige Nichtraucher zum starken Rauchen animiert, ein Konsum von 30-40 Zigaretten pro Tag scheint keine Seltenheit gewesen zu sein.[43]

39 Johannes Kleinpaul, Tabak und Soldaten, in: ZUR GUTEN STUNDE. Illustrierte deutsche Zeitschrift (Berlin), 29. Jg., Heft 19/1916, S. 593-595.

40 Um 1918 standen nur noch 50% der Vorkriegstabakmenge zur Verfügung, davon nahmen Heer und Marine 80% ab. Daraus ergibt sich, dass die Zivilbevölkerung im deutschen Reich nur noch über 10% der Vorkriegsmenge an Tabak verfügen konnte. Vgl. dazu: Dr. Becker, Randbemerkungen zur Kriegs-Tabakologie, in: REICHS-MEDIZINAL-ANZEIGER (Leipzig), 43. Jg., 1918, Nr. 4, S. 49-52, hier S. 49.

41 Z.B.: ebd., S. 51.

42 In einer im Jahre 1917 erschienenen Schrift hieß es dazu: „Da er (=der Offizier, Anm. d. Verf.) aber diese Menge, auch bei besseren Sorten, in der Regel doch nicht selber rauchen kann, werden seine Angehörigen – auch die weiblichen! – förmlich mit zum Rauchen erzogen. Zitiert nach: J. Dück, Eine psychologische Plauderei über das Rauchen, in: MONATSHEFTE FÜR PÄDAGOGISCHE REFORM (Wien), 15. Jg. 1917, S. 222-226 und 287-290, hier S. 288.

43 Vgl. dazu die bibliographischen Hinweise bei: Becker, Randbemerkungen zur Kriegs-Tabakologie, a.a.O., S. 52.

Insofern kann nicht überraschen, dass die deutsche Werbewirtschaft unmittelbar nach Kriegsende den Tabakkonsum der Deutschen nicht als eine vorübergehende Geschmacks- oder Modekrankheit ansah und ihre Kampagnen entsprechend ausrichtete.[44] In den Kriegsjahren hatte sich die Zigarettenwerbung ganz auf patriotische Motive konzentriert (Abbildung 22). Neue Marken wurden eingeführt, die die Konsumenten an der Front in der Überzeugung bestärken sollten, für eine gerechte Sache zu kämpfen – „Heil Kaiser", „Deutsche Helden", „Unsere Marine", „Minengürtel", „Reichsadler" oder „Malteserritter" wären in diesem Zusammenhang zu nennen.[45] Bereits eingeführte Marken mit nunmehr zweifelhaftem Namen wurden umbenannt – aus der „Graf York" des Hauses Garbaty wurde beispielsweise „Graf York von Wartenburg" – nur um nach dem Kriege, mit der neu erwachten Aussicht auf größere Absatzmärkte im europäischen Raum, zum „Duke of York" zu werden. Frauenbilder, insbesondere solche, die frivol-ambivalente Assoziationen erzeugen konnten, so wie man sie aus der Vorkriegszeit kannte, tauchten zwischen 1914 und 1918 gar nicht mehr auf. Wenn Frauenbilder verwendet wurden, handelte es sich zumeist um ältere, gesittetere Motive aus der Frühzeit der Zigarettenwerbung oder aber um Darstellungen, die den an der „Heimatfront" kämpfenden Frauen suggerierten, dass das Rauchen einer bestimmten Zigarettenmarke sie aus dem unbequemen Kriegsalltag in eine angenehmere, elegantere Friedenszeit entführen würde (Abbildung 23).

Abbildung 22: Eine Zeitungsanzeige aus dem Kriegswinter 1916

Abbildung 23: Eine „Alternative" für „Kriegerfrauen" an der „Heimatfront" 1915

Der Krieg hatte die Rauchgewohnheiten der Deutschen insgesamt erheblich verändert und manch Zeitgenosse ging Anfang der 20er Jahre davon aus, dass die Trennung zwischen Rauchern und Nichtrauchern bald obsolet sein würde, da es dann ebenso wenig Nichtraucher geben würde wie Nicht-Esser oder Nicht-Atmer. Die Notwendigkeit zum Rauchen ergebe sich, wie es seinerzeit hieß, aus den hygienischen Eigenschaften des Tabakdampfes, der im Haushalt des Mundes ein hervorragender Bazillentöter sei.[46] Die Quintessenz solcher Überlegungen lag auf der Hand: Rauchen hieß Leben, Nichtrauchen dagegen Tod. Reclams Universum widmete der deutschen Rauchkultur 1921 immerhin 23 Seiten eines Halbbandes mit allerlei informativen, feinsinnigen und phantasievollen Geschichten über Tabak, Raucher, Rauchmöbel, Rauchsteuern und Tabakwirtschaft.[47] Im selben Jahr lieferte „Der Tag" seinen Lesern den vermeintlich messerscharfen Beweis dafür, dass die 15 Mrd. Mark, die die deutschen Raucher jährlich für ihre Ta-

44 E. E. Hermann Schmidt, *Tabak und Reklame*, Berlin, 2. Aufl. 1919, S. 7.
45 Weisser, a.a.O., S. 49.
46 Alexander Moszkowski, Hymnen an den Rauch, in: DIE WOCHE (Berlin), Nr. 51, 1920, S. 1365.
47 Reclams Universum. DER RAUCHER, 37. Jg., 1921, 1. Halbband, S. 233-256.

bakwaren ausgaben, genügten, um die „Zinsen aufzubringen für die 223 Mrd. Mark, die wir der Entente zwar nicht schuldig sind, aber trotzdem zahlen sollen".[48]

Unter anderem lag das daran, dass die Zahl der Zigaretten-rauchenden Frauen zwischen 1914 und 1921 erheblich angewachsen war. Der Weltkrieg hatte eine schon vor 1914 erkennbare Entwicklung erheblich beschleunigt, indem er die traditionelle Rollenverteilung der Geschlechter, die bis 1914 trotz des spürbaren Drängens der Emanzipationsbewegung auf Veränderung noch galt, umstürzte. Gleichsam über Nacht waren Frauen aufgrund des kriegsbedingten Mangels an männlichen Arbeitskräften in zuvor rein männliche Berufsfelder eingedrungen. Überdies mussten sie im familiären Rahmen selbständig über das familiäre Geldeinkommen verfügen, um das Überleben der Familien sicherzustellen. Während des Krieges erschien dieser Zuwachs an Handlungskompetenz als die logische Konsequenz der Kriegsgesellschaft, die das traditionelle Geschlechtergefüge nicht gefährdete: Die Männer, die bislang durch ihre Tätigkeit ihre Frauen und Familien ernährt hatten, erfüllten diese Aufgabe nun als Soldaten an der Front, während die Frauen, die sich in Friedenszeiten um die Familie gekümmert hatten, sich im Krieg um die Familie und die Heimat als ganzer kümmerten.[49] Problematisch wurde es erst nach Kriegsende, als deutlich wurde, dass sich das ins Wanken geratene Geschlechtergefüge nicht mehr in das vorkriegszeitliche Lot zurückversetzen ließ. Gerade die „Kriegerfrauen" sahen sich nach 1918 deshalb vielfältiger Kritik ausgesetzt. Diese gipfelte in dem Vorwurf, dass sie durch ihren Einsatz an der „Heimatfront" und der aufgrund akuter Mißstände offen geäußerten Kritik an der politischen und militärischen Führung ebenso wie durch ihre „Jammerbriefe" an die Front zu deren Destabilisierung beigetragen hätten. Überdies zählten sie zu den Kriegsgewinnlern, da sie sich „männlicher Arbeitsplätze" bemächtigt hätten.[50]

In dieser Kritik spiegelt sich eine erhebliche Verunsicherung ob des veränderten Sozialgefüges, insbesondere über die neu gewonnenen gesellschaftlichen Rechte von Frauen. Dazu zählte unter anderem auch die Selbstverständlichkeit, mit der Frauen nunmehr in der Öffentlichkeit rauchten, so wie es Arbeiterinnen in Munitionsfabriken und anderswo bereits in den Kriegsjahren getan hatten. Und wenn sich nach 1918 ehemalige Frontkämpfer und ehemalige „Heimatfrontkämpferinnen" in Tanzlokalen oder anderswo in der Öffentlichkeit trafen, bot das gegenseitige Anbieten von Zigaretten eine oft und gern genutzte Möglichkeit zur Anbahnung erster engerer Kontakte.[51] Diese Entwicklung wurde von den Zeitgenossen freilich mit einer gewissen Skepsis beobachtet. Auch jene Frauen, die ansonsten mit dem hinzugewonnenen Maß an gesellschaftlicher Gleichberechtigung durchaus zufrieden waren, beobachteten den Trend zum weiblichen Tabakkonsum mit gemischten Gefühlen. Zwar sei es grundsätzlich zu begrüßen, dass Frauen durch das Rauchen von Zigaretten in wirtschaftlich schlechten Zeiten dazu beitrügen, tabakverarbeitende Betriebe vor dem Bankrott zu bewahren. Doch wurde in einem bekannten Modejournal ausdrücklich gefordert, dass die rauchende Frau weiterhin auf ihr äußeres Erscheinungsbild zu achten habe und ihre neugewonnenen Rechte nicht durch das Imitieren unangenehmer männlicher Verhaltensweisen wie Kettenrauchen einschließlich der damit zwangsläufig verbundenen gelben Nikotinfinger betonen dürfe.[52] Die Botschaft solcher und ähnlicher Stellungnahmen war unmissverständlich: Auch wenn die Frauen durch ihren Anteil am Zigarettenkonsum in erheblichem Umfang dazu beitrugen, den pro-Kopf-Zigarettenverbrauch zwischen 1912 und 1920 zu verdreifachen und bis 1936 sogar verfünffa-

48 Max Kleinschmidt, Die braune Fee. Ein Versuch zu ihrer Ehrenrettung, in: DER TAG, 10. April 1921.

49 Ute Daniel, Zweierlei Heimatfronten: Weibliche Kriegserfahrung 1914 bis 1918 und 1939 bis 1945 im Kontrast; in: Bruno Thoß, Hans-Erich Volkmann (Hg.), *Erster Weltkrieg, Zweiter Weltkrieg*. Ein Vergleich. Krieg, Kriegserlebnis, Kriegserfahrung in Deutschland, Paderborn usw. 2002, S. 391-409, hier S. 397 f.

50 Ebd., S. 403.

51 Darauf verweist z. B. Matthew Hilton, *Smoking in British popular culture, 1800-2000*, Manchester usw. 2000, S. 146 f.

52 Weisser, a.a.O., S. 107.

chen, sollten sie auch darauf achten, ihre Weiblichkeit nicht auf dem Altar der Gleichberechtigung zu opfern. Die Zigarette war nach dem Weltkrieg zu einem von Frauen aller gesellschaftlichen Schichten konsumierten Genussmittel geworden. Überdies hatten sich die Frauen neues, zuvor ausschließlich männlich besetztes Terrain in der Gesellschaft erobert. Die oft gestellte Frage lautete nun, wie Zigarettenkonsum in ein angemessenes Verhältnis gebracht werden konnte zum neuen gesellschaftlichen Selbstverständnis von Frauen, zu modischen Ansprüchen, zur Frage der Weiblichkeit und des Geschlechterverhältnisses. Die *Lustigen Blätter* setzten sich auf ihre Weise 1926 mit dieser Frage auseinander (Abbildung 24).

Abbildung 24: „Sehr schön, so ein Souper. Wenn man bloß nicht immer zwischen zwei Zigaretten etwas essen müsste!" So lautete der Stoßseufzer einer modisch-mondänen Zigarettenraucherin Mitte der 1920er Jahre. Aus: Lustige Blätter (1926).

Die Filmheldinnen der späten 1920er und frühen 1930er Jahre, unabhängig davon, ob sie ob aus Hollywood oder aus Babelsberg kamen, hatten darauf eine bemerkenswert gleichklingende Antwort. Sie brachten das Rauchen von Zigaretten in Verbindung mit Stärke, Selbstbewusstsein, Erotik und einem gehörigen Schuss Verruchtheit – man denke beispielsweise an Louise Brooks in *Pandora's Box* (1929), an Marlene Dietrich in *Der blaue Engel* (1930), an Tallulah Bankhead in *My Sin* (1931) oder an Mae West in *I'm no Angel* (1933).[53] In der Tabakwerbung dieser Jahre fällt auf, dass bei den benutzten Frauenbildern Elemente wie Technik und Modernität deutlich vor dem der erotischen Ausstrahlungskraft rangierten (Abbildung 24). Gelegentlich jedoch gelang sogar eine Kombination aller drei Aspekte (Abbildung 25).

Abbildung 25: Die Atikah-Werbung des Hauses Reemtsma von 1930 nutzte in Hinweis auf die Moderne um 1900, um die vermeintliche Fortschrittlichkeit des eigenen Produkts (und damit auch dessen Konsumenten) zu betonen

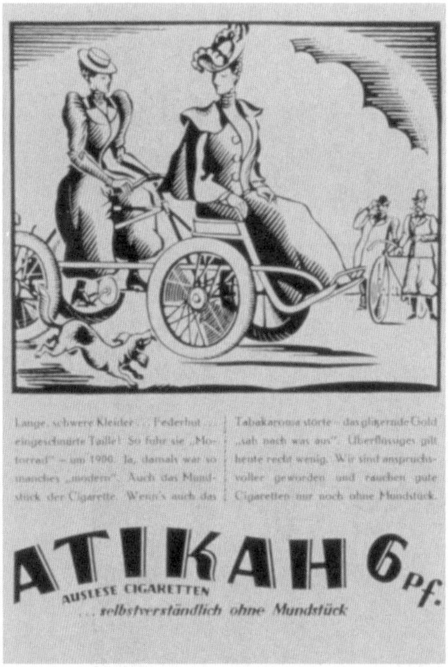

Abbildung 26: Zigarettenkonsum, Frauen, Moderne, Technik und Erotik – nur selten gelang der Werbebranche der Zwischenkriegszeit eine ähnliche Kombination wie die der Werbung für die Massary Perle (um 1930)

Die Werbung der Tabakindustrie, insbesondere die Zigarettenwerbung um 1930 spiegelt die hohe gesellschaftliche Reputation des Genussmittels Tabak zu dieser Zeit. Als Genussmittel wurde er in eine Reihe gestellt mit alkoholischen Erzeugnissen, Tee oder Kaffee. Die Einordnung des Tabaks als ein mit Kaffee, Tee und in Maßen genossenen Alkohol vergleichbares Genussmittel ist die mit Abstand häufigste Klassifizierungsform dieser Jahre. Man stößt auf sie in allgemeinen Presseveröffentlichungen wie in medizinischen Fachpublikationen. Aber auch wenn sich die Forschung in den 1920er Jahren vor dem Hintergrund der ständig wachsenden Tabakverbrauchswerte zunehmend mit verschiedenen Aspekten der Ätiologie des Tabaks befasste, beschränkte sich die medizinische Verbraucherinformation um 1930 noch dar-

53 Darauf verweist: Hilton, a.a.O., S. 149.

auf, vor einem zu niedrigen Einstiegsalter in den Tabakkonsum zu warnen, bei bestimmten Krankheitsbildern eine Einschränkung des Rauchens bzw. bei ganz wenigen Krankheitsbildern sogar einen gänzlichen Verzicht darauf anzuraten und ansonsten einen bewussten und „hygienischen" Umgang mit Tabakprodukten zu empfehlen. In Maßen genossen, so war öfter zu lesen, könne sich der Tabak sogar wohltuend auf den menschlichen Organismus auswirken, indem er wie ein homöopathisches Medikament dessen Abwehrkräfte steigere. Solchen Einschätzungen stand eine durchaus straff organisierte und europaweit kooperierende tabakgegnerische Bewegung gegenüber, der es freilich nach wie vor an schlagkräftigen, wissenschaftlich gestützten Argumenten mangelte, so dass sie sich weiterhin primär aus ästhetischen Gründen gegen den Tabakkonsum richtete. Damit jedoch konnte sie bei den Verbrauchern nur wenig Resonanz erzielen, solange sie sich nicht auf die Hilfe staatlicher Stellen stützen konnte.

Und diese wurde unter anderem deshalb nicht gewährt, weil sich die bis Mitte der 1920er Jahre sich die Tabaksteuer zu einer wichtigen Einnahmequelle des Reiches entwickelt hatte, die, bei steigender Tendenz, Jahr für Jahr etwa 1 Mrd. Mark in die öffentlichen Kassen spülte und damit wieder an die Rolle anknüpfte, die sie bereits in der Vorkriegszeit innegehabt hatte.[54] Anders als in anderen europäischen Staaten oder den USA spielte ihre Gestaltung im Deutschen Reich nicht nur eine finanzpolitisch, sondern auch wirtschafts- und sozialpolitisch bedeutsame Rolle. In Deutschland diente sie dazu, sowohl die Zigarrenproduktion als auch den inländischen Tabakanbau wettbewerbsfähig zu halten und so Arbeitsplätze zu sichern. Diese Zielsetzung spiegelte sich im Zigarettenabsatz des Zeitraums 1925-1930, der im Vergleich zur Vorkriegszeit auf zwar hohem, aber etwa gleichbleibendem Niveau blieb, während er in allen anderen Vergleichsstaaten weiter anstieg. Dagegen lag der Zigarrenverbrauch in Deutschland im selben Zeitraum deutlich höher als in den anderen Staaten.[55] Hinsichtlich der Staatseinnahmen aus Tabak- und Tabakerzeugnissen nahm das Deutsche Reich im Jahre 1928 bereits einen Spitzenplatz ein.

Verglichen mit den Absatzziffern für Zigarren verlief die Entwicklung auf dem Zigarettenmarkt in den 1920er Jahren im Deutschen Reich infolge der differenzierten Besteuerung erkennbar anderswo in Europa und Amerika: So war in Deutschland das zu Zigaretten verarbeitete Kilogramm Tabak im Kleinverkaufspreis um fast 110% teurer als die entsprechende zu Zigarren verarbeitete Menge, in Österreich betrug die Differenz hingegen nur 15%. Das bedeutete einen für Österreich bedeutend teureren Zigarrenpreis als in Deutschland. Der Zigarettenkonsum betrug in Deutschland pro Kopf der Bevölkerung im Jahre 1923 351 Stück, 1929 517 Stück, die Ziffern für Österreich lauteten für 1923 449 und für 1929 735. Angesichts der steuerlichen Bedeutung der Tabaksteuer konnte die Reichsregierung in den Jahren der Wirtschaftskrise seit 1929 der Versuchung nicht widerstehen, den Rückgang der Steuereinnahmen wenigstens teilweise durch eine Erhöhung der Tabaksteuer auszugleichen. Ein Blick auf die gestiegenen Abgaben (Zoll und Steuer) pro kg Tabak zeigt, in welchem Maß die Reichsregierung auf die Einnahmequelle Tabaksteuer zurückgriff: 1926: 15,52 RM, 1927: 16,89 RM, 1928: 17,60 RM, 1929: 18,08 RM, 1930: 19,55 RM, 1931: 24,00 RM.[56]

Erst die Machtübernahme durch die Nationalsozialisten sollte die wohlwollende Grundhaltung der Regierung gegenüber Tabakindustrie und Konsumenten ändern. In diesem Zusammenhang ist bezeichnend, dass sich der politische Kurswechsel zunächst auf die rauchenden Frauen bezog. „Die deutsche Frau raucht nicht!" oder „Frauen, die auf der Straße rauchend

54 1928 betrugen die Einnahmen aus der Tabaksteuer bspw. 956 Mrd. Mark, für 1931 rechnete das Reichsfinanzministerium mit Einnahmen aus Tabaksteuern und -zöllen in Höhe von 1,311 Mrd. Mark. Zu den Zahlen für 1928 vgl.: Tabak, Raucher und Fiskus. Ein internationaler Überblick, in: KÖLNISCHE ZEITUNG, 28.12.1930. Über den Haushaltsvoranschlag für 1931 siehe: Der Tabakverbrauch in Deutschland, in: BERLINER BÖRSENZEITUNG, 26.11.1930.

55 Zahlen entnommen aus: Tabak, Raucher und Fiskus. Ein internationaler Überblick, in: KÖLNISCHE ZEITUNG, 28.12.1930 und eigene Berechnung

56 Zahlen entnommen aus: Rückgang im Zigarettenverbrauch, in: KÖLNISCHE ZEITUNG, 18.4.1931.

angetroffen werden, sind an ihre Pflicht als deutsche Frau und Mutter zu erinnern!" – so und ähnlich lauteten Aufschriften auf Plakaten, die sozialpolitisch besonders engagierte nationalsozialistische Polizeipräsidenten schon im Frühjahr 1933 in Gaststätten überall im Reich aufhängen ließen.[57] Da sich diese Kampagne ausschließlich gegen die rauchende Frau richtete, ist davon auszugehen, dass ihr weniger gesundheitspolitische, sondern eher antifeministische Motive zugrunde lagen. Diese Annahme wird bestätigt durch manche staatlichen oder halbstaatlichen Schriften jener Jahre, in denen mit der „Bordellkultur" abgerechnet wurde, die rauchende Frauen verkörperten, während „das wirklich deutsche Mädel" auch ohne Zigarette attraktiv sei.[58] Mochte sich die deutsche Zigarettenindustrie gegen solche und andere Vorwürfe verwahren, blieb diesmal die Hilfe seitens des Reichsfinanzministeriums aus. Denn anders als Anfang der 1930er Jahre hatten die politischen Entscheidungsträger des Reiches nun ein ebenso klar umrissenes wie ideologisch geprägtes und archaisches Frauenbild, in das die rauchende Frau nicht mehr passte. Die Tabakwerbung trug diesem Frauenbild insofern Rechnung, als sie die Nutzung von Frauenbildern ganz erheblich reduzierte. Die wenigen Kampagnen, in denen in nationalsozialistischer Zeit Frauenbilder überhaupt noch eine Rolle spielten, verzichteten völlig auf jede Anspielung auf Selbstbewusstsein und Gleichberechtigung und nutzen nur noch ideologisch unverdächtige Motive. Um 1940 war die rauchende Frau dann nahezu völlig aus der Tabakwerbung verschwunden.

Abbildung 27: Eine Frau, sich um Pflanzen sorgend. Auf diesem Bild dominiert das häusliche Motiv, gekoppelt mit dem Fürsorgeaspekt. Es ist bezeichnend, dass die abgebildete Frau selber nicht raucht. Werbung für Overstolz, Atlantis, Heft 6, 1940

Abbildung 28: Wenn die „deutsche Frau" überhaupt noch raucht, dann nur „Milde Sorte"! Das jedenfalls suggeriert diese Anzeige aus der Berliner Illustrierten Zeitung, ca. 1938

57 Christoph Maria Merki, Nationalsozialistische Tabakpolitik, in VfZG, 46. Jg. 1998, S. 19-42, hier S. 25.
58 Ebd., S. 26.

Hoboken, 30.6.1900[1]

Eine Brand- und Schiffskatastrophe bei New York und ihre spätere Rezeption

Christian Ostersehlte

1. Historischer Hintergrund

„The only way to cross“ [2] – so treffend und prägnant hat einmal ein amerikanischer Schifffahrtsautor den Liniendienst zwischen der Alten und der Neuen Welt bezeichnet, der im 19. und 20. Jahrhundert den immer intensiveren Austausch von Waren und Reisenden zwischen den USA und Europa bewältigte und nicht zuletzt Millionen von europäischen Auswanderern in ihre neue Heimat brachte, wo diese eine bessere Zukunft für sich erhofften.

Führend in der transatlantischen Dampfschifffahrt waren neben den britischen Reedereien Cunard und White Star aus Liverpool zwei deutsche Unternehmen[3]: Der 1857 gegründete Norddeutsche Lloyd (NDL)[4] aus Bremen und die um zehn Jahre ältere Hamburg-Amerikanische Packetfahrt-Actien-Gesellschaft (Hapag, die für das allgemeine Publikum gefälligere Bezeichnung Hamburg-Amerika-Linie wurde 1893 eingeführt) aus der hanseatischen Schwesterstadt Hamburg[5]. Beide Städte befanden sich in regem Wettbewerb miteinander,[6] und das Gleiche lässt sich auch über die beiden Reedereien sagen, die auf fast identischen Geschäftsfeldern in einer intensiven, gleichwohl fruchtbaren Konkurrenz[7] zueinander standen.

Gründer des Lloyd war der überaus selbstbewusst auftretende, im damaligen Bremen sehr einflussreiche „königliche Kaufmann“ Hermann Henrich (H.H.) Meier (1809-1898), der bis 1888 als Aufsichtsratsvorsitzender den Grundstein für die Bedeutung und den Aufstieg der Firma gelegt hatte.[8] 1881 stellte der Lloyd mit der 4510 Bruttoregistertonnen (BRT)[9] großen ELBE seinen ersten Einschrauben-Schnelldampfer für die Fahrt nach New York in Dienst.

1 Vf. hat zum hundertsten Gedenktag der Katastrophe einen Artikel verfasst: Schwarzer Tag für den Norddeutschen Lloyd. Die Brandkatastrophe von Hoboken bei New York am 30. Juni 1900, in: NIEDERDEUTSCHES HEIMATBLATT, Nr. 606, Juni 2000 (Beilage zur NORDSEE-ZEITUNG, 30.6.2000). Im Rahmen eines langfristig angelegten Forschungsprojekts ist eine ausführliche Arbeit über die Katastrophe von Hoboken geplant. In diesem Beitrag geht es um die bisherigen rezeptionsgeschichtlichen Forschungsergebnisse.

2 John Maxtone-Graham, *The Only Way to Cross,* New York 1972.

3 Grundlegend zu dieser Thematik das wohl bis auf weiteres gültige Standardwerk: Arnold Kludas, *Die Geschichte der deutschen Passagierschiffahrt* (5 Bde., Schriften des Deutschen Schiffahrtsmuseums, Bd. 18-22), Bremerhaven und Hamburg 1986-1990. Für den hier behandelten Zeitraum sind vor allem die drei ersten Bände, deren Berichtszeitraum sich von 1850 bis 1914 erstreckt, von Bedeutung.

4 Moritz Lindemann, *Der Norddeutsche Lloyd,* Bremen 1892; Paul Neubaur, *Der Norddeutsche Lloyd* (2 Bde.), Leipzig 1907; Georg Bessell, *Norddeutscher Lloyd,* Bremen 1957; Hans-Jürgen-Witthöft, *Norddeutscher Lloyd,* Herford 1973.

5 Otto Mathies, *Hamburgs Reederei 1814-1914,* Hamburg 1924; Kurt Himer, *75 Jahre Hamburg-Amerika-Linie,* Hamburg 1922; Hans-Jürgen-Witthöft, *Hapag* Hamburg-Amerika-Linie, Herford 1973.

6 Eine wichtige Arbeit hierzu stammt von Friedrich Prüser, Hamburg-Bremer Schiffahrtswettbewerb in der Zeit der großen Segelschiffahrt und der Dampfer, in: ZEITSCHRIFT DES VEREINS FÜR HAMBURGISCHE GESCHICHTE, Bd. 49/50, 1964, S. 147 ff.

7 Diese Charakterisierung des Verhältnisses zwischen Hapag und Lloyd habe ich u.a. auch in einem Aufsatz über den NDL vertreten, in: Hartmut Roder (Hrsg.), *Bremen – Handelsstadt am Fluß,* Bremen 1995, S. 177 - 181.

8 Friedrich Hardegen und Käthi Smidt, *H.H. Meier, der Gründer des Norddeutschen Lloyd,* Leipzig 1920.

9 Kein Gewichts- sondern ein Raummaß. 1 BRT=2,83 Kubikmeter.

Doch auch vor der TITANIC-Katastrophe vom April 1912 war die transatlantische Dampfschifffahrt von spektakulären – wenn auch heutzutage weitgehend vergessenen – Unglücken nicht verschont geblieben: Die ELBE ging am 30. Januar 1895 durch eine Kollision mit einem englischen Dampfer in der Nordsee verloren. 332 Passagiere und Besatzungsmitglieder kamen ums Leben. Nur ein Boot mit 20 Überlebenden konnte damals dem Untergang entkommen. Bis 1891 folgten der ELBE weitere zehn Schwesterschiffe der so genannten „Flüsse"-Klasse. Mit diesen richtete der NDL einen in sich sehr ausgewogenen Liniendienst zwischen Bremerhaven und New York ein, wobei ab etwa 1885 diese Schiffsserie durch größere Dampfer der Konkurrenz zunehmend in den Schatten gestellt wurde. Doch der Lloyd schaffte schließlich den Anschluss an die moderne technische Entwicklung und erhielt vom renommierten Stettiner Vulcan 1897 den Vierschornstein-Schnelldampfer KAISER WILHELM DER GROSSE, mit 14349 BRT damals das größte Schiff der Welt. Weitere Schiffe dieses Typs, die KRONPRINZ WILHELM (1901), KAISER WILHELM II (1903) und KRONPRINZESSIN CECILIE (1907) folgten. Damit verfügte der NDL über eine recht homogene Schnelldampferflotte (einige von ihnen trugen das legendäre „Blaue Band") für den Liniendienst zwischen Bremerhaven und New York. Neben diesen publikumswirksamen Linern, die das Image der mit Abstand bedeutendsten bremischen Reederei in der Öffentlichkeit maßgeblich prägten, dürfen daneben in ihrer Eigenschaft als Unterbau die nicht ganz so großen Fracht- und Passagierschiffe des NDL in der Nordatlantikfahrt nicht vergessen werden, denn diese immer noch sehr stattlichen Schiffe trugen ebenfalls zum Betriebsergebnis einiges bei. Die Schnelldampfer des Lloyd wurden jedoch ab 1907 durch z.T. schnellere, vor allem aber größere Schiffe der britischen und deutschen Konkurrenz in den Schatten gestellt. Trotzdem konnte der NDL bis zum Ersten Weltkrieg eine führende Position in diesem Fahrtgebiet halten. Dies hatte der Lloyd u.a. dem Juristen Heinrich Wiegand (1855 -1909) zu verdanken. Er war von 1892 an bis zu seinem Tod Direktor des Lloyd und als Gründer einiger Tochterfirmen („Wiegand-Industrien") in Bremen damals allgemein ein Begriff.[10]

Der Nordatlantik bildete den wichtigsten Schwerpunkt im Liniennetz des Lloyd, doch sollten andere Geschäftsfelder an dieser Stelle nicht unerwähnt bleiben. Seit der Gründung 1857 betätigte sich das Unternehmen in der Fahrt zur englischen Ostküste, bis 1890 eine neu gegründete bremische Reederei, die „Argo", diesen Dienst übernahm.[11] Seit 1869 verkehrten Lloyddampfer zum Golf von Mexiko und seit 1878 zur südamerikanischen Ostküste. 1886 begann der Eintritt in das ostasiatische und australische Fahrtgebiet im Rahmen eines vom Deutschen Reich subventionierten Postdampferdienstes.[12] Schließlich sollen zwei weitere Betriebe des NDL erwähnt werden, die noch heute existieren, wenn sie sich auch mittlerweile in fremdem Besitz befinden: Zum einen ist der Technische Betrieb des NDL in Bremerhaven (1863) zu nennen, der für die Instandhaltung der großen Lloydflotte sorgte und noch heutzutage als unabhängiges Unternehmen Lloyd-Werft sehr erfolgreich im Schiffsreparatur- und Umbaugeschäft tätig ist.[13] Ferner muss eine große Armada an Flussfahrgast- und Seebäderschiffen sowie Schleppdampfern und Leichtern erwähnt werden, die auf Unter- und Außenweser sowie zwischen den Seebädern verkehrten. Die Bremerhavener Schleppreederei Transport & Service ist der direkte Nachfolger dieses Unternehmensbereichs des Lloyd, der stets im

10 Arnold Petzet, *Heinrich Wiegand.* Ein Lebensbild, Bremen 1932.

11 Reinhold Thiel, *Argo Reederei und Atlas-Levante-Linie,* Bremen 1994.

12 Paul Neubaur, *Die deutschen Reichspostdampferlinien nach Ostasien und Australien in zwanzigjährigem Betriebe,* Berlin 1906. Eine neuere Übersicht stammt vom Vf.: Der Reichspostdampferdienst des Norddeutschen Lloyd, in: Hartmut Roder (Hrsg.), *Bremen-Ostasien.* Eine Beziehung im Wandel. 100 Jahre Ostasiatischer Verein Bremen, Bremen 2001, S. 215-220.

13 Über die Entstehung und frühe Entwicklung dieses Werftbetriebs berichtet Dirk J. Peters, *Der Seeschiffbau in Bremerhaven von der Stadtgründung bis zum Ersten Weltkrieg* (Veröffentlichungen des Stadtarchivs Bremerhaven, Bd. 7), Bremerhaven 1987, S. 103-109, 151-158.

Schatten der prestigeträchtigen Ozeanschnelldampfer stand.[14] Insgesamt besaß der NDL für die Hansestadt Bremen eine überragende Bedeutung als Wirtschaftsfaktor und führte weit vor allen anderen bremischen Reedereien. Sein bestimmender Einfluss erstreckte sich nicht nur auf die bremische Schifffahrt, sondern auch auf die allgemeine Wirtschaft und Politik der Hansestadt, das Beispiel der „Wiegand-Industrien“ [15] wurde soeben erwähnt.

Das Wirken des NDL und der Hapag ist in engem Zusammenhang mit dem rasanten wie imposanten Aufstieg der deutschen Handelsflotte vor dem Ersten Weltkrieg zu sehen. In den Reedereikontoren, an Bord der Schiffe sowie auf den Werften wurde im Laufe jener Jahrzehnte ein großes Maß an bewunderungswürdiger Aufbauarbeit geleistet. Natürlich war die Konkurrenz zu Großbritannien vorhanden und sorgte hin und wieder für atmosphärische Störungen und schrille Töne, doch die kooperativen Elemente dürfen dabei keineswegs übersehen werden. Zusammen mit den britischen Reedereien waren die deutschen Firmen in der Nordatlantikfahrt in das gemeinsame System der Linienkonferenzen eingebunden, das einen ruinösen Wettbewerb zwischen Deutschen und Engländern zu verhindern suchte.[16] Alles in allem ist die Handelsschifffahrt des deutschen Kaiserreiches als Element des friedlichen wirtschaftlichen Wettstreits grundsätzlich anders einzuordnen, als die Tirpitzsche Flottenpolitik mit ihren bekanntermaßen fatalen Auswirkungen für das deutsch-britische Verhältnis. Das gewaltsame Überstülpen von hyperkritischen und damit überzogenen Imperialismustheorien[17] wird der zivilen deutschen Schifffahrt aus der Zeit vor 1914 nicht gerecht. Die Tatsache, dass es in Handelsschifffahrt wie auch in der allgemeinen Wirtschaft überhaupt in allererster Linie um nüchternes wie existenziell notwendiges Geldverdienen geht, wird häufig von der politischen Historiographie sträflich unterbewertet. Eines muss dabei allerdings unmissverständlich klar sein: Es darf nicht an der Tatsache gerüttelt werden, dass die Schifffahrt wie alle anderen historischen Teilgebiete in die allgemeine Geschichte eingebettet und mit ihr durch unzählige Fäden verbunden ist. Sich um dieses Beziehungsgeflecht zu kümmern, gehört zu den vornehmen Aufgaben eines maritimen Historikers und auf diese Bezüge muss er in Diskussionen (vor allem mit Marinefans und Technikern, die sich allzu häufig mit dieser Thematik schwer tun) immer wieder hinweisen.

1970 schlossen sich Hapag und Lloyd nach einem jahrzehntelangen Konkurrenzkampf zusammen, denn die Einführung der Containerschifffahrt erforderte so immense Investitionen, die von einem Unternehmen allein nicht mehr aufzubringen waren. Es entstand der Transport- und Touristikkonzern Hapag-Lloyd AG, der inzwischen den Schwerpunkt seiner Aktivitäten nach Hamburg verlegt hat.[18]

Trotz seiner überragenden Bedeutung für die regionale und überregionale Wirtschaft und trotz eines großen Verwaltungsapparats hat der NDL im Staatsarchiv Bremen nur einen sehr begrenzten Quellenbestand hinterlassen. Zwar bemühte sich das Archiv bereits 1937 und dann wieder 1951 beim Lloyd um die Übernahme historisch wertvoller Aktenbestände, doch waren diese Bestrebungen von keinem großen Erfolg gekrönt. Lediglich Akten über eine

14 Über die Schleppschifffahrt des NDL s. Reinhard Schnake, *Schlepper der Norddeutschen Lloyd/Hapag-Lloyd*, Hamburg 1995. Eigene Arbeiten zu diesem Thema sind: Die Schleppschiffahrt des Norddeutschen Lloyd im Spiegel dreier Schiffsbiographien, in: DAS LOGBUCH 3/1993, S. 92 ff., 4/1993, S. 139 ff. sowie: Ein Schiffsunglück vor der Columbuskaje – Der Totalverlust des Lloydschleppers, *MERKUR 1934*, in: JAHRBUCH DER MÄNNER VOM MORGENSTERN, Bd. 77/78, 1998/99, S. 311-340. Eine gründliche Analyse des Unternehmensbereiches Fluss-, Schlepp- und Bäderschifffahrt des NDL bleibt ein Desiderat der historischen Forschung.

15 Uwe Kiupel, Heinrich Wiegand und die Industrie, in: Roder, Bremen, S. 122-130.

16 Erich Murken, *Die großen transatlantischen Linienreederei-Verbände, Pools und Interessengemeinschaften,* Jena 1922.

17 Wie sie in einigen Beiträgen zum Ausdruck kommen bei Volker Plagemann (Hrsg.), *Übersee – Das deutsche Reich zur See,* Hamburg 1988.

18 Über die gemeinsame Geschichte von Hapag und Lloyd bzw. Hapag-Lloyd seit 1970 informieren Susanne und Klaus Wiborg, *Unser Feld ist die Welt.* 150 Jahre Hapag-Lloyd, 1847-1997, Hamburg 1997, Rezension des Vf. im BREMISCHEN JAHRBUCH Bd. 77, 1998, S. 342-343.

Tochterfirma (Deutsche Südsee-Phosphat AG) sowie über die Schleppschifffahrt des NDL wurden dem Staatsarchiv überstellt. Dieser Bestand wurde durch verschiedene weitere Zugänge (u.a. aus privaten Quellen) angereichert und 1999 archivisch neu bearbeitet.[19] Ob gegenwärtig noch größere historische Aktenbestände beim Hapag-Lloyd-Konzern in Hamburg existieren, ist kaum anzunehmen. Ein erhaltenes Aktenverzeichnis des NDL von 1937 listet zwar Hoboken (gemeint sind sicherlich die Pieranlagen, womöglich auch der Brand) als Stichwort auf, doch diese Akten müssen zumindest als verschollen, vermutlich aber als verloren gelten.[20]

2. Die Brandkatastrophe[21]

Gegenüber dem Stadtzentrum von New York auf der Halbinsel Manhattan liegt am Hudson River, jedoch schon im US-Bundesstaat New Jersey, Hoboken, das früher ein Naherholungsgebiet für die New Yorker war, sich später aber zum Hafen- und Industriestandort mauserte und 1855 Stadtrechte erhielt[22]. Schon in seiner Frühphase, Ende 1863, hatte der NDL seine Abfertigung für den Transatlantikdienst nach Europa dorthin verlegt, weil die anfangs benutzten Einrichtungen auf der New Yorker Seite rasch zu klein geworden waren. Zunächst teilte sich der NDL die Anlagen mit der konkurrierenden Hapag, bis diese dann 1883 einen eigenen Terminal erhielt, der sich ebenfalls in Hoboken befand. Die Anlagen des Lloyd wurden im Lauf der Zeit der stetig wachsenden Expansion im Nordatlantikdienst angepasst. Mitten in dieser dynamischen Entwicklung zerstörte ein Brandunglück den Terminal.

Am Nachmittag des 30. Juni 1900 herrschte in den Anlagen des NDL in Hoboken geschäftiger Betrieb. Vier Lloyddampfer hatten festgemacht: An der Pier I die KAISER WILHELM DER GROSSE sowie der noch sehr neue Fracht- und Passagierdampfer MAIN (10067 BRT), der erst zwei Monate früher von seiner Bauwerft Blohm & Voß in Hamburg abgeliefert worden war.

An der Pier II lagen die BREMEN (10522 BRT, 1897 in Danzig erbaut) sowie ein Schiff der „Flüsse-Klasse", die SAALE. (4967 BRT, 1886 in Glasgow erbaut). Die BREMEN befand sich mitten im Löschen und Laden.

Die SAALE dagegen sollte am 1. Juli nach Europa auslaufen. Da ungewöhnlich viele Kajütspassagiere gebucht hatten, befand sich nicht nur die Besatzung größtenteils an Bord, sondern auch eine größere Anzahl von Tischlern, Anstreichern und Tapezierern, die im spartanisch eingerichteten, normalerweise nur für die Auswanderer vorgesehenen Zwischendeck provisorische, aber komfortablere Unterkünfte herrichteten. Währenddessen wurde an Land Baumwolle umgeschlagen, ein als besonders feuergefährlich eingestuftes Gut. Etwa 4000 Ballen waren dort gelagert. Vermutlich durch Selbstentzündung gerieten gegen 15.45 Uhr auf der Pier III einige Ballen in Brand. Die Anlagen waren aus Holz errichtet und boten den sich rasch ausbreitenden Flammen reichlich Nahrung. Bald wurden auch die beiden Piers I und II erfasst. Nach 16 Uhr erfolgte die Alarmierung der umliegenden Feuerwehren, die unverzüglich mit der Brandbekämpfung begannen. Dichter Qualm breitete sich aus und erzeugte rasch eine riesige Rauchsäule über der brennenden Anlage, die vom benachbarten New York aus deutlich auszumachen war und auch dort den bitteren Ernst der Lage erkennen ließ.

So trafen recht bald drei leistungsfähige Spritzendampfer der New Yorker Feuerwehr in Hoboken ein. Bei diesen Spezialschiffen handelte es sich um äußerst leistungsfähige Fahrzeu-

19 Adolf E. Hofmeister, STAATSARCHIV BREMEN. *7, 2010.* NORDDEUTSCHER LLOYD, Bremen 1999 (Masch. schr. Findbuch zum Bestand).

20 STAATSARCHIV BREMEN (StAB) 752-06 (Registraturakte).

21 Die Schilderung des Unglücks stützt sich vor allem auf den Seeamtsbericht in: Reichsamt des Innern (Hrsg.), *Entscheidungen des Ober-Seeamts und der Seeämter des Deutschen Reichs.* Bd. 14, Hamburg 1904, S. 188-211 sowie auf drei weitere Berichte in einer Akte des Staatsarchivs Bremen StAB 4,85–D.4.

22 Artikel über Hoboken in Encyclopaedia Americana, Bd. 14, New York 1965, S. 305.

ge, deren Pumpenleistung wesentlich höher lag, als vergleichbare zeitgenössische Feuerlöschboote deutscher und europäischer Hafenfeuerwehren. Doch gegen die rasende Gewalt des sich ausbreitenden Feuers konnten auch diese Spezialfahrzeuge zunächst nur wenig ausrichten.

Auf der MAIN gab der Kapitän sofort den Befehl, loszuwerfen und die Brandbekämpfung zu beginnen. Schnell konnten die Leinen geslipt und Schlepptrossen ausgebracht werden, doch drückte der Ebbstrom die MAIN gegen die Pier, während das Feuer in Windeseile auf den Dampfer übergriff. Schleppdampfer, die sich in der Nähe befanden, wurden um Hilfe gebeten, griffen aber nicht ein. Bald hatte das Feuer auf der MAIN mit einer so infernalischen Gewalt um sich gegriffen, dass jeder an Bord selbst zusehen musste, wie er sich schnell in Sicherheit brachte. Koordinierte Maßnahmen waren nicht mehr möglich und so wurden auch keine Boote zu Wasser gelassen. Wer Glück hatte, sprang kurz entschlossen über Bord oder rettete sich auf in der Nähe liegende Leichter.

Auf der BREMEN bemerkte der Zweite Offizier den Brand an der Pier. Es wurde unverzüglich Alarm gegeben, die Leinen losgemacht und die Feuerlöschanlage in Gang gesetzt. Doch auch auf dieses Schiff war das Feuer vom Kai her in Windeseile übergesprungen. Die Backbordseite der Aufbauten sowie das Sonnendeck standen in Flammen. Zwar hatte die Schiffsführung eine Schlepptrosse achterlich ausbringen lassen, doch auch hier blieben die Hafenschlepper untätig. Ein Boot mit Frauen an Bord konnte immerhin zu Wasser gelassen werden, doch dann war die Situation auf der BREMEN unhaltbar geworden und wie auf der MAIN musste sich jeder selbst retten.

Auf der SAALE erging der Befehl, loszuwerfen und die Feuerlöschschläuche anzuschließen, doch versäumte es die Schiffsleitung, mit der Glocke den üblichen Feueralarm zu geben, so dass die zahlreichen Besatzungsmitglieder und Arbeiter unter Deck viel zu spät von der tödlichen Gefahr erfuhren. Rasch griff das Feuer von Land aus auf das Vorschiff über. Schleppdampfer, die in der Nähe standen, unternahmen auch bei diesem in Bedrängnis geratenen Schiff nichts, um es aus der Gefahrenzone zu bringen. Es gelang deshalb zunächst nicht, die SAALE von der Pier zu lösen, während sich die Flammen weiter ausbreiteten. Wer konnte, floh über das Heck und sprang ins Wasser, wo zu Hilfe geeilte Boote des Hapag-Dampfers PHOENICA die Schiffbrüchigen aufnahmen.

Von den vier Lloyddampfern hatte nur der größte, die KAISER WILHELM DER GROSSE, das sprichwörtliche Glück im Unglück. Hier wenigstens packten einige Schlepper an. Unter deren Assistenz, aber auch durch eigene tatkräftige Bemühungen unter Zuhilfenahme der eigenen Winschen schaffte es die Besatzung, das Schiff noch rechtzeitig vom Anleger weg zu bewegen und damit in Sicherheit zu bringen. Der große Vierschornsteiner kam nur mit geringen Brandschäden auf dem Oberdeck davon, doch zwei Matrosen blieben vermisst. Sie waren vermutlich über Bord gefallen und ertrunken.

Der Sog der KAISER WILHELM DER GROSSE setzte nun auch die brennende BREMEN in Bewegung, die auf den Hudson hinaus trieb. Die New Yorker Feuerlöschboote mühten sich auch hier um Brandbekämpfung, einem von ihnen gelang die Rettung von 18 Überlebenden, die durch eine Kohlenpforte ins Freie gelangten. Auf dem Fluss endlich nahmen Schleppdampfer das Schiff auf den Haken und setzten es bei Weehawken bei Hoboken (auf der gleichen Seite des Hudson) auf Grund, wo erst am Morgen des übernächsten Tages (2. Juli) der Brand gelöscht werden konnte.

Als das Feuer die Trossen der SAALE verbrannt hatte, trieb das lichterloh brennende Schiff mit der Ebbe stromabwärts. Grauenhafte Szenen ereigneten sich, denn unter Deck waren zahlreiche Menschen eingeschlossen, die durch die zu engen Bullaugen in den allermeisten Fällen nicht ins Freie gelangen konnten und in ihrer Todesangst um Hilfe riefen. Der in Hapag-Charter stehende Dreischornstein-Schnelldampfer KAISER FRIEDRICH hatte ein mit 20 Freiwilligen besetztes Boot ausgesetzt, das zunächst nur wenige Schiffbrüchige abbergen konnte. Doch die Bootsbesatzung bewies große Courage und stieg auf die brennende SAALE über, wo man sogar 37 Menschen aus dem Maschinenraum retten konnte und von den New Yorker Feuerlöschbooten unterstützt wurde. Der Havarist trieb den Hudson abwärts, an der Halbinsel Manhattan vorbei und geriet abends bei Cumminipaw (an der Upper Bay in New Jersey) auf Grund, wo erst die Flut endlich das Feuer löschte, als das schwer angeschlagene Schiff auf Grund ging.

Als letztes der drei brennenden Schiffe trieb die MAIN abends gegen 22 Uhr auf den Strom hinaus und wurde, wie einige Stunden zuvor bereits die BREMEN, von Schleppdampfern bei Weehawken auf den Strand gesetzt. Dort gelang gegen Mitternacht eine dramatische Rettungsaktion: Ein Inspektor des NDL ging mit einem amerikanischen Dampfer längsseits und rettete 15 Mann des Maschinenpersonals, die auf geradezu wunderbare Art und Weise überlebt hatten: In ihrer Verzweiflung hatten sie zunächst im Wellentunnel, später in dem Maschinen- und Kesselraum sowie im Kohlenbunker Zuflucht gefunden, wo sie bis zu ihrer Rettung ausharrten. Das Feuer auf der MAIN konnte erst am Abend des 2. Juli erstickt werden.

Die Bilanz der Katastrophe: 100 Menschen fielen auf der SAALE dem Unglück zum Opfer. Auf MAIN waren 35 Todesopfer zu beklagen, auf der BREMEN gab es acht Tote.[23] Die Zahl der Todesopfer insgesamt, also einschließlich der Toten im Terminal, betrug nach verschiedenen Schätzungen zwischen 300 und 400. 100 von ihnen fanden in einem Massengrab in North Bergen (New Jersey) ihre letzte Ruhestätte. So schrecklich die Zahlen waren, es bedeutete Glück im Unglück, dass sich zum Zeitpunkt des Brandausbruchs keine oder nur sehr wenige Passagiere an Bord der Lloyddampfer und in den Abfertigungsanlagen aufhielten. Die Anzahl der Todesopfer hätte in diesem Fall mit Sicherheit wesentlich höher gelegen.

Am 11. Februar 1901, acht Monate nach der Katastrophe, fand die Verhandlung vor dem Seeamt[24] in Bremerhaven statt. In seinem Urteilsspruch schloss das Amt Brandstiftung als Unglücksursache aus, sondern vermutete eher Fahrlässigkeit. Ein Verschulden der Schiffsführungen wurde ebenfalls nicht festgestellt, vielmehr erhielten die Besatzungen Lob für ihr Verhalten. Den Mut der Bootsbesatzung der KAISER FRIEDRICH stellte man besonders heraus.

Über das Verhalten der New Yorker Schleppercrews fielen dagegen sehr kritische Worte: Von fehlenden oder sogar verweigerten Hilfeleistungen war die Rede. Ob dieses Verdammungsurteil allerdings für alle Schlepper zutrifft, bleibt angesichts der erfolgreichen Rettung der KAISER WILHELM DER GROSSE zweifelhaft.

Ein Dreivierteljahr später zog der NDL auf seiner Generalversammlung am 27. März 1901 in Bremen seinerseits Bilanz:

> „In den Stunden des schweren Brandunglücks hat sich die Disziplin und Pflichttreue unserer Offiziere und Mannschaften auf allen von dem Brande betroffenen Schiffen in glänzender Weise bewährt, ihr ist es vor allem zu danken, daß unser Schnelldampfer KAISER WILHELM DER GROSSE mit nur geringer Beschädigung sich der Katastrophe entziehen konnte."[25]

In ähnlicher Weise wie seinerzeit für die Hinterbliebenen des ELBE-Unglücks wurde für die Angehörigen der Opfer von Hoboken gesorgt, und ein Betrag von 300 000 Mark ging an die entsprechenden Unterstützungsfonds des Lloyd.

Der Terminal in Hoboken war bis zur Wasserlinie niedergebrannt. Bis 1906 wurden die Anlagen wieder aufgebaut, doch hatte man im präventiven baulichen Brandschutz die Lehren aus der Katastrophe beherzigt. Die neuen Bauten wurden nicht mehr aus Holz, sondern aus

23 Diese Zahlen basieren auf dem neuesten Stand der Forschung und ergeben sich durch die Auswertung einer Sachakte über die einzelnen Todesfälle (StAB 4,85–D.4).

24 Bei den Seeämtern handelt es sich um Untersuchungsbehörden für größere Schiffsunfälle, die 1876 eingerichtet wurden. Sie sollen die Ursachen aufklären, können aber *nicht* Recht sprechen.

25 Norddeutscher Lloyd Bremen, *Jahresberichte 1857-1906,* Bremen 1907 (nicht durchgehend paginiert), S. 4 (Jahresbericht an die Generalversammlung für 27.3.1901).

Stahl und Beton errichtet. Während des Wiederaufbaus erfolgte die Abfertigung der Schiffe des NDL provisorisch in angemieteten Piers in Brooklyn, bei der Hapag oder bei englischen und französischen Linien in Manhattan.

Das ausgebrannte Wrack der MAIN wurde wieder flottgemacht und der NDL entschloss sich zu einer gründlichen Reparatur des noch sehr neuen Schiffes, zumal Kessel- und Maschinenanlage intakt geblieben waren. Bei der noch heute existierenden renommierten amerikanischen Werft Newport News Shipbuilding & Drydock Co. an der Chesepeake Bay[26], die sich inzwischen auf den Bau von nuklear betriebenen Flugzeugträgern und U-Booten für die US Navy spezialisiert hat, wurde das Schiff bis zum Oktober 1901 wieder hergerichtet und diente noch lange Jahre dem Lloyd.

Auch bei der BREMEN lohnte sich eine Wiederherstellung. In New York wurden provisorische Reparaturen ausgeführt, ehe das Schiff mit eigener Kraft im Oktober nach Stettin fahren konnte und dort bis zum Herbst 1901 vom Vulcan grundlegend repariert wurde. Die BREMEN blieb noch bis zum Ende des Ersten Weltkrieges im Besitz des NDL.

Das Wrack der SAALE wurde ganz abgeschrieben und blieb in den USA. Immerhin fand aber eine amerikanische Reederei Interesse an dem ausgebrannten Schiffskörper und ließ ihn als Frachter wiederherstellen.

Als weitere Konsequenz aus der Katastrophe bestellte der Lloyd 1901 eine Kommission von Sachverständigen, die den Brandschutz auf den Schiffen und weitläufigen Landeinrichtungen der Reederei verbessern sollte, was sowohl in Bremerhaven als auch in Hoboken geschah. Allgemein verbesserte die See-Berufsgenossenschaft (SBG) auf deutschen Schiffen durch einschlägige Vorschriften den baulichen Brandschutz (das betraf die Feuerschotten) wie auch die Feuerlöscheinrichtungen.[27]

3. Hoboken und die Nachwelt

Es würde den Rahmen dieser Arbeit sprengen, wenn das Pressebild aus den Tagen nach der Katastrophe hier genauer behandelt werden würde[28]. Dies gilt allen voran für die Reaktionen der Zeitungen im Unterwesergebiet, also der Heimat der ausgebrannten Lloyddampfer und vieler ihrer Besatzungsmitglieder. Nur soviel ist anzudeuten: Selbstverständlich beherrschte das Großfeuer in den fernen USA in den ersten Tagen die Schlagzeilen, war doch der an der Unterweser übermächtige NDL davon betroffen. Doch schon sehr bald schob sich ein anderes Thema in den Vordergrund, das von den Zeitungen in Sonderrubriken allgemein „Von den Wirren in China" umschrieben wurde. Seit dem Frühjahr 1900 tobte in China der so genannte Boxeraufstand, der sich gegen fremde Einflussnahme richtete. Wenige Tage vor der Brandkatastrophe war am 19. Juni der deutsche Gesandte von Ketteler ermordet worden und das Gesandtschaftsviertel in Peking wurde von den Aufständischen bis in den August hinein belagert. Im Juli und August setzte sich ein deutsches Expeditionskorps in Marsch und im Verlauf der Einschiffung (der NDL beteiligte sich intensiv an den Truppentransporten nach China) hielt Wilhelm II. in Bremerhaven seine berühmt-berüchtigte rachedürstige „Hunnen-

26 Eine sehr gründliche Beschreibung der Werft, etwa zeitgleich mit der Reparatur der MAIN stammt von T. Chace, Die Werftanlagen der Newport News Shipbuilding and Drydock Co. in Newport News, Virginien, in: JAHRBUCH DER SCHIFFBAUTECHNISCHEN GESELLSCHAFT (STG), Bd. 2, 1901, S. 431-485.

27 Klaus-Peter Kiedel, Uwe Schnall, Lars U. Scholl, *Arbeitsplatz Schiff*. 100 Jahre See-Berufsgenossenschaft 1887-1987 (Schriften des Deutschen Schiffahrtsmuseums Bd. 23), Bremerhaven und Hamburg 1987, S.126.

28 Das Pressebild in Bremen und Bremerhaven bildet vielmehr ein Forschungsthema für die beabsichtigte größere Arbeit.

rede", die auch von zahlreichen Zeitgenossen als Entgleisung gewertet wurde.[29] Diese Ereignisse ließen in der aktuellen Berichterstattung Hoboken rasch in den Hintergrund treten.

Ähnliches gilt für das Pressebild in den USA zur Katastrophe, das genauer auszuloten Aufgabe der amerikanischen Forschung wäre.[30] Zwar waren die deutschen Blätter sicherlich weder von tendenziöser Berichterstattung noch von Kolportage unbestätigter Meldungen frei. Der US-amerikanischen Presse jener Zeit ist jedoch von der Forschung des Öfteren der Vorwurf einer reißerischen, ja demagogischen Berichterstattung gemacht worden, dies vor allem im Zusammenhang des spanisch-amerikanischen Krieges (1898), der eigentlich diplomatisch hätte verhindert werden können, doch offenbar durch die Agitation von Pressekonzernen wie Hearst (u.a.) entfesselt wurde.[31] Auch bei Hoboken scheint gerade die Hearst-Presse zu emotionaler und unpräziser Berichterstattung geneigt zu haben.[32]

In diesem Abschnitt geht es also nicht um die Tagesberichterstattung über Hoboken, sondern vielmehr um die Bewältigung des Ereignisses durch die Öffentlichkeitsarbeit des Lloyd, um die spätere Behandlung des Themas durch die bürgerliche Presse in Bremen (bei der die Schifffahrt traditionell einen besonderen Schwerpunkt der Berichterstattung ausmachte) sowie durch die spätere Fachliteratur.

Um die Schlussfolgerungen vorweg zu nehmen: Die Katastrophe von Hoboken erreichte nie den Rang der Unsterblichkeit, wie sie der TITANIC-Katastrophe (1912) eigentümlich geworden ist[33] oder etwa dem für unsere Tage so bedeutsamen Fährschiffsunglück der ESTONIA (1994), das bereits als „TITANIC-Katastrophe der 90er-Jahre" (wenngleich auch in Frageform) von einem seriösen Fachbuch bezeichnet wurde[34]. Der Geschäftsbericht des Lloyd charakterisierte zwar das Urteil über den Brand in Hoboken anlässlich der Generalversammlung am 27. März 1901 als „dem Umfange nach wohl der schwerste Schlag, von dem jemals eine Dampfschifffahrtsgesellschaft betroffen worden ist."[35] Doch nach Überwindung der unmittelbaren Folgen geriet dieses Unglück in der Folgezeit sehr in den Hintergrund, wenn auch nie ganz in Vergessenheit. In den Tagen nach dem Unglück kursierten noch gegenteilige Vermutungen in der Presse. So nahm die „Frankfurter Zeitung" an, dass der Großbrand für lange Zeit der breiten Öffentlichkeit im Gedächtnis haften bleiben würde:

> „Die Acten über die Katastrophe sind freilich noch nicht geschlossen, man wird erst noch hören müssen, wie Schuld und Unschuld sich vertheilen. Dann wird die Frage entstehen, wie ähnlichen Unglücksfällen besser vorgebeugt werden kann, und wenn eine Lösung gefunden wird, wäre es wenigstens ein Gewinn, leider einer auf Kosten der Hobokener Katastrophe. Diese selbst wird immer ein Trauertag sein und zwar ein doppelter: für die Newyorker Bevölkerung, die eine Zahl ihrer Mitbürger verlor, für die deut-

29 Zur Reaktion in Bremen s. Petzet, Wiegand, S. 227-229, Theodor Spitta, *Aus meinem Leben.* Bürger und Bürgermeister in Bremen, München 1969, S. 225-226, ferner über die Presse bei Jost Lübben, *Die Nordwestdeutsche Zeitung 1895 bis 1933/45.* Ein Beitrag zur Entwicklung und politischen Ausrichtung der Generalanzeigerpresse in Deutschland (Veröffentlichungen des Stadtarchivs Bremerhaven, Bd. 13), Bremerhaven 1999, hier S. 128-149. Ein neuer Beitrag aus Bremen zur Hunnenrede stammt von Monika Schädler, Die „Hunnenrede". Kaiser Wilhelm II. in Bremerhaven, in: Roder, Ostasien, S. 191-194.

30 Nur einige Zeitungsartikel aus der Presse von New Jersey, dem Vf. vom dortigen Staatsarchiv zur Verfügung gestellt, sollen in der großen Arbeit verwendet werden.

31 Diese Auffassung findet sich z.B. bei Udo Sautter, *Geschichte der Vereinigten Staaten von Amerika,* Stuttgart 1986, S. 314-316.

32 In einem Artikel über Hoboken im Archiv der Deutschen Schiffahrt (Braunschweig, 2000) habe ich ein Extrablatt der Zeitung New York Journal aus dem Hearst-Konzern entsprechend kritisch besprochen.

33 Zur eigenen Beschäftigung mit diesem Fall s. meinen Aufsatz *TITANIC – Versuch zur Entmythologisierung eines Schiffsunglücks.* Er soll in den HMRG 2001 erscheinen. Hier habe ich auch versucht, die Entstehung des spezifischen „TITANIC-Mythos" zu rekonstruieren.

34 Günter Bossow, *Mayday, Mayday... Schiffshavarien der 80er und 90er Jahre,* Stuttgart 1999, S. 9.

35 Norddeutscher Lloyd Bremen, Jahresberichte, S. 4 (Jahresbericht an die Generalversammlung für 27.3.1901).

sche Schiffahrt, die durch Vernichtung von Menschenleben einen schweren Schlag erlitt.“[36]

Doch schneller, als man in der Frankfurter Zeitung annahm, schwand die Katastrophe aus dem öffentlichen Bewusstsein.

Beginnt man am Ausgangspunkt der Betrachtungen, so lässt sich feststellen, dass der Norddeutsche Lloyd zunächst das offenkundige Interesse besaß, den Brand von Hoboken möglichst rasch aus dem öffentlichen Bewusstsein schwinden zu sehen. Da der NDL als Reederei nicht nur Fracht- sondern auch Passagierschifffahrt betrieb, war er nicht nur auf das Wohlwollen der Verlader, sondern auch der allgemeinen Öffentlichkeit angewiesen und von daher war dieses Anliegen ökonomisch verständlich. So dürfte der Boxeraufstand den Intentionen des Lloyd gerade recht gekommen sein. In späterer Zeit wurde das Unglück nicht mehr ganz verschwiegen, sondern fand in Publikationen hin und wieder Erwähnung, wenn auch nicht durchgängig. Aus der zunehmenden Distanz heraus schadete Hoboken dem Image der Reederei nicht mehr.

Nachdem in New York einige kleinere Reparaturen durchgeführt worden waren, lief die KAISER WILHELM DER GROSSE am Morgen des 3. Juli 1900 mit Zielhafen Bremerhaven aus. An Bord befanden sich u.a. 400 Überlebende von SAALE, MAIN und BREMEN.[37] Am 12. Juli erreichte der Schnelldampfer Bremerhaven und wurde dort vom Vorstand und Aufsichtsrat des Lloyd erwartet. An Bord hielt Wiegand eine „weitschallende“ Rede, während auf dem Deck die Mannschaften, sowie auf der Brücke die Schiffsführung angetreten war. Seine Ansprache leitete der Lloyddirektor mit folgenden Worten ein:

> „Officiere und Mannschaften! Sie sind sämmtlich Augenzeugen und Mitkämpfer in der schweren Katastrophe gewesen, die urplötzlich mit verheerender Gewalt über den Norddeutschen Lloyd hereingebrochen ist, die mit grausamer Hand in das Leben Ihrer Kameraden eingegriffen und drei unserer schönsten Schiffe fast vernichtet hat; nahezu zerschmettert hat uns die schwere Kunde. Was uns aber Kraft in der Gegenwart und Vertrauen für die Zukunft gegeben hat, war die gleichzeitige Nachricht, daß die gesammten Besatzungen unserer Dampfer heldenmüthig in eiserner Manneszucht ihre Schuldigkeit bis zum Äußersten gethan haben. Dem Todesmuthe, mit dem Sie den Kampf gegen das entfesselte Element geführt haben, verdanken wir die Erhaltung dieses Schiffes und der Ehre des Norddeutschen Lloyd.“[38]

Nachdem Wiegand auf diese Weise die Besatzungen angesprochen hatte, gab er die Zahlung eines Monatsgehaltes als Gratifikation an alle beteiligten Besatzungsmitglieder und an die Hinterbliebenen der Katastrophe bekannt und zitierte ein Kondolenztelegramm Wilhelms II., ehe er seine Rede mit den Worten beendete: „Seiner Majestät dem Deutschen Kaiser drei Mal Hurrah! Hurrah! Hurrah!“[39] „Mächtig brauste das Hurrah über das Schiff“,[40] berichtete die „Weser-Zeitung“ aus Bremen. Als die feierlichen Reden beendet waren, dürfte sich die weitere Abwicklung der notwendigen Formalitäten eher in aller Stille vollzogen haben und es stellt sich nun die Frage, wie der NDL weiterhin mit der Katastrophe umging.

Die zeitgenössische Korrespondenz Wiegands ist im Staatsarchiv Bremen überliefert, wenn auch nur rudimentär in Gestalt eines Protokollbuches,[41] das den Inhalt seiner Briefe leider nur sehr bruchstückhaft wiedergibt. Ebenso ist in der Biografie über ihn eine entsprechende Briefstelle zitiert. Demnach scheint das Unglück den Lloyddirektor durchaus beschäftigt zu haben.

36 Zitiert in WESER-ZEITUNG, 3.7.1900, Mittagsausgabe.
37 Bericht Inspektor Möller, in: Edwin Drechsel, *Norddeutscher Lloyd Bremen 1857-1970.* History-Fleet-Ship Mails (2 Bde.), Vancouver B.C. 1994-1995, S. 30.
38 WESER-ZEITUNG, 1. Morgen-Ausgabe, 13.7.1900, s.a. Hubert Wania, *Dreißig Jahre Bremen 1876-1906,* Bremen 1906, S. 209, der irrtümlich den 13. Juli als Datum angibt.
39 WESER-ZEITUNG, 1. Morgen-Ausgabe, 13.7.1900.
40 Ebd.
41 StAB 7, 2010-12.

So berichtete er Anfang Juli 1900 (also noch vor Eintreffen der KAISER WILHELM DER GROSSE in Bremerhaven) dem Staatssekretär des Innern, von Jonquierès, über den unter dem Eindruck des Unglücks rasch zustande gekommenen Plan, besondere Renten an die Hinterbliebenen zu zahlen.[42] In einem anderen Brief drei Wochen später bezog sich Wiegand auf die tatkräftige Rolle des von der konkurrierenden Hapag gecharterten Dampfers KAISER FRIEDRICH bei den Rettungsarbeiten in Hoboken, doch bezog er sich auf eine ganz andere Thematik: Ursprünglich war dieses Schiff vom Lloyd bei Schichau in Danzig in Auftrag gegeben worden, doch bei der Probefahrt 1898 hatte sich der Liner als zu langsam erwiesen und war deswegen der Werft zurück gegeben worden. Ein langwieriger Rechtsstreit bis hin zum Reichsgericht in Leipzig zwischen Schichau und NDL war die Folge, und eben dies stand für den Briefschreiber Wiegand im Vordergrund[43]. Auch angesichts eines solchen Ereignisses, wie sie der Brand von Hoboken darstellte, konnte eine Persönlichkeit vom Rang des Lloyddirektors das rein Geschäftliche nicht ganz beiseite schieben. Doch einige Tage später ließ er in einem Brief an seine Tochter seine persönliche Erschütterung über das Unglück erkennen, als er über die Truppenverladungen des deutschen Expeditionskorps nach China in Bremerhaven berichtete:

> „Aber ein Gutes hat diese militärische Unruhe: ich werde dadurch abgelenkt von dem Unglück in Hoboken, das uns wirklich schwer getroffen hat. Welch ein schmerzlicher Verlust: all diese Braven, die dort zu Grunde gegangen, und wie viel unsägliches Herzeleid verknüpft sich mit all den Namen der Verunglückten, die wir in langer Liste veröffentlichen mussten!“[44]

Einige Monate später versuchte man beim Lloyd ganz offensichtlich, die Erinnerung an das Großfeuer möglichst weit zurückzudrängen und für diese Haltung spricht der nachfolgende Vorgang: Das Jahr 1900 neigte sich seinem Ende zu, als Kapitän Christoffers des Dampfers TRAVE („Flüsse“-Klasse) den erfolgreichen Abschluss seiner 200. Rundreise in der transatlantischen Fahrt und gleichzeitig den Eintritt in den Ruhestand feierte. Am 1.Dezember 1900 versammelte sich in Bremerhaven eine Schar von Gratulanten im Speisesaal 1. Klasse an Bord des Schiffes, das über die Toppen geflaggt im Kaiserhafen lag. Unter den Vertretern des bremischen Senats, des Lloyd sowie weiterer Firmen und Behörden befand sich Wiegand, der in seiner Festrede auch kurz jener Kapitäne namentlich gedachte, die in Ausübung ihres Dienstes ihr Leben verloren hatten. Auch der Name von Kapitän Mirow von der SAALE, der beim Brand umgekommen war und das ranghöchste Opfer unter den ums Leben gekommenen Schiffsbesatzungen war, wurde genannt. Sonst aber ging keiner der Redner auf das Brandunglück ein.[45]

Am Jahresende hielt die Handelskammer Bremen ihre alljährliche Rückschau auf die Entwicklung der bremischen Wirtschaft, wobei die Schifffahrt der Hansestadt und natürlich der Lloyd in der Betrachtung nicht zu kurz kamen, aber Hoboken keine Erwähnung fand. Zur allgemeinen wirtschaftlichen Lage des bremischen Nordatlantikverkehrs im Jahre 1900 äußerte sich die Kammer wie folgt:

> „Das Passagiergeschäft hat sich wieder sehr lebhaft gestaltet. Sowohl der Kajüts- als auch der Zwischendecksverkehr nach Nordamerika weisen bedeutend höhere Ziffern als im Vorjahre auf. Auf den Kajütsverkehr war vornehmlich die Pariser Weltausstellung von Einfluß, auf den Zwischendecksverkehr in erster Linie die weitere günstige wirthschaftliche Entwicklung der Vereinigten Staaten, die eine wiederum gesteigerte

42 Brief vom 3.7.1900 in Ebd.
43 Brief vom 23.7.1900 in ebd. Mehr über die Problematik der KAISER FRIEDRICH bei Kludas, Deutsche Passagierschiffahrt (Bd. 2), S. 150-155.
44 Brief vom 16.7.1900 in Petzet, Wiegand, S. 329.
45 LLOYD-NACHRICHTEN, Nr. 2, 12.1900, S. 12-14

Einwanderung zur Folge hatte, unter der sich übrigens nur verhältnismäßig wenig Deutsche befanden“[46].

Die publizistische Würdigung der Katastrophe in den nachfolgenden Jahrzehnten des 20. Jahrhunderts war höchst unterschiedlich. Im Jahr des Unglücks, sicherlich aber nicht im Zusammenhang damit, begann der Lloyd mit der Herausgabe einer eigenen Zeitschrift, den „Lloyd-Nachrichten“, deren erste Nummer am 7. November 1900 erschien.[47] Dieses Mitteilungsblatt enthielt neben Auszügen aus den nautisch wichtigen „Nachrichten für Seefahrer“ des Reichsmarineamtes auch Neuigkeiten aus der Flotte und dem Schiffsoffiziers- und Maschinistenkorps der Reederei. Die „Lloyd-Nachrichten“ waren vor allem für die Schiffsführungen gedacht. Aus ihnen lässt sich vielleicht am besten die Informationspolitik der Reederei über Hoboken in den Monaten und Jahren danach ablesen. In der Tat wurden ab und zu die Nachwirkungen des Brandes gestreift, wenn auch nach Möglichkeit nicht groß herausgestellt. So meldete man beispielsweise die Wiederherstellung von BREMEN und MAIN im April 1902 in sehr knapp gefasster Form der Flotte und der Brand von Hoboken wurde auch gestreift, doch diese Mitteilung erschien in einer Rubrik unter der Bezeichnung „Dampfermaterial“. Sie ging zwischen zahlreichen Informationen über andere Lloydschiffe geradezu unter.[48] In der gleichen Ausgabe erfolgte eine Information über die verbesserten Brandschutzmaßnahmen durch die Reederei. Ein Hinweis auf die Katastrophe, die das alles schließlich ausgelöst hatte, fehlte hier.[49] Immerhin wurde aber im gleichen Organ die bereits an anderer Stelle erwähnte Wiederherstellung der SAALE als amerikanischer Frachter im Sommer 1902 gemeldet.[50] Ansonsten berichtete man immer wieder über den Bau des neuen Terminals in Hoboken.[51] Für den machte der Lloyd kräftig Publicity. Dem allgemeinen amerikanischen und internationalen Publikum wurde der Wiederaufbau in Hoboken bei passender Gelegenheit präsentiert: Am 1. Mai 1904 öffnete in St. Louis die Weltausstellung ihre Pforten und der NDL verkaufte nicht nur Fahrkarten dorthin[52], sondern war auch auf der Ausstellung selbst vertreten. Neben Schiffsmodellen und einem dekorativen Glasglobus zeigte man als „Hauptstück der Ausstellung“ auch ein etwa 14 Quadratmeter großes, offenbar sehr detailliert ausgeführtes Modell der neuen Abfertigungsanlagen in Hoboken, über das die „Lloyd-Nachrichten“ noch weiter ausführen:

> „...es ist auf einem besonders konstruierten Unterbau aufgestellt, zu dem von vier Seiten Treppenaufgänge hinaufführen und das durch ein von einer Berliner Firma künstlerisch ausgeführtes Metallgitter umgeben ist, in welches vier Schiffsbilder, in Hochrelief geschnitzt, eingefügt sind“[53].

Am 12. August 1904 lief Kapitän Nierich von der BREMEN mit seinem wiederhergestellten Schiff in Bremerhaven ein und hatte damit seine hundertste Rundreise über den Ozean erfolgreich beendet. Nierich, der 1877 in die Firma eingetreten und 1889 zum Kapitän ernannt worden war, hatte seit April 1899 das Kommando über die BREMEN inne und wurde vom Leiter der Lloydagentur in Bremerhaven mit einem Präsent bedacht. Im Rahmen einer ausführlichen

46 *Bericht der Handelskammer in Bremen über das Jahr 1900 erstattet an den Kaufmanns-Konvent,* Bremen 1901, S. 29. Die Statistiken belegen diese Aussage der Handelskammer eindeutig, dass es nämlich eine Einbuße nach Hoboken für den NDL nicht gegeben hat. 1869 landete der Lloyd 37 330 Passagiere in New York an. Weitere Zahlen: 1890 85 173, 1900 118 720, 1901 124 344, 1902 138 464, 1904 135 547, 1905 177 871, 1906 194 523, 1907 222 121. Dieses Zahlenwerk ist verteilt zu finden in den Anhängen bei Arnold Kludas, Deutsche Passagierschiffahrt, Bd. 1-3.

47 Brief Wiegands, 2.1.1901 in StAB 7, 2010-12.

48 LLOYD-NACHRICHTEN, Nr. 18, 4/1902, S. 59.

49 Ebd., S. 61.

50 LLOYD-NACHRICHTEN, Nr. 22, 8/1902, S. 141, eine weitere diesbezügliche Erwähnung Ebd. Nr. 53 3/1905, S. 613.

51 Darüber soll im Einzelnen in der geplanten großen Arbeit berichtet werden.

52 LLOYD-NACHRICHTEN, Nr. 41, 3/1904, S. 435; ebd. Nr. 45, 7/1904, S. 487-488.

53 LLOYD-NACHRICHTEN, Nr. 44, 6/1904, S. 475.

Würdigung seiner Karriere wurde Hoboken jedoch verschwiegen,[54] wobei zu berücksichtigen ist, dass Nierich am Unglückstag während des Feuers Urlaub genommen und sich an Land aufgehalten hatte.[55]

In bremischen Schifffahrtskreisen war das Unglück aber noch keineswegs vergessen. Dies fand in der wegen des in Bremen gültigen Klassenwahlrechts in der damals noch sehr kaufmännisch dominierten Bürgerschaft seine Fortsetzung und zwar in einer geradezu ausufernden Debatte am 24. Januar 1906, bei der es um die Anschaffung eines kombinierten Schlepp-, Feuerlösch- und Eisbrechdampfers für den gerade eröffneten Freihafen II (den späteren, 1998 zugeschütteten Überseehafen) ging. Ein solches (in heutiger Terminologie ausgedrückt) Mehrzweckschiff bedeutete für den Bremischen Staat eine gewichtige Investition, die deshalb, aber auch wegen der einschlägigen Geschäftsinteressen der örtlichen Schleppreedereien eine höchst umstrittene Angelegenheit war. In dieser lang anhaltenden wie kontroversen Debatte äußerte sich ein Abgeordneter wie folgt:

> „Wenn in Hoboken eine genügende Zahl von Schleppern gewesen wäre, dann würde das Feuer nicht so bedeutend geworden sein. Also ist es notwendiger, daß wir in einem solchen Falle einen Schlepper haben, als daß dieser Dampfer zu Löschzwecken verwandt wird. Also ich sage, das Schleppen ist notwendiger als die Spritzeneinrichtung"[56].

Als im gleichen Jahr eine Chronik über die letzten 30 Jahre bremischer Geschichte erschien, fand das Unglück zwar Erwähnung, wurde aber irrtümlich um einen Tag auf den 1. Juli 1900 verlegt[57]. Ein Jahr später, im Februar 1907, beging der NDL sein 50-jähriges Jubiläum. Ein längerer rückblickender Artikel in den „Lloyd-Nachrichten" sparte die Katastrophe zwar aus,[58] doch die im gleichen Jahr erschienene Festschrift zum 50-jährigen Jubiläum des Lloyd berichtete immerhin kurz über den Brand. Daneben lieferte der Verfasser einen historischen Abriss über den Terminal in Hoboken sowie eine recht ausführliche Beschreibung der neu erbauten Anlagen.[59]

Die bremische Presse scheint sich in den ersten beiden Jahrzehnten nach dem Unglück in Schweigen gehüllt zu haben.[60] Dies hatte sicherlich mehrere Gründe. Zum einen konzentrierte sich die damalige Berichterstattung vor allem auf die Tagesereignisse und widmete sich dementsprechend kaum retrospektiven Themen. Zum anderen war der zeitliche Abstand noch zu gering und die Katastrophe noch nicht hinreichend historisiert, um sie einem interessierten Publikum wieder in Erinnerung zu rufen. Im Ersten Weltkrieg nahmen außerdem Kriegsalltag und -propaganda einen dominierenden Raum ein.

Eine Chronik für Bremen, die den Zeitraum zwischen 1921 und 1932 abdeckt, notiert für den 30. Juni 1925: „Gedenktag aus Anlaß des vor 25 Jahren erfolgten Pier- und Lloyddampferbrandes in Hoboken"[61]. Doch in der bremischen Tagespresse lassen sich Hinweise auf irgendwelche Gedenkveranstaltungen nicht finden. Auch der NDL schwieg in seinen offiziellen Verlautbarungen. So gingen die Geschäftsberichte des Unternehmens zu den 62. und 63. ordentlichen Generalversammlungen am 29. April 1925 sowie am 12. April 1926 nicht darauf

54 LLOYD-NACHRICHTEN, Nr. 47, 9/1904, S. 528-529.

55 Kapitänsbericht Dampfer BREMEN (gedr.), Bremerhaven 24.4.1901 in StAB 4,85–D.4.

56 *Verhandlungen der Bremischen Bürgerschaft vom Jahre 1906*, Bremen 1906, S. 89. Der in der Debatte so heiß umstrittene Dampfer wurde dann doch realisiert, s. Christian Ostersehlte, Schleppdampfer PRIMUS. Ein Sicherheitskonzept für die bremischen Häfen? In: DAS LOGBUCH, 4/1988, S. 143-150.

57 Hubert Wania, 1876-1906, S. 208. Dieser Irrtum beruht auf der fehlerhaften Methodik des Buches, Ereignisse dem Erscheinungstag in der Zeitung zuzuordnen.

58 LLOYD-NACHRICHTEN, Nr. 77, 3/1907, S. 1022-1029.

59 Paul Neubaur, Der Norddeutsche Lloyd. Bd. II, Leipzig 1907, S. 483-499.

60 Die Weser-Zeitung sowie die Bremer Nachrichten wurden für den Zeitraum bis 1945 alle fünf Jahre zum 30. Juni und 1. Juli auf eine Erwähnung von Hoboken hin durchgesehen. Nach 1945 wurde statt der nicht mehr existierenden Weser-Zeitung der Weser-Kurier hinzugenommen.

61 Fritz Peters, *Zwölf Jahre Bremen 1921-1932,* Bremen 1938, S. 72.

ein.[62] Das verwundert allerdings auch nicht, denn diese Berichte, die in gedruckter Form erhalten sind, bezogen sich von Anfang an auf das aktuelle Geschäftsjahr, und so fehlte ihnen jede retrospektive Komponente. Auch das vor und nach dem Ersten Weltkrieg erschienene Jahrbuch des NDL[63] schweigt in seiner Ausgabe für 1925 über die Brandkatastrophe, die ein Vierteljahrhundert zuvor stattgefunden hatte, obwohl diese Publikation nicht nur eine Fundgrube zur Geschäftstätigkeit des Lloyd sowie zur allgemeinen Schifffahrtspolitik darstellt, sondern auch häufig rückschauende Aufsätze publizierte.[64]

Schwieg der offizielle Lloyd auch zum 25. Jahrestag der Katastrophe, so ließ die Bremer Presse dagegen das Unglück nicht unerwähnt, weshalb möglicherweise die etwas irreführende Eintragung in der bremischen Chronik zustande gekommen ist. Am 30. Juni 1925 hielten die „Bremer Nachrichten" Rückschau und leiteten einen Artikel mit einer Beschreibung des Brandes mit folgenden Worten ein:

> „25 Jahre sind verflossen seit jenen Tagen, als eine Schreckensnachricht sondergleichen aus Newyork die gesamte Bevölkerung von Bremen und den Unterweserorten in größte Aufregung versetzte. Schiffs- und Seeunfälle aller Art zu vernehmen, ist den Bewohnern solcher Seeverkehrsplätze nichts ungewohntes; daß aber beim Brande einer Pieranlage drei große Lloyddampfer bis fast zur Vernichtung mit verbrannten... , diese Katastrophe war etwas ganz neues in der Geschichte unserer bremischen Schiffahrt, daher um so erschütternder.." [65]

Den im Ruhestand lebenden Kapitän Engelbart vom Schnelldampfer KAISER WILHELM DER GROSSE hatte man aufgesucht und erhielt von ihm eine Schilderung über die damals mit knapper Not bewerkstelligte Rettung des Dampfers.[66] Zwei Wochen später legte die gleiche Zeitung nach und berichtete Mitte Juli in einer Bildbeilage über das Unglück.[67]

Als zwei Jahre später, 1927, erneut ein Jubiläum beim Lloyd anstand, hieß es in der Festschrift zum 70-jährigen Bestehen der Firma immerhin: „Bei einem Unternehmen von der Größe des Norddeutschen Lloyd kann es nicht verwunderlich erscheinen, daß ihn gelegentlich schwere Prüfungen und Schicksalsschläge trafen."[68] Neben anderen Schiffsunglücken, wie etwa der ELBE, wurde immerhin auch „des gewaltigen Dockbrandes in Hoboken"[69] gedacht.

Am 11. Februar 1930 lag der Passagier- und Frachtdampfer MÜNCHEN (13325 BRT, 1923) in New York, als aus ungeklärter Ursache die Ladung in Brand geriet. Die Besatzung und die New Yorker Feuerwehr nahmen die Brandbekämpfung auf. Vier Explosionen brachten das Schiff schließlich zum Sinken und töteten ein Besatzungsmitglied der MÜNCHEN sowie einen Feuerwehrmann. Erst nach 22 Stunden war das Feuer gelöscht. Dieser Brand war zwar nicht so verheerend und flächendeckend, wie die Katastrophe von Hoboken drei Jahrzehnte zuvor, wies jedoch einige Parallelen auf, auch wenn der Brandherd nicht an Land, sondern auf dem Schiff lokalisiert wurde. Ähnlich wie seinerzeit die BREMEN, so schaffte die ausgebrannte MÜNCHEN auch mit eigener Kraft den Weg über den Atlantik, wurde bei der AG „Weser" in Bremen wiederhergestellt und fuhr fortan als GENERAL VON STEUBEN. Die eigentliche Katastrophe stand dem Schiff noch bevor, als es nämlich am 10. Februar 1945,

62 Norddeutscher Lloyd Bremen, *Jahresberichte 1907-1926,* Bremen o.D. (nicht durchgehend paginiert), S. 3 (Jahresberichte an die Generalversammlungen 29. April 1925, 12. April 1926).
63 In der Bibliothek des Staatsarchivs Bremen befinden sich die Jahrgänge 1908-1925.
64 So findet sich im Jahrbuch von 1925 ein Aufsatz über das 30-jährige Jubiläum des Nord-Ostsee-Kanals (S. 32-64), zur 300-jährigen Geschichte deutscher Auswanderung (S. 65-93), über die Entwicklung der bremischen Auswandererfürsorge (S. 101-123) sowie ein Artikel des NDL-Pressechefs von Hünefeld (der 1928 durch seinen spektakulären Atlantikflug mit dem Junkers-Flugzeug BREMEN in der allgemeinen deutschen Öffentlichkeit berühmt wurde): *Das Dampfschiff-Plakat im Wandel der Zeiten,* S. 180-190.
65 BREMER NACHRICHTEN, 30.6.1925.
66 Ebd.
67 BREMER NACHRICHTEN, 18.7.1925 (Bildbeilage).
68 *Siebzig Jahre Norddeutscher Lloyd Bremen 1857-1927,* Berlin 1927, S. 80.
69 Ebd.

mit Tausenden von Flüchtlingen an Bord, vor Stolpmünde von einem sowjetischen U-Boot versenkt wurde und ca. 3000 Menschen in die Tiefe nahm.[70]

Die „Bremer Nachrichten" kommentierten den Brand von 1930 in New York so:

> „Man wird durch dieses Unglück erinnert an die ungleich schrecklichere Brandkatastrophe vom 30. Juni 1900 am Pier von Hoboken, mit der die damaligen Lloyddampfer KAISER WILHELM DER GROSSE, BREMEN, SAALE und MAIN zum Teil ebenfalls fast bis zur Vernichtung zu kämpfen hatten, unter Verlust erheblicher Teile ihrer Besatzungen. Seitdem sind fast 30 Jahre ins Land gegangen, so daß, abgesehen von der noch unvollendet gewesenen EUROPA[71] sich ein Brandunglück von solcher Schwere in der Lloydflotte ereignet hätte."[72]

Zwei Jahre später wurde das Leben und Wirken des ehemaligen Lloyddirektors Wiegand in einer eigenen Biografie untersucht und dort wurde bei der Besprechung des sehr günstig verlaufenen Geschäftsjahrs 1900 Hoboken auch erwähnt:

> „Dieses günstige Ergebnis für 1900 war erzielt worden trotz der Chinawirren..., und trotz der grossen Brandkatastrophe, die um die Jahresmitte die Hobokener Pieranlagen des Lloyd und die gerade dort liegenden Schiffe betroffen hatte; 4,2 Millionen Mark mussten auf beschädigte Schiffe besonders abgeschrieben werden."[73]

In einem Kapitel über den technischen Fortschritt hieß es über den Brandschutz an Bord der Lloyddampfer nur: „Allen Maßnahmen, die zur Bekämpfung von Feuersgefahr an Bord dienen könnten, wandte Wiegand besondere Aufmerksamkeit zu."[74] Gerühmt wurden die Bemühungen Wiegands um die Einführung von Feuerschotten in den oberen Decks durch den Germanischen Lloyd sowie die Installation von Clayton-Apparaten[75] an Bord von Lloyddampfern.[76] Von Hoboken war jedoch keine Rede; obwohl diese Neuerungen nicht zuletzt auch mit der Brandkatastrophe zusammenhingen.

Ein Lebensbericht eines alten Kapitäns, der Anfang der Dreißigerjahre niedergeschrieben wurde, jedoch der breiteren Öffentlichkeit erst durch die vom Deutschen Schiffahrtsmuseum in Bremerhaven durchgeführte Edition 1998 zugänglich wurde, spiegelt zwar nur indirekt, dennoch sehr aufschlussreich wider, wie sehr die Katastrophe von Hoboken mittlerweile in den Hintergrund getreten war. Der Bericht stammt von dem ehemaligen IV. Offizier der BREMEN, Oscar Schulz, der vom April bis Juni 1899 dort unter offensichtlich unerfreulichen Verhältnissen Dienst getan hatte. Seine Zeit auf diesem Schiff endete durch eine tätliche Auseinandersetzung mit Kapitän Nierich in New York, nachdem dieser ihn angeblich vor allen Passagieren beleidigt hatte. Schulz kam glimpflich davon, denn der Vorfall führte lediglich zu seiner Versetzung sowie zu einer Rüge für Nierich. Unzufrieden mit den allgemeinen Verhältnissen beim NDL, verließ Schulz das Unternehmen Anfang 1900 und verzichtete damit eine Karriere bei der größten bremischen Reederei, trotz des Sozialprestiges, das die Lloydoffiziere allgemein in der bremischen Öffentlichkeit genossen.[77]

70 Arnold Kludas, Deutsche Passagierschiffahrt, Bd. IV, S. 90, 101, 108-109.

71 Am 26. März 1929 fing der bei Blohm & Voss in Hamburg in der Ausrüstung liegende Neubau EUROPA des NDL aus unbekannter Ursache Feuer und brannte aus. Trotz umfangreicher Schäden konnte das Schiff schließlich 1930 fertig gestellt werden. Zum Unglück s. die ausführliche Beschreibung bei Manfred Gihl und Harry Braun, *Feuerwehr im Hafen.* Die Geschichte der Hamburger Feuerlöschboote (Schriften des Deutschen Schiffahrtsmuseums, Bd. 28), Bremerhaven und Hamburg 1991, S. 55-62.

72 BREMER NACHRICHTEN, 12.2.1930.

73 Petzet, Wiegand, S. 59-60.

74 Ebd., S. 124.

75 Bei den Clayton-Apparaten handelte es sich um Geräte zur Ausgasung von Laderäumen, um diese von Schädlingen zu befreien, gleichzeitig konnte das Gas ein ausgebrochenes Feuer ersticken.

76 Petzet, Wiegand, S. 124-125.

77 Oscar Schulz, *Im Strom der Gezeiten.* Vom Windjammer-Moses zum Dampfer-Kapitän, Hamburg 1998, S. 306-341, 357-358.

Die Auseinandersetzung hatte etwa ein Jahr vor dem Brand stattgefunden und ersparte, in der Rückschau betrachtet, dem Offizier die Katastrophe. Zwar kamen auf der BREMEN keine Offiziere ums Leben, aber für die mittlerweile eingetretene Verdrängung von Hoboken spricht die Tatsache, dass der Verfasser das Unglück, dem er nur durch Zufall entronnen war, nicht erwähnt.

Die See-Berufsgenossenschaft (SBG) würdigte 1939 ihr 50-jähriges Jubiläum mit einer besonderen Festschrift: Da neben der Sicherheitsüberprüfung in der Seeschifffahrt die SBG Versicherungsträger für die Seeleute war und ist, verfügte man über umfangreiche Personalunterlagen und gab ein Buch heraus mit dem Titel „Ehrenmal deutscher Seeleute. Gedenkbuch der deutschen Seeleute, welche in 50 Jahren die Treue zu ihrem Seemannsberuf mit dem Tod besiegelt haben." Das umfangreiche Werk umfasst auch eine Liste der umgekommenen Seeleute aller vier Lloyddampfer von Hoboken mit Namen, Geburtsdatum und -ort.[78]

Ganz in Vergessenheit geriet das Unglück nicht, auch nach dem Zweiten Weltkrieg mit seinen Verheerungen. Ein halbes Jahrhundert nach der Katastrophe griffen am 30. Juni 1950 die „Bremer Nachrichten" das Thema auf und brachten einen Beitrag mit dem Foto der ausgebrannten BREMEN, der vor allem auf zeitgenössische Zeitungsartikel – vielleicht sogar aus dem eigenen Pressearchiv – fußte. Zum Abschluss hieß es:

> „Ein trauriges Kapitel in der Geschichte der Seefahrt, das aber trotzdem nicht in Vergessenheit geraten darf, denn es kündet von dem Todesmut und der Opferbereitschaft deutscher Seeleute, die für Fahrgast, Ladung und Schiff ohne Rücksicht auf ihr eigenes Leben einstanden. Und gerade diese Eigenschaften der deutschen Seefahrer haben neben der unbedingten Zuverlässigkeit, Schnelligkeit und Schönheit der Schiffe dem Namen unserer größten Schiffahrtslinie und der Lloydflagge Weltgeltung verschafft."[79]

Während auf diese Weise in einer Zeit, die im Zeichen des Wiederaufbaus nach dem Krieg stand, die glanzvolle Vergangenheit des Lloyd lokalpatriotisch beschworen wurde, schickte sich der NDL an, seine frühere Position in den angestammten Fahrtgebieten wieder aufzubauen. Als dann 1957 das hundertjährige Jubiläum gefeiert wurde, war der Anschluss an die früheren Marktpositionen wieder erreicht worden. So durfte eine entsprechende Festschrift nicht fehlen, die aus der Feder eines bremischen Historikers stammte: Dr. Georg Bessell (1891-1976)[80], der zunächst im Bremerhavener, später im Bremer Schuldienst lehrte. Er verkörperte den Typus eines neben seiner schulischen Lehrtätigkeit engagierten Forschers. Aus seiner Feder entstammten mehrere größere Arbeiten, u.a. über die Geschichte Bremens[81] und Bremerhavens[82] sowie über die Großwerft Bremer Vulkan (1996 durch einen spektakulären Konkurs auch bundesweit bekannt geworden).[83] Dass diese Veröffentlichungen inzwischen durch neuere Forschungen weitgehend überholt sind, sagt nichts gegen die damaligen Verdienste des Autors. So war er als Verfasser der Festschrift in der Tat prädestiniert. An deren

78 *Ehrenmal deutscher Seeleute.* Gedenkbuch der deutschen Seeleute, welche in 50 Jahren die Treue zu ihrem Seemannsberuf mit dem Tod besiegelt haben, Hamburg 1939, S. 77-79.

79 BREMER NACHRICHTEN, 30.6.1950.

80 Über Bessell s. StAB 9,S 3, Bessell, Georg.

81 Georg Bessell, *Bremen – Die Geschichte einer deutschen Stadt,* Leipzig 1935, neu aufgelegt in Bremen 1955. Inzwischen ist dieses Buch durch die mehrbändige Arbeit von Herbert Schwarzwälder über die bremische Geschichte (vgl. Anm. 97) ersetzt worden.

82 Georg Bessell, *Geschichte Bremerhavens,* Bremerhaven 1927. Heutzutage wird die Forschung in Bremerhaven vor allem von dem Leiter des dortigen Stadtarchivs, Dr. Hartmut Bickelmann, sehr erfolgreich vorangetrieben.

83 Georg Bessell, August Westermann, *Bremer Vulkan.* 150 Jahre Schiffbau in Vegesack, Bremen 1955. Diese Arbeit ist inzwischen ersetzt worden durch die beiden Arbeiten von Hartmut Roder, *Der Bremer Vulkan.* Von der Johann Lange Werft zum Bremer Vulkan, Bremen 1987, ders., *Schiffbau und Werftarbeit in Vegesack,* Der Bremer Vulkan 1914-1933, Bremen 1987 sowie durch das umfangreiche Werk von Peter-Michael Pawlik, *Von der Weser in die Welt – Die Geschichte der Segelschiffe von Weser und Lesum und ihrer Bauwerften 1770 bis 1893* (Schriften des Deutschen Schiffahrtsmuseums, Bd. 33), Bremerhaven und Hamburg 1993.

Schluss wird der „liebe Norddeutsche Lloyd“ [84] beschworen und das Großfeuer von Hoboken als „furchtbare Brandkatastrophe“ auf knappe sechs Zeilen beschränkt.[85] 1959 erfuhr dann das Comeback des Lloyd durch die Indienststellung des Passagierliners BREMEN (ex PASTEUR, 1938 in Frankreich erbaut und 1958-1959 beim Bremer Vulkan umgebaut) in den Augen der breiten Öffentlichkeit seine symbolhafte Krönung. Das Passagierschiff versah den – damals noch einigermaßen profitablen – Transatlantikdienst des NDL und avancierte wie selbstverständlich zum Flaggschiff der Reederei, weshalb der BREMEN bis zum Verkauf 1972, vor allem in Bremen, ein sentimentaler Touch anhaftete. So stellte die hauseigene Traditionspflege des Lloyd in Schriften, aber auch auf Souvenirs, diese BREMEN ganz bewusst in eine Reihe mit ihren vier gleichnamigen Vorgängerinnen seit 1858, obwohl es sich um Schiffe mit sehr unterschiedlichem Gewicht für die Geschichte des Unternehmens handelte.[86] Eben diesem Anliegen verschrieb sich ganz und gar eine zweisprachige (deutsche und englische) Broschüre über die fünf „Schwestern“ BREMEN, die um 1959 erschien. Die dargebotenen Fakten waren eher dürftig. So ist es kein Wunder, dass Hoboken nicht erwähnt wurde, dagegen mit einigen historischen Legenden aufgewartet wurde[87], die später von der in den Siebzigerjahren einsetzenden Forschung widerlegt wurden. Die neu in Dienst gestellte BREMEN sollte den Schlusspunkt im traditionsbeladenen Transatlantikdienst des Lloyd setzen und wirkt von heute her gesehen ein wenig epigonal. Dieses Schiff war nun einem Publikum nahe zu bringen, das sich der ehrwürdigen Tradition des NDL in Verbindung mit Bremer Lokalpatriotismus noch sehr bewusst war und das erklärt auch die – sachlich recht fragwürdige – Traditionslinie von der „ersten zur fünften“ BREMEN. In dieser bewusst instrumentalisierten schiffsbiografischen Hagiographie hätte ein trauriges Ereignis wie Hoboken nur gestört.

Doch der Großbrand des Lloydterminals war um 1960 aber dann doch nicht ganz vergessen, allem Schweigen in der dem NDL nahestehenden Publizistik zum Trotz. Das bereits erwähnte Massengrab in New Jersey wurde immerhin nach dem Zweiten Weltkrieg auf Kosten des Lloyd restauriert und am 60. Jahrestag des Brandes, am 30. Juni 1960, legte eine Abordnung des Passagierschiffes BERLIN einen Kranz dort nieder.[88]

Bevor in den Siebzigerjahren die einschlägige schifffahrtshistorische Forschung in Deutschland einsetzte und der entsprechende Buchmarkt geradezu explodierte, galt in Bremen zu Recht der Schifffahrtspublizist Dr. Arnold Rehm (1896-1976) als der führende Kenner der Historie des NDL. Er war von 1926-1939 beim Lloyd im Passagegeschäft sowie als Reiseleiter tätig und behandelte meist in kleineren Aufsätzen Schifffahrtsthemen kenntnisreich, mitunter auch ein wenig launig[89]. 1964 kam er in einem Artikel über die seit 1894 bestehende Geschäfts-

84 Bessell, Norddeutscher Lloyd, S. 190.

85 Ebd., S. 110.

86 Die erste BREMEN von 1858 gehörte in der Tat zum Quartett der vier Transatlantikdampfer der ersten Stunde. Die zweite, in Hoboken aufgebrannte BREMEN zählte dagegen eher zur damaligen zweiten oder dritten Garnitur der Flotte. Ähnliches muss über die dritte BREMEN (10081 BRT, 1900 beim Stettiner Vulcan erbaut) gesagt werden. Sie war ein Schwesterschiff der zweiten BREMEN. Zunächst hieß dieses Schiff PRINZESS IRENE, erhielt 1923 den Namen BREMEN und wurde 1928 in KARLSRUHE umgetauft, denn ein Jahr später war die neue BREMEN (52656 BRT), das wahrhaft repräsentative wie innovative Flaggschiff der Reederei in Dienst gestellt worden. Deutlich ist dabei ablesbar, mit welchem unterschiedlichem Stellenwert im Laufe der Firmengeschichte der NDL mit dem Schiffsnamen BREMEN umging. Von daher gesehen ist der reedereiseitig angestellte Versuch von 1959, alle fünf Schiffe in *eine* Entwicklungslinie zu stellen, als Geschichtsklitterung zu betrachten.

87 Eduard Zimmermann, *Flaggschiff BREMEN*, Bremen um 1959. In dieser vom NDL herausgegebenen Broschüre werden alle fünf Schiffe dieses Namens vorgestellt, auch die BREMEN von 1897 (S. 33-39). Anstatt von Hoboken ist von einer Durchquerung des Suezkanals als (angeblich?) erstes Schiff nach dessen Erweiterung die Rede. Die BREMEN fuhr, wie ihre Schwesterschiffe der BARBAROSSA-Klasse, wechselnd im Nordatlantik- und im Reichspostdampferdienst nach Ostasien und Australien.

88 Drechsel, Norddeutscher Lloyd, S. 30.

89 Ein Beispiel dafür ist das weit verbreitete und immer wieder nachgedruckte Büchlein Rehms, *Schiff und See.* Eine fröhliche Verklarung für Passagiere, Badegäste und Küstenbewohner, Bremerhaven 1954. 1971 erschien die 17. Auflage. Mehr Informationen über Rehm s. StAB 9–S 3 Rehm.

verbindung zwischen der Schichauwerft (Danzig, nach 1945 Bremerhaven) und dem NDL auch auf die von diesem Unternehmen erbaute BREMEN zu sprechen und erwähnte dabei auch Hoboken.[90]

Zum neuen Jahr 1967 überraschte eine bremische Firma, die Armaturen herstellte (Gustav F. Gerdts KG), ihre Freunde und Geschäftspartner mit einer kleinen Broschüre. Sie trug den Titel „Die BREMEN und ihre Ahnen"[91] und stammte ebenfalls aus der Feder Rehms. Wie die offiziöse NDL-Schrift acht Jahre zuvor, so griff auch diese Publikation das populäre Motiv von den fünf Lloyddampfern namens BREMEN auf, während das letzte Schiff aus dieser Reihe im Zenit seiner Karriere als Flaggschiff des NDL stand.[92] Diesmal war jedoch der Inhalt wesentlich faktenreicher und substanzieller als das Heft von 1959 und so fand im Abschnitt über die zweite BREMEN (1897) die Brandkatastrophe von Hoboken eine knappe, aber ausreichende Würdigung.

1973 gab ein renommierter deutscher Schifffahrtspublizist ein zweibändiges Werk über die Hapag und den NDL heraus und erwähnte das Brandunglück in einem Absatz[93]. Als kurze Zeit später vom gleichen Autor ein ergänzender Bildband folgte, wurde mit einer Illustration Hoboken ebenfalls gewürdigt.[94]

Wenig später (1976) widmete sich die Zeitschrift (1955 erstmals herausgegeben und 1992 eingestellt) der Bezirksgruppe Bremen der Gesellschaft für deutsche Postgeschichte mit einem kürzeren, dennoch (trotz einiger Ungenauigkeiten) substanziellen Beitrag der Brandkatastrophe.[95] Im Gegensatz zu diesen Veröffentlichungen ließ ein kenntnisreiches, wenn auch mit leichten „Pro Domo-touch" geschriebenes, zusammenfassendes Buch eines Hapag-Lloyd-Insiders über die Nordatlantikfahrt (1983) Hoboken unter den Tisch fallen[96].

1987 erschien ein Buch mit ausgewählten Fällen, die in der großen Zeit der deutschen Schifffahrt (vor 1914) vor den deutschen Seeämtern verhandelt wurden. Dies war insofern verdienstvoll, da die in zahlreichen Bänden publizierten Seeamtsberichte inzwischen zur Rarität geworden sind, die nur in wenigen Bibliotheken (im Deutschen Schiffahrtsmuseum in Bremerhaven und im Staatsarchiv Bremen) anzutreffen ist. So ist es zu begrüßen, dass eine kleine Auswahl der Berichte neu aufgearbeitet und in kompakter Form publiziert wurde. Unter den in strenger Auswahl präsentierten spektakulären Schiffsunglücken befindet sich auch Hoboken.[97]

Es versteht sich geradezu von selbst, dass das führende wissenschaftliche Werk (1986-1990) über die deutsche Passagierschifffahrt gleich an zwei Stellen auf das Unglück eingegangen ist[98] und es zusammenfassend als „eine der größten Brandkatastrophen der Seefahrtsgeschichte" [99] charakterisiert. Das Gleiche gilt für das fünfbändige Standardwerk (1995) über die allgemeine bremische Geschichte, das auf das Großfeuer nicht nur im zweiten Band (im Kapi-

90 Arnold Rehm, Die Schichau-Werft und der Norddeutsche Lloyd, in: *Festschrift zum zehnjährigen Bestehen der Stadt Bremerhaven für den Stadt- und Landkreis Elbing (1954-1964),* Bremerhaven 1964. Die letztlich nicht abgenommene KAISER FRIEDRICH fehlt jedoch in der Schiffsliste.

91 Arnold Rehm, *Die BREMEN und ihre Ahnen,* Bremen 1967 (nicht paginiert). Diese Broschüre befindet sich im Archiv des Bremer Landesmuseums für Kunst und Kulturgeschichte (Focke-Museum) und ich danke herzlich Frau Hannelore Bade (Focke-Museum) für die entsprechende Information.

92 1972 wurde die überalterte, nur bedingt für Kreuzfahrten taugliche und mit zunehmenden Maschinenschäden behaftete BREMEN an den griechischen Reeder Chandris verkauft, der allerdings auch keine lange Freude an seiner Neuerwerbung hatte und das Schiff nur zwei Jahre später weiterverkaufte.

93 Hans Jürgen Witthöft, Hapag; ders., Norddeutscher Lloyd, hier S. 50-51.

94 Hans Jürgen Witthöft, *Hapag-Lloyd.* Über ein Jahrhundert weltweite deutsche Seeschiffahrt im Bild, Herford 1974, hier S. 39.

95 Theodor Windmann, Der Brand in Hoboken – Eine Postdampferkatastrophe, in: POSTGESCHICHTLICHE HEFTE WESER-EMS, Bd. IV, Nr. 9/1976, S. 176-182.

96 Otto J. Seiler, *Nordamerikafahrt.* Linienschiffahrt der Hapag-Lloyd AG im Wandel der Zeiten, Herford 1983.

97 Michael Nolle (Hrsg.), *Gestrandet und total verloren.* Seeunfälle aus den Akten der Seeämter des Deutschen Reichs 1878-1914, Hamburg 1987. Über Hoboken s. S. 186-204.

98 Kludas, Deutsche Passagierschiffahrt, Bd. 1, S. 147-148, ebd., Bd. 2, S. 171.

99 Ebd., Bd. 1, S. 145.

tel „Der Norddeutsche Lloyd und die bremische Schiffahrt“) eingeht, sondern sogar eine Abbildung der ausgebrannten BREMEN zu bieten hat.[100] Zutreffend urteilte sein Autor, Herbert Schwarzwälder, Hochschullehrer in Bremen und anerkannter Nestor der neueren bremischen Historiographie: „Der materielle Verlust wurde von der Reederei sehr schnell überwunden.“ [101]

In der einschlägigen Fachliteratur ereignen sich aber auch tragische Fälle. So existiert ein bienenfleißiges, doch unabgerundetes, geradezu monströses und thematisch teilweises verfehltes zweibändiges Monumentalwerk über den NDL, das nach jahrzehntelanger Sammeltätigkeit von einem Deutschamerikaner 1994 und 1995 publiziert wurde. Es bietet, trotz aller Problematik, immerhin einen großen Materialreichtum (die Forschung nennt so etwas einen „Steinbruch“) und so finden sich dort nützliche Informationen auch über Hoboken.[102]

Inzwischen ist ein neues, mehrbändiges Werk über den NDL in Arbeit. Bislang sind zwei Bände über Tochterfirmen des Lloyd herausgekommen.[103] Dem Vernehmen nach wird Hoboken im Hauptwerk entsprechend gewürdigt werden.[104]

Über die offizielle Geschichtsschreibung kann inzwischen auch Positives gesagt werden. Das heutige Großunternehmen Hapag-Lloyd als Rechtsnachfolger des NDL wie auch als Träger dessen Tradition[105] ist mittlerweile – wohl aus größerer historischer Distanz heraus – zu größerer Souveränität im Umgang mit diesem Ereignis gelangt als seinerzeit der Lloyd selbst: In der neuesten Festschrift (1997) findet der Brand von Hoboken eine angemessene Würdigung.[106]

Als sich Ende Juni 2000 das Unglück zum hundertsten Mal jährte, war an der Unterweser das publizistische Echo unterschiedlich: Während die maßgeblichen Zeitungen in Bremen schwiegen, wurde in Bremerhaven immerhin des Unglücks in der Tagespresse gedacht[107]. In den USA erschienen auch Artikel,[108] so am 30. Juni in Hoboken. Der Reporter musste aber bei seinen Recherchen enttäuscht feststellen, dass das ehemals vorhandene Bildmaterial der Hoboken Public Library zum Unglück in den siebziger Jahren vernichtet worden war, um Platz für andere Bestände zu schaffen[109]. Im Übrigen scheint man aber in den USA über das Unglück hinweggegangen zu sein, denn in einem Brief an den Verfasser von kompetenter Seite hieß es: „The centennial of the Hoboken fire passed here pretty unnoticed.“[110] Dagegen sind in New York jetzt schon Bestrebungen im Gange, einen anderen hundertsten Gedenktag ausführlicher zu würdigen: Am 15. Juni 1904 forderte im New Yorker Hafen ein verheerendes Feuer auf dem Ausflugsdampfer GENERAL SLOCUM über 1000 Todesopfer. Dieses Unglück hat für die New Yorker Öffentlichkeit Hoboken weit in den Schatten gestellt.[111]

Doch erinnert ein interessanter musealer Sachzeuge noch heute an den Großbrand im Lloydterminal, denn einer jener New Yorker Schleppdampfer, welche die KAISER

100 Herbert Schwarzwälder, *Geschichte der Freien Hansestadt Bremen,* Bd. 2. Von der Franzosenzeit bis zum Ersten Weltkrieg (1810-1918), Bremen 1995, S. 456-457.
101 Ebd., S. 457.
102 Drechsel, Norddeutscher Lloyd, Rezension des Vf. in BREMISCHES JAHRBUCH Bd. 76, 1997, S. 229 ff. Über Hoboken s.Bd. 1, S. 27-30, 223-227.
103 Reinhold Thiel, *Norddeutscher Lloyd.* Roland-Linie 1905-1992. Bremen 1999, ders., Norddeutscher Lloyd. Hamburg-Bremer Afrika-Linie, Bremen 2000.
104 Reinhold Thiel, Bremen, im Gespräch mit dem Vf.
105 Inzwischen gibt es ein neues Passagierschiff namens BREMEN. Dabei handelt es sich um ein eher kleineres Kreuzfahrtschiff, das 1990 in Japan erbaut und 1995 erworben wurde. Die in den Fünfzigerjahren propagierte Traditionslinie von der „ersten“ zur neuesten BREMEN wird dabei von Hapag-Lloyd offenbar nicht mehr verfolgt.
106 Wiborg, Feld, S. 125-126.
107 Eine Reportage in der NORDSEE-ZEITUNG vom 30.6.2000 titelte: *300 Menschen im Feuermeer umgekommen. Heute vor 100 Jahren: Brand der Lloyd-Piers.* Zu einem weiteren Beitrag im gleichen Blatt s. Anm. 1.
108 Michael Sommers, ´A floating mass of flames´, in: THE STAR-LEDGER, 29.6.2000.
109 Brief von Herrn Bill Miller, Secaucus, New Jersey, an den Vf., 7.12.2000.
110 Brief von Al Trojanowicz (Middle Village, New York) von der Informationsabteilung der New Yorker Feuerwehr, an den Vf., 22.3.2001.
111 Ebd.

WILHELM DER GROSSE aus der Gefahrenzone retteten, ist noch heute erhalten. Es handelt sich um die ADMIRAL DEWEY[112] der Berwind White Coal Company (erbaut 1900 in New York und mit 900 PS einer der leistungsfähigsten Dampfschlepper im dortigen Hafen). Dieses Schiff schleppte in der Regel Kohlenschuten zur Brennstoffversorgung der großen Schiffe und tat das auch an jenem Unglückstag, als das Feuer ausbrach. Der Kapitän des Schleppers half beherzt sofort mit seinem Schiff beim Verholen des großen Vierschornsteiners. Später, im Februar 1901, erhielt die ADMIRAL DEWEY von allen beteiligten Schleppern die höchste Bergungsprämie zugeteilt. Das Schiff tat noch viele Jahrzehnte Dienst, wurde in den 1950er Jahren auf Dieselantrieb umgerüstet, hieß später HELEN MC ALLISTER und diente bei der renommierten New Yorker Bugsierfirma Mc Allister Towing and Transportation, die 1864 gegründet wurde und noch heute an der amerikanischen Ostküste von New York bis hinunter nach Florida aktiv ist. Unter dem letzten Namen gehört der Schlepper inzwischen zur historischen Flotte des South Street Seaport Museums in New York und steht auch für Charterfahrten zur Verfügung. Der Erwerb des historischen Schleppers bildete für das Museum Anlass genug, auch der Katastrophe von Hoboken durch eigene Recherchen nachzugehen.[113]

Trotz der immer größer werdenden zeitlichen Distanz und trotz der Tatsache, dass der heutige Konzern Hapag-Lloyd mit dem Norddeutschen Lloyd historischen Angedenkens nicht mehr viel gemein hat, beweist dessen Nachfolger Anstand, Würde und Noblesse gegenüber den Opfern des Großfeuers von Hoboken: Noch heute übernimmt die Hapag-Lloyd AG in Hamburg die Kosten für die regelmäßige Pflege der Grabstätte in North Bergen in New Jersey.[114]

Es bleibt zu hoffen, dass auch die künftige Literatur, welche die entsprechende Thematik behandelt, der Brandkatastrophe von Hoboken die notwendige Aufmerksamkeit widmet, trotz der immer größer werdenden zeitlichen Distanz. Das ist man nicht nur der hoffentlich nie endenden Diskussion über verbesserte Sicherheit schuldig, sondern auch dem Respekt vor den Opfern. Denn diese haben auf alle Fälle einen Anspruch darauf, nicht in Vergessenheit zu geraten.

112 Benannt nach jenem Admiral der US Navy, der im spanisch-amerikanischen Krieg das US-Ostasiengeschwader befehligte und am 1. Mai 1898 vor Manila einen Sieg über die spanische Flotte errang. Dewey wurde in der Folgezeit in der amerikanischen Öffentlichkeit stark popularisiert.

113 Brief von Dr. Norman J. Brouwer, South Street Seaport Museum, New York, an der Vf., 31.1.2001. Siehe auch den aufschlussreichen Artikel von Greg Trautwein, After 137 years – A Legacy Prevails. Through a tumultuous, ever-evolving and always colorful 137 years, McAllister Towing and Transportation has managed to constantly come out ahead, in: MARITIME REPORTER AND ENGINEERING NEWS, September 2001, S. 26-34.

114 Telefonat des Vf. mit Herrn H.J. Capell, Hapag-Lloyd AG, Hamburg, 8.12.2000. Vf. dankt dem Staatsarchiv Bremen, dem Focke-Museum in Bremen, den Bildgebern und den in den Fußnoten erwähnten Gesprächspartnern und Korrespondenten für freundliche Unterstützung.

Zeitgenössische Postkarte, die das Feuer kurz nach dem Ausbruch darstellt. Diese populäre Darstellung ist aber verfremdet, denn die Schiffe lagen mit dem Bug und nicht mit dem Heck zum Strom. (Sammlung Arnold Kludas, Grünendeich).

Die Brandkatastrophe im Hafen von New-York (Hoboken) 30 Juni 1900.
Nach einer Moment-Aufnahme.

Die brennende BREMEN wird von New Yorker Hafenschleppern assistiert. Aus der Bildbeilage der BREMER NACHRICHTEN, 18.7.1925 (Archiv Prof. Dr. Herbert Schwarzwälder, Bremen).

Vom Gerücht zur Legende

Der Luftkrieg über Deutschland im Spiegel von Tatsachen, erlebter Geschichte, Erinnerung, Erinnerungsverzerrung

Götz Bergander

1. Der Absturz der Lancaster NG 234 JO-E

Am 29. Mai 1947 wies der Dresdner Polizeipräsident Opitz den Kriminaldirektor Hoppe an, „auf dem schnellsten Wege" die alliierten Flugzeugverluste über Dresden und das Schicksal der Besatzungen festzustellen. Den Auftrag dazu hatte er von sowjetischen, britischen und amerikanischen Offizieren erhalten. Opitz betonte, diese Angelegenheit werde „sehr ernst genommen."[1]

Ohne Verzug begann eine Kommission mit Nachforschungen. Bereits am 2. Juni 1947 wurde Oberinspektor Dobermann vom Kriminalamt Dresden fündig. Er präsentierte einen Augenzeugen, den sechzigjährigen August R., der zu Protokoll gab, er sei Luftschutzwart der Häuser Königsbrücker Straße 3 und 36 in Dresden-Neustadt gewesen. Beim Luftangriff am 13./14. Februar 1945 habe er in der Haustür gestanden und gesehen, wie ein großes viermotoriges Flugzeug brennend über dem Theater des Volkes ankam und am Hochhaus neben der Königsbrücker Straße 3 abstürzte. R. weiter:

> „Es lag dann auf der Straße in total zertrümmertem Zustand. Die Insassen des Flugzeuges sind nach meinem Dafürhalten vollständig verbrannt. Ich muß annehmen, daß ich der einzigste Zeuge war, da die Straßen vollständig von Menschen leer waren. Einige der Häuser brannten lichterloh. Leichen der Piloten habe ich außerhalb des Flugzeuges nicht gesehen."[2]

R. fuhr fort, auch beim zweiten Angriff habe er einen Absturz beobachtet. Ein zweimotoriges Jagdflugzeug sei in den Hof des Hotels „Zum artesischen Brunnen" gestürzt: „Beim Durchfliegen durch die dort stehenden Essen streiften die Flügel des Flugzeuges die Essen. Es flog noch über die Bäume des Gartens, stürzte in den Hof und explodierte." Zwei weitere Flugzeuge, so R., seien in Höhe Marienbrücke zusammengestoßen und explodiert:

> „Die Überreste habe ich gesehen, das eine lag links der Marienbrücke in der Nähe des Japanischen Palais, das andere rechts in den Lagerhäusern. [...] Über Leichen der alliierten Piloten oder deren Verbleib kann ich keine Angaben machen. Ich schätze die Zahl der abgestürzten Flieger während der zwei Angriffe auf ca. 40 Maschinen. Diese Zahl vermute ich aufgrund von Hörensagen und was ich selbst gesehen habe."[3]

Vor dem 17. Polizeirevier erschien Herr Karl S., 37 Jahre alt. Beim ersten Nachtangriff, so seine Aussage, seien die Grundstücke Görlitzer Straße 20 und 22 in Brand geraten. Die Löscharbeiten der Bewohner seien vom zweiten Angriff unterbrochen, danach aber wieder aufgenommen worden:

1 Sächsisches Hauptstaatsarchiv, Dresden, Ministerium des Innern, Landesbehörde der Volkspolizei Sachsen, Bestand Nr. 4, Bd. 366. Ich danke Horst Giegling für Hinweise auf dieses Archivgut.
2 Ebd.
3 Ebd.

„Kaum damit begonnen, erschien ganz niedrig fliegend ein englisches Jagdflugzeug und beschoß aus einem Maschinengewehr die mit dem Löschen der Brände beschäftigten Menschen. Es ist ein einmotoriges Jagdflugzeug mit einem Mann Besatzung gewesen. Durch das niedrige Fliegen streifte dasselbe eine der im Hintergebäude stehenden großen Essen, explodierte in der Luft und Teile davon kamen in wenigen Sekunden zur Erde, darunter auch der Flugzeugführer. Ich habe denselben liegen gesehen, es war ein junger Mensch von ca.18 Jahren. Der Kopf war vollständig zerschlagen, und muß dieser Mensch bereits in der Luft ums Leben gekommen sein. Die Leiche ist dann am anderen Morgen von einem Aufräumtrupp mit einem Kraftwagen abgeholt worden.“[4]

Was war wirklich geschehen? Am Doppelangriff auf Dresden in der Nacht des 13./14. Februar 1945 nahmen 773 Lancaster-Bomber und neun Mosquito-Markierer teil.[5] Acht Lancasters gingen verloren, zwei davon über Dresden.[6] Da es seit Januar 1945 in Dresden keine Flak mehr gab und im dortigen Luftraum keine deutschen Nachtjäger eingesetzt waren, wurden sie vermutlich von Bomben höher fliegender eigener Maschinen getroffen, “friendly fire“ hieß das später; das passierte gelegentlich bei höhengestaffelten Zielanflügen. Diesmal wurden außerdem drei Lancasters durch fallende Brandbomben beschädigt. Die Höhenunterschiede betrugen beim ersten Angriff 3.400-5.400 Meter, beim zweiten 2.400-6.300 Meter.[7]

Der erste Angriff wurde von der 5. Bomber Group durchgeführt. Beim Zielanflug nordwestlich der Stadt spürte Flight Sergeant White, Heckschütze der Lancaster NG 234 JO-E von der 463. (australischen) Squadron, wie das Flugzeug von einer gewaltigen Erschütterung durchgerüttelt wurde. White verlor kurz das Bewusstsein, fand sich plötzlich außerhalb des Flugzeuges in die Tiefe stürzend wieder, öffnete gerade noch rechtzeitig seinen Fallschirm, der ihn über die durch Leuchtbomben und Entstehungsbrände erhellte Innenstadt trug. Er landete auf dem Flachdach eines Gebäudes, das er für „Gestapo Headquarters“ hielt und geriet in Kriegsgefangenschaft.[8]

Die getroffene Lancaster muss wohl unkontrolliert in eine weite Linkskurve geraten sein, sie explodierte und fiel brennend in Einzelteilen zu Boden. Zwei Motoren mit Tragfläche schlugen am Albertplatz auf, ein anderes Segment und ein Mitglied der Besatzung prallten auf die Görlitzer Straße 22 und 24 und der Rest zerschellte in der Nordstraße und der Jägerstraße, ebenfalls in Dresden-Neustadt. In der Nachbarschaft lagen fünf herausgeschleuderte Tote. Nachdem ihre Personalien aufgenommen worden waren, wurden sie am 19.2.1945 in einem Bombentrichter am Fuß der Prießnitzbrücke verscharrt. Die drei Absturzstellen waren in leicht gekrümmter Linie je 850 Meter voneinander entfernt.[9]

Am 17.2.45 meldete der Meister der Schutzpolizei Engwald vom 18. Polizeirevier, dass in der Görlitzer Straße 22 „ein toter englischer Pilot“ geborgen wurde: „Die Leiche wird verbracht nach dem Heidefriedhof.“[10] Also dorthin, wo die Massengräber für die Opfer der Luftangriffe ausgehoben wurden. Von den sieben Männern der Lancaster NG 234 JO-E waren fünf Australier und ein Brite gefallen und ein Australier kriegsgefangen.[11]

Die andere über Dresden verloren gegangene Lancaster gehörte zur 186. Squadron, 3. Bomber Group. Sie kam beim zweiten Angriff offenbar bereits schwer angeschlagen mit Ost-

4 Ebd.
5 Middlebrook, Martin and Everitt, Chris, *The Bomber Command War Diaries*, Leicester 1996, S. 663.
6 Chorley, W. R., *Royal Air Force Bomber Command Losses of the Second World War*, Vol. 6, Leicester 1998, S. 75f.
7 Ebd. – Public Record Office (PRO), Kew/London. Intelligence Narrative of Operations No. 1007,13/14. February 1945. Air 24/307.
8 *Diary Warrant Officer*, früher *Flight Sergeant, Arthur M. White, Royal Australien Air Force*, der 1998 verstarb. Ich danke seinem Sohn Arthur White für die Überlassung einer Kopie des Tagebuches. Es ist möglich, dass F/S White auf dem Flachdach des Hauptzollamtes landete. Daneben, in der Devrientstr. 2, befand sich die Dienststelle des Höheren SS- und Polizeiführers.
9 Sächs. HStA, Bestand Nr. 4, Bd. 366.
10 Ebd.
11 Chorley, Losses, Vol. 6, S. 75.

kurs von der Stadtmitte her, verlor über Neugruna einen ihrer vier Rolls-Royce-Merlin-Motoren und endete 1500 Meter weiter auf den Elbwiesen beim Wasserwerk Tolkewitz. Fünf Tote wurden gefunden und auf dem nahen Johannisfriedhof beigesetzt.[12]

Im Abschlussbericht des Dresdner Polizeipräsidiums vom 2. Juli 1947 wird die Bergungsaktion als erfolgreich eingestuft. Man habe Dank und Anerkennung von der englischen Kommission und dem sie begleitenden Kapitän der Roten Armee erhalten. Die am 25.6.47 exhumierten Leichen seien von der englischen Kommission in Decken verpackt mitgenommen worden.[13] Sie wurden später auf dem Berlin War Cemetery bestattet.[14] Die Gräber sind noch heute in gutem Zustand.

Wie das Beispiel zeigt, bedarf es umfangreicher Recherchen, um manche Augenzeugenaussagen aus dem Luftkrieg auf ihren Wirklichkeitsgehalt hin zu überprüfen, um Erzählungen an Fakten zu messen. Deshalb wurde es ausführlich dokumentiert. Die Aussagen der beiden Genannten folgen einem in der Luftkriegsüberlieferung häufig anzutreffenden Muster. Der Ursprung des Berichteten beruht meist auf Tatsachen, die zunächst richtig wiedergegeben werden. Dann aber verselbstständigt sich die Erinnerung, das Erlebte wird ausgeschmückt, wird angereichert mit Vermutungen, Gerüchten, Hörensagengeschichten.

Wenn der Zeuge R. berichtet, er habe während des ersten Angriffs einen Absturz am Albertplatz erlebt, stimmt das mit der Wirklichkeit überein. Wobei es nebensächlich ist, dass es nur Fragmente eines Bombers waren. Alle weiteren Aussagen jedoch sind unglaubwürdig. Hat R. wirklich während des noch vehementeren zweiten Angriffs wieder auf der Straße gestanden? Hat er wirklich gesehen, dass ein zweimotoriges Jagdflugzeug im Tiefstflug Schornsteine streift und explodiert? Und dass zwei Flugzeuge über der hinter dichten Rauchwolken verborgenen, von seinem Standort überhaupt nicht einsehbaren Marienbrücke zusammenstoßen?

Nichts dergleichen ist passiert. Die geschätzte Zahl von 40 abgestürzten Flugzeugen „auf Grund von Hörensagen und was ich selbst gesehen habe" ist typisch für die Mischung aus Gerüchten und Autosuggestion, wie sie in Berichten über den Bombenkrieg so oft anzutreffen ist. Um die Flugzeugtrümmer am Albertplatz rankt sich bis heute die Legende, die Flieger seien so tief gekommen, dass einer ans Hochhaus geprallt sei: "Nach dem Luftangriff hatte vor dem Hochhaus ein amerikanischer Jagdbomber gelegen, das Flugzeug war zu tief über die Neustadt geflogen und hatte das Hochhaus gestreift."[15] Oder dies: „Auch die Tiefflieger werden heute angezweifelt, doch ich habe sie doch selbst erlebt und gesehen, wie am 15. Februar 1945 einer im Hochhaus am Albertplatz stecken geblieben ist."[16]

Hier stimmt nicht einmal das Datum. Anzumerken ist, dass das so genannte Hochhaus lediglich elf Stockwerke besitzt. Es ist ein nüchternes Bürogebäude mit massiven Geschossdecken, weshalb die Brandschäden bald nach Kriegsende beseitigt werden konnten. Äußerlich trug es keine Spuren, die ein Flugzeug bei einer Kollision hätte hinterlassen müssen.

Die gleiche Spaltung zwischen Realität und Fantasie gilt für den Zeugen S. aus der Görlitzer Straße 22. Tatsächlich hat es dort gebrannt, die Lücken in der Bebauung sind noch zu sehen, tatsächlich hat die Polizei dort einen toten britischen Flieger abtransportiert. Dieser erste Teil des Berichts ist nachvollziehbar. Nicht aber jener, dass nach dem zweiten Angriff ein einmotoriges britisches Jagdflugzeug die löschenden Hausbewohner beschossen und einen Schornstein gestreift habe und explodiert sei. Da gab es keinen Jäger und kein Maschinengewehrfeuer.

12 Ebd.
13 Sächs. HStA, Bestand Nr. 4, Bd. 366.
14 Chorley, Losses, Vol. 6, S. 75.
15 Paul, Wolfgang, *Dresden, Gegenwart und Erinnerungen*, Esslingen-München 1986, S. 92.
16 Leserbrief, in: SÄCHSISCHE ZEITUNG, Dresden vom 14. Februar 1995.

2. Zwischen Begeisterung und Beunruhigung – Stimmungsschwankungen 1939/40

Der Luftkrieg gebar zwangsläufig eine schier unerschöpfliche Menge von Gerüchten und Mythen; zu neu, zu überraschend waren seine Begleiterscheinungen. Dabei hatten Science-Fiction-Autoren mit beinahe hellseherischer Fantasie die apokalyptischen Folgen beschrieben. Auf den Luftkrieg, so Michael Salewski „hatten sich schon lange vor 1914 die kühnsten Spekulationen der Scientific romances konzentriert, und den Anfang von alledem machte, wie könnte es anders sein, H. G. Wells mit ‚The War in the Air'. 1908 erschienen, riss er mit einem Schlag das Szenario des zukünftigen totalen Luftkrieges auf, ohne dass der Autor ahnte, welche ungeheueren politischen und psychologischen Konsequenzen er damit heraufbeschwor – nach dem Ersten Weltkrieg."[17]

Die Idee des italienischen Generals Douhet, auch die teils theoretischen, teils praktischen Planungen der britischen und deutschen Luftstäbe in den Dreißigerjahren, die Kriegsentscheidung durch Luftmacht zu suchen, wirkten wie von Wells beeinflusst.

Zu den psychologischen Konsequenzen gehörte die Gerüchteproduktion, die Mythenbildung. Horst Schuh schreibt, „die Entstehung von Gerüchten ist nicht ohne bestimmte psychologische Situationen denkbar, in denen die soziale Kommunikation von emotionalen Erlebnissen geprägt ist."[18] Er zitiert Peter Hofstätter:

> „1. Gerüchte treten vor allem in Situationen auf, die für größere Teile der Bevölkerung bedrückend oder bedrohlich sind. Ihre Aufgabe ist es, diese Situation durch die Kennzeichnung einzelner oder mehrerer Verantwortlicher überschaubar und im Sinne eines egozentrischen Kausalprinzips verständlich zu machen.
> 2. Gerüchte breiten sich aus, weil an jeder Stelle ihrer Weitergabe der jeweilige Erzähler einen Prestigeerfolg einheimsen kann.
> 3. Gerüchte befinden sich während ihres Kursierens in einem Prozess der Umgestaltung, der dazu führt, daß die einzelnen Erzähler selbst mehr und mehr dazu neigen, ihre Berichte für wahr zu halten."[19]

Und der Luftkrieg war der ideale Nährboden dafür. Erfahrungen aus dem Ersten Weltkrieg waren nicht ins Bewusstsein der breiten Öffentlichkeit gedrungen, obwohl deutsche Luftschiffe und schon recht voluminöse Bomber London, britische und französische Bomber Städte in West- und Südwest-Deutschland angegriffen hatten.

Auf der Grundlage des Luftschutzgesetzes von 1935 sollte der Reichsluftschutzbund die Ausbildung der Bevölkerung in Brand- und Schadensbekämpfung organisieren. In Betrieben wurde der Werkluftschutz aufgebaut. Luftschutzübungen fanden statt, z.B. vom 19. bis 24. Oktober 1936 im gesamten Rheinland, nachdem im März deutsche Truppen ins entmilitarisierte Rheinland einmarschiert waren.[20] In der Kölner Innenstadt ging es ziemlich realistisch zu:

> „Die Bombenabwürfe wurden durch das Abschießen weißer Leuchtkugeln simuliert, der Aufschlag der Bomben durch Kanonenschläge und einen speziellen Apparat für Detonationen; zur Darstellung von Bränden wurden weiße und rote Rauchsteine sowie Feuerwannen verwandt. [...] Straßen wurden aufgerissen, ein großes Gas- und Hauptwasserrohr zertrümmert,[...] die Verletzten und Toten mit Schminke in einen entsprechenden ‚Zustand' gebracht."

17 Salewski, Michael, *Zeitgeist und Zeitmaschine.* Science-Fiction und Geschichte, München 1986, S. 177.
18 Schuh, Horst, *Das Gerücht.* Psychologie des Gerüchts im Krieg, München 1981, S. 9.
19 Hofstätter, Peter, *Individuum und Gesellschaft.* Das soziale System in der Krise, Frankfurt-Berlin-Wien 1972, S. 162ff., zitiert bei Schuh.
20 Rüther, Martin, Reaktionen und Folgen, in: *Köln, 31. Mai 1942.* Der 1000-Bomber-Angriff, Köln 1992, S. 55ff.

Der „Stadt-Anzeiger" warnte die Einwohner, zwischen Köln und der Reichsgrenze liege lediglich eine Flugdauer von 20 Minuten.[21]

Nach Kriegsbeginn 1939 bewies die deutsche Luftwaffe, dass sie entscheidend zur Zerschlagung der polnischen Armee und der Hauptstadt Warschau beitragen konnte. Hingegen blieben die Kampfhandlungen im Westen vorerst auf örtliche Gefechte beschränkt; auch die deutschen, französischen und britischen Luftstreitkräfte unternahmen keine größeren Aktionen. Die RAF führte hauptsächlich eine Flugblattoffensive. Daran knüpften sich die ersten Gerüchte, wie Gebhard Aders berichtet:

> „Hierzu gehören die angeblichen Flugblätter, die man überall in Deutschland gefunden haben will, mit Texten wie ‚Frechen im Loch, wir finden dich doch'. Dieses war sogar der Titel einer Ausstellung, die die Stadt Frechen im Jahr 1995 veranstaltet hatte."[22]

Es gibt zahlreiche Angaben von Zeitzeugen, die heute noch behaupten, Flugblätter mit diesem Text, aber jeweils einem anderen Ortsnamen, bei Kriegsbeginn in großen Stückzahlen gesehen zu haben, obwohl sie nie existierten. Was damals wirklich gefunden wurde, waren Flugblätter mit der dicken Überschrift „An das deutsche Volk", in denen es heißt, dass die englischen Bomber immer ihr Ziel finden.[23]

Eine neue Kriegsphase begann am 10. Mai 1940 mit dem Westfeldzug und dem Sieg über Frankreich. Abermals bahnte die deutsche Luftwaffe den Bodentruppen den Weg, auch mit tragischen Folgen wie in Rotterdam, als ein begrenzt geplantes Bombardement außer Kontrolle geriet und einen großen Teil der Stadt in Brand setzte. Absicht oder nicht – die 980 Toten Rotterdams konnten nicht mehr fragen, ob sie nun Opfer eines gerechtfertigten, militärisch notwendigen Angriffs geworden waren oder Opfer einer unterschiedslos die Zivilbevölkerung einbeziehenden, letztlich terroristischen Operation. Der moderne Luftkrieg enthielt – frühe Beispiele wie Guernica, Warschau und Rotterdam bewiesen es schon vor London und Coventry – nicht beherrschbare hohe Risiken für die Zivilbevölkerung, ganz gleich, ob deren Gefährdung mit Bedauern, billigend oder absichtlich einkalkuliert wurde.[24]

Presse und Rundfunk des Propagandaapparats bemühten sich, mobilisierend auf die Kriegsstimmung des Volkes einzuwirken. Besondere Bedeutung gewann die „Deutsche Wochenschau" mit ihren dramatischen Bildern fallender und detonierender Bomben und brennender Städte. Starken Eindruck machten Filme wie „Kampfgeschwader Lützow", „Stukas" oder „Feuertaufe". Am 14. Mai 1940 meldete der Sicherheitsdienst der SS die Publikumswirkung des Films „Feuertaufe":

> „Die ersten Aufführungen wurden von allen Bevölkerungskreisen begeistert aufgenommen. [...] Tiefste und nachhaltige Wirkung übten auf alle Teilnehmer die Bilder des zerstörten Warschau aus. Mit großer Begeisterung wurden die Schlußworte Hermann Görings aufgenommen. Der im deutschen Volk in allen Schichten lebendigen ehrlichen Kampfstimmung gegen England hat auch besonders der buchstäbliche ‚Knalleffekt' am Schluß des Films, als Sturzkampfbomber auf die in einer Trickaufnahme festgehaltene britische Insel herabstürzten, entsprochen."[25]

21 Ebd.

22 Aders, Gebhard, *Gerüchte und Mythen im Bombenkrieg*. Vortrag anl. der Tagung des Hetschbacher Kreises, Arbeitsgemeinschaft zur Erforschung des Luftkrieges, 1999.

23 Ebd., Britisches Flugblatt Nr. 521.

24 Maier, Klaus A., *Guernica, 26.4.1937*, Freiburg 1975. Maier, Klaus A., Totaler Krieg und operativer Luftkrieg, in: Militärgeschichtliches Forschungsamt (Hrsg.), *Das Deutsche Reich und der Zweite Weltkrieg*, Bd. 2, Stuttgart 1979, S. 43ff. Boog, Horst, Der anglo-amerikanische strategische Luftkrieg über Europa – Die deutsche Luftverteidigung, in: Militärgeschichtliches Forschungsamt (Hrsg.), *Das Deutsche Reich und der Zweite Weltkrieg*, Bd. 6, Stuttgart 1990, S. 449ff.

25 Boberach, Heinz, *Meldungen aus dem Reich*. Die geheimen Lageberichte des Sicherheitsdienstes der SS 1938-1945, Herrsching 1984, 14. Mai 1940.

Es seien aber auch von Frauen Stimmen des Mitleids mit den Polen geäußert worden und angesichts des zerstörten Warschau sei keine heroische stolze, sondern eine bedrückte verängstigte Stimmung über die Schrecken des Krieges entstanden.[26]

Mit diesen Schrecken sahen sich zunehmend auch die Deutschen konfrontiert. Verglichen mit späteren Flächenverwüstungen nahmen sich die Attacken des Bomber Command in den Jahren 1940 und 1941 wie Nadelstiche aus, aber wo sie trafen, zeigten sie Wirkung und sei es dadurch, dass sie Unruhe, Ängste und Gerüchte auslösten.

Am Anfang stand der Fall Freiburg. Drei deutsche Flugzeuge hatten am 10. Mai 1940 irrtümlich Freiburg im Breisgau bombardiert, wobei Zivilisten, auch Kinder, ums Leben kamen. Sofort erklärte die deutsche Propaganda, feindliche Flieger hätten das Verbrechen an spielenden Kindern verübt. Das wurde geglaubt, den „Kindermord von Freiburg" kannte bald das ganze Land. Die Lüge entwickelte sich zur Legende, die sich bis lange nach dem Krieg hielt, ergänzt um eine neue, nämlich Hitler selbst habe einen Geheimbefehl für diesen Angriff durch deutsche Flugzeuge erteilt. Augenzeugen lieferten widersprüchliche Aussagen über Wetter, Flughöhe, Nationalität, sogar einen Luftkampf will einer beobachtet haben.

Wissenschaftliche Klärungsversuche – wie von Anton Hoch – fanden kaum Interesse.[27] Erst das Buch „Bomben und Legenden" von Ueberschär und Wette wurde von der veröffentlichten Meinung so stark beachtet, dass die Wahrheit endlich weithin anerkannt werden musste. Und die hieß, dass der deutsche Bombenfehlwurf von der NS-Propaganda benutzt wurde, „um übergeordnete Kriegsziele – in diesem Fall die Eskalation des strategischen Bombenkrieges gegen England – vor der Weltöffentlichkeit als ‚Vergeltung' zu legitimieren."[28]

Auswirkungen des Bombenkrieges auf die Stimmung der Bevölkerung, auch auf die Entstehung von Gerüchten, wurden von den erwähnten SD-Meldungen in unregelmäßigen Abständen erfasst. Im Sommer 1940 hieß es, sehr stark zur allgemeinen Unruhe beigetragen habe das Gerücht, nachts solle kein Fliegeralarm mehr gegeben werden; vielmehr sollten die Blockwarte des Reichsluftschutzbundes von sich aus bei Motorengeräuschen oder Beobachtung von Flakscheinwerfern die Volksgenossen persönlich warnen.[29] Die Klagen über angeblich zu späte, falsche oder ausgebliebene Luftwarnungen rissen nicht ab, auch weil das Bomber Command Tagesangriffe unternahm, die aber bald als zu riskant abgebrochen werden mussten.[30]

Wegen der Angriffe auf nord- und westdeutsches Gebiet, ab August 1940 auch auf Berlin, drohten Hitler, Göring und Goebbels Vergeltung an; sie fanden dafür offene Ohren. Vergeltung und Wunderwaffen sollten Dauerthema bleiben, getragen von Wunschdenken und hoher Erwartungshaltung:

„Immer intensiver beschäftigen sich alle Bevölkerungskreise mit der Art des Vernichtungsschlages gegen England. [...] Gerüchte über Anwendung von flüssiger Luft mit Elektronenstaub, die ungeahnte Sprengwirkung und Hitzeverbreitung zu Folge haben soll, über ‚Todesstrahlen', ‚doppelrumpfige' Flugzeuge und anderes sind an der Tagesordnung. Redner machen in Versammlungen sehr geheimnisvolle Andeutungen. Die ersten Vergeltungsmaßnahmen gegen England seien mit einem „endlich" begrüßt worden, nur seien diese viel zu gering, da sie gegen militärische Ziele gerichtet gewesen seien und die Engländer vorwiegend nichtmilitärische Ziele bombardierten.[31]

Es tauchten Gerüchte auf über den Abwurf von Kartoffelkäfern, Grasbüschel mit Kartoffelkäfern seien sofort von der Polizei vernichtet worden. Dieser Unfug stand im Zusammen-

26 Ebd.
27 Hoch, Anton, Der Luftangriff auf Freiburg am 10. Mai 1940, in: VfZG 4 (1956), S. 115-144.
28 Ueberschär, Gerd R. und Wette, Wolfram, *Bomben und Legenden*. Die schrittweise Aufklärung des Luftangriffs auf Freiburg am 10. Mai 1940, Freiburg 1981, S. 18.
29 Boberach, Meldungen, 3. Juni 1940.
30 Ebd., 24. Juni 1940.
31 Ebd.

hang mit weit verstreuten Bombenabwürfen in ländlichen Gebieten, für die irgendeine Erklärung gesucht wurde, obwohl es sich einfach nur um Fehlwürfe handelte.[32] Übrigens ließ die kommunistische Nachkriegspropaganda die altbekannten Kartoffelkäfer auf die junge DDR vom Himmel regnen, Schulklassen suchten die Felder ab, diesmal waren die Bösewichte nicht die Engländer, sondern die Amerikaner, die im Korea-Krieg auch des Abwurfs von Behältern mit Pestflöhen bezichtigt wurden.

Bemerkenswert ist, dass im Sommer 1940 die Furcht vor einem Gas-Luftkrieg grassierte.

Hier spielte sicher die schreckliche Erinnerung an den Einsatz von Kampfgas im Ersten Weltkrieg eine Rolle; diese Zeit lag ja nur wenig über zwanzig Jahre zurück. Gaskrieg erschien durchaus im Bereich des Möglichen, darauf wurde durch die Ausgabe der Volksgasmasken vorbereitet. Viele Deutsche, die jetzt wieder Soldaten waren, hatten die giftigen Schwaden selbst erleiden müssen, sogar, wie jeder gelesen hatte, Adolf Hitler. Die Lauscher des SD verzeichneten „eine gewisse Angstpsychose“: „In Dortmund z. B nahm diese Panikstimmung durch weit verbreitete Gerüchte über feindliche Fallschirmspringer und bevorstehende Gasangriffe einen bedenklichen Umfang an.“[33]

In Hamburg seien besondere Alarmvorrichtungen für Gas geschaffen worden, und in Berlin beunruhige ein „kaum mehr zu steigernder Gerüchteumlauf die Bevölkerung“, weil angeblich eine Kinderevakuierung bevorstehe. Diese „stärkste Beunruhigung seit Kriegsbeginn“ habe sich „mit den wildesten Gerüchten über einen angeblichen englischen Großangriff und die Eröffnung des Gaskrieges verknüpft.“[34]

Ein bedrohlicher Spruch machte die Runde: „Wir sind unsere Acht und kommen jede Nacht, kommt Ihr mit Bomben kommen wir mit Gas.“ Das wollen die Leute auf Flugblättern gelesen haben, aber diesen Flugblatttext gab es nicht.[35]

3. Art und Dauer von Luftkriegsgerüchten – Regionale Bindungen

Um einen Überblick zu gewinnen, wurden bisher Beispiele für Luftkriegsgerüchte aus der Nachkriegszeit und den ersten Kriegsjahren gebracht. Im Folgenden soll versucht werden, das Thema zu strukturieren und zwar nach zeitlicher Wirkdauer, nach Art und Inhalt von Gerüchten bis zu deren Entwicklung zu Legenden.

1. Gerüchte, die örtlich oder regional gebunden sind und es auch bleiben.
2. Gerüchte, die durch die gesamte Kriegszeit weiter gegeben werden und als regelrechte „Wandersagen“ von betroffener Stadt zu betroffener Stadt eilen, schließlich überall im Reich erzählt und immer neu ausgeschmückt werden; mit Kriegsende verstummen sie jedoch. Der Anlass ist weg, die geheimnisvolle, Furcht einflößende Sensation ist verpufft.
3. Hier sind die Langzeitlegenden zuzuordnen, auch sie von vagabundierendem Charakter. Oft sind sie ein fester Bestandteil der Luftkriegsüberlieferung im Allgemeinen und der Städtehistorie im Besonderen. Sie überdauerten den Krieg, die deutsche Niederlage, die Nachkriegszeit, zwei deutsche Staaten und sind, immer wieder aufgefrischt, angekommen im vereinten Deutschland.

Zur ersten Kategorie. Köln zählte schon bis Mai 1942 zu den am meisten bombardierten Städten Deutschlands. Aber die Wucht des „1000-Bomber-Angriffs“ vom 30./31 Mai 1942, meint G. Aders, war für damalige Verhältnisse fürchterlich. Natürlich verbreiteten sich Gerüchte, eines fand neue Nahrung:

32 Ebd., 1. Juli 1940.
33 Ebd., 4. Juli, 11. Juli, 11. August 1940.
34 Ebd., 30. September 1940.
35 Aders, Gerüchte.

> „Auch beim 1000-Bomber-Angriff war der Dom fast unbeschädigt geblieben. Und nun hieß es allgemein: Die Engländer sind eben doch ein altes Kulturvolk und wollen den Dom stehen lassen (angeblicher Flugblatt-Text). Oder noch konkreter: Schon vor dem Krieg habe der Nuntius Pacelli (später Papst Pius XII.) auf Bitten des Kölner Erzbischofs mit der englischen Regierung ein Abkommen ausgehandelt. Und viele Kölner sagten damals: Wenn wir uns im Dom sammeln würden, wären wir sicherer als in Bunkern."[36]

Die Wahl Kölns als Ziel in dieser Nacht war ein von der Wetterlage abhängiger Zufall, ursprünglich sollte Hamburg angegriffen werden. Dass in den ersten Minuten mehrere Kölner Flakbatterien getroffen wurden und 82 Soldaten ums Leben kamen, war ein weiterer Zufall. Die deutsche Luftabwehr hielt das – verständlicherweise – für ausgeschlossen und erdachte komplizierte Methoden, die die Engländer für ihre Operationen angewandt hätten, die jedoch völlig irreal waren.[37]

In einem längeren SD – Bericht heißt es am 18. Juni 1942:

> „In Köln kursieren nach wie vor die unsinnigsten Gerüchte, deren Ursprung z.T. im englischen Nachrichtendienst zu suchen ist. So wurde beispielsweise das Gerücht verbreitet, das Kölner Trinkwasser sei typhusverdächtig. Erst durch den Einsatz von Lautsprecherwagen und entsprechende Presseveröffentlichungen gelang es, dieses Gerücht wenigstens etwas einzudämmen"[38]

Oft waren Gerüchte Ausdruck der Suche nach dem Warum, nach Erklärungen. Als am 1./2. März 1943 Berlin den bisher schwersten Angriff erlebte, hieß es, dies sei „die Antwort auf die Judenverschleppungen."[39] Davon konnte keine Rede sein. Die Furcht vor dem nächsten Schlag sollte wenigstens dadurch gemildert werden, dass man meinte voraussagen zu können, wann er zu erwarten sei. Das führte zu Verknüpfungen mit nationalen Feiertagen oder geplanten öffentlichen Parteiveranstaltungen – 1. Mai, Tag der Wehrmacht, Heldengedenktag usw.; aber auch magische Prognosen, dass die feindlichen Flugzeuge immer freitags oder am Tage nach Vollmond kämen, machten die Runde. Für die Nacht des 19.2.1944 wurde ein „Totalangriff auf die Reichshauptstadt" befürchtet, weil es der Jahrestag der Sportpalastveranstaltung war, auf der Berliner ein Jahr zuvor den totalen Krieg bejubelt hatten.[40]

Mit besonderer Spannung wurde jeweils der 20. April erwartet; Hitlers Geburtstag, wenn das kein Anlass für Großangriffe war: „Besondere Unruhe stiften die überall verbreiteten Gerüchte von Flugblättern [...] denen zufolge bis zum Geburtstag des Führers bestimmte Städte – Berlin, München, Nürnberg und mehrere andere werden genannt – ‚dem Erdboden' oder ‚Stalingrad gleichgemacht' würden."[41]

Luftmarschall Harris, Chef des Bomber Command, hielt sich nicht an solche Daten, aber vergessen hatte die RAF den „Führergeburtstag" nicht. 1943, 1944 und 1945 schickte sie Mosquito-Schnellbomber nach Berlin. Einsatzbericht Mosquito DZ 414, 1943: „On Hitlers birthday she bombed Berlin by moonlight and was hit by flak..." Und in der Nacht des 20./21. April 1945 waren es die letzten britischen Bomben des Krieges überhaupt, die auf Berlin fielen, die Russen standen vor der Stadt.[42]

36 Ebd.

37 Ebd. – Sowie in: Aders, Gebhard, Hintergründe und Ablauf, in: Rüther, Martin (Bearb.), Köln 31. Mai 1942. Der 1000-Bomber-Angriff, Köln 1992, S. 46ff. Aders untersucht auch, wie es zur deutschen Fehleinschätzung kommen konnte.

38 Boberach, Meldungen, 18. Juni 1942.

39 Kardorff, Ursula von, *Berliner Aufzeichnungen 1942-1945*, München 1992, S. 72.

40 Boberach, Meldungen, 22. März, 29. April 1943.

41 Ebd., 15. März 1943, 17. Februar 1944.

42 Middlebrook and Everitt, Diaries. Schwere Angriffe gab es am 20. April: 1941 – Köln, 1942 – keine, 1943 – Stettin, 1944 – Köln, 1945 – Treibstoffdepot bei Regensburg, S. 146, 259, 380, 496, 698. Seit Ende Januar 1945 griffen Mosquitoes – oft mehrmals je Nacht – ununterbrochen Berlin an. Sharp, C. Martin and Bowyer, Michael F. J., *Mosquito*, London 1971, S. 417. Ziele der 8. USAAF jeweils am 20. April siehe: Freeman, Roger A., *Mighty Eighth War Diary*, New York-London 1981, S. 55, 223, 494. 1943 keine. 1944 – Cherbourg,

Drei heftige Attacken im August und September 1943 bildeten den Auftakt zur „Battle of Berlin". Mit einer Serie von 16 Großangriffen zwischen 18./19. November 1943 und 24./25. März 1944 wollte Harris die Deutschen in die Knie zwingen; das misslang trotz ausgedehnter Verwüstungen in Berlin. Fortan schickte er seine schweren Bomber nie mehr nach Berlin, nur noch die Mosquitoes der Light Night Striking Force.[43] Im März 1944 begannen die Tagesangriffe der 8. US-Luftflotte auf „Big B", wie es die amerikanischen Piloten nannten.

Einige spezifisch Berliner Gerüchte enthält der Band „Berlin im Zweiten Weltkrieg", den Hans Dieter Schäfer herausgab, mit Auszügen aus Tagebüchern, Erinnerungen, Augenzeugenberichten. Z.B. Theo Findahl:

> „Der brennende Zug voller toter Menschen, der um den ganzen ‚Ring' rund um die Stadt raste, der Puma aus dem Zoo, der durch ein Meer von Funken sprang und auf dem Lützowplatz getötet wurde, die Schildkröten und Krokodile, die im Aquarium des Zoo gesotten wurden – der reine Edgar Allen Poe."

Hans Georg von Studnitz:

> „Phantastische Geschichten machten die Runde. Entlaufene Krokodile und Riesenschlangen sollen an den Böschungen des Landwehrkanals gesichtet worden sein. Ein entsprungener Tiger drang in die Ruinen des Café Josty ein (...)"

Jacob Kronika: In einem Luftschutzraum sprach man erregt über das Krematorium Baumschulenweg. Dort fände in der Kapelle stets derselbe Sarg Anwendung, da man die Toten en gros verbrenne, die Asche werde auf einige Urnen verteilt.[44]

Die Luftangriffe auf Berlin wurden im ganzen Reichsgebiet erörtert, der SD meldete, man beklage die mangelnde Abwehrkraft. „Der mit den besten Mitteln ausgestattete Schutz der Reichshauptstadt ließ überhaupt keine nennenswerte Abwehr erkennen." Daraus entstand das Gerücht, Göring habe sein Missfallen über mangelnden Schneid der Jagdflieger geäußert. Der Reichsmarschall habe sein Großkreuz zum Ritterkreuz abgelegt und werde es erst dann wieder tragen, wenn die Ehre der Jäger wieder hergestellt sei. Auch Generalmajor Galland trage aus dem gleichen Grund sein Ritterkreuz nicht mehr.[45] Im Januar und Februar 1944 zog die deutsche Luftwaffe Flugzeuge im Westen zusammen, um nach langer Pause Bomben auf London zu werfen; dies geschah unter dem Eindruck der Angriffsserie auf Berlin. Stolz meldete der Wehrmachtbericht Erfolge, z.B.: "Durch Massenabwurf von Spreng- und Brandbomben wurden ausgedehnte Brände und Zerstörungen im Stadtgebiet verursacht."[46] Wie zu erwarten, blieben diese Angriffe auf London eine Episode; sarkastisch sprachen die Briten vom „Baby Blitz" im Unterschied zum „Blitz" 1940. Goebbels indes sorgte für Spekulationen mit Andeutungen, die massiven Gegenschläge seien „nur als Vorspiel zu werten zu dem, was noch kommen wird."[47] Die Berliner, die in der Nacht des 15./16. Februar 1944 ein besonders schlimmes Bombardement erlitten, mutmaßten, es sei die Antwort auf die deutschen Angriffe gegen London gewesen.[48]

Pas de Calais, 1945 – Trotz anders lautender Berichte wurde das Stadtgebiet von Berlin nicht "zu Führers Geburtstag" angegriffen. Ziele waren vielmehr Bahnanlagen in der näheren und weiteren Umgebung – Nauen, Wustermark, Neuruppin, Oranienburg, Brandenburg, Seddin und Treuenbrietzen.

43 Middlebrook, Martin, *The Berlin Raids*. R.A.F. Bomber Command Winter 1943-1944, London 1990.

44 Schäfer, Hans Dieter (Hrsg.), *Berlin im Zweiten Weltkrieg*. Der Untergang der Reichshauptstadt in Augenzeugenberichten, München 1986. Darin Ausschnitte aus: Findahl, Theo, *Letzter Akt Berlin 1939-1945*, Hamburg 1946. – Studnitz, Hans-Georg von, *Als Berlin brannte*, Stuttgart 1963. – Kronika, Jacob, *Der Untergang Berlins*, Flensburg-Hamburg 1946.

45 Boberach, Meldungen, 17. Februar 1944.

46 *Die Wehrmachtberichte 1939-1945*. Band 3: 1. Januar 1944 bis 9. Mai 1945, München 1985. Das Zitat ist vom 14. Februar 1944. – Starke deutsche Luftangriffe auf London werden im Januar und Februar 1944 gemeldet.

47 Boberach, Meldungen, 17. Februar 1944.

48 Ebd., 25. Februar 1944.

Ratlosigkeit, Erklärungsversuche – sie begleiten den Luftkriegsalltag:

> „Bei einem großen Teil der Berliner Bevölkerung habe es sich herumgesprochen, daß in den U-Bahnschächten in Neukölln und Lichtenberg kriegswichtige Fertigungen untergebracht werden sollen. Dies habe zu einer erheblichen Nervosität in den betreffenden Wohnblocks geführt [...] Vielfach würden auch die Tagesangriffe am 7. und 8.5.44, bei denen zu einem großen Teil U-Bahnstrecken in Mitleidenschaft gezogen worden seien, mit diesen Maßnahmen in Zusammenhang gebracht."[49]

Doch es war Zufall, wenn bei diesen, wie bei früheren Angriffen, U-Bahntunnel durchschlagen wurden. Die 8.US-Luftflotte setzte an beiden Tagen einen hohen Prozentsatz schwerer Sprengbomben ein, darunter zum ersten – und einzigen – Mal solche vom Kaliber 1600 lb.; insgesamt fast 2000 Tonnen Sprengbomben und 670 Tonnen Brandbomben. Zusammengerechnet donnerten am 7. und 8. Mai circa 6.400 Sprengbomben in die Wohnviertel, Behörden, Fabriken, Bahnhöfe, Kirchen, Straßen der Stadt. Da konnte schon mal die U-Bahn mit getroffen werden.[50]

Es ließen sich vermutlich für jeden Ort, in dem Bomben gefallen sind, irgendwelche Deutungsversuche finden, ja sogar in ländlichen Gebieten, die kaum vom Luftkrieg berührt wurden, taucht die Frage nach dem Warum auf. Am 2. März 1945 gab es einen Tagesangriff auf Dresden. Wegen schlechter Sichtverhältnisse gingen die meisten Bomben weit verstreut nieder, auch in Jessen, einem Dorf bei Pirna, achtzehn Kilometer südostwärts vom Zielpunkt. Ein absoluter Fehlwurf. Dennoch wurde gerätselt, die Amerikaner hätten wohl das nahe gelegene kleine Hydrierwerk treffen wollen, das bei Lohmen am Rande der sächsischen Schweiz in Felsbunkern mit Bahnanschluss eingebaut worden war. Jenseits der Elbe trafen einige Bomben die Gemeinde Naundorf. Man glaubte, die Flieger hätten eine dort vorübergehend befindliche Pioniereinheit entdeckt. Wie sollte das aus 6000-8000 Meter Höhe durch dichte Wolken wohl möglich gewesen sein?[51]

4. Der Schock von Hamburg – Die verpuffte Vergeltung

Für Kategorie zwei gilt, wie gesagt, dass die Gerüchte durchs Land wandernd weiter geflüstert wurden, nach Kriegsende aber ihre Bedeutung verloren, weil die Voraussetzungen entfallen waren oder die Vorgänge durch die Luftkriegsforschung aufgeklärt werden konnten – und dass diese Tatsachen akzeptiert wurden. Markante Beispiele dafür sind die Katastrophe von Hamburg und die „Vergeltung"

Die „Operation Gomorrha" war die vernichtendste Angriffsserie, die bisher gegen eine deutsche Stadt geflogen worden war. Zwischen 24./25. Juli und 3. August 1943 wurde Hamburg von vier Großangriffen des Bomber Command und zwei schwächeren amerikanischen Tagesangriffen heimgesucht. Feuerstürme wüteten, Brandleichen bedeckten ausgeglühte Straßen, Überlebende verließen fluchtartig die Stadt. Ihre Berichte waren grauenhaft. Hans Erich Nossack schildert aus eigenem Erleben: „Gerade durch das Durcheinander der Aussagen wurde die Größe des Unglücks zur Gewissheit; vor Entsetzen konnte man Einzelnes nicht mehr wahrnehmen."[52]

Hunderttausend Tote wurden geschätzt, ein Demonstrationszug obdachloser Hamburger sei nach Berlin unterwegs, notierte der SD: Im ganzen Reich seien Gerüchte über angebliche Unruhen in Hamburg verbreitet, angeblich müsse Polizei, SA oder Wehrmacht zur Nieder-

49 Ebd., 9. Mai 1944.
50 Freeman, Diary, S. 238f. – Außerdem: Statistical Control Section, *Air Ministry*, R.E.8, London August 1945.
51 Diese Angaben verdanke ich Prof. Dr. Dr. Peter Brunner und Dr. Hermann Rahne.
52 Nossack, Hans Erich, *Der Untergang, Hamburg 1943, Fotos von Erich Andres*, Hamburg 1981, S. 22.

werfung eingesetzt werden, im Reich werde von einer Art „Novemberstimmung" gesprochen, da das Volk auf Dauer diese Angriffe nicht ertragen könne und sich dagegen auflehne.[53]

Die von Hamburg ausgehende Schockwelle hatte sogar Goebbels verunsichert. Als Gauleiter von Berlin versuchte er die Bevölkerung zu beruhigen, erreichte aber mit seinem am 1. August 1943 erlassenen Aufruf zur Evakuierung von Frauen, Kindern und Alten das Gegenteil. Die Berliner fürchteten, dass nun die Reichshauptstadt von der Regierung aufgegeben und verlassen werde. Das sei ein Eingeständnis der Macht des Gegners und der eigenen Schwäche und der Anfang vom Ende.[54]

In Frankfurt/Oder sprach man von „üblen Szenen und einer gewissen Panikstimmung in Berlin", wo bereits „Kalkgruben ausgehoben werden zur Bergung der Leichen des nächsten zu erwartenden Terrorangriffs".[55]

Aufschlussreich für die Gemütsverfassung und die rasch wechselnde Stimmung ist das Gerücht, London werde von mehreren tausend deutschen Kampfflugzeugen bombardiert. Der SD dazu:

> „Obwohl man von vornherein Zweifel in die Wahrheit dieses Gerüchts gesetzt habe, sei man häufig dennoch niedergeschlagen gewesen, als man sich davon überzeugen mußte, daß die Bombardierung Londons wirklich nur Gerücht gewesen sei."[56]

In einem anderen Gerücht waren es nicht deutsche, sondern japanische Flugzeuge, die London bombardierten. Eigentlich sollten sie, mindestens tausend „Todesflieger", an der bevorstehenden Invasion Englands (sic) beteiligt werden.[57] Nun aber hieß es, Hunderte von japanischen Flugzeugen bombardierten seit Stunden London:

> „Der aus Hamburg gebürtige Historiker Percy Ernst Schramm, der sich damals in seiner Vaterstadt aufhielt, schreibt, daß viele Leute dieses Gerücht glaubten und daß es deswegen ‚eine vorübergehende Entspannung' gebracht habe. HAPAG-Direktor Ferdinand Haller, mit dem er sich darüber unterhielt, meinte, es sei bewußt gestartet worden, was er, Haller für ein durch den Erfolg ‚voll gerechtfertigtes Manöver' hielt. Schramm hingegen vertrat die Ansicht, ‚daß die Erregung von sich aus Entspannung sucht und deshalb geneigt ist, an Wunder zu glauben'."[58]

Das Schicksal Hamburgs wurde Gegenstand sorgfältiger Untersuchungen, behutsam bearbeiteter Augenzeugenberichte – wie durch Renate Hauschild-Thiessen – und erschöpfender Dokumentationen. Für Legenden bleibt kein Stoff, auch die Totenzahlen werden von keiner ernst zu nehmenden Seite mehr angezweifelt; Hans Brunswig nennt etwa 45.000 Tote, davon ca. 35.000 für die Juli/August-Angriffe 1943.[59]

Nichts übrig geblieben ist auch von den mit der „Vergeltung" verbundenen Gerüchten. Und was haben sie für eine Rolle gespielt, schon seit 1940 im Fall Freiburg. Rache, Vergeltung, Revanche, sie sind so alt wie die Menschheitsgeschichte, sie beherrschten Kämpfe und Kriege; und als die dritte Dimension erobert, als die Fähigkeit entdeckt wurde, aus Flugapparaten Sprengstoff abzuwerfen, begann die gegenseitige Schuldzuweisung, wer wen zuerst mit der Absicht angegriffen hatte, Zivilisten umzubringen.

Heinz Bardua bringt ein Beispiel aus Stuttgart vom 22. September 1915. Vier französische Flugzeuge hatten Bomben auf die Stadt geworfen, sieben Menschen waren getötet worden.

53 Boberach, SD-Berichte. Ab 1. Juli 1943 hießen die „Meldungen aus dem Reich" „SD-Berichte zu Inlandsfragen", 1. Juli 1943, 2. August 1943.
54 Ebd., 5. August 1943.
55 Ebd., 2. August 1943.
56 Ebd., 5. August 1943.
57 Ebd., 1. Juli 1943.
58 Ebd., 5. August 1943 – Hausschild-Thiessen, Renate (Hrsg.), *Die Hamburger Katastrophe vom Sommer 1943 in Augenzeugenberichten*, Hamburg 1993, S. 122.
59 Brunswig, Hans, *Feuersturm über Hamburg*. Die Luftangriffe auf Hamburg und ihre Folgen, Stuttgart 1983, S. 402.

Gleich kam das Gerücht auf, die Maschinen hätten deutsche Hoheitszeichen getragen. Ein Sturm der Entrüstung brach los, der in einem „Schrei nach Vergeltung" gipfelte:

> „Man forderte den ‚scharfen Hieb des deutschen Schwertes, hart und strafend, unnachsichtig' (Süddeutsche Zeitung). Die französischen Zeitungen bezeichneten dagegen diese Bombardierung Stuttgarts als Vergeltung für frühere Angriffe der Deutschen auf offene Städte Frankreichs und Englands. Schon nach den ersten Bomben auf Stuttgart klingt es also auf, dieses Konzert der gegenseitigen Vergeltung. Der Geistliche aber fragt am Grabe der Opfer: ‚Wollen wir Gott die Rache überlassen?'."[60] Bereits im ersten Kriegsjahr des Zweiten Weltkrieges gab es Hoffnung auf Vergeltung. Spekulationen über einen „Vernichtungsschlag" gegen England mit „Todesstrahlen" wurden bereits erwähnt.[61] (61) Verglichen mit später waren die britischen Luftangriffe unerheblich, das deutsche Überlegenheitsgefühl blieb ungetrübt, Frankreich besiegt, England im Visier, so daß Ruhrkumpel mit grimmigem Humor von Göring forderten: „Hermann soll seinen Taubenschlag mal ordentlich aufmachen."[62]

„Wir werden ihre Städte ausradieren", drohte Hitler den Engländern am 4. September 1940 an. Das war Öl ins Feuer der Vergeltungspropaganda, welche die Luftangriffe auf England, speziell auf London, als Gegenschlag darstellte. Sogar der Sicherheitsdienst nannte es „extrem", dass in einer Zeitung in sieben aufeinander folgenden Ausgaben die Vergeltung zu Schlagzeilen gewählt wurde.[63]

Bald fehlte es der deutschen Luftwaffe an Kapazität, denn ihre Kräfte wurden an anderen Fronten gebraucht, vor allem beim Kampf gegen die Sowjetunion. Allerdings, nach den Angriffen des Bomber Command gegen Lübeck, Rostock und Köln 1942 mit zahlreichen zerstörten Kulturdenkmälern, revanchierte sich die Luftwaffe mit den so genannten „Baedeker-Angriffen" auf kulturhistorisch wertvolle englische Städte wie Bath, Canterbury und York.[64]

Über das Jahr 1943 fiel der Schatten von Stalingrad. Die Stimmung in der Heimat sank, auch durch die zunehmende Wucht der britischen Bomberoffensive. Wuppertal wurde eingeäschert, Köln und die Städte des Ruhrgebietes erlitten neue schwere Schäden, was sollte man dagegen tun? Die Gerüchte blühten. Neue Geschütze seien entwickelt worden mit Reichweiten bis zu 600 Kilometern, es handele sich um „Stratosphärengeschütze" mit Geschossen mit „komprimierter Luft" oder um „Raketengeschosse". Von neuartigen Bomben wurde gesprochen, die so groß seien, dass nur jeweils ein Stück von einem Riesenflugzeug befördert werden könne. Sie beruhten auf dem Prinzip der Atomzertrümmerung, und zwölf davon könnten eine Millionenstadt vernichten. Gerüchte mit realem Hintergrund – es gab Arbeiten an Ferngeschützen zum Beschuss Londons, der so genannten „Hochdruckpumpe", Versuche mit Raketen V 1 und V 2, theoretische Atomwaffenforschung.[65]

Indessen sorgte die Katastrophe von Hamburg für Furcht und Schrecken, Berlins Süden stand Ende August in Flammen. Sollte das so weitergehen? Woran konnten sich die Volksgenossen noch klammern? An die Vergeltung! Doch aus dem Ausrufungszeichen wurde klammheimlich ein Fragezeichen. Wann endlich kommt sie denn, die oft beschworene Vergeltung? Und wie soll sie beschaffen sein? Bisher überwog die Vorstellung des Schlagabtausches, um

60 Bardua, Hans, *Stuttgart im Luftkrieg 1939-1945*, Stuttgart 1967, S. 10.
61 Boberach, Meldungen, 24. Juni 1940.
62 Ebd., 4. Juli 1940.
63 Ebd., 30. September 1940.
64 Boog, Horst, Die Lage der Luftwaffe, in: Militärgeschichtliches Forschungsamt (Hrsg.), *Das Deutsche Reich und der zweite Weltkrieg*, Bd. 6, S. 560.– Wehrmachtberichte, Bd. 3. Zu den Angriffen hieß es am 26. April 1942, Bath sei „mit vernichtender Wirkung" getroffen, am 29. April 1942, York aus „Vergeltung für Köln" mit „Sprengbomben schweren und schwersten Kalibers sowie Zehntausenden von Brandbomben" angegriffen worden.
65 Boberach, Meldungen, 1. Juli 1943. – Boelcke, Willi A., *Deutschlands Rüstung im Zweiten Weltkrieg*, Frankfurt 1969, S. 290: „Die `Hochdruckpumpe´, auch `Fleißiges Lieschen´ oder `Tausendfüßler´ genannt, war zur Beschießung Londons vorgesehen."

die Engländer vom Weiterbomben abzuschrecken, aber der Sicherheitsdienst beobachtete eine Veränderung:

> „Im Rahmen des gesamten Kriegsgeschehens maß man der Vergeltung zwar große, aber doch nicht entscheidende Bedeutung bei. In den letzten Monaten hat der Vergeltungsgedanke hierin aber einen Bedeutungswandel erfahren. Unter dem Eindruck der ganzen Entwicklung des Krieges seit Stalingrad hat sich der Volksgenossen das Gefühl bemächtigt, daß der Ring der Feinde um Deutschland und die besetzten Gebiete immer enger werde und die Entwicklung unaufhaltsam einer Krise entgegentreibe, aus der ein Ausweg nur durch ein ‚Wunder' möglich scheint. Und dieses Wunder, die entscheidende Wendung des Krieges, erwartet heute die Mehrzahl der Volksgenossen – in den vom Luftkrieg betroffenen Gebieten sogar nahezu die Gesamtheit – von der Vergeltung."[66]

Man stelle sich das so vor, heißt es weiter, dass England durch immense Zerstörungen als Voraussetzung zur Besetzung aus dem Krieg herausgeboxt werde, was zum Waffenstillstand und zum Desinteresse Amerikas führen werde. Zusammenfassend meint der SD in diesem außergewöhnlichen Bericht, „(...) daß die ‚Vergeltung' für die Volksgenossen eben mehr bedeutet als das Wort besagt, nämlich die entscheidende Siegeschance, ohne die man sich einen guten Ausgang des Krieges vielfach nicht mehr denken kann."[67]

Das Regime war der Gefangene der eigenen Propaganda geworden. Jahrelang hatte die NS-Führung mit Andeutungen, Drohungen und finsteren Prophezeiungen die Erwartungen der Menschen aufs Höchste angespannt. Der konstatierte „Bedeutungswechsel" verleiht den unerfüllten Erwartungen Gewicht. Die Hoffnung auf ein Wunder markiert einen dramatischen Realitätsverlust, die Stimmung wurde eher von dem Schlager „Ich weiß, es wird einmal ein Wunder geschehen", damals ein Erfolg von Zarah Leander, getragen. Oder muss man es anders sehen? War im Gegenteil die Erkenntnis, dass dieser Krieg auch verloren gehen könnte, so weit gediehen, dass sich Resignation entwickelte mit der unglaubwürdigen Perspektive auf ein Wunder, also auf Unerfüllbares, statt auf Siegesgewissheit? Stoßseufzer eines enttäuschten Deutschen:

> „Morgen müßte eine Sondermeldung im Radio kommen, daß die Vergeltung seit einigen Stunden im Gange ist und England dem Erdboden gleichgemacht wird. Dann solltet ihr mal sehen, was für eine prima Stimmung im Volke herrscht, und dann könnte der Führer von uns alles verlangen."[68]

Ja, es müsste... Die Meinungsschwankungen, die sich darin ausdrücken, dass die Vergeltung einmal als „Propagandabluff", ein anderes Mal als „Schicksalswende" begriffen wird, bestimmten auch das Jahr 1944. Als nach der Invasion endlich die V 1 eingesetzt wurde, wirkte das zunächst elektrisierend.[69] Man war neugierig auf die Technik und die Wirkung, und schon wurde die Fantasie beflügelt, wie die nächsten V-Waffen beschaffen sein könnten – ferngesteuerte Flugzeuge, katapultgesteuerte Kleinflugzeuge, die gegen feindliche Leitbomber geschickt würden, Messerschmitt habe die Serienproduktion eines Turbinenjägers mit einer Geschwindigkeit von 1.280 km/h aufgenommen, leider sei das Werk in Augsburg zu 90 Prozent zerstört.[70]

Aber auch der Feind habe neue Waffen in Vorbereitung: Phosphor-, Flammenöl-, Pressluft- und Spiralbomben, Gleitminen; Aussicht, das Kriegsende zu erleben, hätten vielleicht noch 60 Prozent der Bevölkerung[71]

66 Boberach, SD-Berichte, 18. Oktober 1943.
67 Ebd.
68 Ebd., 2. Dezember 1943
69 Wehrmachtberichte, Bd. 3, 16. Juni 1944: „Südengland und das Stadtgebiet von London wurden in der vergangenen Nacht und heute Vormittag mit neuartigen Sprengkörpern schwersten Kalibers belegt."
70 Boberach, SD-Berichte, 7. Juli, 13. Juli, 14. Juli 1944. Gemeint ist der zweistrahlige Jäger Me 262.
71 Ebd., 14. Juli 1944.

Das Interesse an der V 1 nahm rasch ab, nicht so die Produktion von Gerüchten, die besagten, die Engländer hätten den Papst gebeten, wegen der Einstellung des Beschusses zu intervenieren oder der Führer werde England zur bedingungslosen Kapitulation auffordern. Ein dauerhafter Stimmungsaufheller war diese Wunderwaffe jedenfalls nicht. Skeptisch wurde gefragt, „wann wir bei V 99 angelangt" seien, ob dann V 100 komme. Auch vom „Versager 1" wurde gesprochen.[72]

Goebbels glaubte eingreifen zu müssen und veröffentlichte in seiner Wochenzeitung „Das Reich" einen Artikel „Die Frage der Vergeltung". Er kündigte neue Waffen an, die mit der V 1 gar nicht mehr vergleichbar seien.[73] Am 8. September 1944 detonierte die erste V 2 in London, aber erst am 8. November wurde die deutsche Bevölkerung davon im Wehrmachtbericht informiert.[74]

Im Juli 1944 musste der SD seine Berichterstattung einstellen. Eine wichtige Quelle versiegte. Nur aus Einzelbeständen bei Kriegsende nicht vernichteter Akten lassen sich noch Schlüsse auf umlaufende Gerüchte und die Stimmung ziehen, z.B. aus den Monatsberichten des Regierungspräsidenten von Oberbayern, die Irmtraud Permoser in „Der Luftkrieg über München 1942-1945" auswertete. Andere bayerische Akten zog Ian Kershaw in „Der Hitler-Mythos" heran, und da erscheint im April 1945 noch einmal eine „Wunderwaffe". Eine Frau hat Hitler im Zusammenhang damit als Verbrecher bezeichnet, der auf Fortsetzung des Krieges bestehe: Sie wurde denunziert und wegen Wehrkraftzersetzung erschossen.[75]

Als Ersatz für die SD-Berichte schuf die Wehrmacht von Oktober 1944 bis April 1945 den „Sondereinsatz Berlin", um Stimmungsberichte und Einzelmeldungen anzufertigen. H.D. Schaefer dazu:

> „Gerüchte über U-Boote mit neuen Stratosphären-Geschossen, die New York in Flammen setzen (SB 18.1.1945), Eisbomben mit ätzendem Nebel (ebd. 2.1.1945), neue Granatwerfer (ebd. 3.3.1945) und Roboterflugzeuge festigten die Hoffnung, daß es zu einem eigentlichen Kampf um Berlin nicht kommen werde."[76]

Die mit der Vergeltung zusammenhängenden Gerüchte sagen eine Menge aus über die Bewusstseinslage der Deutschen in jenen Jahren. Anfängliche Großspurigkeit änderte sich in verzagtes Fragen, in Zweifel und Enttäuschung. Eine Mischung aus der Illusion, es komme doch noch irgendeine Schicksalswende und dem Selbsteingeständnis, dass der Krieg verloren sei, beherrschte die Gedanken. Sogar in den Trümmern der verwüsteten Städte, auf den Fluchtwegen im Osten und den Rückzugsstraßen zwischen Rhein und Oder keimte sie immer wieder einmal auf, die Wahnidee einer Wunderwaffe, eines Wunders. Diese ambivalente Haltung war typisch, die meisten Deutschen glaubten nicht mehr an den Sieg, sie hatten den Krieg satt, aber sie wollten sich die bedingungslose Kapitulation auch nicht vorstellen; deshalb war bis zuletzt manchmal zu hören, dass „er", der Führer, vielleicht doch in letzter Minute etwas aus der Tasche zaubere. Die Tasche war leer.

Die Vergeltung war wirkungslos geblieben, der Zusammenbruch total. Diesmal blieb kein Argument für eine Dolchstoßlegende wie nach dem Ersten Weltkrieg; ein Menetekel übrigens dafür, dass Langzeitlegenden verhängnisvolle Auswirkung haben können.

72 Ebd.

73 Ebd., 28. Juli 1944.

74 Wehrmachtberichte, Bd. 3, 18. November 1944: „Nachdem seit dem 15. Juni der Großraum von London mit nur kurzer Unterbrechung und wechselnder Stärke unter dem Feuer der `V1´ liegt, wird dieser Beschuß seit einigen Wochen durch den Einsatz eines noch weit wirksameren Sprengkörpers, der `V 2´, verstärkt." – Boelcke, Deutschlands Rüstung, S. 414.

75 Permoser, Irmgard, *Der Luftkrieg über München 1942-1945*, Oberhaching 1996, S. 349ff. – Kershaw, Ian, *Der Hitler-Mythos.* Volksmeinung und Propaganda im Dritten Reich, Stuttgart 1980, S. 192ff.

76 Schäfer, Berlin. S. 73.

5. Vom Gerücht zur Legende – Eine endlose Geschichte

Kategorie drei – Legenden, die noch heute erzählt und geglaubt werden. Flugblätter mit Drohungen gehören dazu wie die bereits erwähnten „X, Y im Loch, wir finden dich doch." Oder „Thüringen und Hessen werden auch nicht vergessen." Oder nach dem schweren Angriff auf Leipzig am 3./4. Dezember 1943: „Leipzig, Magdeburg und Halle, und der Krieg ist alle." Ebenso: „Münchner fahrt in die Berge oder kauft Euch Särge."[77]

Aus Berlin ist überliefert: „Die Spandauer Zwerge kommen zuletzt in die Särge", weil die Vorstadt Spandau erstaunlich lange von schweren Schäden verschont blieb. Der Text wird auch von Dresdnern beansprucht.

Vielleicht wurden solche Verse auch von der „Schwarzen Propaganda" Sefton Delmers erfunden und über die so genannten Deutschen Soldatensender Gustav Siegfried Eins, Atlantik und Calais verbreitet, die sehr viel zur Gerüchteverbreitung beigetragen haben. Aber nicht die Verse sind bemerkenswert, sondern es ist die Hartnäckigkeit, mit der von Zeitzeugen erklärt wird, sie hätten – was unmöglich war – Flugblätter dieses Inhalts in ihren Händen gehalten. In Flugblattsammlungen sind sie unbekannt. Wahrscheinlich werden sie mit Flugblättern allgemein drohenden Inhalts verwechselt als Folge der bekannten Erinnerungsverzerrungen. In Dresden etwa wurden bei einem US-Angriff am 16. Januar 1945 Flugblätter abgeworfen mit der Frage, wie lange noch die Nazis die Deutschen zwingen können, „ihre Städte dem Bombenregen des 6. Kriegswinters auszusetzen?"[78]

Andererseits bekamen angeblich Städte signalisiert, dass sie nicht angegriffen würden – „X,Y dich werden wir schonen, denn dort wollen wir wohnen"; Namen bisher verschonter Städte konnten eingesetzt werden. Oder „X,Y du wirst nicht bombardiert, denn dort habe ich studiert, Churchill". In Dresden suchte man sich die lange Schonzeit u.a. damit zu erklären, dass Verwandte Churchills in der Stadt wohnten – die Feinde hier ihr gemeinsames Hauptquartier errichten wollten, Dresden und Prag zu offenen Lazarettstädten erklärt worden seien.[79]

Gut erhalten hat sich auch die Legende, Luftangriffe auf bestimmte Städte seien von den Engländern vorher angekündigt worden, Zwangsarbeiter, hohe Offiziere und Parteifunktionäre hätten davon erfahren oder BBC hätte gewarnt. Da schreibt der Autor eines Buches über Köln, er sei vor dem 1000-Bomber-Angriff von einem höheren Polizeioffizier gewarnt worden, die Stadt werde das nächste Ziel sein, und er möge sie verlassen.[80] Ein Ding der Unmöglichkeit, aber einige Zitate aus Briefen, die mich erreichten, bestätigen die Langlebigkeit solcher Aussagen:

> „Von einer von mir absolut glaubwürdig gehaltenen Dame wurde es mir auch als eigenes Erlebnis berichtet, daß BBC London am Vortage des Großangriffs die Bevölkerung gewarnt habe."[81]
>
> „Eine heute 85-jährige Dame [...] erzählte uns bereits mehrfach, dass ihr am Vorabend des 13. Februar 1945 in einer Gaststätte 2 Herren geraten haben, Dresden mit ihren Kindern zu verlassen: Es würde etwas Schlimmes passieren. Sie befolgte den Rat."[82]
>
> „Ihre Mutter hörte regelmäßig den Feindsender BBC. An diesem 13. Februar soll sie vom bevorstehenden Angriff auf Dresden gehört haben. In ihrer Angst lief sie mit ihrer Tochter zum Hauptbahnhof und wollte noch den letzten Zug nach München erreichen[...] Sie kamen in München nie an."[83]

77 Boberach, SD-Berichte, 9. Dezember 1943.
78 Flugblatt in meinem Besitz.
79 Bergander, Götz, *Dresden im Luftkrieg*. Vorgeschichte, Zerstörung, Folgen. Köln-Weimar-Wien 1994, S. 88.
80 Aders, Gerüchte, nennt das Buch von Fischer, Josef, *Köln `39-`45*. Der Leidensweg einer Stadt, Köln 1970.
81 Brief Heinz Glatschnigg, 25. August 1999.
82 Brief Wolfgang Gottschalk, 2. März 1999.
83 Brief Judith-Elga Schönfelder, 1. September 1997.

Ein anderer Briefschreiber ist den Merkwürdigkeiten nachgegangen. Er kam am 13.2.1945 nach Hause:

> "Meine Mutter berichtete: Frau Hecht (eine Gartennachbarin) war hier und meinte, daß ‚heute Nacht' ein Großangriff auf Dresden zu erwarten sei. Sie habe das von ‚ihren Franzosen' (offenbar Kriegsgefangene oder Zwangsarbeiter) erfahren. Wir sollten unsere Verwandten warnen. Ich habe später nie jemanden getroffen, der diese Aussage der Gartennachbarin bestätigte. Meine Eltern waren mit französischen Zwangsarbeitern befreundet. Einen habe ich später in Paris besucht und danach gefragt. Er und seine Kameraden (Lager Schubertstraße) waren von den Angriffen völlig überrascht."[84]

Es konnte auch nicht anders sein, denn für alliierte Luftoperationen bestand höchste Geheimhaltungsstufe. Briten und Amerikaner wollten natürlich ihre Besatzungen nicht der Gefahr einer vorgewarnten deutschen Luftabwehr aussetzen. Auch den Besatzungen wurden die Ziele erst beim letzten „briefing" kurz vor dem Start mitgeteilt.

Langlebig sind auch Geschichten von Blinksignalen, mit denen die Bomber zum Ziel gelenkt worden seien. Auf Dächern saßen angeblich Fremdarbeiter, Agenten oder Widerstandskämpfer, die mit Taschenlampen oder per Funk die Bomberströme dirigierten.

Nach dem Angriff auf Berlin am 1./2. März 1943 erzählte man sich, raketenähnliche, vom Boden aufsteigende Signale seien aufgefallen, die möglicherweise von Spionen als Wegweiser für feindliche Flugzeuge abgegeben worden seien.[85]

Zur Zeit des kalten Krieges erfand die Dresdner SED-Führung die Mär vom US-imperialistischen Agenten Noble; der habe aus seiner Villa San Remo auf dem Weißen Hirsch die für die Stadt tödlichen Signale ausgesandt. Immerhin waren die Imperialisten zur Zeit des Angriffs Verbündete der Sowjetunion. Die Schauergeschichte, vom ehemaligen sächsischen Ministerpräsidenten Max Seydewitz verbreitet, wurde später auch in der DDR abgelehnt, sie war zu absurd. Insgesamt sollten die heute gelegentlich noch geglaubten Taschenlampenlegenden schon von den technischen Bedingungen her leicht als Unfug zu durchschauen sein.[86]

Die Vorstellungskraft sollte eigentlich auch genügen, um Berichte über gezielten Bombenabwurf aus großer Höhe auf flüchtende Menschen zu entkräften. Am 11. September 1944 erlebte Fulda einen heftigen Tagesangriff. Als am nächsten Tag wieder die Sirenen heulten, flüchteten viele Menschen in Panik aus der Stadt. Sie wurden im Freien von den Bomben überrascht – mit schrecklichen Folgen. Günter Sagan hat den Vorfall untersucht:

> „Die in Fulda oft geäußerte Vermutung, die Amerikaner hätten die aus der Stadt flüchtenden Menschen in der Johannisau aus ihren Flugzeugen gesehen und auf sie gezielt ihre Bombenteppiche abgeladen, kann nicht zutreffend sein. Aus sieben bis acht Kilometer Höhe und einigen tausend Meter horizontaler Entfernung sind solche Beobachtungen nicht zu machen."[87]

Unverzichtbarer Bestandteil von Erlebnisschilderungen aus bombardierten Städten ist die Legende vom Phosphorregen. Wenige Beispiele aus Dresden müssen genügen. 1951:

> „Der Phosphorregen, dieser Teufelsaft, floß in nicht enden wollenden Strömen von oben herab. Tonnen hingen am nachtdunklen Himmel. Oder waren es Fallschirme, an denen der Tod zur Erde langsam herabsank? Wo er auftraf, erstarben Mensch, Tier und Pflanze."[88]

1995:„Das Wasser der Elbe brannte von den Phosphorbomben, die man vor den Sprengbomben abwarf, um die Wirkung zu vertausendfachen." – „Alle mußten an einer Furcht ein-

84 Brief Prof. Dr. Günter Rabending, 21. Februar 1998.
85 Boberach, Meldungen, 4. März 1943.
86 Seydewitz, Max, *Zerstörung und Wiederaufbau von Dresden*, Berlin (Ost) 1955, S. 227-232. – Weidauer, Walter, *Inferno Dresden*, Berlin (Ost) 1966, S. 93-102.
87 Sagan, Günter, *Die Bevölkerung hatte Verluste*. Der Luftkrieg im Raum Fulda von September 1939 bis zum März 1945, Fulda 1994, S. 129f.
88 Rodenberger, Axel, *Der Tod von Dresden*, Dortmund 1951, S. 88.

flößenden, grün leuchtenden Phosphorbombe vorbei." – „Wir waren völlig verstört, sagten kein Wort. Nur einmal schrie meine Mutter: ‚Jetzt werfen sie Phosphor, alles ist aus!'."

2001: In der ZDF-Serie „Die große Flucht – Festung Breslau" berichtete eine Flüchtlingsfrau, wie sie in das durch Phosphor brennende Dresden geriet.[89] So zu hören auch in früheren Fernsehinterviews zur Zerstörung Dresdens.

Hier sollen nicht traumatische Erlebnisse kleingeredet werden. Es geht darum, dass der Dresdner Feuersturm durch 650.000 Stabbrandbomben entfacht wurde, Phosphor-Brandbomben kamen nicht zum Einsatz. Auch die Feuerstürme in Heilbronn, Pforzheim und Mainz wurden ausgelöst durch den Abwurf hunderttausender Thermit-Stabbrandbomben, der wichtigsten Brandmunition des Bomber Command und auch der US-Luftstreitkräfte.[90]

Im Winter 1944/45 verringerte das Bomber Command – warum auch immer – den Anteil der Phosphor-Brandbomben stark und setzte sie dann kaum noch ein. Beim Flächenangriff auf Koblenz am 6. November 1944 wurde noch ein geringer Prozentsatz verwendet.[91]

Die Militärbürokratie der Briten und Amerikaner führte penibel Buch über Art und Menge der bei den Angriffen mitgenommenen Explosiv- und Brandbomben. Diese Statistik des Zerstörungspotenzials ist für die Luftkriegsforschung eine ebenso wichtige Quelle wie die deutschen Merkblätter über feindliche Abwurfmunition und Veröffentlichungen über die Arbeit der Feuerwerker.[92]

Phosphor ist niemals in flüssiger Form abgeregnet worden, das wäre schon technisch nicht möglich gewesen. Vielmehr wurde Phosphor als Zündmittel für die Brandmasse aus Rohbenzol und Kautschuk beziehungsweise Kunstharz benutzt. Ab 1941 wurden Kanister mit solchen Füllungen abgeworfen, die beim Aufschlag zerplatzten. Die dünnwandigen Behälter stellten eine Gefahr für die Flugzeugbesatzungen bei Beschuss dar und hatten ungünstige ballistische Eigenschaften. Deshalb wurden sie 1942 durch die 30-lb.– Phosphorbrandbomben abgelöst, die Durchschlagswirkung hatten und mit der gleichen Mischung gefüllt waren. Die klebrige Brandmasse zerspritzte und entwickelte ätzende Dämpfe. Um diese Auswirkung geht es tatsächlich bei den zahllosen Berichten. Die psychologischen Folgen der Sinnestäuschung vom flüssigen Phosphor waren jedoch dramatisch. Der SD meldete:

> „Die Bevölkerung erblickt in der Anwendung flüssigen Phosphors mehr und mehr bereits den Übergang zum Krieg mit chemischen Kampfmitteln, sodass bis zu der Anwendung von Gas kein allzuweiter Schritt sei, insbesondere auch, weil die Wirkung des flüssigen Phosphors schlimmer als Giftgas sei."[93]

Goebbels reagierte sofort. Um die Panik zu dämpfen, richtete er einen Schnellbrief an die Mitglieder seines soeben installierten Interministeriellen Luftkriegsschädenausschusses und an die Gauleiter, es würden Gerüchte über das Abregnen von Phosphor verbreitet. Das Reichsluftfahrtministerium habe festgestellt, dass in Deutschland noch niemals Phosphor abgeregnet oder abgeblasen wurde:

89 Augenzeugenberichte von Monika Wiegner, Waltraud Buschmann, in: WOCHENPOST, Berlin, Sonderausgabe vom 9. Februar 1995 (zum 50. Jahrestag der Zerstörung Dresdens); Augenzeugenbericht Hildegard de Parade, in: SÄCHSISCHE ZEITUNG, Dresden vom 10. Februar 1995 (aus gleichem Anlass); *Serie „Die große Flucht – Festung Breslau"*, in: ZDF, 4. Dezember 2001.

90 Bläsi, Herbert und Schrenk, Christhard, *Heilbronn 1944/45*. Heilbronn 1995, S. 14, Angriff am 4. Dezember 1944. – Moessner-Heckner, Ursula, *Pforzheim Code Yellowfin*, Sigmaringen 1991, S. 95f. Angriff am 23./24. Februar 1945 – Busch, Dieter, *Der Luftkrieg im Raum Mainz während des Zweiten* Weltkrieges, Mainz 1988, Angriff am 27. Februar 1945, S. 320.

91 Schnatz, Helmut, *Der Luftkrieg im Raum Koblenz 1944/45*, Boppard 1981, S. 283, 318f. Abwurfmenge der Brandbomben am 6. November 1944: Phosphorbrandbomben 30 lb. 450, Stabbrandbomben 4 lb. 153.392.

92 Die Quellen sind vor allem zu finden in: PRO – National Archives and Records Service, College Park, Maryland – Air Force Historical Research Agency (AFHRA), Maxwell AL. Merz, Walter, *Feuerwerker*. Namenlose Helden der Bombennächte, Rastatt 1970. Rauschert, Manfred, *Die britischen und US-amerikanischen Brandbomben des 2. Weltkrieges aus deutscher Sicht*, Selbstverlag Bonn 1986.

93 Boberach, SD-Berichte, 13. Juli 1943.

> „Die Gerüchte gehen auf eine Täuschung zurück. Wenn nämlich ein Phosphorkanister hart aufschlägt, spritzt die Masse mitunter 30 m hoch. Außerdem haben die Engländer z.B. bei Barmen Zielmarkierungsbomben mit bunten kaskadenartigen in der Luft herausfallenden Leuchtstäben abgeworfen; diese sehen wie glühende Tropfen aus“[94]

Eine korrekte Erklärung. Bezeichnenderweise setzten die Gerüchte nicht schon 1941 ein, sondern erst 1943, als das Bomber Command zu neuen Beleuchtungs- und Markierungstechniken überging. Die in mittlerer Höhe zündenden, an kleinen Fallschirmen sinkend abbrennenden farbigen Feuerwerkskörper – von der Bevölkerung „Christbäume“ genannt – ‚konnten für „tropfende Lava“ gehalten werden. Und die sprühenden roten, gelben oder grünen Bodenmarkierungen mögen als “flüssiges Feuer“ erschienen sein. Verständliche Irrtümer in Extremsituationen. Ab Sommer 43 wurde in vielen Städten auf Sportplätzen und Freiflächen die Bekämpfung von Phosphor- und anderen Brandbomben öffentlich demonstriert. In der Presse wurde erläutert, dass die „Phosphorangst“ die Wirkung erhöhen solle, Luftwaffenmediziner gaben beruhigende Ratschläge. Es half nichts. Der Phosphorregen, vor dem es kein Entrinnen gab, wurde zum mythischen Inbegriff für die Schrecken des Bombenkrieges und ist es geblieben.

Ob Erdbeben, Vulkanausbrüche, Überschwemmungen – die Zahl der Opfer wird anfangs meist überschätzt. Das gilt auch für von Menschen verursachte Katastrophen wie die vom 11. September 2001 beim Anschlag auf das New Yorker World Trade Center. Es braucht eben seine Zeit, um die Toten in den Trümmern zu suchen und zu finden oder um die Zahl der Vermissten, die als tot zu gelten haben, zu ermitteln.

Nicht anders war es bei den Folgen der Luftangriffe. Fassungslosigkeit trieb die Totenzahlen in die Höhe, Gerüchte jagten sie weiter hoch. Für Hamburg mit etwa 35.000 Toten der Juli/Augustangriffe 1943 reichten die Schätzungen von 18.000 über 80.000 bis zu 350.000 Toten.[95] Pforzheim hat die größten Menschenverluste im Verhältnis zur Einwohnerzahl erlitten, die zur Zeit des Angriffs im Februar 1945 bei 65.000 lag, davon kamen 17.600 ums Leben.[96] Es dauerte oft bis weit in die Nachkriegszeit, ehe die betroffenen Städte ihre Luftkriegstoten festgestellt hatten; manchmal sind es Annäherungswerte, die eine Größenordnung bestimmen, aber sie werden im Allgemeinen akzeptiert und bieten keinen Stoff mehr für Legenden.

Unterschiedliche Angaben für einzelne Angriffe sind selten geworden, aber es gibt sie noch, z.B. für den 1.000-Bomber-Angriff der 8. US-Luftflotte auf Berlin am 3. Februar 1945. Er besitzt die gleiche mythische Bedeutung wie der Kölner 1.000-Bomber-Angriff von 1942, obwohl beide Städte weitaus schwerere Bombardements über sich ergehen lassen mussten. Aber in dem mit Flüchtlingen überfüllten Berlin wurde an diesem blass-sonnigen Februartag die gesamte Innenstadt vollends verwüstet. Dies war ein Flächenbombardement nach RAF-Muster und die ersten Schreckensberichte ließen befürchten, dass mit sehr großen Menschenverlusten gerechnet werden müsse. Gerüchte gingen nach dem Krieg bis 60.000 Tote, dann vermutete man 25.000, und diese Zahl wird ohne Quellenprüfung immer wieder abgeschrieben, obwohl Akten vorhanden sind, die „nur“ fast 3.000 Tote melden. Für Berlin war das die höchste Totenzahl bei einem Luftangriff.[97]

94 *LK-Meldung Nr. 6, 10.7.1943*. Schnellbrief: An die Mitglieder des Interministeriellen Luftkriegsschädenausschusses und an die Herren Gauleiter. – Der Polizeipräsident von Hamburg hielt am 16. August 1943, also nach den Vernichtungsangriffen, fest: „Oberstltn. Dr. Schubert wies darauf hin, daß alles Gerede über das Abregnen von Phosphor haltlos sei. Ein Hinweis in der Presse wird veranlasst. Die Betriebs- und Werkluftschutzleiter haben ihre Gefolgschaft bereits mündlich aufzuklären.“ In: DOKUMENTE DEUTSCHER KRIEGSSCHÄDEN, Bd. II/1, Bonn 1958-1964, S. 324. – Der flüssige Phosphor hat sich auch in der Literatur erhalten. Lothar-Günther Buchheim schreibt in seinem Roman *Die Festung*, Hamburg 1995, S. 257, dass „Phosphorrinnsale grünflüssig die Treppe hinablaufen.“

95 Schuh, Gerücht, S. 31, zitiert Hano, Horst, *Die Taktik der Pressepropaganda des Hitlerregimes 1943-1945*, München 1963, S. 63.

96 Moessner-Heckner, Pforzheim, S. 9, 15.

97 *Kriegstagebuch des Oberkommandos der Wehrmacht (Wehrmachtsführungsstab)*, geführt von Helmuth Greiner und Percy Ernst Schramm, Bd. IV, 2. Halbbd., 4. Februar, 6. Februar und 13. Februar 45, S. 1072, 1074, 1092. –

Ein trauriger Streit, im kalten Krieg politisch und ideologisch belastet, wird immer noch um die Bombenopfer von Dresden geführt. Es sind circa 35.000. Diese Zahl hat sich weithin durchgesetzt, sie wird von der seriösen Publizistik und Literatur anerkannt. Von anderer Seite wird sie aus unterschiedlichen Gründen bestritten, die Spannbreite der behaupteten Zahlen reicht von 25.000 bis 400.000 . Die Befürworter sechsstelliger Zahlen aus dem rechtsradikalen Lager versuchen die Tragödie politisch zu instrumentalisieren zum Zweck der Aufrechnung und der Schuldzuweisung als Kriegsverbrechen mit der Devise „Mord verjährt nicht". Alte Dresdner hingegen meinen oft nur, dass es doch mehr als 35.000 gewesen sein müssten, wie viele, das wisse keiner.[98]

Natürlich weiß es keiner genau, aber mit 35.000 ist eine Größenordnung vorgegeben, die den Tatsachen am nächsten kommt. Für darüber hinaus gehende Zahlen existieren keine stichhaltigen Belege, vielmehr ist die Rede von Briefen, in denen etwas gestanden habe, von Fernschreiben, an die man sich erinnere; vor allem wird ein „Tagesbefehl" zitiert, der 250.000 Tote genannt habe, aber der ist eine Fälschung.[99] Warum werden von den Legendenkonservierern eigentlich die echten Dokumente nicht akzeptiert? Das sind:

1. Die Meldungen des Höheren SS-und Polizeiführers Elbe in den Gauen Halle-Merseburg, Sachsen und im Wehrkreis IV, der zugleich Befehlshaber der Ordnungspolizei war. In seiner Dienststelle liefen alle Meldungen der mit der Totenbergung befassten Kriminalpolizei, der städtischen Behörden und der verschiedenen Hilfstrupps der Wehrmacht, des Sicherheitsdienstes usw. zusammen. In diesen Meldungen ist die kontinuierliche Steigerung der Zahl der geborgenen Toten zu verfolgen.[100]
2. Die Meldungen aus Dresden gingen an den Chef der Ordnungspolizei Berlin, der sie in seine eigenen Lagemeldungen über alle Luftangriffe auf das Reichsgebiet aufnahm. So entstand eine doppelte Buchführung über Schäden und Personenverluste.[101]
3. Die Schlussmeldung des Höheren SS- und Polizeiführers vom 15. März 1945, in der 18.375 Gefallene angegeben werden und die Gesamtzahl auf 25.000 geschätzt wird. Dazu ein Nachtrag vom 31.3.1945 mit 22.096 geborgenen Gefallenen.[102]
4. Der erwähnte Tagesbefehl vom 22.3.1945, der – was geradezu sensationell war – erlassen wurde, „um den wilden Gerüchten entgegentreten zu können." Er nennt bis zum 20.3.1945 abends 20.204 Gefallene und eine angenommene Gesamtzahl von 25.000. Er wiederholt die Angaben der Schlussmeldung mit der Nachricht, dass auf dem Altmarkt 6.865 Tote verbrannt wurden. Noch einmal wird betont; „Da die Gerüchte die Wirklichkeit weit übertreffen, kann von den tatsächlichen Zahlen offen Gebrauch gemacht werden." Das ist der Schlüsselsatz. An diese Zahlen wurde damals eine Null angehängt. Es ist nicht bekannt, wer es getan hat und mit welchem Motiv, jedenfalls wurden aus 25.000 Gefallenen 250.000. Die Plumpheit dieser Fälschung verrät auch die aberwitzige Zahl von 68.650 Leichen, die angeblich binnen knapp zwei Wochen auf dem Altmarkt verbrannt worden sein sollen – streicht man die Null, ergibt sich exakt die echte Zahl.[103]

Siehe auch: Der Chef der Ordnungspolizei. Berlin, den 23. Februar 1945. Betr.: Luftangriffe auf das Reichsgebiet, Lagemeldung Nr. 1377. Sowie Kdo. der Schutzpolizei Berlin – Nachtrag 3.2. BUNDESARCHIV/MILITÄRARCHIV (BA-MA).

98 Die umfassendste Darstellung der Kontroversen und der Legendenbildung in: Bergander, Dresden, Kapitel 12: „Flüchtlinge – Tote". Siehe auch: Irving, David, *Der Untergang Dresdens*, Gütersloh 1964, S. 250-258. Weidauer, Inferno Dresden, S. 114-131.

99 Bergander, ebd. Irving, ebd.

100 Bergander, ebd. Weidauer, ebd. – Fundort Schlussmeldung: Sächs. HStA, Bestand SED/BPA Dresden/V/2/0252/006. – Der Chef der Ordnungspolizei. Berlin, 22. März 1945 und folgende, Fundort: Bundesarchiv und BA-MA.

101 Bergander, ebd.

102 Bergander, ebd., Weidauer, ebd.

103 Bergander, ebd., Ehlich, Werner, Die Bombennacht in Zeiten und Zahlen, in: DIE UNION, Dresden vom 14. Februar 1970. Die vom Polizeireservisten Ehlich der Öffentlichkeit vorgelegten Dokumente – Original und Fälschung – sind abschriftlich vom März 1945 vorhanden. Nachlass Ehlich.

5. Mit Öffnung der Archive nach dem Ende der DDR wurden im Dresdner Stadtarchiv bis dahin unerschlossene städtische Akten des Marstall- und Bestattungsamtes entdeckt. Sie enthalten Meldungen des „Leiters der Begräbnismaßnahmen" beim Oberbürgermeister bis Kriegsende und Totenbergungsakten aus der Nachkriegszeit. Diese Funde bestätigen und ergänzen die Dokumente über die niedrigeren Totenzahlen. Friedrich Reichert und Matthias Neutzner informieren darüber in ihren Büchern.[104]

In allen anderen vom Luftkrieg betroffenen deutschen Städten, auch in den ebenso schwer wie Dresden verwüsteten, sind die Polizeiberichte und die städtischen Akten als Grundlage für die Personenverluste akzeptiert worden. Das könnte endlich auch für die Langzeitlegende vom hunderttausendfachen Tod in Dresden gelten, aber sie hat noch viele Anhänger und wird von interessierter Seite bewusst am Leben gehalten.

Aussagen über Tieffliegerangriffe thematisieren die letzten der hier vorgestellten Legenden. Sie besitzen einen realen Ursprung, denn selbstverständlich haben Tiefangriffe stattgefunden, sie gehörten zum Kriegsalltag britischer, amerikanischer, sowjetischer und deutscher Luftstreitkräfte. Dafür wurden Jäger, Jagdbomber und Schlachtflugzeuge an der Front und im Hinterland eingesetzt.

Seit Februar 1944 verfügten die Amerikaner über genügend Langstreckenjäger mit Zusatztanks, und im Mai brauste erstmals ein „Chattanooga-Express" – Tiefangriffe auf Verkehrsziele – bis in den Raum Berlin. Damit war eine gefährliche Version des Luftkrieges weit ins Innere Deutschlands getragen worden; bei der Bevölkerung verstärkte sich das Gefühl des Ausgeliefertseins, wie die Meldungen des Sicherheitsdienstes widerspiegeln, zumal nun auch ein Teil der Begleitjäger der Bomberformationen oft für „strafing", für Tiefangriffe, während des Rückfluges freigegeben wurde. Mit dem Näherrücken der Front im Westen stand die Bevölkerung täglich unter der Bedrohung der über Dächer und Bäume jaulenden Mustangs, Thunderbolts, Lightnings, Spitfires und Typhoons der taktischen Luftflotten, die Jagd auf Eisenbahnen, Fahrzeugkolonnen und einzelne Fahrzeuge bis zum Pferdegespann machten – und auch auf Menschen.

Das soll deutlich gesagt sein, um besser die Bruchstelle zwischen Tatsachen und Erinnerungsverzerrung erkennen zu können. Bezweifelbare Augenzeugenschilderungen betreffen vor allem folgende Erzählungen: Schwere Bomber werfen ihre Ladung im Tiefflug ab. Oder: Schwere Bomber beschießen im Tiefflug nachts oder am Tage die flüchtende Bevölkerung. Und: Begleitjäger der Bomber machen während eines Bombardements oder kurz danach Jagd auf Menschen. Man kann die Gesichter der Piloten erkennen.

In zahllosen Berichten heißt es, man habe die Bomber im Tiefflug gesehen oder man habe im Luftschutzkeller den Eindruck gehabt, dass die Bomber ganz tief gekommen seien. Beim Vergleich mit den alliierten Einsatzberichten stellt sich das fast immer als Irrtum heraus; die akustische Wahrnehmung hunderter oder tausender Flugzeugmotoren mit hunderttausenden PS konnte zur Sinnestäuschung führen. Jeder, der es erlebt hat, wird die den Himmel ausfüllende, sonor dröhnende Geräuschkulisse nie vergessen. Ein Beispiel aus Duisburg:

Die Stadt, bis dahin schon oft bombardiert, erlitt am 14. Oktober 1944 bei Tage und in der Nacht zum 15. ihre schwersten Angriffe. Das Bomber Command warf insgesamt fast 9.000 Tonnen ab, hauptsächlich Sprengbomben.[105] Eine Mutter schrieb, es habe bei diesem „ersten großen, recht unheimlichen Tagesangriff schon mächtig gerasselt". Später heißt es: „Nachts

104 Reichert, Friedrich, in: *Verbrannt bis zur Unkenntlichkeit.* Die Zerstörung Dresdens 1945. Begleitbuch zur Ausstellung im Stadtmuseum Dresden 1995 (anl. des 50. Jahrestages der Zerstörung), Altenburg 1994, S. 40-58. Reichert auch zur Rezeptionsgeschichte des 13. Februar 1945, in: Ebd., S. 150-161. Neutzner, Matthias, *Martha Heinrich Acht.* Dresden 1944/45, Amsterdam-Dresden 1998, S. 91-103.

105 Middlebrook and Everitt, Diaries, S. 601f.

wurden wir um eins, halb zwei von Tieffliegern, die Bomben warfen, geweckt. Es gab schon seit morgens keinen Strom und keine Sirenen mehr."

Ihr Sohn erläutert: "Ich selber habe diese berichteten Angriffe ebenfalls in Duisburg, vielleicht sechs Kilometer entfernt im Freien miterlebt. Ich war ja als Luftwaffenhelfer bei einer Zwei-Zentimeter-Batterie eingesetzt. Von Tieffliegern kann ganz bestimmt keine Rede sein. Da bin ich absolut sicher."

Er erklärt sich die Wahrnehmung seiner Mutter so, dass, da sie vom Angriff überrascht wurde, das Geräusch der Flugzeuge und der fallenden Bomben vermutlich den Eindruck eines Tieffliegerangriffs suggerierte.[106]

Außerdem – was ist tief und was wird als tief empfunden? Ein Mädchen aus Berlin hörte im Evakuierungsdorf Grabow in Brandenburg rasch anschwellendes Motorengeräusch. Beim Blick aus dem Fenster sieht sie, ihrer Erinnerung nach, große Flugzeuge unglaublich tief über das Haus fliegen, dann explodieren die Bomben, sie kauert sich in eine Ecke; anschließend klaffen Trichter in Feldern, Pferdekoppeln, Gärten, Bauernhäuser sind zerstört, tote Tiere liegen herum.[107]

Auch diesmal handelt es sich um eine verständliche Täuschung. Es war der 22. Februar 1945, der erste Tag der „Operation Clarion", die die Zerstörung zahlreicher kleinerer Bahnhöfe und Verkehrsknotenpunkte zwischen Kitzingen, Nordhausen und Ludwigslust zum Ziel hatte. Allein an diesem Tag wurden 43 Haupt- und Gelegenheitsziele angegriffen, und eines dieser Gelegenheitsziele war für 13 Fliegende Festungen das Dorf Grabow. Bei „Clarion" war Herabsetzung der üblichen Angriffshöhe auf die Hälfte befohlen, also auf 3000-4000 Meter, für einige Bombergruppen sogar auf 2000 Meter.[108] Gewohnt, die Bomber nur an ihren Kondensstreifen oder als silberne Pünktchen zu erkennen, erschienen sie plötzlich groß, weil sie niedriger flogen und man sie „richtig" sehen konnte.

War es möglich, dass schwere viermotorige Bomber nachts so tief herunterstießen, dass sie mit Bordwaffen auf flüchtende Menschen schießen konnten, direkt über Flächenbränden und Feuerstürmen? Die Antwort ist nein, denn die enormen Turbulenzen und die Hitzeabstrahlung in die Höhe hätten Flugzeuge zu Spielbällen der Elemente werden lassen. Bei einem Angriff auf Tokio in 1500-2000 Meter Höhe gerieten die B-29 Superfortress in Gefahr:

„Die heftigen Aufwinde des in der Stadt tobenden Wirbelsturmes zerrten an den Flugzeugrümpfen und drohten sie auseinander zu reißen.[...] Die Turbulenz schleuderte die B-29 in Sekunden Hunderte Meter empor und wieder herab."[109]

Dennoch will es die Überlieferung, dass dicht über den Bränden dahinrasende Bomber auf Menschen schossen. Abermals ist es Dresden, das im Mittelpunkt dieser Legende steht, die auf einem Artikel in der Goebbels-Wochenzeitung „Das Reich" basiert:

> „Um Mitternacht erschien am blutroten Himmel des Elbtals eine zweite britische Luftflotte und richtete mit Sprengbomben und Bordwaffen unter den Menschenmassen auf den Grünflächen ein Blutbad an, wie es allenfalls die Fantasie eines Ilja Ehrenburg hätte ersinnen können."[110]

Augenzeugen behaupten das Gleiche, in Büchern und so genannten Tatsachenberichten wurde es dramatisch ausgemalt, in zahllosen Zeitungsartikeln abgeschrieben. Wurde hingegen versucht, die erlebte Erinnerung mit militärischen, technischen und physikalischen Fakten zu ver-

106 Ich danke Prof. Dr. Werner Greve für die Mitteilungen in seinem Brief vom 9. Dezember 2001.

107 Erlebnis meiner Frau Regine Bergander. Bevor das „Rätsel" der tieffliegenden großen Bomber gelöst werden konnte, wurden diese in ihrer Erinnerung immer größer und sie meinte, sie hätten eine Flughöhe wie die „Rosinenbomber" während der Berliner Luftbrücke gehabt. So eine Überlagerung verschiedener Ereignisse ist typisch für viele Erinnerungen von Zeitzeugen.

108 Freeman, Diary, S. 445.

109 Craig, Williams, *Als Japans Sonne unterging*, Wien 1970, S.34.

110 Sparing, Rudolf, Der Tod von Dresden, in: DAS REICH, Berlin vom 4. März 1945.

gleichen, gab es harschen Widerspruch. Eine Zeitzeugin, die geschildert hatte, wie sie im Feuersturm beschossen worden war, empörte sich über Zweifel an ihrer Darstellung:

„Und da erschien dort ganz dicht über den Häuser-Ruinen plötzlich dieses Flugzeug, das ich durch all den Höllenlärm durch Bomben, durch den Sturm [...] gar nicht gehört hatte, das ich überhaupt nicht bemerkt hätte, wenn es nicht auf mich geschossen hätte. Das Flugzeug habe ich genau gesehen, ich meinte fast, den Piloten darin erkennen zu können, [...] Ob dieser Tieffliegerangriff nun ‚technisch möglich' war oder nicht – er hat stattgefunden, ich habe es erleben müssen und bin völlig sicher. Ich muss es mir verbitten, dass diese Aussage von irgendjemand in Zweifel gezogen wird."[111]

Viele Augenzeugen lassen sich – trotz einleuchtender Gegenargumente – ihre Erinnerungen nicht nehmen. Aber die Variante nächtlicher Bomberangriffe mit Bordwaffen wird in Literatur und Presse kaum noch aufrechterhalten. Im zitierten Leserbrief kam auch ein Phänomen zur Sprache, das in der Erinnerung zur Gewissheit geworden ist und als Wandersage aus ganz Deutschland berichtet wurde und wird – der Pilot in der Kanzel, den man fast oder richtig gesehen zu haben meint; das Weiße im Auge des Gegners, man kennt es aus der Geschichte:

> „Einmal saßen meine Mutter und ich am offenen Fenster, als wir ein Flugzeuggeräusch hörten, und wir sahen einen Engländer in einer offenen Sportmaschine vorbeifliegen. Im Tiefflug konnten wir sein Gesicht erkennen, seine Lederkappe, und er schaute auch zu uns herüber. Wenige Sekunden später beschoß er mit dem Maschinengewehr wartende Menschen an der Haltestelle der Linie 13 am Stadtwaldgürtel. Es gab Tote und Verletzte. Er drehte wieder ab und verschwand."[112]

Was mag damals wirklich in Köln passiert sein? Offene Flugzeugkanzeln und drehbare Maschinengewehre, bei Jagdflugzeugen längst nicht mehr üblich, setzt auch diese Schilderung voraus: Am 14.2.1945 um 14 Uhr soll in einem Waldstück an der nordwestlichen Peripherie Dresdens ein Verbrechen geschehen sein, das die Augenzeugin berichtet, „damit die Geschichte unseren Nachkommen keine Fälschungen dokumentiert":

> „Die Flugzeuge kreisten dicht über den Baumwipfeln, Flieger schauten aus ihren Flugzeugkanzeln heraus und richteten ihre Maschinengewehre direkt auf uns und schossen auf Wehrlose. Dem Wahnsinn nahe, hoben Mütter ihre Kinder den Schießenden entgegen; die Flieger knallten sie einfach nieder."[113]

Tun Mütter das wirklich? Erklärungsbedarf besteht auch beim Bericht eines Zeugen, der während des zweiten Dresdner Nachtangriffs aus den brennenden Häusern an der Frauenkirche in die Kunstakademie entkommen war und auf die Brühlsche Terrasse trat,

> „um die letzten Angriffsflugzeuge zu beobachten. Sie hatten aber anscheinend schon alle ihre Bomben abgeworfen und sahen sich die Bescherung an. Aus nordöstlicher Richtung kam eine Maschine und flog nur höchstens 200 Meter hoch quer über die Innenstadt/Zwinger. Im Cockpit, das sah ich, hatte man Licht gemacht! Es sah aus, als steckte man sich Zigaretten an, nach vollbrachter Leistung."[114]

Der Schreiber, ein Diplom-Physiker, war damals Student aus Gelsenkirchen mit Luftkriegserfahrung. Seine Beobachtung ist nicht nachvollziehbar. Vielleicht hat er einen Masterbomber gesehen, aber der flog nicht tiefer als 2400 Meter. Victor Klemperer, der ebenfalls auf der Brühlschen Terrasse Zuflucht gesucht hatte, bemerkte nichts dergleichen.[115]

111 Leserbrief Gertrud Breitholz, „Salve über dem Kopf", in: FRANKFURTER ALLGEMEINE ZEITUNG vom 18. Februar 1985. Ich danke Dr. Helmut Schnatz für den Hinweis.

112 *Bericht Renate Bersters-Olivier*, in: Crome, Peter, *Köln im Krieg, Bürger erinnern sich*, Köln 1998, S. 64.

113 Leserbrief Gisela Güldner, „Einfach niedergeknallt", in: FRANKFURTER ALLGEMEINE ZEITUNG vom 18. Februar 1985. Nachweisbar ist nicht die geschilderte Szene, sondern Bombenabwurf aus 8000-9000 Meter Höhe um 12.30 Uhr im fraglichen Gebiet und dem angrenzenden Feld, bis Oktober 1944 Standort der Flakbatterie 217/IV. Spreng- und Brandbomben trafen auch den benachbarten Teil von Radebeul.

114 Brief Günter Wortman, 13. Februar 1991.

115 Klemperer, Victor, *Ich will Zeugnis ablegen bis zum Letzten*. Tagebücher 1942-1945, Berlin 1995, S. 661-667.

Es ist schwierig, im Nachhinein eigenes Erleben der Zeitzeugen von dem zu trennen, was sie später gehört oder gelesen haben und was ihre Erinnerung beeinflusst hat. Das geschah insbesondere durch Bücher, die in den fünfziger, Sechzigerjahren erschienen und die, als Tatsachenberichte verstanden, jahrzehntelang von den örtlichen Zeitungen als Quelle genommen wurden. Die fantasievoll ausgestatteten Reportagen waren ohne Kenntnis alliierter Archive entstanden, die zu dieser Zeit noch nicht zugänglich waren. Das liest sich dann so:

> „One-two-three-four-five... dritte Gruppe – dritte Gruppe – dritte Gruppe. Bombenschützen Achtung! Abwurfautomateneinstellung ändern! Christbäume knapp rechts vom Ziel, treiben Zielmitte [...] Während Captain Smith in einer Steilkurve die Wirkung des Angriffs beobachtet, liefen unten die Menschen wie gehetztes Wild durch die brennenden Straßen [...] Über die brennenden Dächer fegten Jabos, ihre MG-Garben peitschten in die Straßen, durchlöcherten Fenster und Menschen und jagten die Verzweifelten, die in den Kellern dem Tod entronnen waren.“[116]

Das soll sich beim Flächenangriff des Bomber Command auf Mainz am Nachmittag des 27. Februar 1945 abgespielt haben. Dieter Busch verweist es in „Der Luftkrieg im Raum Mainz“ ins Reich der Fabeln und Legenden.[117] Mehr als anderswo hat die gleiche Überlieferung in Dresden ihre Spuren hinterlassen. Sie zog sich als roter Faden durch Literatur und Zeitungsartikel in Ost und West, ohne dass die Erzählungen auch nur ein einziges Mal kritisch hinterfragt worden wären, bevor ich es in „Dresden im Luftkrieg“ tat. [118](118) Die übliche Lesart war für den US-Mittagsangriff am 14. Februar 1945 diese:

> „Die Bordkanonen und Maschinengewehre der Flugzeuge rissen riesige Lücken in die Flüchtenden auf der Landstraße. Blutig waren die Wege der Flieger gezeichnet. Zerschossene Fuhrwerke, Handwagen, Kinderwagen. Menschen wälzten sich in ihrem Blute. Und wieder kamen die Flugzeuge wie in einem Rausche und schossen ihre Gurte auf Zivilisten leer.“[119]

Mit David Irving trat erstmals ein Autor auf, der Einsicht in alliierte Quellen und Gelegenheit zu Interviews mit Akteuren des Luftkrieges auf britischer und amerikanischer Seite hatte. Insofern leistete er Pionierarbeit beim Thema Dresden, was ihn allerdings nicht hinderte, die Tieffliegerstory auszuschmücken. Er griff die umlaufenden Gerüchte auf und sicherte sie scheinbar wissenschaftlich ab, indem er – vermeintlich – Ross und Reiter nannte. Er beschuldigte vor allem die 20. Fighter Group der Menschenjagd auf Ausgebombte:

> „Nach Augenzeugenberichten schienen die meisten Piloten erkannt zu haben, dass die sichersten Angriffsflüge entlang den Elbufern durchgeführt werden konnten. Andere griffen den Verkehr auf aus der Stadt führenden Straßen an, die mit Menschenkolonnen verstopft waren. Aus der A-Gruppe der 55. Jagdstaffel flog eine P-51 so tief, daß sie in einen Wagen raste und explodierte.“

Das ist die etwas entschärfte Version früherer Illustriertenberichte Irvings.[120] Sie klingt authentisch, ist es aber nicht, denn die 20. Fighter Group war gar nicht nach Dresden geflogen, sondern nach Prag, um die ihr anvertrauten Bomber, die sich „verfranzt“ hatten und Prag angriffen, befehlsgemäß zu sichern – in Höhen von 7300 bis 9700 Metern. Erst beim Rückflug, 170 Kilometer westlich von Prag, gingen Teile der Gruppe zu Tiefangriffen über, und dabei pas-

116 Zitiert nach: Kurtz, Richard, *Mainz in Flammen*, Mainz 1951, S. 8;14.
117 Busch, Luftkrieg, S. 310-320.
118 Bergander, Dresden, Kapitel 11: „Phosphor-Tiefangriffe“, bereits in der Erstauflage 1977, Taschenbuch 1979, Neuauflage 1994.
119 Rodenberger, Tod, S. 140f.
120 Irving, Untergang, S. 185. – In Irvings Serie „Wie Deutschlands Städte starben“, in: NEUE ILLUSTRIERTE, Köln Nr. 25.1962 heißt es u.a.: „Es sind die Begleitjäger vom Typ Mustang, die dem dritten Vernichtungsschlag den Stempel unmenschlicher Grausamkeit aufdrücken. Noch während die Bomben fallen, stürzen sie sich aus großer Höhe mit heulenden Motoren nach unten und machen Jagd auf die flüchtenden Menschen.“

sierte der von Irving nach Dresden verlegte „crash“ einer Mustang der 55. Fighter Squadron, die zur 20. Fighter Group gehörte:

> „Vermißt im Einsatz Lt. Leon. Sein Flugzeug zerschellte am Boden während des Tiefangriffs, raste entweder in den angegriffenen Lastwagen oder auf diesem ereignete sich eine Explosion, die ihn erfaßte.“[121]

Der Tatort lag nördlich von Donauwörth – 320 Kilometer von Dresden entfernt. Auch die von anderen Begleitjägern geflogenen Bordwaffenangriffe fanden erst weit westlich beim Rückflug statt. Von Tiefangriffen in Dresden und Umgebung steht nichts in den Einsatzberichten. Dagegen wird argumentiert, die Piloten hätten es verschwiegen, weil sie damit keinen Ruhm ernten konnten – eine typische Spätsicht auf Kriegsereignisse, die auch von kompletter Unkenntnis eines „briefings“ nach dem Einsatz zeugt. Warum hätte das verschwiegen werden sollen? Aus Rücksicht auf deutsche Historiker, die vielleicht Jahrzehnte später diese Einsatzberichte lesen könnten?

Auch die deutsche Seite brachte nichts über Tiefangriffe in Dresden, was bei nennenswerten Aktionen unbedingt der Fall gewesen wäre. Am 10. Februar 1945 z.B. heißt es im Wehrmachtbericht: „Tiefflieger terrorisierten im westlichen und südwestlichen Reichsgebiet durch Bordwaffenbeschuss die Zivilbevölkerung.“[122]

Auch am 11., 12, und 14. Februar wird Bordwaffenbeschuss extra genannt – nicht aber am 15. Februar, als der Wehrmachtbericht über die Luftangriffe vom 14. informierte: „Umfangreiche Schäden in Wohnvierteln entstanden vor allem in Magdeburg und erneut in Dresden, wo unersetzliche Bau- und Kunstdenkmäler vernichtet sind.“[123]

Die früher erwähnte „Schlussmeldung“ registriert, bei allen Angriffen sei Bordwaffenbeschuss festzustellen gewesen, eine vage Formulierung, die vom Chef der Ordnungspolizei nicht übernommen wurde.

Zutreffend wäre sie allenfalls für den Mittagsangriff des 14.2. gewesen. Seltsam auch, dass dies nicht von der Nazipropaganda ausgenutzt wurde. Im „Reich“ wurde Mitternacht als Zeitpunkt eines Bordwaffenangriffs genannt, nicht Mittag.

Die Augenzeugenaussagen standen und stehen sich unvereinbar gegenüber. Die einen erklären, sie seien selbst beschossen worden oder sie hätten es gesehen – die anderen sagen, dass sie zur gleichen Zeit an gleicher Stelle nichts davon wahrgenommen hätten. Wieder andere sagen, sie hätten MG-Feuer gehört, aber die feuernden Flugzeuge nicht gesehen. Aus allen Informationen und eigener Erinnerung zog ich die Schlussfolgerung, dass mit hoher Wahrscheinlichkeit zwei bis drei deutsche und amerikanische Jagdflugzeuge niedrig durchs Elbtal flogen als Folge von Luftkämpfen und dass sie Feuerstöße abgaben. Luftkämpfe und Flugzeugabstürze im Dresdner Raum werden von amerikanischer und deutscher Seite bestätigt.

Das Thema blieb interessant. Helmut Schnatz in Koblenz und Karl H. Mistele in Bamberg waren bei ihren luftkriegshistorischen Arbeiten auf ähnliche Unstimmigkeiten zwischen Aktenlage, Forschung und Erlebnisberichten gestoßen. Mistele untersuchte Luftkriegsüberlieferungen unter volkskundlich-psychologischem Aspekt; er ist leider 1988 gestorben. Schnatz, als Rheinländer mit Tiefangriffen 1944/45 bestens vertraut, warf die Frage Dresden neu auf.

121 Mission Summary Report, February 14, 1945. 20 th “A” and “B” Fighter Groups, Lt. Col. Montgomery and Major Nichols leading. Annex to Mission Summary Report, February 14, 1945: Mission Summary Report 55 Fighter Squadron. A Group – Maj. Gatterdam. B Group – Capt. Fruechtenicht, in: AFHRA Microfilm B 5012. Lt. Leon hatte im Tiefstflug das Fahrzeug des Obersten Freiherr von Oer, Chef des Remonteamtes Bergstetten angegriffen und diesen tödlich getroffen. Leon selbst starb, als seine Mustang ein Schneegatter streifte und explodierte. Vermerk des Ordnungsamtes Donauwörth, 3. Dezember 1969. Für diesen Hinweis danke ich Hans Grimminger und Dr. Helmut Schnatz. RG 92. Missing Air Crew Report 12326, National Archives, Washington, D.C.

122 Wehrmachtberichte, 10. Februar 1945

123 Ebd., 11. Februar 1945, 12. Februar 1945, 13. Februar 1945,14. Februar 1945., 15. Februar 1945.

Nach ausgedehnten Recherchen veröffentlichte er sein Buch „Tieffliieger über Dresden? Legenden und Wirklichkeit."[124]

Ein sachliches, detailgenaues Buch mit überzeugenden Argumenten, auch mit Verständnis für jene Augenzeugen, deren Aussagen der Autor nicht folgen kann. Schnatz vertrat seine Thesen in einem kurzen Interview in einer Dresdner Zeitung und das genügte, um einen Sturm der Entrüstung anzufachen.[125] Ohne dass jemand sein Buch gelesen hatte, machte sich in Leserbriefen und bei der Vorstellung des Buches im Dresdner Stadtmuseum Empörung Luft, die von dem Rechtsextremisten Roeder und seinen im Saal verteilten Getreuen angeheizt wurde. Die meisten Anwesenden waren sich darin einig, dass das Buch nicht als Versuch der Aufklärung und Diskussionsangebot zu verstehen sei, sondern als Verleumdung der Augenzeugen, Verhöhnung der Opfer, Leugnung amerikanischer Kriegsverbrechen. Diejenigen Augenzeugen, die damals keine Tiefangriffe erlebt hatten, bekamen in dem hoch emotionalisierten Umfeld keine Chance, sich verständlich zu machen. Dem Autor wurde unterstellt, er leugne Tiefangriffe generell; auch das trifft nicht zu, im Gegenteil, aber es geht um fünfzehn Minuten am Mittag des 14. Februar 1945 in Dresden.

Ist die Weigerung, über Forschungsergebnisse eines Andersdenkenden auch nur zu diskutieren, eine Spätfolge traumatischer Erfahrungen im Kindesalter und in der Jugend? Wohl nur zum Teil. Plötzlich wurde ein Ost-West-Gegensatz konstruiert – wie es ein Koblenzer wagen könne, über Tieffliegerangriffe in Dresden zu schreiben, er sei ja nicht dabei gewesen. Was er denn vom Bombenkrieg wisse – als sei die Teilnahme an den Ereignissen die Voraussetzung für Geschichtsschreibung. Es war ein von Denk- und Nachdenkverweigerung geprägtes beklemmendes Erlebnis im schönen Festsaal des Stadtmuseums am 18. April 2000. Dresdner Buchhandlungen haben das Werk offenbar nicht vorrätig. Es kann aber bestellt werden. Immerhin.

Langzeitfolgen von Legenden – in Dresden sind sie exemplarisch. Das wäre nicht nötig, denn das Schicksal der Stadt war schrecklich genug und bedarf nicht zusätzlicher mythisierender Schrecken. Dresden ist zum Symbol für Zerstörungsgewalt des konventionellen Luftkrieges geworden, obwohl die Verluste in anderen schwer bombardierten Städten nicht geringer waren. Die Menschen verbrannten, erstickten, wurden von Trümmern erschlagen, sie irrten durch Funkenflug und stolperten über eingestürzte Fassaden, die letzten Habseligkeiten auf dem Leib und die nächsten Angehörigen an der Hand. Eindringliche Schilderungen dieser persönlichen Erlebnisse sind veröffentlicht worden, außerdem Arbeiten zur Geschichte des Luftkrieges, wenn auch nur selten aus den Reihen der professionellen deutschen Historiker. Darüber hinaus hatte W.G. Sebald sicher recht mit seinem Vorwurf, das große Werk fehle, die deutsche Literatur habe es nicht vermocht, das Grauen des Bombenkrieges gültig darzustellen.[126] Aber vielleicht ist das auch nicht möglich.

Die Zeit ist abzusehen, in der niemand mehr am Leben ist, der über seine Luftkriegserfahrungen befragt werden kann. Umso mehr Gewicht werden die bereits vorhandenen Aussagen bekommen. Sie und die noch zu erfragenden sollten aber nicht unreflektiert bleiben. Ronald Grele meint:

> „Auch die Oral History kann nicht darauf verzichten, Quellen zu prüfen, Belege zu liefern und einzelne Zeugnisse sorgfältig abzuwägen. In dieser Hinsicht unterscheiden sich Oral-History-Interviews kaum von den Methoden anderer Zweige der historischen Forschung. Dieses Problem erlaubt keine andere Lösung als die, ‚(...) mit jenem persön-

124 Schnatz, Helmut, *Tiefflieger über Dresden?* Legenden und Wirklichkeit, Köln-Weimar-Wien 2000.
125 „Mythos Menschenjagd", in: SÄCHSISCHE ZEITUNG, Dresden vom 12. Februar 2000.
126 Sebald, W. G., *Luftkrieg und Literatur*, München-Wien 1999.

lichen Urteilsvermögen zu arbeiten, das der Historiker auch bei jeder anderen Informationsquelle einsetzen muß'."[127]

Die Erfahrungen zeigen, dass bei Gesprächen mit Luftkriegsaugenzeugen oft eine mentale Sperre zu überwinden ist. Schon die Andeutung, der berichtete Vorgang könne nicht den Tatsachen entsprechen, löst Abwehr aus. Selbst vorsichtige Erklärungsversuche prallen auf eine Barriere der Ablehnung; die doch nahe liegende Möglichkeit einer Sinnestäuschung in überfallartiger, lebensbedrohlicher Ausnahmesituation wird meist zurückgewiesen. Sinnestäuschung! Man sei doch kein Fall für den Psychiater. Die Bitte, die eigene Erinnerung noch einmal zu überprüfen, führt zu erregtem Beharren auf dem ein Leben lang Erzählten. Die Erinnerung verfestigt sich immer mehr, wird zur unantastbaren Wahrheit und Zweifel daran wird anscheinend als ehrenrührig empfunden. Dann heißt es, man erinnere sich ganz genau oder: Das hat mir meine Mutter/mein Vater gesagt, und: Wollen sie behaupten, dass ich lüge – meine Mutter/mein Vater Lügner sind?

Was könnten die Ursachen für diese Blockaden sein? Sie haben wohl psychische Wurzeln, sie liegen tief. Erinnerungen sind ein Teil des Lebens, der eigenen Geschichte. Die eigene Version der Kriegserinnerung gehört untrennbar zur Persönlichkeit des Zeitzeugen; wer daran zweifelt oder eine neue Version anbietet, greift die Lebensgeschichte an. Es scheint, als wolle er dem Menschen etwas wegnehmen, als wolle er seine Biografie beschädigen, ihn als Lügner abstempeln. Das ist zwar ein Irrtum, aber er macht es schwer, mit Gerüchten und Legenden selbst mehr als ein halbes Jahrhundert nach ihrer Entstehung umzugehen.

127 Grele, Ronald J., *Ziellose Bewegung*. Methodologische und theoretische Probleme der Oral History. Zitat aus „The Minders" von Christopher Storm-Clark, in: Niethammer, Lutz (Hrsg.): *Lebenserfahrung und Kollektives Gedächtnis*. Die Praxis der Oral History. Frankfurt 1985, S. 199.

BILDSCHIRMGESCHICHTSBILDER

THOMAS E. FISCHER

Ein Computer ist mehr als ein Werkzeug. Er ist ein Medium, das in manchen Bereichen sehr leistungsfähig ist, aber auch seine Grenzen hat, das bestimmte Wahrnehmungskanäle besonders anspricht, andere Informationsfelder aber auch unterschlägt. Gerade in einer Zeit, die den Computer nicht mehr dämonisiert (wie in den 50er bis 70er Jahren), sondern verherrlicht, ist es notwendig, einen nüchternen Blick für diesen Doppelcharakter zu behalten.

Während die elektronische Datenverarbeitung sich seit ihren Anfängen in den 60er Jahren mittlerweile eine stabile Nische in der historischen Zunft erarbeitet hat[1] und das Internet inzwischen wie selbstverständlich zur Recherche und Selbstdarstellung eingesetzt wird,[2] werden Multimedia-Produkte weiterhin stiefmütterlich behandelt und stecken sowohl die propädeutische Hinführung, die fachlich-kritische Analyse und besonders die professionelle Beteiligung von Historikern an der CD-ROM-Produktion noch in den Kinderschuhen. Folglich gelangen Offline-Anwendungen mit vielfach zweifelhafter Seriosität auf den Markt, und die Fachhistoriker lassen erst recht die Finger davon.

Was aber sind die Möglichkeiten und was die Grenzen solcher historischer Anwendungen auf CD oder DVD? Wie beeinflussen sie die derzeitigen Geschichtsbilder? Und welche Folgerungen ergeben sich daraus für die Geschichtswissenschaft?

Technischer Horizont

Obwohl der Computer zunächst nur ein – wenngleich sehr fortgeschrittenes – Werkzeug ist, sind Multimedia und Internet gegenwärtig dabei, die Praxis des Faches Geschichte zu revolutionieren: Der Computer bietet erstaunliche Vorteile bei der Gewinnung, Speicherung, der Analyse und dem Austausch von Informationen, aber er wird gerade auch mit seinen manipulativen Fähigkeiten ganz neue Ansprüche an die historische Quellenkritik stellen. Die positiven und negativen Aspekte unseres Rechenknechts sollen hier dargestellt werden, wobei stets zu bedenken ist, dass der PC zuvörderst eine Maschine ist, die – wie noch zu zeigen sein wird – faszinierende Möglichkeiten bietet und spezifische Risiken birgt, vieles aber auch prinzipiell nicht vermag.

Die wichtigste technische Grenze betrifft zunächst die Speicherkapazität: Eine CD-ROM kann maximal 700 MB, eine DVD maximal 17 GB an Daten enthalten, das entspricht 1200 bzw. 30.000 Büchern mit reinem Text oder einem 10- bzw. 200-seitigen Hochglanzbildband oder einem 2- bzw. 50-stündigen Tonfilm.[3] Über die Kabel im Inneren des PC können maximal einige MB an Daten pro Sekunde übertragen werden, was zwar weitaus mehr als Internet-

1 Thaller, Manfred, *Entzauberungen.* Die Entwicklung einer fachspezifischen historischen Datenverarbeitung in der Bundesrepublik, in: Prinz, Wolfgang und Weingart, Peter (Hrsg.), *Die sog. Geisteswissenschaften: Innenansichten*, Frankfurt a. M. 1990, S. 138-158. Der „Opgenoorth" bietet seit der dritten Auflage 1989 ein Kapitel zum Umgang mit seriellen Daten: Opgenoorth, Ernst, *Einführung in das Studium der neueren Geschichte*, 5. Aufl., Paderborn 1997, S. 125-140.

2 Vgl. Einführungswerke wie: von Ditfurth, Christian, *Internet für Historiker*, Frankfurt a. M. / New York 1997. Ohrmund, Andreas und Tiedemann, Paul, *Internet für Historiker.* Eine praxisorientierte Einführung, Darmstadt 1999.

3 Als Rechengrundlage setze ich das Textbuch mit 200 Seiten à 50 Zeilen à 60 Zeichen an, die Bildbandseite mit einem hochaufgelösten Farbfoto (20 x 25 cm, 600 dpi), den Tonfilm mit bildschirmfüllender Auflösung, Zweikanalton und MPEG-4-Kompression.

Bandbreite ist, aber für eine flüssige Bild- und Ton-Wiedergabe häufig immer noch nicht ausreicht.

Eng mit der Speicherkapazität zusammen hängt die Frage nach den Inhalten: Zahlen und Textdaten sind erheblich kleiner und leichter zu speichern als Bilder; Ton- und Videomaterial hat die höchsten Platzansprüche. Aus diesem Grund liegt gerade letzteres fast nur in komprimierter Qualität vor, also unter Inkaufnahme von Informationsverlusten. Ein prinzipieller Informationsverlust ergibt sich ohnehin daraus, dass ein Computer allein digitalisierte Informationen verarbeiten kann; Feinheiten verrauschen beim Scannen von Texten und Bildern, bei der Ton- und Videoaufnahme oder gehen generell verloren. Weiterhin spricht ein heute gängiger PC nur wenige Wahrnehmungsbereiche an, indem er vor allem optische und akustische, manchmal auch haptische Informationen liefert; Geschmack, Geruch, Räumlichkeit und Zwischenmenschlichkeit fallen unter den Tisch.

Nicht zuletzt ist auf die geringe Haltbarkeit der neuen Medien hinzuweisen. Während Pergament über 1000 Jahre und alterungsbeständiges Papier einige hundert Jahre hält, sind Computerdaten nur so lange brauchbar, wie es Betriebssysteme und Abspielprogramme für sie gibt, und das Internet gar ist flüchtig wie der Tag.[4]

Datenverarbeitung

Datenbanken haben mittlerweile ihren festen Platz in den Geschichtswissenschaften erworben, zumal sie im Grunde nur der elektronische Vetter des papiernen Karteikastens sind, aus dem der Historiker traditionellerweise viele seiner Erkenntnisse schöpft. Vor allem bei der Literaturrecherche und in den historischen Sozialwissenschaften ist die EDV kaum mehr wegzudenken, und so sind gerade im Internet mittlerweile etliche Bibliografien, Volltextdatenbanken und Datenarchive zu finden, deren Seriosität außer Zweifel steht.[5] Auf Grund der Rechengeschwindigkeit und Speicherkapazität des Computers ist es möglich, in kurzer Zeit gewaltige Datenmengen statistisch auszuwerten, Literaturangaben nach Belieben zusammenzustellen oder in einer umfangreichen Textquelle eine bestimmte Formulierung zu suchen. Aber jede Datenbank muss zuvor programmiert und jeder Datensatz per Hand oder automatisiert eingegeben werden. Der Rechner berechnet nur, was der Mensch ihm zubereitet hat.

Die Erstellung einer Datenbank beginnt in der Regel mit einer genauen Planung von der Analyse der Aufgabenstellung und der Problemfelder über die Festlegung der Klassifikationsmatrix bis zur Konstruktion eines Dateneingabeformulars. Diese Schritte sind bei konventionellen und elektronischen Datensammlungen identisch. Auf all diesen Ebenen der Planung wird die Komplexität des historischen Materials vereinfacht: Siedlungsgebiete, Konsumgüter oder Hansekaufleute werden zu Erhebungseinheiten (Zeilenvektoren) zusammengefasst, ihre Eigenschaften wie Wohnbevölkerung, Preis oder Gildenzugehörigkeit werden kategorisiert, um Vergleiche und statistische Aussagen zu ermöglichen (Spaltenvektoren). Das so entstandene zwei- oder mehrdimensionale Raster beeinflusst die spätere Dateneingabe, lässt aber hoffentlich noch genug Freiraum, um auch Zweifelsfälle oder Randphänomene erfassen zu können. Generell wird – wie allerdings immer in der Geschichtsbetrachtung – der Historie Gewalt angetan: Die Brechungen und Verfälschungen des Überlieferungsprozesses sowie die sprachlichen Unschärfen und Kontextbezüge der Quellen werden tendenziell ausgeblendet, sachliche

4 Zimmer, Dieter E., Das große Datensterben, in: DIE ZEIT Nr. 47 vom 18. November 1999. Grote, Andreas, *Verflüchtigt*. Der Zahn der Zeit nagt an den digitalen Daten, in: c't Nr. 24 vom 20. November 2000. Vgl. Siegele, Ludwig, Ein Archivar des Netzes, in: DIE ZEIT Nr. 12 vom 12. März 1998.

5 Horváth, Peter, *Geschichte Online*. Neue Möglichkeiten für die historische Fachinformation (Historical Social Research, Beiheft 8), Köln 1997. Hehl, Hans, *Die elektronische Bibliothek*. Literatursuche und Literaturbeschaffung im Internet, München 1999.

Mehrdeutigkeiten und lebendiges Durcheinander werden formalisiert und heutigen Fragestellungen angepasst. Jedoch sind diese Probleme bekannt und werden bei genügender Sensibilität der beteiligten Historiker auch berücksichtigt und artikuliert.[6] Etwas anders dürfte es allerdings bei denen aussehen, die an der Erstellung der Datenbank nicht beteiligt waren, sondern sie nur zu eigenen Zwecken nutzen; denn wer liest schon das Vorwort, wenn er nur das Handelsvolumen einer frühneuzeitlichen Kleinstadt erfahren will?

Bei der Erstellung einer elektronischen Datenbank kommen zum bisher Gesagten noch die Besonderheiten der Programmiertechnik hinzu.[7] Die Daten müssen in einer computerlesbaren Form vorliegen, also als Zahlen, Texte, binäre oder digitalisierte Werte. Urkunden, Dokumente, Bilder und Artefakte können zwar eingescannt oder fotografiert werden, haben aber stets nur illustrativen Charakter. Gängige Datenbankprogramme sind heute noch nicht in der Lage, Grundrisse zu indizieren, Klangbilder zu vergleichen oder aus Porträtgemälden den Reichtum des Porträtierten zu erschließen. Allerdings gibt es bereits erste primitive Vertreter der nächsten, sog. objektorientierten Generation von Datenbankprogrammen.[8]

Weiterhin sind EDV-Datenbanken starr. Datentabellen und Verknüpfungsstrukturen lassen sich, sobald in Benutzung, nur noch mit großem Aufwand und unter Gefahr erheblichen Datenverlusts verändern, und der Endnutzer kann ohnehin nur noch verwenden, was Planer, Programmierer und Dateneingabepersonal vorbereitet haben. Während ein Zettelkasten jederzeit umsortiert werden kann und ein Blick über den Karteikartenrand weitere verwandte Informationen offenbart, sind die Ränder des Bildschirms die Scheuklappen des Informationszeitalters.

Ungeachtet dieser grundsätzlichen Mahnung zur Vorsicht werden elektronische Datenbanken im Internet und auf CD/DVD ein immer gebräuchlicheres Hilfsmittel für die Geschichtswissenschaften. Beispielsweise entstand 1998 anlässlich der Jubiläumsfeiern die prosopografische Datensammlung „1848 – Aufbruch zur Freiheit. Biographien der Nationalparlamentarier“ in einer Zusammenarbeit von dem Institut für Soziologie der Universität Jena (Heinrich Best, Christopher Hausmann) und der Berliner Softwarefirma „märzdesign“. Die Lebensläufe der 830 Abgeordneten der Frankfurter Paulskirchenversammlung können hier abgefragt werden. Die Datenbank ist mittlerweile zum festen Bestandteil der Dauerausstellung in der Bundesarchiv-Außenstelle in Rastatt geworden.

Editionen

So sehr sich strukturierte Daten- und systematisierte Quellensammlungen auch hinsichtlich ihres Erkenntniswertes unterscheiden, sind sie doch beide Bearbeitungen des Originalmaterials.[9] In gewisser Hinsicht sind Editionen ohnehin nur eine besondere Variante einer Datensammlung. Zu unterscheiden sind hierbei einfache Nachdrucke, durchgesehene und bereinigte Neuausgaben sowie historisch-kritische Editionen.

Nachdrucke bereits veröffentlichter oder vergriffener Werke in digitalisierter Form gibt es bereits etliche, zumal die Herstellung mittlerweile relativ einfach ist: Eine einigermaßen kon-

6 Vgl. Thaller, Entzauberungen, S. 157 f. Der internationale Dachverband für die historischen Fachinformatiker ist die Association for History and Computing (AHC) mit Sitz in Groningen.

7 Wobei spezifische Unterschiede zwischen einzelnen Datenbankverwaltungsprogrammen wie Microsoft Access, Filemaker, Adabas, mySQL oder Oracle hier unberücksichtigt bleiben sollen.

8 Zu nennen sind Bildsuchmaschinen, relationale Multimediadatenbanken und Dokumentenmanagementprogramme. Vgl. Ehrmann, Stephan u.a., Die Nadel im Bytehaufen, in: C'T Nr. 20 vom 25. Sep. 2000.

9 Folgerichtig stellt Opgenoorth beide Textsorten in einem gemeinsamen Abschnitt dar (Opgenoorth, Einführung, S. 118-140).

trastreiche Vorlage wird eingescannt, von einem Zeichenerkennungsprogramm analysiert[10] und in ein brauchbares Format konvertiert.[11] Die Seiten können dann nicht bloß gelesen und ausgedruckt, sondern auch beliebige Textstellen markiert und in ein Textverarbeitungsprogramm hinüberkopiert werden.

Mittlerweile veröffentlicht jede größere Zeitschrift und Zeitung ihre älteren Jahrgänge auf CD, ergänzt um diverse Suchfunktionen, allerdings häufig zu einem für Privatgelehrte unerschwinglichen Preis.[12] Ebenfalls als solche Art Zweitverwertung zu verstehen sind die digitalen Fassungen von bereits früher veröffentlichten Mikrofiche-Editionen, wie sie etwa die Verlage K. G. Saur und Adam Matthew vertreiben.

Ausgesprochen erfolgreich auf dem Reprint-Markt ist der Berliner Verlag Directmedia Publishing, der in seiner „Digitalen Bibliothek“ sowohl Nachschlagewerke wie die „Propyläen Weltgeschichte“ als auch Textsammlungen wie die „Deutsche Literatur von Lessing bis Kafka“ herausgibt und außerdem eine produktive Kooperation mit dem Stuttgarter Reclam-Verlag betreibt.[13] Die relativ günstigen Scheiben wurden 1997 als „die ersten wirklichen Taschenbücher“[14] begrüßt und ermöglichen mittlerweile mit ihren Dutzenden von Titeln und dem vorbildlichen Gesamtindex umfangreiche Recherchen und eine komfortable Unterrichtsvorbereitung ebenso wie unverständige „Zitatenplünderei“.[15] Die Benutzeroberfläche ist für alle Titel einheitlich und benutzerfreundlich gestaltet (Abb. 1).

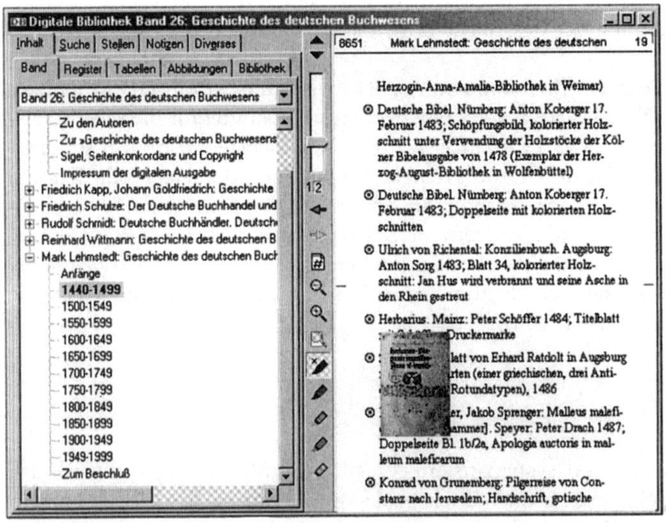

Abbildung 1: Die Benutzeroberfläche eines Titels aus der „Digitalen Bibliothek“, hier Mark Lehmstedt (Hg.), Geschichte des deutschen Buchwesens (Digitale Bibliothek, 26), Berlin 2000.

Quellensammlungen, die allein in digitaler Form vorliegen, lassen sich zuhauf im Internet finden, allerdings in der Regel als allenfalls orthografisch bearbeitete, eventuell gekürzte und

10 Im Gegensatz zu einer Kopie oder Faksimile-Fotografie sind Zeichenerkennungsprogramme sehr fehleranfällig und verwechseln gerne ein kleines „l“ mit einer „1“ oder ein Fraktur-„sz“ mit einem „k“. Folglich müssen die Vorlagen mit möglichst hoher Auflösung gescannt und die Ergebnisse intensiv korrekturgelesen werden. Beides kostet jedoch Zeit und Mühe, also Geld.

11 Am verbreitetsten sind das für Internetseiten verwendete HTML-Format nebst Varianten und das „Portable Dokumenten-Format“ von Adobe. Beide sind betriebssystemunabhängig und erlauben die Erstellung interaktiver Inhaltsverzeichnisse und Verweisstrukturen (Hyperlinks). PDF-Dateien sind zwar etwas schwieriger zu handhaben, bieten aber den Vorteil, dass sie nicht nur den Text, sondern auch das Layout der Vorlage einschließlich aller grafischen Elemente beibehalten.

12 Die CD-ROM-Ausgabe des Archivs der Gegenwart von 1931 bis 1997 kostet beispielsweise rund 500 €.

13 Bode, Volkhard, CD-ROMs für Bücherleser, in: BÖRSENBLATT DES DEUTSCHEN BUCHHANDELS Nr. 85 vom 26. Oktober 1999, S. 8 f.

14 Zimmer, Dieter E., 102.385 Seiten, in: DIE ZEIT Nr. 50 vom 5. Dezember 1997.

15 Gohlis, Tobias, Scheibenkanon, in: DIE ZEIT Nr. 52 vom 19. Dezember 2001.

kaum kommentierte Wiedergaben, die gleichwohl nützlich sind, weil sie die Folianten des Lesesaals komfortabel auf den heimischen Schreibtisch holen, ohne Leih- und Mahngebühren befürchten zu müssen.[16] Ebenfalls in diese Kategorie gehören CD-ROM-Zusammenstellungen wie die von der Wissenschaftlichen Buchgesellschaft vertriebene Quellensammlung für Mediävisten[17] oder die kunstgeschichtliche „Diskus"-Reihe des Bildarchivs Foto Marburg.[18] Quellensammlungen ganz eigener Art sind die „Rosenholz"-Personenkartei des DDR-Auslandsgeheimdienstes, die 1990 vom CIA erworben, digitalisiert und 1998 bis 2002 auf rund 100 CDs an die Gauck-Behörde übergeben wurde, oder die Augenzeugenberichte von Holocaust-Überlebenden, welche der von Steven Spielberg gegründete Verein „Survivors of the Shoah Visual History" gesammelt und für den Schulunterricht aufbereitet hat.[19]

Eine Königsdisziplin der Geschichtswissenschaften ist die Herausgabe einer historisch-kritischen Quellenedition. Immer häufiger werden gleichsam als eine Art Sonderband Papiereditionen durch eine CD-Ausgabe ergänzt.[20] Interessanter sind in unserem Zusammenhang jedoch die rein für den Computer erarbeiteten Editionen. Eine Vorreiterrolle in Deutschland spielte die Musil-Edition von Friedbert Aspetsberger, Karl Eibl und Marianne Willems.[21] Solch eine Aufgabe verlangt von den beteiligten Historikern neben der Beherrschung der traditionellen Editionsmethoden auch eine gewisse Mindestkompetenz bei der Handhabung von Digitalisierungsverfahren und technischen Verweissystemen (Hyperlink-Struktur).[22] Noch aufwendiger ist die digitale Edition kunst- und musikgeschichtlicher Quellen, da hierbei auch die grafische Benutzeroberfläche bzw. die akustische Wiedergabe mitgestaltet werden muss. Hervorragend gelungen ist in diesem Sinne die von Kölner Japanologen erarbeitete Präsentation der 1805 entstandenen Bildrolle zum Tokioter Alltagsleben.[23]

Hinzuzufügen wäre, wo die Computertechnik noch bei der Editionsarbeit helfen kann: An der Emdener Alasco-Bibliothek beispielsweise ist seit 1998 ein speziell entwickelter Hochleistungsscanner in der Lage, auf alten Urkunden und Manuskripten auch ausradierte Stellen zu erkennen und dabei die empfindlichen Pergamente zu schonen; ebenfalls für Palimpseste wurde an der Universität Bologna das Leseverfahren „Mondo nuovo" entwickelt. Eine Art Zeichenerkennungsprogramm für mittelalterliche Handschriften und Abbreviaturen entwickelte schon 1994 der Bochumer Philologe Olaf Pluta.

Digitale Editionen bieten zum einen – sofern sie seriös produziert sind – eine unschätzbare Arbeitserleichterung für den Historiker, da sich durch sie nicht nur gewaltige Text- und Materialmengen in kürzester Zeit durchforschen lassen, sondern auch mit Hilfe intelligenter Suchmethoden intertextuelle Bezüge ermittelt oder spieltheoretisch ausgelotet werden können. Andererseits besteht die Gefahr, das aktive Lesen zu verlernen, die Kontexte aus den Augen

16 Zimmer, Dieter E., Die digitale Weltbibliothek, in: DIE ZEIT Nr. 19 vom 4. Mai 2000.

17 Müller, Thomas und Pentzel, Alexander (Hrsg.), *Quellensammlung zur mittelalterlichen Geschichte*, 2 Teile, Berlin 1998-1999 <CD-ROM>.

18 Das „Digitale Informations-System für Kunst- und Sozialgeschichte" ist eine Datenbank von Museumsbeständen, die seit 1995 in zahlreichen Titeln erscheint und 1999 von der Gesellschaft für Pädagogik und Information (Berlin) prämiert wurde.

19 Survivors of the Shoah Visual History (Hrsg.), *Erinnern für Gegenwart und Zukunft.* Überlebende des Holocaust berichten, Berlin 2000 <CD-ROM>. Die Anwendung gibt vor allem die Interviews mit zwei Überlebenden wieder und wird ergänzt durch zusätzliches biografisches Material zum Themenkomplex. So wird das Geschehen anschaulich gemacht, ohne es zu verkitschen oder in konventionelle Wahrnehmungsstereotypen zu verfallen.

20 Zu nennen sind etwa: Mühlleitner, Elke und Reichmayr, Johannes (Hrsg.), Otto Fenichel, *Rundbriefe (1934-1945)*, Frankfurt a. M. / Basel 1998 <CD-ROM> oder Koller, Heinrich und Heinig, Paul-Joachim (Hrsg.), Rübsamen, Dieter (Bearb.), *Regesten Kaiser Friedrichs III. (1440-1493)* (Regesta imperii, Sonderband 1), Wien u.a. 1998 <CD-ROM>.

21 Aspetsberger, Friedbert u.a. (Hrsg.), Robert Musil, *Der literarische Nachlaß*, Reinbek 1992 <CD-ROM>.

22 Vgl. die ausführliche Projektbeschreibung von Kropac, Ingo H., zur „Integrierten Computergestützten Edition" der mittelalterlichen Urkunden der Reichsstadt Regensburg, die seit 1990 an der Universität Graz erarbeitet wird: <Online: http://www-fhg.kfunigraz.ac.at/ice/doku/doku.htm (21. Juni 1999)>.

23 Museum für Ostasiatische Kunst (Hrsg.), *Kidai Shôran*, Berlin 2001 <CD-ROM>.

zu verlieren und der Unart, Quellen lediglich als Informationsquellen zu verstehen,[24] Vorschub zu leisten.

Die Editionswissenschaft befindet sich angesichts der digitalen Möglichkeiten gegenwärtig in einer Phase des Experimentierens, mittelfristig wird sich aber wohl eine Kombination aus gedruckten und gepressten Editionen durchsetzen. Für die Editoren und Archivare ergibt sich daher die Notwendigkeit, sich erstens mit dem Werkzeug Computer vertrauter zu machen und auch seine manipulativen Möglichkeiten zu kennen (um gegen sie gewappnet zu sein), zweitens die CD/DVD nicht bloß als Datenträger zu verstehen, sondern als ein Medium, das durch die mittlerweile etablierte Hyperlink-Struktur in der Lage ist, inner-, inter- und kontextuelle, dia- und synchrone, inhaltliche und formale Quellenstrukturen ausgezeichnet abzubilden und aufzubereiten, drittens die allgemeinen und auch internationalen Standards zur Wiedergabe informationeller Grundstrukturen zu berücksichtigen und viertens sich gegebenenfalls in die Tücken und Pflichten des Urheberrechts einzuarbeiten.[25]

Nachschlagewerke und Spezialstudien

Mittlerweile steht dem Historiker ein ähnlich breites Arsenal multimedialer Hilfsmittel zur Verfügung, wie er es von seinem papiernen Handapparat gewohnt ist. Der prinzipielle Unterschied besteht jedoch in der Aufbereitung der Informationen: Während die historischen Handbücher in Bleiwüsten verpackte Forschungskonzentrate darstellen und in der Regel von den Experten in Einzelarbeit verfasst werden, entstehen die multimedialen Nachschlagewerke grundsätzlich in Teams aus sachkundigen, technischen, gestaltungsbewussten und betriebswirtschaftlichen Fachleuten. Leider wird diese Arbeitsweise von gestandenen Akademikern noch immer teils ignoriert, teils abgelehnt. Denn bislang lernen Historiker in ihrem von Staatsangestellten geleiteten Fachstudium kaum, dass es außer auf inhaltliche und methodische Präzision auch auf die Vermarktung der gewonnenen Inhalte ankommt.

Allerdings waren viele Produkte in der Anfangsphase der Multimedia-Industrie kaum geeignet, ernsthafte Informationsbedürfnisse zu befriedigen. Das „bunte Gezappel" von blinkenden Schaltflächen, ruckelnden Filmchen und Tonschnipseln, kombiniert mit dürftigen oder gar fehlerhaften Texten wirkte eher belustigend. In den letzten Jahren hat sich die Situation jedoch verändert, zumal immer häufiger Fachhistoriker an der Produktion beteiligt werden, sie zum Teil sogar auch selbst in die Hand nehmen.

Maßgebliche Referenz in diesem Bereich sind die elektronischen Pendants zu den großen Enzyklopädien. Der „Brockhaus multimedial 2002 premium" beispielsweise bietet neben zahlreichen Extras[26] in seinen Kernfunktionen 110.000 Artikel, die durch Online-Aktualisierungen stets auf dem neuesten Wissensstand gehalten werden, eine professionelle Suchtechnik (fehlertolerante Schlagwortsuche, Sachverweise in Form von Hyperlinks, ein sog. „Wissensnetz" als Vorschlag wortfeldverwandter Artikel), ein umfassendes multimediales Angebot[27] sowie die Möglichkeit, Lesezeichen oder Kommentare hinzuzufügen und die Inhalte mit anderen Programmen weiterzuverarbeiten. Die Artikel entsprechen im Niveau dem gedruckten Brockhaus einschließlich der gewohnten Literaturangaben.[28] Ähnliches gilt für das aus der bewährten

24 Vgl. LaCapra, Dominick, *Geschichte und Kritik*, Frankfurt a.M. 1987, S. 31.

25 Sahle, Patrick, *Digitale* Editionstechniken und historische Quellen, in: Jenks, Stuart und Marra, Stephanie (Hrsg.), *Internet-Handbuch Geschichte*, Köln u.a. 2001, S. 153-166.

26 Dazu gehören ein digitaler Nachdruck des Konversationslexikons von 1906, ein zoombarer Weltatlas, eine Zeitleiste und ein Quiz.

27 Laut Verlagsangaben 14.500 Abbildungen, 13 Stunden Tondokumente, 454 Videos und Animationen, 82 Panorama-Ansichten.

28 Bibliographisches Institut (Hrsg.), *Der Brockhaus multimedial 2002 premium*, Mannheim 2001 <6 CD-ROMs oder DVD>.

„Funk and Wagnalls New Encyclopedia" hervorgegangene Konkurrenzprodukt, die „Encarta professional" von Microsoft. Generell also gibt es heutzutage „auf Silberscheibe deutlich mehr Enzyklopädie fürs Geld als auf Papier, selbst wenn man nur die Texte betrachtet".[29] Und der Gewinn an Anschaulichkeit, Aktualität und Suchgeschwindigkeit kommt noch hinzu.

Es muss nicht so sein, dass der digitale Zusatznutzen erkauft wird durch einen Verlust an inhaltlicher Tiefe und sachlicher Korrektheit. Mittlerweile gibt es genügend Beispiele für eine gelungene Kombination aus fachlicher Seriosität und multimedialer Aufbereitung, vor allem in folgenden Bereichen:

- Chroniken: Obwohl selbst der große Ploetz mittlerweile mit Schaubildern arbeitet, könnte ihm jede Multimedia-Zeitleiste an Informationsgehalt und Zugriffsgeschwindigkeit überlegen sein, insbesondere wenn medien-, kultur- und technikgeschichtliche Aspekte ins Spiel kommen. Zu nennen sind beispielsweise die jährlich neu bearbeitete Chronik des 20. Jahrhunderts „Retrospect",[30] die synästhetische „Reise durch die Geschichte der Musik"[31] oder die thematischen Längsschnitte des wissenschaftlichen Springer-Verlages.[32]
- Epochenübersichten: Die interdisziplinär-multimediale Form ist deutlich besser geeignet, die Mehrschichtigkeiten, Eigenarten und Charakteristika historischer Entwicklungsperioden zu verdeutlichen als phänomenologische Aufsatzsammlungen oder Monografien, die sich nicht von der Linearität des Textes lösen können. Vorbildlich gelungen sind die Arbeit des Würzburger Mediävisten Markus Rupprecht vornehmlich zur mittelalterlichen Alltags- und Sozialgeschichte[33] oder die Produktionen des „freien historicer büros" aus Bergisch Gladbach.[34]
- Biografien: Die CD/DVD kann durch Einbeziehung von Ton- und Videodokumenten sowie Animationen ein sehr viel geschlosseneres und vielfältigeres Bild einer Persönlichkeit und ihres Kontextes zeichnen als die alleinige Kombination von Bild und Text. Die Thomas-Mann-Biografie von Heribert Kuhn etwa enthält neben Bildern, Faksimiles und Texten fast fünf Stunden Originaltonaufnahmen des Autors.[35] Etwas verspielter und surrealer, aber damit dem Thema durchaus angemessen präsentiert sich eine neuere Biografie Sigmund Freuds.[36]
- Ortsbesichtigungen: Mit den historischen Reiseführern ist eine Publikationsgattung entstanden, die ausnahmsweise keine Entsprechung in der gedruckten Welt hat. Denn kein Text erreicht die Dichte, die die multimediale Kombination aus Text, Bild, Ton, Video, interaktiven Rundum-Ansichten und Animationen bietet. Gerade die heutige 3D-Technik ist in der Lage, zerstörte oder sogar niemals realisierte Bauwerke überzeugend zu rekonstruieren.[37] So gibt es mittlerweile zahlreiche Arbeiten vor allem zu antiken Ortschaften,[38] von den großen Städten der Gegenwart ganz zu schweigen (Abb. 2).

29 Schult, Thomas J., Wohlfeiles Wissensnetz, in: c't Nr. 24 vom 19. November 2001.
30 Spiegel Online (Hrsg.), *Retrospect 2002*, München 2001 <8 CD-ROMs oder DVD>.
31 Aubert, Anne, *Eine Reise durch die Geschichte der Musik*, Königswinter 1999 <CD-ROM>.
32 Target Film & Video Produktion (Hrsg.), *Vom Rauchzeichen zum Handy*. Die Entwicklung der modernen Telekommunikation, Heidelberg 2000 <CD-ROM>. Dies. (Hrsg.), *Vom Rechenbrett zum Web-PC*, Heidelberg 2001 <CD-ROM>. Beide Titel erschienen in der Reihe „Meilensteine der Naturwissenschaft und Technik".
33 Rupprecht, Markus, *Das Mittelalter*, Würzburg 2001 <CD-ROM>.
34 Freies Historiker Büro, *Die Stadt im Mittelalter*, Köln / Bergisch Gladbach 1995 <CD-ROM>. Freies historicer büro, *Das Zeitalter des Dreißigjährigen Krieges*, Köln / Bergisch Gladbach 1997 <CD-ROM>. Dies., *Zeitalter der Industrialisierung*, Berlin 1999 <CD-ROM>. Dies., *Das Geheimnis des Zenturio*, Berlin 2000 <CD-ROM>.
35 Kuhn, Heribert, *Rollende Sphären*, Frankfurt a.M. 1995 <CD-ROM>.
36 Sigmund-Freud-Gesellschaft und Nofrontiere Design, *Sigmund Freud und die Geheimnisse der Seele*, München 2000 <CD-ROM>.
37 Maßgeblich sind hierbei die Arbeiten der Gruppe um den Darmstädter Architekturprofessor Manfred Koob.

- Kunstwerksanalysen: Bei dieser Gattung erweisen sich gerade die visuelle Präferenz und die variable Hyperlink-Technik als Medienvorteil gegenüber Bildbänden und Ausstellungskatalogen.[39] Dies gilt übrigens nicht nur für Einzelwerksanalysen,[40] sondern auch für Gesamtkunstwerke und Baudenkmäler.[41]

Die Zeiten rein marktorientierter Verlagsprodukte sind also – abgesehen vom Niedrigpreissegment – offenkundig vorbei, die Kenntnis der notwendigen Techniken verbreitet sich an immer mehr Instituten,[42] und mit den gegenwärtigen Betriebssystemen, Rechen- und Speicherleistungen ist eine zunehmende Nutzung der multimedialen Möglichkeiten zu erwarten.

Wo immer Anschaulichkeit einen Informationsgewinn darstellt, dürfte die Bedeutung von Multimedia im Vergleich zum Buch noch zunehmen. Abstraktes hingegen, also Gefühle, Mentalitäten, intellektuelle Prozesse, Entscheidungsdilemmata, kann gewiss durch einen kompetenten und sprachmächtigen Autor überzeugender rekonstruiert werden als durch ein noch so opulentes Angebot von Bild und Ton.

Damit tritt ein grundsätzliches Defizit der rechnergestützten Zeitreise in den Blick: Das vorwiegend visuelle Material, unterstützt durch die Technizität der Darbietung, entwickelt in ihrer alle Sinne vereinnahmenden Präsenz einen sehr viel gewichtigeren Anspruch, die tatsächliche Geschichte abzubilden, als jeder Buchtext. Wenn Selbstzweifel eine ohnehin selten anzutreffende Tugend ist – der Computer kennt sie gar nicht. Anders als das Informationsangebot im Internet ist eine CD/DVD, wenn der Endanwender sie ins Laufwerk schiebt, bereits fertig und nicht mehr zu ändern. Die Mühsal und Zeitgebundenheit historischer Erkenntnis wird in den seltensten Fällen erwähnt, geschweige denn vorgeführt. Die historische Multimedia-Anwendung als „work in progress“ harrt noch ihrer Herstellung.

Abbildung 2: Der Abschnitt „Streifzüge“ aus: New World Vision (Hg.), Jerusalem, München 1995 <CD-ROM>.

38 Forschungsstelle Rom und Germanien an der Universität Osnabrück, *Kalkriese.* Die Örtlichkeit der Varusschlacht, Osnabrück 1999 <CD-ROM>. Süß, Jürgen u.a., *Pergamon,* Stuttgart 2000 <CD-ROM>. United Soft Media, *Das Alte Rom,* München 2001 <3 CD-ROMs>.

39 Vgl. Gohlis, Tobias, *Tausend Meisterwerke,* in: C'T Nr. 3 vom 31. Januar 2000.

40 Etwa: Burgbacher, Konrad u.a. (Hrsg.), *In den Wirren des Bauernkriegs.* Jerg Ratgeb und der Herrenberger Altar, Stuttgart 2001 <2 CD-ROMs>.

41 Etwa: Hafner, Johan Ev. u.a. (Hrsg.):, *Himmel Heilige Hyperlinks.* Virtuelle Streifzüge durch eine virtuelle Basilika, Augsburg 1999 <CD-ROM>. Schlund, Birte, *Die Welt der Wunderkammern,* Hamburg 2000 <CD-ROM>. Cologne digital u.a., *Kölner Dom,* München 1998 <CD-ROM>.

42 Zu den Voraussetzungen erfolgreicher multimedialer Eigenkompositionen gehören Grundkenntnisse in der Foto- und Bildbearbeitung (Retusche, Montage, Dateiformate) und die zumindest ansatzweise Beherrschung entweder eines modernen Internet-Seiten-Editors (z.B. Macromedia Dreamweaver, Adobe Golive) oder eines skriptfähigen Autorenprogramms (z.B. Macromedia Director, Asymetrix / Click2Learn Toolbook, Matchware Mediator); gewisse Fertigkeiten im Ton- und Videoschnitt sind ebenfalls wünschenswert.

Lernunterhaltung

Während der deutsche Buchmarkt zwischen Fach- und Jugendsachbüchern streng unterscheidet, sind die Grenzen im Multimedia-Bereich fließend. Ein – gemessen am Medium – gut gemachtes seriöses Nachschlagewerk ähnelt mit seiner audiovisuellen Ausstattung frappant einer eher journalistischen Produktion für das Massenpublikum. Allerdings bemühen sich die Produzenten bei letzteren um eine attraktive Mischung aus informativen, erzählerischen und spielerischen Elementen, so dass sich für dieses Genre das Kunstwort „Edutainment", zu deutsch: „Lernunterhaltung" eingebürgert hat.

Allerdings sind unter all den Glitzerscheiben nur wenige Perlen zu finden. Zu viele Produkte sind unausgegoren, zu erkennbar von Profitinteressen geprägt oder schlicht unprofessionell gemacht, vielfach auch sind Lernteile und Spielteile lediglich arg bemüht aneinander geklebt, ohne einer erzählerischen oder didaktischen Logik zu folgen. Im Idealfall wirken Fachhistoriker, Pädagogen, Programmierer und Betriebswirte zusammen, in der Realität aber klaffen deren Interessen diametral auseinander. Hinzu kommt die außerordentlich geringe Halbwertszeit dieser Produkte, deren Preis oft schon nach einem halben Jahr ins Bodenlose stürzt.

Das Spektrum von Lernunterhaltungs-Anwendungen reicht vom einfachen Quiz mit Bild- und Textunterstützung[43] über Buch-Adaptionen, die um etwas Interaktion und Information ergänzt wurden,[44] bis hin zu anspruchsvollen Detektivspielen, die den Anwender zur Lösung eines Kriminalfalls kreuz und quer durch eine Epoche oder eine Stadt schicken und nebenher eine Fülle an historischen Kenntnissen vermitteln.[45] Allerdings hat hierbei das Spielerische schon Vorrang vor der Faktenvermittlung, wenngleich das Horazsche „aut prodesse aut delectare" derzeit kaum glücklicher umgesetzt werden kann.

Weiterhin zu nennen sind zielgruppenspezifische Produktionen, beispielsweise Lernspiele für Kinder.[46] Im Zuge des seit einigen Jahren sich vollziehenden Umbruchs in der Museumspädagogik (Eröffnung sinnlicher Erfahrungsbereiche, Erlebnisangebote, Architektur)[47] entdecken die deutschen Museen zunehmend die Möglichkeiten der elektronischen Medien, sei es in Form von Internet-Repräsentanzen,[48] von veranschaulichenden Computeranimationen oder von kompletten Museumsführungen per PDA.[49] Die CD als Merchandising-Objekt sei ebenfalls erwähnt.[50]

43 Mahlke, Michael, *Geschichtstrainer*, Remscheid 1988 <Diskette>. Tivola, *Die sieben Weltwunder*, Berlin 2000 <CD-ROM>. Koch Media, *Kids entdecken die Geschichte*, Planegg 2001 <CD-ROM>.

44 Ursprünglich beim Verlang Dorling Kindersley erschienen sind Biesty, Stephen, *Das Flaggschiff des Königs*, Mannheim 1995 <CD-ROM>, und ders., *Das Geheimnis der Burg*, Mannheim 1997 <CD-ROM>. Mit der Landung in der Normandie beschäftigt sich die Comicgeschichte von Lussan, Edouard, *1944: Operation Teddybär*, München 1997 <CD-ROM>. Nicht ganz so erfolgreich wie das gleichnamige Comic war Spiegelman, Art, *Maus*, München 1997 <CD-ROM>.

45 Von der Geschichte des Kalten Krieges handelt Wand, Eku, *Berlin Connection*, Berlin 1998 <CD-ROM>. An den geschichtsträchtigen Schauplätzen Istanbuls spielt Egmont interactive, *Byzantine*, Leinfelden-Echterdingen 1998 <CD-ROM>. Ebenfalls preisgekrönt ist Lussan, Edouard, *Die Kreuzzüge*, Berlin 1999 <3 CD-ROMs>; Neuaufl. u.d.T. *Ritter Arthaud.* Abenteuer im Heiligen Land, Berlin 2001 <DVD>. Eine Verschwörung am französischen Königshof ist aufzuklären in Ravensburger interactive, *Versailles 1685*, Ravensburg 1999 <2 CD-ROMs>. Ins spätantike Germanien schließlich führt das freie historicer büro, *Das Geheimnis des Zenturio*, Berlin 2001 <CD-ROM>.

46 Etwa: GT Interactive, *Töff-Töff reist durch die Zeit*, Hamburg 1998 <CD-ROM>. United Soft Media, *Sethi und das Geheimnis des Pharaos*, München 2001 <CD-ROM>.

47 Vgl. Beier, Rosemarie (Hrsg.), *Geschichtskultur in der Zweiten Moderne*, Frankfurt a.M. / New York 2000.

48 Gohlis, Tobias, Digitale Meisterwerke. Kleiner Spaziergang durch die Welt der Web-Museen, in: c't Nr. 20 vom 24. September 2001. Schuler, Thomas, Museen und Museumsinformationen, in: Jenks / Marra (Hrsg.), *Internet-Handbuch*, S. 213-228.

49 Zu nennen wäre beispielsweise das 1999 von der Fraunhofer-Gesellschaft, IBM und dem Deutschen Museum in München entwickelte „Mobile Besucherinformationssystem MoBIS".

50 In diesem Zusammenhang kann man auch auf das thematisch verwandte Lernspiel „Das Museum" hinweisen, in dem der Anwender ein Museum zum Dritten Reich verwaltet und mit Ausstellungsstücken versorgt: Escal, *Das Museum*, 1996 <CD-ROM>.

Noch nicht gelungen ist es bisher, eine Lernunterhaltungs-Anwendung für den universitären oder schulischen Geschichtsunterricht zu entwickeln, die den Lernenden in einer multimedial und didaktisch aufbereiteten Lernsituation nicht nur Kenntnisse vermittelt, sondern diese auch Zusammenhänge entdecken lässt, Strukturen problematisiert und methodische Fertigkeiten trainiert. Deshalb gilt vorerst weiterhin der Grundsatz, dass gute Lernsoftware einen guten Unterricht allenfalls ergänzen, aber nicht ersetzen kann.[51]

Historienspiele

Spiele begleiten seit jeher die Menschheitsgeschichte und bedienen sich in ihren Stoffen aus ihr. Auch die Bildschirmspiele, die seit ihren pixeligen Anfängen nicht wenig zu den Fortschritten in der Computertechnik beigetragen haben, nutzen die Vergangenheit gerne als Steinbruch. Damit ist es allerdings meist schon getan: Spiele sollen leicht zugänglich, intelligent aufgebaut, technisch ansprechend und fesselnd sein. Der Spieler möchte Erfolgserlebnisse genießen, aber sie dürfen ihm nicht in den Schoß fallen. Die Handlung muss also offen sein – und dies steht in einem grundsätzlichen Widerspruch zur Historie. Die Vergangenheit ist abgeschlossen, Hannibal kann den Krieg gegen Rom nicht noch einmal führen oder James Watt auf die Erfindung der Dampfmaschine verzichten. Allenfalls die alternativgeschichtliche Disziplin vermag solche Gedanken seriös zu verfolgen.[52] So ist also das historische Spiel im Grunde ein Widerspruch in sich selbst. Dass es dennoch einige gute Vertreter dieser Gattung gibt, soll im Folgenden aufgezeigt werden:

- Abenteuer-Rollenspiele: Der Spieler schlüpft in die Rolle eines Helden und tritt gegen fast gleichwertige Gegner an, die er besiegen muss. Viele Spiele dieser Art sind technisch hochwertig, aber geistig unterbelichtet, und es geht meist nur darum, in einer mittelalterlichen oder sonst wie historisch anmutenden Welt Monstren und andere Geschöpfe umzubringen.[53] Ein etwas anderes und weniger blutrünstiges Konzept verfolgt „Der Meisterdieb“: Hier spielt der Held einen mehr oder weniger mittelalterlichen Taschendieb, der lieber leise als gewaltsam in fremde Burgen einzudringen hat.[54]
- Kriegsspiele: Bei dieser verwandten, aber etwas komplexeren Gattung kämpft der Spieler in der Rolle eines Feldherrn historische oder halbhistorische Schlachten noch einmal, wobei er im besten Fall etwas Weniges über zeitgenössische Waffentechnik und Taktik lernt. Die beliebtesten Szenarien sind übrigens der nordamerikanische Bürgerkrieg und der Zweite Weltkrieg. Ebenfalls in diese Gattung gehören Kampfsimulationen (der Spieler als Kommandant eines U-Bootes, am Steuerknüppel eines Doppeldeckers usw.) sowie die etwas harmloseren Varianten, z. B. Kriegs-Handels-Spiele in Gestalt frühneuzeitlichen Piratentums.
- Detektivspiele: Auch hier übernimmt der Spieler eine Rolle, allerdings geht es nicht um die Beseitigung, sondern um die Befragung von fremden Leuten, das Auffinden von Spuren und Gegenständen und das Lösen von Rätseln. Leider kranken die meisten Spiele dieser Art an einem allzu linearen Aufbau, so dass es manchmal sehr frustrierend sein kann, weil man ein entscheidendes Element partout nicht entdeckt. Intelligent und historisch relativ

51 Vgl. Horstkemper, Gregor u.a., Geschichte digital? CD-ROMs mit historischem Schwerpunkt, in: GWU 48 (1998), S. 48-68.

52 Vgl. Salewski, Michael (Hrsg.), *Was wäre wenn*. Alternativ- und Parallelgeschichte: Brücken zwischen Phantasie und Wirklichkeit (Historische Mitteilungen der Ranke-Gesellschaft, Bd. 36), Stuttgart 1999.

53 Besonders beliebt in diesem Genre sind „Archäologen“ wie Indiana Jones und Lara Croft („Tomb Raider“) oder Zeitreise-Agenten wie Gage Blackwood („The Journeyman Project“) und Sam Stone („Serious Sam“).

54 Eidos / Looking Glass, *Dark Project*. Der Meisterdieb, Hamburg 1998 <CD-ROM>.

zuverlässig sind die vom Ravensburger Verlag vertriebenen Spiele über das antike Ägypten und China im 18. Jahrhundert.[55]

- Simulationsspiele: Den Kriegsspielen verwandt, geht es hier um den Aufbau von Städten, Reichen und Wirtschaftsimperien, wobei der Spieler einen – nicht im historischen, sondern im Wortsinne – absoluten Herrscher verkörpert. Gleich mit der gesamten Weltgeschichte, jedoch überwiegend ihren kriegerischen Aspekten beschäftigen sich „Civilization“, „Age of Empires“ und „Empire Earth“ (Abb. 3).[56] Die meisten Spiele dieses Genres beschränken sich jedoch auf einigermaßen begrenzte Zeiträume.[57] Bei Spielen dieser Art ist das historische Ambiente selten mehr als bloße Fassade. Außerdem reduziert sich die Handlung in solch einem Spiel oft auf die bloße Vorbereitung von Kriegszügen.[58] In den

Abbildung 3: Ein Szenenbild aus dem Simulationsspiel „Empire Earth“.

Spielen „Caesar“ und „Anno 1602“[59] beispielsweise ist der Wirtschaftsaufbau wichtiger als das Kriegführen, in „Gangsters“ bringt der Spieler als Gangsterboss das Chicago der 20er Jahre unter seine illegale Kontrolle.[60]

Auch die oben genannten Quiz- und Lernspiele gehören in diese Kategorie von Computeranwendungen, die den Historiker vielleicht als Privatperson reizen mögen, die er aber beruflich in der Regel nicht zur Kenntnis nimmt.

Aber warum eigentlich nicht? Zum einen ist der Historiker als Sachwalter der Vergangenheit eigentlich verpflichtet, schiefe, primitive oder gar blutige und gewaltverherrlichende Geschichtsbilder zu korrigieren, insbesondere dann, wenn sie gerade auf Heranwachsende prä-

55 Ravensburger interactive u.a., *Das Grab des Pharao*, Ravensburg 1997 <CD-ROM>. Dies., *Verrat in der verbotenen Stadt*, Ravensburg 1999 <CD-ROM>.

56 Meier, Sid, *Civilization*, Hunt Valley 1991 <CD-ROM>; 2. Teil: Microprose, *Civilization II*, Hunt Valley 1997 <CD-ROM>; 3. Teil: Activision, *Civilization: Call to Power*, Santa Monica 1999 <CD-ROM>. Microsoft, *Age of Empires*, Redmond 1997 <CD-ROM>; 2. Teil: Dies., *Age of Kings*, Redmond 1999 <CD-ROM>. Sierra, *Empire Earth*, Fresno 2001 <CD-ROM>.

57 Besonders beliebt sind die Zeit der Ritter (etwa: Take2 interactive, *Stronghold*, München 2001 <CD-ROM>; Ascaron, *Ballerburg*, Gütersloh 2001 <CD-ROM>), der Hanse (etwa: Ari Games, *Hanse 1480*, Willich 1998 <CD-ROM>; Ascaron, *Patrizier*, 2 Teile, Gütersloh 1992-2000 <CD-ROM>) und der Entdeckungen (Microprose, *Colonization*, Hunt Valley 1994 <CD-ROM>; Ubisoft, *Theocracy*, Düsseldorf 2000 <CD-ROM>.

58 Repräsentativ für die Verwandtschaft von Kriegs- und Simulationsspielen sind die Produkte des erfolgreichen US-Spielentwicklers Sid Meier, der mehrere Klassiker beider Gattungen konzipiert und programmiert hat („Conflict in Vietnam“, 1985, „Railroad Tycoon“, 1990, „Civilization“, 1991, „Gettysburg“, 1997).

59 Max Design, *Anno 1602*, Langen 1998 <CD-ROM>.

60 Eidos Interactive, *Gangsters*, San Francisco 1998 <CD-ROM>.

gend wirken.[61] Ambitionierte Computerspiele entwickeln mittlerweile eine Evidenz und einen spielerischen Sog, der gerade historischen Laien falsche Vorstellungen vermittelt oder bestehende Vorurteile verfestigt. Zum anderen stellen die Historienspiele und die von ihnen transportierten Geschichtsbilder schon aufgrund ihrer schieren Marktverbreitung einen immer wichtiger werdenden Bestandteil der populären Geschichtskultur dar. Nicht zufällig ist das mittelalterliche Ambiente gerade in Deutschland besonders erfolgreich.[62]

Schlussbetrachtung

Der Computer mit seinen multimedialen und interaktiven Möglichkeiten beeinflusst zunehmend das Berufsbild des Historikers: Statistische Untersuchungen werden nicht mehr nur auf die Sache, sondern auch auf bestimmte Datenbankprogramme hin geplant, bei Quelleneditionen wird die elektronische Aufbereitung immer stärker mitberücksichtigt, als zusätzliches Veröffentlichungsmedium tritt die CD/DVD mehr und mehr ins Blickfeld des auf Monografien und Aufsätze spezialisierten Geschichtswissenschaftlers. Auch die Ausbildungssituation verändert sich: Das Kopieren digitalisierter Texte (seien es nun Quellen, Aufsätze oder Abschlussarbeiten) und damit auch das Betrügen ist so einfach wie noch nie, die Bildungspolitiker proklamieren zu Recht die zeitgemäße Medienkompetenz,[63] und vor allem bringen die Schüler und Studenten ganz neue Wahrnehmungsgewohnheiten und auch Vorurteile mit. Insgesamt zeigt sich der Einfluss des Computers vor allem in vier Bereichen:

- Verwirklichung eines vernetzten Denkens: Durch die Technik der Hyperlink-Verknüpfungen kann der Historiker die Zusammenhänge von Ereignissen, Texten usw. nicht mehr bloß konstatieren, sondern auch demonstrieren.
- Bedeutungszunahme der Publikations-Form: Die esoterische Bleiwüste wird zwar nicht verschwinden, aber zunehmend ist der Historiker gehalten, in seinen Veröffentlichungen das Publikum mitzubedenken, vom Sprachstil über Strategien der Veranschaulichung und Visualisierung bis hin zur Wahl des geeigneten Veröffentlichungsmediums, wobei neben Printprodukt, Vortrag und Ausstellung nun eben auch Internet und Offline-Datenträger in Frage kommen.[64]
- Technisierung der Wahrnehmung: Die reale Verbreitung des Rechners in Arbeitszimmern und Privathaushalten legt nahe, dieses Potenzial auch zu nutzen. Andererseits verengt die zunehmende Vertrautheit mit der Multimediamaschine oft auch den Blick für Wichtigeres; denn eine attraktive Oberfläche ersetzt keine fachlichen und didaktischen Logiken. Doch leider finden Programmierer und Screendesigner meist mehr Gehör als die oft technisch wenig kompetent wirkenden Fachdidaktiker.
- Wirklichkeitsschwund: Die Leistungsfähigkeit des Rechners bei der Erschaffung plausibel wirkender Welten ist enorm, aber auch die manipulativen Möglichkeiten reichen von einfacher Dokumentenfälschung bis hin zur Konstruktion vereinfachter, brutalisierter oder auch geschönter Geschichtsbilder. In der daher durchaus notwendigen Diskussion um Chancen und Risiken virtueller Realitäten wird allerdings in der Regel übersehen, dass der

61 Angesichts der übermäßigen Gewalt in solchen Spielen stellt sich dringend die Frage, welche Wirkungen sie auf die Identitätsentwicklung von Jugendlichen haben mögen; vgl. Fehr, Wolfgang und Fritz, Jürgen, *Computerspiele zwischen Faszination und Gewalt*, Bonn 1997; dies., *Identitätsangebote von Computerspielen*, Bonn 1999.

62 Vgl. Fischer, Thomas E., *Geschichte der Geschichtskultur*. Über den öffentlichen Gebrauch der Vergangenheit von den antiken Hochkulturen bis zur Gegenwart, Köln 2000, S. 134 f., 143.

63 Erber, Robert, Medienkompetenz und Geschichtswissenschaft, in: GWU 48 (1998), S. 35-43.

64 Fischer, Geschichte der Geschichtskultur, S. 118. Vgl. Celine, H. Bert und O'Lands, Willem, Visuelle Visionen. Visualisierung in der Wissensgesellschaft, in: C'T Nr. 5 vom 1. März 1999.

Computer mit seinem technischen Charme nicht nur bereits eine neue Ästhetik erzeugt hat, sondern auch den allgemeinen Trend des 20. Jahrhunderts zu einem anderen Verständnis von Raum und Zeit erheblich verstärkt.[65] So kommt uns ein Verständnis für langsamere, weniger dynamische sowie geografisch begrenztere und weniger mobile Gesellschaften immer mehr abhanden.

Fest steht, dass die Bedeutung interaktiv-multimedialer Anwendungen in Zukunft noch steigen wird. Das mag Ausbildung und Berufsorientierung der Historiker verändern, nicht aber deren grundsätzliche Aufgabe: das Übermaß an zur Verfügung stehenden Quellen und Informationen zu sortieren, vergangene Ereignisse und Strukturen zu erklären und aktuelle Fragestellungen zu beantworten. Bei diesen Rekonstruktionsbemühungen ist der Computer zu einem mittlerweile fast unverzichtbaren Hilfsmittel geworden. Aber er bleibt auch nur ein Hilfsmittel, ein Werkzeug.

Nachtrag: Einige Bemerkungen zur Praxis

Sollte der eine oder andere Leser versucht sein, selbst eine multimediale Anwendung zu produzieren, sollte er folgende Aspekte und Qualitätsmerkmale berücksichtigen:

- Fachlicher Gehalt: Umfang, Vollständigkeit und Korrektheit der Daten und Texte, ausgewogene Berücksichtigung der Zusammenhänge hinter den Ereignissen, Bevorzugung bildfähiger Themen.
- Didaktischer Gehalt: Multiperspektivität, zielgruppengeeignetes Verhältnis von Komplexität und Vereinfachung, Vermittlung von Kenntnissen und methodischen Einsichten, Vielzahl von eigenen Lernwegen, intelligente Rückmeldung bei Benutzerfehlern.
- Medialer Gehalt: Darstellbarkeit auch auf leistungsschwächeren Rechnern, Konfigurierbarkeit von Ablaufgeschwindigkeit und Lautstärke, Ausgabemöglichkeiten für den Drucker oder andere Programme.
- Benutzerführung: Konsistenz und Transparenz der Konzeption, selbsterklärende Navigationsmittel, vielfältige Suchmöglichkeiten, jederzeitige Hilfestellungen.
- Interaktivität: Verknüpfung von Informationen und Themen durch Hyperlinks, anpassbare Benutzerprofile hinsichtlich Schwierigkeitsgrad oder Lernfortschritt, Einfügbarkeit von Kommentaren und Lesezeichen, eventuell Gedankenaustausch mit anderen Anwendern über Email, Echtzeitchat oder Internetforen.

Grundsätzlich sollten Multimedia-Produkte keine bloßen Einbahnstraßenkataloge sein, sondern den Benutzer am Geschehen beteiligen und ihm Handlungsspielräume und Eingreifmöglichkeiten bieten. Dabei kommt es auf ein ausgewogenes Verhältnis an, denn zu wenig oder zu einfache Interaktivität erzeugt Langeweile und wird dem Medium nicht gerecht, zu viel davon kann aber auch zu Überforderung und Orientierungslosigkeit führen.

Ich hoffe, dass in Zukunft noch viel mehr Historiker den Mut finden, sich mit den neuen Medien kreativ auseinanderzusetzen; denn: „Multimedia kann heranführen, sensibilisieren, neugierig machen, so emotional wie ein Film, so interaktiv wie ein (exploratives) Museum."[66]

65 Freyermuth, Gundolf S., Digitales Tempo. Computer und Internet revolutionieren das Zeitempfinden, in: c't Nr. 14 vom 3. Juli 2000.

66 Steinhau, Henry, Mit der Maus in der Hand bestimmen, wie es weitergeht, in: DAS PARLAMENT Nr. 13 vom 20. März 1998.

Alte und neue Gedächtnisorte in Osteuropa nach dem Sturz des Kommunismus[1]

Rudolf Jaworski

Die gewaltigen Umwälzungen, welche in ganz Osteuropa nach dem Sturz des Kommunismus, dem Wegfall der sowjetischen Suprematie und dem Auseinanderbrechen der Sowjetunion, Jugoslawiens und der Tschechoslowakei seit 1989/90 zu beobachten sind, haben für die betroffenen Länder bekanntlich enorme Herausforderungen, aber auch erhebliche Probleme bei der Umstrukturierung und Reorganisation in nahezu allen Lebensbereichen mit sich gebracht. Dabei stehen zwar Wirtschaft und Politik zweifellos im Vordergrund, kaum zu unterschätzen sind aber die nicht minder bedeutsamen immateriellen Aspekte der laufenden Transformationsprozesse. Gemeint sind ideologisch-weltanschauliche Umorientierungen, Veränderungen der Werte- und Normensysteme, der Einstellungsmuster u.ä.m. Auch wenn all diese Vorgänge weniger messbar sind als Produktionsziffern und Wahlergebnisse, bestimmen sie doch nachhaltig das geistige Klima in den osteuropäischen Transformationsländern und werden damit selber zu einem nicht zu unterschätzenden Faktor der Transformation. So hat das streckenweise recht unvermittelte Aufflammen nationaler Leidenschaften deutlich werden lassen, dass in diesem Teil unseres Kontinentes dynamische Prozesse kollektiver Selbstvergewisserung und Identitätssicherung in Gang gesetzt worden sind.[2]

Eine herausragende Bedeutung kommt in diesem Zusammenhang dem Umbruch im Geschichtsdenken, bzw. der Revision bis dahin offiziell gültiger Geschichtsbilder zu.[3] Nach fünfzig, in Rußland sogar nach fast hundert Jahren setzten in Osteuropa seit 1990 allenthalben Rekonstruktions- bzw. Rehabilitierungsbemühungen bis dahin verschütteter, diskriminierter oder zumindest deformierter nationalgeschichtlicher Sinnbezüge ein, die wiederum in enger Wechselwirkung zu Abrechnungen mit der jüngsten Vergangenheit erfolgen. Bei all diesen Rückbesinnungen und historischen Neuorientierungen spielt die Geschichtswissenschaft noch nicht einmal die wichtigste Rolle – eine Erscheinung, die in Osteuropa übrigens eine besonders ausgeprägte Tradition hat, die weit ins 19. Jahrhundert zurückreicht.[4] Geschichte ist nämlich in diesem Teil Europas seit je her in viel größerem Ausmaße mit den bildenden Künsten, der

1 Der nachfolgende Beitrag basiert auf einem Vortrag, den der Autor im Rahmen der ‚Posener Tage' und zugleich als Einführung in das Semesterthema einer gleichnamigen Ringvorlesung des Zentrums für Osteuropastudien der Christian-Albrechts-Universität am 7. November 2001 in Kiel gehalten hat.

2 Zu den ideologischen Gefährdungen in den Ländern Osteuropas nach dem Sturz des Kommunismus seien hier aus der Fülle der Literatur stellvertretend genannt Bollerup, Søren Rinder und Christensen, Christian Dons (Hrsg.), *Nationalism in Eastern Europe*, London 1997; Gerlich, Peter und Glass, Krszysztof (Hrsg.), *Der schwierige Selbstfindungsprozess.* Regionalismen – Nationalismen – Reideologisierung, Wien 1995; Geyer, Dietrich, Der Zerfall des Sowjetimperiums und die Renaissance der Nationalismen, in: Winkler, Heinrich August und Kaelble, Hartmut (Hrsg.), *Nationalismus – Nationalitäten – Supranationalität*, Stuttgart 1993, S. 156-186; Hatschikjan, Magarditsch A. und Weilermann, Peter R. (Hrsg.), *Nationalismen im Umbruch.* Ethnizität, Staat und Politik im neuen Osteuropa, Köln 1995; Tismaneanu, Vladimir, *Fantasy of Salvation: Democracy, Nationalism and Myth in Post-Communist Societies*, Princeton-New Jersey 1998.

3 Vgl. dazu u.a. Brix, Emil und Stekl, Hannes (Hrsg.), *Der Kampf um das Gedächtnis: Öffentliche Gedenktage in Mitteleuropa*, Wien 1997; Brossat, Alain u.a. (Hrsg.), *The Legacy of the Past as a Factor of the Transformation Process in Postcommunist Countries of Central Europe*, Prague 1993; Luks, Leonid und O'Sullivan, Donal (Hrsg.), *Die Rückkehr der Geschichte.* Osteuropa auf der Suche nach Kontinuität, Köln-Weimar-Wien 1999; Reinprecht, Christoph, *Kollektives Gedächtnis und Aufarbeitung der Vergangenheit: Zur Dynamik kollektiven Erinnerns in Ost-Mitteleuropa*, in: Weiss, Hilde und ders. (Hrsg.), *Demokratischer Patriotismus oder ethnischer Nationalismus in Ost-Mitteleuropa?*, Wien 1998.

4 Dazu grundsätzlich Csáky, Moritz, *Geschichte und Gedächtnis.* Erinnerung und Erinnerungsstrategien im narrativen historischen Verfahren. Das Beispiel Zentraleuropa, Wien 2001 (Masschr. 16 S.); Le Goff, Jacques, *Geschichte und Gedächtnis*, Frankfurt 1992, S. 187 f.

schönen Literatur und mit aktueller Erinnerungsarbeit verbunden gewesen als mit einem rein wissenschaftlich begrenzten Interesse. Gewiss begleiten und verstärken Historiker auch jetzt bestimmte Revisionen und helfen bei der Wiederherstellung der nationalgeschichtlichen Souveränität. Doch die markantesten und öffentlichkeitswirksamsten Umdeutungen der Geschichte erfolgen in der Regel nicht in abgeschiedenen Gelehrtenstuben, sondern in vielbeachteten historisch-politischen Debatten und Inszenierungen unterschiedlichster Art im öffentlichen Raum. Eben diesen außerwissenschaftlichen Erscheinungsformen soll im Folgenden anhand ausgewählter alter und neuer Gedächtnisorte im heutigen Osteuropa etwas genauer nachgegangen werden. Dabei kann es sich im Rahmen dieses kleinen Beitrages notwendigerweise nur um eine kursorische ‚tour d'horizon' handeln, d.h. um eine vorläufige, eher impressionistische Zusammenschau möglicher und charakteristischer Beobachtungsfelder, die allesamt und jedes für sich eine vertiefende Betrachtung verdienen würden.

„Lieux de mémoire" – Orte des Gedächtnisses –, mit dieser Wortschöpfung hat Pierre Nora einen Begriff international eingeführt, der mittlerweile nicht mehr aus den Kulturwissenschaften wegzudenken ist. Angesiedelt zwischen Geschichte und kollektivem Gedächtnis ermöglicht er die Untersuchung eines breiten Spektrums von bislang nur vereinzelt wahrgenommenen, vernachlässigten oder überhaupt noch nicht erforschten Beobachtungsfeldern.[5] Nach Noras Definition werden damit nicht nur lokalisierbare Relikte gefährdeter oder bereits zerbrochener, auf jeden Fall nicht mehr selbstverständlicher Gedächtniskontexte erfasst wie architektonische Fixpunkte, (Museen, Denkmäler, zentrale Plätze, Straßennamen, Friedhöfe und Ähnliches mehr), sondern genauso andere, eher mentale Eintragungen in das kollektive Gedächtnis wie ikonisierte Heldenfiguren und Gedenktage, aber auch Verfassungen und andere bedeutende Rechtsdokumente, Feste und Jubiläen, Hymnen sowie das gesamte Arsenal der politischen Ikonografie, also identitätsstiftende Zeichen und Symbole unterschiedlichster Art – bis hin zu den Staatsflaggen und -wappen.

Gedächtnisorte werden demzufolge nicht nach systematischen Auswahlkriterien ausgewählt, sondern kristallisieren sich um höchst unterschiedliche Fixpunkte. Dabei ist es keinesfalls so, dass es sich in der Summe um ein beliebiges Sample oder um ein gleichrangiges Nebeneinander diverser Gedächtnisorte handeln würde.[6] Vielmehr lässt sich für die Erinnerungskulturen der meisten Länder ein ganz bestimmter Kanon mit deutlichen Hierarchien ausmachen, die freilich auch wieder Umwertungen unterworfen sein können. Andererseits gibt es Gedächtnisorte, die nicht nur alle politischen Umbrüche der Zeit in einem Land unbeschadet überstehen, sondern offensichtlich auch in ihrer zentralen Bedeutung und geradezu magischen Anziehungskraft nicht nachlassen. Der Raum um das Reiterstandbild des Heiligen Wenzels am Prager „Václavské náměstí" gehört ohne Zweifel zu dieser Kategorie.[7] Seit der Errichtung dieses Denkmals im Jahre 1912 versammelte sich die tschechische Öffentlichkeit regelmäßig an diesem Ort, wenn es darum ging, für Belange von gesamtnationaler Bedeutung gemeinschaftlich einzustehen und zu demonstrieren. Man kann ohne Übertreibung behaupten, dass alle Höhen und Tiefen der neuesten tschechischen Geschichte an dieser Stelle ihren symbolischen Ausdruck gefunden haben. Das war beispielsweise 1968 der Fall, als sowjetische Panzer mitten in der Stadt aufgefahren waren, und dann wieder – aus viel erfreulicherem Anlass – Ende 1989, als von hier aus die „samtene Revolution" eingeleitet wurde, um nur zwei markante Beispiele aus der jüngsten Vergangenheit zu erwähnen.

5 Vgl. auch zum Folgenden François, Etienne (Hrsg.), *Lieux de mémoire*. Erinnerungsorte. D'un modèle français à un projet allemand, Berlin 1996; Le Rider, Jacques, Anmerkungen zu Pierre Noras „Lieux de mémoire", in: Csáky, Moritz und Stachel, Peter (Hrsg.), *Speicher des Gedächtnisses*, Bd. 1, Wien 2000, S. 15-22; Nora, Pierre, *Zwischen Geschichte und Gedächtnis*, Berlin 1990.

6 Eben diesen unzutreffenden Eindruck vermitteln die Bände des Sammelwerks von François, Etienne und Schulze, Hagen (Hrsg.), *Deutsche Erinnerungsorte*, 3 Bde, München 2001/02.

7 Siehe dazu Hojda, Zdeněk und Pokorný, Jiří, *Pomníky a Zapomníky*, Praha 1996, S. 105-116.

Nicht selten sind es nur wenige historische Figuren und Ereignisse, welche die Erinnerungskultur ganzer Staaten und Völker prägen. Stellvertretend sei nur die Schlacht auf dem Amselfeld von 1389 genannt und die anhaltend konstitutive Bedeutung dieses Ereignisses für das kollektive Selbstverständnis der Serben bis in unsere Zeit hinein.[8] Aleida Assmann hat derartige Fokussierungen und Verdichtungen, die durchaus auch obsessiven Charakter annehmen können, einmal „Engführungen des kollektiven Gedächtnisses" genannt und mit dieser Formulierung darauf aufmerksam gemacht, dass kollektives Erinnern stets eine Selektion der zu erinnernden Inhalte voraussetzt.[9] Das heißt aber im Klartext: Gedächtnisorte erzählen nicht einfach Geschichte, sie akzentuieren sie. Es handelt sich also keinesfalls um gleichsam vorgegebene Zeichen und Zeugnisse der Vergangenheit, die lediglich abzufragen und zu vergegenwärtigen wären. Ein historisches Schlachtfeld, wo immer es liegen mag, hinterlässt von sich aus keinerlei dauerhafte Spuren. Gedächtnisorte sind in jedem Fall bewusst gesetzte Zeichen, egal ob sie zu eben diesem Zweck erst geschaffen werden wie die Denkmäler oder ob sie erst nachträglich mit einer solchen Memorialfunktion ausgestattet werden wie z.B. altehrwürdige Kirchen und Burgen.

Dieser mitunter willkürlich anmutende Zug gehört sogar zu den Wesensmerkmalen von Gedächtnisorten und macht zugleich deutlich, dass bei aller Betonung von Allgemeingültigkeit immer die Vorherrschaft bestimmter symbolischer Deutungsmuster wirksam ist und damit zugleich die kulturelle Hegemonie benennbarer gesellschaftlicher und politischer Kräfte. Mit Gedächtnisorten wurde und wird ‚symbolische Politik' zelebriert. Wäre dem nicht so, gäbe es heute in Osteuropa keine Streitereien um die Gültigkeit bzw. die Verwerfung oder Neu-Installierung erinnerungswürdiger Stätten, dann wäre es nicht möglich, dass die Bewertung alter wie neuer Gedächtnisorte die Gesellschaft eines Landes nach wie vor zu spalten vermag. Die Heftigkeit solcher Auseinandersetzungen rührt vor allem daher, dass sich alle Beteiligten der überwältigenden Suggestionskraft und der damit verbundenen Definitionsmacht sinnlich unmittelbar erfahrbarer Erinnerungszeichen bewusst sind.

Alle Länder Osteuropas sind von mehrfachen Brüchen und spürbaren Diskontinuitäten in ihrer Geschichte gekennzeichnet, die vor allem durch wiederholte Fremdbestimmung, aber auch durch notorische Nachbarschaftskonflikte verursacht wurden.[10] Je stärker die kollektiven Kränkungen in der Vergangenheit ausgefallen waren, umso unverzichtbarer waren und sind in diesem Teil Europas Gedächtnisorte als Halte- und Kristallisationspunkte kollektiven Selbstverständnisses, weil sie gleichermaßen zur Überbrückung geschichtlicher Widersprüche wie zur historischen Absicherung einer ungewissen Gegenwart und Zukunft herangezogen werden können. Sie sind somit stets mehr als museale Gedenkstätten und leblose Deponien erstarrter Reliquien. Gedächtnisorte sind nach der Definition von Pierre Nora Stützen für fragil gewordene Gedächtniskulturen.[11] Genau dieser Zustand der Verunsicherung trifft für die Länder Osteuropas in besonderem Maße zu und ist auch ein wesentlicher Grund, warum Erinnerung und Erinnerungspolitik gerade hier eine so bedeutende Rolle spielen – nicht erst seit dem Ende des Kommunismus.

Eine wechselvolle Herrschaftsgeschichte sowie die komplizierten ethnischen Mischlagen in dieser Großregion haben außerdem dazu geführt, dass sich das kulturelle Erbe nicht trennscharf in nationale Bestandteile sortieren lässt, so dass es zwangsläufig zu Mehrfachkodierun-

8 Siehe dazu Kacarevic, Zoran, La bataille de Kosovo, in: Brossat, Alain (Hrsg.), *A L'Est, la mémoire retrouvée*, Paris 1990, S. 521-534.

9 Assman, Aleida, Erinnerungslosigkeit oder Geschichtsfixierung, in: FRANKFURTER RUNDSCHAU Nr. 155 vom 7. Juli 2001, S. 21. Vgl. von derselben Autorin u.a., *Erinnerungsräume*. Formen und Wandlungen des kulturellen Gedächtnisses, München 1999.

10 Vgl. u.a., Berend, Ivan, *Schlachtfeld der Diktatoren*. Osteuropa im Schatten von Hitler und Stalin, Göttingen 2000; Beyrau, Dietrich, *The Crisis Zone of Europe*. An Interpretation of East-Central Europe in the First Half of Twentieth Century, London 1986; Kolarz, Walter, *Myths and Realities in Eastern Europe*, London 1946; Walters, E. Garrison, *The Other Europe*. Eastern Europe to 1945, New York 1988.

11 Siehe dazu noch einmal Nora, Geschichte und Gedächtnis, S. 11-13.

gen und damit auch zu Mehrfachbeanspruchungen von Gedächtnisorten kommt. Daraus resultieren wiederum konkurrierende Deutungen, die ihrerseits zum Anlass von Konflikten werden können: Polnisch-litauisch-weißrussische Streitigkeiten um Wappen, um historische Persönlichkeiten und Orte (z. B. lit.: Vilnius – poln. Wilno – weißruss.: Vilnja), russisch-ukrainische Kontroversen um den Anspruch auf die Kiever Rus als Wiege ukrainischer oder russischer Staatlichkeit und magyarisch-rumänische Rivalitäten um die exklusiven Erinnerungsrechte in Siebenbürgen sind nur einige wenige Beispiele solcher Konstellationen in den zahlreichen historischen Berührungs- und Überschneidungszonen in diesem Teil Europas.[12]

Die teilweise sehr leidenschaftlich geführten Auseinandersetzungen um alte wie neue Gedächtnisorte in Osteuropa seit 1990 weisen demnach sowohl innen- als auch außenpolitische Dimensionen auf und entzünden sich vornehmlich an den Kollektivsymbolen der gerade überwundenen kommunistischen Ära in diesem Raum. Dass derartige Ablösungsprozesse nicht immer geradlinig und eindeutig verlaufen, zeigten die Schwierigkeiten, die sich bei der Wahl einer neuen Staatshymne im postkommunistischen Rußland ergeben haben.[13] 1991 hatte der damalige Präsident Boris Jelzin die alte Sowjethymne abgeschafft. Mit ihrer Verherrlichung von Lenin, der kommunistischen Partei sowie der unerschütterlichen Einheit der Sowjetrepubliken war sie nach dem Zerfall der Sowjetunion unglaubwürdig und damit untragbar geworden. Die Melodie wurde auf Vorschlag einer eigens eingesetzten Kommission durch das „Patriotische Lied" eines russischen Komponisten aus dem 19. Jahrhundert ersetzt. Nur mit einem neuen passenden Text tat man sich in der gesamten Jelzin-Ära schwer, so dass diese „stumme" Hymne von manchen Russen geradezu als ein Symbol der kollektiven Identitätskrise ihres Vaterlandes empfunden wurde. Es war dann schon einigermaßen erstaunlich, als von den mehr als 6000 bei der Hymnen-Kommission eingereichten Vorschlägen zuletzt eine Version akzeptiert wurde, die von dem 87-jährigen Schriftsteller Sergej Michalkov, einem Mitautor der alten Sowjethymne, stammte und in der nun vom freien, heiligen, gottgeschützten, ewigen, glorreichen Vaterland die Rede war. Dieser nationalpathetisch gewandelte Hymnentext ist schließlich mit der schon wenige Wochen zuvor wieder zugelassenen Melodie der alten Sowjethymne unterlegt worden. Sie hatte sich – und zwar keinesfalls nur für Altkommunisten – letztendlich doch als die vertrautere erwiesen! So ist eine merkwürdige Mischung zustande gekommen: Eine schwülstig überladene Lyrik mit einem nun nicht mehr internationalistisch, sondern patriotisch begründeten Großmachtanspruch zu den Klängen einer untergegangenen Ära. Auch diese Lösung spiegelt wie schon die „stumme" Hymne der vorausgegangenen zehn Jahre symbolisch das noch längst nicht geklärte Verhältnis des heutigen Rußland zu seiner Sowjetvergangenheit wider.

Während kommunistische Prägungen in Rußland nicht zuletzt wegen ihrer längeren Dauer teilweise noch unterschwellig fortwirken, also mit den Neu-Installierungen nicht- oder nachkommunistischer Gedächtnisorte koexistieren, scheint in der Ukraine ein solches Nebenein-

12 Vgl. auch zum Folgenden übergreifend Jedlicki, Jerzy, Historical Memory as a Source of Conflicts in Eastern Europe, in: COMMUNIST AND POST-COMMUNIST STUDIES 32/3 (1999), S. 225-232; dann aber auch Gussef, Caterine, Wilno, Vilné, Vilnius, capitale de Lituanie, in: Brossat (Hrsg.): *A L'Est*, S. 489-520; Lindner, B. Rainer, Nationsbildung durch Nationalgeschichte. Probleme der aktuellen Geschichtsdiskussion in Weißrußland, in: Osteuropa 44/6 (1994), S. 585-587; Lyken, Reiner, Denkmalkrieg, in: DIE ZEIT Nr. 34 vom 19. August 1994, S. 32; Snyder, Tim, National Myths and International Relations: Poland and Lithuania 1989-1994, in: EAST EUROPEAN POLITICS AND SOCIETIES 9 (1995), S. 317-343; Stone, Norman, Ukraine: Die Spur der Geschichte, in: EUROPÄISCHE RUNDSCHAU 20/3 (1992), S. 76-78; Wilson, Andrew, Myths of National History in Belarus and Ukraine, in: Hosking, Geoffrey und Schöpflin, George (Hrsg.), *Myths and Nationhood*, London 1997, S. 182-197.

13 Und zum Folgenden die Internet-Adresse http://www.c-base.de/chor/Hymne.pf. Vgl. in diesem Zusammenhang außerdem Heinemann-Grüder, Andreas, *Rußlands Babel*. Zum Repertoire nationaler Mythen, in: Blätter für deutsche und internationale Politik 46/3 (2001), S. 324-334; Kriwulin, Viktor, Rückkehr der imperialen Soldaten, in: FRANKFURTER ALLGEMEINE ZEITUNG Nr. 293 vom 16. Dezember 2000, S. 23; Scherrer, Jutta, Zurück zu Gott und Vaterland, in: DIE ZEIT Nr. 31 vom 26. Juli 2001, S. 31; Zorin, Andrej, In Search of an New Identity: Visions of Past and Present in Post-Communist Russia, in: Srath, Bo (Hrsg.), *Myth and Memory in the Construction of community*, Bruxelles 2000, S. 321-330.

ander momentan noch auf zwei Landeshälften aufgeteilt zu sein und zwar in der Gestalt, dass man sich in L'viv offensichtlich ganz anders erinnert als etwa im östlich gelegenen Luh'ansk.[14] So sind in der westlichen Ukraine inzwischen nahezu alle Erinnerungsspuren an die Sowjetzeit beseitigt und durch christliche bzw. vorkommunistische Symbole ersetzt worden, während im östlichen Landesteil es noch immer Stalin- und Lenindenkmäler gibt, die nicht einfach nur übrig geblieben sind, sondern auch weiterhin in Ehren gehalten werden. In den meisten der übrigen Transformationsländer Osteuropas wurde konsequenter mit dem sichtbaren kommunistischen Erbe umgegangen. Der teilweise gewaltsame Denkmalsturz kommunistischer Größen nahm zuweilen sogar den Charakter symbolischer Hinrichtungen an.[15] In Bukarest und anderswo wurden Leninfiguren eiserne Schlingen um den Hals gelegt (Abb. Nr. 1), um sie dann unter Applaus der umstehenden Passanten endgültig und im wahrsten Sinne des Wortes „ zu Fall zu bringen".

Abbildung 1: Strangulierte Lenin-Statue in Bukarest

14 Siehe die Reportage von Scholl, Stefan, Zwischen Lenin und Maria, in: DIE WOCHE Nr. 31 vom 27. Juli 2001, S. 12; vgl. in diesem Zusammenhang außerdem die ausführlicheren und differenzierteren Beobachtungen von Münz, Rainer und Ohlinger, Rainer, Die Ukraine – Politische Zukunftsorientierung zwischen Ost und West. Kollektive Erinnerung und politische Zukunftsorientierung der Bevölkerung, in: Jordan, Peter u.a. (Hrsg.), *Ukraine*, Wien 2001, S. 709-738; Stone, Ukraine, S. 78-86.

15 Siehe dazu die beiden Dokumentationen: *Bildersturm in Osteuropa.* Die Denkmäler der kommunistischen Ära im Umbruch, ICOMOS. Hefte des deutschen Nationalkommitees Nr. XIII., München 1994; Kramer, Bernd (Hrsg.), *Demontage ... revolutionärer oder restaurativer Bildersturm?* Texte und Bilder, Berlin 1992.

Wie sinnlich dieser symbolische Triumph erfahren und ausgelebt wurde, zeigt die Siegerpose, mit welcher ein Moskauer Jugendlicher 1991 seinen Fuß auf den Kopf des gestürzten Feliks Dzeržinskij-Denkmals gesetzt und damit die weit verbreitete Abscheu vor dem berüchtigten polnischstämmigen Begründer der bolschewistischen Geheimpolizei „Čeka" zum Ausdruck gebracht hat (Abb. Nr. 2).

Abbildung 2: Gestürztes Dzieszinskij-Denkmal in Moskau

Auf diese oder andere Weise verschwanden die Zeichen kommunistischer Herrschaft in den meisten Ländern Osteuropas entweder vollständig aus dem öffentlichen Raum wie z.B. in Polen, oder sie wurden wie in Litauen in einem „Sowjetpark" außerhalb von Vilnius in abschreckender Absicht öffentlich zur Schau gestellt. Auf 20 Hektar können dort in bunter Reihe die ausrangierten steinernen Helden der Sowjetzeit besichtigt werden, aber auch Wachtürme und Viehwaggons, die an die Transporte nach Sibirien erinnern sollen.[16] Eine andere, weitaus subtilere Form der Vergangenheitsbewältigung stellt die Umgestaltung und Umdeutung vorhandener öffentlicher Zeichen aus der kommunistischen Ära dar, ein Verfahren, das beispielsweise in Ungarn oder in Tschechien mehrfach praktiziert worden ist. Stellvertretend sei hier nur der „Pink Tank", der „rosarote Panzer" (Abb. Nr. 3) im traditionsreichen Prager Arbeiterviertel Smíchov erwähnt, eine Performance, die 1991 allein durch das Anstreichen eines der üblichen als Befreiungsdenkmäler aufgestellten Sowjetpanzer mit der absolut unkriegerischen Pinkfarbe zustande kam.[17]

16 Siehe dazu die Internet-Adresse http://www.travel-lithuania.com/grutas/welcome.htm; sowie Krumm, Reinhard, Lenins Welt, in: DER SPIEGEL Nr. 18 vom 8. April 2001.

17 Siehe dazu Novák, Tomáš, Der rosarote Panzer – Made in Czechoslowakia, in: Kramer (Hrsg.), Demontage, S. 133-140.

Abbildung 3: Der rosarote Panzer auf der Karlsbrücke

Nun ist es freilich nicht so, als ob sich die Auseinandersetzung mit dem Symbolhaushalt und der Erinnerungskultur der kommunistischen Ära allein auf das mehr oder weniger konsequente Abräumen der zahlreichen Straßenaltäre des Stalinismus beschränken würde. Parallel dazu vollzieht sich eine rigorose Umwertung all jener älterer Gedächtnisorte und Traditionen, die in der Zeit des Kommunismus als ‚fortschrittlich' galten und propagandistisch in Regie genommen worden waren, und die nun allein deswegen ignoriert, oder zumindest in ihrer Bedeutung zurückgestuft werden. Dass bei einem solchen Verfahren die Abrechnung mit der unmittelbaren Vorgeschichte oftmals den einzig gültigen Maßstab bildet, macht deutlich, wie groß die Gefahr ist, dass alte Geschichtsverfälschungen nicht wirklich überwunden, sondern einfach durch neue ersetzt werden. Überall in Osteuropa wurden seit 1990 Anstrengungen unternommen, eine Komplettierung des öffentlich kommunizierten Geschichtskanons zu erreichen. Dazu zählte u.a. die Rehabilitierung früher als ‚reaktionär' oder ‚feudalistisch' verschriener mittelalterlicher und frühneuzeitlicher Epochen, dazu gehört aber genauso die bis dahin verbotene bzw. verschwiegene Erinnerung an wichtige Ereignisse der Zeitgeschichte, wie etwa an den Aufstand in Ungarn von 1956.[18]

Alle diese prinzipiell gerechtfertigten und nachvollziehbaren Rekonstruktionsarbeiten sind selten frei von ideologischen Manipulationen und setzen bisweilen Akzente in den erneuerten Erinnerungskulturen der osteuropäischen Länder, die ihrerseits fragwürdig erscheinen. Diesen Eindruck gewinnt man zumindest bei der Wiederentdeckung bestimmter historischer Ereignisse und Persönlichkeiten. Dass man sich in Osteuropa an die großen und weniger großen sozialistischen Führerfiguren nicht mehr erinnern mag, kann man verstehen. Ob aber die Heiligsprechung des letzten russischen Zaren Nikolaus II.[19] oder der Kult um den profaschisti-

18 Siehe dazu beispielsweise Benzinger, Karl E., The Funeral of Imre Nagy. Contested History and the Power of Memory Culture, in: HISTORY AND MEMORY 12/2 (2000), S. 142-164; Greenberg, Susan, Les funérailles nationales d'Imre Nagy, in: Brossat (Hrsg.), A L'Est, S. 124-149.

19 Siehe dazu Kriwulin, Viktor, Die Heiligsprechung von Zar Nikolaus II, in: FRANKFURTER ALLGEMEINE ZEITUNG Nr. 208 vom 7. September 2000, S. 53.

schen Präsidenten von Hitlers Gnaden Josef Tiso (Abb. Nr. 4)[20] in der Slowakei eine zukunftsweisende Alternative dazu darstellen, darf zumindest bezweifelt werden und ist auf jeden Fall problematisch, selbst wenn man berücksichtigt, dass diese Verehrung nicht von allen Bevölkerungsgruppen der betreffenden Länder geteilt wird.

Abbildung 4: Portraits von Josef Tiso und Andrej Hinka mit der Parole „Für Gott, Nation und Vaterland"

Weder das Martyrium des letzten Zaren und seiner Familie noch die dezidiert antibolschewistische Grundhaltung des slowakischen Staatsmanns Tiso dürften ausreichen, sie automatisch als Leitfiguren oder Eideshelfer der erneuerten Demokratien in diesen Ländern auszuweisen. Genauso muss man sich fragen, ob das im November 2000 bei Riga in Anwesenheit des Verteidigungsministers eingeweihte Denkmal für die lettischen Angehörigen der Waffen-SS nun wirklich als Ausdruck einer neuen, selbstbestimmten und authentischen lettischen Erinnerungskultur verstanden werden kann.[21]

Mit besonderer Akribie wurden in allen postkommunistischen Ländern die so genannten „Rückbenennungen" von Straßennamen betrieben. Eigens eingerichtete Kommissionen sorgten voller Eifer dafür, dass nichts mehr an die eben überwundene kommunistische Herrschaft erinnerte. Es hatte zuweilen den Anschein, als wollte man mit dem Auswechseln der Straßennamen dem alten Regime noch im Nachhinein einen Stoß versetzen und gleichzeitig die eigene demokratische Gesinnung tatkräftig unter Beweis stellen. Der ehemalige ungarische Dissident und bekannte politische Publizist György Dalos hat diesem Phänomen 1991 einen eigenen Essay gewidmet: "Der große Kampf um die Straßenschilder".[22] Darin schildert er voller Ironie die entsprechenden Praktiken in seiner Heimatstadt Budapest, die u.a. dazu geführt hätten, dass die von Vladimir Ul'janov unrechtmäßig enteignete Theresienstraße nun wieder an ihre rechtmäßige kaiserlich-königliche Besitzerin zurückgefallen sei. Abschließend äußert Dalos dann noch einen Wunsch: „Eine kommunistische Ortsbezeichnung möchte ich gerne er-

20 Zu Josef Tiso in den slowakischen Geschichtsdebatten siehe Fischer, Thomas E., Der slowakische Sonderweg. Zur Geschichtskultur in einer Transformationsgesellschaft, in: ETHNOS-NATION 6 H.1/2, (1998), S. 149-152.

21 Siehe dazu die Internet-Adresse http://www.friedenskooperative.de/iwif/wf101-81.htm.

22 Dalos, György, Der große Kampf um die Straßenschilder, in: ders., *Ungarn – Vom Roten Stern zur Stephanskrone*, Frankfurt 1991, S. (9-)15; vgl. in diesem Zusammenhang außerdem Kovács, Eva, Mythen und Rituale des ungarischen Systemwechsels, in: ÖSTERREICHISCHE ZEITSCHRIFT FÜR GESCHICHTSWISSENSCHAFTEN 10/2 (1999), S. 210-219; Szabo, Miklos, Restauration oder Aufarbeitung? Geschichte und politische Kultur in Ungarn, in: TRANSIT Nr. 2 vom Sommer 1991, S. 72-80; Varga, Laszlo, Geschichte in der Gegenwart – Das Ende der kollektiven Verdrängung und der demokratische Umbruch in Ungarn, in: Deppe, Rainer u.a. (Hrsg.), *Demokratischer Umbruch in Osteuropa*, Frankfurt 1991, S. 167-180.

halten wissen", schreibt er, „und zwar den ‚Elmunkaster, zu deutsch, 'Platz der Stoßarbeiter'. Das hässliche Wort ‚Stoßarbeiter' ist gleichsam ein Sprachdenkmal realsozialistischer Betonästhetik. Ohne dieses Wort wird es uns schwer fallen, künftigen Generationen unsere Vergangenheit begreiflich und glaubhaft zu machen". – Dieser Vorschlag enthält mehr als nur eine witzige Pointe, verweist er doch auf ein grundsätzliches Problem im Umgang mit den Überresten unbequemer, in diesem Fall kommunistischer Vergangenheiten. Ist also eine Tabula rasa wirklich der einzig denkbare und auf die Dauer gesehen auch der einzig wünschenswerte Befreiungsschlag? Oder anders gefragt: Sind Praktiken, missliebige Gedächtnisorte einfach zu zu tilgen, tatsächlich immer geeignet, die notwendige Auseinandersetzung mit überwundenen Geschichtsepochen zu fördern, oder dienen sie nicht vielmehr als symbolische Ersatzhandlung, die eine inhaltliche Auseinandersetzung eher überflüssig erscheinen lässt? Das sind bekanntlich Fragen, die sich keinesfalls nur in den postkommunistischen Ländern Ost- und Südosteuropas stellen.

Während also in fast allen Staaten des ehemaligen Ostblocks der Streit um alte und neue Gedächtnisorte immer noch anhält, sind für Polen weitaus geringere Turbulenzen und vergleichsweise unspektakuläre Revisionen zu verzeichnen – mit einer, freilich bedeutenden Ausnahme: Das wiederentdeckte Massaker der örtlichen polnischen Bevölkerung an ihren jüdischen Nachbarn in Jedwabne kurz nach dem deutschen Einmarsch in Ostpolen während des Zweiten Weltkrieges.[23] Ansonsten sind sich die historischen Bezugspunkte für das kollektive Gedächtnis der Polen ziemlich gleich geblieben. Das kann allerdings nicht sonderlich verwundern, schließlich ist das kollektive Gedächtnis der Polen nach 1945 niemals in demselben Maße enteignet worden, wie dies in den Nachbarländern der Fall gewesen ist. So konnte noch zu volksdemokratischen Zeiten in Posen ein Denkmal für die Opfer des ersten Aufbegehrens gegen stalinistische Willkür aufgestellt werden: der „Pomnik Poznańskiego Czerwca", drei überdimensionale Kreuze, die seit 1981 an den Posener Arbeiteraufstand von 1956 erinnern.[24]

Abschließend sei noch auf zwei Gedächtnisorte hingewiesen, die gleichermaßen an traumatische Erfahrungen der Polen mit ihren übermächtigen Nachbarn im Osten und im Westen im vergangenen Jahrhundert gebunden sind: auf Katyn und die Wolfsschanze. In den Wäldern des Dorfes Katyn unweit von Smolensk waren bekanntlich noch vor dem deutschen Überfall auf die Sowjetunion mehrere Tausend gefangene polnische Offiziere von Einheiten des sowjetischen NKWD ermordet worden – ein grausamer Tatbestand, der sich tief in das kollektive Gedächtnis der Polen eingraben sollte und ihr Verhältnis zur Sowjetunion und Rußland weit über das Kriegsende hinaus vergiftet hat.[25] Katyn wurde geradezu zum Symbol eines unüberbrückbaren polnisch-sowjetischen Gegensatzes. Nach der Einbeziehung Polens in die sowjetische Machtsphäre war ein öffentliches Gedenken an dieses Massaker freilich über Jahrzehnte hinweg weder vor Ort noch im eigenen Lande möglich gewesen. Stattdessen entstanden stellvertretend Katyn-Denkmäler in Kanada und in den Vereinigten Staaten. Erst nach 1989 konnte dieses Ereignisses in Polen wieder uneingeschränkt gedacht werden. Seither ist eine Flut von einschlägigen Schriften erschienen. Das 1993 in Warschau eröffnete Katyn-Museum ist jedoch bezeichnenderweise nicht vom polnischen Staat, sondern von einer privaten Stiftung der Nachkommen der Opfer eingerichtet worden. Katyn hat inzwischen seine Funktion als antisowjetisches Fanal verloren und ist damit zu einem Gedächtnisort persönlicher Trauer ge-

23 Den Anstoß zur öffentlichen Diskussion dieses lange Zeit verschwiegenen Ereignisses gab die kleine Schrift von Gross, Tomasz, *Sąsiedzi*, Seyny 2000. Eine kleine Auswahl aus der kontroversen Diskussion ist jetzt auch in deutscher Sprache dokumentiert unter dem Titel: *Jedwabne*. Der polnische Historikerstreit und die Frage von Schuld und Verantwortung, in: OSTEUROPA 51/6 (2001), S. A 228-A 249.

24 Siehe dazu die Dokumentation von Dabertowa, Eugenia Renia und Lenartowski, Marek, *Pomnik Poznańskiego czerwca 1956*. Symbol pamięci i sprzeciwu, Poznań 1996.

25 Vgl. dazu u.a. Kaiser, Gerhard und Szczesniak, Andrzej L., *Katyn*. Der Massenmord an polnischen Offizieren, Berlin 1992; Olech, Urszula und Pawinska, Elzbieta, *Bibliografia zbrodni katyńskiej z lat 1993-1999*, Warszawa 2000; und zum Folgenden (Memorial'nyj kompleks Katyn) die Internet-Adresse http://admin.smolensk.ru/history/katyn/index.html.

worden. Es sollte noch drei weitere Jahre dauern, bis die Regierung der Russischen Föderation dann die Genehmigung für einen „Memorial'nyj kompleks Katyn" am Originalort erteilte, d.h. die seit 1999 in Angriff genommene Gestaltung eines umfangreichen, mit einem Wall umgebenen Friedhofsareals (Abb. Nr. 5), das nun freilich allen dort umgekommenen, d.h. auch den russischen Opfern von Massenerschießungen gewidmet ist – eine Lösung, die langfristig dazu führen könnte, Katyn für Polen wie für Russen einen versöhnlicheren Charakter zu verleihen.

Abbildung 5: Haupteingang zum Memorialńy, Kompleks Katyn

Eine andere, viel weitergehende Form der Entdramatisierung hat der deutsch-polnische Gedächtnisort „Wolfsschanze" (poln.: Wilczy szaniec)[26] mittlerweile erfahren.(Abb. Nr. 6)

26 Und zum Folgenden Neumärker, Uwe u.a., *Wolfsschanze*. Hitlers Machtzentrale im II. Weltkrieg, Berlin 2000, S. 169-189; Szynkowski, Jerzy, *Reiseführer Wolfsschanze*, Leer/Ostfriesland 1990.

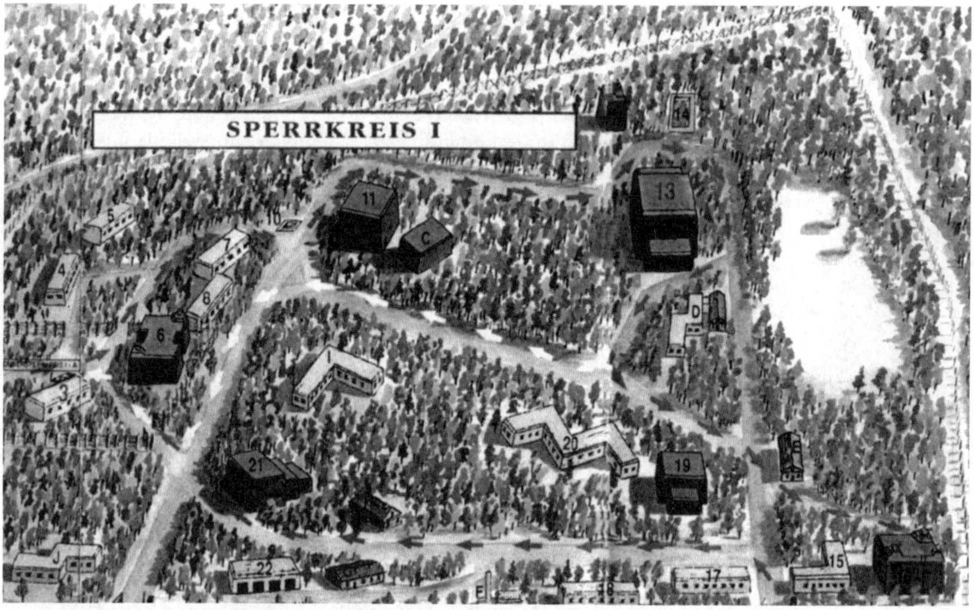

Abbildung 6: Ausschnitt aus dem Lageplan der Wolfsschanze

In kommunistischer Zeit sind die Überreste dieses berühmt-berüchtigten Führerhauptquartiers in der Nähe des ehemaligen ostpreußischen Rastenburg und seit 1945 polnischen Kętrzyn noch als Anschauungsmaterial für den Sturz des verhassten Hitler-Faschismus volkspädagogisch genutzt worden. Heute sind die antifaschistischen Lehrtafeln verschwunden. Stattdessen wurde 1992 eine Gedenktafel eingeweiht, die an das Attentat Graf Stauffenbergs am 20. Juli 1944 erinnert. Deutlicher konnte der eingetretene Perspektivenwechsel an ein und demselben Gedächtnisort gar nicht demonstriert werden. Die Wolfsschanze ist nach der Öffnung der Grenzen außerdem zu einer internationalen Touristenattraktion geworden, die jährlich mehrere zehntausend Besucher aus aller Welt anlockt, die sich von diesen überdimensionierten und darum gespenstisch wirkenden Betonklötzen ein wenig angruseln lassen. Imbissbuden, Kioske mit Videos und Postkarten, ein Modell des Führerbunkers als Bastelbogen im Maßstab 1: 200 u.ä.m. deuten freilich darauf hin, dass der Erlebnis- und Unterhaltungsaspekt sich mittlerweile verselbstständigt hat und längst in kommerzielle Regie genommen wurde – und zwar von einer „Wolfsnest" GmbH mit Sitz in Warschau, an der zu 80 % der österreichisch-polnische Süßwarenhersteller „Carpatia" und zu 20% die Gemeinde Kętrzin beteiligt sind.

Die „Wolfsschanze" wurde hier abschließend vor allem deswegen erwähnt, weil sich an diesem „lieux de memoire", der für Deutsche wie für Polen gleichermaßen von Bedeutung ist, ein auch anderorts zu beobachtender Übergang von ideologie- und bekenntnisgeleiteten Gedächtnisorten hin zu einem eher erlebnis- und freizeitorientierten Umgang mit historischen Erinnerungen idealtypisch aufzeigen lässt.[27] Ob dieser neuerlich in ganz Europa zu beobachtende Trend den zu erinnernden Orten und Objekten immer in ausreichendem Maße gerecht zu werden vermag, kann gerade in diesem konkreten Fall zu Recht bezweifelt werden. Doch im Vergleich zu den pompösen staatlichen, nationalen wie generell politischen Instrumentalisierungen von Gedächtnisorten vergangener Zeiten mit allen darin enthaltenen unsäglichen,

27 Vgl. in diesem Zusammenhang auch Schönemann, Bernd, Die Geschichtskultur der Erlebnisgesellschaft, in: SOZIALWISSENSCHAFTLICHE INFORMATIONEN 30/2 (2001), S. 135-143.

weil vielfach eben doch auch recht unfriedlichen Bedeutungsüberfrachtungen, erscheint fast jede Art ihrer Profanisierung, Kommerzialisierung und Veralltäglichung bei weitem ein kleineres Übel darzustellen. Schon jetzt kann darum behauptet werden, dass ein derartiger Umgang, so er sich denn längerfristig durchsetzten sollte, gerade in Osteuropa zwar hie und da zu einer Verflachung der betreffenden Erinnerungskulturen führen könnte, sicher aber auch zu etwas weniger exaltierten und darum auch verträglicheren Vergangenheitsbezügen.

Quellennachweis der Abbildungen

Abb. Nr. 1: Strangulierte Lenin Statue in Bukarest. Sipa Press. Foto: J. Alfred (aus: Bernd Kramer (Hg.): Demontage (…) revolutionärer oder restaurativer Bildersturm? Berlin 1992, S. 187).

Abb. Nr. 2: Das am 23. August 1991 gestürzte Dziesržinskij-Denkmal in Moskau. Associated Press. Foto: Aleksandr Zemljanišenko (aus: Bernd Kramer (Hg.): Demontage … revolutionärer oder restaurativer Bildersturm? Berlin 1992, S. 147).

Abb. Nr. 3: Der rosarote Panzer auf der Karlsbrücke. Farbig gestaltete Bildpostkarte. Gez. J. Vortuba 1991 (Privatbesitz Jaworski).

Abb. Nr. 4: Portraits von Josef Tiso und Andrej Hlinka mit der Parole „Für Gott, Nation und Vaterland“ Gez. Pavlisko 1992 (aus: Hlas Slovenska Nr. 37 v. 16/22. September 1992, S.1).

Abb. Nr. 5: Haupteingang zum Memorial´nyi, Kompleks Katyn (Fotografie aus: http://admin.smolensk.ru/history/katyn/poland/2-e.htm, S.1).

Abb. Nr. 6: Ausschnitt aus dem Lageplan der Wolfsschanze. Gez. V. Muszak (aus: FHQu. Wolfsschanze. Panorama und Kommentar. Faltblatt. Kętrzyn (um 1995).

Das Neue Berlin. Bilder der immer werdenden Stadt

Ilona Stölken-Fitschen

Stadt in Bewegung

Im Jahr 1910, Berlin hatte sich in nur vier Jahrzehnten zu einer bedeutenden Industriemetropole mit über drei Millionen Einwohnern entwickelt, portraitiert der liberale Architekturkritiker und Kunstschriftsteller Karl Scheffler dieses neue Berlin als eine Stadt, deren ungehemmtes Wachstum zwar die gewaltige Beschleunigung der Zeit wiederspiegele, in ihrem wild wuchernden und anorganischen Stadtbild aber nichts von den neuen Lebensbedingungen und dem Rhythmus der neuen Zeit erkennen lasse. An der „östlichen Peripherie der deutschen Kulturzone" als Grenzstadt entstanden, von hart arbeitenden Kolonisten erbaut, beständig erneuert und vergrößert, sieht Scheffler in Berlin den Typus einer ewigen Kolonialstadt, die sich nun im Zeitalter der Industrialisierung erneut mit „wahrer Gier und mit Leidenschaft zum Anwalt der neuen Lebensidee (...), zur Vorkämpferin der neuen Industriekultur" aufgeschwungen und sich „am rücksichtslosesten in ganz Europa amerikanisiert" hat. In der aus der Not geborenen Skrupellosigkeit der Berliner, ihrer Zweckhaftigkeit und der kraftvollen Macher-Mentalität einer keiner Tradition verpflichteten Pionierstadt macht Scheffler amerikanische Eigenschaften aus, deren Kraft und Vitalität er bewundert. Diese Qualitäten sind für ihn die Antriebsenergie für eine beschleunigte Stadtentwicklung. Aber statt eines modernen Stadtbildes unter einheitlicher Bebauungsplanung als Ausdruck eines entwickelten Stadtbewusstseins, findet Scheffler in der entstandenen Mietskasernenstadt nur ein riesiges „Notgebilde", ein Opfer „roher Spekulanten": „Das ganze neue Berlin gehört den Bauunternehmern." Am Ende seines Buches mit dem beziehungsreichen Titel „Berlin. Ein Stadtschicksal"[1] bleibt das pessimistische Bild einer durch ständiges Wachstum und rastlosen Selbsterhaltungskampf geprägten Kolonialstadt, „dazu verdammt: immerfort zu werden und niemals zu sein." Schefflers sprichwörtlich gewordene Schlusswendung machte das Buch berühmt und sorgt bis heute dafür, dass es in Neuauflagen erscheint. Seitdem gehört das „ständige Werden", „das ewig Unfertige", der quasi naturgesetzlich vorgegebene Wandel dieser Stadt zu den Gründungsmythen des immer neuen Berlin.

Aber es war Scheffler selbst, der zwanzig Jahre später auf Distanz zu seinem ursprünglich negativen Berlin-Bild der Vorkriegszeit ging.[2] Sichtlich beeindruckt von einer Stadtentwicklung, die sich in den Zwanzigerjahren dem Neuen Bauen zugewandt hatte und eine Stadtplanung in Angriff nahm, auf die er schon 1910 gehofft, aber dann doch als zu utopisch verworfen hatte, ließ er zwar die zentrale Aussage seines früheren Buches stehen, gab ihr aber jetzt eine andere Bewertung: War der permanente Wandel Berlins bisher Merkmal einer fortgesetzten, gewissermaßen konstitutionellen Unfertigkeit und damit ein Mangel, so entdeckte Scheffler nun die positive Kraft der Wandlungs*fähigkeit*, die die Zukunft der Stadt offen hielt. So wird das, was der europäischen Stadt als untypisch und defizitär erscheint, nämlich Traditionslosigkeit und Geschichtsvergessenheit, zur Qualität Berlins. Ausgerechnet die fortwährende

1 Karl Scheffler, *Berlin.* Ein Stadtschicksal, Berlin 1989 (Nachdruck der Erstausgabe von 1910), (Berliner Texte, Bd. 3).

2 Karl Scheffler, *Berlin.* Wandlungen einer Stadt, Berlin 1931.

Bewegung erweist sich als eigentliche Konstante der Stadt: Das Manko wird zur Signatur. Spätestens in den Zwanzigerjahren galt Berlin als der Inbegriff der lebendigen Großstadt, die zugleich für geistige Beweglichkeit stand.

„Es ist kein Phlegma in der Stadt", schrieb der Kunstkritiker Paul Westheim, „auch nicht jenes anmutende Phlegma, das sorglos und sicher ausruht auf bewährter Tradition. Die Stadt zwingt die Menschen, immerfort auf dem qui vive zu sein, stellt sie ein mehr auf das, was ist und was kommen kann, als auf das, was war."[3]

Noch einmal, sechzig Jahre später, entfaltet sich die Wirkungsmächtigkeit des Topos vom „ewigen Wandel." Seit Beginn der Neunzigerjahre packte Berlin es an, sich ein weiteres Mal zu erschaffen. In einer Zeit, die vor allem Flexibilität erwartet, ist das Bild einer offenen, jederzeit wandelbaren Stadt das positive Vorzeichen schlechthin. Kaum ein Vorwort zu einem neuen Berlinband, kaum ein Feuilleton über das Flanieren im „neuen Berlin", das ohne den vergewissernden Rekurs auf Schefflers Wendung auskäme. Vor allem die offizielle Berlinwerbung bedient sich gezielt des Bildes einer Stadt in permanenter Bewegung. In einem Vorwort des damaligen Regierenden Bürgermeisters Diepgen für die Werbebroschüre „Berlin: Die Stadt" wird der Topos des Wandels gleich in mehrfachen Formulierungen verwandt:

> „Berlins Bestimmung ist, so hat Karl Scheffler 1910 geschrieben, stets zu werden und nie zu sein. Tatsächlich: Die Stadt ist in Bewegung, immer im Aufbau, eine der jüngsten Großstädte Europas... Die Notwendigkeit, sich in kurzer Zeit so sehr ändern zu müssen, ist eine einzigartige Chance für Berlin. Wir laden alle ein, diese dynamische Entwicklung zu erleben."[4]

Im harten Geschäft des globalen Standortwettbewerbs lässt sich mit dem Pfund der Wandlungsfähigkeit prächtig wuchern. Hier wird zur Tugend ausgerufen, was Zeitgenossen immer auch als Gefährdung des eben erst Geschaffenen sahen.

Als es in den Zwanzigerjahren aus Werbezwecken darum ging, der Stadt durch den Lichterglanz der Reklame modernes, weltststädtisches Flair zu verpassen, wurden im Nu ganze Häuserfassaden so verändert und bereinigt, dass sie als Werbefläche und Installationsgrund für Lichtreklame glänzen konnten. Geschäftseingänge wurden erneuert, neue Cafés und Läden entstanden, das Straßenbild erhielt ein neues Gesicht. Nicht ohne Melancholie und Trauer beschreibt Siegfried Kracauer den frisch modernisierten Kurfürstendamm als nunmehr geschichtslosen Ort, als Verkörperung einer Zeit, die leer dahinfließt:

> „Sonst bleibt das Vergangene an den Orten haften, an denen es zu Lebzeiten hauste; auf dem Kurfürstendamm tritt es ab, ohne Spuren zu hinterlassen. Seit ich ihn kenne, hat er sich in knapp bemessenen Perioden wieder und wieder von Grund auf verändert, und immer sind die neuen Geschäfte ganz neu und die von ihnen Vertriebenen ganz ausgelöscht. Was einmal war, ist auf Nimmerwiedersehen dahin, und was sich gerade behauptet, beschlagnahmt das Heute hundertprozentig. Ein Taumel, wie er in Kolonialgebieten und Goldgräberstädten herrscht, wenn auch Goldadern in dieser Zone kaum noch entdeckt werden dürften. Man hat vielen Häusern die Ornamente abgeschlagen, die eine Art Brücke zum Gestern bildeten. Jetzt stehen die beraubten Fassaden ohne Halt in der Zeit und sind das Sinnbild des geschichtslosen Wandels, der sich hinter ihnen vollzieht."[5]

Zur selben Zeit, 1932, sucht ein anderer Autor hinter den „Kulissen des Weltverkehrs" nach dem alten, kleinstädtischen Berlin und konstatiert: „Man muß sich hier etwas einwohnen, um das Alte neu zu sehen. Um dagegen das Neue, das umstürzlerisch Neue gewahr zu werden,

3 Paul Westheim, Berlin, die Stadt der Künstler, in: Herbert Günther (Hrsg.), *Hier schreibt Berlin.* Eine Anthologie, Berlin 1998 (Nachdruck der Ausgabe von 1929), S. 247 - 252, hier 248.

4 Partner für Berlin, Gesellschaft für Hauptstadtmarketing mbH (Hrsg.), *Berlin: Die Stadt.* In der Mitte des neuen Europa, Berlin o. J.

5 Siegfried Kracauer, *Straßen in Berlin und anderswo*, Berlin 1987, hier: Straße ohne Erinnerung, S. 15-18.

das seit drei Jahren aus Wittenbergplatz und Tauentzien geworden ist, muß man zuziehen und das Geschehene sofort notieren."[6]

Dass die eigentliche Zerstörung Berlins nicht durch den Bombenkrieg, sondern den beispiellosen Abrisswahn der Sechzigerjahre auf beiden Seiten der geteilten Stadt erfolgte, ist inzwischen Gemeingut. Zur Apotheose der Berliner Abräummanie wurde schließlich in der Nachwendezeit die vollständige Tilgung der Berliner Mauer. So verständlich es zunächst scheint, das verhasste Bauwerk loszuwerden, so bleiben doch die nachhaltige Prägung für Topografie und Selbstverständnis der Stadt und der Wunsch der Menschen, sich auch diese Epoche der Geschichte immer wieder zu vergewärtigen. Erst als auffiel, dass den orientierungslos nach West und Ost suchenden Besucherströmen auf dem Potsdamer Platz, und nicht zuletzt den Berlinern selbst, der Mauerhalt fehlte, wurde ihr Verlauf nachträglich ins Pflaster eingelassen. Im Berliner Wechselspiel von Abriss und Aufbau war es nur eine Frage der Zeit, bis auch ein Stück Mauer dort wieder seinen Platz fand. In Berlin hat man sich auch nie gescheut, Bauten einfach zu versetzen, wenn sie neuen Aufbau- oder Verkehrsplänen im Wege standen. Symbol der Stadt in Bewegung sind auch ihre *bewegten* Gebäude. Die hypertrophen „Germania"-Pläne Albert Speers hatten die Verpflanzung der Siegessäule vom Reichstag auf den Großen Stern zur Folge,[7] und den gewaltigen Straßenverbreitungen der Nazis musste das Ephraimpalais weichen, eines der wenigen aus der Barockzeit verbliebenen Häuser und einst als „schönste Ecke Berlins" apostrophiert. Da Teile des Baus vorsorglich eingelagert wurden, war der Widerruf der Entscheidung fast absehbar. Als die DDR, der es zunächst mit dem Abräumen unliebsamer Geschichte gar nicht schnell genug gehen konnte, in den Achtzigerjahren die verdrängte Geschichte wieder entdeckte und sich mit dem Nicolaiviertel im Zentrum der Stadt einen „Historienpark" schuf, wurde neben anderen, einst zerstörten Häusern auch das Ephraimpalais rekonstruiert. Dass diese Rekonstruktion aber nicht mehr am ursprünglichen Standort erfolgen konnte, störte bei der Identitätssuche nicht. Beim Wiederaufbau des Potsdamer Platzes stand ausgerechnet das einstige Grandhotel Esplanade im Weg, das über zwei Jahrzehnte der Ödnis des Grenzgeländes getrotzt hatte. Weil seine Erhaltung aus nostalgischen Gründen erwünscht war, wurde es einige Meter versetzt. Dort stehen jetzt seine Überreste – der einstige Kaisersaal als Restaurant und Teile des ehemaligen Frühstücksraums als Interieur einer neu eröffneten Bar mit dem traditionsreichen Namen Josty – eingefasst in eine gläserne Hülle wie ein kostbares Museumsstück im Schaukasten und spielen Weltstadt der Zwanzigerjahre am Potsdamer Platz.

Durch den ständigen Wandel wurde Berlins Stadtbild nicht schöner, und das kann niemanden verwundern. Berlin hat kein stimmiges Stadtbild, und gerade darin lag ja die Anziehungskraft des alten West-Berlins für all die, die der Westbewegung trotzten und sich gerade für Berlin entschieden. Es waren die historischen Brüche, die Brachen, das Offene, Unfertige, was an Berlin reizte und seinen unverwechselbaren Charakter ausmachte. Auch was die Menschen im neuen Berlin der Nachwendejahre suchten, war nicht Schönheit, sondern der Blick auf die gigantische Baustelle, die Zeitzeugenschaft des Neuanfangs, das Leben in Bewegung. „Bin weder Stadt, bin weder schön", schrieb der Stadtplaner und Stadtkritiker Dieter Hoffmann-Axthelm 1999 über Berlin und stellte fest, wo es um das „Abenteuer täglicher Veränderung" gehe, sei es auch gar nicht nötig, von Schönheit zu reden. Mitreißend war „die Bewegung der

6 Felix Stössinger, *Der verwandelte Tauentzien*, in: Christian Jäger / Erhard Schütz (Hrsg.), *Glänzender Asphalt.* Berlin im Feuilleton der Weimarer Republik, Berlin 1997 (Berliner Texte, N.F. Bd. 10), S. 107-111, hier 107.

7 Die Nationalsozialisten wollten Berlin zur Welthauptstadt „Germania" machen, der programmatische Begriff des „neuen Berlin" wurde von ihnen nur im Umfeld der Olympischen Spiele von 1936 verwendet, als es um die Selbstdarstellung des Deutschen Reichs vor der Weltöffentlichkeit ging; er dürfte propagandistischen Zwecken gedient haben; vgl. Hansgeorg Trurnit, *Das neue Berlin, Stadt der Olympischen Spiele*, Berlin 1936. Danach ist nur noch von den Germania-Plänen die Rede – deshalb findet die Ära der nationalsozialistischen Umgestaltung Berlins in diesem Aufsatz keine Berücksichtigung.

Stadt selber, auf die Minute genau, radikal gegenwärtig, an nichts mehr klebend, hell und wach und unerwartet schön."[8] Mehr als alles andere im neuen Berlin der Neunzigerjahre faszinierten die gewaltigen Ausmaße der Baugrube am Potsdamer Platz, das scheinbare Chaos, das dort zu herrschen schien und der Fantasie über das, was daraus entstehen würde, grenzenlose Möglichkeiten eröffnete. „Tief unter mir werkelten Schwärme von Arbeitern an den Fundamenten für den Turm von Babel oder, weiß der Himmel, für einen riesigen Tunnel nach Moskau, hier war anscheinend alles möglich", notierte der niederländische Schriftsteller Cees Nooteboom. „Es schien (...), als sei eine riesige Stadt im Begriff, sich aus der Erde zu erheben, oder als wolle eine Stadt einfach *sein* und bahne sich mit Naturgewalt einen Weg."[9]

In dem Dokumentarfilm *Berlin Babylon* fügen sich die Präzision der Bewegung auf der Baustelle, die enorme Kraftanstrengung und der kolossale Einsatz von Menschen und Material zu ungeheuer suggestiven, machtvollen, zugleich fast poetisch anmutenden Bildern des Aufbaus einer neuen Stadt.[10] Die Kräne des Potsdamer Platzes, die tagsüber die neue Mitte erbauten und abends, effektvoll angestrahlt, weit über den Potsdamer Platz hinaus leuchteten, in einer Lichtskulptur von Gerhard Metz sogar zum Kunstwerk erhoben wurden, gerieten in diesen Jahren zum Symbol des Neuanfangs. Das rasante Tempo, das das neue Berlin in seinem Entstehen vorlegte, faszinierte so sehr,[11] dass der nun fertige Zustand, zumindest bei einer jüngeren Generation in der förmlichen Sucht nach der bewegten Stadt schon wieder Ernüchterung hervorruft. Es sieht so aus, als drohe mit dem Nachlassen des Veränderungsdrucks auch die Attraktivität der Stadt zu verpuffen.

Schon lange bevor die Stadt ihre Brandwände wie offene Wunden vor sich hertrug, war die Hässlichkeit Berlins ein gängiger Topos, dessen sich fast jeder Berlinbeobachter bediente.

> „Berlin – wer kennt es nicht?" – schrieb Bernhard Kellermann 1921, „ist die häßlichste Großstadt der Welt, (...) als Stadt architektonisch ohne jeden Reiz, ohne Zauber – ein Steinhaufen ohne Grenzen, nichts sonst (...) die häßlichste der großen Kokotten der Erde, aber am sorgfältigsten gewaschen."[12]

So wenig wie Scheffler Berlin lieben konnte, weil er es als traditions- und kulturlos empfand, so wenig vermochten auch andere Betrachter der Stadt aus ästhetischer Sicht etwas abzugewinnen. Wilhelm Hausenstein vermisst, aus seiner süddeutschen Perspektive, in Berlin jenen Zauber, den andere Städte ihrer historischen Patina verdanken. In Berlin kommt es ihm, „mitten zwischen den stupiden Greueln der Friedrichstadt und auch des neuen Westens, manchmal so vor, als zöge es die Annehmlichkeit einer präsumtiven Patina aus einer Zukunft, die dieser Stadt eine spezifische Vollendung nach dem Maß ihrer Gesetze verspricht."[13] Was ihn aber dann doch genau wie Scheffler für Berlin einnimmt und ihm an dieser Stadt so anerkennenswert erscheint, ist das „Fabelhafte der Leistung", mit der sich Berlin immer wieder „am eigenen Zopf aus dem Sumpf gezogen" hat.[14] Auch Franz Hessel, der vielleicht bekannteste Flaneur dieser Stadt, vermisst Ästhetik und Lebensgenuss, weiß aber, wie Berlin diesen Mangel kompensiert: „Dafür hat aber Berlin seine besondere und sichtbare Schönheit, wenn und wo es arbeitet."[15] Stundenlang hält er sich in Maschinenhallen und Produktionsstätten (den „Tempeln der Maschine" (!)) auf, um sich an der schieren Tätigkeit, am Rhythmus der Arbeit zu ergötzen: „Es ist nicht nötig, alles zu verstehen, man braucht nur mit Augen anzuschauen,

8 Dieter Hoffmann-Axthelm, Berlin. Schönheit der Stadt, in: KURSBUCH, *Berlin. Metropole*, H. 137 (1999), S. 84-98.
9 Cees Nooteboom, *Rückkehr nach Berlin.*, Frankfurt a. M. 1998, S. 15f.
10 *Berlin Babylon*, Deutschland 2001.
11 Stefanie Flamm, Berliner Tempo, in: KURSBUCH, Berlin. Metropole, H. 137 (1999), S. 39-42.
12 In: Klaus Strohmeyer (Hrsg.), *Berlin in Bewegung*, Literarischer Spaziergang 2: Die Stadt, Reinbek 1987, S. 29.
13 Wilhelm Hausenstein, Eine Stadt, auf nichts gebaut..., in: *Wilhelm Hausenstein über Berlin*, Berlin 1984, S. 16.
14 Ebd., S. 11.
15 Franz Hessel, *Ein Flaneur in Berlin* (Neuausgabe von „Spazieren in Berlin", 1929), Berlin 1984, S. 21.

wie da etwas immerzu unterwegs ist und sich wandelt."[16] Das fortwährende Schaffen, der beständige Wandel werden so zum Ausgleich für vermisste Schönheit im Stadtbild. Die Ästhetik der Arbeit kompensiert die fehlende Ästhetik der Stadt.

Eine neue Stadt für einen neuen Menschen

Im September 1927 hatte im Berliner Tauentzien-Palast ein Stummfilm Premiere, der auf die Leinwand das Bild der Stadt als einer Maschine warf. In Walter Ruttmanns Montagefilm „Sinfonie der Großstadt" gibt die Funktionalität der Maschine das Tempo der neuen Zeit vor. Alle scheinbar chaotische Bewegung der Menschen in der Stadt greift darin funktional-zweckhaft wie das Räderwerk einer großen Maschine ineinander, aller Lärm fügt sich zur großartigen Partitur der Großstadtmelodie. Der Rhythmus der Menschen wird vom Rhythmus der Maschine bestimmt. Es ist ein starkes, auftrumpfendes Berlin, das Bild *der* modernen Stadt schlechthin. Nicht von ungefähr sind es neben den Berlinbildern gerade Fotos aus New York, die Ruttmann in seine Dynamik verheißenden Fotocollagen für die Werbeplakate des Films einbaut.[17]

Bereits fünfzehn Jahre früher hatte sich der junge Egon Friedell mit seinem Blick aus dem alten Wien das ewige „Lamentieren über die Amerikanisierung Europas" verbeten und gerade die Modernisierung Berlins enthusiastisch gepriesen. Während Berlin den Besuchern aus den großen westlichen Metropolen zu Beginn des Jahrhunderts noch recht provinziell erschien, besaß die Stadt in den mitteleuropäischen Kapitalen – Wien, Budapest und Prag – eindeutig den Vorbildcharakter einer modernen Weltstadt[18] Die in den Zwanzigerjahren massiv an die Spree drängende junge Autoren- und Journalistengeneration aus Wien wurde angezogen von der „desillusionierenden Sachlichkeit" und Amerikanisierung, von einer als befreiend empfundenen „Erbarmungslosigkeit", die von Berlin ausging[19] Auch Friedell vergleicht die Stadt mit einer Maschine: „Berlin ist eine wundervolle moderne Maschinenhalle, ein riesiger Elektromotor, der mit unglaublicher Präzision, Schnelligkeit und Energie eine Fülle von komplizierten mechanischen Arbeitsleistungen vollbringt."[20] Da hatten sich die Menschen längst am Temporausch des technischen Zeitalters zu begeistern begonnen; die entfesselten Geschwindigkeiten verhießen auch einen neuen Lebensstil, der als schick und modern galt. Berlin war die Hauptstadt dieser Energien. Hier steigerten der Lokomotivenbauer Borsig, Siemens und die AEG das Tempo der Zeit und hielten Berlin buchstäblich in Bewegung. Nur in seinem Stadtbild entsprach die Stadt nicht der neuen Zeit, wie die Liberalen, die Vertreter der Moderne, nicht müde wurden zu betonen. Die endlos-willkürliche Aneinanderreihung eklektischer Prunkfassaden in der Formensprache des 19. Jahrhunderts, das starre Festhalten an der historisierenden Staffage erschien als unnötiger und hemmender Anachronismus in einer Stadt, die sich der Industrialisierung und damit der Moderne wie keine andere verschrieben hatte. Die Kritik daran war jedoch keine Erfindung der Zwanzigerjahre. Schon früh, auf dem Höhepunkt des Wilhelminismus 1899, hatte Walther Rathenau, damals Vorstandsmitglied der AEG, in einer bissigen Polemik gegen diesen Missstand aufbegehrt und für Berlin eine äußere Form gefor-

16 Ebd., S. 23.
17 Abbildungen der Collagen bei John Willett, *Die Weimarer Jahre.* Eine Kultur mit gewaltsamem Ende, Stuttgart 1986, S. 115, und Julius H. Schoeps (Hrsg.), *Berlin – Geschichten einer Stadt*, Berlin 2001, S. 144.
18 Gerhard Brunn u. Jürgen Reulecke (Hrsg.), *Metropolis Berlin.* Berlin als deutsche Hauptstadt im Vergleich europäischer Hauptstädte 1871-1939, Bonn 1992.
19 Gregor Streim, Zwischen Weißem Rößl und Mickymaus. Wiener Feuilletonisten im Berlin der zwanziger Jahre, in: Bernhard Fetz u. Hermann Schlösser (Hrsg.), *Wien – Berlin*, Wien 2001, S. 5-21, hier 10.
20 Zitiert nach: Lothar Müller, *Modernität, Nervosität und Sachlichkeit.* Das Berlin der Jahrhundertwende als Hauptstadt der ‚neuen Zeit' in: *Mythos Berlin.* Zur Wahrnehmungsgeschichte einer industriellen Metropole, Berlin 1987, S. 79-92, hier 92.

dert, die im Einklang mit dem Rhythmus der Stadt stünde.[21] Ganz ähnlich beschreibt Alfred Döblin in einer Einführung zu einem Fotobildband von 1928 Berlin als gesichtslose Stadt, die zu fotografieren gar nicht lohne, weil 95 Prozent aller Straßen gleich aussähen und sich ein gesichtsloses Mietskasernengesicht an das andere reihe. Trotz allem aber entdeckt Döblin in dieser Stadt und seinen Menschen die wahre Moderne:

> „Das große mächtige Ganze ist zu sehen. Es kann niemand von einem Stück Berlin sprechen oder mit Vernunft eine einzelne Baulichkeit zeigen (es sei denn eine Mietskaserne multipliziert mit 100 000). Nur das Ganze hat ein Gesicht und einen Sinn: den einer starken nüchternen modernen Stadt, einer produzierenden Massensiedlung"[22]

Hier ist es wieder: Was Döblin wie so viele seiner Zeitgenossen so fasziniert, sind die Energie, das Tempo und die Produktivität dieser Stadt, die ständige Bewegung, deren Töne und Rhythmen er in seinem Roman „Berlin Alexanderplatz" zum kraftvollen Klang der Großstadt komponiert. Ein ganz ähnliches Bild von Berlin hatte Heinrich Mann im Kopf, als er 1921 in seinem großen Berlin-Essay von hier die Zukunft Deutschlands ausgehen sah.[23] Vom Werden des neuen, des Stadtmenschen in der „ungeheuren Menschenwerkstatt Berlin" erhoffte er sich die Aufhebung der Klassengesellschaft und den endgültigen Durchbruch von Demokratie, Gleichheit und Brüderlichkeit. In Berlin war die alte Zeit durch die Revolution endgültig untergegangen, das „Neue" sollte leben und von hier aus richtungweisend für das ganze Deutschland werden. Darin lag „der Reiz des neuen Berlin."[24]

Als Regisseur eines „neuen Berlin" verstand sich in der Phase relativer wirtschaftlicher Erholung zwischen 1924 und 1929 der sozialdemokratische Architekt und Städtebauer Martin Wagner, der von 1926 bis 1933 in Berlin als Stadtbaurat wirkte. Wagner stand nicht nur vor der Aufgabe, für die weiter wachsende Stadt dringend benötigten Wohnraum zu schaffen. Bedingt durch den verwaltungstechnischen Zusammenschluss zu Groß-Berlin im Jahr 1920 musste auch der gesamte städtische Verkehr neu organisiert werden. Wagners eigentliches Ziel aber war es, Berlin ein weltstädtisches Gesicht zu verschaffen, die Stadt „komplett umzubauen, sie dem neuen ‚Zeitgeist' anzugleichen, sie dem Takt rigoros zu unterwerfen, der dem Rhythmus von Produktion und Reproduktion entlehnt ist, und ihr die ‚Form der neuen Zeit' zu geben."[25] 1929 gründete Wagner zusammen mit Adolf Behne eine Monatszeitschrift mit dem programmatischen Titel „Das neue Berlin: Großstadtprobleme",[26] die allerdings nur 12 Ausgaben erlebte, bis die beginnende Weltwirtschaftskrise die Einstellung ihres Erscheinens erzwang. Schon im einleitenden Essay klingt an, dass Wagner seine Vision einer neuen Stadt auf den Grundpfeilern von Arbeit und Produktion errichtete. Eine wirtschaftlich aufstrebende Stadt wie Berlin müsse „bauen, neu formen, sich einen neuen Geist und einen neuen Körper schaffen." Dieser neue Geist sei, so Wagner, ein „Weltstadtgeist, der die alle anderen Städte eines Landes überragenden Kräfte der Arbeit und der Erholung, der Zivilisation und der Kultur zur Entwicklung bringen und Spitzenleistungen" erzeugen wolle. Nicht zuletzt aus diesem Selbstbewusstsein und der Verantwortung eines „Weltbürgergeistes" heraus gehe es darum, die neuen Bauten Berlins in einer „hervorragenden Form"[27] sichtbar zu machen. Das Berlin

21 Walther Rathenau, Die schönste Stadt der Welt, in: DIE ZUKUNFT 26 (1899), S. 36-48.
22 Zit. nach Bärbel Schrader u. Jürgen Schebera, *Kunstmetropole Berlin 1918-1933*, Berlin und Weimar 1987, S. 141f.
23 Heinrich Mann, *Berlin*, in: Jäger/Schütz (Hrsg.), *Glänzender Asphalt*, S. 13-19.
24 Ebd., S. 17.
25 *Martin Wagner 1885-1957*, Wohnungsbau und Weltstadtplanung. Die Rationalisierung des Glücks. Katalog zur Ausstellung der Akademie der Künste, 10. November 1985 bis 5. Januar 1986, Berlin 1985, S. 7.
26 Der Name wurde der Architekturzeitschrift „das neue frankfurt" entlehnt, die von 1926-1934 (ab 1932 unter dem Namen „Die neue Stadt") erschien.
27 Vgl. dazu auch die Forderung von Walter Curt Behrendt: „Berlin hat Tempo, hat Betrieb, noch aber fehlt ihm die Form. Und wieder einmal in seiner Geschichte steht Berlin, jetzt als werdende Weltstadt, vor dem historischen Augenblick, sich die Form zu geben, die Ausdruck seines Wesens und seiner Bestimmung ist, in: Walter Curt Behrendt, Berlin wird Weltstadt – Metropole im Herzen Europas, in: *Das neue Berlin.* Groß-

der Weimarer Republik, dies zeigten die Beiträge des „Neuen Berlin", sollte sich von der bloßen Hauptstadt des Deutschen Reiches zu einer Weltstadt entwickeln, die sich befreit zeigte von den starren Vorgaben des Kaiserreichs und sich nun anschickte, mit anderen Metropolen, allen voran New York, zu konkurrieren. Sachlichkeit, Schwung und Energie waren die Determinanten des in den Zwanzigern so emphatisch beschworenen Neuen, und das war neben der Ästhetik immer auch politisch gemeint. Im neuen Bauen sollte auch die Republik als Bauherr in Erscheinung treten, sollte das (sozial-) demokratische Berlin sichtbar werden.[28]

Eine allumfassende Dynamisierung des Alltags war in den Zwanzigerjahren zur prägenden Erfahrung des Großstadtlebens geworden. Wenn die Dynamik die formschaffende Kraft der Zeit war, die das gemeinsame Stadtgefühl prägte, dann war ihr sichtbarster Ausdruck der Großstadtverkehr. Die sprunghaft angestiegene Motorisierung war die tragfähige Verkörperung von Tempo und Rhythmus der Zeit. Im gesteigerten Verkehrsaufkommen, dem gehetzten Ausdruck der Stadt, sahen die Berliner *das* Symbol für Berlins Aufstieg zur modernen Weltstadt schlechthin. „Der Berliner", spottete Walther Kiaulehn rückblickend,

> „hat zwei Arten von Gesichtern, ein öffentliches und ein privates. Das öffentliche Gesicht zeigt ihn als Mann der Masse. Es ist sein ‚Verkehrsteilnehmergesicht„ eine seltsame Maske, bewußt unpersönlich, gespannt und gleichzeitig abwesend. (...) Dieses Gesicht setzt der Berliner morgens auf, wenn er die Tür hinter sich zuschlägt. Man könnte es auch das ‚Tempogesicht, nennen. ‚Tempo, Tempo!' Es war die Parole der zwanziger Jahre, in der sich Berlin seinen eignen Weltstadtcharakter zimmerte, das unverwechselbare Antlitz, das es von London, Paris und auch von New York so deutlich unterschied."[29]

In der städtischen Bildwirkung zeigte sich die symbolhafte Überhöhung des Verkehrs nirgendwo deutlicher als am Potsdamer Platz. Ganz fraglos war dies einer der Verkehrsknotenpunkte Berlins, an dem die Fernbahn, drei U-Bahnen, sechzehn Straßenbahnlinien und der zunehmende Personenverkehr aufeinander trafen[30] und immer wieder Verkehrsstockungen produzierten. Dies lag allerdings weniger an einem rasant gestiegenen Individualverkehr, der alle anderen Städte in den Schatten gestellt hätte – während in Berlin auf hundert Einwohner etwa ein Fahrzeug kam, zählte England ein Auto auf 43, in Amerika eins auf 7,3 Einwohner; selbst in Deutschland lag die Zahl der Pkws pro Kopf der Bevölkerung in dreizehn Städten höher als in der Hauptstadt[31] – , sondern war eher ein Produkt der Enge. Es fehlten schlicht die Nebenstraßen, die zur Entlastung der Hauptverkehrsadern hätten beitragen können.[32] Aus diesem Grund erarbeiteten die Verkehrsplaner für den Potsdamer Platz ein Konzept, das sich als Mischung von Kreis- und Kreuzungsverkehr präsentierte und zu dessen Höhepunkt die Errichtung eines eigens aus den USA importierten Verkehrsturms wurde, des Ersten in Europa überhaupt.[33] Bis zur Zerstörung der Berliner Mitte war dieser Verkehrsturm, und darin ver-

stadtprobleme, herausgegeben von Martin Wagner und Adolf Behme, Reprint der Ausgabe von 1929, Basel u.a. 1988, S. 98-101, hier 98.

28 Martin Wagner, Behörden als Städteplaner, in: Das neue Berlin. Grossstadtprobleme, S. 232.

29 Walther Kiaulehn, *Berlin*. Schicksal einer Weltstadt. München und Berlin 1958, S. 20.

30 Zahlen nach Matthias Pabsch, *Zweimal Weltstadt: Architektur und Städtebau am Potsdamer Platz*, Berlin 1998, S. 30.

31 Zahlen nach: Ruth Glatzer, *Berlin zur Weimarer Zeit*, Panorama einer Metropole 1919-1933, Berlin 2000, S. 201.

32 Kiaulehn, Berlin, S. 21f.

33 Angesichts der nimmermüden Pläne, den Potsdamer Platz verkehrstechnisch noch besser in den Griff zu bekommen, höhnte Kurt Tucholsky 1926 in der Weltbühne: „Die Berliner Presse ist dabei, dem Berliner eine neue fixe Idee einzutrommeln: den Verkehr. Die Polizei unterstützt sie darin aufs trefflichste. Es ist geradezu lächerlich, was zur Zeit in dieser Stadt aufgestellt wird, um den Verkehr zu organisieren, statistisch zu erfassen, zu schildern, zu regeln, abzuleiten, zuzuleiten. . . Ist er denn so groß? Nein." (Ignaz Wrobel, Berliner Verkehr, in: DIE WELTBÜHNE, 22 (1926), Nr. 45, S. 739-741, hier 739. Ganz ähnlich im Tenor und zum gehätschelten Fetisch Auto: Joseph Roth, *Die Kanzel im Chaos*, abgedr. bei Glatzer, *Berlin zur Weimarer Zeit*, S. 203.

gleichbar keinem anderen Wahrzeichen Berlins, Sinnbild einer sich in den Zwanzigerjahren zur modernen Metropole aufschwingenden Stadt. Es gibt kaum ein Foto des Potsdamer Platzes, das in der Lage wäre, von seinem Bildaufbau her Aufschluss über die architektonische Gestaltung des Platzes zu geben, der ja, genau betrachtet, auch gar kein Platz im traditionellen Sinne war, sondern eher eine große Kreuzung. Alle Aufnahmen rücken einzig und allein die Mittelinsel mit den kreuzenden Straßenbahnen, rollenden Autos und den Fußgängern dazwischen in den Vordergrund. Hier ist alles Verkehr, überragt nur von seinem Regulativ, der steil und stolz sich darüber erhebenden Ampelanlage mit dem Schatten des Verkehrspolizisten darin.[34]

Der Verkehr als Charakteristikum modernen Lebens wurde für Martin Wagner und Ernst Reuter, den damaligen Stadtrat für Verkehr, zum Ausgangspunkt ihrer städtebaulichen Planungen für das „neue Berlin". Wenn – wie Wagners Konzept es ausweist – als Folge der raumauflösenden Dynamik des Verkehrs die Architektur der Stadt, vor allem aber das einzelne Haus, die Fassade, völlig zurücktritt, kam es vor allem darauf an, der Fließbewegung des Verkehrs eine geeignete Form zu geben. Die Knotenpunkte des Verkehrsnetzes wie Potsdamer Platz und Alexanderplatz wurden damit zum neuen Archetypus des Bauens: dem von Wagner so genannten „Weltstadtplatz". Hier sollte der Großstadtverkehr nicht nur stattfinden, sondern sich auch effektvoll in Szene setzen. Dabei waren es keineswegs die absoluten Zahlen, sondern die von Wagner und Reuter als Trend in die Zukunft projizierten, geradezu herbeigesehnten Zuwachsraten eines „Massenverkehrs", die hier als Begründung für eine zeitgemäße Stadtentwicklung herhalten mussten.[35] Der Weltstadtplatz war für Wagner kein öffentlicher Raum im Sinne eines Ortes der Begegnung, sondern nurmehr „Verkehrsschleuse, der 'Clearing'-Punkt eines Adernetzes von Verkehrsstraßen."[36] Aus diesem Charakter des Platzes als Organ des Verkehrs folgerte Wagner die Notwendigkeit seiner ständigen Umgestaltung und Anpassung. Die Dimensionierung eines solchen Platzes wurde nur noch zur Rechenaufgabe des Verkehrstechnikers, der die Kapazität – gemäß dem Zeitraum der berechneten Amortisation – lediglich auf 25 Jahre auszulegen hätte. Aus der beschränkten Lebensdauer ergab sich, „dass die den Platz umgebenden Bauten keine bleibenden wirtschaftlichen wie architektonischen Werte besitzen." Dieses radikal funktionale Konzept des Weltstadtplatzes entsprach der Idee Wagners von der „Stadt als Betrieb"[37], die insgesamt denselben ständigen Rationalisierungsmaßnahmen zu unterwerfen war wie eine Firma. Es war die Antwort auf „die sich fast überstürzenden Neuerungen der Technik", und sollte es jeder Generation erlauben, sich ihren eigenen „Stadtkörper so zu gestalten, wie sie ihn braucht."[38] Sinnbildlicher Ausdruck für diese von der Bewegung des Verkehrs geprägte Stadtplanung war Wagners futuristisch anmutendes Modell eines Verkehrsrondells auf drei Ebenen für den Potsdamer Platz,[39] das in Gestaltung und Funktion mit der bestehenden Architektur radikal brach und damit die Zerstörung des Alten nicht nur akzeptierte, sondern auch ganz bewusst betrieb.

Wagners ehrgeizige Entwürfe für die Verkehrsknotenpunkte Potsdamer Platz und Alexanderplatz wurden, wie so viele andere eindrucksvolle Projekte[40] der Zwanzigerjahre, nie ver-

34 Es kann nur als Versuch der Beschwörung der alten Magie des Platzes gewertet werden, wenn auf dem neuen Potsdamer Platz des wiedervereinigten Berlin ein – jetzt andersfarbiges – Duplikat aufgestellt wurde, das sogar abwechselnd rotes, gelbes und grünes Licht in die Gegend sendet – an der tatsächlichen Verkehrsregelung vorbei, als Denkmal seiner selbst.

35 Vgl. die detaillierten Berechnungen bei Hans Stimmann, *Weltplätze und Massenverkehr*, in: Jochen Boberg (Hrsg.), *Die Metropole*, Industriekultur in Berlin im 20. Jahrhundert, München 1986, S. 138-143.

36 Vgl. für das Folgende: Wagner, Das Formproblem eines Weltstadtplatzes, in: Das neue Berlin, S. 33-38, hier 33.

37 Martin Wagner, Ausstelllungskatalog, S. 71.

38 Wagner, *Städtebauliche Probleme der Großstadt*, nach Martin Wagner, Ausstellungskatalog, S. 104.

39 Abb. bei Pabsch, Zweimal Weltstadt, S. 39.

40 Dazu Harald Bodenschatz, Die Planungen für die „Weltstadt Berlin" in der Weimarer Republik, in: Helmut Engel und Wolfgang Ribbe (Hrsg.), *Hauptstadt Berlin – Wohin mit der Mitte?*, Berlin 1993, S. 143-159.

wirklicht, die Weltwirtschaftskrise setzte den Planungen ein abruptes Ende. Das gilt auch für die ambitionierten Pläne, das Zentrum der Stadt vollkommen dem tertiären Sektor zu überlassen und die Wohngebiete, Erholungsinseln in einer Stadtlandschaft gleich, an die Peripherie zu verlegen. Was bis heute realiter von den Projekten blieb, sind auf dem Alexanderplatz die Bauten von Peter Behrens, der mit dem angedeuteten Halbrund der noch fertig gestellten Gebäude den Plänen Wagners in modifizierter Form folgte. Was aber darüber hinaus weiter wirkte und einer erneut propagierten Moderne den Weg weisen sollte, war eine Stadtplanung, die den Verkehr zum Maßstab technischen wie gesellschaftlichen Fortschritts erhob. Das zeigte sich nach 1945, als Stadtplaner und Architekten daran gingen, den im Krieg ausgemergelten Stadtkörper zu beerdigen und auf dem Grab endgültig ein neues Berlin zu errichten. Es klang makaber, wenn Hans Scharoun 1946 in seiner Funktion als Stadtbaurat die Ruinenlandschaft als Chance, ja quasi ideale Voraussetzung für eine Stadtlandschaft begriff, die die Vertreter der Avantgarde schon in den Zwanzigerjahren als Überwindung der verhassten „steinernen Stadt" (Hegemann) propagiert hatten, und die nun endlich zum Greifen nahe schien:

> „Was blieb, nachdem Bombenangriffe und Endkampf eine mechanische Auflockerung vollzogen, gibt uns die Möglichkeit, eine ‚Stadtlandschaft' zu gestalten. Die ‚Stadtlandschaft' ist für den Städtebauer ein Gestaltungsprinzip, um der Großsiedlungen Herr zu werden. Durch sie ist es möglich, Unüberschaubares, Maßstabloses in übersehbare und maßstabvolle Teile aufzugliedern und diese Teile so zueinander zu ordnen wie Wald, Wiese, Berg und See in einer schönen Landschaft zusammenwirken."[41]

Die neue, nun aufgelockerte Stadt, in der alles – Arbeiten und Wohnen, Produktion und Freizeit, Gebäude und Natur – seine Funktion hatte, sollte von der vorgegebenen Landschaft ausgehen, die Hauptverkehrsadern sollten den großen Tälern folgen – dass es Autobahnen sein würden, erschien Scharoun und seinen Kollegen selbstverständlich; die große Zeit der Massenautomobilisierung würde nun erst recht anbrechen.[42] In der Not leidenden Nachkriegszeit, in der die schnelle Reparatur des Bestehenden allemal Vorrang vor utopischen Entwürfen hatte, war für solche Großplanungen allerdings kein Raum.

Aber Scharouns Ideen wirkten fort als geistige Urheber der in den folgenden Jahrzehnten verwirklichten „autogerechten Stadt", die zum vielleicht bedeutendsten Symbol einer neuen, nun freien und fortschrittlichen Gesellschaft stilisiert wurde. Untersuchungen über die bundesdeutsche Automobil- und Verkehrspolitik der Fünfzigerjahre haben gezeigt, dass in der Automobilisierung auch eine Selbstbefreiung aus den Fesseln des verordneten Denkens der Diktatur gesehen wurde. Der zum Begriff gewordene Individualverkehr barg ein Freiheitsversprechen, das den Deutschen buchstäblich neue Horizonte und damit auch den Weg in den Westen eröffnete.[43] Was für Deutschland galt, hatte erst recht Bedeutung für die Hauptstadt im Wartestand: Die Möglichkeit der schnellen Fortbewegung löste die Stadt aus ihrer Erstarrung: Es gab keinen Stillstand und keinen Weg zurück. Berlin entwickelte sich weiter, in die Zukunft. Die Stadt blieb in Bewegung:

> „An allen Ecken und Enden wird gebohrt, gedröhnt, gepreßt, gehämmert, geschaufelt – und vor allem umgeleitet. Wenn man eines Morgens, nichts Böses ahnend, seinen Fuß auf die Straße setzen will – dann ist sie weg. Zum Trost erblickt das mißtrauisch suchende Auge etwas später eine neue, viel breitere, viel geradere, viel längere Straße. Irgendwo reißt sie ihren Rachen auf, speit einen Tunnel aus und verschluckt Autos wie Sternschnuppen. Und die Fußgänger? Mit unverbesserlichen Neandertalern kann sich

41 Aus der Ansprache Scharouns zur Eröffnung der Ausstellung „Berlin plant" im Weißen Saal des Berliner Schlosses 1946, nach: Vor zwanzig Jahren: „Neue Bauwelt", in: BAUWELT 27 (1966), S. 765.

42 Zu Scharoun: Goerd Peschken, *Stadtlandschaft*, in Boberg (Hrsg.), *Die Metropole*, S. 303-305.

43 Dietmar Klenke, *Die deutsche Katastrophe und das Automobil.* Zur ‚Heilsgeschichte eines nationalen Kultobjekts in den Jahren des Wiederaufstiegs, in: Michael Salewski und Ilona Stölken-Fitschen (Hrsg.), *Moderne Zeiten.* Technik und Zeitgeist im 19. und 20. Jahrhundert, Stuttgart 1994, (HMRG Beiheft, Bd. 8), S. 157-173.

> die neue Straße nicht abgeben. Wer ein Ziel hat, soll im Auto sitzen, und wer keines hat, ist ein Spaziergänger und gehört schleunigst in den nächsten Park."[44]

Die Realisierung der autogerechten Stadt verhalf nun auch dem von Wagner entwickelten Konzept der Verkehrsplätze endgültig zum Durchbruch. Der im Zentrum der neuen City-West in Form eines von unablässigem Autoverkehr umtosten Kreises neu geschaffene Ernst-Reuter-Platz wurde zum „neuen Gesicht von Berlin (West)"[45] In einer 1965 unter dem Titel „Das neue Berlin" herausgegebenen Sondermarkenserie avancierte er zusammen mit der Stadtautobahn (!) und einigen anderen spektakulären Neubauten zum Wahrzeichen der modernen Stadt. In der ideologiegesättigten Atmosphäre des Kalten Krieges in der geteilten Stadt und der „Konkurrenz der Systeme" gewann jedes Planungsdetail auch politische Bedeutung. Ausdrücklich lobte daher Adolf Arndt, der immer nach den Ausdrucksmöglichkeiten der Demokratie beim modernen Bauen suchte, die munteren Wasserspiele auf dem Platz als gelungene Unterbrechung der ehemaligen „Achse der Verführung", der Speer´schen Ost-West-Achse.[46] Im bewussten Gegensatz zum geschlossenen Strausberger Platz auf der sich monumentalistisch-traditionalistisch gebenden Stalinallee im Osten – ihrerseits als sinnfälliges Symbol einer neuen Zeit gemeint[47] – sollte der Ernst-Reuter-Platz mit seiner lockeren, offenen Bebauung ein Spiegelbild der offenen westlichen Gesellschaft sein. Die steil aufragende Telefunken-Hochhausscheibe, damals das höchste Haus Berlins, strahlte als Symbol des westlichen Kapitalismus weit in den Osten hinein und mochte, wenn die Perspektive es erlaubte, zumindest für die einheimische Presse „die Skyline von New York wie eine Garten-Vorstadt der größten deutschen Stadt wirken" lassen.[48]

Zu einem der markantesten „Bausteine des neuen Berlin"[49] und Ausdruck seiner westlichen Prägung wurde das 1957 im Rahmen der Interbau als Stadtlandschaft gestaltete Hansaviertel, an dem zahlreiche namhafte Architekten mitwirkten. Sie durften – wie es in der offiziellen Schrift des Berliner Senats hieß –

> „einen durch Krieg und ein paar nachhelfende Sprengungen wieder jungfräulich gewordenen Boden in freien Rhythmen bedichten (...) mit aller fragilen Anmut des Spätgeborenen: jedes Haus eine Diva."[50]

Im Wettbewerb der Systeme verkörperte der „International Style" des Hansaviertels die Moderne schlechthin: funktional und bar allen schmückenden Zierrats vergangener Zeiten, wohltuend vom falsch empfundenen Prunk der Stalinallee abgehoben, stand die ganze Wohnanlage – die aus einem vormals großbürgerlichen Viertel ein Quartier sozialen Wohnungsbaus machte – für den Neuanfang der Gesellschaft. Ziel war „der neue Mensch als individualisierter Hausbewohner, als Autofahrer, als Mitglied der nivellierten Mittelstandsgesellschaft",[51] denn „der Arbeiter ist ein Kleinbürger, der Großbürger längst ein Bürger geworden – eine Gesellschaft der klassenlosen Mitte ist im Werden (...)"[52] Die genormten Wohnmaschinen der Fünfzigerjahre, die ganz gewollt an Warenproduktion und ihren technischen Entstehungsprozess erinnern, wurden schon damals – dies zeigt die offizielle Schrift des Senats – nicht als schön

44 Aus einem 1957 vom Senator für Bau- und Wohnungswesen herausgegebenen Bildband mit dem Titel „Berlin"; ähnlich im Tenor: „*Aus der Asche wächst das neue Berlin: Mit Kühnheit und Schwung lassen die Baumeister an der Spree die Stadt von morgen entstehen*", in: MÜNCHNER MERKUR v. 1. 3. 1957.

45 Vgl. Hans Stimmann, Die autogerechte Stadt, in: Boberg (Hrsg.), Die Metropole, S. 317.

46 Nach Dagmar Gausmann, *Der Ernst-Reuter-Platz in Berlin.* Die Geschichte eines öffentlichen Raumes der fünfziger Jahre, Münster 1992 (Oktogon, Bd. 8), S. 159.

47 *Ein neues, schöneres Berlin entsteht.* Rechenschaftsbericht des Oberbürgermeisters Friedrich Ebert, Berlin 1951.

48 Foto und entspr. Bildunterschrift in: DER TAGESSPIEGEL vom 9. 4. 1961.

49 So DER TAGESSPIEGEL v. 28. 3. 1956.

50 Berlin, 1957, ohne Seitenangabe.

51 Harald Bodenschatz, *Platz frei für das neue Berlin,* Geschichte der Stadterneuerung in der „größten Mietskasernenstadt der Welt" seit 1871, Berlin 1987, S. 170.

52 Berlin, 1957, o. S.

empfunden. Sie bedurften zweifellos der Gewöhnung. Aber der Band lässt doch keinen Zweifel an ihrer politischen Notwendigkeit aufkommen, denn es hänge „doch schließlich von uns selbst ab, ob wir das Angebot unserer Zeit ergreifen oder es aus der Hand geben, ob wir uns von der Verwegenheit der Wohnmaschine phantastisch anregen oder uns durch ihre herzlose Anmaßung abstumpfen und in Niemandsland schicken lassen."

Schließlich muss auch noch Goethes Zauberlehrling herhalten, um die Aussage zu bekräftigen: In die belastete Vergangenheit gab es kein Zurück, ja durfte es kein Zurück geben. Nach der totalen Katastrophe schien plötzlich alle Geschichte diskreditiert, nur der konsequente Blick nach vorn barg noch Hoffnung: ein für alle Mal sollte es für die Deutschen nur noch Zukunft geben.

Schon in den Zwanzigerjahren war die Architektur den Sozialdemokraten kultureller Vorgriff auf einen erst unzureichend entwickelten gesellschaftlichen Zustand gewesen. Nun hatten es die regierenden Linksparteien in beiden Teilen der Stadt in der Hand, diesen Zustand herbeizuzwingen. Tatsächlich lässt sich der von Osten wie Westen entwickelte „Furor des Abrisses" (Klaus Hartung) ja nicht anders erklären als durch den Wunsch, sich auf diese Weise ganz bildlich und für alle erkennbar von der fatalen Geschichte zu befreien. Auf das historische Zentrum sollte die neue Gesellschaft getrost verzichten können, es galt als Brutstätte allen Übels und fiel der Vernichtung anheim. Was so schnell nicht zerstört werden konnte, wurde zumindest von den Relikten der Vergangenheit befreit. Im massenhaften Abschlagen des Stucks, vom Westberliner Senat in den Sechzigerjahren großzügig gefördert, lag die einzigartige Chance, die ganze Last der Geschichte, den „Stuck in den Köpfen" schnell und einfach gleich mitabzuschlagen. Bereits Ende der Zwanzigerjahre hatte Franz Hessel an den frisch renovierten Häusern des Kurfürstendamms, denen die „Architektur den Bubenkopf einer einfachen linienklaren Fassade" geschnitten hatte, Ansätze zu einem „demokratischen Großstadtfrohsinn" gesehen. „Alles Gezöpfte" gehörte damit der Vergangenheit an.[53] Fassadenreinigung war auch Selbstreinigung. Seit Erbauung der wilhelminischen Stadt hatte es den Wunsch nach ihrer Überwindung gegeben. Hier sollte Geschichte durch Stadtplanung bewältigt werden. Und so lesen sich die aufeinander folgenden Pläne für ein je „neues" Berlin auch als immer währender Versuch, sich der jeweils jüngsten, als unheilvoll empfundenen Vergangenheit zu entledigen.

Kulissen der Weltstadt

Eine knappe Woche, nachdem sich der Bundestag am 20. Juni 1991 mit einer dünnen Mehrheit für Berlin als künftigen Regierungssitz entschieden hatte, gaben einige Schriftsteller und Kulturschaffende im Feuilleton der FAZ ihrer Hoffnung Ausdruck, Berlin werde sich wieder zu einer „Kulturhauptstadt" entwickeln, in der erst „die Nation wieder zu sich selbst zurückkehren" könne.[54] Wenn das „zerbrochene deutsche Gefäß" – so die Metapher von Michael Krüger – überhaupt noch einmal geflickt werden könne, „dann nur in Berlin oder gar nicht."[55] Wolfgang Koeppen glaubte gar an die Auferstehung Berlins als „ideale Weltstadt"[56]. „Es wird wieder sein", so lautete die beschwörende Formel, die auch in den folgenden Jahren den ungezählten Berlinberichten und -beilagen der Presse als Motto und Leitbild diente und erst mit dem Regierungsumzug vom Herbst 1999 ihren Höhepunkt und vorläufigen Abschluss fand.

53 Hessel, Ein Flaneur, S. 146.
54 FRANKFURTER ALLGEMEINE ZEITUNG v. 26.06.1991, Es wird wieder sein, hier zit. aus den Beiträgen von Siegfried Unseld und Michael Naumann.
55 Ebd.
56 Ebd.

Gerade das Fehlen einer dominanten Metropole, eines Überzentrums in Deutschland, über Jahrzehnte als Vorzug des föderalen Systems gepriesen, wurde nun zum Beweggrund deutscher Sehnsüchte nach einer „normalen" Entwicklung, durchaus im Sinne eines soliden europäischen Standards. Wer den Begriff von der „Metropole Berlin" im Munde führt, hat eine „richtige" Hauptstadt im Sinn, eine Erwartung, die nur Berlin einlösen kann, „weil sie die einzige deutsche Weltstadt ist"[57] und Politiker hier „auf die volle Dosis Metropole", mithin „das richtige Leben" stoßen.[58] Berlin, so glaubte man vor allem im Enthusiasmus der Wendejahre, werde im neuen Zentrum Europas zum „multikulturellen Schmelztiegel", und damit „einer ganzen Nachkriegsgeneration, deren Realitätssinn sich in überschaubaren Regionalstädten ausbildete, zur ersten eigenständigen Metropolenerfahrung verhelfen."[59] Auch die Tourismus-Manager sahen Berlin endlich am Ende seiner Durststrecke und jubelten: „Berlin ist wieder erstklassig, (...) die Weltstadt, die mit der Welt korrespondiert."[60] Im Überschwang des Neubeginns und wie zur Bekräftigung des Anliegens griff man in der Berlin-Debatte auch gern zur Formel von der „Hauptstadtmetropole", an der manche Wissenschaftler zwecks präziserer Begriffsbestimmung gern festhalten wollten,[61] die in ihrer Überspanntheit aber trotzdem bald zum Gespött des kritischen Feuilletons wurde.[62]

Die Millionenstadt Berlin – so lassen sich die Hoffnungen der Berlin-Begeisterten in den Neunzigerjahren knapp zusammenfassen – werde zur glanzvollen Bühne von Politik, Wirtschaft und Kultur, auf der die Strickjacke der Bonner Provinz endgültig ausgedient hätte und gegen den Abendanzug der neuen Berliner Weltläufigkeit ausgetauscht würde. Begriffe wie „Generation Berlin" (Heinz Bude) und „Berliner Republik" (Johannes Gross) – inzwischen kaum verzichtbare Topoi in der Diskussion um das neueste Berlin – nähren darüber hinaus die Erwartung, die Hauptstadt Berlin würde Politik und Gesellschaft des wieder vereinigten Deutschland neue Impulse verleihen, dem Land auch insgesamt zu einem intellektuellen Wechsel und einer frischen, urbaneren politischen Kultur verhelfen.[63] Die Einweihung des Jüdischen Museums, die mit selbstverständlicher Symbolik und glamouröser Professionalität auch dem dunkelsten Kapitel deutscher Geschichte gegenübertrat, wurde als Wendepunkt auf dem Weg zu dieser neuen „Berliner Republik" gedeutet.[64]

Dabei zeigt sich, dass der Ausdruck der Metropole genauso unbestimmt und mythisch verwendet wird wie das Jahrzehnt der so genannten „Goldenen Zwanziger", der angebliche Höhepunkt von Berlins metropolitaner Ära. Es herrscht weitgehende Einigkeit darüber, dass das neue Berlin – wieder – auf dem Weg zu einer Metropole sei; nur was denn eigentlich eine

57 DER TAGESSPIEGEL v. 4. 7. 1999, *„Immer mitten im Geschehen"*.

58 DER SPIEGEL, Titel v. 6. 9. 1999 *„Aufbruch zur Weltstadt: New Berlin"*, hier S. 34ff.

59 Michael Mönninger, Herausforderung an die Metropole Berlin, in: Michael Mönninger (Hrsg.), *Das Neue Berlin: Baugeschichte und Stadtplanung*, Frankfurt a.M. u. Leipzig 1991, S. 14.

60 Aus der Pressemappe 1993 der Berlin Tourismus Marketing GmbH, in: *Berlin wirbt!* Metropolenwerbung zwischen Verkehrsreklame und Stadtmarketing. 1920-1995. Hrsg. v. Inst. f. Kommunikationsgeschichte u. angewandte Kulturwissenschaften der FU Berlin. Berlin 1995, S. 44.

61 Werner Süß / Wolfgang Quast (Hrsg.), *Berlin. Metropole im Europa der Zukunft.* Internationales Symposium Freie Universität Berlin, 6. Mai 1997.

62 Vgl. die hinreißende Polemik des Schriftstellers Moritz Rinke in: Neue Zürcher Zeitung v. 12.08.2000, *The New Berlin! Sometimes Offenbach – Sometimes a Global City;* Michael Blumenthal, der Direktor des Jüdischen Museums, sieht Berlins Zukunft auf Grund seiner reichen Kulturlandschaft als „Weltmetropole", in: MERIAN „Berlin", 2000, S. 90.

63 Bezeichnend für diese Hoffnung scheint mir auch der fast schon inflationäre Gebrauch von Berlin-Etiketten wie „Laboratorium der Moderne", „Labor der Zukunft", „Werkstatt des 21. Jahrhunderts", die an Heinrich Manns Diktum von der „Menschenwerkstatt Berlin" erinnern und – bewusst oder unbewusst – an den Mythos Berlins als richtungweisende und stilbildende Metropole der Weimarer Republik anknüpfen.

64 So in Newsweek vom 10. 9. 2001, It's hip to say: Ich bin ein Berliner; FRANKFURTER ALLGEMEINE ZEITUNG vom 8. 9. 2001, Dresscode der Republik, und in den Berliner Seiten der FAZ vom 10. 9. 2001, Die Berliner Republik, die die gesamte, bis zuletzt streng gehütete Gästeliste abdruckten und zum „Personenverzeichnis der Bundesrepublik Deutschland im Jahre 2001" stilisierten.

Metropole ausmacht und wie Berlin unter den herrschenden wirtschaftlichen und sozialen Realitäten in diese Rolle schlüpfen und die latenten Sehnsüchte nach der Weltstadt erfüllen kann, bleibt unklar.[65] Metropolen sind, das zeigt der zunehmende Gebrauch des Begriffs in der Stadtplanung seit Beginn der Neunzigerjahre, weniger durch klare Kriterien bestimmt als durch die Zuschreibung von kulturellen Eigenschaften, die anderen Großstädten und Ballungsräumen eben fehlen. Metropolen sind eher in kollektiven Mythen und Bildern existent als durch Fakten und Zahlen definierbar.[66] Der Begriff soll eine bestimmte kulturelle Dichte einer Stadt charakterisieren, die damit zugleich Projektionsfläche für individuelle und kollektive Zukunftserwartungen wird. Das gilt auch für Berlin. Die Stadt als überragende Metropole mit Weltgeltung seit den Zwanzigerjahren, die der Provinz, aber auch allen anderen deutschen Großstädten an Modernität und Einfluss weit voraus und in ihrer führenden Rolle überlegen war – diese Vorstellung entspricht dem gängigen, auch in der jüngsten Berlin-Literatur noch präsentierten Bild von Berlin.[67] Dieses „Image" speist sich im Wesentlichen aus subjektiven Wahrnehmungen der Zeitzeugen und entstand erstmals in den Fünfzigerjahren, als die Metropole untergegangen war und die alten Intellektuellen aus der verdrießlichen Ödnis der Hauptstadt im Wartestand in die Verklärung der „Goldenen Zwanziger" flüchteten.[68] Tatsächlich zeigen die neuesten Forschungen, die die „mental maps" der Beobachter ausklammern und sich stattdessen objektiver Kriterien im Vergleich mit anderen Großstädten bedienen, dass Berlin sich zwar seit Mitte des 19. Jahrhunderts zur bedeutendsten kulturellen Metropole Deutschlands entwickelte, aber als nationale Metropole im Vergleich zu London und Paris auch in der so genannten „goldenen" Ära „defizitär" blieb.[69] Es gelang Berlin nie, zu *der* verbindlichen kulturellen und gesellschaftlichen Metropole aufzusteigen, die – wie etwa Paris – alle anderen deutschen Großstädte an die Wand gespielt und der nationalen Elite eine ähnlich bedeutende Bühne geboten hätte.

Seit der Jahrhundertwende, als Berlin durch seine explosionsartige Bevölkerungsentwicklung aufgeschlossen hatte zu anderen Hauptstädten, hatte die Stadt begonnen, sich an sich selbst zu berauschen. Der freche Neuling unter den europäischen Großstädten wusste mangelnde Bedeutung und Minderwertigkeitskomplexe des Parvenüs bald mit gekonnten Werbestrategien und Aufsehen erregenden Auftritten zu kompensieren. 1927 unternahm das neugegründete Ausstellungs-, Messe- und Fremdenverkehrsamt der Stadt den ersten wirklichen Versuch, Berlin konsequent zu vermarkten. Der griffige Slogan „Jeder einmal in Berlin" wurde in modernistischer Bauhaus-Typografie in eine stilisierte Silhouette des Brandenburger Tores eingearbeitet und entwickelte sich durch massenhafte Verbreitung schnell zu einem Signet mit hohem Wiedererkennungswert. Auf Werbeplakaten wurde das Brandenburger Tor ganz herausfordernd neben die Wahrzeichen von Rom, Paris und London platziert und ließ so an Berlins Selbstverständnis keinen Zweifel.[70] „Paris, London und New York sind uns noch über. Bald müssen und werden wir sie eingeholt haben", gab Berlins Oberbürgermeister Gustav Böß 1928 als Losung aus.[71] Die Werbemaßnahmen der Stadt richteten sich zu dieser Zeit vor allem auf Amerika. Von dort erwartete man nicht nur den höchsten Touristenzuwachs, dort

65 Dafür symptomatisch der Symposiumsband der FU Berlin: Süß / Quast (Hrsg.), Berlin.

66 Stephan Lanz u. Jochen Becker: *Metropolen.*, Hamburg 2001; vgl. auch Daniel Kiecol, *Schmelztiegel und Höllenkessel.* Die Sehnsucht nach der großen Stadt. Berlin 1999.

67 Brunn, Metropolis Berlin, S. 4.

68 Ganz typisch dafür das Merian-Heft „Berlin" von 1959 u.a. mit Beiträgen von Friedrich Luft, Hermann Kesten, Walther Kiaulehn.

69 Detlef Briesen: Berlin – Die überschätzte Metropole. Über das System deutscher Hauptstädte zwischen 1850 und 1940, in: Brunn / Reulecke (Hrsg.), *Metropolis Berlin*, S. 39-77, hier 173 (Kurzfassung seiner gleichnamigen Dissertation, Univ. Köln 1990); vgl. auch Peter Alter (Hrsg.), *Im Banne der Metropolen.* Berlin und London in den zwanziger Jahren, Göttingen 1993 (Veröffentlichungen des Deutschen Historischen Instituts London, 29).

70 Berlin wirbt!, S. 14.

71 Zit. nach Michael Bienert, *Die eingebildete Metropole*, Berlin im Feuillewton der Weimarer Republik, Stuttgart 1992, S. 96.

glaubte man auch als moderne Stadt, als „neues Berlin" auf das größte Interesse zu stoßen. Das vielleicht berühmteste Werbeplakat für diese Zwecke präsentierte Berlin nach dem Montageprinzip als eine Silhouette von Bauten, in der neben den repräsentativen des alten Berlin ganz selbstbewusst die jüngst errichteten wie das Ullstein-Haus in Tempelhof, der Funkturm am Messegelände und andere Industriegebäude herausragen. Der Text wirbt in Großbuchstaben für „Die Weltstadt in Ordnung und Schönheit."[72] Dies waren wohlgesetzte Worte, hinter denen nichts anderes stand als Martin Wagners Konzept von der modernen „Stadt als Betrieb", in der Arbeit und Leben, Konsum und Freizeit sich wie in einer funktionierenden Maschine miteinander verzahnen.[73] Dass der Mythos der Zwanzigerjahre auch heute lebt und das neue Berlin der Jahrtausendwende nur allzu gern an das Bild vermeintlicher Glanzzeiten anknüpfen möchte, beweist eine ganzseitige Anzeige der Firma Bertelsmann, in der diese mit einer frappierend ähnlichen Stadtsilhouette des neuen Berlin in der Tradition des Montageprinzips für ihre zukünftige Berlin-Dependance wirbt.[74] Auch die offiziellen Berlin-Werber „Partner für Berlin" haben sich in einer Anzeigenkampagne mit dem Titel „Das Neue Berlin" dieser Bildwirkung bedient. Ihre bewusst unscharf und verzerrt gehaltenen Collagen, auf denen die neuen Bauten, allen voran der Potsdamer Platz, aber auch Menschen in Bewegung im Vordergrund stehen, verheißen all das, was der Topoikatalog der Zwanzigerjahre hergibt: Aufbruch, pulsierendes Leben, betriebsame Hektik, Tempo, kurz: „Eine Stadt in Bewegung – Sie sind in Berlin".[75]

Zur eindrucksvollsten Art sich öffentlich selbst als Weltstadt zu inszenieren, gehören zweifellos die Berliner Lichtspektakel. Das erste Szenario dieser Art, finanziert von der Berliner Wirtschaft, fand im Oktober 1928 unter dem Titel „Berlin im Licht" statt und tauchte die Stadt in einen Lichterglanz, der an manchen Stellen die Architektur vollends in Leuchtreklame auflöste. Auch wenn diese Installation nach vier Tagen beendet war, so blieben doch die nächtlichen Illuminationen in den Vergnügungszentren der Stadt. Dort adaptierten die Abendveranstalter bewusst den Rhythmus und die Impressionen der Großstadt und verklärten sie illusionistisch zu großstädtischen Wahrnehmungen.[76] Die Publizistik der Zwanzigerjahre, im Bann dieser suggestiven Bilder, verwandelte Imagination in Realität und stilisierte Berlin zur Weltstadt im permanenten Vergnügungstaumel:

> „Die Kulisse wächst ins Grandiose. Der Abend flammt auf, ganz Berlin spielt Theater. Die Lichtflut ist wie Schminke, hinter der das Unerwünschte verschwindet. Es gibt nur noch glänzende Hauptstraßen. Man lebt in dem Wahn, als bestünde Berlin aus lauter Schauspielern und Theaterbesuchern und als gäbe es nichts Wichtigeres als die Premiere von heute abend. Es ist eine Erleichterung, an solchem Wahne teilzuhaben."[77]

Die Straße wurde zur flirrenden Bühne und den ästhetisierenden Flaneuren in der hässlichen Stadt zur nächtlichen Zufluchtstätte:

> „Die Friedrichstadt ist weißgolden und feuerrot und ultramarinblau von lauter Leuchtreklamen (...) Das Faszinierende hat eine exotische Suggestivität. Nichts mehr von den Häusern; man sieht keine scheußlichen Fassaden – oder man wird ihrer nicht mehr inne. Die Straße ist aus lauter Glühbirnen gemacht; sie ist daraus gewoben; sie sind die Substanz der Straße."[78]

72 Abb. bei Glatzer, Berlin zur Weimarer Zeit, S. 222.
73 Dazu auch Daniel Kiecol, Preußens Stadtmaschine, in: SÜDDEUTSCHE ZEITUNG v. 15. 10. 2000.
74 In: Partner für Berlin. Gesellschaft für Hauptstadt-Marketing mbH (Hrsg.), *Schaustelle Berlin.* Programmheft 23. Juni bis 2. September 2001, S. 53.
75 Partner für Berlin. Gesellschaft für Hauptstadt-Marketing mbH (Hrsg.), *Partner für Berlin.* Tätigkeitsbericht 2000, Berlin 2001, S. 6f; in ähnlicher Manier das Umschlagfoto des Bandes *Berlin heute: Projekte für das Neue Berlin*, hrsg. v. der Berlinischen Galerie. Berlin 1991, unter Verwendung der Collage „Metropolis" von 1923.
76 Gottfried Korff, Berliner Nächte, in: Brunn / Reulecke (Hrsg.), Berlin. Blicke auf die deutsche Metropole, S. 85
77 Hans Natonek, Dienst am Kunden, in: Günther (Hrsg.), Hier schreibt Berlin, S. 304-310, hier 308.
78 Hausenstein, Eine Stadt, auf nichts gebaut, S. 9.

Die Westberliner des Kalten Krieges erhöhten das Licht schließlich zum Leuchtfeuer des freien Westens inmitten eines finsteren Deutschland. Bereits 1948 wusste Erich Kuby vom hell erleuchteten Ku'damm und seinem unvergleichlichen „Lichtgeflimmer“[79] zu berichten, mit der der Frontstadtgeist sich über die graue Tristesse des Ostsektors hinwegsetzte und diesen ins Dunkel der Geschichte verwies. Damit wurde ein Topos des Berliner Selbstverständnisses begründet, der bis in die Achtzigerjahre anhielt und den Berlin-Mythos der niemals schlafenden Stadt zum überzeugenden Werbeträger der Inselstadt machte. Seit Ende der Fünfzigerjahre sorgten dann die bis in die ersten Nachtstunden hinein illuminierten Hochhausbauten von Osram und Telefunken am Ernst-Reuter-Platz dafür, das neue Berlin unter begeisterter Anteilnahme der Berliner Presse in Szene zu setzen.[80] In einer ansonsten noch kaum bebauten, nachts ziemlich düsteren Gegend waren sie die glanzvollen Kulissen des Berliner Weltstadttheaters. „Hell wie der lichte Tag“ – so der Werbeslogan – strahlte die Firma Osram sich selbst und Berlin zugleich an. Der „Weltstadtplatz“ war in der Stadt angekommen.

Da verwundert es nicht, dass der andere, einstmals ebenfalls zum „Weltstadtplatz“ erkorene Potsdamer Platz, dessen sterile Künstlichkeit heute in nichts mehr an seine belebte Vergangenheit erinnert, zumindest mythische Aufladung erhält. Bei seiner Einweihung im Oktober 1998 wurden am Marlene-Dietrich-Platz (!) gigantische Bilder der Zwanzigerjahre an die Häuserwände geworfen, und auch das Café Josty, das Curt Bois in Wim Wenders „Himmel über Berlin“ als Symbol des alten Berlin in der Leere des Grenzgebiets so verzweifelt suchte, ist in neuer Verkleidung wieder zum Leben erweckt worden. Das am Abend angestrahlte Zeltdach der Sony Plaza wechselt effektvoll seine Farben und weckt bei den in der Welt herumgekommenen Touristen Reminiszenzen an die Illuminierung des Empire State Building in New York – Weltstadtgefühle breiten sich aus. Mit New York hat sich Berlin schon in den Zwanzigerjahren gern verglichen; die Beschwörung dieser beiden als Stadtikonen der Moderne erhielt durch die Wende neue Nahrung. Ein Spiegel-Cover vom September 1999 machte mit dem Titel auf: *Aufbruch zur Weltstadt: NEW BERLIN*. Die passende Illustration eines Flugballons mit der Collage des Berliner Stadtbildes war ursprünglich für New York entworfen worden, als Werbung für die amerikanische „Hauptstadt der Welt“.[81] Überhaupt begnügt sich das Berlin des geeinten Deutschland nicht mehr damit, das „neue“ Berlin – wie einst – klein zu schreiben. Im offiziellen Signet der Stadtwerbung umrahmt der Slogan „DAS NEUE Berlin“ das Brandenburger Tor (das nun als Wahrzeichen und Werbeträger wieder zur Verfügung steht) und wird gleich ganz groß geschrieben. Aber auch in zahlreichen Publikationen fällt auf, dass „neu“ vom bloßen Adjektiv zum Namensbestandteil aufrückt: das Neue Berlin.

Nach den Jahrzehnten provinzieller Bescheidenheit hat der Mauerfall Hoffnungen auf zukünftige Weltläufigkeit freigesetzt, für die Berlin nun die „verquälte Projektionsfläche“[82] darstellt. Dabei erschöpft sich der Weltstadtehrgeiz keineswegs in der architektonischen Erschaffung des neuen Berlin; der Stadt wird plötzlich bewusst, dass ihr – erst recht in den Jahren des subventionierten Mauerschattendaseins – auch die metropolitane Gesellschaft abhanden gekommen ist, die nun überraschend auch die kritische Linke einzuklagen beginnt.[83] Sie glaubt an die „Triebkraft des genius loci“, die Berlin wieder zum Anlaufpunkt der Intellektuellen, auch und gerade der ost- und mitteleuropäischen machen könne. Aber auch nach einem guten Jahrzehnt kann davon noch keine Rede sein. Zwar wirbt die Stadt hartnäckig damit, „Kultur-

79 Korff, Berliner Nächte, S. 102.
80 Gausmann, *Ernst-Reuter-Platz*, S. 180ff, 207ff.
81 DER SPIEGEL v. 6. 9. 1999.
82 Eberhard Straub, Berlin spielt Weltstadt, in: Frankfurter Allgemeine Zeitung v. 5. 8. 2000.
83 Klaus Hartung: Doppelgesicht. Über die Paradoxien Berlins; Peter Schneider:, Vereinigung – andersherum, beide in: Kursbuch 137, *Berlin. Metropole*, S. 7-36 u. 43-46; Klaus Hartung, Berliner Übergangszeit. Entwickelt sich in der Hauptstadt eine Stadtgesellschaft und eine neue intellektuelle Kultur?, in: Süß / Rytlewski (Hrsg.), *Berlin. Die Hauptstadt*, S. 835-867.

metropole" und „Ost-West-Metropole"[84] zu sein, aber die Weltoffenheit und faktische Bedeutung einer Metropole, darauf hat Eberhard Straub zu Recht hingewiesen, zeigt sich nicht nur an ihrem Ausländeranteil, sondern daran, ob sich auch die kreativen Eliten dieser Länder in der Stadt einfinden. Die wohl allzu optimistischen Wachstumsprognosen der Wendezeit, die von einer guten Million Zuwanderern und 700.000 Arbeitsplätzen in den kommenden 20 Jahren ausgingen,[85] mussten jedenfalls inzwischen nach unten korrigiert werden. Seit geraumer Zeit verliert Berlin sogar Bewohner an das Umland. Während Wolf Jobst Siedler im geistigen Untergang Berlins, in der Abdankung der Berliner Gesellschaft zu Gunsten einer „Turnschuh- und Stretchhosenwelt" auf der „banalen Meile" des heutigen Ku´damms schon lange und ganz unlarmoyant einen endgültigen Verlust sieht, mit dem auch das alte Berlin unwiderruflich dahin sei,[86]entdeckt das neue Berlin in seiner Sehnsucht nach altem Glanz die lange verschwundene Salonkultur und die jahrzehntelang in Vergessenheit geratene Tradition der Flanerie. Selbsternannte Salonièren empfangen Freunde und Bekannte, manchmal auch die Öffentlichkeit zum literarischen Stelldichein in gediegenen Altbauwohnungen und neuen Kulturzentren und dürfen sich dabei der Aufmerksamkeit eines dankbaren Publikums gewiss sein.[87] Die Schriften der großen Flaneure vom Schlage eines Kracauer, Hessel oder Benjamin erleben eine plötzliche Renaissance und werden in Stil und Habitus von neuen Stadtwanderern imitiert. Die Stadtbeobachtung hat Konjunktur im Hauptstadt-Feuilleton. Tonangebend für die bekennenden Urbanisten und jungen Intellektuellen waren die „Berliner Seiten" der FAZ, die ausschließlich den Lesern der Berliner Ausgabe vorbehalten waren und teilweise minutiös auch ganz alltägliche Szenen der großen Stadt zum kunstvollen Feuilleton gestalteten.[88] Die Flaneure von heute berichten bei ihren Stadtbegehungen von der „Sucht nach ‚neuen Locations', vom Drang der Stadt und ihrer Hauptdarsteller nach Geltung. Die Beobachtung, Berlin sei „immer noch in Sorge, sich nicht mit der Maßstabstadt New York messen zu können,"[89] ähnelt frappierend der berühmten Kurfürstendamm-Betrachtung Joseph Roths von 1929, die genau das zum Inhalt hatte:

> „Ein Gasthaus wird amerikanisch, ein Kaffeehaus französisch. Zwar sieht es niemals aus wie in New York oder in Paris. Aber es weckt Reminiszenzen an dieses oder jenes. In ihrer Bescheidenheit halten sie sich nur für gelungene Imitationen, aber sie sind in Wirklichkeit mißlungene Originale. Wahrscheinlich ist die Muttersprache der Gäste sozusagen Deutsch, aber ihre Umgangssprache wechselt nach Laune und Vergnügungsort."[90]

Ob die neuen Flaneure damit tatsächlich die Realität der neuen Stadt abbilden oder wieder nur der Suggestion der alten Bilder erliegen, oder ob sie sogar ganz bewusst nur ein Bedürfnis ihrer Leser befriedigen wollen, ist freilich oft nur schwer auszumachen.

84 Neben „Hauptstadt, „Kreativer Stadt" und „Lebenswerter Stadt" gelten sie als die „5 Stärken" Berlins, vgl. Partner für Berlin-Tätigkeitsbericht und www.berlin-partner.de.

85 Zahlen nach Mönninger (Hrsg.), Das neue Berlin, S. 15.

86 FRANKFURTER ALLGEMEINE ZEITUNG v. 23. 1. 1993, Der Tod des Boulevards.

87 Cornelia Saxe, Die Rückkehr der Salonièren, in: Thomas Krüger (Hrsg.), *Die bewegte Stadt.* Berlin am Ende der Neunziger, Berlin 1998, S. 48-59.

88 Inzwischen sieht es so aus, als sei mit der allgemeinen Konjunktur auch die der Berlin-Euphorie eingebrochen. Die einhellige Begeisterung bei Lesern und Kritikern über ein glanzvoller Kapitel Berliner Zeitungsgeschichte brachte der Zeitung in den drei Jahren ihrer Existenz aber kaum zusätzliche Käufer – die Einstellung der „Berliner Seiten" war aber die Folge.

89 Wilfried Rott, *Professor Rott geht durch die Stadt:* Menschen und Orte im Neuen Berlin, Berlin 2001, hier nach einer Kolumne der BERLINER ZEITUNG v. 25. 4. 2001, Der leise Spott des Flaneurs.

90 Michael Bienert (Hrsg.), *Joseph Roth in Berlin.* Ein Lesebuch für Spaziergänger, Köln 1999, S. 185-188, hier S. 186.

Fassaden der europäischen Stadt

Nach der Wende stand das wiedervereinigte Berlin vor der schwierigen Aufgabe, sein Herzstück, die wiedergewonnene Mitte, die in den Mauerjahrzehnten zur größten Stadtbrache geworden war, neu zu gestalten. Hier würde das neue Berlin repräsentieren, hier würde man nach dem neuen Selbstverständnis der Stadt suchen. Es konnte kein Zweifel daran bestehen, dass zunächst einmal Lücken teilweise gigantischen Ausmaßes geschlossen werden mussten, und dies betraf keineswegs nur den Potsdamer und den Leipziger, sondern auch den vollkommen planierten Pariser Platz und den Bereich der südlichen Friedrichstraße, der in Richtung Checkpoint Charlie und Mauerstreifen allmählich verödete und weithin unbebaut war. Aber an welchen Kriterien sollte die Stadtplanung in einer so inhomogenen Stadt wie Berlin sich ausrichten, welches Bild hatte eine Stadt von sich, die sich im letzten Jahrhundert vor allem in Abriss und Neuaufbau geübt hatte? Berlins Senatsbaudirektor Hans Stimmann, der seit 1991 in der Stadtentwicklung die Fäden spinnt und Berlins Zentrum wieder zu einem zusammenhängenden Ganzen führen will, behauptet:

> „Metropole wird nur eine Stadt, die sich ihre Identität bewahrt und sich ihrer spezifischen Bauweise immer wieder vergewissert, indem sie das historische Erbe und die architektonische Tradition als ihre kostbarsten Gegebenheiten akzeptiert und weiterentwickelt."[91]

Stimmann fand diese Identität Berlins in der Struktur des historischen Stadtgrundrisses und machte sie zur Grundlage aller weiteren Stadtentwicklung, die fortan zwei Leitbildern folgen sollte: der so genannten *kritischen Rekonstruktion* und der *europäischen Stadt.*

Der Begriff der kritischen Rekonstruktion war damals nicht neu, sondern schon in den Achtzigerjahren von der Internationalen Bauausstellung in Berlin programmatisch eingeführt worden. Zu einer Zeit, als man die Moderne für gescheitert erklärte, die „Lust auf Städte"[92] wiederentdeckte und in Berlin daranging, in einigen Vierteln erstmals behutsame Stadtreparatur zu betreiben, forderte die IBA, die Stadt als „geschichtliches Phänomen" wieder sichtbar zu machen und sie deshalb nur noch aus „der eigenen, einmal geschaffenen Ordnung ‚gleichbleibend' zu verändern und zu modernisieren."[93] Zu Beginn der Neunzigerjahre, als das Ende der Utopien auch in der Stadtplanung endgültig gekommen schien, erfreuten sich Leitbegriffe wie europäische Stadt und kritische Rekonstruktion eines breiten Konsenses, weil sie jeglichem Ideologieverdacht enthoben schienen. Die Hinwendung zur Normalität der europäischen Stadt, aber mit kritischem Bewusstsein, bot in einer Zeit, in der auch politisch-gesellschaftlich in Deutschland wie in Europa die Rückkehr zur Normalität ausgerufen wurde, einen sicheren geistigen Maßstab, der zugleich den Bruch mit der in die Krise geratenen Stadtplanung der Moderne ermöglichte.

„Berlin muss nicht noch einmal neu erfunden werden" postulierte Stimmann in den wirren Übergangszeiten, als allerorts nach Ideen und Visionen für das neue Berlin gesucht und in kürzester Zeit eine Vielzahl von Entscheidungen getroffen werden mussten.

> „Veränderungen sind (...) nur dann erlaubt, wenn eine Veränderung gegenüber dem Althergekommenen eine Verbesserung bedeutet. Die aktuelle gesellschaftliche Transformation braucht (...) kein grundsätzlich neues Leitbild städtebaulicher Konzepte, sondern eine Rückbesinnung auf die erfolgreiche Tradition städtebaulicher Strukturen,

91 Hans Stimmann (Hrsg.), *Babylon, Berlin etc.* Das Vokabular der europäischen Stadt. Lapidarium Conferences 1995. Internationale Architekturgespräche, Basel u.a. 1995, S. 9.

92 So der Titel eines Hefts des Freibeuter von 1981; vgl. auch Eberhard Sens, Der Traum von der Metropole. Zur neuen Sehnsucht nach Urbanität, in: ÄSTHETIK UND KOMMUNIKATION, Sonderheft Urbanität Jg. 16 (1986), H. 61/62, S. 17-22.

93 Josef Paul Kleihues: Städtebau ist Erinnerung: Anmerkungen zur kritischen Rekonstruktion, in: *Internationale Bauausstellung Berlin 1984/87.* Die Projekte. Stuttgart 1993 (Heft 7), S. 14-29, hier 14f.

verbunden mit behutsamen Experimenten der europäischen Stadt, also mit Straßen, Plätzen, Parkanlagen und vor allem mit der Architektur der Häuser."[94]

Der Senatsbaudirektor malte das Bild eines dichten Zentrums mit wiederbelebten Straßen und Plätzen, das der Stadt schon durch ihre bloße Architektur jenes urbane Selbstbewusstsein zurückgeben würde, dessen Verlust seit den Achtzigerjahren allgemein beklagt wurde. Schon damals war Stimmann gegen früher Verantwortliche wie Martin Wagner und Rudolf Schwedler[95] als „technikgläubige" Protagonisten der Moderne publizistisch zu Felde gezogen.[96] Nun zum entscheidenden Zeitpunkt als Leiter der Baubehörde selbst in der Position, die zukünftige Stadtplanung zu definieren, läutete er den Paradigmenwechsel von der Stadtlandschaft der Moderne zur Tradition der europäischen Stadt ein. Seine Abrechnung mit der Moderne ging allerdings über die kritische Rekonstruktion der IBA deutlich hinaus, denn in seinen drei „Essentials" des Bauens im Berliner Zentrum forderte Stimmann doktrinär: 1. die mit der Rekonstruktion des historischen Stadtgrundrisses verbundene geschlossene (Block)-Bauweise mit einer sichtbaren Traufhöhe von 22 Metern (an der Bauordnung von 1929 orientiert), 2. den Anteil von 20 Prozent Wohnungen bei Bauten in der Innenstadt und 3. eine Architektur, die „steinern, eher gerade als geschwungen"[97] sein sollte. Nicht erwünscht waren Solitäre von ehrgeizigen Architekten, die sich nicht einfügen lassen würden in die angestrebte Harmonie der ganz normalen europäischen Stadt. 1996 folgte das unter Stimmann von einem kleinen Team von Stadtplanern erarbeitete und 1999 vom Senat als „Generalplan" beschlossene „Planwerk Innenstadt",[98] das für das gesamte Zentrum Ost und West ein umfassendes städtebauliches Leitbild abgeben und für die durch Mauerriss und Schnellstraßenplanung entleerten Räume der Innenstadt eine neue Struktur bereitstellen sollte, die bewusst aus dem historischen Muster abgeleitet war.

Die so einleuchtend klingende Forderung nach dem historischen Stadtgrundriss setzt freilich voraus, was es gerade in Berlin mit seinen vielen Brüchen und Neuanfängen seit dem Mittelalter über die barocke Stadtplanung bis zum Hobrechtplan als Grundlage der späteren Mietskasernenstadt gar nicht gibt: *den* historischen Stadtgrundriss[99], der für Kontinuität und Tradition in der Berliner Stadtplanung stehen würde. Signatur der Stadt war ja gerade nicht das Kontinuum, sondern die Veränderung. Schon Schinkel hatte sich der geschichtlichen Fortsetzung der lokal-Berliner Vergangenheit verweigert und sich bei seiner Architektur schlicht nach deren Form und Funktion gerichtet. Dafür war er auch bereit, rücksichtslos in die überlieferte Struktur der Stadt einzugreifen.[100] Auch wurde das alte Berlin bekanntlich nicht erst von der Moderne, sondern bereits am Ende des 19. Jahrhunderts zerstört, als die bescheidene Residenz endgültig ausgedient hatte, um der Hauptstadt der „verspäteten Nation" Platz zu machen. Schon dieses Berlin wurde als „neu" empfunden. Seit dieser Zeit existiert der Topos von Berlin als einer „hässlichen Stadt", und Karl Scheffler hatte ja nicht ohne Grund das Fehlen jeglicher Tradition in der „ewigen Kolonistenstadt" diagnostiziert. Es erscheint einigermaßen paradox, wenn die Vorgaben der kritischen Rekonstruktion, die schließlich auch als verbindliche Richtlinie für das Bauen im Zentrum durchgesetzt wurden, mit ihrem Zurück zu Block, Parzelle und Steinmaterial ausgerechnet an das Berlin des ausgehenden 19. Jahrhunderts an-

94 Hans Stimmann: *Berlin nach der Wende.* Experimente mit der Tradition des europäischen Städtebaus, in: Süß/Rytlewski (Hrsg.), *Berlin.* Die Hauptstadt, S. 543-558, hier 547f.

95 Sozialdemokratischer Bausenator von 1955-1972.

96 Vgl. Stimmannns Beiträge in: Boberg (Hrsg.), Die Metropole.

97 Gert Kähler, „Als der Dampf sich nun erhob ...", in: Thorsten Scheer u.a., *Stadt der Architektur. Architektur der Stadt. Berlin 1900-2000* (Ausstellungskatalog), Berlin 2000, S. 381-387, hier 384.

98 Senatsverwaltung für Stadtentwicklung, Umweltschutz und Technologie (Hrsg.), *Planwerk Innenstadt Berlin: Ergebnis, Prozess, Sektorale Planungen und Werkstätten, Berlin 1999* (Berlin. Stadtentwicklung, 25).

99 Kähler, Dampf, S. 383.

100 Tilmann Buddensieg, *Berliner Labyrinth, neu besichtigt.* Von Schinkels Unter den Linden bis Fosters Reichstagskuppel, Berlin 1999, S. 8, 148.

knüpfen, an die Mietskasernenfassadenstadt, die seit ihrer Erbauung von den Kritikern als vormodern und anachronistisch gegeißelt wurde.[101] Die nach ihrem Leitbild inzwischen weitgehend fertiggestellte südliche Friedrichstraße präsentiert sich den Passanten heute wieder als geschlossener Straßenzug, aber in der Gleichmäßigkeit und Eintönigkeit ihrer Fassaden wird sie zugleich als grau und langweilig kritisiert. Die kleinteilige Fassade, die der alten Parzellenstruktur aus dem Stadtgrundriss gehorcht, ist in Wahrheit eine Täuschung, hinter der sich zum wirtschaftlichen Vorteil der Investoren doch wieder eine durchgehende Erschließung verbirgt – ein Etikettenschwindel, den die Moderne nie nötig hatte und den der Architekturkritiker Dieter Hoffmann-Axthelm höhnisch als „Bekleidungsfetischismus"[102] kommentierte. Nicht nur die internationalen Architekten wundern sich darüber, dass Berlin, der Inbegriff der Moderne, sich ausgerechnet an der Schwelle zum neuen Jahrtausend ins Gewand eines „längst vergangenen, idealisierten Stadtbildes"[103] hüllt. Auch steht diese Abkehr vom Neuen in merkwürdigem Widerspruch zur Stadt des fortwährenden Wandels, wie sie gleichzeitig in der offiziellen Berlinwerbung herausgestellt wird.

Die Stadtplanung nach dem Muster der „europäischen Stadt" übersieht, dass Architektur kaum noch geeignet ist, das Leben in der großen Stadt zu formen, das längst anderen Gesetzen gehorcht. Die gesellschaftlichen, wirtschaftlichen und sozialen Lebensverhältnisse, die diese Stadt einst hervorbrachten, die Bedingungen für Leben und Arbeiten haben sich radikal gewandelt. Der niederländische Architekt Rem Koolhaas behauptet, der öffentliche Raum sei tot, weil die Stadt längst zu einem System untereinander verknüpfter Innenräume geworden sei.[104] Für Berlin, das schon seit den Zwanzigerjahren immer auf mehrere Zentren als Orte der Begegnung und des Vergnügens zurückgegriffen hat – später kam noch die Pflege der Kiezkultur hinzu – trifft dies in besonderem Maße zu. Auch der neue Potsdamer Platz, auf dem Daimler-Chrysler-Gelände gehorsam nach dem Leitbild der europäischen Stadt errichtet, taugt in seiner sterilen „Unabgestandenheit" (Heinrich Wefing) – noch – nicht zum Ort urbaner Begegnung. Der Potsdamer Platz funktioniert als Ort des schnellen Konsums, der das Kinopublikum aus den Bahnhofstunneln spuckt und nach einer Cola bei McDonald´s nach drei Stunden wieder entlässt. Hauptattraktion ist freilich das nach dem Vorbild der amerikanischen überdachten Plaza entworfene Sony-Center von Helmut Jahn, in deren Glitzerfassaden das neue Berlin sich begeistert spiegelt. Ausgerechnet die gläsernen Neubauten, das gilt neben dem Sony-Center vor allem für die Reichstagskuppel, sind so zu den Symbolen des neuen Berlin geworden. Sie repräsentieren Moderne und Transparenz, für viele auch das bessere Deutschland, vor allem aber das „Neue", dem man in Berlin immer begeistert nachgespürt hat. Neu, modern, amerikanisch – so sah sich das neue Berlin der Zwanziger und auch das der späteren Frontstadt. Immer hat Berlin das Spektakuläre an der Stadt hervorgehoben, auch herbeigesehnt, sich sogar am Superlativ der baustellenreichsten Metropole berauscht, gerade weil es damit auftrumpfen konnte anders zu sein, weil es kein traditionelles, aus sich selbst heraus entwickeltes Stadtbild bieten konnte.

Erstmals in seiner Geschichte soll das neue Berlin nun gar kein neues, sondern ein altes sein. Immer in seiner siebenhundertfünfzigjährigen Geschichte ist Berlin über die Ränder seines Zentrums nach außen gewuchert, jetzt wächst es erstmals in die Mitte zurück. Seit der Explosion der Stadt am Ende des 19. Jahrhunderts hat sich Berlin immer weiter in den Westen vorgeschoben, nun wird der Osten wiederentdeckt, die alte Mitte und damit die Geschichte. Rückbau statt Neubau, so will es das Leitmotiv der Stadtplaner im neuen Berlin, und damit

101 Nachdem jahrzehntelang mit der Forderung nach Luft, Licht und Sonne die Überwindung der strengen Blockbebauung gefordert worden war, sitzt selbst ein Teil der Bundestagsabgeordneten in dem nach der Maßgabe der kritischen Rekonstruktion in der Dorotheenstadt neu erbauten Jacob-Kaiser-Haus jetzt wieder in vergleichsweise dunklen Hinterhofbüros – die Traufhöhenbegrenzung ließ nichts anderes zu.

102 SÜDDEUTSCHE ZEITUNG v. 8.09.1995, Legende von der Einfachheit.

103 Babylon, Berlin etc., S. 107.

104 Babylon, Berlin etc., S. 175.

retten, was noch zu retten ist. Mit der Rückkehr der steinernen Architektur drückt sich auch der Wunsch nach einer Gewähr für ihr Überdauern aus. Das Unbehagen an den erlittenen Verfehlungen der Moderne und den Utopien eines „neuen" Berlin ist so groß, dass nur noch die Zuflucht zur historischen Stadt übrig bleiben soll – aber das ist seinerseits nichts anderes als Utopie. Die Geschichte lässt sich nicht wiedergewinnen durch eine historisierte Stadt, im Gegenteil: in der Rekonstruktion des Verlorenen durch seine Neuinterpretation liegt immer auch die Gefahr, die Geschichte im Gegenwärtigen aufzuheben und damit dem Vergessen preiszugeben[105] Urbanität folgt nicht von selbst aus geschlossenen Häuserzeilen und wohlgestalteten Fassaden. Urbanität ist eher eine Geisteshaltung – aufgeklärt, neugierig, politisch bewusst, weltoffen; das lässt sich nicht mit ein paar Fassadenteilen aus der Retorte erschaffen. Verlässlich war in Berlin immer nur der Wandel. Auch das „Neue Berlin" wäre also nicht Berlin, wenn es nicht seine Revision schon in sich trüge. In dem Dokumentarfilm über die Erbauung des neuen Berlin „*Berlin Babylon*" geht Günter Behnisch, der seine Glasfassade für die Akademie der Künste am Pariser Platz nach langen Debatten durchsetzen konnte, über seine Baustelle und kommt achselzuckend und ganz gelassen zu dem Schluss, dass in dreißig Jahren sowieso alles wieder neu gebaut werde, weil dann eine neue Generation sich wiederum ihr neues Berlin schaffen werde.

105 Heinrich Wefing, *Die neue Sehnsucht nach der Alten Stadt, oder Was ist Urbanität?* In: NEUE RUNDSCHAU, 109. Jg. (1998) H. 2, S. 82-88, hier 92.

AUTORENVERZEICHNIS

Dr. Birgit *Aschmann*, Historisches Seminar der Christian-Albrechts-Universität zu Kiel, Olshausenstraße 40, 24098 Kiel

Götz *Bergander*, Schmidt-Ott-Straße 19, 12165 Berlin

Prof. Dr. Robert *Bohn*, Lornsenstraße 30, 24105 Kiel

Prof. Dr. Heinrich *Dormeier*, Historisches Seminar der Christian-Albrechts-Universität Kiel, Olshausenstraße 40, 24098 Kiel

Prof. Dr. Jürgen *Elvert*, Seminar für Geschichte und für Philosophie, Abteilung Geschichte, Erziehungswissenschaftliche Fakultät der Universität zu Köln, Gronewaldstraße 2, 50931 Köln

Dr. Michael *Epkenhans*, Otto-von-Bismarck-Stiftung, Am Bahnhof 2, 21521 Friedrichsruh

Thomas E. *Fischer*, Kerstensweg 3a, 22089 Hamburg

Prof. Dr. Gerhard *Fouquet*, Historisches Seminar der Christian-Albrechts-Universität Kiel, Olshausenstraße 40, 24098 Kiel

Dr. Otmar *Franz*, Duisburger Straße 59A, 45479 Mülheim an der Ruhr

Prof. Dr. Imanuel *Geiss*, Historisches Institut der Universität Bremen, 28334 Bremen

Prof. Dr. Helmut *Grieser*, Historisches Seminar der Christian-Albrechts-Universität Kiel, Olshausenstraße 40, 24098 Kiel

Prof. Dr. Wolf D. *Gruner*, Historisches Institut der Universität Rostock, August-Bebelstr. 28 D-18051 Rostock

Prof. Dr. Hans *Hattenhauer*, Hedenholz 51, 24113 Kiel

Prof. Dr. Klaus *Hildebrand*, Historisches Seminar, Universität Bonn, Konviktstraße 11, 53113 Bonn

Prof. Dr. Erich *Hoffmann*, Abelweg 7, 24119 Kronshagen/Kiel

Dr. Jens *Hohensee*, Knowledge Group Energy, Boston Consulting Group, Fischertwiete 2, 20095 Hamburg

Prof. Dr. Rudolf *Jaworski*, Yorkstraße 6, 24105 Kiel

Dr. Bernd *Kasten*, Stadtarchiv Schwerin, Johannes-Stelling-Straße 2, 19053 Schwerin

Prof. Dr. Joachim H. *Knoll*, Breite Str. 159, 22767 Hamburg

PD Dr. Frank-Lothar *Kroll*, Fachberecih Geschichte, TU Chemnitz, Reichenhainer Str. 39, 09107 Chemnitz

Prof. Dr. Peter *Krüger*, Haspelstraße 26, 35037 Marburg

Prof. Dr. Carl August *Lückerath*, Seminar für Geschichte und Philosophie, Gronewaldstraße 2, 50931 Köln

Prof. Dr. Bea *Lundt*, Institut für Geschichte und ihre Didaktik, Universität Flensburg, Auf dem Campus 1, 24943 Flensburg

Prof. Dr. Hans Eberhard *Mayer*, Historisches Seminar der Christian-Albrechts-Universität, Olshausenstraße 40, 24098 Kiel

Prof. Dr. Olaf *Mörke*, Herwarthstraße 1, 24159 Kiel

HD Dr. habil. Sönke *Neitzel*, Johannes Gutenberg-Universität Mainz, Historisches Seminar Abt. IV, Welder-Weg 18, 55128 Mainz

Prof. Dr. Ernst *Opgenoorth*, Nordstraße 99, 53111 Bonn

Dr. Christian *Ostersehlte*, Tettenbornstr. 4a, 28211 Bremen

Prof. Dr. *Riis*, Thomas, Historisches Seminar der Christian-Albrechts-Universität, Olshausenstr. 40, 24098 Kiel

Prof. Dr. Julius *Schoeps*, Moses Mendelssohn-Zentrum für europäisch-jüdische Studien, Am Neuen Markt 8, 14467 Potsdam

Prof. Dr. Lars U. *Scholl*, Deutsches Schiffahrtsmuseum, Hans-Scharoun-Platz 1, 27568 Bremerhaven

Prof. Dr. Josef *Schröder*, Metzstraße 24, 50129 Bergheim-Niederaußem

Dr. Guntram *Schulze-Wegener*, Rheinauer Ring 105, 76437 Rastatt; Imstedt 56, 22083 Hamburg

Prof. Dr. Klaus *Schwabe*, Historisches Institut RWTH Aachen, Kopernikusstraße 16, 52056 Aachen

William F. *Sheldon*, Deutsch-Amerikanisches Institut Nürnberg, Gleißbühlstraße 13, 90402 Nürnberg

Prof. Dr. Bernd *Sösemann*, FU Berlin, Institut für Kommunikationsgeschichte und angewandte Kulturwissenschaft, Malteserstraße 74-100, 12249 Berlin

Prof. Dr. Thomas *Stamm-Kuhlmann*, Historisches Institut der Ernst-Moritz-Arndt-Universität Greifswald, Bahnhofstraße 51, 17487 Greifswald

Dr. Ilona *Stölken-Fitschen*, Althoffstraße 23, 12169 Berlin

Prof. Dr. Dr. Heiner *Timmermann*, Starenweg 10-12, 66618 Nonnweiler

Dr. Heinrich *Walle*, Erfurtstraße 26, 53125 Bonn

Prof. Dr. Josef *Wiesehöfer*, Institut für Klassische Altertumskunde der Christian-Albrechts-Universität zu Kiel, Olshausenstraße 40, 24098 Kiel